ARTIFICIUM
Schriften zu Kunst, Kunstvermittlung und Denkmalpflege

Herausgegeben von Kunibert Bering

Band 18

Joachim Kettel
Internationale Gesellschaft der Bildenden Künste (igbk)
in Kooperation mit Landesakademie Schloss Rotenfels (Hgg.)

KÜNSTLERISCHE BILDUNG NACH PISA

Beiträge zum internationalen Symposium Mapping Blind Spaces –
Neue Wege zwischen Kunst und Bildung
Museum für Neue Kunst des ZKM | Zentrum für Kunst und Medientechnologie
Karlsruhe und Landesakademie Schloss Rotenfels
8.-10.10.2003

ATHENA

Bibliografische Information der Deutschen Bibliothek

Die Deutsche Bibliothek verzeichnet diese Publikation
in der Deutschen Nationalbibliografie; detaillierte bibliografische Daten
sind im Internet über <http://dnb.ddb.de> abrufbar.

1. Auflage 2004

Mellinghofer Straße 126, 46047 Oberhausen
www.athena-verlag.de

Gestaltung: Karin Speer, Köln
Druck und Bindung: Wulff Druck & Verlag GmbH, Dortmund
Gedruckt auf alterungsbeständigem Papier (säurefrei)
Printed in Germany
ISBN 3-89896-205-9

INHALTSVERZEICHNIS

Extra | Studien: Ganztagsschule – Kunstunterricht – Kulturelle Bildung

EINIGE GEDANKEN ZUM PROBLEM DER KUNST IN SCHULE UND UNTERRICHT 108
Martin Pfeiffer, BDK

VOM EINZELPROJEKT ZUM DIENSTLEISTUNGSKONZEPT – JUGENDKUNSTSCHULEN ALS PARTNER DER GANZTAGSSCHULE 123
Peter Kamp, Simone Schmidt-Apel, Claudia Hefer-Hartmann, Mechthild Eickhoff, bjke

BILDUNG MIT KULTURELLER UND KREATIVER VIELFALT UND DER VERANTWORTUNG IM GEMEINWESEN 135
Stefan Peter, Bundesvereinigung Soziokultureller Zentren e.V.

KÜNSTLER/INNEN IN DIE SCHULEN – ZUM MEHRWERT VON KOOPERATIONSPROJEKTEN 148
Ina Bielenberg, Bundesvereinigung Kulturelle Jugendbildung/bkj

KARTOGRAFIERUNGEN ÄSTHETISCHEN, KULTURELLEN UND KÜNSTLERISCHEN LERNENS 163
Wolfgang Zacharias, Bundesvereinigung Kulturelle Jugendbildung/bkj

Standards | Kunstunterricht – Künstlerische Bildung – Kompetenzen

ZUR PROBLEMATIK DER FACHKOMPETENZ UND DER LANGFRISTIGEN BILDUNGSSTANDARDS FÜR DEN KUNSTUNTERRICHT UND DIE KÜNSTLERISCHE BILDUNG ÜBERHAUPT 173
Günther Regel

Workshop 1

KREATIVITÄT ALS GEGENMITTEL – VERNETZUNG SCHULISCHER UND AUSSERSCHULISCHER PERSPEKTIVEN 187
Eberhard Brügel, Susanne Hofmann, Helmuth Kern

Workshop 2

STÖRUNGEN – KUNSTDIDAKTISCHE REFLEXIONEN ÜBER FLASH MOB, INTERVENTION, PERFORMANZ 202
Ulrich Heimann

Workshop 3

UMGANG MIT DER BILDERFLUT 211
Kunibert Bering, Burkard Blümlein, Silke Wießner

GRUSSWORT DES BUNDESMINISTERIUMS FÜR BILDUNG UND FORSCHUNG

Hans Konrad Koch

Wir unterstützen das Symposium ideell und finanziell, weil es die derzeitige Diskussion für eine neue große Bildungsreform um einen wesentlichen Aspekt zu bereichern verspricht. Ich freue mich, dass sich auf Initiative der Internationalen Gesellschaft der Bildenden Künste so viele Partner zusammengefunden haben, um gemeinsam neue Wege zwischen Kunst und Bildung zu diskutieren.

In die aktuelle bildungspolitische Debatte haben sich die Kunst- und Kulturverbände zu Recht mit großer Intensität eingebracht. Mit Nachdruck haben sie angemahnt, dass bei einer Konzentration auf Schwerpunkte wie mathematisch-naturwissenschaftliche Kompetenz oder Leseförderung und Sprachentwicklung einschließlich der Fremdsprachen die künstlerischen Bereiche mit ihren vielfältigen Möglichkeiten nicht vernachlässigt werden dürfen. Grundsätzlich besteht darüber Konsens. Das wurde bereits bei der Arbeit des Forum Bildung deutlich und das hat die Bundesbildungsministerin auf der Startkonferenz des Investitionsprogramms mit Blick auf die inhaltliche Gestaltung von Ganztagsschulen noch einmal eindeutig bestätigt.

Aber es ist notwendig, diese Fragen sehr konkret und detailliert zu stellen und entsprechend zu beantworten. Das soll mit diesem Symposium zum Thema der künstlerischen Bildung geschehen. Ähnliche Diskussionen werden wir zur musikalischen Bildung und zu den Darstellenden Künsten führen.

Lassen Sie mich zunächst den *aktuellen bildungspolitischen* Rahmen darstellen. Die Ergebnisse von Pisa und Iglu haben ebenso wie die Empfehlungen des Forum Bildung die Notwendigkeit einer neuen großen Bildungsreform in Deutschland deutlich gemacht. Wir stehen heute am Anfang dieser Reform, über deren Ziele weitgehend Konsens besteht:

Wir wollen unser Bildungssystem in einem Zeitraum von etwa zehn Jahren wieder an die führenden Bildungssysteme in der Welt heranführen und gleichzeitig den dramatischen Zusammenhang zwischen sozialer Herkunft und Bildungserfolg, den uns Pisa noch einmal drastisch vor Augen gehalten hat, aufbrechen und schrittweise abbauen.

Das Erreichen dieser beiden Ziele ist entscheidend für unsere Zukunft, für die Zukunft des Einzelnen wie für die unserer Gesellschaft und unserer Wirtschaft.

Voraussetzung für das Gelingen dieser Bildungsreform ist ein radikales Umdenken von einem traditionell stark auslesenden Bildungssystems zu einem mehr und mehr fördernden System. Dieses Umdenken vom Auslesen zum Fördern muss auf allen Ebenen vollzogen werden, bei denen, die die politischen und administrativen Rahmenbedingungen setzen, genauso wie bei denen, die Bildung vor Ort gestalten. Wir brauchen eine *neue Kultur des Bildungsoptimismus*. Vorbild ist das Motto des finnischen Bildungssystems: „Jedes Kind kann es schaffen, vorausgesetzt wir sind gut genug, um es entsprechend zu fördern".

Erfolg werden wir nur haben, wenn wir diese *große Herausforderung gemeinsam annehmen*. Bund, Länder und Kommunen auf der staatlichen Seite zusammen mit all denjenigen, die etwa in Verbänden und bei den Sozialpartnern Verantwortung für Bildung tragen, sowie vor allem gemeinsam mit denen, die Bildung vor Ort gestalten.

Der Bund beteiligt sich an dieser gemeinsamen Bildungsreform insbesondere in fünf Bereichen mit dem Programm „Zukunft Bildung". Das Umdenken vom Auslesen zum Fördern zieht sich als roter Faden durch diese fünf Punkte:

1. Die Unterstützung des bedarfsgerechten Ausbaus der Ganztagsschulangebote durch das Investitionsprogramm „Zukunft Bildung und Betreuung", auf das ich noch ausführlich eingehen werde.

2. Inhaltliche und methodische Verbesserung des Unterrichts Bund und Länder haben sich in der Bund-Länder-Kommission für Bildungsplanung und Forschungsförderung zur Umsetzung der gemeinsam von Bund und Ländern getra-

genen Empfehlungen des Forum Bildung auf folgende Maßnahmen zur inhaltlichen und methodischen Verbesserung des Unterrichts geeinigt:

- Stärkung der mathematisch- naturwissenschaftlichen Kompetenzen,
- Verbesserung der Sprach-, Lese- und Schreibkompetenzen,
- systematische Förderung von Migrantinnen und Migranten und
- verstärkte frühe und individuelle Förderung.

In allen Bereichen sind umfangreiche Bund-Länder-Programme vorgesehen.

3. Unterstützung der Länder bei der Einführung nationaler Bildungsstandards

   Die im Auftrag des BMBF von Prof. Klieme vorgelegte Expertise zur Entwicklung nationaler Bildungsstandards ist zu einem Standardwerk für alle geworden, die an der Entwicklung und Einführung von Bildungsstandards arbeiten. Das BMBF wird die Länder auch in Zukunft bei der wichtigen Aufgabe der Entwicklung, Implementierung und Evaluierung von Bildungsstandards unterstützen.

4. Stärkung der empirischen Bildungsforschung

   Das BMBF hat Schritte für eine systematische Stärkung der Bildungsforschung eingeleitet, damit eine leistungsfähige Bildungsforschung mit internationalem Bezug wichtige Unterstützung für den begonnen Bildungsreformprozess leisten kann. Dies beinhaltet die Vergabe von Forschungsvorhaben zu Themen der Bildungsreform und eine Stärkung der Strukturen der Bildungsforschung, z.B. die gezielte Förderung von wissenschaftlichem Nachwuchs.

5. Gemeinsame nationale Bildungsberichterstattung

   Wir brauchen dringend eine nationale Berichterstattung, die Bund und Länder bei der gemeinsamen Bildungsreform unterstützt. Unabhängige ‚Bildungsweise' müssen Bund und Länder regelmäßig den Spiegel vorhalten, um ihnen zu zeigen, ob die eingeleiteten Entwicklungen geeignet sind, die anspruchsvollen Ziele der Bildungsreform zu erreichen, und ob weitere Maßnahmen erforderlich sind.

Lassen Sie mich bitte noch etwas ausführlicher auf das Investitionsprogramm des Bundes *„Zukunft Bildung und Betreuung"* eingehen. Die Bundesregierung stellt mit diesem Programm den Ländern bis einschließlich 2007 Investitionsmittel in Höhe von vier Milliarden Euro für den bedarfsgerechten Ausbau von Ganztagsschulangeboten zur Verfügung. Sie erfüllt damit eine Empfehlung des von Bund und Ländern gemeinsam getragenen Forum Bildung. Von den verfassungsrechtlichen Zuständigkeiten her ist das Handeln des Bundes auf Investitionen beschränkt. Die Länder tragen die erheblichen Personalkosten, die für die Erweiterung von Halbtags- zu Ganztagsschulen erforderlich sind. Dies ist ein *gutes Beispiel für den gemeinsamen Beitrag des Bundes und der Länder* zur neuen großen Bildungsreform.

Entscheidend ist die inhaltliche Gestaltung, denn mit den neuen Ganztagsschulangeboten soll eine neue Lern- und Lehrkultur entstehen. Die Anforderungen an die pädagogischen Konzeptionen, die Grundlage für die Förderung nach dem Investitionsprogramm sind, lassen sich in sechs Elementen zusammenfassen:

- individuelle Förderung durch eine Pädagogik der Vielfalt, die konsequent die unterschiedlichen Stärken und Lernvoraussetzungen von Schülerinnen und Schülern berücksichtigt,
- soziales Lernen und Lernen und Erleben von Demokratie,
- inhaltliche und methodische Verbesserung des Unterrichts,
- Einbeziehung von Eltern und Schülern in die Gestaltung der Schule,
- Öffnung von Schule für Partner aus dem sozialen, kulturellen und wirtschaftlichen Umfeld,
- Qualifizierung derjenigen, die Ganztagsschule gestalten: Schulleitungen, Lehrkräfte und außerschulische Partner.

In enger Abstimmung mit den Ländern wollen wir Beispiele guter Praxis zur Unterstützung der Verwirklichung dieser inhaltlichen Zielsetzungen zur Verfügung stellen. Um den Schulen das Lernen aus diesen guten Beispielen zu erleichtern, sind Beratungsangebote vorgesehen, die das Prozesswissen zu den jeweiligen Innovationen weitergeben. Insgesamt soll so ein breites Transferfeld entstehen, durch das die Schätze guter Praxis gehoben und weitergegeben werden.

Kulturelle Bildung kann wichtige Beiträge zur inhaltlichen Gestaltung der Ganztagsschulen leisten. Neben Beiträgen zu den erwähnten Elementen der pädagogischen Kompetenzen möchte ich insbesondere auf die Bedeutung kultureller Bildung für den Erwerb so genannter Schlüsselkompetenzen und darüber hinaus für den Erwerb von Fachkompetenzen hinweisen. Prof. Bastian hat dies in seiner bekannten Studie eindrucksvoll für die Musikerziehung belegt. Wenn man sich dieser großen Bedeutung für den Kompetenzerwerb bewusst ist, dann ist es nicht verwunderlich, dass kulturelle Bildung das Geheimnis für den Erfolg des Bildungsbürgertums darstellt. Unser Ziel muss es sein, dieses Geheimnis für alle zu öffnen. Der bedarfsgerechte Ausbau des Ganztagsschulangebots in Deutschland schafft hierfür gute Gelegenheiten. *Ganztagsschulen* bieten den Raum und die Zeit für Kooperationen mit außerschulischen Angeboten der kulturellen Bildung. Diese Kooperationen ermöglichen kulturelle Bildung für Schülerinnen und Schüler, die sonst nie diese Chancen erhalten hätten. Das BMBF wird gute Beispiele für solche Kooperationen aufarbeiten lassen, um für neue Ganztagsschulen entsprechende Anregungen zur Verfügung zu stellen und um zu vermeiden, dass jede Schule das Rad wieder neu erfinden muss.

In diesem Zusammenhang ist der morgige Workshoptag eine große Chance, um gute Praxis aus dem Bereich der künstlerischen Bildung zu identifizieren, die den Schulen und ihren Partnern zur Verfügung gestellt werden kann.

Dabei stehen wir im Bereich der künstlerischen Bildung keineswegs am Anfang. So sind beispielsweise im Rahmen des fünfjährigen Bund-Länder-Programms „Kulturelle Bildung im Medienzeitalter" in einer Reihe von Modellversuchen innovative Angebote zur Modernisierung des Kunstunterrichts entwickelt worden, Publikationen zur visuellen Kompetenzentwicklung im Medienzeitalter oder zur Kunst als Medientheorie erschienen. Sie können sich drüber unter www.kubim.de informieren. Ergebnisse von Projekten zum Kunstunterricht werden als Anleitung zum Handeln demnächst auch für die Lehrerinnen und Lehrer des Faches Kunst auf der Internetplattform www.netzspannung.org verfügbar sein.

Es ist erfreulich, dass mit Schloss Rotenfels ein Partner für dieses Symposium gefunden wurde, der sich dafür verantwortlich fühlt, wie die Ergebnisse dieser Tagung und andere Forschungsergebnisse und Praxisbeispiele für die Lehrerweiterbildung fruchtbar gemacht werden können.

Wenn wir Deutschland wieder an die Spitze im internationalen Vergleich der Bildungssysteme bringen wollen, brauchen wir auch den internationalen Erfahrungsaustausch. Es ist deshalb erfreulich, dass an unserer Tagung eine Reihe ausländische Gäste teilnehmen, die ich hiermit ganz besonders herzlich begrüße.

Ich danke allen sehr herzlich, die diese Veranstaltung gefördert haben, die sie inhaltlich und organisatorisch vorbereitet haben, die sich als Referenten und Moderatoren einbringen und die gekommen sind, um möglichst viele Anregungen und neues Wissen mitzunehmen für die Erneuerung der künstlerischen Bildung an Universitäten, Schulen und anderen Bildungsorten. Ich bin gespannt auf die Ergebnisse dieses Symposiums.

GRUSSWORT DER KULTURSTIFTUNG DER LÄNDER

Britta Kaiser-Schuster

Neue Wege zwischen Kunst und Bildung ist das Thema des internationalen Symposiums *Mapping Blind Spaces* der Internationalen Gesellschaft der Bildenden Künste und der Landesakademie Schloß Rotenfels in Zusammenarbeit mit dem Museum für Neue Kunst | ZKM Karlsruhe, mit dem Ziel der Schärfung der öffentlichen Wahrnehmung der Bedeutung künstlerischer Bildung für die Individualentwicklung wie für die kreative Gestaltung unserer Gesellschaft generell.

Die Kulturstiftung der Länder fungiert dabei nicht nur als Wegbereiter in finanzieller Hinsicht, sondern ebenso als geistiger Pate, der die formulierten Inhalte und Ziele auf ideeller wie praktischer Ebene zu fördern sucht. Gerade die schulische und außerschulische künstlerische Bildung als Ressource individueller und gesellschaftlicher Entwicklung ist Gegenstand der von der Kulturstiftung der Länder initiierten Jugendkultur- und -bildungsinitiative *Kinder zum Olymp!,* die praktische Möglichkeiten aufzeigt, *neue Wege zwischen Kunst und Bildung* zu beschreiten.

Bereits in den 1970er Jahren waren Programme wie „Künstler besuchen Schulen" äußerst populär. Doch heute lauten die Fragen: Warum sind so viele dieser Ansätze im Sand verlaufen bzw. eingestellt worden? Warum hat erst jetzt, nach dem schlechten Abschneiden der Deutschen bei internationalen Schulleistungsvergleichen wie Pisa, eine breite öffentliche Diskussion über Bildung begonnen? Wie konnte es geschehen, dass gegenwärtig Kinder in die Schule gehen, deren Eltern bereits kaum mehr oder zuweilen gar keinen ausreichenden Kunst- und Musikunterricht in ihren Schulen bekommen hatten?

Die Initiative *Kinder zum Olymp!* soll einen neuen Impuls für die Annäherung zwischen Kultur auf der einen und Kindern und Jugendlichen auf der anderen Seite geben. Sie ist sparten- und bundesländerübergreifend angelegt und wurde in enger Beratung und Abstimmung mit den Kulturabteilungen der Länder sowie dem Max-Planck-Institut für Bildungsforschung in Berlin und der Bundeszentrale für politische Bildung auf den Weg gebracht. Die frühzeitige Heranführung der Kinder und Jugendlichen an die bildenden Künste, an die Musik, an die Literatur und an das Theater kann aus ihnen rundum gefestigte, kreative und innovationsfreudige Menschen machen, die in der Lage sind, Kultur als Wert und Bereicherung ihres Lebens zu erkennen. Anliegen ist es, jenseits der Abgrenzungen von sogenannter „Hoch-" und „Subkultur" Kinder für kulturelles Erleben zu begeistern. Denn nur wenn es gelingt, Erziehungsstrategien in diesem Sinn auszurichten, werden die Kinder und Jugendlichen von heute in ihre Rolle als „Verantwortungsträger für die Kultur von morgen" hinein wachsen, die kulturellen Werte unserer Gesellschaft bewahren und für künftige Generationen weiter entwickeln. Da eine der wichtigsten Aufgaben der Kulturstiftung der Länder in der Bewahrung von Kunst und Kultur liegt, trägt auch sie die Verantwortung, zunehmend den Blick in die Zukunft – und damit auch auf die Kinder und Jugendlichen – zu richten.

Die Jugendkulturinitiative der Kulturstiftung der Länder hat Kinder und Jugendliche vom Kindergarten bis zum Schulabschluss im Blick, ihr Fokus ist gerichtet auf die Zusammenarbeit zwischen Kultur, nämlich Kulturinstitutionen und Künstlern, und Schule bzw. Kindergarten. Grund dafür ist die Tatsache, dass mit Einbeziehung der Schule die größte und breiteste Wirkung erzielt werden kann – einfach, weil man dort alle Kinder antrifft. Denn eine breite Kulturfähigkeit zu erreichen – und dies ist sowohl qualitativ als auch räumlich und zahlenmäßig gemeint – ist das Ziel der Initiative, die sich bewusst auch an Kinder und Jugendliche außerhalb der kulturverwöhnten städtischen Zentren richtet.

Gerade das Engagement von Künstlern, die ihre Authentizität in eigene kooperative Projekte einbringen, ist in diesem Zusammenhang von zentraler Bedeutung. Kulturinstitutionen, die hier angesprochen werden sollen, sind sowohl Museen, Theater und Opernhäuser, Bibliotheken und Literaturhäuser, Orchester und Tanztheater, als auch Musik- und Kunstschulen.

Die Initiative *Kinder zum Olymp!"* besteht aus eine Reihe von Maßnahmen, deren Zusammenwirken der Auslöser für das Entstehen einer neuen Beziehung zwischen Kindern und Jugendlichen, Kunst und Kultur sein soll: verschiedenste Möglichkeiten sollen aufgezeigt und die Entwicklung weiterer Konzepte angeregt werden. Zudem soll die Einsicht in die Notwendigkeit einer ästhetischen Erziehung von Kindern und Jugendlichen im Bewusstsein einer breiten Öffentlichkeit verankert werden.

Erstes Element der verschiedenen Aktionen ist das Kompendium *Kinder zum Olymp! Wege zur Kultur für Kinder und Jugendliche*, das beispielhafte Projekte aus Kunst- und Kulturgeschichte, Musik, Theater, Literatur und dem Medienbereich aus allen Teilen Deutschlands insbesondere in ihrer Machbarkeit vorstellt. Dabei wird noch einmal explizit auf die Möglichkeit hingewiesen, Ideenstrukturen und Projektmodelle von einer Sparte auf die andere zu übertragen. Das Handbuch soll Künstler und Kulturinstitutionen motivieren, eigene Kinder- und Jugendprojekte entsprechend ihren Möglichkeiten in Angriff zu nehmen. Es ist aber auch als Handreichung für Lehrer, Erzieher und engagierte Eltern gedacht – mit dem Ziel, deren Motivation zu fördern, mit ‚ihren' Kindern kulturelle Angebote verstärkt wahrzunehmen und eigene Initiativen mit den gegebenen Möglichkeiten zu entwickeln.

Künstler wie Dietrich Fischer-Dieskau, Thomas Brussig und Georg Baselitz haben sich dem Kompendium und der Initiative als Paten zur Verfügung gestellt und bringen in Patenbriefen ihr persönliches Engagement in der Sache zum Ausdruck. In dem eigens eingerichteten Internetportal www.kinder-zum-olymp.de werden in einer Datenbank Projekte aus der Publikation vorgestellt. Die in Form des Kompendiums präsentierte ‚Basis' wird durch die technischen Möglichkeiten der Aktualisierung im Internet weiterentwickelt.

Mit dem Kongress *Kinder zum Olymp! Zur Notwendigkeit ästhetischer Bildung von Kindern und Jugendlichen,* den die Kulturstiftung der Länder als zweites Element ihrer Jugendkulturinitiative in Zusammenarbeit mit der Bundeszentrale für Politische Bildung und der PwC Stiftung Jugend – Bildung – Kultur im Januar 2004 in Leipzig veranstaltete, gelang es, das Thema der ästhetischen Bildung, das trotz oder wegen der aktuellen allgemeinen Bildungsdebatte noch immer ein Dasein im Schatten der „Pisa-Themen" rund um das Training der rationalen Fähigkeiten führt, in seiner Bedeutung an die Öffentlichkeit zu tragen. Über 500 Künstler und Wissenschaftler, Politiker, Pädagogen, Journalisten und Vertreter von Kulturverbänden sowie Eltern und Jugendliche diskutierten und referierten darüber, auf welchen Wegen das Ziel, Kinder und Jugendliche in der Breite an Kultur heranzuführen, zu erreichen sei.

Drittes Element der Initiative ist – aufbauend auf der gewonnenen Erkenntnis, dass gute Projekte machbar sind – ein Wettbewerb, mit dem Schulen in ganz Deutschland aufgefordert sind, durch ein Kooperationsprojekt mit einer Kulturinstitution, einem Künstler oder einer Künstlergruppe ihren Schülern einen Einblick in die kulturelle Praxis zu vermitteln. Schüler sollen die Möglichkeit erhalten, sich im Rahmen eines solchen Projekts selbst mit kreativen Beiträgen ein Stück Zugang zu Kunst und Kultur zu schaffen. Dabei ist beabsichtigt, den Wettbewerb durch sein jährliches Stattfinden als eine feste Größe auf Dauer im kulturellen Leben Deutschlands zu verankern. Der Wettbewerb wird im kommenden Schuljahr bundesweit ausgelobt werden.

Die Popularisierung der Idee der Initiative soll vor allem durch diesen Wettbewerb, aber auch durch Medienpartnerschaften, eine Internetplattform und Patenschaften prominenter Vertreter des öffentlichen Lebens, die die Idee der Jugendkulturinitiative zu ihrer Sache machen, erfolgen.

Es gibt bereits ermutigende Anzeichen dafür, dass in unserer Gesellschaft ein langsames Umdenken begonnen hat und immer mehr Menschen über die Notwendigkeit ästhetischer Erziehung für Kinder und Jugendliche diskutieren. Die innovative Nutzung vorhandener Kapazitäten sollte ein wichtiger Bestandteil bei der Vermittlung künstlerischer Bildung sein. – Das Symposium *Mapping Blind Spaces* liefert dazu einen wichtigen Beitrag.

VORWORT

Joachim Kettel (igbk), Ingrid Merkel (Landesakademie Schloss Rotenfels), Christiane Jürgens (MNK des ZKM | Zentrum für Kunst und Medientechnologie)

Es mag auf den ersten Blick nicht selbstverständlich scheinen, dass die Vertreterinnen und Vertreter der drei größten deutschen KünstlerInnen-Verbände im Vorstand der Internationalen Gesellschaft der Bildenden Künste (igbk) sich zum wiederholten Male dafür entschieden haben, alle personellen und finanziellen Mittel und Möglichkeiten dieser Dachorganisation von Künstlerinnen und Künstlern in Deutschland dafür zu nutzen, ein internationales Symposium im Spannungsfeld von Kunst und Bildung zu veranstalten, um auf die Notwendigkeit von Erhalt und Ausbau der kulturellen, vor allem der künstlerischen, Bildung in und außerhalb der Schule hinzuweisen.

Die Internationale Gesellschaft der Bildenden Künste (igbk) vertritt als nationale Dachorganisation der bundesdeutschen Künstlerverbände BBK (Bundesverband Bildender Künstlerinnen und Künstler), GEDOK (Gemeinschaft der Künstlerinnen und Kunstförderer) und DKB (Deutscher Künstlerbund) die Belange der Künstlerschaft in Deutschland gegenüber den gesellschaftlichen und politischen Institutionen auf nationaler und internationaler Ebene. Darüber hinaus ist sie Mitglied in der IAA (International Association of Art), im ECA (European Council of Artists) und im EFAH (European Forum for the Arts and Heritage) und engagiert sich im europäischen und transatlantischen Dialog von Netzwerken und Künstlerorganisationen sowie als Mitglied der Deutschen UNESCO-Kommission. In ihrer kultur- und kunstpolitischen Arbeit sind die Ziele der igbk als Nichtregierungsorganisation (NGO): die gesellschaftliche Anerkennung künstlerischer Arbeit sowie der Ausbau und die Verbesserung der künstlerischen Qualität und des künstlerischen Status in ökonomischer, sozialer und rechtlicher Sicht. Im nationalen Bereich geht es der igbk um Fragestellungen zur Professionalisierung des Künstlers/der Künstlerin in dieser Gesellschaft, auf internationaler Ebene um die Vertiefung des interkulturellen Dialogs durch Informationen aller den Status des Künstlers/der Künstlerin betreffenden Fragen.

Die igbk richtet seit vielen Jahren internationale Künstlerprojekte und Symposien zu drängenden kultur- und kunstpolitischen Themen und Problemen aus. (*Erde-Zeichen-Erde* 1991 in Güstrow; *Imaginäres Hotel* 1994 in Leipzig; *Artainment* 1998 in Hannover; *The Artist's Voice*: Das Fremde im Eigenen – Das Eigene im Fremden 2001 in Berlin; *Künstlervertretungen im 21. Jahrhundert* – International Artist Tool in Wolfenbüttel in 2001). So stehen immer wieder auch bildungspolitische Fragen im Mittelpunkt.

Bereits im Jahre 1997 befasste sich die igbk im Rahmen des internationalen Symposiums Kunst *lehren?* mit Ausbildungsproblemen und Perspektiven angehender KünstlerInnen und Kunstpädagog/innen an deutschen und anderen europäischen Kunsthochschulen. Kunst *lehren?* diente in gewisser Weise der Dekonstruktion gängiger eingefahrener Praxen der mit Kunst befassten Ausbildungsinstitutionen – lange vor Tims und Pisa.

Einerseits sind die Künstlerinnen und Künstler selbst häufig im Schnittstellenbereich von Kunst und Bildung tätig, andererseits besteht ein besonderes Eigeninteresse an der Qualität und Nachhaltigkeit künstlerischer Bildung, die

- neben der leiblich-sinnlich-geistigen Persönlichkeitsbildung der Subjekte als Rezipienten und Produzenten von Kunst
- für deren vertiefende Zugänge zu Kunst und Kultur, und damit auch für ein Weiter-Leben zivilen Engagements in diesen Feldern, über den Tag hinaus, verantwortlich ist und schließlich hierdurch auch für
- Erhalt und Weiterentwicklung des demokratischen Gemeinwesens insgesamt Sorge trägt, in dem sich auch Kunst und Kultur zweckfrei weiterentwickeln können und sollen.

Obgleich Kunst und Bildung nicht in Deckung zu bringen sind, sondern ihre Potenzialität eher aus der Spannung ihrer systemischen Unterschiede beziehen, sollten sich Künstler und Kunstpädagogen nicht weiterhin feindlich gegenüberstehen. Stattdessen können sie nunmehr mit größerer Gelassenheit Abstand von erziehungswissenschaftlich oktruierten und häufig durch das (kunst)akademische Bildungssystem selbst aufgeprägten Rollenklischees nehmen, die frühzeitig scheinbar unverrückbare Grundhaltungen zementieren, statt zu teilende Überzeugungen aber auch die Differenzen produktiv zu stärken. Insofern geht die igbk hier ihren Weg der Annäherung, der Vermittlung zwischen diesen Professionen unbeirrt weiter. Die Argumente für dieses Vorgehen liegen auf der Hand:

- Kunst und Bildung brauchen kompetente pädagogische Vermittlungsformen und Vermittler, da sich Kunst nicht von selbst vermittelt.
- Interesse und Neugier der nachwachsenden Generationen an Kunst und Kultur – und hiermit an der je individuellen, einzelnen künstlerischen Arbeit und Existenz – können nur hierüber erzeugt und wach gehalten werden.
- Künstler und Pädagogen in schulischen und außerschulischen Bildungs- und Erziehungsprozessen sind keine Konkurrenten, sondern Partner, dies häufig – wenn gut ausgebildet – in einer Person, falls nicht, aber im Zugehen auf die jeweiligen Kompetenzen des anderen.
- Erfreulicherweise haben in einer jungen und jüngeren Künstler- und Kunstpädagogengeneration diese Rollenzuweisungen immer weniger Relevanz, was sich auch deutlich im jeweiligen Disziplin überschreitenden Interesse der am Symposium beteiligten Akteure – hier Künstler-Pädagogen, da Pädagogen-Künstler – zeigte.
- Die Argumente liegen in den Gegenwartsdiskursen der Kunst – aber auch der Kunstpädagogik – selbst, in die einerseits seit geraumer Zeit Vermittlungsfragen, -prozesse und -kontexte, andererseits die Kunst der Vermittlung und ihre inhärenten künstlerischen Strukturen selbst Eingang gefunden haben.
- Schließlich geht es um mehr Durchlässigkeit, Anschlussfähigkeit der Bildungsgänge im Sinne nachhaltiger und integrativer Weiterbildungskonzepte, die dazu führen können, vom Markt nicht aufgenommenes künstlerisches Potenzial (und das gilt für die Masse der Absolventinnen und Absolventen von Kunstakademien und Kunsthochschulen) in die gesellschaftlich-kulturellen Reproduktionsprozesse zurückfließen zu lassen, um neue Konzepte kulturell-künstlerischer Partizipation, Intervention und ästhetisch-künstlerischen Denkens/Handelns zu erproben und hiermit Gesellschaft neu zu gestalten.

ZUKUNFTSFÄHIGKEIT

Es ist internationaler Konsens, dass Bildung, Ausbildung und Erziehung der Schlüssel für die Zukunftsfähigkeit eines Landes und Motor für kulturelle, wirtschaftliche und soziale Entwicklung und Innovationskraft sind. Deshalb ist Bildungspolitik derzeit in vielen Ländern Reformpolitik. (Dr. Annette Schavan, Kultusministerin, Baden-Württemberg).

Eine erfolgreiche Bewältigung der gesellschaftlich aufgegebenen Lebensexperimente muss Bildungsinteressen anleiten, die auf den Erwerb von subjekt- und zukunftsorientierten Kompetenzen abzielen. Dabei ist neben einer soliden Fachkompetenz die Förderung individueller Begabungen ebenso bedeutsam wie das Heranbilden, Ausprägen und Stärken von Haltungen und Fähigkeiten, soziale und interaktionale Strukturen und Zusammenhänge wahrzunehmen, sie aktiv mitzugestalten und in ihnen selbstbewusst zu leben.

Motivation und Anliegen der Akademie Schloss Rotenfels, sich an dem internationalen Symposium zur universitären schulischen und außerschulischen künstlerischen Bildung als Ressource individueller und gesellschaftlicher Entwicklung mitveranstaltend und -gestaltend zu beteiligen, resultierten zum einen aus dem Selbstverständnis einer theater- und kunstpädagogisch ausgerichteten Einrichtung, die sich schwerpunktmäßig den Schulen als Ort des Lernens, des Experimentierens, der künstlerischen Produktion und Präsentation zur Verfügung stellt und dabei das Ziel verfolgt, Kreativität und Dialogfähigkeit im Umgang mit Kunst und Kultur zu fördern sowie Chancen zu reflektierter künstlerischer Erfahrung im produktiven, rezeptiven wie reflexiven Sinne zu ermöglichen.

Des Weiteren galt es, den Bildungsbeitrag des Faches Kunst vor dem Hintergrund einer kritischen Auseinandersetzung und Aufarbeitung der Ergebnisse internationaler Leistungsvergleichsuntersuchungen und bildungspolitisch motivierter Reformvorhaben zu kommunizieren und den Nachweis zu erbringen, dass kunstanaloge Formen des Lernens jene von Pisa geforderten lernstrategischen Verfahren und fächerübergreifenden Lernprinzipien verlangen und fördern.

Es ist mithin unbestritten, dass sich die Relevanz eines Unterrichtsfaches in seiner Fähigkeit zu einem permanenten zeitbezogenen Diskurs erweist. Dies schließt eine Standortbestimmung der Kunst und Kunstausbildung ebenso ein, wie die aktuelle Praxis von Unterricht, bewährte Fortbildungs- und Vermittlungskonzepte, die Passung von Aus- und Fortbildungsangeboten mit vielfältigen schulischen Bedarfen und das Antizipieren erwartbarer und erwünschter Veränderungen. Der Kunstunterricht besitzt Qualitäten, die kaum in einem anderen Schulfach vorgefunden werden. Die Besonderheit, dass in diesem Fach Kopf und Hand eine Vermählung eingehen, dass im Kunstunterricht die fluide Intelligenz abseits von Routinen geschult wird, dass steter Perspektivenwechsel geübt werden kann und zu guter letzt, dass dieser Unterricht Proberaum für das Experiment ist, dies alles sind Qualitäten im Sinne der Konsequenzen aus der Pisa-Studie – und nicht nur für das Unterrichtsfach Bildende Kunst, vielmehr als bildungsmethodisches, fächerübergreifendes Konzept für schulische und außerschulische Bildungsprozesse.

Diesen Ansatz zu kommunizieren war Ziel und Zweck des Veranstaltungstages an der Akademie Schloss Rotenfels, der unter dem Motto *Vernetzte Wege zwischen Kunst und Bildung* innerhalb des Symposiums *Mapping Blind Spaces* in klar umrissenen Themenmodulen Experten aus Theorie, Kunst und Schule zusammenführte, die in einem Cross-over der Themen über die institutionellen Grenzen der Arbeitsbereiche hinweg in den Workshops neue zukunftsweisende Vermittlungsformen praktizierten.

Ein nachfrageorientiertes Veranstaltungsprogramm vernetzte inhaltlich theoretische, künstlerische und schulische Felder in 12 Themenmodulen mit einem jeweils umrissenen inhaltlichen Gegenstand, der auf aktuelle Situationen in Kunst und Bildung rekurrierte und zugleich Gewicht und Fokus auf schulische Praxis und Bildungspläne legte. Es galt anschaulich werden zu lassen, dass künstlerische Aktionen Theorie und pädagogische Praxis vermitteln können, indem sie die Kunst als Methode der Weltaneignung und Gesellschaftsgestaltung hervorheben und die Wahrnehmung für Veränderungsprozesse sensibilisieren.

Wir freuen uns sehr, dass das Thema mit so großem Interesse innerhalb und außerhalb Deutschlands aufgenommen wurde. Nach den erhaltenen Rückmeldungen aller Akteure wurde die institutionelle Dekontextualisierung sowohl von den Expertenteams als auch den Workshopteilnehmern als persönlich bereichernde Form des Zusammenarbeitens im Schnittstellenbereich zwischen Kunst und Bildung bewertet, die zu innovativen Lehr- und Lernformen in subjektorientierten, kunstorientierten und kunstpädagogischen Vermittlungsprozessen an Hochschulen, Akademien und Schulen beitragen kann und die besonders geeignet ist, den wachsenden Ansprüchen komplexer Bildungssituationen zu entsprechen.

Den Künstlern und Experten aus Schule, Hochschule und außerschulischen Bereichen, die sich auf das Symposium und die mit ihm verbundenen Experimente und Prozesse eingelassen haben, sie in umfangreichen, zeitlich dem Symposium vorgelagerten Besprechungsrunden gemeinsam geplant und letztendlich als erfolgreiche Vermittlungsstrategien in ihren Workshops im Team oder allein realisiert haben, gilt unser nochmaliger Dank.

Neben allem Grund zur Freude über ein erfolgreich durchgeführtes Symposium dieser Dimension, das relevante im schulischen aber auch außerschulischen kulturell-künstlerischen Bildungsbereich tätige Akteure zusammenbrachte, um gerade die methodischen Potentiale der künstlerischen Bildung zu erforschen, zu diskutieren und zu evaluieren, sollten die akuten Probleme nicht unerwähnt bleiben, die schulische Bildungsprozesse und außerschulische Bildungsorte wie beispielsweise den Lernort Museum weiterhin – oder mehr denn je – belasten.

DAS MUSEUM ALS LERNORT

Museen könnten in der Förderung von Bildungsprozessen von Kindern und Jugendlichen einen wichtigen Platz einnehmen. Die Vermittlung von besonderen Gedanken, Ideen, Einzelpositionen, die Förderung der Wahrnehmung, das Erfahren aller Sinne, die

Begegnung mit Zeitgeist, mit alltäglich Vertrautem und Fremdem kann während eines Besuches im Museum erfahren werden. Das Kunstmuseum – und vor allem das zeitgenössische Kunstmuseum – wird jedoch von den Schulen sehr zurückhaltend aufgesucht. Es scheint, dass die breite Masse der Schulen, diesen außerschulischen Lernort gar nicht, sehr selten oder nur als Ausflugstag nutzt. Die engagierten und oftmals sehr gut informierten Lehrerinnen und Lehrer, die das Museum für Neue Kunst des ZKM | Zentrum für Kunst und Medientechnologie mit ihren Schülern besuchen - mit oder ohne museumspädagogisches Programm – erscheinen als Ausnahme.

Gründe, die den Museumsbesuch erschweren, liegen einmal in der Organisation und der Finanzierung: dem engen Stundenraster, der Zahlung von Eintrittspreisen und Führungsgebühren etc.. Hier könnten noch weitere Gründe vermutet werden: Lehrerinnen und Lehrer, die das Fach Kunst fachfremd unterrichten und Unsicherheiten gegenüber der zeitgenössischen Kunst haben. Diese Vorbehalte und Berührungsängste konnten wir allerdings bei den Kindergärten abbauen. Woche für Woche besuchen uns viele Gruppen aus den Kindergärten zu einem mehrwöchigen Kurs. Von der Farbfeldmalerei über die Pop Art bis hin zu konzeptueller Kunst erfahren die Kinder unterschiedliche Strategien und erstellen eigene Werke im praktischen Teil. Auch unsere Erfahrungen während der Museumsgespräche und Programme mit Schulklassen zeigen, dass Schülerinnen und Schüler durchaus an zeitgenössischer Kunst interessiert sind, das umfasst ebenso die immer noch verpönte abstrakte oder gegenstandslose Kunst. Die positive Stimmung anlässlich der Besuche von Schülerinnen und Schülern soll Mut machen, den außerschulischen Lernort Museum zu nutzen.

Ein weiterer Appell richtet sich an die überregionale wie regionale Politik: Der Besuch von Museen muss wissenschaftlich wie finanziell eingefordert werden. In den öffentlich-rechtlichen Medien taucht die Kunst, das Museum kaum mehr auf. Ängste vor einer Banalisierung von Kultur für jedermann werden wieder lauter. Dabei geht es um eine Aneignung kultureller Ressourcen, die jeder Bürgerin und jedem Bürger zustehen.

Die politischen Forderungen klingen vertraut. In den 70er Jahren wurde ebendies gefordert und einiges positiv umgesetzt. Die Situation hat sich jedoch wieder verschlechtert. Seit letztem Jahr beobachten alle großen Museen einen Rückgang der Besucherzahlen von Schulklassen.

SCHULE UND UNTERRICHT NACH PISA

Vor dem Hintergrund der Ergebnisse der Tims-, gerade aber der Pisa-Studie gibt es nun eine neue Diskussion um die Qualität von Unterricht und Hochschulausbildung, hiermit auch um die Frage der zukünftigen Fächer, die Frage der Lernfelder der Zukunft, der Konzentration auf das Wesentliche, vor allem aber auf die Inhalte und die Art und Weise ihrer unterrichtlichen Vermittlung. In dieser Diskussion scheiden sich die Geister. Einerseits orientieren sie sich auf bestimmte Kernfächer und Kerntugenden, wobei eine Verschärfung der Verschulung und die hiermit gekoppelte Komprimierung des Unterrichtsstoffes – also eine erhöhte Effektivierung, Disziplinierung, Kanonisierung und strukturelle Funktionalisierung im Sinne eines rein ökonomistischen Ausbildungskonzepts angezielt wird, das auf die Anforderungen einer neoliberalen globalen Wirtschaftsideologie zugeschnitten werden soll („Flexibles Wirtschaftssubjekt"). Andererseits gibt es Vorstellungen, die für eine Wieder-Belebung des humanistischen Bildungskonzepts streiten, das von der Bildung einer umfassenden Persönlichkeit ausgeht und im Zuge der Debatte um die Ganztagsschule eine neue Chance erhalten könnte.

Uns ist klar, dass eine einseitige Ausrichtung auf rein kognitiv operierende mathematisch-naturwissenschaftlich-technische Intelligenz noch nicht die Möglichkeit zur umfassenden Persönlichkeitsentwicklung unter Bildung *aller* kreativen Ressourcen, eben auch und gerade der ästhetisch-künstlerischen Intelligenz, der moralischen und emotionalen Intelligenz impliziert. Dass also eine ins geistig-kulturelle *erweiterte, umfassende* Rationalität erst die zukünftigen Herausforderungen einer immer komplexer werdenden Gesellschaft wird angehen können.

Wenn also heute und zukünftig Wissenserwerb in Kompetenzerwerb transformiert werden muss, so kann die künstlerische Bildung als entscheidender Faktor einer umfassenden, *alle* Anlagen des Menschen und seine Kreativität herausfordernden, Persönlichkeitsbildung in schulischen Bildungsprozessen nicht weiter marginalisiert werden, sondern das Gegenteil muss der Fall sein. Deshalb dieses Symposium!

„Recherche statt Kino“ (Reinhard Kahl), eigenes Handeln statt Belehrung, Selbsttätigkeit statt passiver Informationskonsum, der inhaltsleer bleibt, weil er *nicht* an die Lebensgeschichte und die Lebenswelt des Subjekts angebunden wird, weil er intrinsische Motivation und Sinn *nicht* mit den Sinnen verbindet.

Selbstreflexion, Selbstwahrnehmung, Selbstkompetenz, Selbstbewusstsein und die Fähigkeit der Kommunikation über sich und die Welt sind jetzt plötzlich nach Pisa die Schlagwörter der Zukunftsdebatte: „Urteilsfähigkeit im Hinblick auf sich selbst“, die „Lebenssituation des Schülers“, die Einsicht, dass „Futter für Kopf und Seele“ erst durch Kunst, Dichtung, Theater ermöglicht wird, schlussfolgernde und explorative Fantasie das Interesse für den Weg statt für die Lösung stimulieren.

Das entspricht auch den formulierten Einsichten wie sie Bundesbildungsministerin Edelgard Bulmahn für die kulturelle und *die künstlerische Bildung* dargelegt hat:

„Kulturelle Bildung wird ihrem spezifischen Beitrag zur Ausprägung von Kompetenzen bei Kindern und Jugendlichen gerecht, wenn sie sich *noch stärker als bisher an den Künsten und Kunstprozessen* (Hervorh. J.K.) orientiert. [...].“ (Edelgard Bulmahn, Bundesministerin für Bildung und Forschung).

Die Diskussionen und Forschungen um die richtigen neuen Wege zwischen Kunst und Bildung müssen also weitergeführt werden. Die an diesem Symposium beteiligten Institutionen werden auch zukünftig ihren engagierten und konstruktiven Beitrag hierzu einbringen.

DANK

Bedanken möchten wir uns bei allen Autorinnen und Autoren für ihre textlichen und bildlichen Beiträge. Unser Dank gilt ebenso den Mitarbeiterinnen und Mitarbeitern der beteiligten Institutionen Landesakademie Schloss Rotenfels, Museum für Neue Kunst des ZKM | Zentrum für Kunst und Medientechnologie für ihr effizientes und konstruktives Wirken im Hintergrund. Ebenso den Vertreterinnen und Vertretern der Verbände Bundesverband Deutscher Kunsterzieherinnen und Kunsterzieher (BDK), Bundesverband Kulturelle Jugendbildung (bkj), Bundesvereinigung der Jugendkunstschulen und Kulturpädagogischen Einrichtungen (bjke) und der Bundesvereinigung Soziokultureller Zentren für die sehr produktive Zusammenarbeit und die Erstellung ihrer aufschlussreichen Einzelstudien.

Ebenso bedanken wir uns für ihre raumgreifenden künstlerischen Umdeutungen und Interventionen am Tagungsort bei der Künstlergruppe *Das künstliche Gelenk*, Christof Breidenich, Carl-Peter Buschkühle, Joachim Kettel und bei Major C. Patrick Granat von der Heilsarmee Karlsruhe für die zur Ansicht gebrachten Ausstellungsstücke.

Vor allem Thomas Weis, Geschäftsführer der igbk, und seinen Mitarbeiterinnen Sigrid Hilmer und Christine Heemsoth ist sehr zu danken für die stets engagiert, zuverlässig und effektiv durchgeführte organisatorische und logistische Arbeit, die sie bis zum heutigen Tag geleistet haben. Ebenso danken wir Michael Scheibel ganz besonders nachdrücklich, der die Arbeit der Akademie von der Konzeptentwicklung bis hin zur organisatorischen Planung, Vorbereitung, Durchführung und Auswertung des Workshoptages impulsgebend, mit großer Einsatzfreude, Kooperationsfähigkeit und organisatorisch-operativem Geschick beraten und begleitet hat. Für ihre engagierte Arbeit an Entwurf, Gestaltung und Produktion des Tagungsbandes sind wir Karin Speer zu großem Dank verpflichtet.

Für ihr ungeteiltes Interesse und für ihre nicht unerheblichen Zuwendungen zu Symposium und Publikation in Zeiten knappster öffentlicher Kassen danken wir dem Bundesministerium für Bildung und Forschung (BMBF) und seinen Vertretern, Ministerialdirigent Hans Konrad Koch, Ministerialrat Dr. Wilfried Matanovic und Reinhard Mohaupt und der Kulturstiftung der Länder (KSL), ihrer ehemaligen Generalsekretärin Prof. Dr. Karin von Welck und der Dezernentin Britta Kaiser-Schuster, dem Ministerium für Kultus, Jugend und Sport und dem Ministerium für Wissenschaft, Forschung und Kunst Baden-Württemberg, vertreten durch Staatssekretär Dr. Michael Sieber (MdL), schließlich den Sponsoren Fachverband für Kunstpädagogik e.V. (BDK/BW), dem Landesmedienzentrum Baden-Württemberg (LMZ), der Stiftung Landesbank Baden-Württemberg und den Unternehmen Ritter Sport und Siemens.

KÜNSTLERISCHE BILDUNG NACH PISA

Joachim Kettel

PROBLEMHORIZONT

Bereits seit Mitte der 90er Jahre übernimmt die IGBK als Dachorganisation der in Deutschland tätigen und in den Verbänden BBK, DKB und GEDOK organisierten Künstlerinnen und Künstler Verantwortung für die Debatte[1] um das prekäre und spannungsvolle Verhältnis von Kunst und Bildung.

So standen bereits im Jahre 1997, im Rahmen des internationalen igbk-Symposiums „Kunst lehren?", lange bevor auf breiterer Ebene über die Notwendigkeit einer Neubestimmung des Verhältnisses von Kunst und Bildung nachgedacht wurde, und etliche Zeit vor Erscheinen der Pisa- und anderer Studien, Fragen einer veränderten Lehre der Kunst im Mittelpunkt der interdisziplinären Auseinandersetzung. Diese widmete sich der künstlerischen Kompetenz und kunstpädagogischen Vermittlungsprozessen und fragte nach Chancen und Grenzen innovativer Vermittlungsmöglichkeiten in subjekt- und kunstorientierten Lehr-Lern-Prozessen an Schulen, Hochschulen und Kunstakademien[2].

Im Rahmen der in diesem Band dokumentierten Beiträge zum internationalen Symposium „Mapping Blind Spaces – Neue Wege zwischen Kunst und Bildung. *Künstlerische Bildung* nach Pisa", das vom 10. bis 12. Oktober 2003 im Museum für Neue Kunst im ZKM | Zentrum für Kunst und Medientechnologie Karlsruhe und an der Landesakademie Schloss Rotenfels stattfand, forschten die eingeladenen Referentinnen und Referenten, Teilnehmerinnen und Teilnehmer nach der Potenzialität und besonderen Bedeutung von Prozessen, Methoden und Strategien der *künstlerischen Bildung* für die individuelle und gesellschaftliche Entwicklung.

Das Symposium nahm damit den sich seit Beginn der 90er Jahre abzeichnenden Paradigmenwechsel im kunstpädagogisch-kunstdidaktischen Diskurs, hin zu einem veränderten Verständnis, zum Anlass, die Konzeption der *künstlerischen Bildung* ins Zentrum seiner Reflexionen zu stellen. Hierbei wird die *künstlerische Bildung* als Korrektiv und Ergänzung zu den in den internationalen Bildungsstudien ermittelten Ergebnissen in den gesellschaftlichen Bildungsdiskurs eingebracht.

In der Konzeption der *künstlerischen Bildung* als avanciertem Lehr-Lern-Verständnis, das die systemischen Unterschiede von Kunst und Bildung ernst nimmt, aber gerade auch die aus den je eigenen Systemlogiken spannungsvollen Selbstverständnisse in ein vermittelndes Gefüge verwandelt, kommt der Bildung des künstlerischen Denkens und Handelns besondere Bedeutung zu. Dieses Konzept geht von der Annahme aus, dass sich durch den Umgang mit Kunst und durch eine künstlerische Praxis künstlerische Bildungswirkungen beim Einzelnen einstellen können.

Die künstlerische Bildungsarbeit mit Kunst, Subjekt, Ästhetiken des Alltags und Lebenswelt(en) schafft neue individuelle Möglichkeiten von Subjektbildung, Selbst- und Fremdreferenz, Selbst- und Weltkonstruktion. Bedeutsam ist, dass sinnliche (aisthetische) Prozesse beim Menschen auf besondere Weise gerade in den ästhetisch-künstlerischen Zusammenhängen von Produktion und Rezeption gebildet werden, wobei die *künstlerische Bildung* eine erweiterte Rationalität von Kopf, Herz und Hand, also Sinnlichkeit, Gefühl, Fantasie, Imagination, Verstand und Willenskraft, erstrebt.

Hierbei wird deutlich, dass eine einseitige Ausrichtung auf rein kognitiv operierende, mathematisch-naturwissenschaftlich-technische Intelligenz grundsätzlich keine umfassende Persönlichkeitsentwicklung auslöst, sondern dies nur – bei Nutzung *aller* kreativen Ressourcen –, im Sinne der Bildung ästhetischer, künstlerischer, moralischer und emotionaler Intelligenzen gelingen kann.

ZIELE DES SYMPOSIUMS

Hauptziel des Symposiums war die Untersuchung der bildenden Potenziale und eine verstärkte gesellschaftliche Wahrnehmung der Bedeutung der *künstlerischen Bildung* für individuelle und gesellschaftliche Entwicklungs- und Gestaltungsprozesse.

Innerhalb einer vielfältig ausgeprägten kulturell-künstlerischen Bildungslandschaft sollten im Rahmen des Symposiums in exemplarischer Weise die konkreten Lernorte und Vermittlungskontexte aufgesucht und ihre hier pädagogisch-künstlerisch arbeitenden Akteure zum Sprechen und Handeln gebracht werden.

Gefragt wurde nach den spezifischen künstlerischen Vermittlungsinhalten, -methoden und -strategien und den sich hieraus ergebenden individuellen Bildungsbiografien, nach Qualität und Nachhaltigkeit des Lernens. Vor allem wurden Synergien und Vernetzungsstrukturen zwischen den jeweiligen Orten der kulturell-künstlerischen Bildungskartografie(n) untersucht, nach Möglichkeiten ihres vertieften Austauschs und ihrer Zusammenarbeit – über systemische Grenzen und Logiken hinweg – geforscht, nicht zuletzt aber auch nach der weiteren Professionalisierung der Vermittlerinnen und Vermittler selbst gefragt.

Besondere Relevanz erhielt die Zielsetzung vor dem Hintergrund der aktuellen bildungspolitischen Diskussion im Kontext der Entwicklung nationaler Bildungsstandards und der Weiterentwicklung von Schulen sowie des Schulsystems hin zur operativ eigenständigen Schule/Ganztagsschule.

Hierbei wurden Perspektiven künstlerischer Bildungsprozesse und deren Engagement in zukunftsweisenden Ganztagsschulen entwickelt, über die Implementierung bereits erprobter und fortentwickelter Vermittlungskonzepte sowie über neue Möglichkeiten der Vernetzung schulischer und außerschulischer kulturell-künstlerischer Bildungsarbeit nachgedacht. Diese kann sich in besonderer Weise neben der Erkundung der eigenen Lernbedingungen im schulischen Kontext fremden lebensweltlichen Orten und Situationen zuwenden und auf diese Weise die Vielfalt gesellschaftlicher und kultureller Lernorte für Bildungsprozesse aufschließen helfen. Förderung von Lernfähigkeit und Ausbildung von Schlüsselkompetenzen im Spannungsfeld universitärer, schulischer und außerschulischer künstlerischer und/oder kunstpädagogischer Transformationsarbeit standen hiermit im Zentrum des Symposiums.

Anhand konkreter schulischer und außerschulischer Vermittlungsprojekte, die den traditionellen Unterricht interdisziplinär aufbrechen, wurden neben einer speziellen Fokussierung auf die Methoden und Strategien der bildenden Künste vor allem auch inter- und transmediale, inter- und transdisziplinäre, inter- und transkulturelle Verschränkungen oder Erweiterungen auf ihre erkenntnis-, sinn- und sinnesbildenden Potenziale untersucht sowie in den Workshopmodulen des Praxistages selbst zur ‚Arbeitsweise'.

Es sollten im Rahmen des Symposiums neben kunstpädagogischen gerade auch künstlerische Vermittlungsprojekte in gesellschaftlich-lebensweltlichen Kontexten, die von Seiten der Künstlerinnen und Künstler initiiert, durchgeführt und bewertet wurden, vorgestellt und auf ihren künstlerischen Bildungsgehalt befragt werden.

Das Symposium wollte schließlich deutlich machen, dass die gesellschaftliche und individuelle Nachfrage nach sinn- und sinnesbildenden Aktivitäten und nach kompetenten und professionellen Vermittlungsprozessen von Kunst und Kultur angesichts der demografischen Entwicklungen veränderter Bildungskonzepte bedarf, wofür vor allem sehr gut ausgebildete Vermittler/innen und Pädagog/innen mit einem spezifischen Kompetenzprofil benötigt werden, die in der Lage sind, gerade in Schnittstellenbereichen fruchtbare und nachhaltige künstlerische Bildungsprozesse initiieren, begleiten und einschätzen zu können.

Hierzu waren die im Rahmen des Symposiums mitarbeitenden Verbände der kulturell-künstlerischen Bildung Fachverband für Kunstpädagogik e.V. (BDK), der Bundesverband der Jugendkunstschulen und Kulturpädagogischen Einrichtungen (bjke), die Bundesvereinigung Kulturelle Jugendbildung (BKJ) und die Bundesvereinigung Soziokultureller Zentren e.V. zu einem vertiefenden Dialog aufgerufen worden, den sie dazu nutzten, neben der Einbringung ihrer besonderen Erfahrungen und ihres Sachverstandes, gerade auch Perspektiven für zukünftige Vermittlungsarbeit zu entwickeln und den politischen Entscheidungsträgern zielgerichtete Vorschläge zu unterbreiten. Ihre Erfahrungen im Schnittstellenbereich von Schule und außerschulischer künstlerisch-kultureller Bildung, gerade auch im Zusammenhang mit Konzepten von Ganztagsschule sind nun unter dem Stichwort *Extra | Studien: Ganztagsschule – Kunstunterricht – Kulturelle Bildung* in umfangreiche und aussagefähige Projektstudien eingeflossen, zu deren Durchführung sie die igbk im Namen des BMBF beauftragte.

ZUR KONZEPTION DER KÜNSTLERISCHEN BILDUNG

Das Paradigma der *künstlerischen Bildung* verdankt sich weder einem Zufall der Geschichte noch einer momentanen Laune, sondern ist folgerichtiges Resultat diskursiv-reflexiver Notwendigkeit. Diese entsteht aus der Einsicht in die Rahmenbedingungen gesellschaftlich-kultureller Existenz, ihrer künstlerischen und pädagogischen Transformationen in einer, starken Wandlungsprozessen unterworfenen, komplexen Gesellschaft. Ihre Wurzeln lassen sich bis in die Zeit der Reformpädagogik und zu deren jeweiligen geistesgeschichtlichen Vorläufern zurückverfolgen.

Seit mehr als einer Dekade zeichnen sich Konturen eines *veränderten* Verständnisses von Kunstpädagogik und Kunstvermittlung ab, das die notwendigen Parameter und Legitimationen für den konstitutiven und vielschichtigen Bildungsprozess mit und durch Kunst nicht weiter aus der bis dahin dominierenden Erziehungswissenschaft ableitet, sondern aus den kunstnahen oder künstlerischen Prozessen selbst.

Grund hierfür ist einerseits die zunehmende Entgrenzung des Kunstbegriffes seit den 60er Jahren und seine Folgen für pädagogische und soziale Kontexte[3]. Andererseits treten Impulse der aktuellen Kunstströmungen um Fragen von Beteiligungsmöglichkeiten und alternativen Vermittlungsformen hinzu, die die klassischen Vermittlungsinstitutionen von Kunst und Kultur einer dekonstruktiven Institutionenkritik[4] unterzogen und weitere Bildungsinstitutionen wie Hochschulen und Akademien[5] kritisch untersuchten[6]. Schließlich erfolgt ein verändertes Selbstverständnis künstlerischer Arbeit, das sich klassischen Rollenzuweisungen zunehmend entzieht, Heterogenität[7] künstlerischer Denk- und Arbeitsfelder und bewusste Vermischung der Diskurse von Kunst, Politik, Wissenschaft und Bildung als subversive Strategien prolongiert. Gleichzeitig erbringt die kritisch-reflexive Auseinandersetzung mit den Folgen von Moderne und Postmoderne[8] und die hier kritisierten Tendenzen globaler Kapitalisierung und zunehmender staatlicher Deregulierungen im Hinblick auf eine neoliberale Wirtschaftsordnung Argumente für den Erhalt und Ausbau der Kunst/der Künste als System nicht-identischen Denkens, der Differenzbildung und Selbst-Beobachtung[9].

Als Folge oder Antwort hierauf deutete sich im kunstpädagogisch-didaktischen Diskurs seit Beginn der 90er Jahre ein Paradigmenwechsel an, der die oben beschriebenen Verschiebungen innerhalb des künstlerischen Diskurses mit berücksichtigt und den „Potenzen und Eigenschaften des Künstlerischen als eines genuinen und einzigartigen Bildungsprinzips" in der Konzeption der künstlerischen Bildung Rechnung trägt. Der gleichzeitig aber auch die Reformbemühungen der Kunstdidaktik und Kunstpädagogik selbst kritisch-reflektierend aufnimmt und sich in der gegenwärtigen Diskussion mit Positionen der Soziologie, der Erziehungswissenschaft, der Kulturphilosophie und der Kognitionsforschung trifft.

Der Paradigmenwechsel hin zur *künstlerischen Bildung* führte im Rahmen des im Jahre 2001 an der Pädagogischen Hochschule Heidelberg und der Landesakademie Schloss Rotenfels abgehaltenen Symposiums „Künstlerische Bildung und die Schule der Zukunft" zu klaren inhaltlichen Konturierungen künstlerischer Vermittlungstheorie und -praxis in schulischen Kontexten[10].

Die *künstlerische Bildung*, die ihre Begründung und ihre Methodik an der Entwicklung künstlerischer Denkprozesse ausrichtet, grenzt sich mit Entschiedenheit gegenüber bisherigen kunstpädagogischen Formen oder Konzepten einer ästhetischen Bildung oder Erziehung ab und favorisiert stattdessen künstlerische Arbeitsformen anstelle traditioneller Unterrichtspraktiken.

Gegenüber der immer noch gängigen Konzentration auf formale und kunsthistorische Themenstellungen, auf Vermittlung von Technologien und operationalisiertem Schülerverhalten, die die Trennung von Subjekt und Unterrichtsgegenstand analytisch-distanzierend fortschreiben, zeichnet sich das Konzept der *künstlerischen Bildung* dadurch aus, dass es werk- und prozessorientiert mit einem Gegenstand, einer Thematik, einem Problem, einem Ort oder Kontext das gestaltende Subjekt zur Formulierung eigener Positionen veranlasst.

Nicht Verstehen oder Erfahrung, sondern Gestaltung steht im Mittelpunkt des künstlerischen Prozesses, der künstlerische und ästhetische Formen des Denkens und Handelns in sich vereint. Das Konzept der *künstlerischen Bildung* setzt auf eine induktive Arbeitsweise, wobei der Transformationsprozess den Schüler zu eigenen, selbstständigen experimentell-forschenden Aussageformen motiviert.

Prozesscharakter, prinzipielle Offenheit und erst zu entdeckende Problemlösungen bringen hierbei ein im Subjekt begründetes Konfliktgeschehen zur Austragung und involvieren es in die Widersprüchlichkeit der ästhetisch-künstlerischen Erfahrungen. Die hierbei intendierte umfassende Persönlichkeitsbildung bezieht sowohl die leiblichen als auch die seelischen und geistigen Kräfte und Fähigkeiten des Einzelnen ein.

Das Konzept der *künstlerischen Bildung* unterscheidet sich deutlich von den Konzepten der Ästhetischen Bildung (Gert Selle) und der Ästhetischen Erziehung (Gunter Otto) oder Ästhetischen Erfahrung. Soll bei Gunter Otto der Schüler tendenziell erfahrungsfremd durch Auslegungsprozeduren zu operationalen Anschlussleistungen geführt werden, die zwar seine intellektuelle Dimension ansprechen, gleichzeitig aber umfassende künstlerische Denk- und Handlungsprozesse didaktisch zergliedern, so lässt sich zwar bei Gert Selle einerseits intensive Subjektbildung und erfahrungsorientierte ästhetische Arbeit in individuellen Selbstbildungsprozessen ausmachen, andererseits aber auch die Gefahr einer Verkürzung intellektueller Dimensionen der Kunst durch subjektivistische Kunsterfahrungsprozesse.

Die *künstlerische Bildung* als neue zeitgenössisch-kritische kunstpädagogische Vermittlungskonzeption initiiert mit Kontingenz behaftete Prozesse, die Schüler in durchaus leidbehaftete Suchbewegungen nach eigenen Lösungs- und Gestaltungswegen führt und lässt sie Strategien der Gegenwartskünste nutzen. Kunstdidaktik als Kunst meint hierbei keineswegs eine Herrschaftskunst oder die Ausübung einer Kunstreligion, sondern bezieht sich auf den von Joseph Beuys formulierten „erweiterten Kunstbegriff“. Das erfahrungsoffene Subjekt wird hier durch den künstlerischen Prozess schließlich zum Künstler seines Selbst, zum Lebenskünstler. Das Lernziel „Künstler“ ist jedoch nicht als Sparteneinordnung zu verstehen, sondern als eine Befähigung des Einzelnen, sich in einer komplexen Gesellschaft und heterogenen Kultur eine selbstständige Orientierung zu erwerben, Perspektiven für das eigene Leben zu gewinnen. In diesem Sinne wird „jeder Mensch ein Künstler“.

Für eine zeitgenössische *künstlerische Bildung* bleibt das Ästhetische lediglich ein auf recht vordergründige Erlebnis- und Erfahrungsmomente orientiertes Unterfangen, bei dem ästhetische Erfahrung und Erkenntnis zwar zur Bedeutungskonstruktion beitragen, die einzigartigen Möglichkeiten und Tiefendimensionen künstlerischer Selbstaussetzung im Gestaltungsprozess aber bei weitem verfehlen. Charakteristisch für den künstlerischen Akt der Transformation und Gestaltung ist die intensive Selbstaussetzung des Subjekts gegenüber einem ihm fremden Material, einer ihm fremden künstlerischen Idee, einem ihm fremden Werk. Es gilt, Prozesse der Entfremdung und der Selbstbefremdung in allen ihren Phasen durchzustehen. Durch das ihm Unbekannte, Fremde, Andere, durch Störungen, Irritationen und Perturbationen wird das Individuum zu eigenen Denk- und Handlungsbewegungen angeregt. Es muss sowohl in der Kunstrezeption als auch in der Kunstproduktion eine eigene Position finden und diese dann weiter ausarbeiten. Die hierbei notwendig anzuregende Positionierungsfähigkeit mobilisiert schließlich schöpferische Fähigkeiten. Bekanntlich sind differenzierte Wahrnehmungsfähigkeit, selbstständige Bedeutungskonstruktion, imaginatives, visionäres Denken der Kunst eigen. Im künstlerischen Transformationsprozess, hin zur sinnfällig werdenden Gestaltung, muss das Subjekt immer wieder eigene Wege austasten.

Es versteht sich, dass es in der Konzeption der *künstlerischen Bildung* nicht um die Ausbildung von künstlerischen Fertigkeiten und Technologien geht, sondern um die Anforderung, durch Kunst erzogen zu werden und im Sinne des erweiterten Kunstbegriffs konsequente eigene experimentelle Transformationsprozesse in wechselnden kulturellen und gesellschaftlichen Kontexten aushalten und durchleiden zu lernen. Die Transformation ins Werk, in Kontexte oder in einen andauernden Gestaltungs- und Umgestaltungsprozess begünstigt die eigene künstlerische Position einer permanenten Bewegungsfähigkeit an Stelle von Sicherheit suggerierender Nachahmungsästhetik.

Eine derartig modellierte Kunstdidaktik *künstlerischer Bildung* erfordert nicht zuletzt ein differenziertes Reagieren der Lehrenden auf die Selbstbewegungen der einzelnen Schüler/innen. So werden die pädagogischen Prozesse zu künstlerischen Gestaltungsprozessen jenseits allen Spezialistentums, jenseits der Kunstwissenschaft und der allgemeinen Pädagogik. Ohne die Selbsterfahrung der eigenen künstlerischen Arbeit und ihrer Prozesse des Unsicheren, des immer möglichen Scheiterns, kann kein Kunstpädagoge seinem Beruf ernsthaft betreiben. Dazu gehört eine lebenslange Praxis der Lebenskunst, die hellhörig-kritische Zeitgenossenschaft zu Kunst und Gesellschaft und schließlich die Gestaltung kunstpädagogischer Vermittlungsprozesse.

Im Laufe der letzten zwei Jahre, seit dem Heidelberger Symposium, ist in unzähligen Gesprächen mit Fachleuten, die im Schnittstellenbereich von Kunst und Bildung arbeiten, aber auch aus den vielfältigen Erfahrungen in schulischen und außerschulischen Bildungskontexten deutlich geworden, dass die Konzeption der *künstlerischen Bildung* als ein realistisches, an den Bedürfnissen der Schüler/innen und Studierenden und der Lehrenden und der Reformnotwendigkeit des Faches orientiertes Modell durch seine bildungspolitische Relevanz und Schlüssigkeit überzeugt. Gerade auch angesichts der verschärften gesellschaftlichen Herausforderungen, und zumal vor dem Hintergrund der Pisa-Studie, ergaben und ergeben sich für die notwendige neue Fachausrichtung auf dieser Grundlage nachhaltige Perspektiven und Implementierungschancen.

DRAMATURGIE DES BUCHES

Die vorliegende Publikation nimmt bewusst die Tagungsstruktur auf, um den Leser in die unterschiedlichen inhaltlichen Kontexte, Stationen und Prozesse des Symposiums zu führen, um aber auch den vielgestaltig-komplexen und interdisziplinären Charakter des Symposiums selbst noch einmal deutlich werden zu lassen.

Die *Grundlagen* sind dazu angetan, den Problemhorizont *künstlerischer Bildung* zu weiten, indem sie ihm gleichzeitig gewichtige sozialwissenschaftliche (Heiner Keupp) und kognitionspsychologische Argumente (Edmund Kösel) einschreiben und die zwangsläufige Notwendigkeit des Paradigmenwechsels hin zur *künstlerischen Bildung* evident werden lassen.

Unter dem Stichwort *Performance* wird der Versuch unternommen, mittels literarischer Vermittlung, die Konzeptbildung einer Performance, die am ersten Abend des Symposiums in der großen Halle der Hochschule für Gestaltung im ZKM aufgeführt wurde, transparent werden und auf diese Weise den Leser am gedanklichen Herstellungsprozess einer künstlerischen Handlung teilhaben zu lassen (Paul* Manfred Kästner).

In *Extra | Kunst, Wirtschaft, Wissenschaft* tragen Klaus Heid und Michael J. Kolodziej, jeweils aus ganz unterschiedlichen Blickrichtungen, Argumente für einen Kunstbegriff zusammen, der sich jenseits traditioneller Weisen poietischer Produktion künstlerischer Artefakte um die Erzeugung und kritische Befragung kommunikativer, sozialer Strukturen in Kunst, Wissenschaft, Bildung und Wirtschaft im Sinne einer erweiterten Kunstpraxis kümmert.

Unter *Extra | Studien: Ganztagsschule – Kunstunterricht – Kulturelle Bildung* versammeln sich Studien zu Fragen der Zusammenarbeit von Kunstunterricht und kultureller Bildung in der Ganztagsschule. Die deutschen Spitzenverbände der schulischen und außerschulischen kulturellen Kinder- und Jugendbildung wurden von der igbk beauftragt, zur Frage von Synergien und *good practice* vor dem Hintergrund des Konzeptes *der künstlerischen Bildung* und der Einrichtung von Ganztagsschulen entsprechende Recherchen vorzunehmen, die hiermit nun erstmalig gedruckt vorliegen.

Die Autor/innen (Martin Pfeiffer, BDK; Peter Kamp u.a., bjke; Stefan Peter, Bundesvereinigung soziokultureller Zentren e.V.; Ina Bielenberg, BKJ; Wolfgang Zacharias, BKJ) bemühen sich hierin, ein aktuelles und durchaus auch kritisches Bild ihrer, wenn auch nur exemplarisch möglichen, Feldforschung zu entwerfen. Ihre unterschiedlich perspektivierten Beiträge liefern interessante und wichtige Einsichten für den Institutionen übergreifenden Dialog.

In *Standards | Kunstunterricht – Künstlerische Bildung – Kompetenzen* widmet sich Günter Regel vor dem Hintergrund der Pisa-Diskussion einer neuerlichen Begründung der Notwendigkeit *künstlerischer Bildung*, indem er sich vor allem angesichts neuer Bildungspläne mit Fragen nach dem Verhältnis von Fachgegenstand, Bildungsstandards und Kompetenzen befasst. Bildende Kunst und künstlerische Tätigkeit verankert er hierbei fest als Ressourcen von Persönlichkeits- und Gesellschaftsentwicklung, indem er die für das Ausschöpfen des Potenzials von Kunst und künstlerischer Tätigkeit notwendigen fachlichen Kompetenzen differenziert darlegt.

Es folgen daran anschließend unter *Workshop 1* bis *12* überaus vielschichtige Darstellungen von Vermittlungskonzepten und -ergebnissen der bereits im Vorfeld des Symposiums bewusst heterogen zusammengesetzten Workshop-Leitungen, die über ihre ästhetisch-künstlerischen Forschungsintentionen, Planungs-, Entwicklungs- und Transformationsprozesse bei sich und den beteiligten Teilnehmer/innen Auskunft geben und die methodisch-didaktisch-mediale Vielfalt ästhetisch-künstlerischer Bildungsprozesse (hier mit Erwachsenen) aus Sicht von Künstler/innen, Kunstpädagog/innen, Kunstvermittler/innen oder Kunstarbeiter/innen zur Ansicht bringen.

Die Spanne der Themen und Medien umfasst hierbei Fragen der Kreativitätsförderung unter Vernetzung schulischer und außerschulischer Perspektiven (Eberhard Brügel, Susanne Hofmann, Helmuth Kern), Möglichkeiten von Störung, Intervention und Performanz und deren didaktische Reflexion (Ulrich Heimann), Fragen nach dem adäquaten ästhetisch-künstlerischen Umgang mit der Bilderflut (Kunibert Bering, Burkard Blümlein, Silke Wießner), die notwendige Reflexion eines kunstdidaktischen Selbstverständnisses vor dem Hintergrund des schwierigen Verhältnisses von Kunstpädagogik und Gegenwartskunst (Reimar Stielow), das neuerliche Bedenken der Erkenntniskräfte des Leibes angesichts anhaltender Medieneuphorie (Dieter Warzecha), das Verständnis eines zeitgemäßen Bildbegriffs am Beispiel der Praxis des Zeichnens (Stefanie Marr), die forschende Exploration von Naturorten in experimentellen kunstdidaktischen Settings im Sinne der *site specific art* (Christiane Brohl, Mario Urlaß, Gerd-Peter Zaake), die Möglichkeiten integrativer analoger und digitaler Praxen im Umgang mit Malerei und Computer (Rainer Braxmaier, Ralf Christofori, Klaus-Martin Treder), Möglichkeiten des Selbstausdrucks mit neuen Medien am Beispiel der experimentellen Arbeit mit der digitalen Videokamera (Karin Danner, Björn Maurer, Horst Niesyto), die Erprobung von Chancen und Grenzen performativen Lehrens und Lernens in offenen Forschungssettings (Paul* Manfred Kästner, Hanne Seitz), die handlungs- , orts- und leiborientierte Erforschung architektonischer Kontexte (Ragani Haas, Dieter Hummel, Claudia Pella, Martin Pfeiffer), ortsorientierte bildhauerische Maßnahmen, die einen erweiterten Begriff der Bildhauerei explorieren (Christine Biehler) und Perspektiven eines systemischen Kunstbegriffs, der künstlerische Forschungspraxis nicht allein an Gestaltungsfragen von Objekten bindet, sondern sich auf Problemen der Exploration kritischer Wahrnehmung zur Gestaltung von Kommunikationssituationen und Kontextualisierungen gründet (Ruediger John).

In *Spezial | Ästhetisch-künstlerische Projekte in Halbtags- und Ganztagsschulen* werden staatliche und private Schulen mit Projekten vorgestellt, die sowohl ästhetischen als auch künstlerischen Intentionen entspringen und in ihrer besonderen Qualität entscheidende Beiträge zu einem beispielhaften Fächer und Schule übergreifenden Schulprogramm liefern, hiermit nicht nur zur Schulprofilbildung und einer ästhetisch-künstlerischen Schulkultur beitragen, sondern in einzelnen Fällen auch die Gesamtstruktur von Schule und Unterricht maßgeblich verändern.

Der Bogen reicht hier von einer niedersächsische Hauptschule mit Orientierungsstufe (Norbert Hilbig) über Ganztagshauptschulen in Baden-Württemberg (Karl Frank, Michael Fritz, Margot Müller-Hecker) und privat geführte Kreativitätsgrundschulen in den neuen Bundesländern (Hans-Georg Mehlhorn) bis zu einem Kölner Gymnasium (Uta M. Reindl).

Es folgt unter *Installation* ein künstlerischer Beitrag Martin Pfeiffers, der auf Schloss Rotenfels eine Konstruktion errichtete, die an die Namen von Orten erinnerte, an denen aus politischen und/oder kriminellen Gründen Menschen misshandelt, gefoltert und getötet wurden oder einfach ‚verschwunden' sind.

Unter der Rubrik *Kunst/Gesellschaft* widmen sich zwei sehr unterschiedliche Beiträge dem Spannungsverhältnis von Kunst und Gesellschaft, indem dieses einerseits, aus der Perspektive der Nachbarschaft zur Kunstproduktion, des politischen Aktivismus und poststrukturalistischer Philosophie, sich der konkreten Herstellung von Differenzen und konfliktvollen Überschneidungen von Kunst, Politik und Theorie und dem Verweis auf die Notwendigkeit von künstlerischen Strategien gegen das Kommando von Kontrolle, Kommunikation und Instrumentalisierung wendet und für die Praxis der Störung gegen die Vereinnahmung das Mittel der Differenz in Anschlag zu bringen sucht (Gerald Raunig) indem andererseits die Notwendigkeit einer pragmatistischen Inanspruchnahme künstlerischer Strategien im Sinne der gesellschaftspolitischen Veränderung favorisiert wird, wobei man sich als mobile künstlerische Interventionsgruppe auf dem Hintergrund des erweiterten Kunstbegriffs der Erforschung und Verbesserung akuter sozio-kultureller Brennpunkte und der Veränderung sonstiger prekärer gesellschaftlicher Verhältnisse und Strukturen widmet (Wolfgang Zinggl).

Unter dem Stichwort *Perspektiven* folgen drei Beiträge, deren erster sich dem Verhältnis von Bildung, Pädagogik und Kunst aus psychoanalytisch-philosophisch-künstlerischer Sicht angesichts der Problematik der Subjektbildung unter den massenhaft einfallenden Bildern widmet (Karl-Josef Pazzini); deren zweiter auf die Bedeutung zeitgenössischer interventionistisch-ortsbezogener künstlerischer Praxis für Selbstbildungsprozesse verweist und aufzeigt, inwieweit individuelle Ausdrucksfähigkeit geformt, geprägt und manipuliert wird (Hanne Seitz); und deren dritter Beitrag darlegt, wie im Kontext schulischen Kunstunterrichts, dessen Leitmotiv die Kunst und Hintergrundtheorie die *künstlerische Bildung* ist, ein künstlerisches Projekt Schüler/innen zu selbstorganisierten und -gesteuerten ästhetischen und künstlerischen Forschungs- und Handlungsprozessen verhilft, in denen sie das Lügen als bewusste künstlerische Strategie einsetzen können (Carl-Peter Buschkühle).

Positionen | Museum – Schule – Hochschule versammelt thematisch-inhaltlich unterschiedliche Beiträge, die sich alle, mehr oder weniger nah am Konzept der *künstlerischen Bildung* positioniert, der Kunstvermittlung unter gewandelten Rahmenbedingungen in den unterschiedlichsten institutionellen Vermittlungskontexten widmen.

Zum einen wird der Reformprozess der finnischen Kunstpädagogik, speziell der Lehrer/innenbildung der letzten 10 Jahre vor dem Hintergrund des Einsatzes elektronischer Medien beschrieben, der auf der Erforschung und Entwicklung von Praktiken und Methoden der Kunstpädagogik und spezifisch künstlerischer Prozesse aufbaut (Martti Raevaara).

Dann werden aus der Sicht der österreichischen Musikpädagogik Überlegungen vorgestellt, die Chancen auf Individualisierung und Bedarf von Subjekten an ständiger Selbstkonstruktion als fließfähig-plurale Identitäten gerade in der Auseinandersetzung mit den Gegenwartskünsten und ihren Ausdrucksformen gewinnen wollen, wobei die gezielte Selbstirritation und das produktive Scheitern in offenen Frage- und Suchprozessen, aber auch Entschleunigung und eine Kultur der Reflexion und Auswertung subjektive Deutungswelten, klangliche Gestaltungsmöglichkeiten und kreative Spielräume eröffnen helfen können (Christine Stöger).

Ein weiterer Beitrag zeigt aus der Sicht der Museumspädagogik Konzepte auf, die durch und mit Gegenwartskunst mittels Eigenaktivität, altersgemäßem Angebot, alltags- und lebensweltorientierten Vermittlungsangeboten, vielfältig methodisch-medialen, assoziativen und experimentellen Zugängen und der Offenheit nicht vorhersehbarer Erfahrungen und Erkenntnisse individuelle Bildungsprozesse bei Kindern und Jugendlichen anregen können, was aber die intensivierte Zusammenarbeit von Schulen, Kindergärten und Institutionen der kulturellen Jugendbildung voraussetzt (Christiane Jürgens).

Darauf folgt die Präsentation von –vom Bund (BMBF) geförderten - Forschungen, die digitale Medien als Schnittstelle zwischen Kunst und Informatik im Kontext künstlerischer Konzepte und erweiterter kunst- und mediendidaktischer Vermittlungsfelder untersuchen, in denen es in Theorie und Praxis ästhetisch-informatorisch geprägter Kompetenzbildung um einen gestaltungsorientierten, produktiven Umgang mit digitalen Medien im Schulkontext geht, der den kreativen Mehrwert der Maschine erproben will (Daniela Reimann u.a.).

Anschließend um die Vorstellung eines ebenfalls vom Bund (BMBF) geförderten Berliner Forschungsvorhabens, das Kunst und Lernen im Prozess betrachtet, wobei in offenen, experimentell-handlungsorientierten, individuellen und kollektiven ästhetisch-künstlerischen Forschungsprozessen die Möglichkeiten des traditionellen Kunstunterrichts, im Hinblick auf eine Verlagerung des traditionellen Werkbegriffs hin zu kontingenter Prozesshaftigkeit, Schüler/innen neue ästhetische Erfahrungen und Interessen vermittelt werden und auch die hieran beteiligten Künstler/innen Gelegenheit erhalten sollen, als Beobachter/innen und handelnde Vermittler/innen Schule und Unterricht zu dekonstruieren (Stella Geppert, Claudia Schönherr-Heinrich).

Es folgt ein Plädoyer für das Bildermachen im Kunstunterricht, das eine intensive handlungsorientierte und handwerkliche Beschäftigung mit dem Bild und die hierfür zu erwerbenden gestalterischen Bildkompetenzen – zwischen analogen und digitalen Möglichkeiten einfordert, indem die alltagsästhetischen Interessen von Kindern und Jugendlichen, anstelle von bisher vorgenommenen schnellen Technik- und Themenwechseln und deutlicher Fixierung auf Bilder der Kunst, stärkere Berücksichtigung erfahren sollten (H.C. Rainer Büchner).

Im vorletzten Beitrag wird in einer kritischen Einschätzung des Konzepts der *künstlerischen Bildung* auf die Notwendigkeit der Selbstreflexivität des kunstpädagogischen Diskurses für die Reformulierung essenzieller Probleme kunstpädagogischen Denkens und Handelns auf neuer historischer und begrifflicher Grundlage verwiesen, wobei an die Gefahr erinnert wird, dass auch kunstpädagogische Diskurse einer selbstreferenziellen Dynamik unterliegen würden und kunstpädagogische Theorie Acht zu geben habe auf die Widerständigkeit ihrer Phänomene, damit sie weiterhin bildungswirksam bleiben könne. Das Adornosche Misstrauen gegen den Differenz verschleiernden Identifikationszwang müsse für den begrifflichen als auch für den handelnden Zugriff gelten. Es gäbe keine Entlastung vor der Anstrengung des Begriffs und der offenen Selbstaussetzung gegenüber den Phänomenen (Stefan Hölscher).

Im letzten Beitrag des Bandes werden nochmals der allgemeine Problemhorizont des Symposiums, die Intentionen des Workshoptages und der pädagogische Grundimpuls der Veranstaltung aus bildungs- und schulpolitischer Sicht dargestellt und die besonderen Potenziale der *künstlerischen Bildung* und künstlerischer Bildungsprojekte für die Entwicklung individueller Kompetenzen vor dem Hintergrund der visuellen Zeitenwende herausgearbeitet. Daran schließt sich ein rückerinnernder Rundgang durch die einzelnen Stationen und Themenfelder des Workshoptages und ein Ausblick des Kooperationspartners Landesakademie Schloss Rotenfels auf die eigene gegenwärtige und zukünftige institutionelle Vermittlungsarbeit auf neuen Wegen zwischen Kunst und Bildung an (Ingrid Merkel, Michael Scheibel).

ZUGÄNGE ZUR KULTUR

„Nur zögernd, wenn überhaupt, erodiert das Monopol des Maschinenmodells. Mit Begriffen wie Chaos, Bifurkation, Evolution, lernendes System, Selbstbezüglichkeit, offene Zukunft, Entscheidung statt Determination, Kultur statt Natur schreitet der Versuch voran, in die für das Maschinenmodell unerreichbaren Sphären der Wirklichkeit vorzudringen und Formen und Ordnungen einzufangen.“[11]

„Der Geschichtsentwurf des Westens besteht in der Vorstellung organisierter Möglichkeitserweiterung, gepaart mit dem Glauben an ihre unendliche Fortsetzbarkeit. Diese Vorstellung ist nicht irgendeine von vielen, sie ist die Hintergrundtheorie unserer Kultur.“[12] Die Erwartung des Neuen – so der Soziologe Gerhard Schulze - sei Grundmuster einer statischen Geschichtsauffassung mit der Folge, dass alte Gewissheiten Zugang zu neuem Aufgabenbewusstsein abriegelten. So existiere das Beharrungsvermögen alten Denkens unter neuen Umständen fort. Es gebe geradezu eine notorische Trägheit eingespielter Deutungsmuster. Die durch die Moderne vorangetriebene Entgrenzung des Möglichkeitsraums provoziere allerdings wiederum die Frage nach dem schönen, dem gelungenen Leben: „Sie bewegt in der Kultur des Westens mehr Menschen als je zuvor.“[13]

Diese Deutungsmuster bildeten Lernblockaden der Gegenwart. Lernblockaden – so Schulze – hätten weniger die Form von Verboten und Strafen, stattdessen kämen sie heute unter Mitwirkung der Betroffenen zustande. Lernblockaden zeigten sich als „Menü von Angeboten, als gegenwärtig implizite Denkmuster, als ein Spiel, in das man ständig ungefragt hineingezogen wird.“[14] Einerseits werde der Wille des Einzelnen in Produkte und Angebote transformiert. Diese basierten auf hochgepäppelten Bedürfnissen, die Nachfrage erzeugen sollten, was wiederum den Glauben an die eigenen Wünsche festigen sollte. Die Kehrseite derartigen Verhaltens sei aber, dass kollektive Strukturen wie Wissenschaft, Technik, Medien, Tourismus, Politik und Unternehmen nun vom Denken und Wollen sehr vieler einzelner abhängig geworden seien, vom Subjekt und seinen Konstruktionen.

Schulze folgert hieraus für den soziologischen Blick, dass statt des Glaubens an die Unterjochung der vielen durch die wenigen und aller durch die eigenen Konstruktionen, die Soziologie zu wenig die Souveränität des Individuums als gestaltende Kraft zur Kenntnis nehme.

Offensichtlich ist es notwendig, Kultur lernen zu müssen. Nach Schulzes Ansicht ist die Auseinandersetzung mit „Sein und Kultur“ noch ganz am Anfang begriffen, im Gegensatz zu den

Themen „Können und Natur“ im „Steigerungsspiel“ der Moderne. Notwendig würden für das 21. Jahrhundert „ungewohnte Fortsetzungen“ als kultureller Wandel, nötig würde ein „seinsgerichtetes Denken“, das sich mit dem „könnensgerichteten Denken“ verbinden müsse.

Schulze nimmt den gegenwärtigen Übergang als einen vom Hausbau zum Wohnen wahr: „In der Phase des Hausbaus geht es um Werkstoffe, Statik, Beherrschung von Maschinen, Techniken. Dagegen in der Phase des Wohnens um Ästhetik, wechselseitige Anerkennung von Rechten und Pflichten, Erfindung alltäglicher Rituale, Gestaltung gemeinsamen Alltagslebens.“[15] Das Zusammenwohnen verlange Können, ein „Können des Seins“. Der Hausbau hingegen „Naturkönnen“, Wohnen ein „Kulturkönnen“. Die Sphäre der Kultur – so Schulze – bestehe aus „Regelmäßigkeiten des Fühlens, Deutens, Denkens und sozialen Handelns.“[16]

Für ihn ist Kultur schlichtweg das „Normale“, „Wiederholungen“ und „Muster im Handeln“.

Seit langem eingeübte Betrachtungsweisen von Anthropologie und Soziologie kämen mehr oder weniger auf einen gemeinsamen Nenner: Selbstwahrnehmung und Empathie, aber nicht als Bipolarität gegen Logik und Abstraktionsvermögen gedacht (Daniel Goleman), seien hier ebenso notwendig wie multiple Intelligenzen: Interpersonale und intrapersonale Intelligenz, Fähigkeit zum Verstehen des anderen und zur Selbsterkenntnis (Howard Gardner; emotionale Intelligenz bei Daniel Goleman).

Die interpersonale und intrapersonale Intelligenz, andere und sich selbst verstehen zu können, so Schulze, reiche jedoch noch nicht aus. So gehe es um *alle* Intelligenzen, auch um logisch-mathematische und sprachliche, damit um Vorhersehbarkeit *und* Verständigung: „Jenes Gewebe aus Wahrnehmungen und Gefühlen, das uns ausmacht, ist bei jedem Menschen anders und in seiner Ganzheit weder vermittelbar noch vermittlungswürdig. [...]. Gefragt ist die Kunst, Bedeutungsschnittmengen zwischen allen Beteiligten herzustellen, Bereiche der Gemeinsamkeit, die im Verhältnis zu den subjektiven Sinnkosmen winzig erscheinen mögen, aber dafür ausreichen, dass jeder in etwa das bekommt, was er will.“[17]

„Die Einzigartigkeit des Innenlebens ist nur die halbe Wahrheit. Zum Gesamtbild gehört ebenso, dass wir in der Lage sind, gemeinsame Bedeutungsräume aufzubauen und intersubjektiv nachvollziehbare Unterscheidungen zu treffen. [...]. Doch die grobschlächtigen gemeinsamen Deutungsmuster sind der Stoff, aus dem kollektives Lernen gemacht ist.“[18] Faszination des Ungewöhnlichen, Reiz des Normalen, wiederholte Episoden seien schließlich die Substanz von Kultur. Das Besondere bestehe aus offensichtlichen Wiederholungen. Weil die Eindrücke fremd seien, würden Wiederholungen deutlich hervortreten.

Ein hohes Maß an Wahrnehmungsbereitschaft, die wir auf unseren vielen Urlaubsreisen für exotische Oberflächen entwickelten, stehe uns selbst für die eigene Kultur nicht oder nur wenig zur Verfügung: „Ist man an der eigenen Kultur interessiert, so muss man lernen, das Gewöhnliche so zu sehen, als ob es exotisch wäre. Man versucht, Ähnlichkeiten zwischen Episoden explizit zu machen, die man normalerweise auseinanderhalten muss, [...]“[19]

Schulze fordert eine gesteigerte Selbstverantwortung des Einzelnen für kollektive Lernprozesse ein: „Unter der Bedingung weitgehender Selbstverantwortung hängt es von den Selbstbeschreibungen ab, die in einer Kultur kursieren, ob es zu kollektivem Lernen kommt und welche Qualität es hat. [...] Eine Kultur, in der das Modell des freien Willens vorherrscht, nimmt eine andere Entwicklung als eine fatalistische.“[20]

Aber er verschweigt auch die Risiken nicht: „Die Folgen des weit fortgeschrittenen Steigerungsspiels mit den Risiken des Könnens und den Ungewissheiten des Seins scheinen unbeherrschbar.“[21] Orientierungsfähigkeit sei deshalb gefragt, philosophische Unbefangenheit. Der Verlust von Illusionen sei ein Bildungsgewinn, Selbstzweifel ein kultureller Fortschritt, der jedoch nicht zur Religion erhoben werden sollte. Nach Schulze habe die „Theorie kollektiven Lernens“ ihre Urteilskriterien von den Subjekten abzuleiten und nicht mehr von metaphysischen Konstruktionen.

Der Fortschritt des Seins offenbare sich angesichts der Ungewissheit im stillen Konsens darüber, dass „naturwissenschaftliche, mathematische, grammatikalische, fremdsprachliche, geschichtliche oder musikalische Kenntnisse Errungenschaften darstellen und lernwürdig seien“. Konsens herrsche hinsichtlich komplexer Vermutungen über allgemein akzeptierte Werte und deren Brauchbarkeit als Orientierungsformen.

Fortschrittsdiskurse würden Lernziele brauchen: „Je weiter die Nutzung des Objektiven – materiell und sozial – getrieben wird, desto weniger genügt sie noch. Es wird unausweichlich, mit dem Subjektiven umzugehen.“[22]

Notwendig werde eine Paradigmenverknüpfung von „seinsbezogenen“ und „könnensbezogenen“ Orientierungsformen, der Übergang vom eindimensionalen zum zweidimensionalen Denken, gleichzeitiges Bewohnen zweier Denksysteme. Es gehe also um Entwicklung eines Erkenntnisvermögens für jedermann in Bezug auf gleichrangiges Denken von „Können“ und „Sein“.

Hiermit stellen sich natürlich Vermittlungs- bzw. Bildungsfragen, die in Kompetenzen münden. Welche Kompetenzen also sind gefragt? Zunächst erforderten sie die Einstellung der Wahrnehmung für die weitere Zukunft, also ein Gespür für Richtungen, Distanzfähigkeit, Überblicksfähigkeit.

Schulze legt die Notwendigkeit von fünf Wegen dar:

1. Das „Paradigma der „Begegnung“ erfordere Auseinandersetzung des Handelnden mit der Welt, mit sich Selbst, dem Gegenüber, mit Gemeinschaft, Werk, Erscheinung. Nötig würden ungewohnte Handlungsmuster in Ausrichtung auf ‚anders‘, Annäherung und Expedition, Konkretisierung, Erfahrungswissen, Improvisationstalent, das Ordnungsprinzip der Enklave, die Reflexion der Macht durch Beeinflussung, horizontale Muster des Wandels mit Rekurs und Überschreitung.

2. „Fortsetzung des Steigerungsspiels“ als Erweiterung des Möglichkeitsspielraums der Konsumenten durch Produkte und Dienstleistungen.

3. Die „Kultivierung des Könnens der Ankunft“ bedeutet, den Möglichkeitsraum durch Auffinden des Wissens zu erhalten und beherrschen, den Aufbau eines kulturellen Gedächtnisses für Wartung, Reparatur, Betrieb, Risiken unternehmen zu können. Notwendig werde die Aufgabe des Kombinierens von Techniken und Wissenselementen, lebenslanges Lernen als Pflege und Verfeinerung des schon vorhandenen Wissens, Erweiterung der Wissensgebiete, Vernetzungsfähigkeit zu einem Gesamtbild: eigenständiges, Horizont überschreitendes Denken, Fähigkeit, seine Gedanken in Worte zu fassen, sich verständlich zu machen. Denkschulung, Sprach- und Aufmerksamkeitstraining, Konfliktbewältigung, Praxisbezug.

4. Das „Erlernen der Gleichzeitigkeit“ erfordere, die Muster des Denkens und Handelns zu verbinden, die sich bisher auszuschließen schienen: psychische und soziale Integration widersprüchlich erscheinender Paradigmen, Handlungsmuster, Sozialformen, Diskursfähigkeit, zwei Seelen sollen in einer Brust heimisch werden.

5. Die „Erschließung des Normalen“ schließlich müsse Kultur zum Gegenstand des Denkens, Argumentierens, Handelns machen: „Meine Leitthese ist, dass das wichtigste Bildungsdefizit der Zukunft im Gebiet der kulturellen Bildung liegt. Diese ist nicht mit musischer Bildung zu verwechseln. Sie besteht analog zur naturwissenschaftlichen Bildung in intellektuellen Fähigkeiten und im Verfügen über Begriffsnetze: Blick für das Normale, zeitextensives Denken, episodenbezogenes Abstraktionsvermögen, Beherrschen von Grundregeln kulturbezogener Argumentation, doppelte Reflexivität.

So werde das „Verstehen der Kultur“ zur „Schlüsselkompetenz der Zukunft.“[23] Verstehen müsse jedoch als „Erschließung des Normalen“ gedacht werden. Als Kultur verstehen in: Privatleben, Beruf, Forschung und Entwicklung, Werbung und PR, Unternehmensführung, Politik und Medienalltag.

Nötig sei sprachliche Kompetenz, über Kultur zu reflektieren, Regeln beherrschen zu können, denen Diskurse über Kultur folgen sollen. Die „Steigerungslogik“ stehe unter „kulturbezogener Rechtfertigungserwartung“. Mobilität, Individualisierung, Vernetzung, Globalisierung – so Schulze - deuteten auf Veränderungen der Alltagskultur hin, eben auf Phänomene der „Ankunft“ und entgrenzter Möglichkeitsräume. Hier sei Kultur nicht mehr reaktiv, sondern müsse agieren. Anstelle von Anpassungsdiskursen erfolgten Gestaltungsdiskurse. Die „Kultur des Seins“ verlange mehr als die „Kultur des Könnens“, nämlich Umgang mit immer wieder anderen singulären Phänomenen. Die Unklarheit über Anschlussfähigkeiten des Neuen erfordere die Fähigkeit des Kulturverstehens.

Kultur werde in immer stärkerem Maße ein Produktionsfaktor mit den Kompetenzen von Kommunikationsfähigkeit, Einfühlungsvermögen, Improvisationstalent, Wissenstransfer und undogmatischem Denken. „Was daraus folgt, ist ein immer intensiver geführter Diskurs über gewollte und ungewollte Kultur."[24] Grundvoraussetzung hierfür sei die Frage danach: „Worum geht es inhaltlich? Um welche Regeln?"

Schulze beschließt seine Überlegungen mit dem Hinweis auf die Notwendigkeit zu lernen: „Das Niveau, auf dem gegenwärtig über Kultur geredet wird, bleibt hinter den Herausforderungen zurück. [...]. Die Anfangsschwierigkeit besteht in der scheinbaren Unkompliziertheit des Themas. Wozu lernen, wenn man schon soviel kann? Die Illusion des Bescheidwissens verhinderte bisher, dass Kulturaneignung in ähnlicher Weise zu einer kollektiven Suchbewegung wurde wie Naturaneignung."[25]

Ob sich der anstehende Wandel – so Schulze – „tatsächlich ereignen und die angedeutete Richtung nehmen wird, hängt allerdings von der Fähigkeit der Menschen zur kulturellen Selbstbeobachtung ab. Diese Lernanforderung ist die erste und wichtigste, sie entscheidet über alles andere."[26]

Der Münchener Sozialpsychologe Heiner Keupp geht in seinem Beitrag „Vom Möglichkeitssinn: Identitätsprojekte in der Spätmoderne" auf das spannungsvolle historische Wechselverhältnis von *homo faber* und *homo ludens* ein. Seiner Ansicht nach sind insbesondere „Spielfähigkeit" und „Möglichkeitssinn" die notwendigen Grundfähigkeiten zur Herstellung einer kohärenten Persönlichkeitsstruktur in der spätmodernen Gesellschaft des „globalisierten digitalen Netzwerkkapitalismus". Keupp ist davon überzeugt, dass sich in der Gegenwarts- und Zukunftsgesellschaft die „Unerbittlichkeit des Realitätsprinzips" der Berufs- und Arbeitsgesellschaft durch den im Spiel zu entwickelnden Möglichkeitssinn in Richtung „kreativer Produktivität", gepaart mit „Eigensinn" und „widerständiger Selbstgestaltung" als „Lebenskunst", entwickeln wird. Gleichwohl, das ist das Resultat seines Rückblicks in die Geschichte der Arbeitsgesellschaft, sei man vor einem „Missbrauch des Spiels" – wie auch jenem der „Bereitschaft zu arbeiten" nicht gefeit. Eine „kritische Theorie des Spiels" müsse sich also darum bemühen, „das konkrete spielerische Handeln in einen gesellschaftlichen Rahmen zu stellen und seine ambivalenten Nutzungen herauszuarbeiten".

Keupp rekurriert auf das aktuelle kulturelle Selbstverständnis, dem er unterstellt, das sich hier die „Annahme stabiler und dauerhafter Lebensbedingungen gründlich aufgelöst" habe und sich stattdessen „immer mehr das Gefühl eines hochtourigen Wandels" durchsetze, der bisherige gesellschaftliche Regulative außer Kraft, aber ein „neues Spiel" mit „zusätzlichen Spielern", „neuen Rollen", „neuen Ressourcen", „unbekannten Regeln", „neuen Widersprüchen und Konflikten" eröffnet habe. Innerhalb dieses geweiteten Rahmens müssten nun „die alten und die neuen Akteure ihre Rollen und Ressourcen im globalen Spielfeld erst noch finden oder erfinden, also definieren und konstruieren".

Neben der Flucht in „esoterische Sicherheitsgarantien" oder in Haltungen „resignativer Demoralisierung" sei ein neue Spiel- und Möglichkeitsräume suchender „spielerischer Habitus" denkbar.

Seien für die Moderne „Vertrauen in die Linearität", „unveräußerlicher Identitätskern" und „Fleiß" entscheidende Parameter, so zeige sich die Postmoderne in der „Vermeidung jeglicher Festlegung" (Zygmunt Bauman). Hier werde der Einzelne zum „Spaziergänger", „Vagabund", „Tourist", Spieler" in seiner „Vermeidung von Gebundenheit und Festlegung", vor dem Hintergrund „absoluter Flexibilität", „Fitness", der „Identität als Spiel", wobei nun unterm Zeichen der „Verspieltheit" anstelle einer Akkumulation innerer und äußerer Besitztümer der „Zugang zu Informationen, Märkten, Beziehungsnetzen und Bühnen" (Jeremy Rifkin), also der Zugang zu kulturellen Erfahrungen mit ihren zu schreibenden Szenarien und zu erzählenden Geschichten und auszuagierenden Fantasien „Ziel menschlichen Handelns" werde.

Wenn das „moderne Identitätsgehäuse seine Passform für unsere Lebensbewältigung zunehmend verliert", würden andere Kompetenzen der Subjekte in „kreativen Akten der Selbstorganisation" und im „Prozess der konstruktiven Selbstverortung" nötig, die hierbei eine „hohe Eigenleistung" zu erbringen hätten: „Sie müssen Erfahrungsfragmente in einen für sie sinnhaften Zusammenhang bringen." Keupp nennt diese „individuelle Verknüpfungsarbeit" „Identitätsarbeit".

Hierbei würden nun Fragen nach „Identitätsmaterialien" und „Konstruktionsfähigkeiten" des einzelnen Subjekts bedeutsam und angesichts des persönlich zu erbringenden „Herstellungsprozesses" vor allem Fragen nach dem „Wie?": „Wie vollzieht sich diese Identitätsarbeit? Oder im Bild gesprochen: Wie fertigen die Subjekte ihre patchworkartigen Identitätsmuster? Wie entsteht der Entwurf für eine kreative Verknüpfung? Wie werden Alltagserfahrungen zu Identitätsfragmenten, die Subjekte in ihrem Identitätsmuster bewahren und sichtbar unterbringen wollen? Woher nehmen sie Nadel und Faden, und wie haben sie das Geschick erworben, mit ihnen so umgehen zu können, dass sie ihre Gestaltungswünsche auch umsetzen können? Woher kommen die Entwürfe für die jeweiligen Identitätsmuster? Gibt es gesellschaftlich vorgefertigte Schnittmuster, nach denen man sein eigenes Produkt fertigen kann? Gibt es Fertigpackungen mit allem erforderlichen Werkzeug und Material, das einem die Last der Selbstschöpfung ersparen kann?"

Heiner Keupp ist der Ansicht, dass die Identitätsmuster der Konsumwelten kaum Gestaltungsräume für Kinder und Jugendliche offerierten und somit die „Inszenierung von Individualität" auch kein Beleg für die „nötige Selbsttätigkeit" sei, auch nicht der Erwerb symbolischen Kapitals im Sinne Bourdieus durch das Internet, das „kein Ersatz für die reale Handlungsmächtigkeit oder die Erfahrung der ‚Selbstwirksamkeit'" sein könne: „Genau diese Erfahrung kann nur aus dem ‚Produzentenstolz' der tätigen Umsetzung von Ideen in der eigenen Lebenswelt entstehen."

Im Sinne der Anforderungen für eine gelingende Lebensbewältigung sieht Keupp die Notwendigkeit der Bildung von Fähigkeiten

- zur Selbstorganisation, individuellen Passungs- und Identitätsarbeit, zum Selbsttätigwerden, zur Selbsteinbettung;
- zur Verknüpfung von Ansprüchen auf ein gutes und authentisches Leben mit den jeweiligen
- Ressourcen und zur
- inneren Selbstschöpfung von Lebenssinn,

die das Subjekt ermächtigten, eine „innere Lebenskohärenz" auszubilden. Hierbei würde es sich um einen

- Prozess auf Widerruf
- in spielerischen Explorationen von möglichen Optionen als
- Entfaltung des Möglichkeitssinnes vor dem Hintergrund
- unaufhebbarer Reflexivität unserer individuellen und kollektiven Lebensverhältnisse handeln. Gefordert ist nun *meine* Entscheidung, aber es könnte auch alles *anders* sein.

Notwendig werden für Keupp in dieser Hinsicht Freiräume, „um sich im Sinne dieses Möglichkeitssinnes selbst experimentell-kreativ-spielerisch zu entwerfen und gestaltend auf [...] Alltag einwirken zu können".

Das könne allerdings nicht gelingen, wenn die Frage der materiellen Absicherung, der Teilhabe an gesellschaftlichen Lebensprozessen, nach einer Tätigkeit mit Sinn und einer angemessenen Bezahlung – nicht positiv beantwortet werden könne. Die „Gewinnung von Lebenssouveränität" sei ein „Gefühl des Vertrauens in die Kontinuität des Lebens" als „Urvertrauen zum Leben und seinen natürlichen Voraussetzungen", was die „basalen ökologischen Lebensbedingungen als zentraler Rahmen für die Entwicklung psychosozialer Ressourcen" im Sinne einer „ökologischen Moral" mit einschließen müsse. Derzeit lasse sich feststellen, dass gerade „sozioökonomisch unterprivilegierte und gesellschaftlich marginalisierte Gruppen (dazu gehören mittlerweile mehr als eine Million Kinder und Jugendliche, die Sozialhilfe beziehen! Anm. J.K.) offensichtlich besondere Defizite bei dieser gesellschaftlich zunehmend geforderten eigeninitiativen Beziehungsarbeit" aufweisen würden. So sei „soziales Kapital" offensichtlich besonders abhängig vom Zugang zu „ökonomischem Kapital". Insofern sei gerade bei diesen Bevölkerungsgruppen eine besonders „gezielte professionelle und sozialstaatliche Förderung der Netzwerkbildung" im Sinne offener, experimenteller, auf Autonomie zielender Identitätsentwürfe dringend nötig.

Seinen Kompetenzen- und Strategienkatalog zur „Förderung des Möglichkeitssinnes" beschließt Keupp mit Hinweisen auf die Notwendigkeit der Bildung von „Fähigkeiten zum Aushandeln" von Werten, Normen, Zielen und Wegen, die nun „beständig neu" ausgehandelt werden müssten, auf die Notwendigkeit demokratischer Willenbildung in Schule, Familie, Alltag, Universität und Arbeitswelt.

Individuelle Gestaltungskompetenz werde ein entscheidendes Erfordernis des Subjekts, „vermehrt die eigenwillige Verknüpfung und Kombination multipler Realitäten" selbstständig vornehmen zu müssen, wozu Ambiguitätstoleranz als wichtige psychische Voraussetzung positiver Verunsicherung gehöre, eine Fähigkeit, „sich offen auf Menschen und Situationen" einlassen und diese erkunden zu können. Um schließlich jeden „Eindeutigkeitszwang" zu überwinden, was Fähigkeiten zur „neugierigen Exploration von Realitätsschichten" und zu „utopischen Träumen" voraussetze, „die einer verkürzenden instrumentellen Logik unzugänglich sind". Hierzu gehöre auch das „Hinausdenken und -fühlen über die Grenzen des geltenden fatalen Realitätsprinzips" hinweg als Vorstellungsfähigkeit, Alternativen zu imaginieren, was „immer wichtiger" werde.

Ich denke, es wird angesichts der Argumentationen Gerhard Schulzes und Heiner Keupps zu prüfen sein, welche Antworten die Konzeption der *künstlerischen Bildung* und die hier versammelten Autor/innen auf die von ihnen entwickelten Überlegungen geben können.

Nicht erst seit den Erkenntnissen Niklas Luhmanns zur Theorie sozialer Systeme wissen wir, dass der Kunst als Teilsystem der Gesellschaft die Aufgabe der Beobachtung der Kultur (Gesellschaft/Welt) als kulturelle Selbstbeobachtung zufällt. Kunst und Kultur sind demnach sehr verschiedene Systeme, über deren Antagonismen und Interaktionen unterschiedlichste Auffassungen herrschen. Das Subsystem Kultur beinhaltet in seiner Theorie das Teilsystem der Kunst, ebenso die Teilsysteme Wissenschaft, Religion und Bildung. Dennoch kommen den Künsten wichtige Kulturfunktionen zu. Ernst Cassirer bezeichnet als „Kultur" die Sinne aller symbolischen Formen[27]. Da die Künste symbolische Formen produzierten, seien die Funktionen dieser symbolischen Formen Kulturfunktionen. Wenn Schulze und Keupp in ihren Ausführungen auch nicht explizit auf die Tatsache eingehen, dass Musterbildungen immer mit Bildern zusammen hängen, und deshalb wichtige Kulturfunktionen gerade auch mit Bildern als symbolischen Formen (Mittel von Ordnung und Macht) realisiert werden (als Selbst- und Fremdsicht auf die Welt, als Einheit von Erkenntnis, Wissen, Ethik, Ästhetik), so wird doch die Bedeutung der Kunst in ihrer kulturellen Relevanz klar.

Keine besonders neue Erkenntnis ist, dass den Kulturfunktionen der Künste auf individueller Ebene Bildungsfunktionen gegenüber dem Einzelnen zugerechnet werden können. Wenn Bildung die wechselseitige Erschließung von Mensch und Welt, seiner Vergangenheit und Zukunft auf der Ebene des einzelnen Subjekts erfasst (Selbst- und Fremdreferenzialität), so ergeben sich besondere Kulturfunktionen der Künste für das Gemeinwesen, die individuell transformiert werden und zu Bildungsfunktionen der Künste werden.

Interessant ist, dass beide hier zitierten Autoren implizite Kulturfunktionen der Künste benennen:

- handelnde Auseinandersetzung mit Welt, Selbst, Gegenüber, Gemeinschaft, Werk, Erscheinung
- Ästhetik
- Wahrnehmungsbereitschaft
  - Selbstwahrnehmung und Empathie, Logik und Abstraktionsvermögen
  - Faszination des Ungewöhnlichen, Reiz des Normalen, das Gewöhnliche so zu sehen, als ob es exotisch wäre
  - Arbeit mit Gleichzeitigkeit
- Umgang mit Chaos
  - mit dem Subjektiven umgehen
  - Umgang mit immer wieder anderen singulären Phänomenen
- Kommunikationsfähigkeit
  - Fähigkeiten zum Aushandeln
  - wechselseitige Anerkennung von Rechten und Pflichten, Erfindung alltäglicher Rituale, Gestaltung gemeinsamen Alltagslebens
- Individuelle Gestaltungskompetenz
  - selbst experimentell-kreativ-spielerisch entwerfend und gestaltend auf Alltag einwirken
  - Produzentenstolz der tätigen Umsetzung von Ideen in der eigenen Lebenswelt
  - Eigensinn und widerständiger Selbstgestaltung
  - Arbeit mit/an eigenen (und fremden) Identitätsmaterialien

- kreative Produktivität
- Konstruktionsfähigkeiten
- kreative Verknüpfungen herstellen

- Arbeit mit der Unklarheit über Anschlussfähigkeiten des Neuen
  - Umgang mit positiver Verunsicherung
  - Umgang mit unbekannten Regeln
  - sich offen auf Menschen und Situationen einlassen
  - offene, experimentelle Identitätsentwürfe
  - ungewohnte Handlungsmuster in Ausrichtung auf ‚anders', Annäherung und Expedition, Konkretisierung, Erfahrungswissen, Improvisationstalent
- Deutungsmuster relativieren, durchbrechen, neue herstellen
  - Infragestellung der Grenzen des geltenden Realitätsprinzips
  - Vorstellungsfähigkeit
  - Alternativen imaginieren
  - extensive Zeitnutzung
  - Eindeutigkeitszwang überwinden
  - gegen verkürzende instrumentelle Logik
  - neugierige Exploration von Realitätsschichten
  - utopisches Träumen
  - Prozess auf Widerruf
  - Szenarien schreiben, Geschichten erzählen, Fantasien ausagieren
- Selbstorganisations- und Orientierungsfähigkeit
  - persönlich zu erbringende Herstellungsprozesse
  - Reflexivität

BILDUNGSDEBATTE

Seit den Ergebnissen der Pisa- und anderer Studien ist eine vehemente Diskussion über die ‚richtige' schulische Bildung und Erziehung eröffnet worden.

Dabei werden einerseits Überlegungen hinsichtlich einer notwendigen Re-Konstruktion eines humanistischen Bildungsbegriffs andererseits nach der zwangsläufigen und zwangsweisen Durchsetzung eines formalistisch-funktionalistischen (Aus-)Bildungsbegriffs deutlich, wobei unter der Hand z.T. bereits neue administrative schul- und hochschulpolitische Fakten geschaffen wurden, die die ideologischen Grundmomente der Moderne im Sinne des „schneller – höher – weiter" perpetuieren und für eine neoliberale Gesellschaft anschlussfähig machen wollen.

Kritisch betont der in Bern lehrende Erziehungswissenschaftler Jürgen Oelkers in seinem Plädoyer für eine humanistische Bildung, „die ihren Namen auch verdient", die Notwendigkeit einer schulischen Orientierung auf die geistig-kulturellen Herausforderungen einer sich wandelnden Gesellschaft:

„Humanistische Bildung muss sich an den Herausforderungen des geistigen und kulturellen Lebens messen, verlangt also eine Zeit der Inkubation und ist nicht sofort fertig. Die Idee, Bildung sei ein Instantprodukt, ist die Verwechslung von Fast Food mit wirklichem Essen. [...]. Humanistische Bildung ist Widerstand gegen Gleichmaß und so ein hohes gesellschaftliches und ökonomisches Gut ..."[28]

Oelkers warnt vor den Folgen reaktionären ‚Reformeifers': „Eine der sehr wahrscheinlichen Reaktionen von Schulreform in der heiklen Situation internationaler Leistungsvergleiche, die das nationale Selbstbewusstsein kränken, ist die Verstärkung der schlechten Seiten von Verschulung, also rigide Vorschriften des Unterrichts, penible Kontrollen der Leistung und enge Räume der Überwachung." Hierbei verweist er auf Verhältnisse in England, die im Zuge neoliberalistischer Schulreformen der Thatcher-Ära nun erste Ergebnisse zeitigten: „Wenn in England die Lehrer die Schule verlassen, dann weil die Schüler ausschließlich für die Prüfung lernen, was wesentlich nur einen Effekt hat, nämlich dass sie vergessen, was aufgenötigt wurde. Es ist ein Witz, dass Reform als Ausweg aus der Misere gleichbedeutend ist mit der Etablierung der Stechuhr in den Schulen zu einer Zeit, die Arbeit und Lernen radikal und irreversibel flexibilisiert hat. Wenn die Verstärkung der schlechten Verschulung das Niveau der Zukunft ist, kann nur Schulflucht die Maxime sein, weil Talent vergeudet wird, das nicht ersetzbar ist. [...]"[29]

Der Freiburger Erziehungswissenschaftler Edmund Kösel erkennt in seinem Beitrag „Wohin geht die Kunstdidaktik?" in der gegenwärtigen bildungspolitischen Gesamtsituation allerdings nur „Mittelmaß als Grundkodierung des bürgerlichen Bewusstseins", „Uniformierung und Standardisierung" als „Mythen, die den Glauben an den Erhalt des Bisherigen aufrechterhalten". Seine Einschätzung fällt deshalb auch negativ aus, was die Reformfähigkeit der Teilsysteme Bildung und Politik anbelangt, wobei im Bildungssystem lediglich der Druck nach unten weitergegeben werde: „Paradiesbegriffe dazu sind z.B. Controlling, Evaluation, Vergleichbarkeit, Vereinheitlichung, Ganztagsschule, Bildungsstandards usw.. Sie versprechen für die Zukunft, was sie für die Gegenwart nicht einhalten können oder anders gesagt, sie sind Anreicherungen für eine unsichere Gegenwart durch nicht explizierte Begriffe für die Zukunft."

Kösel wirft der Bildungsdebatte vor, noch immer die alten, überholten Muster und Traditionsüberhänge dem Schulsystem aufzubürden, „die sonst kein anderes Teilsystem unserer Gesellschaft hinnehmen würde". Er fragt, warum keine „emergenten Ideen und Visionen" entstanden seien, die die „blinden Flecke unseres Bildungssystems aufdecken und neue Alternativen glaubhaft darstellen konnten".

In der Folge seiner Argumentation legt er die Musterbildungen dar, die tatsächliche Veränderungen verhinderten. Im „Bildungstauschmarkt" gehe es schon längst nicht mehr um „freie Lernarbeit", da Lehren und Lernen ein „Modus zur Herstellung von Bildungsaktien" geworden sei. Deshalb auch blieben für den Einzelnen in diesem Tauschmarkt die eigene Lerngeschichte, die eigene Entwicklung auf der Strecke, individuelle Entfaltungsmöglichkeiten würden drastisch eingeschränkt. In kurzfristigen epistemologischen Reproduktionszyklen sei ein beschleunigter Zerfall der Begriffe, Bedeutungen, des Referenziellen im Sinne von Unterschiedsverwischungen festzustellen. So hätten diese seit längerem im Schulbereich bei den „Chreodenstrukturen der Lernenden und bei den Lehrenden begonnen". Bildungsstandards hätten aber nichts mit der Realität der Bewusstseinsstrukturen und Bildungsmuster zu tun, die sie geradezu missachteten.

BILDUNGSBEGRIFF

Bildung als Teilsystem der reflexiven Moderne ist ihrer Funktion nach auf individuelle Integration in die Gesellschaft orientiert, „in ihrem sinnhaften Operieren verweist sie anhand der Unterscheidung von Kompetenz und Inkompetenz auf die Notwendigkeit, ein ausgewähltes, gesellschaftlich notwendiges Bildungswissen zu vermitteln"[30], das sich mit den gesellschaftlichen Anforderungen ständig verändert.

Edmund Kösel lässt systemtheoretische und konstruktivistische Überlegungen in seinen Bildungsbegriff einfließen. Die Theorie lebender Systeme (Autopoiesis), die Transaktionsalayse und die von ihm entwickelte Theorie der Subjektiven Didaktik betonten, was seitens der Gehirnforschung bestätigt worden sei, dass „Menschen lebende Systeme mit ganz eigenen Gesetzmäßigkeiten und Mustern sind". So verweist Kösel vor diesem Hintergrund auf die für den didaktischen Bereich wichtigen Prinzipien von Selbstorganisation, Rekursivität und Selbstreferenzialität, was bedeute, dass sich Lehrende und Lernende als „autopietische Systeme" in ihrer inneren Verfasstheit selbst organisierten, „dass jede neue Situation und jedes neue Wissen, Erwartung oder Zumutung von außen zunächst sofort auf ihre Verträglichkeit zum bisherigen gewordenen System (Eigenlogik) überprüft, abgestoßen, nicht wahrgenommen oder aber an bestehende Muster angekoppelt werden". Seiner Ansicht nach müssten gerade diese gehirnphysiologischen und neurobiologischen Befunde von allen Fachdidaktiken „weit mehr" in ihre Überlegungen und Forschungen einbezogen werden.

„Eine schon klassische Bestimmung versteht Bildung als wechselseitige Verschränkung von Mensch und Welt. [...] Bildung ist in diesem Zusammenhang ein Verhältnisbegriff: Es geht um die Beziehung von Mensch und Welt. Bildung ist damit kein ‚Ding', das bloß transportiert werden könnte. Diese Beziehung zwischen Mensch und Welt ist nicht statisch. Mensch, Welt und die Beziehung zwischen beiden sind vielfach dynamisch: Der Mensch in seiner individuellen Entwicklung und in seinen sozialen Beziehungen; die ‚Welt', deren Kennzeichen heute geradezu ihr sozialer, ökonomischer, politischer und kultureller Wandel ist; und die Beziehung zwischen Mensch und Welt, die bestenfalls ein prozessierendes Gleichgewicht darstellt, das herzustellen bewusste und ständige Gestaltungsaufgabe des Menschen ist. [...]. Wie gestaltet der Mensch nicht bloß ‚die Welt' und sich selbst, sondern wie gestaltet er die jeweils spezifischen Mittel seines Welt- und Selbstzugangs?"[31]

„Eine aktuelle Bestimmung des Begriffs von Bildung versteht unter dieser die Herstellung eines bewussten Verhältnisses zu sich, zu seiner natürlichen und sozialen Umgebung, zu seiner Vergangenheit und Zukunft. Mit dieser Geschichtsfunktion, die das Bild erfüllt, realisiert sich also ein entscheidender Aspekt von Bildung. Der etymologische Zusammenhang von Bild und Bildung ist also kein zufälliger, sondern inhaltlicher."[32]

„Bildung ist der Kern der Persönlichkeitsentwicklung und der Gemeinschaft. Ihre Aufgabe ist es, jedem von uns, ohne Ausnahme, in die Lage zu versetzen, all unsere Talente voll zu entwickeln und unser kreatives Potential, einschließlich der Verantwortung für das eigene Leben und die Erreichung unserer persönlichen Ziele, auszuschöpfen."[33]

Darüber hinaus lässt sich Bildung als subjektive Seite der Kultur[34] betrachten, weil durch sie soziale Kulturfunktionen zu individuellen Bildungsfunktionen transformiert werden können.

Karl-Josef Pazzini verweist in seinem Beitrag „Perspektiven für die Kunstpädagogik" aus künstlerischer, philosophischer und psychoanalytischer Sicht darauf, das „die Bildung des Subjekts und seiner imaginären Oberfläche, des Ichs, [...] eine selbsttätige, z.T. unbewusste, jedenfalls intentional schwer greifbare Bildung (ist), in einem Mittelding zwischen ‚Aktiv' und ‚Passiv', dem Medium, das in der griechischen Grammatik einen Handlungsmodus bezeichnet, der dem grammatisch bezeichneten, handelnden Subjekt an sich und für sich geschieht; er ist reflexiv."

KULTUR UND BILDUNG – MUSTERBILDUNGEN UMBAUEN

Wolfgang Zacharias hat sicher Recht, wenn er in seinem Beitrag „Kartografierungen ästhetischen, kulturellen und künstlerischen Lernens" konstatiert, dass innerhalb des großen Feldes der Kultur „alles bildet" und wenn er im Verweis auf Hartmut von Hentig, diesen mit: „'Bilden heißt sich bilden'" zitierend, auch darauf verweist, dass Bildung immer erst Selbst-Bildung heißt, dass aber das eigentliche Problem darin bestehe, ob „besser oder schlechter, wichtig oder unwichtig, nachhaltig und brauchbar oder nutzlos und behindernd". Hiermit stellt Zacharias die Frage nach Einschätzungs- und Einordnungsmöglichkeiten, nach der Fähigkeit der Bewertung von Bildung für sich selbst, nach der Notwendigkeit, Position zu finden und Orientierung zu erlangen, was für einen gut und nötig und sinnvoll und befriedigend usw. ist. Nötig wird innerhalb dieser Phase der Enkulturation und Sozialisation also die Möglichkeit zur Selbstbefragung und Selbstdistanzierung. Natürlich lernen Kinder in ihren jeweiligen alltagsästhetischen Kontexten auch, ihre Sinne zu bilden, Wahrnehmungen zu machen, diese zunehmend zu reflektieren und zu differenzieren. Enkulturation und Sozialisation bedeuten jedoch auch Determination, Be- und Einschränkungen, Konditionierungen der eigenen Sinne und Sinnlichkeit.

Es stellt sich allerdings die Frage, ob man Kinder und Jugendliche in ihren wichtigen Entwicklungsphasen der Identitätsbildung sich selbst überlässt oder nicht die Pflicht hat, diese helfend, stützend, erweiternd um andere Möglichkeiten, pädagogisch zu begleiten?

„'Kulturelle Bildung ist Allgemeinbildung, die mit Methoden der Kulturpädagogik vermittelt wird. Zu diesen Methoden der Kulturpädagogik gehören die künstlerischen Tätigkeiten wie Musizieren, Tanzen, Theaterspielen, Malen und plastisches Arbeiten, aber auch das Spiel sowie kreativer Umgang mit neuen Medien. Es entstehen zudem immer wieder neue kulturpädagogische Orte und Arbeitsformen, wie etwa in den letzten Jahren Kindermuseen beziehungsweise Zirkuspädagogik.' So könnte eine Definition von ‚kultureller Bildung' aussehen, wie sie sich in den letzten Jahrzehnten in intensiven Diskursen über Theorie, Praxis und Konzeption entwickelt hat."[35]

„Kulturelle Bildung ist in hohem Maße geeignet, den vielschichtigen Themen und komplexen Zusammenhängen des Lebens geeignete Fähigkeiten und Handlungsqualitäten gegenüberzustellen: gerade die praktische Auseinandersetzung mit den Mitteln, Techniken und Inhalten der Kunst, kann die Persönlichkeit entwickeln. Kulturelles und künstlerisches Lernen berührt auch Prozesse der Identitätsbildung und Sinnstiftung. Es formt Eignungen aus, die in der modernen Kommunikations- und Informationsgesellschaft zunehmenden Wert haben und gefördert werden müssen. Hierzu gehören das Vermögen zur Innovation und schöpferischer Handlung ebenso wie Flexibilität, Ausdauer, Analysefähigkeiten und Eigenverantwortlichkeit."[36]

Karl-Josef Pazzini macht in seinen Ausführungen zu Perspektiven für die Kunstpädagogik deutlich, dass pädagogische Eingriffe in Bildungsprozesse von Individuen nötig seien, um die nicht manipulierbare Produktion von Fantasmen der einzelnen Subjekte – über deren Sosein und Entstehen man „aus einer gesellschaftlich-kulturellen Sicht" man „bestenfalls Vermutungen anstellen" könnte - mit der Angewiesenheit der Gesellschaft auf „Zusammenhang" bzw. „Verständigungsmöglichkeiten" „über gemeinsame Verfahrensweisen", „Lebenstechniken", „Gebrauch", „Fehlstellen", „Entwicklungsmöglichkeiten" etc. in Vermittlung zu bringen: „Und hier steht nichts anderes zur Verfügung, als bei den Einbildungen anzuknüpfen und diese zu nutzen, und dadurch ein Subjekt zur Erscheinung zu bringen."

Pazzini verweist auf die selbsttätige, teilweise unbewusste und „intentional schwer greifbare Bildung" des Subjekts, das man nur als „Hiatus", „Differenz" oder „Kluft" auf der Suche nach dem ewig misslingenden Zugang zum „Ding an sich, zur absoluten Wahrheit, zur Unmittelbarkeit" denken könne, bei dem schließlich die entstehende Lücke mit einem Bild geschlossen und damit „sprechbar" werde.

Die aus und mittels der Medien einfallenden Bilder als nicht nur „bestimmbare Inhalte, sondern auch als schwer fassbare Strukturen, die das (Körper-)Ich zeichnen und bilden", lagerten sich im oder am Subjekt „als fantasmatischer Schutz und gleichzeitig als Orientierung, als Schichten von Identifikationen ab". Das Subjekt brauche aber diese Fantasmen, ohne die es keinen Referenzpunkt, keine Beziehungsgröße für sich und die anderen hätte. Diese seien der bewussten Aktion als deren Folie vorausgesetzt und bildeten „die Haken, die Reibflächen, die Fliegenfänger für die Identifikationen", die erst Bewertungen von Situationen ermöglichten.

Pädagogik erziele dann Wirkungen „durch das, was sie nicht intendieren kann, wenn sie auf Bildungsprozesse setzt, auch diesen aufsitzt". Zwar brauche es einen pädagogischen Eingriff in Bildungsprozesse, die aber etwas „Unbekanntem" aufsäßen und „keine tabula rasa voraussetzen" könnten, denn „nur die Nichtübereinstimmung, die fehlende Anschlussmöglichkeit, das Missverstehen halten am Leben und ermöglichen weitere Bildungsprozesse", die von „Lücken" ausgingen, und weitere, nie zu schließende produzierten.

Pädagogik und Bildung seien demnach nicht identisch. Insofern könne der Lehrer allein als „Störer" in der Erscheinungsform des grenzüberschreitenden (die eigenen und die der Schüler) Kunstpädagogen Bildungsprozesse des Subjekts als reflexive Handlungsprozesse zwischen „aktiv" und „passiv" in der Arbeit an jenen einfallenden Vor-Bildern als Einbildungen und Meinungen auslösen, um den in der Schule eher/schon eingebildeten „Mittel zur Verfügung" zu stellen, „das Subjekt zur Erscheinung zu bringen": „Mit solchen Bildern und Bildstrukturen kann die Kunstpädagogik bekannt machen, um sie allmählich durch einen Verdauungs- und Ausscheidungsprozess als Stoffwechsel fürs Leben produktiv zu machen."

Subjektivität meine hierbei nicht das Subjekt, sondern die „Möglichkeit des Auftauchens des Subjekts unter den Vorzeichen seiner Vergesellschaftung, also in den Grenzen der (bisherigen; Ergänzung J.K.) Darstellbarkeit". Insofern könnte Kunstpädagogik versuchen, „mit den unterschiedlichsten Mitteln, von denen der Lehrer eines ist, die Schüler und die Kunst andere, die Rücksicht auf die Grenzen der Darstellbarkeit manchmal zu suspendieren", um diese eben zu übersteigen. Die Arbeit an jenen Vor-Bildern sei – so Pazzini – nötig, da die vorher eingefallen Vor-Bilder einerseits „aus einer intentionalen, pädagogischen Sicht nicht immer vorbildlich, nicht immer erwünscht", andererseits „auch eingebildet, im Sinne einer Meinung, eines sich zu eigen, zum Meinen machen, zum Eigentum" seien, womit „ein Eingebildeter [...] sich für gebildet halten" könnte. Hier sieht Pazzini ein pädagogisches Problem, auf das Einfluss genommen werden müsste.

Die „Geschichte der Einflussnahme" derartiger Vor-Bilder (auch durch Kunsthochschulen und -akademien), mit denen sich das Subjekt reflexiv bilde, stehe deshalb für die Kunstpädagogik zur „Relektüre" an.

„Noetische" und „analoge Chreode/Chreode der Metaphorik" (Chreode = „die kanalisierte Entwicklungslinie eines Lernenden aufgrund seiner Strukturdeterminiertheit und seiner Interaktionsmöglichkeit mit dem umgebenden Milieu"[37]) sind für Edmund Kösel jene Chreoden, die die „Sprache der Emotion" führten und

„Kreativität", „Erfindungen von kognitiven und ästhetischen Landkarten", den „Flow", „Spannung", „kreativen Durchbruch" und „intuitive Erkenntnisse", „Neugierde", „Begeisterung und Leidenschaft" zeigten, wobei „der ganze Mensch" in „einer persönlichen oder sozialen Symmetrie" im Stadium eines „erweiterten Bewusstseinszustandes" beteiligt sei: „In der Driftzone entsteht dann ein energetisches Feld der Parallelisierung zwischen Lehrenden und Lernenden ..." So fordert Kösel Lehrende, die inmitten von Komplexität und Diversität neue Einsichten aufnehmen könnten, hierüber eine „eigene neue Position" entwickelten und eine „eigene Entscheidung" zu fällen gelernt hätten: Lehrende mit Authentizität und „didaktischer Präsenz".

Kunibert Bering weist in seinem Gemeinschaftsbeitrag zum „Umgang mit der Bilderflut" darauf hin, dass Kultur gelernt werden müsse, da Musterbildungen der Wirklichkeitsdeutung reflektiert werden müssten. Der kulturelle Horizont sei die entscheidende Ebene für Beobachtungen der menschlichen Lebensformen. Kultur sei „nicht eine Anhäufung von Kunstwerken, Riten, Texten usw., die Kultur bedingen, sondern Kultur (ist) vielmehr jenes ‚Programm' (Siegfried J. Schmidt), aufgrunddessen derartige Werke erst als dem Kontext der Kultur zugehörig erkannt werden können".

„Der Prozess der Enkulturation erweist sich in seinen verschiedenen Phasen als prägend für den jungen Menschen in der Determination durch das Elternhaus, die eine erste Identität ermöglicht. Zugleich erfährt das Individuum, durch jene divergierenden Muster der Wirklichkeitsdeutung, die es erst befähigen, eine eigene Identität zu konstruieren." Hinzu trete das Phänomen der Interkulturalität als Prinzip der Montage oder Collage. Kultur materialisiere sich in Symbolisierungen, werde dadurch erst der Wahrnehmung zugänglich.

An die Kunsterziehung richtet Bering die Forderung, *visuelle Kompetenz* in Entschlüsselung von Zeichen und Symbolen, Reflexion kultureller Zusammenhänge zu vermitteln. Bering empfiehlt *handlungsorientiertes Erlernen* (→ Pfeiffer; Peter; Regel; Brügel - Hofmann - Kern; Blümlein - Wiessner; Stielow - Warzecha; Braxmaier - Christofori - Treder; Brohl - Urlaß - Zaake; Kästner - Seitz; Haas - Hummel - Pella - Pfeiffer; Biehler; Hilbig; Mehlhorn; Reindl; Zinggl; Buschkühle; Stöger; Reimann u.a.; Geppert - Schönherr-Heinrich; Büchner; Merkel - Scheibel) *lebensweltlicher Sinndeutungsprozesse* als Erlernen von *Strategien zur Konstruktion von Wirklichkeit*. Kultur sei Orientierungssuche, Identitätsentfaltung. Prozesse der ständigen Um- und Neugestaltung müssten erkannt werden: „Auseinandersetzung mit Kultur ist daher wesentlich eine Auseinandersetzung mit optischen Erfahrungen."

Diese primäre Orientierung auf Optizität teilen andere Autor/innen nicht, die das *Wissen des Leibes* ebenso dringlich in Bildungsprozesse integrieren möchten wie beispielsweise Dieter Warzecha oder Reimar Stielow (*Leib* und *handelnde Auseinandersetzung mit Architektur* → Haas - Hummel - Pella - Pfeiffer; Biehler). (*Performativität* → Heimann; Kästner; Kästner - Seitz; Seitz). (*Bildkompetenz* → Heid; Blümlein - Wießner; *analoges und digitales Bild* → Braxmaier - Christofori - Treder; *Medienkompetenz/Video* → Danner - Mauerer - Niesyto; *Medienkompetenz/ Computer* → Reimann u.a.; *Bildbegriff* → Marr; Stielow; Büchner; *Bild/Bildung/Pädagogik* → Pazzini).

Die von Kunibert Bering angesprochenen Musterbildungen der Enkulturation greift auch Reimar Stielow in seinem Beitrag „Kunstpädagogik und Gegenwartskunst" aus kunstdidaktischer Sicht auf. Aus seiner Sicht ermangele es gegenwärtiger Theorie künstlerischer Bildung an einer differenzierten Theorie ästhetisch-künstlerischer Sozialisation, Individuation und Kulturation. Hier wären selbstreflexive Auskünfte von Lehrenden und Lernenden in allen Institutionen dringend notwendig. Sein didaktisches Verständnis geht davon aus, Musterbildungen, eigene Projektionen, Stereotypen bei Lehrenden und Lernenden einer radikalen Befragung zu unterziehen und zu bearbeiten. „Alle künstlerische Bildung und Selbstbildung hat aus meiner Sicht eine existenziell biografische Basis." Diese Bearbeitung der unreflektiert übernommenen kulturellen und alltagsästhetischen Muster, Standardisierungen und unhinterfragten Normen haben seiner Ansicht nach das pädagogisch-didaktische Grundverständnis ebenso zu reflektieren wie den Kunst-, Form- und Bildbegriff.

Im Gegensatz zu Berings eher allgemein gehaltenen didaktisch-methodischen Äußerungen führen Stielows kunstpädagogisch-kunstdidaktische Infragestellungen von Normen, Muster-Problematik und alltagsästhetischen Konditionierungen in konkrete Überlegungen hinsichtlich eines methodisch-didaktischen

Bildungsprozesses, in dem es vor allem darum gehe, durch den Bezug auf die Formfragen, Themen und Methoden der Gegenwartskunst Prinzipien einer *künstlerischen Bildung* ins Feld zu führen (*Gegenwartskunst* in Bildungsprozessen → Kästner; Heid; Pfeiffer; Bielenberg; Regel; Hofmann – Kern; Heimann; Blümlein; Brohl - Urlaß - Zaake; Biehler; John; Mehlhorn; Reindl; Zinggl; Seitz; Pazzini; Buschkühle; Jürgens; Geppert - Schönherr-Heinrich; Büchner; Hölscher; Merkel - Scheibel).

(*Bildung mit/durch Kunst* → Kästner; Pfeiffer; Bielenberg; Regel; Hofmann - Kern; Heimann; Stielow; Warzecha; Marr; Brohl - Urlaß - Zaake; Kästner; Seitz; Biehler; Mehlhorn; Reindl; Pazzini; Seitz; Buschkühle; Stöger; Jürgens; Geppert - Schönherr-Heinrich; Hölscher; Merkel - Scheibel).

In deutlicher Absetzung von der *Konzeption der Ästhetischen Erziehung* (→ Zacharias; Regel; Brohl - Urlaß - Zaake; Büchner) können seiner Ansicht nach gerade die Formkonzepte der Kunst des 20. und 21. Jahrhunderts in künstlerischen Bildungsprozessen statt der unreflektierten Musterbildungen und Stereotypisierungen dazu beitragen, jene kulturell determinierten Normen zu durchbrechen, indem sie deutlich machten, „dass das alltägliche Körper-Leib-Konzept, die alltägliche *Wahrnehmung*, die individuellen Sinn-Vorstellungen, die persönliche Identität und das Verständnis von Mensch und Welt im Alltag ziemlich begrenzt sind, dass jedoch die Welt eine unendlich reiche an Formen, Bedeutungen und Themen" sei (*Wahrnehmung* → Heid; Regel; Brügel – Hofmann – Kern; Brohl – Urlaß – Zaake; Biehler; John).

Zu jenen Musterbildungen gehöre auch der noch immer im Kunstunterricht weit verbreitete, normativ eingesetzte *naturalistische Phänomenalismus* (→ Marr u.a.), gepaart mit einem distanziert-positivistischen kunstgeschichtlichen Verständnis ohne jeden existenziellen Bezug zum Subjekt.

Zu Beginn jedes künstlerischen Bildungsprozesses stehe die Herausforderung eines künstlerischen Problems, das die Alltagsmuster, Klischees und Stereotypen durch Irritationen, Verrückungen, Verwirrung, Perturbationen in Frage stelle, wobei die hierdurch geschaffenen Spannungen durch Lehrimpulse zu prozesshaft-formenden Selbstbewegungen und schließlich zu eigenen Bildern der involvierten Subjekte führen müssten.

Vor dem Hintergrund *konstruktivistischer* und *systemtheoretischer* Überlegungen (→ Kösel; Heid; Bering; John; Geppert - Schönherr-Heinrich; Stöger; Hölscher) beschäftigt sich auch Ulrich Heimann in seinem Beitrag „Störungen – Kunstdidaktische Reflexionen über Flash Mob, Intervention, Performanz" mit der Frage, inwieweit im Kontext von organisierter Schule Möglichkeiten der Infragestellung kultureller und alltagsästhetischer Musterbildungen und künstlerisches Lernen durch die schöpferische Potenz der *Störung* (→ Pazzini; Seitz; Raunig; Geppert - Schönherr-Heinrich; John; Stöger; Hölscher) stattfinden könnten.

In der deutlichen Abgrenzung alltagsästhetischer interventionistischer Spiele des *„Flash Mob"* (→ Seitz; Raunig) von künstlerischen Praxen der Störung, *Intervention* und *kontextorientierter* Arbeit (→ Heid; Brügel - Hofmann - Kern; Brohl - Urlaß - Zaake; Raunig; Zinggl; Seitz; Biehler; John; Geppert – Schönherr-Heinrich; Hölscher) entwickelt Heimann Überlegungen für kunstdidaktische Transformationen.

Die Strategien des „situativen Eingriffs", der künstlerischen Systemstörung oder der „situativ-performativen Intervention" könnten hier Lernprozesse auslösen und zum „Entdecken und Herstellen noch nie dagewesener Zusammenhänge" (Adolf Muschg), zu „originellen Umgangsformen mit dem Unvorhergesehenen" führen. *Interventionistische, site specific-orientierte* Arbeiten *Thomas Hirschhorns* (documenta 11) und *Christoph Schlingensiefs* (Biennale Venedig, 2003), aber auch Ansätze der „forschungsgruppe_f" (Georg Winter) und der Künstlergruppe „WochenKlausur" (*interventionistische, site specific* orientierte Praxis → Heid; Brügel - Hofman - Kern; Brohl - Urlaß - Zaake; Kästner - Seitz; Haas - Hummel - Pella - Pfeiffer; Biehler; John; Reindl; Raunig; Zinggl; Seitz; Hölscher).

(*Thomas Hirschhorn* und *Christoph Schlingensief* → Raunig; Seitz) dienen ihm hierbei als Beispiele einer Kunst der Intervention, die „zwischen gesellschaftskritischem und -veränderndem Impetus und auf Kunst und Kunstbetrieb zielender ironischer Autoreflexivität" situativ-performative Gestaltungsprozesse unternimmt. Diese möchte Heimann für kunstdidaktische Prozesse fruchtbar machen, die sowohl das Herstellen von Werken als auch die Arbeit im performativen Prozess vorantreiben könnten, indem sie - ganz im Gegensatz zur traditionellen Erziehungswissenschaft, die auf gesteuerte Intentionalität und Durchstrukturierung ihrer Verläufe, auf Planung und operationalisierte Lernziele Wert legt - Kompetenzen entwickelt, die sich auf das „Entdecken und Herstellen noch nie dagewesener Zusammenhänge, in originellen Umgangsformen mit dem Unvorhergesehenen" (Muschg), ausgelöst durch die Auseinandersetzung mit Kunstwerken, die das „Unvorhergesehene" einbringen, beziehen.

Wie wir unschwer aus dem bis hierher Dargestellten erschließen können, treten hinsichtlich der Frage und Notwendigkeit eines Zugangs zur Kultur, besser müsste man sagen zur Vielfalt der Kulturen, Bildungsfragen in den Vordergrund, die nicht nur den Prozess der alltagsästhetischen Orientierungen betreffen, sondern sich den Konditionierungen, den Klischees und Musterbildungen durch Sozialisation, Enkulturation und Individuierung beim Einzelnen annehmen, die nicht durch die reine Teilnahme an der ‚Kultur' aufzulösen sind, sondern – wie in unserem Fall – erst durch konkrete kunstdidaktische Vermittlungs- und Bildungsprozesse, die dem Einzelnen die Möglichkeit der Teilhabe, der *Fließfähigkeit* seiner Identitätsbildung (→ Kösel; Raunig), der Viabilität einräumen und ihn über Bildungsprozesse Möglichkeiten der Positionierung und Orientierung (→ Stielow; Buschkühle u.a.) in einer komplexen Gesellschaft erschließen helfen.

KUNST HEUTE

Im Sinne der von Niklas Luhmann vorgenommenen Untersuchungen soziologischer Gesellschaftstheorie zur Differenzierung der Gesellschaft in Teilsysteme mit Teilfunktionen sind soziale Zusammenhänge als Kommunikationssysteme interpretierbar, die sich als autopoietische (sich selbst erhaltende) Kommunikationssysteme[38] verstehen lassen, selbst aus Kommunikation konstituieren und aneinander anschließende Kommunikationen reproduzieren. So können wir von einer Reihe von gesellschaftlichen Teilsystemen sprechen, wie Kunst, Politik, Wirtschaft, Wissenschaft und Bildung, die alle eigenen Systemrationalitäten folgen und folglich autonom handeln. So gilt für die Kunst wie für die Bildung: nur Kunst macht Kunst, nur Bildung macht Bildung, kein anderes Teilsystem, denn sie verfügt infolgedessen über einen nur allein ihr eigenen, besonderen kommunikativen Weltzugang[39].

Dass kulturelle Bildung – trotz aller hier genannten wichtigen Aspekte – jedoch ergänzungsbedürftig ist, und zwar durch die Erkenntnismomente der Kunst, betont Edelgard Bulmahn, die Bundesministerin für Bildung und Forschung:

„Kulturelle Bildung wird ihrem spezifischen Beitrag zur Ausprägung von Kompetenzen bei Kindern und Jugendlichen gerecht, wenn sie sich *noch stärker als bisher an den Künsten und Kunstprozessen* (Hervorh. durch mich, J.K.) orientiert. Auch oder vielleicht gerade vor dem ‚Horizont des digitalen Zeitalters' geht es zunächst darum, in einem sehr traditionellen Verständnis die Sinne zu schulen, ästhetisches Urteilsvermögen zu erlangen und künstlerische Arbeitsweisen zu vermitteln. Grundlage bilden die künstlerischen Fächer in der Schule. Ihr Stellenwert darf nicht durch Stundenausfall oder nicht fachgerechten Unterricht konterkariert werden."[40]

In Bezug auf die Möglichkeiten der Kunst angesichts einer sich rapide wandelnden Mediengesellschaft und der komplexen Herausforderungen an Schule und Beruf verweise ich auf Karl-Josef Pazzini, – den Gutachter der Bund-Länder-Kommission für Bildungsplanung und Forschungsförderung – der feststellt, dass gesellschaftliche Veränderungen zwar durch kulturelle Bildung erkannt und geformt werden müssen aber dass dies – so Pazzini – „unter unseren gesellschaftlichen Bedingungen *eher in den Künsten* (Hervorh. J.K.) thematisiert" werde „als in den Natur- und Technikwissenschaften und meist erst in einiger Verspätung mit den Sozial- und Geisteswissenschaften."[41]

Mit Pazzini ist festzuhalten, dass die Künste als Formulierungshilfen in Situationen fungieren, wo überkommene Formen des Sozialen, der Bildungsinstitutionen nicht mehr ausreichen, soweit sie an Zweck-Mittel-Relationen ausgerichtet sind. Dass Kunst des Weiteren eine Einübung in Differenzierung verschafft, was sich nicht ohne weitere Anstrengungen in veränderter medialer Welt ergibt, dass ohne Bezug zur Kunst Chancen der alten und neuen Medien nicht ausgeschöpft werden können.

Bedeutsam sei, so Pazzini, dass darüber hinaus Kunst Grundlagenforschung sei und kulturelle Bildung als Ressource nur durch laufende Investitionen auf Niveau gehalten werden könne. Schließlich müsse sich die kulturelle Bildung in den unterschiedlichen gesellschaftlichen Bereichen – wenn sie ihr Profil und einen vertiefenden Bildungsanspruch in inhaltlicher und methodischer Art schärfen will - *„viel stärker als bisher an den Verfahrensweisen der Künste orientieren“* (Hervorh. J.K.).

Im Hinblick auf Werke der Gegenwartskunst spricht Wolfgang Welsch von „Wahrnehmungs-Maschine(n)“[42], die statt geschlossener und autonomer Arbeiten temporäre und offene Wahrnehmungssituationen, abweichende Wahrnehmens- und Bergreifensmuster entwickelten und so im Sinne von Trans- und Polyästhetik ein polymorphes Feld der Wahrnehmung[43] erzeugten. Die Gegenwartskunst betreibe hiermit eine Art „ästhetische Psychoanalyse“[44], die in Rezeptionsprozessen, die zu Bildungsprozessen würden, Welt- und Selbstbilder verändern könne:

„Derlei ästhetische Psychoanalyse scheint auch sonst zu den fruchtbarsten Verfahrensweisen heutiger Kunst zu gehören. Die Werke dringen wie mit Fühlern und Sonden nicht nur in architektonische, sondern auch in unsere mentalen und psychischen Bildschichten ein, wie sie uns in der familiären und sozialen Kindheit eingeprägt wurden und Muster vorgaben, die uns seitdem bestimmen. Ich denke etwa an selbstverständlich scheinende Grundbilder von Mann und Frau, Geschlechtlichkeit und idealem Zusammenleben. Gerade als unbewusste sind solche Tiefenbilder oft wirksam und zwingend. Verfahren ästhetischer Psychoanalyse legen sie frei, machen sie bearbeitbar und veränderbar. Fortan wird man nicht mehr, in ihrem unbewussten Glanz sich sonnend, ein Leben lang nach ihrer Pfeife tanzen müssen.“[45]

Wenn wir davon ausgehen, dass wir heute durch eine Vielzahl von Kulturen und deren Logiken geformt werden, so zeigen sich moderne Lebensläufe „als eine Wanderung durch verschiedene soziale Welten und als stufenweise Verwirklichung einer Reihe von möglichen Identitäten“[46]. Daniel Bell nennt die Identitätsformationen derartiger transkultureller Subjektivität „Crosscutting identities“[47]

Die Vorzüge eines derart fragmentierten Subjekts benennt Richard Sennett: „Eine Frau, die nur in den Kategorien männlich/weiblich denkt, ein Geschäftsmann, der nur in den Kategorien reich/arm denkt, ein Jamaikaner, der nur in den Kategorien schwarz/weiß denkt – sie alle erlangen [...] von der Außenwelt wenig Anregung. Ein fragmentiertes Subjekt ist empfänglicher.“[48]

Möglichkeiten von Übergängen, Mehrdeutigkeit, Durchlässigkeit werden hiermit zu entscheidenden Parametern von transkultureller Subjektivität, die sich eher in ihrer potenziellen Vielfalt als Differenz begründet und hiermit Kreuzungspunkt unterschiedlicher Netze und Diskurse wird. Ein plurales Selbst anstelle eines monolithischen erfordert seitens des Subjekts der reflexiven Moderne „Vielheitskompetenz“ und „Übergangsfähigkeit“ als „Bedingungen gelingender Subjektivität“[49], ebenso Vielheitsmanagement und das Entwickeln innerer Pluralität.

Wenn die Veränderungsprozesse der Wirklichkeit selbst für die Verlagerung von einem logozentrischen zu einem aisthetischen Denken als neuer Denktypus sorgen und ‚Wirklichkeit' wesentlich über Wahrnehmungsprozesse, vor allem über Prozesse medialer Wahrnehmung, konstituiert wird, so „ist ihr auch nur noch mit einem wahrnehmungsfähigen Denken beizukommen.“[50] Aisthetisches Denken ist – so Wolfgang Welsch - „das heute realistische Denken“.

Heute zeigt sich – nicht nur in der Gegenwartskunst - dass, „nicht Realismus, sondern Interpretationismus (ist) das Prinzip unseres Erkennens“[51] ist. Gegenwartskünstler/innen eröffnen uns mit ihrer Kunst jenseits unserer domestizierenden, utilitarisierenden und stillstellenden Alltagswahrnehmung denk-, handel- und lebbare Alternativen als Möglichkeitsräume und Wirklichkeitsmodelle. Ihre Werke zeigen, dass die Bilder und Dinge und die Bilder, die wir uns von ihnen machen, Konstrukte der Wirklichkeit sind, die interessengebunden sind und gedeutet, relational und kontextual gefasst werden müssen und hiermit neue Kompetenzen erfordern. In Zeiten, in denen die Gesellschaft hauptsächlich über Bilder kommuniziert, werden Kunst und Kunsterfahrung zu entscheidenden Bildungs-, Gestaltungs- und Erkenntniskräften reflexiver Modernität.

Künstler/innen der Gegenwart zeigen uns in ihrem jeweiligen künstlerischen Werk die Heterogenität formaler und inhaltlicher bildnerischer Untersuchungen, das Nebeneinander hochgradig differenzierter Gestaltungen unterschiedlicher Ansätze und Möglichkeiten eigener Logik, verschiedenartigster Werkformen und Materialitäten, unterschiedlichster Anschauungsweisen. Sie fordern hiermit beim aufmerksamen Betrachter die Fähigkeiten zur Entdeckung des „springenden Punktes“ (Welsch) und des je spezifischen Ansatzes, die Aufgabe, die eigentümlichen Gestaltungsregeln, spezifische Regeln des Kunsttypus zu erfassen und zu beachten, um hiermit zu einer reflektierten Rezeption vorzudringen. So sind deren Arbeiten keine Inszenierungen monolithischer Identität, stattdessen Öffnungen in Richtung anderer Identitätsanteile und Identitätsformen. In ihrem Facettenreichtum der Menschenbilder erzeugen sie heute einen permanenten „Übergang zu anderen Gesichtern" [52] und sozio-kulturellen Kontexten, mit denen wir uns immer wieder neu und anders auseinandersetzen müssen.

Nach Überzeugung des Kunsthistorikers Lóránd Hegyi werde klar, dass „schon in den achtziger Jahren, aber noch viel stärker im letzten Jahrzehnt [...] sich ein ganz starker Hang zur unmittelbaren Realität in den künstlerischen Strategien beobachten" lasse.

„Statt der Kritik der Manipulationen des ‚simulacrums', der ‚hyperreality' operieren die Künstler intensiver mit den direkten Erfahrungen ihrer historisch, politisch, ethnokulturell determinierten Situationen. Auch eine neue – biografische – Narrativität, eine neue Direktheit melden sich, wobei die Tendenz der Vermischung der Hochkultur mit den populären Kulturen, mit der Folklore, mit dem Kitsch und den ethnokulturellen Elementen immer stärker wird. [...]. Mit der Anwendung ethnokultureller Referenzen, mit der immer stärkeren Präsenz der Zeichensysteme der Kulturen der ‚Dritten Welt' werden die *grand narratives* eine aktuelle, konkrete, historisch auf die heutige Situation bezogene und individuelle Bedeutung gewinnen, wobei, das ‚konkrete Selbst' in seiner konkreten mentalen, sozialen, ethnokulturellen Umgebung seine Identität konstruiert. [...]. So wird ‚the concreteness of concrete selves in their immediate societies' die einzige, authentische und ehrliche Legitimation für die kritische Anwendung der alten Metaphern in dem aktuellen, neuen Existenzzustand des Menschen ohne sensus communis, wobei die unmittelbaren, konkreten Erfahrungen des ‚konkreten Selbst' zu den einzigen *grand narratives* unseres Lebens geworden sind."[53]

Ausgehend von Niklas Luhmanns systemtheoretischen Überlegungen zum Teilsystem Kunst, die dieser in seinem Werk „Die Kunst der Gesellschaft"[54] dargelegt hat, entwickelt der Freiburger Erziehungswissenschaftler Edmund Kösel in seinem Beitrag „Wohin geht die Kunstdidaktik?" eine Reihe von Argumenten für eine zeitgenössisch-aufgeklärte Kunstvermittlung:

- Aspekte der Etablierung einer eigenen Realität, die sich von gewohnter Realität unterscheidet, da sie
- imaginär und fiktional sei,
- die Möglichkeit einer Beobachter-Position der Kultur,
- Realitätsverdoppelung über Prozesse der Imagination und Realisation wahrnehmbarer Objekte,
- Freiheiten und Beschränkungen der Formenwahl,
- Kritik von Realität(en),
- Möglichkeit zur Eigenkonstruktion von Welt und
- Freiheit zur Selbstkonstruktion

seien Grundkonstituenten eines aufgeklärten künstlerischen Bildungsbegriffs.

Auch Karl-Josef Pazzini verweist in seinem Beitrag „Perspektiven für die Kunstpädagogik" auf „die vielen Bereiche der Kunst des vorigen Jahrhunderts und der Gegenwart" in denen seiner Ansicht nach - im Gegensatz zum rationalistischen Weltentwurf fortschrittsbezogenen Denkens und seiner gewalttätigen Konsequenzen für Individuum und Gesellschaft, „andere Weisen der Orientierung, der Auseinandersetzung mit dem Nebenmenschen und der Umwelt in das Register des Symbolischen" also aus dem „für andere nicht wahrnehmbaren bloßen Meinen", dem „Eigentum des Einzigen" übersetzt und herausgearbeitet worden seien.

So könne die Kunst ein Beispiel dafür sein, wie produktiv und rezeptiv mit Bildmaterial gearbeitet werde, das aus intensiver Auseinandersetzung mit der Wirkung der eigenen Fantasmen entstanden sei, um diese zu durchqueren, zu schulen, sie „könnte Methoden besichtigen, wie es möglich ist, den alltäglichen bildenden Bildeinfall zu strukturieren", wobei in der Überschreitung oder Ignoranz der Grenzen der „bisherigen Darstellbarkeit" das Betrachter- und Produzentensubjekt „momenthaft" zur Erscheinung gebracht werden könne.

Die Beiträge dieses Bandes zeigen meiner Ansicht nach überzeugend, wie mit und durch Kunst Bildungsprozesse initiiert und derartige Standardisierungen und Musterbildungen bearbeitbar gemacht werden können.

So fragt Hanne Seitz beispielsweise in ihrem Beitrag „o.T.": kritisch an die Vereinnahmungsinteressen und -tendenzen der Kunst gerichtet: „Kann Kunst ihrer Vereinnahmung durch gesellschaftliche, kulturelle, ökonomische, politische Zwecke nur derart widerstehen und also überleben, weil sich Künstler als Dienstleister, Sozialarbeiter, im womöglich schlimmsten Fall als Clown verdingen?" Und sie gibt alsdann eine Tätigkeitsbeschreibung der Gegenwartskünstler/innen: „Sie verlegen den Rand in die Mitte, rezyklieren die Reste, legen Verschüttetes bloß, verwandeln Durchgangsorte in temporäre Lebensräume, den öffentlichen Raum in Heterotopien; sie recherchieren, informieren, infiltrieren, vertauschen Zeichen- und Bedeutungssysteme, legen Hand an kunstferne Diskurse, verstärken deren Wirkung und setzen dabei die Grenze zwischen Alltag und Kunst aufs Spiel."

Abgesehen davon, dass Hanne Seitz hier exakt Elemente der *künstlerischen Bildung* im Felde der Kunst identifiziert, macht sie deren Erkenntnis bildenden, kommunikativen und gestalterischen Potenziale deutlich: „Anders als meine Ausführungen bislang vielleicht erwarten lassen, steige ich nicht in das allgemeine Lamento ein. Ganz im Gegenteil bin ich der Meinung, das mit Verfahren der Kunst einer ästhetischen und medialisierten Praxis auf den Leib zu rücken ist. [...]. Ihr ‚Dienst' an der Gesellschaft wäre die Unterbrechung von Kreisläufen und die Erzeugung von Interferenzen – eine Subversion, die als Inversion zum Tragen kommt und inmitten der Systeme zum Aufruhr bringt, was diese ausgeschlossen haben: Differenz. Und weil Kunst Differenz erzeugen kann, wird sie mit dem System auch nicht identisch und somit eins werden. [...]. Von allen gesellschaftlichen Diskursen ist Kunst vielleicht derzeit einzig in der Lage, ein Bewusstsein davon zu erzeugen, was vorgeht – nicht weil sie die individuelle Ausdruckskraft zu ihrem Gegenstand macht, sondern weil sie zeigen kann, wie diese geformt, geprägt, ja manipuliert ist."

Wie aus der Vielfalt der in diesem Band zusammengetragenen Symposiumsbeiträge zur Vermittlung von Kunst deutlich wird, ist die inhaltlich-methodisch-mediale Spannbreite an künstlerischen Verfahren und Strategien sehr groß. Die gesammelten Ergebnisse und Prozessdokumentationen sprechen für sich. Es wird jedoch klar, dass hierbei allein die Gegenwartskunst es ist, die eingefahrene alltagsästhetische und mediale Konditionierungen bei Kindern, Jugendlichen und erwachsenen befragen und kritisch reflektieren kann.

Dass gerade die Künste mit ihren spezifischen Verfahren, Strategien, Prozeduren und ihrer Fremdheit es sind, die hier in besonderer Weise Bildungsprozesse auslösen können, sollte Eingangsthese in die vielfältigen Untersuchungen des Symposiums sein. Unbestritten ist Kunst ein Generator der Wirklichkeitserzeugung, ein Katalysator psychischer und existenziell-spiritueller Realitäten und lebensbiografischer Selbsterfahrung, zunehmend ein ins Subjekt oder ins Inter-Subjektive verlagerter Handlungs- und Kommunikationsprozess. Sie muss aber „trotz ihrer Destruktion durch kulturelle Filter ihre Ambivalenz aus Selbstermächtigung und Selbstsuspendierung – als paradoxale Grundkonstitution – behalten"[55].

DAS ÄSTHETISCHE UND DAS KÜNSTLERISCHE

Wie wir aus den Stellungnahmen von Wolfgang Zacharias und anderer Autor/innen erfahren können, die sich nach wie vor dem Konzept einer Ästhetischen Bildung und Erziehung verpflichtet fühlen, genießt die zeitgenössische Kunst, deren Potenziale Hanne Seitz in ihrem Beitrag „o.T." darstellt, bei diesen Vertreter/innen nicht die von ihr proklamierte Bedeutung im Vermittlungsprozess.

In seiner Streitschrift „Ästhetische Erziehung und/oder künstlerische Bildung"[56] und im hier abgedruckten Beitrag „Zur Problematik der Fachkompetenz und der langfristigen Bildungsstandards für den Kunstunterricht und die künstlerische Bildung überhaupt" führt Günter Regel dezidiert und überzeugend die Denkfehler der Ästhetischen Bildung und Erziehung im Hinblick auf die Einschätzung des Verhältnisses von Kunst und Ästhetik aus. Ästhetischen Bildung und Erziehung gingen fälschlicherweise von einem verengten Kunstverständnis aus, das im Zuge der Ästhetik-Geschichte seit Baumgarten mit dem Kunstschönen identifiziert worden sei und die Kunst lediglich als eine Erscheinungsform des Ästhetischen (Gunter Otto) habe betrachten wollen. Hierbei sei sie neben dem Grazilen, Hässlichen, Erhabenen und Schönen den ästhetischen Objekten im weiteren Sinne untergeordnet und den ästhetischen Objekten im engeren Sinne zugeschoben worden und so zu einem Aspekt des ästhetischen

Feldes gemacht worden, das Natur, Gesellschaft und geistige Hervorbringungen umfasse.

Hingegen habe die Ästhetische Bildung und Erziehung nicht zur Kenntnis genommen, dass die Kunst weit umfassender sei als das Ästhetische, dieses also miteinschließe. Jenseits eines Verstehens von Ästhetik als Wahrnehmung, die zu Denkprozessen (monovalent) führe, würden in der rezeptiven und produktiven Auseinandersetzung mit Gegenwartskunst ästhetische, kognitive, sinnliche und ethische Erfahrungen auf Seiten des Subjekts angesprochen, die sich in individuellen Kunsterfahrungs- und Kunsterlebnisprozessen einer Multivalenz von die Sinne, Verstand, Einbildungskraft, Willen, Weltempfinden, Weltanschauung, Gewissen und Gesinnung umgreifenden Herausforderungen konfrontiert sehen.

So stünden hier das konkrete Subjekt, seine konkreten sozio-kulturellen Bedürfnisse und Werthaltungen, seine authentisch gestaltete und exemplarische Wirklichkeitserkenntnis und Welterfahrung als bestimmtes Weltverhältnis im Vordergrund der Auseinandersetzung mit komplexen Zeichengebilden, komplexer Kommunikation und Interaktion. Folglich schließe also künstlerische Tätigkeit die produktive, wie die rezeptive, die ästhetische Tätigkeit in sich ein.

Regel belegt des weiteren überzeugend die Fehlinterpretationen der Ausführungen Martin Seels[57] zur „ästhetischen Rationalität" seitens Gunter Otto, die „genau genommen weder von der Psychologie noch von der Philosophie gestützt" worden seien und als „'Charakteristika von ästhetischer Rationalität'" „gerade keine ‚Funktionsbeschreibung von Kunst', sondern vielmehr die Kennzeichnung des Wirkens der Ratio im Rahmen vorwiegend auf Erkenntnis hinauslaufender ästhetischer Prozesse, als die Darstellung eines Modus von Rationalität", meinten.[58]

So habe Otto auch dort geirrt, wo er davon auszugehen glaubte, dass „Kunst lediglich als konventionelle Bezeichnung für eine Vielzahl ästhetisch relevanter Phänomene in unserer Umwelt gilt, dass solches Verständnis von Kunst nicht die inhaltliche Beschränkung des Faches auf bereits gesellschaftlich akzeptierte Ausdrucksformen meint".[59] Auf diese Weise – so Günter Regel – klammerte Otto alles das wegen seiner Konventionalität aus, was sich als Gegenwartskunst zeigte, da es offenbar „außerhalb der gewohnten Kunstgeschichte und westlichen Kunstszene" existierte (Belting) und deshalb mit dem hier geläufigen Kunstbegriff nicht kompatibel erschien. „Den derart verunsicherten Protagonisten der ehemals neuen Fachkonzeption, die der allem Anschein nach völlig aus den Fugen geratenen zeitgenössischen Kunst als Kunst und deren Durchsetzungskraft nicht mehr so recht trauen wollten, bot sich offenbar die Bezeichnung Ästhetische Erziehung als Ausweg an. Sie meinten, dass das ‚Ästhetische im engeren Sinne' den bekannten wie den neuartigen Phänomenen im Bereiche der Kunst eigen und deshalb mit dem Künstlerischen identisch sei. Dabei übersahen oder verkannten sie aber die komplizierten wechselseitigen Beziehungen zwischen dem Künstlerischen und dem Ästhetischen, die solch eine Annahme [...] nicht rechtfertigten.

Weil damit das Ästhetische zum Synonym für das Künstlerische wurde, war fortan meist statt von künstlerischer Praxis und von künstlerischem Denken von ästhetischer Praxis und von ästhetischem Denken die Rede. Und in Bezug auf die Kunstwerke und die Kunstprozesse sprach man von ästhetischen Objekten und ästhetischen Prozessen, es sei denn, man griff gelegentlich, wenn es opportun erschien, auf die angeblich konventionellen Bezeichnungen Kunst und künstlerisch zurück. Damit wurden auch die Unterschiede zwischen den fachbezogenen spezifisch künstlerischen und kunstästhetischen Prozessen und den fachübergreifenden ästhetischen Vorgängen verwischt."[60]

Günter Regel bedauert in seinen Ausführungen zum Verhältnis von Ästhetischer Bildung und Erziehung und *künstlerischer Bildung*, dass aufgrund ihrer Missverständnisse und selbst erzeugten Schwierigkeiten die Vertreter/innen dieser Fachkonzeption nicht in der Lage gewesen seien, sich künstlerischen Tendenzen gegenüber zu öffnen, die sich aus dem erweiterten Kunstbegriff und mit diesem aus der sich vehement erweiternden und zunehmend auch in den sozialen Raum hineinwirkenden Kunst als Potenzial für den Kunstunterricht ergaben.

Ähnlich wie Regel argumentiert auch Carl-Peter Buschkühle in seinem Beitrag „Auf der Suche nach der Kunst – Kompetenzerwerb in künstlerischer Bildung", wenn er den fehlenden Bezug zum Ästhetischen im Verhältnis zu den favorisierten „basalen Kulturwerkzeugen" in der Pisa-Studie kritisiert. In mehrfacher

Hinsicht ist für Buschkühle das Ästhetische grundlegend für Bildung: Einerseits „allgemein und fundamental" als „anthropologische Konstante", weil „Lernen, und damit Auffassung von Wirklichkeit, Aufbau eines Weltverständnisses" an „sinnliche Erfahrung" gebunden sei. Weiterhin verbleibe Begriffsbildung ohne sinnliche Rückbindung abstrakt, „versteigt sich zur Spekulation, bleibt ohne fundiertes Verständnis". Drittens betone auch die Hirnforschung, „dass allererst die Verknüpfung von sinnlicher Wahrnehmung und begrifflicher Reflexion lebendige Einsichten und dauerhafte, flexibel verfügbare Kenntnisse ermöglicht", wobei einer „experimentelle(n) Aneignung im praktischen Umgang höchste Priorität" im Hinblick auf „Verankerung von Kenntnissen und Erfahrungen in den neuronalen Strukturbildungen des lernenden Gehirns" einzuräumen sei.

Dieser von der „Neurodidaktik" festgestellte Befund von der Bedeutung eines auf „Wahrnehmung und Praxis" basierenden Lernens habe trotz aller Kenntnisse seit der pädagogischen Aufklärung bis heute nicht, besondern im schwierigen Hauptschulbereich, institutionalisiert werden können. Buschkühle bezeichnet das Ästhetische folglich als ein „unverzichtbares ‚basales Kulturwerkzeug'", das es zu schulen gelte, ebenso verweist er auch auf Wolfgang Welschs schon weiter vorne vorgetragene Einschätzung, dass das ästhetische Denken heute als das „einzig realistische" angesehen werden müsse, was Fähigkeiten zur differenzierten Wahrnehmung und kritischen Reflexion einschließe, weil hiervon erst „persönliche Orientierungsleistungen in einer auf ästhetische Verführung angelegten Warenkultur, der sich auch politische Inhalte und Akteure zunehmend beugen" ausgehen könnten.

Über eine „vorläufige ästhetisch-reflexive Gesamtsicht" hinaus, gehe aber das „künstlerische Denken", das das Ästhetische umfasse – so Carl-Peter Buschkühle – „noch einen Schritt weiter, denn das Phänomen werde nicht allein auf der „Ebene der Wahrnehmung und der Reflexion behandelt", sondern hinzu trete die Imagination, ebenso reiche nicht der Erwerb kritischer Erkenntnis aus, da künstlerisches Denken im Werk Position beziehe: „Imagination wird dabei zum transzendierenden und transformierenden Faktor. Imagination übersteigt das Gegebene hin auf ihm innewohnende neue Möglichkeiten. Sie dringt auf Darstellung des Neuen, auf Neuformulierung im künstlerischen Ausdruck."

So schule Kunst ebenso den *„Möglichkeitssinn"* als „entscheidender Sinn, „für die existenzielle Anforderung an den Einzelnen, in einer komplexen Gesellschaft sein Leben selbstverantwortlich zu planen, zu entwerfen, zu führen und gegebenenfalls zu verändern" (*Möglichkeitssinn* → Schulze; Keupp; Heid).

Buschkühle sieht das Künstlerische als „Leitmotiv für eine komplexe, von der Gestaltung, der Transformation motivierten und strukturierten Tätigkeit", wobei das künstlerische Projekt der pädagogische Ort sei, an dem das „zentrale Element des Ästhetischen" in die Lernprozesse eingeführt aber durch die „Positionierung jedes Einzelnen in der Gestaltung des Werkes" überstiegen werde.

Auch Reimar Stielow verweist – ähnlich wie Wolfgang Welsch – in seinem Beitrag auf die besonderen Möglichkeiten der Gegenwartskunst, die allein Verrückungen des Alltäglichen, der alltäglichen Wahrnehmungspraxen, des alltäglichen Körper-Leib-Konzepts, des alltäglichen Verständnisses von Identität, Mensch, Welt und Natur provozieren könne.

Bildung dürfe nicht ohne Didaktik stattfinden, wobei Kunst-Didaktik und *künstlerische Bildung* stets konkret, materiell, konzeptionell, situativ, individuumsgebunden und kommunikativ als nicht-technokratische Didaktik der Selbstbildung zu verstehen seien. Statt eines philosophisch-idealistischen Bildungsbegriffs fordert Stielow Aspekte der Selbstbildung, der konkreten Persönlichkeit, konkreter Didaktik, insofern müsse man vom Allgemeinen ins Konkrete herunterkommen.

Dringend notwendig sei die Reflexion des Aufwachsens in der eigenen Kultur, jener der Familie, des Alltags, der Schule, der Medien und der Kultur insgesamt. *Künstlerische Bildung* habe die Verpflichtung, eine Differenz zu setzen gegenüber den ästhetischen Alltagserfahrungen, Alltagsvorstellungen und -mustern.

Die Kunst der Moderne liefere hier mit ihren vielfältigen künstlerischen Konzepten Anlässe der Provokation von Differenzbildung und Widersprüchlichkeit. Hingegen bleibe das Konzept der Ästhetischen Bildung und Erziehung gegenüber einer künstlerischen Didaktik und Bildung defizitär. Der hier vorgetragene umfassende Anspruch ästhetischer Bildung (alltägliche Wahrnehmungs-, Verständnis und Kommunikationsprozesse, Umwelt und Medien) könne gar nicht kompetent und seriös und ohne langwierige Erklärungen von Kunstpädagog/innen geleistet werden, sei demnach viel zu komplex. Das grundsätzliche Problem sieht Stielow in der didaktisch-pädagogischen Überforderung zwischen zu behandelnden Problemen und nicht vorhandener Kompetenz des Lehrers, so komme es „nicht von ungefähr, dass diese Konzeption deshalb kaum eine Didaktik ausgebildet hat. Denn würde sie sie ausbilden, so würde sie sich ihrer Inkompetenz schnell bewusst. Ästhetische Bildung unter der falschen Flagge der Kunst". So herrsche Inkompetenz im Fach, wo viel über alles und jedes geredet werde, wo Kunst aber nicht vorkäme.

Jede Alltagsästhetik, ohne eine künstlerische Bearbeitung oder Interpretation, verbleibt so für Stielow oberflächlich konditioniert: „Aus den Gründen halte ich einen unkünstlerischen Umgang mit Alltagsphänomenen durch Kunstpädagogen für einen pädagogischen Dilettantismus, da die meisten Kunstpädagogen über keine Spezialkenntnisse verfügen, erst recht keine Universalgelehrten sind."

„Statt eia popeia-Banalität und Beliebigkeit dessen, was der Schüler immer schon kennt und kann", fordert Stielow eine diesen verwirrende künstlerische Herausforderung.

Im Gegensatz zu Stielow, Regel, Welsch und vielen anderen vertritt Wolfgang Zacharias als Vertreter der außerschulischen kulturellen Bildung im Sinne scheinbar fester Grundüberzeugungen „im weitesten Sinne des Ästhetischen", das als das „Markenzeichen, das ‚Besondere' unseres Gegenstands, den wir gerne – irgendwie und sowieso – vor allem an je nachfolgende Generationen vermitteln wollen" eine ganz andere Position, die nach wie vor die Kunst als „ exemplarisch-vornehmen Sonderfall" betrachtet. Im Sinne dieser Festlegung darf die Kunst keinesfalls die ihr durch die Ästhetische Bildung und Erziehung zugewiesene Funktion aufgeben, sie darf zwar „gerne" Sonderfall sein, aber eben nicht „exklusiv im Horizont bzw. entsprechend beanspruchter Statthalterschaft für das Ästhetische, das Kulturelle, das Mediale, die Welt der Bilder zugunsten von Weltbildern".

Hanne Seitz warnt in ihrem Textbeitrag „o.T." vor Absolutheitsansprüchen – „mit Blick auf die Moral wie auf die Ästhetik. Wie war das noch bei Schiller? ‚Es gibt keinen anderen Weg, den Menschen vernünftig zu machen, als dass man denselben zuvor ästhetisch macht.' Dieses Projekt der ästhetischen Erziehung musste scheitern, weil es nicht einmal (wie behauptet) auf Versöhnung, sondern zuletzt auf Ausschluss zielte (gegenüber der primären Sinnlichkeit, gegenüber der Welt, gegenüber konkurrierenden Perspektiven)".

Wolfgang Zacharias hingegen verharrt auch hier weiterhin bei der Auffassung, dass Schillers Briefe „bis heute und durchaus als eine Art Fundamentierung aller ästhetisch-kulturell-künstlerischen Bildung" zu betrachten seien.

Im Gegensatz zu Stielow, Regel u.a. sieht er „das Schicksal der Kunsterziehung/Kunstpädagogik, vor allem auch der ästhetisch/künstlerischen Bildung [...], gleich ob als künstlerische Bildung oder vertreten durch ‚Kunstlehrer' oder ‚Künstler' selbst oder Kulturvermittler/Kulturpädagoge" darin, „ob sie einen komplexen, weiten, in ihren Traditionen ja angelegten Gegenstandsbereich über das hinaus, was man landläufig mit Kunst etikettiert, vertritt [...]".

Bekennt sich Stielow selbstkritisch zu seinen fehlerhaften Einschätzungen und Überschätzungen der einst von ihm selbst mitfavorisierten und legitimierten Ästhetischen Bildung und Erziehung, indem er bedauert, sie als Konzept „zu weit und thematisch zu flach, d.h. im Sinne von Kunst zu wenig deren radikale Möglichkeiten in einem engeren und kompetenteren Sinn ausgeschöpft" zu haben, so hält Zacharias nach wie vor unverbrüchlich am Konzept Ästhetische Erziehung fest, dem er einen „noch immer relevanten ethisch-moralischen Anspruch" – gegenüber jeder „landläufigen Etikettierung von Kunst" – attestiert, der er suggestiv-populistisch – geistige Enge, Scharlatanerie und Etikettenschwindel unterschiebt.

Ist für Stielow die Frage der Form eine anzustrebende individuelle, künstlerische, konkrete Gestalt, geschöpft aus den existenziellen Nöten und Abgründen des einzelnen Subjekts, aus dem „dunklen Untergrund aller künstlerischen Handlungen", der unerschöpflichen Formenvielfalt der Kunst der Gegenwart, auf die das Subjekt leiblich, geistig, sinnlich, emotional reagieren soll, als eine Praxis, die unter die Oberfläche geht, so geht der Weg bei Zacharias genau umgekehrt: „Nicht mehr von der körperhaften, rohen, triebhaften Natur zur Idealität der gestalteten

Form geht allein der bildenden Weg. Sondern es gälte, auch genau umgekehrt, nimmt man Form insgesamt als die uns alltäglich, massenhaft ästhetisch umgebende Zeichen- und Symbolwelt von Kommerz bis Kunst gerade im Prinzip ‚Ästhetischer Erziehung', die Sensibilisierung für und von Leiblichkeit, Emotionalität, Körper und Materialität sowie des Ästhetischen in seiner Doppelfigur komplementär und aktiv zu betreiben, mit und ohne Kunst, [...] ."

In seinen Ausführungen bleibt Zacharias hinsichtlich einer genaueren Konturierung didaktischer Konzepte eher unscharf. In der Verteidigung des alten Argumentationsmusters wird er deutlicher, wenn er die „Angebotsvielfalt und die Weite des, wenn auch immer wieder umstrittenen Gegenstandsverständnisses, Phänomenbezugs der Kunstpädagogik" herausstellt, und darauf insistiert, dass sie „zwar ‚Kunst' im Titel, aber ihre Inhalte und Themen immer wieder (sinnliche Erkenntnis, ästhetische Erfahrung, soziale Gestaltung, Lebenskunst ...) weit und komplex auslegt (zu Recht) und in Teilen immer noch bzw. wieder neu vermittelnd praktiziert: als Visuelle Kommunikation, Bildwissenschaft, als Gestaltung der eigenen Existenz, als soziale Plastik, als Ermöglichung von Kreativität, Fantasie, Imagination, Vorstellungskraft etc.."

Problematisch sind diese Äußerungen zweifach: indem sie einerseits von den beschriebenen Fehleinschätzungen des Verhältnisses von Kunst und Ästhetik ausgehen, andererseits im unkritischen Verweis auf die Wieder-Heraufkunft von gescheiterten kunstpädagogischen Konzeptionen wie der Visuellen Kommunikation, die in einem Atemzug mit Überlegungen zur Sozialen Plastik und zur Lebenskunst genannt werden. Hier drängt sich der Eindruck postmoderner Beliebigkeit im Mantel der Toleranz auf. Gerade jenen Kunstpädagog/innen muss diese ‚Toleranz' wie Hohn in den Ohren klingen, die sich jahrelang für eine Reform von Kunstpädagogik und Kunstunterricht eingesetzt und versucht haben, jenseits des, verordneten und ideologisch vermauerten, Mainstreams von Visueller Kommunikation und Ästhetischer Erziehung aktuellen künstlerischen Gestaltungsweisen und -konzepten im Diskurs und Unterricht breitere kunstpädagogische Anerkennung zu verschaffen[61].

Zacharias will es – im Gegensatz zu Stielow, Regel u.a. nicht einleuchten, warum der „'Kulturell-ästhetische Komplex', die ‚symbolisch-mediale Dimension' der menschlichen Natur und Kultur einschließlich jeweils kritischer Rezeption wie auch kreativer Gestaltung durch das Nadelöhr ‚Kunst' und das auch noch partial im System Schule seine dominante Orientierung und Organisation im Gesamtkontext von Bildung findet, [...]" hindurch müsse.

Für ihn ist und bleibt „Kunst (als/ein) Sonderfall des Ästhetischen und des Visuellen, des Wahrnehmbaren und des Gestaltbaren, der Rezeption und Produktion von Symbolen, Werken, Strukturen, Produkten und Prozessen [...]".

„Kunstpädagogische, *künstlerische Bildung*" ließe sich seiner Ansicht nach auf der „imaginären Landkarte" der Bildung „kaum finden und wahrnehmen". Schule sei hier nichts als eine „quantitative Nische", und der künstlerischen Bildung traue er keinen „bedeutungsvollen Beitrag zur ‚Lernfähigkeit' und zugunsten von ‚Schlüsselkompetenzen'" zu.

Zacharias sollte nicht verkennen, dass in den staatlichen Schulen eine flächendeckende, weitgehend kostenlose ‚Grundversorgung', auch in Bezug auf Kunstunterricht, für *alle* Schüler/innen *aller* sozialen Herkünfte gewährleistet wird.

Spätestens nach dem Pisa-Desater hat sich gezeigt, dass das herrschende Paradigma der Ästhetischen Bildung und Erziehung in arge Argumentationsnöte geraten ist. Hieraus haben sich Konsequenzen für die Lehrerausbildung in den einzelnen Bundesländern im Sinne der Forcierung einer *anderen*, zeitgemäßen Kunstpädagogik und -didaktik - beispielsweise in Gestalt der Konzeption der *künstlerischen Bildung* ergeben.

Die hier vorgestellten Grundüberzeugungen Regels, Stielows u.a. machen in aller Klarheit deutlich, dass diese Konzeption weder dem Anspruch auf einen seriösen zeitgenössisch-kritischen, an der Kunst ausgerichteten, Kunstunterricht Rechnung tragen kann noch dem Qualitätsanspruch und den Standards genügt, die die *künstlerische Bildung* den Lehrenden abverlangt.

Deshalb favorisieren die deutschen Künstler/innenverbände das Konzept der *künstlerischen Bildung*. Sie setzen sich für qualitätvolle Konzepte der *künstlerischen Bildung* für *alle* Kinder und Jugendlichen ein, nicht nur für die Selbstzahler, sondern gerade für jene, die sich Zugänge zu Kunst und Kultur privat kaum leisten können. Es geht hier nicht darum, wie Zacharias unterstellt, „einer auf alltagsästhetische Kinder- und Jugendmedien bezogenen Vermittlung und/oder Bildungsanstrengung kultur- und kunstpädagogische Legitimation und Legitimität" abzusprechen.

Jedoch hat sich die außerschulische kulturelle Kinder- und Jugendbildung selbstkritisch mit der Weiterentwicklung der eigenen pädagogisch-didaktischen Grundpositionen in einem offen geführten Diskurs – der bislang noch kaum stattgefunden hat - zu befassen, sie hat die kunstpädagogische Qualität der hier tätigen Vermittler/innen und des weiteren Honorarpersonals und die Zeitgemäßheit ihrer Methoden, Strategien und Inhalte sicher zu stellen und weiter zu entwickeln (siehe hierzu: Studien). Der von mir beobachtete Diskurs fand bisher selten den Weg zu substanziellen, inhaltlich-methodischen Überlegungen.

Mit dem Konzept der *künstlerischen Bildung* ist die schulische und außerschulische Kunstpädagogik gut für die anstehenden Herausforderungen gerüstet, gerade was die Ganztagsschule anbelangt.

„Kunstpädagogik als Kunstvermittlung wird hier nun zur Wirklichkeits- und Möglichkeitspädagogik, deren praktische Übersetzungsarbeit (zwischen Kunst und anderen gesellschaftlichen Systemen, Kunst und Handeln) für die Zukunftsgesellschaft von herausragender Bedeutung sein wird und wegweisende Vermittlungsgedanken, Modelle und Forschungsweisen zur Verfügung stellt, die innerhalb des Gebietes der Pädagogik das methodisch entwickeltste und komplexeste Handlungs- und Analysemodell als pädagogische Grundlagenforschung bereithält."[62]

ANMERKUNGEN

1 siehe hierzu etwa: Gert Selle: *Das ästhetische Projekt* oder auch Tagungen und Symposien wie: *Kunst-Lehre als Kunst: Brauchen wir eine neue Akademie?* Kloster Denkendorf/Nürtingen Mai 1996; *Ist Kunstvermittlung eine Kunst?* Wien, April 1997; auch Stefan Dillemuth: *Akademie.* München 1995. Stella Rollig, Eva Sturm (Hg.): *Dürfen die das?* Kunst als sozialer Raum. Art, Education, Cultural Work, Communities. Wien 2002.

2 u.a.: Internationales igbk-Symposium: Kunst *lehren? Künstlerische Kompetenz und kunstpädagogische Prozesse. Neue subjektorientierte Ansätze in der Kunst und Kunstpädagogik.* Bundesakademie Wolfenbüttel, HBK Braunschweig 1997. igbk/Joachim Kettel, (Hgg.): Kunst *lehren?* Stuttgart 1998. Joachim Kettel: *Die Zukunft der Vermittlung der Kunst.* In: BDK-Mitteilungen 4/1997, S. 30f.

3 Erika Fischer-Lichte: *Ästhetik des Performativen.* Frankfurt/M. 2004; Carl-Peter Buschkühle. *Wärmezeit. Zur Kunst als Kunstpädagogik bei Joseph Beuys.* Frankfurt/M., London, New York 1998.

4 Peter Weibel (Hg.): *Kontext Kunst. Kunst der 90er Jahre.* Köln 1994; Rainer Ganahl (Hg.): *Erziehungskomplex.* Wien 1997.

5 Stephan Dillemuth (Hg.): *Akademie.* München 1995.

6 igbk/Joachim Kettel (Hgg.): Kunst *lehren?* Stuttgart 1998.

7 siehe hierzu u.a. Wolfgang Welsch: *Vernunft. Die zeitgenössische Vernunftkritik und das Konzept der transversalen Vernunft.* Frankfurt/M. 1996.

8 Karlheinz Barck, Peter Gente, Heidi Paris, Stefan Richter (Hgg.): *Aisthesis. Wahrnehmung heute.* Leipzig.1991. Wolfgang Welsch: *Grenzgänge der Ästhetik.* Stuttgart 1996.

9 Niklas Luhmann: *Das Kunstwerk und die Selbstreproduktion der Kunst.* In: *Delfin* 3, 1984. S.51-69. Ders.: *Soziale Systeme.* Grundriss einer allgemeinen Theorie. Frankfurt/M. 1984. Ders.: *Die Kunst der Gesellschaft.* Frankfurt/M. 1995.

10 Carl-Peter Buschkühle (Hg.): *Perspektiven künstlerischer Bildung.* Köln 2003.

11 Gerhard Schulze: *Die beste aller Welten. Wohin bewegt sich die Gesellschaft im 21. Jahrhundert?* München, Wien 2003. S.357.

12 ebenda, S.312

13 ebenda, S.314

14 ebenda, S.311

15 ebenda, S.321

16 ebenda

17 ebenda, S.337.

18 ebenda, S.338

19 ebenda, S.353

20 ebenda, S. 312

21 ebenda, S. 316

22 ebenda, S. 321

23 ebenda, S.330

24 ebenda, S.332

25 ebenda

26 ebenda, S.308

27 Ernst Cassirer: *Versuch über den Menschen.* Einführung in eine Philosophie der Kultur. (1944). Frankfurt/M. 1990.

28 Jürgen Oelkers: *Wo bleibt das humanistische Bildungsideal ?* In: *Welche Bildung für morgen?* Deutsche Fragen: Symposium des Bundesverbandes deutscher Banken und der Technischen Universität Dresden. Dresden, 4.10.2000. S. 58ff.

29 ebenda

30 Udo Thiedecke: *Wird Kunst ubiquitär? Anmerkungen zur gesellschaftlichen Funktion von Kunst im Kontext neuer Medien und Medienkompetenz.* In: Peter Weibel (Hg.): *Vom Tafelbild zum globalen Datenraum. Neue Möglichkeiten der Bildproduktion und bildgebender Verfahren.* ZKM Karlsruhe 2001. S.85-100. S.89.

[31] Max Fuchs, unter Mitwirkung von Brigitte Schorn, BKJ: *Kulturelle Bildung im Medienzeitalter aus der Sicht der außerschulischen Kinder- und Jugendkulturarbeit.* In: Karl-Josef Pazzini: *Kulturelle Bildung im Medienzeitalter. Materialien zur Bildungsplanung und Forschungsförderung.* Hamburg 1999. S.80.

[32] Max Fuchs: *Wozu Kunst? Zur sozialen und individuellen Funktion und Wirkung von Kunst.* Arbeitsmaterialien zum Modellprojekt „Schlüsselkompetenzen erkennen und bewerten" der BKJ (Stand 6/01). Remscheid. S.39.

[33] Jacques Delors: *Lernfähigkeit – Unser verborgener Reichtum.* Neuwied 1997. S.15.

[34] So bedeutet für Theodor W. Adorno Bildung „nichts anderes als eine Kultur nach der Seite ihrer subjektiven Zueignung".

[35] Eva Krings: *Einleitung.* In: Deutscher Kulturrat (Hg.) *Konzeption kulturelle Bildung.* Essen 1994

[36] Max Fuchs, unter Mitwirkung von Brigitte Schorn, BKJ: *Kulturelle Bildung im Medienzeitalter aus der Sicht der außerschulischen Kinder- und Jugendkulturarbeit.* In: Karl-Josef Pazzini: *Kulturelle Bildung im Medienzeitalter. Materialien zur Bildungsplanung und Forschungsförderung.* Hamburg 1999. S.79.

[37] Edmund Kösel: *Die Modellierung von Lernwelten. Ein Handbuch zur Subjektiven Didaktik.* Elztal-Dallau 1997. S.375.

[38] vgl. Niklas Luhmann: *Soziale Systeme. Grundriss einer allgemeinen Theorie.* Frankfurt/M. 1984, S.43.

[39] derselbe: *Die Kunst der Gesellschaft.* Frankfurt/M. 1995. S.223.

[40] Edelgard Bulmahn, Bundesministerin für Bildung und Forschung.

[41] Karl-Josef Pazzini: *Kulturelle Bildung im Medienzeitalter.* Bund-Länder-Kommission für Bildungsplanung und Forschungsförderung im Auftrage des Bundesministeriums für Bildung und Forschung. Heft 77. Bonn 1999. S.6ff.

[42] Wolfgang Welsch: *Grenzgänge der Ästhetik.* Stuttgart 1996. S.194.

[43] ebenda

[44] ebenda, S.193

[45] ebenda

[46] Peter L. Berger, Brigitte Berger, Hansfried Kellner: *Das Unbehagen in der Moderne.* Frankfurt/M. 1975.

[47] Daniel Bell. *The Winding Passage. Essays and Sociological Journeys 1960-1980.* Cambridge (Mass.) 1980. S.243.

[48] Richard Sennett: *Civitas. Die Großstadt und die Kultur des Unterschieds.* Franfurt/M. 1994. S.166f.

[49] Wolfgang Welsch: *Grenzgänge der Ästhetik.* Stuttgart 1996. S.286

[50] ebenda, S.111

[51] ebenda, S.294

[52] ebenda, S.287

[53] Lóránd Hegyi: *La Casa, il corpo, il cuore.* Die Umwandlung der „Grand Narratives"/Kunst im Zeitalter der „Theory of Dissensus"/ „Concreteness of Concrete Selves"/Die anthropologische Sensibilität/Die Konstruktion der Identitäten. In: *La casa, il corpo, il cuore. Konstruktion der Identitäten.* Wien 1999. S.11-52. S.47ff.

[54] vgl. Niklas Luhmann: *Die Kunst der Gesellschaft.* Frankfurt/M. 1995.

[55] igbk/Joachim Kettel, (Hgg.): Kunst *lehren?* Stuttgart 1998. S.30.

[56] Günter Regel: *Ästhetische Erziehung und/oder künstlerische Bildung?* In: BDK Materialien 4, Hannover 1999.

[57] Martin Seel: *Die Kunst der Entzweiung.* Zum Begriff der ästhetischen Rationalität. Frankfurt/M. 1985.

[58] Günter Regel: *Ästhetische Erziehung und/oder künstlerische Bildung?* In: BDK Materialien 4, Hannover 1999. S.6.

[59] Gunter Otto: Kunst als Prozess im Unterricht. 1969. S.12.

[60] Günter Regel: *Ästhetische Erziehung und/oder künstlerische Bildung?* In: BDK Materialien 4, Hannover 1999. S.9.

[61] ebenda, S.9f.

[62] igbk/Joachim Kettel (Hgg.): Kunst *lehren?* Stuttgart 1998. S.30.

PERSPEKTIVEN FÜR DIE GANZTAGSSCHULE

Joachim Kettel

KÜNSTLERISCHE BILDUNG UND GANZTAGSSCHULE

Die Definition des Begriffs Ganztagsschule bereitet deshalb gewisse Schwierigkeiten, da er eine Vielzahl unterschiedlichster ganztägiger Schulkonzepte subsumiert, die von *offenen* und *gebundenen* Ganztagsschulen, Tagesschulen und Tagesheimschulen, Internatsschulen (z.B. Landerziehungsheime), über ganztägig geführte Gesamtschulen und reformpädagogische Schulen wie z.B. Waldorf- und Montessorischulen bis hin zu Modellversuchen wie die Laborschule in Bielefeld reichen. Hinzu tritt die weitere Schwierigkeit, sich entweder für eine *offene* oder *gebundene* Ganztagsschule zu entscheiden, denn hiermit sind durchaus unterschiedliche inhaltlich-strukturelle Konzepte verbunden, die sich deutlich voneinander abheben: „Offene Ganztagsschulen sind Angebotsschulen mit Pflichtunterricht am Vormittag und freiwilliger Nutzungsmöglichkeit der freizeitpädagogischen Nachmittagsgestaltung. Hausaufgabenbetreuung, Projektgruppen und Freizeitveranstaltungen werden also fakultativ angeboten. Es besteht die Möglichkeit, ein warmes Mittagessen einzunehmen. Gebundene Ganztagsschule: Die Teilnahme an Unterricht und pädagogischen Veranstaltungen an Vor- und Nachmittagen ist für alle Schüler obligatorisch. Eine Rhythmisierung des Schulalltags und die Erprobung reformpädagogischer Ansätze neuen Lernens sind folglich möglich und in der Regel Teil eines pädagogischen Profils. Hausaufgaben werden in der Regel in den Schulalltag integriert. Es besteht die Möglichkeit, ein warmes Mittagessen einzunehmen."[63]

Betont das Konzept der *offenen* Form die Freiwilligkeit der Nutzung des (nachmittäglichen) Ganztagsangebots, insofern sich die Schüler/innen für einen bestimmten Zeitraum zur Teilnahme an einem Betreuungsangebot verpflichten, so ist in der *gebundenen* Form die Teilnahme am Nachmittagsangebot für alle Schüler verpflichtend.

Diese fußt auf einem eigenen und besonderen pädagogischen Selbstverständnis: So ist der Unterricht auf die Zeit zwischen 8.00 Uhr und 16.00 Uhr verteilt, zum Angebot gehören neben Mittagessen und Hausaufgabenbetreuung Arbeitsgemeinschaften, Neigungskurse und verschiedene Freizeitangebote. Konstitutiv ist, dass Unterricht dem biologischen Rhythmus von Schülern und Lehrern folgt und deshalb auch nachmittags stattfinden kann.

Favorisieren „etablierte, politische Kräfte"[64] und „bildungsorientierte Eltern" weitestgehend das *offene* Konzept wegen der weitgefächerten Nachmittagsangebote, so ist jedoch der Charakter von Betreuung bis zur Verwahrung oder Aufbewahrung in dieser auf die „Vormittags-Stundentakt-Schule" orientierten Form nicht von der Hand zu weisen.

In der *gebundenen* Form ist diese reine Verwahrung wegen eines ganzheitlichen Erziehungs- und Bildungsanspruchs und der Rhythmisierung des Schulalltags ausgeschlossen. Deshalb favorisieren viele Eltern das gebundene Konzept, das ihrer Ansicht nach optimale Betreuung und Förderung impliziert, dennoch wird auch Kritik an der verpflichtenden Teilnahme am Nachmittagsunterricht und an der Verschulung von Kindheit geübt.

Spannend wird nun die Frage, in welcher Weise sich die Vertreter/innen der schulischen Kunstpädagogik und der außerschulischen sozio-kulturellen Bildung in ihren Studien gegenüber diesen zwei grundlegend unterschiedlichen Konzepten von Ganztagsschule positionieren und welche Erfahrungen einer Kooperation sie hier einbringen können?

Ohne den Autor/innen hier vorgreifen zu wollen, lässt sich aus Sicht des Reformkonzepts der *künstlerischen Bildung* festhalten, dass ein *gebundenes* Ganztagsschulkonzept wegen der Veränderung des Zeitregimes weitaus vielversprechendere Möglichkeiten bietet, bestimmte, weitgehend selbstgesteuerte Vermittlungskonzepte der *künstlerischen Bildung* – wie Werkstattunterricht, Atelierarbeit, künstlerische Forschungen im Kontext von

Orten, Diskursen und Mitmenschen[65], künstlerische Projektarbeit etc. – initiieren zu können als in der weiterhin durchgetakteten *offenen* Vormittagskonzeption, die schon jetzt dem Fach Kunst viel zu wenig Zeit und Raum gibt, seinem Bildungsauftrag für alle nachzukommen.

Will die *künstlerische Bildung* aufgrund ihres erweiterten künstlerischen Selbstverständnisses ihre Intentionen hinsichtlich Interdisziplinarität, Öffnung von Schule und ästhetisch-künstlerischer Ausstrahlung auf die *gesamte Schulkultur* einlösen, darf sie nicht weiter auf einen eben noch geduldeten Appendix von kernfachorientiertem Vormittagsunterricht im Vormittagsblock oder zur Arbeitsgemeinschaft im offenen Nachmittagskontext reduziert werden, sondern muss die notwendigen Zeitrhythmen und Räume/Orte selbstbewusst einfordern und besetzen, um hiermit auch ihren kompromisslosen Reformwillen unter Beweis stellen zu können.

Die Intentionen der *künstlerischen Bildung* als Reformmodell von Kunstunterricht und Kunstdidaktik liegen in den wesentlichen allgemeinen Aspekten nahezu deckungsgleich zu denen einer *gebundenen* Ganztagsschule: selbstbestimmter, subjektorientierter Unterricht statt Frontalunterricht, explorativ-handlungsorientierte, forschende Settings, fächerübergreifender, epochal ausgerichteter Projektunterricht mit differenzierten Sozialformen, individualisierter Unterricht, Lebensweltorientierung, Öffnung zur gesellschaftlichen Wirklichkeit, selbstgesteuerte, weitgehend eigenverantwortliche Lernprozesse, Integration alter und neuer Medien, Team- und Individualarbeit, soziale Verantwortung, Herausführung aus allein kognitiven Aufgabenstellungen, Ganzheitlichkeit von Kopf, Herz und Hand, Stabilisierung der Identität/Differenz, Angebot an Sinnorientierungen[66], neue ästhetisch-künstlerische Lehr- und Lernkulturen mit pädagogischen, beratenden und motivierenden Lehrkompetenzen.

Hier bin ich mir mit Wolfgang Edelstein hinsichtlich der radikalen Transformation von Schule durch die Einbringung der Konzeption der *künstlerischen Bildung* (auch wenn er – im allgemeinen Bezug auf *alle* musischen Fächer – von „Ästhetischer Bildung" spricht) vollkommen einig.[67]

„Bezüglich der Finanzierung ist zu berücksichtigen, dass die Ganztagsschule eine enorme Kostensteigerung mit sich bringt."[68] Das dürfe, so Stefan Appel, der Vertreter des Deutschen Ganztagsschulverbandes, aber nicht dazu führen, dass diese Schule aufgrund der erzwungenen finanziellen Beteiligung seitens der Eltern zur „sozialen Frage" werde. Andererseits liegt die Möglichkeit nahe, „dass die Ganztagsschule dieses Problem zu umgehen sucht, indem die verhältnismäßig teuren Lehrkräfte besonders im Freizeitbereich durch fachlich qualifizierte Betreuer mit deutlich niedrigeren Gehältern substituiert werden. Hinzu kommen Honorarkräfte auf ehrenamtlicher Basis wie Eltern, Lehramtsstudenten oder Vertreter von Vereinen und Verbänden. Diese Kostendämpfungsreserven werden in der Diskussion oft unzureichend berücksichtigt."[69]

Lepping übersieht hier die auch von den Vertreter/innen des bjke und von anderen Verbänden kritisierte Problematik des Honorar-Dumpings. Bezüglich der Zusammenarbeit mit Künstler/innen ist festzuhalten, dass neben der Frage der pädagogisch-sozialen Professionalität die der Bezahlung äußerst konfliktreich ist. Es kann nicht sein, dass Bildungsreformen dadurch finanziert werden, dass Künstler/innen, die sich häufig sowieso schon in prekären ökonomischen Situationen befinden, hier als „perfekte Rollenmodelle für funktionierende Subjekte in deregulierten Gesellschaften" ausgebeutet werden „und vielleicht gerade deswegen als Bildungsarbeiter/innen gegenwärtig ins Blickfeld geraten."[70]

Die Vertreter/innen der *künstlerischen Bildung* sind in der Lehrer/innenbildung in den unterschiedlichsten Bildungskontexten an der Bildung einer selbstbewussten Lehrer/innenpersönlichkeit interessiert, die in vertieften künstlerischen Studien und Forschungen nicht nur ästhetische sondern insbesondere künstlerische Kompetenzen erlangt, die sie – neben unterrichtspraktischen, didaktischen und kunstwissenschaftlich-kunstgeschichtlichen Studien – als Künstler/in *und* als Pädagog/in ausweisen. Diese *integrative Doppelqualifikation* ist die qualitativ notwendige Ausgangsbasis der *künstlerischen Bildung* überhaupt, denn ohne dieses ‚Qualitätssiegel' der Doppelqualifikation taugte die ganze Konzeption der *künstlerischen Bildung* nichts!

Eindimensional bleibt der Ruf „Künstler an die Schulen!" Ebenso einseitig und gefährlich sind die jüngst geäußerten Überlegungen, Abschlüsse kurzfristig an Künstler/innen zu verschenken, damit diese ohne jede pädagogische Qualifikation schnell in die Schulen wechseln können. Stattdessen muss dafür gesorgt werden, die Bildung von Kunsterzieher/innen an Hochschulen, Universitäten und Akademien zu verbessern. Meines Wissens gibt es in Deutschland zu diesem *doppelt* qualifizierten Lehrer/innentypus keine seriösen und ernst zu nehmenden alternativen Bildungsmodelle. Was wären weitere Alternativen?

Zur Abschreckung erinnere man sich nur an den beispielhaften ‚Auftritt' einer überaus engagierten jungen Kulturpädagogin aus Hildesheim auf der Bühne des Münchener „Kunstpädagogischen Generationengesprächs", die begeisterungstrunken über ihren Berufsalltag als kulturpädagogische Ich-AG schwärmte, in dem sie über die niedersächsischen Dörfer fährt, um hier im ambulanten Dienst als kulturpädagogischer *freelancer* Migrantenkindern mit Feuerwerksmusik und Tischfeuerwerk die geistig-philosophischen Grundgedanken des Barock zu ‚vermitteln'.

Dass das Selbstverständnis als Künstler-Pädagoge für die schulische und außerschulische Vermittlungsarbeit erhebliche Konsequenzen hat, dürfte auf der Hand liegen: Die *künstlerische Bildung* muss auch nicht erst auf Reformen von außen warten, sei es ohne oder mit Einführung der Ganztagsschule, denn sie besitzt – davon legen die vielen Beiträge dieses Buches beredtes Zeugnis ab, die künstlerisch-pädagogische Innovationskraft nicht nur in der theoretischen Reflexion sondern auch und vor allem in den entsprechenden sinnlich-sinnenhaft-intellektuellen Handlungsprozessen an differenten Orten! Sie ist nicht irgendeine Form seichter ästhetisierter Vermittlungsanimation, sondern schwierig, anstrengend und ist keineswegs schnell zu haben!

Die *künstlerische Bildung* braucht insofern keine Bevormundung zu fürchten, da der in diesem Sinne gebildete Lehrer/innentypus, als Gestalter/in seiner/ihrer Bedingungen, die Dinge selbst in die Hand nimmt, was die Neugier auf Kooperationen mit Künstler/innen und Nicht-Künstler/innen einschließt: „Die paradoxale Situation des Kunst-Vermittlers, der sowohl in der Lehre als auch in den eigenen künstlerischen Prozessen steht, wird damit zum selbstbewussten Knotenpunkt und zur kompetenten Durchgangsstelle zwischen den Systemen der Kunst und der Pädagogik."[71]

Das bedeutet eben genau nicht, lediglich zum Schulkoordinator für öffentlichkeitswirksame schulische oder außerschulische Künstler/innen-Auftritte verkleinert zu werden, frei nach dem Motto: „Mach' Du das alltägliche erzieherische Kerngeschäft und besorge mir die Festtags-Auftritte!" Die Doppelqualifikation und die vielfältigen Kompetenzen im Spannungsfeld von Kunst und Bildung befähigen diesen Lehrer/innentypus des Künstler-Pädagogen in besonderer Weise, unter Einbringung aller denkbaren kreativen, materiellen und personellen Ressourcen, inner- und außerschulische künstlerische Bildungsprozesse zu initiieren, zu begleiten und auszuwerten, Schule nach außen zu den Bildungsinstitutionen zu öffnen, in gesellschaftliche Kontexte zu gehen, aber auch Gäste hereinzuholen und Schule auf diese vielfältige Weise zu einem Ort übergreifenden künstlerischen Denkens und Handelns – und damit auch von Kunst und Kultur werden zu lassen.

Hierbei ist es auch nicht sinnvoll, wenn der Kunstunterricht von sich aus freiwillig Zeiten und Räume an außerschulische Institutionen abtritt. Problematisch wird es dann, wenn die außerschulischen Veranstalter die Lücken der staatlichen Grundversorgung decken sollen, – dies zeigt auch die Studie des bjke eindrücklich – denn gesichert sind hierbei weder die Qualität des Angebots, die pädagogischen Qualifikationen des Honorarpersonals, die Verteilung der Finanzlast auf die Schultern der auch finanziell schwachen Eltern, die dann ihre Kinder aus diesen Bildungsangeboten herausnehmen, der flächendeckende Grundversorgungsanspruch, der nicht privatisiert werden kann: „In anderen Gesellschaften wissen auch die Wohlhabenden besser, dass in einer zivilen Kultur jeder individuell durch die Schule mit kulturellem Kapital ausgestattet werden muss, indem er lernt, mit kulturellen Gütern selbstständig umzugehen, um diese wieder in die Gesellschaft einbringen zu können: durch Musik, Theater, Fremdsprachen, durch Lesen, Einüben von Unterscheidungsfähigkeit. Kultur heißt, die Fähigkeit zur Wahrnehmung zu schärfen, an der Herstellung und Deutung kollektiver Güter teilzuhaben. Das gilt jenseits der ökonomischen Verwertbarkeit. Anders gibt es keine demokratische Kultur."[72]

Dies sind deutliche Worte von Wolfgang Edelstein, dem ehemaligen Lehrer und Studienleiter der Odenwaldschule und langjährigen Direktor des Berliner Max-Planck-Instituts für Bildungsforschung. Meiner Ansicht gibt es hieran keinen Deut zu rütteln!

Außerschulische Bildungsanbieter müssen, wie auch rührige Kultur-Initiativen wie *Kinder zum Olymp!* sehr vorsichtig sein, nicht über die Hintertür von einer neoliberalistischen Politik für die Zementierung der Verhältnisse missbraucht oder funktionalisiert zu werden, wenn es gilt, bildungsbürgerliche Privilegien und Vorsprünge gegenüber jenen, die sich außerschulische Bildungsangebote für ihre Kinder nicht leisten können, in Stellung zu bringen: „Nämlich die Absicherung von Privilegien unserer Bildungsschichten, die Verteidigung einer versteckten Privatisierung von Bildung, die unter dem Dach eines maroden (oder abschussreif geredeten; Anm. durch mich, J.K.) Schulsystems faulige Blüten treibt. Weil arrivierte Eltern so satt Gelegenheit bekommen, mit Kompetenz und Geld den eigenen Nachwuchs nach vorn zu bringen. Es geht um die Sicherung von Wettbewerbsvorteilen. Mit Mimi zum Ballett, Jan-Oliver in den Malkurs; schnell Lukas beim Tennisleistungstraining abliefern, rechtzeitig zuhause sein, bevor der Privatlehrer eintrifft, wg. Mathe." [73]

Deshalb gilt mein Interesse der Verbesserung der *schulischen* Rahmenbedingungen von Inhalten und Methoden des Kunstunterrichts, und dies eben nicht als Lobbyist der privat orientierten außerschulischen kulturellen Bildungslandschaft und ihrer (zumeist bildungsbürgerlichen) Nutznießer, sondern als Vertreter einer – erst einmal – schulischen künstlerischen Bildung für *alle* Kinder *aller* Elternhäuser!

Weil Schule und Unterricht einen dringlichen Reformbedarf anzeigen, ist der Paradigmenwechsel zum Reformkonzept der *künstlerischen Bildung* nötig, die im übrigen, aufgrund ihres weiten Bildungs- und erweiterten Kunstverständnisses, gerade auch eine Konzeption für den *außerschulischen* kulturellen Bildungsmarkt darstellt. Kritik an Schule darf aber nicht bedeuten, dieselbe in Bausch und Bogen und völlig undifferenziert zu verteufeln, sie sturmreif zu reden, wie ich in letzter Zeit desöfteren auf größeren Lobby-Veranstaltungen feststellen muss, die sich vornehmlich um das Wohl und Wehe der marktmäßigen Implementierung außerschulischer kultureller Bildung kümmern.

Ebenso kontraproduktiv wie folgenschwer ist der Rückbau der Rahmenbedingungen in der Lehrerbildung an Hochschulen und Universitäten selbst z.B. durch die Einführung von Modularisierung, Bachelor- und Masterabschlüssen, sind Ideen, eine Trimesterstruktur bzw. die Auslagerung nicht mehr ‚kompatibel' erscheinender Institute oder Abteilungen der Kunstpädagogik aus ehedem bewährter integrativer Ausbildung von angehenden Künstler/innen und Lehrer/innen (Braunschweig) aus „Kostengründen" in Zeiten, wo Synergienbildungen, Inter- und Transdisziplinarität immer notwendiger werden.

Es bleibt zu verhindern, dass Schule zugunsten breiter und äußerst zweifelhafter Bildungsmärkte, und privilegierter Gesellschaftsschichten, schlechter geredet wird als sie es ist. Ganztagsschule darf nicht zum Einfallstor schlechter künstlerisch-pädagogischer Qualität von Kulturanbietern werden!

Deshalb ist hier sehr genau auf die richtigen Allianzen und die hinter ihnen stehenden Verwertungsinteressen zu schauen: „Es gibt nahezu nichts, was das Bürgertum nicht bereit wäre, in Sachen Schule vorzulegen. Außer dem einen: sich dafür einzusetzen, dass allen Schulen der bestmögliche Unterricht zuteil wird. Schulisch betrachtet, liebe Bürger: eine Fünf in Solidarität."[74]

Andererseits soll nicht der Verdacht in Abrede gestellt werden, dass es auch der staatlichen Bildungspolitik mit Einführung der Ganztagsschule allein um die Erhöhung der Bildungsqualität und der Bildungschancen des Einzelnen, sondern um die Erhöhung des Bruttosozialprodukts geht. „In Skandinavien weiß man, dass es eine Herausforderung der Zivilgesellschaft ist, die weniger Begüterten mit kulturellem und sozialem Kapital auszustatten. In einer gemeinsamen Schule! [...] Eine zentrale staatliche Aufgabe ist heute, der Verelendung von Kindern vorzubeugen, das heißt, Armut zu verhindern. Die Forschung belegt, dass Armut sich über die Schulen, über das Bildungswesen vererbt. Wenn wir am heutigen Bildungssystem festhalten, werden irgendwann Schulen brennen."[75] Das bedeutet, gerade vor diesem Hintergrund, zu gewährleisten, dass die Schule von heute und morgen das soziale und kulturelle Kapital der Kinder mehrt.

„EXTRA | STUDIEN: GANZTAGSSCHULE – KUNSTUNTERRICHT – KULTURELLE BILDUNG"

An dieser Stelle sei ausdrücklich darauf hingewiesen, dass – jenseits der Einführung von Ganztagsschule – der schulische Kunstunterricht dringend – und zwar Schulformen übergreifend – reformiert werden muss! Es versteht sich angesichts eines solch qualifiziert besetzten Symposiums zur *künstlerischen Bildung*, dessen Beiträge hier nun gedruckt erscheinen, dass sich diese Konzeption in besonderer Weise eignet, eine fachliche und interdisziplinäre Antwort auf die Krise des real existierenden Kunstunterrichts geben zu können.

Wenn es um zukünftige oder bereits vorhandene Kooperationsmodelle mit der kultur- und sozialpädagogisch grundierten sozio-kulturellen Bildung geht, so haben auch die Partner die Pflicht, ihre didaktisch-methodischen Grundsätze, ihre theoretischen Postulate, sozial- und bildungspolitischen Positionen einer strengen Überprüfung auf Zeitgenossenschaft und Anschlussfähigkeit zu unterziehen. Insofern verstand sich das Symposium – versteht sich auch diese Publikation – als kritisch-solidarischer Diskurs der jeweiligen Selbstverständnisse, die nicht eingeebnet, sondern deren Differenz kritisch herausgearbeitet und deren gemeinsam zu teilende Einsichten transparent gemacht werden sollten.

Wäre es nicht denkbar, dass sowohl die *künstlerische Bildung* als auch die außerschulischen sozio-kulturellen Bildungsträger voneinander lernen könnten? Schon allein vor dem Hintergrund der Notwendigkeit gelingender zukünftiger Kooperationen muss eine integrative Basis hergestellt werden, auf der die Beteiligten operieren können.

Martin Pfeiffer, stellvertretender Bundesvorsitzender des Fachverbandes für Kunstpädagogik (BDK), zeichnet zu Beginn seines Beitrags „Einige Gedanken zum Problem Kunst in Schule und Unterricht" und als Einleitung zu seiner Studie ein düsteres Bild des real existierenden deutschen Kunstunterrichts. Dieses findet seine Gründe bereits im Selbstverständnis der in der Schule Lehrenden, wie und ob der Fach- und Sachgegenstand Kunst überhaupt vermittelt werden könnte. Trotz Bezug auf die Aspekte künstlerischen Denkens und Handelns würden die als spezifisch künstlerisch einzuschätzenden Verhaltensweisen und Verfahren allenfalls „domestiziert", also für bestimmte erzieherische und bildende Ziele „zumutbar" und „zielführend" zugerichtet, wissenschaftlich operationalisiert, bedeutsam nur als Ableitung aus Gegenständen und Funktionen, „die weder mit traditioneller noch mit aktueller Kunstpraxis in eine unmittelbare Beziehung gebracht werden können". „Kunst um der Kunst willen" zu lehren sei hiermit das schwerste denkbare Vergehen. Pfeiffer zeichnet die Geschichte des Kunstunterrichts in Deutschland diesbezüglich nach: Aufklärerisches und widerständiges Potenzial der Kunst sei übersehen worden, käme es doch in den unterrichtlichen Zurichtungen immer wieder auf die Instrumentalisierung der Kunst (und der Subjekte) für ‚höhere' Ziele einer allgemeinen Bildungsdidaktik an, wohingegen Möglichkeiten der Selbstorganisation, der Selbstbestimmung in künstlerischen Prozessen mit offenem Ausgang exkludiert worden seien.

Noch immer dominiere in und außerhalb der Schule ein Bewusstsein davon, dass „Kunst fast ausschließlich als eine Folge und Funktion bestimmter gesellschaftlicher Verhältnisse und Interessen" definiert werde, so wäre Kunst „ebenso wie jede andere x-beliebige Hervorbringung auf dem Feld der Alltags- und Gebrauchsästhetik, ein Produkt der eben herrschenden Verhältnisse", das sich gesellschaftlich relevant nur als „Medium der Kritik" machen könnte. Die Ambivalenz des Bildungsbegriffs, hier Selbstbildung, dort gesellschaftliches Teilsystem als „Zertifikationsinstanz des Bildungswissens und der Ausbildungswege für die Verlässlichkeit der Unterscheidung von Kompetenz und Inkompetenz in der gesellschaftlichen Kommunikation"[76], also Zwang zur Selektion, führe nicht zur Konstruktion eines für den Einzelnen in sich schlüssigen und sinnvollen Bildungswissens, wobei Selbstbildungspotentiale sträflich vernachlässigt würden, und die „angeborenen Fähigkeiten zur Selbstorganisation" wegen des Standardisierungs- und Uniformierungsdrucks, der auf Vereinheitlichung und Verbindlichkeit setze, frühzeitig ausgeblendet würden.

Überorganisiertes und überdidaktisiertes Lernen befördere so die „Unmündigkeit" von Kindern und Jugendlichen und stehe in einem eklatanten Missverhältnis zu den aktuellen, in der neurobiologischen Forschung erbrachten, Beobachtungen kindlichen Lernverhaltens (→ Kösel). Dies sei auf das Verhältnis von Kunst und Schule, Kunst und Bildung durchaus übertragbar: „Künstlerische Kompetenzen spielen in der Debatte um eine Reform des Bildungssystems außerhalb der engeren fachdidaktischen Zirkel so gut wie keine Rolle", es sei denn, sie würden z.B. in der Wirtschaft nicht neuerlich funktionalisiert (→ Kolodziej; Heid; Raunig; John). Noch immer bestimmten die Vorgaben des Bildungs- und Stoffverteilungsplanes mit ihren portionierten und methodisch domestizierten Stoffen in Form von Themenstellungen den real existierenden Kunstunterricht, der sich lautlos und unauffällig in die „derzeitige Verfasstheit von Schule" einfüge, noch immer dominierten Derivate eines Konzeptes des formalen Kunstunterrichts, der sich mit der Vermittlung technischer Fertigkeiten und rudimentärer Fragen gestalterischer Kompetenz in der Auseinandersetzung mit bildnerischen Mitteln begnügte. In diesem Korsett habe es Projektunterricht in der Tat sehr schwer.

Martin Pfeiffer, der an der Pädagogischen Hochschule Karlsruhe Kunst lehrt, stellt in seiner Studie für Baden-Württembergs Grundschulen fest, dass mehr als 80% des Kunstunterrichts von dafür nicht ausgebildeten Lehrerinnen und Lehrern erteilt würden. Die Konsequenz hieraus sei ein Unterricht, der aus „Unsicherheit und auch aus Unwissen und Bequemlichkeit auf konfektionierte Unterrichtshilfen" zurückgreife, „die überwiegend einem überholten Konzept von Kunststunden verpflichtet sind". So dominierten hier die Verwendung von Schablonen und Vorlagen, immer da, wo Gestaltungsaufgaben – auch in anderen Fächern – zu nach wie vor einheitlichen Ergebnissen führten. Pfeiffer mahnt in seiner Studie die dringende Überprüfung der zweiten Ausbildungsphase des Lehrerstudiums an, die in keiner Weise oder nur sehr wenig mit der ersten verknüpft sei. Aufgabe der Hochschulen dürfe es nicht sein „systemfähige Pädagogen" zu produzieren, „die im Einklang stehen mit den traditionellen Konzepten von Schule und Unterricht, ihr Ziel muss es sein, mündige, zu konstruktiver Kritik und Eigenverantwortung, zu Kooperation und Innovation fähige Lehrerinnen und Lehrer zu bilden." Ein verändertes Denken habe auch noch nicht die Kunstakademien erfasst, bei denen, trotz des zunehmend auch in der Kunst diskutierten Vermittlungsparadigmas, hierfür noch kein Bewusstsein geschaffen worden sei, dass man auch als Kunstpädagoge ‚Künstler' sein könne.

In seiner Studie fragt Pfeiffer „ob und in welcher Weise Kunstunterricht unter den Bedingungen des Ganztagsbetriebs stattfindet und ob es aufgrund der veränderten Organisationsabläufe Modelle oder Ansätze für eine an künstlerischen Prozessen orientierte Form des Kunstunterrichts gibt?"

Die von ihm angeschriebenen Ganztagsschulen[77] zeigten offenbar wenig Interesse an der Fragestellung, denn es antworteten von den angeschriebenen lediglich 7 Schulen in BW und 6 Schulen aus anderen Bundesländern[78].

Obwohl Pfeiffer dieser schmalen Basis von Daten keine allgemeinen Aussagen abgewinnen will, lassen die meisten Antworten zur Frage einer Kooperation von Schule/Kunstunterricht mit außerschulischen Institutionen/Personen, die im Bereich von Kunstproduktion/Kunstvermittlung tätig sind (Frage: „Gibt es im Unterricht Kooperationen mit außerschulischen Einrichtungen?"), darauf schließen, „dass Kunstunterricht, wenn er nicht in der Schule erteil wird, am ehesten im Museum stattfindet"[79]. Bis auf zwei Ausnahmen[80] wurde kein Unterrichtsvorhaben als gelungen beschrieben, das eine Kooperation mit außerschulischen Einrichtungen realisiert hatte. „Freischaffende Künstlerinnen und Künstler treten als Kooperationspartner – bis auf die vorgenannten Ausnahmen – nicht in Erscheinung." Auch hinsichtlich der Frage nach der Bedeutung des Kunstunterrichts für das Selbstverständnis der Schule ergebe sich – so Martin Pfeiffer – „kein eindeutiger Befund". Pfeiffer folgert daraus, „dass dem Kunstunterricht in dieser Hinsicht, zumindest seitens der Kunsterzieher selbst, keine besondere Relevanz beigemessen wird". Er schließt weiter aus diesen Ergebnissen, „dass Kunstunterricht unter den Bedingungen des Ganztagsbetriebs und dessen Anforderungen nicht wesentlich anders organisiert wird, als an Schulen mit Vormittagsunterricht". So gebe es „weder klare Hinweise auf offene Werkstattangebote außerhalb des Regelunterrichts noch auf die Entwicklung und Erprobung von didaktisch fundierten Konzepten für Kooperationen schulischer und außerschulischer Institutionen, die über die gängige Praxis von mehr oder weniger regelmäßigen Museumsbesuchen hinausgingen". Pfeiffer will damit nicht ausschließen, dass es dennoch Projekte und Vorhaben gibt, die sich in Aufwand, Qualität und Engagement hiervon unterschieden und in denen das „'Ästhetische', sogar das ‚Künstlerische' möglicherweise nicht nur eine Applikation, sondern entweder fundamental oder temporär eine Haltung und eine Methode ist", diese seien eher die Ausnahme als die Regel. Pfeiffer beschließt seine Studie mit einem hoffnungsvollen Beispiel der Vernetzung unterschiedlicher Kooperationspartner.[81]

Seiner Ansicht nach müsse man/sich Schule als „eine Art Baustelle" begreifen, „deren Verfasstheit immer wieder neu ausgehandelt werden muss". Diese sei wegen ihrer „immanenten Unfertigkeit" in baulicher und inhaltlicher Hinsicht „offen für Transformationsprozesse": „Dafür kann die Kunst als Methode und Prozess Modelle erarbeiten und bereitstellen". Ihre Möglichkeiten liegen darin, Unwahrscheinliches denkbar zu machen, Praxis zu antizipieren, radikale Subjektivität und öffentlichen Diskurs zuzulassen, der Funktionalisierung von einzelnen Elementen künstlerischer Strategien eine Absage zu erteilen, sich in „unvertrautes Gelände" vorzuwagen, Schule zum Ort von Erfahrung und Erkenntnis zu machen, jenseits von „Belehr-, Beschäftigungs- und Verwahranstalt mit dekorierten Wänden" und mit Kunstpädagogen, „die sich als professionelle und engagierte Forscher erweisen".

In den weiteren beauftragten Studien bzw. Projektrecherchen unternehmen Peter Kamp u.a. (bjke; „Vom Einzelprojekt zum Dienstleistungskonzept – Jugendkunstschulen als Partner der Ganztagsschule"), Stefan Peter (Bundesvereinigung soziokultureller Zentren e.V.; „Bildung mit kultureller und kreativer Vielfalt und der Verantwortung im Gemeinwesen") und Ina Bielenberg (BKJ; „Projektrecherche") jeweilige Positionsbestimmungen aus dem Blickwinkel der eigenen Bildungsarbeit.

Sie heben alle den Grad der institutionellen Eigenheit gegenüber Struktur und Inhalten von Schule heraus, häufig als Alternative zur formalen Bildung, dann wiederum auch als Ergänzung zur Regelschule.

So betonen die Vertreter/innen der Jugendkunstschulen einerseits ihre Struktur als Schule mit einem „strukturierten Lern- und Bildungsangebot in Breite und Tiefe", andererseits ihren Charakter als außerschulische Jugendbildungseinrichtung, die sie „signifikant anders als Schule macht", was „freiwillige Teilnahme", „eigenes Bildungsverständnis", „Verzicht auf Benotung", „Multimedialität", „Subjekt- und Lebensweltorientierung über Fächergrenzen hinweg" als „einrichtungsspezifische Unterschiede" anbelangt. Eine „intensive Kooperationspraxis" entwickele sich aufgrund strukturierter Angebote, die die Regelschule nicht oder nur teilweise machen könne, was Vielfalt der Kunstsparten und einen je individuellen Zugang zu Neigungen und Begabungen betreffe.

Jugendkunstschulen wünschten sich – so Peter Kamp u.a. - das Verhältnis von „Regel" und „Ausnahme" „möglichst umfassend und neu" zu definieren, indem Jugendarbeit und Schule neue Kooperationsbeziehungen eingehen könnten. Die Kooperationsherausforderung im Horizont der Ganztagsschule liege aus der Sicht der kulturellen Bildung besonders darin, die Differenz von Schule und Jugendkunstschule „produktiv zu machen: also nicht nur längere Schulzeit, sondern auch andere Bildung". Statt überwiegend kurzfristiger und oft singulärer Maßnahmen werden „verlässliche", „kontinuierliche" und „langfristige Bildungsangebote" gefordert. Dazu müssten kulturpädagogische Curricula und Programme treten, die in besonderer Weise den Erfordernissen der *offenen* Ganztagsschule Rechnung tragen und einem integrierten (schul- und kultur-)pädagogischen Ansatz folgten. Hinzu treten Überlegungen zur Veränderung der Öffnungszeiten von Jugendkunstschulen angesichts verlängerter Zeiten der Regelschule, die sie zu offenen Ganztagsjugendkunstschulen machen würde. So erhoffe man sich über diese Erhöhung der Flexibilität, dass sich neue Ganztagsschulen im Sinne dezentraler Bildungsangebote öffnen und profilieren könnten. Des Weiteren stehe noch eine „konsequente Rückkopplung an die pädagogische Konzeption der jeweiligen Schule aus, die derzeit wegen mangelnder Kapazitäten fehlte. Die derzeit laufenden Kooperationsprojekte zeigten einen hohen Grad an Improvisation hinsichtlich der Rahmenbedingungen, was Zeiten, spezifische Fachräume und Lagerungsmöglichkeiten anbelangte. Obwohl das Qualifikationsspektrum der Fachkräfte von Theater-, Kunst-, Tanzpädagog/innen über Schauspieler/innen, Designer/innen und Sozialarbeiter/innen bzw. Pädagog/innen mit Zusatzausbildung bis hin zu Autodidakt/innen gehe, sei eine Vertretung im Krankheitsfall nicht verlässlich geregelt, würden ausgefallene Stunden nicht vergütet, sei eine pädagogische Professionalität im Umgang mit auffälligen Schüler/innen dringend notwendig, zumal viele Fachkräfte in der Zwischenbilanz über Probleme der Disziplin, der sozialen Integration, der Aufsichtspflicht klagten. So seien erzieherische Ansätze bei weitem stärker als kulturpädagogische gefordert, gegenseitige Akzeptanz und Toleranz ein „großes Problem". Die Einbindung von Betreuungs- und Kulturarbeit in den Unterricht sei bislang noch nirgendwo methodisch geregelt, was auch die Mitwirkung in den Organen der Schule, im Rahmen von Schul- und Elternkonferenzen anbelange. So sei das Potenzial der engeren Zusammenarbeit mit den Lehrer/innen im Sinne der Förderung aller Kinder weiterhin Desiderat. „Außerdem hat sich herausgestellt," – so die Autoren kritisch – „dass nicht alle beschäftigten Honorarkräfte den spezifischen pädagogischen Herausforderungen gewachsen sind", da sich die Arbeit an den Schulen sehr von jener an den Jugendkunstschulen selbst unterscheide. Ein weiteres Problem bestehe darin, dass Schulen vermehrt ‚Dozentenpools' der Jugendkunstschule anzapften, um unter Ausnutzung von „Vermittlungsspannen" Fachkräfte abzuwerben. Hier täte sich deshalb ein „schwieriger Markt auf", der einerseits die Hauptberuflichkeit an Schulen als „dominantes Beschäftigungsprinzip", andererseits „Honorartätigkeit als fachliche und personelle Basis des Jugendkunstschulangebots krass aufeinandertreffen" lasse, dies obendrein unter „konkurrierenden Bedingungen bürgerschaftlichen Engagements". Peter Kamp u.a. folgern hieraus: „Dies allein dem Markt zu überlassen wäre bildungspolitisch schon deshalb fragwürdig, weil Qualität, Kontinuität und Nachhaltigkeit nur dort zu gewährleisten sind, wo definierte Bildungsziele auch adäquat ausgestattet werden (was nicht zwingend auf Festanstellung, aber doch auf adäquate Vergütung hinausläuft)."

Positiv wollen die Autor/innen vermerkt wissen, dass kulturelle Bildungsarbeit, so sie ein Bestandteil des Schulkonzepts geworden sei, indirekte Rückwirkungen in den Unterricht durch die Beteiligung der Schüler/innen ergeben könnte. Hierbei würde man auch an der Sozialkompetenz der Schüler/innen arbeiten, was wiederum Auswirkungen auf die Situation am schulischen Vormittag habe, der erheblich entspannter und konzentrierter verlaufen würde. Häufig könnten die Jugendkunstschulen – das werde ebenso durch die Studie deutlich – ihre Angebote noch nicht kostendeckend durchführen.[82]

Stefan Peter von der Bundesvereinigung soziokultureller Zentren e.V. verweist auf das gesellschaftspolitische Dilemma, das sich hinter den Ergebnissen der Pisa-Studie verberge. Folglich ginge es der Soziokultur auch nicht um eine Verständigung über neue Lehrpläne und eine bundesweite Vergleichbarkeit von Schulabschlüssen, auch nicht um mehr und frühzeitigere Tests. Insgesamt zeigt sich die Soziokultur verwundert über das Aufheulen nach dem Pisa-Desaster, denn sie habe schon „seit mehr als zehn Jahren" vor Ort beobachten können, „dass das Leistungsvermögen, das Wissen und die notwendigen Schlüsselkompetenzen zur Bewältigung der eigenen Lebenswelt bei Kindern und Jugendlichen sich weniger über das Lebensalter fest machten, sondern sich vor allem durch den sozialen und familiären Hintergrund bestimmten". An diesem gesellschaftspolitischen Hintergrund wollen sich die „35 eingereichten Projekte aus dem Verbandsspektrum der Soziokultur messen lassen".

Die Projektverantwortlichen betonten häufig, – so Stefan Peter in seiner Studie – dass „man eine Alternative zur Schule sein möchte, auch wenn das Projekt in Kooperation mit der Schule stattfindet". Ebenso häufig hätten die Projektleiter/innen „das Schaffen von künstlerischen Erfahrungsräumen in sozialen Brennpunkten benannt. Kreative Fähigkeiten sollen erlebbar und erlernbar gemacht werden, insbesondere bei jenen Menschen, die sonst keinerlei Möglichkeiten hierfür vorfänden". Gekoppelt hiermit wären Intentionen zur Förderung der „Kommunikation im Gemeinwesen" und die Erschließung „neuer Bildungskooperationen", ebenso der „Erwerb von sozialen Kompetenzen" im Sinne von „Partizipation", „Kommunikation", „Teamarbeit", „Kompromissbereitschaft gegenüber den individuell eingeräumten Gestaltungsfreiräumen".

Zwar beschränkten sich die von ihm recherchierten Kooperationsprojekte „in keinem einzigen Fall auf die künstlerische Bildung, sei es als angewandte Methode oder als formuliertes Ziel", da alle Einrichtungen in ihrer Zielsetzung einen „erweiterten Bildungsbegriff" verfolgten und sich auch nicht als „nachgeordnete Bildungseinheit von Schule" verstünden, sondern „die Anerkennung der außerschulischen Bildungsorte mit einem erhofften Bekenntnis durch die Politik für kulturelle Jugendbildung als Zukunftsinvestition" einforderten.

Abstimmungsprobleme mit Schule als „streng hierarchisches System" erschwerten die Kooperationen. Obwohl Projektarbeit auch in der Regelschule gefordert sei, engagierten sich hier nur die wenigsten Lehrer/innen in der Zusammenarbeit mit freien Trägern besonders, so dass diese Projekte von überdurchschnittlich motivierten Lehrkräften, die von Schule und Schulverwaltung eher behindert oder belächelt würden, unterstützt würden. Projektmitarbeiter/innen würden sich „gegenüber ihren persönlichen Partner/innen in der Schule zumeist als gleichberechtigt" sehen, jedoch nicht gegenüber der Schule als Institution, Grund hierfür wäre „fehlende Kontinuität im Zusammenwirken". Problematisch sei, wenn alle Last in Bezug auf Vorleistungen, Konzeptentwicklung, Beantragung und Abrechnung von Fördermitteln „zu 90% beim außerschulischen Partner" lägen. „Bei 28 Projekten mit Schule kam der Impuls für ein Kooperationsprojekt 23mal von der soziokulturellen Einrichtung, und nur fünfmal wurde die Einstiegsidee als eine gemeinsame benannt. Kein einziges Projekt sei allein aus dem Impuls einer Schule entstanden. Sieben Einrichtungen stellten Projekte ohne Schule vor. Teilweise bewusst, um auch der nach ihrer Meinung zu stark an Schule orientierten gesamtdeutschen Bildungsdiskussion entgegen zu treten und ihre „eigenständige Bildungswirkung im außerschulischen Bereich zu unterstreichen".

Peter betont eine Reihe von Problemen, die sich nun genauer zeigten. Diese bezögen sich zum einen auf die wachsenden und unkoordinierten inhaltlichen Anforderungen der Geldgeber, die weniger Qualität einforderten als eine Steigerung der öffentlichen Aufmerksamkeit, so dass hieraus das Folgeproblem einer Eventisierung der Soziokultur entstünde: „Kleinteilige Projektarbeit mit einer konzentrierten und individuellen Zielsetzung auf das Wesentliche und für den Sozialraum Notwendige, um eine intensive Form der Bildungsarbeit vor Ort leisten zu können, wird immer schwieriger." So möchte man „endlich wegkommen vom punktuellen Projekthighlight". Das erfordere „Eigenverantwortung von Schule und ihren Partnern vor Ort für die eigenen Bildungs- und Projektkonzeptionen", Öffnung von Schule für neue Projektpartner und den Lebensraum der Schüler/innen. Häufig nutze Schule, wenn keine engagierten Lehrer/innen vor Ort zu finden wären, das Kooperationsprojekt, um sich selbst aus der Unterrichtsverantwortung zu stehlen, indem es dann ganz an die Kulturpädagog/innen abgegeben werde. Manchmal wollten Schulen lediglich einen preisgünstigen oder gar kostenlosen Nachmittagsunterricht ‚einkaufen'. Vielfach verhinderten des Weiteren neue Leher/innen-Arbeitszeitmodelle (s. Hamburg) ein notwendiges schulisches Kooperieren mit dem soziokulturellen Partner.

Die von Stefan Peter vorgestellten soziokulturellen Projekte sind aus der Sicht der *künstlerischen Bildung* dann anspruchsvoll und ideenreich, wenn sie ein überzeugendes methodisch-didaktisches Vermittlungskonzept anbieten, sich in ihrer Arbeit um Subjektorientierung, individuelle Ausdrucks- und Gestaltungsvielfalt, Eigentätigkeit, handlungs- und erfahrungsorientierte Selbstexploration und Selbstorganisation, Umgang mit dem Schwierigen, Fremden und Unverständlichen in Gestaltungsprozessen bemühen und die lebensweltlichen Kontexte von Kindern und Jugendlichen in ihre Arbeit einbeziehen. Die Kunst wird hier – und das korreliert durchaus mit dem eigenen aktuellen Verständnis in Bezug auf den Kultur-, Bildungs- und Kunstbegriff der Soziokultur – im besten Falle als erweiterter Kunstbegriff eingebracht. Vielfach ist sie jedoch auch weiterhin ein willfähriges Instrument zur Erreichung außerkünstlerischer Ziele.

So zeigt sich die künstlerische Qualität der Projekte als unterschiedlich anspruchsvoll, und wird da besonders problematisch, wo wiederum auf ästhetisierende und nachahmungsästhetische Angebote eines abbilddidaktischen Kunstunterrichts zurückgegriffen wird (z.B. „Kunst 2003 – Kulturprojekte aus den Schulen Pforzheims und dem Enzkreis", in Kooperation mit dem Kulturhaus Osterfeld: Kinder der vierten Klasse unter dem Motto „Orpheus und Nana" „Werke von Klee, Picasso oder Miro" „nachempfinden"(!) zu lassen „und selbst Kompositionen" zu entwickeln, „deren Duktus der europäischen Moderne entsprach"(!), wobei man u.a. auch Skulpturen „nach Art von Niki de Saint Phalle" „bewundern"(!) konnte).

Angesichts der in dieser Konzeption aufscheinenden kunstpädagogischen Bewusstlosigkeit muss man nur allergrößte Skepsis haben, wenn die Projektveranstalter/innen auf Workshops hinweisen, bei denen die Teilnehmer/innen die Möglichkeit erhielten, „sich neuen künstlerischen Ausdrucksformen zu nähern" und für Lehrer/innen „speziell entwickelte Fortbildungsangebote im Bereich Theater, Kunst, Musik, Sport" angeboten wurden. Der selbst gestellte hohe Anspruch wird auf diese Weise konterkariert. Nicht zuletzt, wenn Kinder um eigene Ausdrucksmöglichkeiten gebracht und stattdessen in ein affirmativ-nachahmend-unterwürfiges Kunst- (und Kultur)verständnis geführt werden.

Ebenso wie Ina Bielenberg (BKJ) ist auch Stefan Peter, trotz seines Einwandes gegenüber der *künstlerischen Bildung* – die er hier im übrigen verkürzt wiedergibt – denn sie will nicht allein Methode sein, sondern im erweiterten künstlerischen Sinne ein grundsätzliches Prinzip des Lehrens und Lernens, immer dann von der Qualität der Projekte und Prozesse überzeugt, wenn „künstlerisches Schaffen", „Bildungswirkungen", „Lebenswelt vor der Schule" und „eigene Bildungsverantwortung" gegenüber Kindern und Jugendlichen vor Ort zusammenfänden.

Für Ina Bielenberg zeigt sich, erst einmal jenseits der Frage nach notwendigen didaktisch-methodischen und pädagogischen Qualifikationen: „Schulprojekte unter Beteiligung von Künstlerinnen und Künstlern haben einen Bildungsmehrwert für alle Teilnehmer/innen. Die Schülerinnen haben ihr Spektrum an Bekanntem und Vertrautem erweitert, sie haben neue Eindrücke und neue Sichtweisen kennen gelernt, die eigenen Ausdrucks- und Kommunikationsmöglichkeiten erweitert." Ihrer Ansicht nach zeigt sich – im Rückblick auf die recherchierten Projekte – dass die „praktisch-produktive Anregung künstlerischer Erfahrungs- und Erkenntnisprozesse [...] in allen Projekten gelungen" sei. Nämlich insofern, dass „die Kinder und Jugendlichen [...] den vollständigen Prozess eines Kunstwerkes [...] vom ersten Gedanken bis zur letztendlichen Präsentation oder sogar Zerstörung" erlebt hätten.

So sind die von ihr zusammengetragenen Projekte inhaltlich-methodisch-medial sehr vielfältig und zeigen immer dann eine Qualität, wenn sie nicht lediglich fremde künstlerische Stile übertragen und kopieren (wie im Beispiel von Köln-Rodenkirchen), sondern die Schüler/innen zu handelnden Akteuren, zu Erfindern ganz eigener Prozesswege und Gestaltungen im Sinne der *künstlerischen Bildung* werden lassen. Insofern müssen auch die involvierten Künstler/innen über eine hohe didaktisch-methodische Fantasiefähigkeit verfügen, wenn es zu wirklich anspruchsvollen Projekten und entsprechenden Ergebnissen kommen soll. Künstler/innen sind nicht wegen ihrer Profession allein deshalb schon die besseren Vermittler/innen.

Ina Bielenberg sieht dann eine „wichtige Bildungschance", wenn diese Projekte „gut geplant", „intensiv vorbereitet", auf die jeweilige Adressatengruppe hin orientiert werden, wenn die ganze Schule neue Impulse und neue Sichtweisen erfahren kann, wenn alle Beteiligten auch neue „künstlerische Techniken und Ausdrucksformen" kennen gelernt und sich die Kinder und Jugendlichen auch selbst wieder neu haben erfahren lernen können. Sie betont, dass gerade künstlerische Projekte eine andere Zeiteinteilung erforderten, dass hieraus jedoch nicht gefolgert werden dürfe, „den Kunstunterricht aus dem regulären Fächerkanon zu streichen und die Begegnung mit der Kunst auf den (freiwilligen) Nachmittag zu legen". Bielenberg fordert für das Verhältnis von Kunst und Schule und die „Öffnung der Schulen für Künstler jeder Art", ein Bewusstsein, dass sich vom Bild des Künstlers als „bunter Vogel", von der Kunst als schmückendes Beiwerk zur Behängung kahler Flure verabschiedet und die Auseinandersetzung mit Kunst als „nachhaltiges Prinzip im gesamten Schulleben, auch in nicht-künstlerischen Fächern" begreift.

ANMERKUNGEN

[63] Dirk Lepping: *Ganztagsschule – Vom Tabuthema zum Modethema? Die Debatte und die Begründung der Ganztagsschule in Deutschland seit Beginn der Neunziger Jahre.* Schriftl. Hausarb. im Rahmen der Ersten Staatsprüfung für das Lehramt Sek. II im Fach Pädagogik. Westfälische Wilhelms-Universität Münster 2003. S.19.

[64] ebenda, S.21f.

[65] siehe hierzu: Joachim Kettel: *Ortstermin - Ortssondierungen mit allen Sinnen. Ein Projekt der künstlerischen Bildung.* In: Pädagogische Hochschule Heidelberg/Institut für Weiterbildung (Hg.): *Zur künstlerischen Bildung.* Sommersemester 2003. S.30-51; Christiane Brohl: *Displacement als kunstpädagogische Strategie.* In BDK-Mitteilungen 3/04. S.6-10; siehe auch ihr gemeinsamer Beitrag in diesem Band unter Workshop 6: Natur – Ort - Experiment.

[66] siehe hierzu: Dirk Lepping: *Ganztagsschule – Vom Tabuthema zum Modethema? Die Debatte und die Begründung der Ganztagsschule in Deutschland seit Beginn der Neunziger Jahre.* Schriftl. Hausarb. im Rahmen der Ersten Staatsprüfung für das Lehramt Sek. II im Fach Pädagogik. Westfälische Wilhelms-Universität Münster 2003. S.52.

[67] Wolfgang Edelstein: *Wider die Leuchttürme. Ein Plädoyer für kulturelle Bildung mit Flächenwirkung.* In: *Kinder zum Olymp! Wege zur Kultur für Kinder und Jugendliche.* Kulturstiftung der Länder (KSL), Berlin 2004, S.30 ff..

[68] ebenda, S.43.

[69] ebenda, S.44.

[70] Carmen Mörsch: Konzeptpapier zu: *Soft Logics* in der Kunstvermittlung. Beispiele für die Praxis, Kunst und Bildungsarbeit zusammen zu denken. Workshop im Künstlerhaus Stuttgart vom 2.-4.4.2004 für Kunstvermittler/innen, Künstler/innen, Kunstpädagog/innen und alle Interessierten. S.1.

[71] igbk/Joachim Kettel (Hgg.): Kunst *lehren? Künstlerische Kompetenz und kunstpädagogische Prozesse – Neue subjektorientierte Ansätze in der Kunst und Kunstpädagogik in Deutschland und Europa*. Stuttgart 1998. S.30.

[72] Wolfgang Edelstein im Gespräch mit Elisabeth von Thadden: *Macht die Schule auf!* Staat, Gesellschaft und Familien müssen bei der Bildung zusammenarbeiten. Ein Gespräch mit dem Bildungsforscher Wolfgang Edelstein. In: DIE ZEIT Nr. 37, S.32.

[73] Susanne Mayer: *Solidarität: mangelhaft*. Reiche Eltern entziehen sich ihrer Verantwortung für die Schule – Hauptsache, das eigene Kind macht Karriere. Eine Polemik. In: DIE ZEIT Nr. 37, S.31.

[74] ebenda

[75] Wolfgang Edelstein im Gespräch mit Elisabeth von Thadden: *Macht die Schule auf!* Staat, Gesellschaft und Familien müssen bei der Bildung zusammenarbeiten. Ein Gespräch mit dem Bildungsforscher Wolfgang Edelstein. In: DIE ZEIT Nr. 37, S.32.

[76] Udo Thiedeke, S.97.

[77] 49 Ganztagsschulen in BW, ausgewählt aus insgesamt 129 Schulen mit Ganztagsbetrieb: 35 Hauptschulen, 5 Schulen mit Hauptschul-, Realschul- und Gymnasialzug, 3 Grundschulen, 1 Schule mit Realschul- und Gymnasialzug, 1 Schule Hauptschul- und Realschulzug, 1 Grund- und Hauptschule, 1 Gesamtschule, 1 Gymnasium; über die Landesverbände des BDK sollten weitere Ganztagsschulen in anderen Bundesländern einbezogen werden.

[78] Hamburg: 3, Berlin: 1, Mecklenburg-Vorpommern: 1, Schleswig-Holstein: 1.

[79] 8 Antworten in diese Richtung: Besuch von Sammlungen, Inanspruchnahme des museumspädagogischen Dienstes.

[80] Ausnahmen: als Projekt: Mehrere Schulen zusammen mit 5 Einrichtungen der Kinder- und Jugendarbeit und ortsansässigen Künstlerinnen und Künstlern, Stuttgart-Bad Canstatt, Sommer 2003; Multimedia-Projekt an der Bettina-von-Arnim-Oberschule, Berlin mit Fotografen und Medienkünstlern.

[81] Positives Beispiel: Staudinger Gesamtschule in Freiburg/Breisgau.

[82] Verteilungsschlüssel siehe Recherche Martin Pfeiffer, BDK.

VOM MÖGLICHKEITSSINN: IDENTITÄTSPROJEKTE IN DER SPÄTMODERNE

Heiner Keupp

Identitätsarbeit heute erfordert vom Subjekt eine individuelle Passungsarbeit zwischen den eigenen Vorstellungen vom „guten Leben", den eigenen Ressourcen und gesellschaftlichen Anforderungen. Identität wird immer mehr zu einem Projekt, das sich in die Zukunft entwirft und sich nicht in kulturell vorgezeichneten Schnittmustern bewegen kann. Erforderlich dafür ist die Entwicklung des „Möglichkeitssinns". In kreativ-spielerischen Identitätsprojekten muss sich das Subjekt im Spannungsfeld von „Eigensinn" und „gesellschaftlichen Rollen" seine authentische persönliche Identität entwickeln. Umso mehr Spielräume für Heranwachsende gesellschaftlich ermöglicht werden, desto größer ist die Chance für sie, im spielerischen Raum ein eigenes Identitätsprojekt zu entwerfen und zu realisieren. In diesem Vortrag wird ein Konzept der Identitätsbildung in spätmodernen Gesellschaften skizziert und aufgezeigt, welcher Stellenwert einer spielerischen Weltbewältigung in diesem Konzept zukommt.

Einig sind wir uns in Deutschland schnell, dass die Bildungsvorstellungen und die Bildungssysteme der hinter uns liegenden Jahrzehnte nicht gerade eine zukunftsfähige Basis für Heranwachsende bilden. Da ist der „schiefe Turm von Pisa", der seit kurzem in Deutschland steht. Defizitär ist das, was Pisa in erster Linie erfassen wollte, nämlich „Basiskompetenzen, die in modernen Gesellschaften für eine befriedigende Lebensführung in persönlicher und wirtschaftlicher Hinsicht sowie für eine aktive Teilnahme am gesellschaftlichen Leben notwendig sind"[83]. Woran sollte man sich aber orientieren? Eine vitale Zukunftsforschung gibt es eigentlich seit den 80er Jahren nicht mehr. In ihre Fußstapfen versucht die aktuelle Werteforschung zu treten.

Haben Sie schon mal von „New Ludism" gehört oder von „Futurität"? Es sind Werte mit Zukunft aus der Sicht der Trendforschung. Sie werden dort als „Future Values" bezeichnet, und sie gehören zu dem Sprachschatz, der in seiner überquellenden Fülle allein ausreichen würde, um uns „Wissensmanagement" abzufordern. Die Trend- und Zukunftsforscher, die sich als Stichwortgeber oder Vordenker des Lebens im 21. Jahrhundert verstehen, vor allem jene mit großer Nähe zur Konsumforschung, muten uns einiges an anglizistischen „Plastikwörtern" zu, um Entwicklungen, denen wir uns zu stellen hätten, dramatisch zu inszenieren. Wenn man hier nicht gleich wieder den blitzschnellen Zugriff der Vermarktung spüren würde, könnte man sich dem Phänomen dieses „neuen Ludismus" mit guten Gründen ernsthaft widmen, das in einem gerade erschienen Buch „Neue Werte – Neue Wünsche"[84] präsentiert wird.

Die Prognose, dass dieser spielerische Umgang mit Welt an Bedeutung gewinnt, leiten die Werteforscher aus einem Weltverständnis ab, dass die wahrgenommene Realität nicht nur aus ihrer sozial definierten Faktizität besteht, sondern dass sie aus einer Möglichkeitsperspektive immer auch anders gedeutet werden kann: „Die Welt wird von immer mehr Menschen als eine interpretierbare und – nicht zuletzt durch neue Interpretationen – gestaltbare Realität erfahren. Die Spielräume der Wirklichkeit werden zunehmend auch als Räume zum Spielen entdeckt"[85]. Und welches sind die Belege für eine „neue Spielkultur"? Die „ungebremsten Zockergelüste" an den Börsen, die Publikumserfolge von „Reality Soaps wie ‚Big Brother'" und das experimentelle Erproben von „Rollen und Meinungen" in den Internet-Chatrooms, in denen „spielerisch eine neue sexuelle Vorliebe oder ein fremdes Geschlecht" angenommen wird.

Neben diesem „New Ludism" wird mit der „Futurität" als weitere Schlüsselqualifikation für das begonnene Jahrhundert die „Zukunftskompetenz" als „überlebensnotwendig" eingeführt und so charakterisiert: „Innovationsbereitschaft und ein fortwährendes Navigieren und Neupositionieren wird für Individuen wie Organisationen, für das Selbstmanagement wie das Produktmarketing unverzichtbar"[86]. Und wer es noch nicht mitbekommen hat, dem sei es ausdrücklich versichert: Es geht um die Überlebensnotwendigkeit, wenn es um „den Besitz von ‚Future Tools' als Acces-

NEW LUDISM: Spiel mit Grenzen

➡ Möglichkeitsvielfalt, Dynamik und Mehrdeutigkeit führen dazu, dass Wirklichkeit zunehmend als *interpretierbar und gestaltbar* erfahren wird. Die Spielräume der Wirklichkeit werden als Räume zum Spielen entdeckt.

Popularisierung von spielerischen Lebenshaltungen
Abkehr vom Kontrollprinzip, auf Eigendynamik setzen, „surfing on the chaos", Experimentieren, Improvisieren, Ausprobieren, Agieren statt Analysieren, „Just do it", „Neues Spiel, neues Glück" - „Schaun mer mal".

Reflexiv-spielerischer Umgang mit Rollen und Konventionen

- Spielerische Variation von Geschlechter-Stereotypen (z.B. Madonna, 3 Engel für Charlie)
- Rollenexperimente in Internet-Chatrooms
- Selbststilisierung zwischen Dichtung und Wahrheit (z.B. Moderatoren auf VIVA)
- Spiel mit Zufall und Unerwartetem
- Zockergelüste im Aktienfieber, Quiz-Shows

Teilhabe an dynamischen Aufstiegschancen im großen Gesellschafts-Spiel

- Bargaining und Smart-Shopper: Qualität + Einsparung = Gewinnen
- Start-ups machen ihr Hobby zum Beruf, manche streben zum ‚Global Player'.

FUTURITÄT: Zukunft hat Prestige

➡ In einer Zeit *allseits beschleunigter Entwicklungen* und schrumpfender Halbwertzeiten wird Zukunftskompetenz immer wichtiger.

Streben nach Zukunftsfähigkeit
‚Zukunftsfähigkeit' mit all seinen Facetten wird zu einem Prestige-Wert, der ‚Vermögen' neu definiert. Die gesellschaftliche Dynamik öffnet ständig neue Horizonte, Gestaltungswille und Offenheit gegenüber der Zukunft nehmen zu.

Es gibt nur noch vorletzte Lösungen: Es genügt nicht, gestern der Beste gewesen zu sein - am Update für übermorgen muss heute schon gefeilt werden.

- Updateability gefragt: Innovationsbereitschaft, fortwährendes Navigieren und Neupositionieren wird für Individuen wie für Organisationen oder Marken unverzichtbar.
- Schlüssel-Kompetenzen, souveräne Handhabung von neuester Technologie, ‚Future Tools' gewinnen an Bedeutung. Aber auch flexible Finanzvorsorge.

Zukunft hat ein positives Image: „No future" ist Vergangenheit, Zuversicht wird bewusst gepflegt.

- Aufbruchstimmung und Morgenluft: Start-ups, neue Pioniere, E-Commerce, Berlin, Hip Hop-Bewegung „am Start".
- Leistungsbereitschaft und Schaffensfreude unter jungen Menschen wachsen.

Quelle: Barz, H., Kampik, W., Singer, T. & Teuber, S. (2001). Neue Werte, neue Wünsche. Future Values. Düsseldorf/Berlin.

soires eines zukunftsorientierten Lebensstils" geht, und der immer neue Beweis der eigenen ‚Updatability' gewinnen an Bedeutung"[87]. Ich habe mich gefragt, ob hier in der eingängigen Sprache des trendigen „Newism" nicht etwas formuliert wird, was die Frage nach zukunftsfähigen Schlüsselqualifikationen beantwortet.

Wie wir spätestens seit Wittgenstein wissen, transportieren wir mit unseren Sprachspielen mehr als nur Wörter, wir konstruieren immer auch Weltbilder, also Bilder unserer Welt. Und ich bin mir relativ sicher, dass es mir zwar um Zukunftskompetenz geht, die im Spiel und im spielerischen Überschreiten des Realitätsprinzips erworben werden kann, aber nicht nur in der Reproduktion des „Trendigen", sondern auch in der Entwicklung von Widerständigkeit und Eigensinnigkeit. Für den Erwerb von Zukunftsfähigkeit ist die Analyse von gesellschaftlichen Trends zwar wichtig, aber nicht um an ihrer kräuselnden Oberfläche zu besonders fitten Schnäppchenjägern zu werden, sondern vielleicht sogar, um genau bei ihnen nicht mitzumachen oder sie listig umzugestalten. Um dieser Differenz willen, muss ich mich doch in einer gewissen akademischen Umständlichkeit auf mein Thema einlassen und zunächst einige Bemerkungen zur Rolle spielerischer Entwürfe machen.

Ich orientiere mich im weiteren an der Metapher des Spiels als Inbegriff eines kreativ-neuen Umgangs mit der Realität. Das Spiel bewegt sich im Spannungsfeld von Realität und Möglichkeit. Es lebt davon, dass es nicht von den strengen Grenzziehungen des Realitätsprinzips durchdrungen ist und dass es in kreativ-fantasievoller Weise die Spielräume zu Möglichkeitsräumen erweitert und damit mögliche Zukünfte entwirft und die Bedingungen ihrer Möglichkeit erkundet. Erforderlich hierfür ist ein „Möglichkeitssinn", ein Begriff, den uns Robert Musil in seinem großen Roman „Der Mann ohne Eigenschaften" anbietet. Meine These ist, dass dieser Möglichkeitssinn in der aktuellen gesellschaftlichen Situation ständig an Relevanz gewinnt, dass im Spiel Möglichkeitssinn gefordert ist und insofern auch erworben werden kann und dass schließlich der Mensch der absehbaren Zukunft noch viel mehr homo ludens sein wird, als in der Vergangenheit und auch noch in der Gegenwart, die mit der „Leitkultur" des homo faber, des Berufs- und Arbeitsmenschen, von der Unerbittlichkeit des Realitätsprinzips bestimmt waren und sind. Der Möglichkeitssinn eröffnet nicht nur die Basis für die Art von kreativer Produktivität, die in einer sich ändernden Bildungs- und Berufswelt gefordert wird, sondern ist auch die Bedingung der Möglichkeit für Eigensinn und widerständige Selbstgestaltung oder auch Lebenskunst.

HOMO FABER ODER *HOMO LUDENS*? EIN BLICK IN DIE GESCHICHTE

Was ist denn nun der Mensch von seiner Natur aus: *Homo faber* oder *Homo ludens*? Oder ist das etwa gar kein Gegensatz? Für einen Anthropologen mag die Beantwortung dieser Frage wichtig sein. Ein Sozialpsychologe könnte sagen, das hängt vom Standpunkt ab. Wenn man den *homo faber* mehr unter dem Aspekt der tätigen Auseinandersetzung mit seiner Lebenswelt betrachtet, dann gilt diese Bestimmung sicherlich auch für den *homo ludens*. Wenn man den *homo faber* als den von der modernen Arbeitsethik durch und durch geprägten Menschen sieht, der sie braucht und zugleich unter ihrem Terror der Unerbittlichkeit leidet, dann ist die Figur des *homo ludens* eine Art Befreiung aus dem „stahlharten Gehäuse der Hörigkeit", diesem eisernen Mantel, der den Menschen der Moderne in ein enges Motivations- und Sinngebäude einzwängt. Zugleich trägt aber das Bild des *homo ludens* auch Merkmale des Spielerischen im Sinn des Unernsten und Unwichtigen. Spiel hat dann allenfalls seine Berechtigung der Vorbereitung auf Arbeit und so kann man viele begeisterte Kommentare verstehen, wenn Kinder ihr Spiel als Arbeit bezeichnen. Sie wollen in ihrem Spiel so ernst genommen werden, wie der Vater der zur Arbeit geht und der damit in der Mikrowelt eine unumstößliche Wertehierarchie repräsentiert: Alles, was der Arbeit dient, hat den Status des Wertvollen.

„Die Arbeit bekommt immer mehr alles gute Gewissen auf ihre Seite: Der Hang zur Freude nennt sich bereits ‚Bedürfnis der Erholung' und fängt an, sich vor sich selber zu schämen: ‚Man ist es seiner Gesundheit schuldig!' – so redet man, wenn man auf einer Landpartie ertappt wird. Ja es könnte bald so weit kommen, dass man einem Hange zur Vita Contemplativa (das heißt zum Spazierengehen mit Gedanken und Freunden) nicht ohne Selbstverachtung und schlechtes Gewissen nachgäbe."
(Friedrich Nietzsche: „Die fröhliche Wissenschaft")

Bei einer so eindeutigen Wertehierarchie ist *der homo ludens* gegenüber dem *homo faber* notwendigerweise der Zweitgeborene: Man braucht ihn, um die Vereinseitigungen des Arbeitsmenschen zu kompensieren. Im Freizeitbereich darf gespielt werden, wenn dadurch die Regeneration und Reproduktion der Arbeitskraft gesichert wird. Schon Moritz Lazarus (1883) hat mit seiner „Erholungstheorie" das Spiel ganz eindeutig in eine funktionale Abhängigkeit zum eigentlichen Lebenszweck des produktiven Tätigseins gesetzt: „Die eigentlichsten Spiele, welche vom Ernst des Lebens sachlich am meisten getrennt sind, dienen lediglich der Erholung der erschöpften Kräfte"[88]. Wird das Spiel zu mächtig gegenüber der Arbeit, dann ist schnell von Spielsucht die Rede, dann bekommt das Spiel den Charakter der Verführung, des Triebhaften, des Risikos. Nur wenn er einer „vernünftigen Lebensführung" zuarbeitet, ist der *homo ludens* geachtet. Das gilt bis zu den aktuellen „adventure"-Aktivitäten von Managern. Sie dürfen Indianer und Überlebenskünstler für ein bis drei Wochen „spielen", aber dahinter steht nicht die spielerische Offenheit für ungelebte Seiten der eigenen Person im Abenteuer, in der grenzüberschreitenden Erfahrung, sondern die Erwartung, dass ein Typus von Risikobereitschaft, von Skrupellosigkeit und Härte entsteht, die den *homo faber* in neue Leistungsdimensionen führt.

Wie uns Max Weber so einleuchtend erklärt hat, hat die protestantische Ethik den Siegeszug des *homo faber* ganz entscheidend befördert. Rastloses Tätigsein zur Erschaffung nützlicher Dinge oder von Kapital wird zur absoluten Christenpflicht. Alles Zweckfreie, Unernste, Lustvolle, Grenzüberschreitende stand unter dem Verdacht nutzloser Vergeudung von Energien, des Luxuriösen. Davon auch betroffen war das fantasievolle, das Kreative. Von den frühen Pietisten ist es mit religiösen Argumenten abgelehnt worden. Der Pietist Töllner erhob die Forderung: „Das Spielen, es sei, womit es wolle, sei den Kindern in allen Schulen zu verbieten auf evangelische Weise, dass man ihnen dessen Eitelkeit und Thorheit vorstelle und wie dadurch ihre Gemüther von Gott, dem ewigen Gut, abgezogen und zu ihrer Seelen Schaden zerstreut würden"[89]. In einem der populärsten Spielebücher aus dem 19. Jahrhundert von Eduard Trapp und Herman Pinzke[90] wird ein Theologe namens Strebel zitiert, der sich mit dieser Einstellung kritisch auseinandersetzt: „Einseitige Askese, sowie gutmeinende, aber etwa nicht tiefer blickende Frömmigkeit versieht es manchmal darin, dass sie in den munteren Spielen der Kinder etwas zum Ernst des Christentums nicht Stimmendes, ja etwas Sündliches findet, dass sie dem Knaben den Spielplatz, dem Mädchen die Puppe samt Zubehör möglichst frühe versagt. Wahrhaft christliche Weisheit aber erkennt, dass die Natur im Kinde nicht niedergetreten, sondern mehr und mehr vom Geiste Gottes durchdrungen, erneuert und geheiligt werden soll. – Unsere Christenkinder mögen darum immerhin ihre muntern, wenn nur sonst unschuldigen und guter Ordnung nicht widerstrebenden Spiele treiben. Diese werden ihre Herzen dem Ernste christlicher Wahrheit und christlichen Lebens nicht verschließen, eher vielleicht einem gesunden Wachstum des inneren Menschen und seiner Betätigung im Leben vorarbeiten." An diesen Formulierungen merkt man, welcher ideologische Müll erst einmal weggeräumt werden muss, damit das Spiel wieder gesellschaftsfähig werden kann. Aber ein Teil des Mülls bleibt ja liegen. Es muss versichert werden, dass nur Spiele akzeptabel sind, die die „gute Ordnung" nicht gefährden bzw. die „gesundes Wachstum" fördern und der erwachsenen Lebensbetätigung „vorarbeiten".

Von Theoretikern des Spiels wird immer wieder betont, dass das Spiel „seinen Sinn in sich selbst trage, und zwar einen göttlichen"[91], also eine schöpfungsgewollte Eigensinnigkeit. Bei Trapp und Pinzke heißt es: „Der Spieltrieb ist dem Menschen von dem Schöpfer eingepflanzt worden und seine Befriedigung ist gleich der des Nahrungs- und anderer Triebe eine Naturnotwendigkeit"[92]. Aber Triebe müssen eben auch gebändigt und einer Ordnung eingefügt werden. Und hierüber werden sie externen Zwecksetzungen unterworfen und verlieren ihren „Eigensinn". Johan Huizinga kritisiert das in seinem Klassiker „Homo Ludens"[93]. Nach seiner Durchsicht von Theorien des Spiels sieht er als deren durchgehende Voraussetzung, dass das „Spiel wegen etwas anderem betrieben" werde[94]. Mal sei die Grundlage des Spiels das „Sich-Entlasten von einem Überschuss an Lebenskraft"; dann sei es die Einübung in „Selbstbeherrschung"; oder es entspränge der „Sucht zu herrschen oder mit anderen in Wettbewerb zu treten"; auch die „unschuldige Abregung schädlicher Triebe" wird genannt oder die fiktionale „Befriedigung in Wirklichkeit unerfüllbarer Wünsche"[95]. In seiner eigenen Begriffsbestimmung betont Johan Huizinga, dass man das Spiel als „eine freie Handlung" ansehen sollte, „die als ‚nicht so gemeint' und außerhalb des gewöhnlichen Lebens stehend empfunden wird und trotzdem den Spieler völlig in Beschlag nehmen kann". Diese Spielhandlungen sind gekennzeichnet dadurch, dass an sie „kein materielles Interesse geknüpft ist und mit der kein Nutzen erworben wird"[96].

Wenn man in der Geschichte noch weiter zurückgeht, dann sieht man, wie schwer es offenbar ist, das Spiel nicht mit externen Zwecksetzungen zu belasten. Auch da, wo die Idee der Freiheit zu einem Orientierungspunkt für die individuelle Lebensgestaltung wurde, drängte sich die Frage ihrer Umsetzung auf. Vor mehr als zwei Jahrhunderten waren die Modelle des „richtigen Lebens" von den Ideen der Aufklärung bestimmt und das erweist sich auch in den Vorstellungen zur Gesundheitsförderung, die damals entwickelt wurden. In seinem „Gesundheits-Katechismus" aus dem Jahre 1795 hat der Leibarzt am Hof der Grafen von Schaumburg-Lippe, Bernhard Christoph Faust, folgende bemerkenswerte Philosophie der Gesundheitsförderung formuliert. Bedingung für ein seiner „Bestimmung gemäßes Lebens" sei „freye Selbstthätigkeit" und „beständige und leichte Uebungen des Körpers und der Sinne in Gesellschaft mit Kindern"[97]. Entsprechend dieser Idee beantwortet Dr. Faust auch die selbstgestellte Frage, worin denn Gesundheitsförderung vornehmlich bestehen sollte: „Dass man die Kinder in Gesellschaft mit Kindern und in freyer Luft froh und selbsthätig seyn, und Körper und Seele üben lasse"[98]. Und für Dr. Faust ist es völlig klar, dass die männliche und weibliche Jugend in identischer Weise von diesen Zielen profitieren sollen. Für ihn hat es fatale Folgen, wenn „das weibliche Geschlecht in der frühen Kindheit vom männlichen Geschlechte getrennt und verschieden gekleidet, und von Leibes-Bewegungen ab- und zum Sitzen angehalten wird: das hat die nachtheiligsten Folgen auf die Gesundheit und das Wohl des Menschengeschlechts"[99]. Auch die ganz aktuelle Idee von Gesundheit als gelingendem Passungsverhältnis zwischen innerer und äußerer Welt im Sinne von Lebenskohärenz kann man in dem mehr als 200-jährigen „Gesundheits-Katechismus" bereits finden: „Die Gesundheit setzt den Menschen in die richtigen Verhältnisse, sowohl zu sich selbst, als den Dingen außer ihm"[100].

Ein Jahr später hat J.C.F. GutsMuths sein bahnbrechendes Buch „Spiele zur Übung und Erholung des Körpers und Geistes" veröffentlicht (mir liegt die 8. Auflage von 1893 vor). Der Autor war ebenso von den Ideen der Aufklärung durchdrungen, ein profilierter Vertreter des Philantropismus und ein begeisterter Anhänger der französischen Revolution. Für GutsMuths sind Spiele das Feld, in dem sich die körperliche, geistige und moralische Entwicklung von Heranwachsenden am besten vollziehen könnte. Er schreibt: „Spiele bilden auf die mannigfaltigste Art den Gang des menschlichen Lebens mit einer Lebhaftigkeit im kleinen nach, die sich auf keinem anderen Wege, durch keine andere Beschäftigung und Lage der Jugend erreichen lässt. Denn nirgends ist die Jugend in ihren Handlungen, in ihrem ganzen Betragen so wenig von seiten der Erwachsenen beschränkt, nirgends handelt sie daher natürlicher, freier und dem Gange des menschlichen Lebens gleichlaufender, als hier"[101]. Aber auch der Reformpädagoge und Aufklärer GuthsMuths ist ein Kind der entstehenden industriellen Moderne, deren Strebungen auf den möglichst effizienten *homo faber* gerichtet sind. Das Spiel ist in seiner Eigendynamik, in seiner Triebhaftigkeit immer auch eine Bedrohung der „Arbeitshaltung" und letztlich nur dann voll akzeptiert, wenn es dieser förderlich ist. GuthsMuths sagt: „Spiele benehmen der Jugend die *Lust zu arbeiten*, sie sehnt sich nach dem Spiele und vernachlässigt die Arbeit." Und er schließt ein Glaubenbekenntnis zur Arbeit an: Aufgabe der Erziehung sei es „*Geläufigkeit* und Liebe zur Arbeit entstehen" zu lassen. „Man hat von Spielen nichts zu besorgen bei Kindern und Jünglingen, die von der Heiligkeit jenes Grundsatzes überzeugt sind, nichts bei solchen, deren Arbeitsplan nach unabänderlichen Gesetzen feststeht, bei denen es Gesetz ist: *Erst Arbeit, dann Spiel*"[102]. In der Ethik bei Aristoteles findet dann unser Philantrop den entscheidenden Satz: „Um der Spiele willen sich anzustrengen und zu arbeiten, ist thöricht und kindisch; aber spielen, um zu arbeiten ist recht".

Wie wir sehen, ist auch bei den frühmodernen Aufklärern der *homo faber* auf dem Sockel des letztendlich bestimmenden Leitbildes. Ihm hat jede neue Generation Tribut gezollt und neue Denkmäler errichtet. Der *homo ludens* bildete die kindliche Vorstufe zum pflichtbewussten Arbeitsmenschen oder bildet „das Kind im Mann", das immer mal wieder spielerischen Auslauf braucht, um dem Ernst des Berufs- und Erwachsenenlebens gewachsen zu sein. Die Fantasie als die Quelle eigenwilliger Konstruktionen von

Weltsinn darf in der kindlichen Lebensetappe sein, ist ein notwendiges Zwischenstadium, aber bedarf der Zähmung. Die Literatur zum „kindlichen Spiel spiegelt eine heftige Ambivalenz wider"[103].

Das Spiel ist also nicht per se die Befreiung, die große Alternative oder das „Andere der instrumentellen Vernunft". Es kann all dies auch sein, aber nicht als notwendige Leistung von all dem, was uns als Spiel begegnet. Das Spiel kann genauso missbraucht werden wie unsere Bereitschaft zu arbeiten. Dafür ein Beispiels: In der aktuellen Diskussion über Suchtprävention werden immer häufiger Projekte „spielzeugfreier" Kindergärten und -krippen gefordert. Die Spielzeugindustrie wird jetzt schon aufheulen und das wird sich verstärken, wenn sich diese wohl bedachte Entwicklung verstärken wird. Warum sollen Kinderkrippen und -gärten, in denen sich Kinder von 0 bis 6 Jahren aufhalten von Spielzeug „befreit" werden? Dazu die Antwort aus einem Papier der Münchner Kindertagesstätte „Pumucklhaus" zur Suchtprävention für Babys und Kleinkinder: „Es soll vermieden werden, dass die Kinder durch zu viele vorgefertigte Spielsachen bzw. durch von Erwachsenen bestimmte Spielangebote eine passive Konsumhaltung annehmen. Stattdessen wird auf ausreichend Freiraum für die Entwicklung der kindlichen Fantasie geachtet. Die Kinder werden ermuntert, eigenständig kreative Spielideen – Rollenspiele, Bastelarbeiten etc. – durchzuführen." Also: Genau genommen geht es nicht um eine Ächtung des Spielens, sondern um eine Wiedergewinnung spielerischer Kompetenz angesichts eines Überangebots konfektionierter Spielwelten, die den Möglichkeitssinn ausschalten, statt ihn zu fördern und genau hier wird zurecht eine Quelle von passivrezeptivem Suchtverhalten gesehen.

Eine kritische Theorie des Spiels wird sich immer darum bemühen, das konkrete spielerische Handeln in einen gesellschaftlichen Rahmen zu stellen und seine ambivalenten Nutzungen herausarbeiten.

DIE GEGENWART: DER SPIELER ALS KULTURELLE LEITFIGUR DER POSTMODERNE?

Mit dem Blick auf die unübersichtliche Gegenwart fällt auf, dass Spiel einen neuen Stellenwert erhält. Das Element des Spielerischen scheint an Bedeutung zu gewinnen. Das hat im wesentlichen mit dem zu tun, was das „Kommunistische Manifest" vor mehr als 150 Jahren so treffend auf den Begriff gebracht hat: „Die fortwährende Umwälzung der Produktion, die ununterbrochene Erschütterung aller gesellschaftlichen Zustände, die ewige Unsicherheit und Bewegung zeichnet die Bourgeoisieepoche vor allen anderen aus. Alle festen eingerosteten Verhältnisse mit ihrem Gefolge von altehrwürdigen Vorstellungen und Anschauungen werden aufgelöst, alle neugebildeten veralten, ehe sie verknöchern können. Alles Ständische und Stehende verdampft, alles Heilige wird entweiht ... ."[104] Der Kapitalismus hat sich allenfalls mal in etwas ruhigeren Bahnen bewegt und in der ideologischen Produktion die Illusion stabiler gesellschaftlicher Bezugspunkte gefördert. Im aktuellen kulturellen Selbstverständnis hat sich allerdings die Annahme stabiler und dauerhafter Lebensbedingungen gründlich aufgelöst und stattdessen setzt sich immer mehr das Gefühl eines hochtourigen Wandels durch. An den aktuellen Gesellschaftsdiagnosen hätte Heraklit seine Freude, der ja alles im Fließen sah. Heute wird uns eine „fluide Gesellschaft" oder die „liquid modernity"[105] zur Kenntnis gebracht, in der alles Statische und Stabile zu verabschieden ist.

Die durchgängige „Fluidität" dieser neuen Gesellschaft des globalisierten digitalen Netzwerkkapitalismus setzt bisherige gesellschaftliche Regulative außer Kraft. In seinem neuesten Buch spricht das Ulrich Beck an und nutzt dazu die Spielmetapher: „Globalisierung heißt zweierlei: Es ist ein neues Spiel eröffnet worden, mit dem die Regeln und Grundbegriffe des alten Spiels entwirklicht werden, auch wenn man es noch weitertreibt."[106] Das alte Spiel trägt Namen wie „Nationalstaat" und es gleicht „grosso modo dem Dame-Spiel, bei dem die beiden Spieler über einen homogenen Satz von Steinen und entsprechenden Spielzügen verfügen. Mit Globalisierung jedoch ist ein neuer Handlungsraum und Handlungsrahmen entstanden: Politik wird entgrenzt und entstaatlicht, mit der Folge, dass zusätzliche Spieler, neue Rollen, neue Ressourcen, unbekannte Regeln, neue Widersprüche und Konflikte auftauchen. „Im alten Spiel hatten alle Steine einen einzigen Zug. Das gilt für das neue, namenlose Spiel um Macht und Herrschaft nicht mehr. [...] Vor allem aber müssen die alten und neuen Akteure ihre Rollen und Ressourcen im globalen Spielfeld selbst erst noch finden oder erfinden, also definieren und konstruieren"[107].

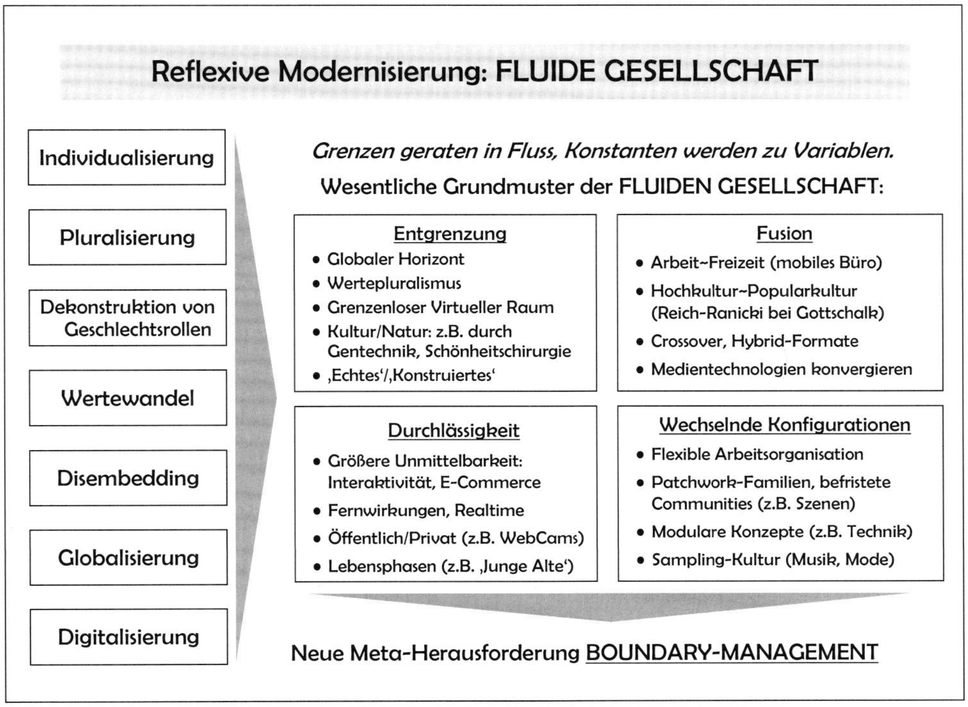

Reflexive Modernisierung: FLUIDE GESELLSCHAFT
Individualisierung
Pluralisierung
Dekonstruktion von Geschlechtsrollen
Wertewandel
Disembedding
Globalisierung
Digitalisierung
Grenzen geraten in Fluss, Konstanten werden zu Variablen.
Wesentliche Grundmuster der FLUIDEN GESELLSCHAFT:
Entgrenzung
• Globaler Horizont
• Wertepluralismus
• Grenzenloser Virtueller Raum
• Kultur/Natur: z.B. durch Gentechnik, Schönheitschirurgie
• ‚Echtes'/‚Konstruiertes'
Fusion
• Arbeit~Freizeit (mobiles Büro)
• Hochkultur~Popularkultur (Reich-Ranicki bei Gottschalk)
• Crossover, Hybrid-Formate
• Medientechnologien konvergieren
Durchlässigkeit
• Größere Unmittelbarkeit: Interaktivität, E-Commerce
• Fernwirkungen, Realtime
• Öffentlich/Privat (z.B. WebCams)
• Lebensphasen (z.B. ‚Junge Alte')
Wechselnde Konfigurationen
• Flexible Arbeitsorganisation
• Patchwork-Familien, befristete Communities (z.B. Szenen)
• Modulare Konzepte (z.B. Technik)
• Sampling-Kultur (Musik, Mode)
Neue Meta-Herausforderung BOUNDARY-MANAGEMENT

Quelle: Barz, H., Kampik, W., Singer, T. & Teuber, S. (2001). Neue Werte, neue Wünsche. Future Values (überarbeitet)

Eine so charakterisierte Gesellschaft liefert auch in der alltäglichen Lebensbewältigung und -planung nicht mehr die berechenbaren Lebenslaufgleise, für deren Nutzung es Fahrpläne und Fahrkarten gibt, die ich über entsprechende Bildungsabschlüsse lösen kann. Der amerikanische Psychologe Gelatt hat diese grundlegende Veränderung in unserem Lebensgefühl so beschrieben: „Vor einem Vierteljahrhundert war die Vergangenheit bekannt, die Zukunft vorhersagbar und die Gegenwart veränderte sich in einem Schrittmaß, das verstanden werden konnte. [...] Heute ist die Vergangenheit nicht immer das, was man von ihr angenommen hatte, die Zukunft ist nicht mehr vorhersehbar und die Gegenwart ändert sich wie nie zuvor."[108] Für viele Menschen ist das eine kaum verdauliche Botschaft und sie flüchten sich in esoterische Sicherheitsgarantien oder in eine resignative Demoralisierung. Die dritte Haltung ist ein spielerischer Habitus, der Möglichkeitsräume sucht und eröffnet.

In aktuellen Gegenwartsdeutungen taucht der Spieler als ein zentraler postmoderner Typus auf. In einem Buch über postmoderne Lebensformen, das mit „Flaneure, Spieler und Touristen" betitelt ist, schreibt Zygmunt Bauman[109] folgenden markanten – und durch Kursivschrift herausgehobenen – Satz: *„Das Merkmal des postmodernen Erwachsenseins ist die Bereitschaft, das Spiel so rückhaltlos zu akzeptieren wie Kinder"*. Die Moderne hat aus der Sicht von Bauman das Leben zu einer Pilgerreise gemacht, ständig auf Achse, aber mit dem Wissen um ein Ziel. Der moderne Mensch als Pilger war in dem Bewusstsein unterwegs, „dass er ziemlich früh im Leben seinen Zielpunkt zuversichtlich auswählen konnte/sollte/musste, in der Gewissheit, dass die gerade Linie der Lebens-Zeit vor ihm sich nicht biegen, drehen oder verzerren, zum Stillstand kommen oder sich umkehren würde"[110]. Hindernisse gab es viele, aber aus ihrer Bewältigung wurde ein „belebender Faktor und Quelle des Eifers."[111] Das „Vertrauen in die Linearität und Kumulationskraft der Zeit" wurde allgemein geteilt. Identität war schwer zu gewinnen, aber der Glaube an einen unveräußerlichen Identitätskern, den wir als unser „inneres Kapital" akkumulieren könnten, war ungebrochen. Dieses Lebensmodell müssen wir heute wohl verabschieden. Die Diagnose der Postmoderne zielt genau darauf. Die Metapher vom Pilger taugt nicht mehr. Sein commitment für ein in der Ferne liegendes und durch dauerhafte Anstrengung erreichbares Ziel ist für die meisten Menschen nicht mehr nachvollziehbar. Stattdessen „bilden der Spaziergänger, der Vagabund, der Tourist und der Spieler zusammen die Metapher für die postmoderne Strategie mit ihrer Furcht vor Gebundenheit und Festlegung"[112]. Die „Vermeidung jeglicher Festlegung" wird zum „Angelpunkt der postmodernen Lebensstrategie"[113]. Der „neue Kapitalismus" fordert die absolute Flexibilität der menschlichen Psyche[114] und die Bereitschaft, sich für ihn „fit" zu halten, was ja soviel heißt wie die Bereitschaft, sich an ihn bedingungslos anzupassen („to fit in"), geht einher mit einer „Fixeophobie". Von dem in der Moderne geforderten Ernst in Form einer totalen inneren Verpflichtung (commitment) auf Arbeit und Beruf ist das weit entfernt. Das war gerade die Differenz zum Spiel, dem in der Bewertung gerade von Erwachsenen der Ernst des Lebens fehlte. Wenn aber die dauerhafte Festlegung auf Ziele immer weniger gelingt, dann wird aus dem Spiel auf einmal Ernst. Es liefert einen Rahmen für Identitätsprojekte, die nicht mehr um die Akkumulation von innerem Kapital herum organisiert sind, sondern sich im szenischen Spiel, als „playing identity"[115] entwirft, „Identität als Spiel"[116]. Im Spiel ist „nichts gänzlich vorhersagbar und kontrollierbar, aber nichts ist auch völlig unabänderlich"[117].

Zygmunt Bauman ist ein großartiger Autor, der uns in seinen letzten Büchern immer wieder neue Metaphern und Bilder anbietet, um das teilweise noch Unbegriffene im globalisierten Kapitalismus begrifflich greifbar zu machen. Während er noch sucht, hat Jeremy Rifkin[118] mit seinem neuesten Buch „Access" offenbar alles gefunden: „Ein neuer menschlicher Archetypus wird gerade geboren."[119] Im Anschluss an Lifton nennt er ihn die „proteische Persönlichkeit", angelehnt an den Gott Proteus in der griechischen Mythologie. Dieser konnte spielerisch jede beliebige Gestalt annehmen, aber musste dafür einen existenziellen Preis bezahlen: Er konnte sich selbst nie finden. Von diesem Preis ist bei Rifkin nicht die Rede, eher von der Norm im „neuen Kapitalismus" zu einem – verglichen mit allen Vorläufergenerationen – „flexibleren Menschen" zu werden, „der sich ständig an sich verändernde Umwelten, neue Umstände und verschiedene Erwartungen anpassen kann"[120]. Nicht die Akkumulation von Eigentum im Sinne von äußeren wie inneren Besitztümern sei ausschlaggebend, sondern der „Zugang" (access) zu Informationen, Märkten, Beziehungsnetzen und Bühnen. Und dann kommt ein Kernsatz seiner Gesellschaftsdiagnose: „Kennzeichen der Postmoderne ist also Verspieltheit, während die Moderne durch Fleiß geprägt war. In einem System, in dessen Zentrum die Arbeit stand, ist Produktion das operationale Paradigma, und das Eigentum repräsentiert deren Früchte. In einer Welt, die sich um das Spiel herum ordnet, regiert die Aufführung, und der Zugang zu kulturellen Erfahrungen wird zum Ziel menschlichen Handelns. Im Zeitalter des Zugangs, in dem Szenarien geschrieben, Geschichten erzählt und Fantasien ausagiert werden, ist es nebensächlich, Dinge herzustellen und auszutauschen und Eigentum zu akkumulieren"[121]. Ein Teil dieser neuen kulturellen Ordnung ist der Informationstechnologie geschuldet, ein anderer Teil ist eine wenig abgeleitete, aber dominante „Erlebnis- oder Spaßgesellschaft". Rifkin diagnostiziert: „Alle suchen nach Spiel und Vergnügen."[122]

Ein alteuropäischer Reflex lässt mich Postmans[123] Diagnose „Wir amüsieren uns zu Tode" einfallen. Doch diesen konservativen Gedankenanflug will ich mir nicht erlauben. Er übersieht, dass in der Analyse von Rifkin etwas zentrales getroffen ist. Der globalisierte Kapitalismus entfaltet sich als „Netzwerkgesellschaft", die sich als Verknüpfung von technologischen und ökonomischen Prozessen erweist. Die Konsequenzen dieser Netzwerkgesellschaft „breiten sich über den gesamten Bereich der menschlichen Aktivität aus, und transformieren die Art, wie wir produzieren, konsumieren, managen, organisieren, leben und sterben"[124]. Ehe wir solche Konsequenzen zu einer neuen Normalität hochfeiern, sollten wir sie erst einmal genauer untersuchen. Das will ich im weiteren, bezogen auf die Identitätsarbeit von jungen Erwachsenen, tun, die wir über einen Zeitraum von 10 Jahren erforscht haben[125].

FREIHEITSGRADE DES HANDELNS ALS NOTWENDIGKEIT

Das Hineinwachsen in diese Gesellschaft bedeutete bis in die Gegenwart hinein, sich in diesem vorgegebenen Identitätsgehäuse einzurichten. Die nachfolgenden Überlegungen knüpfen an dieses Bild an und betonen, dass dieses moderne Identitätsgehäuse seine Passformen für unsere Lebensbewältigung zunehmend verliert, auch wenn „der letzte Zentner fossilen Brennstoffs" noch nicht „verglüht ist". Das erleben viele Menschen als Verlust, als Unbehaustheit, als Unübersichtlichkeit, als Orientierungslosigkeit und Diffusität und sie versuchen sich mit allen Mitteln ihr gewohntes Gehäuse zu erhalten. Fundamentalismen und Gewalt sind Versuche dieser Art. Sie können die vorhandene Chance nicht sehen, nicht schätzen und vor allem nicht nutzen, aus dem „Gehäuse der Hörigkeit" auszuziehen und sich in kreativen Akten der Selbstorganisation eine Behausung zu schaffen, die ihre ist. Als Akt der Befreiung feiert Vilem Flusser[126] diese Entwicklung: "... wir beginnen, aus den Kerkerzellen, die die gegenwärtigen Häuser sind, auszubrechen, und uns darüber zu wundern, es solange daheim und zu Hause ausgehalten zu haben, wo doch das Abenteuer vor der Tür steht." Flusser empfiehlt uns, auf stabile Häuser ganz zu verzichten und uns mit einem Zelt und leichtem Gepäck auf dieses Abenteuer einzulassen. Nicht ganz so radikal sind die uns angebotenen Bilder, die uns als Konstrukteure und Baumeister unserer eigenen Identitätsbehausungen zeigen.

Architekt/in und Baumeister/in des eigenen Lebensgehäuses zu werden, ist allerdings für uns nicht nur Kür, sondern zunehmend Pflicht in einer grundlegend veränderten Gesellschaft. Es hat sich ein tiefgreifender Wandel von geschlossenen und verbindlichen zu offenen und zu gestaltenden sozialen Systemen vollzogen. Nur noch in Restbeständen existieren Lebenswelten mit geschlossener weltanschaulich-religiöser Sinngebung, klaren Autoritätsverhältnissen und Pflichtkatalogen. Die Möglichkeitsräume haben sich in einer pluralistischen Gesellschaft explosiv erweitert. In diesem Prozess stecken enorme Chancen und Freiheiten, aber auch zunehmende Gefühle des Kontrollverlustes und wachsende Risiken des Misslingens. Die qualitativen Veränderungen in der Erfahrung von Alltagswelten und im Selbstverständnis der Subjekte könnte man so zusammenfassen: Nichts ist mehr selbstverständlich so wie es ist, es könnte auch anders sein; was ich tue und wofür ich mich entscheide, erfolgt im Bewusstsein, dass es auch anders sein könnte und dass es meine Entscheidung ist, es so zu tun. Das ist die unaufhebbare Reflexivität unserer Lebensverhältnisse: Es ist meine Entscheidung, ob ich mich in einer Gewerkschaft, in einer Kirchengemeinde oder in beiden engagiere oder es lasse.

Vor diesem Hintergrund verändern sich die Bilder, die für ein gelungenes Leben oder erfolgreiche Identitätsbildung herangezogen werden. Menschen hätten die festen Behausungen oder auch Gefängnisse verlassen: Sie seien „Vagabunden", „Nomaden" oder „Flaneure"[127]. Die Fixierung an Ort und Zeit wird immer geringer. Es ist die Rede von der „Chamäleon-Identität". Es wird die Metapher des „Videobandes" bemüht[128]: „leicht zu löschen und wiederverwendbar". Die postmodernen Ängste beziehen sich eher auf das Festgelegtwerden[129].

Mit welchen Bildern oder Metaphern können wir die aktuelle Identitätsarbeit zum Ausdruck bringen? Schon eigene Alltagserfahrungen stützen die Vermutung, dass von den einzelnen Personen eine hohe Eigenleistung bei diesem Prozess der konstruktiven Selbstverortung zu erbringen ist. Sie müssen Erfahrungsfragmente in einen für sie sinnhaften Zusammenhang bringen. Diese individuelle Verknüpfungsarbeit nenne ich „Identitätsarbeit", und ich habe ihre Typik mit der Metapher vom „Patchwork" auszudrücken versucht. Dieser Begriff hat schnell sein Publikum gefunden und sich teilweise auch von unserer Intention gelöst. Wir wollten mit ihm die Aufmerksamkeit auf die aktive und oft sehr kreative Eigenleistung der Subjekte bei der Arbeit an ihrer Identität richten. Das kann in seiner spezifischen Ästhetik farbig und bunt erscheinen, und einige dieser Produkte können Bewunderung und Faszination auslösen. Aber gerade dann interessiert die Frage nach dem Herstellungsprozess dieses Produktes. Mit welchen Identitätsmaterialen ist gearbeitet worden und über welche Konstruktionsfähigkeiten verfügt ein Subjekt, das ein spezifisches Identitätspatchwork kreiert hat? Häufig ist nur das Produkt der Identitätskonstruktion mit der Patchworkmetapher in Verbindung gebracht worden und dann auch nur die buntscheckig verrückten oder ausgeflippten Produkte, genau das, was der Zeitgeist der Postmoderne zuschreiben wollte.

Die Schöpfung der Metapher von der „Patchwork-Identität" hat mir eine große Resonanz beschert. Eine richtig platzierte Metapher mag in der bestehenden Mediengesellschaft einen schnellen Erfolg bescheren, aber eine Metapher ist im Prozess wissenschaftlicher Entwicklung zunächst nur ein Erkenntnisversprechen. Diese Metapher hat unseren wissenschaftlichen Suchprozess angeleitet und in bezug auf das Ergebnis alltäglicher Identitätsarbeit bleibt sie hilfreich: In ihren Identitätsmustern fertigen Menschen aus den Erfahrungsmaterialien ihres Alltags patchworkartige Gebilde und diese sind Resultat der schöpferischen Möglichkeiten der Subjekte. Das war schon unsere Anfangsidee und diese hat sich erhalten. Das ist unser Ausgangspunkt und nicht unser Ergebnis. Wenn also nach einer Dekade intensiver Forschung über alltägliche Identitätsarbeit in der Spätmoderne unser Identitätsmodell in erster Linie so verstanden wird, als würden wir Identität als „einen bunten Fleckerlteppich" betrachten und nicht mehr als ein sich schnell einprägendes Bild bieten, dann müssten wir mit unserer Forschung und der Verbreitung ihrer Ergebnisse höchst unzufrieden sein. Wir wollten den öffentlichen Diskurs über die individualisierte Gesellschaft auch nicht mit weiteren Schlagworten wie „Ich-Jagd", „Ich-Implosion", „Ich-AG", „Ego-Taktiker", „Ich-Aktien" oder „Ich-Entfesselung" befrachten.

Uns hat vor allem das „Wie" interessiert, der Herstellungsprozess: Wie vollzieht sich diese Identitätsarbeit? Oder im Bild gesprochen: Wie fertigen die Subjekte ihre patchworkartigen Identitätsmuster? Wie entsteht der Entwurf für eine kreative Verknüpfung? Wie werden Alltagserfahrungen zu Identitätsfragmenten, die Subjekte in ihrem Identitätsmuster bewahren und sichtbar unterbringen wollen? Woher nehmen sie Nadel und Faden, und wie haben sie das Geschick erworben, mit ihnen so umgehen zu können, dass sie ihre Gestaltungswünsche auch umsetzen können? Und schließlich: Woher kommen die Entwürfe für die jeweiligen Identitätsmuster? Gibt es gesellschaftlich vorgefertigte Schnittmuster, nach denen man sein eigenes Produkt fertigen kann? Gibt es Fertigpackungen mit allem erforderlichen Werkzeug und Material, das einem die Last der Selbstschöpfung ersparen kann?

Mit dem Blick auf Kinder und Jugendliche im Übergang zum 21. Jahrhundert sieht man durchaus „Freiräume", die sie erobern können: Die auf sie bezogenen Konsumwelten sind so reich bestückt wie nie und die „virtuellen Räume", die das Internet eröffnet, enthalten ungeahnte Optionen. Passt auf diese nicht auch das, was Helmut Fend[130] in bezug auf die Generationsgestalt heutiger Jugend gesagt hat? Sie sei charakterisiert durch zunehmende „Freiheitsgrade des Handelns" und ebenso die „Erweiterungen von Möglichkeitsräumen"[131]. „Erweiterte Möglichkeiten bedeuten aber auch geringere Notwendigkeiten der Einordnung in gegebene Verhältnisse. [...] Damit werden aber Tugenden, mit (unveränderlichen) Umständen leben zu können, weniger funktional und weniger eintrainiert als Tugenden, sich klug entscheiden zu können und Beziehungsverhältnisse aktiv befriedigend zu gestalten"[132]. Die Konsumwelten konfrontieren Heranwachsende mit der Auswahl zwischen Fertigprodukten. Sie offerieren kaum Gestaltungsräume. Die Inszenierung von Individualität kann deshalb auch nicht als Beleg für Selbsttätigkeit gedeutet werden. Anders sieht es mit den virtuellen Räumen aus. In ihnen können sich Heranwachsende erproben, sie können Rollen und Handlungsmöglichkeiten durchspielen. Sie können mit unterschiedlichsten Identitäten experimentieren, Identitätszwänge virtuell überschreiten[133]. Hierdurch kann Rollendistanz entstehen und diese mag einen erheblichen Reflexionsgewinn darstellen. Aber dieser Prozess bleibt auf die „virtuelle Spielwiese" beschränkt, und der Transfer der dort erworbenen Handlungsqualifikationen ist nicht gesichert. Deswegen kann der Erwerb „symbolischen Kapitals" im Sinne Bourdieus über das Internet kein Ersatz für die reale Handlungsmächtigkeit oder die Erfahrung der „Selbstwirksamkeit" sein. Genau diese Erfahrung kann nur aus dem „Produzentenstolz" der tätigen Umsetzung von eigenen Ideen in der eigenen Lebenswelt entstehen.

Ich werde mich meinem Thema aus meinem Fachrevier annähern, in dem gegenwärtig die Themen postmoderne Identitätsbildung, Jugend und Gesundheit und soziales Engagement in der Bearbeitung sind. Sie sind dadurch miteinander verknüpft, da sie sich aus unterschiedlichen Perspektiven die Frage nach den Bedingungen gelingenden Lebens in einer sich radikal verändernden Welt stellen. Gesundheit kann als Ausdruck gelungener Lebensbewältigung betrachtet werden. Aber wie können wir gelungene Lebensbewältigung fördern?

Die beste Antwort auf diese Frage hat aus meiner Sicht die Weltgesundheitsorganisation mit ihrer Ottawa-Charta von 1986 gegeben. Die Aufgabe von Gesundheitsförderung wird dort so bestimmt:

Sie „zielt auf einen Prozess, allen Menschen ein höheres Maß an Selbstbestimmung über ihre Lebensumstände und Umwelt zu ermöglichen und sie damit zur Stärkung ihrer Gesundheit zu befähigen". Und etwas später: „Gesundheit wird von Menschen in ihrer alltäglichen Umwelt geschaffen und gelebt: dort, wo sie spielen, lernen, arbeiten und lieben. Gesundheit entsteht dadurch, dass man sich um sich selbst und für andere sorgt, dass man in die Lage versetzt ist, selber Entscheidungen zu fällen und eine Kontrolle über die eigenen Lebensumstände auszuüben sowie dadurch, dass die Gesellschaft, in der man lebt, Bedingungen herstellt, die allen ihren Bürgern Gesundheit ermöglichen."[134]

Im Zentrum der Anforderungen für eine gelingende Lebensbewältigung stehen die Fähigkeiten zur Selbstorganisation, zur Verknüpfung von Ansprüchen auf ein gutes und authentisches Leben mit den gegebenen Ressourcen und letztlich die innere Selbstschöpfung von Lebenssinn. Das alles findet natürlich in

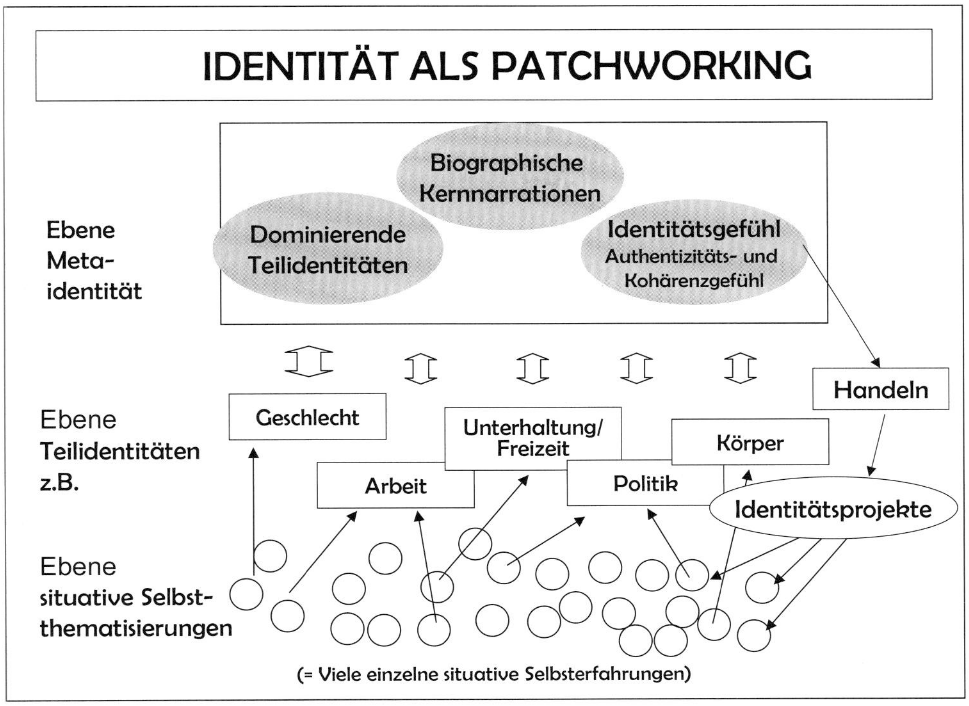

einem mehr oder weniger förderlichen soziokulturellen Rahmen statt, der aber die individuelle Konstruktion dieser inneren Gestalt nie ganz abnehmen kann. Es gibt gesellschaftliche Phasen, in denen der individuellen Lebensführung die bis dato stabilen kulturellen Rahmungen abhanden kommen und sich keine neuen verlässlichen Bezugspunkte der individuellen Lebensbewältigung herausbilden. Gegenwärtig befinden wir uns in einer solchen Phase. Identitätsarbeit wird zu einem permanenten und in die Zukunft hinein nie abschließbaren Prozess. Es ist ein Prozess mit Ergebnissen auf Widerruf und in der spielerischen Exploration von möglichen Optionen, also in der Entfaltung des Möglichkeitssinnes, stecken die Potenziale kritischer Eigenständigkeit.

Meine These bezieht sich genau darauf: *Ein zentrales Kriterium für Lebensbewältigung bildet die Chance, für sich eine innere Lebenskohärenz zu schaffen. In früheren gesellschaftlichen Epochen war die Bereitschaft zur Übernahme vorgefertigter Identitätspakete das zentrale Kriterium für Lebensbewältigung. Heute kommt es auf die individuelle Passungs- und Identitätsarbeit an, also auf die Fähigkeit zur Selbstorganisation, zum „Selbsttätigwerden" oder zur „Selbsteinbettung". Kinder und Jugendliche brauchen in ihrer Lebenswelt „Freiräume", um sich im Sinne des Möglichkeitssinnes selbst experimentell-kreativ-spielerisch zu entwerfen und gestaltend auf ihren Alltag einwirken zu können.*

Identitätsarbeit hat eine innere und äußere Dimension. Eher nach außen gerichtet ist die Dimension der *Passungsarbeit*. Unumgänglich ist hier die Aufrechterhaltung von *Handlungsfähigkeit* und von *Anerkennung* und Integration. Eher nach ‚innen', auf das Subjekt bezogen, *ist Synthesearbeit* zu leisten, hier geht es um die subjektive Verknüpfung der verschiedenen Bezüge, um die Konstruktion und Aufrechterhaltung von *Kohärenz* und Selbstanerkennung, um das Gefühl von *Authentizität* und *Sinnhaftigkeit*.

WELCHE RESSOURCEN BRAUCHEN HERANWACHSENDE ZUR PRODUKTIVEN LEBENSBEWÄLTIGUNG IN EINER SOLCHEN GESELLSCHAFT?

Was bedeuten solche grundlegenden gesellschaftlichen Veränderungen für Kinder und Jugendliche? Eine ergiebige Fundgrube an Informationen zur Lebenssituation von Heranwachsenden in Deutschland liefern u.a. die 13. und 14. Shell Jugendstudie. Dem besorgten kinder- und jugendschützerischen Blick haben sie weniger Bestätigung geliefert, als jener Sicht auf Jugend, die in dem Buchtitel „Kinder der Freiheit" zum Ausdruck kommt. Von einigen Problemgruppen abgesehen, scheint hier in der Generation der 15- bis 24-Jährigen eine Generation heranzuwachsen, die in der Welt des „flexiblen Kapitalismus" angekommen ist, ihn als Bedingung ihrer eigenen Lebensexistenz ansehen und sich in ihm mit einer realistischen Grundhaltung einrichtet. Das gilt vor allem für den – von der 14. Shell-Studie so benannten – „selbstbewussten Macher", den „pragmatischen Idealisten" und den „robusten Materialisten". Sie wissen, dass ihr biografisches Selbstmanagement

RESOURCING: Persönliche Ressourcen werden zentral

Die fortschreitende *Individualisierung der Gesellschaft* geht mit neuen *Herausforderungen an das Innere* einher: Man muss mehr aus sich selber schöpfen.

Mobilisierung persönlicher Ressourcen - in Bauch, Herz und Hirn
Sowohl sozialer Erfolg, als auch persönliche Erfüllung zunehmend an das Aktivieren und Einsetzen individueller Potenziale gebunden: geistige, körperliche, emotionale und soziale.

Eigenverantwortliche Selbstpflege und Selbstoptimierung in jeder Hinsicht wird ein vitales Thema.

- Permanente Humankapitalbildung durch lebenslanges Lernen
- Präventives Gesundheitsmanagement
- Selbstachtsamkeit und bewusste Seelenpflege

Empowerment: Unterstützung bei der Erschließung und Steigerung eigener Ressourcen und ‚Energiequellen' ist sehr gefragt

- Berater- und Coaching-Boom in vielen Bereichen
- ‚Soft skills' wie Emotionale Intelligenz, Instinkt und Kreativität gewinnen wesentliche Bedeutung.

Aufwertung intuitiver Kräfte als Lebenskompass

- ‚Weisheit' und Intuition kompensieren das zunehmende Nichtwissen in der Informationsgesellschaft.

Quelle: Barz, H., Kampik, W., Singer, T. & Teuber, S. (2001). Neue Werte, neue Wünsche. Future Values

gefragt ist. Es ist eine Generation, für die die „Bastelexistenz oder die „Patchworkidentität" keine Schreckgespenster oder idealisierte Luftfiguren darstellen, sondern ihre Normalität.

Hier scheint eine Generation die historische Bühne zu betreten, die den gesellschaftskritischen Bedenkenträgern zeigt, dass man sich in diesen neuen Flexibilität fordernden Lebensverhältnissen eingerichtet hat und damit – überwiegend – souverän umzugehen weiß. Die 13. Shell-Studie hat aber auch gezeigt, dass immerhin 35% der westdeutschen und 42% der ostdeutschen Jugendlichen eher düster in die erwartbare Zukunft blickt. Und bemerkenswert ist auch, dass sich nur 21% gut auf zukünftige Entwicklungen vorbereitet fühlen. In dieser skeptischen Einschätzung wird deutlich, dass sich auch Heranwachsende zunehmend mit der Frage auseinandersetzen, welche Ressourcen erforderlich sind, um wichtige eigene Lebenspläne realisieren zu können. Also das Bewusstsein für eigene Ressourcen gewinnt an Bedeutung.

Aber wenn die Ressourcenperspektive bei dieser Dimension persönlich zurechenbarer Ressourcen stehen bliebe, dann hätte sie diese wichtige Perspektive ideologisch halbiert und psychologistisch verkürzt. Barz et al.[135] thematisieren neben einer Reihe weiterer Grundorientierungen auch das „neue Sozialbewusstsein", ein Konstrukt, in dem das Geflecht sozialer Beziehungen, in das ein Subjekt eingebunden ist und das es durch aktive Beziehungsarbeit erhält und weiter ausbauen kann, einen zentralen Stellenwert einnimmt. Das „soziale Kapital" benennt diesen an Bedeutung zunehmenden Bereich des „Lebens im Netz-Werk".

Welche Ressourcen benötigen nun Heranwachsende, um selbstbestimmt und selbstwirksam ihre eigenen Weg in einer so komplex gewordenen Gesellschaft gehen zu können? Ich gehe zunächst einmal auf die basale Ebene, die für mich über die Begriffe Authentizität und Kohärenz bestimmt ist.

Was kennzeichnet nun Jugendliche mit einem hohen bzw. niedrigen Kohärenzsinn genauer? Das haben wir in einer größeren Untersuchung herausfinden wollen. Die Jugendlichen, die wir befragt haben, sind zwischen siebzehn und achtzehn Jahre alt. Allen gemeinsam ist, dass ihre Biografien einige Brüche aufweisen. Sie waren zur Zeit des Interviews stark mit den identitätsbezogenen Fragen „wer bin ich" und „wer möchte ich sein" beschäftigt, die auch starke Gefühle der Unsicherheit und Angst auslösten. Betrachtet man Gesundheit als aktiven Herstellungsprozess, dann interessiert vor allem, ob und wie der Kohärenzsinn diesen Prozess beeinflusst. Dies soll im folgenden anhand eines Beispiels aus unserer qualitativen Studie aufgezeigt werden, in dem die spielerische Komponente eine große Rolle spielt:

Kevin war, wie er sagt, ein richtiges Muttersöhnchen. Er hatte kaum Freunde, er hatte Schulschwierigkeiten und litt unter Angst und psychosomatischen Beschwerden. Die Beziehung zu seiner Mutter ist eher negativ, er hofft, dass sie, wie angekündigt, bald auszieht. Die Beziehung zu seinem Vater ist von Vertrauen geprägt,

NEUES SOZIALBEWUSSTSEIN: Leben im Netz-Werk

➡ In der fluiden Netzwerk-Gesellschaft stellt sich *Sozialität* zunehmend als *Lebensgrundlage* heraus, die gestaltet und gepflegt werden muss (Netz-Werk).

Wachsende Aufmerksamkeit für ‚soziales Kapital' - sei es in Form tragender persönlicher Beziehungen, in Gestalt von sozialen Projekten oder in Form von ‚Connections', strategischen Allianzen und Seilschaften, sei es privat oder beruflich.

Beziehung und Kommunikation treten in den Vordergrund.	❖ Organisationen bemühen sich um ihre ‚Kommunikations-Kultur' ❖ Soziale Kompetenzen sind Karriere-Schlüssel
Umorientierung auf soziale Werte, auch als Gegenpol zu neoliberaler Verunsicherung und Vereinsamungsgefahr.	❖ Projekte bürgerschaftlichen Engagements als Chance zur Gestaltung und Teilhabe ❖ Hoher Stellenwert von Freundschaft, Vertrauen, Geborgenheit und Familie ❖ Partnerschaftliches Beziehungsideal: Sich gegenseitig den Rücken frei halten, damit jeder sein Lebensprojekt verwirklichen kann.
Bedürfnis nach punktueller Gesellung mit Gleichgesinnten (Vermittlung von Teilhabe, Bestätigung, Synergie) - aber autonom, offen und unverbindlich.	❖ Settings gefragt: Clubs, Salons, Lounges, Events, Online-Foren etc. ❖ ‚Wahlverwandtschaften': Interessengruppen, Szenen, Online-Communities, Selbsthilfegruppen

Quelle: Barz, H., Kampik, W., Singer, T. & Teuber, S. (2001). Neue Werte, neue Wünsche. Future Values.

auch wenn sie teilweise durch den zu hohen Alkoholkonsum des Vaters getrübt ist. Kevin hat auch heute noch Angst vor „unklaren Situationen bzw. Anforderungen". Eine solche stellt zur Zeit seine Rolle als Mann für ihn dar. Einerseits sieht er sich als der Starke, als Beschützer der Frau, andererseits spürt er auch seine eigenen Gefühle und Verletzlichkeiten. Aber er bemüht sich um aktive Lösungswege. Einer ist beispielsweise, dass er in einem Fantasyspiel, das er mit seinen Freunden seit einigen Monaten spielt, bewusst die Rolle einer Frau übernommen hat. Die Beziehung zwischen den Freunden ist durch diese Spielregeln festgelegt und erlaubt ihm im Sinne eines ‚Probehandelns' ohne ‚Risiko' neue Erfahrungen zuzulassen und auszuprobieren. Schärfung des Möglichkeitssinnes könnte man das nennen.

Auch die Beziehung zu seiner ersten Freundin hat ihn verunsichert, da es für das Zusammenleben keine allgemein geteilten Regeln mehr gibt. Seine Zwischenlösung war, dass sie nach dem keltischen Ritus ‚geheiratet' haben und sich damit Regeln für die Gestaltung ihrer Beziehung gestaltet haben. Typisch für Kevin ist auch, dass er den schulischen Abstieg vom Gymnasium in die Realschule eher positiv sieht. Er hat eine berufliche Perspektive entwickelt, zu der seine jetzige Schulform genau geeignet ist. Außerdem hat er dort in relativ kurzer Zeit auch Freunde und seine Freundin gefunden.

Analysiert man nun die Alltagsstrategien von Kevin unter den analytischen Kategorien, die Antonovsky für den Kohärenzsinn angenommen hat, so finden sich diese in seiner Geschichte relativ genau wieder.

Kevin hat einen erstaunlichen hohen Wert auf der Skala erlangt, mit der der Kohärenzsinn gemessen wird. Gehen wir die drei Dimensionen des Kohärenzsinns bei Kevin durch:

1. *auf der Sinnebene: Kevin ist überzeugt, dass sein gegenwärtiges Leben äußerst lebenswert ist und auch seine Zukunftsperspektiven seinem Leben einen Sinn geben. Es ist genau das, was zu ihm passt und was er tun bzw. wie er sein möchte.*
2. *Auf der Ebene der Bewältigung: Kevin ist sich sicher, dass er die Ziele, die er sich gesteckt hat, auch erreichen kann und die Energie hat, sich dafür einzusetzen. Er vertraut dabei, und dies unterscheidet ihn von vielen anderen Jugendlichen, auch auf die Hilfe seiner Freunde und seiner Freundin. Hier macht er Erfahrungen, die seine ‚inneren' Ressourcen stärken.*
3. *Auf der Verstehensebene: Kevin versucht den Umgang mit Gefühlen, die ihm Angst machen und die ihn verletzen könnten, zu vermeiden. Aber er zieht sich nicht auf einen Lebensstil zurück, der im wesentlichen aus Vermeidungshandlungen besteht. Er hat sich „Bereiche" geschaffen, in denen er sich wohlfühlt und in denen er Erfahrungen macht, die ihm helfen werden, auch andere, neue Situationen besser einschätzen zu können.*

Die sehr ernste Spielebene, die durch das Fantasyspiel in die biografische Entwicklung von Kevin eingezogen ist, zeigt, dass es dabei nicht nur um Ablenkung, Freizeitbeschäftigung oder einfach Fun geht. Das ist es alles auch. Es ist vor allem ein virtueller Spielraum für Exploration von Lebensoptionen, für die Suche nach lebbaren Passungen zwischen Wunschwelt und Realität und für soziale Lernprozesse, in der Umsetzung „prospektiver Identitätsentwürfe". Bei der Untersuchung der Internetnutzung durch Heranwachsende wird deutlich, dass sie sich hier virtuelle Möglichkeitsräume ausmachen.

Exkurs: Spielen in der virtuellen Welt
„Ein einschlägiges Forschungsprojekt ist das Palace-Projekt von Angela Thomas. Sie hat unter Beteiligung von Kindern zwischen 8 und 16 Jahren aus Amerika, Australien und Europa einen virtuellen Palast geschaffen. Jedes Kind hat in der bunten Fantasie- und Traumwelt seinen eigenen, von ihm selbst eingerichteten Raum. Die Kinder bewegen Spielfiguren in diesen Räumen, manchmal mehrere, die miteinander plaudern, technische Probleme lösen und Parties feiern, die sie gemeinsam planen. Thomas hat in ihrer Begleituntersuchung festgestellt, dass die Kids personale und soziale Identitäten kreieren. Ihre Suche nach personaler Identität zeigt sich für sie am eindrucksvollsten darin, wie sie ihre Spielfiguren kleiden; sie sind bemüht, verschiedenste Kleidungsstücke (sog. avatars) miteinander zu kombinieren und die Kombinationen immer wieder zu verändern. Die Kids bilden außerdem Lerngruppen, in denen technische Probleme gelöst werden. Thomas bemerkt: ‚Kinder werden eine Generation von Lehrern!' Darüber hinaus entwickeln sie virtuelle Gemeinschaften, die sich durch bestimmte Insignien, einen bestimmten Slang und wechselseitige Solidarität auszeichnen. Die entstehenden sozialen Netzwerke erstrecken sich über mehrere Kontinente hinweg. Die sozialen Aktivitäten der Kids betrachtet Thomas als Versuche, eine zukunftsweisende Identität zu entwerfen, die sie in Anlehnung an Bernstein als ‚prospective identity' bezeichnet"[136].

Aus der Gesundheitsforschung bin ich damit unversehens in die Identitätsforschung übergegangen und das nicht ohne guten Grund. Kohärenz ist nicht nur eine zentrale Basis für Gesundheit, sondern auch ein klassisches Kriterium für gelingende Identitätsarbeit. Und es mehren sich Versuche, Identitätsarbeit selbst mit salutogenetischen Fragen zu verknüpfen.

LEBEN MIT „RISKANTEN CHANCEN": WELCHE KOMPETENZEN ZUR LEBENSBEWÄLTIGUNG BRAUCHEN HERANWACHSENDE?

Im weiteren soll nun der Versuch unternommen werden, soziale und psychische Bedingungen zu formulieren, die mir für eine produktive Nutzung der riskanten Chancen der gegenwärtigen Lebenssituation wichtig erscheinen.

Welche Kompetenzen und Ressourcen sind dafür förderlich?

1. Für die Gewinnung von Lebenssouveränität ist ein Gefühl des Vertrauens in die Kontinuität des Lebens eine Voraussetzung, *ein Urvertrauen zum Leben* und seinen natürlichen Voraussetzungen. Das Gegenbild dazu ist die Demoralisierung, der Verlust der Hoffnung, in der eigenen Lebenswelt etwas sinnvoll gestalten zu können. Die Welt wird als nicht mehr lenkbar erlebt, als ein sich hochtourig bewegendes Rennauto, in dem die Insassen nicht wissen, ob es eine Lenkung besitzt und wie diese zu betätigen wäre. Die gewaltigen ökologischen Bedrohungen tragen sicherlich erheblich zu dem wachsenden Demoralisierungspegel bei, sie setzen fatale Bedingungen für „gelernte Hilf-" und „Hoffnungslosigkeit". Eine pschosoziale Perspektive, die für sich einen „ganzheitlichen" oder „lebensweltlichen Ansatz" in Anspruch nimmt, muss die basalen ökologischen Lebensbedingungen als zentralen Rahmen für die Entwicklung psychosozialer Ressourcen sehen lernen.

   Werte, die aus dieser Perspektive folgen, lassen sich als *„ökologische Moral"* bezeichnen. Die Standortdebatte überlagert gegenwärtig in gefährlicher Weise das Bewusstsein für die ökologischen Gefahren und Notwendigkeiten. Die Umwelt müsste auch für den Standort Deutschland Opfer bringen, kann man im öffentlichen Diskurs vernehmen. Dagegen stehen Projekte wie Agenda 21 und die Formulierung „ökologischer Kinderrechte".

2. Ein offenes Identitätsprojekt, in dem neue Lebensformen erprobt und eigener Lebenssinn entwickelt werden, bedarf *materieller Ressourcen*. Hier liegt das zentrale und höchst

aktuelle sozial- und gesellschaftspolitische Problem. Eine Gesellschaft, die sich ideologisch, politisch und ökonomisch fast ausschließlich auf die Regulationskraft des Marktes verlässt, vertieft die gesellschaftliche Spaltung und führt auch zu einer wachsenden Ungleichheit der Chancen an Lebensgestaltung. Hier holt uns immer wieder die klassische soziale Frage ein. Die Fähigkeit zu und die Erprobung von Projekten der Selbstorganisation sind ohne ausreichende materielle Absicherung nicht möglich. Ohne Teilhabe am gesellschaftlichen Lebensprozess in Form von sinnvoller Tätigkeit und angemessener Bezahlung wird Identitätsbildung zu einem zynischen Schwebezustand, den auch ein „postmodernes Credo" nicht zu einem Reich der Freiheit aufwerten kann.

3. Wenn wir die sozialen Baumeister/innen unserer eigenen sozialen Lebenswelten und Netze sind, dann ist eine spezifische Beziehungs- und Verknüpfungsfähigkeit erforderlich, nennen wir sie *soziale Ressourcen*. Der Bestand immer schon vorhandener sozialer Bezüge wird geringer und der Teil unseres sozialen Beziehungsnetzes, den wir uns selbst schaffen und den wir durch Eigenaktivität aufrechterhalten (müssen), wird größer. Nun zeigen die entsprechenden Studien, dass das moderne Subjekt keineswegs ein ‚Einsiedlerkrebs' geworden ist, sondern im Durchschnitt ein größeres Netz eigeninitiierter sozialer Beziehungen aufweist, als es seine Vorläufergenerationen hatten: Freundeskreise, Nachbarschaftsaktivitäten, Interessengemeinschaften, Vereine, Selbsthilfegruppen, Initiativen. Es zeigt sich nur zunehmend auch, dass sozioökonomisch unterprivilegierte und gesellschaftlich marginalisierte Gruppen offensichtlich besondere Defizite aufweisen bei dieser gesellschaftlich zunehmend geforderten eigeninitiativen Beziehungsarbeit. Die sozialen Netzwerke von Arbeiter/innen z.B. sind in den Nachkriegsjahrzehnten immer kleiner geworden. Von den engmaschigen und solidarischen Netzwerken der Arbeiterfamilien, wie sie noch in den 50er Jahren in einer Reihe klassischer Studien aufgezeigt wurden und in der Studentenbewegung teilweise romantisch überhöht wurden, ist nicht mehr viel übrig geblieben. Das ‚Eremitenklima' ist am ehesten hier zur Realität geworden. Unser „soziales Kapital", die sozialen Ressourcen, sind ganz offensichtlich wesentlich mitbestimmt von unserem Zugang zu „ökonomischem Kapital".

   Als Konsequenz für die Formulierung zukunftsfähiger Werte folgt die hohe Priorität für die Förderung von *„Kontexten sozialer Anerkennung"*. Für offene, experimentelle, auf Autonomie zielende Identitätsentwürfe ist die Frage nach sozialen Beziehungsnetzen von allergrößter Bedeutung, in denen Menschen dazu ermutigt werden. Da gerade Menschen aus sozial benachteiligten Schichten nicht nur besonders viele Belastungen zu verarbeiten haben und die dafür erforderlichen Unterstützungsressourcen in ihren Lebenswelten eher unterentwickelt sind, halte ich die gezielte professionelle und sozialstaatliche Förderung der Netzwerkbildung bei diesen Bevölkerungsgruppen für besonders relevant.

4. Nicht mehr die Bereitschaft zur Übernahme von fertigen Paketen des ‚richtigen Lebens', sondern *die Fähigkeit zum Aushandeln* ist notwendig: Wenn es in unserer Alltagswelt keine unverrückbaren allgemein akzeptierten Normen mehr gibt, außer einigen Grundwerten, wenn wir keine Knigge mehr haben, die uns für alle wichtigen Lebenslagen das angemessene Verhalten vorgeben kann, dann müssen wir die Regeln, Normen, Ziele und Wege beständig neu aushandeln. Das kann nicht in Gestalt von Kommandosystemen erfolgen, sondern erfordert demokratische Willensbildung im Alltag, in den Familien, in der Schule, Universität, in der Arbeitswelt und in Initiativ- und Selbsthilfegruppen. Dazu gehört natürlich auch eine gehörige Portion von Konfliktfähigkeit. Die „demokratische Frage" ist durch die Etablierung des Parlamentarismus noch längst nicht abgehakt, sondern muss im Alltag verankert werden.

5. Gesellschaftliche Freisetzungsprozesse bedeuten einen objektiven *Zugewinn individueller Gestaltungskompetenz*, aber auch deren Notwendigkeit. Sie erfordern vom Subjekt vermehrt die eigenwillige Verknüpfung und Kombination multipler Realitäten. Hier eröffnet sich ein subjektiver und ge-

sellschaftlicher Raum für die Entwicklung jenes „Möglichkeitssinns", den Robert Musil im „Mann ohne Eigenschaften" entworfen hat. Er ermöglicht den Auszug aus dem „Gehäuse der Hörigkeit"[137] und führt uns an den Punkt, den Christa Wolf[138] in ihrer Frankfurter Vorlesung zur Poetik so treffend formuliert hat: „Freude aus Verunsicherung ziehen." Aber sie verknüpft dieses positive Ziel gleich mit der skeptischen Frage: „Wer hat uns das je beigebracht?"[139] Als hätte sie hellseherisch die Situation in der DDR im Frühjahr 1990 beschrieben! Aber so verschieden sind vermutlich auch wir Bürger in der BRD nicht, als dass diese Frage nicht auch für uns gelten würde. Die *psychische Voraussetzung für eine positive Verunsicherung ist „Ambiguitätstoleranz"*. Sie meint die Fähigkeit, sich auf Menschen und Situationen offen einzulassen, sie zu erkunden, sie nicht nach einem „Alles-oder-nichts"-Prinzip als nur gut oder nur böse zu beurteilen. Es geht also um die Überwindung des „Eindeutigkeitszwanges" und die Ermöglichung von neugieriger Exploration von Realitätsschichten, die einer verkürzenden instrumentellen Logik unzugänglich sind.

Solche Strategien fasse ich unter der Wertepriorität *„Förderung des Möglichkeitssinns"* zusammen. Das Hinausdenken und -fühlen über die Grenzen des geltenden Realitätsprinzips wird immer wichtiger. Hierzu lassen sich in der psychosozialen Arbeit vielfältige Kompetenzen einsetzen (von Zukunftswerkstätten bis kunsttherapeutische Projekten tut sich ein breites Spektrum auf).

Was aber ist unter dem *Möglichkeitssinn* zu verstehen. Fragen wir Robert Musil[140], der diesen Begriff in seinem monumentalen Roman „Der Mann ohne Eigenschaften" entwickelt hat. Dort heißt es:

> „Wenn es Wirklichkeitssinn gibt, muss es auch Möglichkeitssinn geben."
>
> „Wer ihn besitzt, sagt beispielsweise nicht: Hier ist dies oder das geschehen, wird geschehen, muss geschehen; sondern er erfindet: Hier könnte, sollte oder müsste geschehen; und wenn man ihm von irgend etwas erklärt, dass es so sei, wie es sei, dann denkt er: Nun, es könnte wahrscheinlich auch anders sein. So ließe sich der Möglichkeitssinn als die Fähigkeit definieren, alles, was ebenso gut sein könnte, zu denken und das, was ist, nicht wichtiger zu nehmen als das, was nicht ist."[141]

Unsere alltägliche Lebensführung wird vom Realitätsprinzip bestimmt. Oft führt es zu einem fatalen Realismus, der sich eine andere Welt als die, in der er sich eingerichtet hat, nicht mehr vorstellen kann. Aber in einer Welt, die kein berechenbares Maß besitzt, die zukunftsoffen und ambivalent ist, ist dieser Gegenwartsrealismus fragwürdig. Und es kommt zunehmend auf die „menschliche Fähigkeit zu ‚utopischen' Träumen" an[142]. Für diese Fähigkeit hat Musil auch einen spezifischen Ort gefunden, unseren „zehnten Charakter": ".. ein Landbewohner hat mindestens neun Charaktere, einen Berufs-, einen National-, einen Staats-, einen Klassen-, einen geographischen, einen Geschlechts-, einen bewussten, einen unbewussten und vielleicht auch noch einen privaten Charakter; er vereinigt sie in sich, aber sie lösen ihn auf, und er ist eigentlich nichts als eine kleine, von diesen vielen Rinnsalen ausgewaschene Mulde, in die sie hineinsickern und aus der sie wieder austreten, um mit andern Bächlein eine andere Mulde zu füllen. Deshalb hat jeder Erdbewohner auch noch einen zehnten Charakter, und dieser ist nichts als die passive Fantasie unausgefüllter Räume; er gestattet dem Menschen alles, nur nicht das eine: das ernst zu nehmen, was seine mindestens neun anderen Charaktere tun und was mit ihnen geschieht; also mit anderen Worten, gerade das nicht, was ihn ausfüllen sollte."[143]

Haben Sie schon einmal von „New Ludism" gehört, hatte ich eingangs gefragt? Es handelt sich um einen „added value" im Revier der schönen neuen Konsumwelten, der den Produktangeboten eine besondere Attraktivität verleihen soll. In dem Buch „Neue Werte – Neue Wünsche"[144] werden „Future Values" beschrieben und „New Ludism" ist danach in folgende Empfehlung gebracht worden: „Spiel-Räume eröffnen, zum Spielen einladen. Produkte als Toys und spielerisch-experimentelle Möglichkeit präsentieren – nicht als ‚Must' mit Offenbarungscharakter."[145] Die besondere Kreativität des Spiels, das Zweckfreie, Unernste, Lustvolle, Grenzüberschreitende wird unter der Prämisse zukunftsorientierter Werte um ihre Potenz gebracht. Haben die Ideologen der entstehenden Arbeitsgesellschaft die Vita activa vollkommen unter das Diktat der produktiven Arbeit gestellt und dem Spiel als Gefährdung der Arbeitsmoral misstraut oder sie nur als Energiereservoir für die Arbeit funktionalisiert, so wird im Konsumkapitalismus dem Spiel erneut eine Funktionalisierung aufgeladen: Es soll mit ihrem hedonistischen Potenzial die Bindung an spezifische Waren ermöglichen. Genau in diesem Widerspruch steht das Spiel heute. Das Bedürfnis nach spielerischer Betätigung wird durch Märkte bedient und zugleich auch diszipliniert und ‚zweckentfremdet'. Insofern ist der *homo ludens* auch heute noch nicht aus dem Schatten des *homo faber* oder des *homo konsumens* getreten.

ANMERKUNGEN

[83] Deutsches Pisa-Konsortium 2001, S.29

[84] Barz, H.; Kampik, W.; Singer, T.; Teuber, S.: Neue Werte, neue Wünsche. Future Values. 2001

[85] ebenda, S.22

[86] ebenda, S.24

[87] ebenda

[88] Moritz Lazarus 1883, S.176

[89] zit. nach Groos 1899, S.516

[90] Herman Pinzke 1884, S.21

[91] so bei Erikson 1978, S.13

[92] Trapp und Pinzke 1884, S.3

[93] Johan Huizinga 1938; hier nach der deutschen Ausgabe von 1956 zitiert

[94] S.10

[95] a.a.O.

[96] a.a.O., S.22

[97] Bernhard Christoph Faust, Gesundheits-Katechismus, S.24

[98] S.25

[99] ebenda

[100] ebenda, S.106

[101] J.C.F. GutsMuths, Spiele zur Übung und Erholung des Körpers und Geistes S.33

[102] ebenda, S.36

[103] Erikson 1978, S.13

[104] Marx und Engels, Manifest der Kommunistischen Partei 1966, S.29

[105] Bauman 2000

[106] Ulrich Beck 2002, S.23

[107] ebenda, S.24

[108] Gelatt 1989, S.252

[109] Zygmunt Bauman 1997, S.161

[110] ebenda, S.142

[111] ebenda, S.143

[112] ebenda, S.149

[113] ebenda, S.146

[114] vgl. Sennett 1998

[115] Melucci 1996

[116] Belgrad 1992

[117] Bauman 1997, S.159f.

[118] Jeremy Rifkin „Access" 2000

[119] ebenda, S.250

[120] ebenda, S.271

[121] ebenda, S.263

[122] ebenda, S.262

[123] Postman, Wir amüsieren uns zu Tode 1985

[124] Castells 1991, S.138

[125] vgl. Keupp et al. 2002

[126] Vilem Flusser 1994, S.71

[127] so Bauman 1997

[128] ebenda, S.133

[129] „Fixeophobie", nennt das Bauman 1996, S.22

[130] Helmut Fend 1988

[131] ebenda

[132] ebenda, S.296

[133] Turkle 1999

[134] Trojan, Stumm 1992

[135] Barz, H.; Kampik, W.; Singer, T.; Teuber, S.; 2001. Neue Werte, neue Wünsche. Future Values. 2001

[136] Schachtner, 2001, S.656

[137] Max Weber

[138] Christa Wolf 1983

[139] ebenda

[140] Robert Musil, Der Mann ohne Eigenschaften 1967

[141] ebenda, S.16

[142] Berger 1994, S.123

[143] Robert Musil, Der Mann ohne Eigenschaften 1967, S.34

[144] Barz et al. 2001

[145] ebenda, S.94

LITERATUR

Antonovsky, A.: *Unraveling the mystery of health. How people manage stress and stay well.* San Francisco 1987.

Barz, H.; Kampik, W.; Singer, T.; Teuber, S.: *Neue Werte, neue Wünsche. Future Values.* Düsseldorf, Berlin 2001.

Bauman, Z.: *Wir sind wie Landstreicher. Die Moral im Zeitalter der Beliebigkeit.* Süddeutsche Zeitung vom 16./17. November 1993.

Bauman, Z.: *Flaneure, Spieler und Touristen. Essays zu post-modernen Lebensformen.* Hamburg 1997.

Bauman, Z.: *Liquid modernity.* Cambridge 2000.

Beck, U. (Hg.): *Kinder der Freiheit.* Frankfurt/M. 1997.

Beck. U.: *Macht und Gegenmacht im globalen Zeitalter. Neue weltpolitische Ökonomie.* Frankfurt/M. 2002.

Belgrad, J.: *Identität als Spiel. Eine Kritik des Identitätskonzepts von Jürgen Habermas.* Opladen 1992.

Berger, P.L.: *Sehnsucht nach Sinn. Glauben in einer Zeit der Leichtgläubigkeit.* Frankfurt/M. 1994.

Bühler, K.: *Abriss der geistigen Entwicklung des Kindes.* 3. Aufl. Reihe Wissenschaft und Bildung Bd. 156. Leipzig 1928.

Castells, M.: *Informatisierte Stadt und soziale Bewegungen.* In: M.Wentz (Hg.): *Die Zukunft des Städtischen.* Frankfurt/M. 1991, S.137-147.

Csikszentmihalyi, M., Schneider, B.: *Adult. How teenagers prepare for the world of work.* New York 2000.

Dettling, W.: *Die moralische Generation.* DIE ZEIT vom 14.02. 1997, S.3.

Engel, U., Hurrelmann, K.: *Was Jugendliche wagen. Eine Längsschnittstudie über Drogenkonsum, Stressreaktionen und Delinquenz im Jugendalter.* Weinheim 1993.

Erikson, E.H.: *Kinderspiel und politische Fantasie. Stufen in der Ritualisierung der Realität.* Frankfurt/M. 1978.

Faust, B.C.: *Gesundheits-Katechismus zum Gebrauch in den Schulen und beym häuslichen Unterrichte.* Bückeburg 1795.

Fend, H.: *Sozialgeschichte des Aufwachsens. Bedingungen des Aufwachsens und Jugendgestalten im zwanzigsten Jahrhundert.* Frankfurt/M. 1988.

Giddens, A.: *Modernity and self-identity.* Cambridge 1991.

Groos, K.: *Die Spiele der Menschen.* Jena 1899.

Groos, K.: *Das Spiel. Zwei Vorträge.* Jena 1922.

GutsMuths, J.C.F.: *Spiele zur Übung und Erholung des Körpers und Geistes.* 1796. (8. Auflage). Hof, Lion 1895.

Huizinga, J.: *Homo Ludens. Vom Ursprung der Kultur im Spiel.* Reinbek 1987 (orig. 1938).

Keupp, H.; Ahbe, T.; Gmür, W.; Höfer, R.; Kraus, W.; Mitzscherlich, B.; Straus, F.: *Identitätskonstruktionen. Das Patchwork der Identität in der Spätmoderne.* Reinbek 1999.

Keupp, H.; Höfer, R. (Eds.): *Identitätsarbeit heute.* Frankfurt/M. 1997.

Klencke, H.: *Die Mutter als Erzieherin ihrer Töchter und Söhne zur physischen und sittlichen Gesundheit vom ersten Kindesalter bis zur Reife. Ein praktisches Buch für deutsche Frauen.* 10. Auflage. Leipzig 1895.

Lazarus, M.: *Über die Reize des Spiels.* Berlin 1883.

Marx, K.; Engels, F.: *Manifest der Kommunistischen Partei.* 1848. In: dies.: Ausgewählte Schriften. Band I, S.17 - 57. Berlin (DDR) 1966.

Matthias, A.: *Wie erziehen wir unsern Sohn Benjamin? Ein Buch für deutsche Väter und Mütter.* München 1924.

Melucci, A.: *The playing self. Person and the meaning in the planetary society.* Cambridge 1996.

Postman, N.: *Wir amüsieren uns zu Tode.* Frankfurt/M., 1985.

Rifkin, J.: *Access. Das Verschwinden des Eigentums.* Frankfurt/M. 2000.

Schachtner, C.: *Neue Medien.* In: H.Keupp; K.Weber (Hg.), *Grundkurs Psychologie.* Reinbek 2001, S.647 - 659.

Trapp, E.; Pinzke, H.: *Das Bewegungsspiel. Seine geschichtliche Entwicklung und seine methodische Behandlung.* 9. verbesserte Auflage. Langensalza 1908.

Trojan, A.; Stumm, B. (Eds.): *Gesundheit fördern statt zu kontrollieren.* Frankfurt/M. 1992.

Turkle, S.: *Leben im Netz. Identität in Zeiten des Internet.* Reinbek 1999.

WOHIN GEHT DIE KUNSTDIDAKTIK?

Edmund Kösel

1. EINLEITUNG

Während die Religion ihrem Wesen nach nicht wahrnehmbar ist, ist die Funktion der Kunst nach Niklas Luhmann darin zu sehen, dass sie die Welt ausdifferenziert und zugleich sie in sie einschließt. („Die Kunst der Gesellschaft"). So etabliert die Kunst ihre eigene Realität, die sich von der gewohnten Realität unterscheidet. Sie produziert bei aller Wahrnehmbarkeit und bei aller damit unleugbaren Eigenrealität, zugleich eine dem Sinn nach imaginäre oder fiktionale Realität. Diese imaginäre Welt der Kunst bietet eine Position, von der aus etwas anderes, als Realität bestimmt werden kann.

Ohne solche Differenzmarkierungen wäre die Welt einfach das, was sie ist, und so, wie sie ist. Erst die Konstruktion einer Unterscheidung von realer und fiktionaler Realität ermöglicht es, von der einen Seite aus, die andere zu beobachten. Durch eine solche Realitätsverdoppelung fügt die Kunst durch diesen Umweg über Imagination einen neuen Aspekt hinzu und dies durch Realisation im Bereich wahrnehmbarer Objekte. Sie impliziert dadurch Freiheiten und Beschränkungen der Formenwahl, die der Sprache und der Religion fremd sind.

Aus dieser Ausdifferenzierung gibt es ein Realitätsverhältnis, das kritisierend, imitierend, affirmierend sein kann. Ein andere Version ist, dass Kunst einzelne Personen ansprechen und so in eine Situation hineinmanövrieren kann, dass sich die Person sich selbst gegenüber steht und beobachten lernt, was sie im Alltag nie erleben würde. Es ist nicht nur das Schöne, Gelungene, Interessante, Auffallende, der Genuss und die Bewunderung, sondern die Kunst verzichtet auch durch ihre Formen selbst auf eine Konsens- oder Dissensentscheidung und sie bedarf keinerlei Begründung.

Aus dieser Kurzanalyse gewinnen wir höchst interessante didaktische Aspekte. Kunst könnte für eine junge lernende Generation ein Reich der Imagination, der Kritik, der Rationalität, der Eigenkonstruktion der Welt und der Freiheit und der eigenen Entwicklung sein.

Aber was sollen solche Aspekte angesichts einer Bildungssituation in Deutschland, die sich nach ganz anderen Perspektiven und überkommenen Bildungsmythen in eine 2. Bildungskatastrophe hinein manövriert oder schon längst darin ist? Ich möchte hier auf diese Situation in wenigen Aspekten eingehen:

2. DIE DEUTSCHE GESELLSCHAFT ALS DEFORMIERTE GESELLSCHAFT

Wir leben in einer alternden Gesellschaft und damit in einem alternden Bildungssystem. In seiner Analyse der Deutschen kommt Miegel zu einem dramatischen Ergebnis. In allen Bereichen der Gesellschaft hat sich nicht nur eine physische Überalterung, sondern auch eine gefährliche geistige Überalterung und Versorgungsmentalität entwickelt. Eine Entmündigung des Bürgers und des jungen Menschen ist auf allen Ebenen voll im Gange. Durch Verordnungen, Versorgungsmentalitäten und durch eine überzogene Herrschaftsmanie der Politiker werden wir zu einer erstarrten Gesellschaft, die am liebsten in Ruhe gelassen werden will, die jegliche persönliche Verantwortung für den Staat, den Nachbarn, für das Lernen, die Familienerziehung an die Bürokratie oder an dazwischen geschaltete Organisationen abgegeben hat. Diese operieren wiederum als sozial autopoietische Systeme und verfolgen ihre eigenen Interessen.

Wir kennen nur das Mittelmass als Grundcodierung des bürgerlichen Bewusstseins. Uniformierung und Standardisierung sind die Mythen, die den Glauben an den Erhalt des Bisherigen aufrechterhalten.

In allen untergehenden Wohlfahrtstaaten und deren Teilsystemen gibt es Stadien des Bewusstseins und entsprechende Wege der Entscheidung: Man verbleibt im bisherigen System und flickt da und dort am sinkenden Schiff, kompensiert überall und immer weiter die Ausfälle und Störungen. Es wird versucht, systeminterne Fehler werden durch systeminterne Reparaturen auszubessern.

Dadurch sinkt man gemeinsam etwas langsamer ab und kann dann immer andere für den jetzigen Zustand verantwortlich machen.

Oder: Man setzt sich neue Ziele und entschließt sich zu einem Umbau oder Neubau mit neuen Strategien. Zur Zeit befinden wir uns im ersten Stadium. Dies lässt sich auch im Bildungssystem beobachten. Man erhöht den Druck nach unten, die Antreiber werden scheinbar immer mächtiger und verordnen die Flickarbeit nach unten als organisierte Unverantwortlichkeit im eigenen Kompetenzbereich. Paradiesbegriffe dazu sind z.B. Controlling, Evaluation, Vergleichbarkeit, Vereinheitlichung, Ganztagsschule, Bildungsstandrads usw.. Sie versprechen für die Zukunft, was sie für die Gegenwart nicht einhalten können oder anders gesagt, sie sind Anreicherungen für eine unsichere Gegenwart durch nicht explizierte Begriffe für die Zukunft. Die alten Regeln „Ordnung", „Einheit und Wahrheit" passen nicht mehr, die Zukunft steht vor der Tür, und man muss wenigstens die Zerbrechlichkeit der Verhältnisse (Nico Stehr) durch neue Begrifflichkeiten versuchen zu stabilisieren.

Die blinden Flecke dieser Generation (vor allem die Parteien und die entsprechenden wissenschaftlichen Disziplinen) sind zu viele, als dass man ihr noch zutrauen könnte, dass sie allein zu bestimmen hätte, was die nächste Generation als kulturelles und gesellschaftliches Gedächtnis zu lernen und als Muster zu übernehmen hätte. Die bestehenden Vorschläge zur Reform des Bildungswesen sind allesamt mit den bisherigen basalen Faktoren verbunden, wie z.B. das Gerede über Ganztagsschulen oder über die Bildungsstandards. Dies sind falsche Irritationen, die einen Erwartungshorizont aufbauen, der durch andere Modi dieselbe Wiederholung von alten Mustern nach sich zieht. Es werden Traditionsüberhänge weiterhin dem Schulsystem aufgebürdet, die sonst kein anderes Teilsystem unserer Gesellschaft hinnehmen würde. Es sind alte Erwartungsstrukturen, die nicht im Widerspruch zum bestehenden System stehen dürfen: Einheitsglauben, Einheitsnorm nach oben, Einheitsanspruch an die epistemologische Lerngemeinschaften in den einzelnen Schularten in Deutschland durch Produktvergleich in Form von Bildungsstandards, usw.. Die jahrelange Alltagstheorie des Guten und des Gewöhnlichen spielt hier eine große Rolle: „Es ging doch bis jetzt alles gut, warum sollen wir uns ändern." Die Produktion von blinden Flecken dieser Garantie des Gewöhnlichen, des Alltäglichen, des Repetitiven in den Lernerwartungen und der bisherigen Struktur fand auch in den zuständigen wissenschaftlichen Disziplinen wie z.B. Schulpädagogik, Allgemeine Didaktik, Fachdidaktiken, Pädagogische Psychologie laufend statt.

Man kann sich natürlich fragen, warum sind keine emergenten Ideen und Visionen entstanden, die die blinden Flecke unseres Bildungssystems aufdecken und neue Alternativen glaubhaft darstellen konnten?

Es gibt nach unserer Analyse hauptsächlich folgende neun Gründe:

1. Wissen hat in der Tiefenstruktur der deutschen Gesellschaft folgende Beharrungs-Symbolik:
   - Symbol für Einheit,
   - Symbol für Überlegenheit,
   - Symbol für historisches Gedächtnis der Gesellschaft,
   - Symbol für hierarchische Ordnungen sozialer und finanzieller Art,
   - Symbol für selbstreferentielle Bestätigung des Systems,
   - Symbol für Zugehörigkeit zu communities.
2. Die Top-down Festlegung des Bildungs- und Schulsystems.
3. Die Abschottung von Beobachtungen durch externe Beobachter im Schulsystem durch die Kultusministerien. So muss jede empirische Untersuchung zum Beispiel in Baden-Württemberg vorher genehmigt werden, d.h. dem selbstreferentiellen Bezugsrahmen des Ministeriums entsprechen.
4. Die überzogene Existenzsicherung der Lehrenden als Mitglieder des Staates. Das Beamtenverhältnis verkehrt die ansonsten gültige Logik der Eigensicherung. Nicht der Beamte als Arbeitnehmer, der Staat muss sich um eine Arbeitsstelle für seinen Beamten kümmern.
5. Die Staatsgläubigkeit der gesellschaftlichen Mitglieder und Teilsysteme.
6. Die Absicherung nach Versorgung und Erhalt des Bisherigen quer durch alle Mitglieder der Teilsysteme.
7. Die organisierte Unverantwortlichkeit in Fragen Lehrplan, Lernen und Entwicklung der jungen Generation quer durch

alle Teilsysteme der Gesellschaft. Bürokratien verorten die Verantwortlichkeiten in die Erfüllung der Regeln und Prozesse, die zum Selbstzweck werden. Persönliche Entscheidungsverantwortung verschwindet hinter dieser organisierten Unverantwortlichkeit.

8. Die Tendenz einer nekrophilen Gesellschaft wie es Erich Fromm nennt. Eine Gesellschaft, die sich auf das Hier und jetzt konzentriert. Nachfolgende Generationen werden nur noch funktional betrachtet und ausgebeutet, anstatt sie zu fördern, herauszufordern, und sich für ihr eigenes Leben verantwortlich zu machen und für die kommenden Aufgaben vorzubereiten. Beispiele hierfür sind etwa die Lüge von einem Generationenvertrag, die semantische Verirrung des Begriffs Solidargemeinschaft, die Milliarden Schulden für die kommenden Generationen usw..
9. Die Verharrung der entsprechenden Disziplinen (Schulpädagogik, Allgemeine Didaktik, Fachdidaktiken, Päd. Psychologie) in der Betrachtung ihrer Referenzen im Beobachterstatus der 1. Ordnung.

3. DAS BILDUNGSSYSTEM ALS BILDUNGSTAUSCHMARKT

Das deutsche Bildungssystem ist wie ein Aktienmarkt mit einer spezifischen Wissenssymbolik aufgebaut. Je nach Lage erhält schon der Grundschüler gute oder schlechte Aktien, die ihm dann erlauben, zum nächst höheren Tauschmarkt zugelassen zu werden oder nicht.

Die Benotung von einmal gezeigter oder nicht gezeigter erwarteter Leistung wird dann als symbolisches Zeichen aufgespart und als aufgeschobene Gegenwart für spätere Tauschmärkte als Aktienkapital, als Zeichen für Glück oder Unglück und viel Geld und Ansehen oder wenig Geld/wenig Ansehen inkorporiert. Die verordnete Reduktion des Wissens (Lehrplan, Bildungsstandards, Noten) im Bildungstauschmarkt ist der Grundattraktor für alle weiteren Differenzierungen.

Diese Reduktion muss sich dann mit den symbolischen Formen von Wissen auseinandersetzen: Durch Regeln der Irrelevanz und Regeln der Zulassung, durch Regeln der Definition dessen, was stört oder gar das System zerstören könnte, wird vieles von vornherein ausgeschieden. Es gilt nicht mehr die freie Lern-Arbeit, sondern Lehren und Lernen ist ein Modus zur Herstellung von Bildungsaktien geworden. Soll sich ein Lehrender aus dem Bereich Kunst diesem Aktienmarkt unterwerfen?

Vor allem von Lehrenden mit geringer Kontingenz, einem geringen Risikohabitus und häufig mit geringem didaktischen Reflexionsniveau wird nach unseren Beobachtungen diese Reduktion besonders rigide ausgelegt. Die Wirkung ist, dass jeder Lernende Rücksicht nehmen muss auf das, was schon gelaufen und gesagt worden ist. Jeder muss aufpassen, dass er nichts „Anstößiges" von sich gibt, z. B. „unpassende" Fragen. Verpasste Gelegenheiten kehren nicht mehr zurück. Verspätete Proteste werden zur Falle, weil sie den Unwillen der Entscheider hervorrufen usw..

Daher ist für den einzelnen Lernenden und Lehrenden im Bildungstauschmarkt die Chance sehr gering, seine eigene Lerngeschichte und seine eigene Entwicklung in diesem System zu verwirklichen, wenn er den herkömmlichen Selektionsmechanismen und Verfahren nicht entspricht bzw. sie nicht verstehen kann.

Gerade die Mechanismen der Gewöhnung, Institutionalisierung und des Verfahrens tragen das Ihre dazu bei, die individuellen Entfaltungsmöglichkeiten drastisch einzuschränken. Da das staatliche Bildungssystem durch die vielgestaltige Bürokratie, durch das Parlament, die Gerichte, Behörden, Planungsapparate, Rechtsanwendungen usw. und deren Eigeninteresse einerseits an Verfahren gebunden ist und sich andererseits in der hochkomplexen postmodernen Gesellschaft in ihrer Vielheit und Diversität einem Höchstmaß an Unsicherheit und Differenzierung gegenübersieht, wird die Aktienfestsetzung und Verteilung durch Noten an die Schüler beim Lehrenden zum Seiltanz zwischen Verfahrensverpflichtung und individuellem Risiko.

4. DIE POSTMODERNE GESELLSCHAFT UND KURZFRISTIGE EPISTEMOLOGISCHE REPRODUKTIONSZYKLEN

Das Wahrnehmen und Annehmen von kurzfristigen sprachlichen und epistemologischen Reproduktionszyklen in der postmodernen Gesellschaft wird zentral.

Durch die Dynamik und Automatisierung unserer Gesellschaft beschleunigt sich auch die sprachliche und visuelle Veränderung durch die Kurzlebigkeit der Objekte. Die Lebensdauer und damit die Bezeichnungen früherer Objekte ist im Vergleich zu den heutigen kaum mehr vorstellbar. Begriffe haben Generationen überdauert, heute überdauern sie oft nur ein paar Jahre. In immer kürzeren Produktionszyklen von Produkten und Nachrichten wird die Neuheit oder Sensation zum Grundgefühl des Alltags. Ohne sie fehlt plötzlich etwas, sei es in den Ferien, im Urlaub oder in einer stillen Stunde im Wald oder auch im Klassenzimmer. Die in der Produktion der Zeichen und Neuigkeiten angelegte Kurzlebigkeit wird ein Attraktor für das Alltagsleben, auch für die Schule. Es werden auch neue Erwartungen mit alten Begriffen aufgeladen (siehe z.B. Ganztagsschule) oder neuen Begriffen alten Bedeutungen zugeschrieben (Resemantisierung, Desemantisierung). Die Unterschiede zwischen Alltäglichkeit und Nichtalltäglichkeit werden vermischt. Was ist noch nichtalltäglich, etwas Besonderes, etwas was man nicht jeden Tag haben kann? Dazu gehört für unsere Betrachtung auch, dass didaktisches Handeln heute als bewusste und reflektierte subjektive Entscheidung des einzelnen Lehrenden angesehen werden muss angesichts des ständigen Zerfalls des Referenziellen, will man inmitten Relativität und Diversität überhaupt bestehen.

Bezugnahme auf etwas war früher selbstverständlich, weil viele Konventionen, Rituale und sprachliche Muster konstant waren. Man konnte sich auf etwas beziehen, ohne dass man es bezeichnen musste. Es bestanden solide Referenzen in sprachlicher, sozialer, moralischer, zeitlicher, naturhafter, wissenschaftlicher und individueller Hinsicht. Es war ein Charakter des Realen, des gesunden Menschenverstandes. Dieser Charakter des Realen hat sich verschoben zugunsten einer funktionellen und technischen Welt, die viele selbstreferenzielle Bereiche aufgelöst hat. Jetzt gilt die Referenz kurzfristig und sozial spezifisch. Wer heute bestimmte neue Begriffe nicht kennt, fühlt sich im Alltag verloren. Er hat seine früheren Referenzen verloren. Dieser Zerfall des Referentiellen begleitet jeden Menschen heute in seinem Alltag, auch den Lehrenden in seinem schulischen Alltag. Der Zerfall des Referenziellen als Unterschiedsverwischungen hat im Schulbereich bei den Chreodenstrukturen der Lernenden und bei den Lehrenden längst begonnen. Aber auch im Umfeld gilt dies: Ein auffälliges Beispiel des sozialen und moralischen Zerfalls von früheren soliden Referenzen ist die Kultusministerin von Bayern. Obwohl sie die Referenz staatlich (als Ministerin an oberster Stelle des Schulsystems), christlich (nach außen im Bezug als CSU-Politikerin) verkörpert, ist diese Referenz in Bezug auf den Schulbesuch ihrer eigenen Kindern zerfallen: Sie schickt ihre Kinder nicht in eine Staatsschule (die sie an oberster Stelle nach außen verkörpert), sondern in die Waldorfschule (die einen anderen religiösen und damit didaktischen Bezugsrahmen, also eine grundlegende andere Referenz als die christlich-katholische, aufweist). Man spricht zwar darüber, aber es ist so. Früher wäre dieser Wechsel von Kurzfristigkeit und Pragmatismus als „skrupellose Verleugnung" der Zugehörigkeit gebrandmarkt worden.

Was werden sich wohl solche Lehrenden denken müssen, wenn sie nach wie vor an alten Referenzen festhalten und gleichzeitig beobachten, wie ihre „oberste Dienstherrin" diese Referenzen im eigenen privaten Handeln ignoriert und übergeht? Wo ist da für Lehrende, die an die Normierungskraft der Vertreter des Staates glauben, noch ein verlässliches Fundament? Den Zeichenwandel und raschen Wechsel von einer Position in die andere hat Salabert (1992) als „Ritus des Neuen in seiner unmöglichen Permanenz" beschrieben. Immer kürzere Referenzen in raschem Wechsel illustrieren unsere Alltags- und Schulwelten. Die Verwischung von Konturen schreitet weiter voran.

Es gilt noch eine seltsame Paradoxie festzuhalten: Einerseits verlangt die deutsche Gesellschaft für jeden Beruf, für jede Tätigkeit eine Qualifikation im Sinne von Bildungsaktien und Zertifikaten. Es geht sogar soweit, dass Betriebe als Symbolisierung ihrer Qualität audits vorweisen müssen, um einem imaginären obersten Qualitätsstandard zu entsprechen. Die derzeitige Euphorie um die Bildungsstandards gehen in die gleiche Richtung.

Seit wir Gott nicht mehr um Rat fragen können (Luhmann), brauchen wir Deutsche ein Substitut des Obersten. Andererseits dürfen Laien, die niemals die entsprechenden Qualifikationen mit allen Stufen des Bildungssystems durchlaufen haben, inhaltlich, sozial und organisational genau über diese Referenz bestimmen, was z.B. im Bildungs- und Schulbereich geschehen soll (wie das Beispiel Hamburg zeigt, wo der Schulsenator von Beruf Kapitän war).

Woher nimmt diese Person ihre Qualifikationen? Und warum erlaubt die Gesellschaft Laien über die Zukunft der nächsten Generation nahezu ausschließlich zu bestimmen? Hier werden im

Bildungsbereich der Zerfall der Referenziellen und die ‚Rahmenbrüche' überdeutlich. Manche Erziehungswissenschaftler, die derzeit ‚im Geschäft' sind, bleiben in der Konzipierung einer neuen pädagogischen Welt wiederum in Vielem alten Referenzen verhaftet.

5. DIE MISSACHTUNG DER BEWUSSTSEINSSTRUKTUREN VON LEHRENDEN UND LERNENDEN IN DER DERZEITIGEN BILDUNGSDISKUSSION

In der gegenwärtigen Diskussion von Bildung und Wissen wird so getan, als ob die Lehrenden und Lernenden Objekte derjenigen sind, die sich für Bildung und Wissen zuständig fühlen: dies sind insbesondere Bildungspolitiker und Bildungsforscher.

Der Begriff „Bildungsstandard" ist so ein Paradiesbegriff, den Bildungspolitiker und Bildungsforscher verwenden und damit ständig dem Lehrerstand und der jungen Generation vorschreiben wollen, was sie zu lehren und zu lernen haben. Sie werden wie Ware behandelt und gezwungen, das zu lernen, was die Alten oder Oberen wollen; obwohl diese selbst nicht wissen, was für die Zukunft einigermaßen zum Überleben unserer Gesellschaft dienlich sein kann und welche Grundnormen und Grundregeln gelten sollen.

Es kommt ihnen gar nicht in den Sinn nachzuforschen, welche Bewusstseinsstrukturen und Bildungsmuster Lehrende und auch Lernende in unserer hochkomplexen und diversen Gesellschaft erworben haben und mit in die Schule bringen. Es würde zu weit führen, jetzt alle diese Dimensionen anzuführen. Grundlage für uns ist die Theorie lebender Systeme (Autopoiesis), die Transaktionsanalyse und die von mir entwickelte Theorie der Subjektiven Didaktik.

Diese Theorien heben hervor, dass Menschen lebende Systeme mit ganz eigenen Gesetzmäßigkeiten und Mustern sind, die auch von der modernen Gehirnforschung bestätigt werden. Für den didaktischen Bereich sind vor allem die Prinzipien der Selbstorganisation, das Prinzip der Rekursivität und der Selbstreferenzialität relevant. Dies bedeutet, dass Lehrende und Lernende sich ausschließlich als autopoietische Systeme, d.h. in ihrer inneren Verfasstheit selbst organisieren, dass jede neue Situation und jedes neue Wissen, Erwartung oder Zumutung von außen zunächst sofort auf ihre Verträglichkeit zum bisherigen gewordenen System (Eigenlogik) überprüft, abgestoßen, nicht wahrgenommen oder aber an bestehende Muster angekoppelt werden.

Als Beispiel sollen Ergebnisse aus unseren Forschungen über Bewusstseinsstrukturen von Lernenden dienen: Wir haben in den letzten 10 Jahren in einem Forschungsprogramm versucht, die wichtigsten Muster von Lernenden hinsichtlich ihres Lebensentwurfs und ihrer Sichtweise über Lernen herauszufinden.

5.1 Der Chreodenbegriff als Beschreibungsmodell von Bewusstseinsstrukturen

Wir haben in Ermangelung eines Fachbegriffes aus der Psychologie oder Didaktik die gewordenen Bewusstseinstrukturen und deren Verhaltensimperative bei den Lernenden mit dem Fachbegriff CHREODE (griechisch: Chre- es ist notwendig, Hodos- die Hauptstrasse im Unterschied zur Sackgasse oder Einbahnstraße) belegt.

Chreoden sind habitualisierte Muster mit deren Hilfe Lernende ihr Leben von Anfang an ordnen und z. T. ausdifferenzieren, niemals aber im nachhinein völlig neu aufbauen können. Diese Ergebnisse habe ich in Band I und II des Werkes „Die Modellierung von Lernwelten" ausführlich beschrieben.

5.1.1 Die Türhüter-Chreoden

Diese Form von Bewusstsein und Verhalten ist in jeder didaktischen Situation in der Driftzone vorhanden. Diese Bewusstseinsform selektiert nach bekannt/unbekannt, wichtig/unwichtig und nach dem epistemologischen Aspekt verstehbar/nicht verstehbar. Ist eine unterrichtliche Situation durch Ritualisierung oder durch Symbolisierung automatisiert oder zur Gewohnheit geworden, so nimmt das Bewusstsein diese Situation nicht mehr mit voller Aufmerksamkeit wahr, d. h. viele Muster beim Lehrenden und beim Lernenden laufen nach einer gewissen Zeit der Gewöhnung und Musterbildung automatisch ab, so auch die Muster der Selektion bei der Türhüter-Chreode.

Sie selektiert zu Beginn jeder Lernsituation entsprechend der autopoietischen Struktur des einzelnen Lernenden (und auch des Lehrenden) sekundenschnell auf folgende vier Bereiche:

Lehrpersonen, Fach, Stoff, relevantes Schulsystem.

Es entstehen folgende Differenzierungen: Werden die Erwartungen seitens des Lernenden oder das entsprechende fokale System (Schule/Klasse usw.) nicht erfüllt, so werden häufig beim Lehrenden über Lernende Sinngrenzen mit Folgen definiert, z.B. Etikettierung von begabt/unbegabt gut/schlecht usw., Androhung von Ausschluss, Ausschluss aus der Schulart usw.), bei Lernenden folgen Selektionen wie z.B. interessant/uninteressant, wichtig/unwichtig oder vertrauensvoll/abwertend.

5.1.2 Chreoden der Aversion, des Nichtverstehens und Nichtverstandenwerdens

Der neugierige Anteil eines Lernenden wird bei diesem Bewusstseinzustand durch Dissoziation gestört oder es entsteht keine Resonanz aufgrund unterschiedlicher Repräsentations-Modi (z.B. analytische versus metaphorische Dominanz zwischen Lehrenden und Lernenden) oder gegenseitige Resonanz in den Repräsentationssystemen.

Neben der sozial-gesellschaftlichen Abwertung kommt es auch zu selbstreferenziellen und fremden Stigmatisierungen als Folge von Nichtverstehen bei kognitiver Überproduktion oder temporalisierter Unterschiedlichkeit des Verstehensprozesses (der Lehrende ist schneller als der Lernende).

Die unbewusste Abgrenzung:
Seit den Ergebnissen aus der Gehirnforschung können wir annehmen, dass unbewusste Vorgänge nicht berichtbar sind. Sie laufen meist sehr schnell ab, sie haben ein verstecktes Gesicht (Schattenperson), sie sind bei weitem nicht so auffällig wie bei bewussten Vorgängen. Nicht umsonst werden sie häufig in der Didaktik umgangen, sogar vielfach geleugnet.

Nach Roth umfasst das Unbewusste folgende Inhalte:

- Vorgänge in den Gehirnregionen außerhalb der assoziativen Großhirnrinde,
- vorbewusste Inhalte von Wahrnehmungsvorgängen,
- unterschwellige Wahrnehmungen,
- Wahrnehmungsinhalte außerhalb der Aufmerksamkeit.
- Alle Prozesse, die im Gehirn des Fötus, des Säuglings und des Kleinkindes vor der Ausreifung des assoziativen Cortex ablaufen,
- alte Inhalte des prozeduralen Gedächtnisses,
- Inhalte des deklarativen Gedächtnisses, die bereits ins Unbewusste abgesunken sind und laienhaft als ‚vergessen' gelten und unter bestimmten Umständen und Situationen wieder bewusst, oder ‚erinnert' werden.
- Verdrängte Gedächtnisinhalte des autobiografischen Gedächtnisses.

Alle diese Vorgänge sind nicht mehr mit dem assoziativen Gedächtnis verbunden. Vorgänge im Hirnstamm, im Kleinhirn, im Thalamus oder in den subcorticalen Zentren des Endhirns sind unserem bewussten Erleben nahezu ganz oder sogar – in wichtigen und starken Situationen – entzogen.

Wahrnehmungsinhalte während der Verarbeitung werden als vorbewusste Inhalte in Kombination mit der assoziativen Großhirnrinde bezeichnet. Visuelle Erregung erreicht den Cortex beispielsweise nach 60 Millisekunden, und nach 100 Millisekunden zeigt die Großhirnrinde eine erste, unbewusste Bewertung der Wichtigkeit des Reizes an. Bewusstsein, wenn es überhaupt in die Wichtigkeitszone gelangt, ist erst nach 300 Millisekunden, bis zu 2 Sekunden und später, feststellbar. Je bedeutungsvoller und komplexer der Reiz ist, um so länger dauert die Phase der Bewusstwerdung. Bei Neuigkeit, Abweichung und Bedeutungsgehalt ist dies besonders auffällig.

Hier sind die Mechanismen am Werk, die diese Abgrenzung zugunsten der Erhaltung des homöostatischen Gleichgewichts vorgenehmen (z.B. Redefinieren, Generalisieren, Abwerten usw.). So sind alle Vorgänge im Kleinhirn (kognitive Leistungen, Sprachanteile) unbewusst, ebenso sind Teile im Thalamus (Wachheits- und Aufmerksamkeitszustände) zwar bewusst, aber nicht willentlich sofort steuerbar.

Chreoden der unbewussten Abgrenzung sind allesamt den *Chreodentypen 1. Ordnung* (Primärprägung) zuzurechnen. Sie sind die Fundamente aller anderen hinzukommenden Bewusstseinsinhalte, -strukturen und Verhaltensimperative. Sind Lernende durch bestimmte Interaktionsprozesse an diese unbewussten Mechanismen gebunden, kann von Seiten des Lehrenden keine Erwartung auf schnelle Anpassung an sein eigenes System erwartet werden. Es werden vielmehr eine Reihe von Abgrenzungen unbewusst sofort vorgenommen, z.B. bei den Türhüter-Chreoden. In der zukünftigen Lehrerausbildung müssten gerade diese gehirnphysiologischen und neurobiologischen Befunde von allen Fachdidaktiken weit mehr in didaktische Überlegungen und Forschungen einbezogen werden.

Die bewusste berichtbare Abgrenzung
Die bewusste Abgrenzung ist der Sammelbegriff für Verhaltensweisen und Verhaltensmuster, die Lehrende und Lernende über sich berichten können, wenn sie die Interaktionsangebote abweisen können oder wollen. Dabei ist nur gemeint, dass sie im Sinne der jeweiligen Eigenlogik sprachlich oder durch Verhalten zeigen, dass die zugemutete Interaktion als Wissens- oder Handlungslogik für die eigene Struktur zur Anpassung an die Umwelt notwendig ist oder nicht. Wir können auch von einer aktiven Negation sprechen, wenn der Lernende gemäß seiner Selbstorganisation in einem gegebenen Kontext um seines homöostatischen Gleichgewichts willen die vom Lehrenden erwarteten Leistungen nicht erwidert. Er wird dann Erklärungsmuster abgeben, die aber nicht unbedingt mit der eigenen inneren – oft nicht bewussten Logik – übereinstimmen.

Die willentliche Abgrenzung
Diese Form der Abgrenzung ist dann gegeben, wenn der Lernende (oder der Lehrende) in Form vereinbarter Kommunikation über die gegenseitigen Erwartungserwartungen kommunizieren können. Dazu bedarf es natürlich der Beherrschung der Gesprächsmethoden wie z.B. der nicht-direktiven Gesprächsführung (n. Rogers) und der Einübung in solche Muster des Spiegelns oder Paraphrasierens mit den Lernenden. Diese Form der bewussten und geduldeten Abgrenzung durch gegenseitige Vereinbarung ist durch die Methode der Vertragsarbeit mit Lernenden eine bereits gut erprobte Möglichkeit.

5.2 Die epistemologischen Ausprägungen bei Chreoden in der Wissenskonstruktionen und im Verhaltensaufbau

5.2.1 Chreode der kognitiven Adaption

Der Grundattraktor ist bei solchen Lernenden der Wille der Übernahme von epistemologischen Mustern von Lehrenden in jeder Form. Die dazugehörigen Skripts oder Grundmuster können aus folgenden Bereichen stammen:

Chreodenbereich 1. Ordnung
„Die Welt ist schön, ich will sie erfahren, erkennen und durchschauen."

Chreodenbereich 2. Ordnung
Schlaue Neugier – als Pfiffikus bekannt – und Glaube an den Wissensvorsprung der Erwachsenen, als Überlebensschlussfolgerung („So kommst du am besten durchs Leben").

Chreodenbereich 3. Ordnung
„In dieser oder jener Situation z.B. in einem Fach/oder bei diesem Lehrenden überlebst du am besten, wenn du die Vorstellungen über Wissen und Lernen im Rahmen des Bildungstauschmarktes übernimmst". Dazu gehört die:

Intuitiv-adaptive Chreode
Diese Chreode hat alle etwas mit Funktionalität, des Überlebens in einer komplexen Welt von Erwartungen und Anforderungen zu tun.

Die noetische Chreode
Bei dieser Chreode ist von Anfang bis Ende Neugierde, Begeisterung und Leidenschaft zu beobachten. Es ist der ganze Mensch beteiligt. Hier gelten alle Merkmale der Flow-Theorie: Man konzentriert sich, man geht in der jeweiligen Tätigkeit völlig auf, und die Grenze zwischen Wahrnehmung und Sein wird aufgelöst. Ich gehe total auf, mein Körper ist überall wach, und die Energie und die Gedanken sind frei. Ich spüre meine Energien und fühle mich angenehm geborgen.

„Flow" kann man auch als Zustand höchster emotionaler Erfahrung und eines erweiterten Bewusstseinszustandes beschreiben. Beim Lehr- und Lernprozess gerade im Fach Kunst könnten wir diese Art von Bewusstsein als die glücklichste Form des Lernens bezeichnen, weil alles voller Spannung, kreativer Durchbrüche und intuitiver Erkenntnisse in einer persönlichen oder sozialen Symmetrie sein kann und alles auf die vorliegende Aufgabe fokussiert ist.

Die Welt um uns herum versinkt. Merkmale: Neugierde, Begeisterung, Leidenschaft der Suche nach Sinn, kognitiver Optimismus, Verfügbarkeit von Wissen und Begrifflichkeit, konstruktivistische Einstellung, Abkehr von traditionellem oder festem

Wissen, Struktursuche, Mustererkennung und Musterproduktion, metaphorischer Reichtum.

Häufig beobachtete Logiken:

- Logik der begrifflichen Reihenfolge und Assoziativität, leidenschaftliche Suche nach einer eigenen Struktur, Befriedigung beim Gelingen, Neugier auf den nächsten Versuch,
- Logik der Unschärfe,
- Logik der ausgeblendeten Möglichkeiten,
- Logik der Heuristik,
- ‚Columbo'-Logik.

5.2.2 Die theoretische Chreode

In dieser Art von Chreode ist die Benutzung von Sprache, Bildern und Kodes das Dominanzprofil. Es erfolgt eine Verlagerung von der inneren zur äußeren Symbolspeicherung (Exogramme). Durch analytisches Denken und antimythische Rationalitäten wird das Ziel der Objektivität und die analytische Darstellung der Welt gesucht. Dabei werden Zeichen zu Symbolen. Sie ist häufig mit der Chreode des noetischen Habitus zu beobachten, wenngleich sie nicht den ganzheitlichen Bewusstseinssystemen zuzurechnen ist. Es sind hauptsächlich folgende Arten dieses Chreodentyps zu beobachten:

Die sprachlich noetische Chreode
Lernende (und Lehrende), die eine solche Chreode haben, sind sprachlich außerordentlich eloquent, argumentativ schnell, dicht, assoziativ und viele Referenzen überspringend, bleiben im virtuellen Rahmen, (meist ohne Aktualität), übernehmen kaum Handlungsverantwortung für ihr Denken, schieben dieses eher anderen zu (keine Realisierungstendenz-Verbindungen zur Ausbeuter Chreode, Chreode der heißen Kartoffel, Chreode der organisierten Unverantwortlichkeit). Dies bedeutet: Abstand haben, nicht voll dabei sein, nicht zugehörig sein, innerlich Distanz halten, emotional wenig beteiligt sein, einen Außen-Standpunkt einnehmen.

Die digitale Chreode
Solche Lernenden sind Meister in der Handhabung von Zeichensystemen. Der binäre Code ist die Grundkodierung mit allen folgenden Variationen. Indices, indexikalische Variation, blitzschnelle Erfassung von Signalen als Zeichensystem, Interpreten von Bedeutung und Schlüssen: aufgrund eines Zeichens schließen sie sofort auf weitere Zeichen und Zeichenfolgen, zunächst als hypothetisches Probieren und dann, bei Bestätigung, auf Musterbildung.

Diese Chreode operiert im Sinne von Funktionen und damit auf Sicherheit und müheloses Wiederholen der gleichen Operation. Durch eine iterative Operation erschließen sich nach und nach Relationen von Netzwerken und deren Verschachtelungen (siehe Logiken des Pushens, Poppens und der Abduktion etc.).

Die analoge Chreode/Chreode der Metaphorik
Lernende mit analoger Dominanz (siehe auch kinästhetische Chreode) operieren eher mit Bildern, Metaphern, Ikonen und manchmal mit Symbolen (als etwas, das auf natürliche Weise etwas anderes charakterisiert, repräsentiert oder an es erinnert, weil es über analoge Qualitäten verfügt oder Assoziationen zu Tatsachen oder Gedanken hervorruft).

Diese Lernenden sind hervorragende Erfinder von kognitiven und ästhetischen Landkarten und wahrscheinlich im Fach Kunst die Meisterschüler. Leider werden sie von Lehrenden, die eine digitale Chreode besitzen, eher abgewertet.

Dies hat seinen Grund darin, dass Analogien zwischen dem symbolischen Zeichen und dem von ihm bezeichneten Inhalt immer nur eine partielle Darstellung sind und solche Lernenden kaum zu abstrakteren und allgemeineren Beschreibungen kommen können. Für Lehrende, die einen ontologischen Habitus oder Standpunkt zu einer Sache oder Problem einnehmen, sind diese Chreoden ‚minderwertig'. Dies gilt in gleichem Maße bei Metaphern und ikonischen Darstellungen. Andererseits ist gerade die Wissenschaft auf solche analogen Muster häufig angewiesen, so dass eine didaktisch-epistemologische Abwertung überhaupt nicht gerechtfertigt ist.

Es gibt Chreoden, die, ausgesprochen oder versteckt, mit dem metaphorischen Denken und Fühlen zutiefst verbunden sind und oft gar nicht anders denken und handeln können. Sie sprechen eher die Sprache der Emotion. In der Driftzone entsteht dann ein energetisches Feld der Parallelisierung zwischen Lehrenden und Lernenden oder der Dissoziation.

6. SCHLUSSBEMERKUNG

Ich wollte aufzeigen, dass Sie als Lehrende im Bereich Kunst große Chancen bei den Lernenden haben, wenn sie nicht mehr im Bereich des Gewöhnlichen und Überkommenen verharren, sondern auf Grund von neuen Erkenntnissen über Lehren und Lernen eine eigene neue Position und eine eigene Entscheidung über Ihr berufliches Handeln inmitten von Komplexität und Diversität fällen können. Suchen Sie Wege der Parallelisierung mit jungen Menschen, die nach neuer Orientierung suchen und vielleicht bei Ihnen einen authentischen Lehrenden mit didaktischer Präsenz finden. Dazu ist das Fach Kunst als ‚Rahmen' in hervorragender Weise geeignet. Ich hoffe, dass Sie auf diesem Kongress die Gelegenheit zur Neuorientierung nutzen können.

LITERATUR

Albrow, M.: *Abschied vom Nationalstaat. Staat und Gesellschaft im Globalen Zeitalter.* Frankfurt/M. 1998.

Baumert, J.; Lehmann, R.; Lehrke, M.; Schmitz, B.; Clausen, M. u.a: *TIMSS - mathematisch-naturwissenschaftlicher Unterricht im internationalen Vergleich. Deskriptive Befunde.* Opladen 1997.

Beck, U.: *Die organisierte Unverantwortlichkeit.* Frankfurt/M. 1988.

Bourdieu, P.: *Die feinen Unterschiede. Kritik der gesellschaftlichen Urteilskraft.* Frankfurt/M. 1987.

Deneke, F.W.: *Psychische Struktur und Gehirn, Die Gestaltung subjektiver Wirklichkeiten.* Stuttgart 1999.

Engelmann, P. (Hg.): *Postmoderne und Dekonstruktion. Texte französischer Philosophen der Gegenwart.* Stuttgart 1990.

English, F.: *Transaktionsanalyse – Gefühle und Ersatzgefühle in Beziehungen.* ISKO. Hamburg 1994.

Feller, A.: *Muster, die verbinden. Die Subjektive Didaktik im Kontext der Ökosophie.* Heidelberg 2002.

Friedrich, G.; Ditz, K.: *Wer nicht auffällt, fällt durch. Die neuen Spielregeln für die Piktogramm-Gesellschaft.* Wien, München 1997.

Fuchs, P.: *Die Metapher des Systems.* Weilerswist 2001.

Fuld, W.: *Die Bildungslüge. Warum wir weniger wissen und immer mehr verstehen müssen.* Berlin 2004.

Goebel, J.; Clermont, Ch.: *Die Tugend der Orientierungslosigkeit.* Berlin 1997.

Goldberg, P.: *Der zündende Funke – Die Kraft der Intuition.* Düsseldorf 1993.

Gruschka, A.: *Kinder auf dem Weg zur bürgerlichen Kälte.* In: *Pädagogische Korrespondenz.* Heft 19. 1997.

Gührs, M.; Nowak, C.: *Das konstruktive Gespräch. Ein Leitfaden für Beratung, Unterricht und Mitarbeiterführung mit Konzepten der Transaktionsanalyse.* Meezen 1995.

Goleman, N.: *Emotionale Intelligenz.* München, Wien 1995.

Heitkämper, P.: *Die Kunst erfolgreichen Lernens.* Handbuch kreativer Lehr- und Lernformen. Paderborn 2000.

Heursen, G.: *Ungewöhnliche Didaktiken.* Hamburg 1997.

Kösel, E.: *Postmoderne Lebens- und Lernprogramme bei Kindern.* In: Seibert, N.: *Kindliche Lebenswelten.* Bad Heilbrunn 1999, S.25-65.

Kösel, E.: *Die Konstruktion von Wissen in der Schule.* In: Schmidt, S.J.: *Lernen im Zeitalter des Internets: Grundlagen, Probleme, Perspektiven.* Bozen 2001, S.67-95.

Kösel, E.: *Die Modellierung von Lernwelten.* 4. Erweiterte und veränderte Auflage, Band 1: Die Theorie der Subjektiven Didaktik. Bahlingen 2001.

Kösel, E.: *Die Modellierung von Lernwelten.* Band 2: Die Konstruktion von Wissen. Eine didaktische Epistemologie in der Wissenschaft. (im Druck) Bahlingen 2004.

Lakoff, G., Johnson, M.: *Leben in Metaphern. Konstruktion und Gebrauch von Sprachbildern.* Heidelberg 1998.

Luhmann. N.: *Die Gesellschaft der Gesellschaft.* Frankfurt/M. 1997.

Luhmann, N.: *Die Kunst der Gesellschaft.* Frankfurt/M. 1996.

Lyotard, J.F.: *Das postmoderne Wissen.* Wien 1994.

Maturana, H.R.; Varela, F.J.: *Der Baum der Erkenntnis.* München 1987.

Miegel, M.: *Die deformierte Gesellschaft. Wie die Deutschen ihre Wirklichkeit verdrängen.* Berlin, München 2002.

Negt, O.: *Kindheit und Schulen in einer Welt der Umbrüche.* Göttingen 2002.

Pongs, A.: *In welcher Gesellschaft leben wir eigentlich?* München 1999.

Rifkin, J.: *Access – Das Verschwinden des Eigentums.* Frankfurt/M. 2000.

Roth, G.: *Fühlen, Denken, Handeln. Wie das Gehirn unser Verhalten steuert.* Frankfurt/M. 2003.

Sandbothe, M.: *Lehren und Lernen im Zeitalter des Internet.* In: Bundesministerium für Familie, Senioren, Frauen und Jugend (Hg.): *Denkräume – Szenarien zum Informationszeitalter.* Bielefeld 2003, S.31-43.

Saner, H.: *Der Mensch als symbolfähiges Wesen.* In: Benedetti/Rauchfleisch 1988.

Sprey, M.: *Zukunftsorientiertes Lernen mit der Szenario-Methode.* Bad Heilbrunn 2003.

Stehr, N.: *Die Zerbrechlichkeit moderner Gesellschaften. Die Stagnation der Macht und die Chancen des Individuums.* Weilerswist 2000.

Simon, F.B.: *Unterschiede, die Unterschiede machen.* Frankfurt/M. 1996.

Vollmuth, M.: *Gesundheit als systemtheoretische Kategorie in einer postmodernen Sportdidaktik.* Frankfurt/M. 2002.

Willke, H.: *Systemtheorie entwickelter Gesellschaften.* Weinheim, München 1993.

Ziegler, K.; Hofmann, F.: *Selbstgesteuertes Lernen und Internet.* Frankfurt/M., Berlin, Bern, Brüssel, New York 2003.

Zwissig, F.; Perren-Klingler, G.: *Lernen mit allen Sinnen. Neurolinguistisches Programmieren in der Schule.* Bern, Stuttgart, Wien 1995.

VERSUCH DER LITERARISCHEN VERMITTLUNG EINER KONZEPTBILDUNG DER PERFORMANCE FÜR SOPRAN UND AKTEUR

Paul* Manfred Kästner

Sopran: Eva Lebherz-Valentin, Akteur: Paul*
Aus: Paul*, Protokolle Selbstgespräch

1. Die Vorbereitungsarbeit für eine Performance spiele sich wie jede künstlerische Arbeit ab zwischen den Punkten
a) Erfahrung mit dem eigenen formalen Potenzial,
b) der Bildhaftigkeit des inhaltlichen Denkens und
c) der Empfindsamkeit für den gegenwärtig möglichen Ausdruck. Die Gedanken auch und gerade in der Vorbereitungszeit für eine Performance bewegten sich in diesem Dreieck wie in einem Vorstellungskreisel. Er habe gewisse Bedenken, das nun schon als performatives Denken zu bezeichnen, schon deshalb, damit es dem performativen Denken nicht so erginge wie dem bildnerischen Denken, das ja nicht nur nach Beuys ohne Moral sei.

2. Daraus könne nicht notwendigerweise die Schlussfolgerung gezogen, aber doch erwogen werden, ob unser – sagen wir es doch – fachdidaktisches Denken eine Wandlung erfahren sollte in dem Sinn, dass man den künstlerischen Ausdrucksformen abverlangen sollte, grundlegende Strukturen und Methoden einer Didaktik der künstlerischen Bildung in der ihnen anschaulichen Form zu diskutieren. So habe er auch die Ausstattung des Tagungsraumes im ZKM empfunden, die habe die Selbstgefälligkeit seitens Mancher in der referierenden Position in performative Ironie transformiert. Und beneidenswert die Selbstironie des Zwei-unterschiedliche-Schuhe-tragenden Kollegen, Paul* habe es nur zu unterschiedlichen Socken gebracht.

3. Das künstlerische Medium Performance als Mittel des Diskurses über gesellschaftliche Probleme oder ästhetische oder ökologische oder soziale oder künstlerische oder welche auch immer ... bei ihm also sei es um die Vermittlung einer didaktischen Position gegangen, das sei sicherlich deutlich geworden. Oder auch nicht. Er sei schließlich nur als Akteur dabei gewesen, und eine Diskussion habe es nicht gegeben. Das Problem liege in der Auffassung von Kunst – die normative Position differenziere zwischen ‚ästhetisch' und ‚künstlerisch', und da man in der Schule keine Kunst machen könne wie die Ruhmeskünstler, das sei ja klar, in der Schule sei das ja was ganz anderes, deshalb unterscheide man zwischen ästhetischem Projekt und künstlerischem Projekt und spreche von ästhetischer Erziehung. Ganz verworren werde es mit dem Begriff des ‚kunstnahen ...', denn das sei nun ganz spannend, inwieweit sich das von dem Hund unterscheide, der den Hasen gekriegt hätte, wenn er nicht hätte scheißen müssen.

4. Es gebe keinen Grund, durch solch einen Beitrag die künstlerische Qualität der abgelieferten Performance zu rechtfertigen. Man hätte darüber diskutieren können. Auf der anderen Seite stünden wir, damit meine er alle Betroffenen einer künstlerischen Bildung, mitten drin im Dilemma zwischen Didaktik und dem Bildungsdiskurs, und seine Position zu diesem Problem habe er an anderer Stelle versucht, deutlich zu machen. Wenn er dennoch diesen Versuch schreibe, dann aus zwei Gründen – einmal wolle er zeigen, dass die Beschreibung einer Konzeptbildung im künstlerischen Bereich, wenn sie wirklich nur Beschreibung sei, nicht nur eine außerordentliche Narrativität aufweise, sondern banal wirke. Denn es fehle ihr, der Beschreibung, das Höhere, die große Sicht, die Erhabenheit des Bedeutungsvollen.
Er habe das mal so formuliert, dass da einer vor dem Reck stünde, hochgehoben werde, sich nun verzweifelt an der Stange festhielte und sich fühlte wie ein schlaffer Sack, dann aber sich vorstellte, wie er problemlos eine Riesenfelge vollführe und sich im Beifall aller feiern ließe, so

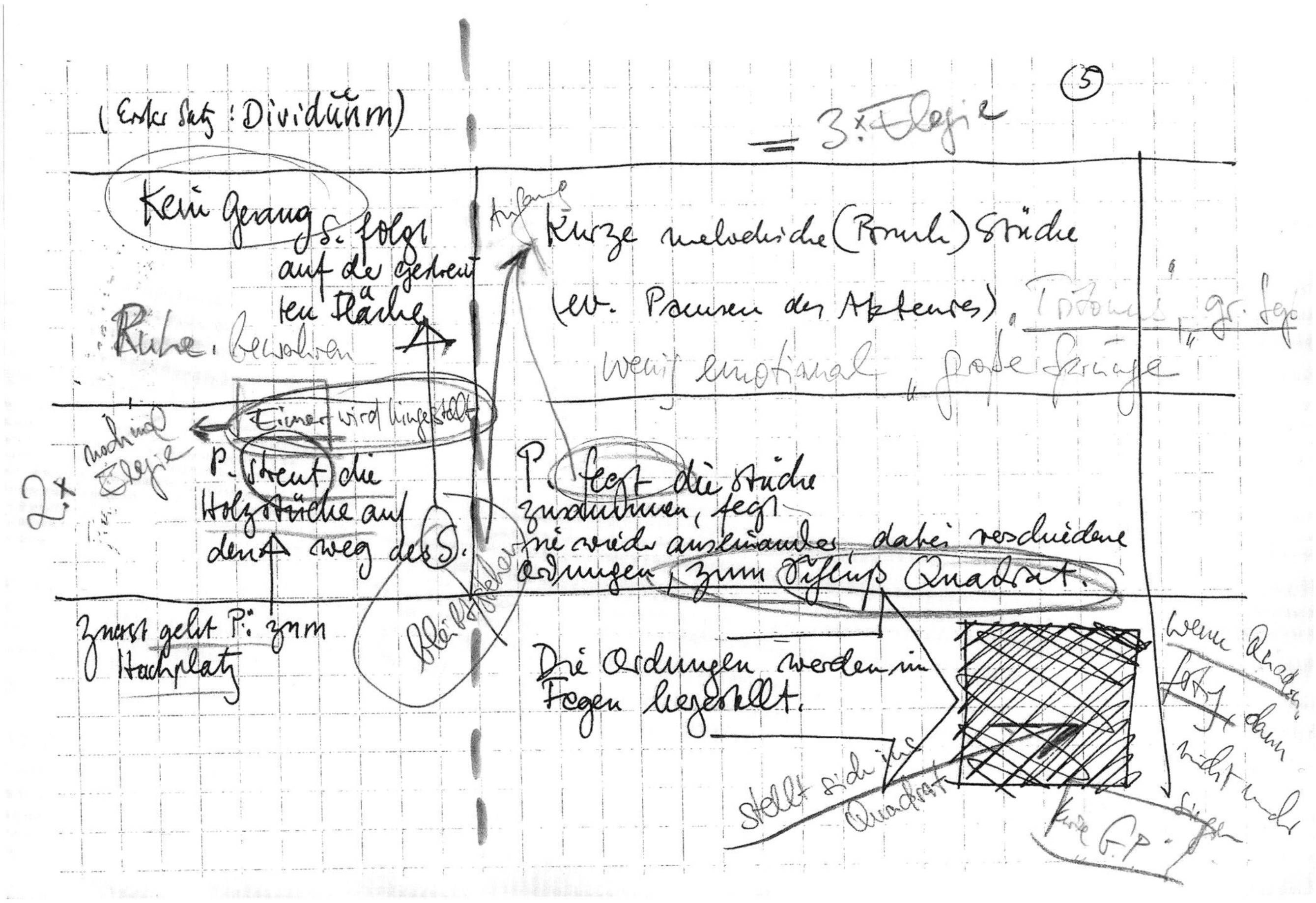

denke er sich Bedeutungskonstruktionen, natürlich absurd, nicht wahr.

5. Als zweiten Grund führe er den Workshop an, den er am folgenden Tag zusammen mit Frau Seitz aus Potsdam zu verantworten gehabt habe. Die Konzeption des Workshops habe gestanden, als es an die Planung der Performance gegangen sei. Es sei durchaus denkbar, dass die Performance als ein Vortrag über die Bedeutung der Performance in der künstlerischen Bildung gesehen werden könne.

6. Bei der Übergewichtung der inhaltlichen Überlegungen gerate die Form in die Gefahrenebene einer Konkursmasse. Das sei einer der Gründe gewesen, warum er mit Musikerinnen zusammenarbeite, mit einer Harfenistin und mit einer Sopranistin. Für diese Performance habe er die Sopranistin Eva Lebherz-Valentin gewinnen können. Er möchte zwei Erfahrungswerte anführen, was die Zusammenarbeit mit den Musikerinnen betreffe: Einmal ginge es in der Zusammenarbeit um eine künstlerische Auseinandersetzung, die gemeinsame Form betreffend. Da müsse jeder Beteiligte wissen, was er formal und konzeptuell zu leisten in der Lage sei, müsse das auch formulieren können, damit ein Austausch möglich sei. Diese Auseinandersetzung spiele sich in medias res ab, in einer künstlerischen Metaebene, wenn es denn eine Metaebene sein müsse. Zum anderen empfinde er die Klanggestaltung von Frau Lebherz-Valentin als eine Contradictio zur eigenen Männlichkeit – die hohe Kunst der Kantilene in ihren vielfältigen Formen bis an die Grenze des Überschalls und der tiefen Brüche sich überschlagender Dissonanzen. Derweil er Obstkisten zerschlage.

7. Er habe dem Veranstalter ein Konzept einschließlich konkreter Aktionsformen vorgelegt, in der Tat ein Konzept mit konkreten Handlungsvorstellungen und poetischen Einschlüssen. ‚Das Plastische; die pneumatische Plastik' sei als Folie präsent gewesen, ein Arbeitstitel – oder auch eine inhaltliche Akzentsetzung. Die Frage, wie diese inhaltliche Dimension umzusetzen sei, habe sich schon deshalb nicht stellen können, da er jegliche Umsetzung als Unrecht empfinde. Vielmehr stellten sich Bilder ein:

- zu Füßen der Sopranistin einen Kohlrabi schälen;
- eine Obstkiste zertreten – eine sehr wirkungsträchtige und symbolisch stark pubertär duftende Aktion mit einer geradezu obzessiven Kraftausstrahlung;
- einen Fahrradschlauch aufpumpen – das sei ein Phänomen für sich, dass ihn schon als Kind fasziniert habe – wie aus dem Schlauchbündel, wenn man eine Fußpumpe benutzte, die Schlauchteile sich langsam entfalteten, langsam sich der Kreis bildete, und sich je nach Materialdichte Beulen ausformten, und noch heute empfinde er das als ein starkes Bild für die Spannungsverhältnisse zwischen Innendruck und Außendruck.

8. Diese Grundformen in einen Handlungsablauf zu bringen, sei die Aufgabe der ‚Partitur' gewesen – in Absprache mit Frau Lebherz-Valentin, Sopran. Er sei einfach darauf konzentriert gewesen, aus diesen einzelnen Handlungsmomenten einen Handlungsablauf sich entwickeln zu lassen. Jeder könne sich doch vorstellen, was das für ein Bild sei: Ein Mann schält zu Füßen einer Frau Kohlrabi, die Sopranistin sitze auf einem Stuhl auf einem Podest, und er schäle ein, zwei, drei Kohlrabi. Er könne auch noch mehr Kohlrabi schälen, zwanzig Kohlrabi, nichts weiter als zwanzig Kohlrabi schälen. Dann einfach rüber gehen und die Kisten zertreten. Generalpause. Zehn Minuten Generalpause. Einen Schlauch aufpumpen, den Kopf in einen Eimer stecken und den Atem durch das Wasser blasen: ein Duett mit der Sopranstimme. Zehn Schläuche aufpumpen, die Schläuche stapeln, eine pneumatische Säule errichten, sich reinstellen als der Säulenheilige der künstlerischen Bildung. Dann den Kopf in den Eimer stecken und den Atem im Wasser blubbern lassen, ein Duett mit der Sopranistin.

9. Dann diese Zeitvorgabe zwischen Abendessen und weiteren Vorträgen.

10. Er habe sich vorgestellt, wie die Teilnehmer des Symposiums befindlich sind; zum Essenfassen angestanden, mit Kollegen sich unterhalten, am Tisch weiterdiskutiert bei einem Gläschen Roten; und der beginnende Genuss an der Müdigkeit nach dem Essen. Alles Kenner der Materie, und in diesem Zustand milde gestimmt, treten sie ihren Gang vom Essen zur Fortsetzung der Tagung an, durchmessen dabei die Breitseite der Foyerhalle der Hochschule für Gestaltung, zu ihrer Linken diese Riesenhalle – bevor sie das Museum für Neue Kunst betreten; zufällig eine Ausstellung mit den Jungen Wilden, damals wie heute alle in seinem Alter. Dieser Gang sollte unterbrochen werden für fünfundzwanzig, höchstens dreißig Minuten, man müsse pünktlich mit den Vorträgen fortfahren. Den Begründungen solle nicht weiter nachgegangen werden.

11. Das seien die Rahmenbedingungen gewesen. Die Auswirkungen auf die Konzeptbildung sei nicht in der Form verlaufen, dass es zu einer Kürzung gekommen sei, sondern

erhabe die Dramaturgie verdichtet, indem die angeführten Grundmotive zu Handlungsschwerpunkten und die Räume dazwischen nicht durch Dauer verdichtet wurden, sondern durch weitere Handlungsmomente ein Fluss entstehen sollte, wie man ihn aus der italienischen Aktionsoper Mitte der Sechziger Jahre des letzten Jahrhunderts kenne. Das andere Moment – das der Sopranstimme – habe auch in dieser Richtung gewirkt, er sei von einer solchen Handlungsvorstellung regelrecht korrumpiert worden. Es sei nun um die Ästhetik von Performance gegangen, wobei er drei Grundtypen unterscheide:

- Die Performance als die erweiterte Form des Gesamtkunstwerks durchaus in der Folge von Wagner etc., aber natürlich nicht zu denken als eine künstlerisch autorisierte Opernform.
- Die Performance als minimalisierte Form des Theaters, er habe das ja schon angesprochen mit der Dauer als Moment, und es gebe ja auch Theaterstücke, die durchaus performativen Charakter trügen.
- Die dritte Form sei nicht einfach eine Kombination dieser beiden Formen, sondern eine kammersolistische Form, wobei jeder Beteiligte alles machen könne, wenn es denn zur gemeinsamen Form beitrüge. Er habe auch schon gesungen, sehr laut gesungen, und er würde sich keinen Moment davor scheuen, Ziehharmonika zu spielen.

12. Die kammermusikalische Form sei auch durch den Solo-Sopran gegeben gewesen, das sei unbestritten, und das sei auch eine Entscheidung gewesen, die in die kammermusikalische Form gedrängt habe, und er habe sich gern drängen lassen. Möglicherweise habe er da zu kurz gedacht, und die Zeit sei weit darüber hinaus fortgeschritten. Er habe die Performance nicht neu erfinden, sondern zeigen wollen, dass die Performance die Form eines künstlerischen Diskurses zur Didaktik der künstlerischen Bildung sein könne. Da seien neue Aspekte aufgetaucht – neben Beuys mit dem Kohlrabischälen als ein Beitrag zum Begriff der sozialen Plastik das Schwarze Quadrat als der theoretische Knackpunkt der Malerei und ihrem Ende. Und über allem das Melodram der kindlichen Verschuldung durch den plastischen Prozess der Erziehung und Bildung:

    Mutti
    S'ist schon schlimm
    Dasz ich net recht
    Beim Lernen bin
    Wie ich's soll!

    Darüber könne man lange und trefflich streiten, und es sei die Frage, ob nicht der ganze erste Teil eine dramaturgische Illustration dieser Verse sei. Ihm sei es weniger um eine inhaltliche Plausibilität gegangen als vielmehr um das formale Moment des Sprechens in Verbindung mit dem Zurückschreiten oder rückwärts Wegschreiten vom Kohlrabischälen. „Größtmögliche Entfernung" stünde in der Partitur.

13. Das Schwarze in einem grauen Quadrat, die Perforation hin zum Verschwindungspunkt der Malerei als ihre avantgardistische Form. Das habe er als Motiv gedacht, als Basis einer pneumatischen Plastik und als Verortung des Pneuma: Von da aus sollte jede Apotheose möglich sein. Nicht ohne Ironie habe er sich in dem schwarzen Quadrat einen Fahrradschlauch vorgestellt – der pneumatische Kreis einbeschrieben von der Quadratur der russisch-suprematistischen Seele. Das sei für ihn der Moment gewesen, dem er mit Freuden gefolgt sei, und er habe in diesen Kreis sich hineinlegen wollen mit vom Körper gestreckten Armen, mit gespreizten Beinen – der Mensch: Das pneumatische Maß aller Dinge. Nun habe er sich das schwarze Quadrat auf grauem Grund vorgestellt, und dieses graue Quadrat sollte durch einen allumfassenden Schlauch umschrieben werden; er habe nach den üblichen Berechnungsmethoden sieben achtundzwanziger Schlauchlängen ermittelt.

14. Es müsse sich jetzt einem technischen Problem zuwenden. Die Aufgabe lautete: Wie könne man sieben Fahrradschläuche so miteinander verbinden, dass sie die Luft hielten?

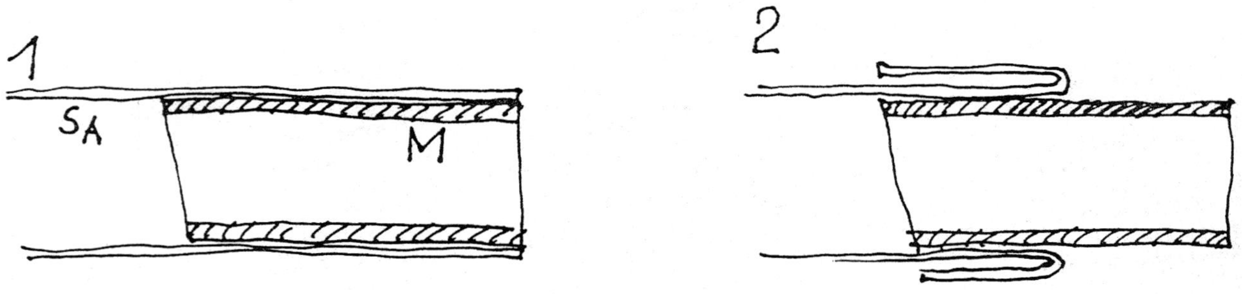

Vier Skizzen zur Technologie der Fahrradschlauchverbindung

Frühere Versuche seien daran gescheitert, dass er neben der Klebeverbindung die Abdichtung mit Schellen versucht habe. Zwar habe er dem Ganzen eine Muffe unterlegt, die allerdings in der Größe des schlaffen Schlauches, was dann im pneumatischen Zustand sich als Einschnürung zeigte. Mehrere Versuche hätten die Lösung gebracht: Die Muffe musste einen etwas größeren Durchmesser aufweisen als der Fahrradschlauch. Nach der Skizze 1 schiebe man den Schlauch (A) über die Muffe bis an ihr Ende und stülpe nun das Ende des Schlauches an den Anfang der Muffe zurück (Skizze 2). Schlauch (B) (vgl. Skizze 3) wird nun bis zur Mitte und damit bis zum Umstülpungspunkt des Schlauches (A) über die Muffe gezogen. Mit einer Einser-Stahlwolle müsse man nun die Gummiflächen über der Muffe tüchtig abreiben und – danach – mit Gummilösung einstreichen. Nach deren Trocknung könne man nun den zurückgeschlagenen Schlauchteil von Schlauch (A) über das Schlauchstück (B) überstülpen und diese Schichtung nun kräftig drücken (Skizze 4). Das erste erfolgreiche Experiment sei mit einer Zweierverbindung gelungen, die Verbindung habe über eine Woche die Luft gehalten. Auch der daraufhin produzierte Großschlauch habe sich als luftdicht erwiesen.

15. Nach den erfolgreichen Forschungen zur Schlauchpneumatik sei es um die Ordnung der Schläuche gegangen: Der Großschlauch als umschreibende Figur des grauen Quadrates, im schwarzen Quadrat ein kleiner Schlauch, ein vierundzwanziger oder ein zwanziger, doch dafür sechs bis acht Stück, so dass der Ansatz einer Säulenform entstünde.

    Sowohl bei den kleinen Schläuchen als auch bei dem großen könnte, so die Perspektive, das Publikum direkt am plastischen Prozess beteiligt werden. Weitere Untersuchungen richteten sich nun auf das Problem des Pumpvermögens einiger Pumpensorten, wobei hier auch der ökonomische Gesichtspunkt beachtet werden müsste.

16. Die Handlungsebene sei nun so weit gediehen, dass der Anfang und das Zentrum der Performance hinreichend erfasst und differenziert sei. Es ginge nun um die Entwicklung hin zu diesem Zentrum und um die Bewegung aus diesem Zentrum hin zum Schluss. Diese Bewegung weg vom pneumatischen Zentrum könne sich nur pneumatisch ereignen, und es sollte in gewisser Weise mehr Gefühl unterlegt werden: Säckchen aus Bettlakenstoff schienen geeignet dafür, man müsse sie nass machen, dann einfach in den Stoff hinein blasen – die Nässe mache das Gewebe dicht, und so entstünde eine Stoffblase. Eine Kindheitserinnerung: Es habe mit solchen Säckchen, an ein Leibchen genäht, das Schwimmen gelernt oder anders formuliert: Die Säckchen hätten es ihn gelehrt, wie man nicht ertränke. Mit diesen aufgeblasenen Säckchen also entferne er sich vom pneumatischen Zentrum. Für den Schluss habe er

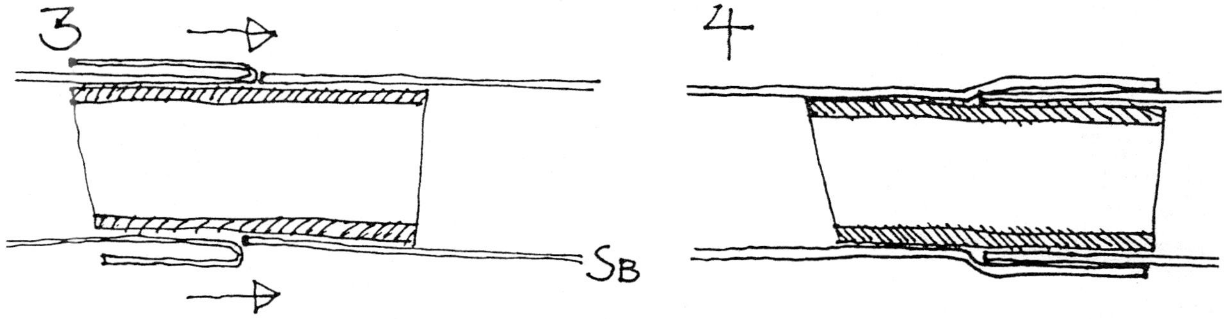

M = Muffe, SA = Schlauch (A), SB = Schlauch (B)

wieder auf poetisches Material zurückgegriffen, diesmal aber von der Sängerin rezitiert: „Als das Paar sich//trifft und//sich beschlafen möchte://Reißt das//Papier, und es//fängt an zu//schnein.//So fängt es an//wenn es denn// sein muss." Dieses von Paul* geschaffene Wurstepos sollte die Performance beschließen, und da sein Inhalt nur schwer zu entschlüsseln sei, sollte das Reißen von Papier tatsächlich vollzogen werden und die Schnipsel als Schnee über das Publikum nieder rieseln.

17. Bliebe noch der Handlungsraum zwischen dem Zerstampfen der Obstkisten und dem pneumatischen Zentrum. Da seien zwei Szenarien möglich: Einmal nach dem Zerstampfen eine Generalpause, dann hinein ins Zentrum und pneumatisch agiert. Das Problem ist einsichtig, die narrative Seite habe nun endgültig das Übergewicht, der kleine Paul* lebe nun seinen Frust aus, bin zu blöd zum Lernen, dann müssen eben die Kisten dran glauben. Das sei auf keinen Fall zu vermeiden, aber man müsse das ja nun nicht auch noch betonen. Deshalb die zweite Variante – ein Zwischenmotiv – die Stücke einsammeln, dann im Raum verstreuen und schließlich zusammenkehren – zu einem Quadrat zusammenkehren, ein Holzschrottquadrat; das Beuys'sche Hasengrab vor dem Hintergrund der Malereigrenze des Kazimir Severinovic Malevic. Er sei erschaudert bei dem Gedanken, er könne nun endgültig zum Symbolisten werden.

18. Die Performance habe im beschriebenen Rahmen stattgefunden; einige Details seien bisher nicht erwähnt worden:

- Frau Engert, Assistentin und Gedächtnisstütze, habe ihm die Ohren rot angemalt.
- Herr Breidenich habe die Videoprojektion ermöglicht, wie sie in der Partitur vorgesehen gewesen sei. Er sei es auch gewesen, der die Idee hatte, das schwarze Quadrat aus der grauen Bodenfläche umzuklappen.
- Die Performance habe etwa fünfundzwanzig Minuten gedauert, und er könne sich vorstellen, dass man den Eindruck habe gewinnen wollen, das Ganze sei als Zeitrafferaufnahme zu denken.
- Er habe den übergroßen Raum als ein beschleunigendes Moment empfunden. Auch habe er Probleme gehabt, den Raum in seine Beine zu bekommen, damit eine intuitive Orientierung hätte möglich werden können. Die Stimme von Frau Lebherz-Valentin habe den Raum in einer Weise gefüllt, dass er in der Wahrnehmung dieses akustischen Raumes sich hätte orientieren können.

(Ende Protokolle Selbstgespräch, was die Performance für Sopran und Akteur betrifft.)

* Manfred Kästner: *Die Vermittlungsperformance und die These einer nicht-normativen Ästhetik*. In: Carl-Peter Buschkühle (Hg.), *Perspektiven künstlerischer Bildung*. Texte zum Symposium *Künstlerische Bildung und die Schule der Zukunft*. Köln 2003, S.387ff.

ÄSTHETISCHE INTELLIGENZEN AUSBILDEN, KÜNSTLERISCHE KOMPETENZEN NUTZEN

Klaus Heid

I.

Die fünfjährige C. schaut sich mit ihren Eltern im Kino den Film „Kleiner Eisbär" an. Lars, der kleine Eisbär, ist auf abenteuerliche Weise in den Tropen gelandet und von dort nach einer aufregenden Reise wieder an den Nordpol zurückgekehrt. Nun ist er erschöpft eingeschlafen. Zwei andere Tiere betrachten ihn und sagen: „Er schläft." „Er war ja auch am Ende der Welt!" – darauf C. in Richtung der Leinwand: „Er war am Ende SEINER Welt!"

Eine selbstbewusste Äußerung. Die Differenzierung zwischen „Ende der Welt" und „Ende seiner Welt" müssen sich Erwachsene erst wieder mühsam erarbeiten. In dieser Unterscheidung kommt auch zum Ausdruck, was Wirklichkeit ausmacht: die Gemeinschaft eigenständiger Persönlichkeiten. Es gibt deine Welt und meine Welt – und unsere Welt. Wir sind weder Opfer einer geheimnisvollen Evolution, noch isolierte Einzeltäter, wir betreiben im sozialen und gesellschaftlichen Kontext „Koevolution"[146]. Wir konstruieren „aus einer Wirklichkeit in Zusammenwirkung unsere Wirklichkeit", wie der Kybernetiker Heinz von Foerster feststellte[147]. Aus Foersters ästhetischem Imperativ folgt zwangsläufig ein ethischer, denn „wir haben nur die Welt, die wir zusammen mit anderen hervorbringen."[148] Das heisst nichts anderes, als den Respekt vor dem anderen zu kultivieren und zu leben.

II.

Neben Lesen, Schreiben und Rechnen wird eine Fähigkeit in der Mediengesellschaft immer wichtiger: die Entschlüsselung visueller Botschaften. Kinder verbringen bereits im Vorschulalter einen erheblichen Teil ihrer Zeit vor dem Fernseher. Sie werden in ihrem Lebensumfeld mit Bildern konfrontiert, die für Produkte oder Ideologien werben. Jugendliche orientierten sich an Icons und Images. Wenn die ästhetische Bildung über das Üben künstlerischer Tätigkeiten (wie bspw. Zeichnen, Malen, Plastizieren oder das Erstellen computer-basierter Bilder) hinaus einen Nutzen für Kinder und Jugendliche haben soll, dann muss sie die Bildwelten, in denen sich diese bewegen, aufnehmen, ernst nehmen und gemeinsam mit ihnen reflektieren. Im Zentrum der Aufmerksamkeit stehen dabei die bei der Bildproduktion praktizierten Sinn- und Bedeutungszuschreibungen. Denn Bilder werden nicht um ihrer selbst Willen produziert, sondern aus nachvollziehbaren Interessen.

Kinder und Jugendliche ernst zu nehmen heißt dabei nicht, ihnen zu sagen, was sie sehen sollen (wie auf dem Symposium *Mapping Blind Spaces* geäußert wurde), sondern was sie sehen können. Dieses Orientierungswissen über Bildwelten, ihre Konstruktion und die Motive bzw. Interessen, die sich dahinter verbergen, ist die Grundlage einer ästhetischen Bildung, die kritisches Denken als Teil der Persönlichkeitsentwicklung befördert. Wer weiß, was „zur entscheidenden Beurteilung gehörig"[149] ist, der hat einen entscheidenden Vorsprung bei der Umwandlung von Information in Wissen und Werte.

Das entscheidende Defizit liegt im Zeitalter von PC und Digitalkamera nicht mehr im Bereich der Bildproduktion, sondern bei der kritischen Bildreflektion. Die technische Evolution ermöglicht die massenhafte Erzeugung und Manipulation von Bildern. Die entscheidende Fragestellung ist dabei: Welche Inhalte werden transportiert? Oder, anders ausgedrückt: Welche Haltungen, Interessen und Werte stehen hinter den uns umgebenden Bilderwelten? Es reicht eben nicht, die Überproduktion durch Reproduktion nachzuahmen – möglicherweise noch unter Zuhilfenahme von ideologischen Statements wie der Zweckfreiheit der Kunst. Vielmehr sollte eine Haltung unterstützt werden, die Position bezieht und damit Werte bildet: Was siehst du hinter dem Bild, was sehe ich hinter dem Bild? – lass uns unsere Sichtweisen vergleichen. Aus dem Vergleich – nicht aus der vorgesetzten Interpretation des vermeintlich besser Wissenden – ergibt sich dann die Möglichkeit, sich ein Urteil zu bilden.

Ästhetische Bildung sollte den Möglichkeitssinn[150] gleichwertig neben den Wirklichkeitssinn stellen. Wer dies tut, blickt hinter die Oberfläche der Bilder und schärft die Aufmerksamkeit für Strategien und Inhalte, die hinter formalen Erscheinungen oder Äußerungen verborgen sind. Eine Wahrnehmungsbildung, die dies unterstützt, fördert Sinn und Respekt für die Kompetenz jedes einzelnen in Sachen Wirklichkeiten und Möglichkeiten. In diesem Sinn sollte Wahrnehmungsbildung verstanden werden (nicht nur für Kinder, sondern auch für Erwachsene!). Sie bedarf der Unterfütterung mit Orientierungswissen, bspw. darüber, was „Konstruktion von Wirklichkeit" bedeutet. Dieses Know-how aus der systemischen Theorie ist, nach Soziologie, Biologie und Psychologie u.a., inzwischen auch in der Kunst angekommen, als „systemische Kunst", „Transferkunst" oder „Suggestofiktion"[151].

Die Stärke des systemischen Ansatzes ist, dass er die Aufmerksamkeit für die Strategien und Inhalte schärft, die hinter formalen Erscheinungen oder Äußerungen verborgen sind. Eine Wahrnehmungsbildung, die dies unterstützt, setzt Kinder, Jugendliche und Erwachsene nicht unter mehr Leistungsdruck, sondern bringt ihnen Respekt für ihre eigenen Kompetenzen in Sachen Wirklichkeitskonstruktion entgegen – und eröffnet ihnen so selbstbewusste Möglichkeiten. Wer bspw. als Teilnehmer eines „Workshop Suggestofiktion" erfahren hat, wie die Konstruktion von Wirklichkeit funktioniert, der lernt die Wirklichkeit, in der er lebt, kritisch zu beurteilen – „What I cannot create, I do not understand."[152]

III.

Die Europäische Union hat 2003 ein neues Formular veröffentlicht, das „Europäische Lebenslauf-Muster" für Job-Bewerber. Neben den gängigen Rubriken für berufliche und persönliche Qualifikationen kann man darin ein ungewöhnliches Feld ausfüllen: „Künstlerische Fähigkeiten und Kompetenzen". Damit wird dokumentiert, dass „Künstlerische Kompetenzen" auch für Unternehmen, wissenschaftliche und staatliche Institutionen nützlich sein können.

Doch was wird unter „Künstlerischen Kompetenzen" verstanden? „Fähigkeiten im Bereich Design, insb. neuer Gardinenformen, erworben während der Tätigkeit bei der Firma Möbel Meyer", heißt es beispielhaft im EU-Musterbogen. Nichts gegen neue Gardinenformen, doch um künstlerische Kompetenz handelt es sich bei diesem Beispiel sicher nicht. Festzustellen ist, dass wir in der aktuellen Diskussion über künstlerische Kompetenzen vor einem Begriffswirrwarr stehen, zu dessen Klärung die folgende Übersicht beispielhaft beitragen soll[153].

Von der künstlerischen Tätigkeit zur künstlerischen Kompetenz:

1. Künstlerische Tätigkeit (Laien-Ebene)
   - Arbeiten mit künstl. Werkzeugen und Techniken
   - persönliche Wahrnehmungsbildung
2. Künstlerische Fähigkeit (Amateur-Ebene)
   1. +
   - individueller künstlerischer Ausdruck
   - Visualisierung
   - Assoziationsfähigkeit
   - Selbstreflexion und Fluidität
   - fachliches Wissen
3. Künstlerische Kompetenz (Profi-Ebene)
   1. + 2. +
   - Kontextualisierung
   - Bildanalyse und Bildfindung
   - Intervention
     (Störung als Methode der Wahrnehmungsbildung)
   - Suggestofiktion
     (Sinn- und Bedeutungszuschreibung)
   - Fachwissen und Vermittlung
     (Reflexions- und Kommunikationsfähigkeit)
   - Wertebildung

Künstlerische Tätigkeiten und Fähigkeiten vermitteln Grundqualifikationen für die Persönlichkeitsentwicklung des Menschen. In der modernen Mediengesellschaft sind kritische Wahrnehmung und kritisches Denken von fundamentaler Bedeutung für die eigene Identitätsbildung und die Kulturentwicklung. Die Kunst bietet hierfür eine breite Palette von Werkzeugen, exemplarisch seien genannt: Suggestofiktion (Ausbildung von Intuition, Sinn- und Bedeutungszuschreibung), Intervention (Störung als Methode der Wahrnehmungsbildung), Performance (Verbindung von Intuition und Handlung, performatives Lernen).

Kunst ist weder hierarchiefrei, noch sind alle Menschen Künstler[154]. Künstlerische Kompetenz ist eine Fachkompetenz. Sie zeichnet Experten aus, die professionell künstlerisch tätig sind. Diese können mit ihrem Know-how neben der Persönlichkeitsentwicklung bspw. auch in der Forschung (künstlerische Forschung) und in Unternehmen (Prozessberatung und -begleitung) Impulse setzen. Diese eröffnen Wissenschaft und Wirtschaft neue Perspektiven: Künstlerische Kompetenz kann im operativen Bereich eingesetzt werden, um über das ideologisch beschränkte Effizienzdenken hinaus nachhaltig wirksame, gestalterische Potenziale zu aktivieren und zu kultivieren.

IV.

„Ästhetik sät Ethik", lautet ein Anagramm von Stephan Krass. Damit können wir unseren Blickwinkel über die Betrachtung der Oberflächenqualität eines Gegenstandes hinaus auf den qualifizierten Umgang mit persönlicher Wahrnehmung im sozialen und kulturellen Kontext erweitern: Meine Haltung ist Teil meiner Wahrnehmung – und meine Wahrnehmung beeinflusst meine Haltung.

Natürlich sind Künstler keine Ethikexperten, genauso wenig wie Wissenschaftler und Unternehmer. Aber sie müssen ihr Handeln in den gesellschaftlichen und kulturellen Zusammenhang stellen und entsprechend kritisch reflektieren und beurteilen lassen. Nur indem Handlungsstrategien kommuniziert werden, können sie transparent und im Sinn einer nachhaltigen Entwicklung wirksam sein.

„Der Markt aber", schreibt Helmut Schmidt[155], „kann die Moral nicht hervorbringen. Moral entsteht nicht im Wettbewerb. Moral bedarf entscheidend der Erziehung, des Vorbilds und des Beispiels, auch der Regeln und der Institutionen. Mitmenschliche Moral bedarf der Kultur."

V.

Ästhetische Intelligenzen, man kann sie auch als Sinnes- und Wahrnehmungsintelligenzen bezeichnen, sind der Motor menschlicher und persönlicher Entwicklung. Sinnliche Erfahrungen sind die Primärerfahrungen, aus denen wir Erkenntnisse generieren, mit deren Hilfe wir unsere Umwelt kultivieren. Zum Glück glaubt heute niemand mehr ernsthaft, dass ein Menschen ausschließlich über seinen IQ beurteilt werden kann. Das Konzept der differenzierten Intelligenzen hat sich weitgehend durchgesetzt, auch die sozialen, emotionalen (EQ) und ästhetischen (AQ) Intelligenzen werden für ein möglichst umfassendes Persönlichkeitsbild berücksichtigt. Der AQ ist dabei nicht nur für die so genannten weichen Faktoren des Musischen zuständig, es geht vielmehr um das mittels ästhetischer Bildung geschulte kritische Denken. Wer aufmerksam und prüfend wahrnimmt, lernt differenziert zu beurteilen. Der amerikanische Schriftsteller Neal Stephenson sagt: „Das wichtigste Ziel jeder Erziehung muss sein: Das Kind muss merken, wenn ihm jemand Unsinn erzählt."

Wer seinen AQ entwickelt und ausbildet, der wird dem gesellschaftlichen und kulturellen Druck zur Anpassung (Flexibilisierung) besser widerstehen können. Der entwickelt sein Leben im Rahmen seiner Möglichkeiten selbstbestimmt. Der braucht keinen Konsum, um sein Selbstbewusstsein zu stärken, sondern er konsumiert selbstbewusst. Der ordnet seine persönliche Lebensplanung nicht den nivellierenden Erwartungen anderer unter, sondern kann sich auf seine eigenen Bedürfnisse verlassen.

Es geht, gerade in Zeiten, in denen jede gesellschaftliche und private Fragestellung unter dem Primat der ökonomischen Ideologie verhandelt wird, für den Einzelnen nicht mehr um mehr Konsum und steilere Karrieren, sondern um qualifizierten Konsum und um Karrieren, die die Balance zwischen beruflichem Erfolg und individuellem Wohlbefinden berücksichtigen. „In Wirklichkeit bin ich ganz anders, ich komm´ nur so selten dazu", schrieb der österreichische Schriftsteller Ödön von Horváth. Ein Ziel ästhetischer Bildung sollte es sein, dass diesem Satz in Zukunft immer weniger Menschen zustimmen können.

„Wahrnehmung heißt", so der Wissenschaftshistoriker Ernst Peter Fischer, „durch die Sinne zu wissen." Wir wissen heute, dass Informationen nicht nur im Gehirn, im zerebralen System, sondern auch im Bauch, im „enterischen System"[156], gespeichert werden. Kindern wird von Wissenschaftlern inzwischen ein intuitives Körperwissen attestiert. Entscheidungen von Erwachsenen, sei es im privaten oder beruflichen Bereich, fallen zu 80% intuitiv. Selbst die Wirtschaft hat inzwischen erkannt, dass Intuition und Kreativität zu den Schlüsselqualitäten von Management und Mitarbeitern zu rechnen sind.

Es ist also an der Zeit, dass die ästhetische Bildung ins Zentrum der Aufmerksamkeit rückt, und dass Künstler nicht länger nur als Experten für die Herstellung von Kunstwerken betrachtet werden, sondern als Experten für Wahrnehmungsfragen mit ihren künstlerischen Kompetenzen in Entscheidungsprozesse verstärkt mit einbezogen werden – sei es in pädagogischen, politischen, wirtschaftlichen oder wissenschaftlichen Bereichen. Künstlerische Kompetenz kann hier qualifizierend im Sinne einer kritischen Ästhetik wirken, denn: „Aufgabe der Kunst ist es, Antworten zu geben. Fragen haben wir selbst genug."[157]

VI.

In Sachen Intuition und Möglichkeitssinn sind uns Kinder oft voraus. Es macht daher Sinn, ihnen nicht nur zuzuhören, sondern sie auch als Gesprächspartner ernst zu nehmen. Oder haben Sie eine charmantere Antwort als die folgende auf die Frage, warum der Himmel blau ist?

> C. (6 Jahre): Ohne den Himmel könnten wir gar nicht auf der Erde leben, weil es dann immer dunkel wäre.
>
> K. (45 Jahre): Eigentlich ja nicht ohne die Sonne, denn die scheint ja hell und nicht der Himmel.
>
> C.: Ja, aber das Universum, das ist ja so RABENSCHWARZ, wenn der Himmel nicht wäre, käme die Sonne gegen dieses Schwarz gar nicht an. Der Himmel schirmt uns nämlich gegen das Schwarz des Universums ab. Und damit wir vor lauter Schwarz nicht traurig werden, hat er eine so schöne blaue Farbe.

ANMERKUNGEN

[146] Kelly, K.: *Das Ende der Kontrolle*. 1997, S.118.

[147] Watzlawick, P. (Hg.): *Die erfundene Wirklichkeit*. 2000, S.60.

[148] Maturana H. R.; Varela, F. J.: *Der Baum der Erkenntnis*. 1987, S.267.

[149] kritikos, griech.; aus: Duden: Das Herkunftswörterbuch.

[150] „Wenn es Wirklichkeitssinn gibt, muss es auch Möglichkeitssinn geben." Musil, R.: *Der Mann ohne Eigenschaften*.

[151] www.kritische-aesthetik.de; www.transferkunst.de

[152] Feynman, R.: Nobelpreisträger für Physik 1962.

[153] s.a. Heid, K.; Ruediger John, R.: (Hg.): *TRANSFER: Kunst Wirtschaft Wissenschaft*. Baden-Baden 2003.

[154] Der gern zitierte Satz von Joseph Beuys „Jeder Mensch ein Künstler" meint lt. Heiner Stachelhaus nicht, „jeder Mensch sei ein Maler oder ein Bildhauer. [...] Der Begriff Kunst muss vielmehr auf die menschliche Arbeit schlechthin angewendet werden."; zitiert nach Stachelhaus, H.: *Joseph Beuys*. München 1989, S.79-82.

[155] DIE ZEIT Nr. 50. 4.12.2003.

[156] enterisch von lat. entericus, den Darm betreffend; sinnvoller erscheint die Benennung dieses Systems als venteral von lat. venter, Bauch, da damit nicht nur das Nervengeflecht des Darms, sondern auch diejenigen anderer Organe im Bauchraum berücksichtigt werden.

[157] D. Granosalis

KÜNSTLERISCHE STRATEGIEN IM BETRIEB

Michael J. Kolodziej

Das moderne Arbeitsleben fordert uns, jederzeit um- und weiterzulernen. Es bedarf stetiger Wachheit, Wahrnehmungsfähigkeit, Lernfähigkeit, Lernbereitschaft und Courage.

Wir bei dm-drogerie markt haben die Erfahrung gemacht, dass der Umgang mit Kunst im Unternehmen das Wahrnehmungsvermögen schult, Horizonte erweitert und überall da unterstützt, wo es darum geht, eingefahrene Gleise zu verlassen und Dinge unter einem anderen Blickwinkel zu betrachten. Im künstlerischen Handeln werden ‚Fehler' zu Sprungbrettern, die neue Erkenntnisse erreichbar machen. Künstlerisch tätig zu sein heißt für uns, aus der individuellen Wahrnehmung heraus frei und intuitiv zu handeln und verschiedene Ansätze zu einem Ganzen zusammenzuführen.

Ausgehend von der Fragestellung, wie wir bei unseren Lehrlingen im Alter zwischen 17 und 20 Jahren Denkfähigkeit und Ich-Bewusstsein fördern können, haben wir mit den achttägigen Theaterworkshops von Abenteuer Kultur einen solchen künstlerischen Ansatz gewählt. Die Workshops finden zweimal während der zumeist dreijährigen Ausbildungszeit statt und münden in eine Präsentation vor Kollegen, Freunden und Familie.

Abenteuer Kultur fordert die Lehrlinge bis an ihre Leistungsgrenzen, weil die betreuenden Künstler alle Fähigkeiten ansprechen wollen, die in den Teilnehmern stecken. Sprache ergreifen, sich selbst überwinden, einander begegnen, voneinander lernen, sich und andere wahrnehmen, Initiativkräfte entwickeln, Zusammenhänge erkennen und mutiger werden – dies sind die Lern-Chancen, die wir hinter der künstlerischen Initiative sehen.

In der gesamten Mitarbeiterentwicklung setzen wir künstlerische Akzente: ob durch eine kreativ-künstlerische und erlebnisaktivierende Seminargestaltung oder durch unsere Fähigkeitenwerkstatt© in den Verteilzentren und der Zentrale. Bei der Fähigkeitenwerkstatt© handelt sich um sechsstündige Kurse, in denen dm-Mitarbeiter während der Arbeitszeit auf verschiedene Art und Weise mit Kunst umgehen. Jeder Mitarbeiter kann einmal im Jahr an den Kursen mit wechselnden Aufgabenstellungen teilnehmen und sich dabei aus den unterschiedlichen Kunstformen – Bildhauerei, Malen, Kupferbearbeitung, Modellieren, aber auch Musik, Bewegung oder Schauspiel – seinen Favoriten auswählen.

Kunst bietet den Mitarbeitern die Möglichkeit, ohne Vorurteile und hierarchiefrei Farbe, Form und Struktur von Dingen wahrzunehmen. In der gemeinsamen Arbeit an einem Kunstwerk lernen die Mitarbeiter außerdem, sich auf andere einzulassen und einander zuzuarbeiten. Auch künstlerische Objekte müssen immer aus verschiedenen Blickwinkeln oder Perspektiven heraus betrachtet werden. Kunst schafft dabei Freiräume für Experimente, für Mut, für das Ausprobieren, für Fehler und vor allem für die weitere Entwicklung des Einzelnen sowie des gesamten Teams. Die Erfahrungen und Kenntnisse aus dem künstlerischen Tun lassen sich direkt in den Arbeitsalltag übertragen: Sie dienen als Hilfe, neue Prozesse zu gestalten und komplizierte Aufgaben offener anzugehen.

In diesem Sinn trägt der Umgang mit Kunst zur Persönlichkeitsentwicklung der Mitarbeiter bei und ermöglicht es ihnen, sich innerhalb der Arbeitsgemeinschaft dm als Individuum intensiver wahrzunehmen, sich aber gleichzeitig als Teil des Ganzen zu begreifen und so die Entwicklung des gesamten Unternehmens aktiv mitzugestalten.

EINIGE GEDANKEN ZUM PROBLEM DER KUNST IN SCHULE UND UNTERRICHT

Martin Pfeiffer, BDK

Betrachtet man die Schule von der Warte aktueller künstlerischer Praxis aus, so läuft man Gefahr, entweder in Depression zu verfallen oder zu resignieren. Ich sagte bewusst ‚Schule' und nicht Kunstunterricht, obwohl bezüglich des Letzteren eine vergleichbare Reaktion wahrscheinlich wäre. Kunst und Schule scheinen, vor allem bei näherer Betrachtung, schwer miteinander vereinbar, allzu verschieden sind sowohl die jeweiligen Methoden und Zielstellungen, als auch die Erwartungen, die an beide herangetragen werden. Diese Einschätzung wird niemanden überraschen, obwohl einerseits der Kunstunterricht ein etablierter Bestandteil des Fächerkanons an allgemeinbildenden Schulen und Kunst als Studienfach in der Lehrerausbildung traditionell etabliert ist, andererseits die bildenden Künste einer der Gegenstände des Kunstunterrichts sind. Man sollte also davon ausgehen können, dass das Feld der Kunst innerhalb der schulischen Bildung und Erziehung seinen, vielleicht randständigen aber dennoch gesicherten Platz hat. Dass der Fall so einfach nicht liegt, wissen wir. Kaum ein anderes Fach steht unter einem vergleichbaren Rechtfertigungsdruck bezüglich seiner Relevanz für die sogenannte allgemeine Bildung. Können die übrigen Fachdidaktiken und -praxen, allen voran diejenigen der so genannten Kernfächer, aber auch der anderen, egal ob es sich um naturwissenschaftlich oder geisteswissenschaftlich orientierte Fächer handelt, von einer breiten Akzeptanz, nennen wir sie im ersten Fall eine absolute, in den anderen eine relative A priori-Akzeptanz ihrer Gegenstände und von einem allgemeinen Konsens über deren Wichtigkeit vor allem bezüglich der intendierten Lebenstüchtigkeit der Heranwachsenden ausgehen, ist das Fach Kunst von vorneherein einer kritischen Hinterfragung ausgesetzt. Es kann allenfalls eine sehr eingeschränkte relative A priori-Akzeptanz für sich und seinen Gegenstand beanspruchen. Kunstdidaktiker und Kunsterzieher bemühen sich, dieser Skepsis zu begegnen, indem sie den Nachweis zu führen versuchen, dass, wenn nicht die Kunst, so doch wenigstens der Kunstunterricht zu etwas oder für etwas nützlich sein kann.[158] Die meisten Rechtfertigungsstrategien begründeten und begründen sich zwar größtenteils von einer Analyse einzelner Aspekte künstlerischen Denkens und Handelns her, eine Implementierung dieser als spezifisch künstlerisch eingeschätzten Verhaltensweisen und Verfahren in den Unterricht wurde und wird aber, vor dem Hintergrund anderer, für wichtiger gehaltener Absichten, allenfalls in domestizierter Form für zumutbar und zielführend gehalten. Kaum ein Vorwurf scheint schwerer zu wiegen als jener, man beabsichtige, Kunst um der Kunst willen zu betreiben, ein selbstreferenzielles Spiel, ein gefährliches, weil anbindungsloses ‚l'art pour l'art' mit unter Umständen ‚gefährlichen Folgen'[159]. Der Gegenstand allein ergibt keinen hinlänglichen Rechtfertigungsgrund für die Beschäftigung mit ihm, ja, es erscheint geradezu fahrlässig, sich ihm ohne weiteres zu überlassen. Die wissenschaftliche Kunstpädagogik hat die Bedeutung von Kunstunterricht für die Erziehung und Bildung des Menschen überwiegend aus Gegenständen und Funktionen abgeleitet, die weder mit traditioneller noch mit aktueller Kunstpraxis in eine unmittelbare Beziehung gebracht werden können.

Die Kunsterzieherbewegung zu Beginn des 20. Jh. wollte zunächst und vor allem die kulturelle Bildung befördern, weil man ‚die Deutschen' im Vergleich zu anderen mitteleuropäischen Völkern hier im Nachteil sah. Kunstkennerschaft, das sichere Urteil in Kunst- und Geschmacksfragen, das angemessene Verhalten bei der Begegnung mit Werken der Kunst und des anspruchsvollen Handwerks – auf diesem Gebiet hielt man vor allem die als solche apostrophierten Eliten für nicht ausreichend geschult, für roh und ungebildet. Zusätzlich sah man das Problem einer fehlenden Qualifizierung großer Gruppen der Gesellschaft für den durch die industrielle Entwicklung bedingten kulturellen Wandel. Abhilfe versprach man sich von einer Reform der schulischen Bildung, bei deren Vollzug auch dem Kunstunterricht eine gewisse Bedeutung beigemessen wurde.[160] Das Naturstudium und die bereits im Kindesalter gezielt herbeigeführte Auseinandersetzung mit Kunst u.a. im Rahmen von Werkbetrachtungen an Originalen wurden als Inhalte eines reformierten Kunstunterrichts erprobt und propagiert. Wenn dieses Vorhaben zu Beginn vielleicht nur zum Teil motiviert war durch die sich zuspitzende politische und wirtschaftliche Konkurrenz zwischen den europäischen Großmächten zu Beginn des letzten Jahrhunderts, so wurde in der Folge die Vereinnahmung der künstlerischen Erziehung durch deutsch-nationale Tendenzen offensichtlich.[161] Insofern hat es die Kunsterzieherbewegung, deren Verdienst es ist, die Debatte um eine Reform der Inhalte und Methoden der Kunsterziehung angestoßen zu haben, versäumt, aus dem interdisziplinären Impuls ein tragfähiges Konzept für eine eigenständige und eigenwillige künstlerische Bildung zu entwerfen, die von ihrem Selbstverständnis her immun hätte sein können gegen die ganz und gar unkünstlerischen Zumutungen und Übergriffe der Tagespolitik.

Zwar wird der ‚Kunst' als Produkt oder Prozess in den Konzepten des Kunstunterrichts und der ästhetischen Erziehung eine Rolle zugewiesen, als Beispiel, als Vorlage, als Material etc., aber die Beschäftigung mit ihr und anderen Bildsorten dient nicht in erster Linie der Impulsierung künstlerischer Prozesse, die das Subjekt in eine für deren Vollzug unabdingbare Selbstorganisation und weitgehende Selbstbestimmung mit offenem Ausgang hineinführen, sondern sie instrumentalisiert ihre Exempel für die Erreichung ‚höherer Ziele', die in einer allgemeinen Bildungsdidaktik verankert sind. Reinard Pfenning zielt in seiner Didaktik[162] auf das ‚bildnerische Denken', das auf dem Wege der Analyse von Bildern und ihrer Werkprozesse angebahnt und entwickelt werden soll und konzentriert sich insofern auf eine kunstimmanente Problemstellung, schreckt aber vor der Vermittlung dessen zurück, was er das ‚Kunsterlebnis' nennt[163], das sich nach seinem Verständnis der ‚unterrichtlichen Maßnahme' entzieht. Man kann daraus die Konsequenz ableiten, dass diese Sphäre denjenigen vorbehalten bleiben muss, die vermöge ihres Talents oder Genies in die Lage gesetzt sind, Kunst hervorzubringen und ihre spezifische Charakteristik zu verstehen. Schülerinnen und Schüler blieben davon ebenso ausgeschlossen, wie gewöhnliche Lehrerinnen und Lehrer. Beide könnten zwar verstehen lernen, wie ein Kunstwerk gemacht ist, wobei sich das Verstehen nicht auf technische Aspekte beschränkt, es erstreckt sich auch auf die Probleme des Bildaufbaus und der ‚Komposition' und schließt die Wirkungspotenziale von Kunst ein, zu mehr als einem Nachvollzug der aus der eingehenden Werkbetrachtung gewonnen Einsichten allerdings könnten die üblicherweise vorhandenen Fähigkeiten als nicht ausreichend erachtet werden. Immerhin räumt Pfennig ein, dass bei der ‚freien Arbeit', in deren Vollzug der Schüler selbstständig geworden ist, sich die Möglichkeit bietet, „dass sich Künstlerisches ereignen k a n n."[164]

Es scheint auf den ersten Blick wenig ergiebig, auf diejenige fachdidaktische Position näher einzugehen, die Kunst als Gegenstand von Unterricht mit dem Vorwurf, sie sei grundsätzlich affirmativ, stütze immer nur die jeweiligen Machtverhältnisse und bediene einseitig das Repräsentationsbedürfnis der herrschenden Klasse, ganz aus dem Unterricht verbannen wollte und stattdessen die Analyse von Alkoholwerbung und den Aufbau einer soziokulturellen Basiskultur empfahl. Das aufklärerische und widerständige Potenzial der Kunst wurde in diesem einseitigen Konstrukt glatt übersehen oder schlicht unterschlagen. Dennoch erscheint es mir interessant, das hinsichtlich der Kunst simplifizierende Programm der Visuellen Kommunikation in den Blick zu nehmen. Zum Einen, weil es in der Schule und außerhalb immer noch eine mehr oder weniger große Gruppe von Kunstpädagogen gibt, die dieser Position nahe steht, nicht weil sie sich in jedem Fall offen zur Ausgrenzung der Kunst bekennt, sondern weil sie dazu neigt, Kunst fast ausschließlich als eine Folge und Funktion bestimmter gesellschaftlicher und politischer oder wirtschaftlicher Verhältnisse und Interessen zu definieren. Kunst dient in diesem Zusammenhang als Beleg oder Beweis für den zuvor konstatierten und m.H. anderen Parameter herausanalysierten Zustand der Gesellschaft. Kunst wäre demnach, ebenso wie jede andere x-beliebige Hervorbringung auf dem Feld der Alltags- und Gebrauchsästhetik, ein Produkt der eben herrschenden Verhältnisse, und sie kann sich aus dieser subalternen Position nur lösen und damit den Nachweis ihrer tatsächlichen Existenz und Daseinsberechtigung erbringen, wenn sie sich als Medium der Kritik nützlich macht. Begründete sich die Ablehnung der Kunst als Gegenstand von schulischer Bildung in dem beschriebenen Fall aus der generellen oder vorbehaltlichen Verneinung ihrer

Relevanz im Zusammenhang politischer Aufklärung, so drängt sich anderen der Schluss auf, die Schule als Institution sei nicht der geeignete Ort für den Vollzug selbstbestimmter Prozesse ästhetischen Lernens, da sie auf Grund ihrer Beschaffenheit den notwendigen Freiraum als Denk- und Handlungsraum nicht bieten kann und sich als reformresistent erwiesen hat.[165]

Waren maßgebliche Teile der Kunstdidaktik und in ihrer Folge der Kunstunterricht von sich aus darum bemüht, einen für notwendig erachteten (Sicherheits)-Abstand zur Kunst, insbesondere zur jeweiligen Jetztkunst zu halten, und war von daher eine unmittelbare Verbindung zwischen den Sphären weder erwünscht noch möglich, so stehen von Seiten der Institution einer solchen Kohabitation mächtige Widerstände entgegen, die zu betrachten sich lohnt.

BILDUNG VS SELEKTION

Die schulische Bildung ist seit jeher mit einem unauflösbaren Widerspruch belastet. Der Institution zu ihrer Vermittlung, der allgemeinbildendne Schule, wurde eine Aufgabe übertragen, die in direkter Konkurrenz zu ihrem Bildungsauftrag steht, diejenige der Selektion und damit die Zuteilung von Lebenschancen. Der Mythos von der Notwendigkeit einer Zuordnung der Kinder in so genannte leistungshomogene Lerngruppen, mutet der Schule eine Aufgabe zu, die zu leisten sie weder in der Lage sein kann, noch darf. Insofern kann man mit einiger Berechtigung von einem schweren Ausnahmefehler des deutschen Bildungssystems sprechen.[166] Hatte man bis zur Veröffentlichung der Ergebnisse der internationalen Vergleichsstudien noch die Möglichkeit, darauf zu verweisen, dass die Selektion der Kinder nach der vierten Klasse in eine der weiterführenden Schulen zwar aufwändig ist und zu manchen, später eingeschränkt korrekturfähigen Ungerechtigkeiten führen kann, gleichwohl aber im Interesse einer effektiven schulischen Bildung sinnvoll ist, so ist diese scheinbare Gewissheit inzwischen als das entlarvt worden, was sie ist, eine bloße Anmaßung. Nun vermittelt die gesamte Nach-Pisa-Debatte nicht den Eindruck, dass die Botschaft dort angekommen ist und vernommen wird, wo es notwendig wäre. Im Gegenteil, es scheint so, als verschanze man sich in den Gräben einer im internationalen Vergleich bestenfalls mittelmäßigen Bildungspolitik. Mancherorts scheint man die Hoffnungen sogar auf die Schule von gestern zu setzen[167]. Die Bereitschaft und der Mut zu einer grundsätzlichen Revision fehlen und folglich bleibt einer der wesentlichen Mängel, die Unvereinbarkeit von Bildungsauftrag und der Zwang zur frühzeitigen Selektion, in Kraft. Dabei hätte gerade die Bundesrepublik allen Grund, das dreigliedrige Schulsystem in dieser Hinsicht einer kritischen Analyse zu unterziehen, hängt doch der Schulerfolg – und das heißt hier die Aufnahme und der Verbleib in der Realschule oder am Gymnasium – mehr als in jedem anderen Land von der Zugehörigkeit zu einer diesbezüglich qualifizierenden sozialen Schicht ab. Aber es ist nicht nur dieser grundsätzliche Widerspruch, der die Einrichtung Schule aus der Perspektive der Kunst schwer verständlich macht, es ist die Organisation und Verwaltung von Erfahrungs- und Lernprozessen. Kinder und Heranwachsende werden einem strikten Reglement unterworfen, einem Rhythmus und einem Takt, der nicht an der Art und Weise orientiert ist, in der Erfahrungen und Eindrücke gesammelt und zu Einsichten und Erkenntnissen verarbeitet werden, sondern an einem überkommenen Arbeitszeitmodell verbeamteter Lehrerinnen und Lehrer. Man kann sich fragen, warum die Schule am frühen Morgen um viertel vor acht beginnt. Ist es wirklich die Zeit, in der Kinder am besten lernen? Warum folgt, jedenfalls an den weiterführenden Schulen, zumeist Dreiviertelstunde auf Dreiviertelstunde in wechselnden Fächern bei wechselnden Lehrern mit fünfminütigen (Entspannungs-) Pausen dazwischen und warum endet der Schulvormittag in der Regel mit der sechsten Stunde um 13.00 Uhr? Warum entlässt die Schule die Schülerinnen und Schüler mit einem Ranzen voller Hausaufgaben in den ‚schulfreien' Nachmittag?[168] Es gäbe nur eine mögliche befriedigende Antwort auf diese Fragen: Weil auf diese Weise am effektivsten gelernt wird! Aber das gerade ist nicht der Fall, Lernen funktioniert anders, Lernen findet an allen möglichen und unmöglichen Orten und in unterschiedlichsten Zusammenhängen statt, manchmal sogar in der Schule. Was dort in der Regel passiert, ist das, was man vormals zu Recht pauken genannt hat: Die Aneignung von Lernstoff für den Test, die Klausur, mit der Aussicht, sehr bald den größten Teil davon wieder zu vergessen. Die Konstruktion eines für den Einzelnen in sich schlüssigen und sinnvollen Wissens, und nur der Einzelne kann diese konstruktive Leistung vollziehen, wird durch die Partikulation des Stoffes nach dem Grundsatz der quantitativen Effizienz erschwert, wenn nicht ganz unmöglich gemacht. Natürlich behalten wir auch nicht alles, was wir ‚nebenbei' und ohne äußeren Zwang lernen, als jederzeit abrufbares Wissen im Gedächtnis. Der Unterschied scheint mir aber zu sein, dass mit dem Erwerb von Wissen unter den Bedingungen einer größeren Selbstbestimmung eine andere Haltung diesem Wissen und seinem Erwerb gegenüber entsteht. Die meisten werden den Satz kennen: ‚Non scholae sed vitae discimus'. Nun hat der römische Dramatiker, Lehrer und Philosoph Seneca diesen Satz von seinem Fragehorizont aus, nämlich nach dem, was für ein gelungenes, ‚gutes' Leben notwendig ist, ursprünglich genau anders herum formuliert: ‚Nicht für das Leben, sondern für die Schule lernen wir'[169]. Tatsächlich hat sich seit der Antike in den Köpfen und an den Schulen im Grundsatz nicht viel verändert. Entgegen allen Beteuerungen und Schwüren lernen Kinder und Jugendliche nach wie vor vor allem für die Schule. Wenn die erste Euphorie der Einschulungszeit verflogen ist, stellen sie sehr bald fest, dass Lernen eine eher lästige Pflicht und keine Lust ist, obwohl in der Grundschule noch am ehesten auf die Lernbedürfnisse und -fähigkeiten der Kinder Rücksicht genommen wird. Es müsste doch alle, die mit Schule zu tun haben, Lehrerinnen und Lehrer, die Schulverwaltung, die Schulpolitik etc. beschämen, dass bei den allermeisten Schulkindern die anfängliche Freude am Schulbesuch innerhalb relativ kurzer Zeit einer großen Ernüchterung weicht. Nun soll man Freude nicht mit Spaß verwechseln. Es kann ja in der Schule nicht um eine Art von oberflächlicher Zerstreuung gehen, die ohne Anforderung und Anstrengung Raum für belanglosen Zeitvertreib bietet. Kinder wollen begreifen und erfahren, die Phänomene verstehen lernen, sich aus eigenen Antrieb heraus bilden und in eine Sache vertiefen, sie sind, jedenfalls in ihrer überwiegenden Mehrzahl, in hohem Maße intrinsisch motiviert. Leider nimmt die Schule in ihrer derzeitigen Verfassung wenig Rücksicht auf diese Selbstbildungspotenziale. Indem sie alle einem allgemeinen und verbindlichen Lernrhythmus und -tempo unterwirft, drohen auf Dauer die angeborenen Fähigkeiten zur Selbstorganisation zu verkümmern, jedenfalls kommen sie im Kontext der schulischen Bildung nicht mehr ohne weiteres zum Zuge. Schule ist etwas, das man mit Blick auf die angenommene Freiheit danach, eben hinter sich bringen muss. Beim Schreiben schleicht sich der Gedanke ein, dass dies vielleicht auch gut ist so. Niemand kann schließlich ein Interesse daran haben, dass Schüler ewig Schüler bleiben. Irgendwann muss man dieser Institution den Rücken kehren, sich gedanklich und emotional lösen, um ein eigenständiges Leben führen zu können. Diese Ablösung könnte umso besser funktionieren, je unattraktiver die Schule erlebt wurde... Ich denke, gerade das ist ein Irrtum. Eine Schule, die zwar nicht erklärtermaßen aber in ihrer Wirkung tendenziell die Unmündigkeit befördert, weil sie Lernen überorganisiert und überdidaktisiert und zugleich den Überdruss an ihr hervorbringt, macht Menschen auf Dauer abhängig von einem erworbenen Zerrbild von Schule. Es gab und gibt immer wieder Äußerungen in der Öffentlichkeit, die durchaus als verspätete Reflexe einer als mangelhaft erlebten schulischen Praxis gedeutet werden können, und schlechte Witze über Schule und Lehrer sind nicht eben selten.

Hat sich die Diskrepanz zwischen den in jüngster Zeit durch die neurobiologische Forschung und Beobachtungen des kindlichen Lernverhaltens erbrachten Befunde[170] und den Zumutungen der real existierenden Schule als offensichtlich erwiesen, so ist die Kluft zwischen dem, was sich im Künstlerischen abspielt und dem Zustand der Schule im Allgemeinen und dem Kunstunterricht im Besonderen noch nicht zur Kenntnis genommen worden, geschweige denn ein Gegenstand einer allgemeineren bildungspolitischen Diskussion. Künstlerische Kompetenzen spielen bei der Debatte um eine Reform des Bildungssystems außerhalb der engeren fachdidaktischen Zirkel so gut wie keine Rolle. Wenn Sie dann doch einmal ins Spiel gebracht werden, beispielsweise von Vertretern der Wirtschaft, dann meist nicht um der Kunst und des Kunstunterrichts willen, sondern mit der, aus ihrer Sicht nachvollziehbaren Erwartung, dass sich die Produktivität des Einzelnen und damit die des gesamten Unternehmens mit Hilfe ‚kreativer Strategien' steigern lässt.

Über das, was der Kunstunterricht innerhalb engerer Grenzen als isolierte Veranstaltung und was er für die Schule und deren Entwicklung leisten soll oder kann, gehen die Auffassungen innerhalb der aktuellen, fachdidaktischen Diskussion mehr oder weniger weit auseinander. Ich halte es für einen Vorzug und nicht für einen Nachteil, dass im Augenblick unterschiedliche Konzepte nebeneinander existieren und miteinander konkurrieren. Es kann nicht darum gehen, die Debatte zu Gunsten der einen oder anderen Position zu entscheiden, vielmehr erscheint es mir notwendig, bei allen Unterschieden das gemeinsame Interesse an einer Reform der schulischen Bildung zu betonen und konkrete Vorschläge für einen Kunstunterricht zu machen, der dazu einen wesentlichen Beitrag leisten kann.[171]

Hält man am Konzept des formalen Kunstunterrichts fest, dem es vor allem an der Vermittlung technischer Fertigkeiten und einer gewissen gestalterischen Kompetenz im Umgang mit den bildnerischen Mitteln gelegen ist, wird man kaum Probleme mit der derzeitigen Verfasstheit von Schule haben. Relativ mühe- und umstandslos lassen sich die Unterrichtssequenzen in den Ablauf eines Unterrichtsvormittags einbauen. Sowohl zeitlich, als auch inhaltlich bleibt der oft stringent geplante Kunstunterricht auf das ihm zugewiesene beengte Arbeitsfeld und Zeitfenster beschränkt. Der Verfasser dieses Textes selbst hat als Referendar gelernt, im Doppelstundentakt eines gymnasialen Unterrichtsvormittags zu denken und zu planen. Vor allem im Zusammenhang mit begutachteten Schaustunden war es opportun, sehr genau auf die Uhr zu sehen und die bemessene Zeit ja nicht zu über- oder zu unterschreiten. Noch immer steht bei den überlieferten Verlaufsplänen die Zeitspalte links und, egal ob als Uhrsymbol oder Minutenangabe, die Vorstellung von einer für eine isolierte Phase als notwendig erachteten Zeitspanne diktiert den Ablauf des Unterrichts: Zwei Minuten für die Einführung, zehn Minuten für die Erarbeitung, acht Minuten für die Beschäftigung mit einem Arbeitsblatt usw. Der Bedarf an Zeit richtet sich nach einem Zeitmaß, das einem Unterrichtsabschnitt seiner zugedachten Intention und seiner Eigenschaft nach als das angemessene vorausgesetzt wird und nicht nach den Bedürfnissen und Möglichkeiten derjenigen, die sich mit einem gestellen Problem in Beziehung setzen sollen, die, das ist unstrittig, individuell verschieden sind. Wie bereits oben erwähnt, beim Vollzug eines Kunstunterrichts, dessen vorrangiges Ziel es ist, Schülerinnen und Schüler mit den von der Lehrperson zuvor nach den Vorgaben des Bildungs- und Stoffverteilungsplanes portionierten und methodisch domestizierten ‚Stoffen' in Form von Themenstellungen zu beschäftigen, kann man ohne weiteres mit dem real existierenden System Schule konform gehen. An seine Grenzen stößt dieses Arrangement beim Projektunterricht, mit dem die eng gesteckten zeitlichen und inhaltlichen Trennlinien überschritten werden müssen. Zunächst sah man einen Ausweg darin, die Projekte an den sprichwörtlichen Projekttagen meist am Ende des Schuljahres, vor der Ausgabe der Zeugnisse, zusammenzufassen. Was dabei an so genannten Projekten angeboten wurde, erfüllte in vielen Fällen nicht einmal das untere Anforderungsniveau, das an ein Projekt gestellt werden muss. Immerhin war mit dieser Variante gewährleistet, dass eine, von vielen Lehrerinnen und Lehrern wegen des als hoch eingestuften Arbeitsaufwandes wenig geschätzte Unterrichtsform, den gewohnten Schulalltag nicht mehr als unumgänglich durcheinander brachte. Nach wie vor steht der Projektunterricht in der Schulpraxis, obwohl als Unterrichtsform längst fachdidaktisch legitimiert, vor Schwierigkeiten, die als schier unüberwindlich wahrgenommen werden. Sie reichen von der für die gemeinsame Vorbereitung meist fehlenden Zeit über die organisatorische Unvereinbarkeit mit Deputats- und Stundenplänen, bis hin zu dem nicht einfach zu lösenden Problem einer angemessenen Beteiligung der Schülerinnen und Schüler an der Planung und bei der Durchführung.[172] Gleiches gilt für alle Unterrichtsformen, die sich nicht in das 45-Minutenkorsett zwängen lassen, bzw. eine nachhaltige und auf Dauer gestellte Auseinandersetzung mit einem Gegenstand im Zusammenhang individueller Arbeitsvorhaben ermöglichen sollen. Nun sollte man annehmen, dass diese z.T. selbst auferlegte, teils verordnete Beschränkung dem Fach und seiner Stellung im Fächerkanon nützlich gewesen ist. Das Gegenteil ist der Fall. Kunst rangiert als Unterrichtsfach bestensfalls an der Peripherie. Selbst- und Fremdwahrnehmung decken sich diesbezüglich nicht selten. Anerkennung und eine gewisse Wertschätzung ist unter den vorherrschenden Bedingungen allenfalls dadurch zu erlangen, dass man im Rahmen der schulischen Öffentlichkeitsarbeit einen Beitrag leistet, allerdings unter der Voraussetzung, dass dieser nicht gegen den ungeschriebenen Kodex aestheticus verstößt. Vielleicht ist das Bild allzu düster gemalt, vielleicht auch nicht. Selbstverständlich gibt es Ausnahmen, aber diese vielleicht beispielhaften Vorhaben dürfen nicht den Blick auf die allgemeine Situation verstellen und die ist alles andere als zufriedenstellend.

URSACHEN UND WIRKUNGEN

Bei ihrer letzten turnusmäßigen Zusammenkunft im Herbst 2003 unternahmen die Vorsitzenden der Landesverbände des Bundes Deutscher Kunsterzieher e.V. BDK den Versuch einer Ursachenforschung bezüglich der überwiegend als unbefriedigend eingeschätzten Situation des Faches Kunsterziehung an den Schulen und dem als desolat empfundenen Erscheinungsbild in der Öffentlichkeit. Dabei wurden u.a. folgende mögliche Erklärungen vorgeschlagen:

> Sein Gegenstand selbst, die Kunst, insbesondere das zeitgenössische Kunstschaffen, löst in der Bevölkerung Irritationen aus, bzw. stößt auf offene oder latente Ablehnung.
>
> Der Kunstunterricht wird in der Primarstufe in erheblichem Umfang oder sogar überwiegend fachfremd erteilt. In einer Phase, in der möglicherweise dauerhafte Einstellungen geprägt werden, liegt der Unterricht in der Verantwortung von Laien.
>
> Schulleitungen, Schulverwaltung und Kultusbehörden wissen über Kunst zu wenig und sehen deren Funktion hauptsächlich darin, zu delektieren und auf zwar anspruchsvolle aber unbedingt angenehme Weise zu unterhalten.
>
> Studium und Ausbildung bereiten die Kunstpädagogen zu wenig auf ihre spätere Aufgabe vor.

Paradoxerweise bleiben Kunstschaffende gerade dort relativ unbehelligt, wo sie nicht auf die Partizipation der Öffentlichkeit setzen. Malerei und Plastik, die für den privaten Kunstmarkt, für Sammler und im Blick auf museale Präsentation hergestellt wird, vermag außerhalb der Sphäre professioneller Kennerschaft kaum eine Reaktion auszulösen. Sie bedient möglicherweise die Erwartungshaltung ihrer Kunden und außerhalb dieser Sphären stört sie nicht weiter. Wer als Künstlerin/Künstler mehr im Sinn hat als den Kunstmarkt, riskiert wenigstens Unverständnis. Schnell gelten dann die Grenzen des ‚guten Geschmacks' und der geläufigen Akzeptanz als übertreten. Produkte und Prozesse im Kontext eines auf Teilhabe zielenden Denkens und Handelns mit den Methoden der Kunst, widersprechen der populären Übereinkunft über das, was als ‚Kunst' gelten kann und was ‚keine Kunst' ist.[173] Ich behaupte in diesem Zusammenhang, dass die Entwicklung der Kunst in der zweiten Hälfte des 20 Jh., ganz zu schweigen von ihren aktuellen Erscheinungsweisen, entweder (noch) nicht realisiert, oder erst gar nicht zur Kenntnis genommen wurde, weil die allermeisten Bürgerinnen und Bürger dieser Republik sie für ihre Lebenspraxis letztlich als absolut unbedeutend einschätzen oder weil sie sie im Ganzen oder in Teilen für einen Lapsus halten.[174] Wie kann vor diesem Hintergrund ein Fach auf allgemeine Zustimmung zählen, das einen in dieser Weise problematischen oder als überflüssig erachteten Stoff zum Gegenstand hat, einen Stoff zudem, der, und das ist die Pointe, zu Recht unter einen generellen Anarchismusverdacht gestellt ist. Wen wundert es, dass Kunsterzieher nicht mit Selbstsicherheit auf einen Gegenstand verweisen, der von denjenigen, die ihn hervorbringen, selbst stets auf's Neue fundamental in Frage gestellt wird, sondern dass sie Gefahr laufen, andere Konstrukte zu bemühen, um sich Vorbehalten und Kritik wirkungsvoll zu entledigen. Wer den Nachweis glaubt führen zu können, dass die Beschäftigung mit den Gegenständen und Problemen ‚seiner' Disziplin, wenigstens die soziale Kompetenz oder die Intelligenz fördert und damit nebenbei das Schulklima verbessert, hat weniger Probleme mit der Anerkennung seiner Nützlichkeit. Die Kunstpädagogik hat es versäumt, sich rechtzeitig auf diese Weise abzusichern, was kein Mangel ist, im Gegenteil, ich halte es eher für einen, wenn auch unbeabsichtigten Verdienst, dass sie auf derlei simple Brauchbarkeitsbeweise verzichtet hat.

Aus den anderen Bundesländern liegen mir zum jetzigen Zeitpunkt noch keine genauen Zahlen vor, was den fachfremd erteilten Unterricht in den einzelnen Schularten und -stufen betrifft[175]. Für Baden-Württemberg lässt sich feststellen, dass in der Grundschule ca. 80% (!) des Kunstunterrichts von nicht dafür ausgebildeten Lehrerinnen und Lehrern erteilt wird. Es verbietet sich, diese Kolleginnen und Kollegen dem Generalvorwurf auszusetzen, sie praktizierten einen Kunstunterricht, der den Kindern ein für alle Mal den Zugang zur Kunst verstelle. Es gibt aber einigen Grund zu der Vermutung, dass viele von ihnen in ihrer Unsicherheit und auch aus Unwissen und Bequemlichkeit auf konfektionierte Unterrichtshilfen zurückgreifen, die überwiegend einem überholten Konzept von Kunststunden verpflichtet sind. Ich habe das u.a. als Vater einer inzwischen zehnjährigen Tochter miterlebt und kann zumindest aus dieser Perspektive berichten, dass die Verwendung von Schablonen und Vorlagen sowohl im Kunstunterricht, als auch in anderen Unterrichten, wenn es im weitesten Sinne darum ging, etwas ansprechend zu gestalten, an der Tagesordnung war und die Ergebnisse der Kinder sich alle ziemlich ähnlich waren.[176]

Was Kolleginnen und Kollegen und die Vertreterinnen und Vertreter der an der Peripherie von Schule angesiedelten Institutionen, die kein Kunst- oder Kunstpädagogikstudium absolviert haben, über Kunst wissen, entzieht sich der oberflächlichen Betrachtung, und man ist auf die Deutung von Bemerkungen und kurzen Statements angewiesen. Ich will in diesem Zusammenhang gerne einräumen, dass es mir schwerer fällt, die Lobeshymnen auf die, großartige Kunst unserer Schülerinnen und Schüler' zu ertragen, wie sie im Rahmen von Preisverleihungen oder Eröffnungsfeiern von Schulkunstausstellungen gelegentlich zu hören sind. Man hüte sich in diesem Zusammenhang vor falschen Freunden, die mit einem Kunstbegriff operieren, unter dem mühelos alles integriert werden kann, was, sagen wir, vor 1890 entstanden ist und solchen, die in Sonntagsreden das Hohe Lied der Kreativität singen, um werktags von der umstandslosen Verfügbarkeit des Einzelnen zu profitieren. Die Unbedarftheit oder Unredlichkeit, die sich hier artikuliert, darf allenfalls peripher für den maroden Status des Kunstunterrichts verantwortlich gemacht werden.

Die vorläufig letzte Studie zur Evaluation der Schulleistung kommt u.a. zu dem Ergebnis, dass das deutsche System der Lehrerbildung erhebliche Defizite aufweist. Bemängelt wird vor allem die fehlende Verknüpfung der ersten und zweiten Phase, von Studium und Referendariat, und die Zuordnung der Lehrerschaft in berufsständische Gruppen. Dass Lehrerinnen und Lehrer in der Bundesrepublik in der Regel verbeamtet sind, wird ebenfalls kritisch bewertet, weil dies einer Professionalierung entgegenstünde.[177] Außerdem fehle den Lehrern ein verbindliches Berufsbild, sie seien weder Wissenschaftler im engeren Sinne, noch Pädagogen und insofern, so könnte man folgern, weder für die Hochschule noch für die Schule qualifiziert. Auch wenn es angeraten ist, den Methoden und Ergebnissen dieser vorläufigen Auswertung skeptisch zu begegnen, so ist dem kritischen Urteil aus meiner Sicht doch in wesentlichen Punkten zu folgen. Was die Situation am Übergang zwischen Hochschule und Referendariat betrifft, ist in der Tat festzustellen, dass die Inhalte und Methoden des Studiums in der zweiten, fachmethodisch orientierten Phase nur von bedingter Relevanz zu sein scheinen. Ich will nicht glauben, dass es immer noch Seminare gibt, an denen die Referendare aufgefordert werden, das an den Hochschulen Gelernte so schnell wie möglich zu vergessen, um sich nun dem Wesentlichen ‚unbeschwert' zuwenden zu können. Richtig ist, dass die Lehre an den Hochschulen, insofern sie sich als eine wissenschaftlich-fachdidaktische versteht, nicht jederzeit die spätere, konkrete Unterrichtssituation im Blick haben kann. Sie muss das Problem- und Aufgabenfeld Unterricht als ein Möglichkeitsfeld begreifen und in eine kritische Distanz treten zu allen gängigen Formen von Unterricht, sie muss Raum geben, das bisher Ungedachte oder Undenkbare zu denken und das für unmöglich Gehaltene wenigstens zu versuchen. Die wissenschaftliche Fachdidaktik produziert keine systemfähigen Pädagogen, die im Einklang stehen mit den traditionellen Konzepten von Schule und Unterricht, ihr Ziel muss es sein, mündige, zu konstruktiver Kritik und Eigenverantwortung, zu Kooperation und Innovation fähige Lehrerinnen und Lehrer zu bilden.[178] Die Seminare für Schulpädagogik können eigentlich nichts anderes wollen, auch wenn sie sich in ihrer Lehre mehr der bestehenden Schulpraxis verpflichtet sehen. Andererseits können Defizite bezüglich der didaktischen Dimension nicht umstandslos in einer Art Schnellbleiche nachgeholt werden.

Erhalten die Studierenden an den Pädagogischen Hochschulen[179] bereits ab dem zweiten Semester Einblick in die Schulen und die Gelegenheit, sich als Unterrichtende zu erproben, dauert es in den gymnasialen Lehramtsstudiengängen länger, bis die Studierenden mit Schule und Schülern im Rahmen von Praktika in Kontakt kommen. Obwohl diesbezüglich an Verbesserungen gearbeitet wird, besteht immer noch das Problem, dass Lehramtsstudenten zunächst als ‚reine' Wissenschaftler studieren und dahingehend ein ungefestigtes und perspektivisch nicht gesichertes Selbstbild entwerfen und diese Prägung in die spätere Berufstätigkeit mitnehmen. Eine Identifikation mit der Rolle des Vermittlers baut sich unter diesen Umständen, wenn überhaupt, nur langsam und oberflächlich auf. Für die Kunstakademien gilt im Wesentlichen Gleiches. Künstler scheint man nur in der Rolle des ‚freischaffenden' Künstlers zu sein, niemals in derjenigen des Kunstpädagogen.[180]

Lehrerinnen und Lehrer sind in der Bundesrepublik in Kasten eingeteilt: Es gibt die Kaste der Grund-, Haupt- und Realschullehrer, die dem gehobenen Dienst angehören und die Kaste der Gymnasiallehrer, die in der Laufbahngruppe des höheren Dienstes angesiedelt sind. Dazugerechnet werden können die Lehrer an Förderschulen, die wie die Gymnasiallehrer ein achtsemestriges Studium absolvieren und daher in die höhere Besoldungsstufe eingruppiert werden. Eine Besonderheit sind in Baden-Württemberg die Fachlehrer, die dem mittleren Dienst zugehören und ein höheres Stundendeputat zu unterrichten haben. Notwendigerweise entwickelt sich aus dem Vorhandensein von Kasten auch das passende Kastendenken. Analog zu den Schularten und deren Einschätzung in der öffentlichen Meinung bildet sich eine Art von Ranking ab, sowohl bezüglich der Schülerinnen und Schüler als auch hinsichtlich der dort jeweils unterrichtenden Lehrerinnen und Lehrer. Es ist vor diesem Hintergrund zu befürchten, dass eine Reform der Schule in Richtung einer Gemeinschaftsschule nach dem Vorbild skandinavischer Länder, selbst wenn sie auch für unsere Verhältnisse die beste aller möglichen Lösungen wäre, auch an den berufsständischen Interessen der im bestehenden Kastensystem Priviligierten scheitern könnte.

NEUE HERAUSFORDERUNGEN

Inzwischen sieht sich die Kunstpädagogik vor eine neue Aufgabe gestellt. Es ist das erklärte Ziel der politisch Verantwortlichen im Bund und in einigen Ländern, mit Hilfe einer Anschubfinanzierung die Zahl der Ganztagsschulen zu erhöhen. Will man den Bildern und Slogans glauben, die uns im Zusammenhang einer groß angelegten Werbekampagne der Bundesregierung in Zeitungen und von Plakatwänden entgegenkommen, so geht es darum, dass man ‚die Welt nicht an einem Vormittag erklären kann'. Auffällig dabei ist, dass das Foto eine Schülerin zeigt, die vor der Tafel steht und erklärend den Arm hebt, während ein Erwachsener, der Lehrer?, in der Bank sitzt und zuhört. Wenigstens erklärt hier nicht der Lehrer, was die Welt im Innersten zusammenhält, bei den Erklärungen allerdings bleibt es, man hat nur eben mal die Rollen getauscht. Vielleicht sind aber ganz andere Beweggründe für die Promotion der Ganztagsschule maßgeblich. Immerhin nimmt der Anteil der Erwerbsfähigen in den nächsten Jahren ab und bei Facharbeitern/innen und Akademikern/innen zeichnet sich schon heute in manchen Regionen ein Mangel ab. Sehr bald schon werden, eine weitgehend unveränderte wirtschaftliche Entwicklung vorausgesetzt, vor allem die Frauen in der Erwerbsarbeit benötigt, und in diesem Zusammenhang ist es von Bedeutung, wo die Kinder ‚aufbewahrt' werden, will man nicht einen weiteren Rückgang der Reproduktionsrate in Kauf nehmen. Ich formuliere diese Gedanken bewusst so salopp, weil, wenn es tatsächlich so wäre, dann ginge es bei der Förderung der Ganztagsschule gar nicht vorrangig um eine Erneuerung der schulischen Bildung, sondern um eine effektivere Nutzung der Ressource Mensch. Allzu finstere Gedanken ...? Erkennen wir an, dass es sich mit großer Wahrscheinlichkeit genau so verhält und machen wir das Beste daraus.

DAS ERGEBNIS EIGENER RECHERCHEN

Zunächst erscheint es mir bedeutsam herauszufinden, ob es an den bereits existierenden Ganztagsschulen Erfahrungen gibt mit dem Einbezug künstlerischer Strategien und in welcher Weise sich deren Integration auf die Verfasstheit der jeweiligen Schule ausgewirkt hat. Ich habe daher im Blick auf eine der offiziellen Gesprächsrunden des Symposiums eine Befragung zur Stellung und Funktion des Kunstunterrichts an Ganztagsschulen mittels eines eigens dafür entwickelten Fragebogens durchgeführt.

Gefragt wurde darin u.a. nach:

- den Formen, in denen Kunstunterricht erteilt wird (Bspw. als Unterricht im Klassenverband, in projekt- oder werkstattorientierten oder anderen ‚offenen' Unterrichtsformen),
- den Zeitrhythmen, in denen Kunstunterricht in der Regel erteilt wird,
- den Kooperationen mit außerschulischen Einrichtungen und deren Häufigkeit,

- den häufigsten Fächerkombinationen bei innerschulischen Projekten,
- der Bedeutung des Kunstunterrichts für das Selbstverständnis der Schule.

Zusätzlich wurde darum gebeten, ein aktuelles Unterrichtsvorhaben im Kunstunterricht zu beschreiben, das von den Betroffenen als besonders gelungen eingeschätzt wird. Außerdem sollten Angaben gemacht werden zur Schulart, zur Anzahl der Schülerinnen und Schüler, zur Größe des Kollegiums und zum Anteil des Kunstunterrichts am Gesamtunterricht. Mein Interesse ging vor allem dahin, herauszufinden, ob und in welcher Weise Kunstunterricht unter den Bedingungen des Ganztagsbetriebs stattfindet und ob es aufgrund der veränderten Organisationsabläufe Modelle oder Ansätze für eine an künstlerischen Prozessen orientierte Form des Kunstunterrichts gibt. Ich hielt dies für naheliegend, da nach meiner Einschätzung am ehesten in der Ganztagsschule die dafür notwendigen Freiräume und Notwendigkeiten vorhanden und gegeben sein sollten.

Direkt angeschrieben wurden 49 Ganztagsschulen in Baden-Württemberg. Ausgewählt habe ich aus insgesamt 129 Schulen mit Ganztagsbetrieb 35 Hauptschulen, fünf Schulen mit Hauptschul-, Realschul- und Gymnasialzug, drei Grundschulen, jeweils zwei Schulen mit Realschul- und Gymnasialzug, bzw. Hauptschul- und Realschulzug und jeweils eine Grund-/Hauptschule, eine Gesamtschule und ein Gymnasium. Über die Landesverbände des BDK sollten weitere Ganztagsschulen in anderen Bundesländern erreicht und in die Erhebung einbezogen werden. Von sieben Schulen in Baden-Württemberg erhielt ich die Fragebögen ausgefüllt zurück, sechs weitere aus anderen Bundesländern: Aus Hamburg drei und aus Berlin, Mecklenburg-Vorpommern und Schleswig-Holstein jeweils einen. Es versteht sich von selbst, dass auf dieser schmalen Basis von Daten keine allgemein gültigen Aussagen zur Stellung und Funktion des Kunstunterrichts an Ganztagsschulen gemacht werden können. Trotzdem will ich den Versuch unternehmen, das Ergebnis vor allem im Hinblick auf eine der Schwerpunktsetzungen des Symposiums, nämlich die Kooperation von Schule/Kunstunterricht und außerschulischen Institutionen/Personen, die im Bereich von Kunstproduktion oder Kunstvermittlung tätig sind, hier zusammengefasst darzustellen: Auf die Frage ‚Gibt es im Kunstunterricht Kooperationen mit außerschulischen Einrichtungen?' gaben acht Kolleginnen/Kollegen an, mit Museen zusammenzuarbeiten, wobei sich diese Zusammenarbeit in der Regel entweder auf den Besuch der Sammlungen oder die Inanspruchnahme der museumspädagogischen Dienste bezog. Es ergibt sich insofern ein bemerkenswertes Bild, als dass die übrigen Nennungen jeweils nur zwei-, bzw. einmal erfolgten: Einrichtungen der kulturellen Jugendbildung zwei, Banken zwei und Universität, Volkshochschule, Stadtarchiv, Kirchen und gewerbliche Einrichtungen jeweils eine. Zwei Schulen gaben an, keine Zusammenarbeit mit außerschulischen Einrichtungen zu praktizieren und einmal wurde mit einem pauschalen ‚Ja' geantwortet. Natürlich kann dieses Ergebnis nicht als repräsentativ gelten. Dennoch ist zu vermuten, dass Kunstunterricht, wenn er nicht in der Schule erteilt wird, am ehesten im Museum stattfindet. Neben naheliegenden Gründen, der Möglichkeit zu Begegnung mit originalen Kunstwerken oder Kulturzeugnissen, spielt vielleicht auch das inzwischen etablierte und an vielen Orten ausgebaute Angebot der museumspädagogischen Abteilungen eine bedeutsame Rolle, wo Unterricht nicht selten an deren Mitarbeiter delegiert werden kann. Interessant ist das Phänomen, dass, bis auf zwei Ausnahmen, kein Unterrichtsvorhaben als ein besonders gelungenes beschrieben wurde, das im Rahmen einer Kooperation mit außerschulischen Einrichtungen realisiert wurde. Bei den Ausnahmen handelt es sich um Projekttage, die in Zusammenarbeit mehrerer Schulen mit insgesamt fünf Einrichtungen der Kinder- und Jugendarbeit und ortsansässigen Künstlerinnen und Künstlern im Sommer 2003 in Stuttgart-Bad Cannstatt durchgeführt wurden.[181] Das zweite Beispiel ist ein Multimedia-Projekt an der Bettina-von-Arnim-Oberschule in Berlin, an dem Fotografen und Medienkünstler beteiligt waren. Freischaffende Künstlerinnen und Künstler treten als Kooperationspartner – mit den vorgenannten Ausnahmen – nicht in Erscheinung. Die Staudinger Gesamtschule in Freiburg hat bei der Realisierung ihres ‚Werkspielhauses' über einen Zeitraum von mehr als einem Jahrzehnt (von 1990 bis 2003) mit zahlreichen Institutionen und Einzelpersonen, darunter auch freischaffenden Architekten, kooperiert, dieses Projekt allerdings auf dem Fragebogen nicht angegeben. Möglicherweise hielt man das ‚Abenteuer Werkspielhaus' nicht für ein genuin künstlerisches Projekt und daher im Zusammenhang mit der Recherche für nicht relevant.[182] Bezüglich der Frage nach der Bedeutung des Kunstunterrichts für das Selbstverständnis der Schule ergibt sich kein eindeutiger Befund. Am ehesten kann auf der Grundlage der dazu gemachten Angaben noch angenommen werden, dass dem Kunstunterricht in dieser Hinsicht, zumindest seitens der Kunsterzieher selbst, keine besondere Relevanz beigemessen wird.

Das Ergebnis ist in zweierlei Hinsicht enttäuschend. Zum einen, weil die Resonanz auf die Befragung insgesamt gering war. Die Gründe, sich an einer Datenerhebung nicht zu beteiligen, sind vielfältig und sollen keiner Wertung unterzogen werden. Andererseits ist das Resultat deshalb ernüchternd, weil sich der Eindruck andeutet, dass Kunstunterricht unter den Bedingungen des Ganztagsbetriebs und dessen Anforderungen nicht wesentlich anders organisiert wird, als an Schulen mit Vormittagsunterricht. So gab es weder klare Hinweise auf offene Werkstattangebote außerhalb des Regelunterrichts noch auf die Entwicklung und Erprobung von didaktisch fundierten Konzepten für Kooperationen schulischer und außerschulischer Institutionen, die über die gängige Praxis von mehr oder weniger regelmäßigen Museumsbesuchen hinausgingen. Sicherlich, es gibt eine ganze Reihe von z.T. sehr aufwändigen Vorhaben, die weit über das Übliche hinausgehen, das Schülerinnen und Schüler vom Kunstunterricht normalerweise zu erwarten haben. Es gibt Schulen, in denen das ‚Ästhetische', sogar das ‚Künstlerische' möglicherweise nicht nur eine Applikation, sondern entweder fundamental oder temporär eine Haltung und eine Methode ist[183], aber dabei handelt es sich um Ausnahmen von der Regel, die mit dem Hinweis entweder auf die Besonderheit der Situation oder auf den überdurchschnittlichen Arbeitseinsatz der beteiligten Kolleginnen und Kollegen als solche charakterisiert sind und nicht unbedingt die Nachahmung nahelegen. Es darf nicht übersehen werden, dass die notwendigen, erheblichen Veränderungen u.a. im Selbstbild und Selbstverständnis der Lehrerschaft von Maßnahmen flankiert sein müssen, die es den Lehrerinnen und Lehrern ermöglichen, sich mehr als bisher mit ihrer Aufgabe und dem Arbeitsplatz Schule zu identifizieren[184]. Zahlreiche Vorschläge dazu wurden im Zusammenhang mit dem Pisa-Debakel gemacht.[185] Schule und Unterricht, auch Kunstunterricht, sind nicht alleine die Angelegenheit der berufsmäßig mit ihr Befassten oder von ihr als Schüler oder Eltern Betroffenen, sondern sie stellen eine gesamtgesellschaftliche Aufgabe dar. Die notwendigen Reformen erstrecken sich in viele Politikfelder hinein. Es ist eine Binsenweisheit, dass die einzelnen Problembereiche auf das Engste miteinander verzahnt sind. Anpassungen sind überfällig im Dienst- und Arbeitsrecht, in der Steuergesetzgebung und in der Sozialpolitik.

Wir müssen uns darüber klar werden, welche Bildungskultur wir wollen und wieviel Geld wir bereit sind, dafür aufzubringen. Eine Reform des Kunstunterrichts muss Hand in Hand gehen mit einer Reform der Schule. Dabei sollten wir nicht den Fehler begehen, von den Kunstlehrern zu erwarten, dass sie diese gewaltige Aufgabe womöglich ganz alleine und auf sich gestellt in die Wege leiten. Weder ist ein sachgemäßer Kunstunterricht unter den Bedingungen einer Verwaltung des Status quo möglich, noch kann an ihm allein die Schule genesen. Es bedarf der gemeinsamen Anstrengung aller an diesem notwendigen Prozess Beteiligten, um die ersten Schritte zu tun und die Reform in Gang zu halten. Eine der Voraussetzungen dafür ist, dass die Schule insgesamt als eine Art Baustelle begriffen wird, deren Verfasstheit immer wieder neu ausgehandelt werden muss[186]. Eine solche Schule ist aufgrund ihrer immanenten Unfertigkeit sowohl in ihrer baulichen Struktur, als auch in ihrer inhaltlichen Ausrichtung und Organisation offen für Transformationsprozesse. Dafür kann die Kunst als Methode und Prozess Modelle erarbeiten und bereitstellen. Indem sie das ‚Unwahrscheinliche'[187] als das Denkbare und Mögliche in ihrer Praxis antizipiert, indem sie radikale Subjektivität zulässt und sie gleichzeitig dem Druck des öffentlichen Diskurses aussetzt, liefert sie Anhaltspunkte für eine Weiterentwicklung des Erfahrungs- und Erkenntnisorts Schule. Was dabei riskiert wird, ist der offene Ausgang, nicht mehr und nicht weniger. Eine billige Indienstnahme von einzelnen Elementen künstlerischer Strategien für anderweitig bereits Ausgedachtes und Determiniertes, die Funktionalisierung also, ist unmöglich. Wenn man in diesem Sinne der Kunst mehr als nur die Erledigung peripherer Aufgaben zutraut und zuweist, unternimmt man gleichsam eine Expedition in unvertrautes Gelände, denn nicht nur die ‚Baustelle' wird sich ständig verändern, sondern die Kunst selbst ist sowohl ihrer Natur nach, als auch reaktiv Wandlungen unter-

Abb.1: Hüttenarchitektur auf dem Werkspielplatz der Staudinger Gesamtschule in Freiburg

Abb.2: Vorstellung der Ergebnisse der Planungsphase durch Schülerinnen und Schüler im Rahmen einer Pressekonferenz

Abb.3: Das Werkspielhaus der Staudinger Gesamtschule kurz vor der Fertigstellung im Mai 2003

worfen. Eine Schule, die mehr sein will als eine Belehr-, Beschäftigungs- und Verwahranstalt mit dekorierten Wänden wird sich auf dieses Risiko einlassen. Kunstpädagogen können ihren Beitrag dazu leisten, wenn sie sich als professionelle und engagierte Forscher erweisen, die mit Witz und Verwegenheit – frei nach Adorno – das Unmögliche in der Kunst möglich machen.

‚ABENTEUER WERKSPIELHAUS' – EIN PROJEKT DER STAUDINGER GESAMTSCHULE IN FREIBURG

Tatsächlich könnte man es für unmöglich halten, dass Schülerinnen und Schüler gemeinsam ein Haus bauen. Wenn man ein solches Vorhaben mit all seinen Implikationen bedenkt, erscheint es ganz und gar ausgeschlossen, dass Kinder und Jugendliche in der Lage sind, die Kompetenzen und die Ausdauer zu versammeln, die notwendig sind, um ein in allen Teilen funktionsfähiges Gebäude herzustellen. Zunächst wird es den Kolleginnen und Kollegen der Staudinger Gesamtschule in Freiburg/Brsg.[188] Ebenso gegangen sein, als sie die Entscheidung für den Bau eines winter- und wetterfesten Werkspielhauses trafen. Zwar waren die Schülerinnen und Schüler auf dem Gelände des Werkspielplatzes bereits seit längerem als Bauhandwerker tätig, die von ihnen aus Balken und Latten errichteten Behausungen erfüllten aber kaum die für ein Schulgebäude unumgäglichen Anforderungen an Statik und Betriebssicherheit (Abb.1)[189]. Es waren folglich deren funktionale Mängel, die schließlich den Wunsch entstehen ließen, ein festes und für unterschiedliche Aktivitäten ganzjährig nutzbares Haus zu errichten. Zu diesem Zweck bildete man 1990 eine erste Planungsgruppe, der eine Architektin, ein Sozialpädagoge und drei Lehrer der Schule angehörten und die zunächst ohne eine Beteiligung der Schülerschaft einen Vorschlag erarbeitete. Zwei Jahre später entschied man sich dann für ein mehrstufiges Verfahren, in dem den Schülerinnen und Schülern ein sehr weitreichendes Mitsprache- und Mitgestaltungsrecht eingeräumt wurde. In einem ersten Schritt verständigte man sich auf unumstößliche und für alle geltende Standards, u.a. darauf, dass außer der Schülerschaft alle am Schulleben beteiligten Gruppen und Kräfte von Anfang an in den Prozess einzubinden sind und dass die schließlich reali sierte Architektur offen zu sein hat für die Veränderungswünsche späterer Schülergenerationen und Anpassungen zulässt, die sich aus gewandelten pädagogischen Einsichten notwendigerweise ergeben. Die Finanzierung des Vorhabens sollte in allen Phasen, vom Engagement der gesamten Schule getragen, durch Geld- und Sachspenden und Eigenarbeit sichergestellt werden. Dieses aufwändige Planungs- und Realisierungsverfahren vollzog sich in mehreren, aufeinander bezogenen Phasen: Nach einem allgemeinen Ideenwettbewerb konnten die Schülerinnen und Schüler Zeichnungen, Pläne und Modelle anfertigen, die von einer Jury begutachtet, bewertet und kommentiert wurden. Das Ergebnis dieser Auswahl wurde in einer Pressekonferenz von den Schülern der Öffentlichkeit vorgestellt (Abb.2). Auf dieser Grundlage entwickelte die Planungsgruppe ein elaboriertes Modell, das für die weitere Realisierung bestimmend war. Ein Architektenteam aus Freiburg übernahm die baurechtliche Abwicklung. Im Januar 1994 erfolgte die Baufreigabe, die Grundsteinlegung war am 17. März des selben Jahres und das Richtfest für den ersten Gebäudeabschnitt, das Werkhaus, wurde bereits im Juli 1994 gefeiert. Die Übergabe des gesamten Komplexes, er umfasst das Werkhaus und das angrenzende Spielhaus mit einer überbauten Grundfläche von zusammen ca. 300 m^2, fand im Juli 2003 statt. Die Stadt Freiburg ist als Eigentümerin für dessen Unterhalt zuständig, die Verwaltung liegt in den Händen der Schule, und das Nutzungsrecht haben die Schülerinnen und Schüler (Abb.3)[190].

SCHULHAUSARCHITEKTUR ALS KUNST

An sich ist es nichts Außergewöhnliches, wenn eine Schule einen Erweiterungsbau erhält, zumindest war dies so in den Zeiten, als die Schülerzahlen z.T. sprunghaft angestiegen sind und die ‚alten Gemäuer' aus allen Nähten platzten. Mit der Planung und Realisierung waren i.d.R. die Hochbauämter der zuständigen Körperschaften, der Städte und Gemeinden, befasst. Das unter deren Verantwortung Gebaute zeugt selten von einer besonders visionären Vorstellung von Schule. Es war einerseits die Ökonomie, die im wörtlichen und übertragenen Sinne des Wortes maßgeblich war, andererseits folgten die Größe und Anordnung der Räume dem tradierten Konzept von Unterricht als frontaler Belehrveranstaltung. Die späteren Nutzer, Lehrer und Lehrerinnen und vor allem die Schüler und Schülerinnen wurden selten oder nie in die Planung einbezogen, Entscheidungen, die einmal getroffen waren, konnten von dieser Seite, wenn überhaupt, nur sehr eingeschränkt beeinflusst werden. Offensichtliche Fehler, wie übergroße und schlecht beleuchtete Flure etwa, sollten oder durften mancherorts mit Hilfe kosmetischer Maßnahmen nachträglich kaschiert werden. Wem diese Aufgabe normalerweise übertragen wurde, ist unschwer zu erraten. Der Kunst war es gestattet, sich an den Stellen zu bewähren, an denen andere kläglich versagt hatten. Schule ohne Kunst ist eine zutiefst inhumane Schule, denn sie negiert das elementare Bedürfnis nach Mitbestimmung und Teilhabe, sie verweigert den Vorschein des noch nicht Eingelösten, des ‚Schönen' im ‚Unschönen', des ‚Besseren' im ‚Schlechten'[191]: In der Tat, eine Schule, die sich erst auf die Möglichkeiten der Kunst besinnt, nachdem sie sich in ihrer äußeren Verfasstheit bereits konstituiert hat, ist unmenschlich, weil sie die ihr Anvertrauten in ein starres, versteinertes Korsett zwängt, in dem dann zwangsläufig Abwehrmechanismen mobilisiert werden. Kinder und Jugendliche vor allem, die zu keinem Zeitpunkt den Eindruck gewinnen konnten, sie seien in irgendeiner Weise nach ihren Wünschen und Bedürfnissen gefragt, werden die Räume und ihre Einrichtung als Teil einer ihnen aufgezwungenen Fremdbestimmung wahrnehmen und sich gegen sie wenden. Es vollzieht sich auf destruktive Weise, was im Konstruktiven nicht eingefordert und nicht möglich war. Architektur ist in diesem Sinne ein essenziell künstlerisches Problem, denn es geht beim Bauen um nichts Geringeres, als um die Schaffung von Lebens-Räumen. Ich denke, es kann aus dieser Disposition heraus leicht nachvollzogen werden, dass das ‚Abenteuer Werkspielhaus' als ein künstlerisches Projekt gelten kann, nicht wegen der in ihm zur Anwendung gekommenen technisch-handwerklichen Verfahren, sondern seinem Wesen nach. Was immer die erste Planungsgruppe dazu bewogen haben mag, das Verfahren zu erweitern und die Schülerinnen und Schüler mit ihren Wünschen, Ideen, Möglichkeiten und Potenzialen von der Peripherie ins Zentrum zu holen und damit zu Bauherren ihres schulischen Lebensraums zu machen, diese Entscheidung jedenfalls markiert den Schritt hinein in die Sphäre des Künstlerischen.

ANMERKUNGEN

[158] vgl.: Glas, A.: *Pisa und die kunstpädagogische Legitimations-Praxis.* In: KUNST + UNTERRICHT, Heft 278, 2003.

[159] ders.

[160] In seinem Schlusswort zum ersten Kunsterziehertag 1901 in Dresden war Alfred Lichtwark sehr daran gelegen, die Proportionen aus seiner Sicht wieder zurechtzurücken, indem er formulierte: „Wir haben das Problem der künstlerischen Erziehung vom Standpunkt des Erziehers, des Volkswirts und des Künstlers so eingehend verhandeln hören, dass es geboten scheint, den Standpunkt in der Nähe mit einem weiteren Abstand zu vertauschen, damit sich uns die Größenverhältnisse nicht verschieben. ... In Wirklichkeit bedeutet die künstlerische Erziehung doch nur eine Provinz in dem großen Reich der Gesamterziehung unseres Volkes, für die wir neue Grundlagen zu suchen und auszubauen die Pflicht haben." In Schaar, E. (Hg.): *Alfred Lichtwark. Erziehung des Auges.* Frankfurt/M. 1991, S.120.

[161] vgl.: Peez, G.: *Einführung in die Kunstpädagogik.* Stuttgart 2002, S.66.

[162] Pfennig, R.: *Gegenwart der bildenden Kunst – Erziehung zum bildnerischen Denken.* Oldenburg 1967.

[163] ebenda, S.192.

[164] ebenda, S.186.

[165] vgl.: Selle, G.: *Das Ästhetische Projekt.* Unna 1992, S.129 f..

[166] Die schädlichen Nebenwirkungen, die der Zwang zur Bewertung in Form von Ziffernnoten verursacht, reichen tief hinein die Substanz des Unterrichts, bzw. er ist diesbezüglich von einer determinativen Qualität.

[167] Das Land Niedersachsen hat die ‚begabungsgerechte' Trennung der Kinder nach Klasse 4 entsprechend dem Vorbild Baden-Württembergs wieder eingeführt. Diese Entscheidung steht im Widerspruch zu den Erkenntnissen der internationalen Vergleichsstudien, vgl.: Klemm, Lange, von der Heide: *Die Bilanz des Schreckens.* In: DIE ZEIT vom 04.12.2003.

[168] Ebenso kann man fragen, warum die Schule ihre Lehrerinnen und Lehrer am Ende ihrer täglichen Unterrichtsverpflichtung mit dem Auftrag entlässt und allein lässt, am häuslichen Arbeitsplatz mit selbst finanzierten Apparaten ihren eigenen Unterricht zu evaluieren und vorzubereiten, Schülerleistungen zu bewerten und sich in der Öffentlichkeit allein für den angeblich arbeitsfreien Nachmittag zu rechtfertigen.

[169] Seneca, L. A. (4 v. – 65 n.Chr.): *Epistulae morales.* 106, 12. Im Zusammenhang lautet das Zitat: „Eine klare Sache ist es, weise zu werden, nein, eine einfachere: wenig Wissenschaft braucht man für eine sittliche Lebenshaltung, doch wir verzetteln uns ins Überflüssige – wie das übrige, so die Philosophie selbst. Wie in allen Dingen, so auch in der Wissenschaft leiden wir an Maßlosigkeit: nicht für das Leben, sondern für die Schule lernen wir ..." Zitiert aus: Rosenbach, M. (Hg.): *Seneca, L. A.. Philosophus.* Bd. 4. Darmstadt 1999, S.627.

[170] vgl.: Spitzer, M.: *Lernen – Gehirnforschung und die Schule des Lebens.* Heidelberg 2002.

[171] In diesem Zusammenhang erscheint es mir wenig hilfreich, wenn in der aktuellen Diskussion die Kunstproduktion der gesamten ‚Moderne' in Bausch und Bogen als Ideengeberin und Verursacherin sämtlicher politischer Verirrungen und Katastrophen des 20. Jh. diffamiert wird und Kunstpädagogen, die eine enge Anlehnung an die Methoden der Kunst, auch diejenigen der noch nicht kanonisierten, zeitgenössischen suchen, mit dem Vorwurf des Sektierertums verbal ausgegrenzt werden. Hier wünschte man sich etwas mehr Sachlichkeit und weniger Geschichtsvergessenheit.

[172] In Gesprächen mit Kolleginnen und Kollegen wurde mir immer wieder glaubhaft vermittelt, dass die Bereitschaft zur Durchführung interdisziplinärer Projekte zwar vorhanden, eine Realisierung allerdings nur unter Inkaufnahme zusätzlicher Arbeitszeit möglich sei. Man kann sich darüber mokieren, dass Lehrkräfte nicht bereit sind, im Dienst einer guten Sache Überstunden zu machen. Solange das Lehren und Lernen allerdings notwendig die Bereitschaft der Lehrenden zu einem ‚ehrenamtlichen' Engagement voraussetzt, sollte man sich über mangelnden Eifer nicht beklagen.

[173] Künstlerinnen und Künstler befinden sich n. m. E. diesbezüglich häufig in einem Dilemma: Einerseits wollen sie die Grenzen dessen, was als ‚Kunst' konsensfähig ist, überschreiten oder gänzlich ignorieren, man sagt i.d.Z., es interessiere nicht, ob es Kunst oder Nicht-Kunst/nicht Kunst sei, was man mache, man mache es, weil man es für richtig, notwendig, interessant etc. halte. So ganz überzeugen mich diese Zurückweisungen nicht. Für jemanden, der im inzwischen weit gesteckten Feld der Kunst auftritt, ist es wenigstens auf halber Strecke, bestimmt am Ende eines Weges, wichtig, im Betriebssystem Kunst doch als Künstler erkannt zu werden und nicht als ‚Angestellter' oder ‚Beamter' oder ‚Sozialarbeiter', auch wenn Gegenteiliges behauptet wird.

[174] Kunsterzieher und Kunstdidaktiker können es sich naturgemäß nicht ganz so einfach machen, aber auch sie haben ihre ‚blinden Flecken' und artikulieren ihre Vorbehalte gegenüber einer Kunst, die allzu offen und übergreifend Normgrenzen negiert. Gerne wird in diesem Zusammehang auf die Äußerung Karlheinz Stockhausens zum Terrorangriff auf das WTC in New York hingewiesen, die als ein Exempel für die generell mangelhafte moralische und ethische Fundierung der Kunst geltend gemacht wird. Niemand macht sich mehr die Mühe, die gewiss schwer erträgliche Einlassung Stockhausens im vollen Wortlaut zu zitieren und im Kontext seiner esoterischen Kunstphilosophie zurückzuweisen, es genügt inzwischen ein einfacher Verweis, um mit seiner Person die gesamte Kunst der Moderne auf die Anklagebank zu befördern.

[175] Der Anteil fachfremd erteilten Unterrichts dürfte generell in den Grundschulen höher anzusetzen sein als in den so genannten weiterführenden Schulen, in denen das Fachlehrerprinzip vorherrscht.

[176] Was den Einsatz von Unterrichtshilfen in Form vorgefertigter Materialien betrifft, fehlen meines Wissens gesicherte Daten bezüglich ihrer konkreten Verwendung. Diese reicht wahrscheinlich von der ungeprüften Adaption bis zum Einsatz einzelner Elemente in einem auf die konkrete Situation hin angepassten Konzept. Die in Fluren und Treppenhäusern von Schulen ausgestellten Schülerarbeiten legen den Schluss nahe, dass im betreffenden Kunstunterricht

Themen gestellt wurden, die von allen Kindern mit den gleichen Medien und in den gleichen Verfahren bearbeitet werden mussten.

[177] OECD-Studie: *Attracting, Developing and Retaining Effective Teachers*; vgl. dazu: *Marionetten an der Tafel*. In: DIE ZEIT, vom 04.12.2003.

[178] Es ließen sich hier noch weitere Eigenschaften und Qualifikationen ergänzen, die Studierende am Ende eines auf die Lehrtätigkeit an einer Schule abzielenden Studiums erworben haben sollten: Eigensinn und Fähigkeit zu Selbstkritik, Neugierde und Offenheit, Toleranz und Einfühlungsvermögen und vor allem den Drang zur und die Lust an der Selbstbildung.

[179] Für Studierende an den Pädagogischen Hochschulen in Baden-Württemberg ist das schulpraktische Studium im Rahmen von insgesamt fünf Praktika/Blockpraktikum 1 und 2, ein allgemeines und zwei Fachpraktika – ab dem zweiten Semester verbindlicher Teil ihrer Studienleistungen.

[180] Wie mächtig diese Zuschreibungen sind, konnten die Teilnehmer und Zuhörer der Diskussion im Rahmen des Gesprächsforums ‚Künstlerische Projekte in Schule und außerschulischen Einrichtungen' beim Symposium Mapping Blind Spaces erfahren. Dort wurde nämlich den ‚Kunstpädagogen' vonseiten einzelner der anwesenden ‚Künstler' glatt die Kompetenz abgesprochen, über Kunst zu reden, geschweige denn Kunst zu machen. Andererseits wird auch von Kunstpädagogen bestritten, dass Kunstunterricht eine Praxisform von Kunst sein kann, bzw. es wird angezweifelt, dass eine solche Disposition überhaupt sinnvoll ist.

[181] Cannstatter Kinderkunsttage 2003; nähere Informationen unter www.kinderkunsttage.de

[182] Nach meiner Einschätzung muss man nicht einmal den ‚Erweiterten Kunstbegriff' oder die Idee von der ‚Sozialen Plastik' bemühen, um das Projekt der Staudinger Gesamtschule als ein in der Tendenz künstlerisches zu identifizieren, gemessen an diesen Maßstäben ist es sowohl im Ansatz als auch in der Realisation ein solches.

[183] Ich beziehe mich auf die Vorstellung der Theodor-W.-Adorno Schule in Elze und der Braunenberg GHWRS in Aalen-Wasseralfingen auf dem Symposium Mapping Blind Spaces im Oktober 2003.

[184] Zwingend erforderlich ist es in diesem Zusammenhang, dass diejenigen Tätigkeiten und Aufgaben, die bisher am häuslichen Schreibtisch erledigt werden, in der Schule an einem dafür geeigneten, d.h. weitgehend individualisierten Arbeitsplatz ausgeführt werden können. Dafür müssen den Kolleginnen und Kollegen Räume und Medien zur Verfügung gestellt werden.

[185] vgl.: ZEIT dokument 3.2002. *Schock für die Schule – Die Pisa-Studie und ihre Folgen*. Hamburg 2002.

[186] Ausführlich habe ich diesen Gedanken dargestellt in meinem Aufsatz *Der Kunstunterricht als Baustelle* in BDK-Mitteilungen 3/02.

[187] vgl. Maset, P.: Kunstpädagogik als Praxisform von Kunst. In: Buschkühle, C.-P. (Hg.): *Perspektiven künstlerischer Bildung*. Köln 2003.

[188] In der Staudinger Gesamtschule werden ca. 1250 Schülerinnen und Schüler von insgesamt 128 Kolleginnen und Kollegen, davon 9 Kunsterzieher im Ganztagsbetrieb, unterrichtet (Stand: 10/2003). Sie hat, bedingt durch das Gesamtschulangebot, einen hohen Anteil an handwerklich und hauswirtschaftlich ausgerichtetem Unterricht. Innerhalb des Wahlpflichtbereichs ab Klasse 9 kann auch das Fach Kunst mit 4 WSt. gewählt werden.

[189] Die Fotografien sind der CD-ROM *Abenteuer Werkspielhaus* entnommen, die 2003 von Siegbert Quitzsch zusammengestellt wurde.

[190] Die zusammefassende Darstellung des Projekts stützt sich im Wesentlichen auf die Informationen, die mir S. Quitzsch, Kunsterzieher an der Staudinger Gesamtschule, freundlicherweise hat zukommen lassen.

[191] vgl.: *Ästhetik als Korrektur von Alltag*. In: www.nibis.ni.schule.de~adorno/1kunst.htm

VOM EINZELPROJEKT ZUM DIENSTLEISTUNGSKONZEPT JUGENDKUNSTSCHULEN ALS PARTNER DER GANZTAGSSCHULE

Peter Kamp, Simone Schmidt-Apel, Claudia Hefer-Hartmann, Mechthild Eickhoff, bjke

Nach einer aktuellen Statistik sind 80% der Bundesbürger für die Einführung der Ganztagsschule. Kein zweites Vorhaben der Bundesregierung dürfte sich derzeit ähnlich breiter Akzeptanz erfreuen. Pisa und die Bildung, die Vereinbarkeit von Familie und Beruf und selbst demographische Grundsatzfragen (aktuelles Stichwort: Überalterung bzw. „Methusalem-Komplott") spielen hierbei eine Rolle. Insofern hat – vor aller Inhaltlichkeit – die Kombination von „Bildung und Betreuung" aus einer Hand per se ‚Zukunft'. Die Bundesregierung aber will mehr: In einer bundesweiten Anzeigen-, Plakat- und Internetkampagne verspricht sie unter dem Slogan „Ganztagsschulen. Zeit für mehr",

- mehr Qualität im Unterrricht,
- mehr Zeit für individuelle Förderung,
- mehr Raum für Erlebnisse,
- bessere Bildung und damit
- mehr Chancen für unsere Kinder, denn:

„Die Welt erklärt man nicht an einem halben Tag". Nun sind „Welterklärung" und „Weltwissen" (Donata Elschenbroich) an Erfahrungsprozesse und Lernverläufe geknüpft, deren prädestinierter Ort nicht unbedingt und nachweislich auch nicht in erster Linie das im 45-Minuten-Takt aufzusuchende und zu verlassende Klassenzimmer ist. Die pädagogische Herausforderung an den neuen Bildungsträger „Ganztagsschule" besteht insoweit darin, das Verhältnis von „Regel" und „Ausnahme" möglichst umfassend neu zu definieren. Gefordert ist somit *Mut zum Ausprobieren neuer Balancen*.

Jugendarbeit und Schule können hier neue Kooperationsbeziehungen eingehen, deren Potenzial Gegenstand einer ersten *Recherche* war, die der Bundesverband der Jugendkunstschulen und Kulturpädagogischen Einrichtungen e.V. (bjke) im 2. Halbjahr 2003 unter seinen Landesverbänden und -vertretungen in allen Bundesländern durchgeführt und im Frühjahr 2004 exemplarisch aktualisiert hat.

Jugendkunstschulen und kulturpädagogische Einrichtungen (bundesweit etwa 400), die seit knapp 40 Jahren in der Bundesrepublik ein eigenständiges Einrichtungs- und Angebotsprofil entwickeln, haben schon immer ein enges Verhältnis zur Schule unterhalten, und zwar in dreierlei Hinsicht: Als Jugendkunst*schulen* legen sie (erstens) Wert darauf, ein strukturiertes Lern- und Bildungsangebot in Breite und Tiefe (Verweildauer, Intensität, ggf. Berufsorientierung) vorzuhalten. Als *außerschulische* Jugendbildungseinrichtungen sind sie (zweitens) zugleich signifikant anders als Schule: freiwillige Teilnahme, eigenes Bildungsverständnis, Verzicht auf Benotung, Multimedialität, Subjekt- und Lebensweltorientierung über Fächergrenzen hinweg sind einrichtungsspezifische Unterschiede. Aus der Differenz hat sich (drittens) historisch eine intensive *Kooperationspraxis* entwickelt, nicht zuletzt deshalb, weil Jugendkunstschulen vieles von dem strukturiert anbieten konnten, was in der Regelschule nicht oder kaum Fuß gefasst hat: Vor allem die Vielfalt aller Kunstsparten, die jeder und jedem den Zugang zu ihren oder seinen Neigungen und Begabungen individuell erschließen will und kann. Diese intensive Kooperationspraxis schlägt sich quantitativ darin nieder, dass

a) Schulen die meistgenannten Kooperationspartner sind (7 von 10 JKS kooperieren mit Schulen),
b) etwa jedes vierte Jugendkunstschulangebot in Kooperation mit Schule oder Vorschule realisiert wird,
c) der Kooperationsinhalt von gemeinsamen Projekten (70%), gemeinsamer Raumnutzung (45%) und gezielten Qualifizierungsveranstaltungen (gut 20%) geprägt wird[192].

Diese intensive Vernetzung mit anderen Bildungsorten (übrigens auch mit Jugend- und Kultureinrichtungen[193]) hat in der Jugend- und Bildungspolitik von Bund und Ländern schon immer hohe Förderpriorität gehabt. Als Geburtsstunde der bundesdeutschen Jugendkunstschulentwicklung kann der in NRW angesiedelte BLK-Modellversuch 1975 bis 1979 gelten, dessen Titel die Verknüpfung heterogener Bildungsorte programmatisch zum Ziel erhebt: „Programm für die Zusammenarbeit unterschiedlicher Lernorte: Kindertagesstätten und Schulen, mit Jugendkunstschulen in NRW." Konzeptionell ist Jugendkunstschule insoweit auf den Kooperationspartner Schule gut vorbereitet, wobei das spezifische Potenzial gerade in dem liegt, was Jugendkunstschule von Schule unterscheidet.

Die bildungspolitische Kooperationsherausforderung im Horizont Ganztagsschule liegt somit aus Sicht der kulturellen Bildung vor allem darin, *diese spezifische Differenz produktiv zu machen*: also nicht nur längere Schulzeit, sondern auch andere Bildung. Organisatorisch markiert der Aufruf zur flächendeckenden Entwicklung von Ganztagsschulkonzepten gleichwohl eine spezifisch neue Herausforderung auch für Jugendkunstschulen, die Kurt Eichler am neu zu gewichtenden Verhältnis von Ausnahme (Einzelprojekt) und Regel (kontinuierliches Angebot) festmacht: „Bei der bisherigen Kooperation zwischen kulturpädagogischen Einrichtungen und Schulen überwiegen kurzfristige und oft singuläre Maßnahmen. Für verlässliche, d.h. kontinuierliche und langfristige Bildungsangebote in den Schulen ist dieser Ansatz nicht ausreichend. Neben die bestehenden Angebotsformen müssen daher verstärkt kulturpädagogische Curricula und Programme treten, die den Erfordernissen der offenen Ganztagsschule Rechnung tragen und einem integrierten (schul- und kultur-) pädagogischen Ansatz folgen." (Eichler, in bjke 2003)

Das Potenzial des Bildungsorts *„Jugendkunstschule"* für den Kooperationspartner Schule besteht vor allem darin, dass hier ein *außerschulischer Partner mit ausgewiesener Bildungskompetenz und Fachkräftepool in allen Kunstsparten* für die Konzeption individueller Kooperationsmodule gewonnen werden kann. Aktuelle Kooperationstypen sind unter anderem:

a) Integriertes Angebot (Vormittagsunterricht); Beispiel „Musische Bildung in der Grundschule" der städtischen Musik- und Kunstschule Schwedt (Brandenburg) an der Bertolt-Brecht-Grundschule, die im Vormittagsbereich ansonsten fehlende kulturelle Bildungsinhalte verankert (gebührenpflichtig, hier nicht im Detail vorgestellt).

b) Dezentrale Angebote für Schulklassen in den Fachräumen der Jugendkunstschule; Beispiel: Kunstschule Potsdam, Brandenburg (offen 8 bis 21 Uhr), thematische Kleingruppen, jeweils von 1 Künstler/in betreut, Qualifizierungsangebote für Lehrer möglich (s.u.).

c) Projektbaustein als Element der Ganztagsschule: Wird bundesweit angeboten, Einzeleinrichtungen haben sich (wie beispielsweise Quartier e.V. in Bremen) auf entsprechende Komplettangebote spezialisiert, die aufgrund des befristeten Charakters von Regelprojekten jedoch vor eigenen Herausforderungen in der Gewährleistung der GTS-Kontinuität stehen. (Hier nicht vorgestellt, exemplarisch unter www.quartier-bremen.de)

d) Offenes Regelangebot im Nachmittagsbereich als Kooperationsmodul einer additiven GTS-Konzeption, je nach Infrastruktur gebührenpflichtig oder gebührenfrei, Schule stellt Raum/Räume, Schule bzw. Schulträger stellt Honorar- und Sachmittel. S.u., Beispiel Dortmund (Jugendkunstschule im balou e.V.), NRW.

e) Ganzheitliches, strukturiertes Bildungsangebot aus einer Hand: Beispiele: Jugendkunstschule im Kreativ-Haus e.V., Münster; Kulturpädagogisches Jahresprojekt „Revue" des kulturpädagogischen Dienstes Akki e.V. (Aktion und Kultur mit Kindern, Düsseldorf) an zwei Duisburger GTS-Grundschulen.

Übergreifender Gesichtspunkt der Recherche war die Frage, ob und inwieweit kulturelle Bildung als Zweck und als Mittel das bestehende Bildungsangebot der Schule ergänzen, erweitern und bereichern kann. Dies berührt Grundsatzfragen zu den konzeptionellen, institutionellen, bundes- und landespolitischen Rahmenbedingungen, die hier nicht erörtert werden können.

Gegenstand der bundesweiten Recherche des bjke war die Frage, ob und inwieweit „Ganztagsschule"

a) konzeptionell/inhaltlich,
b) strukturell/organisatorisch,
c) strategisch

Thema und Gegenstand der Verbandspolitik und der Konzeptentwicklung der Mitgliedseinrichtungen in den Bundesländern war. Erfragt wurden u.a. die Handlungspriorität in der Verbandspolitik (hoch/mittel/niedrig), die Kooperationsprofile nach Typ (Ange-

Projektarbeit Grundschule Duisburg-Beek

botsform) und Partner (Schulform), besonders aktive Einrichtungen sowie ein Trend zur Bedeutung des Themas. Der Rücklauf aus ausgewählten Landesorganisationen spiegelt enorme Entwicklungsunterschiede wider, die nicht nur (aber auch) mit den landespolitischen Rahmenbedingungen zusammenhängen, sondern auch mit der Handlungsfähigkeit der jeweiligen Landesverbände: Hohe Priorität signalisieren die Länder Brandenburg, Mecklenburg-Vorpommern, Nordrhein-Westfalen, Rheinland-Pfalz und Sachsen, mittlere die Landesorganisationen in Bremen, Baden-Württemberg, Bayern, Hessen, Niedersachsen, Saarland und Thüringen. In allen Ländern gibt es besonders aktive Einrichtungen, von denen hier nur eine kleine Auswahl vorgestellt werden kann, die sich auf die Länder Brandenburg und Nordrhein-Westfalen konzentriert und das og. Typenspektrum „Vom Einzelprojekt zum Dienstleistungskonzept" standortbezogen auffächert. Bei etwa 100 laufenden Kooperationsvorhaben bedeutet dies nicht, dass die ausgewählten Einrichtungsbeispiele typisch für zugehörigen Bundesländer wären.

JUGENDKUNSTSCHULE ALS EXTERNER BILDUNGSPARTNER – DAS BEISPIEL POTSDAM (Der Verein Kunstschule Potsdam e.V.)

Die Kunstschule Potsdam (Kernbereich: bildende Kunst/Gestaltung mit Spartenerweiterung in Projekten) arbeitet im Spannungsfeld von Kontinuität und Flexibilität. Kontinuität steht u.a. für die Konzentration verschiedener Genres im strukturierten Bildungsangebot für Schüler, für die Weiterbildung und Förderung begabter Kinder und Jugendlicher bis hin zur Vorbereitung auf ein künstlerisches Fachhochschul- bzw. Hochschulstudium. Flexibilität steht u.a. für die Vernetzung verschiedener Genres untereinander und somit auch für die Kooperation unterschiedlicher Kulturträger. Daraus resultierende Projekte werden unter Einbeziehung anderer künstlerischer Medien (Musik, Bewegung, Theater) auch regional und überregional realisiert.

Im Bereich der künstlerischen Aus- und Weiterbildung reicht das Angebotsspektrum von Kunstunterricht/Gestaltung von Projekten (Früherziehung, Angebote für Schulklassen) über Kurse für Schüler am Nachmittag (Malen, Zeichnen, Drucken, Collage, textiles und plastisches Gestalten, Keramik für Kinder und Jugendliche, Zeichenzirkel) und Begabtenförderung (Förderklasse Malerei und Plastik, Praktika) bis zu den Abendkursen und Weiterbildungsangeboten (Malen und Zeichnen, Druckgrafik, Plastik, Fotografie, Keramik, Experimentelle Malerei). Der Projektbereich umfasst u.a. Ferienprojekte, Projekte mit Künstlern anderer Regionen und Nationen, Sommerferienprojekte, Exkursionen und Ausstellungen.

Den Öffnungszeiten von 8 bis 20/21 Uhr entspricht ein breites Zielgruppen- und Kooperationsspektrum: Die Angebote richten sich vormittags an Schulklassen (in Kleingruppen), Leistungskurse (Kunst) der Gymnasien und KITA-Gruppen und nachmittags/abends an interessierte Schulkinder, Jugendliche und Erwachsene. Die Teilnehmenden arbeiten genreabhängig in kleinen Gruppen von 6 bis 10 Personen, die von jeweils einem Künstler/Kunstpädagogen intensiv betreut werden. Das zentrale Raumangebot im Kulturhaus Babelsberg umfasst vier Arbeitsräume, ein Fotolabor, zwei Materialräume und einen Büroraum. Ca. 6.000 Besucher im Jahr nutzen das in 550 Veranstaltungen gegliederte Kunstschulangebot (Ausstellungsbesucher werden nicht gezählt), darunter

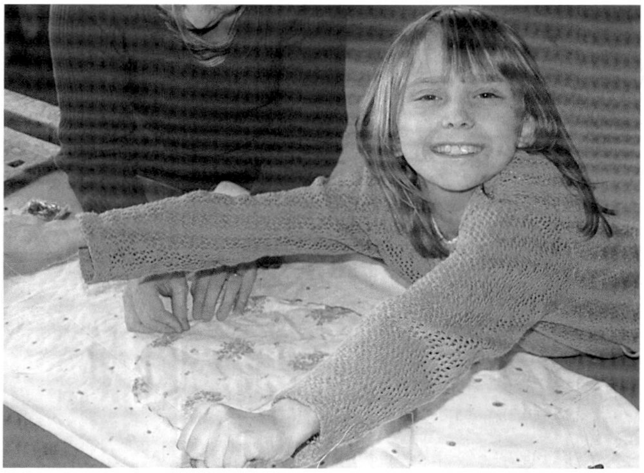

Projektarbeit Grundschule Duisburg-Beek

über 100 Gruppen aus 38 Schulen und Kindertagesstätten. Kooperationsgrundlage für diese Gruppen sind derzeit noch keine Verträge, sondern individuelle Absprachen, der Gebührenanteil pro Teilnehmer und Zeitstunde lag 2003 bei 0,80 Euro. Bei Redaktionsschluss war ein kontinuierliches Kooperationsangebot mit einer Ganztagsschule im Aufbau.

Die Kunstschule Potsdam e.V. steht hier exemplarisch für eine intensive „Öffnungszeitendebatte", der sich die Jugendkunstschulen im Horizont Ganztagsschule bundesweit zuwenden. Sie hat eine doppelte Aktualität: Organisatorisch deshalb, weil der Vormittag ‚offener' wird, wenn die Schule den Nachmittag besetzt. Eine zeitgemäße Antwort der Jugendkunstschule auf die offene Ganztagsschule ist insoweit die offene Ganztagsjugendkunstschule, wie sie in Brandenburg Realität ist. Fachlich-inhaltlich entspricht dieser Öffnung das spezifische Potenzial des außerschulischen Bildungsorts: Neben den Fachkräften ist die räumliche Infrastruktur das genuine Bildungselement der kulturpädagogischen Einrichtungen, dessen strukturierte Nut zung zur Öffnung und Profilierung der neuen Ganztagsschulen im Sinne dezentraler Bildungsangebote intensiv genutzt werden kann und sollte.

EIN STANDORT – 13 DEZENTRALE PARTNER DAS BEISPIEL DORTMUND (Jugendkunstschule im balou e.V.)

Mit etwa 30 neuen Ganztagsgrundschulen in nahezu allen Stadtteilen und insgesamt 1.600 Plätzen (also etwa 54 pro Standort) ist die Westfalenmetropole mit ihrem „Familienprojekt" in Sachen „Zukunft, Bildung und Betreuung" vorgeprescht. Dementsprechend breit hat sich die in freier Trägerschaft unterhaltene Jugendkunstschule im balou e.V. aufgestellt: An 13 der neuen Ganztagsgrundschulen führt sie im gesamten Stadtgebiet mit Honorarkräften insgesamt 15 jeweils anderhalbstündige Bildungsangebote für Kleingruppen durch, deren Spektrum die ganze Vielfalt des Jugendkunstschulangebots widerspiegelt: Von der Wandgestaltung und dem Skulpturenbau zur Schulraumgestaltung über kombinierte Angebote von Theater und Bühnenbild bis hin zu Zirkustheater und Tanz (getanzte orientalische Märchen, zeitgenössischer Kindertanz) reicht die Palette dezentraler Angebotsbausteine, die von der Jugendkunstschulleiterin in Dortmund-Brackel aus koordiniert werden.

Träger der Kooperationen sind im Zusammenspiel mit Jugendkunstschule und Schule die AWO, die Diakonie oder ein anderer freier Rechtsträger (beispielsweise auch der Förderverein einer Schule), Durchführungsort ist die jeweilige Schule, in der pro Kursleiter/in Kleingruppen von 10 bis 14 Kindern (in der Sonderschule kleinere Gruppen) im Alter von 6 bis 11 (Sonderschule: bis 15) Jahren erreicht werden.

Überwiegende Organisationsform ist (neben kürzeren Projekteinheiten) das regelmäßige wöchentliche Angebot in Kursform mit abschließender Präsentation (Kleingruppenarbeit, situativer Ansatz oder Improvisation, möglichst der Lebenswirklichkeit der Kinder entsprechend, Auseinandersetzung mit ästhetischen Impulsen, sehr oft stark am Spiel orientiert), eine konsequente Rückkopplung an die pädagogische Konzeption der Schule gelingt derzeit aufgrund fehlender Kapazitäten nur in Ausnahmefällen. („Es gibt ein Skulpturenprojekt an der Buschei-Grundschule, wo in Absprache mit der Rektorin auch im Unterricht an Skulpturen weitergebaut wird. Das Thema der Skulpturen, *Leicht und Schwer*, wird auch beim Schulfest für alle verbindlich sein. Ansonsten sind wir so sehr in den Nachmittag gedrängt, dass wir für die Lehrer/innen und sie für uns wie ‚Aliens' sind.")

Ähnlich improvisiert stellen sich derzeit noch die Rahmenbedingungen dar: Spezifische Fachräume stehen in der Regel

Projektarbeit Grundschule Duisburg-Beek

Projektarbeit Grundschule Duisburg-Beek

nicht zur Verfügung, genutzt werden vorhandene Werk- und Bewegungsräume (die auch anderen zur Verfügung stehen), Lagerungsmöglichkeiten für Bühnenbilder oder Requisiten fehlen zumeist. „Oder die Theaterpädagoginnen sind 20 Minuten damit beschäftigt, im Bewegungsraum Stühle und ähnliches wegzuräumen. In unseren Kooperationsverträgen ist eigentlich der Zustand der Räume festgelegt, aber die ehrenamtlichen oder sonstigen Betreuungskräfte sind zeitlich so ausgelastet oder sehen uns so sehr als Konkurrenz, dass sie nicht willig sind, diese Räume vorzubereiten. Bleibt die Frage, wer sich dazu berufen fühlt." Im Schnitt nutzen durchschnittlich 10 bis 15 Kinder einen 30 bis 50qm-Raum, Verbrauchsmaterialen besorgt die Jugendkunstschule, wofür sie eine Materialpauschale von ca. 150 Euro pro Schuljahr erhebt. Unterstützung kommt in Einzelfällen von Fördervereinen. Die Mittel aus dem Investitionsprogramm des Bundes werden derzeit nicht zum Aus- oder Umbau von kulturpädagogischen Angebotsräumen genutzt.

Das Qualifikationsspektrum der Fachkräfte reicht von Theater-, Kunst-, Tanzpädagog/innen über Schauspieler/innen, Designer/innen, Bühnenbildner/innen und Sozialarbeiter/innen bzw. Pädagog/innen mit Zusatzausbildung bis hin zu Autodidakt/innen. Vertretung im Krankheitsfall ist nicht flächendeckend verlässlich geregelt. Beschäftigungsgrundlage sind Honorarverträge für die Dauer eines Schuljahres, die durchschnittliche Höhe des Honorars liegt bei 18 Euro (45 Minuten), ausgefallene Stunden werden nicht vergütet. Vor dem Hintergrund der oben skizzierten fachlichen Qualifikationen melden die Dozent/innen dringenden Qualifizierungsbedarf u.a. in folgenden Feldern an: Umgang mit auffälligen Kindern, Methoden engerer Kooperation mit den Betreuungskräften, tragfähige Verknüpfung niedrigschwelliger Arbeit mit künstlerischer Auseinandersetzung, Konzeption und Organisation spartenübergreifender Angebote.

Nach Angaben der Jugendkunstschule kann das Angebot derzeit nicht kostendeckend durchgeführt werden: Kalkulierten Gesamtkosten (inkl. Honorar-, Material- und Organisationskosten) von 32 Euro je Angebotsstunde (45 Minuten) steht eine Vergütung von 25 Euro gegenüber, von denen 18 als Stundenhonorar weitergeleitet werden. Ob und ggf. in welcher Höhe Elternbeiträge erhoben werden, ist der Jugendkunstschule nicht durchgängig bekannt.

Die Resonanz auf das Angebot fällt von Schule zu Schule sehr unterschiedlich aus: Die Kinder, die nicht immer freiwillig kommen, sind in der Regel begeistert; an einigen Schulen werden Bedenken von Betreuungskräften hinsichtlich Disziplin und Aufsichtspflicht geäußert; mit manchen Betreuer/innen läuft die Zusammenarbeit hervorragend, andere sehen in dem Angebot eine fachliche und finanzielle Konkurrenz. Hauptansprechpartner/innen sind für die Jugendkunstschule die Schulleiter/innen, zu Lehrer/innen besteht kaum Kontakt, weil die Einbindung von Betreuungs- und Kulturangebot in den Unterricht nicht methodisch verlässlich geregelt ist. Eltern freuen sich in der Regel, vor allem diejenigen, die ihre Kinder jetzt nicht mehr extra ins Zentralgebäude der Jugendkunstschule balou bringen müssen.

Schulkonferenzen konnten bislang noch nicht besucht werden, schon aufgrund fehlender Kapazitäten nicht. Kooperation auf „gleicher Augenhöhe" konnte vor diesem Hintergrund bis auf wenige Ausnahmen nicht erreicht werden. Aktuell wird überprüft, mit welchen Schulen die Kooperation im nächsten Schuljahr fortgesetzt werden soll. Die Nachfrage von neuen Schulen, die 2004/2005 einsteigen werden, ist da, jedoch nicht so groß wie beim ersten Schwung.

Die Zwischenbilanz der verantwortlichen Jugendkunstschulleiterin fällt gemischt aus. Besondere Chancen sieht sie darin, Kinder vor Ort zu erreichen, die sonst keinen Zugang zu kultur-

Projektarbeit Grundschule Duisburg-Beek

pädagogischen Angeboten hätten. Ein weiteres, allerdings bei weitem noch nicht ausgeschöpftes Potenzial, liegt in der engen Zusammenarbeit mit den Lehrer/innen im Sinne der Förderung aller Kinder. „Größtes Problem" ist derzeit, „dass wir zu wenig Kapazität haben, um der Erprobungsphase gerecht zu werden." Dies ist nicht zu trennen von der zu knappen finanziellen Ausstattung. Die Dezentralität mit stadtweitem Radius ist ebenfalls noch recht ungewohnt. Außerdem hat sich herausgestellt, dass nicht alle beschäftigten Honorarkräfte den spezifischen pädagogischen Herausforderungen gewachsen sind. Die Arbeit unterscheidet sich sehr von der mit Kindern, die von sich aus in die Jugendkunstschule kommen, was sich auch im oben genannten Qualifizierungsbedarf niederschlägt. Da sehr viele Ebenen (Träger, Schule, Elternvereine, Betreuungskräfte und Jugendkunstschule) beteiligt sind, gestaltet sich die Kommunikation oft schwierig.

Perspektivisch setzt die Jugendkunstschule vor allem auf Kontinuität, Professionalisierungseffekte durch Serviceroutinen („Jetzt können wir eine feste Palette anbieten, mit fixen Preisen und Verträgen"), aber auch auf stärkere Konzentration auf wenige Partner, möglichst im (regionalen) Umfeld des Stadtteils. Der große Wirkungsradius und die punktuelle Kooperation (Einzelangebote) erweisen sich auch insoweit als problematisch, als einige Schulen nach Herstellung des Erstkontakts mit dem „Dozentenpool" der Jugendkunstschule offensichtlich bestrebt sind, die Künstler/innen direkt unter Vertrag zu nehmen, vermutlich nicht zuletzt aufgrund der oben skizzierten Differenz zwischen Dozentenhonorar und Angebotskosten. Hier tut sich ein schwieriger ‚Markt' auf, der strukturell auch deshalb problematisch ist, weil Hauptberuflichkeit als dominantes Beschäftigungsprinzip der Schulen und Honorartätigkeit als fachliche und personelle Basis des Jugendkunstschulangebots krass aufeinandertreffen, auch unter Bedingungen wiederum konkurrierenden bürgerschaftlichen Engagements. Dies allein dem Markt zu überlassen wäre bildungspolitisch schon deshalb fragwürdig, weil Qualität, Kontinuität und Nachhaltigkeit nur dort zu gewährleisten sind, wo definierte Bildungsziele auch adäquat ausgestattet werden (was nicht zwingend auf Festanstellung, aber doch auf adäquate Vergütung hinausläuft). Noch ist die Kooperation zwischen Jugendkunstschule und Schule in Dortmund ein aufwändiges Experiment, dessen Tragfähigkeit und Belastbarkeit wohl erst am Ende des ersten gemeinsamen Schuljahres absehbar sein werden.

SCHULE IN BEWEGUNG – DAS BEISPIEL MÜNSTER
(Jugendkunstschule im Kreativ-Haus)

Seit Beginn des laufenden Schuljahrs 2003/04 kooperieren die Pötterhoekschule und die Jugendkunstschule im Kreativ-Haus e.V. in Münster im Rahmen der Offenen Ganztagsgrundschule (OGGS). Die Jugendkunstschule im Kreativ-Haus e.V. ist eine mittlere bis große Einrichtung in freier Trägerschaft mit multimedialem Kurs- und Projektangebot v.a. in den Sparten Bildende Kunst/Gestaltung, Theater, Tanz/Bewegung und Musik (jährlich etwa 8.000 Angebotsstunden mit ca. 500 bis 600 Teilnehmenden). Die Pötterhoekschule ist eine zweizügige städtische Gemeinschaftsgrundschule. Träger der Kooperation ist die Jugendkunstschule selbst, die das gesamte pädagogische Nachmittagsangebot an vier von fünf Wochentagen bestreitet und darüber hinaus auch am Montagvormittag ein Bewegungs-/Sportangebot bereitstellt. Hintergrund der OGGS-Kooperation ist eine mehrjährige Projektpartnerschaft der beiden Einrichtungen unter Beteiligung der Erich-Kästner-Schule (Sonderschule für sprachbehinderte Kinder) auf dem gemeinsamen Schulgelände[194]. Durchgeführt wird das Angebot in Räumlichkeiten der Schule, die als eine von elf Grundschulen in Münster (insgesamt 689 Ganztagsschulplätze) im Startjahr 2003 am Landesprogramm teilnimmt.

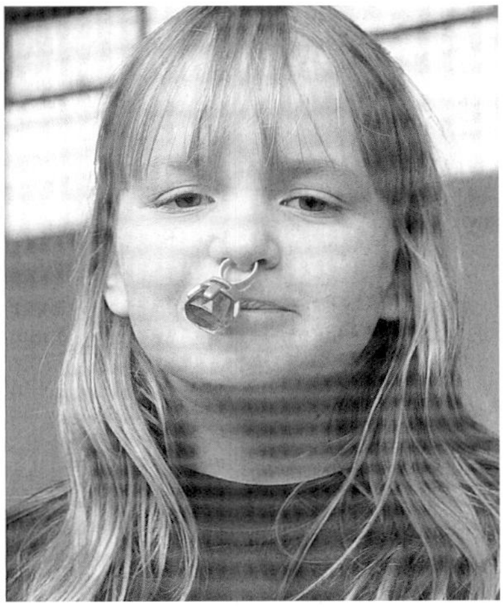

Projektarbeit Grundschule Duisburg-Beek

Projektarbeit Grundschule Duisburg-Beek

Das Schuljahresangebot der Jugendkunstschule umfasst 10 Veranstaltungen à 45 bis 90 Minuten pro Woche, und zwar in den Bereichen Atelier (1 und 2), HipHop, Dance Mix (1 und 2), Akrobatik und Jonglage, Theatergruppe, Sportmotorik (1 und 2) und Samba-Tanz. Zugrunde liegt die Idee, ein stark bewegungsorientiertes Angebot mit dem Ziel zu entwickeln, am Ende des Schuljahres allen Schulkindern, Eltern u.a. Interessierten eine Aufführung zu präsentieren. Pro Angebot nehmen 8 bis 12 Kinder im Alter von 6 bis 11 Jahren teil. Ergänzend zum regulären Nachmittagsangebot sind weitere Probentermine sowie Aufführungstermine am Vormittag vorgesehen, außerdem Sonderzeiten für Teambesprechungen. Methodisch gliedert sich das Angebot in projektartige Kursabschnitte mit dem Ziel der Abschlusspräsentation. Die Gesamtanlage (Jugendkunstschule in der Schule) integriert kulturelle Bildung als Bestandteil des Schulkonzepts, Rückwirkungen in den Unterricht ergeben sich indirekt durch die Beteiligung der Schülerinnen und Schüler.

RAHMENBEDINGUNGEN

Räumlich: Genutzt werden z. Zt. alle freien Multifunktionsräume, Musikräume, Sporthalle, Bewegungsraum und Werkraum – für die Zukunft ist die Umgestaltung bzw. Neugestaltung einiger Räume geplant. Dabei ist Qualität der Räumlichkeit ein wichtiges Kriterium. Die Mitarbeiter der Jugendkunstschule werden an der Raumgestaltung und -einrichtung kontinuierlich beteiligt. Etwa 8 bis 12 Teilnehmende nutzen je einen Raum, die Raumausstattung (fachlich geeignetes Mobiliar, Werkzeug/Geräte/Instrumente, Verbrauchsmaterialien) ist noch nicht optimal, aber der Fundus wächst. Es fehlen noch geeignete Lagerflächen. Es ist vorgesehen, Mittel aus dem Investitionsprogramm des Bundes zum Aus- oder Umbau von kulturpädagogischen Angebotsräumen zu nutzen.

Personell: Bis zu 12 Kindern steht derzeit ein/e Dozent/in gegenüber, deren Qualifikation entsprechend den fachlichen „Mindeststandards" der Jugendkunstschulen in NRW künstlerische und pädagogische Kompetenzen umfasst. Größte Schwierigkeit bereitet der Jugendkunstschulleitung noch die Vertretungsregelung: Es gibt einen Vertretungsplan mit personaler Absicherung unter den in der Schule eingesetzten Fachkräften. Zusätzlich gibt es für die Verpflegung und Hausaufgabenbetreuung noch ein Betreuungsteam in der Schule. Grundlage der Angebotsdurchführung sind Honorarverträge, die den Vorgaben durch den Schulträger entsprechen. Ein spezifischer Fortbildungsbedarf für das Tätigkeitsfeld Offene Ganztagsgrundschule wurde durch die Dozent/innen bislang nicht angemeldet, lässt sich allerdings aus den unten skizzierten ‚Startschwierigkeiten' schlüssig ableiten.

Finanziell: Das Angebot kann derzeit noch nicht kostendkckend durchgeführt werden. Bei Zugrundelegung von Honoraren, Materialkosten und einem aufwandsangemessenen Konzeptions- und Koordinationsanteil von 35% liegen die Kosten eines 45-minütigen Angebots derzeit bei ca. 30 Euro. Tatsächlich gezahlt werden durch die Schule 26 Euro, von denen 15 bis 18 Euro als Honorare weitergeleitet werden (keine weiteren Zahlungen wie Fahrtkosten, Vorbereitung etc.). Der Elternbeitrag für die Teilnahme am kulturellen Angebot der Jugendkunstschule (ohne Anmeldung zur Ganztagbetreuung) liegt bei 20 Euro monatlich, der monatliche Beitrag für Betreuung und Verpflegung ist sozial gestaffelt und liegt zwischen 60 und 100 Euro, das Verpflegungsgeld kommt noch hinzu und wird durch die Schule festgelegt. Dieser Betrag schließt die Teilnahmemöglichkeit an allen kulturellen Angeboten ein.

Als Zwischenbilanz lässt sich aus Sicht des programmverantwortlichen Jugendkunstschulleiters nach etwa neun Monaten Laufzeit festhalten: Anfangs gab es bei den Dozenten enormen Frust wegen chaotischer Zustände und Unklarheiten auf allen Seiten (Beispiele: Thema Freiwilligkeit der Teilnahme; erzieherische Ansätze waren stärker gefordert als kulturpädagogische; gegenseitige Toleranz und Akzeptanz waren ein großes Problem, hinzu kamen deutliche Defizite in der Sozialkompetenz; lange Anlaufzeit, um die Kinder für die Angebote zu interessieren – Alternative war Kicken auf dem Schulhof). Inzwischen hat sich die Qualität der Angebote durchgesetzt und herumgesprochen – die Mitarbeiter haben konsequent und in gegenseitiger Absprache mit ihrem kulturpädagogischen Potenzial am Aufbau der Sozialkompetenz gearbeitet. Dies hat wiederum Auswirkungen auf die Situation am schulischen Vormittag, der erheblich entspannter und konzentrierter verläuft (Rückmeldung der Lehrer). Auf Elternabenden gibt es positive Resonanz auf die Qualität der Maßnahmen und interessierte Kinder, die nicht in der Ganztagsbetreuung sind. Eine erste Präsentation nach dem 1. Schulhalbjahr war äußerst erfolgreich.

Innerhalb der Schule ist „gleiche Augenhöhe" bereits gewährleistet (Teilnahme an Elternabenden, Konferenzen, Einladungen zu Schulfestlichkeiten, Beteiligung an der Planung baulicher Maßnahmen etc.). Auch gegenüber dem Schulträger (Schulverwaltungsamt) entwickelt sich ein zusehends partnerschaftliches Aufgabenverständnis. Sehr positive Auswirkungen zeigen sich auch auf den Schul-Vormittag – strukturelle Probleme gibt es zur Zeit noch mit der konsequenten Verbindung von Schulvormittag (Unterricht) und nachmittäglichen Betreuungs-/Bildungsangeboten, da eingeplantes Lehrpersonal für die Hausaufgabenbetreuung nicht eingestellt werden konnte.

Kooperation im Rahmen von OGGS nimmt inzwischen für die hauptamtliche Jugendkunstschul-Leitung ca. ein Drittel der Arbeitszeit in Anspruch, Leistung/Wert/Aufwand und Finanzierung stehen hier noch nicht in einem adäquaten Verhältnis. Für die Zukunft wird der Spielraum sich eher verringern als vergrößern. Bei geringeren Ressourcen müssten zwangsläufig qualitative Abstriche gemacht werden, die dann rasch ins Fahrwasser schulischer Missstände (zu wenig Personal für zu viele Schüler in unzulänglich ausgestatteten Räumen) geraten würden.

ALL INCLUSIVE – ZWEI SCHULEN-REVUE ALS JAHRESPROJEKT
Das Beispiel Duisburg-Beek (Akki e.V., Düsseldorf und Duisburg)

Der in Düsseldorf ansässige Verein Akki (Aktion und Kultur mit Kindern e.V.) ist von zwei Duisburger Grundschulen beauftragt worden, die nachmittäglichen Kultur-Angebote für Schulkinder zu realisieren. Der Verein nimmt diese Anfrage zum Anlass, die für ihn typische interdisziplinäre Projektarbeit auf den Kontext „Schule" zu übertragen. Ergebnis ist die Idee, an mehreren Schulen eine Revue zu realisieren mit den Schwerpunkten: Tanz, Theater, Akrobatik, Musik und den eher handwerklichen Werkstätten Kulissenbau, Requisitenbau, Maske und Kostüme. Die gemeinsame Erarbeitung einer additiven Nummernfolge kann aus allen Bereichen gleichermaßen erfolgen, sich gegenseitig befruchten und ergänzen. Die Ergebnisse gipfeln am Ende des Schuljahrs (September 2003 bis August 2004) in einer Präsentation der Beiträge in der eigenen Schule und einer Gesamtpräsentation beider Einzel-Shows in einer „Zwei-Schulen-Revue".

Die Erarbeitung der Nummerfolge für die abschließende Schul-Revue geschieht in verschiedenen Workshops, die sich über das ganze Schuljahr verteilen. Jeder Workshop besteht aus einer künstlerischen und einer handwerklichen Disziplin: Tanz & Kostüme, Theater & Kulisse, Akrobatik & Maske, Musik & Requisiten. Diese beiden Angebote finden zeitgleich in benachbarten Räumen statt, arbeiten zusammen, können sich befruchten, ergänzen und das Thema insgesamt aus eigenem Blickwinkel bereichern. Zusätzlich zu diesen beiden Angeboten findet in einer dritten Werkstatt ein offenes (Spiel-)Angebot statt, das für all jene Kinder gedacht ist, die nicht in den inhaltlichen Werkstätten mitarbeiten wollen. Die Arbeitsergebnisse werden am Ende des Workshops in einer schulinternen Werkschau präsentiert: die Form dafür ist offen.

Aus den oben beschriebenen vier Paarungen (Tanz & Kostüme, Theater & Kulisse, Akrobatik & Maske, Musik & Requisiten) ergeben sich vier Workshops mit einer Dauer von jeweils vier Wochen. Nach den Osterferien 2004 wiederholt sich die Folge letzte abschließende Arbeitswoche dient als Generalprobe von Workshops, jedoch mit einer kürzeren Dauer von zwei Wochen. Hier können die Ergebnisse der ersten Erarbeitung aufgefrischt, vertieft, verfeinert, ergänzt oder verändert werden. Die letzte

Projektarbeit Grundschule Duisburg-Beek

abschließende Arbeitswoche dient als Generalprobe und widmet sich dem reibungslosen Ablauf der Show und der Erarbeitung von Übergängen.

Alle Angebote in den Workshops dauern täglich von 14.00 bis 16.00 Uhr. Bei Bedarf, Interesse und Notwendigkeit kann auch länger gearbeitet werden. Absprachen mit Kindern und Eltern sind jedoch Voraussetzung. Die Workshop-Woche hat vier Tage, jeweils von Montag bis Donnerstag. Nach Zeiten der Anspannung und Konzentration folgen Zeiten der Entspannung und eigenen Arbeit. Zwischen den einzelnen Workshops finden daher „Offene Werkstätten" statt, in denen die Teilnehmer/innen die Workshop-Inhalte nacharbeiten, nach eigenen Vorstellungen weiterentwickeln oder etwas ganz anderes machen können.

Im Rahmen der Workshops sind auch Exkursionen zu Duisburger Kulturbetrieben (Oper, Theater, Soziokulturelle Einrichtungen) vorgesehen, und Gäste können eingeladen werden (Gewandmeister der Oper, Tänzer, Bühnenstars aller Art). Auftritte im Stadtteil sind ebenso willkommen. Die Schüler sind zwischen 6 und 10 Jahre alt, im Schwerpunkt 6 bis 8. Die Anzahl schwankt zwischen 37 und 60 Kindern je Schule und Nachmittag, und damit circa 10 Kinder je Gruppe. Über den Anteil ausländischer Kinder können noch keine Aussagen getroffen werden. Aber je mehr, desto motivierter ist die Gruppe.

Die beiden Grundschulen befinden sich in Duisburg Mitte bzw. in Walsum (Duisburg Nord). Die Lehrer-Kollegen sind sehr an einer Zusammenarbeit mit Akki interessiert und möchten das Jahr nutzen, den laufenden Unterricht durch die Aktivitäten im Nachmittag zu bereichern. Eine Einbeziehung der Akki-Revue in den vormittäglichen Unterricht ist also möglich und willkommen. Die Schulen stellen jeweils zwei ausreichend große Räume zur Verfügung, die in den Sommerferien (2003) spezifisch umgebaut und eingerichtet werden. Das erste Jahr gilt als Experiment für alle Beteiligten.

Das Angebot hat eine enorme Nachfragedynamik entwickelt. Bemerkenswert ist, dass ein Düsseldorfer Träger in der Nachbargemeinde Duisburg arbeitet. Wenn es gelingt, würde das Experiment mit dem Erfolg eines dezentralen Angebotskonzepts die Übertragbarkeit und bildungspolitische Aktualität „kulturpädagogischer Dienste" als Innovations- und Servicekonzept unterstreichen. Gleichzeitig bietet die parallele Durchführung eines Konzepts an unterschiedlichen Standorten besondere Chancen zur qualifizierten und fundierten Methodenreflexion, auch im Hinblick auf Möglichkeiten und Grenzen der Übertragbarkeit Bei Redaktionsschluss bestand in Duisburg ein dezidiertes Interesse an räumlicher (feste Standorte) und zahlenmäßiger Expansion (starke Nachfrage neuer Schüler/innen).

AUSBLICK

In der schon zitierten aktuellen Standortbestimmung knüpft Kurt Eichler die Perspektiventwicklung künftiger „Grenzgänge zwischen Schule und Kulturpädagogik" an drei Schlüsselfragen:

> „Kann das bestehende Profil der Kulturpädagogik in der Kooperation mit Schulen erhalten werden, oder ist es notwendig, dafür einen neuen ‚dritten' Ansatz neben schulischer und kultureller Bildung zu entwickeln?
>
> Wie können sich die kulturpädagogischen Einrichtungen als gleichberechtigte Partner in Kooperationen mit Schulen einbringen und wie können sie ihre eigenen Qualitäten und fachlichen Kompetenzen im Schulalltag verwirklichen?
>
> Welche Kriterien und Bewertungsmuster müssen für Kooperationsprogramme von Seiten der Schule, aber auch von Seiten der kulturpädagogischen Einrichtungen und Jugendkunstschulen formuliert werden?"

Unabhängig von der Beantwortung dieser Fragen, die durchaus zu „einem neuen Profil kultureller Bildung und Kulturpädagogik" führen könnte, empfiehlt er als Bewertungsmaßstab auch hier das Kriterium, „das von jeher für die Wirksamkeit kulturpädagogischer Arbeit im Vordergrund steht: nämlich die Akzeptanz und die positiven Lern- und Sozialisationserfahrungen für Kinder und Jugendliche, die sie im Rahmen kultureller Bildungsprozesse gewinnen können." (Eichler 2003)

REDAKTIONELLE NOTIZ

Der vorliegende Auszug aus der bundesweiten Recherche wurde arbeitsteilig durch die gemeinsame Geschäftsstelle von bjke und LKD in Unna erstellt. Für die Auswahl und Gewichtung zeichnet Peter Kamp verantwortlich, für die bundesweite Erhebung (hier tabellarisch nicht abgebildet) Mechthild Eickhoff und Claudia Hefer-Hartmann, Simone Schmidt-Apel hat die NRW-Beispiele (aktuell insgesamt 40 Kooperationen) strukturiert und recherchiert, deren hier vorgestellte Profile auf der engagierten Mitarbeit von Manuela Wenz (Dortmund), Detlef Heidkamp (Münster) und Christoph Honig (Düsseldorf/Duisburg) basieren. Ein besonderer Dank gilt den Kolleg/innen aller Landesorganisationen und -verbände des bjke, deren Vorarbeiten in die vorliegende Textfassung nicht eingehen konnten, insbesondere dem Landesverband der Kinder- und Jugendkunstschulen in Mecklenburg-Vorpommern für seine Gesamtdarstellung „Kinder- und Jugendkunstschulen. Kooperationspartner für Schulen" (Dez. 2003), die das landesweite Kooperationsangebot einrichtungsbezogen auffächert, und dem Quartier e.V. aus Bremen.

LITERATUR

Kultur in die Schulen. Ganztag als Gestaltungschance. Unna 2003 (= infodienst Kulturpädagogische Nachrichten Nr. 69, Oktober 2003). Projektbeispiele, Grundsatzbeiträge und Dokumentation des NRW-Jugendkunstschultags *Jugendkunstschule macht Schule* vom Juni 2003

Eichler, K.: *Schwierige Grenzgänge, Chancen der Zusammenarbeit zwischen Schule und Kulturpädagogik*. In: bjke 2003, Tagungsreader *Mit Kunst lernen ...* (Kurzfassung, in: infodienst Kulturpädagogische Nachrichten Nr. 70, Dezember 2003) bzw. www.bjke.de (Langfassung).

Kamp, P.: *Ganztagsschule. Eine Herausforderung für die Jugendkunstschulen*. In: Deutscher Kulturrat (Hg.): *Politik und Kultur 2/3-2003*. Juli/August 2003.

Quartier e.V.: *Kultur macht Schule. Schule macht Kultur. Schulprojekte von Quartier e.V.*, Bremen 2003.

Landesverband der Kinder- und Jugendkunstschulen in Mecklenburg-Vorpommern: *Kinder- und Jugendkunstschulen*. Kooperationspartner für Schulen. Angebote der Kinder- und Jugendkunstschulen in Mecklenburg-Vorpommern, Rostock 2003.

ANMERKUNGEN

[192] vgl. bjke 1995, S.32

[193] vgl. bjke 1995, S.32

[194] vgl. infodienst 69, S.27f

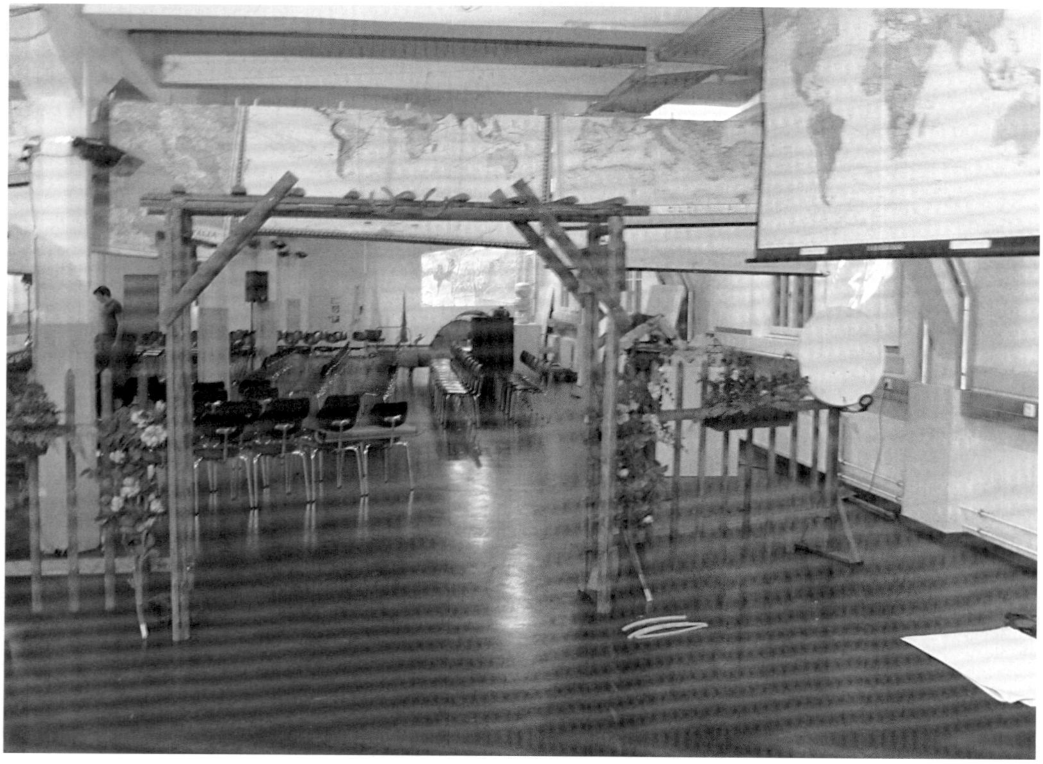

BILDUNG MIT KULTURELLER UND KREATIVER VIELFALT UND DER VERANTWORTUNG IM GEMEINWESEN

Stefan Peter, Bundesvereinigung Soziokultureller Zentren e.V.

Mit dem Rechercheauftrag durch die Internationale Gesellschaft der bildenden Künste verband die Bundesvereinigung Soziokultureller Zentren weit mehr als das Auffinden von „Best-Practice-Beispielen". Dass es eine enorm große und auch inhaltlich beeindruckende Fülle von sehr guten Bildungsprojekten mit und auch ohne Schule innerhalb des Spektrums der 450 Mitgliedseinrichtungen in Deutschland gibt, war vor der Recherche bekannt.

Doch nun war es möglich, aktuell und im Bezug mit der Situation vor Ort, die eingereichten Projekte im Kontext der derzeitigen bundesweiten Bildungsdebatte zu beleuchten. Zu oft erscheint der Diskurs über Pisa, die Ganztagsschulen – oder sollen es doch lieber nur Ganztagsangebote sein – die bundesweiten Bildungsziele usw., fernab von der Praxis und den Akteuren der Bildungsbasis. Ein Ergebnis schon mal vorab. Die Praktiker in den soziokulturellen Einrichtungen konnten die Pisa-Ergebnisse nicht schockieren, sie zeigten sich aber verwundert über die allgemeine Verwunderung nach dem Bekanntwerden. Seit mehr als zehn Jahren wird nach ihren Aussagen vor Ort deutlich, dass das Leistungsvermögen, das Wissen und die notwendigen Schlüsselkompetenzen zur Bewältigung der eigenen Lebenswelt bei Kindern und Jugendlichen sich weniger über das Lebensalter fest machten, sondern sich vor allem durch den sozialen und familiären Hintergrund bestimmten. Wir sind wieder Weltmeister. Unser Bildungssystem ist einzigartig in der Auslese nach Defiziten. Der Pisa-Bericht der OECD nennt diesen Umstand „strukturelle Demütigung". In fast keinem anderen Land bestimmt die soziale Herkunft den Schulerfolg so nachhaltig wie in Deutschland. Eigentlich kaum zu glauben, denn dies bedeutet auch, dass wir es nicht nur mit einem Bildungsdilemma zu tun haben. Wir haben ein gesellschaftspolitisches Dilemma zu korrigieren! Also, weit mehr, als sich über neue Lehrpläne zu verständigen oder Maßstäbe einer bundesweiten Vergleichbarkeit von Schulabschlüssen zu finden. Mehr und frühzeitigere Tests reichen dabei nicht aus, auch wenn sich nach hartem Ringen unsere Kultusminister/innen auf die Definition von Bildungsstandards bundesweit geeinigt hätten.

Die 35 eingereichten Projekte aus dem Verbandsspektrum der Soziokultur wollen sich an diesem gesellschaftspolitischen Hintergrund messen lassen. In keinem einzigen Fall beschränken sie sich auf die künstlerische Bildung. Sei es als angewandte Methode oder als formuliertes Ziel. Alle Einrichtungen verfolgen in ihrer Zielsetzung einen erweiterten Bildungsbegriff und formulierten dies zumeist in ihren Konzeptionen bei der Herangehensweise und der Methodenauswahl als ihre Stärke. Sie verstehen sich dabei nicht als eine nachgeordnete Bildungseinheit von Schule, sondern fordern die Anerkennung der außerschulischen Bildungsorte mit einem erhofften Bekenntnis durch die Politik für kulturelle Jugendbildung als Zukunftsinvestition.

Bei der Frage nach der Zielsetzung des Projektes wurde am häufigsten genannt, dass man eine Alternative zur Schule sein möchte, auch wenn das Projekt in Kooperation mit Schule stattfindet. Ebenso häufig wurde das Schaffen von künstlerischen Erfahrungsräumen in sozialen Brennpunkten benannt. Kreative Fähigkeiten sollen erlebbar und erlernbar gemacht werden, insbesondere bei jenen jungen Menschen, die sonst keinerlei Möglichkeiten hierfür vorfänden. Weiter im Vordergrund der meisten Projekte steht, die Kommunikation im Gemeinwesen zu befördern und neue Bildungskooperationen zu erschließen. Der Erwerb von sozialen Kompetenzen wird als Lernziel bei den eingereichten Projekten nicht vordergründig benannt. Er versteht sich meist als selbstverständliches und übergeordnetes Ziel, denn die Projekte waren alle in ihrem methodischen Vorgehen angelegt auf Partizipation, Kommunikation, Teamarbeit und Kompromissbereitschaft gegenüber den individuell eingeräumten Gestaltungsfreiräumen.

Bei der Selbstbewertung der Projekte durch die Projektverantwortlichen und der Nachfrage, warum ihr Projekt als Modell besonders geeignet erscheint, wird eines sehr deutlich. Beeindruckendes und Intensives, Herausragendes und Nachhaltiges nicht nur in der Bildungswirkung, sondern auch im künstlerischen Schaffen zeigen wohl vor allem jene Projekte, die die Lebenswelt vor der eigenen „Schulhaustür" aufgreifen und ihre eigene Bildungsverantwortung gegenüber und mit den Kindern und Jugendlichen, im eigenen Stadtteil oder Sozialraum wahrnehmen.

Betrachtet man die Fragen zur Zusammenarbeit mit den Schulen, werden in diesem Zusammenhang schnell die Probleme deutlich. Konnten die freien Projektträger die vielen und mühsamen Hürden einer Finanzierung überwinden, so war die Verantwortlichkeit über Inhalt und Methode beim Träger. Die Auswahl wurde vor Ort und für die Situation vor Ort getroffen. Eine horizontale Aufgabenverteilung mit den gleichberechtigten Kooperationspartnern war dann auch möglich geworden. Schule gestaltet sich anders. Schule ist ein stark hierarchisches System von oben nach unten. Und wenn auch in den letzten zwei Jahren der Versuch unternommen wird, dies aufzubrechen, so braucht es in der Zusammenarbeit von Schule und freien Trägern immer noch überdurchschnittlich engagierte Lehrer, die ihre Freizeit opfern und innerhalb der Schule von ihren Kollegen bisweilen belächelt und von der Institution Schule mit Rechts- und Dienstverordnungen mehr behindert als unterstützt werden. Obwohl Projektarbeit von beiden Seiten gleichermaßen gewünscht wird.

Die Projektmitarbeiter/innen in der Soziokultur fühlen sich gegenüber ihren persönlichen Partner/innen in der Schule zumeist als gleichberechtigt, jedoch gegenüber der Institution Schule wird dies fast durchgängig verneint. Erst mehrjährige Kooperationen können dies wohl aufbrechen, denn als Grund wird die fehlende Kontinuität im Zusammenwirken angeführt. Jedoch liegen die Mühen und die Verantwortung gegenüber den Vorleistungen, der Konzeptentwicklung, der Beantragung und der Abrechnung von Fördermitteln zu 90% beim außerschulischen Partner. Bei 28 Projekten mit Schule kam der Impuls für ein Kooperationsprojekt 23 mal von der soziokulturellen Einrichtung, und nur fünf mal wurde die Einstiegsidee als eine Gemeinsame benannt. Kein einziges vorliegendes Projekt entstand allein aus dem Impuls seitens einer Schule. Sieben Einrichtungen stellten Projekte ohne Schule vor. Teilweise bewusst, um auch der nach ihrer Meinung nach zu stark an Schule orientierten gesamtdeutschen Bildungsdiskussion entgegen zu treten und ihre eigenständige Bildungswirkung im außerschulischen Bereich zu unterstreichen. Dem Prinzip der Freiwilligkeit wird hier Nachdruck verliehen. Angebote, für die sich die Teilnehmer/innen selbst entscheiden, müssen in besonderer Weise deren subjektive Interessen berühren. Abseits von Zensuren wird in den Projekten eine deutlich erhöhte und unbefangene Beteiligung an (Bildungs-)Projekten erkennbar. Dies wirkt sich nicht nur im zwischenmenschlichen Umgang positiv aus, sondern beeinflusst auch die Projektergebnisse nachhaltig in ihrer kreativen Qualität. In Gestaltungsräumen, wo Fehler nicht nur erlaubt, sondern auch gebraucht werden, um das eigene Potenzial der ‚Selbstbefähigung´ zu erkennen und nützen zu können, erhält Bildung eine eigenständige, neue Form.

Einige Projektverantwortliche kritisieren insbesondere bei der Konzeptionierung von sinnvollen Folgeprojekten die steigenden inhaltlichen Anforderungen der Finanzmittelgeber. Der Anspruch wird weniger gegenüber der Qualität des Projekts gefordert, sondern zielt mehr auf die Wirkung in der Öffentlichkeit, die Modellhaftigkeit und die überregionale und/oder landesweite Bedeutung. Hinzu kommt, dass fast jedes Projekt bei mehreren Finanzgebern deren unterschiedliche Erwartungen gleichzeitig erfüllen soll. Wünscht sich der eine ein ‚modellhaftes Projekt´, der zweite einen Hintergrund von ‚Toleranzerwerb´, wünscht sich der dritte, als seine Bedingung für eine Unterstützung, die ‚Nachhaltigkeit´. Die Einrichtungen fühlen sich mehr und mehr gezwungen, Veranstaltungen mit Eventcharakter zur Befriedigung aller aus dem Boden zu stampfen. Kleinteilige Projektarbeit mit einer konzentrierten und individuellen Zielsetzung auf das Wesentliche und für den Sozialraum Notwendige, um eine intensive Form von Bildungsarbeit vor Ort leisten zu können, wird immer schwieriger. Sinnvolle Ideen für die eigentlichen Adressaten verkommen im großen Topf der Erwartungen und der Wünsche von Seiten der Politik, den ressortverhafteten Verwaltungsrichtlinien, den Stiftungen, dem schnelllebigen Zeitgeist, und dazu mit einer meist zeitlich sehr eng begrenzten Förderung, sehr schnell zu einem reinen Aktionismus. Dieser ließe sich zwar als Rahmen eindrucksvoll verkaufen, jedoch würde die inhaltliche (Bildungs-)Wirkung am Ende nicht einmal hinterfragt werden.

Bei der Frage nach dem eigenen soziokulturellen Ansatz des Projektes lassen sich folgende Ziele stellvertretend aufzählen:

- Grenzen der Kulturen, der eignen Kreativität und der Generationen auflösen,
- Kultur für Randgruppen ermöglichen,
- breite Beteiligungsmöglichkeiten (niedrigschwellig) eröffnen,
- eigene Ausdrucksmöglichkeiten fördern,
- unterschiedliche künstlerische Mittel kombinieren.

SPARTENÜBERGREIFENDES ERLEBEN VON KUNST UND KULTUR

Als beispielhaft für andere Bildungs- und/oder Kultureinrichtungen werden die Stärkung des außerschulischen Erlebnis- und Lernfeldes, der ganzheitliche Ansatz mit dem Anspruch, „das volle Leben in die Schule zu transportieren", und die Netzwerkarbeit mit den verschiedenen Bildungspartnern genannt.

Auf die Frage, was sich die Akteure von der Politik erwarten oder wünschen, wurde nur einmal der Ruf nach besserer finanzieller Ausstattung laut. Betont wurde vielmehr die Notwendigkeit eines Strukturwandels, der es den vielen hoch motivierten Künstler/innen, Pädagog/innen und zu einem großen Anteil ehrenamtlich Engagierten in den Einrichtungen ermöglicht, außerschulische Bildung und Schulbildung langfristig und verlässlich verknüpfen zu können. Man möchte endlich weg kommen vom punktuellen Projekthighlight. Dabei wird eine Eigenverantwortung von Schule und ihren Partnern vor Ort für die eigenen Bildungs- und Projektkonzeptionen eingefordert. Schule müsse sich öffnen, nicht nur, um neue Partner in den Schulalltag eintreten lassen zu können, sondern um vor allem den Weg nach draußen in den Lebensraum ihrer Schüler und Schülerinnen zu finden.

Am häufigsten erwarten sich die Befragten die Anerkennung der außerschulischen Bildungsorte mit einem Bekenntnis durch die Politik für kulturelle Kinder- und Jugendarbeit als Bildungs- und Präventivarbeit.

„ES HAT VIELE JAHRE GEBRAUCHT, ABER JETZT IST ES SO."

Das Kinderhaus Brunsviga ist Teil des gleichnamigen Kultur- und Kommunikationszentrums in Braunschweig. Die Brunsviga wird seit 1981 als Stadtteil- und Kulturzentrum genutzt. Heute umfasst der Komplex Brunsviga eine Nutzfläche von 5000 qm, das Kinderhaus nutzt ca. 750 qm. Die Arbeit mit den Kindern begann 1985 in einer ehemaligen LKW-Garage. Heute steht das Kinderhaus vor allem für das erfolgreiche Projekt der Verknüpfung von Hort und offener Arbeit in der Schule mit den Wurzeln und dem methodischen Ansatz einer soziokulturellen Einrichtung. Nachfolgend können sie Auszüge aus dem Fragebogen (insgesamt 20 Fragen) für die Recherche nachlesen, den die verantwortliche Mitarbeiterin im Kinderhaus Brunsviga beantwortete.

Welche Ziele verfolgten sie mit diesem Projekt, und welche Gründe zur Initiierung lagen zu Beginn vor?
U. W.: „Schüler und Schülerinnen der Grundschule Comenius besuchten den Hort und den offenen Bereich des Kinderhauses und die Angebote des Kulturzentrums Brunsviga (Musik- und Kunstschule). Aus dieser Verbindung entwickelte sich ein stärkerer Wunsch zur Kooperation der Einrichtungen. Ziel war es von Beginn an, ein gemeinsames Modell zur Umsetzung des Erziehungs- und Bildungsauftrages zu entwickeln und zu gestalten."

Welche Erfahrungen und Probleme gab es bei der Zusammenarbeit mit Schule?
U. W.: „Zunächst mussten die gegenseitigen Vorurteile abgebaut werden. Es mussten klare Absprachen getroffen werden und Formen der Zusammenarbeit entwickelt werden, von denen beide Einrichtungen profitieren (Gewinn für beide Seiten) ... "

Erleben Sie sich als gleichberechtigter Partner mit Schule?
U. W.: „Es hat viele Jahre gebraucht, aber jetzt ist es so."

Wie bewerten Sie selbst ihre Arbeit bei diesem Projekt?
U. W.: „Die Kooperation mit der Grundschule ist ein Gewinn für unsere Arbeit und für die Kinder. [...] In unserer Arbeit liegt der Schwerpunkt auf informellem und nicht-formellem Lernen, diese Lernerfahrungen sind wiederum Grundvoraussetzungen für das formelle Lernen in der Schule. [...] Unsere Arbeit in der Schule

Nachwuchsschauspieler nach und während der Maske beim Filmcamp „Lightstone Pictures 2003"

hat dem Kollegium die Sicht auf einen erweiterten Bildungsbegriff ermöglicht."

Wie bewerten die Schule und die Lehrer/innen diese Zusammenabeit?

U. W.: „Positiv. Sie beschreiben unsere Zusammenarbeit als Bereicherung und Unterstützung. Sie können die Kinder durch eine ‚neue' Brille sehen und Stärken erkennen, die ihnen sonst verborgen geblieben sind. Das Bild der Schule ist bunter geworden, die Gesamtatmosphäre angenehmer."

Was sehen Sie in ihrem Projekt als beispielhaft und können Sie anderen Einrichtungen empfehlen?

U. W.: „Eine auf Langfristigkeit und gesellschaftliche Perspektive orientierte Kooperation von Schule, Jugendhilfe und Kulturzentrum."

Welches vorrangige Problem sehen Sie in unserem Bildungssystem?

U. W.: „[...] die Verinselung der einzelnen Bereiche von Schule, Kindergarten, Jugendhilfe, Soziokultur, die Tatsache, dass in unserem Land soziale Herkunft und Bildung in einem engen Kontext stehen."

Was wünschen Sie sich für die Zukunft?

U. W.: „Zur Zeit arbeitet das Kinderhaus Brunsviga gemeinsam mit der Grundschule Comenius an einem Modell der Ganztagsbetreuung für möglichst viele Kinder in der Schule (Modell Offene Ganztagsschule) unter Einbeziehung weiterer Kooperationspartner (Kunstschule, Musikschule, Sportvereine ...). Ein Ziel dabei ist es, das beschriebene Verständnis von Bildung gemeinsam mit Schule umzusetzen und die vorhandenen Stärken aller Kooperationspartner zu integrieren. Ich wünsche mir, dass dieses zukunftsorientierte Projekt eine Chance hat."

FILMCAMPS.DE – MEDIEN PRODUZIEREN – KULTUR ERLEBEN – KOMMUNIKATION BEFÖRDERN

Ein Kooperationsprojekt des Soziokulturellen Zentrums ‚Hafenstrasse' Meißen, des Medienpädagogischen Verbunds Meißen und des Medienkulturzentrums Dresden e.V.

Die Projektinitiatoren der Filmcamps zielten am Anfang ganz bewusst auf die Altersgruppe der 10 bis 14-jährigen, die, aus der schulischen Aufsicht entlassen, noch nicht den Weg in die Jugendzentren finden. Sie sollen in diesem Projekt die Medien, vor allem Film und Fernsehen, als subjektive Perspektiven auf die Welt verstehen lernen und kritisch hinterfragen. Zum anderen werden die Jungen und Mädchen damit vertraut gemacht, selbst zu filmen. Sie lernen die Kreativität der Filmdramaturgie und -sprache und wenden sie eigenständig an. Dabei spielen die Interaktionen in der Gruppe, der kommunikative Prozess in der Filmproduktion und das partnerschaftliche Zusammenarbeiten eine große Rolle.

Neben der Vermittlung von Medienkompetenz zielt das Projekt ebenso auf die Förderung sozialer Aspekte, wie gegenseitiges Vertrauen und die Fähigkeit zur Konfliktbewältigung. Zudem bestimmen die örtlichen Gegebenheiten sowie die Lebenswelt der jungen Menschen die Geschichten und Inhalte der einzelnen Medienprodukte. Um diese Arbeitsweise intensiv zu erleben, erschien die Form eines Feriencamps sinnvoll.

Am Anfang steht die eigenständige Bewerbung der Kinder per Post, Mail oder Fax, indem persönliche Angaben, der Wunsch-

Vorbereitung zur Abschlusspräsentation der Campergebnisse in Lichtenstein

beruf im Camp und Filmideen mitgeteilt werden. In den ersten beiden Tagen im Camp lernt man sich kennen und beginnt mit Einweisungen, Übungen und technischen Durchläufen. Gemeinsam werden aus den Entwürfen Geschichten entwickelt und verdichtet. Es bilden sich Teams, die die notwendige Recherche beginnen, Drehpläne und Storybords verfassen und erste Aufnahmen durchführen. Eine Woche laufen nun die Dreharbeiten für die einzelnen Filme und die Vorbereitung zu den anderen multimedialen Beiträgen. Nachdem die Schnittpläne festgelegt sind, beginnen in der zweiten Woche die Nachbearbeitungen und die Vorbereitung der Präsentation. Sie stellt am Ende des Camps alle Beiträge der Kinder in einer Art TV-Magazin vor. In der Regel wird versucht, alle Filmarbeiten am Vormittag durchzuführen, damit am Nachmittag und am Abend genügend Zeit für Freizeit, Sport und Spiel bleibt.

Beim Einsatz der Betreuer wird auf ein gleichberechtigtes Verhältnis zwischen Medienpädagogen, Profis aus den relevanten Medienbereichen sowie den pädagogischen Betreuer/innen geachtet. Zudem werden Praktikant/innen in die Betreuungs- und Vermittlungsaufgaben gemäß ihren Wünschen, Fertigkeiten und Ausbildungsperspektiven aktiv eingesetzt. Somit erlangt das Projekt auch eine Bedeutung für die medienpädagogische Multiplikatorenausbildung.

Um Jugendlichen ein entsprechendes Projekt anbieten zu können, wurde ab 2001 ein Musik-Filmcamp für 14 bis 18-Jährige entwickelt. Im Mittelpunkt dieses Unternehmens steht jeweils eine Nachwuchsband, die am Camp teilnimmt. Die Jugendlichen erarbeiten ein Electronic-Press-Kit für die Band, mit Ausschnitten aus Live-Konzerten, Musikvideos, Backstage-Reportagen usw. und entwickeln somit eine ‚mediale Visitenkarte', welche die Band ausführlich vorstellt. Dafür wurde das Repertoire an zusätzlichen Teams erweitert (Aufnahmeleitung, PR, Tontechnik, Special Effekts) und mit den Teilnehmern des Camps besetzt.

Seit einem Jahrzehnt sammelten 450 junge Menschen auf diese Weise Erfahrungen, Kompetenzen und Wissen. Technische, finanzielle und konzeptionelle Ressourcen in beträchtlichem Umfang flossen in das Projekt „Filmcamps in Sachsen". Es grenzt schon an ein Wunder, wenn in Zeiten knapper Kassen diese besondere Art eines Feriencamps seit zehn Jahren gesichert wird. Zwei Aspekte scheinen in diesem Rahmen besonders erwähnenswert. Zum einen die Netzwerkarbeit zwischen verschiedenen Trägern der Jugendhilfe, der Medienpädagogik und der Soziokultur. Darüber hinaus gibt es unterstützende Vereinbarungen mit Berufsbildungsträgern, die im Medienbereich ausbilden und engste Kontakte mit den Verantwortlichen beim Maßnahmestandort. Zum anderen war die Anerkennung durch außen immer ein wichtiges und notwendiges Argument für den Fortbestand. Die Kinder und Jugendlichen erhielten mit den Initiatoren den Dieter-Baacke-Preis 2001, Medienpädagogik-Förderpreis der Sächsischen Medienanstalt 2002 und eine Goldmedaille beim Jugendmedienfestival Berlin 2003.

„WO IST ZUHAUSE?" – EIN PROJEKT DES HAMBURGER STADTTEILKULTURZENTRUMS ‚BRAKULA'

Bramfeld und Steilshoop sind in Hamburg nicht gerade ‚angesagte' Stadtteile. Steilshoop ist eine Hochhaussiedlung aus den 60er und 70er Jahren, die als sozialer Brennpunkt gilt. Aus Bramsfeld ziehen viele junge Menschen weg. Der Stadtteil wird durch eine

Arijetta Sejdin, Schülerin, 12 Jahre alt

HAMBURG (ICH)
Auf diesem Foto ist Hamburg zu sehen!!!

Ich habe Hamburg fotografiert weil ich mich eigentlich fast überall hier wohl fühle. Als ich jünger war sind wir oft umgezogen, aber immer nur im Bereich Hamburg. Ich würde mich auch in meinem Heimatland (Kosovo) nicht wohler fühlen, denn hier bin ich aufgewachsen. Klar, kann ich mich hier auch nicht wohler fühlen, als in meinem Heimatland, ich kann mich eben nur genauso wohlfühlen wie dort. Ich habe meine bisherige Kindheit hier verbracht. Sarah Wendt, Schülerin,12 Jahre alt

Sarah Wendt, Schülerin, 12 Jahre alt

MEINE HÜNDIN SUSI

Ich habe meinen Hund ausgewählt, weil ich sie sehr, sehr lieb habe. Wir gehen sehr oft raus in den Park. Susi ist 6 Jahre alt. Sie ist unser erster Hund und mein Schatz, unser Schatz. Susi hat auf den Fotos so ein schwarzes Höschen an, weil sie läufig ist (sie hat ihre Regel).
Die eine Person auf dem einem Foto ist meine Mutter, die ich über alles liebe, sie ist die beste Mutter der Welt!

Jana Gushchina, Schülerin, 11 Jahre alt

ICH UND MEIN ZIMMER

Meine Familie: Meine Mutter, mein Vater, meine Schwester. „Mein Zuhause ist meine Familie, mein Land, meine Freunde." Jana ist seit zwei Jahren in Deutschland. Sie wohnte vorher in Russland.

Sebastian Dannenberg, Schüler, 10 Jahre alt

NASCHI-ZUCHT AUF BALKONIEN

Mein Lieblingsplatz auf dem Balkon. Davon träume ich: ich als Naschgärtner auf unserem Balkon mit üppiger Süßigkeiten-Ernte.

große Ausfahrtstraße geteilt und hat ansonsten einen eher dörflichen Charakter. Beide Stadtteile sind nicht mit der U-Bahn erreichbar. Dies gilt in Hamburg als ein entscheidender Nachteil.

Das Projekt stand allen Stadtteilbewohnern offen und wurde über die Stadtzeitung und das Programm des Kulturzentrums offen ausgeschrieben. Darüber hinaus gab es eine Kooperation mit vielen Einrichtungen im Stadtteil: Stadtteilkonferenzen, soziale Einrichtungen, Schulen, Kirchen und Einrichtungen der Jugendhilfe. Aus dieser Mischung ergaben sich das breite Altersspektrum der Projektteilnehmer/innen und die vielen unterschiedlichen Herkunftsländer.

In dem Projekt „Wo ist Zuhause?" haben sich die Bewohner/innen der beiden Stadtteile auf die Suche nach ihrem realen oder gewünschten Zuhause gemacht. Künstlerisch umgesetzt wurde die Suche in zwei Videofilmen und einem Detektivhörspiel. Im Programm gab es Lesungen, Workshops, Ausstellungsbesuche und viele Diskussionsrunden mit der Projektgruppe, die von Anfang an wesentlich bei der Konzeptionierung des Gesamtprojekts mit einbezogen war.

Herzstück des Projektes war ein Fotowettbewerb, der in eine Ausstellung mündete. 140 Einwohner/innen von 3 bis 82 Jahren aus den beiden Stadtteilen beteiligten sich daran. Sie fotografierten mit zur Verfügung gestellten Einwegkameras ihr ‚Zuhause'. Das Projektfinale fand im Bramfelder Kulturladen statt. Hier wurden bei Klaviermusik, Gesang und Kulinarischem im Biergarten des Brakula die Gewinner geehrt und alle Beiträge vorgestellt. Die Ausstellung hing einen Monat im Einkaufszentrum in Steilshoop und anschließend noch einmal im Brakula. Ein Teil der Bilder ist als Langzeitausstellung im Einkaufszentrum zu sehen.

Bei dem Projekt wurde als Ziel formuliert, Themen des Stadtteillebens in die Kunst zu holen. Themen des Alltags werden mit Hilfe verschiedener künstlerischer Ausdrucksformen, wie Bildende Kunst, Musik, Theater und/oder Literatur von den Teilnehmer/innen aufgegriffen und selbstständig bearbeitet. Veranstaltungen, die das Thema aus den unterschiedlichsten Blickwinkeln beleuchten, runden das Projektprogramm ab. Dazu gehören Diskussionsrunden, Kino- oder Hörspielabende, Erzählcafés und Lesungen. Das Kulturzentrum Brakula möchte mit der Projektarbeit möglichst viele Menschen jeden Alters in eine aktive Stadtteilkultur und Auseinandersetzung einbinden und dazu anregen, sich zu beteiligen. Aus diesem Grund sucht Brakula für die Projekte immer ein breites Spektrum an Kooperationspartnern, die ihren spezifischen Beitrag zum Thema leisten können.

Mit dem Projekt „Wo ist Zuhause?" wurde der Versuch unternommen, durch die künstlerische Auseinandersetzung für seinen Lebensraum, den Stadtteil, einen neuen und hinterfragenden Blick zu bekommen. Einen kritischen Blick zu entwickeln für die Dinge, die man nicht mehr sieht, weil sie einem alltäglich und somit als selbstverständlich erscheinen. Sich zu Hause fühlen, ist eine wichtige und notwendige Basis für soziales und kulturelles Engagement. Viele Migrant/innen erhielten durch das Projekt die Möglichkeit, ihr Verhältnis zu einem alten und zu einem neuen „Zuhause" darzustellen. Sie stellten damit einen zentralen Punkt ihres Lebensgefühls zur Diskussion.

Bei der Nachfrage, wie sich die Zusammenarbeit mit den vier beteiligten Schulen darstellte, bescheinigt die Projektleiterin, unterschiedliche Erfahrungen gemacht zu haben. Engagierte Lehrer/innen leisteten einen eigenständigen Beitrag und wurden somit auch eine wichtige Säule für das Gesamtprojekt. In anderen Fällen war das Projekt nur eine willkommene Möglichkeit, nicht selbst unterrichten zu müssen und die Verantwortung komplett an die Kulturpädagogin abzugeben. Bei manchen Anfragen wurde sehr schnell deutlich, dass das Kulturzentrum als kostenloser oder günstiger Nachmittagsunterricht eingekauft werden sollte. Die Idee selbst war dabei weit weniger als zweitrangig.

Das Kulturhaus Brakula weist im Zusammenhang mit den Schulprojekten auf die neue Situation der Lehrer/innen in Hamburg hin. Ein notwendiges Engagement von Lehrer/innen für Kooperationsprojekte wird in Zukunft durch das neue Lehrerarbeitszeitmodell extrem behindert. Es bleibe für sie nur zu hoffen, dass die Bildungsdebatte zu einer größeren Wertschätzung und Honorierung dieses Engagement führt, so dass Kooperationen in Zukunft überhaupt noch stattfinden könnten. Eine Qualität der Soziokultur sei es, generationsübergreifend zu arbeiten. Es sei jedoch sehr zeitaufwendig, Menschen dazu zu bewegen, sich kulturell und politisch zu beteiligen. Besonders schwierig sei es, diejenigen zu erreichen, die nicht in irgendeiner Form bereits organisiert sind. Sollte die kulturelle Bildungsarbeit bzw. die Soziokultur ihre finanziellen Zuwendungen in Zukunft gemäß Besucherzahlen bekommen, würde es schwierig werden, Projekte durchführen zu können, bei denen die Teilnehmerzahl nicht kalkulierbar ist. Schüler sind oftmals gezwungene Partner und somit eben auch als berechenbare Größe eine gern genommene Zielgruppe. Das Großartige an der außerschulischen und kulturellen Bildungsarbeit sei und bliebe aber, so die Verantwortlichen aus Hamburg, die Freiwilligkeit und die damit einhergehende Begeisterung der Projektteilnehmer/innen und die damit verstärkte Bildungswirkung für alle Beteiligten.

„KUNST 2003 – KULTURPROJEKTE AUS DEN SCHULEN PFORZHEIMS UND DEM ENZKREIS"
Ein Kooperationsprojekt mit dem Kulturhaus Osterfeld

„Kunst verbindet. Kunst sprengt Grenzen. Kunst schafft Raum für Begegnungen. Und vielleicht ist die Kunst ja wirklich die universelle Sprache, die häufig miss- und noch öfters unverstanden, da Dinge ausdrückt, wo die richtigen Worte fehlen." (Frank Willmann, Kulturhaus Osterfeld, Sonderausgabe Pforzheimer Zeitung, März 2003)

Die Aktion Kunst 2003 fand 2003 bereits zum vierten mal statt. Sie verbindet auf eindrucksvolle Weise die Förderung von Kreativität mit wichtigen sozialen Aspekten. Eine Woche lang dient das Kulturhaus Osterfeld als Bühne für die Präsentation von kreativen Schulprojekten unterschiedlichster Genre. Darüber hinaus haben junge Menschen die Möglichkeit, sich mit vielfältigen künstlerischen Darstellungsformen auseinander zu setzen. Das Projekt lebt vor allem von der Begegnung. Das gemeinsame kreative Gestalten führt die Teilnehmer/innen aus verschiedenen Schulen unterschiedlicher Schularten zusammen. Schüler/innen, Pädagog/innen, Künstler/innen und Eltern bietet es eine Plattform für einen offenen Austausch und führt zu persönlichen Kontakten.

Die Idee dahinter ist so einfach wie genial. Vielfältige künstlerische Aktivitäten finden in der Schule statt. Jedoch fehlt es zu oft an den Möglichkeiten, diese in einem ansprechenden Rahmen der Öffentlichkeit auch vorstellen zu können. Alle Schulen erhalten im Kulturhaus Zeit und Raum für ihre Präsentation. Eröffnet wird die Woche nun schon traditionell mit einer Ausstellung. 2003 stand unter dem Motto ‚Orpheus und Nana'. Zu sehen waren dabei Bilder von Kindern aus der vierten Klasse, die z.B. die Werke von Klee, Picasso oder Miro nachempfanden und selbst Kompositionen entwickelten, deren Duktus der europäischen Moderne entsprach. Eine Sonderschule entwickelte eine Rauminstallation, die die einjährige Auseinandersetzung mit dem Leben eines Mädchens in einem senegalesischen Dorf wiedergab. Insgesamt beteiligten sich neun Schulen bei der Ausstellung mit unterschiedlichen Werken und Formen. Neben Skulpturen nach Art von Niki de Saint Phalle konnte man auch die Videoinstallation ‚Orpheus' bewundern. Im weiteren Verlauf der „Kunst 2003 Woche" wurden ebenso musikalische Aufführungen wie auch Theaterstücke von den Schüler/innen präsentiert.

So wichtig im künstlerischen und pädagogischen Sinne eine Präsentation auch ist, bieten die Verantwortlichen des Projekts weit mehr. Über die Woche verteilt, erhalten alle Teilnehmer die Möglichkeit, bei den angebotenen Workshops sich neuen künstlerischen Ausdrucksformen zu nähern. Für Lehrer/innen gibt es überdies noch speziell entwickelte Fortbildungsangebote im Bereich Theater, Kunst, Musik und Sport.

Höhepunkt bildet das Abschlusswochenende, bei dem alle Beteiligten ein musikalisches Abendprogramm darbieten. Das Mitgebrachte und das Ergebnis der Kunstwoche werden dabei zu mehr als nur zu einem Aneinanderreihen verschiedener Projekte. Der Gewinn des Gemeinsamen kommt zur Entfaltung und bleibt bestehen für jeden Einzelnen.

„Das ansprechende und vielfältige Programm rückt für einige Tage alle künstlerischen-kreativen Fächer an den Schulen ins Zentrum und fokussiert damit diese wichtige Grundlage schulischer und außerschulischer Bildung. Durch die Arbeit mit Hand, Herz und Verstand wird nachhaltiges Lernen besonders gefördert." (Dr. Annette Schavan, Ministerin für Kultus in Baden-Württemberg, Sonderausgabe Pforzheimer Zeitung, März 2003)

Das Projekt beteiligt mehrere hundert Schüler und Schülerinnen. Beeindruckend bei diesem Projekt ist vor allem die Entwicklung und Pflege der Kooperationsstrukturen über diesen vierjährigen Zeitraum. Mehr als 14 Institutionen steuern über ein Jahr auf diese Kulturwoche für und mit Kindern und Jugendlichen hin.

Bahnhof Europa – X DOC

Hier stellt die Soziokultur mit dem Beispiel Kulturhaus Osterfeld eine Stärke der Infrastruktur und der künstlerischen Ressourcen zur Verfügung, die sie vermehrt innerhalb einer Bildungsoffensive einbringen kann und nach Aussagen vieler Akteure auch will.

BAHNHOF EUROPA – X DOC
KUNSTPERFORMANCE ALS ZUGTOUR

„Ich bin gekommen, um ein neues theoretisches Wissen über Fotografie zu gewinnen, und habe eine neue Welt bekommen. [...]"

Das Projekt „Bahnhof Europa" stellte den Höhepunkt der mehr als 10-jährigen internationalen Begegnungsarbeit dreier Partner aus drei Ländern im Länderdreieck Polen, Tschechien und Deutschland dar. Das „Drei Kulturen Haus Parada" entstand im Jahre 1991 am Rande des polnischen Riesengebirges in dem Dorf Niedamirow. Das Euroregionale Zentrum Lemberk in Tschechien engagiert sich im Bereich der grenzüberschreitenden Jugendarbeit, der Kultur und Ökologie und entwickelt derzeit ein Konzept für eine internationale Begegnungsstätte in Nordböhmen. Der dritte Partner aus Deutschland ist die Soziokulturelle Einrichtung „Begegnungszentrum im Dreieck e.V." aus Großhennersdorf und wurde, aus der politischen Bewegung von vor 1989 kommend, 1991 gegründet. Seitdem arbeiten die Partner vor allem an der Zielsetzung, Menschen, Vereine und Institutionen in der Dreiländereckregion zu vernetzen.

„Es ist eine faszinierende Region, Objekt der Begierde der Piasten, Habsburger und Hohenzollern. Schnittstelle der slawischen und germanischen Kultur, Ort millionenfacher Migration, politischer und kultureller Usurpation, persönlicher und gesellschaftlicher Tragödien. [...] Es ist eine Dynamik, die verwirrt, desorientiert. Eine einzige heute hier lebende Generation lernte die Wirtschaft des Kriegskommunismus, den freien Markt in seiner schärfsten Form (1929), die sozialistische Planwirtschaft und soziale Marktwirtschaft kennen. Sogar die heute 14-jährigen wurden geboren, umgeben von Stacheldraht und Minenfeldern." (G. Potoczak, Bahnhof Europa – die Dokumentation, Zittau Dezember 2002)

Die politischen Grenzen wurden zu Wohlstandsgrenzen. Die Perspektive der Erweiterung der Europäischen Union nach Polen und Tschechien stellt die Bewohner vor neue Herausforderungen.

Vor diesem Hintergrund entstand das Projekt. Die Ergebnisse aus der 2-jährigen internationalen Werkstattarbeit in den drei Begegnungsstätten wurden im Sommer 2002 als multimediale Kunstperformance während einer Zugtour auf tschechischen, polnischen und deutschen Bahnhöfen präsentiert. Mit dem Unterwegssein – dem Aufeinanderzugehen von sehr unterschiedlichen Partner/innen – konnte nicht nur symbolisch ein politisches Zeichen gesetzt werden. Als Wunsch wurde mit der Zugtour eine größere Anerkennung der Bedeutung interkultureller Begegnungs- und Bildungsarbeit für das Zusammenwachsen dieser spezifischen Grenzregion formuliert.

Es war mir nicht wichtig, ob wir gerade auf einem deutschen, tschechischen oder polnischen Bahnhof waren.

Die Werkstätten waren das Grundgerüst des Projekts. In den Seminaren stand das Miteinander von deutschen, polnischen und tschechischen jungen Menschen und die Begegnung mit der Eltern- und Großelterngeneration in der Dreiländereckregion im Mittelpunkt. Die Auseinandersetzung mit dem vielschichtigen Thema „Bahnhof Europa" fand in der Werkstattarbeit um ein künstlerisches Medium von Video, Theater, Fotografie seinen Ausdruck. Thematische Schwerpunkte bezogen sich auf das reale Lebensumfeld und ergaben sich aus dem Interesse der Beteiligten. In all den Entstehungsprozessen der Werkstätten wurden die künstlerischen Ansätze zu kreativen Lernmethoden und führten zu einer interessanten Entdeckungsreise in ein Themenfeld, vor allem aber in dessen besondere Wahrnehmung aus der ‚anderen' Sicht.

Alle Werkstätten arbeiteten produktorientiert. Durch die langfristige Arbeit wurde ein zusätzlicher positiver Effekt in den einzelnen Gruppen erzielt, der im erweiterten Erwerb handwerklicher Fähigkeiten in den jeweiligen Arbeitsbereichen lag. Die in den Werkstätten entstandenen Produkte fassen den gesamten inhaltlichen Prozess des Zusammenwirkens in einer künstlerischen Ausdrucksform zusammen und boten die Möglichkeit der öffentlichen Präsentation. Diese stellte den Höhepunkt der Arbeit in den Teams dar. Das Spezifische an der Endproduktion für die Tour war das Zusammenagieren aller Bereiche (Foto-, Sound-, Theater-, Journalistik-, Marketing- und Videowerkstatt) zu einer gemeinsamen Performance.

Der Zug wurde als Sonderzug von der Tschechischen Staatsbahn gestellt. Mit ihm reisten ca. 60 junge Künstler, 20 Teamer und Organisatoren, einige Journalisten, Musiker und Gäste aus den drei Ländern 10 Tage durch die Euroregion Neiße. Der internationale Zug verwandelte die Bahnhöfe der besuchten Städte für einige Stunden in eine außergewöhnliche kulturelle und politische Bühne. Am Programm beteiligten sich auch Theatergruppen, Bands und Künstler aus dem besuchten Umland. Die Events begannen auf den Bahnhöfen mit einer eigenen Inszenierung der Ankunft des Zuges gegen Mittag, im Verlauf des Nachmittags traten Theater- und Musikgruppen auf. Es gab Ausstellungen, künstlerische Happenings, und das Programm gipfelte gegen 20.00 Uhr in die multimediale Präsentation der Projektwerkstätten.

„Ich war sehr skeptisch und habe mir gesagt – das kann nicht klappen. Es gibt zu viele Menschen, die Idee ist verrückt und verdammt – niemand hat früher so etwas gemacht. Um so mehr war ich überrascht, als ich in den Zug eingestiegen bin und er tatsächlich losgefahren ist! Mein Gott, es geht richtig los! Am ersten Tag war ich ziemlich zurückhaltend und habe genau beobachtet. Es hat sich erwiesen, das der starke, stolze Deutsche sehr sympathisch und der komische Tscheche sehr cool sein kann. Das alles hat in meinem Kopf ein großes Chaos hervorgerufen. Seitdem wollte ich unter diesen Menschen einfach leben. Ich habe mich wie zu Hause gefühlt. Es war für mich nicht wichtig, ob wir gerade auf einem deutschen, tschechischen oder polnischen Bahnhof waren."

Bahnhof Europa

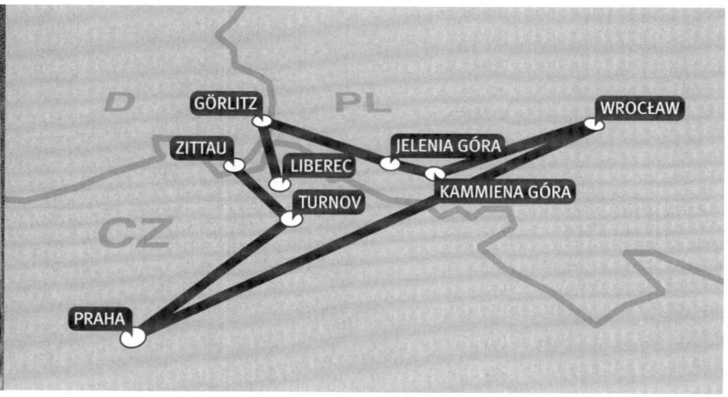

Tourplan im Dreiländereck

Reisende Fotoausstellung zur zweijährigen Zusammenarbeit der drei Länder

Theaterauftritt mit großem Bahnhof

„Ich bin gekommen, um ein neues theoretisches Wissen über Fotografie zu gewinnen, und habe eine neue Welt bekommen [...]" (Patry Nowak, Bahnhof Europa – die Dokumentation, Zittau Dezember 2002).

Die aufgezeigten Projekte verstehen sich nicht als die „Best-practice-Beispiele" im Verbandsspektrum der bundesweiten Soziokultur. Sie verstehen sich aber als Beispiel der Vielfalt an mutigen und innovativen Bildungsprojekten mit oder ohne Schule. Auf dem internationalen Symposium „Mapping Blind Spaces – Neue Wege zwischen Kunst und Bildung" in Karlsruhe wurde ich auch gefragt, ob sich aus der Arbeit und den Erfahrungen in der Soziokultur eine Art neue Bildungsformel für das bundesdeutsche Bildungsdilemma finden könnte. Darauf kann ich heute nur antworten, dass bei genauer Betrachtung der Projekte bei diesem Versuch zwei Variablen in die Formel Einzug finden müssten:

- Bildungsverantwortung müssen jene tragen dürfen, die vor Ort das Bildungskonzept erstellen, und
- weiter benötigen wir eine Selbstverständlichkeit, dass Kunst, Kultur und Bildung kleinteilig im eigenen Sozialraum eine echte Einheit bilden.

Soziokulturelle Einrichtungen bieten sich an, als Partner im Gemeinwesen eine vernetzende Ausgestaltung einer kontinuierlichen und verlässlichen Zusammenarbeit auf gleicher Augenhöhe zu verwirklichen. Deutschland kann auf einen erweiterten soziokulturellen Bildungsansatz nicht verzichten.

KÜNSTLER/INNEN IN DIE SCHULEN – ZUM MEHRWERT VON KOOPERATIONSPROJEKTEN

Ina Bielenberg, bkj

1. DIE ÖFFNUNG VON SCHULE ALS GESTALTENDES PRINZIP

Die Öffnung von Schulen und die Einbeziehung von Menschen in das Schulleben, die nicht aus dem direkten Umfeld der Schulen kommen, sind in den Schulgesetzen der meisten Bundesländer als wünschenswerte Zielstellungen formuliert. Sie sollen die Lebenswirklichkeit der Kinder, auch die zukünftige, in die Schulen holen, sie sollen das Lernspektrum erweitern, den Schüler/innen neue Eindrücke und neue Sichtweisen ermöglichen, sollen bisher Unbekanntes und Neues vertraut machen. Eine in diesem Kontext durchaus nicht neue Kooperationsform ist die Zusammenarbeit von Schulen mit Künstlern bzw. Kunsteinrichtungen.

So liegt der Besuch einer Kunstausstellung für viele Kinder außerhalb ihres Erfahrungshorizontes. Die meisten Jungen und Mädchen gehen dann zum ersten Mal in ein Museum, wenn der Lehrer im Rahmen des Unterrichts einen solchen Museumsbesuch vorsieht. Für fast alle Museen gehört heute die professionelle Betreuung von Schulklassen bzw. Schülergruppen durch die Fachkräfte der museumspädagogischen Dienste zu ihren zentralen Kernaufgaben.

Im Bereich Literatur bemühen sich die Friedrich-Bödecker-Kreise der Länder und des Bundes seit Jahrzehnten äußerst erfolgreich, Autor/innen, Schriftsteller/innen und Buchillustratoren an die Schulen zu vermitteln, die hier dann Lesungen, Schreibwerkstätten und andere literarische Projekte durchführen. Auch im Bereich Musik kooperieren viele Musikverbände und Musikschulen mit allgemein bildenden Schulen und bringen Musiker/innen mit in die Schulklassen.

Ebenso gibt es heute die Zusammenarbeit mit Künstlerinnen und Künstlern aus dem Bereich der Bildenden Kunst – Maler, Bildhauer, Grafiker, Designer, Fotografen u.a. – an zahlreichen Schulen: nicht überall und flächendeckend und auch nicht curricular vorgegeben, aber dennoch existieren zahlreiche gute Projekte, die beispielhaft die Einbindung von Künstlerinnen und Künstlern in die Schulen und das Schulleben zeigen.

Eine systematische Erfassung solcher Projekte ist kaum möglich und war auch nicht Auftrag der vorliegenden Projektrecherche. Die nachfolgend dokumentierten Projekte wollen punktuell einen Eindruck geben von den Chancen und Möglichkeiten, die in der Zusammenarbeit von Schulen mit Künstlern und Künstlerinnen aus dem Bereich der Bildenden Kunst liegen.

2. SCHULPROJEKTE IN KOOPERATION MIT BILDENDEN KÜNSTLER/INNEN

Projekttitel:	*Schüler/innen fotografieren das Oktoberfest – auf ihre eigene Art*
Projektart:	Fotoprojekt
Projektpartner:	PA/Spielkultur e.V. und PA/Spielen in der Stadt e.V., Kunst-Leistungskurs der Jahrgangsstufe 12 des Luisengymnasiums, Fotograf Volker Derlath
Projektort:	München

Projektbeschreibung

Das Projekt *„Schüler/innen fotografieren das Oktoberfest – auf ihre eigene Art"* wurde im Auftrag der Landeshauptstadt München (Kommunales Koordinationsforum Schule/Kultur/Soziales) unter Federführung des Schulreferats durchgeführt. Die Idee dazu stammte vom Fotografen Volker Derlath, der selbst seit Jahren auf dem Münchner Oktoberfest fotografiert. Mit seiner Unterstützung sollten die teilnehmenden Schüler/innen aus ihrer je eigenen Sicht und mit ihrer je individuellen Perspektive das Oktoberfest fotografieren. Ziel sollte sein, den Schülerinnen und Schülern einen individuellen und thematischen Zugang zum Oktoberfest zu ermöglichen und diesen fotografisch umsetzen.

Zum Einsatz kamen mit einer Ausnahme ausschließlich analoge Spiegelreflexkameras, was auch den Wünschen der Schüler entsprach. Sie hatten zum großen Teil schon mit Digitalkameras fotografiert, hatten jedoch noch nicht mit einer klassischen Spiegelreflex-Kamera gearbeitet. Neben den eigenen Kameras der Schüler konnten über PA/Spielen in der Stadt e.V. und das Medienzentrum München vier Spiegelreflexkameras ausgeliehen werden.

Projektverlauf

In einem ersten Treffen Anfang September 2003 trafen sich im Luisengymnasium Vertreterinnen und Vertreter der beteiligten Projektpartner und sprachen die allgemeinen Rahmenbedingungen miteinander ab. Am 18. September dann folgte die Vorstellung des Projektes durch den Fotografen im Kunst-Leistungskurs. Nicht alle Schüler/innen waren zunächst von dem Projekt begeistert. Volker Derlath konnte jedoch durch die Präsentation des Projektes und seine Person überzeugen. Er beschrieb den Schülerinnen und Schülern seinen Werdegang als Fotograf und seinen Zugang zur Fotografie. Er stellte durch die Präsentation seiner eigenen Fotos vom Oktoberfest die Idee des Projektes vor und erläuterte die Art und Weise des Vorgehens. Mit der Klärung der organisatorischen und technischen Aspekte war das Projekt dann eröffnet.

Die Schüler/innen gingen zu frei gewählten Zeiten auf das Oktoberfest, um dort zu fotografieren. Volker Derlath bot während der Wiesnzeit an zwei Abenden direkt vor Ort (also auf der Wiesn) so genannte Sprechstunden an, in denen er den Schülern die Möglichkeit bot, Ideen oder Probleme der fotografischen Umsetzung und technischer Art sowie bereits vorhandenes Bildmaterial mit ihm zu besprechen. Leider wurde dieses Angebot nur von wenigen Schülern genutzt.

Reger Teilnahme erfreuten sich dagegen die beiden in der Schule durchgeführten Bildbesprechungen. An diesen Besprechungen, bei denen die Schüler auch alle Probleme technischer Art besprechen konnten, nahmen jedes Mal fast alle Schüler teil. Zusätzlich hatten die Jugendlichen dreimal die Gelegenheit, im schuleigenen Fotolabor mit fachlicher Unterstützung ihre Bilder selbst zu vergrößern. Nach Ende des Oktoberfestes gab es eine große Abschlussbesprechung der entstandenen Bilder. In dieser Besprechung trafen die Schüler aus ihrem gesamten Bilderfundus eine Auswahl von fünf Bildern. Volker Derlath besprach mit jedem einzelnen Schüler/jeder einzelnen Schülerin die Bilder in Bezug auf Idee, gestalterische und technische Umsetzung, Perspektive, Bildaufbau und Spannung. In zwei weiteren Besprechungen wurden die Bilder für die abschließende Ausstellung ausgesucht. In einer letzten Sitzung wurden die Formate der ausgewählten Bilder und deren Zusammenstellung für die Ausstellung bestimmt.

Abgeschlossen wird das Projekt im Januar 2004 mit einer Ausstellung, zu der auch öffentlich eingeladen wird. Die letztendliche Zusammenstellung und den Aufbau der Ausstellung werden die Schüler/innen des Leistungskurses Kunst selbstständig durchführen. Für den Notfall ist jedoch technische und künstlerische Unterstützung vorgesehen. Auch die Einladungskarten und das Plakat zur Ausstellung werden von den Schüler/innen selbst entworfen, zudem wird es ab Januar eine Ausstellung der Bilder im Internet geben.

Reflexion

Der Zeitpunkt des Projektes, d.h. der Start mit der zweiten Schulwoche, war gut gewählt und hatte eine sehr positive Wirkung auf den Zusammenhalt der Schüler/innengruppe und auf die weitere gestalterische Arbeit des Leistungskurses.

Die Dauer des Projektes (vom ersten Treffen am 10.9.2003 bis zur Ausstellungseröffnung am 20.1.2004) ist positiv zu werten. Sie ermöglichte einen längeren und vor allem kontinuierlichen Kontakt zwischen Künstler, Schülern und Schule. Das Projekt war nicht nur für den kurzen Zeitraum einer Standard-Projektwoche, sondern für fünf Monate Teil des Leistungskurs-Geschehens. Die Organisatoren sehen in ihrer Reflexion folgende Ziele mit dem Projekt erreicht:

- Die Schüler/innen haben Zugang zur Fotografie als einem Medium der Kunst gefunden über einen Künstler und über das eigene fotografische Tun.
- Gleichzeitig haben sie über die Auseinandersetzung mit der Kamera und dem Fotolabor die technische Seite des Mediums kennen gelernt.
- Sie haben ihrer eigenen Sichtweise fotografisch Ausdruck gegeben und ihren Blickwinkel mit denen der Mitschüler vergleichen können.

- Sie haben einen Prozess mitgestaltet, der mit dem ersten Kennenlernen der Kamera begann und mit der öffentlichen Ausstellung endete.
- Die intensiven Bildbesprechungen haben zu einer Erweiterung der Kompetenz geführt, Bilder lesen und deuten zu können.
- Die künstlerische Herangehensweise und das hohe Maß an Selbstständigkeit haben zu neuen Lernerfahrungen geführt.

Schülerstatements

„Ich könnte mir vorstellen, so etwas öfter zu machen. Das Projekt selbst habe ich sehr genossen. Man sieht die Wiesn von einer ganz anderen Seite, denn man schlendert nicht verträumt durch die Wiesn und sieht nur das Primitive an der Wiesn, sondern man betrachtet alles unter einem gewissen Aspekt, ob die Dinge um einen herum photogen sind. Man kann auch das Negative sowie Positive an der Wiesn besser einordnen, da man alles von einem neutralen Standpunkt aus betrachtet. Einzig und allein zählt das Motiv auf dem Bild und der Ausdruck, nicht das Individuum dahinter. Am Anfang war ich auch viel vorsichtiger als am Ende. Dann hat man schon Erfahrungen gesammelt, wie die photografierten Menschen reagieren."

„Mir hat auch die Zusammenarbeit mit dem Photografen sehr gut gefallen, denn der Umgang war locker und offen."

Projekttitel:	*Strandgut*
Projektart:	Aktions- und Skulpturenprojekt
Projektpartner:	Gymnasium Jungmannschule Eckernförde, Kunst-Leistungskurs Klasse 12, Aktionskünstler Jean-Patrice Giraud
Projektort:	Eckernförde

Projektbeschreibung

Strandgut ist ein Projekt, das das Gymnasium Jungmannschule Eckernförde, genauer gesagt der Leistungskurs Kunst der Jahrgangstufe 12, gemeinsam mit dem französischen Objektkünstler Jean-Patrice Giraud durchgeführt hat. Jean-Patrice Giraud war Stipendiat des Landes Schleswig-Holstein und wohnte zurzeit des Projektes im Künstlerhaus in Eckernförde. Über die Schuldirektorin, die aktiv im Vereinsvorstand des schleswig-holsteinischen Künstlerhauses ist, bestand und besteht eine gute Beziehung zwischen der Schule und den im Künstlerhaus lebenden und arbeitenden Künstlerinnen und Künstlern.

Die Idee wurde aus der Nähe zum Wasser, der Vorliebe des Künstlers für Literarisches und seiner Lust am Kommunizieren geboren. Basierend auf einem Kapitel aus dem Jules Vernes-Roman „20.000 Meilen unter dem Meer" wurden 6.000 Holzstückchen mit ebenso vielen Wörtern aus besagtem Buchabschnitt zu einem Floß vertäut und auf hoher Ostsee ausgesetzt. Der von einer Firma aus Schleswig gespendete Zucker, der in flüssiger Form Schnüre und Holzteilchen miteinander verband, löste sich alsbald auf und setzte die Einzelteile den diversen Strömungen aus. Außer mit einem Wort von Jules Vernes war jedes Holzstück mit der Anschrift des Jungmann Gymnasiums Eckernförde versehen, so dass die Finder der Floßteile Kontakt mit den Absendern aufnehmen konnten. Es trafen Botschaften von der deutschen Küste, aus Finnland und aus Dänemark in der Schule ein.

Projektverlauf

Ziel war es, die ganze Umgebung der „Baltic-Sea" durch einen direkten Kontakt zur Bevölkerung zu berühren. Es war eine interaktive Aktion, die auf diese Art ein neues Kunstwerk erzeugte und die Verschiedenheiten des Baltikums aufzeichnete. Ein Netz verband 6.000 Stücke Holz (15x9x2 cm), auf jedes Stück Holz war ein Wort graviert und das ganze Netz gestaltete einen Text, der 15 m lang und 6 m breit war, ein riesiger Holzteppich, beschriftet mit einem Teil des Romans von Jules Vernes „20.000 Meilen unter dem Meer".

Die Holzteile wurden in einer Aktion zusammengebunden und 2 Tage am Eckernförder Fischereihafen ausgestellt. Ein Fischkutter warf dieses Netz auf hoher See an einem besonders geeigneten Platz, dort, wo die Strömung die einzelnen Stücke am besten über die ganze „Baltic Sea" verteilen konnte, aus.

Das Netz löste sich im Meerwasser, so dass jedes Wort wie eine Flaschenpost von den Wellen davongetragen wurde. Jedes Stück Holz hatte auf der einen Seite ein Wort und eine Nummer sowie auf der Rückseite eine Adresse eingraviert, an die der Finder eine Postkarte seiner Heimat schicken konnte. Der Finder wurde gebeten, auf der Postkarte das Wort und die Nummer von dem Holzstück sowie seine Adresse anzugeben. Als Dank erhielt er dann einen Katalog mit einer Erklärung der Aktion.

Die Technik, mit der die einzelnen Holzstückchen miteinander verbunden wurden, war sehr raffiniert gewählt. Die Holzteile waren wie Perlen auf Bioschnüre aufgezogen. Die Schnüre wurden an den Enden der Holzteile aus den Bohrungen ein wenig herausgezogen, in diese wurde anschließend Karamell gegossen. Später wurden die herausstehenden Schlaufen der Schnüre abgeschnitten, so dass beim Auflösen des Karamells im Wasser jedes Stück Holz unabhängig wurde und alle Holzstücke sich frei verbreiten konnten.

Das Netz wurde aufgerollt und mit einem Kutter auf die hohe See transportiert, wo es wie ein Fischernetz ins Wasser gelassen wurde. Dieses Netz blieb ca. eine halbe Stunde fest und löste sich dann völlig auf.

Danach war jedes Teil voneinander unabhängig, von keiner Schnur mehr verbunden. In der Zeit, in der sich das Objekt ‚auflöste', wurde das Gebiet beaufsichtigt und gesichert.

Eine Foto-, Video- und Fernsehreportage wurde vom Schiff aus aufgezeichnet. Diese Aufzeichnungen wurden in einem Katalog und auf einem Video als Spur dieser Aktion veröffentlicht.

Reflexion

Die projektorientierte Arbeit am „Strandgut" öffnete den Kunstunterricht in ungeahntem Ausmaß. Der Rahmen des Stundenzwangs vom 45-Minuten-Takt wurde gesprengt, Pausen, Freistunden, Nachmittage, Wochenenden mit einbezogen. Das überwältigend große Interesse bewirkte nicht nur eine breite Öffnung der Schule nach außen, sondern erreichte auch eine erstaunliche Langzeitwirkung durch die immer wieder eintreffenden Postmeldungen von immer neuen Fundorten. Dank des persönlichen Kontaktes zum Künstler war es für alle Beteiligten leichter möglich, Verständnis für die künstlerische, praktische und theoretische Dimension der Idee zu entwickeln.

Die didaktische Reflexion zeigte, dass Kunstunterricht im Sinne des erweiterten Kunstbegriffs nicht nur ästhetische Erlebnisfähigkeit, Kunstverstand und künstlerisch intendierte gestalterische Fähigkeiten vermitteln kann, sondern auch die Prozesse und gedanklichen Überlegungen, die zu einem Werk führen.

Gerade das Beispiel dieses Projektes, mit seinem sich nach dem Flaschenpost-Prinzip selbst auflösenden, verbreitenden und Neugier bei den Findern erzeugenden Werk hat bewiesen, dass die Wichtigkeit des Prozesses zum Werk hin aufschlussreicher sein kann, als das vergängliche Werk selbst – wie so häufig in der zeitgenössischen Kunst.

Abschließend bleibt festzuhalten, dass diese Öffnung der Schule keine singuläre Entscheidung geblieben ist. Ermutigt durch den Erfolg wurden bereits weitere gemeinsame Projekte mit anderen Stipendiaten in Leben gerufen: eine Kalligrafie-Reihe mit Ausstellung und eine Klang-Kratz-Performance.

Schülerstatements

> „Nachdem ich nun Stunden Arbeit in dieses Projekt investiert hatte, fand ich es eigentlich schade, dass der Teppich ins Wasser gelassen wurde und alles wieder auseinander ging. Man hatte das Gefühl, die Arbeit wäre umsonst gewesen."

> „Sehr gut gefallen hat mir das Ende, der Höhepunkt der Kunstaktion, und zwar das zu Wasser lassen des Teppichs."

> „Man hat mal erlebt, wie viel Teilschritte bis zur Vollendung eines so großen Projektes stehen und wie viele Leute helfen mussten; schön, eine Person davon gewesen zu sein."

Projekttitel:	*Vorurteile*
Projektart:	Mehrteiliges Projekt mit unterschiedlichen künstlerischen Schwerpunkten
Projektpartner:	Kindermuseum Labyrinth, sieben verschiedene Berliner Schulen, verschiedene Künstler
Projektort:	Berlin

Projektbeschreibung

Die Pädagogen vom Kindermuseum Labyrinth in Berlin entwickelten die Idee, ein Forum für die Auseinandersetzung mit dem vielfältigen Thema „Vorurteile" zu schaffen. Sie warben in Schulen und Kindereinrichtungen für ihr Vorhaben und konnten schließlich ein Netz aus sieben Projektgruppen, hauptsächlich an Schulen, aufbauen. Zu jedem Projektteam gehörten neben den teilnehmenden Kindern und den Lehrer/innen ein Künstler oder eine Kulturpädagogin und ein Mitarbeiter des Kindermuseums. Jedem Projekt wurde ein Themenvorschlag als Orientierungshilfe unterbreitet, was jedoch letztendlich wie gemacht wurde, entschied das Projektteam selbst. Wichtig dabei war, dass es bei dem Thema nicht nur um den Umgang mit Menschen aus anderen Ländern gehen sollte, nicht nur um ethnische Stereotypen, sondern vielmehr um die Entstehung und Auseinandersetzung mit alltäglichen Vorurteilen, die im gesellschaftlichen Zusammenleben eine Rolle spielen.

Während der Projektphase gab es fünf Projekttreffen, auf denen über den Verlauf der einzelnen Projekte berichtet und diskutiert wurde. Zudem fand eine Fortbildungsveranstaltung zum Projektthema statt.

Am Montag, den 11. März 2002, fand eine große Veranstaltung im Kindermuseum Labyrinth in Berlin statt, auf der die Projektergebnisse durch die Kinder und Jugendlichen vorgestellt wurden. Anwesend waren Eltern und Freunde der Kinder, zahlreiche Besucher/innen des Museums sowie Vertreter von Politik und Presse. Unterstützt wurde die Veranstaltung auch von der Ausländerbeauftragten des Landes Berlin. Die Kinder wurden von einer Moderatorin interviewt und präsentierten ihre Projektergebnisse auf sehr unterschiedliche Weise. So gab es u.a. einen Vorurteils-Rap, szenische Darstellungen, Breakdance- und Percussion-Vorführungen.

Projektverlauf

Die 32 Kinder der 6. Klasse des Romain-Rolland-Gymnasiums in Berlin Reinickendorf stellten sich im Rahmen des Projektes „Vorurteile" die Frage: „Wo sind meine Wurzeln?" Alle Schüler/innen besaßen die deutsche Staatsangehörigkeit, wie sich aber im Laufe des Projekts zeigen sollte, reichten die Wurzeln der meisten Familien in andere Länder, teilweise bis in andere Kontinente. Betreut wurde das Projekt von der Lehrerin für Deutsch und Geschichte, von der Künstlerin Tanja Schmidt und einer Diplomandin. Das Projekt fand an fünf Terminen, in der Regel vormittags, im Zeitraum Oktober bis November 2001 in der Schule statt.

Die Künstlerin hatte die Idee, mit den Kindern ein übergroßes Buch (50x75 cm) zur Frage „Wo sind meine Wurzeln?" zu erstellen: Auf jeder Seite des Buches ist jeweils ein Porträtfoto eines Schülers/einer Schülerin zum Thema „Selbstdarstellung" zu sehen. In dieses Porträtfoto wurden Klappen in verschiedenen Größen und verschiedener Anzahl eingeschnitten. Hinter diesen Klappen befinden sich von den Schülern gestaltete Collagen, Zeichnungen und Texte zum Thema „meine Wurzeln". Das Buch hat damit zwei Ebenen. Zunächst sieht der Betrachter die Porträtbilder der Kinder, dann kann er mit dem Blick hinter die Klappen in die Kinder „hineinschauen". Symbolisch soll damit ausgedrückt werden, dass jeder seine Herkunft in sich trägt und seine Identität durch die eigenen Wurzeln geprägt ist.

Der erste Projekttag begann mit einer Einführung in das Projekt. Die Kinder hatten, vorbereitet durch die Lehrerin, bereits begonnen, in der eigenen Familie Geschichte und Geschichten zu sammeln. Durch die Gespräche mit den Eltern und Großeltern über die Herkunft der Familie erfuhren die Schüler Neues über sich. Durch die Auseinandersetzung mit dem Fremden in sich selbst wurde die Brücke geschlagen zur Auseinandersetzung mit Vorurteilen gegenüber Fremden und Fremdem.

Den künstlerischen Einstieg bildete die Porträts-Fotografie. Die Künstlerin hatte Porträts bekannter Fotografen zur Ansicht und Besprechung mitgebracht. Außerdem spielten die Kinder kurze Szenen, in denen sie Eigenschaften, Stimmungen und Gefühle darstellten. An den folgenden Projekttagen wurden die Porträts-Fotos aufgenommen, Gespräche geführt, Geschichten erzählt. Die Künstlerin Tanja Schmidt zeigte den Schüler/innen die verschiedenen Techniken für die Gestaltung der Bilder hinter den Klappen. Es wurden Collagen geklebt, mit Aquarellkreiden und Graphitstiften gemalt, mit Feder und Tinte Texte schön gestaltet. Zur professionellen Fertigstellung wurde das Buch in eine Buchbinderei gegeben.

Die Projektziele, die sich die Pädagoginnen und die Künstlerin gesetzt hatten, wurden im Projekt weitestgehend eingelöst: Die Kinder haben sich mit dem Thema „Vorurteile" auseinander gesetzt, sie haben ihre Familiengeschichte erkundet und sind auf Unbekanntes und Fremdes in ihrem eigenen Leben gestoßen. Dabei haben sie viel über sich und über die Herkunftsländer ihrer Familien erfahren, eine wichtige Voraussetzung für die Ausbildung einer eigenen Identität und eines wachsenden Selbstbewusstseins. Die künstlerische Herangehensweise hat ihnen eine Sprache, eine Ausdrucksmöglichkeit für die neuen Erfahrungen gegeben.

Reflexion

Bereits vor dem Projektbeginn haben die Schüler einen sehr guten Einstieg in das Thema „Wo sind meine Wurzeln?" gefunden. Auf die Anregungen der Lehrerin hin hat es lange und ausführliche Gespräche in den Familien gegeben. Zu Beginn des Projektes verfügten die meisten Schüler daher schon über eine Vielzahl von Geschichten zu ihren eigenen Wurzeln, die dann ihre Umsetzung in Texte und Bilder finden konnten. Auch die Erarbeitung des Steckbriefes und der Arbeitsblätter haben die Schüler zur Beschäftigung mit ihrer eigenen Person angeregt und dem Projektthema den Weg bereitet.

Die künstlerischen Techniken Collage, Aquarellkreiden, Graphitstifte, Tinte und Feder waren für die Schüler teilweise neu. Manche hatten deshalb anfangs kleinere Schwierigkeiten mit der Umsetzung ihrer Bildideen. Doch nach einer ersten Phase des Ausprobierens und Experimentierens mit den verschiedenen Farben und Stiften wurden die Schüler im Laufe der Zeit immer sicherer im Umgang mit den Materialien. Die Vielfalt der Techniken hat es den Schülern ermöglicht, nach eigenen Vorlieben und Fähigkeiten auszuwählen. Wer weniger gerne malte und zeichnete, konnte z.B. Texte schreiben und Collagen anfertigen. Manche Schüler wussten zu Beginn nicht was sie malen sollten. Hier war es sehr hilfreich, dass eine der Betreuerinnen sich die Zeit nahm, sich nochmals mit dem Schüler zu unterhalten und ihn von der Familie erzählen zu lassen. Während des Gesprächs kamen die Schüler dann meistens auf Ideen zu Bildern oder Texten. Durch die Methode des bildnerischen Gestaltens in Einzelarbeit konnten die Schüler sehr gut bei sich sein und im Laufe der Zeit tiefer in das Thema einsteigen. Durch das bildnerische Arbeiten, das „aufs Blatt bringen" und Veranschaulichen hat eine sehr intensive Auseinandersetzung und ein „Hineinfühlen" in die eigene Geschichte und die der Familie stattgefunden. Nach und nach sind immer mehr Erinnerungen aufgetaucht und haben ihre Umsetzung in Bilder gefunden. Die Kinder haben sich nicht nur mit den Migrationserfahrungen ihrer Eltern auseinander gesetzt, sondern auch mit vielen anderen persönlichen Erlebnissen.

Das Fotografieren der Porträtfotos verlief sehr gut. Alle haben sich gerne fotografieren lassen. Der Einstieg in das Thema Selbstdarstellung vom ersten Projekttag hat sich hierfür als sehr hilfreich erwiesen. Die Schüler/innen hatten sich genau überlegt, wie sie sich selbst darstellen wollten. Viele haben persönliche Gegenstände in Zusammenhang mit einem Hobby mitgebracht.

Die gesamte methodische Gestaltung des Projektes war sehr gut gelungen. Zu Anfang war es sehr abwechslungsreich, mit Diskussionsrunde, der Kommentierung der Porträts von bekannten Fotografen und Pantomimespiel. Gegen Ende des Projektes, als dann alle Porträtfotos gemacht waren, konnten die Schüler sich auf die bildnerische Arbeit konzentrieren.

Vom Zeitrahmen her wäre es vermutlich besser gewesen, das Projekt in einer Woche durchzuführen und sich jeden Tag für z.B. 3 Stunden zu treffen, um so ein kontinuierliches Arbeiten zu gewährleisten. Wünschenswert wäre auch mehr Zeit für das Fotografieren der Porträtfotos gewesen, was in diesem Rahmen für die Künstlerin sehr anstrengend war. Außerdem wäre ein intensiver und ausführlicher Einstieg in die künstlerischen Techniken vor der Gestaltung der „Wurzelbilder" von Vorteil gewesen. Dies war jedoch organisatorisch in einem Gymnasium nicht möglich, denn für die Projektarbeit musste der Fachunterricht ausfallen.

Zu Beginn des Projekts hatten die beteiligten Schüler sehr viele Fragen. Dadurch, dass drei Personen das Projekt betreut haben, waren Gespräche mit Schülern möglich, die zunächst nicht wussten, was sie schreiben oder malen wollten. Auch auf Schüler, bei denen sich Konflikte oder Fragen zur eigenen Herkunft andeuteten, konnte so eingegangen werden. Da die künstlerische Leitung bei der Künstlerin und Kunstpädagogin Tanja Schmidt lag und die anderen Betreuerinnen eher pädagogische Funktion hatten, war eine gute Kommunikation zwischen den Betreuerinnen notwendig.

Schülerstatements

> „Das Projekt war interessant, da man viel über seine Vorfahren erfährt. Manchmal war es sehr laut und chaotisch, aber es hat sehr viel Spaß gemacht."

„Ich hab über mich gelernt, dass ich mich nicht (oft) so viel schämen muss."
„Ich fand es gut, dass wir uns frei bewegen konnten und wir keine Noten bekamen."
„Was mir gefallen hat: Unterrichtsausfall und malen und basteln."

Projekttitel:	*Bergmannhausen*
Projektart:	Mini-Spielstadt
Projektpartner:	Verein Kultur und Spieltraum e.V., Grundschule Bergmannstraße und verschiedene Künstler: Bildhauer, Maler, Designer und andere
Projektort:	München

Projektbeschreibung

Für eine Woche verwandelte sich die Schule Bergmannstraße in eine kleine Stadt mit Rathaus, Arbeitsamt, Bank, Werkstätten, Fernsehstudio, Zeitung, Müllabfuhr, Wirtshaus und Cafe, Theater, Kunstakademie und Hochschule und vielen anderen Einrichtungen, die zu einer Stadt gehören. Die Kinder bzw. Schüler übernahmen weitgehend alle Funktionen als Bankangestellte, Müllfahrer, Fernsehredakteure, Verkäufer, Pizza- und Kuchenbäcker, Koch und Bedienung, Journalist und Schauspieler.

Das Spiel basiert auf dem leicht einsichtigen Kreislauf von Arbeiten, Geld verdienen, Konsum und Freizeitaktivitäten. Die Erwachsenen, beteiligte Lehrer/innen und Eltern, waren in ihren Rollen beschränkt auf Hilfestellungen (technisch/organisatorisch) und Anregungen (inhaltlich/methodisch) sowie auf die notwendige Aufsichtspflicht.

Das Projekt Spielstadt an der Grundschule Bergmannstraße hatte als Erfahrungshintergrund die im außerschulischen Bereich mehrfach erprobte Spielstadt Mini-München, die vom Verein Kultur und Spielraum seit 1979 alle zwei Jahre durchgeführt wird. Es erforderte einigen organisatorischen und konzeptionellen Aufwand, um das offene Spielsystem auf die Bedingungen von Schule zu übertragen, ohne die grundsätzlichen pädagogischen Leitvorstellungen der Spielstadt aufzugeben: Freiwillige Teilnahme, Selbstorganisation hinsichtlich der Tätigkeiten wie auch der Abläufe im Stadtleben, keine Lernzielvorgaben und Kontrollen und keine inhaltliche, curriculare Festlegung der Spielgestaltung.

Das Ziel des Projektes war nicht so sehr die Vermittlung festgelegter Spezialqualifikation, sondern vielmehr eine Kompetenzentwicklung, die selbstgesteuertes und erfahrungsbezogenes Lernen ermöglicht.

Projektverlauf

Die Spielstadt Bergmannhausen brauchte ein halbes Jahr gemeinsame Vorbereitungszeit von den Mitarbeitern des Trägers, dem Schulkollegium und den Eltern. Die Workshop- und Spielstationen mussten geplant und vorbereitet werden, die Materialbeschaffung organisiert und der Aufbau angeleitet werden. Zur inhaltlichen Vorbereitung der Kinder entwickelte das Vorbereitungsteam kleine Unterrichtseinheiten zum Thema Stadt. Die Projektwoche selbst startete dann mit allen 490 Kindern der Grundschule. Die Kinder wurden zunächst über die Spielstadt informiert und bekamen Stadtausweise. Ihr erster Gang war dann zum Arbeitsamt, um sich hier über die Arbeitsmöglichkeiten zu informieren und frei zu entscheiden, an welcher Arbeitsstätte/Spielstation sie beginnen wollten. Die Spielstadt sah folgende Bereiche vor: Bank, Rathaus, Zeitung, Fernsehen, Kino, Stadttheater mit Schauspiel, Oper und Tanz, Hochschule, Kunstakademie, Werbe- und Grafikstudio, Müllabfuhr und Umweltschutzbüro, Kaufhaus, Gasthaus und Bäckerei, Friseur, Taxiwerkstatt, Wellness-Studio, Schreinerei und Holzwerkstatt, Schneiderei, Töpferei, Gipswerkstatt, Papierwerkstatt, Seidenmalerei, Schmuckwerkstatt, Hinterglasmalerei, Bilderrahmenwerkstatt, Mosaikbilder, Lederwerkstatt, Spielewerkstatt und Puppenwerkstatt. Alle Stationen und Werkstätten wurden von den Kindern selbst verwaltet und geleitet. Die Erwachsenen unterstützten unter strenger Einhaltung der Spielregeln (keine Bevormundung) die Spielstationen. Die Künstler arbeiteten überwiegend in den Werkstätten, zeigten und erklärten die notwendigen Techniken und Materialien und arbeiteten mit den Kindern nach deren Vorstellungen und Wünschen. Jedes Kind wurde für seine Arbeit mit „Bergmanneuro" entlohnt, das Geld konnte dann in der Ministadt wieder ausgegeben werden. Den Abschluss der Projektwoche bildete ein gemeinsames großes Fest.

Reflexion

Das Projekt Spielstadt Bergmannhausen setzte die weitgehende Zustimmung des Lehrerkollegiums voraus, zumindest für den Projektzeitraum einer Woche die starre Zuordnung der Räume zu Kindern, zu Altersklassen, zu Lernzeiten und Lernstoffen, zu Schulritualen und Kontrollen außer Kraft zu setzen. Vor allem die Aufhebung fester Klassen brachten viele Lehrer/innen zunächst in Schwierigkeiten. Der pädagogische Blick war nicht mehr nur auf das Geschehen in einer Schulklasse gerichtet, sondern gefordert war der verantwortliche Überblick über ein differenziertes Gesamtgeschehen, dessen Verlaufsdynamik die Stelle des Lehrplans einnahm. Dort waren nun Innovationen, Impulse, Lehrbeiträge, Wissensvorsprünge einzubringen, gelang dies nicht oder schlecht, kündigten die Kinder kurzerhand ihre Arbeitsstelle und gingen in einen anderen Projektbereich.

Gefordert waren im Projektverlauf veränderte Wahrnehmungen und Komplexorientierungen sowie differenzierte und kreative Verhaltensweisen angesichts der offenen Möglichkeiten, die gewohnte Sicherheiten und Methoden im Umgang mit den Kindern ausschließen. Die Zugriffsweisen auf ein Projekt sind so vielfältig wie Kinder und andere Mitspieler anwesend sind, weil es keine ritualisierte Dominanz der Lehrerrolle mehr gibt in Bezug auf die Projektgestaltung. Verbindlich waren alleine die vorher festgelegten Regeln und Vereinbarungen, die sowohl für die Kinder als auch für die Lehrer/innen und sonstigen Beteiligten galten. Die Bewegungen, Verkehrs- und Lernwege der Kinder waren im Gesamtmilieu kaum kontrollierbar und Vertrauen war gefordert, dass sie schon wissen und verantworten können, was sie tun und warum sie es tun. Hier war zugleich pädagogische Geduld gefordert, da die Kinder erste Kompetenzen und Fähigkeiten erlernen mussten, für deren Erwerb das Projekt veranstaltet wurde: Gemeint sind soziale und kommunikative Qualifikationen, die eine Selbstorganisation von Lernen im Rahmen einer erweiterten Schulöffentlichkeit erst möglich machen. Technische und kulturelle Spezialfertigkeiten hatten die Kinder schnell gelernt, wenn nur genügend Fachleute zur Verfügung standen, ihnen zu zeigen, wie es geht.

Die Verhältnisse von Spielen und Lernen, Leben und Schule wurden im Rahmen des Projektes relativiert, das Projekt hat ahnen lassen, dass Lernen in Schule auch anders möglich ist.

Schülerstatements

„Ich bin stolz und froh, dass ich Stadträtin bin. Unsere Sitzungen sind sehr interessant. Mir gefällt es, die Sorgen der Bürger von Bergmannhausen anzuhören und zu überlegen, wie man helfen kann. Ich fand den Bauchtanz super. Jetzt sitze ich gerade mit meiner Freundin im Parkcafe und ruhe mich von meiner Arbeit aus."

„Das Fitness-Studio finde ich super. Meine Arbeit bei Radio Maroni war geil. Ich finde es prima, dass ich hier arbeiten und Geld verdienen und mir dann etwas kaufen kann."

„Ich habe an der Bergmannschule schon einige Projektwochen erlebt. Die ist mit Abstand die beste."

Projekttitel:	*Freiraum – eine Wohnung wird zum Kunstwerk*
Projektart:	Gestaltungsprojekt
Projektpartner:	Kinder- und Jugendkunstschule Palette e.V., Grundschulklasse 4a der Löweneck-Volksschule (Grund- und Hauptschule), Künstler/innen und Kulturpädagog/innen
Projektort:	Augsburg

Projektbeschreibung

Von März bis Juni 2002 trafen sich die 18 Kinder der Klasse 4a der Löweneck-Volksschule und die Künstler/innen und Kulturpädagog/innen der Kinder- und Jugendkunstschule Palette jeden Dienstag in einer leeren Wohnung in der Weidachstrasse.

Hier verwandelten sie weiße Zimmer in Fantasieräume und Wunderwelten. 12 Wände wurden gestrichen, Decken und Böden bemalt und mit Stoffen gestaltet. Pinsel, Farben, Eimer, Stoffe, Gips, Nägel, Hammer, Bohrer und Tacker standen zur Verfügung. Vieles davon haben die Kinder der 4a zum ersten Mal benutzt. Unter Anleitung und Betreuung entstand ein „Jahreszeitenzimmer" und eine „Unterwasserwelt". Die Kinder bauten ein Boot mit Rudern, verdunkelten die Scheiben und tauchten das helle Zimmer in blaues Licht. Im dritten Zimmer entstand ein unheimliches Labyrinth: Stoffbahnen von der Decke bis zum Boden wiesen den Weg durch ein geöffnetes Maul, vorbei an einer schaurig beleuchteten Maske. Den Abschluss des Projektes bildete ein großes Fest, bei dem die Kinder als Gastgeber Besucherinnen und Besucher durch die gestalteten Räume führten.

Projektverlauf

Die Grundlage für das Projekt bildete ein Kontakt zum Stadtteilbüro, der „Initiative Beratung und Begegnung e.V." im Programm „Soziale Stadt". Das Stadteilbüro ist in einem Gebäude einer Wohnhof-Siedlung der städtischen WohnBauGesellschaft untergebracht. Wegen der bevorstehenden Sanierung standen einige Wohnungen bereits seit langem leer. Für die Realisierung der Projektidee stellt die WohnBauGesellschaft eine 2-Zimmer Wohnung mit Küche und Bad für ein halbes Jahr gegen Nebenkostenerstattung zur Verfügung. Zudem war die sozialpädagogische Leitung des Büros während der Gestaltungsarbeit als Unterstützung eingebunden.

Die Löweneck-Volksschule, eine Grund- und Hauptschule in Augsburg-Oberhausen, liegt in einem Stadtteil mit einem hohen Anteil an Familien mit Migrationshintergrund. Der Direktor der Löweneck-Volksschule hat ein großes Interesse daran, seine Schule für Fachleute von außen und für Gäste zu öffnen. Auf seine Initiative hin kam der Kontakt mit der Jugendkunstschule Palette zustande. Der Rahmen für das Projekt „Freiraum" wurde abgesteckt und das Vorhaben dem Lehrerkollegium vorgestellt. Die Klassenlehrerin der 4a zeigte großes Interesse am Vorhaben, und die künstlerische Arbeit mit den 18 Jungen und Mädchen begann. „Freiraum" wurde bis auf einzelne Klassenzimmerphasen außerhalb der Schule in einer Wohnung im Stadtteil durchgeführt. Das Projekt „ersetzte" den verbindlichen nachmittäglichen Sportunterricht. Vormittägliche Arbeitsphasen wurden für Vorbereitungen und das Basteln z.B. von Schmetterlingen und Fischen genutzt.

Das Projekt lief von März bis Juni 2002. Auch in den Ferien wurde an der Gestaltung weitergearbeitet. Zu fest vereinbarten Terminen wurde die Wohnung zur freiwilligen und selbstinitiierten Weiterarbeit geöffnet, die Projektleitung war anwesend. Jede Woche hatte eine regelmäßige Arbeitseinheit von vier Stunden. Wegen der Enge der Wohnung wurden die Kinder in Teams aufgeteilt, die nacheinander arbeiteten. Es gab keine inhaltlichen Vorgaben, die Kinder gestalteten die Wohnung nach ihren Vorstellungen und Ideen. Es entstand ein Jahreszeiten-Garten, ein Geister-Labyrinth und eine Unterwasserwelt.

Reflexion

Im Laufe des Projektes hat sich gezeigt, dass die gestalterische Herausforderung für die Kinder sehr groß ist, die bekannten und vertrauten Dimensionen wurden verlassen: Statt eines zweidimensionalen Blattes standen dreidimensionale Räume zur Verfügung, gearbeitet wurde mit Material und Werkzeugen, das den Kindern oft nicht bekannt war. Zudem gab es keine inhaltlichen Vorgaben, selbst die naheliegende Vorgabe eines „Wohn"-Raums konnte gesprengt werden. Die Kinder waren diese Freiheit nicht gewohnt. In ihrer Fantasietätigkeit wenig geübt und anfangs überfordert reagierten sie mit Aggressionen. Erst ganz eindeutige Material- und Ideenimpulse durch die Projektleitung „erdeten" sie wieder und wurden zum Ausgangspunkt für sich dann entwickelnde, eigene Ideen.

Die Dimension des Projektes und die Aufgabenstellung erforderten einen aufwändigen Einsatz der Kinder: Ausdauer, Sauberkeit, pflegender Umgang mit Werkzeugen, Rücksichtnahme waren unbedingt erforderlich. Die Kinder arbeiteten im Team, die Arbeit war kleinschrittig organisiert. Frustrationstoleranz war gefordert: wann sieht man endlich den Erfolg? Erst als die Projektleiterin eine Zäsur einlegte und eine Diashow über die Projektarbeit in der Wohnung in der Schule zeigte, erlebten die Kinder über die Distanz zum eigenen Werk ihren Erfolg. Nach diesem kurz eingelegten Ortwechsel stieg die Motivation spürbar.

Die Kinder entwickelten viel Engagement. Auffällig waren die so genannten „leistungsschwachen" Kinder. Sie zeigten und sicherten sich unverhoffte Stärken und erlebten durch die gestalterische Arbeit eine Aufwertung ihrer Person – vor den Augen der Mitschüler/innen, der Lehrerin, des Direktors, der Besucher/innen.

Das Wohnungs-Kunstwerk war ein öffentliches Ereignis. Mit einem Eröffnungstermin bestand eine verbindliche Zeitvorgabe. Der eigene Anspruch musste damit korrelieren. Gegenüber Mitschülern, Lehrern, Direktor, Eltern, Bewohnern, Politikern und Presseöffentlichkeit wurde ein Versprechen gegeben – und eingehalten. Den Kindern war die Verantwortung bewusst. Am Eröffnungstag genossen sie die Gastgeberrolle und entwickelten ein Besuchsbetreuungssystem, um den großen Andrang auf die kleine Wohnung in abwechselnden Teams zu bewältigen.

Im August und September 2002 war die Wohnung für Besucher/innen geöffnet. Im September wurde die gesamte Wohnung wieder in ihren Urzustand zurückversetzt, das Inventar weggeworfen. Der Häuserblock wurde saniert. Die Kinder haben nichts in der Hand als eine große „kollektive" Erinnerung. Jedes Kind erhielt einen 10er Pack Projekt-Postkarten als einzigen Beweis.

Projekttitel:	*Lebens(t)räume*
Projektart:	Interdisziplinäres Werkstattprojekt
Projektpartner:	Acht Mittelschulen aus Ostsachsen, LKJ Sachsen, verschiedene Künstler
Projektort:	Zittau

Projektbeschreibung

Seit acht Jahren wird das Kreativwochenende für Schüler/innen aus dem Ostsächsischen Raum in Zusammenarbeit mit der Landesvereinigung Kulturelle Jugendbildung (LKJ) Sachsen mit Schulen vor Ort durchgeführt. Am 12./13. April 2003 fand das Projekt zum zweiten Mal an der Burgteichschule in Zittau statt. Ziel war es, Schülerinnen und Schüler aus dem ländlichen Raum zwischen 12 und 16 Jahren die Möglichkeit zu bieten, sich zwei Tage lang kreativ auszuprobieren, neue Erfahrungen zu sammeln und Anerkennung für das Geleistete zu erhalten. Im Mittelpunkt stand dabei der Anreiz, Selbstbestätigung und Selbstbetätigung auf künstlerischen Gebiet zu erlangen. Auch für die begleitenden Lehrer, die aktiv und gleichberechtigt in allen Workshops mitmachten, sollte das Kreativwochenende eine Art Fortbildung und Ideenfundgrube sein.

Organisiert und geleitet wurde das Kreativwochenende von der LKJ Sachsen und der Schulleiterin der Burgteichschule in Zittau.

Das Gesamtprojekt wurde nach einer bewährten Struktur geplant: Zunächst wurde das Projekt an den beteiligten Schulen ausgeschrieben mit den Workshops, die in den vergangenen Jahren besonders stark nachgefragt wurden. Die eingehenden Anmeldungen der interessierten Schülerinnen und Schüler wurden gesammelt und das Workshopangebot wurde an die Nachfrage der Schüler/innen angepasst. Folgende Workshops wurden durchgeführt: Schwarzes Theater, Stepptanz, Jonglieren, Mangas zeichnen, Video-Clip drehen, Improvisationstheater, Fotografie, Breakdance, Graffiti, Modern Dance, Kupferdruck, afrikanisches Trommeln, Töpfern, Fantasiemode aus Verpackungsmaterial, Bodypainting, Bandworkshop. Besonders beliebt waren Fotografie, Graffiti und Modern Dance. Für die ersten drei genannten Angebote gab es deshalb je zwei Workshops. Die Teilnehmerzahlen in den Workshops schwankten zwischen 5 und 24 Personen, wobei aber, nach dem Prinzip der offenen Tür, jeder auch bei den anderen Workshops hineinschauen und mitmachen durfte.

Neben den Teilnehmer/innen waren auch die Workshopleiter mit von der Partie. Ihr Wissen und ihre Fähigkeit, das kreative Potenzial der Jugendlichen anzuregen und den „richtigen Draht" zu den Schüler/innen zu finden, waren dabei besonders wichtige Qualifikationsmerkmale. 20 Künstlerinnen und Künstler bzw. Kulturpädagogen aus Sachsen konnten als Workshopleiter gewonnen werden, zudem arbeiteten auch zwei internationale Gäste mit: ein tschechischer Töpfer und ein Trommler aus Westafrika. Das gemeinsame Thema für dieses Kreativwochenende hieß Lebens(t)räume. Einige der entstandenen Kunstwerke wurden im Anschluss zum Wettbewerb um den Jugendkunstpreis unter dem gleichen Thema eingereicht.

Projektverlauf

Stellvertretend für die zahlreichen Workshops sollen einige aus dem Bereich bildende Kunst kurz vorgestellt werden.

Mangas zeichnen:
Zeichnen, malen, skizzieren – in konzentrierter Atmosphäre erläuterte die künstlerische Leitung des Workshops zunächst Techniken und Eigenheiten des japanischen Comicstils. Viele der teilnehmenden Schülerinnen und Schüler waren jedoch schon halbe Profis auf diesem Gebiet. Sie entwarfen mit Bleistift und Pinsel eigene kleine Bildergeschichten und tauschten ihre Ideen untereinander aus. Am Ende entstanden ganze Hefte gefüllt mit selbst gemalten Mangas. Die Jugendlichen lobten vor allem die Zusammenarbeit und den Austausch im Projekt, der für viele die wesentlichste Unterstützung war.

Töpfern:
Den Umgang und die Verarbeitung von Ton zu Gebrauchsgegenständen konnten die Schüler von Jan Michalenkow, einen tsche-

chischen Töpfermeister erlernen. Es entstanden in der Töpferwerkstatt zahlreiche interessante Tongefäße. Diese wurden von den Teilnehmern erst nach Anleitung, später vollkommen selbstständig und frei Hand geformt. Einige Schüler/innen versuchten sich auch an der Töpferscheibe, was sich jedoch als ausgesprochen schwierig erwies. Für die sprachliche Verständigung zwischen Schülern und Künstlern sollte ein Dolmetscher sorgen, der jedoch gar nicht in Erscheinung treten musste, da die nonverbale Kommunikation über Zeigen und Nachahmen bestens funktionierte.

Kupferdruck:
Die Werkstatt zum Thema Kupferdruck fand in der speziell dafür eingerichteten Werkstatt des Zittauer Künstlers Dirk Bradel statt. In dieser interessanten und anregenden Umgebung entstanden nach einigen Erklärungen und Einführungen in die Technik sowie einer kleinen Probearbeit mehrere sehr schöne Radierungen, die zur Abschusspräsentation gezeigt wurden.

Fotografie:
Am meisten nachgefragt und mit neun Teilnehmern pro Workshop schon etwas überbesetzt waren die beiden angebotenen Fotografiewerkstätten. Nach einigen technischen und gestalterischen Einführungserklärungen durch zwei Fotografen machten sich die Schüler/innen auf den Weg, um den Lebensraum Zittau in Bildern festzuhalten. Experimentieren mit dem Bildobjektiv war dabei explizit erlaubt. Nach der fotografischen Entdeckungsreise trafen sich die Fotografen im Labor wieder, um ihre Filme selbst zu entwickeln und die Bilder zu vergrößern. Danach wählten die Schüler die besten Bilder für eine Ausstellung aus, schnitten sie zurecht und brachten sie auf Passepartouts, um sie den anderen Teilnehmern zu präsentieren.

Am Sonntag Nachmittag fand die Ergebnispräsentation statt, die ein voller Erfolg wurde. Neben Freunden und Familie waren auch Politikvertreter der Stadt Zittau erschienen. Die Schüler präsentierten ihre Ergebnisse und lernten die Arbeit der anderen Teilnehmer der Workshops kennen.

Reflexion

Ausgewertet und evaluiert wurde das Kreativwochenende in Gesprächsrunden von Lehrern und Workshopleitern. Die Schüler bekamen Fragebögen, auf denen sie ihre Ideen und Meinungen äußern konnten. In der Rückbetrachtung wurde eine gewisse Distanz zwischen den Workshopleitern und den Lehrern thematisiert. Dies äußerte sich z.B. darin, dass einerseits einzelne Workshopleiter bemängelten, die Lehrer würden nicht respektvoll genug den Schülern und ihnen selbst gegenüber auftreten, indem sie z.B. ungefragt und störend in die Workshops eingriffen. Andererseits fanden die Lehrer mehrere Verhaltensweisen der Workshopleiter unangebracht. Der Austausch, das Gespräch und die gemeinsame Reflexion waren hier dringend notwendig und hilfreich. Durch die Gesprächsrunden und die Auswertung der Fragebögen wurde jedoch deutlich, dass das Ziel des Projektes insgesamt erreicht wurde. Das Kreativwochenende war für Schüler/innen und Lehrer ein kreativer Raum zum Ausprobieren, selbst verwirklichen und Horizonte erweitern, aber auch eine große Unterstützung zur Vernetzung von Schulen sowie zum kennen lernen der Teilnehmer aus verschiedenen Städten und Schulen.

Schülerstatements

„Ich fand dieses Wochenende sehr gut und freue mich schon auf das nächste."
„Großes Lob an alle Workshopleiter, die soviel Geduld mit uns hatten."
„Ich finde es gut, dass es soviel Auswahl an Workshops gibt."
„Die Lehrer waren so nett während des Wochenendes."
„Für dieses Wochenende vergebe ich ihnen das Prädikat: Ausgezeichnet."

Kunstprojekt:	*Menschenkette*
Projektort:	Jugendkunstschule Köln-Rodenkirchen

Kurzbeschreibungen

Die Jugendkunstschule in Köln-Rodenkirchen hat ein Projekt mit allen Schulen im Kölner Süden erstellt. Jede teilnehmende Arbeitsgemeinschaft, jede Klasse gestaltete je eine Schaufensterpuppe, die eine Firma gestiftet hatte. Die Schüler/innen konnten sich auf das „Abenteuer Kunst" einlassen und zwischen den Themengruppen „Artfigur", „Materialfigur" und „Klangfigur" auswählen. Dann gestalteten sie gemeinsam in Projektwochen oder einzelnen Studientagen die Schaufensterpuppen. Anleitung und Hilfestellung gaben drei Künstler, die am Projekt mitwirkten. Insgesamt sind 24 Figuren entstanden, Kunstfiguren nach den Vorbildern Hundertwasser, Dali, Magritte, Delaunay und anderen, Klangfiguren mit fantasievollen Instrumenten, Materialfiguren gestaltet z.B. mit Computerschrott etc. Als Menschenkette der besonderen Art wurden die Figuren am Rhein entlang ausgestellt, es folgten weitere Ausstellungen im Landtag, in der Oper, in einer Berliner Jugendkunstschule u.a.

Insgesamt haben sich 24 Schulen am Projekt beteiligt, darunter Grundschulen, Hauptschulen, Realschulen, Gymnasien, Gesamt- und Sonderschulen. Damit waren 450 Schüler/innen aller Altersgruppen und aller sozialen Schichten an diesem „Kunstdialog" beteiligt. Die Projektmitarbeiter/innen berichteten übereinstimmend, dass das Projekt die Schulatmosphäre in den Klassen positiv beeinflusst hat. Die Klassenräume wurden zu Ateliers und Werkstätten. Der Einfluss der Künstler/innen, die mit ihren „fremden" Ideen die Schüler/innen inspirierten und der „notenfreie Ausnahmezustand" förderten die freie Entfaltung der Schüler/innen. Die Lehrer/innen lernten neue Arbeitsweisen und Techniken kennen und bekamen einen neuen Eindruck von ihren Schülerinnen und Schülern.

Kunstprojekt: *Wir aus Licht und Schatten*

Projektort: Sprengel Museum Hannover

Die Beschäftigung mit der Darstellung des eigenen Körpers und anderer Menschen war Thema im Kunstprojekt „Wir aus Licht und Schatten". 20 Jugendliche einer „multikulturellen" Berufsfachschulklasse im Alter zwischen 15 und 17 Jahren gestalteten im Sprengel Museum Hannover, einem Museum für Kunst des 20. Jahrhunderts, zusammen mit dem Künstler Christoph Bartolosch Bilder von Menschen in verschiedenen fotografischen Verfahren.

Unter anderem sind 15 lebensgroße Fotogramme entstanden, die die Jugendlichen als bewegte weiße Schatten zeigen. Sie sind anschauliche Ergebnisse der vielseitigen Auseinandersetzung mit sich selbst und dem fotografischen Bild. Jedes 2x1m große Bild ist ein fotografisches Unikat und Original. Ein Fotogramm wird direkt in der Dunkelkammer belichtet und entwickelt, es entsteht ohne Fotokamera und Negativ und ist daher nicht reproduzierbar. Im Herbst 2000 wurden sie in der Ausstellung „In einem Atemzug" im Freizeitheim Hannover-Vahrenwald gezeigt.

Die Jugendlichen haben diese Fotogramme geschaffen, um den Besuchern Bilder und Botschaften von sich selbst zum Nachdenken über die Selbst- und Fremdwahrnehmung zu geben. Sie wollten dazu anregen, der „Beredsamkeit des Leibes", seines Ausdrucks in Proportion und Maß sowie den Möglichkeiten der Körpersprache durch Bewegung, Beschaffenheit und Befindlichkeit nachzugehen.

Das Kunstprojekt „Wir aus Licht und Schatten" wurde im Rahmen eines übergreifenden europäischen Jugendprojekts mit dem Kulturamt Hannover veranstaltet. Ergebnisse aus den verschiedenen Jugendprojekten wurden im Herbst 2000 in einer gemeinsamen Ausstellung gezeigt.

Beteiligte waren die Berufsschulklasse der BBS 12 Hannover und das Sprengel Museum Hannover in Zusammenarbeit mit Christoph Bartolosch.

Kunst-Werkstatt-Experiment

Unter dem Motto „Kunst-Werkstatt-Experiment" werden seit 1988 einmal im Jahr die „Zentralen künstlerischen Werkstätten Berlins" durchgeführt. Fast 500 Schülerinnen und Schüler der 10. Klasse aus allen Bezirken Berlins können eine Woche lang gemeinsam in Werkstätten arbeiten. Die Werkstätten finden in kulturellen Einrichtungen in ganz Berlin, u.a. im ATRIUM und im Freizeit und Erholungszentrum FEZ in der vorletzten Schulwoche vor den Sommerferien statt. Gezeigt werden die Ergebnisse im Oktober und November in einer Ausstellung in der ATRIUM-Galerie. Durch die Werkstätten soll das Angebot des regulären Kunstunterrichts erweitert und ergänzt werden. Eine Woche Werkstattarbeit ohne Klingelzeichen ermöglicht eine intensive Beschäftigung mit Kunst. Unter der Leitung von Lehrern oder Künstlern können künstlerische Techniken ausprobiert werden, für die im Kunstunterricht oft kein Platz ist. Die Werkstätten finden in den Bereichen Plastik, Objektbau, Theater, Tanz, Mode, Malerei, Installation, Collage, Zeichnung, Druck, Zeitung, Kreatives Schreiben, Computer, Foto, Video u.a. satt. Veranstaltet wird Kunst-Werkstatt-Experiment vom Landesschulamt Berlin in enger Zusammenarbeit mit dem

Bezirk Reinickendorf und dem Berliner Institut für Lehrerfort- und Weiterbildung (BIL). Die Anmeldung erfolgt über die Schulen.

3. KOOPERATIONSPROJEKTE MIT KÜNSTLER/INNEN – CHANCEN FÜR DIE SCHULEN

Projekte, die von Schulen gemeinsam mit Künstlerinnen und Künstlern geplant und durchgeführt werden, sind ausgesprochen vielfältig: ob im Unterricht, als Projektwoche oder Wochenendkurs, ob in der Grundschule oder im Gymnasium, ob Malerei, Gestaltung oder Fotografie – die unterschiedlichsten Inhalte und Organisationsformen sind denkbar und werden realisiert, wie die hier beschriebenen Projekte zeigen. Sie sind beispielhaft und stehen sicher stellvertretend für viele andere, gelungene Maßnahmen, aber sie bilden keine systematische Erhebung. Eine Auswertung der hier dokumentierten Projekte kann demzufolge keine allgemeine Gültigkeit beanspruchen. Aber einige Tendenzen lassen sich dennoch ablesen:

1. Die Zusammenarbeit mit bildenden Künstler/innen ist nicht einzuschränken auf eine bestimmte Schulform.
   Von der Grundschule über die Gymnasien bis hin zu den Sonderschulen reichen die Kooperationspartner auf schulischer Seite. Ob Kinder oder Jugendliche, einzelne Klassen, Kurse oder schulübergreifende Teilnehmerschaft, Jugendliche mit Vorkenntnissen z.B. aus Kunst-Leistungskursen oder junge Menschen ohne jede Vorerfahrung – die Teilnahme an Projekten, in den Künstler/innen mitwirken, sollten allen Kindern als wichtige Bildungschance offen stehen. Dabei ist selbstverständlich, was für alle guten und gut geplanten künstlerischen Projekte gilt: das konzeptionelle Zuschneiden der Projekte auf die jeweilige Zielgruppe, die jeweilige Teilnehmerschaft.

2. Schulprojekte unter Beteiligung von Künstlerinnen und Künstlern haben einen Bildungsmehrwert für alle Teilnehmer/innen. Die Schülerinnen und Schüler haben ihr Spektrum an Bekanntem und Vertrautem erweitert, sie haben neue Eindrücke und neue Sichtweisen kennen gelernt, die eigenen Ausdrucks- und Kommunikationsmöglichkeiten erweitert. Die praktisch-produktive Anregung künstlerischer Erfahrungs- und Erkenntnisprozesse ist in allen Projekten gelungen: die Kinder und Jugendlichen haben den vollständigen Prozess eines Kunstwerkes erlebt, vom ersten Gedanken bis zur letztendlichen Präsentation oder sogar Zerstörung, wie dies beim Projekt „Strandgut" und „Freiraum" der Fall war.

3. Kunstprojekte können eine nachhaltig positive Wirkung auf das gesamte Schulleben haben. In den vorgestellten Projekten haben die Beteiligten, haben insbesondere die Schulen die zeitlich befristete Arbeit produktiv für sich nutzen können. Die Hoffnung auf neue Impulse und neue Sichtweisen hat sich vielfach erfüllt, und zwar in zweierlei Hinsicht. Zum einen haben Schüler/innen und Lehrer/innen künstlerische Techniken und Ausdrucksformen kennen gelernt, ein Gewinn, der sich auch auf den späteren Kunstunterricht, auch mit neuen Klassen und Kursen, auswirken wird. Zum anderen haben Schüler und Lehrer sich selbst aus ihren Alltags-Schulrollen gelöst, haben sich noch einmal neu kennen gelernt. In vielen Schülerstatements ist davon die Rede, dass die Lehrer „so freundlich und locker" waren und „ganz anders als sonst". Und die Lehrer sind vielfach erstaunt über Ausdauer, Konzentrationsfähigkeit und Begeisterung ihrer Schüler/innen.

4. Die Einbindung von Trägern und Einrichtungen der außerschulischen kulturellen Kinder- und Jugendbildung in Schulprojekte ist sinnvoll und notwendig. Die hier dokumentierten Projekte zeigen, dass insbesondere solche Kooperationsprojekte, die neben den Partnern Schule und Künstler als dritten Kooperationspartner eine außerschulische Einrichtung/Träger kultureller Kinder- und Jugendbildung mit einbeziehen, erfolgreich sind. In den hier vorgestellten Projekten sind es das Kindermuseum, die Jugendkunstschule, der museumspädagogische Dienst und der Kinderkulturverein, die Rahmen und Inhalte der Projekte mitbestimmen. Sie arbeiten seit Jahren genau an der Schnittstelle von Pädagogik und Kunst, sie kennen das Arbeitsfeld und haben lange Erfahrungen in der Zusammenarbeit mit Schulen, sie bündeln Kompetenz, Fachlichkeit und Infrastruktur,

um Projekte von Schulen und Künstlern erfolgreich zu moderieren und zu gestalten.

In der Zusammenschau ist die Bilanz der hier vorgestellten Projekte sehr positiv zu bewerten. Das heißt jedoch im einfachen Umkehrschluss leider nicht: Wir brauchen lediglich Künstlerinnen und Künstler an die Schulen zu schicken, und die produktiven Ergebnisse werden sich im Selbstlauf einstellen. Jedem guten Projekt geht eine intensive Vorbereitung voraus, in deren Verlauf auch falsche Erwartungen und Missverständnisse auszuräumen sind, die zu einem schlechten Verlauf und damit zu einen unbefriedigenden Ergebnis führen. Der Künstler ist kein „bunter Vogel", der „aus allem was macht", wie es ein Schulleiter formulierte, und der Künstler trifft allzu oft nicht auf eine kleine Gruppe begeisterter Jugendlicher, sonder auf eine Klasse skeptischer Schüler, deren Interesse und Kreativität erst geweckt werden muss.

Und findet die Kooperation im Rahmen des regulären Kunstunterrichtes statt, gilt es zu beachten: Kunstunterricht unterliegt den selben administrativen Bedingungen wie jeder andere Unterricht auch. Nach dem Lehrplan wird er im Stundentakt erteilt und es müssen regelmäßig Erfolgskontrollen und Leistungsbewertungen durchgeführt werden. Dies ist für viele künstlerische Projekte eine ausgesprochen schwierige, zuweilen kontraproduktive Rahmenbedingung. Hieraus jedoch den Schluss zu ziehen, insbesondere vor dem Hintergrund der Ganztagsschulentwicklung – den Kunstunterricht aus dem regulären Fächerkanon zu streichen und die Begegnung mit der Kunst auf den (freiwilligen) Nachmittag zu legen, ist m.M.n. falsch.

Kunst braucht Schule, aber Schule braucht auch Kunst: nicht als originelles Sahnehäubchen oder in Form von schönen Bildern zur Schmückung kahler Flure, sondern als nachhaltiges Prinzip im gesamten Schulleben, auch in nicht-künstlerischen Fächern. Dazu braucht es die Öffnung der Schulen für die Künstler aller Art, für Maler, Bildhauer, Fotografen und andere aus dem bildkünstlerischen Bereich, aber unbedingt auch für die Musiker und Tänzer, Schauspieler, Regisseure, Schriftsteller, Architekten und viele andere.

"A MAN MAY BE DOWN BUT HE'S NEVER OUT!"
HOME SERVICE FUND CAMPAIGN
SALVATION ARMY
MAY 19-26 1919
Kriegsruf
Das Werden der Heilsarmee

KARTOGRAFIERUNGEN ÄSTHETISCHEN, KULTURELLEN UND KÜNSTLERISCHEN LERNENS

Wolfgang Zacharias, Bundesvereinigung Kulturelle Jugendbildung/bkj

Eine Skizze zur bildungspolitischen Aktualität und Diskurslage

„... das Unnöthige ist bald der beste Theil seiner Freuden." (Friedrich Schiller, 1793)

PLURALITÄT UND DIFFERENZ ANREGUNGSREICHER BILDUNGSLANDSCHAFTEN

Die Annahme, dass die Vielfalt und Differenz historischer und je aktueller Kulturen, Künste und Medien – insbesondere auch in bildendem, pädagogischem und entsprechend professionell-didaktischem Interesse – nicht auf einen Nenner, unter ein konzeptionelles Label zu bringen ist, ist zumindest plausibel. Differenz, das je Fremde und Andere, Unnötige und Ungewöhnliche, die Artenvielfalt und Transformationsdynamik der Erscheinungsweisen des – je nach interessenbedingter Akzentsetzung – Kulturellen, Künstlerischen und Medialen, also im weitesten Sinne des „Ästhetischen" ist ja so etwas wie das Markenzeichen, das „Besondere" unseres Gegenstands, den wir gerne – irgendwie und sowieso – vor allem an je nachfolgende Generationen vermitteln wollen, es ihnen nahe zu bringen versuchen, als Beruf und aus mehr oder weniger engagierter Berufung.

Ob die heranwachsenden Kinder und Jugendlichen dies und so wollen oder nicht, steht traditionell bildungspolitisch nicht zur Frage. Wir – die ältere Generation – wollen der jüngeren „Kompetenzen" vermitteln, künstlerische, kulturelle, mediale, ästhetische, was und wie auch immer und im Detail dann auch strittig bis zu vielerlei konzeptionellen Kontroversen – in der kunst- und kulturpädagogischen Verwandtschaft.

Das hat Tradition: einen gemeinsamen Gegenstand unterschiedlich interpretieren bezüglich seiner Lehr-/Lernformen, seiner dominanten Akzente und Bedeutungen, seiner didaktischen Zurichtung oder einer diesbezüglichen Vergeblichkeit entsprechend seines formal-organisatorischen Bedingungsrahmens. Sich in diesem Feld, navigierend und orientierend, zu bewegen und zu verorten, bedarf idealerweise objektivierender Kartografierungen, also zumindest den Versuch, die Gesamtlandschaft zunächst jenseits der eigenen Positionierungen zu vermessen. Es gilt, gälte, sie abstrahierend entsprechend allerlei Relationen und Markierungen, Ähnlichkeiten und Unterschiedlichkeiten, allgemeiner Beschaffenheiten und besonderer Merkwürdigkeiten als „Karte" zu zeichnen: Und dann die eigene Position darin zu verorten, den eigenen bedeutungsvollen „topos".

Und im Kartografierungsgeschäft gilt, gälte es dann auch noch, sich des eigenen Vermittlungsgegenstands, der Bezugsgröße jenseits des pädagogisch-bildenden Interesses zu versichern: Was ist in unserem Fall der „state of art" bzw. das je Künstlerische, Kulturelle, Mediale, Ästhetische, auf das wir uns, oder dieses und jenes Konzept, beziehen? Es geht also um topographische Verortung, Markierung, Positionierung, Standortdefinition in durchaus ambitioniert-ansprechender Kenntnis der Gesamtlandschaft, in der wir uns bewegen (wollen und/oder müssen): kunstpädagogisch, kulturpädagogisch, schulisch, außerschulisch, universitär, akademisch, ganztägig, tradierend, innovativ, motiviert, strategisch gestaltend oder resignativ abwartend, enttäuscht, ausgebrannt mit FluchtFantasien.

Neugierig wäre ich ja schon, was denn eigentlich (noch oder neu) die konsensualen Essentials kultureller Bildung einschließlich kunstpädagogischer Teilkonzepte wären, sind – jenseits so mancher „Labels" und umgrenzter künstlicher, kunstpädagogischer Parks und claims, manchmal fast im Schrebergartenformat und wie in Privatbesitz ...

Die je aktuelle kunstpädagogische Topografie als Teil kultureller Bildung: Das wäre zu leisten, immer wieder neu und zeitspezifisch – zur bildungspolitischen Fundamentierung unserer bildenden Ansprüche, Versprechungen und Begründungen, in der Forderung nach öffentlicher Förderungen und entsprechender

Akzeptanz, die uns oft angemessen verweigert zu werden scheint, zum prognostizierten Schaden der nachwachsenden Generationen.

SICH BEWEGEN ZWISCHEN KARTE UND TERRITORIUM, KUNST- UND KULTURPÄDAGOGISCH

Also die These vorangestellt: Kartografierung zwischen „Kunst und Leben", zwischen sinnlicher Wahrnehmung/Erkenntnis und künstlerischer Phänomenologie/Idealität und dabei den Funktionen von Symbolen, Medien, Bildern, Zeichen auf der Spur, den diesbezüglichen Spielarten verschiedenster Kulturen (von altgriechisch bis Hiphop) tut, täte Not, um unsere (kultur-), (kunst-), (medien-) pädagogische Profession öffentlich zu begründen und zu plausibilisieren. Und dabei auch „blinde Flecken", „terra incognita" oder „blind spaces" zu entdecken, aufzuspüren versuchen: Das wär's, wanted, eins gemerkt, ins Stammbuch der Zunft geschrieben. Sich zwischen „Karte und Territorium bewegen" ist sowohl ein ästhetischer wie künstlerischer Aneignungs- und Transformationsprozess und bringt Sinnlichkeit und Symbolik, Repräsentanz und Abstraktion in bewegliche Bezüge, eigentlich ein altes Motiv (vgl. auch Bateson 1985).

Wenn es um das Ziel geht, „bildende Potenziale und die gesellschaftliche Wahrnehmung der Bedeutung der künstlerischen Bildung für individuelle und gesellschaftliche Entwicklungs- und Gestaltungsprozesse zu verstärken" (vgl. Einführungstext und Zielbeschreibung des Symposiums „Mapping blind spaces"), dann ist gerade im Interesse „neuer Wege" zu fragen, was diese „künstlerische Bildung" denn eigentlich ist bzw. meint, welche Reichweiten sie hat und/oder beansprucht, aus welchen Traditionen (Kunstpädagogik, Kunst- bzw. ästhetische Erziehung, kulturelle Bildung u.a.) sie kommt, wie sie sich zu diesen Labels bzw. deren Reichweiten verhält – überschneidend, selektierend, absetzend und vor allem: Wie sie ihren Gegenstandsbezug heute vor allem in der vermittelnden Praxis – z.B. eng oder weit – sieht bzw. einlöst auf der Aneignungs- und Akzeptanzebene ihrer Adressaten, der nachwachsenden Generation insgesamt, bzw. wenn und wie viele sie davon überhaupt (noch) erreicht.

Denn der Anspruch ist richtig und wichtig: "... in der aktuellen bildungspolitischen Diskussion über die Entwicklung nationaler Bildungsstandards und die Weiterentwicklung von Schulen" (Text Ausschreibung 2003) Kunst und Medien, Kultur und das Ästhetische, Bilderwelten und visuelle Kommunikation, sinnliche Wahrnehmung und das Symbolische, Kreativität und Gestaltung politisch und organisatorisch zu vertreten und aufzuwerten. Es gilt, klar, Akzeptanz und Expansion (mit auch investiven Forderungen und Folgerungen) entsprechend der von uns unterstellten Wichtigkeit zu betonen und zu befördern. Die erweiterte bildungspolitische Fragestellung ist: Was leistet z.B. „kulturelle und künstlerische Bildung" dabei, dazu, wann und wo und für wen entsprechend der Komplexität des zu kartografierenden Feldes im noch einmal erweiterten Anspruch, dabei „Lernfähigkeit" zu fördern und „Schlüsselkompetenzen" auszubilden – z.B. universitär, schulisch, außerschulisch und „lebenslang" – durch „Vernetzungen zwischen Kunst und Bildung" und im Bewusstsein des Bedarfs „innovativer Bildungskonzepte", aber dann doch wieder „kunstpädagogisch" bzw. „künstlerisch" fokussiert und beschränkt, also im Kartografierungsparadigma auf eine doch eher eng definierte, eher bescheiden dimensionierte Region, Provinz („Bildkunst" und mit der Dominanz „Schule/Schulfach" und das dann nur für bestimmte Altersstufen und Schultypen wirklich elaboriert und realisiert) reduziert.

Im Verständnis des gesamten Feldes „kultureller Bildung", eben wenn man diese kartografiert einschließlich vielerlei (siehe oben) Gegenstandsbezüge, Organisationsformen, informeller und formaler Lernprozesse, Selbstbildungsanteile und kommerzieller Einflüsse – und dann noch auf die „ganze nachwachsende Generation" z.B. zwischen 0 und 20 Jahren, wo kulturelle, ästhetische, mediale Bildung mehr oder weniger passiert, bezieht – dann ist unser faktischer Anspruch eher bescheiden. Die Dimension erscheint rein quantitativ, sozusagen „flächenmäßig" auf der Bildungslandkarte eher marginal und der Anspruch „für alle" als unverzichtbarer Teil allgemeiner Bildung bzw. einer „Kultur des Aufwachsens" in öffentlicher Verantwortung zufällig und selektiv. Oder?

Dies gilt übrigens auch bezogen auf die Angebotsvielfalt und die Weite des, wenn auch immer wieder umstrittenen, Gegenstandsverständnisses, Phänomenbezugs der Kunstpädagogik, die zwar „Kunst" im Titel, aber ihre Inhalte und Themen immer wieder (sinnliche Erkenntnis, ästhetische Erfahrung, soziale Gestaltung, Lebenskunst ...) weit und komplex auslegt (zu Recht) und in Teilen immer noch bzw. wieder neu vermittelnd praktiziert: Als Visuelle Kommunikation, Bildwissenschaft, als Gestaltung der eigenen Existenz, als soziale Plastik, als Ermöglichung von Kreativität, Fantasie, Imagination, Vorstellungskraft etc..

Lehren und Lernen auf alle Bildmedien bzw. auch deren zunehmend intermediären multimedialen Gebrauch in aktuellen digitalen Gestaltungstechniken und Wahrnehmungsmodalitäten zu beziehen, ist natürlich auch Thema und, wenn auch strittige, Bewegung zwischen „konzeptionellen Karten" und „real existierenden Territorien" kunst- und kulturpädagogischer Eigenart und je eigensinniger Identität. Wer will schon argumentativ einer auf alltagsästhetische Kinder- und Jugendmedien bezogenen Vermittlung und/oder Bildungsanstrengung kultur- und kunstpädagogische Legitimation und Legitimität absprechen bzw. entsprechenden Bedarf? Finger hoch!

LANDMARKS UND MARKENZEICHEN

Also: Wie sollte, könnte, würde eine Landkarte dessen, was alles „bildet", aussehen – und unser Segment davon? „Bilden heißt sich bilden" und „Alles bildet", sagt Hartmut von Hentig (1996) lapidar. Er verweist auf das eigentliche Problem: besser oder schlechter, wichtig oder unwichtig, nachhaltig und brauchbar oder nutzlos und behindernd. Dies gilt es auch für den inhaltlichen Kontext der Phänomene des Künstlerischen, Kulturellen, Medialen, Sinnlichen, Symbolischen, Ästhetischen zu entwerfen. Dabei z.B. die gymnasiale Schulkunsterziehung zu verorten versuchen und diese wiederum auf z.B. je aktuelle Kunst (was immer das ist und wer es definiert – der Kunstmarkt und die Ausstellungskuratoren, das Feuilleton und die jeweils amtierenden Kunstprofessoren?) fokussieren: Man würde auf dieser imaginären Landkarte, die Bildung insgesamt und auch mit gut markierter Provinz kulturell-ästhetische Bildung (allerdings liegt die Zentralprovinz mit Pisa auf dieser Karte als Ballungsraum ganz woanders) die „kunstpädagogische, künstlerische Bildung" kaum finden und wahrnehmen können.

Zu hoffen, dass gerade in dieser (quantitativen) Nische ein (qualitativ) bedeutungsvoller Beitrag zur „Lernfähigkeit" und zugunsten von „Schlüsselkompetenzen" für die ganze Generation geleistet wird, ist zunächst und selbstkritisch eingestanden eigentlich vermessen: inhaltlich, quantitativ entsprechend den Postulaten Zukunftsfähigkeit und Nachhaltigkeit von Bildungsinvestitionen und Bildungswirkungen und als realer und kultureller, politischer Anspruch für alle Kinder und Jugendlichen – jeden Alters und jeder sozialen, interkulturellen Herkunft sowie entsprechend eines weiten Gegenstandsverständnisses, der über Kunst als Sonderfall des Ästhetischen und des Visuellen, des Wahrnehmbaren und des Gestaltbaren, der Rezeption und Produktion von Symbolen, Werken, Strukturen, Produkten und Prozessen hinausgeht: in der Spannweite und im Verbund von „Sinn und Sinnlichkeit", in der Beschäftigung mit Multimedialität, von „Komplementarität und Revalidierung" realer/virtueller Wirklichkeiten, vom „Sinnenreich bis Cyberspace" und zurück, sowie einer „Ästhetik der Existenz" mit der Hoffnung auf Lebenskunst durch die aktive Gestaltung des Selbst analog zu ästhetisch-künstlerischer Produktivität – und wie die Formeln so alle heißen, erweiterungs- und differenzierungsfähig, klar.

Und die mit Referenzliteratur, Namen und Traditionen zu belegen wären: von Baumgarten bis Beuys, von Bronfenbrenner bis Baacke, von Cassirer bis Castells, von Dewey bis Derrida, von Ehmer bis Ehrenspeck, von Goethe bis Glaser, von Fuchs bis Foucault, von Hartwig bis Hauskeller, von Kant bis Kirschenmann, von Mollenhauer bis Möller, von Otto bis Oelkers, von Postman bis Pöppel, von Rumpf bis Röll, von Schiller bis Schmid, von Seel über Selle bis Seelinger, von Welsch bis Wulf usw..

Dass der „kulturell-ästhetische Komplex", die „symbolisch-mediale Dimension" der menschlichen Natur und Kultur einschließlich jeweils kritischer Rezeption wie auch kreativer Gestaltung durch das Nadelöhr „Kunst" und das auch noch partial im „System Schule" seine dominante Orientierung und Organisation im Gesamtkontext von Bildung findet, so ausreichend und repräsentativ ist, kann eigentlich nicht wahr und zufrieden stellend sein, auch zugespitzt kunstpädagogisch nicht. Als Landschaft der Differenz und Vielgestaltigkeit, des Artenreichtums der Lern- und Vermittlungsformen und der inhaltlichen Vergegenständlichungen reicht das einfach nicht und mag als ausreichende Zukunftsperspektive in Sachen „kultureller Bildung" zumindest plausibel bezweifelt werden.

Das Schicksal der Kunsterziehung/-pädagogik, vor allem auch als „ästhetische/künstlerische Bildung" im Horizont des „Kartografierungsparadigmas", gleich ob als künstlerische Bildung oder vertreten durch „Kunstlehrer" oder „Künstler" selbst oder „Kulturvermittler/Kulturpädagoge", also mit welchem Label auch immer, wird sich daran entscheiden:

- Ob sie einen komplexen, weiten, in ihren Traditionen ja angelegten Gegenstandsbereich über das hinaus, was man landläufig mit Kunst etikettiert, vertritt, vermittelt und im Rahmen eines ganzheitlich-erweiterten Verständnisses von Bildung beansprucht bzw. als Angebot auch politisch-organisatorisch realisiert und praktiziert: Kunst gerne eingeschlossen, unverzichtbar und als exemplarisch-vornehmer Sonderfall mitgedacht, klar – aber eben nicht exklusiv im Horizont bzw. entsprechend beanspruchter Statthalterschaft für das Ästhetische, das Kulturelle, das Mediale, der Welt der Bilder zugunsten von Weltbildern: „Das Bild der Welt in der Welt der Bilder" (vgl. Jentzsch u.a. 1987) als kunst- und kulturpädagogisches Motiv hat Tradition. Dies als Orientierung im Zeitalter eines „iconic turns" über Bord gehen zu lassen, ist eigentlich, strategisch und bildungspolitisch, kontraproduktiv – auf die Adressaten, die Kinder und Jugendlichen von heute bezogen.
- Ob sie ein erweitertes Methoden- und Formenrepertoire ihrer Vermittlung, ob sie eine differenzierte Vielfalt von Orten und Angeboten weit über Schule und Unterricht hinaus entwickeln und praktizieren kann, das der Individualisierung und Diversifikation von Bildungsbiografien, Bildungsprozessen und Bildungsorten („künstlerische", „bildnerische", „ästhetische", „kulturelle", „mediale", „visuelle", what ever ...) gerecht wird: Von Anfang an und lebenslang.

  Wichtige, ganzheitliche, gesellschaftlich und bildungspolitisch relevante Konzepte inhaltlicher Teilfelder beziehen sich in Zukunft notwendigerweise auf das frühkindliche Alter und auch auf „lebenslanges Lernen", z.B. im Kontext Weiterbildung, Erwachsenenbildung. Sie haben sich eigentlich je gleichrangig qualitativ und quantitativ auf die Grundschule genauso wie auf Haupt-, Real-, Berufsschulen/Berufsausbildung wie auf das Gymnasium und die Hochschule zu beziehen. Und alle Konzepte müssen neu begründen, warum die gymnasiale Kunstvermittlung besser ausgebildetes und viel besser bezahltes Personal braucht als die Kindertagesstätten, die Grundschule, die Fachoberschule und die Erwachsenenbildung usw. Oder analoge Qualität für alle gleichermaßen fordern und zu verwirklichen versuchen: Das ist, wäre aktuell hochpolitisch im allgemeinen Feldinteresse und entsprechend des idealen Anspruchs: Strategien kulturell-künstlerischer Bildung in einer weiten politischen Perspektive.
- Ob sie den nötigen Wandel, Reformbedarf aktiv mitgestalten kann, insbesondere mit dem Ausblick „Ganztagsbildung" und mit der Option: Gerade wir tun was für Lernfähigkeit und für Schlüsselkompetenzen à la Kreativität & Co., Multimediakompetenz und ganzheitliche Lebenskompetenzen – wo auch immer: im Museum und auf der Straße, im Cyberspace und im Kulturhaus, in der Jugendarbeit und am sozialen Brennpunkt, im Künstleratelier und in der Jugendkunstschule, in der Medienwerkstatt und Hand in Hand mit systematischer Schulvermittlung „für alle", kooperativ, synergetisch, wie es zur Zeit schlagwortartig so heißt.

Wohl gemerkt: Es geht auch um politische Strategien, die Bildungslandschaft und ihre Bedarfslagen, die Repräsentanz von Lerninhalten und Erfahrungschancen des „ästhetisch-kulturell-medialen Komplexes" (einschließlich Kunst, na klar). Es geht darum, entsprechende Teile, Regionen in kunstpädagogischer Tradition zu erhalten, neu zu besiedeln (Cyberspace) und zu kultivieren – oder sich zurückzuziehen, Felder, Regionen, Inhalte anderen, eventuell neuen Professionen zu überlassen, in aller (Schul-Kunst-) Bescheidung.

Das wäre schade, denn im Rahmen kultureller Bildung geht es auch um eine Art Markt – zwischen Professionen, Sparten, und neu in zunehmender Konkurrenz zu kommerziellen Anbietern. Bildungspolitische Strategien kunstpädagogischer Konzepte müssen sich angemessen und öffentlich positionieren. Es gilt, Ansprüche – auch didaktisch – im Rahmen entsprechender Bedingungs- und Entscheidungsfelder zu begründen und zu gestalten. Dabei geht es um Wahrnehmung von Interessen, offensive Vertretung der inhaltlichen „Sache" bzw. der Sinnhaftigkeit für Kinder und Jugendliche, der eigenen Berufstradition und -zukunft und alles, soweit möglich, ohne partiales Berufsstanddenken einschließlich allerlei Privilegien. Das wird uns sonst niemand abnehmen: Wie wichtig, unverzichtbar, nachhaltig, zukunftsfähig wir eigentlich sind, wären, wenn ... Jammern gilt nicht und bringt nichts.

KUNST UND PÄDAGOGIK, ÄSTHETIK UND BILDUNG

Da war noch was, nur zur Erinnerung: In den 90er Jahren hatten sich die Erziehungswissenschaften, leider nur vorübergehend, mit den „vergessenen Dimensionen des Ästhetischen" in der Erziehungs- und Bildungstheorie auseinandergesetzt: „Kunst und Pädagogik" hieß z.B. der von Dieter Lenzen herausgegebene Sammelband (1990).

Worum ging es, zugespitzt: Es ist das Problem der „Wirklichkeitsreferenz", den jede Pädagogik zugrunde legen muss, müsste. Und dabei sei der „Niedergang jeder Form von Kunstpädagogik evident, weil das Ästhetische keinen Ort außerhalb des Lebens haben kann, von dem aus es für das Leben bereit machen könnte. Das bedeutet, dass der Gedanke an eine Kunst, die sich noch einmal als pädagogische Organisation etablieren wollte, abwegig ist." So interpretierte Dieter Lenzen im Vorwort den Beitrag von Gerd Mattenklott (Lenzen 1990, S.X).

Schon in den 80er Jahren sprach der Erziehungswissenschaftler Klaus Mollenhauer von „Vergessenen Zusammenhängen zwischen Kultur und Bildung", über „Umwege" und „Zweckfreiheiten", über die Unmittelbarkeit des und die Höherbildung durch das Ästhetische – Motive von Schillers „Briefen zur Ästhetischen Erziehung" aktualisierend aufnehmend: „Es scheint also, als würde sich, gut 200 Jahre später, die Fragen erneuern, ob es eine ‚Magie' ästhetischer Ereignisse gäbe, eine Form der Konfrontation des Menschen mit der Hervorbringung seiner ästhetischen Zeichen oder der Auseinandersetzung mit den ästhetischen Zeichen anderer, die folgenreich ist, nicht nur für seine *Kenntnis* der kulturellen Umwelten, sondern für die Bildungsbewegung, in der er selbst sich befindet." (Mollenhauer in Lenzen 1990, S.7)

„Ästhetische Ereignisse" ist einer von Mollenhauers Schlüsselbegriffen. Er beschreibt sie als „Konfrontation des Ich mit seinen Selbst*empfindungen* zwischen Begriff und Sinnlichkeit." (a.a.O. S.16)

Dies zu ermöglichen, derartige „ästhetische Ereignisse" in rezeptiv interpretierenden („Auslegen") wie in produktiv tätigen („Gestalten") Formen herzustellen – das ist das kultur-/kunstpädagogisch professionelle Geschäft. Aber dafür braucht es auch besondere, eigensinnige, ungewöhnliche, entroutinierte, vielleicht de-plazierte, verfremdende Rahmenbedingungen, Inszenierungen, performative Dramaturgien. Gerade das ist, wäre die je gegenstandsangemessene didaktische Zurichtung: Entsprechende raum-zeitliche Arrangements des bildenden Lernens und Gestaltens bereitstellen im Kontext des „Ästhetischen", Kunst natürlich eingeschlossen, aber ohne ausschließlichen Bezug nur darauf. Das ist dann auch eine Art „Didaktik als Kunst". Und dies wäre legitimerweise „Auftragslage" in der Logik erweiterter bildungspolitischer Kartografierungen im Horizont der „Kunst der Wahrnehmung" und des „Sinns der Sinne" einschließlich des exquisiten, aber nicht exklusiven Sonderfalls Kunst.

Was – als ein Resümee dieser damaligen Diskursaktualität „Kunst und Pädagogik", „Ästhetik und Bildung" – „Ästhetische Bildung" mit „ästhetischen Wirkungen" (vgl. Mollenhauer 1996, S.11ff.) sein könnte: Sie kann „weder nach Begriffen der Erkenntnis noch nach pragmatischen Zumutungen des Alltagslebens vermessen werden, aber dennoch ‚gelungen' sein." Das ist das Evaluationsproblem und das Dauermotiv von „Wirkungen" des Ästhetischen (vgl. Ehrenspeck 1998).

Notabene: hier scheint das „Lebenskunst-Motiv" wieder auf, die „Ästhetik der Existenz" als Gegenstand der gelingenden Gestaltung des Selbst zugunsten des guten gelingenden Lebens und jenseits objektiver entindividualisierter Messbarkeit und Zurichtung. Dies aber entzieht sich unmittelbarer Lehr-/Lernbarkeit in der Logistik pädagogisch-didaktischer Technologien (vgl. Luhmann/Schorr 1982). Erst das wirkende Ergebnis qualifiziert als genutzte Möglichkeit entsprechend der auch zunächst nur zu imaginierenden Qualität des Gestaltungsprozesses – als ästhetisch-künstlerisches Werk ebenso wie als Gestaltung des eigenen Lebens.

KULTURELLE BILDUNG – EINE KULTURPÄDAGOGISCHE TOPOGRAFIE

Wenn wir von kultureller Bildung sprechen, ist das traditionelle Feld der Kunstpädagogik/Kunsterziehung mit ihren verschiedenen Stämmen und Clans als ästhetische, künstlerische, visuelle Bildung/Erziehung immer mit gemeint – per definitionem. Entsprechend des Kartografierungsparadigmas ist es ja nur eine Frage, welche Teile, Bereiche, Felder, Auftragslagen und Lobbyfunktionen in der kulturell-ästhetisch-medial-künstlerischen Bildungsbiografie dieses oder jenes kulturpädagogische Familienmitglied für sich reklamiert und vor allem realisiert. Dies wurde zumindest skizzenhaft zu begründen versucht, auch entsprechend der Verläufe seit über 100 Jahren expliziter Fachgeschichte und ihrer Wendungen, Positionierungen, Begründungs- und Handlungskonzepte durchaus kontroverser Art und mit heftigen Anteilen einer Streitkultur, wie sie innerfamiliär üblich und wohl auch notwendig sind (was nachzuzeichnen wäre). Kann man aber auch alles selbst nachlesen, z.B. seit den Kunsterziehertagen Dresden 1901, Weimar 1903 und Hamburg 1905.

Kulturelle Bildung und Kulturpädagogik haben ihre aktuellen Formungen und Profilbildungen in den 70er Jahren („Neue Kulturpolitik", „Bildungsreform") begonnen. Ihre Selbst-Kartografierungen sind relativ konsensual spartenübergreifend, einrichtungsoffen und das Ästhetische, die Vielfalt der Medien und der Kulturen plural integrierend, selbstverständlich auch die Künste in ihren vornehmen Hochformen und Höchstansprüchen, auch zur ausbildenden Künstlernachwuchsproduktion.

Diverse Feldvermessungen liegen inzwischen vor, ausgehend vom „Ergänzungsplan Musisch-kulturelle Bildung" von 1977, mit einer ersten eigenen „Feldvermessung" der damals gerade 20 Jahre alten „Bundesvereinigung Kulturelle Jugendbildung" (bkj Remscheid, zu deren heute 47 Mitgliedern, meist Bundesorganisationen, z.B. auch der Bund Deutscher Kunsterzieher/BDK gehört) mit dem Titel „Jugendkulturarbeit. Beispiele für Planung und Praxis" (Bad Heilbrunn 1983).

Es war wiederum vor genau 20 Jahren, also 1984, als in Unna die erste dezidiert „Kulturpädagogische Tagung", organisiert von der Kulturpolitischen Gesellschaft und Partnern, stattfand. Der Titel war programmatisch und ist noch heute und wieder neu aktuell: „Lernen zwischen Sinn und Sinnlichkeit", mit einer Fragestellung in der „subline": „Brauchen wir eine Kulturpädagogik?"

Die 90er Jahre und 2000 plus waren in Sachen „kultureller Bildung" kartografierend fruchtbar und systematisch, es liegen verschiedene detaillierte Bestandsaufnahmen kultureller Bildung und das professionelle Feld beschreibende Bearbeitungen vor, mit Verweis darauf. Dies schließt den Hinweis ein, dass hier ein weiter Kulturbegriff zugrunde liegt, dem auch das „Bildende" inhärent ist in der Logik der Doppelfigur „Kultur und Bildung", die je objektive und subjektive Seite des gleichen Phänomens (vgl. Bollenbeck 1994). Ebenso liegt das Selbstverständnis zugrunde, dass hier Ästhetisches, die Künste und die Medien in aller Pluralität als Summe des Kulturellen verstanden werden, ohne hierarchische Dominanzen und hegemoniale Vermittlungsprioritäten – auch was Adressaten, soziale Kontexte, die Markt- und Feuilletonförmigkeit der Produkte, Werke, Orte betrifft. Dieser Maßstab lehnt sich an internationale Standards an, wo kulturell-künstlerische Vielfalt als Reichtum (cultural diversity) gewertet und Kultur eigentlich nur noch plural jenseits von „Leitkultur & Co." denkbar, vermittelbar, förderbar ist. Und wobei als „primus inter pares" den Künsten natürlich auch soziale und politische Dimensionen zugesprochen werden, selbstverständlich – entsprechend der Wirkweisen, der besonderen und bedeutungsvollen ästhetischen Gestaltungs- und Rezeptionsformen des Symbolischen, des Medialen, Interkulturellen und des Künstlerischen auch in allen Varianten von Multimedialität, cross-over, Hybridisierung, kultureller Globalisierung und Virtualisierung usw..

Nachzulesen ist das in kartografierenden Bestandsaufnahmen und Feldbeschreibungen der 90er Jahre:

- Deutscher Kulturrat (Hg.): *Konzeption Kulturelle Bildung*. Essen 1988/1994, Bd. 1/2.

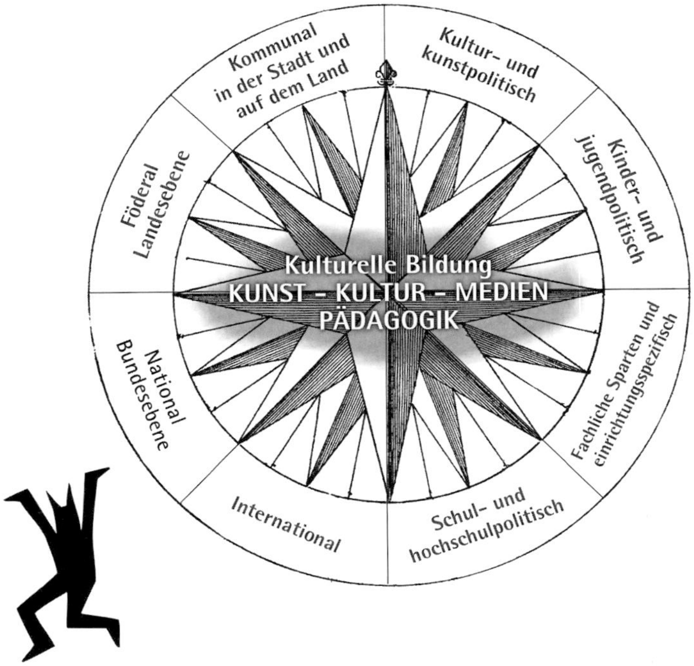

Wolfgang Zacharias: *Kartografierungskompass Kulturelle Bildung* anlässlich des Kongresses *Kultur leben leren*, München 2001 (vgl.bkj 2002)

- MAGS u.a. NRW (Ministerium für Arbeit, Gesundheit und Soziales/Kultusministerium des Landes Nordrhein-Westfalen) (Hg.): *Bericht Kinder- und Jugendkulturarbeit in Nordrhein-Westfalen*. Unna 1994.
- Fuchs, M.: *Kultur lernen – Eine Einführung in die Allgemeine Kulturpädagogik* (bkj). Remscheid 1994.
- Zacharias, W.: *Kulturpädagogik, kulturelle Jugendbildung – Eine Einführung*. Opladen 2001.
- *Kulturpädagogische Schlüsseltexte 1970 - 2000* (bkj 2001)
- sowie eine erste „Nach-Pisa-Selbstvergewisserung" zugunsten der Zielperspektive „Kultur leben lernen" (bkj 2002)

ergänzen und aktualisieren die kartografierenden Selbstdefinitionen und Feldmarkierungen. In diesem Rahmen ist der „Kulturpädagogische Kartografierungskompass" entstanden, mit Verweis auf dessen beschreibende Interpretation (in bkj 2002, S.23ff.).

Kulturelle Bildung also ist in diesem komplexen „Netzwerk Bildung" verortet und auf den Ebenen kommunal, föderal, national, international politisch zu vertreten und strategisch zu befördern – Kunstpädagogik eingeschlossen.

Um die Kartografierung kultureller Bildung bzw. des Berufs- und Praxisfeldes Kulturpädagogik auf den aktuellsten Stand ihrer „Vermessung" entsprechend Kultur- und Bildungsbedeutungen im deutschen Politikdiskurs zu referieren, sei im Folgenden die Stellungnahme der Bundesvereinigung Kulturelle Jugendbildung (bkj) und des Deutschen Kulturrats für die Enquête-Kommission „Kultur in Deutschland" des Deutschen Bundestags zur kulturellen Bildung vom 8. März 2004 zitiert – zugunsten einer offiziellen und konsensualen Feldbeschreibung, die ästhetische/künstlerische Bildung bzw. Kunsterziehung/Kunstpädagogik rahmt. Dem dient die Ausführlichkeit des Bezugs als Positionierung der bundesweiten Lobbyorganisationen 2004:

„Bis in die 70er Jahre (und in einzelnen Fällen bis heute) waren „musische Bildung" bzw. (im Ergänzungsplan zum Bildungsgesamtplan) „musisch-kulturelle Bildung" die zentralen Begriffe zur Beschreibung des Arbeitsfeldes. In den 70er Jahren gab es einen Wechsel zu dem Begriff „kulturelle Bildung", sowohl bei den Trägerstrukturen (etwa der bkj) als auch in öffentlichen Förderprogrammen (etwa im Programm „Kulturelle Bildung" des damaligen Bundesjugendplanes; heute: Kinder- und Jugendplan des Bundes). Damit ging auch eine Erweiterung des Arbeitsfeldes einher. Denn in den 70er Jahren „modernisierten" sich nicht nur die traditionsreichen Arbeitsfelder in der Kulturarbeit (Musik, Spiel, Tanz), sondern es entstanden auch neue Praxisformen, Orte und Sichtweisen von Kulturarbeit (z.B. Jugendkunstschulen, soziokulturelle Zentren; Stadtteil-Kulturarbeit, lokale Geschichtsprojekte: „oral history"). Auf Bundesebene spielten zudem große projekte: „oral history"). Auf Bundesebene spielten zudem große Modellprojekte des damaligen Bundesministeriums für Bildung und Wissenschaft (BMBW) eine wichtige Rolle, deren Themen zum Teil heute – etwa im Zuge der Ganztagsschuldiskussion – wieder entdeckt werden, etwa das Programm „Künstler und Schüler" oder das „Förderprogramm Bildung und Kultur", in denen versucht wurde, Künstler/innen bzw. künstlerisch-pädagogische Arbeit in kunstfernen Orten zu platzieren, in Betrieben, in therapeutischen Einrichtungen, in Sportvereinen und natürlich immer wieder auch in Schulen. In politischer Hinsicht waren die Großen und Kleinen Anfragen im Deutschen Bundestag zu kulturellen Fragen Ende der 80er Jahre hoch bedeutsam. Zu erwähnen ist insbesondere die Große Anfrage „Kulturelle Bildung" (Bundestagsdrucksache 11/6077 vom 13.8.1990). Dort wurden nicht nur Diskussionsstand und Praxis der (damaligen) kulturellen Bildungsarbeit umfassend dargestellt. Es wurden auch Begriffsbestimmungen vorgeschlagen, die sich weitgehend dem damals schon gut entwickelten Diskussionsstand in der Trägerlandschaft anschlossen.

Die Deutsche Einigung hätte zwar dazu führen können, durchaus interessante Praxismodelle, insbesondere im Aus- und Fortbildungsbereich, nunmehr bundesweit auszudehnen. Doch hat es die politische Entwicklung mit sich gebracht, dass keines der vorhandenen Modelle in Ostdeutschland überlebte. Bis heute wirksam sind noch immer gewisse Mentalitätsunterschiede, die etwa die westliche Tradition einer selbstständigen Kulturpädagogik außerhalb der Schule und die Rolle der freien Träger betreffen." (bkj 2004, S.1)

Kulturelle Bildung wird hierbei zumindest drei Politikfeldern zugeordnet – entsprechend „Faktenlage" und gesetzlichen Grundlagen:

- „in der Kulturpolitik, sowohl als Teilbereich von Kultur-, besser: Kunsteinrichtungen, (z. B. Museumspädagogik), in speziellen kulturpädagogischen Einrichtungen (z. B. Musikschulen), in Vereinen und Verbänden und in Projekten;
- in der Bildungspolitik, hier vor allem in den künstlerischen Schulfächern (Musik, Kunsterziehung, Darstellendes Spiel in einigen Bundesländern), aber auch im Deutschunterricht (Literatur) und im Sport (Tanz) und in den schulischen Arbeitsgemeinschaften;
- in der Jugendpolitik im Sinne des Kinder- und Jugendhilfegesetzes (KJHG), § 11, wo „kulturelle Bildung" als ein Bereich der Jugendarbeit explizit ausgewiesen ist."(bkj, 2004, S.2)

BACK TO THE ROOTS, SCHILLERND GESPIEGELT UND AUCH VOM KOPF AUF DIE FÜßE GESTELLT

2005 ist Schiller-Jahr, Friedrich Schiller ist 1805 in Weimar mit 46 Jahren gestorben. Die „Briefe zur Ästhetischen Erziehung" hat er 1793, also im Alter von 34 Jahren geschrieben, mit idealistisch-programmatischen Wirkungen bis heute und durchaus als eine Art Fundamentierung aller ästhetisch-kulturell-künstlerischen Bildung einschließlich vielerlei Kontroversen und Auseinandersetzungen.

Es geht um Notwendigkeiten und Möglichkeiten, um Sein und Schein, um Kunst und Spiel, um Bildung und Einbildungskraft, um Form und Fassung – um Balancen und Konvergenzen zwischen „Sinn und Sinnlichkeit", „Gestalt und Inhalt" des „Ästhetischen".

„Aber sollte ich von der Freyheit, die mir von Ihnen verstattet wird, nicht vielleicht einen bessern Gebrauch machen können, als Ihre Aufmerksamkeit auf dem Schauplatz der schönen Kunst zu beschäftigen? Ist es nicht wenigstens ausser der Zeit, sich nach einem Gesetzbuch für die ästhetische Welt umzusehen, da die Angelegenheiten der moralischen ein soviel näheres Interesse darbieten, und der philosophische Untersuchungsgeist durch die Zeitumstände so nachdrücklich aufgefordert wird, sich mit dem vollkommensten aller Kunstwerke, mit dem Bau einer wahren politischen Freyheit zu beschäftigen?" (Schiller 1793/ 2000, S.9)

Und weiter heißt es, hochaktuell: „Der Nutzen ist das große Idol der Zeit, dem alle Kräfte frohnen und alle Talente huldigen sollen. Auf dieser groben Waage hat das geistige Verdienst der Kunst kein Gewicht, und, aller Aufmunterung beraubt, verschwindet sie von dem lermenden Markt des Jahrhunderts. Selbst der philosophische Untersuchungsgeist entreißt der Einbildungskraft eine Provinz nach der andern, und die Grenzen der Kunst verengen sich, je mehr die Wissenschaft ihre Schranken erweitert." (a.a.O.)

Das ist die politisch-soziale Dimension kulturell-künstlerischer Bildung als „Ästhetische Erziehung" mit noch immer relevanten ethisch-moralischem Anspruch.

Klar, es geht hier um Ideen und Ziele, Wünsche und Möglichkeiten, nicht um Empirie und Analyse, Fakten und Phänomene. Die Form und Verfahrensweise selbst ist eben auch „ästhetisch-literarisch" logisch. 200 Jahre später stellt sich allerdings die Lage anders dar, spekulativ und verkürzt: Nicht mehr von der körperhaften, rohen, triebhaften Natur zur Idealität der gestalteten Form geht allein der bildende Weg. Sondern es gälte, auch genau umgekehrt (nimmt man Form insgesamt als die uns alltäglich, massenhaft ästhetisch umgebende Zeichen- und Symbolwelt von Kommerz bis Kunst), gerade im Prinzip „Ästhetischer Erziehung", die Sensibilisierung für und von Leiblichkeit, Emotionalität, Körper und Materialität sowie des Ästhetischen in seiner Doppelfigur komplementär und aktiv zu betreiben, mit und ohne Kunst, als „Revalidierung" gerade im Kontext des „medialen Scheins", der uns multimedial umgibt (Welsch 1996). Das ist, wäre eine Renovierung des Schillerschen Paradigmas zur Ästhetischen Erziehung/Bildung, respektive als kulturelle, künstlerische, mediale Bildung: die Stärkung einer ersten Wirklichkeit als Repräsentanz und Referenz für diese zweite mediale digitale Wirklichkeit. Das „Authentische" hat auch Kunst begründende Konjunktur. Auch als ästhetisches Ereignis, Event bzw. mit künstlerischer Exklusivität und Differenz zum z.B. symbolisch-medial determinierten Alltag.

Klar, damit würden wir kunst-/kulturpädagogisch ein gesellschaftlich zukünftiges Zentralgebiet besiedeln, das viele bildungspolitische Akteure noch gar nicht so recht entdeckt, geschweige denn kartografiert haben: ein anteiliger „blind space", wer immer ihn nun systematisch besetzt und besiedelt mit ästhetischer Praxis und kulturell-künstlerischen Projekten, in und außerhalb der Schule(n) und Tradition(en).

LITERATUR

Bateson, G.: *Ökologie des Geistes*. Frankfurt 1985.

bkj (Bundesvereinigung Kulturelle Jugendbildung) (Hg.): *Jugendkulturarbeit – Beispiele für Praxis und Planung*. Bad Heilbrunn 1983.

bkj (Bundesvereinigung Kulturelle Jugendbildung) (Hg.): *Kulturelle Bildung und Lebenskunst*. Remscheid 2001.

bkj (Bundesvereinigung Kulturelle Jugendbildung) (Hg.): *Kultur – Jugend – Bildung: Kulturpädagogische Schlüsseltexte 1970 – 2000*. Remscheid 2001.

bkj (Bundesvereinigung Kulturelle Jugendbildung) (Hg.): *Kultur leben lernen*. Remscheid 2002.

bkj (Bundesvereinigung Kulturelle Jugendbildung): *Stellungnahme Kulturelle Bildung* für die Enquête-Kommision *Kultur in Deutschland* des Deutschen Bundestags. Remscheid 2004

Bollenbeck, G.: *Bildung und Kultur*. Frankfurt/M. 1994.

Bund-Länder-Kommission: *Musisch-kulturelle Bildung – Ergänzungsplan zum Bildungsgesamtplan*. (Bd.1/2) Stuttgart 1977.

Deutscher Kulturrat (Hg.): *Konzeption Kulturelle Bildung*. Bonn 1988.

Deutscher Kulturrat (Hg.): *Konzeption Kulturelle Bildung*. Bd. 1/2, Essen 1994.

Ehrenspeck, Yvonne: *Versprechungen des Ästhetischen*. Opladen 1998.

Fuchs, Max: *Kultur lernen – Eine Einführung in die Allgemeine Kulturpädagogik* (bkj). Remscheid 1994.

Jentzsch; Lehmann; Wolters (Hgg.): *Das Bild der Welt in der Welt der Bilder*. Hannover 1987.

Lenzen, D. (Hg.): *Kunst und Pädagogik. Erziehungswissenschaft auf dem Weg zur Ästhetik?* Darmstadt 1990.

Luhmann, N.; Schorr, K.E. (Hg.): *Zwischen Technologie und Selbstreferenz*. Frankfurt 1982.

Mollenhauer, Klaus: *Grundfragen ästhetischer Bildung*. Weinheim/München 1996.

Schiller, Friedrich: *Über die Ästhetische Erziehung des Menschen in einer Reihe von Briefen*. (1793). Stuttgart 2000.

v.Hentig, H.: *Bildung*. München 1996.

Welsch, W.: *Grenzgänge der Ästhetik*. Stuttgart 1996.

Zacharias, W.: *Kulturpädagogik, kulturelle Jugendbildung – Eine Einführung*. Opladen 2001.

ZUR PROBLEMATIK DER FACHKOMPETENZ UND DER LANGFRISTIGEN BILDUNGSSTANDARDS FÜR DEN KUNSTUNTERRICHT UND DIE KÜNSTLERISCHE BILDUNG ÜBERHAUPT

Günther Regel

Heute ist der Tag der Workshops. Da mag sich vielleicht der eine oder andere gefragt haben – ich übrigens zunächst auch – warum der Arbeit in Gruppen eine Veranstaltung im Plenum vorausgeschickt wird. Wenn ich die in dem Konzeptpapier für dieses Symposium dargelegten Intentionen des Veranstalters richtig verstanden habe, dann soll damit ausdrücklich der Zusammenhang betont werden, der zweifellos besteht zwischen einerseits der Erörterung konkreter Themen und Inhalte, unterschiedlicher Methoden, Verfahren und Problemlösungsansätze im Rahmen aktueller künstlerischer Bildungsprozesse – darum soll es in den Workshops gehen – und andererseits den alles übergreifenden, die Bildungsstandards, also die langfristigen Zielvorgaben und Erwartungen für unser Fach betreffenden Fragen und Probleme. Und das macht durchaus Sinn, denke ich. Wenn nämlich nicht klar ist oder aus dem geistigen Auge verloren wird, was und wohin wir wollen mit dem Kunstunterricht und der künstlerischen Bildung überhaupt, dann verliert schließlich auch das Nachdenken über verschiedene Wege und Verwirklichungsmittel und über das Abenteuer der tagtäglichen künstlerischen Bildung, bei dem nämlich nicht immer gleich nach solch weitreichenden Zielvorgaben gefragt wird, seinen Sinn.

Jeder alte Hase in unserem Fach weiß aus Erfahrung, dass in der konkreten Bildungsarbeit vor Ort nicht souverän und einfallsreich handeln kann, wer die jeweiligen Unterrichts- und Bildungsziele erst den Lehrplänen entnehmen und diese zur Begründung seines fachlichen wie didaktischen Handelns gleichsam wie eine Monstranz vor sich her tragen muss. Frei schalten und walten kann als Kunstlehrer nur derjenige, der eine Vorstellung vom Ganzen der künstlerischen Bildung und von der Eigenart des Künstlerischen in sich trägt, der die langfristigen, alles übergreifenden Bildungsziele und Leitideen verinnerlicht, sich vollkommen zu eigen gemacht und sich dadurch erst in die wünschenswerte Lage versetzt hat, seine konkrete Bildungs- und Erziehungsarbeit als kreativen erweiterten KunstProzess betreiben zu können

DIE LEITIDEEN, ZIELE UND ERWARTUNGEN ÄNDERN SICH

Doch die Leitideen, die Erwartungen und Zielvorgaben für unser Fach ändern sich. Das hängt, und wer wüsste das hier in unserem Kreise nicht, mit der Entwicklung der Gesellschaft, der Schule und nicht zuletzt unseres Fachgegenstandes zusammen. Ein Blick in die Lehrpläne der letzten drei, vier Jahrzehnte bestätigt das ebenso wie die Vergegenwärtigung der verschiedenen, inzwischen zur Fachgeschichte gewordenen kunstpädagogischen Konzepte: etwa der musischen Kunsterziehung, der visuellen Kommunikation, der didaktischen Ikonologie, des (angeblich) formalen Kunstunterrichts und der ästhetischen Erziehung.

Letztere, vor etwa drei Jahrzehnten etabliert und zu einem kunstpädagogischen Erfolgskonzept sondergleichen geworden, dominiert heute – wenn ich das richtig sehe – nicht nur noch immer weithin die Praxis des Kunstunterrichts in den alten Bundesländern, sondern sie hält im Grunde auch viele ihrer erklärten Anhänger davon ab, eben wegen ihrer hohen Plausibilität, sich den neuen fachlichen Herausforderungen zu stellen und zu öffnen. Deshalb ist es so wichtig, dass jeder Kunstpädagoge die in der eigenen Ausbildung und in der Frühphase seiner beruflichen Entwicklung angeeigneten und – wie die Erfahrung lehrt – in wesentlichen Punkten meist beibehaltenen, später bestenfalls modifizierten kunstpädagogischen Leitgedanken und konzeptionellen Vorstellungen – und das sind eben heute für die meisten noch die der ästhetischen Erziehung – von Zeit zu Zeit vorbehaltlos überprüft, entschlossen in Frage stellt und gegebenenfalls neu auszurichten und zu begründen sich bemüht.

Von dieser Einsicht will ich mich leiten lassen, wenn ich bei meinen folgenden Überlegungen und Vorschlägen der Frage nachgehe: Auf welche möglichen langfristigen Zielvorstellungen und Leitideen hin sollten sich heute und in absehbarer Zeit Kunstunterricht und künstlerische Bildung orientieren?

ZUR DERZEITIGEN SITUATION

Wenn man unseren Fachdiskurs der letzten Jahre aufmerksam verfolgt hat, dann stellt man fest, dass eine Diskussion über fachspezifische Zielvorgaben für die Bildungsprozesse im Kunstunterricht in der Fachöffentlichkeit, wenn überhaupt, dann nur sehr am Rande und eher beiläufig stattgefunden hat. Das war und ist nach wie vor Sache der Kultusministerien der Bundesländer, die sich auf die Zuarbeit von Fachkommissionen – nämlich für jeden Schultyp eine – stützen und dann die anzustrebenden Ziele festlegen und auf Jahre hinaus verordnen. So hat heute jedes Bundesland seine eigenen Zielvorgaben, und die sind in vieler Beziehung höchst unterschiedlich, zum Teil auch in fachkonzeptioneller Hinsicht. Oft hinken diese Zielvorgaben der tatsächlichen Entwicklung in unserem Fach hinterher. Das scheint insbesondere heute der Fall zu sein, nicht nur, weil nach der Veröffentlichung der Ergebnisse der Pisa-Studie offensichtlich längst auch für unser Fach Handlungsbedarf besteht, sondern auch deswegen, weil der sich derzeit offenbar unaufhaltsam vollziehende Paradigmenwechsel hin zur künstlerischen Bildung, der ja nicht nur den Unterricht im Fach Kunst, sondern darüber hinaus das ganze Bildungsgeschehen an der Schule betrifft, auch das außerunterrichtliche, noch längst nicht überall in der Arbeit an den Bildungsplänen angekommen, sich geschweige denn darin schon niedergeschlagen hat.

Vielleicht gibt es unter Ihnen den einen oder anderen – ich will da keinem zu nahe treten – der dieses kleinteilige Vielerlei, diese Verschiedenheit und hochgradige Differenziertheit in den Lehrplänen der Länder als Vorteil ansieht. Ich jedenfalls bin weit davon entfernt, diese chaotische „Vielfalt", die sich in den sage und schreibe mehr als 80 (!) gültigen Lehrplänen für unser Fach in der Bundesrepublik auftut, als Reichtum zu begreifen. Eher schon sehe ich darin einen Ausdruck des Unwillens der Länder, sich auf nationale Bildungsstandards – und das gilt ja bekanntlich nicht nur für unser Fach – zu verständigen. In manchen Kultusministerien ist man offenbar heute noch der Meinung, dass es dabei bleiben sollte und dass es insbesondere hinsichtlich der Überarbeitung der Richtlinien für unser Fach derzeit keinen Handlungsbedarf gäbe.

Angesichts dieser nüchtern betrachteten Sachlage fordere ich nicht eine länderübergreifende Vereinheitlichung der Bildungsstandards von heute auf morgen. Obwohl das längst überfällig ist, würde das vermutlich vorerst noch am Widerstand der Kultusministerien der Länder scheitern. Wohl aber plädiere ich dafür, dass die Länder bei ihrer Arbeit an den Bildungsstandards, wenn schon nicht miteinander kooperieren, dann doch wenigstens ihre Arbeitsergebnisse gegenseitig zur Kenntnis nehmen, sich austauschen und voneinander zu lernen bereit sind. Dadurch würden alle gewinnen. Früher oder später werden sich – wie in anderen Staaten, die in den Ergebnissen der Bildungstests vor uns liegen – einheitliche Bildungsstandards durchsetzen, auch aus anderen triftigen Gründen, auf die ich hier nicht eingehen kann, da bin ich mir ziemlich sicher.

Um keine Missverständnisse aufkommen zu lassen: Ich weiß sehr wohl, wovon ich rede, denn ich habe mir zugemutet, nicht nur die derzeit noch gültigen, überwiegend Mitte der 90er Jahre erlassenen, sondern auch und vor allem die in Vorbereitung befindlichen neuen Bildungspläne der Bundesländer – soweit es sie als Entwurf schon gibt und mir Zugang ermöglicht wurde, was übrigens nicht überall der Fall war – zu analysieren und die dabei gewonnenen Aufschlüsse bei meinen Überlegungen zu berücksichtigen.

VIELVERSPRECHENDE NEUE ANSÄTZE IN DER ARBEIT AN DEN BILDUNGSPLÄNEN

Inzwischen gibt es allerdings in einigen Bundesländern vielversprechende Bemühungen, die alten, umfangreichen, viel zu differenzierten, oft ins Detail gehenden und bis in die einzelne Unterrichtseinheit hineinreichenden Zielvorgaben aufzugeben und stattdessen den Lehrern mehr Spielraum zu lassen und lediglich über die Vorgabe langfristiger Ziele und Erwartungen für den Kunstunterricht nachzudenken und ins Gespräch zu kommen.

So entstanden bereits einige bemerkenswerte Entwürfe neuer Bildungspläne für unser Fach.

In Baden-Württemberg beispielsweise gibt es eine „Anhörfassung" des „Bildungsplanes für Allgemein bildende Gymnasien", der 2004 eingeführt werden soll. Darin werden relativ kurz und präzise Leitgedanken für das Verfolgen von Bildungsstandards und den Erwerb von Kompetenzen im Kunstunterricht entwickelt, die in mancher Beziehung dem Konzept der Künstlerischen Bildung folgen.

In Mecklenburg-Vorpommern gibt es einen „Rahmenplan", der als „Erprobungsfassung" sogar schon 2002 eingeführt wurde. In dem werden – und das halte ich für bemerkenswert – für alle Schultypen der Jahrgangsstufen 7 - 10 (Hauptschule, Realschule, Gymnasium und Integrierte Gesamtschule) einheitliche Leitgedanken für den „Beitrag des Faches Kunst und Gestaltung zur Entwicklung von Kompetenzen" vorgestellt.

Und in Sachsen gibt es ein sogenanntes „Eckwertepapier" zur – wie es tautologisch ausgedrückt heißt – „musisch-künstlerischen Bildung", in dem über fächerübergreifende langfristige Ziele nachgedacht wird und Positionen der künstlerischen Bildung wenigstens andeutungsweise beschrieben werden.

FACHGEGENSTAND UND BILDUNGSSTANDARDS

Die Diskussion über die Bildungsstandards für unser Fach bringt es notwendigerweise mit sich, dass zunächst einmal über unseren Fachgegenstand neu nachgedacht werden muss. Denn der hat sich im Verlaufe der letzten Jahrzehnte nicht nur beträchtlich erweitert und längst seine tradierten Grenzen gesprengt, sondern er hat mit dem Wandel unseres fachlichen Selbstverständnisses auch eine andere Akzentuierung erhalten. Deshalb muss er offensichtlich neu bestimmt werden, zumal dann – und das ist ja doch ein erklärtes Anliegen dieses Symposiums – wenn wir ihn als Ressource richtig begreifen und sein Potenzial für die Persönlichkeitsbildung und seinen möglichen Beitrag für die Entwicklung der Gesellschaft erkennen und soweit irgendmöglich ausschöpfen wollen.

Dabei lohnt es sich – wie übrigens interessanterweise bei der Erörterung vieler anderer aktueller fachlicher und sogar fachdidaktischer Probleme auch – auf den einen oder anderen Denkansatz von Beuys zurückzukommen, hier zum Beispiel auf den fol genden: Kunst = Kapital. Das war eine seiner im ersten Moment vielleicht irritierenden, aber gleichwohl hellsichtigen Thesen. Kunst = Kapital. Wie muss man das verstehen?

Beuys war Künstler durch und durch, gleichwohl mischte er sich ein in staatliche Angelgenheiten, in das gesellschaftliche Leben, in die Wissenschaft, in die Wirtschaft, in das Bildungswesen und in die Politik, aber er tat das allemal als Künstler und nur als Künstler. Damit wurde er in den 70er Jahren zum Protagonisten einer Bewegung, die heute als Zweite (oder reflexive oder neue) Moderne die postmoderne Beliebigkeit mehr und mehr verdrängt, wenn auch immer wieder mit massiven Rückschlägen.

Was Beuys auch in Angriff nahm und bewegte, das machte er zum Gegenstand seiner erweiterten künstlerischen Tätigkeit. Und ganz in diesem Sinne sollte seiner Meinung nach auch in der Schule verfahren werden: Die Kunst soll – so sein Kredo – alle Fächer und das ganze schulische Leben durchdringen, und der Kunstunterricht soll dafür gleichsam als Laboratorium und als Lehrwerkstatt dienen.

Das kunstpädagogische Konzept der prozesshaftoffenen, variantenreichen künstlerischen Bildung, jedenfalls wie ich es verstehe, greift diesen Ansatz auf. Beuys ist für uns nicht der Nabel der Welt, aber er hat mit seinem Nachdenken über Kunstlehre und Kunstpädagogik etwas auf den Punkt gebracht, was gerade heute für uns hoch aktuell ist.

Der Gegenstand, die Sache, mit der wir uns im Kunstunterricht befassen und die im Zentrum der künstlerischen Bildung steht, das ist ohne Wenn und Aber die bildende Kunst und die Auseinandersetzung mit dieser im Hinblick auf deren Erweiterung auf das gesamte schulische Leben. Uns geht es vorrangig um die bildende Kunst als Kunst und nicht oder nicht so sehr beispielsweise um die Kunst als ästhetisches Phänomen, wie das, streng genommen, für die Kunstpädagogik gilt, die dem Konzept der ästhetischen Erziehung folgt. Es geht uns auch nicht hauptsächlich darum, die Kunst gesellschaftskritisch zu hinterfragen und sie als Instrument einer (vermeintlichen oder tatsächlichen) Bewusstseinsmanipulation zu entlarven und zu einem Werkzeug der Gesellschaftskritik zu machen, wie das der visuellen Kommunikation vorschwebte. Und selbstverständlich geht es uns auch nicht etwa um die Kunst als formales oder gar vorrangig formales Problem.

Die bildende Kunst verfügt über viele verschiedene Funktionen, und die sollen auch angemessen Berücksichtigung finden, aber ohne dabei die Eigenart und den Vorrang des Künstlerischen aufzugeben. Und weil die bildende Kunst als Kunst nicht bedingungslos, nicht außerhalb ihrer vielfältigen Bedingtheiten existiert, deshalb begreifen und behandeln wir sie allemal als eingebunden in jeweils einen ganz bestimmten historischen, sozialen, kulturellen und kunstgeschichtlichen Kontext. Die bildende Kunst, das ist für uns die historische und die zeitgenössische Kunst, die tradierte und die erweiterte Kunst, das sind Kunstwerke und Kunstprozesse. Kurz gesagt: Gegenstand des Kunstunterrichts und der künstlerischen Bildung überhaupt ist die Kunst als Kunst und die künstlerische Tätigkeit als solche, die produktive und die rezeptive sowie das Reflektieren über Kunst und Kunstprozesse.

BILDENDE KUNST UND KÜNSTLERISCHE TÄTIGKEIT ALS RESSOURCE DER PERSÖNLICHKEITSENTWICKLUNG UND ALS GEWINN FÜR DIE GESELLSCHAFT

Die künstlerische Tätigkeit, vorausgesetzt, sie wird kunstgemäß ausgeübt – und diese Einschränkung halte ich für wichtig – verfügt über einzigartige Möglichkeiten, im Menschen Kreativität und Gestaltungsvermögen hervorzubringen und zu entwickeln. Kreativität und Gestaltungsvermögen, das sei, um auf Beuys' These Kunst = Kapital zurückzukommen, letztlich unser wahres Volksvermögen, unser wichtigstes Kapital, mit dem wir allerdings bisher in der Schule geradezu leichtfertig umgehen.

Weil wir Kunstpädagogen die weitreichende enorme Bedeutung der Kunst und der künstlerischen Tätigkeit offenbar selbst noch nicht richtig erkannt haben – und infolgedessen diese den Bildungspolitikern, denen unser Fach als, gelinde gesagt, nicht so wichtig gilt, nicht überzeugend nahezulegen vermögen – tun wir wahrscheinlich zu wenig, oft vielleicht auch das Falsche, um diesen Schatz zu heben und zu mehren und damit unser Fach zu legitimieren. Anstatt beispielsweise immer wieder über die wenigen Unterrichtsstunden zu lamentieren, wäre es hilfreicher, wenn wir uns für die Überwindung der Isolation unseres Faches und für die Durchdringung des ganzen schulischen Lebens mit dem Künstlerischen engagierten.

Beuys ging in seiner Kritik noch weiter, und das schon vor immerhin mehr als drei Jahrzehnten – und die Ergebnisse der Pisa-Studie bestätigen ja geradezu, dass sich daran seit dem offenbar nicht viel geändert hat: die staatlichen Schulen und Hochschulen seien seiner Erfahrung nach geradezu Institutionen zur Vernichtung von Kreativität und menschlicher Substanz! Und das eben nicht zuletzt deshalb, weil sie der Kunst als Kunst, weil sie dem Künstlerischen und der im erweiterten Sinne verstandenen künstlerischen Tätigkeit keine oder zu wenig Aufmerksamkeit schenken, und das Wenige, wenn überhaupt, auch nur im Kunstunterricht, nicht in den anderen Fächern und auch nicht bei der Gestaltung des außerunterrichtlichen Lebens an der Schule.

Und das Potenzial der Kunst erschöpft sich ja doch längst nicht in der Entwicklung und Förderung der in der Tat in hohem Maße und im weitesten Sinne nützlichen Kreativität und Gestaltungsfähigkeit und des damit verbundenen anschaulichen und produktiven Denkens.

Was die künstlerische Bildung darüber hinaus zur Entwicklung der „menschlichen Substanz" – um noch einmal mit Beuys' Worten zu reden – zu leisten vermag und leisten muss, weil diese sonst nämlich auf der Strecke zu bleiben drohte, das ist die Entwicklung der den Verstand, das rationale Denken ergänzenden und das vernünftige Handeln der Menschen befördernden „anderen Seite" des Bewusstseins: die Entwicklung und Pflege der Innerlichkeit, des Gemüts, oder anders gesagt – weil das dem einen oder anderen vielleicht zu schwülstig und vage vorkommt – die Entwicklung und Pflege des Emotionalen, der gefühlsbetonten und allemal von bestimmten Werthaltungen geprägten Erlebnisfähigkeit des Menschen.

Damit eng verbunden ist die Aktivierung des mythischen oder magischen Denkens, das Lévi-Strauss das wilde Denken genannt hat, jenes urwüchsige Denken, über das zwar jeder von der frühen Kindheit an verfügt, das aber später meist verschüttet wird oder nicht gefordert und gefördert wird und schließlich verkümmert. In der künstlerischen Tätigkeit, zumal in der erweiterten künstlerischen Tätigkeit, die in mancher Beziehung dem Basteln ähnelt, könnte und sollte das wilde Denken wieder in Gang gebracht und gepflegt werden, was dann nämlich auch dem kreativen Denken und Handeln zu gute käme.

Die in diesem Sinne die kunstgemäße künstlerische Tätigkeit fördernde künstlerische Bildung dient offensichtlich viel mehr der Vorbereitung auf das Leben in der Gesellschaft, als heute diejenigen glauben, die bei ihren Überlegungen zur Reform unseres Bildungswesens nur oder vor allem das Rationale sehen und mit ihren technokratischen Vorstellungen von Bildung allein die unmittelbare Nützlichkeit der künftigen Erwachsenen und deren Verwertbarkeit auf dem Arbeitsmarkt im Blick haben.

Aber es ist ja ohnehin nicht damit getan, die enorme persönliche und gesellschaftliche Bedeutung der künstlerischen Bildung nur von ihrer unbestreitbaren Nützlichkeit her zu begründen. Das, was die künstlerische Bildung, wie wir sie verstehen, für die Entwicklung der Persönlichkeit und für die Gesellschaft allein schon unverzichtbar macht, ist nicht zuletzt darin zu sehen, dass sie manches vermittelt und an Möglichkeiten eröffnet, dessen Sinn und Gewinn sich für den Einzelnen nicht unmittelbar praktisch nachweisen lässt, sich vielleicht auch erst später oder konkret womöglich nie zu erkennen gibt: nämlich ihr Beitrag zur Lebensbewältigung, zur Gestaltung eines sinnerfüllten und vielleicht sogar glücklichen persönlichen und sozial eingebundenen Lebens. Ganz zu schweigen von der Ausbildung und Entwicklung jener künstlerischen Einstellung und Haltung, kulturvollen Lebensart oder Lebensweise, in der sich, wenn es gut geht, der im Sinne der inneren Beteiligung verstandene angestrengte Einsatz der ganzen Persönlichkeit, aller ihrer Seiten, verbindet mit einer beglückenden „mühevollen Leichtigkeit" und „heiteren Gelassenheit" des Seins.

Schließlich darf nicht außer Acht gelassen werden – wenn wir über das Potenzial der Kunst sprechen – was sie zu leisten vermag, um den so schwer fass- und durchschaubaren so genannten Geist der Zeit in Erfahrung zu bringen. Wer die zeitgenössische Kunst, so verrückt und aus dem Ruder gelaufen sie auch erscheinen und vielleicht sogar mitunter tatsächlich sein mag, verschmäht, wer ablehnt, sich ernsthaft mit ihr auseinanderzusetzen, um sie wenigstens näherungsweise zu verstehen, der verzichtet auf jenes Instrument, das – neben der Musik und den anderen zeitgenössischen Künsten – am ehesten in der Lage ist, das Gespür für das jeweilige Zeit- und Weltempfinden der Menschen zu entwickeln. Deshalb gilt die unabweisbare Einsicht: Wer zur gegenwärtigen Kunst kein Verhältnis hat, der lebt im Grunde nicht in seiner Zeit.

Das ist einer der schwerwiegendsten Gründe, weshalb sich Kunstunterricht und künstlerische Bildung ausgiebig und intensiv mit der zeitgenössischen Kunst befassen sollten. Gerade heute, in unserer geteilten und von Globalisierungsprozessen schwer gezeichneten Welt, in der uns das große Ganze des Weltenwohls durch das Fehlen einer verbindlichen Ordnung, durch Unordnung, Unübersichtlichkeit und Zerrissenheit, aber auch durch Vortäuschung falscher Tatsachen verstellt ist.

Da ist es eben sehr die Frage, ob wir uns in der in vieler Beziehung noch immer postmodernen Welt einrichten, sie als unabänderlich gegeben hinnehmen und womöglich noch befördern – wie uns die philosophischen, pädagogischen und auch die kunstpädagogischen Theoretiker der Postmoderne immer wieder nahelegen und einreden wollen – oder ob wir der postmodernen Einstellung und Haltung kritisch begegnen und ihr ein alternatives Verhalten und Handeln entgegensetzen. So etwa, in dem wir die Flucht aus dem Alltag nicht mitmachen, zwischen Realität und Fiktion unterscheiden und uns mit unseren kunstpädagogischen Aktivitäten auf das wirkliche Leben und Erleben unserer Schüler beziehen, sie ermutigen, sich nicht manipulieren und indoktrinieren zu lassen, von wem auch immer, und stattdessen selbstbestimmt und eigenverantwortlich zu denken und zu handeln. Die Auseinandersetzung mit der zeitgenössischen Kunst, und zwar mit der der Postmoderne wie mit der der zweiten Moderne, sowie mit den jeweiligen Kunstverhältnissen bietet dafür unendlich viele Anlässe.

Dieses ganze vielseitige und vielschichtige Potenzial der Kunst und der künstlerischen Tätigkeit für die Entwicklung der Persönlichkeit und als Gewinn für die Gesellschaft – auch und gerade als nichtmateriellen und finanziell kaum fassbaren Gewinn – freizusetzen und zur Geltung zu bringen, das ist meines Erachtens heute und in absehbarer Zeit die alles übergreifende Aufgabe des Kunstunterrichts und der künstlerischen Bildung überhaupt. Und der müssen wir uns stellen, mit allen Konsequenzen!

KÜNSTLERISCHE ALLGEMEINBILDUNG UND PROFESSIONELLE BERUFSAUSBILDUNG

Manche meinen, in unserem Konzept der künstlerischen Bildung gehe es zu sehr um die Kunst als Kunst, um eine im Grunde professionelle Betrachtungsweise unseres Fachgegenstandes, die weit über das Anliegen der Allgemeinbildung hinausgehe. Dem ist keineswegs so. Zwischen der künstlerischen Allgemeinbildung und der künstlerischen Berufsausbildung – von der hier ja gar nicht geredet werden soll – gibt es ohne Frage in vieler Hinsicht gravierende Unterschiede, nicht aber in Bezug auf den Kern des Fachgegenstandes, auf das, was die Kunst ihrem Wesen nach ist, was das Besondere, sie Kennzeichnende ausmacht, was sie erst zur Kunst macht und von der Nichtkunst unterscheidet. Da gilt für unser Schulfach dasselbe, was für andere Fächer auch gilt und dort für selbstverständlich gehalten wird: die strikte Orientierung an der jeweiligen Fachdisziplin.

Im allgemeinbildenden Mathematikunterricht beispielsweise geht es selbstverständlich um die Mathematik als Wissenschaft von den Zahlen und räumlichen Beziehungen, nicht theoretisch abgehoben, sondern so, dass sich soweit irgendmöglich ein mathematisches Grundverständnis entwickelt und ermöglicht, dass einer in die Lage versetzt wird, die mathematischen Alltagsprobleme zu verstehen und zu lösen. Und in den naturwissenschaftlichen Fächern geht es desgleichen um die jeweilige Wissenschaftsdisziplin, nicht um darauf bezogenes angelerntes Wissen und um die bloße Kenntnis von Formeln, sondern vielmehr um das Grundverständnis naturwissenschaftlicher Erkenntnisse und um die Fähigkeit, diese im alltäglichen Leben richtig eingliedern und nutzen zu können.

Und ganz in diesem Sinne muss es im Kunstunterricht und in der künstlerischen Bildung an den allgemeinbildenden Schulen um eine Elementar- oder Grundbildung in Kunstdingen gehen, um den Erwerb von Grundverständnis in Sachen bildender Kunst: ein Grundverständnis, das dem Heranwachsenden und späteren Erwachsenen ermöglicht, sich selbst im erweiterten Sinne kunstgemäß zu verhalten und sich in der Welt der Kunst zu orientieren, ein Grundverständnis, das ihm hilft, insbesondere Zugänge zur zeitgenössischen Kunst zu finden, das gegenwärtige Kunstgeschehen, das der Postmoderne wie das der zweiten Moderne, das sich ja tagtäglich und zum großen Teil in aller Öffentlichkeit unmittelbar vor seinen Augen abspielt, zur Kenntnis zu nehmen, richtig einzuordnen, unvoreingenommen zu verfolgen und vielleicht sogar mit Interesse daran teilzunehmen. Dazu gehört nicht zuletzt die Bereitschaft, auszuhalten, dass man nicht gleich alles versteht und vieles nicht schön findet, manches vielleicht sogar zunächst als Zumutung empfindet. Wenn der Heranwachsende das gegenwärtige Kunstgeschehen in diesem Sinne als fortwährende persönliche Herausforderung begreifen lernte, sie nicht ignorierte, sondern sich ihr stellte, dann wäre jedenfalls schon viel gewonnen.

FACHKOMPETENZEN, DIE FÜR DAS AUSSCHÖPFEN DES POTENZIALS DER KUNST UND DER KÜNSTLERISCHEN TÄTIGKEIT NOTWENDIG SIND

Eine ganz andere Frage ist es – und der will ich mich im folgenden zuwenden – was einer wissen und können, welche künstlerische Bildung er erwerben muss, um das andeutungsweise gekennzeichnete Potenzial der Kunst und der künstlerischen Tätigkeit einigermaßen ausschöpfen zu können?

In letzter Zeit hat sich mit Bezug auf die Frage nach der zu erwerbenden Bildung durchgesetzt, übrigens in einigen Bundesländern auch in der Arbeit an den neuen Bildungsplänen, von Kompetenzen zu sprechen, denen zum Trotz, die den Kompetenzbegriff aus offenkundig postmodernen Erwägungen heraus in Frage stellen oder gar ablehnen. Kompetenz bezeichnet das komplexe Vermögen, den Anforderungen in einem mehr oder weniger eng umschriebenen Bereich gewachsen zu sein. Da ist beispielsweise in den Entwürfen einiger neuer Bildungspläne die Rede von Selbstkompetenz, personaler Kompetenz, von Sozialkompetenz, Methodenkompetenz, von Sach- und Fachkompetenz und davon, dass keine dieser Kompetenzen isoliert betrachtet werden dürfe. In die Kennzeichnung und Bestimmung all dieser Kompetenzen – manchmal habe ich den Eindruck, da wird des Guten mitunter fast schon wieder zuviel getan – mische ich mich nicht ein. Die Überlegungen dazu setze ich aber voraus, wenn ich im Folgenden danach frage, was es in unserem Fache mit der Fachkompetenz auf sich hat bzw. was meiner Meinung nach unter der zu erwerbenden Fachkompetenz verstanden werden sollte.

Wenn es den Kompetenzbegriff nicht schon gäbe, dann müssten wir ihn glatt erfinden. Denn er ermöglicht, all das einzuschließen und zu integrieren, was für den engagierten sach- und fachgerechten Vollzug von Kunstprozessen notwendig ist. Und das ist eine Menge. Da ist, wie bei kaum einer anderen Tätigkeit – was leider allzu oft verkannt oder vergessen wird, auch von uns Kunstpädagogen selber – allemal der ganze Mensch gefordert: nicht nur sein Wissen und Können, seine Fähigkeiten und Fertigkeiten, sondern immer auch seine ganze Einstellung und Haltung, seine Lebensart, die Beziehung zu seiner Lebenswirklichkeit und seine Motivation ...

Das Wissen beispielsweise, das heute mit dem Hinweis auf die sogenannte Wissensgesellschaft so hoch geschätzt und stark in den Vordergrund gerückt wird, das ist selbstverständlich auch für uns wichtig, aber es ist eben nicht schon Bildung, sondern eher Instrument, Mittel der Bildung. Und Fähigkeiten und Fertigkeiten sind zweifellos enorm wichtig, aber wenn die Motivation fehlt, bleiben sie womöglich ungenutzt. All dem wird der Kompetenzbegriff gerecht. Kompetenz ist ein sehr komplexes Merkmal von Bildung und gerade deshalb besonders gut geeignet, langfristige Bildungsziele zu kennzeichnen, zumal wenn es um die hochkomplexe künstlerische Bildung geht.

Die so genannte Fachkompetenz in unserem Fach, das ist, genau besehen, ein ganzes Bündel von verschiedenen, aber miteinander eng verflochtenen und ineinander greifenden Kompetenzen. Ich unterscheide die folgenden – und das verstehe ich, wie schon gesagt, als Vorschlag: künstlerische, gestalterische und ästhetische sowie kunsttheoretische und kunsthistorische Kompetenz.

Ich will mich im Folgenden etwas eingehender mit der künstlerischen, der gestalterischen und der ästhetischen Kompetenz befassen, nicht etwa, um damit die Bedeutung der kunsttheoretischen und kunsthistorischen Kompetenz herunterzuspielen. Das keineswegs, denn die sind gleichermaßen wichtig und diskussionsbedürftig ohnehin. Wenn ich aber nicht an der Oberfläche bleiben und den vorgegebenen Zeitrahmen für meine Rede einigermaßen einhalten will, dann muss ich Akzente setzen. Eine Rolle spielt bei dieser Entscheidung übrigens auch, dass ich mich zur kunsttheoretischen und kunsthistorischen Kompetenz bereits an anderer Stelle ausführlich geäußert habe, nämlich im „Kommentar" zur zweiten Auflage des Lehrbuches „Moderne Kunst – Zugänge zu ihrem Verständnis". Ich bitte Sie sehr, diesen Hinweis nicht als Anmaßung oder gar als Werbung misszuverstehen. Selbstverständlich kann und will ich nicht davon ausgehen, dass Sie alle diesen Kommentar kennen, aber für die weitere Fachdiskussion, und die will ich ja doch anregen, wäre er jedenfalls verfügbar.

ZUR KÜNSTLERISCHEN KOMPETENZ

Zunächst zur künstlerischen Kompetenz. Dazu im voraus eine Anmerkung: Wem die Bezeichnung künstlerische Kompetenz zu anspruchsvoll oder zu hochgestochen erscheint, zumal dann, wenn es sich wie in unserem Falle bei den künstlerischen Subjekten, den künstlerisch Tätigen, nicht um professionelle Künstler, sondern um Laien, um Schüler, um Kinder und Jugendliche, womöglich gar um Vorschulkinder handelt, der könnte meinetwegen – was ich übrigens aus methodologischen Gründen gelegentlich auch tue – von kunstanaloger Kompetenz sprechen. Das liefe dann aber auf dasselbe hinaus.

Künstlerische Kompetenz – darunter verstehe ich das Vermögen eines Subjekts, sich selbst und sein Verhältnis zur Welt und zur Zeit, also sein Zeit- und Welterleben, in einer gestalteten Form zum Ausdruck zu bringen: produktiv, in dem er etwas schafft, ein Werk hervorbringt, und rezeptiv, in dem er ein künstlerisches Werk aufnimmt, als solches wahrnimmt, sich damit auseinandersetzt, es schließlich erlebt und so zu seinem geistigen Besitz macht.

Über künstlerische Kompetenz verfügt demzufolge einer, der zunächst einmal in der Lage ist, das, was er sagen und zum Ausdruck bringen will, in die Form des von ihm zu schaffenden Gebildes hineinzubekommen, in der Form sichtbar und unter Umständen auch auf andere Art sinnlich wahrnehmbar und damit für andere anschaulich erfahrbar zu machen. Ob das beim Zeichnen oder Malen, beim plastischen Arbeiten, beim Verfertigen von Objekten oder Installationen, bei der Durchführung von Aktionen, bei Performances jeder Art, bei einer beliebigen Tätigkeit, die im erweiterten Sinne als künstlerische verstanden und ausgeübt wird oder bei der Arbeit an sich selbst oder an einer sozialen Plastik geschieht, das ist sekundär. In jedem Falle gilt: Das, was gesagt und zum Ausdruck gebracht werden will, das Inhaltliche nämlich, muss in die Form eingehen, muss formprägend wirken und schließlich zum geistigen Bestandteil der Form werden, muss in der Form materialisiert und damit verwirklicht werden. Paul Klee brachte das auf die ebenso simple wie treffende Formel: Es gelte, das Unsichtbare sichtbar zu machen! Und das will gelernt sein!

Wer dazu in der Lage ist, der verfügt über künstlerische Kompetenz. Und es ist das langfristige Ziel des Kunstunterrichts und der künstlerischen Bildung überhaupt, dass möglichst alle Schüler diese so verstandene künstlerische Kompetenz von Beginn an, ja sogar vom Vorschulalter an erwerben und im Verlauf der Schulzeit ausbauen, fortentwickeln, praktisch und theoretisch fundieren sowie individuell ausprägen und schließlich so etwas wie ein eigenes Gestaltungskonzept, eine eigene (in mancher Beziehung der persönlichen Ausformung der eigenen Handschrift vergleichbare) Gestaltungsweise ausbilden.

Das Einbringen des Inhaltlichen in die Form, das ist freilich nicht allein eine Sache des Wollens oder nur etwas, was sich das künstlerische Subjekt, der künstlerisch Tätige, gerade absichtlich vornimmt oder was er als Aufgabe gestellt bekommt. Nein, da fließt, wenn es gut geht, vieles ein: manches, was ihn augenblicklich bewegt und erregt, was ihn anregt oder aufregt, was ihn ängstigt oder hoffen lässt, und anderes, was womöglich in seiner Lebensgeschichte eine Rolle gespielt hat, längst vergessen scheint, aber nachwirkt. Da ist allemal Bewusstes und Unbewusstes, Nicht-mehr- und Noch-nicht-Bewusstes im Spiele, da wirkt Rationales und Emotionales mit, da spielt womöglich auch, und das wäre nicht das Schlechteste, das Spirituelle und das Magische eine Rolle.

All das muss im Schaffensprozess zusammengebracht und integriert werden. Und das geschieht am ehesten und am vollkommensten, wenn das, was zum Ausdruck kommen soll, sich im künstlerisch-ästhetischen Erleben niederschlägt. Das Erleben, ein sich unmittelbar und unreflektiert vollziehender einmaliger Bewusstseinsvorgang, bei dem gleichsam das Ich mit der Welt verschmilzt, das ist für mich eines der wichtigsten Merkmale künstlerischer Kompetenz. Deshalb sagte ich einmal, und ich bleibe dabei: Das künstlerische Erleben ist nicht alles, aber es ist der Dreh- und Angelpunkt in jedem originären Kunstprozess.

Wenn sich im Prozess wie im Resultat der künstlerischen Tätigkeit die Individualität der Persönlichkeit des bildnerisch Tätigen äußert, dann ist das ein positives Zeichen und ein Merkmal neben anderen für das Vorhandensein von künstlerischer Kompetenz.

Deswegen begrüßen wir, wenn sich der bildkünstlerische Ausdruck der Schüler unterscheidet und wenn sich die persönliche Eigenart eines jeden in seiner Bildnerei, in seiner künstlerischen Äußerung niederschlägt.

Diese Auffassung von künstlerischer Kompetenz geht von einem ganz bestimmten Wirklichkeitsverständnis aus, davon nämlich, dass die künstlerisch relevante Wirklichkeit nicht die Welt der Dinge und der Sachverhalte ist, die es als solche mehr oder weniger richtig darzustellen gelte, sondern vielmehr die innere Welt der Menschen: die innere Welt des künstlerisch Tätigen und seiner Zeitgenossen, die ja doch letzten Endes eine Antwort ist auf das, was in der äußeren Welt, in der Auseinandersetzung mit dieser erfahren und erlebt wurde. Was man also aus einer künstlerischen Äußerung erfahren kann, das ist nicht, wie die Welt beschaffen ist, sondern wie sie auf den Künstler wirkt und von diesem gefühlsmäßig bewertet wird.

Es ist einfach falsch, wenn, wie immer wieder behauptet wird – kürzlich erst im SPIEGEL in einem großen und ansonsten lesenswerten Artikel über die emotionale Kraft und Macht der Musik – im Gegensatz zur Musik werde in der Malerei und Bildhauerei, in der bildenden Kunst überhaupt, die gegenständliche Welt dargestellt. Wenn in der bildenden Kunst, wie das beispielsweise in der realistischen und in der surrealistischen Kunst tatsächlich der Fall ist, Gegenstände oder Gegenstandseigenschaften dargestellt oder in der Objektkunst sogar als solche real in die Kunstform eingebracht werden, dann ist das Darstellen eben lediglich eine Komponente der Form, die wie alle anderen, wie Gleichgewichtsverhältnisse, Rhythmus und Spannungsbeziehungen beispielsweise, dazu beiträgt, die Gesamtheit allen bewussten und unbewussten Erlebens, eben die innere Welt des künstlerischen Subjekts zum Ausdruck zu bringen.

Dieses scheinbar unausrottbare Missverständnis hat bereits am Ende des vorvorigen Jahrhunderts Rilke mit großer Klarheit beschrieben: „Diese unglückselige Meinung, dass die Kunst sich erfülle in der Nachbildung (sei es nun der idealisierten oder möglichst getreuen Wiederholung) der Außenwelt, wird immer wieder wach. Die Zeit, welche diesen Aberglauben erweckt, schafft zugleich auch immer von neuem diese scheinbare Kluft zwischen der künstlerischen Betätigung und dem Leben."

Diesen Aberglauben abzubauen oder besser, nicht erst entstehen zu lassen, das ist eine Aufgabe, die mit der Herausbildung und Entwicklung von künstlerischer Kompetenz bei den Schülern eng verbunden ist.

Der Ausbildung von künstlerischer Kompetenz – und das muss selbstverständlich auch beim Rezipieren von Kunst geschehen – dienen auch die folgenden langfristigen Lernziele, die ich unter der Rubrik „gestalterische Kompetenz" erörtern will.

ZUR GESTALTERISCHEN KOMPETENZ

Cézanne sprach häufig von dem schwierigen Problem der „Realisation". Das „Realisieren", also das Verwirklichen des Inhaltlichen in der materialisierten Form, das sei für ihn das höchste Ziel und die schwierigste Aufgabe im Kunstprozess überhaupt, deren Lösung meist nur langsam und manchmal nur unvollkommen gelinge. Selbst wer über gestalterische Kompetenz verfügt – und die muss ja erst einmal erworben sein! – hat immer aufs Neue Mühe, sie im konkreten Falle zur Geltung zu bringen, im Schaffensprozess umzusetzen.

Unter gestalterischer Kompetenz verstehe ich das Vermögen eines künstlerischen Subjekts, einer Sache, einem Material oder einem Prozess absichtsvoll eine ganz bestimmte Form geben zu können, eine Form, die dem jeweiligen inhaltlichen Anliegen entspricht und ihre Gestalt aus einer inneren Notwendigkeit heraus gewinnt.

Beim Bildermachen in der „freien" (also nicht in irgendeiner Weise auf Anwendung zielenden) Kunst geht es allein darum, für das, was an Zeit- und Welterleben zum Ausdruck gebracht werden will, eine Form zu finden und ein durchgestaltetes Formgefüge zu schaffen. Der unmittelbare Ausdruck des Erlebens ist aber in der Regel nicht schon hinreichend gestaltet. Da ist meist eine weitergehende Arbeit an der Form nötig.

Beim „angewandten" Gestalten geht es dagegen primär darum, einen Gegenstand so als Formgefüge zu organisieren, dass er funktioniert und einem bestimmten Zweck dient, dass er eine ganz bestimmte praktisch- oder geistig-utilitäre Funktion erfüllt.

Und darüber hinaus soll er zugleich dem aufkommenden, gerade sich herausbildenden allgemeinen Zeit- und Weltempfinden entsprechen, um nämlich modern zu erscheinen. Wenn wir Habermas bei der Kennzeichnung dessen folgen, was als modern gilt, dann soll die Form „einer spontan sich erneuernden Aktualität des Zeitgeistes ... Ausdruck" verleihen. Der Inhalt, der im Falle der angewandten Kunst realisiert und in eine entsprechende Form gebracht werden muss, ist folglich zweigliedrig.

Das Gestalten, ob nun in der „freien" oder in der „angewandten", in der herkömmlichen oder in der erweiterten Kunst läuft allemal darauf hinaus, dass Zusammenhänge und Beziehungen hergestellt werden müssen, Zusammenhänge und Beziehungen zwischen den Teilen und zwischen Teil und Ganzem, mitunter auch zwischen dem Ganzen und seiner Umgebung. Ob es bei dem Herstellen von Zusammenhängen und Beziehungen um das Hervorbringen eines in sich geschlossenen, einheitlichen Formganzen, oder um ein einheitliches Formgefüge mit „Inseln der Unordnung" oder um ein offenes Formgefüge voller Brüche und Störstellen geht, das ist keine formale Frage, keine Frage nach der „guten Form", sondern einzig und allein eine Frage des Inhalts, der realisiert werden soll. Ohne das Herstellen von Zusammenhängen und Beziehungen in einem Formgefüge kann jedenfalls von Gestaltung keine Rede sein. Beim Gestalten ist in jedem Falle intensive Arbeit an der Form nötig. Und die gelingt nur, wenn der künstlerisch Tätige über ein Minimum an gestalterischer Kompetenz verfügt.

Wir wollen – und wenn ich „wir" sage, dann meine ich diejenigen, die Anhänger des Konzepts der künstlerischen Bildung sind – dass die Schüler im Verlaufe ihrer Schuljahre nicht nur dieses Minimum an gestalterischer Kompetenz erwerben, ausbauen und fortentwickeln, sondern auch die Zusammenhänge einigermaßen verstehen lernen, die sich auf die Inhalt-Formproblematik sowie auf die Unterschiede zwischen freier und angewandter Kunst beziehen.

Die Ausbildung und Entwicklung von gestalterischer Kompetenz ist in jedem Falle ein langwieriger Prozess. Dem dienen unter anderem eine ganze Reihe weiterer langfristiger Lernziele. Dazu gehört, um nur zwei der wichtigsten zu nennen, das Erlernen der Sprache der Formen und Farben und die Entwicklung der dafür nötigen Sensibilität.

Was die Schüler in diesem Zusammenhang erfahren und lernen sollen, ist, wie sich in Bildern, in Formgefügen überhaupt, Sinn und Bedeutung manifestieren lassen und wie Form- und Farbwirkungen eine Inhaltsfunktion gewinnen können. Darum geht es nämlich im Kern beim Erlernen der Sprache der Formen und Farben. Die Entwicklung der Fähigkeit, sinnlich-anschauliche Wirkungen von Formen und Farben wahrzunehmen und sich davon psychisch-geistig berühren und bewegen zu lassen, das ist offensichtlich ein Schlüsselproblem bei der Ausbildung von gestalterischer Kompetenz.

Damit eng verbunden ist die Entwicklung von Sensibilität für Formwirkungen, und zwar auf drei Ebenen. Die erste Ebene ist die des sinnlichen bzw. vielsinnlichen Wahrnehmens von Form- und Farbqualitäten und deren anschaulichen und psychisch-geistigen Wirkungen, so u.a. der synästhetischen, physiognomischen, gegenständlichen, ästhetischen, sinnbildhaften und funktionellen Wirkungen. Die zweite Ebene ist die des strukturellen Wahrnehmens. Dabei geht es um das Gewahrwerden von Gegebenheiten, die nicht an der Oberfläche der Form erscheinen und deshalb nicht unmittelbar sinnlich erfahrbar sind. Das gilt für das Erfassen der formalen Struktur, des inneren Aufbaus, der inneren Zusammenhänge und Beziehungen zwischen den Teilen und dem Ganzen, also im Grunde um das Begreifen der gestalteten Form als Sinngefüge. Das ist ohne eine darauf gerichtete geistige Anstrengung nicht möglich. Und schließlich die dritte Ebene: Die betrifft das virtuelle Wahrnehmen, also das Erspüren von potenziellen, von nur gedachten, der Möglichkeit nach existierenden Dingen und Zusammenhängen. Die können folglich weder mit den Sinnen wahrgenommen noch wie beim strukturellen Wahrnehmen durch eine entsprechende geistige Anstrengung „aufgedeckt" werden, sondern die müssen vielmehr mit Hilfe der Fantasie und der produktiven Einbildungskraft erst erfunden werden, um dann als sich bietende Möglichkeiten für interaktives, selbst eingreifendes Handeln benutzt werden zu können. Das virtuelle Wahrnehmen gewinnt eine besondere Bedeutung für die Auseinandersetzung mit dem Konzeptuellen, das in der modernen und insbesondere in der zeitgenössischen Kunst eine so große und vielgestaltige Rolle spielt.

ZUR ÄSTHETISCHEN KOMPETENZ

Zur ästhetischen Kompetenz. Darunter verstehe ich zweierlei: Zum einen das Vermögen eines Subjekts, beim bildhaft-anschaulichen (visuellen oder vielsinnlichen) Wahrnehmen gewonnene konkrete Vorstellungen (beispielsweise von Formen, Farben, Strukturen, Tönen, Rhythmen, Geräuschen und Gerüchen) als Denkelemente zu benutzen, diese miteinander zu verknüpfen und so intuitiv zu Erkenntnissen zu gelangen. Das ist ein Prozess, der sich deutlich unterscheidet vom intellektuell schlussfolgernden und auf Begriffsbildung zielenden Denken, aber gleichwohl mit diesem zusammenspielt.

Zum anderen verstehe ich unter ästhetischer Kompetenz das Vermögen, das sinnlich-anschaulich Wahrgenommene und Erkannte unter dem Aspekt der Schönheit bzw. der Authentizität zu bewerten.

Ästhetische Kompetenz, wie wir sie verstehen, begnügt sich jedoch nicht allein damit, etwas schön oder hässlich (wohlgefällig, abstoßend, erhaben, niedrig, banal, echt, glaubwürdig) zu finden und sozusagen sein „interesseloses Wohlgefallen" oder Missfallen zu äußern, sondern vielmehr so richtig erst, wenn auch hinter die „schöne" oder „hässliche" Fassade, hinter die äußere Erscheinung geblickt und nach den Inhalten, Bedeutungen und Werten gefragt wird, die darin zum Ausdruck kommen...

Ästhetische Kompetenz ist gefragt in der Begegnung mit der Natur und in der Auseinandersetzung mit der vom Menschen hervorgebrachten Kultur, insbesondere mit der Kunst, mit der tradierten Kunst wie mit der erweiterten Kunst in all ihren Spielarten und Erscheinungsformen. Das Ästhetische ist folglich weiter als das Künstlerische, aber das Künstlerische ist auch seinerseits weiter als das Ästhetische, denn es schließt das Erkennen, Werten, Gestalten und Mitteilen in sich ein. Das Ästhetische ist also nicht identisch mit dem Künstlerischen, sondern eine seiner Komponenten.

Damit verstehen wir das Ästhetische in seinem ursprünglichen Sinne und unterscheiden uns damit in gewisser Weise ausdrücklich von der Ansicht der Vertreter der ästhetischen Erziehung, die mit dem Begriff „ästhetisch" damals, in den 70er Jahren, vor allem die Erweiterung des inhaltlichen Bereichs der Kunstpädagogik signalisieren wollten. Alles, was über die tradierte Vorstellung von Kunst hinaus geht und als erweiterte Kunst bezeichnet wird, sollte Berücksichtigung finden, aber eben nicht als Kunst, sondern als ästhetisches Phänomen, das zu hinterfragen ist im Hinblick auf seine gesellschaftskritische Relevanz.

Heute haben sich die meisten Kunstlehrerinnen und Kunstlehrer – so jedenfalls mein Eindruck – die sich zwar noch immer als Anhänger des Fachkonzepts der ästhetischen Erziehung verstehen und nach wie vor von ästhetischer Praxis und ästhetischem Denken sprechen, obgleich eigentlich künstlerische Prozesse gemeint sind, gleichwohl in ihrer praktischen kunstpädagogischen Arbeit längst der erweiterten Kunst als Kunst zugewandt und daraus die nötigen Konsequenzen gezogen.

Erlauben Sie mir noch eine an dieser Stelle wohl angebrachte kurze Abschweifung zur Pisa-Studie. Die hat zwar bekanntlich die Lesekompetenz und die mathematische und naturwissenschaftliche Grundbildung der Schüler geprüft. Doch sie hat in diesem Zusammenhang – und das macht diese Studie auch für uns so wichtig – eben nicht nur Anforderungen an das rationale Denken gestellt, sondern in beträchtlichem Maße auch an das anschauliche Wahrnehmen, Vorstellen und Denken. Diese Fähigkeit zur anschaulichen Auseinandersetzung mit einer Sache musste sich in mehreren Aufgaben beim Lesen von visualisierten Sachverhalten in Zeichnungen, Diagrammen und Tabellen bewähren, so zum Beispiel beim Vergleich der schematischen Abbildungen von verschiedenen Rennstrecken oder bei der Deutung einer Bühnenzeichnung zum Zwecke der Kennzeichnung der Positionen der Schauspieler.

Die Ergebnisse der Studie sind bekannt. Die deutschen Schüler schnitten katastrophal schlecht ab. Wo liegen die Ursachen? Da gibt es ganz sicher viele, und über die wurde anfangs ja auch freimütig diskutiert. Was bisher als Ursache aber nicht gesehen wurde und folglich auch in der Diskussion keine Rolle spielte, das ist der Umstand, dass an unseren Schulen offenbar das anschauliche Wahrnehmen und Denken stark vernachlässigt wird. Hat da womöglich auch der Kunstunterricht, wie er bisher betrieben wurde, eine gewisse Mitschuld? Oder anders gefragt: Liegt das nicht auch daran, dass der Kunstunterricht als Einstundenfach zu wenig zum Zuge kam, dass er zudem nicht oder zu wenig als künstlerische Bildung betrieben und die künstlerische Bildung überhaupt darüber hinaus in anderen Fächern und im Schulalltag kaum eine Rolle spielte?

Diesen Fragen nachzugehen und daraus Konsequenzen zu ziehen, scheint mir dringend notwendig zu sein. Das dies der Fall wird, dafür müssen gerade auch wir uns einsetzen.

ZUR KUNSTTHEORETISCHEN UND KUNSTHISTORISCHEN KOMPETENZ

Ein Wort doch noch zur kunsttheoretischen und zur kunsthistorischen Kompetenz. Wie schon gesagt, darauf will ich jetzt nicht näher eingehen, um aber einem möglichen Missverständnis vorzubeugen, sei wenigstens das folgende angemerkt.

Wir Kunstpädagogen, jedenfalls die, die wir die Kunstpädagogik von der Kunst her denken, unterscheiden zwischen den Theorien der Künstler, den Künstlertheorien, und denen der Wissenschaftler, der Kunsttheoretiker und Kunsthistoriker. Und das macht durchaus Sinn, denn da kommen ganz verschiedene, aber durchaus legitime Betrachtungsweisen zum Tragen. Für den Künstler ist die Frage nach der Theorie eine Frage nach der Verallgemeinerung seiner eigenen Kunsterfahrungen und denen der von ihm geschätzten und akzeptierten Berufskollegen. Und die Frage nach der Kunstgeschichte wird für ihn wesentlich dadurch bestimmt, dass er die historischen Künstlerpersönlichkeiten, ob nun El Creco, Cézanne, van Gogh oder wen auch immer, als seine Berufskollegen betrachtet und – den einen mehr, den anderen weniger, je nachdem – als Vorbild oder Anreger schätzt, dessen Werk und Wirken es sich zu befragen und zu studieren lohnt, und zwar vor allem im Hinblick auf die Bewältigung der eigenen Schaffensprobleme. Insofern sind die Künstler, wenn es um die Kunst als Kunst geht, verständlicherweise die sach- und fachkundigsten Experten in Sachen Kunstproduktion und Rezeption.

Für die Kunstwissenschaftler andererseits sind Kunsttheorie und Kunstgeschichte Gegenstandsbereiche, in denen sie forschen: empirische Kenntnisse über Tatsachen und Fakten gewinnen, ordnen, systematisieren, von bekannten Erscheinungen und gewonnenen Zusammenhängen abstrahieren, um theoretisches Wissen zu gewinnen und auf den Begriff zu bringen und schließlich zur Theoriebildung zu gelangen.

Wenn beide Betrachtungs- und Arbeitsweisen im Kunstunterricht eine Rolle spielen sollen – und das müssen sie meiner Meinung nach – dann wird darauf zu achten sein, dass sie als verschiedene Weisen der Auseinandersetzung mit Kunst einander ergänzen.

Das alles, was die verschiedenen Fachkompetenzen betrifft, zusammengenommen, das ist in etwa der Kernbereich dessen, was ich als Elementarbildung im Bereiche der bildenden Kunst verstehe. Solch eine Elementar- oder Grundbildung muss vermittelt und erworben werden, weil sie nämlich unabdingbar nötig ist, wenn einer zurechtkommen will in der komplizierten und höchst anspruchsvollen Welt der bildenden Kunst, wenn er mit der Kunst kunstgemäß umgehen und die Kunst als Kunst erfahren und erleben soll. Nur so wird der mögliche Gewinn für sich selbst und für die Gesellschaft tatsächlich eingefahren werden können.

ZUR REALISIERUNG DER LANGFRISTIGEN LERNZIELE

Bleibt noch die Frage, wie diese langfristigen, alles übergreifenden anspruchsvollen Lernziele und Erwartungen an den Kunstunterricht und die künstlerische Bildung überhaupt umgesetzt werden können. Dabei spielen die Kunstlehrerinnen und -lehrer die entscheidende Rolle. Gelingen kann das nur, wenn diese langfristigen Ziele dem Kunstlehrer immer gegenwärtig sind, wenn sie immanenter Bestandteil seines ganzen fachlichen und didaktischen Agierens und Reagierens sind und stets von ihm verfolgt werden, in jeder Unterrichtsstunde und auch sonst, worum es konkret auch immer gehen mag.

Und ab und an werden diese alles übergreifenden Lernziele auch den Schülern in einer ihrem Entwicklungsstande angemessenen Weise zum Problem gemacht werden müssen, vom Beginn der Schulzeit an bis zu ihrem Ende.

Noch besser wäre es, wenn die langfristigen Lernziele schon im Rahmen der Vorschulerziehung Beachtung fänden – und dafür, wie das geschehen kann, gibt es ja beeindruckende Beispiele. Anfangs, im Vorschulalter und in den ersten Klassen der Grundschule, müssen diese verschiedenen langfristigen Lernziele noch zusammengefasst und miteinander verbunden werden, aber sie müssen gleichwohl alle schon immanent eine Rolle spielen. Die Notwendigkeit zu dieser Komprimierung ergibt sich vor allem aus der sich nur allmählich auflösenden synkretischen Natur der bildnerischen Tätigkeit in der frühen Kindheit. Allmählich lassen sich die Zielvorgaben und Erwartungen aber ausgliedern und immer differenzierter verfolgen, wobei es dann aber auch darum gehen muss, mit der zunehmenden Differenzierung zugleich deren Komplexität zu erhöhen.

Doch das sind schon Probleme, die auch die Bildungsplaner angehen, nicht zuletzt diejenigen, die die neuen Bildungspläne für unser Fach erarbeiten, die dann hoffentlich weniger kleinkariert sein und mehr das große Ganze im Blick haben werden, als die derzeit gültigen.

Weil die Realisierung der langfristigen Lernziele nur allmählich und durch die Absolvierung einer Abfolge von Lerneinheiten gelingen kann, die sich nicht nur auf den Kunstunterricht beziehen – diesen gleichwohl als unverzichtbare Versuchs- und Lehrwerkstatt einkalkulieren und nutzen – sollten sie fachübergreifend konzipiert werden und auch die Möglichkeiten der Gestaltung des außerunterrichtlichen Lebens an der Schule einbeziehen.

Doch damit berühren wir nicht nur Herausforderungen, vor denen heute die Bildungsplaner stehen, sondern auch die komplizierten Fragen und Probleme der Strukturierung des Schultages, der Schulwoche und des Schuljahres, die denen überlassen bleiben, die sich mit der harten Schulwirklichkeit besser auskennen und im Sinne unserer Intentionen – wie die bekannt gewordenen Beispiele eindrucksvoll belegen – vorbildliche Arbeit zu leisten vermögen.

Was solch eine Orientierung auf die Realisierung langfristiger Lernziele allemal ermöglichen und notfalls erzwingen wird, das ist nicht die Vereinheitlichung der künstlerischen Bildung – die Realisierung eines „Einheitsglaubens“, wie einer meiner Vorredner befüchtete – sondern vielmehr das ganze Gegenteil: ein hohes Maß an Autonomie der Schulen und der Kunstpädagogen bei der Wahl und Entscheidung für die konkreten Inhalte und Themen, für Wege (Methoden, Verfahren und Mittel), für die Lernorte, für die Einbeziehung von Eltern und externen Fachleuten (beispielsweise von Künstlern, Ausstellungsmachern und Museumspädagogen) und schließlich für die zeitliche Rhythmisierung der Lernprozesse.

All das kann aber nur funktionieren, wenn die Kunstlehrer/innen und -lehrer gründlich ausgebildet sind, sich permanent weiterbilden, am Kunstgeschehen selbst teilhaben und schließlich kreativ und aktiv an der Entwicklung unseres Faches mitwirken. Von ihnen hängt ganz wesentlich ab, ob einer als Schüler das Tor zur Kunst aufzustoßen und Zugang zu dieser wunderbaren und unvergleichlichen Welt zu finden vermag oder nicht.

KREATIVITÄT ALS GEGENMITTEL – VERNETZUNG SCHULISCHER UND AUSSERSCHULISCHER PERSPEKTIVEN

Eberhard Brügel, Susanne Hofmann, Helmuth Kern

Wahrnehmung und Handlung, Erlebnis und Erfahrung, Dialog und Reflexion sollen die Rahmenbedingungen schaffen, um sich der Komplexität kreativer Prozesse anzunähern. Die Perspektiven des fachlichen Bezugsfeldes Bildende Kunst, der anthropologischen Voraussetzungen und der kunstdidaktischen Schlussfolgerungen führen über die individuelle Auseinandersetzung hinaus zu grundsätzlichen pädagogischen Erfordernissen und Ansprüchen.

Hinweise zur Konzeption des Berichtes

In der Vorbereitungsphase entschloss sich unser Team, eine gemeinsame Konzeption für den Workshop zu erstellen, bei der einzelne kurze Beiträge von Susanne Hofmann, Helmuth Kern und Eberhard Brügel integriert werden sollten. Die Entscheidung, kreative Prozesse anzustoßen, war mit dem hohen Risiko eines Scheiterns verbunden. Dass der Workshop erfolgreich war, hing von mehreren günstigen Umständen ab, so z.B. von der Zusammensetzung der Workshopteilnehmer, vom Wetter, das uns auch ein Arbeiten im Freien gestattete.

Wir beschlossen, auch den Bericht gemeinsam abzufassen, wozu einige Treffen und reichliche E-mail-Korrespondenz erforderlich war. Um ein möglichst authentisches Bild wiederzugeben, haben wir den Prozesscharakter unseres Unternehmens betonen wollen. Deshalb haben wir – in gekürzter Form – unsere zuvor erstellte Verlaufsplanung zum Mittelpunkt gemacht, in die wir jene Texte integriert haben, die während des Workshops an die Teilnehmer ausgeteilt wurden. Drei Referate bildeten den Schluss unseres Workshops.

1. PLANUNGSPHASE

Die Konzeption eines Workshops zum Thema *Kreativität*, ein Begriff, der durch inflationären Gebrauch nahezu unbrauchbar erscheint, evozierte bereits beim ersten Vorbereitungstreffen im Juli 2003 grundsätzliche Fragen und stellte das Leiterteam vor die Aufgabe *kreativen* Umgangs in der gemeinsamen Planung ihrer Veranstaltung.

Dabei erwies es sich als Vorteil, dass man sich nicht kannte. So sah sich jeder mit Vorstellungen konfrontiert, die jeweils einen anderen Aspekt von „Kreativität" zur Geltung brachten. Anstatt aber im Workshop die einzelnen Positionen nacheinander zu referieren, entschieden wir uns, den Workshop mit einer für die Teilnehmer konfrontativen Situation zu beginnen und erst im Anschluss an eine praktische Übung (Arbeitsauftrag) die einzelnen Positionen der Künstlerin, des Hochschullehrers und des praktizierenden Didaktikers vorzustellen. Einigkeit bestand von Anfang an darin, keine Konsumhaltungen zu bedienen sowie keine Eins-Zu-Eins-Anleitungen vorzugeben. Vielmehr wollten wir die „offene Situation", die wir selbst bei unserem Vorbereitungstreffen erlebt und aus der heraus wir dialogisch die Inhalte und den Ablauf unseres Workshops entwickelt hatten, nun auf eine erlebbare Situation im Workshop selbst übertragen.

Workshop-Verlauf

Die 28 Teilnehmerinnen und Teilnehmer werden mit der Situation konfrontiert, zum angegebenen Zeitpunkt am vereinbarten Treffpunkt, einem mit Geräten und Material ausgestatteten Schuppen, auf die nicht eintreffenden Kursleiter warten zu müssen. Deutliche Hinweisschilder, der Workshop „Kreativität" beginne hier pünktlich, stehen als Zeichen dafür, dass die Veranstaltung bereits begonnen hat. Die Gruppe wird nach einer Viertel Stunde in einen abgedunkelten Konferenzraum geführt und mit Videoaufnahmen (Projektionen) konfrontiert, die während der „Wartezeit" im Schuppen mit zwei für die Teilnehmerinnen und Teilnehmer nicht sichtbaren Kameras aufgezeichnet wurden. Der sich daran anschließende Erfahrungsaustausch und die in Gang gesetzte Reflexion drehen sich um Bedingungen von Kreativität und um die Begriffe Irritation und Handlung.

Diese Erkenntnisse sollen jetzt in einem konkreten Arbeitsauftrag erlebbar und umgesetzt werden. Per Losver-fahren werden den Teilnehmerinnen und Teilnehmern „abgesteckte" Räume (Claims) in den Gebäuden und im Gelände des Veranstaltungsortes, Schloss Rotenfels, zugeteilt, beispielsweise ein Treppenabsatz, eine Dusche, der Teil des Dachbodens, ein eingezäunter Bereich für Mülltonnen, eine Mauernische. Es handelt sich um Orte, die auf den ersten Blick unattraktiv, im Zusammenhang mit „kreativem Tun" vielleicht sogar abweisend erscheinen. Ein Arbeitspapier von Susanne Hofmann präzisiert die Aufgabe, sich dialogisch mit dem jeweiligen Ort auseinanderzusetzen. In der anschließenden Präsentation und Besprechung der Ergebnisse zeigt sich eine breite Palette unterschiedlicher Verfahren und eingesetzter Mittel.

In der Schlussphase des Workshops werden vor dem Hintergrund der Erfahrungen der Gruppe in der Auseinandersetzung mit Räumen/Orten verschiedene Aspekte von „Kreativität" dargelegt: Susanne Hofmann stellt per Dias ausgewählte orts- und kontextbezogene Ausstellungsprojekte vor. Eberhard Brügel berichtet in einem Diavortrag über das kreative Verhalten von Kindern und Jugendlichen mit Materialien, Objekten und Fundstücken, die vergleichbar mit der zufälligen Konfrontation von Räumen im Workshop spontanes divergentes Denken auslöst. Über die didaktischen und methodischen Konsequenzen aus den eigenen Erfahrungen der Workshopgruppe für einen Kreativität fördernden Unterricht berichtet abschließend und zusammenfassend Helmuth Kern. Der hier beschriebenen Konzeption liegt ein induktives Vorgehen zugrunde.

2. VERLAUFSPLANUNG

Zusammenfassung: Helmuth Kern

Workshop I: Kreativität als Gegenmittel – Vernetzung schulischer und außerschulischer Perspektiven
Donnerstag, 09.Oktober 2003, 10.15 – 12.45 Uhr
Brügel, Hofmann, Kern

Teil I: 10.15-10.30 Uhr

Die offene Situation

Ein Problem sehen und reagieren: der erste Schritt im kreativen Prozess/handlungs- und erfahrungsorientiert

Ort: Schuppen der Akademie
Ausstattung: „Chaos" als Problemfeld (Alle)
Zwei versteckte Videokameras in Kartons o.ä.[195]
Zeit: 15 Minuten
Hinweisschild: Workshop I: Kreativität als Gegenmittel findet hier ab 10.15 Uhr pünktlich statt.[196]

Die Kameras werden vor Beginn des Workshops in Gang gesetzt (Hofmann, Kern).
Eine Vertreterin der Mapping Blind Space-Organisation öffnet den Raum.[197]
Die Aktion läuft – Teilnehmerinnen und Teilnehmer tun etwas oder tun nichts – alles ist offen – alles wird aufgezeichnet.
Am Ende werden die Teilnehmerinnen und Teilnehmer in einen anderen Raum geführt (Brügel, Hofmann, Kern).
Die Videoaufzeichnungen werden unbeobachtet mitgenommen ...

Der Anfang im Schuppen

Teil II: 10.35-10.50 Uhr

Reaktionen in der offenen Situation

Reflexion I: Beobachten von Verhaltensweisen

... und dann beim Eintreffen der Gruppe abgespielt.
Die Situation wird aus dem Blickwinkel des Mediums Video neu gesehen.
Die Referenten sind anwesend, geben jedoch keinen Kommentar usw. ab.

Teil III: 10.50-11.05 Uhr

Die Bedeutung des divergierenden Handelns in kreativen Prozessen

Reflexion II: Offene Situationen führen zu Reaktionen; welche sind möglich und wodurch werden sie ausgelöst? Die Bedeutung des divergierenden Denkens und Verhaltens im kreativen Prozess.

Nun stellen sich endlich die Referenten vor. Wahrscheinlich muss zu einem gemeinsamen Gespräch über das bisher Stattgefundene aufgefordert werden (→ Brügel).

Was jeweils artikuliert wird, wissen wir nicht, es sollte jedoch deutlich werden, am Ende des Gesprächs, welche Rolle im Rahmen kreativer Prozesse und Verhaltensweisen die heutige Ausgangssituation gespielt hat:

- der Raum
- das Mobiliar
- die Wahrnehmung
- die Gestimmtheit
- die Einstellung/Haltung

→ Offenheit und Bereitschaft, sich auf Neues/Ungewohntes einzulassen, führt zu neuen Lösungsstrategien.

Kurze Pause (5 Minuten).
Aufhängen der Lagepläne für die Claimarbeit.

Teil IV: 11.10-12.00 Uhr

Die Bedeutung des konvergierenden Handelns in kreativen Prozessen

Gezieltes Handeln: Ein Problem wird gestellt – Konzepte werden auf der Grundlage bisheriger Erkenntnisse entwickelt.

Die aus Teil I – III gewonnenen Erkenntnisse werden nun in einer Übung „Aufmerksamkeit für einen Ort" handlungsbezogen und erfahrungsintensiv individuell vertieft (→ Hofmann).[198]
Zeitrahmen: 40 Minuten.

Susanne Hofmann
Arbeitsauftrag: Aufmerksamkeit für einen Ort (ortsbezogene Ideenskizze).

Diesen Ort in seinen vielfältigen Gegebenheiten und Bezugsfeldern wahrnehmen (zum Beispiel: architektonisch, atmosphärisch, historisch, sozial, konkret).

Welche sinnlichen Qualitäten sind in dieser Situation an diesem Ort für Sie wahrnehmbar?

Orte drinnen

Ausgehend von einer offenen Begegnung in eine Auseinandersetzung, einen Dialog mit diesem Ort geraten: eine Art Feldforschung, bei der Sie die Inhalte bestimmen, über die Verfahren und Mittel entscheiden (zum Beispiel: bildnerisch/zeichnerisch, sprachlich, fotografisch, Spuren sichernd).

Orte draußen

Versuchen Sie möglichst nicht, etwas ‚Künstlerisches' herstellen zu wollen, sondern vielmehr eine Idee zu skizzieren, die etwas von Ihrer persönlichen Begegnung mit diesem Ort widerspiegelt.

Orte draußen

Dafür werden die jeweiligen Claims per Losverfahren zugewiesen. In einem Lageplan sind die Claims eingetragen, so dass sich die Teilnehmerinnen und Teilnehmer daran orientieren können (→ Vorbereitung Brügel).

Die Teilnehmerinnen und Teilnehmer werden darüber informiert, dass Hofmann und Kern Ausschnitte aus ihrer Arbeit mit Video dokumentieren werden. Verweis auf die Präsentation zwischen 17.00 und 18.00 Uhr.

Treffpunkt 12.10 Uhr: kleine Präsentation
(Aufbau 10 Minuten Zeit).
Die Teilnehmerinnen und Teilnehmer suchen ihre Orte auf
(Hofmann, Kern → Videodokumentation).
Raum für Präsentation der Arbeiten wird vorbereitet
(→ Brügel).

Der folgende Text wurde den Teilnehmerinnen und Teilnehmern nach ihrer Auseinandersetzung mit einem Raum, bzw. Ort ausgehändigt.

ZUM BEGRIFF CLAIM

Eberhard Brügel

Die einzelnen Orte, die wir den Teilnehmerinnen und Teilnehmern des Workshops zugewiesen haben, bezeichnen wir als Claim. Der englische Begriff enthält mehrere Bedeutungen. Wir beziehen uns dabei in erster Linie auf die Bedeutung von Parzelle, genauer auf den in der Regel eng abgesteckten Bereich der Goldgräber.

Nach einer weit verbreiteten Meinung entfaltet sich Kreativität am ehesten, wenn das Ambiente eine grenzenlose Freiheit garantiert. Doch eine äußere grenzenlose Freiheit garantiert mit Sicherheit vor allem eines: Orientierungs-losigkeit. Ist jedoch der Ort des Geschehens abgesteckt, bzw. gar durch Wände weitgehend geschlossen, konzentriert sich der Blick auf die Besonderheiten dieses Bezirks. Die Wahrnehmung wird zunehmend sensibilisiert und es geschieht, was Susanne Hofmann in ihrem Arbeitsauftrag als „einen Dialog mit diesem Ort" bezeichnet hat. Dieser Dialog findet bereits vor der konkret gestalterischen Auseinandersetzung insofern statt, als der Ort nach unserer persönlichen Wahrnehmung beurteilt wird. Da spielen zunächst einmal die persönlichen Interessen, Empfindungen und Erfahrungen eine Rolle (selektive Wahrnehmung), dann aber auch noch die persönlichen symbolischen Wirkungen, die durch den Ort ausgelöst, bzw. auf diesen übertragen werden.

Versucht man sich nun dem Ort mehrperspektivisch zu nähern, wie es in dem Arbeitsauftrag von Susanne Hofmann der Fall ist („architektonisch, atmosphärisch, historisch, sozial"), d.h. die Positionen der Beurteilung, bzw. der Wahrnehmung zu wechseln, eröffnen sich ständig neue Erkenntnisse, stellen sich oft unerwartete Erlebnisse und ungeahnte Entdeckungen ein.

Wer sich also in dieser Weise mit dem Ort auseinandersetzt, dessen Aufmerksamkeit („Achtsamkeit": Brodbeck) wird zunehmend gesteigert und sensibilisiert. Er entwickelt Problembewusstsein, welches die Kreativitätspsychologen als die Grundvoraussetzung für kreative Prozesse, bzw. als ein Persönlichkeitsmerkmal des kreativen Menschen bezeichnen.

Kreative Gedanken bedürfen der Verwirklichung, ohne die sie folgenlos blieben. Zu einem Zeitpunkt entscheidet sich der kreative Mensch für eine Idee. Diese kann spontan erfolgen im Sinne eines Heureka-Erlebnisses oder eines langsam sich entwickelnden Prozesses. Zur Verwirklichung der Idee benötigt man die Fähigkeit der Bewertung. (Analyse, Kenntnis und Erfahrung mit den spezifischen Ausdrucksmöglichkeiten des gewählten Verfahrens, gestalterische Fähigkeiten und Fertigkeiten). In der Kreativitätspsychologie gliedert man die beiden Phasen der Ideenfindung und der Ausführung der Idee nach dem divergenten und konvergenten Denken. Doch kann innerhalb der einzelnen Phase jeweils die andere Denkform ebenfalls eine Rolle spielen.

Beispiel: Die Entscheidung für ein Verfahren kann unter bewusst gestalterischen Aspekten geschehen, wobei Unbewusstes ebenfalls eine nicht unerhebliche Rolle spielen kann, z.B. eine

Erinnerung an einen ähnlichen Ort oder eine vergleichbare Situation, in der man gezeichnet, gemalt, Dinge arrangiert oder fotografiert hat.

Besonders kreative Lösungen zeichnen sich durch eine verblüffende Einfachheit aus. Dies wird in der Regel dadurch erreicht, dass alle gestalterischen Maßnahmen ausschließlich dazu dienen, die Idee zu veranschaulichen. Auf alles, was diese Veranschaulichung der Idee beeinträchtigt, wird verzichtet. Einfachheit kann, so gesehen, auch mit einer Fülle von Material erreicht werden.

Beispiel: Die Idee ist die Vergitterung des Raumes. Eine große Menge von eng gestellten Stangen versperren den Raum, d.h. der Gedanke der Vergitterung wird erlebnishaft vermittelt. Alles andere, das vom Gedanken der Vergitterung ablenken könnte, wird nicht beachtet.

Ich komme zu unserem Begriff Claim zurück. Als künstlerische Analogie gilt mir das Aquarell „Das Rasenstück" von Dürer. Dieser hat sich ein extrem begrenztes Stück Wirklichkeit ausgesucht und unseren Augen eine verborgene Welt, einen Kosmos im Kleinen, eröffnet. Wurde Dürer gleichermaßen von einem neuen künstlerischen Wollen und von einem naturwissenschaftlichem Interesse geleitet, was seinen Zeitgenossen die Augen öffnete, so lenkt sein Rasenstück heute den Blick vor allem auf die ästhetische Qualität eines unscheinbaren Ausschnitts von Wirklichkeit.

Teil V: 12.00-12.10 Uhr

Die Rolle des Produkts in kreativen Prozessen: Dokument eines vielschichtigen Prozesses, in dem divergierende und konvergierende Phasen wechseln.

Von der Freiheit in der Beschränkung: Vielfalt und Originalität von Lösungsansätzen auch innerhalb eines fest umrissenen Arbeitsauftrags.

Die Teilnehmerinnen und Teilnehmer *bauen* nach eigenen Vorstellungen eine kleine Präsentation auf, in der sie ihre Lösungen dokumentieren.

Präsentation der Arbeitsergebnisse

In der anschließenden Präsentation und Besprechung der Ergebnisse zeigt sich eine breite Palette unterschiedlicher Verfahren und eingesetzter Mittel.

Teil VI: 12.10-12.20 Uhr

Kreativität als Ergebnis von selbstbestimmtem Verhalten, bei dem Scheitern und Erfolg gleich wesentlich sind.

Kreativität zeigt sich in Haltungen und Verhalten und ist durch bestimmte Merkmale gekennzeichnet:

- Selbsttätigkeit und Feldforschungsmentalität
- Reagieren auf Zufälle und deren ästhetische Ver-/Bearbeitung
- Spiel- und Mitspielbereitschaft
- Authentizität
- Selbstvertrauen und Neugierde
- (ästhetisches) Repertoire von Handlungsmöglichkeiten

Gespräch im Plenum über die verschiedenen Lösungsansätze und die dabei gemachten Erfahrungen. (Moderation: Brügel).

Teil VII: 12.20-12.45 Uhr

Kreativität – Perspektiven der Kunst, der Wissenschaft, der Didaktik in der Schule.

Erweiterung individueller Erfahrungen und Verallgemeinerungen zu einer „Theorie der Kreativität".

Nun kommen die Referenten zu Wort und zeigen die jeweiligen Positionen auf, ganz im Sinne des Themas: Kreativität – Vernetzung schulischer und außerschulischer Perspektiven.

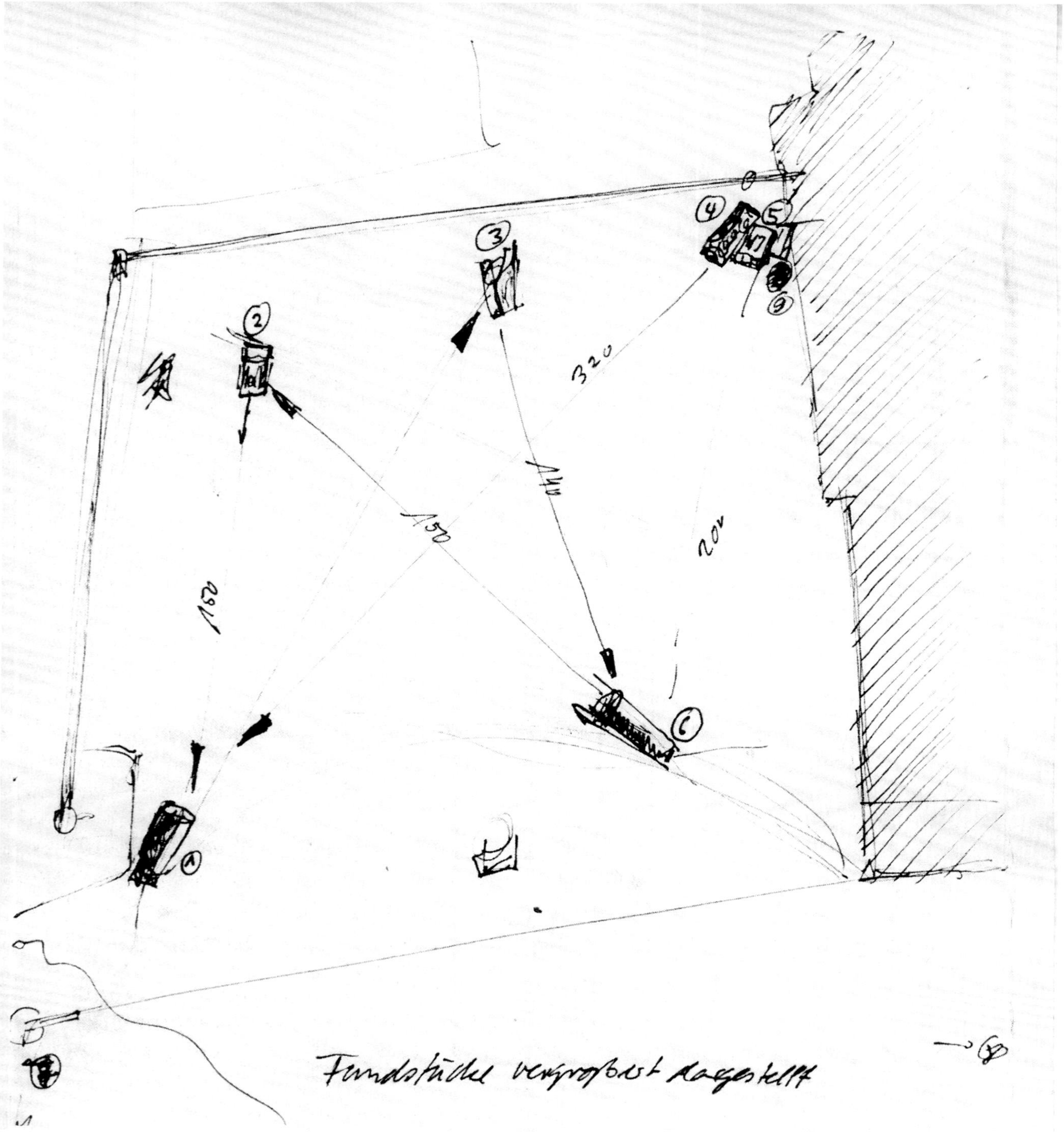

Ein Teilnehmer veranschaulichte in einer Skizze das Netz von Beziehungen zwischen den einzelnen Gegenständen, die er an einem Ort vorfand. Danach sammelte er die „unnatürlichen" Dinge wie eine Zigarettenschachtel auf und entsorgte diese in den Mülleimern von Schloss Rotenfels.

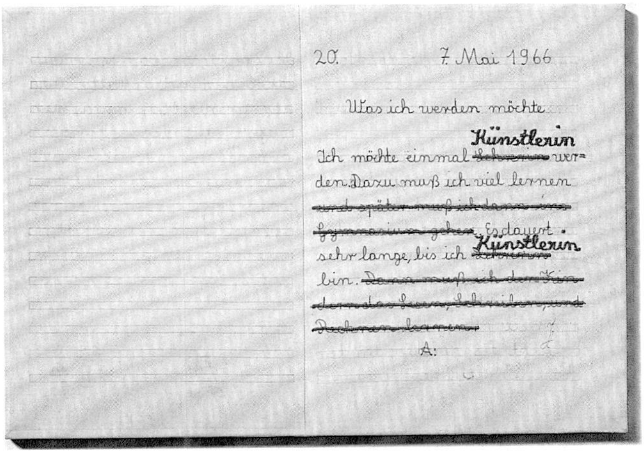

Susanne Hofmann: *Was ich werden möchte*. Fotokopie u. Stickerei auf Leinen, 42x30 cm

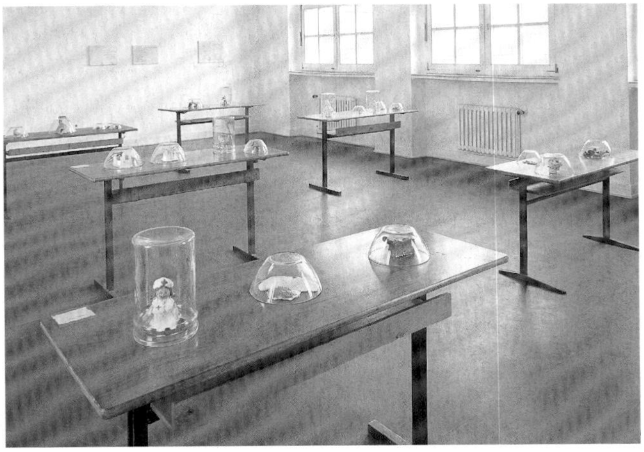

Susanne Hofmann: Installationsansicht, Kunsthaus Essen 1998

ORTS- UND KONTEXTBEZOGENES ARBEITEN

Susanne Hofmann

Kontextuales Denken setzt die radikale Infragestellung des abgegrenzten Tafelbildes und der autonomen Skulptur voraus. Hinterfragt wird das vorgeblich an beliebigen (Ausstellungs-)Orten in seiner Bedeutung und Wirkungsweise immer gleich bleibende Kunstwerk. Die Erkenntnis, dass die Bedeutung – und somit auch die Deutung desselben – von den Bedingungen der Wahrnehmung abhängt (den Bedingungen von Raum und Zeit, den situativen, den institutionellen, gesellschaftlichen und politischen Bedingungen, den individuellen Bedingtheiten der Betrachter) führt zur Untersuchung der vielfältigen Aspekte von Orten und mündet in immer wieder neuen Präsentationsformen (Präsentation = Interpretation).

Mein Interesse gilt insbesondere solchen Ausstellungsorten, die außer ihrer Funktion als definierte Orte der Kunst, noch andere Konnotationen mitführen. Das Reagieren auf Orte und auf Situationen, das In-Beziehung-Setzen und Ableiten hat zur Folge, dass der Produktion von Werken Beobachtung und Recherche vorangehen (Felduntersuchung). Diese Arbeitsweise oder Methode dient nicht nur der Findung und Verdichtung von Ideen (im Gegensatz zum Suchen und Erfinden), sondern strebt auf der Ebene des Dialogs eine wechselseitige Verbindung und vielschichtige Verknüpfung von Autor, Werk und Ort sowie die Einbindung des Betrachters (Partizipation, Interaktion) an.

Die dabei eingenommene Haltung ist die der *offenen Aufmerksamkeit*: Im Zustand der Selbstbeobachtung (als Projektionsfläche, als *Medium*) lassen sich Gedanken, Ideen, Assoziationen als fließend beobachten, deren Fixierung in konkrete Umsetzungen erst zeitversetzt in der Realisierungsphase stattfindet.

Auf diese Weise werden vorgefundene, zufällige Situationen zu Auslösern für künstlerische Untersuchungen, Ideen bekommen Räume, sich zu zeigen, noch undifferenzierte, ungeordnete oder unbewusste innere Strömungen können sich zu und in Ausstellungen/Installationen konkretisieren und verdichten.

Ausstellungsprojekt „Was ich werden möchte", Kunsthaus Essen 1998

Der Titel bezieht sich auf die frühere Funktion des Kunsthauses als Schule. Im Vorfeld der Ausstellung arbeitete S.H. mit zwei Kindergruppen im Hauptschulalter zum Thema. Unter Glasstürzen und auf alten Schulbänken, die sie auf dem Dachboden des Kunsthauses vorfand, wurden die plastischen Ergebnisse (bemalte Tonskulpturen) der Kinder präsentiert. Dazu in Dialog traten Leinwände an den Wänden, deren Vorlagen autobiografischen Schulaufsätzen und Schulbuchauszügen entnommen waren.

Susanne Hofmann: Installationsansicht, Kunsthaus Essen

Ein im zweiten Ausstellungsraum vorgefundener Einbauschrank (ehem. Klassenschrank) war Anlass für die Arbeit „Von A-Z". In ein freistehendes Holzregal auf Rollen mit den identischen Maßen des Einbauschrankes wurden 60 Schaumstoffquader eingeschichtet, auf deren Stirnseiten Fotos (Stoffkopien) aufgenäht sind. Die Fotos (aus den 60er Jahren) stammen sowohl aus S.H.s Kinderfotoalbum, als auch von Freunden und von fremden Personen. Als Pendant fungieren 60 subjektiv gesetzte Begriffe, die auf Prägeband an den Regalbrettern des leeren Wandschrankes angebracht wurden und unter die sich die einzelnen Fotos alphabetisch subsumieren lassen:

Auto Autobahn Baby Ballett Braut Brüder Büro Café Dorf Essen Fabrik Familie Fasching Fernsehen Flugzeug Freizeit Fußball Garten Geburtstag Geschwister Grab Großeltern Haus Hochzeit Hof Hund Insel Internat Katze Kaufhaus Kaufladen Kindergarten Kinderwagen Klavierstunde Kleinstadt Kommunion Küche Lastwagen Laufstall Lehrerin Mädchen Pfarrer Prinzessin Puppenhaus Schaukel Schulanfang Schulklasse Schwestern Soldat Sonntagsmantel Spielzeug Tanzstunde Turnunterricht Urlaub Wäsche Wanne Weihnachten Zoo Zwillinge.

„Das Speyerer Glockenröckchen oder Geben ist seliger als nehmen" – Intervention im Kaiserdom zu Speyer (ständige Installation seit 1998).

Eine aus rosa Stoff genähte, verblichene Abdeckhaube über einer Glocke (die bei katholischen Pontifikalämtern zum rituellen Einsatz kommt), welche S.H. im Südflügel des Kaiserdoms zu Speyer auf einem Holztischchen nahe der Sakristei vorfand, veranlasste sie zu einer heimlichen Intervention. Bei einem zweiten Besuch im Dom nahm sie die Maße des „Glockenröckchens" ab mit dem Vorhaben, ein Duplikat davon anzufertigen. Die neue Haube wurde aus rosafarbenem Samt hergestellt, die Unterseite der dazugehörenden Manschette als eigene Zutat mit dem Bibelzitat „Geben ist seliger als nehmen" (Apostelgeschichte 20,35) bestickt. Am 17.10.1998 wurde das alte gegen das neue „Glockenröckchen" im gut besuchten Dom ausgetauscht.

Susanne Hofmann: *Von A bis Z*. Schaumstoffe, Fotokopien und Stickereien auf Leinen, Holz, Rollen; 217x120x42 cm.

vorher/nachher. Susanne Hofmann: *Das Speyerer Glockenröckchen oder Geben ist seliger als nehmen.*

DER KREATIVE ASPEKT IM BILDNERISCHEN VERHALTEN VON KINDERN UND JUGENDLICHEN

Eberhard Brügel

Jeder Mensch besitzt, wenn auch in unterschiedlicher Ausprägung und mit unterschiedlichen Begabungsrichtungen, kreative Anlagen. Demnach müssen sich Merkmale kreativer Faktoren im bildnerischen Verhalten von Kindern und Jugendlichen nachweisen lassen:

Divergentes Denken und konvergentes Denken

Mit divergentem Denken ist das assoziative, laterale Denken, mit konvergentem das lineare, in einzelnen Schritten logisch aufbauende Denken gemeint. Das divergente Denken ist für die Entwicklung von Ideen verantwortlich, das konvergente Denken für die Realisierung der Ideen. Im Folgendem befasse ich mich mit dem divergentem Denken.

Figurale Flüssigkeit und Flexibilität
(Faktoren des divergenten Denkens)

Als Beispiel für Flüssigkeit und Flexibilität dienen mir die detailliert ausgeführten Modeentwürfe, die ein zehnjähriges Mädchen in den verregneten Osterferien an mehreren Tagen gezeichnet hatte. Die Fülle der Zeichnungen steht für die Flüssigkeit (quantitativer Aspekt), die fast durchgängig ähnliche Struktur der Figuren ist eine eigenständige Erfindung des Mädchens. Die fantasievolle Variation der Grundfigur verblüfft (qualitativer Aspekt).

Amorphe Strukturen als Auslöser von Ideen

Kreatives Handeln wird oft durch Material ausgelöst. Ein Mädchen (3,3 Jahre) deutete die zuerst aus einem absichtsfreien Kritzeln entstandenen Spuren, einem amorphen Material, als Wasserwellen und setzte abschließend noch einen Seehund dazu.

Präformiertes Material als Auslöser von Idee
(Umgestaltung, bzw. Neuorganisation)

Ein kleines Mädchen reißt einige Stücke aus einer Papprolle und klebt die einzelnen Teile in waagerechter und schräger Lage an die senkrecht gestellte Grundform der Rolle. Es entsteht der Eindruck einer modernen Plastik. Höchstwahrscheinlich wird keine inhaltliche Intention vorhanden gewesen sein. Vielmehr reicht bereits der Reiz des Materials aus, Gestaltungsprozesse in Gang zu setzen.

Verallgemeinernd formuliert gilt die Feststellung, dass nur umgestaltet und neu organisiert werden kann, wenn Altes und Gewohntes in seiner Struktur grundsätzlich in Frage gestellt, d.h. u.a. zerstört wird.

Ein Mädchen schaute seiner Großmutter beim Kochen zu und quengelte so lange, bis diese die Knochen sorgfältig auskochte. Danach malte das Mädchen die Knochen in unterschiedlicher Weise an. Was noch eben Bestandteil eines alltäglichen Vorgangs war, wird nun zu einem Objekt der Anschauung, d.h. zu einem ästhetischen Objekt umfunktioniert.

Fundstück
Bereits mit den eben genannten Beispielen ist der Aspekt des Fundstücks angesprochen, dessen Rolle nun näher betrachtet werden soll:

> Präsentation
> Ein Mädchen entdeckte auf dem Gehsteig einige kleinere Platten abgeplatzten Mauerputzes mit Resten von Graffiti. Es sammelte einige auf, die sie dann in ihrem Zimmer aufstellte. Auch hier verwandelte sich ein alltäglicher Gegenstand, der zudem seine Funktion eingebüßt hatte, zu einem ästhetischen Objekt (Vergleiche dazu Marcel Duchamps Flaschentrockner!).
>
> Umdeutung
> Handelte es sich bei den vorangegangenen Beispielen um eine formal ästhetische Verwandlung, kommt bei dem nächsten Beispiel der inhaltliche Aspekt zur Geltung. Eine Kaffeekanne, die ein Junge aus dem Sperrmüll fischte, löste sofort die Vorstellung von einem Elefanten aus. Die Bemalung war also von vornherein auf eine Umgestaltung und Umdeutung hin ausgerichtet.

Not macht erfinderisch
Der zehnjährige Max beginnt seine Zeichnung zunächst mit der Absicht, die Stadt Kiel im Stil eines Landkartenbildes darzustellen. Ihm gefiel die Zeichnung jedoch überhaupt nicht. Er warf sie aber nicht einfach weg, was die meisten Kinder tun würden, sondern deutete die Straße in ein Hausdach um und ergänzte die noch fehlenden Teile des Hauses. Hier trifft die Redewendung zu: Not macht erfinderisch.

Bezug zur Auseinandersetzung mit Räumen im Workshop
Die hier dargelegten kreativen Verhaltensweisen von Kindern und Jugendlichen scheinen nichts mit den Befragungen von Räumen und Orten zu tun zu haben. Doch wenn wir uns daran erinnern, wie Kindern mit großen Schachteln oder mit kleinen Nischen im Mauerwerk spielerisch und fantasievoll umgehen, und mit welcher Lust und Fantasie Jugendliche Räume ausstatten, dann lassen sich die eben dargelegten kreativen Prinzipien auch auf die Auseinandersetzung mit Räumen und Orten übertragen.

Kunstdidaktische Konsequenzen
Schon von der frühen Kindheit an können alle Fähigkeiten, die Kreativität konstituieren, festgestellt werden: das Sammeln und Aufstellen von Fundstücken, das assoziative Ausdeuten von Kritzelzeichen und von Fundstücken, wo-bei die rein formale Ausgestaltung ebenso vorzufinden ist wie die inhaltliche Umgestaltung. Ebenso kombinieren Kinder und Jugendliche die unterschiedlichsten Materialien und Fundstücke.

Die verblüffende Übereinstimmung von Arbeiten von Kindern und Jugendlichen mit Kunstwerken bestimmt weitgehend die didaktische Struktur und die methodischen Entscheidungen in einem Unterricht, in dem kreatives Verhalten gefördert werden soll:

- Die Bandbreite reicht dabei von Situationen, die kreatives Handeln in Gang zu setzen vermögen, bis zu einem Unterricht, der parallel zu den Phasen eines kreativen Prozesses geplant ist.
- Auch während des traditionellen Kunstunterrichts, der weitgehend Phasen des konvergenten Denkens enthält, dessen Legitimation keineswegs in Frage gestellt wird, sollten immer wieder Elemente divergenten Denkens zur Geltung kommen. In besonderer Weise bietet sich dazu die Chance, wenn bei einzelnen Schülerinnen und Schülern unvorhersehbare Probleme während der praktischen Arbeit auftauchen.
- Ein bis in die letzte methodische Maßnahme auf Erfolg geplanter Unterricht mag zwar das gute Ergebnis sichern, er verhindert jedoch auch die unerwartete, verblüffende, d.h. kreative Lösung. Auf eine Formel gebracht, heißt das: Wer alles daran setzt, die Gefahr des Scheiterns auszuschließen, verhindert auch Kreativität.

ACHT MINUTEN ÜBER DIE ROLLE DES LEHRERS IM RAHMEN EINES KREATIVITÄT FÖRDERNDEN UNTERRICHTS

Helmuth Kern

Oder anders gefragt, was ist von der Seite der Lehrenden zu bedenken, wenn Unterricht Kreativität fördernd sein soll? Sein/Ihr Auftreten und sein/ihr Wirken und das, was er/sie für einen und in einem Kreativität fördernden Unterricht leisten kann.

Dazu gehören bestimmte Bedingungen. Sie betreffen:

- die Lehrperson
- den Unterrichtsstoff
- die Schülerinnen und Schüler
- den Lernort

Verschiedene Funktionen oder Rollen sind bei einem solchen Unterricht zu bedenken:

Einen Impuls geben können und danach sich beobachtend zurückziehen – zumindest für eine gewisse Zeit.

Einen Sachverhalt vermitteln können, seien es handwerklich-technische oder gestalterische Kenntnisse:

- Anschaulich, problemorientiert und für die Weiterarbeit wirksam beraten können im Hinblick auf ein verbindliches Ziel.
- Betreuen können, d.h. Schülerinnen und Schüler von ihrem Verstehens-, Erfahrungs- und Handlungshorizont aus zielorientiert motivieren.
- Begleiten können, d.h. Fallstricke und Fußangeln frühzeitig erkennen und helfen, sie zu umgehen. In schwierigen Situationen das Selbstvertrauen stärken.

Eigenschaften der Lehrenden, die in einem Kreativität fördernden Unterricht wesentlich sind:

Gelassenheit und Elastizität

Diese zwei Eigenschaften wurden von jungen Kolleginnen und Kollegen, die ihre Ausbildung zum Kunsterzieher am Seminar Esslingen jetzt begonnen haben, im Zusammenhang mit dem Ziel eines Kreativität fördernden Unterrichts genannt.

Gelassenheit meint dabei die Kraft und die Fähigkeit, sich durch Neues und Ungewohntes nicht unter Druck setzen zu lassen, Anforderungen von Lehrplan, Bildungsplan, Schulreform etc. zwar ernst zu nehmen, aber sich von ihnen nicht so besetzen zu lassen, dass der Überblick verloren geht und Fremdbestimmtsein die eigene Person übermannt.

In einer solchen Situation, die meist auch mit Angst besetzt ist, weil wir ja alle alles richtig machen wollen, kann keine Kreativität gedeihen – bei den Lehrenden nicht und bei denen, die unterrichtet werden, auch nicht. Elastizität meint die Fähigkeit des Dehnens und Erweiterns, dazu aber auch die Fähigkeit, seine ursprüngliche Form wieder zu erhalten. Es ist eine Fähigkeit, die viel mit Authentizität zu tun hat – mit der Echtheit dessen, was Lehrer tun und vermitteln. Auch eine Fähigkeit, sich auf Schülerinnen und Schüler und deren Vorstellungen und Bedürfnisse einzulassen. Und eine Fähigkeit, sich auf Anforderungen von Gesellschaft und Bildungspolitik einzulassen – ohne sich davon deformieren zu lassen.

Offenheit

Offenheit meint die Fähigkeit, andere Sichtweisen bei sich und anderen zuzulassen, ja sie geradezu herauszufordern, ebenso die Fähigkeit, vom Wissensvermittler zum Moderator und Impulsator zu werden.

Das betrifft auch die ganz konkrete Situation, in der Unterricht stattfindet: die Aufgabenstellung, der Raum, in dem Unterricht stattfindet, die Interaktionsformen zwischen Lehrer und Schüler bzw. zwischen Schüler und Schüler.

Hohe Frustrationstoleranz/Unsicherheitstoleranz

Darunter verstehe ich eine Fähigkeit, sich nicht entmutigen zu lassen, wenn Schülerinnen und Schüler anders auf eine Aufgabenstellung reagieren, als man sich das selbst vorgestellt hat (Das Beispiel der Collagezeichner).

Es ist auch die Fähigkeit, Scheitern zuzulassen, als wichtige Erfahrung für sich und andere. Denn ein Nichterreichen bedeutet zugleich, etwas ganz anderes erreicht zu haben; das allerdings muss dann auch herausgearbeitet werden.

Neugier und Sachverstand

Das meint die Fähigkeit, neue Wege gehen zu wollen, etwas herausfinden zu wollen, Ziele zu haben, die von innen kommen. Dazu sind Sachkenntnisse notwendig, aber auch Methodenkenntnisse. Voraussetzung dafür ist ein Unterricht, der projektorientiert angelegt ist, der den Schülerinnen und Schülern Eigentätigkeit und Selbstständigkeit, verbunden mit Verantwortung für ihre Ergebnisse, zumutet und sie dazu anregt.

Experimentieren, spielen und die Ergebnisse mitteilen und sie vertreten können – heute mit dem Schlagwort Präsentation und Dokumentation bezeichnet – sind dabei wichtig. Folgende drei Aspekte sind für das Umfeld, in dem ein solcher Unterricht stattfinden kann, wesentlich:

- Erfahrungs- und Handlungsmöglichkeiten von Unterrichtsinhalten
- Erfahrungs- und Handlungsmöglichkeiten von Unterrichtszielen
- Unterschiedliche Aktions-, Sozial- und Lernformen

Fähigkeiten, die bei Schülern und Schülerinnen besonders gefördert werden sollten:

- Selbstbestimmtes Handeln in offenen Situationen,
- Selbstvertrauen fördern durch Aufgabenstellungen, die unterschiedliche Verwirklichungsmöglichkeiten und Techniken zulassen.
- Reflexionsfähigkeit gegenüber eigenen und fremden Handlungen und Produkten.
- Führen eines Werkstattheftes oder Werkstattbuches, in dem der je eigene Entwicklungs- und Arbeitsprozess reflektiert wird. Ein kunstgemäßer Ansatz, für den es viele Beispiele aus der Kunst gibt (z.B. so berühmte wie Leonardo, oder auch Lichtenbergs Sudelbuch).
- Bereitschaft, divergierend und konvergierend zu denken und zu handeln.
- Vielschichtige Denk- und Handlungsprozesse anregen durch entdeckendes und exemplarisches Lernen.
- Das Klassenzimmer öffnen und Schule als Ort und Raum für künstlerische Prozesse einbeziehen. Erfahrungsräume und Handlungsräume schaffen, in denen das Klassenzimmer nicht zum abgeschlossenen System mit bestimmten Ritualen wird.
- Unterrichtszeiten flexibilisieren.
- Die Möglichkeit zur Selbstorganisation geben – wann wird was wo erledigt. Der Zeitraum des Schulunterrichts ist dabei ein fester Termin für Sachstandsberichte, Besprechungen, Korrekturen. Für unterschiedliche Gruppen oder auch für das Plenum.

3. ERGEBNISSE UND REAKTIONEN

Zur Raumerkundung

Bei der konkreten Auseinandersetzung mit Räumen und Orten konnten folgende Verhaltensweisen festgestellt werden:

- die exakte, zunehmend sensibilisierte Wahrnehmung, die vor allem in schriftlicher Form festgehalten wurde. In einem Fall wurden die inhaltliche Gliederung von Akten, die auf dem Dachboden gefunden wurden, in einem anderen Fall die Aufschriften von elektrischen Schalt- und Sicherungskästen, fein säuberlich notiert. Gelegentlich entstanden auch Zeichnungen.
- In einer Selbstbeobachtung, in deren Verlauf die Gefühle notiert wurden, die von Enttäuschung oder Langeweile bis zur Faszination reichen konnten, wenn zunehmend Dinge im Raum entdeckt wurden, aber auch zur zunehmenden Intensivierung eines unangenehmen Gefühls von Enge, Eingeschlossenseins oder auch nur von Belanglosigkeit. In einem Fall entstand ein Gedicht.
- Die Entdeckung eigenkörperlicher Beziehungen zum Raum. In einem Fall wurde der eigene Körper zum Modul der Raummessung.
- Die zunehmende Entwicklung von Fantasien. Diese mündeten in einem Fall in die gedankliche Vorstellung der historischen Rückschau in die Zeit, als der Markgraf von Baden das Schloss Rotenfels als Jagdschloss nutzte, in einigen

anderen Fällen in eine assoziative Ausdeutung der räumlichen Situation bzw. der in den Räumen und an den Orten vorgefundenen Objekte.

- Das Sammeln und Präsentieren von Fundstücken, gelegentlich auch zu einem Arrangement zusammengestellt oder zu einer Assemblage montiert.
- Der gestalterische Umgang mit dem Raum: Eine Teilnehmerin fand irgendwo Teppichreste und legte sie in unterschiedlicher Weise auf die Treppe – ihrem zufällig zugewiesenem Ort – wobei räumliche Irritationen hinsichtlich der Stufenbreiten entstanden. Danach schritt sie die Treppe hinauf und hinunter. Die Erlebnisse und Erfahrungen, die sich dabei einstellten, wurden von ihr schriftlich dokumentiert.

Zur Beurteilung des Workshops durch die Teilnehmerinnen und Teilnehmer:

Mit zwei Ausnahmen wurde die Frage „Hat Ihnen die Teilnahme an diesem Workshop für Sie persönlich etwas gebracht?" positiv beantwortet. Kritischer war die Antwort auf die zusätzliche Anmerkung „Für Ihre berufliche Praxis?" Nur knapp über die Hälfte beantwortete diese Frage positiv. Es bleibt die Hoffnung, dass sich vielleicht jene Wirkung einstellt, die eine der Teilnehmerinnen folgendermaßen kommentierte: „Ja – unzählige ‚Transfers' stellen sich ein."

ANMERKUNGEN

[195] Präparieren und Probelauf der Kamera am Mittwoch Abend (Brügel, Hofmann, Kern)

[196] Hinweis an der Längswand des Schuppens (Herstellung: Brügel)

[197] Mapping Blind Space – Organisation („Kennzeichnungsschild" und Rolle → Hofmann)

[198] Mail vom 6.8.2003

Northpole Station
TICKET

STÖRUNGEN – KUNSTDIDAKTISCHE REFLEXIONEN ÜBER FLASH MOB, INTERVENTION, PERFORMANZ

Ulrich Heimann

Den Anstoß zum Denken gibt die Störung. Doch was ist eine Störung? Störung ist semantisch nur sinnvoll in Bezug auf die Vorstellung einer Gegebenheit mit einem störungsfreien Normalzustand. Störung bedeutet dessen unerwünschte, punktuelle Beeinträchtigung. Voraussetzung für das Auftreten einer Störung ist die Störanfälligkeit dieses idealerweise störungsfreien Faktums. Ein System ist umso störanfälliger, je dichter und interdependenter das Gefüge von Bedingungen für das Funktionieren seiner Operationen ist. Kunstpädagogische Prozesse orientieren sich gewöhnlich an kunstästhetischen Prozessen. Das sind in der Regel offene Prozesse ohne vorausliegendes Ziel, ohne vorab festgelegten Verlauf. In diesem Sinne ist Kunst der Eintritt des Unvorhergesehenen. Künstler, sagt Adolf Muschg, erweisen sich als solche in ihrer „Kompetenz im Entdecken und Herstellen noch nie dagewesener Zusammenhänge, in originellen Umgangsformen mit dem Unvorhergesehenen".

Das *Performative* hat zur Zeit Konjunktur. Wir konnten im vergangenen Jahr performative Phänomene mit einander ähnlichen Erscheinungsformen beobachten: in der aktuellen Kunstszene die situativ-performative Intervention, und auf dem Feld der kulturellen Alltagspraxis performative Aktionen in der Öffentlichkeit, seit Sommer 2003 unter der Bezeichnung „Flash Mob" bekannt. Beide Phänomene, die kulturelle Alltagsgeste des"Flash Mob" wie auch das künstlerische Genre der situativ-performativen Intervention huldigen der Störung und setzen auf deren schöpferische Potenz.

Auch im aktuellen kunstdidaktischen Diskurs werden der situative Eingriff, die performative Intervention und die Störung nicht nur im Hinblick auf Möglichkeiten der Umsetzung mit Schülerinnen und Schülern im Unterricht untersucht, sondern als didaktische Denkfiguren in Erwägung gezogen.

STÖRUNG ALS ALLTAGSÄSTHETISCHES PHÄNOMEN: „FLASH MOB"

Was ist ein „Flash Mob"? Über Internet und Handy wird von den Initiatoren dazu aufgerufen, zu einem bestimmten Zeitpunkt an einem bestimmten Ort im Stadtzentrum aufzutauchen, z.B. einen mitgebrachten gelben Küchenhandschuh anzuziehen und in den Himmel zu zeigen. Auf einen Schlag zerstreuen sich dann alle Teilnehmerinnen und Teilnehmer wieder. Als „Flash Mob" hat man im funktional determinierten öffentlichen oder halböffentlichen Raum im Rahmen einer spielerischen Massenaktion die vorgesehene Rolle als Fußgänger, Konsument, Benutzer öffentlicher Verkehrsmittel und Zebrastreifen verweigert, die gewöhnliche Nutzung und Funktionsweise der Straßen, Plätze, Rolltreppen, Kreuzungen und Kaufhäuser transzendiert und inmitten des konformen abweichendes Verhalten praktiziert. Man genießt es, für einen flüchtigen Moment inmitten der sich wie vorgesehen und wie gewohnt bewegenden Massen eine Differenz, ein überraschendes, nicht vorhergesehenes Ornament zu bilden, den Vorschein von Souveränität über den öffentlichen Raum zu artikulieren, die öffentliche Ordnung zu stören.

Ganz anders schätzte kürzlich Peter Kümmel in der sonst so liberalen und weltläufigen Wochenzeitung „Die Zeit"[199] das Phänomen „Flash Mob" ein. Der „gute", weil politisch korrekte „Smart Mob", der in Indonesien auf die gleiche Weise, nämlich per Mobilisierung mittels Internet und Handy über Nacht eine mehrere hunderttausend Menschen starke Demonstration zustande gebracht und den korrupten Präsidenten Estrada aus dem Amt gejagt habe, findet Kümmels Beifall. Dagegen sei der „Flash Mob" mit seinen „Blödsinnstheateraktionen" ein „Blinddate unter Selbstdarstellern" und „Huhu-Machern", „die aufgekratzte Kehrseite der brütenden, feindseligen Alltagsmasse." „Bloß ein fröhliches Es" fülle die Plätze. „Flash Mob" sei „öffentlicher Unsinn", der „nur im Zeitalter der Luftgitarre, des Karaoke und der Casting Show entstehen konnte." Das alles habe „etwas Kindliches, Verstohlenes." ‚Der Flash Mob' will bloß die Gegenwart feiern", was Peter Kümmel ins Grübeln darüber bringt, wie man „dem ‚Flash Mob' diskursiv den Garaus machen könnte", z.B. mit einer Zitatkeule von Ortega y Gasset: „Wenn die Masse Selbstständig handelt, tut sie es nur auf eine Art: sie lyncht."

Im „Flash Mob" – im Unterschied zum „Smart Mob", dem gerechten Aufbegehren gegen die Unterdrückung, ein Unterschied, den Ortega y Gasset, Kümmels Kronzeuge, nicht gemacht hätte – eine Keimform des Lynchens zu sehen, erscheint nun doch intellektuell grobkörnig und humorlos. Was ist eigentlich so bösartig daran, das eigene Selbst in Aktion zu genießen und in diesem Sinne die Gegenwart zu feiern ohne eine außerhalb der Handlung liegende Sinngebung, fröhlich und kindlich? Dies alles sind wesentliche Merkmale des Spiels, wie es die Philosophen aller Jahrhunderte wie z.B. Hans-Georg Gadamer beschrieben haben: „Das Spiel erscheint nun als eine Selbstbewegung, die durch ihre Bewegung nicht Zwecke und Ziele anstrebt, sondern die Bewegung als Bewegung, die sozusagen ein Phänomen des Überschusses, der Selbstdarstellung des Lebendigseins, meint."[200] An das so verstandene Spiel haben sich eigentlich zu allen Zeiten eher philosophische, kunsttheoretische, aber auch gesellschaftliche Utopien geknüpft als Angstträume von marodierenden Horden von Hooligans. Viel eher möchte man im"Flash Mob" Ansätze sehen zum Versuch spontaner, metaphorischer Rückgewinnung ästhetischer Handlungsspielräume angesichts einer, wie Wolfgang Welsch befürchtete, in Anästhetisierung umschlangenden Ästhetisierung der Lebenswelt.[201]

Recht hat Kümmel mit seiner Kritik am"Flash Mob" allenfalls in einem Punkt: Artikulation von Subjektivität, Einbildungskraft, Gestaltungsvermögen darf man bestenfalls (denn besonders ausgefallen sind die meisten"Flash Mobs" nicht) den einzelnen Initiatoren und Organisatoren von „Flash Mobs" zuschreiben. Solche kunstästhetischen bzw. produktionsästhetischen Kategorien spielen jedoch für die Masse der Teilnehmer keine Rolle. Im Gegenteil: in Gesprächen mit Teilnehmern an"Flash Mobs" hört man gelegentlich ein Unwohlsein angesichts der Dynamik der Prozesse, die sich in einer anonymen Masse entwickeln können, ein Unwohlsein, das als potenzielle Fremdbestimmung erlebt wird. Hierin könnte man eine kategoriale Differenz des alltagsästhetischen Phänomens „Flash Mob" zur Kunst sehen.

STÖRUNG IN DER ZEITGENÖSSISCHEN KUNST: DIE SITUATIV-PERFORMATIVE INTERVENTION

Der auf den ersten Blick eher sozialpädagogisch als künstlerisch anmutende Auftritt Thomas Hirschhorns auf der documenta XI und Schlingensiefs auf der Biennale in Venedig des Jahres 2003 gestartetes Projekt „Church of Fear" sind nur die spektakulärsten Beispiele für den gegenwärtigen Boom des künstlerischen Genres der situativ-performativen Intervention oder der „Site-specific Art". Dieser Boom hat ein breites Spektrum von Erscheinungsformen der Intervention zwischen gesellschaftskritischem und –veränderndem Impetus und auf Kunst und Kunstbetrieb zielender ironischer Autoreflexivität hervorgebracht. Als Beispiele für diese Varianten der situativ-performativen Intervention sollen hier die „forschungsgruppe_f" um Georg Winter und die Künstlergruppe „WochenKlausur" um Wolfgang Zinggl vorgestellt werden.

Einblick in die Arbeit der „forschungsgruppe_f" Georg Winters u.a. bieten einige auf die Kunstrezeption bezogene Interventionen.[202] Die Mitglieder der „forschungsgruppe_f" definieren ihre Strategie selbst als „Eingreifen in einen Zustand, der dabei verändert wird", in diesem Fall die Passivität des Betrachters von Kunst. Ein wichtiger Schritt hin zum direkt eingreifenden, beteiligten, aktiven Betrachter ist die Reflexion der eigenen Betrachtungsmuster. Diesem Ziel dienen die unmittelbar im Museum vor den Artefakten inszenierten ironischen Interventionen der „forschungsgruppe_f".

Ein charakteristisches Beispiel ist „Mobiles Labor für afferente Synthesen", ein Eingriff, bei dem Museumsbesuchern ermöglicht wird, während des Ausstellungsbesuchs („dabei gehen visuelle Reize von Referenzkörpern – Bilder, Objekte – aus") z.B. Augentrost und Hanf aus einem Vaporisator zu inhalieren, denn „Augentrost (euphrasia afficinalis) wirkt entspannend und reizmildern auf das Auge und Nervensystem. Anwendung bei stark auftretenden visuellen Reizungen." In diesen Versuchen „wird der Wahrnehmungsapparat durch die Einnahme bzw. Einatmung von Aromen und Wirkstoffen beeinflusst. Die mannigfaltigen Wirkungen detrivialisieren die Konstruktion der Bildwirklichkeit."

Ein weiteres Beispiel ist „Bewegungssehen". Die Ausstellungsbesucher werden aufgefordert, „aktives Rezipieren" oder „Aktionsrezeption" einzuüben, da Wahrnehmen schließlich als Handlung, als aktiver Prozess zu verstehen sei. Eine der Übungen, zu denen Georg Winter und die „forschungsgruppe_f" Museumsbesucherinnen und -besucher anhalten, heißt „Visumotorische Atemübung": Illustriert mit Schaubildern, fordert folgender Text die Museumsbesucher auf: „Zeigefinger der linken Hand zur Stirn führen. Daumen und Mittelfinger an den beiden Nasenflügeln positionieren. Beim Einatmen drückt der Daumen den linken Nasenflügel zu. Rechte Nasenöffnung zieht den Luftstrom ein. Beim Ausatmen drückt der Mittelfinger den rechten Nasenflügel zu. Die Luft strömt aus der linken Nasenöffnung. Abwechselnd gleichmäßig aus- und einatmen. Vorbei an der Handlungsführung sucht der Blick seinen Weg zum Bild." Durch derartige „Aktionsrezeption" stelle sich „eine sichere Haltung den Artefakten gegenüber ein".[203]

Es handelt sich bei diesen „Übungen" Georg Winters um Störungen des Kunstbetriebs, sofern er diese inadäquaten, von vielen Künstlern, Kunstwissenschaftlern und Kunstdidaktikern seit langem kritisierten essentialistischen Rezeptionsmuster toleriert oder gar fördert, z.B. durch eine auratisierende Präsentation und Kommentierung der Artefakte.

Im Falle der Gruppe „WochenKlausur"[204] geht es um Aktionen gegen die Gewöhnung an gesellschaftliche Missstände wie Obdachlosigkeit, Arbeitslosigkeit, Jugendkriminalität, Drogensucht, Fremdenfeindlichkeit.

Die Gruppe „WochenKlausur" (Initiator Wolfgang Zinggl) begreift Kunst als soziale Interventionen, die zur Verbesserung des gesellschaftlichen Zusammenlebens führen sollen. Die „WochenKlausur" beruft sich dabei auf die herrschende Pluralität der Kunst, also darauf, dass ein normativer Kunstbegriff, der die innovative Gestaltung gesellschaftlicher Verhältnisse nicht unter dem Rubrum „Kunst" dulden würde, heute weithin für obsolet gehalten wird. Kunst und Kunstbetrieb werden eingesetzt, um gesellschaftliche Probleme, die sich auf konventionellen Wegen nicht bewältigen lassen, unkonventionellen, innovativen, schöpferischen, also künstlerischen Lösungen zuzuführen. Das bedeutet konkret, dass die Intervention nur stattfindet, wenn die Gruppe von einer Kunstinstitution, die die Mittel und die Infrastruktur zur Verfügung stellt, dazu eingeladen wird. Ein anschauliches Beispiel dafür bietet eine Intervention der „WochenKlausur" 1995 in Graz auf Einladung der Intendanz des „Steirischen Herbstes". Die Abschiebung von sieben Ausländern konnte verhindert und ihr legaler Aufenthalt in Österreich erreicht werden, weil sie kurzerhand von der „WochenKlausur" in künstlerische Projekte eingebunden, also zu Künstlern gemacht wurden. Künstler genießen dem österreichischen Aufenthaltsgesetz gemäß unter Hinweis auf die Freiheit der Kunst ein Bleiberecht. Man ist versucht, von einem sozialen Readymade zu sprechen.

Die freie, gleiche und geheime Wahl ist zweifellos ein Kernstück der sog. westlichen Demokratien. Kurz vor den schwedischen Parlamentswahlen 2002 führte die Gruppe in Stockholm mit Hilfe von fiktiven Wahlen Forschungen mit statistisch signifikanter Aussagekraft durch, die eindrucksvoll belegten, wieviele Demokratisierungsmöglichkeiten parlamentarisch-demokratische Gesellschaftssysteme bergen. Verblüffend einfache, höchst innovative Abwandlungen des hergebrachten Wahlmodus (z.B. konnte nicht nur angekreuzt werden, welche Partei man wählen, sondern auch, welche man abwählen wollte) ergaben im Vergleich mit dem amtlichen Wahlergebnis erstaunliche, auch quantitativ erhebliche Abweichungen.

Die „WochenKlausur" versteht sich als nichtinstitutionalisierte, daher flexibel reagierende Einrichtung zur Korrektur gesellschaftlicher Fehlentwicklungen. Einen entsprechenden Eingriff sehen sie als temporäre Attitüde zur konkreten Behebung konkreter Defizite im gesellschaftlichen Zusammenleben und selbstverständlich als Kunst.

PERFORMANZ UND STÖRUNG IN DER AKTUELLEN KUNST UND KUNSTDIDAKTIK

Alle genannten Aktionen – die „Flash Mobs", die Interventionen der „forschungsgruppe_f" sowie der „WochenKlausur" – haben gemeinsam, dass sie mehr oder weniger performativ sind und dass sie sich als Störungen darstellen.

Eine gewisse Performanz der „Flash Mobs" zeigt sich darin, dass die Aktion kein Produkt erzeugt; die Aktion findet um ihrer selbst willen statt. Hubert Sowa hat in einem Vortrag an der Universität Leipzig über die Bedeutung und die Rolle des Performativen in Kunst und Kunstpädagogik[205] zwei, wie er meint, inkompatible Paradigmen einander gegenübergestellt: das „Werkparadigma", auch „Bildparadigma" oder „Poiesisparadigma" genannt, dem „Ereignisparadigma", das er auch „Handlungsparadigma" oder „Praxisparadigma" nennt. Mit diesen Begriffen will Sowa einerseits konkurrierende Kunstansätze der fortgeschrittenen Moderne charakterisieren wie auch die für die Kunstpädagogik prinzipielle Frage markieren, „ob im Kunstunterricht die Produkte von finalen Herstellungsvorgängen im Mittelpunkt stehen oder aber das prozessuale Tun selbst – gleichsam das Handeln als Selbstzweck." In der Konfrontation von „Poiesis" und „Praxis" greift Sowa auf Aristoteles zurück, der in seiner „Nikomachischen Ethik" feststellte, die Poiesis – also die Herstellung – ziele auf ein Produkt und dessen Gebrauch. Hingegen habe die Praxis das Ziel in sich selbst – also der das Produkt in Gebrauch nehmende Handlungsvollzug sei ein Tätigsein, in dem das Leben ganz bei sich sei, sich genüge und genieße.

Performative Akte, sagt Sowa, seien Handlungen, deren essenzielle Wirklichkeit in ihrem hier und jetzt wirksamen Vollzug lägen (per-formare = durch-kneten, durch-formen), keine mimetischen Darstellungen im Sinne der Schauspielerei, sondern die Art, wie eine Person sich handelnd zeige und ins situative und kommunikative Feld hineinwirke, die insofern unübersetzbar in ein anderes Medium und auch nicht als Text oder Bild fixierbar seien.

Als Beispiel künstlerischer Arbeit unter dem Primat des Praxisparadigmas führt Sowa das „100-Tage-Büro" von Joseph Beuys auf der documenta 5 (1972) an: ein end- und zielloses offenes Gespräch des Künstlers mit jedem beliebigen Besucher. Hier war die Trennung zwischen Akteur und Zuschauern aufgehoben, jeder Teilnehmer beeinflusste das Ereignis, handelte mit, nahm es gleichzeitig wahr und interpretierte es. Allerdings gebe es auch bei Beuys' aktionskünstlerischen Konzepten – im Unterschied zur „expanded performance" z.B. der Gruppe „Black market international" um Boris Nieslony – noch einen Rest von zielgerichtetem, instrumentellem Handeln, insofern es ihm um die Verbreitung seiner politischen Ideen von „direkter Demokratie" gegangen sei.

Fasst man des Begriff der Performanz so radikal wie die Anhänger der „expanded performance", so muss man zu dem Ergebnis kommen, dass weder der Flash Mob, noch die Interventionen der „forschungsgruppe_f" und auch nicht die Arbeit der „WochenKlausur" in jeder Hinsicht performativ zu nennen sind. „Flash Mobs" sind so gesehen Aufführungen vorgefertigter Szenarien. Jedoch die vorhin erwähnte Unsicherheit von Teilnehmern an „Flash Mobs" darüber, was sich wohl aus der Eigendynamik der Massenaktion heraus Unvorhergesehenes entwickeln könnte, zeigt zumindest das performative Potenzial, das in jedem „Flash Mob" steckt: den jederzeit möglichen Umschwung von der Ausführung eines Plans in die spontane, ungeplante, offene Aktion. Auch kann man, wie bereits oben geschehen, den Teilnehmenden am"Flash Mob" Genuss der situativen Handlung – auch wenn sie lediglich eine vorgegebene Choreografie realisiert – und Genuss des Selbst in ihr als performatives Charakteristikum nicht absprechen.

Wesentlich situationsabhängiger und damit verlaufsoffener als der "Flash Mob" und damit performativer sind die Interventionen der „Forschungsgruppe_f" und der „WochenKlausur". Dafür muss man Abstriche im Hinblick auf die für ein rein performatives Phänomen charakteristische Zweckfreiheit machen: Ähnlich wie in der Aktionskunst eines Beuys, vielleicht sogar ausgeprägter als bei ihm, zielen die Interventionen der „forschungsgruppe_f" sowie der „WochenKlausur" auf ein Ziel jenseits der Aktion: Veränderung des Kunstbetriebs im allgemeinen und der Kunstrezeption im Besonderen, Veränderung der Gesellschaft.

Auch Hubert Sowas Blick auf performative Phänomene in der zeitgenössischen Kunst ist der Blick eines Kunstdidaktikers: Auch ihn interessiert, wie er schreibt, in welcher Art eine solche Ereignis- und Handlungskunst in Unterrichtsprozesse eingehen könnte, gerade in einer Zeit, in der die Gesellschaft besonders genaue Rechenschaft über das Was, Wie und Wozu staatlich beaufsichtigter Bildungsprozesse erwartet.

Sowa kann dabei auf einen Vortrag Gunter Ottos verweisen, in dem dieser kurz vor seinem Tod die Möglichkeit einer didaktischen Orientierung in Richtung „Unterricht als Performance" in

Erwägung gezogen und die Frage gestellt habe, ob nicht performative Prozesse ein Kern des Lernens überhaupt seien.

Es ist bestimmt nicht übertrieben zu behaupten, dass die Leitidee des tatsächlichen, durchschnittlichen Kunstunterrichts nach wie vor das Poiesis-Paradigma ist, Kunstunterricht also im Wesentlichen Werkherstellung und Werkbetrachtung bedeutet. Sowa spricht sich nun dafür aus, dieser Leitidee als Korrektiv das Praxis-Paradigma an die Seite zu stellen, d. h. er unterstellt, man könnte den Kunstunterricht – oder doch Teile davon – am Paradigma der radikalen Prozesskunst ausrichten.

Kunstunterricht im Sinne des Praxis-Paradigmas bedeute wenigstens phasenweise Konstituierung eines nicht-hierarchischen Lern- und Erfahrungszusammenhanges, eines offenen Handlungsfelds, das durch ständige performative Eingriffe modelliert und inszeniert werde. Dabei werde von den lernenden Beteiligten keine diskursive Distanz, keine Arbeitshaltung im konventionellen Sinne gefordert, eher eine intensive Achtsamkeit gegenüber dem performativen Prozess, ein Ethos des Wahrnehmens, Sich-Einlassens, Akzeptierens, Reflektierens und Reagierens. Nehme man dieses praktisch-prozessuale Verständnis von Lernsituationen ernst, so könnten Werke allenfalls Katalysatoren der Lernsituation sein.

Natürlich muss ein solcher Unterricht in einem im Ganzen hierarchisierten, pädagogisch durchstrukturierten Umfeld wie der Schule als Störung empfunden werden, so wie die Interventionen der „forschungsgruppe_f" unter Umständen den Ausstellungs- und Museumsbetrieb stören.

Was heißt überhaupt „stören"? Störung ist ein relationaler Begriff; er ist semantisch nur sinnvoll in Bezug auf die Vorstellung einer Gegebenheit mit einem störungsfreien Normalzustand. Störung bedeutet dessen unerwünschte, punktuelle Beeinträchtigung. Voraussetzung für das Auftreten einer Störung ist die Störanfälligkeit dieses idealerweise störungsfreien Faktums. Ein System ist umso störanfälliger, je dichter und interdependenter das Gefüge von Bedingungen für das Funktionieren seiner Operationen ist.

Je höher die Regelungsdichte eines Systems im Interesse größtmöglicher Komplexitätsreduktion, je ähnlicher es also einer Trivialmaschine im Sinne Heinz von Foersters ist, desto vorhersagbarer Verlauf und Resultat seiner Operationen – sofern diese störungsfrei verlaufen. Trivialmaschinen vollziehen nach Heinz von Foerster[206] Operationen, die bei einem bestimmten Input einen bestimmten Output produzieren, und zwar zuverlässig, vorhersagbar und wiederholbar.

Allen Systemen, in denen Menschen koagieren, wohnt *irreduzible* Komplexität inne. Je höher hier die Regelungsdichte, desto unerwünschter, ja gefürchteter, und desto unvermeidlicher die Störung. Die unvermeidliche Störung mahnt die Neujustierung des Systems an.

Wie reagiert ein solches überreguliertes, daher störanfälliges System auf die Störung?

Eine extreme Reaktion wäre, auf unvermeidliche Störungen auf Dauer ausschließlich statt mit Neujustierung mit Unterdrückung zu reagieren. In einer anderen Extremreaktion usurpiert die Störung das System und setzt sich als Norm. Das gilt in der Psychopathologie als krankhaft.

Störanfällige Systeme, Zustände oder Prozesse sind solche mit präzise definierten vorausliegenden Zielen und streng geregelten Abläufen, keine offenen, sondern geschlossene Zustände oder Prozesse, in denen das Unvorhergesehene keinen Platz hat. Tritt das Unvorhergesehene ein, wird es als Störung wahrgenommen.

Solchen quasi mechanischen Vorstellungen von Störungsfreiheit, Störungsanfälligkeit und Störung stehen Konzepte natürlicher Prozesse – z.B. die Evolution – gegenüber, in denen das Unvorhergesehene nicht stört. In diesem Kontext ist, was in Trivialmaschinen stört, gleichbedeutend mit Innovation, Entwicklung, Leben. Innovation in diesem Sinn „emergiert", wie auch die Kunst oft „emergiert", d. h. sie tritt mit dem Anschein von Notwendigkeit, aber nicht als Glied einer Kausalkette in Erscheinung.

In diesem Zusammenhang interessiert die Etymologie von „stören", in der diese Ambivalenz zum Ausdruck kommt; hier einige wenige Beispiele: Mittelniederdeutsch: „verhindern", „unterbrechen"; althochdeutsch: „zerstören", mittelniederländisch: „hindern", „verwüsten", altenglisch (styrian) und englisch (to stir): „aufrühren, anregen, bewegen".

Die Kunstpädagogen stellt das bisher Gesagte vor einen Antagonismus, dessen Unauflöslichkeit nicht ignoriert werden darf: Die Rede ist vom Antagonismus zwischen Unterricht, nach herkömmlichem Verständnis ein geschlossenes System, und Kunst, nach einem verbreiteten Verständnis ein offenes System. Künstlerische bzw. performative Prozesse sind, wie gesagt, weitaus weniger störanfällig als Unterricht, so wie die traditionelle Erziehungswissenschaft ihn beschreibt: gesteuert von einer Intention, im Verlauf strukturiert und beobachtbar gemacht durch Planung um operationalisierbare Lernziele herum. Der kunstpädagogische Alltag kommt jedoch natürlich nicht völlig ohne Orientierung an diesen erziehungswissenschaftlichen Parametern aus. Dafür sorgen, wie gesagt – neben den schulalltäglichen Kontexten – die obligatorischen Festlegungen (Richtlinien und Lehrpläne, Schulaufsicht, Leistungsbeurteilungen usw.).

Kunstpädagogische Prozesse sollen sich, so die Anregung von Hubert Sowa, auch an performativen Prozessen orientieren, also an in der Regel offenen Prozessen ohne vorausliegendes Ziel, ohne vorab festgelegten Verlauf. In diesem Sinne ist auch das Kunstwerk der Eintritt des Unvorhergesehenen; es verdankt sich nicht selten einem der Performanz vergleichbaren Schaffensprozess. Künstler, sagte Adolf Muschg einmal sinngemäß, erwiesen sich als solche in ihrer Kompetenz im Entdecken und Herstellen noch nie dagewesener Zusammenhänge, in originellen Umgangsformen mit dem Unvorhergesehenen (nebenbei bemerkt: eine Kompetenz, die das Schulfach Kunst eigentlich mit einem Schlag zu einem Kernfach zur Vorbereitung auf das Leben in der Wissensgesellschaft befördern müsste).

An dieser Stelle sei also ausdrücklich die Notwendigkeit bestritten, „Poiesis" und „Praxis" einander so strikt gegenüberzustellen. Wir sahen schon, dass auch, wo „Performanz" draufsteht, wie bei Beuys oder den Protagonisten der performativ-situativen Intervention, nicht unbedingt „Performanz" pur drin sein muss. Viele Äußerungen von Künstlerinnen und Künstlern belegen, dass das Herstellen eines Kunstwerks oftmals zumindest phasenweise *nicht* zielgerichtet auf das Endprodukt hin, ja im Gegenteil geradezu „werkvergessen" verläuft und gerade dann als besonders „künstlerisch" empfunden wird. Spätestens seit der frühromantischen Idee einer „progressiven", weil „ewig nur werdenden", „unendlich perfektiblen" Kunst (Friedrich Schlegel, Schelling, Novalis) wird es Werken oftmals besonders hoch angerechnet, wenn sie Spuren der Vorläufigkeit und Unabgeschlossenheit tragen. In diesem Sinne möchte ich behaupten, dass künstlerisch-gestalterisches Arbeiten nur zu einem gelungenen Produkt führt, wenn es sich oft genug als „Poiesis" vergisst und sich als „Praxis" erlebt. Poiesis und Praxis schlagen ineinander um, und ein solches „unreines" Beieinander und Ineinander, nämlich hier von Performanz des Unterrichtsverlaufs und pädagogischer Intentionalität, wäre auch für den Kunstunterricht wünschenswert.

Wer jedoch als Lehrender meint, seine pädagogischen Intentionen linear umsetzen zu müssen, wird das Gegenteil von dem bewirken, was er womöglich gutwillig beabsichtigte. Blinde Intentionalität lockt Störungen an und wird an ihnen scheitern. Der eigentlich Störende ist in diesem Fall der Lehrende, der durch seine Fixierung auf Intentionalität und Linearität der Zielumsetzung der autopoietischen Regulierung des Lehr-Lernsystems im Wege steht.

In der kunstpädagogischen Alltagspraxis gilt es auszuloten, ob die erstrebenswerte stärkere Orientierung an Kunst, am Praxisparadigma, an der Leitidee der Performanz und die teils erzwungene, teils unabdingbare Orientierung an erziehungswissenschaftlichen Denkfiguren sich tatsächlich vollständig ausschließen. Vielleicht lässt sich ein Systemzustand denken und vielleicht, wenn auch nur punktuell, herstellen, in dem ein hohes, aber nicht uferloses Maß an Komplexität, Offenheit, Emergenz vorherrscht, begleitet von einem entsprechend geringeren Maß an pädagogischer Intentionalität, Planung, Konventionalität, das einerseits für eine gewisse Störanfälligkeit sorgt, dem andererseits – bedingt durch die relativ große Offenheit – ein performatives Bewusstsein auf Seiten der Aktanten für das latente und bisweilen manifeste Mitlaufen der Störungspotenziale, Aufmerksamkeit für die innovativen Potenziale von Störungen gegenüber stehen, vorübergehende Störungen, die immer wieder zu autopoieitischer Umstrukturierung und Neukonstruktion des Systems führen.

Der inzwischen emeritierte Gert Selle hat in seiner jüngsten Äußerung[207] in den BDK-Mitteilungen 3/2003 einen weitaus radikaleren Weg vorgeschlagen, auf dem es nur, so der Titel des Textes, „Das Eine oder das Andere" gibt: „Pädagogikschrott" oder, so der Untertitel, eine „minimalistische Didaktik der ästhetischen Irritation". „Es liegt einem [...] auf der Zunge zu behaupten, dass es außer der Produktion von überflüssigem Kunstschrott auch eine Produktion von nutzlosem Pädagogikschrott gibt, den Kunstpädagogen [...] mitzuverantworten haben. Die Produktionsstrukturen sind reformresistent. So bleibt denen, die sich den Anpassungs- und Nivellierungszwängen nicht beugen wollen, nur ein Ausweg: *die Betriebsstörung*, sei sie unauffällig subversiv oder offen inszeniert. [...] Die theoretische, die didaktische und die praktisch-ästhetische bzw. praktisch-pädagogische Betriebsstörung ist ein im Grunde schon künstlerisches Mittel, sich einem Milieu entmutigender Gleichmäßigkeit zu entziehen. Keine Kunstpädagogin, kein Kunstpädagoge sollte es sich nehmen lassen, Betriebsstörungen zu proben."

Selle plädiert für „Rücktritt des Kunstpädagogen von seiner Autorschaft an Thematik und Gestalt ästhetischer Lernprozesse", für eine „nicht im Vorhinein vereinnahmte und erzieherischen Zwecken unterworfene kunstpädagogische Praxis am Rande einer Black Box [...], deren Inhalt sich unserer Planung, Kontrolle, ja weitgehend unserer Wahrnehmung entzieht. [...] Aufmerksamkeit für das sich Ereignende tritt an die Stelle vorgefasster Produktionsgerichtetheit. [...] Ich plädiere also für einen pädagogischen und für einen ästhetischen Minimalismus. [...] Irritation wäre der didaktische Schlüsselbegriff."

Das klingt zunächst wie Hubert Sowas Plädoyer für eine stärkere Orientierung am Ereignis- bzw. am Praxisparadigma. Jedoch in Reinform, im Geist des kompromisslosen Titels „Das Eine oder das Andere", ist Kunstunterricht nach Art des von Selle postulierten Rücktritts des Kunstpädagogen von seiner Autorschaft an Thematik und Gestalt ästhetischer Lernprozesse zugunsten eines reaktiven, zurückhaltenden Überformens des Sich-Ereignenden mehr als nur Betriebsstörung. Selles Vorschlag bedeutet den Ausstieg aus der Kunstpädagogik, denn er ist völlig inkompatibel mit einem System, in dem es – vielleicht sehr zur Irritation in so manchem professoralen Elfenbeinturm – Revisionsstunden vor Dezernenten und Schulleitern, eine womöglich zentral vorgegebene Obligatorik hinsichtlich zu erwerbender Kompetenzen, Abiturprüfungen, Referendarausbildung mit Unterrichtsbesuchen von Fachleitern, bindende Fachkonferenzbeschlüsse, besorgt-kritische Elternvertreter nun einmal gibt. Der völlige Verzicht auf kunstpädagogische Intentionen, auf aktive Konstruktion von Kontexten für die zu erstrebende Horizontverschmelzung, die subjekt- und kunstorientiertes Lernen erst ermöglichen, ist auch nicht wünschenswert, sondern kritikbedürftig, nicht nur, aber nicht zuletzt auch, weil dieser Verzicht etwas Kapitulantenhaftes hat. Oder ist Selles Verzicht auf kunstpädagogische Intentionen vielleicht eine verspätete Variante des Hungers nach den großen Erzählungen, der Sehnsucht nach den endgültigen Lösungen, nach dem Ausweg aus dem Inferno der Widersprüche ins Reich der Reinheit und Wahrheit?

„Ästhetische Ereignisse im Gewühl außerpädagogischer Realitätsräume in alltäglichen Kontexten", an deren Rand nach Selle der kunstpädagogische Flaneur beobachten und kleine ästhetische Interventionen vornehmen könnte, bietet das Schulleben zuhauf. Es ist also sehr wohl möglich und sinnvoll, punktuell Anstöße zu geben zu reflexiver Aufmerksamkeit für die in den Fugen und Rissen des pädagogisch-administrativ strukturierten Schulalltags wuchernde performative ästhetische Eigentätigkeit der Schülerinnen und Schüler, also etwa für das die Schulordnung verletzende Ankritzeln gegen die Langeweile in der Unterrichtsstunde, für die spielerischen Improvisationen mit Fotoshop, für die je szenekonforme Choreografie der Körper, Gesten, Bekleidung und Sprache auf dem Pausenhof. Kleine ästhetische Interventionen, die produktiv störend sowohl ins institutionell geregelte wie ins spontan wuchernde Schulleben zurückwirken, können Lehrende und Lernende für die Achtsamkeit auf die Emergenz ästhetischer Eigentätigkeit sowie auf das Potenzial an Anknüpfungspunkten für künstlerisch-gestalterische Transformationen sensibilisieren. Das entspräche Hubert Sowas Vorschlag, es mit einer Kunstpädagogik zu versuchen, die dem vorherrschenden Poiesisparadigma das Praxisparadigma hinzugesellt, ohne jenes eliminieren zu wollen; eine Kunstpädagogik, die künstlerische, prozessuale Denk- und Handlungsmodi inmitten pädagogisch-administrativer Strukturen Wurzeln schlagen zu lassen versucht.

ANMERKUNGEN

[199] DIE ZEIT, Nr. 39/2003. S.45.

[200] Gadamer, H.-G.: *Die Aktualität des Schönen*: Kunst als Spiel, Symbol und Fest. Stuttgart 1993.

[201] Welsch, W.: *Ästhetik und Anästhetik*. In: Ders.: *Ästhetisches Denken*. Stuttgart 1990, S.13

[202] In: forschungsgruppe_f und Salon Verlag (Hgg.): *Bericht*. Köln 2002, S.42 f.. Internet: www.forschungsgruppe-f.org

[203] ebenda, S.9.

[204] Einen Überblick über die Gruppe, ihren Ansatz und ihre Projekte bietet www.wochenklausur.at

[205] Sowa, H.: *Performanz – Szene – Lernsituation. Kunstpädagogik und Praxisparadigma*. In: Schulz, F.: (Hg.*): Prozesshafte Kunst im Unterrichtsprozess.* Gelbe Reihe des Instituts für Kunstpädagogik der Universität Leipzig, Nr. 5, März 2000; hieraus die nachfolgenden Zitate.

[206] Z.B. in: von Förster, H.: *Wissen und Gewissen: Versuch einer Brücke*. Frankfurt/M. 1993, S.206 ff. oder in: ders.: *Short Cuts*. Frankfurt/M. 2001, S.163 ff..

[207] Selle, G.: *Das Eine oder das Andere. Über eine minimalistische Didaktik der ästhetischen Irritation*. In: BDK-Mitteilungen. Fachzeitschrift des Bundes Deutscher Kunsterzieher e. V. 39. Jahrgang, Heft 3/2003, S.2-7.

DIE HEILS-ARMEE
DIE HEILSARMEE AKTIV IN
gagement
nee unterhält
ser, Wohnunterkünfte,
und Beschäftigungszentren,
apieprogramme, Familienhilfe
lt Büros
ntinenten in 109 Ländern.

UMGANG MIT DER BILDERFLUT

Kunibert Bering, Burkard Blümlein, Silke Wießner

Die Neuen Medien und mit ihnen die Bilderflut sind im heutigen Altag selbstverständlich und integraler Bestandteil gegenwärtiger Lebensformen, so dass der Umgang mit Bildern besonders brisant ist. Wenn man auch vielfach Gefahren in der Bilderflut sieht, so werden andererseits aber auch oft die Chancen dieser Entwicklungen, denen insbesondere die Jugendlichen ausgesetzt sind, beschworen. Die Neuen Medien bieten Chancen, wenn es gelingt, eine pure Konsumentenhaltung zu überwinden und die Nutzung der Medien als Kommunikationsmöglichkeit zu erkennen, um an gesellschaftlichen Informationsprozessen aktiv teilzunehmen, zumal weltweite Vernetzung und Vermarktung auch zu neuen Formen der Wahrnehmung führen. Damit steigen gerade die Anforderungen an die visuellen Wahrnehmungsfähigkeiten vor allem des jungen Menschen – Visuelle Kompetenz ist gefordert.

Deshalb thematisierte der *Workshop 3* des Symposiums *Mapping Blind Spaces* den Umgang mit der Bilderflut. An den Horizont der Schülerinnen und Schüler anknüpfend, lautete eine erste Frage: Wo begegnen wir in unserem Alltag Bildern?

Konfrontiert werden wir mit vielen Werbebildern, der muskulöse, gut gebaute Mann, der ein bestimmtes Duschgel benutzt, oder die glückliche Familie, die durch das Essen einer bestimmten Suppe besonders glücklich und harmonisch wirkt. In den 70er Jahren wurde diese Bilderflut der Werbung, die uns im Fernsehen in Zeitschriften und in der Stadt auf Plakatwänden begegnet und somit in unseren Alltag integriert ist, untersucht. Die Auseinandersetzung mit diesem Bildmaterial griff die Visuelle Kommunikation auf und integrierte es als Gegenstand in den Kunstunterricht. Diese Bilder zeigen uns bewusste Unwahrheiten, Elemente die wir uns wünschen oder Menschen, die Idole verkörpern, und erzeugen gleichzeitig auch Kaufanreize, was sich andererseits auch positiv auf die wirtschaftliche Entwicklung eines Landes auswirkt. Es sind künstlich hergestellte Zusammenhänge, gemachte Bilder, es sind unwahre Bilder.

Weiterhin begegnen uns Bilder, die dokumentieren sollen, die das geschriebene oder auch gesprochene Wort durch eine Abbildung (die hier Realität sein soll oder ist), unterstützen bzw. beweisen sollen. Gemeint sind in diesem Falle Bilder aus Tageszeitungen oder dem Fernsehen, die beispielsweise ein Treffen von Politikern an einem bestimmten Ort beweisen. Hier in diesem Zusammenhang sind auch Bilder zu nennen, denen besonders junge Menschen begegnen, Bilder die ‚Wahrheit' dokumentieren, z.B. in den Geschichts- und Geografiebüchern. Dies sind Beispiele, in denen Bilder eine ganz andere Funktion haben als in der Werbung. Hier ist das Bild die Darstellung von „Realität". Das Bild ist Beweismittel. Es sind vermeintlich wahre Bilder!

Können wir angesichts der heutigen Technologie (digitalisierte, computerbearbeitete Bilder, virtuelle, gestaltete Bilder, Räume, Menschen) überhaupt noch von „wahren" Bildern sprechen? Wann ist die Abbildung wahr oder nur schön, wann stellt sie die Wirklichkeit dar, wann ist es eine virtuelle Wirklichkeit, die das Bild vermittelt? Hässliche Bilder werden „geheilt" und zu schönen Bildern gemacht. Der Veränderungsprozess ist nicht mehr sichtbar. Es entsteht eine neue Realität. Wir lassen unser eigenes Bildverständnis entstehen, wir machen es selbst. Das manipulierte Bild wird nicht mehr als virtuelles Bild erkennbar, es besteht die Gefahr, dass diese Bilder als real perzipiert werden. Das heißt, dass wir bewusst mit dieser neuen Art des Bildmaterials umgehen lernen müssen, es aktiv wahrnehmen lernen müssen. Dies geschieht durch die praktische Auseinandersetzung mit dem Medium. Erst dann kann der Schüler, die Schülerin die virtuelle Bildrealität hinterfragen lernen. Junge Menschen sind dieser virtuellen Realität so intensiv insbesondere im privaten Bereich ausgesetzt, dass eine Auseinandersetzung nötig ist, um ein kritisches Bewusstein für Realitäten und Irrealitäten herzustellen.

Wie der Umgang mit Bildern auch im Unterricht praktiziert und trainiert werden kann, erarbeitete der *Workshop 3* anhand zweier komplexer Aufgaben. Im ersten Fall ging es um die „Heilung von kranken Bildern".

Darüber hinaus konnten weitere konkrete Unterrichtsbeispiele mit den Teilnehmern erörtert werden, vor allem der Umgang mit den Möglichkeiten, die verschiedene Bildbearbeitungsprogramme bieten. Eindrucksvolle Farbexperimente sind beispielsweise möglich – der Unterricht kann in besonderer Weise das motivierende Potenzial des Umgangs mit dem Computer nutzen. Bildmanipulationen wie etwa das Anfertigen von Collagen lassen sich mühelos durchführen, um selbstreflexive Prozesse bei den Schülerinnen und Schülern anzustoßen: Das eigene Bild erscheint in neuen Zusammenhängen – Fragen der Identität und der Selbstentfaltung der Persönlichkeit kann der Unterricht anschließen.

ZWEI PRAXISBEISPIELE

1. Arbeit mit dem Computer in einer Klasse 6
   Thema: Selbstbildnis
   Programm: Micrografix picture publisher

Die Schüler in dieser Altersgruppe sind sehr interessiert an ihrem Selbstbild. Die Darstellung durch die Zeichnung fällt jedoch vielen schwer, und sie sind häufig mit dem Ergebnis nicht zufrieden. Das Medium Computer ermöglicht es ihnen, sich so darzustellen wie sie es sich wünschen. Die Schüler werden mit einer Digitalkamera fotografiert und können sich mittels selbst gewählter Bilder, die sie einscannen, verändern. Im Laufe ihrer Arbeit entsteht für die Schüler und Schülerinnen die Fragestellung:
Wer bin ich und wer möchte ich sein?

Ein weiterer Aspekt dieser Arbeitsweise ist das Hinterfragen des Mediums Computer in der Darstellung der Wirklichkeit. Sehr echt können sich Schüler als Stars in einer Traumlandschaft darstellen. Es ist aber das virtuelle, künstlich erzeugte Bild, das nicht ihrer wirklichen, realen und gelebten Welt entspricht. Es ist ein Traum, den sie sich real vor Augen führen.

Durch die eigene Herstellung der gewünschten Realität können sich die Schüler mit der ihnen täglich begegnenden perfekten Realität in Werbung und Filmen auseinandersetzen. Sie können bewusster mit Wirklichkeit und Virtualität umgehen, nämlich durch die eigene praktische Erfahrung.

2. Arbeit mit dem Computer in einer Klasse 11
   Thema: Selbstbildnis – Gestaltung eines Raumes und dem Bild von mir in Beziehung zu einem Kunstwerk
   Programm: Atmosphere builder

Das Thema *Selbstbild* oder *Ein Bild von mir in einem gebauten virtuellem Raum* ist auch in den weiteren Jahrgangsstufen von Bedeutung.

Die Aufgabe, die es hier zu bewältigen gilt, ist die Herstellung eines virtuellen Raumes mit der Integration eines Selbstbildnisses. Das eigene Bild soll in Beziehung gesetzt werden zu Kunstwerken, die die Schüler aus einem Angebot wählen können. Schüler, die keine Auswahl treffen können, suchen sich geeignete Beziehungsbilder, z.B. im Internet. Durchaus gibt es einige Schüler, die sich mit Symbolen und Vorbildern zu identifizieren suchen und sich durch die Verwendung der Bildbearbeitungssoftware in einem Raum z.B. neben einer berühmten Fußballmannschaft darstellen. Andere nehmen die von der Kunsterzieherin vorgelegte digitale Auswahl an Künstlerbildern an und konstruieren die Räume in denen sie sich den Kunstwerken gegenüberstellen. Andere verfremden die vorgegebenen Werke, indem sie Selbstporträts in diese Bilder integrieren. Wieder andere stellen die Komposition eines Bildes unter Einbeziehung der eigenen Person nach. Kunstwerke werden so in Beziehung gesetzt zu den heutigen Befindlichkeiten der Jugendlichen, erhalten dadurch Bedeutung für die jungen Menschen und werden neu reflektiert. Indem sie Bilder aus dem Netz wählen, finden viele ihr Selbstbildnis, indem sie sich durchaus durch gesellschaftlichen Werte leiten lassen. Die Fußballmannschaft, in die sie sich problemlos integrieren können, oder die tolle Frau, die sich mit ihnen in diesem Raum trifft. Durch die Überspitzung mancher Darstellung wird die Supermannschaft, die ansonsten nicht greifbar ist, werden gesellschaftliche Gegebenheiten neu wahrgenommen und reflektiert. Die die Schüler umgebenden Kulturumgebung wird durch die Anwendung und digitale Bearbeitung bewusst erfahrbar gemacht.

Da die Schüler sich heute insbesondere in ihrer Freizeit sehr viel mit dem Computer – vor allem mit Computerspielen – beschäftigen, ist dieser ein Teil ihres Lebens geworden. Eine der vordringendsten Aufgaben der Kunsterziehung ist es, sich mit der Alltagswelt der jungen Menschen auseinanderzusetzen und sie Gegenstand des Kunstunterrichtes werden zu lassen, um damit den jungen Menschen Kompetenzen im Umgang mit den neuen Medien zu vermitteln. Sicher kein neuer Gedanke, denkt man an die Kunst Visuelle Kommunikation (Ehmer) in den 70er Jahren. Hier ging es vor allem darum, die Werbeflut, die Werbung zu untersuchen und die Augen zu öffnen für das tatsächlich Dargestellte. Diese Aufgabe wurde einige Zeit vielleicht zugunsten der ästhetischen Erziehung vernachlässigt, hat auf eine neue Art aber durch die Präsenz der Neuen Medien und deren Eingriff in die Alltagswelt der Schüler aktuelle Brisanz gewonnen. Ein weiterer Aspekt kommt heute hinzu, die Individualisierung des Menschen. Die Auseinandersetzung mit den neuen Medien kann diese Individualisierung und die durch die Arbeit mit dem Medium die neue Form der Kommunikation oder auch die entstehende mangelnde Kommunikation bewusster werden lassen.

Die gegenwärtige, interdisziplinär geführte, Debatte um Probleme der Identität in postmoderner Zeit zielt besonders auf die Jugendlichen. Die Pluralisierung der Gesellschaft betrifft das Bewusstsein des Individuums, das sich immer weniger als festgefügte Einheit versteht, sondern vielmehr als „Identität im Übergang" (Wolfgang Welsch). Angesichts der Ergebnisse der Gentechnik und der potenziellen Eingriffe von Neurochirurgie oder Neurophysiologie in Grundstrukturen menschlichen Daseins einerseits und der Möglichkeit der Konstruktion fiktiver Existenzen in virtuellen Welten andererseits stellen sich verschärft mit dem Problem der Visuellen Kompetenz die Fragen nach der eigenen Identität.

Die Vorstellung des groß angelegten künstlerischen Projektes BILDERBÜRO vermittelte darüber hinausreichende Möglichkeiten, sich auch im Unterricht dem Phänomen „Bild" zu nähern. Das BILDERBÜRO widmet sich unserem Umgang mit Bildern. Bilder sind überall präsent. Was sie bedeuten, ist nicht selbstverständlich. Wie wir Bilder verstehen und beurteilen, ist abhängig von dem Blick, mit dem wir sie betrachten, und von dem, was wir über sie wissen können. Das BILDERBÜRO wurde 2001 von Burkard Blümlein zusammen mit Studierenden der Kunstakademie Stuttgart gegründet. Es widmet sich der alltäglichen Bilderflut, der Lektüre, Deutung, Archivierung, Erzeugung, Vernichtung ... und insbesondere dem Recycling von Bildern.

Der Grundgedanke war: Warum immer neue Bilder produzieren, wo wir uns in der ständig anwachsenden Masse von Bildern, die tagtäglich auf uns einströmen, schon heute nicht mehr zurechtfinden und drohen, in der medialen Bilderflut unterzugehen? Könnte die Bildkompetenz von Künstlern und Kunststudenten nicht gerade auch dazu eingesetzt werden, Orientierungshilfen zu finden für den Umgang mit Bildern? Wäre es nicht eine lohnende Aufgabe, anstatt zu den schon bestehenden Bildern noch immer andere und womöglich überflüssige hinzuzufügen, sich viel eher mit all den unzähligen Bildern zu beschäftigen, die im Sekundentakt in die Welt gesetzt werden und um die sich dann oft niemand mehr kümmert? Eine Art Waisenhaus, ein Wertstoffhof für Bilder?

Von diesem Grundgedanken ausgehend wurden die Besucher des ersten BILDERBÜRO-Projekts (Oberwelt e.V. Stuttgart, Dezember 2001) aufgefordert, dem Büro Bilder zu bringen, alle Arten von Bildern, mit denen in irgendeiner Form ein Anliegen verbunden ist. Das BILDERBÜRO war zugleich Arbeitsraum und Forum für Gespräche, Vorträge, Diskussionsrunden über Bilder. Die zentrale Arbeit in diesem ersten Büro war eine große Bilderwand, an der Bilder so nebeneinander platziert wurden, dass sie sich gegenseitig interpretierten, Bilder also gleichsam durch andere Bilder gelesen wurden. So entstanden vielfach sich überkreuzende Bilderwege, ein Bildernetz aus komplexen Verknüpfungen und Verweisen auf verschiedenen inhaltlichen und formalen Ebenen.

Das zweite BILDERBÜRO (März 2002), ein doppelter Baucontainer, stand mitten in der Fußgängerzone von Annecy und richtete sich schon aufgrund seiner Lage mehr an ein nicht unbedingt kunstinteressiertes Publikum zufällig vorbeikommender Passanten. Die Mitarbeiter waren diesmal im wesentlichen Studierende der Kunsthochschule Annecy. Neben der strenger und vielschichtiger werdenden Bilderwand wurde vor allem das schon begonnene Bilderarchiv weitergeführt, in dem unterschiedlichste

Bildsorten in diverse formale oder inhaltliche Kategorien eingeordnet wurden.

Heute besteht das BILDERBÜRO aus zwei Gruppen von jeweils etwa einem Dutzend junger Künstler und Kunststudenten in Stuttgart und Annecy. Das BILDERBÜRO Stuttgart präsentierte sich im Mai 2003 in einer Ausstellung im Württembergischen Kunstverein. Das BUREAU DE L'IMAGE Annecy war im April 2003 zu Gast an der Kunsthochschule in Angoulême, präsentierte Arbeitsproben und gründete Forschungsgruppen in Bereichen wie: TV-Bilder – Familienalbum – Bilder im Stadtraum – Bild und Text – Bilderkrankheiten ... Man kann das BILDERBÜRO besuchen unter: www.bilderbuero.de.

Zum BILDERBÜRO gehört das Bilderhospital*:*
Im Bilderhospital geht es nicht darum, Bildmanipulationen durchzuführen, um wildes Collagieren und willkürliches Herumspielen mit Effekten zu vermeiden. Das Bilderhospital, wie generell das Bilderbüro, will ja auch gerade nicht immer noch neue Bilder herstellen, sondern sich vielmehr all' der Bilder annehmen, die mehr oder weniger gedankenlos in die Welt gesetzt wurden und die daher auch oft alle möglichen ‚Gebrechen' und ‚Unzulänglichkeiten' mit sich herumtragen. Das Bilderhospital will den Bildern, und wenn sie auch scheinbar noch so belanglos sind, Aufmerksamkeit schenken, sie betrachten, analysieren, ihre Probleme aufdecken und versuchen, diese zu beheben.

Wichtig an der Arbeit mit dem Bilderhospital (für die wir während des Workshops natürlich auch nicht annähernd genügend Zeit hatten) ist die Arbeit in der Gruppe, die sich in folgenden Schritten vollzieht:

- Gemeinsame Diagnose der Krankheit (schließt auch die generelle Diskussion ein, was denn überhaupt ein krankes Bild ist),
- individuelle Therapieversuche (z.B. kosmetische Pflaster = Wegstempeln störender Details oder Amputation = Festlegen des angemessen Bildausschnitts),
- gemeinsame Visite der Patienten (was haben die Therapien bewirkt und welche Schlüsse lassen sich daraus für die Bildermedizin ziehen).

Unter den unzähligen Bildern, die wir tagtäglich zu sehen bekommen, gibt es viele, mit denen irgendetwas nicht stimmt, die irgendwie nicht ganz gesund sind. Nach den nötigen Vorüberlegungen, was überhaupt ein „krankes Bild" ist, wer wie und warum dies meint etc., werden solche Patienten in Gruppenarbeit zusammengetragen und untersucht. Gemeinsam werden die Symptome festgestellt und die Diagnose auf eine Bilderkrankheit gewagt: Blässe, oder Farbüberschuss, allgemeine Bildüberfüllung oder Inhaltsmagersucht, Ausschnitts- und Proportionsprobleme, Über- oder Unterbelichtung, Unschärfe, zu niedriger oder zu hoher Kontrast, unklare oder ablenkende Details, Brüche, Verzerrungen, Fussel und vieles mehr.

Nach erfolgter Diagnose werden die Patienten eingescannt und im Photoshop operiert und therapiert. Alle Photoshop-Instrumente sind zur Behandlung zugelassen. Bei Anfängern sei eine Beschränkung auf einige wenige und ein Erproben dieser Instrumente angeraten. Für alle empfiehlt sich das Zwischenabspeichern nach den einzelnen Therapiephasen.

Sinnvoll ist es auch, jeweils eine Kleingruppe einen einzigen Patienten behandeln zu lassen, so dass dann der Heilerfolg der verschiedenen Therapien in Zwischenvisiten und am Ende gemeinsam verglichen, analysiert und beurteilt werden kann.

Die vorgeführten exemplarischen Fälle konnten zunächst verdeutlichen, dass zum Umgang mit der Bilderflut visuelle Kompetenz notwendig ist. Selbstverständlich schließt Medienkompetenz die Befähigung zur Handhabung der technischen Geräte ein. Im kognitiven Bereich müssen aber Kenntnisse z.B. der Internet-Nutzung, vor allem aber der medialen Inhalte und Programme, hinzukommen.

Nun bedeutete es eine unzulässige Verengung der Perspektive, wollte man visuelle Kompetenz auf den Umgang mit den Neuen Medien reduzieren. Denn auch hier wurde klar, dass Visuelle Kompetenz bedeutet, sich in differenten Welten zu orientieren und diese zu gestalten.

Ein visuell kompetentes Individuum ensteht allerdings nicht *ex nihilo*, vielmehr ist entschiedene pädagogische Zuwendung notwendig, um diesen Prozess der Identitätsentfaltung und der Orientierung angesichts der Bilderflut erfolgreich durchzuführen. Wenn visuelle Kompetenz den Menschen vorrangig dazu bewegen soll, die Konstruktion von Weltbildern und Lebensformen in eigenständiger Verantwortung durchführen zu können, so sind differenzierte Fähigkeiten notwendig. Im Kanon der Schulfächer ist es insbesondere das Fach Kunst, das als einziges jene Fähigkeiten ausdrücklich problematisiert, die zu Visueller Kompetenz führen.

Wenn es – wie die neurologische Forschung der vergangenen beiden Jahrzehnte in zunehmender Weise belegen konnte – keine Abbildung einer Außenwelt in das Innere gibt und das Wahrgenommene immer schon in ein Interpretationsnetz eingebunden ist, stellt sich die Frage nach jenen Faktoren, die diese Systemzusammenhänge konstituieren. Der Blick richtet sich auf den kulturellen Horizont, vor dem das Wahrzunehmende aufscheint. Kultur ist einereits der Horizont, in den sich die menschliche Wahrnehmung einfügt, andererseits ist dieser Horizont die entscheidende Folie, vor der die Reflexion über die zugrunde liegenden Lebensformen überhaupt stattfinden kann. Die Kultur ist ein Netz, gewoben aus dem physischen Raum und dem ideellen Raum kultureller Vorstellungen, das durch Kommunikation aufrecht erhalten und verändert wird. Es zeigt sich deutlich, dass Kultur gelernt werden muss – der Prozess der Enkulturation erweist sich in seinen verschiedenen Phasen als prägend für den jungen Menschen in der Determination durch das Elternhaus, die eine erste Identität ermöglicht. Zugleich erfährt das Individuum durch diese Determination überhaupt jene divergierenden Muster der Wirklichkeitsdeutung, die es erst befähigen, eine eigene Identität zu konstruieren. Lernprozesse sichern den Fortbestand dieses kulturellen Gefüges.

Kulturen sind nicht mehr nur als Summen von Dingen und Ritualen des Menschen aufzufassen, sondern vor allem als Ergebnisse eines gesellschaftlichen Ausdifferenzierungsprozesses, der auch Möglichkeiten zur Beobachtung der Beobachter hervorbringt. Im Zeitalter der Globalisierung tritt das Phänomen der Interkulturalität verstärkt hinzu. Vergleichbar der Auffassung von der Facettenhaftigkeit der Kultur lässt sich auch die Interkulturalität als Montage und Collage, also letztlich gemäß eines konstruktivistischen Modells, verstehen. Clifford Geertz sah bereits die Kultur als „Montage von Texten", als „Ensemble von Texten, die ihrerseits wieder Ensembles sind" an.

Trotz aller Gefahren der Beliebigkeit, die dem Begriff „Kultur" gegenwärtig drohen, ist der kulturelle Horizont die entscheidende Ebene für Beobachtungen der menschlichen Lebensformen überhaupt. Konsequent bedeutet diese Überlegung, dass nicht eine Anhäufung von Kunstwerken, Riten, Texten usw. die Kultur bedingen, sondern Kultur vielmehr jenes „Programm" (Siegfried J. Schmidt) ist, aufgrunddessen derartige Werke erst als dem Kontext der Kultur zugehörig erkannt werden können.

Kultur materialisiert sich und wird dadurch erst der Wahrnehmung zugänglich. Damit geht zugleich ein Prozess der Symbolisierung einher. Die Auseinandersetzung mit Kultur ist daher wesentlich eine Auseinandersetzung mit optischen Erfahrungen. Dies umso mehr, als sich die Tendenz zu einer verstärkten Verwendung von Zeichen in unserer gegenwärtigen Kultur abzeichnet – Visuelle Kompetenz erweist sich auch hier als „Kompass" der Orientierung.

Kultur kann nicht einfach übernommen werden – sie wird vielmehr in einem Prozess der ständigen Um- und Neugestaltung anverwandelt. In diesem Gefüge fällt der Kunsterziehung eine höchst bedeutende Rolle zu, problematisiert dieses Fach doch die Entschlüsselung von Symbolen sowie die Reflexion kultureller Zusammenhänge. Damit fördert die Kunsterziehung das handlungsorientierte Erlernen von lebensweltlichen Sinndeutungsprozessen und somit das Erlernen von Strategien zur Konstruktion von Wirklichkeit.

Kultur ist daher auch das Phänomen, dem bei der Orientierungssuche die entscheidende Rolle zufällt und die grundlegende Basis für die Entfaltung von Identität bildet. Kunstunterricht sollte die Aufgabe einbeziehen, gerade hier anzusetzen und sich der Herausforderung der kulturellen Komplexität zu stellen, die nur durch visuelle Kompetenz verfügbar wird.

KUNSTPÄDAGOGIK UND GEGENWARTSKUNST

Reimar Stielow, Dieter Warzecha

Gegenwartskunst ist ein weites, nicht zu überblickendes Feld. Konsequenterweise muss das Prinzip des Exemplarischen, der beispielhaften Auswahl thematisiert werden. Welche Kriterien bestimmen die Auswahl des Problems, das Lernenden zur Aufgabe gemacht werden soll, könnte, muss? Allgemein sind bei der Auswahl die Möglichkeiten zu einem Selbst-Bildungs-Prozess für den Lernenden, die Möglichkeiten zur sozialen Interaktion der beteiligten Lernenden oder der Bezug zu zeitgenössischen Grundproblemen zu thematisieren. Ziel im lernenden Aneignungsprozess sollte es sein, ein Kunstverständnis zu entwickeln, das der Moderne bzw. der Zweiten Moderne gerecht wird, das heißt Methoden und Arbeitsformen sollten adäquat sein. Anhand von exemplarischen Beispielen aus der Gegenwartskunst und dem Kunstunterricht sollen Unterrichtsbedingungen und Didaktiken diskutiert werden.

KUNST IST EINE LANDKARTE DER REALITÄT

Reimar Stielow

Künstlerische Bildung ist ohne künstlerische Didaktik weder im schulischen noch im außerschulischen Bereich möglich. Wie also ist eine zeitgemäße künstlerische Didaktik zu denken? – Eine Problemskizze.

Bildung ist letztlich Selbstbildung, jedoch im historisch gesellschaftlichen Rahmen von Sozialisation, Individuation und Kulturation.

Ich skizziere kurz ein allgemeines theoretisches Grundverständnis von Bildung, das besagt, ohne eine Dialektik von Konkretem und Allgemeinem ist weder das Allgemeine noch das Konkrete in der künstlerischen Bildung denkbar und verstehbar.

a) Bildung:
Bildung ist ein Prozess, er ist letztlich immer ein Selbstbildungsprozess, ich „bilde mich selbst, ...ich bilde mich künstlerisch selbst". Das zentrale Problem der Selbstbildung ist die individuelle Identität einer Person und die Reflexion „meiner" Identität. Hirnforschung und Konstruktivismus bestätigen die Selbstreferenz des Individuums. Dieser mein konkreter Selbst-Bildungs-Prozess ist eingebettet in allgemeine und konkrete Bildungsverhältnisse, d.h. er ist als ein vieldimensionales Wechselverhältnis zwischen mir und den allgemeinen gesellschaftlichen und kulturellen Verhältnissen zu verstehen, nicht eindimensional und schon gar nicht kausal.

b) Selbstbildung:
Um Selbstbildung in den Bildungsprozessen zu verstehen, das heißt um die Verhältnisse und die Einflüsse, denen Selbst-Bildungs-Prozesse von Individuen unterliegen, zu verstehen und um anderseits auf Bildungsprozesse in Lehr- und Lernprozessen Einfluss ausüben zu können, ist es unerlässlich, sich mit der Sozialisation und Kulturation von Individuen zu befassen. Reflexiv meint dies, jedes Ich muss „meine" Individuation, Sozialisation und Kulturation versuchen zu verstehen. Mein Selbst-Bildungs-Prozess findet in einer historischer Zeit, in bestimmten konkreten gesellschaftlichen Verhältnissen statt in einem zentralen und mehreren interaktiven kulturellen Milieus. Aus der Sicht des Autors mangelt es gegenwärtiger Theorie künstlerischer Bildung an einer differenzierten Theorie ästhetisch-künstlerischer Sozialisation, Individuation und Kulturation. Ein wichtiger Beitrag zu einer Theorie künstlerischer Selbstbildung wären aus meiner Sicht selbstreflexive Auskünfte von Lehrenden, in welchen Institutionen auch immer sie unterrichten. Denn Lehrende, die nicht verstanden haben wie sie selbst ästhetisch-künstlerisch sozialisiert, kulturiert und individuiert worden sind, haben keine notwendige Distanz, die sie jedoch gegenüber ihren unter je anderen Sozialisationsbedingungen aufgewachsenen Lernenden,

> Kindern, Jugendlichen, Schülern und Studenten benötigen. Sie tappen in die Falle ihrer eigenen Projektionen. Selbstverständliche Widersprüche können nicht wirklich fruchtbar werden.

Im Folgenden skizziere ich in der gebotenenen Kürze einige Auskünfte über meinen persönlichen künstlerischen Bildungsprozess: Ich zitiere zunächst, um anzudeuten, was ich mit Sozialisation Individuation und Kulturation verstehe, aus einem Artikel zum 70. Geburtstag Roman Polanskis von Andreas Maurer (NZZ 16./ 17.8.):

„Sein Leben lang ist er auf der Flucht gewesen, vor dem Bösen, dessen Schatten, vor sich selbst. Er weiss, dass die Beschaulichkeit des Alltags, Weltbilder, Identitäten blosse Illusionen einer Sinn-Ordnung sind, dahinter lauert der Wahnsinn – um infam, leise wie die Nacht oder wie eine Bombe, hereinzubrechen. ... Der Stoff seines Werkes scheint nicht greller als der seiner Biografie. Als Neunjähriger (1933 geboren – R.St.) wird er von der Mutter aus einem Güterwagen gestoßen und so vor Auschwitz bewahrt, Schmuggler im Warschauer Ghetto, ausharren bis 1945, versteckt bei einer polnischen Familie."

Seine Mutter wird in Auschwitz ermordet. Sein erster Film ist ein absurder Film, sein bekanntester „Tanz der Vampire" ist ein geistreich humorvoll witziger Film, der sich über den unsichtbaren Schrecken der Vampirnacht der Herrschenden lustig macht. 2002 verfilmte Polanski „Der Pianist", der im Warschauer Ghetto spielt.

Polanski ist Jude, er hat die existenzielle Bedrohung im äußersten Extrem erlebt, dieses Trauma durchzieht sein Leben und seine Kunst. Ich zitiere noch einmal Maurer: Polanski „weiss, dass die Beschaulichkeit des Alltags, Weltbilder, Identitäten bloße Illusionen einer Sinn-Ordnung sind, dahinter lauert der Wahnsinn..."

Nun zu mir persönlich. Ich habe Polanski als Beispiel gewählt für Sozialisation, Kulturation und Individuation, weil er zunächst einmal das extreme Gegenteil dessen ist, was ich bin, er ist das traumatische Opfer der Ideologie meines Vaters.

Mein Vater war Nazi, sogenannter Mitläufer, ein freundlicher Mensch, besorgt um seine Familie. Was er im Krieg getan hat, weiß ich nicht, er hat nie davon erzählt, meine Mutter war zwar kein Parteimitglied, hat aber erst als 85-jährige ernsthaft angefangen sich intensiver mit der Nazi-Zeit auseinanderzusetzen. Ich bin das Kind eines mitlaufenden Täters. Ich bin 1940 geboren, habe Flucht, Bomben, das zerstörte Berlin erlebt, die Nachkriegszeit, Hunger und eine zweite Flucht aus der sowjetisch besetzten Zone in den Westen nach Bayern. Als wir in Augsburg ankamen, war ich 10 Jahre alt.

Auch ich „weiß dass die Beschaulichkeit des Alltags, Weltbilder, Identitäten bloße Illusionen einer Sinn-Ordnung sind", dass dahinter „alle nur möglichen Spielarten des Wahnsinns lauern." Normalität ist eine mögliche vorläufige Ordnung, die aber sehr schnell fragwürdig werden kann. Das bedeutet für mich allgemein und für Kunst und künstlerische Bildung, dass alle Ordnungen, Sinn-Ordnungen, deren jeder Mensch selbstverständlich bedarf, um zu leben, so unterschiedlich sie sein mögen, immer vorläufige und nur relativ beschränkte Sinn-Ordnungen sind. Kunst und künstlerische Bildung im 21.Jh. möchten dies vermitteln. Psychologisch meinen individuelle Sinn-Ordnungen die individuelle Identität eines Menschen. Unterhalb und jenseits von normalen Alltagsordnungen existieren die blinden Flecken, die Lebensrätsel, das, was die Griechen daimon nannten, im deutschen Sprachraum Schicksal genannt wird.

Millionen Menschen haben im 20.Jh. erdulden müssen, was Menschen anderen Menschen an permanenter Gewalt und Erniedrigung antun können.

Aber nicht nur die Kriegs- und Nachkriegs-Generation lebt auf dünnem Eis, sondern eine jede Generation, die gegenwärtige und die zukünftigen, allerdings mit je anderen existenziellen Grunderfahrungen. Ich erinnere an Tschernobyl, das Ende der DDR, den 11. September, klimatische Veränderungen, die Arbeitslosigkeit und sehr unsichere Zukunftsperspektiven im globalen Zeitalter.

Wieder konkreter, zurück zu mir: Meine Eltern als Nazi-Mitläufer haben unter den schwierigen Lebensbedingungen der Nachkriegszeit alle Abgründe, Untiefen und Lebenseinbrüche in den 40er und 50er Jahren während meiner späten Kindheit und Jugend zugekleistert und verdrängt. Ich lebte in einer kleinbürgerlichen Ordnung und besuchte in Ulm an der Donau das humanistische Humboldt-Gymnasium.

Mit etwa 12-13 Jahren fand ich den Weg ins Ulmer Museum, wo Herbert Pee sich bemühte, der Ulmer Bevölkerung die klassische Moderne nahe zu bringen, was zu heftigsten Diskussionen in der Stadt und der Familie führte. Ich habe nichts von Klee, Picasso, Kirchner, Bissier und anderen verstanden, doch war ich fasziniert von dem „Anderen", und habe mit weiß was für Argumenten hantiert, sie dienten mir als Hebel gegen die dominant vorgetragenen Meinungen und Urteile meiner Eltern, die jene des Mainstreams der 50er Jahre der neuen Bundesrepublik waren.

Kunst war und ist seit jenen Tagen für mich das „Andere", der Widerspruch zum normierten Alltag, wie bei Breughel, Goya, Caspar David Friedrich, van Gogh, Picasso, Beuys u.a.. Der Bruch mit der Ordnung des Alltags meint nicht, um sofort jedes Missverständnis zu löschen, dass es möglich sei, eine unstrukturierte Kunst, eine Kunst ohne jegliche Ordnung zu kreieren. Selbst Chaos ist Struktur, eine sehr komplexe. Alle Kunst hat ihre Struktur, ich komme darauf zurück. Und also alle künsterische Bildung und Selbstbildung. Doch unter, hinter, neben und in den gesellschaftlichen und kulturellen Ordnungen nistet das unheimliche Dunkel. Der eigentliche Kern von Kunst, weshalb sie immer mehr- und vieldeutig ist.

Alle künstlerische Bildung und Selbstbildung hat aus meiner Sicht eine existenziell biografische Basis. Wie individuell das abgründige Rätsel der Existenz formuliert wird, eine künstlerische Form findet oder ob es gar verdrängt, zugeschmiert, verkleistert, verhübscht und ästhetisiert wird, das ist damit noch nicht gesagt. Kunst ist kein Spiegel der Lebenserfahrungen, vielmehr bleibt das Rätsel der Existenz ungelöst, der blinde Fleck, die daimonische Triebkraft. Das Rätsel, der blinde Fleck, die daimonische Triebkraft sind nicht im Sinne von entweder –oder zu denken, schon gar nicht zu verbildlichen. Vielmehr sickern die individuellen Lebensrätsel, das Andere ins Bekannte, ins Sichtbare, ins Alltägliche, ins Normale ein, durchsetzen es, infizieren es. Joachim Kettel hat für kunstpädagogische Theorie die Formulierung der Selbstfremdheit gefunden. Ich möchte an dieser Stelle, um mein zentrales Anliegen zu verdeutlichen, einen Blick über den biografisch-kunstpädagogischen Tellerrand hinaus andeuten in den Bereich der Literatur und daran erinnern, dass zentrale Personen der europäischen Literatur Odysseus, Don Quichotte, Hamlet, Faust und Gregor Samsa sind. Im Fokus dieser Figuren wird deutlich, dass es keine individuelle Existenz gibt ohne Bruch, Abgrund und daimonische Triebenergien.

Ein großer Teil der künstlerischen Bemühungen in der Schule und den außerschulischen künstlerischen Bildungsprozessen geht aus meiner Sicht deshalb fehl, weil nicht einmal im Ansatz der Versuch unternommen wird, Kinder und Jugendliche auf diese existenzielle Selbstfremdheit, das fremde Unbekannte an ihnen selbst, hinzuweisen, gar ein Bild und eine Form dafür zu finden. Das Fremde bleibt draußen, ist außerhalb. Wird zum Lächerlichen, komisch Exotischen, zum Horrorgag und zum Vorurteil. Hinter der Fassade der Alltäglichkeit, der Sicherheit und coolness lauert jedoch bei sehr vielen Kindern, Jugendlichen Schülern und Studenten die Angst, die Unsicherheit und die Orientierungslosigkeit. Tod, Einsamkeit, Gewalt, Lieblosigkeit, erotische Sehnsüchte, Omnipotenzwünsche, Schwächen aller Art, mangelnde Schönheit, vielfältige Ängste, soziale Missachtung und Ablehnung sind für die allermeisten Jugendlichen keine unbekannten Erfahrungen. Pädagogen sollten sie nicht verdrängen, aber viele von ihnen haben Angst vor den Ängsten. Und verpassen damit die letztlich entscheidende Dimension von Kunst. Seit Jahren wird während des Aufnahmeprüfungsgesprächs an der HBK Braunschweig auf die Frage nach Künstlern, die besonders beeindruckt haben, seitens junger Menschen, die die Reifeprüfung bestanden haben, vornehmlich geantwortet: van Gogh und Dali. Beide scheinen mir Indiz und Projektionsfläche zu sein für eine Ahnung, dass es mehr als das machbar Faktische gibt, doch bleibt das seltsam faszinierend Fremde dieser Künstler weit weg im Bild gefangen und wird distanziert betrachtet. Es hat nichts mit mir persönlich zu tun, und das ist das Dilemma.

Ohne ins Detail gehen zu können, haben zu meinem künstlerischen Selbstverständnis neben den erwähnten Museumsbesuchen, künstlerische Literatur und wesentlich Kino- und Theaterbesuche beigetragen. Filme der Regisseure wie Eisenstein, Lang, Lubitsch, Fellini, Bergmann, Godard, Woody Allen, Truffaut, Hitchcock, Kurosawa, Altman und die Slapsticks und Komödien von Charly Chaplin, Stan Laurel und Oliver Hardy und Buster Keaton haben mich immer wieder auf künstlerische Anschauungsformen jenseits des Alltäglichen hingewiesen und waren mir Lehrstücke für Kunst. Indem die Mehrzahl der Schüler kaum mehr intensiv Romane liest, kaum eine Berührung mit dem künstlerischen Film hat, entgehen ihnen ganz wesentliche Impulse für die Ausbildung eines künstlerischen Selbstbewusstseins. Auch der künstlerische Film des 20.Jh. wäre ein wichtiges Thema des Kunstunterrichts.

Eine weitere Kunsterfahrung in meiner Jugend waren für mich die Statitstenrollen am Ulmer Stadttheater. Ich trat ins Bild der Bühne, in den Kunstraum, in die Szene ein für ein paar Minuten, vor mir das Publikum im Halbdunkel, und dann überschritt ich wieder zurück die Grenzlinie von Kunstraum und Nichtkunstraum, ging hinaus und trat ab hinter die Kulissen, dort stand ich kostümiert und redete zum Beispiel mit einem ehemaligen Chemiestudenten, der beim Theater gelandet war, über meine morgige Chemieklassenarbeit. Nach einiger Zeit überschritt ich die Grenze abermals in Richtung Kunstraum und Kunsterfahrung, erlebte eine Annäherung an das „Andere". Ich habe dann nach dem Abitur eine Fotografenlehre mit abschließender Gesellenprüfung absolviert. Obwohl der Betrieb, in dem ich als Lehrling arbeitete, ein Handwerksbetrieb für die Erfüllung alltäglicher Bildbedürfnisse der Ulmer Bevölkerung war, stellte sich sehr bald die Erfahrung der permanenten Inszenierung des alltäglichen Geschmacks und der aufwendigen technischen Prozesse ein. Gerade hier wurde mir deutlich, dass Bild nie Abbild ist, sondern auch Inszenierung und Technik. Die ästhetischen Standards, die nicht in Frage gestellt werden dürfen, wurden erfüllt. Schöne Bilder waren das Ergebnis.

Die eigentliche umfassende Reflexion von Kunst und künstlerischer Bildung setzte mit dem Studium an der Hochschule für Bildende Künste in Kassel ein. Zentrale Professoren waren dort Ernst Röttger, Arnold Bode und Fritz Winter, sie hatten am Bauhaus in Dessau und Weimar studiert bei Klee, Kanndinsky und Schlemmer, bedeutenden Künstlern der Klassischen Moderne. Wenn ich ein Fazit meines Studiums ziehen möchte: Vorbereitet durch das Ulmer Museum in meiner Jugend wurde die Auseinandersetzung mit der Klassischen Moderne für mich zur Basis meines nun reflektierten Kunst-Verständnisses und zum Kern-Anliegen meiner zukünftigen Lehre bis auf den heutigen Tag. Ich denke, ein anderes Basis-Kunst-Verständnis als das der Moderne mit ihrer Vielzahl an künstlerischen Konzepten kann es für Kunstlehrer, in welchen Institutionen auch immer sie tätig sind, im 21.Jh. nicht geben. Meiner Ansicht und Einschätzung nach ist dies das zentrale Problem künstlerischer Bildung! Viele Lehrer verfügen meiner Erfahrung nach leider nicht über die genügend intensive Auseinandersetzung und damit Einsicht in die Kunst des 20.Jh.. Oder sie können diese Erfahrungen nicht in eine hinreichende Lehre umsetzen. Aus meiner Sicht lässt sich immer noch eine Mehrheit an Kunstlehrern von zentralen Kunstvorstellungen des 19.Jh. leiten. Und solange dies der Fall ist, werden wir im 21.Jh. zu keinem wirklich kreativen und blühenden Unterricht kommen.

Die Basis künstlerischer Bildungsprozesse ist die Kunst des 20.Jh. und die Reflexion ihrer Formkonzepte

Kunst ist heutzutage ein individueller Formfindungsprozess auf der Basis eines allgemeineren, doch pluralistisch zu wählenden, Formkonzepts für Künstler wie für jeden ernsthaft um künstlerische Bildung Bemühten. Kunst ist immer ‚mein' individueller Formfindungsprozess. Im Falle von moderner Kunst ist Form, vielfach reflexiv sichtbar, bezogen auf Kunst aller nur möglichen Zeiten und Weltgegenden. Über Modi und Strukturen der Reflexivität weiter unten.

Jeder um künstlerische Selbstbildung Bemühte weiß ‚mein' individuelles künstlerisches Formkonzept und Formverständnis, gar ein pluralistisches, habe ich nicht sogleich. Und dies ist für künstlerische Bildungsprozesse entscheidend. Vielmehr beginnt jeder Mensch in der künstlerischen Bildung mit alten gesellschaftlich selbstverständlichen, für ihn quasi natürlichen Formen und mit einem von ihm undurchschauten Formkonzept. Selbst Picasso hat sich hindurch gearbeitet durch die alten Formen und Formkonzepte seiner Zeit, ehe er sich selbst und seine eigenen, neuen Formen und Konzepte gefunden hatte. Den Prozess der Formreflexion, gar der Reflexion des je eigenen Formkonzepts anzustoßen und zu unterstützen ist eine der zentralen Aufgaben von Kunstlehrern. In der Reflexion beginne ich zu verstehen, dass ich die Welt und mich selbst in scheinbar selbst-verständlichen, mir quasi natürlichen und alltäglichen Formen gesehen, wahrgenommen und verstanden habe. Der Verlust der natürlichen Selbstverständlichkeit gleicht einer Vertreibung aus dem Paradies, er bedeutet Verunsicherung, Angst, Selbstzweifel, die jedoch mit Hilfe eines kompetenten Lehrers überwunden werden können.

Immer noch verhindert ein unreflektierter naturalistischer Phänomenalismus kreative künstlerische Selbstbildungsprozesse

In Europa ist ein phänomenhafter Naturalismus selbst-verständlich, unterstützt durch die elektonischen Medien, quasi ein oberflächliches Foto, das als natürliches und selbstverständliches Bild und künstlerisches Grundkonzept angesehen wird. Diese Quasi-Natürlichkeit und unbefragte bornierte Selbstverständlichkeit des Alltags gilt es aufzuweichen und zu verändern vor dem Hintergrund der dazu widersprüchlichen vielfältigen Formkonzepte der Kunst des 20.Jh.. Statt in künstlerischen Bildungsprozessen Formfragen zu klären und verständlich zu machen, werden in der Schule und auch in der alltäglichen Museumspädagogik zumeist Themen, Inhalte und Bedeutungen bearbeitet. Das beginnt in der Grundschule mit dem „Weihnachtsmann", dem „Schneemann", „mein Lieblingstier und ich" und endet beim „Waldsterben", „Müll" und dem „Krieg im Irak" oder der „Erörterung von Geschlechterbeziehungen aus feministischer Sicht". Dazu wird im Unterricht, in der Museumspädagogik und andernorts, vielfach distanziert, positivistische Kunstgeschichte, der jeglicher individueller, gar existenzieller Bezug fehlt, vermittelt.

Wenn sich in der künstlerischen Bildung etwas ändern soll, dürfen Form und Formkonzepte nicht länger in mehr oder weniger stereotypen Form-Klischees stecken bleiben, Form nicht nur formalistisch vermittelt werden und als Gefäß von Inhalt und Bedeutung verstanden werden. Unsere gestaltete Umwelt ist symptomatisches Zeugnis des mangelnden Formbewusstseins der Bevölkerung, Formkonzepte für Architektur, Stadtplanung und Umwelt werden öffentlich nicht erörtert.

Für künstlerische Bildung ist es unerlässlich, den Pluralismus der Form-Findungen der Moderne auf der Basis der jeweiligen mental-spirituellen Form-Konzepte zu lehren: zum Beispiel van Gogh, der Urvater des Konzepts des Expressiven, zum Beispiel Cézanne, der Urvater des Konzepts der Konstruktion, Malewitsch, der Urvater des Konzepts der Ikone der negativen Metaphysik, Duchamp, der Urvater des Konzepts des *ready-mades*, Kurt Schwitters, der Urvater des Konzepts Performance, Pablo Picasso, der Urvater des Konzepts der multiplen Form, des permanenten Wandlungsprozesses und des Formpalimpsests, René Magritte, der Urvater des Konzepts der paradoxen Illusion.

Jackson Pollock, der Urvater des Konzepts der spontanen Geste im Bild, Joseph Beuys, der Urvater des Konzepts der individuellen weißen Alchemie und der sozialen Plastik, Cindy Sherman, die Urmutter des Konzepts der unendlichen Inszenierung des Ichs und andere mehr bieten vielfältige Probleme des Verrückens normaler Alltäglichkeit, sie heben die Selbstverständlichkeiten des normal gesellschaftlich Alltäglichen auf. Sie zeigen, dass das alltägliche Körper-Leib Konzept, die alltägliche Wahrnehmung, die individuellen Sinn-Vorstellungen, die persönliche Identität und das Verständnis von Mensch und Welt im Alltag ziemlich begrenzt sind, dass jedoch die Welt eine unendlich reiche ist an Formen, Bedeutungen und Themen. Die großen Museen sind die geistig spirituellen Schatzhäuser der Menschheit, in denen ein unendlicher Reichtum zu besichtigen ist. Schulische und außerschulische künstlerische Lern-Lehrprozesse sollten so oft wie nur möglich in Verbindung mit Museen stattfinden.

Die künstlerischen Form-Konzepte der Moderne sind wie leiblich-emotionale, spirituelle Türen, Schlüssel, Lupen, Fernrohre für mein Selbst, um die Entdeckung zu machen, dass mein Körper, meine Wahrnehmung, meine alltäglichen Vorstellungen von mir selbst, von anderen Menschen und den Welten ungeahnte nicht entdeckte und verstandene Möglichkeiten bieten. Durch diese Möglichkeiten könnte ich ein persönlich reicher Mensch werden und lernen, die Realitäten immer wieder neu zu entdecken.

An dieser Stelle möchte ich mit einem Exkurs ins Allgemeine abschweifen. Hintergrund ist noch einmal die Auseinandersetzung mit dem durchschnittlich allgemeinen sogenannten natürlichen Bildverständnis: dem phänomenalen Naturalismus. Unterstellt, es gäbe die Möglichkeit, die existierende Welt 1:1 abzubilden, was nicht wenige Menschen in unserer Kultur für den Gipfel aller Kunst ansehen würden, dann stellte sich jedoch die Sinnfrage einer solchen Kunst. Der Befürworter eines solchen Kunstverständnisses würde das gottgleiche Können des Künstlers bewundern. (Doch niemand ist ein Gott. Wie Buddha es sagte: Ich bin kein Gott und auch kein Heiliger, ich bin nur aufmerksam.) Erkenntnis, Einsicht, neues Verständnis und Bewusstseinsänderung wären im Falle von

1:1-Abbildern nicht möglich. Das heißt, wir gewinnen nur Einsichten durch Verhältnisse von 1:0,5 oder 1:2,5, durch Untertreibungen oder Übertreibungen, durch Komprimierungen und Dehnungen der Realitäten. In diesem Sinne ist jede Wissenschaft Reduktion und Simulation der unendlichen Komplexität der Realität: Alle Bilder sind Modelle, Karten, Laborversuche, Experimente, um einige wesentliche Momente aus der Realität für mich herauszufiltern. Die Landkarte ist nicht die Realität, ermöglicht jedoch Orientierung für mich. Kunst ist wie Wissenschaft als eine Art Landkarte der Realität zu verstehen, durch die Bedeutung produziert wird. Und nun komme ich auf den Anfang zurück: Über eine bestimmte Formgebung, ein Formkonzept, wird Bedeutung produziert in der Kunst, die an sich selbst deutlich macht, dass sie eine Illusion, eine Simulation, eine orientierende Sinngebung ist, nicht die Realität. Kunst ist eine Illusion, die sich sogleich wieder in Frage stellt, eine Landkarte, die zugleich im Vorhandenen das Bodenlose, das Unergründliche, den Irrweg durchscheinen lässt. Das zu lernen ist nicht einfach.

KEINE BILDUNG OHNE DIDAKTIK

Künstlerische Bildung für die Bevölkerung findet im Rahmen von Familie und von öffentlichen Bildungsinstitutionen statt: im Kindergarten, in der Schule, im Museum, durch Bücher, das Fernsehen, Video und CD-Roms, durch die Bildung von zukünftigen Lehrern an Hochschulen und Universitäten. Künstlerische Bildung, über die hier diskutiert wird, ist intendierte Lehre im Rahmen einer Institution oder eines Mediums, insofern ist der Keim aller Bildung Didaktik. Didaktik meint: Es finden intendierte Lehr- und Lernprozesse statt. Bildung ereignet sich nicht von selbst, sie bedarf intentionaler Impulse.

Im Folgenden möchte ich einige Grundprobleme von Didaktik ansprechen: Immer schon, und dies sei den Verächtern der Didaktik klar entgegengehalten, meint jede intendierte Vermittlung bewusste oder unbewusste exemplarische Reduktion eines komplexen Phänomens. Jeder Didaktik-Verächter, sofern er sich äußert und tätig wird, reduziert trotz allem die unendliche Komplexität der Möglichkeiten seines Themas und Gegenstandes. Eine Reduktion, sofern sie einigermaßen reflektiert ist, wird exemplarisch genannt. Exemplum gleich Beispiel. Und das Exemplarische ist nach Klafki in der bildungstheoretischen Didaktik eine Grundkategorie.

Bildung zur Selbstbildung zu lehren, heißt didaktisch reflektierte exemplarische Impulse setzen, nur dadurch kommen wirksame Impulse zur Selbstbildung zustande. Roman Polanski ist einmalig und seine Kunst ist einmalig, ich bin einmalig und meine künstlerischen Bemühungen sind es für mich, meine Bilder sind einmalig und einzigartig. Damit die Einmaligkeit jedoch in kreative Bewegung gerät, bedarf es didaktischer Impulse. Bildung und Didaktik sind dialektisch aufeinander bezogen. Keine Bildung ohne Didaktik. Keine Didaktik ohne Bildung.

Die Verächter der Didaktik haben das Kind mit dem Bade ausgeschüttet, sie haben mit Recht kritisiert, dass man letztlich nicht sagen könne, ob und wie das konkret erreichbare künstlerische Ergebnis aussehe. Das zu realisierende Ziel einer künstlerischen Bildung sei Kunst, nicht Technik. Technik produziert konkrete präzise Ergebnisse, Kunst nie, Kunst sucht, erfindet, konstruiert neu. Die Verächter haben in ihrer Ablehnung von Didaktik nicht realisiert, dass sie damit unbewusst technokratisch gedacht haben, nicht künstlerisch. Wissen, Erkenntnisse, Verständnis, Bewusstsein sind keine technischen Konstrukte, deren Teile funktional wie Zahnräder ineinander greifen. Lernen ist kein industrieller Produktionsprozess, in dem Produkte hergestellt werden. Schon gar nicht im künstlerischen Bereich.

Ich schweife ab, um das Absurde eines Bildungsdenkens ohne Didaktik anschaulich zu machen. Ein Buschmann in der Kalahari kann seinem Zögling, den er in der Jagd unterrichtet, nicht garantieren, dass dieser nun mit Sicherheit ein Tier erlegen wird. Gleichwohl wäre es der Tod für den jungen Buschmann, nicht in der Jagd unterwiesen zu werden. Auch der beste Jäger kann nicht sagen, ob er Erfolg haben wird. Sollte er deshalb nicht auf die Jagd gehen? Oder ein weiteres Beispiel: Der Trainer einer Fußballmannschaft kann nicht garantieren, dass seine Spieler in der 30. Minute des Spiels ein Tor schießen. Gleichwohl trainiert er mit ihnen. Frage: Wie oft muss ein Spieler aufs Tor schießen, um ein Tor zu erzielen, einmal, zehnmal, dreißigmal? Auch der Zen-Meister garantiert dem Novizen nicht die Erleuchtung, trotzdem zeigt die Literatur, dass es möglich ist, zur Erleuchtung zu kommen, und so werden trotzdem Novizen von Zen-Meistern unterrichtet. In diesem Sinne ließen sich zahlreiche Beispiele aus Philosophie, Religion, Sport, Politik, Landwirtschaft und allen sozialen Feldern finden. In diesen Bereichen finden intentionale Lehr-Lernprozesse statt, ohne dass präzise Ergebnisse vorhergesagt werden können. Gleichwohl finden sie statt.

Also: Die dringendst notwendige Konsequenz aus meiner Argumentation lautet: reflektierter Abschied vom geheimen technokratischen Ziel-Ergebnis-Denken auf der Basis von Abstraktionen und Vorurteilen. Kunst-Didaktik und künstlerische Bildung sind konkret materiell, konzeptionell, situativ, individiumsgebunden und kommunikativ.

Statt des Verzichts auf Didaktik in der künstlerischen Bildung muss eine nicht-technokratische Didaktik der Selbstbildung diskutiert und entwickelt werden.

Ich denke, notwendig wäre ein Schritt in Richtung größere reflexive Redlichkeit. Abschied zu nehmen ist vom traditionellen Bildungsbegriff der philosophisch idealistischen Tradition, die technokratisch gewendet ist, gleichwohl noch immer allgemeine Ziele vorgibt. Im Gegensatz dazu der auf die Selbstbildung der Persönlichkeit bezogene künstlerische Bildungsbegriff, einschließend eine konkrete Didaktik, da es kein allgemeines Kunstwerk gibt. Seit wenigstens 10 Jahren ist das Ende aller großen Ideologien und großen Erzählungen erkannt. Außer der Nazikunst und dem sozialistischen Realismus hat sich alle bedeutende Kunst im 20.Jh. Ideologien verweigert, gleichwohl die Konsequenz in der Kunstpädagogik landläufig, und vor allem von den für die Lehrpläne verantwortlichen Politikern, nicht gezogen wird. Es herrscht ein merkwürdiger Nebelzustand. Hier Theoretiker an den Universitäten und Hochschulen, die kaum noch von Didaktik reden, gar darüber diskutieren und dort die Lehrer an den Schulen und in den außerschulischen Institutionen, die Didaktik praktizieren, Tag für Tag, jedoch ohne künstlerische Bildungsreflexionen.

Ich denke, die professionellen Kunstpädagogen stehen ganz am Anfang der Notwendigkeit einer neuen Bescheidenheit und sollten „sehr kleine Brötchen backen" und sich um das bekümmern, was sie mit einiger Redlichkeit in Lehr-Lern-Prozessen zu überschauen und zu leisten in der Lage sind. Als Lehrende sollten sie in der Lage sein, die eigene Person zu reflektieren. Und die für sich überschaubaren Prozesse beschreiben und soweit wie möglich zu begründen versuchen. Hehre abstrakte Ziele der Bildung sind mir, je älter ich werde und je länger ich Lehrer bin, um so suspekter. Deswegen konzentriere ich mich darauf wie aus meinem Kunstverständnis, meinen Grundeinsichten der Klassischen Moderne und Zweiten Moderne, aus deren pluralistischen Konzepten in exemplarischen Aufgaben für Lernende Impulse für Formprozesse zu konkreten künstlerischen Problemen und für Formkonzepte werden könnten. Dies ist das Grundproblem meiner künstlerischen Didaktik.

„Ich" (damit meine ich jetzt die individuelle Person eines Lehrers allgemein) kann mich zu Sätzen, die ein Schüler oder Student äußert, wiederum äußern, ich kann etwas zu seinen Bildern konkret sagen, wenn ich längerfristige künstlerische Erfahrungen habe, ich kann Bezüge herstellen zu Kunstwerken, ich kann mit den Lernenden Originale exemplarisch besprechen und ich kann Texte lesen. Ich kann, wenn ich über längere Zeit Kontakt zu einem Studenten habe, mich zu seiner kunstpädagogischen Entwicklung und seinem kunstpädagogischen Konzept äußern. Was die Persönlichkeit meiner Studenten betrifft, so kann ich überhaupt nicht sagen, welchen Beitrag meine Seminare zu seiner Persönlichkeitsentwicklung, gar allgemeinen Bildung, wirklich geleistet haben. Ich kann allenfalls darüber spekulieren. Wann und wie meine Seminare wirken, ist das langfristige Geheimnis meiner Seminarteilnehmer.

Und in diesem Sinne fordere ich Redlichkeit, denn ob und in welcher Weise die Persönlichkeit des Schülers oder Studenten gebildet wird, kann wissenschaftlich zur Zeit kein Lehrender im Fach Kunst sagen. Es fehlt nämlich an einer interdisziplinären Forschung mit einem entsprechenden Forschungsinstrumentarium. Aus genannten Gründen sehe ich Didaktik als das zentrale Problem des Anfangs aller künstlerischen Bildung. Ohne didaktische Prozesse keine künstlerische Bildung, bei der ich wiederum nicht bezweifle, dass sie stattfindet.

WIE DIDAKTISCH-KÜNSTLERISCH VERFAHREN?

Wie didaktisch anfangen? Wie ein Problem schaffen, denn ohne Problem kein Lernen? Ich denke, es ist so anzufangen, dass ich, der Lehrer, immer für meine Schüler ein künstlerisches Spannungsverhältnis antizipiere, das sich zwischen der Person des Schülers und seinem Kunsthorizont ergeben könnte. Der Horizont des Schülers ist wiederum Teil meines hermeneutisch unterstellenden Horizontes. Der Anfang für den Schüler ist aus meiner Sicht das Problem der Differenz zwischen den in der Sozialisation in Familie, Alltag, Schule und Medien erworbenen ästhetischen Alltagsvorstellungen und Mustern des Schülers und dem exemplarischen Beispiel aus den komplexen Dimensionen der verschiedenen künstlerischen Konzepte klassischer moderner und nachmoderner Kunst des Lehrers. Die pädagogische Kunst des Lehrers besteht darin, diese Differenz widersprüchlich-prozesshaft und spannungsvoll zuzuspitzen innerhalb eines konkreten Aufgabenrahmens, so dass für den Lernenden daraus ein ständig widerspruchvoller Prozess geistiger Bewegung, der Motivation und des Lernens wird.

In der Fachgeschichte gibt es das Konzept Ästhetische Erziehung und Bildung. Für die weitere Diskussion ist es wichtig deutlich zu machen, warum diese Konzeption zwar historisch vielleicht notwendig war, jedoch gegenüber einer künstlerischen Didaktik und Bildung defizitär bleibt. Ästhetische Bildung bezieht sich zwar auf die Sozialisation, Individuation und Kulturation des Schülers. Sie zielt explizit und letztlich nicht auf eine künstlerische Bildung, auf einen künstlerischen Gestaltungsprozess, einen Formfindungsprozess und dessen Reflexion.

Nach meinem Verständnis kann eine umfassende ästhetische Bildung, die das Bewusstmachen der alltäglichen Wahrnehmungs-, Verständnis- und Kommunikationsprozesse in Bezug auf die konkrete individuelle Umwelt und Medien wie Zeitung, TV, Video unternimmt, von Kunstpädagogen nicht kompentent geleistet werden. All diese Prozesse sind nämlich aus meiner Sicht viel zu komplex, als dass hinreichende Lernprozesse stattfinden könnten. Eine gut gemachte TV-Werbesendung von einer halben Minute kann wirklich sinnvoll für den Schüler in ihren Mechanismen kaum aufgeschlüsselt werden. Dass der Betrachter manipuliert werden soll, begreift ein Schüler schon seit Kindergartenzeiten, warum ihn manche Werbung trotzdem fasziniert, ist jedoch ohne langwierige Erklärungen nicht einsichtig zu machen. Das grundsätzlich nicht zu bewältigende Problem des Ansatzes ästhetischer Erziehung und Bildung für Kunstpädagogen sehe ich in einem didaktisch-pädagogisch überfordernden Widerspruch zwischen den zu behandelnden Problemen und der nicht vorhandenden Kompetenz der Lehrer. Und es ist nicht von ungefähr, dass diese Konzeption deshalb kaum eine Didaktik ausgebildet hat. Denn würde sie sie ausbilden, so würde sie sich ihrer Inkompetenz sehr schnell bewusst. Ästhetische Bildung unter der falschen Flagge der Kunst. Aus Inkompetenz macht, tut, fühlt, denkt und sagt jeder, was er für sinnvoll hält, das führt über kurz oder lang in die Banalität, und sie herrscht deshalb reichlich im Fach Kunst, in dem aber Kunst nicht unterrichtet wird. Ich begründe meine Auffassung kurz: Ästhetischer Alltag meint zunächst eine ästhetisch individuell-subjektive Oberflächenwahrnehmung, die weitgehend konditioniert ist. Ich nehme mich und meine Umwelt wahr, und jeder Mensch die seine. Diese Haltung hat, allgemein gesehen, einen hohen Grad an subjektiver Beliebigkeit, der sich aus der biografischen Sozialisation und Kulturation ergibt. Der Kern der Alltagswahrnehmung ist jedoch weitgehend technologische Alltagsfunktionalität, in konditionierten Mustern, Stereotypen und Klischees. Wenn ich mir zum Beispiel morgens die Zähne putze, ist das ein konditionierter, automatisierter, ästhetisch-sinnlich-motorischer Vorgang, über den ich so wenig nachdenke wie das anschließende Schmieren des Marmeladenbrotes beim Frühstück, das Anziehen der Jacke, das Öffnen der Türe und Abschließen der Wohnung, das Starten des Autos, wenn ich zur Arbeit fahre. Ich nehme wahr und handele, doch weitgehend konditioniert unbewusst. Wäre es anders, wäre schon bald meine Energie erschöpft und ich kraftlos, bevor der Tag überhaupt beginnt, denn Konditionierung spart Energie. In diesem Sinne surfe ich ästhetisch oberflächlich durch meine Umwelt und die Medien.

Der Widerspruch zu dieser meiner Oberflächenwahrnehmung im Alltag bestünde darin, sie theoretisch wissenschaftlich zu hinterfragen, z.B. mein Zähneputzen medizinisch, psychologisch, gesellschaftlich, kulturell, das Schmieren des Marmeladenbrotes im Kontext meiner Ästhetik des Essens und seiner ernährungswissenschaftlichen Implikationen, weiterhin seiner ökonomischen, sozialen etc.. Würde ich jetzt diese Handlungen z.B. fotografieren und die Fotos Bekannten zeigen, so käme ich in die nächste Widerspruchsebene hinein, ich könnte damit ebenfalls oberflächlich konditioniert umgehen oder aber die Bedingungen des Fotografierens, der Rezeption und Kommunikation theoretisch bearbeiten. Ich denke, solcherart oberflächliche ästhetische Vorgehensweise ist pädagogisch nicht zu verantworten, da sie nur subjektiv etwas Beliebiges in Bewegung setzt, doch letztlich mehr oder weniger bald in Stereotypen und Klischees kleben bleibt und nicht ernsthaft in theoretische Tiefendimensionen vorstößt, die für jede komplexere ästhetische Auseinandersetzung notwendig sind.

Alltagsästhetik ist aber, sofern sie nicht künstlerisch interpretiert und bearbeitet wird, eben nur entweder oberflächlich konditioniert oder psychologisch, soziologisch, kulturhistorisch, ästhetisch-philosophisch, medienwissenschaftlich und je fachwissenschaftlich zu interpretieren in Bezug auf das Wechselverhältnis von Rezeption und Gegenstand/Thema. Aus diesen Gründen halte ich einen unkünstlerischen Umgang mit Alltagsphänomenen durch Kunstpädagogen für einen pädagogischen Dilletantismus, da die allermeisten Kunstpädagogen über keine Spezialkenntnisse verfügen, erst recht keine Universalgelehrten sind.

Auf dieser Linie liegt auch die Intention mancher Kollegen, das Fach zu demjenigen einer allgemeinen Bildkompetenz zu erklären. „Wenn schon der Kunstpädagoge nicht für die Ästhetik aller möglichen Alltagswelten und Umwelten in allen möglichen Kulturen dieser Welt zuständig ist, dann doch wenigstens fürs Bild", so die Argumentation. Damit wird das Problem jedoch nur auf die nächste Ebene verschoben. Ich denke, Kunstpädagogen sind nicht zuständig für Röntgenbilder, archäologische Bilder, militärische Bilder, ethnologische Bilder, Pressebilder u.s.w., was sollte denn die pädagogische Auseinandersetzung, angeleitet von einem Nichtfachmann im Fach Kunst derart erbringen außer beliebige Subjektivismen, Meinungen, denen Strukturen zu Grunde liegen, für die der Kunstpädagoge nicht ausgebildet ist und die er theoretisch nicht reflektieren kann. Kunstpädagogen sind keine Ärzte, Militärs, Völkerkundler, Biologen, Detektive, oder wer immer auch fachlich mit Bildern in seinem Fach umgeht. Künstlerisch könnte ich allerdings damit arbeiten, indem ich so täte als ob ich fachlich kompetent wäre, dann wäre es ein künstlerisches Simulationsspiel. Der „Wallenstein" von Schiller ist keine Illustration von Geschichtstheorie, sowenig wie Brechts „Galileo Galilei". Beuys-Sammlungen, vor allem der Beuys-Block in Darmstadt in den Vitrinen, scheinen im Kontext des Landesmuseums irgendwie wissenschaftlich zu sein und sind doch Kunst, indem sie die Wissenschaft in Frage stellen und erweitern. Illusionen von wissenschaftlicher Systematik und Objektivität können künstlerisch zerplatzen. Ich täte so, *als ob* ich Wissenschaftler wäre, Arzt, Militär, Völkerkundler, u.s.w.. Das *als ob* ist das wahre künstlerische Problem, das pädagogisch den Schülern einsichtig zu machen wäre. Fazit: Einzig eine künstlerische Didaktik und Bildung ist dem Fach Kunst in aller Bescheidenheit angemessen. Dafür wird der Kunst-Pädagoge, der Pädagoge für Kunst ausgebildet, wenn wirklich künstlerisch ausgebildet wird. Ich selbst habe vor über 20 Jahren eine Arbeit veröffentlicht, die Grundelemente einer ästhetischen Erziehung und Bildung dargelegt hat. Selbstkritisch denke ich heute, dass zwar die Grundelemente im Ansatz richtig gewählt waren, dass ich jedoch teilweise zu weit und thematisch teilweise zu flach argumentiert habe, d.h. im Sinne von Kunst zu wenig deren radikale Möglichkeiten in einem engeren und kompetenteren Sinn ausgeschöpft habe. ‚Mein' ästhetisch-künstlerischer Körper und Leib, ‚meine' Motorik, Gestik und Mimik, ... ‚meine' ästhetisch-künstlerische Wahrnehmung und Sinne im weitesten Sinn, ‚meine' Ich-, Selbst- und damit verbundenen Sinnvorstellungen, und ‚mein' implizites Menschen- und Welt-Bild sind das Thema meiner künstlerischer Selbstbildung, zu der mir im Kunstunterricht verholfen werden soll.

Didaktisch künstlerische Impulse zu geben, meint gerade nicht, den Schüler dort abzuholen wo er steht, sondern das zu tun was Klassische Moderne seit Anbeginn beim Rezipienten bewirkt hat: ihn verstören, ihn irritieren, ihn provozieren und darin liegt nun wiederum die pädagogische Kunst, ihn im Horizont seiner Möglichkeiten zu verwirren. Denn dies ist der erste kreative Schritt. Statt einer eia-popeia-Banalität und Beliebigkeit dessen, was der Schüler immer schon kennt und kann, wird dem Schüler eine ihn verwirrende Herausforderung geboten. Das meint immer die Persönlichkeit des Schülers. Zum Beispiel in der Performance: Der Lernende agiert im Rahmen der Aufgabenstellung künstlerisch im Medium seines eigenen Leibes, seiner individuellen Sinne und Sinnvorstellungen und realisiert, durch sich selbst, an sich selbst, zugleich die augenblickliche künstlerische Werkform. Und in diesem Prozess liegen Momente von möglicherweise wirksamer Selbstbildung. Im Gegensatz zur ästhetischen Bildung beginnt eine künstlerische Didaktik explizit mit einem künstlerischen Problem, anschaulich präsentiert durch das Kunstwerk. Und wie die Großväter und die Faschisten, wie die Eltern und die Kommunisten der DDR, wie alle sogenannten normalen Erwachsenen werden auch die Kinder und Jugendlichen antworten, „das kann ich auch" oder „das ist keine Kunst", „das ist verrückt", „das ist idiotisch", „das ist nicht mein Ding". Die pädagogische Kunst besteht darin, den Lernenden in eine emotionale, gar tiefenpsychologische Spannung geraten zu lassen und ihn zu motivieren, sich auf den Bildfindungsprozess einzulassen.

Zum Beispiel Marina Abramovic: „Art must be beautiful, artist must be beautiful." Marina Abramovic kämmt sich, nicht um sich ihre Frisur alltagsästhetisch in 5 Minuten zu stylen, Sondern, als eine Form künstlerischer Praxis, eine dreiviertel Stunde lang. Sie kämmt sich mal schnell, mal langsam, mal stoßend ruppig, mal lang gleitend, immer und immer wieder und spricht dabei laut, leise, keuchend, hauchend den Satz: „art must be beautiful, the artist must be beautiful" bis sie die Kopfhaut so gereizt hat, dass ihr Haare ausfallen und Abramovic nicht mehr sprechen und ihre Arme kaum mehr bewegen kann. Durch die Zeitdauer, die die Zeit jeder Normalität des Alltags überschreitet, und den immer wieder wiederholten Satz „art must be beautiful, the artist must be beautiful" stößt Abramovic schmerzlich an ihre physisch-psychischen Grenzen und macht diese sichtbar. Zugleich gerät sie immer mehr mit ihrer Handlung in Widerspruch zu ihrer verbalen Äußerung, dass Kunst und die Künstlerin schön sein müssen, denn ihr Kämmen wird immer unschöner. Zugrunde liegt dieser Performance die vielfach unterstellte Annahme, Kunst müsse schön sein. Im 20.Jh. eine absurd ungeheuerliche Unterstellung, eine Verwechslung von Kunst mit Dekoration und Formalismus. Abramovic beginnt mit einer ‚schönen' Alltagshandlung und überführt diese in Kunst, die den dunklen Untergrund der Schönheit aufdeckt. Es gibt keine Schönheit an sich. Der dunkle Untergrund aller künstlerischen Handlungen, - und damit bin ich wieder am Anfang - genau das aber ist das Problem von Kunstunterricht in der Schule. Während Kinder und Jugendliche sonst was anstellen, um ihre Grenzen auszutesten, und jeder Kunstpädagoge kann davon ein Lied singen, bewegt sich der allergrößte Teil des veranstalteten Kunstunterrichts im begrenzten Schonraum, fördert schöne, ästhetisierte, formalisierte, oberflächliche Ergebnisse. Kunst aber entsteht nur in Annäherung an die persönlichen Grenzen und deren Überschreitung in Richtung auf etwas, das - methaphorisch gesprochen - für das Individuum zwischen Himmel und Abgrund liegt.

In der Anschauung, Diskussion und Reflexion dieser künstlerischen Demonstration von Abramovic wird das Problem der Grenze deutlich und kann für den Schüler im Transfer bewusst zum eigenen künstlerischen Problem werden, das darin besteht, eine Alltagshandlung aus der gezielten Zweckbestimmung zu lösen, indem sie ständig wiederholt wird.

Vor Jahren, als ich Museumspädagoge an der Staatlichen Kunsthalle in Karlsruhe war, besprach in mit Zweitklässlern ein holländisches Marinebild, auf dem ein Schiff unterging und die Schiffbrüchigen sich ans Ufer retteten. Anschließend stellte ich die praktische Aufgabe, die Kinder möchten malen, was sie bei der Bildbetrachtung erlebt hätten. Ein Mädchen tauchte immer wieder seinen Pinsel in blaue Farbe und sprach den Satz: „Ich mache das Meer ruhig. Ich mache das Meer ruhig." Ein monochrom blaues Bild entstand, auf dem allenfalls die Streichspuren der Pinselhaare zu erkennen waren. Nach meinem Verständnis hätte das Mädchen nicht künstlerischer handeln können. Sie vollzog einen emotionalen und sozialen Selbstbildungprozess, indem sie ihren Schrecken und ihre Ängste, die sie bei der Betrachtung des Bildes erlebt hatte, künstlerisch handelnd beruhigte. Künstlerisch deshalb, weil sie das historische Bild existenziell in ihre persönliche Gegenwart geholt hatte und mit formalen Mitteln in einer Sinngeste darauf leiblich, sinnlich, emotional reagierte. Täglich werden wir in den Radio- und TV-Nachrichten mit den Meldungen von Katastrophen überspült, Busse verunglücken, Züge entgleisen, Fähren kentern, Flugzeuge stürzen ab. Medienästhetisch ist das Katastrophische im Alltag ein permanent wiederkehrendes Grundelement, dessen Wirkung jedoch darin besteht, Menschen abzustumpfen bzw. ängstlich zu machen. Der widersinnigen Abstumpfungsmanipulation in den Medien ist eine künstlerische Auseinandersetzung, etwa wie beschrieben, sinnvoll entgegenzusetzen. Anstatt redend über Kastrophenbilder subjektivistisch-beliebig Meinungen zu äußern, ist eine Praxis zu tätigen, die differenzierend und existenziell unter die Oberfläche kommt. Die Medienkatastrophen zu theoretisieren erforderte Kenntnisse in Massenpsycholgie, Kommunikationstheorie, Politik, Medienästhetik etc., darüber verfügen Kunstpädagogen nicht.

Didaktisch steht also am Anfang die Herausforderung durch ein künstlerisches Problem, das die Alltagsmuster, Stereotype, Klischees in Frage stellt, indem Spannungen geschaffen werden, die, mit Hilfe von Lehrimpulsen prozesshaft-formend praktisch in Bewegung gebracht, zu einem je eigenen Bild werden und in Diskussionen geklärt werden können.

Ein weites Beispiel für künstlerische Praxis: Der Kleiderkonzern H&M veröffentlichte im Frühjahr 2003 online klischeehafte Umrisszeichnungen eines Vogels, Schweinchens und einer Katze mit der Aufforderung an Kinder, sie kreativ zu gestalten, was wohl nichts anderes meinte, als sie auszumalen und klischeehafte Umgebungen dazuzumalen. Ich forderte Lehramtsstudenten auf, darauf zu reagieren. Die Studentin Frederike Fellner packte Schürze, Schere, eine Pfanne, verschiedene Gewürzstreuer aus sowie Teller mit Messer und Gabel. Dann band sie sich eine Schürze um, schnitt den auf Papier ausgedruckten Vogel mit der Schere aus, zerlegte ihn in Teile und legte diese in die Pfanne, streute Gewürze darauf und schwenkte die Pfanne, starrte auf die Pfanne, schwenkte sie bisweilen hin und her, um nach einer Weile die Teile auf dem Teller zu servieren. Dann überreichte sie mir den Teller mit Messer und Gabel, das Seminar blickte erwartungsvoll auf mich. Ich nahm bedächtig Messer und Gabel, führte zerschnittene Teile in den Mund, tat so als ob ich kaute und dann schluckte, während ich das Papier zwischen Backe und Zahnkiefer anlagerte. Ich erntete Applaus. Ging nach einer Weile zur Tafel, schrieb etwas an und machte unbemerkt eine Handbewegung, mit der ich das Papier aus dem Mund holte. Was und wie ist hier das Kreativ-Künstlerische? Ich denke, das Spiel des gleitenden Übergangs von Realität zu Illusion, von Illusion zu Realität. Magrittes Pfeife lässt grüßen. Durch solche Quasi-Realhandlungen wird „Bild" bewusster. Der Videokünstler Gary Hill demonstriert in seinem Video „remarks on colour", wie das Problem des „Verstehens" künstlerisch demonstriert und verständlich gemacht werden kann. „Verstehen" ist ein Grundproblem jeglicher Kunst-Rezeption:

Ein etwa 9-jähriges Mädchen liest aus dem Buch „Bemerkungen über die Farbe" des bedeutenden Philosophen Ludwig Wittgenstein etwas über eine halbe Stunde lang vor. Das Mädchen liest Wort für Wort, buchstabiert Worte wie „phänomenal", stockt, liest flüssiger, aber man merkt, dass sie nur Wörter liest ohne auch nur im Geringsten deren Sinn, gar Sinnzusammenhang zu verstehen. Wittgensteins Text handelt Fragen und Möglichkeiten ab, die farbige Erscheinungsweise der sichtbaren Welt sprachlich zu erfassen. Die im Video sichtbaren Farben nehmen Bezug zum Text. Jeder Rezipient, der flüssiger lesen kann, kann sich im ersten Anflug über das Mädchen erheben, doch wird deutlich, dass flüssig Lesen und Verstehen zweierlei sind, dass ein sich Erhebender sich selbst in die Falle geht, denn wer versteht Wittgenstein?

Frage: Was verstehen wir denn, wenn wir Neuem begegnen, sofort? Immer reagieren wir doch mit unseren schon bekannten Mustern. Wenn wir ernsthaft nachdenken, ist alles eine Frage, zuallererst für mich selbst. „Wer bin ich, woher komme ich, wohin gehe ich?" fragte sich Gauguin auf seiner fernen Südseeinsel.

Ein letztes Beispiel: Der afroamerikanische Künstler Duncan verkaufte mitten im tiefsten Winter vor dem Metropolitan Museum Schneebälle für 5 US-Dollar.

Ich hoffe, an diesen Beispielen deutlich gemacht zu haben, dass der Ansatz der künstlerischen Didaktik zwar der Alltag des Schülers ist, dass es jedoch darum geht, Klischees, Muster, Stereotype dieses Alltags zu verstören, zu provozieren, in Frage zu stellen und zwar nicht in der Absicht, auf die Frage eine zweckrationale Antwort zu geben und zu erhalten. Sondern vielmehr das alltäglich Selbstverständliche psychologisch, emotional, assoziativ zu verwirren und zu einem je individuellen Problem werden zu lassen, auf das individuell-formend-künstlerisch reagiert werden kann und sollte. Bisherige Vorstellungen geraten ins Rutschen, Illusionen zerrinnen, Spannungen entstehen, die kreativ bewältigt werden wollen, alte Bildern werden ungültig, es wird vieldimensionaler nachgedacht und so ein Bild- und Kunstbewusstsein befördert, so dass immer wieder deutlich wird, dass es zwischen Himmel und Hölle mehr als alles gibt, nämlich die Rätsel der Existenz. Der Alltag wird so wieder zu einem vieldimensionalen poetischen Feld voller Möglichkeiten, Geheimnisse und Rätsel, während er für viele, gerade Jugendliche, langweilig und monoton geworden ist und mit vordergründig ästhetischer *action* gefüllt wird. Im naturwissenschaftlich-technischen und ökonomischen Zeitalter haben Kinder, Jugendliche und Kunstinteressierte jeglichen Alters ein Recht darauf, Welt nicht nur als quantifizierte und funktionale zu erlernen, sondern sich mit vielfältigsten Qualitäten ihrer selbst auseinandersetzen zu dürfen.

Bildung ist letztendlich Selbstbildung, jedoch im historisch-gesellschaftlichen Rahmen von Sozialisation, Individuation und Kulturation.

LEIBWISSEN – EIN VERBORGENES ORGANON IM SPIELRAUM DER WAHRNEHMUNG DER DINGE

Dieter Warzecha

„Nicht mehr war das Licht der Götter Aufenthalt und himmlisches Zeichen – den Schleier der Nacht warfen sie über sich. Die Nacht war der Offenbarungen mächtiger Schoß – in ihn kehrten die Götter zurück – schlummerten ein, um in neuen herrlichen Gestalten auszugehen über die veränderte Welt." (Novalis, Hymnen an die Nacht)

„Fuge, die ihr Erscheinen versagt, ist höheren Waltens als eine, die zum Vorschein kommt." (Heraklit, Fragment 54)

„Hinzu komme, dass bei immer mehr Leuten das erotische Leben darin bestehe, was in digitalen Fotos oder Videos festzuhalten sei." (Jordan Mejias, FAZ v. 24.05.04)

Der Leser möge sich ein kleines Gedankenexperiment gefallen lassen, genauer: ein Erfindungsexperiment. Er stelle sich vor: ein von Eltern und Schule ordentlich sozialisierter Jugendlicher, etwa 14 Jahre alt, steigt in einen Apfelbaum, betrachtet diesen, sich selbst, dann den ihn umgebenden Weltausschnitt. Was wird ihm mittels seiner Sinne durch Leib und Kopf gehen? Welche Bilder werden sein Vorstellungsvermögen formen? Wie werden seine Assoziationen geartet sein? Welche Zusammenhänge entdeckt sein noch junges Bewusstsein?

Nun, es gibt unterschiedliche Befindlichkeiten von 14-Jährigen. Aber wohl alle, danach befragt, würden heute sagen: „Ich bin in die Baumkrone geklettert. Und ein Apfelbaum ist ein Apfelbaum, basta. Was ich dort sah? Den Himmel, Wolken! Ja, ich spürte Wind. Was soll's? Käfer waren auch da, Schmetterlinge und so ..."

Sagte er anderes, wäre es verwunderlich. Denn – ob er es weiß, will oder nicht will, die ‚Natur' hat sich in ihn eingeschrieben als eine Dingwelt, die in einen berechenbaren Zweck- und Nutzzusammenhang versammelt und eingebunden ist. Er kennt die großen roten oder weißen Orientierungsziffern an den Baumstämmen, die in nächster Zeit im Sägewerk verarbeitet werden, den Lärm der Motoren der scharfen Schwertsägen, welche die großen Bäume zu Fall bringen. Er, so gut wie wir alle, weiß bestens Bescheid über jene Seite der ‚Natur', die wir – notgedrungen – zu unserer Beute machen.

Demgegenüber sei ein Jungendlicher vorgestellt, dem es in besonderer Weise eine Lust bedeutet, auf einen Baum zu klettern. Er ist in Europa zu Haus, lebte in vorindustriellen Zeiten. So kannte er auch keine maschinengetriebenen Fahrzeuge, keine Endlos-Bildmaschinen, kein Zappen, sah keine blendende Ästhetik der Reklamespots, keine Rechnerbildschirme, die ihn in die uferlosen Weiten der globalen Infonetze führen und verführen.

Dieser Junge heißt Albano und ist Protagonist in Jean Pauls „Titan". Im folgenden Zitat erinnert sich Albano an ein „Spiel seiner Knabenjahre": „Er war nämlich im Mai auf einen säulendicken Apfelbaum, der ein ganzes hängendes grünes Kabinet erhob, bei heftigem Wind gestiegen und hatte sich in die Arme seines Gezweiges gelegt. Wenn ihn nun so die schwankende Lusthecke zwischen dem Gaukeln der Lilienschmetterlinge und dem Summen der Bienen und Mücken und den Nebeln der Blüten schaukelte und wenn ihn der aufgeblähte Wipfel bald unter fettes Grün versenkte, bald vor tiefes Blau und bald vor Sonnenblitze drehte: dann zog seine Fantasie den Baum riesenhaft

Lustvoller Verlust der A = A-Identität

empor, er wuchs allein im Universum, gleichsam als sei er der Baum des unendlichen Lebens, seine Wurzeln stiegen in den Abgrund, die weißen und rothen Wolken hingen als Blüten in ihm, der Mond als eine Frucht, die kleinen Sterne blitzten wie Thau, und Albano ruhte in seinem unendlichen Gipfel, und ein Sturm bog den Gipfel aus dem Tag in die Nacht, und aus der Nacht in den Tag.... "[208] Ihm scheint ein Baum kein Baum mehr zu sein. Dies Naturding wird eine „hängende Lusthecke", Schmetterlinge werden „gaukelnde Blumen", Blüten verstehen zu „nebeln", alles ist hier wie von Zauberhand berührt und verliert lustvoll seine A = A-Identität.

Wenig ist erklärt, wenn wir bescheidwisserhaft sagen: der Dichter, einen Poetentrick anwendend, reiht flüssig-bildreich Metonymien aneinander. Nein, das Seltene und Wundersame daran ist Albanos Machtsteigerung, seine leibliche, sympathetische Verwandlung, die sich ereignet, als er dem Apfelbaum und dem, was um ihn herum ist, innigst begegnet. Albano schafft es, den Baum, ein schlichtes Weltding, zu einem Riesen im All zu machen, lässt ihn dort abgründig wurzeln, macht ihn zum kosmischen „Baum des unendlichen Lebens". Ein „Sturm" biegt dessen Gipfel in eine fühlend-gewusste Einheit polarer Gegensätze, in das Ineinander von Hell und Dunkel, von „Tag" und „Nacht". Aber Albano „ruht". In sich selbst und im Apfelbaum. Sie sind in diesem Moment nicht identisch – aber doch dasselbe. Jeder wurde Teil des Anderen.

Albano verharrte während seines Baumbesteigungsspiels nicht bei den ihm geläufigen Dingen. Er verhält sich anders, er verrückt die übliche Assoziation, die beim Namen „Baum" sich einstellt. Er hat diesen als „[ihn] selbst" angenommen. So formuliert es Helmut Heißenbüttel. „Wenn ich etwas ansehe nicht als etwas, das aussieht wie etwas anderes, sondern es ansehe als selbst, es ansehe in seiner Differenz zur Assoziation, die es weckt, nehme ich es auf, gehört es mir innerlich, lebe ich damit weiter, verändert es etwas in mir, weil es meine Anschauung verändert hat."[209]

Das Ding, „[es] gehört mir innerlich" und „[es] verändert etwas in mir". Sagen diese Sätze nicht genau das, was uns heute ab- und verlorengeht? Was sind uns Dinge? Sie umgeben uns. Wir mögen sie oder auch nicht. Sie gefallen oder auch nicht. Vor allem anderen sind sie uns von Nutzen. Und doch verabschieden sie sich von uns. Freilich entfernt sich nur jene Seite der Dinge, die Albano und Heißenbüttel noch an ihnen fanden. Was aber, wenn jene Seite das Wesentliche an ihnen ist?

Was ist ein Ding? Es ist schlicht alles jenes, was nicht nicht ist, was den Status eines unwiderlegbar Seienden innehat. Das Dinghafte daran ist seit der paläolithischen Urzeit die (bis vor kurzem) nie in Frage gestellte Grundlage für jegliches künstlerische Prozedere: stets wird ein Material, ein Stoff in seine Form überführt, ein (offener) Inhalt sucht und findet seine materielle Struktur. Das Erdhaft-Materielle, ein mütterlich-dunkles Prinzip, ist der unbezweifelbare Ausgangsbereich für Formung, Gestaltgebung. Jedes Kunstwerk bewahrte bis ins 20. Jahrhundert hinein dieses elementare, irdische Prinzip, das ihm durch seine sinnliche Gebundenheit Schutz und Kraft verlieh. Diese ursprüngliche

Abwertung von Sinnlichkeit

und deshalb handfest-dingliche Seite des Kunstwerks wurde oft und gern übersehen oder gering geschätzt, weil das leibgebundene Sinnliche gegenüber dem „Geistigen" als dem Vermögen zur *begrifflichen* Vereinnahmung und Beherrschung der Dinge inferior wurde, somit einer folgenreichen Abwertung anheimfiel: im Mittelalter im Zuge der kirchlich-spirituellen Weltabwendung, in der Neuzeit unter den verinnerlichten Maximen der entsinnlichenden bürgerlichen Arbeitsethik. Aber „es ist nicht wahr, dass das Wesen der Dinge in der empirischen Welt erscheint."[210] So formuliert Nietzsche, der nach den Künstlern der Romantik am schärfsten spürt, wie das Avancement des Technischen die menschliche Erfahrung von den Dingen absondert. „Ein Maler, dem die Hände fehlen und der durch Gesang das ihm vorschwebende Bild ausdrücken wollte, wird immer noch mehr bei dieser Vertauschung der Sphären verraten, als die empirische Welt vom Wesen der Dinge verrät."[211] Heidegger denkt, die Übermacht des technischen Wesens „ereignet" eine „Verwahrlosung des Dinges",[212] „lässt es als Ding ungewahrt, wahrlos."[213] Heidegger konstatiert einen kaum zu bemerkenden und deshalb unheimlichen Angriff auf unsere Erfahrungswirklichkeit: die Dinge ziehen sich zurück, verschließen den Reichtum ihrer Sinnlichkeit. Ihr elementares So-Sein wird in den siegreichen und uns verpflichtenden Methoden des experimentellen Szientivismus, der die Dinge überwältigt, verstümmelt. Heidegger ist kein zurückgebliebener romantizistischer Technik-Feind. Er zeigt nur eindringlich den Verlust auf, der anscheinend unauflöslich mit dem rückhaltlosen Siegeszug der technisch gewordenen Wissenschaften einhergeht: das Verkümmern und schließlich das Verschwinden des leiblichen Erkenntnisvermögens.

Ich bin Kunstlehrer. Meine Arbeit bemüht sich, die schöpferische Einbildungskraft der Jugendlichen als Maßgabe für ihre Selbstfindung herauszubilden. Im Laufe einer 35-jährigen Lehrtätigkeit war unübersehbar, dass die Attraktivität glatter „kalter"

Materialien wie Plastik, Metall, Glas (das Paradigma hierzu liefert das schnittige Automobil) zunahm, dass elementare bildnerische Äußerungsweisen[214] geringeren Wert, hingegen Perfektion und eine errechenbare Hochglanz-Ästhetik hohe Geltung innehatten. Was abnahm, waren Anschauungs- und Einbildungskraft. Es ist, als ob diese unwiderstehlich aufgesogen werden von der Als-ob-Sinnlichkeit der virtuellen Welten, die im Computer und jetzt auch im Film die Übermacht über das eigene Einbildungsvermögen der Jugendlichen erlangen.

Kant hat demgegenüber ein unabweisbar Wahres entdeckt und ausgesprochen: geringe Anschauungskraft mindert und beschränkt das auf Sinnlichkeit aufruhende Denken. Zwar ist Sinnlichkeit nicht schon alles, ist in sich selbst beschränkt; es gibt

Die Welt wird fremd

Darüber-hinaus-Seiendes. Aber da die Seinsstruktur des menschlichen In-der-Welt-Seins unumgehbar und (trotz der neuen Eissarg-Unsterblichkeitstechnik) unwiderrufbar endlich ist, sind die Bezugsweisen des Menschenwesens zu seiner ihn umfangenden Dingwelt von maximalbedeutsamer, höchster Wichtigkeit. Deshalb gilt es zu erkennen: Was sich im unabwendbaren Siegeszug der technischen Fortschritte herausbilden will, ist das Fremdwerden der Dinge, deren leibbezogene Dinglichkeit sich davonmacht, entfernt, in Abstraktionen exiliert wird. Sie verlieren ihren angestammten Seinsstatus und gewinnen (ist es ein Gewinn?) einen neuen, in dem sie uns nicht mehr an sich heranlassen. Aber können wir sie dann noch übersteigen, transzendieren? Nur über und mittels der Dinge erfahren wir „Welt". Wenn aber diese ontische Erfahrung, die nur über den Weg der Einbildungskraft die Offenheit und Unendlichkeit im Ontologischen anstreben kann, ausbleibt, dann können wir Menschen in unserer endlichen Daseinsgebundenheit nicht mehr offen sein für uns selbst, für andere, und für Anderes, und die Welt wird fremd. Ohne Dingerfahrung wird es kein Über-sie-hinaus geben und keine Chance mehr im Gebunden- und Ausgeliefert-Sein an die Welt, das Eigene der Wahrheit zu finden. Könnte es sein, dass der wichtigste geschichtliche Vorgang um die Milleniumswende sich zeigt als der Absturz des Dinglichen? Goethes Erkenntnis, aufgeschrieben vor der ersten industriellen Revolution – „Willst du ins Unendliche schreiten, geh' nur im Endlichen nach allen Seiten," – wird verabschiedet, getilgt. Das Allgemeinsubjekt hat immer die individuellen Aspirationen der Menschen geprägt. Heute scheint es, als verliere das Subjekt auch in seinem privaten Lebenskreis seine Selbstständigkeit, sein eigenbestimmtes Verhältnis zum Seienden. Adorno merkte das an mit seinem bösklingenden Satz: „Wer ich sagt, hat schon gelogen." Dieses „Ich", ist es nicht die fortschritts generierte Morgengabe an abstrakte Regelkreisläufe sowie an es überwältigende Informierungs- und Formierungsmaschinerien, die, durchaus mit beieindruckendem Sinn für gewaltige Maßstäbe, das Offene der Welt zu verriegeln begonnen haben. Wenn die Dinge sich entziehen, wird zwangsläufig das Virtuelle[215], das abstrakte und artifizielle Medienerzeugnis, jenes definieren, was wir Wirklichkeit nennen. Anders: vergessen wird, dass nur, wenn wir die Dinge sie selbst (wieder) sein lassen können, wir die Gewähr (als Bedingung der Möglichkeit) haben, unser Sein zu verstehen. Datengespeichertes, Symbolverkettungen und Bewegung von Bildabstraktionen sind optisch anders als die leiblich erfahrene Dingwelt, haben einen von dieser völlig verschiedenen Seinscharakter. Sie halten sich auf in Unorten, in der Kapazität digitaler Speicherung und bestimmen phantasmatisch unseren Weltbezug, gestalten ihn so, dass wir gar nicht mehr merken, wie unsere Körper in eine ihre Leiblichkeit aussparende Ortlosigkeit hinauffallen, wo die Dinge – selbst geistigrational überfallen – ihrer widerständigen Dinglichkeit entkleidet sind. Sie sind entmachtet, genauer gesagt: ausgeraubt. Walter Benjamin entdeckte das Verschwinden der Aura des Kunstwerks. Aber ist das nicht nur der längst fällige Reflex auf den schleichenden Ding- und Körperverlust, den der Siegeslauf des technischen Fortschritts betreibt und somit die Ablösung des Geistes aus seiner Bedingungsform, dem Leib? Die Denkmaschine, als Rechner, den Planeten überziehend, ist ein reines Geistwesen. Und gegen dessen Verselbstständigung scheint kein Kraut mehr gewachsen, denn unsere Sinne verschließen sich gegenüber den Dingen.

Der Rechner: ein reines Geistwesen

Werner Künzel und Peter Bexte formulieren salopp aber wahr: „In Sachen Maschine wird allen Beteiligten bald Hören und Sehen vergehen."[216] Das ist wörtlich zu nehmen. Und Arno Schmidt urteilt gelassen: "... aber die Technokraten werden einst die Welt zugrunde richten –! Also schön..."[217] Auch wenn wir in Eurameika noch bestens zu leben scheinen, so ist es doch genau genommen unheimlich, wenn den Dingen die Ruhe einer Ortschaft nicht mehr zugestanden wird, die sie benötigen, um leiblich wahrgenommen zu werden, um präsent, gegenwärtig zu sein. Das Ding, systematisch in Nutzzusammenhänge hineingerissen, wird gleichsam abgehäutet, seine uns sinnlich berührende Oberfläche – damit sein Geheimnis – kassiert. Wer aber „Oberfläche" nicht erfahren kann, den Sinn von „Verkörperung" nicht versteht, errichtet Schranken für seine Erkenntniszugriffe und sein Einsichtsvermögen, wird nicht die Reichweite ihrer tieferen Dimensionen entdecken können, ist im Wortsinn: beschränkt. Anders: Die ästhetische Erfahrung löst sich ab von den Werken als einem „Ding" und wandert ins show-business. Weniger die Werke selbst als vielmehr deren Aufbewahrungs- und Präsentationsform, ihre mediale Inszenierung wird vom Publikum genossen. Die Werke haben sich der merkantilen Kosten-Nutzenrechnung im schein-elitären Kulturtourismus zu fügen. Das hat bis in die Ateliers hinein lähmende Auswirkungen: Envezor[218] fand kaum Künstler – (derer man allerdings auch im Spätprogramm der 3. Fernsehprogramme ohne Kunstanspruch innewerden kann). Aber seine Expositionen hatten deshalb ihre blutleere Wirkung, weil zu Gunsten kopfiger Denkprozesse und hirnaffizierender melioristischer Vorstellungszusammenhänge die Künstler längst ihre eigene sinnliche Verarmung betreiben. Sie verinnerlichen, dass der „aufklärenden" Unterweisung jetzt das größere Recht eingeräumt wird als der sinnlichen Anschauung. Anders: Die Künstler, ihr dunkles Unwissen, somit ihre unerschöpfliche leibliche Schatzkammer links liegen lassend, optieren für das etablierte, political-correctnes-W I S S E N , das in ihre Exponate gegossen wird und das als solches Wissen in die Köpfe der Betrachter hinein muss. Und sofort wieder heraus läuft, unverwandelt.

Kunst heute, als unbedingt moralisch rechtschaffener Helfer des politischen (anti-eurozentristischen) Fortschritts, ermangelt ihres angestammten Schutzes, der Sinnlichkeit. Und documenta X und XI boten sich dabei als Beerdigungsunternehmen für Kunst an. „Wir suchen überall das Unbedingte und finden überall nur Dinge."[219] Envezor konnte sie nicht mehr finden, da die „Kunst", der er Geltung verschafft, löblich moralisch zwar, aber weniger Kunst als vielmehr vorstellungsverhafteter global-politischer Diskurs zu sein hatte. Aber er übersah, dass die Wirkmacht von Vorstellungsmomenten indolent, ihr Handelsbezug gehemmt, begrenzt ist, da im Rahmen von „Kunst" bloß die Unverbindlichkeit des attraktiven ausgestellten „schönen Scheins" präsentiert wird.

Was stellt V o r s t e l l u n g dar? Antwort: „Ihrer Definition gemäß die Vergegenwärtigung eines Schattenbildes von dem, was ist"[220] Sollten wir deshalb der Leistung der Vorstellung weniger trauen? Heidegger bejaht: „Die Vorstellung nämlich, die in Bezug auf den Gegenstand das Frühere ist, setzt den Gegenstand sich gegenüber, so dass der Gegenstand nie zuerst von sich aus anwesen kann. Demnach ist es durchaus notwendig, den Bereich des Bewusstseins und der ihm zugehörigen Vorstellung zu verlassen."[221] Künstler, nicht die der Klasse Envezor, schaffen es noch.

Die menschliche Vorstellungsfähigkeit ist ein einzigartiges Vermögen, eine unser Wesen mitbestimmende Kraft. Im hier angesprochenen Zusammenhang geht es nur darum, sie in ihrem Bezug auf die Dingerfahrung als ein Mangelphänomen zu erkennen. Nietzsche: die „Lebensbedingung des v o r s t e l l e n d e n Seins festzustellen" als ein „Grundirrtum" sei „Aufgabe der Wissenschaft"[222]. Heute übernimmt diese Aufgabe eher eine den Leib in Anspruch nehmende Kunst. Was die Griechen physis nannten, die Eigen-Macht des Leiblichen, leidet ja heute an den Zugriffsweisen der Wissenschaft. Deren Vorstellungen fehlt der Blick auf die eigene Gewalt. Haben die Griechen noch zwei Götter gefunden, die Leiblichkeit schützen und heiligen, Dionysos und Aphrodite, so haben heute monströse Idolatrien einer nur kommerziell feurigen Leibkultur Geltung. Der allenthalben überbordende Körperkult mit seinen dazugehörigen Vorstellungen von Leiblichkeit ist chimärisch, eine Zerrform. Erfolgreich ist er nur deshalb, weil die diesbezügliche Leistungsform der Vorstellungskraft in ihrem s c h a t t e n - h a f t e n Wirken das Materielle der Dinglichkeit ausspart, ihrer Wirkweise nach es überspringen muss, es somit gleichsam maskiert und wegschminkt.

Dingerfahrung: ein Mangelphänomen

Das bloß vorstellende Denken verfügt den Widerstand des Leiblichen[223] in ein ortloses, virtuelles Als-ob-Gegen-über. Dieser Vorgang hat seinen Fußpunkt jedoch selbst im Leiblichen, wird er doch in der grauen, unansehnlichen Weichmasse, das wir Hirn nennen, erzeugt. Dem phänomenalen Ineinander von Körper und Geist im Gehirn ist geschuldet, dass d u r c h e i n a n d e r g e r ä t, was wirklich und nicht wirklich ist, aber so, dass – als Bedingung für kreative Prozesse – das Durcheinander, ein offenes Gemenge, selbst sowohl wirklich als auch unwirklich ist.

Ich denke mir eine Farbe: ein feurig leuchtendes Rot. Der Vorstellungsakt zwingt sie heran, aber als Gespinst[224]. Berühre ich hingegen mit den Fingern ein dingliches Rot, eine dicke, formbare Masse, herausgequetscht aus einer Tube, dann ist umstandslos die Schwäche des vorgestellten Rot überwunden, nun erst ist es für uns da, anwesend. Mit der platonischen Idee Rot kann keiner malen. Eine sehr junge niedersächsische preisgekrönte Malerin antwortete auf die Frage, warum sie zur Zeit nicht male: „Ich male meine Bilder im Kopf!" Reiner Quatsch! Gebilde dieser Seinsordnung sind anstrengungslos zu haben. Jeder, dem danach ist, kann sie im Geiste herstellen, sich vorstellen in jeder Größe, in jeglicher Gattung und mit jedem Inhalt. Jeder kann so die wichtigsten Romane verfassen, die erfolgreichsten Unternehmen gründen und führen, doch all das ist vom nichtigen Nichts geprägt. Bestenfalls sind jene im Kopf gemalten Bilder der jungen Malerin anleitende Gestaltungsideen, indes in ihrer unaufhebbaren Distanz zur harten Welt der realen Dinge noch nicht einmal ein Anfang. Der stellt sich erst her, wenn der Widerstand der Körperlichkeit ins Spiel findet: egal, ob als Rot im Gesicht eines Kriegers, Ritualtänzers, ob auf der Leinwand in elaborierter Gestaltungsabsicht oder lustvoll irgendwohin geschmiert von Kleinkinderhand. Über den unumgehbar dingabhängigen Anfang hinaus, geben die künstlerischen Ereignisse im Bildfindungsprozess zu erkennen, dass nicht nur der Widerstand der Dinglichkeit der Dinge a k z e p t i e r t, sondern in kreative, schöpferische, b e w a h r e n d e O b h u t genommen werden muss. Für den Künstler gilt: erst wenn die Dinge ihres Vorstellungsvorsprungs entkleidet sind, sie aus den abgesteckten, normierten und eingeschliffenen Perzeptionsrastern herausgeleitet werden, kommen sie ins Offene. Dort erst ermöglichen sie Kontingenzbewältigung als eigenständig kreatives Handeln. Was aber bestimmt das Wesen der schöpferischen Prozesse, wenn das Hin- und Hergeschiebe von Vorstellungseinheiten sie nicht auslöst? Hierzu sagt Botho Strauss: „Meine Worte klopfen an bei einer mir verschlossenen Sprache ..."[225] Das Verschlossen-Sein der Sprache der Dinge ist der verborgene Schatz des Schöpferischen. Der Schatzgräber aber ist weder die Vorstellungskraft, noch das die Vorstellungen verkettende diskursive Denken, es ist der Leib. Nur ihm eignet allein die Fähigkeit, im Offenen spontan das je Fällige zu entdecken. Dieses durchaus nicht hervorragende, vielmehr verborgen-einzig-artige Vermögen als ein Tastendes kann nur mit einer paradoxalen Wendung benannt und angedeutet werden: es ist des Leibes Unwissen als ein Wissen. Willst du „in jenen Grund, darin dieser Schatz verborgen liegt [...], so [...] musst [du] in ein Unwissen gelangen, wenn du dies finden willst."[226] Auch wenn „dieses Unwissen nicht a u s U n w i s s e n kommen, sondern: a u s W i s s e n [kommen muss]"[227] so ist doch „dein Unwissen kein Mangel, sondern deine oberste Vollkommenheit ..."[228].

> Keiner kann seine Bilder im Kopf malen!

> Das Verschlossen-Sein der Sprache der Dinge: ein verborgener Schatz

Das ist durchaus gegen den absoluten Gültigkeitsausspruch der Wertetafel der Aufklärung gedacht (die freilich keineswegs umgestoßen werden darf), die als alles richtende, aus- und abrichtende Letztbegründungsinstanz die VERNUNFT festschrieb – und ganz naiv zu fragen wäre angesichts deren Fantastischen und fantasmatischen Konsequenzen in den Produkten der Nanotechnologie, der künstlichen Intelligenz und der genetischen Biotechnik: wäre es um unsere Wahrheitssuche nicht besser, richtiger, zwar nicht anstelle – aber neben (und gleichberechtigt) – der die Herrschaft usurpierenden Ratio den LEIB, dessen verborgenes Wissen a u c h zu bemühen? Die Frage scheint heute unzulässig und findet eilfertig ihre Antwort: mag es besser sein oder nicht, solche Ansicht ist nichts als ein *blowing in the wind.* Zwar bekennt beispielsweise auch der bedeutende Architekt Libeskind: „Ich glaube, das die besten Arbeiten des zeitgenössischen Geistes aus dem Irrationalen entspringen, während die Mächte dieser Welt, die herrschen und oft auch töten, dies immer im Namen der Vernunft tun."[229] Diese Mächte können davon nicht mehr ablassen, auch wenn es der Leib ist und bleibt, der die menschlichen Erkenntniskräfte generiert, zusammenbringt und erhält. Diese aber – mittels der paradigmatisierenden Computertechnologien – werden heute in kybernetisch-maschinelle Beherrschungsinstrumente gezwungen, in den selbstgebauten Rahmen unkontrollierter Gesetze des globalen Kapitals. Hier, wo die eingriffsresistente Selbststeuerung sich nach der Maßgabe der berechneten Beherrschbarkeit richtet, bemisst sich Wahrheit nur noch nach ihrer Effizienz. Das Andere der Wahrheit, ihre leibliche Dimension, Natur, ist obsolet. Und unsere aktuelle Option, unser fester Glaube, dass es solches gar nicht mehr gäbe, was wir NICHT MACHEN könnten und können, wird in der Frage, ob LEIBWISSEN unsere Zukunft nicht heilsamer mitgestalten könne, nur sich selbst vernichtende Lächerlichkeit feststellen, da wir uns doch bereits an der (zwar noch vorläufig widerständigen) Pforte zum Kosmos aufhalten. Und der Leib – gegen dieses technisch Großartige, Riesige, Ungeheuerliche ein irdisch Unreines, ein Fast-Nichts – möchte eine wegweisende Maßgabe sein? „Wenn es ein modernes Zeitalter gibt, dann ganz gewiss das Zeitalter des Kosmischen [...] Das Gefüge stößt nicht mehr unter den Kräften des Chaos zusammen, es vertieft sich nicht mehr in die Kräfte der Erde [...], sondern öffnet sich für die Kräfte des Kosmos. [...] [Es] ist Technik, sollte [...] Technik sein, nichts als Technik."[230] Hier wird unbeirrt der Leibfeindschaft der Technik das Wort geredet: „Denn Fantasie gibt es nur in der Technik. Der Vertreter der Moderne ist nicht das Kind oder der Wahnsinnige und erst recht nicht der Künstler, sondern der kosmische Handwerker: eine handgemachte Atombombe, das ist in Wirklichkeit ganz einfach, das ist bewiesen und gemacht worden. Handwerker und nicht mehr Künstler, und nicht mehr Künstler, Schöpfer oder Gründer zu sein, das ist der einzige Weg, um kosmisch zu werden, um die Milieus zu verlassen und von der Erde abzuheben."[231] Diese fast terroristisch sich gebende Entschiedenheit, die ja durchaus in ihrer Härte ein heute Wahres trifft, mag einem zu schnellen Reflex auf den Zeitumbruch geschuldet sein. Und doch haben ganz anders Guattari und Deleuze selbst ihrem hohen Loblieb auf die atombombengeeignete Kälte der Technik eine alternative Wahrheit entgegenzusetzen, eine naturgebundene, wildwüchsige, inspiriert chaotische: „Schön, politisch und liebevoll sind nur unterirdische Stränge und Luftwurzeln, der Wildwuchs und das Rhizom."[232] Das heißt doch, die entschiedene Kraft dessen, was „schön, politisch und liebevoll" sein soll, ist unwiderrufbar u n t e c h n i s c h, beschwört leiblich getriebene Regsamkeit, Pulsation, steht für zoé, chaotischen Wildwuchs. „Der Geist bleibt hinter der Natur zurück:"[233] ist das der fatale Grund, um die „Milieus zu verlassen und von der Erde abzuheben"? Im „Kosmos" gibt es keine „Natur", dafür eine ihn erobernde technologische Maschinerie und deshalb dort kein „[Zurückgebliebensein des Geistes mehr]". Auf der Erde hingegen wird das „Rhizom" zurückbleiben: als eine der Oberherrschaft des Technischen widerstrebende Wesenheit, der – am logischen Erkennen vorbei – vegetative Wissenserfahrungen eignen, und die nicht wie der „Geist" bloß abstrakte Werte als Surrogate der Vorstellung postuliert.

> „... eine handgemachte Atombombe, das ist ... ganz einfach"
> Guattari, Deleuze

Robert Musil widmet sich der Frage: „Müssen Menschen mit ihrem Körper übereinstimmen?" Seine Antwort: "..[D]ie hohe Schönheit des Leibes, die menschliche, [ist] der Augenblick, wo die Melodie des Geistes aus dem Instrument der Natur aufsteigt, oder jener andere Augenblick, wo der Körper wie ein Kelch ist, den ein mystischer Trank erfüllt ..."[234] Das „Naturinstrument Körper", ein „leiblicher Kelch" ist „erfüllt", birgt einen Inhalt, der diskursiver Sprache sich nicht beugt, einen „mystischen Trank". Prosaisch gesagt: der Leib besitzt ein eigenständiges Wissen sui generis. Es unterscheidet sich kategoriell vom Wissen diskursiver Begrifflichkeit[235]. Wenn als verbindlich bestimmendes Kriterium für „Wissen" gilt, es müsse die Klarheit, Prägnanz, Unterschiedenheit setzende Eindeutigkeit und Grenzen einhaltende Bestimmbarkeit begrifflicher Ordnungssetzungen innehaben, dann muss d i e s e s Leib-Wissen ein Un-Wissen heißen. Dieses Un-Wissen ist gleichwohl auf seltsame Weise wirksam[236]. Und deshalb gehört es – den „realen" Schattenereignissen der digitalen Virtualität entschieden entgegengesetzt – zur Kontingenz unserer Lebenswelt, ist wirklich, wenn auch als ein Nicht-Messbares, Nicht-Wissbares. Die Sprache, um es einem Verstehen anzubieten, bemüht Paradoxa: Im Nicht-Wissen bewegt sich und handelt ein Wissen; im Nicht-Wissen als einem Negativen waltet ein Tätiges, zwar ist

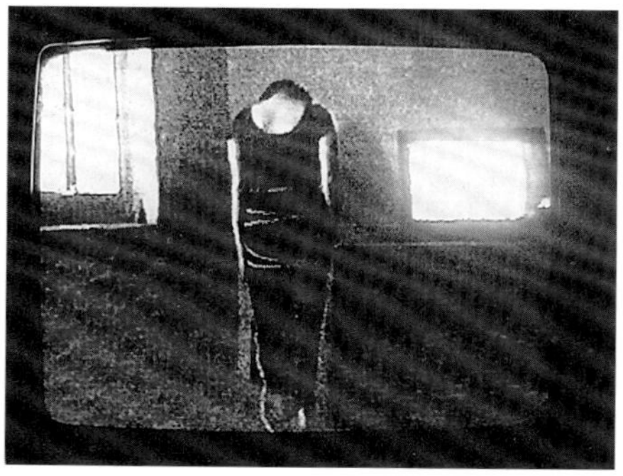

> „Der Geist bleibt hinter der Natur zurück" Guattari, Deleuze

es passiv aber diese Passivität birgt und gebiert Aktivität! Es ist das dunkle Wissen des Leibes, ein Grund außerhalb von Rationalität, ein „Un-Grund" (J. Boehme). Ohne ihn gäbe es keine unsere Sinnlichkeit in Anspruch nehmende und aufzehrende Kreativität.

Dieser (Un-)Grund scheint willensbegabt zu sein, schaffensbereit, intentional, erfüllt von kreativem Begehren.[237] „Der erste Anfang zur Schöpfung ist die Sehnsucht des Einen, sich selbst zu gebären, oder der Wille des Grundes"[238] Er ist präreflexiv, jedoch drangvoll wissend im Un-Wissen: „Er ist kein bewusster oder mit Reflexion verbundener Wille, obgleich auch kein völlig bewusstloser [...], sondern mittlerer Natur, wie Begierde oder Lust, und am ehesten dem schönen Drang einer werdenden Natur vergleichbar, die sich zu entfalten strebt und deren innere Bewegungen unwillkürlich sind [...], ohne dass sie doch sich in ihnen gezwungen fühlte."[239] Schellings Gedanke zielt in das Zentrum kreativer leibgebundener Prozessualität als einem paradoxen Ereignis, einem sowohl sinnlichen als auch geistigen. Paradoxa beugen sich nicht der Denkgesetzmäßigkeit der Logik. Und Künstler haben diese niemals als oberste Instanz anerkannt, „wissen" in ihrem Un-Wissen, dass das Geistige, das Nicht-Sinnliche, im Bereich der αιδητα, im sinnlich-leiblichen Vernehmen erfassbar und erfahrbar ist. „Denn so, wie die Seele in den Leib, und in Körperliches eingewunden ist, so muss alles, was man an geistigen Dingen zu ihrer Erkenntnis bringen will, in Körperliches eingewunden sein, wenn sie erkennen soll."[240] Auch Bettina von Arnim erkennt das treibende Wissen des Leibes sowie die kreative Impotenz bewussten Wissens: „Wo der Gesang doch allein aus meinem Sinnen hervordringt, nicht aus dem Bewusstsein."[241] Der Leib ist imstande, sein dunkles Wissen zu offenbaren. Er verfügt über einen fremdartigen, vorbewussten Datenspeicher, der bei geeigneter, subjektiver Bemühung geöffnet, und dessen Inhalt abgerufen werden kann. Es ist Arbeit, jedoch (auch im erweiterterten Sinn des J. Beuys) k ü n s t l e r i s c h e Arbeit, die es schafft.

Wie sähe eine solche Bemühung aus, beispielsweise im Arbeitsraum eines Malers? Der Künstler steht vor seinem Bild. Es ist unfertig. Er möchte es gern vollenden, schaut es an. Das Bild schaut finster, weil noch ungefügt, zurück. Er weiß aus Erfahrung, er und das Bild müssen ‚in einen Lauf' hinein; doch ein gelingender Start hierfür ist mühsam, seltsam beschwerlich. Der Maler versucht es zunächst mit geläufiger Gepflogenheit, mit eingeschliffenen Handgriffen. Das geschieht überaus routiniert, gewissermaßen kalt ‚technisch', kaum lustvoll, ist Arbeit, trocken, kognitiv. Immerhin: der Hand wird ein Handlungsspielraum gewährt, Dinge werden behandelt, Malwerkzeuge, Pinsel, Spachtel, Lappen, Schwamm werden gehandhabt, und das Farbmaterial fängt an, sich zu bewegen. Hat der Maler nun Glück, so entsteht in ihm ein „Widerspruch leibhaft und beseelt. – Im sogenannten Genie ist ein physiologischer Widerspruch: es besitzt einmal viele wilde, unordentliche, unwillkürliche Bewegung und sodann wiederum viele höchste Zwecktätigkeit der Bewegung, – dabei ist ihm ein Spiegel zu eigen, der beide Bewegungen nebeneinander und ineinander, aber auch oft genug widereinander zeigt. Infolge dieses Anblicks ist es oft unglücklich und wenn es ihm am wohlsten wird, im Schaffen, so ist es, weil es vergisst, dass es

> „Fantastisch, unvernünftig: das ist alle Kunst" Nietzsche

gerade jetzt mit höchster Zwecktätigkeit etwas Fantastisches und Unvernünftiges tut (das ist alle Kunst) – tun muss."[242] Anders: Es regte sich des Künstlers Leibwissen, es erschien.

Diese „unordentliche, unwillkürliche Bewegung" wird gespeist aus einem dunklen leiblich-seelischen Zwischenreich, das der – weit mehr unbewusst als bewusst agierenden – Hand entschieden mehr und anderes zuspielt, als die Leistungen der Hirnrinde (Cerebrum) es je könnten. Das Bild vollendet sich, wenn der Künstler sein bis dahin nicht Gewusstes aus seinem Un-Wissen herausreißt. Dieser Riss als einer Setzung nimmt dem Material, den rohen Farben, nicht ihre Materialität, verleugnet sie nicht, verwandelt sie aber in einen Zustand, der über ihre Dinglichkeit hinaus-

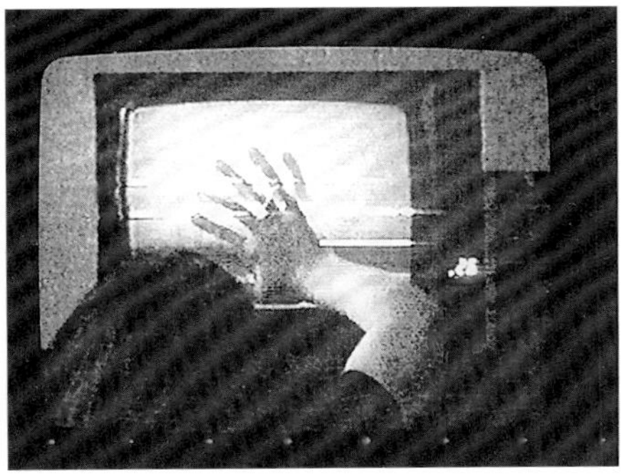

ragt, der diese aber auch bewahrt: sowohl Leib bleibt – als auch mehr als bloß Leib wird. Und keineswegs des Malers rationale Gestaltungsabsicht, seine vorgestellte Planung in ihrer schattenhaften Blässe, trieb im Entscheidenden das Werk voran. Die subjektiven Wunschvorstellungen verzehrten sich längst in der Fülle des sinnlichen Treibens in der Malaktion, die ein freies, d.h. offenes Feld sich schuf, in welchem eine Sprache sich herausbildet, eine Bildsprache sich formt, die die Hände des Malers erhören, ‚hören'. Und andersherum ‚hören' auch die Hände des Malers. Gleichsam wurden Bild und die schaffenden Hände sich gegen- und wechselseitig ‚hörende' Organe. In diesem offenen und freien Feld ist unentschieden, wer letztlich wem ‚hörig' ist, das Bild dem agierenden Künstler oder dieser dem – gewissermaßen nun sich selbst malenden – Bild, das den Maler nur als einen Kanal, eine notwendige Durchlassinstanz benutzte.

Solches ereignet sich nur, wenn Leibwissen, der dunkle Speicher der kontigenten Lebensfülle, anspringt, aus seiner Tiefe heraufkommt und dann das gerade Notwendige aus der Uferlosigkeit des Möglichen anschafft. Solches ereignet sich auch und wesentlich außerhalb des ästhetischen Feldbereiches: immer aber als noetisches Gewahrwerden von *dinglicher* Kontingenz. Anders gesagt: Das Intelligible ist von Sinnlichkeit nicht ablösbar.

Das sogenannte „Geistige der Kunst" wäre dann ebenso abhängig vom dinghaft Materiellen wie dieses umgekehrt vom schöpferischen Vermögen, einen Verwandlungsprozess zu initiieren, in ihm voranzuschreiten und – wo es möglich sei – zu vollenden. Die Philosophen erfanden hierfür den Titel: „Sinnlich-geistiger Sinnzusammenhang"; und sie weisen darauf hin, er sei verknüpft mit Gesetzmäßigkeit, stringenter Organisation, Bildlogik. Doch die wesentliche Pointe hierbei ist weniger das Erscheinen, die Parousie des sogenannten Kunstlogischen, vielmehr ist das Seltsame daran, dass es nie durch irgendeine logische Prozedur sich einstellt. Das „Gesetz" und sein Maßgebendes ist ja nirgends als anleitende Hilfe zu befragen, es weist ja nicht an, ist keine Vorgabe, die von Anstrengung entbindet: es will je erst gefunden sein. Auch hier geht es paradox zu: Vor dem Gesetzmäßigen des Kunstwerkes waltet es als dessen Gegenteil, als haltlose Ruhelosigkeit, als getriebene Angst, vor den Herausforderungen des Materials zu versagen. Seltsam genug: an diese Angst hält sich der Künstler, und paradox genug: diese Un-Ruhe bietet Halt, die ihn befähigt, aus der chaotischen Kontingenz der Möglichkeiten herauszuspringen, sie zu bewältigen. Es ist die überbordende und an die Dinge verfallene Sinnlichkeit des CHAOS, das den Sprungboden für das Erscheinen, das „zu Stande bringen" des künstlerischen Gesetzes im Werk ermöglicht. Dem CHAOS scheint ein herausfordernd fließender Multi-Status zwischen ungreifbarem, nebelartigem Sein und handfest Seiendem zu eignen. Wie ein undomestizierter gefährlicher Gral in seiner fließenden Kraft und Überfülle bietet es unterschiedliche Bahnfindungen und Lösungen an, die – Entscheidungen provozierend – halb verborgen, halb offensichtlich sind, beweglich, transversal. Insofern hat CHAOS ein paradoxes, janusgleiches Seinsprofil: ist in seiner dunklen Un-Form und seiner ursprünglich aufklaffenden Rohheit und Wildheit die Mutter des chaosüberwindenden Gesetzes. Und deshalb ist es ganz natürlich, wenn der prozessorientierte Künstler sich seiner als dem vielversprechendsten Anfang bedient. Er nimmt es als ein ihn *leiblich* Rufendes.

> Das Notwendige aus der Uferlosigkeit des Möglichen

Selbst Hegel, Idealist, der er ist, findet die „geistige Individualität" nicht im Geist – sondern im Leib als dessen Ur-Sache. „Dass nun die geistige Individualität auf den Leib Wirkung habe, muss sie als Ursache selbst *leiblich sein*. Das Leibliche aber, worin sie als Ursache ist, ist das Organ, aber nicht des Tuns gegen die äußere Wirklichkeit, sondern des *Tuns des selbst bewussten Wesens in sich selbst* [...]."[243] Das „Tun des selbstbewussten Wesens", dessen „Ursache selbst leiblich sein [muss]" kann „in sich selbst" kein unwissendes sein: das „[organische]" Leibwissen zeigt sich Hegel als ursächlicher Grund des Geistes. Nietzsche formuliert es lapidarer: „... dein

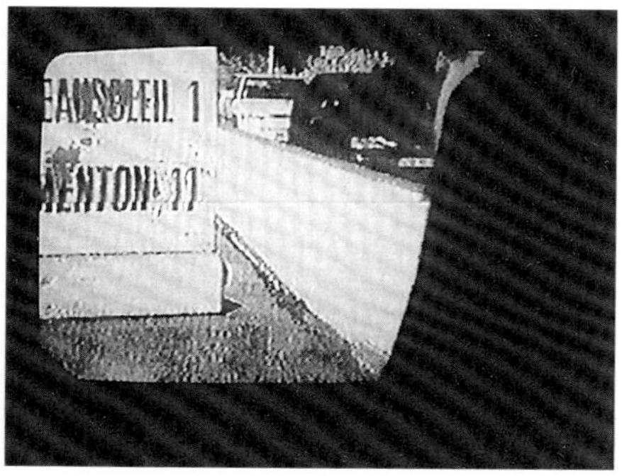

Leib und seine große Vernunft: die sagt nicht Ich, aber tut Ich." „Der schaffende Leib schuf sich den Geist als eine Hand seines Willens."[244]Nietzsche bemerkt eine maßgebliche Gestaltungskraft

> Die Ursache des Geistes ist leiblich, Hegel

des leiblichen Nicht-Wissens: „Nicht nur der lügt, welcher wider sein Wissen redet, sondern erst recht der, welcher wider sein Nichtwissen redet."[245] Heidegger, dessen Denken das dunkle A-Rationale weder ausklammert noch eilfertig abwehrt, vielmehr dessen leibliches Gebundensein heilsam integrieren möchte, schreibt: „Doch das anscheinend eitel Lichtende ist vom Dunklen durchwaltet."[246] Das kommt gnostischen Aussagen nahe, die durchgängig „Geist" nicht als das erkennen und beschreiben, was mittlerweile den Geistbegriff kennzeichnet: als total unstoffliche, unsinnliche, abstrakte, hellste Wesenheit. Der „Geist" der Gnosis war noch materiell, wenngleich „vom Feinsten", ein sinnlich Leuchtendes, sogar riechbar: „Wenn der Gnostiker vom Geiste spricht, so versteht er darunter nicht unseren modernen [...] Geistbegriff. Für ihn ist Geist immer noch Stoff, wenn auch ein ganz feiner und ganz leichter, ein Hauch, ein Fluidum, ein Duft oder ein Lichtglanz."[247]

„Geist", wie wir ihn denken, entmächtigt unseren Leib. „Wir haben seit Jahrhunderten unseren [...] Umgang mit der Welt auf eine Form reduziert und wollen, bis auf einige Künstler, die [...]

> Geist? Ein feiner Stoff?

andere Wege gehen, nur noch die eine Gesetzeserfahrung anerkennen: wir denken rational, kausal und nehmen das, was sich dieser Form intellektueller Durchdringung nicht erschließt, für Epiphänomene, Spiegelungen ohne Bedeutungsgehalt für Mächte, die real die Welt bewegen."[248] Mitscherlich diagnostiziert das unheilvolle Schwinden menschlich-l e i b l i c h e r Erkenntniskräfte: Heute „versperrt sich der Horizont vor dem Erlebnis gesetzlich figurierter Sinnzusammenhänge, an denen der Mensch sicher nur durch seine Leiblichkeit teilnehmen kann, die aber aus der Gesetzlichkeit seiner Leiblichkeit selbst nicht erfahrbar werden. Vielmehr transzendiert der Mensch zu ihnen mittels dieser seiner Leiblichkeit. Und offenbar ist dieses spielerische Sich-Erheben können nicht ein akzidentielles Vermögen, sondern eine der Erfüllung menschlichen Selbstbewusstseins."[249] Die hier erkannte Zeittendenz zur Leibesentmächtigung gipfelt in der Megamaschine Computer, die unaufhaltsam und nach ihrem Maß

> Der P.C. unumstößlich positiv

authentisch die Globalzivilisation prägen und als unumstößlichpositive Leistung einrichten wird. Sie beantwortet die an sie gestellte Frage: ‚Kann ohne Leib gedacht werden?' mit einem entschieden selbstgewissen „Ja, man kann!" Anschlussfragen ignoriert sie. Aber sie seien gestellt: zeigt sich die radikale Trennung des Intelligiblen vom Sinnlichen, das moderne Cartesianische Dictum, nicht mittlerweile als bestürzend wesenlos? Ist die alle übermächtigende r e f l e x i v e Rezeptivität, die längst die Stelle der sinnlichen Anschauung usurpiert, in all ihrer Effizienz nicht leer? Warum will die Megamaschine Computer vergessen machen, dass Natur, Physis als bewusstloses Geschehenspotenzial zwar gegeben sei, es aber kein Geist, was auch immer er letztlich sein mag, ohne Natur, Physis, Leiblichkeit existieren kann. Leibwissen? Das figuriert im Bewusstsein aktueller Kognitionsforschung offensichtlich als ein bewusstlos Blödes: „Der Körper ist [...] gewöhnlich reduziert auf die Handhabung von Tastatur und Maus [...] die ästhetischen Beobachtungen vollziehen sich nur im Bewusstsein;" (gemeint ist damit nicht das Hegelsche „Bewusstsein", sondern bloß intelligibles Verrechnen) „dem organischen System ist dergleichen völlig egal – es freut sich vielleicht über die gute Durchblutung und bekommt allmählich Hunger."[250] Blocks technokratischer Blick auf den menschlichen Leib erkennt soviel von ihm wie die Medienwissenschaft von Kunst, nämlich nichts. Wahrnehmung ist als eine noetische Beobachtungsform prinzipiell a priori leiblich und erst a posteriori kognitiv gesteuert. Was nahm Herr Block als Säugling an der

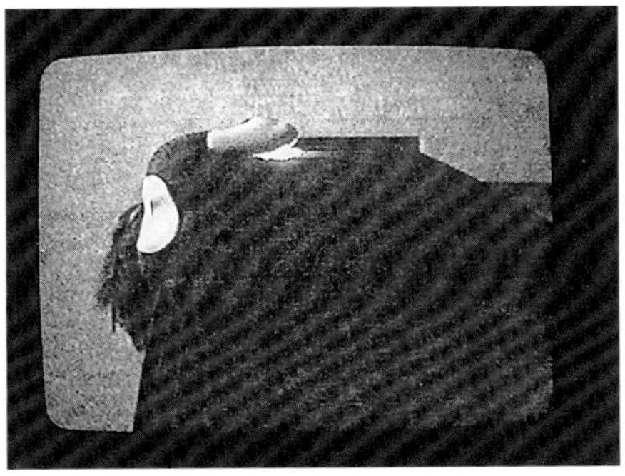

Mutterbrust wahr?; gesetzt seine Sozialisation fing liebevoll an, sparte Glas und Gummi der Milchflasche oder gar technische Brutkastenernährung aus? Er machte intensivste ästhetische Erfahrungen im Leibreich einer wissenden Unwissenheit, als dem Urgrund auch der elaboriertesten Kulturleistung. Jene wenigen, die noch schöpferische Fähigkeiten haben, erwecken in einem seltsamen Rückgang jenen paradoxen Urgrund, das wissende Unwissen: Heiner Müller sagt lapidar: „Dichter müssen dumm sein." Hölderlin verfasst zwei Oden über „Dichter des Volkes" (1. Fassung), „Sänger des Volkes" (2. Fassung), „Zungen des Volkes" (3. Fassung); die ersten beiden Fassungen betitelt er: „Dichterkunst", die 3., endgültige aber überraschend: „Blödigkeit"[251]. Offenbar regredieren kreative Menschen, tauchen hinab in einen dunkel-bewusstlosen Grund, dessen formlose Impulse das Bewusstsein aktivieren, so, dass sie frei und gleichwohl notwendig in eine fällige Sinnform umgewandelt werden können.[252] „Notwendigkeit und Freiheit verhalten sich wie Bewusstloses und Bewusstes. Kunst beruht daher auf der Identität der bewussten und der bewusstlosen Thätigkeit."[253] Je inniger Leibwissen und Bewusstsein ineinander sind und sich gegenseitig verzehren, das eine das andere wird und umgekehrt, umso größer die „Vollkommenheit": „Die Vollkommenheit des Kunstwerks als solches steigt in dem Verhältnis, in welchem es diese Identität in sich ausgedrückt erhält..."[254] Das technische Denken hingegen kann nicht sehen, dass es ein bewusstseinanaloges Wahrnehmen, eine Fremdform des Bewusstseins für das Bewusstsein unterhalb seines lichten Bereiches gibt.[255] Dieses technokratische Denken ist auf der Bahn allfälliger Siege. Und es ist ratsam, diesen scheinbar unaufhaltsamen Triumph, den dieses Denken mithilfe seines wesentlichsten Konstrukts, dem Rechner und dessen unüberbietbarer globaler Prägungswucht nun feiert, genauer zu betrachten. Es geht dabei nicht gegen den Computer: Technikfeindschaft ist nicht nur zurückgeblieben, falsche Romantik[256], sie wäre gegenüber dem irreversiblen technischen *status quo* auch unverantwortlich. Aber es geht darum, die Anmaßung der Denkmaschine, die Hybris ihrer hoffnungslosen Einseitigkeit zu erkennen, darum, zu fragen, ob der Phyrrussieg der technischen Intelligenz über das dunkle Leibwissen nicht als undurchschaute Bedrängnis, vielleicht sogar als Not sich einrichten wird. Es geht darum – entgegen den Insinuationen des Maschinendenkens – in Erinnerung zu halten und erfahren zu lassen, dass des Geistes Ur-Sprung nur im dunklen Prinzip Erde sich ereignen konnte und kann, und dass – entgegen dem Meinen der szientivistischen Aufklärung – die schöpferische Zündung, der Umschlag von Materie zu Geist, nie ganz begreifbar sein wird. Was zu begreifen wäre, ist, dass eine positive, mit unübertrefflicher Rechenpotenz ausgestattete Dienstleistungsdenkmaschine dabei ist, sich als maßgeblicher Fluchtpunkt der Weltperspektive einzurichten. Warum? Weil diese transklassische Maschine nicht mehr nur mechanisch operiert und wirkt, vielmehr – und das höchst effizient – immaterielle Prozesse algorithmisiert und verschaltet. Wir benötigen durchaus ihre ‚Denk'-Kraft! Aber das Neue daran ist: Sie bleibt nicht mehr wie die klassische Maschine mit ihrem von uns abgelösten technischen Nutzwert äußerlich, sie verleitet und verführt uns dazu, ihren unschlagbaren intelligiblen Utilitarismus in unser Wesen hineinzufügen, und dieses sich von ihm ausrichten zu lassen. Der Rechner will Paradigma werden, ein für uns und von uns unbefragtes Seins – und somit nicht mehr befragbares Handlungsprinzip. Diese neue Maschine, deren absolute Perfektion zwar noch aussteht, fordert uns nicht heraus wegen ihres notwendigerweise kalt technischen Procedere, aber deshalb, weil sie verdeckt-kreative, schöpferisch-maßfremde Gegenkräfte entfernt, beseitigt, verkümmern lässt, zerstört. Das Bedrohliche daran: es geschieht schleichend, wird nicht sichtbar. Es in die Sicht zu bringen, brauchte es ja gerade jener Kräfte, die das neue Geistgerät angreifen, auflösen und eliminieren würden.

Leibwissen? Ein bewusstlos Blödes?

Die Denkmaschine: ein weltperspektivischer Fluchtpunkt

Zwar leuchtet ein, dass die gewaltigen, notwendigen Kommunikationskontingente nicht mehr ohne die Instrumentalität des technischen Geistes befördert und erledigt werden können, aber dabei scheint uns der Rechner weismachen zu wollen, dass seine sich absolut setzende immaterielle Prozessualität, sein ‚Geist' ohne Physis auskommt, ohne Naturgegebenes, dass Sinn, ein sich selbst als Sinn ausweisender Bedeutungszusammenhang, das Prinzip Erde, den Leib nicht mehr braucht. Indes, errechnete Welten, die ihrem Grund entfliehen, verrechnen sich, verirren sich in der eigenen Macht ihres Irrtums, werden wesenlos. „Welt" wird zwar sein, doch eine der schattenlosen und deshalb ausweglosen Helligkeit[257]. Die Künstliche-Intelligenz-Forschung hat dem Computerwesen längst die geistlichen Weihen zugestanden und ihm dazu einen Thron angeschafft. Damit wird der Rechner das verbindliche metaphysisch-transzendentale Zivilisationssymbol. Aber mit der Virtualität ihrer algorithmischen Digitalisierung unserer Umwelten verführt sie das leibliche Begehren in das Magere und Kalte bloßer Vorstellungsschemata cerebraler Bewusstseinsformen[258], die entgegen geschlechtlich wonnesamaphrodisischer Leibsinnlichkeit sich mechanisch gesteuerten Cyber-Sex antun und wellnesfromm nun glauben, man erlebe so den Gipfel der Lust:

Ohne Leib keine Sinnstiftung

bloß noch im Hirn! „Was die Menschen auf den Bildschirmen ihrer Textverarbeitungssysteme oder ihrer Mikrocomputer erkennen oder zu erkennen glauben, ist nichts anderes als der Prozess ihres eigenen Gehirns ... Dieser ganze cerebrale und elektronische Snobismus zeugt von einer überaus gekünstelten Denkweise und bezeichnet eine verschrumpfte auf den obersten Auswuchs des Rückenmarks beschränkte Anthropologie."[259] Der Globus, um ihn der Technik hoffnungsvoll zu unterwerfen, soll dem cerebralen Wissen anheimgegeben werden, je klarer geregelt, umso durchsichtiger. Aber verschleiert er sich dadurch nicht umso undurchdringlicher? Wir kennen uns exponentiell zunehmend aus in dieser Welt. Aber deshalb macht sie auch zunehmend weniger Sinn. Vernunft spendete und stiftete seit einigen Jahrhunderten die alles abrichtende, einspruchsresistente Daseinsletztbegründung.

Aber, bedarf es zur Bewahrung des Menschlichen dessen, was nicht auf Technisches zurückzuführen und zu beziehen ist, nicht längst eine wieder zu entdeckende Gegenkraft, die nirgends sonst als im Leib ihren Ursprung findet? Wertphänomene sind heute Konzepte, Ideen, Projekte, Notierungen, Vorstellungen. Alles Nicht-Dinge; sie haben dennoch den höchsten instrumentellen Seinsrang inne. Die Abstraktionen des sich globalisierenden Netzwerks haben jegliche sinnliche Macht, jegliches Berückende ersetzt. Sinnlichkeit wird touristisch massenhaft, voyeuristisch medial oder mit distanzierendem Kulturhochglanz verfüttert, gerät zur unechten Erfahrung von Erlebnisvermark-

Des Leibes Sinnlichkeit: obsolet

tung. Sinnlichkeit als sie selbst wird überflüssig. Der *access*, der uneingeschränkte mediale Zugriff auf Jegliches, scheint Welthaltigkeit und Sinn zu vermitteln. Das Objekt der Begehrlichkeit ist heute der Zugang zum gralsähnlichen Computerangebot. Der Zugang z u s i c h s e l b s t aber wird nicht mehr begehrt weren. Das Ich-Muster leitet sich heute schon her vom Zapping, von Clips, vom Wechselspaß, von der vergnügungsreisesüchtigen multiplen Persönlichkeit. Die Reise in das Selbst, in das eigene bildungsoffene Wesen, lassen die frei flottierenden Flachbilder und Konstrukte – sie sind marktgerechte Verlockungen und sind sozial und kommerziell zwangsläufig – nicht mehr zu. Dem Wortsinn nach e i g e n e , konsumunabhängige Bedürfnisse, subjektiv vergrabene Potenziale, die präverbalen aber eigenständigen Bildungsressourcen, werden nicht entwickelt und nicht befriedigt.

Der Hirnforscher Wolf Singer bewies, Computer bleiben unüberschreibbar anders als leibliche Systeme, funktionieren algorithmisch, ihre Selbstaktivität arbeitet lediglich mittels linear zu berechnender Wechselwirkungen. Leibliche Systeme hingegen haben stets Verborgenes in Latenz gespeichert, und auf kontingente Weise bringt dieses im Dunklen Verborgene sich ins Spiel. Einen Leib haben heißt in ein Geschehen einer nicht-linearen Dynamik einbezogen zu sein, in beobachtungsresistente Wechselwirkungen. Diese sind befähigt, Plötzlichkeitsereignissen Raum und Zeit zu geben. Das Wort „Geistesblitz"[260] meint kein Phänomen von Maschinenintelligenz, nur eines des menschlichen Körpers. Computer können Plötzlichkeit, ein Initial simulieren, doch fehlt diesem Simulakrum Eigenständigkeit, Wesenhaftigkeit, Identität. Die intelligente Maschine kann dazu gebracht werden, zu formulieren: ich bin; doch das hat noch nicht einmal die Qualität einer Selbsttäuschung, weil die Denk-Maschine – bar des dunklen Prinzips Erde – kein Selbst hat. Kein Selbst – gemeinhin wird dieses Verstanden als das übergeordnete seelisch-geistige Zentrum des ich-bezogenen Ganzheitsaspekts – ist ohne Körper, Stoff, Materie denkbar. „Die Symbole des Selbst entstehen in der Tiefe des Körpers und drücken dessen Stofflichkeit ebensosehr aus wie die Struktur des wahr nehmenden Bewusstseins. [...] Je archaischer und je physiologischer das Symbol, [...] desto stofflicher ist es."[261] D i e s e s Immaterielle – der Leib ist dessen Speicher – bleibt immer maßfremd, und bleibt den algorithmischen Abregelungen ununterwerfbar. Worum geht es? Nicht darum, wohlfeilen Kulturpessimismus zu unterstützen, wahnhaft Maschinen zu verteufeln, und wirklichkeitsfremd in Feindschaft zur Technik zu geraten. Doch sollte es nicht drängender darum gehen, ihre Anmaßung zu verstehen und ihrem schleichenden

Das Immaterielle: immer maßfremd

Herrschaftsanspruch, der die Welt bis ins Letzte nach ihrem metaphysischen Maße einzurichten und gestalten will, zu widerstehen? Es geht darum, eine Frage beantworten zu können. Jene entscheidende Frage, ob die computergesteuerten Projektionen in das Kommende – es wäre die technoide Totalität – e r ö f f n e n , oder ob nicht – der technoiden Leibfeindschaft wegen – „Zukunft" z u g e b a u t , v e r r i e g e l t , a b g e s c h l o s s e n wird. Der Rechner besitzt ein fantastisches Wissen. Damit ist er in seiner maschinenhaften Unfehlbarkeit überlegen, unschlagbar. Aber Wissen ist eigentlich Sich-Wissen. Der Tierkörper weiß sich nicht, deshalb hat er auch keinen Tod, er verendet. Wir Sterblichen aber haben Leib-Wissen. Es scheint jenes zu bergen, das immer schon mehr ist, als der Rechner je wird anbieten können. Das zu wissen jedoch verhindert er. Es fällt ihm leicht, weil Leib-Wissen als ein Sich-Wissen im N o c h - N i c h t für uns nur gespeichert, aber gewiss aufgehoben ist. Sollte das Kommende nicht besser dort seine Quelle finden? Aber diese Quelle scheint zu versiegen, angesichts der fantastischen Mengen der ins Weltspiel eingeführten Daten, die höheren Orts handlungsanweisende Allmachtsfantasien entstehen lassen.[262] Ob die Künstler im 21. Jahrhundert weiterhin der Technik und den ihr hörigen Medien nachlaufen werden? Ob die kunstpädagogischen Richtlinien der Kultusministerien den Erkenntnismethoden der Wissenschaft weiter-

Verriegelung der Zukunft

hin nacheifern werden? Wahrscheinlich Ja! Aber nicht nur wahrscheinlich sondern sicher ist dann, dass (kantisch formuliert) die Bedingung der Möglichkeit für schöpferisches Erkennen und Handeln mehr und mehr entfallen wird. Für „Besinnung" ist es nicht zu spät. Kreative Potenziale, die nicht markthörig werden wollen, gibt es noch. Aber auch diese sind in der Versuchung – verständlich angesichts zunehmender Virtualität – ihr ursprüngliches Vermögen zu verlieren, sich von den Dingen ansprechen zu lassen. Es scheint, wir l a s s e n den Dingen nicht mehr ihre Macht, uns anzugehen. Diese Gelassenheit fehlt uns. Die Dinge gehen uns nichts mehr an und werden unbekannt, fremd und nichtig. Deshalb können wir ihnen Befehle geben. So rauschen wir an ihnen vorbei. Damit auch an uns selbst? Aber die Dinge w o l l e n „[anrühren]". Warum? Damit wir schöpferisch seien: „Die Dinge rühren unsere Seiten an, wir aber machen die Melodie daraus."[263] Es wäre „die Melodie des Geistes aus dem Instrument der Natur"[264], dem Leib.

ANMERKUNGEN

[208] Paul, J.: *Titan*. Augsburg 1948, S.47.

[209] Heißenbüttel, H.: zitiert aus: Katalog *Kunstausstellung K 18 – Stoffwechsel*. Kassel 1982.

[210] Nietzsche, F.: *Sämtliche Werke*. Band 2. Stuttgart 1964, S.615.

[211] ebenda

[212] Heidegger, M.: *Die Technik und die Kehre*. Pfullingen 1962, S.44.

[213] ebenda

[214] Die Musikrezeption der Jugendlichen ist gleichwohl anders, musikalisch rüder. Musikalischer Pop- Expressionismus ist „geil" und wird genossen. Im bildnerischen Bereich findet „Wildes", Unangepasstes, „Primitives" in Klo-Wand-Sexzeichnungen oder sexistischen Bank-Ritzungen ein verholenes Ventil. Solch dunkles, subkutanes Ausdruckswollen soll aber der Kunstunterricht nicht ansprechen.

[215] Auch das Hirn, das die tägliche Droge Bildzeitung konsumiert, lässt seinen Besitzer im Gleichschritt in virtuelle Welten hineinmarschieren. Um dort anzukommen muss man heute keineswegs in die Computer-animationen hinein. Siehe auch das Motto Nr. 3 auf S.228.

[216] Künzel, W.; Bexte, P.: *Maschinendenken/Denkmaschinen*. Frankfurt/M. 1996, S.227 (man schaue sich einen computersüchtigen 8-Klässler an!).

[217] Schmidt, A.: *Leviathan*, Hamburg 1963, S.9.

[218] Verantwortlicher Manager der Documenta XI.

[219] Novalis: *Schriften*. 2. Band. Jena 1907. Fragmente 71.

[220] Heidegger, M.: *Gesamtausgabe*. Band 15. Frankfurt/M. 1986, S.284.

[221] ebenda, S.386.

[222] Nietzsche, F.: *Werke*. Band 11. Stuttgart 1965, S.27 (hvg: von mir).

[223] Ein Beispiel für diesen Vorgang: Jetzt wird die bislang geltende Wirklichkeit des Alterns abgeschafft, folgerichtig, da wir gedankenlos die Dinge in ein Jenseits der Realwelt jagen.

[224] Plato erhöht dieses Gespinst, verdichtet dieses Schattenwesen zur Idea als der eigentlichen Wirklichkeit. Er sagt, wir täuschen uns, wenn wir diese als Schatten nehmen. Kein Wunder, dass er trotz seiner Lobpreisungen des Eros (im „Gastmahl“) ein Kunstverächter blieb.

[225] Strauss, B.: *Beginnlosigkeit*. München, Wien 1992, S.109.

[226] Meister Ekkehard: *Deutsche Predigten und Traktate*. München 1978, S.429 (hvg: M.E.).

[227] ebenda

[228] Op.cit. S.430.

[229] Libeskind, D.. Zitiert in: Werner Hofmann, W.: *Wie deutsch ist deutsche Kunst?* Leipzig 1999, S.17.

[230] Guattari, F.; Deleuze, G.: *Tausend Plateaus*, Berlin 1992, S.467.

[231] Guattari, F.: Op.cit., S.471.

[232] Guattari, F.: Op.cit., S.27.

[233] ebenda, S.14.

[234] Musil, R.: *Der Mann ohne Eigenschaften*, Reinbek b. Hamburg 1978, S.284.

[235] Die medizinische Wissenschaft hat Kenntnis von unsystematischen, vegativen Körpervorgängen, die, dem Bewusstseinsdiktat entsogen, innigst und nachhaltig den Gesundheits- bzw. Krankheitszustand bestimmen.

[236] A. Arteau spricht in diesem Zusammenhang von einem „zweifachen Geist ... Was er bewegt, ist das INERSCHEINUNG-GETRETENE. Es ist eine Art von uranfänglicher Körperlichkeit, von der sich der Geist niemals losgesagt hat.“ Bislang noch nicht! In: Arteau, A.: *Das Theater und sein Double*. Frankfurt/M. 1969, S.64.

[237] siehe Motto Nr. 2 auf S.228

[238] Schelling, F.W.J.: ... *Untersuchungen über das Wesen der menschlichen Freiheit* ... Frankfurt/M. 1975, S.87.

[239] Schelling, op.cit., S.87.

[240] Meister Ekkehard: *Deutsche Predigten*. München 1978, S.404.

[241] von Arnim, B.: zitiert aus: Bohrer, K.H.: *Der romantische Brief*. München, Wien 1987, S.123.

[242] Nietzsche, F.: *Sämtliche Werke*. Band 4. Stuttgart 1964, S.205.

[243] Hegel, G.W.F.: *Phänomenologie des Geistes*. Hamburg 1952, S.238 (Hervorhebung von mir).

[244] Nietzsche, F.: *Sämtliche Werke*. Band VI. Stuttgart 1964, S.34 f..

[245] Nietzsche, F.: Op.cit., S.65 – Die Abkopplung des Geistes von seinem ursächlichen Grund beschäme ihn: „Zur Verachtung des Irdischen hat man euren Geist überredet, aber nicht eure Eingeweide: d i e aber sind das Stärkste an euch! Und nun schämt sich euer Geist...“. Op.cit., S.133.

[246] Heidegger, M.: *Vorträge und Aufsätze*. Pfullingen 1954, S.37.

[247] Leisegang, H.: *Die Gnosis*. Stuttgart 1985, S.28.

[248] Mitscherlich, A.: *Krankheit als Konflikt. Studien zur psychosomatischen Medizin*. Frankfurt/M. 1966, S.141.

[249] Mitscherlich, A.: Op.cit., S.141.

[250] Block, F.W. in: „Beobachtungen des Unbeobachtbaren“, herausgegeben von Oliver Jahrhaus ... Weilerwist 2000, S.166.

[251] Hölderlin, F.: *Sämtliche Werke*. Frankfurt/M. 1964, S. 273 ff.

[252] siehe Motto Nr. 2 auf S.228

[253] Schelling, F.W.J.: *Philosophie der Kunst*. Darmstadt 1976, S.28.

[254] ebenda

[255] siehe Motto Nr. 2 auf S.228

[256] Nicht zu übersehen ist beispielsweise das aufklärende und subversive Potenzial, das die Internetinformationen bereithalten.

[257] In dieser Helle vergrößert sich dann das nichtintegrierte Dunkle: Pädophilie, Folter, Terrorismus, rechtsfreie Räume.

[258] Vielleicht ist der nur noch rechnende, alles in seinen Griff und auf den Begriff bringende Geist heute magersüchtig und verweigert ebenso wie schwerkranke Magersüchtige zwanghaft lebenserhaltende Nahrung.

[259] Beaudrillard, J.:*Videowelt und fraktales Subjekt*. In: Bark, K. (Hg.) *Aisthesis*. Leipzig 1991, S.252-265. S.255.

[260] Etymologisch hängt Blitz mit Blick zusammen.

[261] Keller, C.: Der Ich-Wahn. Zürich 1989, S.313.

[262] Ein Beispiel hierfür wäre der Irak-Krieg, seine computergenerierten Voraussetzungen.

[263] Nietzsche, F.: Sämtliche Werke. Band XI. Stuttgart 1965, S.10.

[264] Musil, R.: Op.cit., S.284.

Hinweis zu den Abbildungen: Hausaufgabe im Medium Fotografie, Thema: *Der Monitor und Ich*. Grundkurs Klasse 12, Gymnasium Groß Ilsede.

BILDENDE KUNST IST MEHR ALS NUR ZEICHNEN – ZEICHNEN ALS SELBSTAUSDRUCK UND WIRKLICHKEITSANEIGNUNG

Stefanie Marr

Bilder sind Mittel, mit deren Hilfe die Menschen ihre Beziehung zur Wirklichkeit als auch zum Ich klären: Bilder vermitteln zwischen Mensch und Welt; sie dienen dem Menschen als Medium zur „Bewältigung" und „Erzeugung" von Wirklichkeit[265]. In Bildern eignet sich der Mensch Wirklichkeit an; Wirklichkeit wird in Bildern gestaltet. Mit Hilfe von Bildern orientiert sich der Mensch in der Welt: „Ein Weg zur Wirklichkeit geht über Bilder"[266]. Bei der Beschäftigung mit Bildern geht es um mehr als um ein bildnerisches Verfahren.

Die Funktion des Bilder Machens ist die Aneignung und Gestaltung des Selbst und der Welt. Beim Prozess des Bilder Machens sind die aneignende Wahrnehmung und die gestaltende Bildung zwei aufeinander bezogene Tätigkeiten: In der Aneignung nimmt der Mensch wahr und erkennt was wirklich ist; ihm wird bewusst, was nicht ist, aber möglich ist. Die mögliche und wirkliche Wirklichkeit finden ihren Ausdruck in der Gestaltung; in ihr zeigt und kommuniziert der Mensch, was sein soll. Bilder zu machen, umfasst den Dreischritt wahrnehmen, beurteilen und gestaltend handeln. Es wird deutlich, dass sich die Tätigkeiten der Aneignung und Gestaltung beim Bilder Machen wechselseitig beeinflussen, sich in ihrer Qualität bedingen[267]. Je differenzierter die Wirklichkeit in der Aneignung wahrgenommen und beurteilt wird, desto präziser kann sie in der Gestaltung geformt, gebildet werden. Das Maß für das Bilder Machen liegt in der Angemessenheit zu ihrer Funktion. Beim Bildermachen geht es um mehr als um die Beherrschung handwerklicher Fähig- und Fertigkeiten.

Das Bild gibt nicht lediglich Sichtbares wieder, sondern es macht sichtbar[268]: Beim Bilder Machen geht es nicht um das Abbild. „Macht sichtbar" muss bezogen werden auf das, was schon da ist, aber so noch nicht wahrgenommen wurde. Das Bild macht erkennbar. Bilder transportieren ihre Inhalte in symbolischen Formen. Ein Kennzeichen von Symbolen ist, dass sie immer auf etwas anderes verweisen als auf sich selbst. Sie verweisen auf Bedeutungen. Bilder geben Bedeutungen Form; sie machen Bedeutungen sichtbar. Gestalten steht im Kontext von Wahrnehmen, Denken, Handeln. Es wird deutlich, dass Bilder Machen über die Wiedergabe von Material- und Formeigenschaften hinausgeht. Kritik kann an der Gestaltung immer dann geübt werden, wenn der Gestaltende nach Beendigung seiner Arbeit von der Figur, welche er darstellte, nicht mehr weiß als vor Beginn seiner Arbeit[269] Gestalten ist mehr als bloße formale Fingerfertigkeit.

Rückt die oben genannte Funktion des Bilder Machens in den Mittelpunkt von ästhetischen Bildungsprozessen, wird Gestaltung einer fundamentalen pädagogischen Aufgabe zugeführt: Sie befähigt zur Lebenskunst. Gestaltung verabschiedet sich von kunstgewerblicher Bastelei und Künstlerimitation.

Wie der Auftrag erfüllt wird, mit Bilder Machen zur Lebenskunst beizutragen, war das Thema dieser Arbeitsgruppe. Anhand von zwei künstlerisch-praktischen Aufgaben sollte aufgezeigt werden, wie kulturelle Bildung nicht nur zur Bildenden Kunst sondern weitreichender bildend zur Lebenskunst beiträgt.

RICHTIG ZEICHNEN – DIE WIRKLICHKEIT IM BILD ABBILDEN

Die erste Aufgabenstellung lautete: „Zeichnen Sie das aufgebaute Stillleben bestehend aus Milchtüte, Apfel, Becher und Geschirrtuch".

Bei dieser Aufgabe geht es auf der Inhaltsebene vorrangig um das, was als Speise auf dem Tisch steht. Essen und Trinken werden hier um ihrer selbst willen dokumentiert. So ist das „Naturstudium" bedeutend, das genaue Studium der Dinge in ihrer stofflichen Beschaffenheit. Die Wiedergabe von Material und Formeigenschaften der Gegenstände ist essentiell. Bei dieser Aufgabe liegt das Maß für den Wert der Darstellung in seiner Perfektion, in seiner Ähnlichkeit zum Objekt. Die angestrebte Darstellung der Gegenstände des Frühstücks ist von der gesellschaftlichen Auffassung des Bildes bestimmt: Milchtüte, Apfel, Becher und

Geschirrtuch sollen an der visuellen Wirklichkeit orientiert, nur in ihrer äußeren Erscheinungsform wiedergegeben werden. Der Blick der Gestaltenden auf die Gegenstände des Frühstücks soll aus einer überpersönlichen, überindividuellen Perspektive erfolgen.

Bei der Wiedergabe des Frühstücksstilllebens ist kaum mit Darstellungsproblemen zu rechnen. Die Gegenstände gehören, neben Porree, Zwiebeln und anderen einfachen Haushaltsgegenständen wie Flaschen und Scheren, zu den Dingen, die oft genug abgebildet werden mussten: Auf ein schon oft erprobtes und bewährtes Abbildungs- und Ausführungswissen kann zurückgegriffen werden. Das aufgebaute Stillleben kann routiniert – in Standardausführung – wiedergegeben werden.

RICHTIG ZEICHNEN – ÜBER DIE *WIRKLICHKEIT* MIT DER DARSTELLUNG VON FRÜHSTÜCKSGEGENSTÄNDEN NICHTS ODER NUR BELANGLOSES AUSZUSAGEN

Was machen die Gestaltenden bei dieser Aufgabe sichtbar?
Was machen sie als Sichtbares begreifbar?
Da bei dieser Aufgabe die Frühstücksgegenstände von einem unpersönlichen Standpunkt betrachtet werden, werden sie ihrer vielfältigen Auslegbarkeit entledigt. Resultat sind standardisierte – möglicherweise technisch perfekte – Abbilder, aber keine Bilder. Von Bildern kann nicht gesprochen werden, denn Bilder geben nicht lediglich Sichtbares wider, sondern machen sichtbar. Bilder machen erkennbar. Bilder dienen zur Aneignung und Gestaltung von Wirklichkeit. Bilder Machen geht über die Wiedergabe der äußeren Erscheinungsform hinaus. Das Maß für das Bilder Machen liegt nicht in der technischen Perfektion. Beim Bilder Machen geht es um mehr als um die Beherrschung handwerklicher Fähig- und Fertigkeiten. Beim Bilder Machen steht die Bildaussage im Mittelpunkt; es reicht nicht aus, nichts oder nur Belangloses über sich und die Wirklichkeit im Bild zu vermitteln.

Wenn die persönliche Perspektive und die individuelle Annäherung keine Rolle spielen, verstummt die Bildsprache. In den Darstellungen wird die Welt „stumm gemacht [...]: sie wird zur Wüste, das eigene Leben, die Vielfalt sind aus ihr ausgetrieben“[270]. Die Welt auf ihre visuelle Erscheinungsform im Bild festzulegen, kann folglich allein als ein eingegrenzter Weltentwurf mit einem nur beschränkten Sinn angesehen werden. Diese Erkenntnis relativiert die zum Ausdruck kommenden „Disziplinierungen und gesellschaftlich verankerte[n] Festlegungen des Blicks“[271], denn es kann davon ausgegangen werden, dass die persönliche Perspektive auf den Gegenstand ihn präziser zu erkennen und dann in der Darstellung genauer wiederzugeben vermag. Erst im persönlichen, unvoreingenommenen Wahrnehmen ist es möglich, die Vielfalt, die einem Gegenstand abzugewinnen ist, ins Blickfeld zu bekommen. So ist, sich selbst ein Bild zu machen, Ziel kultureller Bildungsprozesse.

WER SIND SIE, UND WAS MACHEN SIE AUS IHREM LEBEN? ZEICHNEN SIE IHR PERSÖNLICHES FRÜHSTÜCK, UND SIE WISSEN, WER SIE SIND.

Die zweite Aufgabenstellung lautete: „Beantworten Sie für sich den Fragebogen und zeichnen Sie nach reiflicher Überlegung Ihr persönliches Frühstück“.

Fragebogen

Was essen und trinken Sie zum Frühstück?

- Welche Produkte befinden sich auf Ihrem Tisch? Handelt es sich um Bio-, Marken oder No-Name-Produkte?
- Ist Ihr Frühstückstisch reichhaltig oder eher spartanisch gedeckt?
- Sind die Produkte gesund oder eher ungesund?
- Erlauben Sie sich, das zu essen, worauf Sie Appetit haben, oder bestimmt Ihre Angst vor Kalorien oder Ihr Geldbeutel Ihren Speiseplan?
- Was würden Sie bei freier Wahl am liebsten zum Frühstück essen und trinken?

Wo essen Sie Frühstück?

- Haben Sie einen festen Essplatz?
- Decken Sie sich den Tisch? Oder machen Sie sich Ihr Frühstück und nehmen Sie es dann irgendwie – zum Beispiel im Stehen – und irgendwo – zum Beispiel vor dem Computer – zu sich?
- Wo essen Sie am liebsten Frühstück?
- Nehmen Sie Ihr Frühstück immer oder nur manchmal an Ihrem Lieblingsplatz ein? Warum bzw. warum nicht?

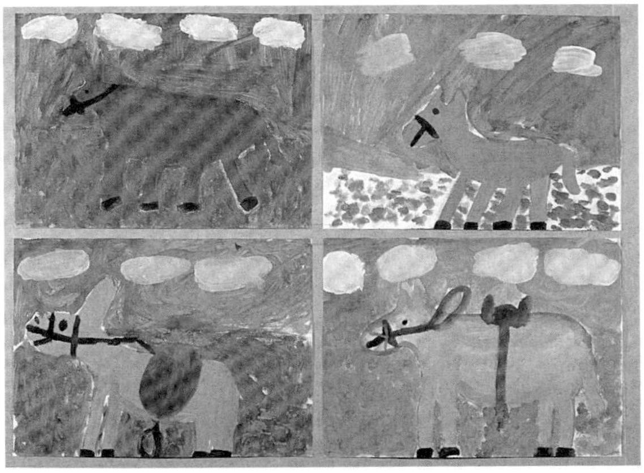

Abb.1: *Arbeitsbereich: Farbe*. Thema: Esel im Gras. In: Merz, Marianne. *Grundkurs Deckfarben*. Dietzenbach 1980.

Abb.2: Alicia, 7 Jahre: *Schwarz und Weiß*. In Deutsche Telekom (Hg.): *Bilder unserer Welt*. Bremerhaven 1997.

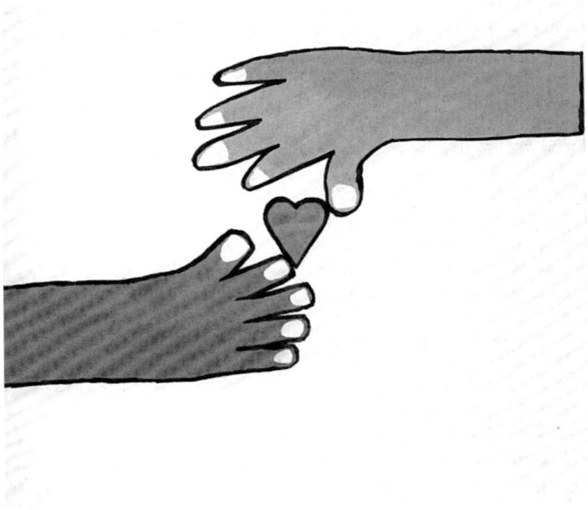

Abb.3: Moustapha, 18 Jahre: *Schwarz und Weiß*. In Deutsche Telekom (Hg.): *Bilder unserer Welt*. Bremerhaven 1997.

Nehmen Sie Ihr Frühstück in Eile nebenbei oder in aller Ruhe ein?

- Wie beschäftigen Sie sich beim Frühstücken?
- Unterhalten Sie sich, lesen Sie Zeitung, hören Sie Radio, oder sehen Sie Fernsehen?
- Denken Sie beim Frühstücken über den kommenden Tag nach?
- Was sind für Sie die besten Rahmenbedingungen für ein Frühstück?

Wie decken Sie Ihren Tisch?

- Achten Sie auf Ordnung?
- Decken Sie nur auf einem sauberen Tisch? Wischen Sie den Tisch vor dem Decken ab?
- Muss das Messer bei Ihnen gerade neben dem Teller liegen?
- Muss das Geschirr bei Ihnen einheitlich oder darf es ruhig bunt zusammengewürfelt sein?
- Steht die Marmelade neben dem Honig? Steht das Milchkännchen neben der Zuckerdose?
- Liegt die Serviette ordentlich neben dem Teller?
- Decken sie nur auf einem frei geräumten Tisch, oder liegt bei Ihnen allerhand auf dem Tisch, was nicht zum Frühstück dazugehört? Warum bzw. warum nicht?
- Warum ist Ihnen Ordnung wichtig? Bzw. warum stört Sie die Unordnung nicht? Stört es Sie wirklich nicht, dass es unordentlich ist?
- Dekorieren Sie Ihren Tisch mit Blumen, Adventsgestecken usw.? Warum bzw. warum nicht?
- Benutzen Sie eine Tischdecke? Verwenden Sie Tischsets? Warum bzw. warum nicht?
- Stellen Sie Käse und Wurst auf einem Teller angerichtet – ohne Verpackung – auf den Tisch?
- Mit was für einem Geschirr nehmen Sie Ihr Frühstück ein?
- Was für ein Design hat Ihr Geschirr?
- Wie wichtig ist Ihnen das Geschirr? Hängen Sie an dem Geschirr?

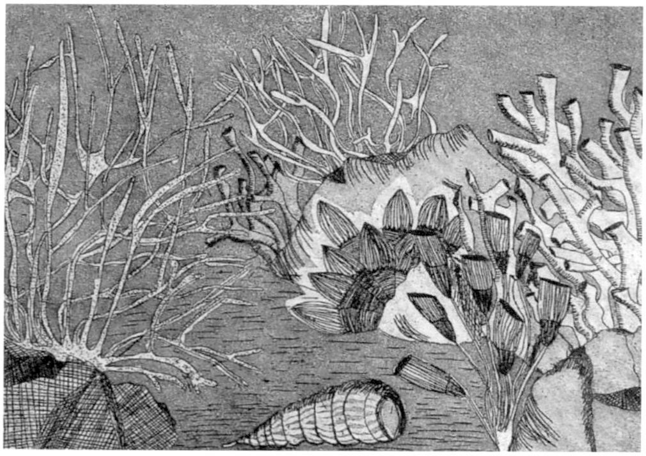

Abb.4: *Schülerarbeit: Korallenwald*. In Gerstäcker (Hg.): Gerstäcker Gesamtkatalog 2000-2001, S.14.

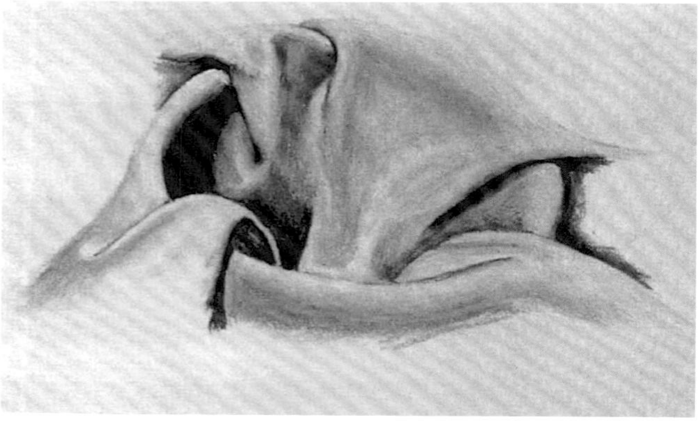

Abb.5: Schülerarbeit: *Tuch-Gefäß-Studie*. In Gerstäcker (Hg.): Gerstäcker Gesamtkatalog 2000-2001, S.477.

- Gefällt Ihnen Ihr Geschirr? Warum bzw. warum nicht?
- Haben Sie sich das Geschirr bewusst ausgesucht; haben Sie das Geschirr erworben? Haben Sie das Geschirr geschenkt bekommen? Ist das Geschirr eine Notlösung?
- Hat das Geschirr schon abgesprungene Stellen?
- Wie sähe Ihr ideales Geschirr aus?

Gestalten Sie Ihr Frühstück jeden Tag gleich?

- Gibt es einen Unterschied, ob Sie innerhalb der Woche oder am Wochenende frühstücken?
- Gibt es einen Unterschied, ob Sie allein oder in Gemeinschaft frühstücken?
- Ist Ihnen das Ritual des Frühstückens wichtig? Warum bzw. warum nicht?
- Wie frühstücken Sie und wie sieht für Sie Ihr ideales Frühstück aus?

WER BIN ICH, UND WAS MACHE ICH AUS MEINEM LEBEN?
ÜBER DIE MÖGLICHKEIT MIT DER DARSTELLUNG DES EIGENEN FRÜHSTÜCKS ETWAS ÜBER SICH SELBST UND SEINE WIRKLICHKEIT AUSZUSAGEN

Was machen die Gestaltenden bei dieser Aufgabe sichtbar?
Was machen sie als Sichtbares begreifbar?

Bei dieser Aufgabe geht es auf der Inhaltsebene nicht vorrangig um das, was als Speise auf dem Tisch steht. Essen und Trinken werden hier nicht um ihrer selbst willen dokumentiert. So ist das Studium der Dinge in ihrer stofflichen Beschaffenheit zweitrangig. Die Wiedergabe von Material- und Formeigenschaften der Gegenstände ist sekundär. Nebensächlich ist, ob einem beim Anblick der dargestellten Speisen das Wasser im Munde zusammenläuft oder ob sich der Magen beim Betrachten vor Ekel zusammenzieht. Denn bei dieser Aufgabe liegt das Maß für den Wert der Darstellung nicht in seiner Perfektion, nicht in seiner Ähnlichkeit zum Objekt.

In der Auseinandersetzung mit der eigenen Mahlzeit wird hier vielmehr die inhaltliche Möglichkeit gesehen, in der Aneignung des persönlichen Frühstücks etwas über sich und seine Wirklichkeit zu erfahren und in der Gestaltung etwas über sich und seine Wirklichkeit auszusagen. Der Frühstückstisch gibt durch die Auswahl und Anordnung der Gegenstände Auskunft über die persönliche Lebensführung[272]: Der Essplatz spricht kodiert von den Lebensbedingungen – der sozialen und materiellen Situation – und von den Wertvorstellungen des Menschen. Der Frühstückstisch ist Spiegelbild des eigenen Lebens.

Die hier – mit Hilfe des Fragebogens – angestrebte Auseinandersetzung mit dem eigenen Frühstück soll den Menschen anregen, sich selbst und sein Leben zu reflektieren. Angestrebt ist zum einen ein Bewusstsein von sich selbst und seinen Bedürfnissen und zum anderen ein Bewusstsein von den Rahmenbedingungen des eigenen Lebens. In der Auseinandersetzung mit dem eigenen Frühstück soll sich der Mensch in seiner wirklichen Begrenztheit und in seiner möglichen Weite erkennen: Wie bin ich, bzw. wie bin ich nicht? Was will ich, bzw. was will ich nicht? Was kann ich, bzw. was kann ich nicht? Was wünsche ich mir, bzw. was wünsche ich

Abb.6: Kinderzeichnung zum 11. September 2001. In Behnken, Imbke u.a.: null zoff – voll busy. Opladen 2002.

mir nicht? Durch die Beantwortung dieser Fragen entwickelt der Mensch ein Selbstbild. Ein Bild von sich zu haben, ist die Voraussetzung dafür, sich selbst zu verwirklichen. Wer die Fragen „Wer bin ich?", „Wie bin ich geworden?" und „Wie will ich werden?" beantworten kann, ist sich selbst bewusst. Er hat genügend Einsichten für eine sinnorientierte Selbst- und Wirklichkeitsgestaltung. Die eigene Selbst- und Weltsicht findet ihren Ausdruck in der bildnerischen Gestaltung. Im Bild wird die Aneignung des Selbst und der Welt gestaltet; im Bild wird die individuelle Sicht auf sich und die eigene Wirklichkeit der Welt mitgeteilt.

Bei dieser Aufgabe soll eine individuelle Perspektive und eine persönliche Beziehung zum Bildgegenstand durch eigene Betroffenheit erreicht werden. Die Darstellungen sollen einen persönlichen, eigenen Blick auf das Thema erkennen lassen. Die Persönlichkeit des Gestaltenden soll sich im Bild widerspiegeln. Bei dieser Aufgabe kann nicht auf ein erprobtes und bewährtes Abbildungs- und Ausführungswissen zurückgegriffen werden. Das eigene Frühstück kann nicht routiniert – in Standardausführung – wiedergegeben werden; denn in Gestaltungszusammenhängen sind der subjektiven Meinung und Haltung nahestehende Beiträge die Seltenheit, individuell biografische, situative Schilderungen die Ausnahme. So herrscht bei dieser Aufgabe voraussichtlich Unsicherheit in der Darstellungsweise. Gestalten-Wollen und Gestalten-Können klaffen auseinander. Wie lässt sich die Kluft erklären?

Die Prägung des bildnerischen Ausdrucks ist kulturabhängig. In unserem Kulturkreis dominiert ein Darstellungsverständnis, welches das Ziel in einer linear fortschreitenden zeichnerischen Entwicklung sieht – von der „primitiven" schematischen zur „gekonnt" naturalistischen Darstellung. Aus der Tatsache, dass eine naturalistische Gestaltungsfähigkeit nicht schon immer vorhanden gewesen ist, sondern erst allmählich und aufbauend erworben werden muss[273], ergibt sich der pädagogische Auftrag. Formale Kenntnisse, die den Zeichnenden eine naturalistische Darstellung ermöglichen, müssen transportiert werden. Eine am Realismus orientierte Darstellung erfordert das Beherrschen einer Vielzahl formaler Fähigkeiten und Fertigkeiten. Um den Lernprozess überschaubar zu gestalten, isoliert die Lehrperson formale Prinzipien, die in voneinander getrennten Unterrichtseinheiten vermittelt werden (Abb.1). Diesem Verfahren liegt die Annahme zu Grunde, dass einer bildhaften Gestaltung das Erlernen von Techniken vorausgehen muss.

So spielen Inhalte bei der Vermittlung von Techniken eine beliebige Rolle. Das Bild als Ausdrucksträger wird hintangestellt. Darstellungsprinzipien werden um ihrer selbst willen gelehrt. Es wird nach dem Motto gehandelt: It doesn't matter what you say so long as you pronouce it properly. Das Ziel des Unterrichts ist, das Darstellungsrepertoire der Gestaltenden zu erweitern und ihnen über die gewonnenen formalen Fähigkeiten und Fertigkeiten zu einer differenzierten und verfeinerten Darstellung zu verhelfen. Die Realität zeigt, dass das Ziel einer verfeinerten Darstellung wenn überhaupt, dann nur formal mit diesem Unterrichtsvorgehen erreicht wird. Da die Lernprozesse auf formale Prinzipien beschränkt wurden, „Farbe und Form als Selbstzweck" und Inhalt nur als Vorwand für das Erlernen von bildnerischen und technischen Mitteln kennengelernt wurden, sind die Geschulten am Ende der Ausbildung nicht in der Lage, sich verfeinert im Bild auszudrücken, komplexe Aussagen zu machen (Abb.2-3). Denjenigen, welche „gut" gelernt haben, ist es wohl möglich, technisch perfekte, formal ausgewogene und gefällige Bilder herzustellen.

Abb.7: Schülerarbeit: *Die Umwelt aus der Sicht einer Ameise*. In Gerstäcker (Hg.) 2002-2003. Gerstäcker Gesamtkatalog 137.

Abb.8: Schülerarbeit: *Surrealismus*. In Gerstäcker (Hg.): Gerstäcker Gesamtkatalog 2002-2003, S.487.

Abb.9: Schülerarbeit: *August Macke in Kandern*. In Gerstäcker (Hg.): Gerstäcker Gesamtkatalog 2000-2001, S.487.

Bildaussagen treffen sie mit und in ihren Darstellungen allerdings nicht. Inhaltlich wird von ihnen nichts oder nur Belangloses vermittelt (Abb.4-5).

Das Erlernen bildnerischer und technischer Mittel darf nicht um ihrer selbst willen geschehen, sondern muss in einen Handlungszusammenhang mit persönlichen Bedeutungsbezügen eingebunden sein. Die Lernenden müssen erfahren, dass eine von ihnen bestimmte Aussageabsicht den Gebrauch bestimmter Mittel sowohl erfordert als auch rechtfertigt. Der Sinn und der Nutzen der Gestaltungsmittel für die eigene Mitteilungsabsicht muss den Lernenden erschlossen werden. Das bildnerische Gestaltungs- und das bildnerische Ausdrucksvermögen müssen als zusammengehörend, sich aufeinander beziehend von den Lernenden verstanden werden. Das Bild als Vermittler des eigenen Ausdrucks zu begreifen, ist die Voraussetzung dafür, in der Gestaltung Sinn zu finden.

GESTALTEN-WOLLEN UND GESTALTEN-KÖNNEN

Gestalten-Wollen und Gestalten-Können klaffen für die Menschen oftmals auseinander. Sie haben den Eindruck, dass sie sich nicht – ihrem Ausdruckswunsch entsprechend – im Bild mitteilen können. Da sie nur einen restringierten bildsprachlichen Code beherrschen, empfinden sie ihr „Handwerkszeug" als zu beschränkt für das Bilder Machen. In ihren Augen erlaubt ihnen der restringierte bildsprachliche Code nicht, sich auszudrücken; ihrem Empfinden nach verleiht ihnen der restringierte bildsprachliche Code den Status eines entmündigten Subjekts.

Es ist zwar richtig, dass der Ausdruck eines Bildes durch den optimalen Einsatz bildnerischer und technischer Mittel gesteigert werden kann: Je umfassender die Kenntnisse über die Mittel und die Erfahrungen in ihrem Gebrauch sind, desto präziser können bildnerische Aussagen gemacht werden. Nicht richtig ist hingegen, dass der Ausdruck eines Bildes unmittelbar und bestimmend von der Beherrschung der Technik abhängig ist. Bildnerische Gestaltungen, die aufgrund von technischen Mängeln und Unzulänglichkeiten in der Form unbeholfen wirken, können trotz allem ausdrucksstark sein (Abb.6). So wird zum Beispiel von Kindern in ihren freien Zeichnungen hohe Ausdrucksqualität trotz wenig entwickelter handwerklicher und technischer Kenntnisse und

Erfahrungen erreicht. Sich im Bild auszudrücken, hängt also nicht primär vom Gestalten-Können ab.

„Eine gelungene Form ist für ... [die Experten] nicht, und schon gar nicht nur deshalb gelungen, weil sie äußerlich als gestaltete Form überzeugt, sondern weil sie sinnträchtig ist und demzufolge etwas Inhaltliches mitzuteilen und zum Ausdruck zu bringen hat. Und eine misslungene Form ist deshalb schlecht oder wenig überzeugend, weil sie, obgleich vielleicht formal geschickt, „kunstvoll" gemacht, inhaltlich leer und banal ist."[274]

Menschen beschränken ihre bildsprachlichen Äußerungen oftmals auf Gegenstände, für die sie auf ein schon oft erprobtes und bewährtes Abbildungs- und Ausführungswissen zurückgreifen können. Bei Gegenständen wie Porree, Zwiebeln, Flaschen und Scheren haben sie keine Darstellungsprobleme. Damit sich bildsprachliche Äußerungen nicht nur auf die Reproduktion weniger Gegenstände beschränken, bedarf es eines nicht-diskriminierenden, fehlertoleranten Umgangs mit einer – wie auch immer defizitären – Bildsprache. Ein fehlertoleranter Umgang hilft, dass von den Menschen auch bildsprachlich riskante, den subjektiven Meinungen und Haltungen näher stehende Beiträge gewagt werden. Sie fühlen sich ermutigt, ihren Eindrücken Ausdruck zu verleihen. Ein fehlertoleranter Umgang ist also notwendig, damit Menschen erfahren, wie sehr sich ihre Selbst- und Weltsicht in der Begegnung mit Bildern ausdifferenzieren lässt, wie sehr sich das Bilder Machen auf das unmittelbare Wohlbefinden – im Sinne von einem erfüllten Leben – auswirkt, wie umfassend also die Lebenskompetenz durch Bilder Machen erweitert wird.

Bildende Kunst ist mehr als nur Zeichnen und Malen

Menschen brauchen in der Regel keine künstlerisch-praktischen Fertigkeiten, wie sie im üblichen kunstpädagogischen Kontext – dies ist im weitesten Sinne gemeint – erworben werden: Die Fertigkeit, die Umwelt aus der Sichteiner Ameise darzustellen (Abb.7), „Surrealismus" zu zeichnen (Abb.8), so zu malen wie August Macke (Abb.9) und nach Max Beckmann zu drucken (Abb.10) oder das zeichnerisch naturalistische Abbilden einer eingewickelten Puppe (Abb.11) hat in ihrem Leben nie wieder Bedeutung. Um einen Weg zu beschreiben oder Kindern etwas

Abb.10: Schülerarbeit: *Umsetzung eines Kunstwerkes in Drucktechnik*. In Gerstäcker (Hg.): Gerstäcker Gesamtkatalog 2000-2001, S.633.

Abb.11: Schülerarbeit: *Eingewickelte Puppe*. In Gerstäcker (Hg.): Gerstäcker Gesamtkatalog 2002-2003, S.463.

vorzumalen reicht ihr Vor- bzw. Grundschulwissen aus. So nimmt kein Mensch unmittelbaren Schaden, wenn er eine solche künstlerisch-praktische Schulung nicht erfährt.

Es ist paradox: Der praktizierte Kunstunterricht ist selbst an der Bedeutungslosigkeit der künstlerisch-praktischen Tätigkeit für den Menschen Schuld, denn mit und in ihm gelingt es offenbar nur selten, Bilder Machen als Sinn stiftende Tätigkeit zu vermitteln.

Unvermittelt bleibt, weshalb es sinnvoll ist, sich mit Bilder Machen zu beschäftigen. Wie sehr sich die Sicht – auf sich selbst und die Welt – in der Begegnung mit Bildern ausdifferenzieren lässt und wie sehr sich das Bilder Machen auf das „unmittelbare Wohlbefinden" – im Sinne von einem selbstbewussten, selbstbestimmten Leben – auswirkt, erfahren die Lernenden oftmals nicht. Verschlossen bleibt ihnen also die Erfahrung, wie umfassend die Lebenskompetenz durch Bilder Machen erweitert wird.

Fühlt sich der praktische Kunstunterricht der *bildenden* „Kunst" verpflichtet, muss in ihm mehr vermittelt werden als nur Zeichnen und Malen. Kunstunterricht hat im Rahmen von Bildungsdiskussionen nur seine Berechtigung, wenn er nicht lediglich als Sammlung spezieller Techniken, sondern als eine besondere Art der Aneignung und Gestaltung des Lebens, eben als eine besondere Weise des Wahrnehmens, Denkens und Problemlösens von den Lernenden erfahren werden kann. Dann ist er elementar und lebensnotwendig. Dann trägt er zur Aneignung und Gestaltung des Lebens – zur Lebenskunst – bei. Da der Mensch gezwungen ist, sein Leben zu gestalten, und zu gestalten gelernt werden muss, kommt es zu einem „Schaden", wenn Lebenskunst nicht beherrscht wird; denn Lebenskunst nicht zu beherrschen bedeutet im Umkehrschluss, zur Aneignung und Gestaltung des Selbst und der Welt nicht befähigt zu sein. Damit Leben gelingt, kann den Weg des Lebens bestimmen und dem Leben Form verleihen zu können als Auftrag und Ziel der Kunstpädagogik angesehen werden. Wird der Auftrag erfüllt und das Ziel erreicht, hat Unterricht nicht nur zur Bildenden Kunst sondern *bildend* zur Lebenskunst beigetragen.

LITERATUR

Billmayer, F.: *Kunsterziehung als Dienstleitung.* BDK-Mitteilungen 3, 1999, S.6-8.

Boehm, G.: *Was ist ein Bild?* München 1994, S.11-38.

Brügel, E.: *Wirklichkeiten in Bildern – Über Aneignungsformen von Kindern.* In: bkj e.V. (Hg.): *Praxisfeld Kinderkulturarbeit.* Remscheid bkj, 1993, S.33-67.

bkj e.V. (Hg.): *Lernziel Lebenskunst.* Remscheid bkj, 1999.

bkj e.V. (Hg.): *Partizipation und Lebenskunst.* Remscheid bkj, 2000.

bkj e.V. (Hg.): *Kulturelle Bildung und Lebenskunst.* Remscheid bkj, 2001 a).

Canetti, E.: *Die Fackel im Ohr.* Frankfurt/M. 1987.

Grünewald, D.: *Zeichnen.* In: von Criegern, A. (Hg.): *Handbuch der Ästhetischen Erziehung.* Stuttgart 1982, S.63-74.

Von Hentig, H.: *Bildung.* Weinheim und Basel 1999.

Hess, W.: *Dokumente zum Verständnis der modernen Malerei.* Hamburg 1956.

Kettel, J.: *Zur Gewaltförmigkeit des Kunstunterrichts.* BDK-Mitteilungen (1) 1998, S.5-9.

Kulturpolitische Gesellschaft (Hg.): *Kulturelle Bildung.* Kulturpolitische Mitteilungen (III) 2001.

Marr, S.: *Lebenskunstunterricht.* Siegen 2003.

Mayrhofer, H. und Zacharias, W.: *Ästhetische Erziehung.* Reinbek 1976.

Regel, G.: *Die Defizite der Ikonologie überwinden: die Kunst als Kunst erfahrbar machen.* In: Kirschenmann, Johannes u.a. (Hg.): *Ikonologie und Didaktik.* Weimar 1999, S.107-116.

Reiß, W.: *Kinderzeichnungen.* Neuwied, Kriftel und Berlin 1996.

Rumpf, H.: *Gegen den Strom der Lehrstoff-Beherrschung.* Neue Sammlung 1995, S.4-17.

Schmid, W.: *Philosophie der Lebenskunst.* Frankfurt/M. 1998.

Schubert, P.: *Gegenstände und Gegenstandsbeziehungen als Familienbild.* In: KUNST+UNTERRICHT (256) 200, S.116-17.

ANMERKUNGEN

[265] Billmayer 1999, S.6
[266] Canetti 1987, S.109-110
[267] Mayerhofer und Zacharias 1976, S.70
[268] Klee 1920, zitiert in Hess 1956, S.82
[269] Hogarth 1914, zitiert in Grünewald 1982, S.64
[270] Rumpf 1995, S.4
[271] Kettel 1998, S.8
[272] Schubert 2001, S.16
[273] Reiß 1996, S.6
[274] Regel 1999, S.108

NATUR – ORT – EXPERIMENT

Christiane Brohl, Mario Urlaß, Gerd-Peter Zaake

Künstlerische Bildung ist eine persönliche, selbstverantwortliche Aufgabe und deshalb mit eigenen Fragen und Problemen der Lernenden verknüpft. Die Lehrenden sind nicht Belehrer, sondern Initiatoren, die Rahmen und Inszenierungen erfinden, welche ästhetische Selbstbildungsprozesse ermöglichen. Dementsprechend haben wir unsere vorrangige Aufgabe darin gesehen, für Sie eine überraschende, provozierende Inszenierung als Experiment in der Natur, der Umgebung der Akademie, zu entwickeln. Die Grundanforderungen, die sich für Sie im Workshop stellen, sind Offenheit, Neugier und die Bereitschaft, bei gleich welcher Wetterlage, 60 Minuten lang gedanklich konzentriert, fantasiereich und sinnlich tätig, Natur vor Ort experimentell zu erforschen. Der Handlungsrahmen ist dafür weitgehend vorbestimmt. Das künstlerische, experimentelle Handlungsmodell ist insbesondere als ein Angebot für Ihre eigenen Vermittlungstätigkeiten gedacht, das durch Ihre unmittelbaren, persönlichen Erfahrungen angereichert werden kann.

Das Internationale Symposium *Mapping Blind Spaces* hatte sich zum Ziel gesetzt, neue Wege zwischen Kunst und Bildung zu kartieren. Da wir in unserer kunstpädagogischen Praxis neue Pfade, experimentelle, künstlerische Handlungsformen und Orte erkunden, wollten wir mit der Inszenierung des *Workshops 6* „An Naturorten experimentieren" unsere Praxen zu einem künstlerischen Handlungsmodell in der Natur zusammenführen. Mitten im Naturraum konstruierten wir eine quasi-naturwissenschaftliche Forschungssituation. Von dort aus konnten die Teilnehmerinnen und Teilnehmer an selbst ausgewählten Orten in ein unmittelbares, experimentelles Verhältnis zur Natur treten und dabei eine Form, die sowohl ein Produkt als auch eine Handlung oder Fragestellung sein konnte, entwickeln. Obschon wir bewusst Bezüge zur naturwissenschaftlichen Forschung herstellten, verfremdeten wir diese durch Übertreibung und Uneindeutigkeit. Die künstlerische Inszenierung eines verfremdeten Forschungssettings eröffnete den Teilnehmern einen Eintritt in eine Forschungssituation in den Rollen von Forschern, die einen nicht-instrumentellen, sondern einen experimentell-künstlerischen Umgang mit Natur erkunden konnten. In dieser Weise wollten wir bei den Teilnehmern Prozesse künstlerischer Bildung anstoßen und zugleich eine Leerstelle auf der Karte kunstpädagogischer Landschaft markieren.

Schon die gemeinsame Planung des *Workshops 6* glich der Formierung einer Gestalt, dem Aufbau eines Experiments, dem Entwerfen einer Inszenierung, dem Schaffen einer offenen Situation, dem spielerischen Zusammenstellen von Fragmenten unserer künstlerisch-kunstpädagogischen Praxis.

Den abgetragenen Mantel des Lehr-Modells des „behauptenden Wissenschaftlers", der Wissen über Kunst als didaktische Handlungsanleitung zur Vermittlung zwischen Kunstwerk und Subjekt instrumentell anwendet, hatten wir schon längst im Archiv Ästhetischer Bildung abgelegt.

Von dieser engen Ummantelung befreit, praktizieren wir Kunstpädagogik als eine offene künstlerische Praxisform, in der Prozesse künstlerischer Bildung initiiert werden. Jene Kunstpädagogik ist nicht schematisier- und reproduzierbar. Sie ist spezifisch und singulär, hängt von den Bedingungen des Kontextes und den Interessen der Lehrenden und Lernenden ab. Solch eine Kunstpädagogik wird stets aufs Neue vor Ort entworfen. In diesem Fall sind Lehrer keine Belehrer, sondern Erfinder und Initiatoren von Rahmen und Inszenierungen, die eine eigentätige, selbst bestimmte künstlerische Bildung auf Seiten der Lernenden provozieren. Folglich wechseln Lernende auch ihre Rollen: von Auslegern hin zu Forschern, von eher passiven Empfängern hin zu aktiven Konstrukteuren und selbsttätig künstlerisch Handelnden.

Künstlerische Bildung verstehen wir als eine persönliche, selbstverantwortliche Aufgabe, die von Fragen oder Problemstellungen der Lehrenden und Lernenden ausgeht. In diesem Sinne umfasst künstlerische Bildung zunächst zweierlei: Zum einen eine künstlerische Haltung zum Leben, die sich dadurch auszeichnet,

Inszenierte Ausgangssituation

dass sie über die Gegenständlichkeit und Selbstverständlichkeit von Natur- und Kulturformationen wie Dinge, Beziehungen, Handlungen, Materialien, Architekturen, Denk- und Erdstrukturen hinausgeht – durch eine differenzierte sinnliche Wahrnehmung und ein relationales künstlerisches Denken. Weitere Merkmale sind: Kreativität, Neugierde, Experimentierfreude, Begeisterungsfähigkeit, Bereitschaft zu Risiken, zur Offenheit und dazu, Unbestimmbarkeit zuzulassen, nicht alles auf den Begriff bringen zu wollen, sondern jenseits von Begriffen nach Artikulationsweisen für künstlerisches Denken, Wahrnehmen und Handeln zu suchen, scheinbar unerschöpfliche Energien, Durchhaltevermögen, Konzentrationsvermögen, Introspektion und Selbstreflexion im Verhältnis zur Situation, zum Ort, zu den Materialien und den Anderen. Analog zu dieser künstlerischen Haltung können höchst unterschiedliche, individuelle Formen der Erforschung und Erkundung von Kultur und Natur entstehen, sich verzweigen, überlagern und durchkreuzen.

Mit der Inszenierung des *Workshops 6* schufen wir einen künstlerischen Handlungsrahmen, der den Teilnehmerinnen und Teilnehmern ermöglichte, Natur vor Ort experimentell zu erkunden. Wir verlagerten dazu unseren Workshop vom institutionellen Raum zu einem ausgewählten Ort im Naturraum. Bei der Auswahl war uns wichtig, dass dieser Ort noch nicht als Lernort vorcodiert war, dass er eine spürbare wie sichtbare Distanz zum institutionellen Raum hatte und dass der Ort eine gewisse Unordnung, Strukturlosigkeit und Unbestimmtheit aufwies. Deshalb platzierten wir unsere Aktion in einem Dickicht zahlreicher Bäume und hoch gewachsener Pflanzen. Wir wollten aus der Enge des geregelten institutionellen instrumentellen Denkens und Handelns heraustreten und im Gestrüpp der Natur einen ersten ästhetischen Einstellungswechsel bei den Teilnehmern provozieren. Ebenso diente das Displacement unserer kunstpädagogischen Praxis vom Innen- zum Außenraum zur Intensivierung der Wahrnehmung von Natur und auch zum körperlichen In-Beziehung-Treten zur Natur. Schon allein der Weg zum Forschungszelt war nicht deutlich mit Pfaden markiert. Er musste mit körperlichem Einsatz zum Glück nur leicht ertrampelt werden. Statt einer mittelbaren Auseinandersetzung mit Natur, setzten wir den Schwerpunkt auf eine unmittelbare sinnliche, experimentelle Erfahrung von Natur, die keineswegs auf der Ebene phänomenaler Wahrnehmung verweilen sollte. Doch sollten die Teilnehmerinnen und Teilnehmer mit ihrem ersten Schritt in die Natur in ein dialogisches Verhältnis mit Natur treten. Wir begleiteten ihren Forschungsprozess in scheinbaren Rollen von Forschern. Forschungswerkzeuge waren deplatzierte Gegenstände aus dem Alltag.

Jenes Displacement von Alltagsdingen in den Kontext von Natur sollte zur starken Irritation bei den Teilnehmern führen. Kontext-Verlagerungen dekonstruieren Bedeutungen und Funktionen. Vertraute, eingeübte Muster des Wahrnehmens, Handelns und Denkens werden zeitweise aufgeweicht und aufgelöst. Dieser Verlust von eindeutigen Zuschreibungen und eingespielten Verhaltensmustern irritiert. Und genau jene Irritation kann zu einer besonderen Intensität künstlerischen Wahrnehmens, Denkens und Handelns führen. Sie gibt dem Experiment Raum, um spielerisch und fantasievoll Anderes, Abwegiges, Unsinniges, Neues zu entdecken und zu erproben. Momente der Irritation durch Kontext-Verrückungen von Praxen, Handlungsweisen und von Dingen erzeugen Möglichkeitsräume für unbekannte Sinn- oder Unsinnerfindungen. Raum für alternative Konstruktionen unserer Wahrnehmung von Natur wird geöffnet. Unsere Inszenierung einer verrückten Forschungssituation sollte Prozesse künstlerischer Bildung auslösen, die zu unvertrauten, ungewohnten, vielleicht unheimlichen Sinn- und Unsinnkonstruktionen führen konnten. Ein Wahrnehmen und Infragestellen herkömmlicher naturwissenschaftlicher und alltäglicher Weisen kultureller Naturbegegnung sollte zur Öffnung der Perspektive führen und dazu, andere Formen des zu gestaltenden Verhältnisses von Kultur und Natur fantasievoll zu entwerfen. Insofern war die künstlerische Inszenierung als Versuch anzusehen, sich im Verhältnis zur Natur auf ungewohnte Weise auszuprobieren, ohne gleich einen Sinn oder

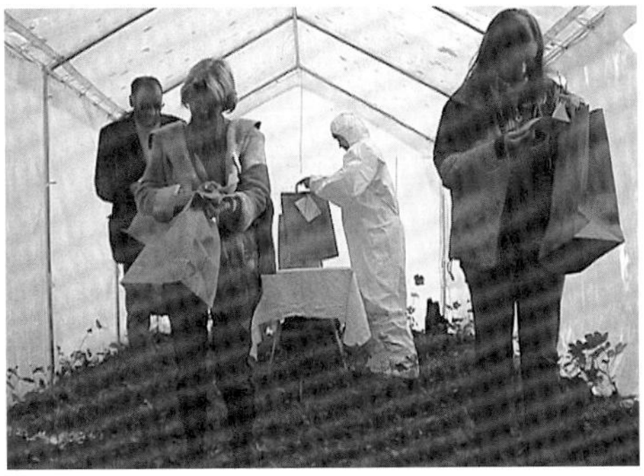

Teilnehmer beim Empfang der Experimentierwerkzeuge

Basiszelt am Ende des Experiments

Zweck verfolgen zu wollen. Der Verlauf und Ausgang des *Workshops 6* war auch für uns unplanbar, offen und deshalb ein künstlerisches Experiment, auf das wir uns wie die Teilnehmer gleichermaßen einließen. So wurde das Forschungssetting zwar von uns erfunden, organisiert und arrangiert, aber in der Situation vor Ort waren wir untrennbar in den prozessualen künstlerischen Verlauf involviert. Derart bildeten wir mit den Teilnehmern ein temporäres Forschungskollektiv mit unterschiedlichen Schwerpunkten und mit verschiedenen Potenzialen künstlerischer Selbstbildung.

NICHTS SAGEND

Die erste Kontaktaufnahme mit unserer Teilnehmergruppe im institutionalisierten Rahmen der Akademie Schloss Rotenfels dauerte nur 5 Minuten, diente weniger einer Klärung unseres Vorhabens, sondern erzeugte vielmehr Neugier und Konzentration, denen, einer Kettenreaktion gleich, eine Reihe von Irritationen folgen sollten. Wir verließen die Gruppe mit der Aufforderung, uns in wenigen Minuten zum eigentlichen Ort unserer Forschungsarbeit zu folgen. Der Weg führte sie vom nüchternen Besprechungsraum in der Akademie hin zu einem lebendigen, wenngleich verborgenen Handlungsraum im Naturareal hinter dem Schloss. Ausgangs- und Endpunkt der folgenden experimentellen Erkundung in der Natur war ein Hauszelt aus weißem Kunststoff mit 3x6 Metern Grundfläche, Fremdkörper im Dickicht des Waldes und eine Art mobile Forschungsbasis zugleich.

Schweigend, dazu waren sie ausdrücklich aufgefordert, näherten sich unsere am Workshop Interessierten dem Forschungszelt. Wir waren inzwischen in weiße Overalls geschlüpft, hatten uns am Eingang des Zeltes postiert. Die bleichen Schutzanzüge markierten unser Einssein mit dem weißen Zelt, erinnerten an Labor- und Forschungssituationen, bei denen völlige Sterilität Voraussetzung für nachfolgende Experimente ist. Anzüge und Zelt ließen uns als geheimnisvolle Fremdlinge im dicht bewachsenen Naturraum erscheinen, verwiesen zugleich auf unsere veränderte Position als Leiter dieses Workshops, bei dem wir an dieser Stelle die erwartete Rolle als Vermittler und Beibringer aufgaben, selbst Teil einer komplexen künstlerischen Inszenierung wurden. Wir hatten uns ‚neutral' gemacht, blieben stumm, trieben mit nur wenigen Gesten den Fortgang des Geschehens voran, definierten uns mit diesen Handlungen selbst als Bestandteil der künstlerischen Inszenierung, deren Informationsphase bis ins Detail geplant war und präzisen Regeln folgte. Im Forschungszelt waren 17, mit Nummern versehene Papiertüten im Spalier aufgereiht, an denen ein Packzettel die weiteren Verlaufsschritte markierte:

Packzettel

1. Schweigen Sie ab jetzt die nächsten 15 Minuten!
2. Bitte halten Sie den Inhalt der Tasche geheim!
3. Experimentieren Sie mit Ihrem Werkzeug an einem selbst gewählten Ort in der Natur. Treten Sie in ein dialogisches, experimentelles Verhältnis mit Naturmaterialien. Erfinden Sie dabei eine Form, die sowohl ein Produkt als auch eine Handlung sein kann.
4. Geben Sie bitte nach 60 Minuten die Tasche mit Inhalt, ausgefülltem Form- und Reflexionsblatt und Ihrer Erfindung bei uns ab.

Jede Teilnehmerin, jeder Teilnehmer löste ein nach Zufallsprinzip gezogenes Nummernkärtchen gegen eine gefüllte Papiertüte ein, bekam den Empfang, wie später auch die Rückgabe, mit einem eigens für den *Workshop 6* entworfenen Stempel besiegelt. Im ständigen Aushalten des Schweigens, irritiert durch die offenkundige Nichtvermittlung, entfernten sich die Beteiligten, um zögerlich und erstaunt den Inhalt ihrer Verpackung zu erkunden. Folgende Gegenstände waren auf die einzelnen Tüten verteilt:

17 Experimentierwerkzeuge

Eine Taschenlampe, eine Einwegkamera, zwei Handspiegel, ein Farbkasten mit Pinsel, eine Schwimmbrille, vier Signalhüte (Verkehrsleiteinrichtungen), ein Knäuel Gummis, ein großer Schlüsselbund, ein Paar Plastikhandschuhe, eine Packung Reißbrett-

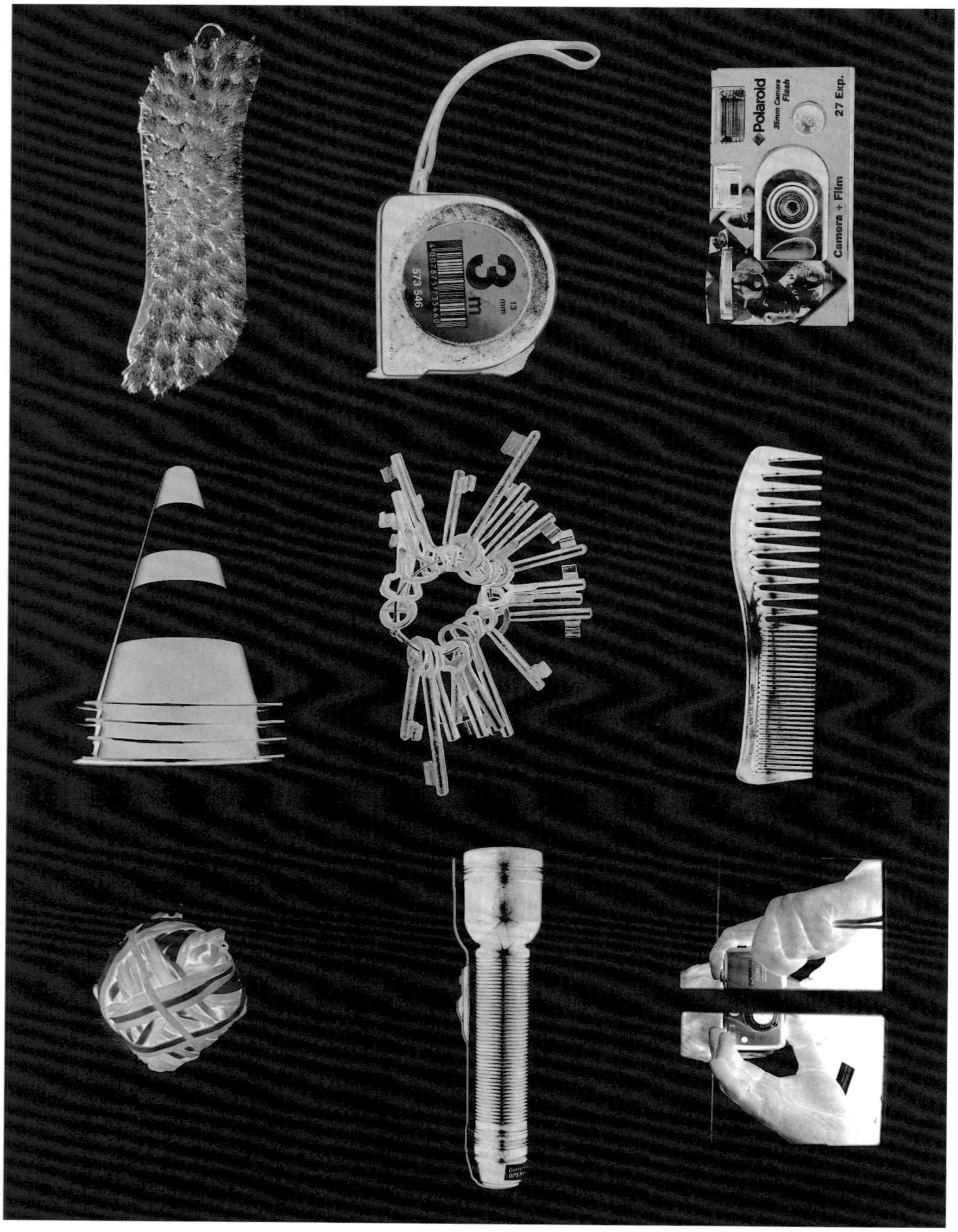

Experimentierwerkzeuge

stifte, ein Rollmaßband (3 m), ein Staubwedel, ein Kamm, eine Spritzpistole, eine Wurzelbürste, ein Sieb, ein Hammer.

IM DIALOG

Unser Ziel war es, einen Handlungsrahmen zu inszenieren, der die Teilnehmer nur auf sich selbst, das „Experimentierwerkzeug" und die Natur als Handlungsraum zurückwarf. Alles Überflüssige, selbst das gesprochene Wort, war getilgt. Die Konzentration wurde allein auf den künstlerischen Prozess selbst gelenkt. Es galt, mit der Umdeutung des Alltagsdings als Werkzeug für Experimente in der Natur zunächst eine fragwürdige Situation zu schaffen, um anschließend eine Versuchsanordnung zu entwerfen, die zu einem Ergebnis, zu einer Erkenntnis führt, in der transversales Denken befördert, und mit dem Blick auf Natur ungewöhnliche Perspektiven eröffnet, Blickwechsel herbeigeführt werden.

In der neuartigen, zunächst unsinnig erscheinenden Verwendung bekannter Dinge bot sich die Chance, Unbekanntes und Widerständiges freizulegen, im experimentellen Vorgehen Vertrautes und Gewusstes in die Schwebe zu bringen. Durch Finden, Beobachten, Auswählen, Sammeln, Gestalten spürten die Teilnehmerinnen und Teilnehmer das Bekannte als Neues auf. Ihr künstlerisches Denken und Handeln, ihre Strategien und Transformationen wurden vor allem durch den spielerisch-experimentellen Umgang mit alltäglichen Dingen und Alltagshandlungen im Kontext Natur vorangetrieben. Das Neue bezog sich dabei nicht nur auf die veränderte äußere Wirklichkeit in Form von gestalteter Natur, sondern auch auf die innere Welt der Beteiligten, auf neue, andere, verrückte Perspektiven.

Nach einer knappen Stunde Experimentierzeit in der Natur wurde unser Basiszelt Präsentationsplattform der Ergebnisse und Ort für ein Schlussgespräch. Sämtliche Objekte der Experimentierarbeit der Teilnehmerinnen und Teilnehmer wurden gezeigt und kommentiert, gemeinsam hinterfragten wir die befremdlichen Ausgangs- und Rahmenbedingungen, entwarfen erste Perspektiven für schulische Praxis. Bei einem abschließenden Rundgang im Naturareal wurden außerdem sichtbare Eingriffe an verschiedenen Handlungsorten aufgespürt, einzelne Aktionen mit dem Werkzeug unmittelbar vorgeführt. Es ist nicht möglich, an dieser Stelle die Breite der künstlerischen Zugriffsweisen der Teilnehmerinnen und Teilnehmer im Rahmen unseres Workshops zu benennen. Die Vielfalt der „Experimentierwerkzeuge" provozierte ebenso vielfältige Dialoge mit und in der Natur. Die Formen der Auseinandersetzung mündeten im Nachspüren formaler Analogien zwischen Naturdingen und Artefakten, im Messen, Katalogisieren, Kartografieren, Kategorisieren, im Zusammensetzen, im kontrastierenden In-Beziehung-Stellen von Natur- und Alltagsdingen aber auch im Scheitern eines möglichen Dialogs. Einige Experimentierwerkzeuge erwiesen sich als geeignete Hilfsmittel für intensivierte Naturwahrnehmung, andere regten unmittelbar zum Gestalten von Objekten und Installationen an, die von ihren Urhebern mit unterschiedlichen Bedeutungen belegt wurden. Dabei rückten ökologisch motivierte Fragestellungen ebenso ins Blickfeld wie fantasievolle Entwürfe von Möglichkeitswelten (Abb. S.).

Neben dem gemeinsamen Gespräch am Ende des Workshops bot ein Reflexionsblatt als Bestandteil jeder Papiertüte die individuelle Möglichkeit für persönliche Entäußerungen der Teilnehmerinnen und Teilnehmer. Hier eröffnete sich, welche Gedanken und Erfahrungen in der kurzen Experimentierzeit bewusst und freigesetzt wurden. Einige Textbeispiele aus den Notizen von Workshopteilnehmerinnen:

> *„Ich habe die Situation des „auf sich Gestelltseins", des Schweigens und Wahrnehmens als anregend empfunden. Das schweigende Vorgehen ermöglichte einen inneren Dialog, und diese Ruhe war an vielen Stellen Wahrnehmungs- und Entscheidungshilfe."* (Andrea Dohse)

> *„Stille, Wärme, Mitmir- und Beimirsein, ungestört als Geschenk empfinden, bestärkt und versöhnt zurückkehren […] Nichtstun […] Experiment geglückt."* (Ines Diederich)

> *„Wann fange ich an, der Natur meine Ordnung aufzuzwingen? Was stützt die Kraft des Ortes?"* (Birgit Engel)

> *„Mit der Bürste Gras gekämmt, gebürstet, gestreichelt – Natur streicheln, zur Ruhe kommen mit gleichförmiger monotoner Handlung […] Ich empfinde die Natur als unsere einzige große Rettung."* (Christine Kaufhold)

> *„Freude über die Stille nach den vielen Reden. […] Ratlosigkeit. Was soll ich mit dem „Werkzeug" Taschenlampe bei Tag anfangen? Entdeckung eines entwurzelten Baumstumpfes. Interesse an den Erscheinungsformen des Verfalls, Vergehens und wieder neu Entstehenden. Erkundung des hohlen Baumes mit der Taschenlampe."* (Kuni Schneider)

Die künstlerischen Handlungen in der Natur entzündeten sich an Alltagsdingen, die auf den ersten Blick ihrer ‚Natur' nach kaum für die Aufnahme eines dialogischen Verhältnisses mit Natur taugen. In der Begegnung von Subjekt, banalen Dingen, dem Material und dem Ort der Natur, lag eine besondere Chance: Sie konnten in ein Verhältnis der wechselseitigen Inspiration gebracht, in Beziehung zueinander gesetzt werden, nicht selten war es eine Beziehung des Konflikts. Gerade diese Verknüpfung forderte Perturbationen heraus, setzte Impulse, das gegenwärtige Verhältnis zwischen Mensch und Natur neu auszuloten.

Angesichts einer zunehmenden Überlagerung von Primärerfahrungen durch „Erfahrungen aus zweiter Hand" gewinnen sinnliche Erfahrungspotenziale und Formen naturbezogener künstlerischer Bildung einen neuen Stellenwert. Nicht die Erfahrung von Wirklichkeit selbst, sondern vorfabrizierte Deutungen und Botschaften erzeugen oft eine Vorstellung, wie denn die Welt sei. Dem Begriff geht jedoch das Begreifen voraus, der Einsicht das Einsehen, der Erkenntnis das Suchen, Forschen, Beobachten. Es geht darum, handelnd Denkstrukturen aufzubauen und den Zugang zur Natur durch unmittelbare künstlerische Eigentätigkeiten zu fördern. Letztlich kann die Kultivierung der Sensibilität und Achtung gegenüber Natur auch einen bewussten und verantwortungsvollen Umgang mit ihr begründen. Die Erfahrung von Natur setzt entsprechend die Begegnung mit Natur voraus, setzt voraus, dass man hinaus geht und sich auf sie einlässt.

RESULTANTEN AUS VEKTORFELDERN *WORKSHOP 6*

Erste Ergebnisse aus *Workshop 6* ergaben sich bereits im Planungsprozess. Sie sind verankert in unseren Erfahrungen als Planende. Im Zusammenfließen der Lebensenergieströme von zunächst drei Personen, aus verschieden gerichteten Bewegungen in „Blind Spaces künstlerischer Bildung", konnten Koordinaten erkannt und fixiert werden.

Wir drei kannten einander nicht. Jeder von uns hatte auf spezifische Weise an Verbindungen zwischen Kunst und Natur gearbeitet. Die Planung entwickelte sich in den ersten gemeinsamen Schritten auf Waldwegen zu einer erfreulichen, anregenden und erstaunlich produktiven, kooperativen Arbeit. Damit führte sie letztlich für jeden von uns zu einem großen Gewinn.

Dieser Erfolg lag neben vielen Zufälligkeiten im Wesentlichen darin begründet, dass wir für unseren Gedankenaustausch auf allen Ebenen der gegenseitigen Zustimmungen und Kritiken eine Art herrschaftsfreien Raum entstehen ließen. Keiner von uns dreien wollte mit Macht seine Idee zum Sieg reden. Das freie Spiel im Austauschen von Ideen, Fantasien, Imaginationen und Antizipationen wurde in komplementären Verbindungen von scheinbar abwegigen Assoziationen und zielorientierten Argumentationen zu einem Schlüsselerlebnis. Der Formungsprozess der Gedankenplastiken scheint sich nicht im Entweder-oder eines toten oder freien Denkens, sondern eher als Balanceakt im Hin und Her zwischen dem kalten-toten und dem warmen-lebendigen Denken zu entfalten[275].

Das sich in den immer wieder neuen und modifizierten Gedankenkonstruktionen zeigende Gerüst unserer kollektiven Kreativität und Intelligenz bot ein lustvoll zu erlebendes, buntes, kontrastreiches Bild. Aus diesen Offenlegungen von persönlichen Erinnerungen, Imaginationen und Standpunkten entfalteten sich enorme Energien, die in den Formungsprozess unseres gemeinsamen Werkes, der Gestaltung des *Workshop 6*, einflossen. Damit enthält bereits der gemeinsame Werdegang zum *Workshop 6* zentrale Elemente künstlerischer Bildung[276].

Ergebnisse aus den Handlungszusammenhängen der Workshoparbeit blieben, aus allen Positionen betrachtet, fragmentarisch. Das war in einem auf 2 Std. und 30 Min. begrenzten Workshop mit solch thematischer Komplexität nicht anders zu erwarten und von Seiten der Organisatoren wohl auch beabsichtigt. Dem Wunsch der Workshopteilnehmerinnen und -teilnehmer nach weiterem Gedankenaustausch über das im Inszenierungsrahmen Erlebte und in Richtung der jeweils eigenen Unterrichtspraxis Angeregte, konnte bedauerlicherweise nicht nachgekommen werden.

Gleichwohl lassen sich aus den vielschichtigen Bemerkungen der kurzen aber aussagedichten Schlussbesprechung Antworten auf jene Fragen finden, die uns als Initiatoren, Erfinder und Gestalter der Inszenierung besonders interessierten:

Wie und wodurch hat der inszenierte Prozess in *Workshop 6* künstlerische Bildung gekennzeichnet und ermöglicht? Zuerst erregten die Irritationen Aufmerksamkeit: Das Gebot des Schweigens fixierte jede Person auf sich selbst. Die klaren Arbeitsanweisungen,

„Elfenobservatorium" – Naturinszenierung mit Schwimmbrille (Objekt eines Teilnehmers)

die wir als Spielregeln benannten, erforderten Konzentration und schränkten ein. Das Laborzelt, die weißen Anzüge, das Losziehen zur persönlichen Arbeitstüte waren ungewohnt und unerwartet.

Mit diesen Störungen wurden die Teilnehmerinnen und Teilnehmer nicht nur herausgefordert, sondern genötigt, eine eigene Haltung einzunehmen. Die Bereitschaft zum Mitmachen erforderte Offenheit, eine Haltung des Einlassens auf das spielerische, experimentelle Ereignis. Darin liegt eine wesentliche Voraussetzung für künstlerische Bildung. Mit dem Öffnen wird Bekanntes aufgebrochen, damit werden auch aus dem Bekannten aufgebaute Erwartungen gelöscht, um Neues, Unbekanntes einzulassen. Das hatte in der Tat nicht nur anregende, sondern auch aufregende Wirkung, wie die unterschiedlichen Schlusskommentare zeigten:

„Der Titel erweckte Erwartungen, die nicht erfüllt wurden." – „Störung als Methode." – „In einer solchen Laborsituation empfand ich mich als Versuchskaninchen." – „Ich wollte und konnte in einer Art Unterwerfung die Angebote nutzen." – „Neugierig eingelassen habe ich mich – und teilweise mit Humor mich und die Situationen betrachtet."

Solche Bemerkungen wiesen uns auch darauf hin, dass wir nicht prägnant genug zu Beginn unseres Workshops auf den Umfang der Störungen hingewiesen hatten. Dadurch konnte sich Experimentier- und Erfindungsfreude für einige Personen nicht voll entfalten.

Das den *Workshop 6* prägende Dialogmodell von paradoxen, ‚unsinnigen' Zufallspartnern, wie z.B. Wald und Kamm oder Baum und Taschenlampe, führte durch die erfundenen Handlungen zu neuen Sinnkonstruktionen. Ein solches Modell ist nicht an Natur oder an einen Ort gebunden. Jeder Ort kann genutzt werden, wobei jene mit besonders starkem Erscheinungscharakter eine größere Anregung und Herausforderung bieten, z.B. eine Tiefgarage, ein Fabrikgelände, ein Einkaufszentrum, ein zugefrorener Teich, eine Sandgrube, ein Bergwerk, ein Stoppelfeld.

Aus unserer Sicht könnten mit Blick auf künstlerische Bildung im Rahmen von Kunstunterricht folgende Anregungen nutzbar gemacht werden:

- die umfassende Irritation,
- das Displacement als Versetzung des Kunstunterrichts aus dem Schulraum,
- das Experiment als Spiel mit konsequent einzuhaltenden Spielregeln,
- der ‚unsinnige' Dialog zwischen Subjekt, Ort und Werkzeug.

Als notwendige Dispositionen dafür sind aus den Workshoperfahrungen abzuleiten:

- Bei den Teilnehmerinnen und Teilnehmern ist eine große Offenheit und Neugier gegenüber ‚verrückten' Experimenten, welche Mitmachbereitschaft und ein Sicheinlassen einschließt, Voraussetzung.
- Die Planenden müssen einerseits Erfindungsreichtum für die Inszenierung entfalten und andererseits klare Regeln zur Durchführung des experimentellen Forschungsspiels setzten und konsequent auf ihre Einhaltung achten.

Mehr als es in der kurzen Schlussbesprechung in unserem Workshop geschah, sollte auf die Teilhabe an den Werkerfindungen der Anderen Wert gelegt werden. Aus der Vielheit und Verschiedenheit der individuellen Dialogkonstruktionen mit ihren sichtbaren Ergebnissen kann der Nutzen eines solchen Experiments erkennbarer werden.

Aber wonach forscht künstlerische Forschung eigentlich? Und wie kann ihr Nutzwert bezeichnet werden? Im *Wokshop 6* haben alle Mitwirkenden an einem Selbstversuch in einem herausfordernden Experiment zur künstlerischen Bildung teilgenommen. Damit konnten nachhaltige Wirkungen angelegt werden. Vielleicht gibt es irgendwo Spuren von Anwendungsversuchen. Wir werden ihnen nachgehen, wenn wir von Ihnen, den Leserinnen und Lesern, ein Zeichen erhalten.

ANMERKUNGEN

[275] siehe dazu: Beuys, J.: In: *Beuysnobiscum*. Dresden 1997, S.85.

[276] siehe dazu: Beuys, J.: a.a.O. S.57.

MALEREI IN ZEITEN VON COMIC UND COMPUTERSPIEL

Rainer Braxmaier, Ralf Christofori, Klaus-Martin Treder

Ein Plädoyer für die Malerei am Anfang dieses Jahrhunderts: Die zeitgenössische Malerei bezieht Position innerhalb einer visuellen Kultur, die durch Comics und Computergames geprägt wird – einer visuellen Kultur, die zur alltäglichen Lebensumwelt der Jugendlichen gehört. Es gilt, eine malerische Ausdrucksform zu finden, die an vorangegangene malerische Traditionen anknüpft und gleichsam über den mediatisierten Kontext zu neuen Lösungen findet.

Der Workshop befasste sich mit der Bedeutung, Relevanz und dem künstlerischen Potenzial von „Malerei in Zeiten von Comic und Computerspiel". Die Resonanz war erstaunlich groß, der Grund dafür wurde im Rahmen des Workshops – insbesondere in der Abschlussdiskussion – deutlich. Die zweiundzwanzig Teilnehmerinnen und Teilnehmer bestanden ausschließlich aus Kunsterzieherinnen und Kunsterziehern, die betonten, welch außerordentlich große Bedeutung gerade das Thema für Kinder und Jugendliche erlangt habe. Entsprechend ausgeprägt sei daher auch die Motivation, diesen Bereich der unmittelbaren visuellen Kultur der Schülerinnen und Schüler in den Kunstunterricht einzubeziehen.

Gleich zu Beginn des Workshops wurden die zentralen Fragestellungen des Seminars angesprochen, die sich vornehmlich an den Möglichkeiten des Themas für die Kunst, vor allem aber für den Kunstunterricht orientierten.

Dabei ging es

a) um den Einfluss der visuellen Umgebung der Kinder und Jugendlichen,
b) um die Frage, wo das Massenmedium Comic und Computerspiel auf die Schülerinnen und Schüler trifft,
c) um die unterschiedlichen Qualitäten des Medienbildes/gemalten Bildes,
d) um Formen der Aufmerksamkeit, die sich im Rahmen einer malerischen Transformation von Comics und Computerspielen ergeben (Konzentration, Kontemplation, Materialität, Entstehungsprozess, Wertigkeit des Bildes),
e) um die Frage, was ein Bild ist und wo sich das Bildverständnis des Medienbildes mit dem der Malerei trifft, schließlich
f) um die unterschiedlichen Formen der Codierung und Decodierung von Malereien und Medienbildern.

Zentrales Anliegen des Workshops sollte die künstlerische Praxis selbst sein, davon ausgehend die Diskussion der Erfahrungen durch die Teilnehmerinnen und Teilnehmer. Ausgangspunkt einer malerischen Auseinandersetzung mit dem Thema waren dabei zwei Animationsfilme, zum einen die Walt-Disney-Produktion „Schneewittchen" aus dem Jahre 1937, der erste Comic in Spielfilmlänge, zum anderen der Manga/Animé „Ghost in the Shell", eine japanische Produktion aus dem Jahre 1995. Beide Filme wurden einander gegenübergestellt, um die gezeigten Sequenzen an einem Punkt zum Stillstand zu bringen. Das Standbild sollte den Bezugspunkt für eine malerische Aneignung bilden. Verschiedene Malmittel (Acrylfarben, Kreiden und Kohle, Pinsel, Filz- und Buntstifte) sowie Bildträger (Leinwände und Pappen) standen den Teilnehmerinnen und Teilnehmern zur Verfügung, um das Standbild eines der beiden Animationsfilme in Malerei zu transformieren.

Ausgehend von den entstandenen Werken wurde zunächst mit den Teilnehmerinnen und Teilnehmern des Workshops erörtert, inwiefern und auf welchem Wege die Transformation der Bezugsbilder stattfand. Dabei wurden vor allem die abstrahierenden Tendenzen innerhalb der Bildsprache von Comics zur Sprache gebracht sowie die Möglichkeit, sich von den Mustern und ‚Schablonen' der Figuren zu lösen. Vor allem wurde betont, dass die Möglichkeit einer solchen Aneignung von Comicbildern nicht darin bestehen könne, die darin zum Ausdruck gebrachte schablonierte Bildsprache nur zu kopieren oder zu reproduzieren. Vielmehr gehe es um den eigenständigen und durchaus auch eigenwilligen Ausdruck. Gerade darin bestünde das vordringliche

Potenzial einer solchen Arbeitsweise – ganz besonders im Hinblick auf deren Einsatz im Rahmen der Kunsterziehung. Wie wichtig es sei, die Möglichkeit einer Bezugnahme auf Comics, vor allem Mangas und Animés, in den Kunstunterricht einfließen zu lassen, wurde von allen Teilnehmerinnen und Teilnehmern gleichermaßen hervorgehoben. Gerade „Manga" sei als Bildform und zum Verständnis der visuellen Kultur, innerhalb derer die Kinder und Jugendlichen aufwachsen, von besonderem Gewicht. Die Schülerinnen, mehr noch die Schüler, wollten unbedingt lernen, Mangas zu zeichnen oder zu malen, und diejenigen Schüler, die diese Bildsprache beherrschten, würden dafür besonders bewundert. Es wurde allgemein begrüßt, diesen wichtigen Bereich der Populärkultur für den Kunstunterricht nutzbar zu machen, um auf diesem Wege Aspekte der künstlerischen Technik oder des Ausdrucks zu akzentuieren.

Auf diesem Weg, so könnte man zusammenfassend festhalten, ließen sich die eingangs genannten Fragestellungen im Hinblick auf die „Malerei in Zeiten von Comic und Computerspiel" für die Kunsterziehung fruchtbar machen.

Dort, wo es

a) um den Einfluss der visuellen Umgebung der Kinder und Jugendlichen geht,
b) um die Frage, wo das Massenmedium Comic und Computerspiel auf die Schülerinnen und Schüler trifft,
c) um die unterschiedlichen Qualitäten des Medienbildes/gemalten Bildes,
d) um Formen der Aufmerksamkeit, die sich im Rahmen einer malerischen Transformation von Comics und Computerspielen ergeben (Konzentration, Kontemplation, Materialität, Entstehungsprozess, Wertigkeit des Bildes),
e) um die Frage, was ein Bild ist und wo sich das Bildverständnis des Medienbildes mit dem der Malerei trifft, schließlich
f) um die unterschiedlichen Formen der Codierung und Decodierung von Malereien und Medienbildern.

SELBSTAUSDRUCK MIT NEUEN MEDIEN

Karin Danner, Björn Maurer, Horst Niesyto

Wer in der heutigen Mediengesellschaft etwas über die Vorstellungen, die Lebensgefühle, das Welterleben von Kindern und Jugendlichen erfahren möchte, sollte ihnen die Chance bieten, sich ergänzend zu wort- und schrift-sprachlichen Formen auch mittels eigener, selbst produzierter Medien und damit verbundener präsentativ-symbolischer Formen auszudrücken. Selbstausdruck mit Medien ist insbesondere dann möglich, wenn den Produzent/innen die ästhetischen Strategien der Mediengestaltung bekannt sind und wenn sie diese bewusst im Rahmen ihrer Ausdrucksabsichten anwenden können. Die Aneignung solcher Strategien ist in der Regel mit der Verfeinerung der Wahrnehmung, mit der Ausbildung eines Bewusstseins für grafische Details, mit Erkenntnissen über symbolische Bedeutung und Bedeutungskonstruktion verbunden. Methodische Fragen beim Einsatz von Videoproduktionen werden im Mittelpunkt dieses Workshops stehen.

Der folgende Beitrag fasst im ersten Teil die Ausgangsüberlegungen des gleichnamigen Workshops auf der Tagung *Mapping Blind Spaces* zusammen und stellt im Teil „Medienpädagogische Konkretisierung" verschiedene medienästhetische Praxisbeispiele vor. Die Autor/innen gehen von der Annahme aus, dass die Förderung des symbolischen Selbstausdrucks mit Medien zu den wesentlichen Aufgaben moderner Medienpädagogik gehört. Insbesondere für Kinder und Jugendliche aus Hauptschulmilieus eröffnen medienästhetische Lernumgebungen, die zielgruppenspezifisch gestaltet sind, kreative Ausdrucksmöglichkeiten.

I. AUSGANGSÜBERLEGUNGEN

Horst Niesyto

Jugendliche und Mediensymboliken

Die große Bedeutung audiovisueller Medien für die heutige Jugendgeneration konnte in verschiedenen Jugendmedienstudien belegt werden (für den deutschsprachigen Raum vgl. u.a. Baacke 1990, Charlton/Neumann 1992). Audiovisuelle Medienangebote bieten Jugendlichen Möglichkeiten für Formen symbolischer Kreativität, für einen eigensinnigen Umgang mit dem gesellschaftlichen Symbolvorrat. Es ist davon auszugehen, dass sich diese medienvermittelten Formen des Welterlebens stets im Spannungsfeld von vorfabrizierten Mediensymboliken und subjektiven Aneignungsleistungen entwickeln. Diese Annahme bezieht sich auf subjekt- und kulturbezogene Forschungen in der allgemeinen Sozialisationsforschung sowie in der Kinder- und Jugendmedienforschung, die die zentrale Rolle *handlungsleitender Themen* für die Verarbeitung von Mediensymboliken herausarbeiten konnten (u.a. Paus-Haase/Schorb 2000). Die neuen, digital erzeugten Ästhetiken verstärken die medienvermittelte Symbolsozialisation durch fließende Übergänge zwischen realen und fiktiv-virtuellen Darstellungen. Multimediale und interaktive Formen medialer Kommunikation führen zu komplexen Symbolgebilden. Jugendliche erfahren, dass Aussagen über soziale Wirklichkeiten eng mit medialen Konstruktionen und Inszenierungen zusammenhängen und entwickeln selbst medienbezogene Sprach- und Ausdrucksformen. Diese medienbezogenen Sprach- und Ausdrucksformen werden durch medienästhetische Formen wie Musikclips, Lifestyle-Werbung und Internet-Präsentationen internationalisiert. Solche Medienangebote ermöglichen für Jugendliche symbolische Grenzüberschreitungen und jugendkulturelle Stilbildung – jenseits lokaler, sozialraumbezogener Einbindungen. Dabei sprechen der präsentative Charakter der Bildsprache und der Musik, die synästhetischen Dimensionen (Zusammenspiel von Bild, Musik, Körperbewegung) in besonderer Weise sozial-emotionale Bedürfnisse von Jugendlichen an (Belgrad/Niesyto 2001; Niesyto 2003).

Förderung des symbolischen Selbstausdrucks mit Medien als wesentliche Aufgabe moderner Medienpädagogik

Lange Zeit konzentrierten sich medienerzieherische Bemühungen auf die Bewahrung von Kindern und Jugendlichen vor negativen

Medieneinflüssen. Im Mittelpunkt stand die Frage: „Was machen Medien mit Kindern und Jugendlichen? Wie wirken sie auf ihr Denken und Verhalten ein?" Diese Frage ist auch heute wichtig – Medienangebote haben einen Einfluss auf die Sozialisation. Ein kritischer und reflexiver Umgang mit Medien bedarf pädagogischer Begleitung, ästhetischer Anregung und ethischer Diskussion – allerdings nicht in bevormundender Form.

Die Art und Weise, wie Jugendliche Medien nutzen, hängt von verschiedenen Faktoren ab. Wichtig sind besonders das Alter, soziale und bildungsmäßige Voraussetzungen, auch Geschlechtsunterschiede. Unter Kindern und Jugendlichen gibt es verschiedene Stile des Umgangs und der Nutzung von Medien, unterschiedliche Medienwelten. Wer medienpädagogische Angebote entwickeln möchte, benötigt Kenntnisse über diese verschiedenen Medienwelten. Aktive Medienarbeit, die den symbolischen Selbstausdruck fördern möchte, knüpft an den Lebens- und Medienerfahrungen von Kindern und Jugendlichen an und unternimmt den Schritt von der Mediennutzung zur Medienproduktion.

- *Bedürfnis- und Lebensweltorientierung*
  Die mit der Mediennutzung verbundenen Bedürfnisse sollen akzeptiert und als wichtiger Teil der lebensweltlichen Erfahrungen von Kindern und Jugendlichen verstanden werden. Medienwelten sind keine ‚Sonderwelten', sondern integraler Bestandteil alltäglichen Handelns. Medien enthalten ästhetisch-symbolische Angebote, die Kinder und Jugendliche für ihre Orientierungs- und Sinnsuche aufgreifen und auf dem Hintergrund ihrer jeweils handlungsleitenden Themen verarbeiten. Kinder und Jugendliche verfügen in der Regel über ein hohes Maß an Medienrezeptionserfahrungen, an die medienpädagogisch angeknüpft werden kann.
- *Erfahrungsorientierung*
  Kinder und Jugendliche sollen die Chance haben, ihre lebensweltlichen Erfahrungen zu verarbeiten. Hierfür nutzen Kinder und Jugendliche unterschiedliche Gelegenheiten und Orte. Sie können heute viel selbstständiger als früher unabhängig von Erwachsenen Erfahrungen machen. Dies ersetzt jedoch nicht pädagogische Angebote und Prozesse, die im Arrangement verschiedener Personen, Materialien und Perspektiven Möglichkeiten zur Erfahrungserweiterung bieten. Im medienpädagogischen Bereich gehören hierzu vor allem die Auseinandersetzung mit Medienbotschaften und ihren ästhetisch-symbolischen Dimensionen (insbesondere die Konstrukthaftigkeit medialer Wirklichkeiten), das Erkennen von Medieneinflüssen auf die eigene Orientierung und Identitätsbildung sowie die Reflexion von gesellschaftlichen Aspekten moderner Medienkommunikation. Erfahrungserweiterung auf den beschriebenen Ebenen muss zielgruppenspezifisch begleitet werden. Mediale Lernprozesse und Lernsettings für die gymnasiale Oberstufe müssen anders konzipiert werden als für die Arbeit mit Kindern und Jugendlichen aus Hauptschulmilieus.
- *Produktionsorientierung*
  Kinder und Jugendliche sollen die Chance erhalten, mit Medien selbst zu produzieren, um an selbst erzeugten Texten, Bildern und Tönen zu lernen, welche Ausdrucks- und Kommunikationsmöglichkeiten es mit Medien gibt. Auf diese praktische, anschauliche Weise können sie sich die Umwelt symbolisch neu aneignen und eigene Erfahrungen, Fantasien und Gefühle ausdrücken. Zugleich bietet diese Produktionsorientierung Gelegenheiten, um sich medienspezifisches Wissen anzueignen, in kleinen Gruppen zusammenzuarbeiten und über das Öffentlichmachen von Eigenproduktionen ein Feedback zu erhalten und neue Kommunikationsräume zu erschließen.

Die Produktionsorientierung hat sich als *handlungsorientierte, aktive Medienarbeit* vor allem in der außerschulischen Bildungsarbeit zu einer Art ‚Königsweg' der Medienpädagogik entwickelt: Die Verarbeitung eigener Themen in medienästhetischen Formen basiert auf Gestaltungsprozessen, die zugleich sozial-kommunikative und reflexive Dimensionen integrieren. Dabei hat sich gezeigt, dass diese handlungsorientierte Medienarbeit für Kinder und Jugendliche aus *bildungsmäßig und sozial benachteiligenden* Verhältnissen besonders wichtig ist. Sie können ihre lebens- und medienweltlichen Erfahrungen sowie vorhandene Stärken im visu-

Experimente mit Kameraperspektiven

ellen, audio-visuellen und körpersprachlichen Ausdruck gut einbringen. Insbesondere der Ansatz der wahrnehmungs- und symbolorientierten Medienpädagogik (Röll 1998), der ein großes Gewicht auf bildhafte Formen des Selbstausdrucks legt, kann neue Dimensionen jenseits ‚verkopfter' Gestaltungs- und Lernkonzepte eröffnen. Es geht um die Förderung sozial-ästhetischer Lernprozesse, die konsequent an den subjektiv vorhandenen Bedürfnissen, Themen und Ausdrucksformen ansetzen und zugleich ästhetische Möglichkeiten für Differenzerfahrungen bieten. Differenzerfahrungen beziehen sich auf Prozesse der Erfahrungsbildung, die sich für Anderes und Neues öffnen und vorhandene Sichtweisen und Deutungsmuster von Welt hinterfragen und weiterentwickeln. So können z.B. bekannte, alltägliche Gegenstände und Situationen durch das Objektiv der Kamera in einem neuen Licht und mit neuer Bedeutung wahrgenommen werden – insbesondere dann, wenn die Objekte in ungewöhnlichen und extremen Perspektiven oder Einstellungsgrößen aufgenommen werden.

Öffnung der Schule durch handlungsorientierte Medienarbeit und Selbstausdruck mit Medien

Schule im 21. Jahrhundert kommt nicht umhin, sich ganz anders als bislang für die ‚Welt der Medien' zu öffnen. Die Veralltäglichung medienvermittelter Kommunikationsformen hat Auswirkungen auf alle Fächer, auf die gesamte Art und Weise des Wissenserwerbs und der Erfahrungsbildung. ‚Crashkurse' in Multimedia und medienpädagogische Broschüren reichen nicht aus. Notwendig ist ein grundlegendes Umdenken und Umgestalten – beginnend mit der Ausbildung an Hochschulen, über praxis- und schulortnahe Fort- und Weiterbildungen bis hin zu erheblich intensiveren Formen der Kooperation von Schule und außerschulischen Einrichtungen.

„Öffnung von Schule" umfasst im Bereich handlungsorientierter Medienarbeit und des Selbstausdrucks mit Medien vor allem folgende Dimensionen:

- Öffnung für die lebens- und medienweltlichen Erfahrungen der Schüler/innen; Thematisierung der Medienerfahrungen von Schüler/innen in verschiedenen Fächern, insbesondere in Verbindung mit medienästhetischen Reflexionen. Welche Medienangebote nutzen Schüler/innen? Welche Bedürfnisse verbinden sie damit? Welche Lebensthemen werden durch Mediendarstellungen angesprochen? Welche Themen würden Schüler/innen selbst gerne mit Medien darstellen?
- Öffnung für Medieneinsatz im ‚Normalunterricht': Praktische Übungen im Umgang mit verschiedenen Medien können auch in den regulären Unterricht integriert werden. Hierzu gehören z.B. Foto- und Videodokumentationen in verschiedenen Fächern, die Visualisierung von Gedichten („Video-Poetry"), Übungen zum musikalischen und visuellen Ausdruck von Gefühlen und Stimmungen (Kooperation von Musik, Bildende Kunst), das Einscannen und Nachbearbeiten von Bildern (verschiedene fachliche/thematische Kontexte), die Integration von Bildern und Grafiken in E-Mails. Voraussetzung hierfür sind bestimmte Rahmenbedingungen. Hierzu gehören die Benutzung eines multimedia-tauglichen Computerraums (Blockstunden), eine technische Basisausstattung im Klassenzimmer (neben Overhead-Projektor, Kassettenrecorder auch zwei bis drei Computerarbeitsplätze mit der Möglichkeit, Bilder einzuscannen sowie Töne und Bilder digital nachzubearbeiten), ästhetisches und medienpraktisches Grundwissen bei den Lehrkräften (vor allem über schulinterne bzw. schulnahe Fortbildungen) sowie die Bereitschaft und Fähigkeit zu einem schülerorientierten Unterricht, der offene Unterrichtsformen und freie Arbeit integriert.
- Öffnung für Projektunterricht, vor allem in Kooperation mit außerschulischen Einrichtungen: Erstellen von Eigenproduktionen mit Medien nicht als einmalige ‚Zugabe' im

Schuljahr, sondern als zu verankernde Grundform von Unterricht. Hierfür sind von Anfang an außerschulische Ressourcen zu nutzen (erprobte Konzepte, Personal, Geräte, Studios), um in Verbindung von Unterrichtseinheiten, AGs und Workshops (tageweise) intensivere Produktionsprozesse zu ermöglichen. Voraussetzung hierfür sind vor allem: Eine Bereitschaft zur Kooperation mit Kolleg/innen in außerschulischen Einrichtungen, mit Medienpädagog/innen, Medienkünstler/innen; flexiblere Öffnungszeiten von Bildstellen; Förderung von Formen mobiler Medienarbeit durch Kommunen und regionale Verbände („Medienbusse", die von Schulen angefragt werden können); medienpädagogische Profilbildungen an verschiedenen Schulen.

- Öffnung für die Kommunikation mit anderen Schulen sowie Jugendlichen aus anderen Kulturräumen: Lernen, eigene Themen auszudrücken und sich selbst zu präsentieren; andere Produktionen mit Respekt betrachten, Lob und auch Kritik formulieren, Anregungen für die eigene Arbeit aufnehmen; die Sprache neuer, interaktiver Medien kennen und anwenden lernen; neue Kommunikationsformen erproben, die nicht auf Schriftsprache begrenzt sind (vor allem Integration von Bildern und Tönen/Musik zur Kommunikation von Bedürfnissen und Gefühlen; vgl. Ministerium für Kultus, Jugend und Sport Baden-Württemberg 2001).

Grundsätze der Medienbildung mit Jugendlichen aus bildungsmäßig und sozial benachteiligenden Verhältnissen

Dezentrale Zugangsformen

Aufsuchende Medienarbeit, mobile Angebote, lokale Vernetzung sind zu fördern, Schnupperangebote machen, dorthin gehen, wo die Jugendlichen sind. Schlecht sind: allgemeine Ausschreibungen; Ausschreibungen, die thematisch zu anspruchsvoll sind; Ausschreibungen, die über die Eltern die Jugendlichen erreichen möchten. Das funktioniert vielleicht noch bei Gymnasiasten, deren Eltern ihre Kinder für einen Kurs – z.B. bei einer Jugendkunstschule – anmelden. Bei Kindern und Jugendlichen aus sozial und bildungsmäßig benachteiligenden Verhältnissen ist dies erfahrungsgemäß kein praktikabler, erfolgreicher Weg.

Präsentative Ausdrucksformen stärker integrieren

Der Begriff ‚präsentativ' geht auf eine Arbeit der Philosophin Susanne Langer (1987/1942) zurück. Sie grenzte „Präsentatives" von „Diskursivem" ab. Das *Diskursive*, das ist die Schrift- und Wortsprache, die nacheinander, sequentiell, linear zu sprechen und zu erschließen ist. Wir müssen eines nach dem anderen lesen, damit wir den Sinn verstehen. *„Präsentativ"* bedeutet „gegenwärtig machen", betont ganzheitliche Ausdrucks- und Verstehensformen; wir können etwas auf einen Blick wahrnehmen und ihm Bedeutung zuschreiben. Bilder, Musik, Körperausdruck sind wesentliche präsentativ-symbolische Ausdrucksformen. Präsentative Ausdrucksformen sind gerade für Jugendliche wichtig, die Schwierigkeiten mit der Wort- und Schriftsprache haben. Unsere Überzeugung ist es, dass Bildungsarbeit auf allen Ebenen sehr viel stärker diese präsentativen Ausdrucks- und Kommunikationsmöglichkeiten einsetzen sollte – Bilder, Musik, Tanz usw. Unsere These ist, dass ein *integriertes Konzept einer umfassenden „literacy"* notwendig ist, das diskursive und präsentative Ausdrucks- und Kommunikationsformen in eine Balance bringt, das ein Navigieren mit diskursiven und präsentativen Codes ermöglicht. Wenn sich in der Bildungslandschaft in Deutschland Entscheidendes verändern soll, gerade in dem Bereich der Benachteiligtenförderung, dann müssen präsentative Ausdrucksformen in einer ganz anderen Weise integriert werden! Und zwar nicht auf der Grundlage „mal ein Projekt oder eine Projektwoche machen", sondern auf der Grundlage der *Nachhaltigkeit* – es geht um die systematische Verankerung von „visual literacy", von präsentativ-symbolischen Ausdrucksformen in ein kommunikationskulturelles „Basis-Curriculum".

Ästhetisch-kulturelle und arbeitsweltbezogene Kompetenzen miteinander verbinden

Jugendliche haben erst einmal das Bedürfnis, sich auszudrücken, Themen aufzugreifen, die sie in ihrer Freizeit beschäftigen; da bekommen sie auch Zugänge zum Selbstausdruck mit Medien in unterschiedlichster Form. Zugleich erwerben sie im Umgang mit Medien Kompetenzen, die auch für arbeitsweltbezogene Bereiche wichtig sind: ästhetische, technische, soziale, kommunikative, methodische. Diese Verknüpfungsmöglichkeiten von „ästhetisch-kulturell" und „arbeitsweltbezogen" sollte man konzeptionell viel stärker im Auge haben – anstatt im Hinblick auf arbeitsweltbezogene Bereiche einseitig auf technisch-instrumentelle ‚Medienkurse' zu setzen, die für die meisten Jugendlichen einfach zu langweilig sind und keine Motivation schaffen, um in die Tiefe zu gehen.

Spielerische und non-lineare Arbeitsweisen fördern

Heute leben wir in einer Zeit, in der wir mit einer enormen Fülle verschiedenartigster Informationen konfrontiert sind. Es geht nicht immer eindeutig und geradlinig voran, wir entdecken unterschiedliche Wege, um weiterzukommen, wir müssen unsere Horizonte erweitern, über den Zaun blicken. Dafür ist es notwendig, mehr *spielerisch* vorzugehen. Gleichzeitig braucht es aber auch einen Rahmen sowie gezielter Anregungen – das ist ein weiterer Erfahrungswert aus der Bildungsarbeit mit Jugendlichen aus sozial und bildungsmäßig benachteiligenden Verhältnissen. ‚*Rahmen*' meint, eine gewisse Struktur bieten, aber auch genügend Zeit und Flexibilität, die eine Beweglichkeit ermöglicht. Beweglichkeit im Sinne von Experimentieren, von Ausprobieren. Das setzt ein relativ breites Spektrum von Kompetenzen voraus, gehört aber zu einer erfolgreichen, teilnehmerorientierten Medienbildung. Es ist zu hoffen, dass sich aus der zu verstärkenden Kooperation von Medienpädagogik mit der Kunst-, Musik- und Theaterpädagogik hierfür neue Impulse ergeben.

Präsentation und Kommunikation lernen

Selbstausdruck mit Medien führt in der Regel zu Produkten. Produkte sind gegenständlich und können verschiedenen Publika zugänglich gemacht werden. Somit ist Selbstausdruck mit Medien potenziell in ein breites kommunikatives Setting eingewoben, in welchem die Produzent/innen Kommunikationsangebote machen, sich darstellen, inszenieren, auf sich aufmerksam machen, von dritten Personen Feedback und Anerkennung bekommen. Das Präsentieren, das Zeigen und Öffentlichmachen befähigt, zu dem eigenen Produkt zu stehen, Kritik auszuhalten, auf Kritik einzugehen. Das sind Schlüsselkompetenzen, die immer wichtiger werden. Wir wissen es aus vielen Projekten: Das Präsentieren ist sehr wichtig für das Selbstbewusstsein und für die Ermutigung, die eigene Arbeit fortzusetzen.

Um den eigenen Ansprüchen und den Rezeptionserwartungen eines potenziellen Publikums zu genügen, müssen die Produzenten auf die spezifischen kulturell und gesellschaftlich vernetzten Gestaltungs- und Darstellungsformen des jeweiligen Mediums zurückgreifen. Je mehr die Medienproduzent/innen über die spezifischen Darstellungsformen, d.h. über die Art und Weise, wie mit dem Medium gezielt Bedeutung generiert werden kann, wissen, um so größer wird die Übereinstimmung zwischen gewünschter Aussageabsicht und der medialen Umsetzung sein. Das gilt im Übrigen für diskursive Symbolsysteme (Verbalsprache) ebenso wie für audiovisuelle Kommunikation. Es ist demnach die Aufgabe der medienpädagogischen bzw. medienkünstlerischen Begleitung, die jungen Medienproduzent/innen auf sensible Weise dazu zu befähigen, die Lücke zwischen eigenen Ausdrucksbedürfnissen und Ausdruckskompetenzen zu schließen.

Die Mittelschicht-Lastigkeit in der (Medien-)Pädagogik überwinden

Viele Pädagogen sind noch zu sehr in einer Symbolsozialisation befangen, die auf dem Diskursiven, auf dem Wort- und Schriftsprachlichen beruht. Sie haben oft Angst, sich auf bestimmte Gesten, Ausdrücke, körperliche Ausdrucksformen einzulassen. Sie gehen oft immer noch zu thematisch und pädagogisch-funktional vor, anstatt erst einmal einen persönlichen Bezug herzustellen. Hierzu gehören z.B. Punkte wie gegenseitiges Verstehen, gegenseitigen Respekt zu praktizieren, kommunikative Atmosphären zu schaffen. Es gilt, gleichzeitig Spaß zu haben und ernst genommen zu werden. Das ist ein Punkt, der für Jugendliche, gerade aus benachteiligenden Verhältnissen, sehr wichtig ist. Ihnen das Gefühl zu geben: Sie werden akzeptiert, mit all dem, wie sie sind, einen Raum zu haben, dies auszuleben – aber ihnen zugleich Möglichkeiten geben, neue Kompetenzen zu erwerben, neue Erfahrungen zu machen. Es geht um ‚*Spaß*' als Gefühl von ‚*Stimmigkeit*': lustvolles Sich-Veräußern, Neues zu lernen, Neues an sich zu entdecken, Freude am Gelingen, Befriedigung beim Erstellen eines Produkts.

II. MEDIENPÄDAGOGISCHE KONKRETISIERUNG

Björn Maurer unter Mitwirkung von Karin Danner

Spezifische Konzepte für spezifische Zielgruppen

Wir verstehen die Befähigung zum Selbstausdruck mit Medien als zentrales Ziel der im Folgenden anhand exemplarischer Beispiele skizzierten medienpädagogischen Konzeption. Die Zielgruppe sind Kinder und Jugendliche aus sozial und bildungsmäßig benachteiligten Kontexten. Diese Vorbemerkung ist insofern wichtig, als die weitere didaktische und methodische Konkretisierung primär auf eben jenes Ziel und jene Zielgruppe zugeschnitten ist und nicht etwa z.B. für einen Kurs im Kunstunterricht der gymnasialen Oberstufe, der ein anderes medienpädagogisches Konzept erfordern würde.

Lernen ist nach unserem Verständnis ein aktiver, vom Individuum ausgehender kognitiver Prozess, in welchem Wissensbestände, Handlungs- und Problemlösekompetenzen auf der Basis von Vorwissen, Erwartungen und subjektiven Erfahrungen sukzessive aufgebaut werden (vgl. Friedrich u.a. 1997: 8). Wir gehen ferner davon aus, dass Kinder und Jugendliche durch die Rezeption audiovisueller Medien bereits über ein hohes Maß an medienästhetischem und mediendramaturgischem Wissen verfügen (vgl. Buckingham u.a. 1995: 221). Im Bereich „Viewing Literacy" sind Kinder und Jugendliche aufgrund ihrer medialen Sozialisation vielen Erwachsenen (auch Pädagogen) überlegen. Dieses Wissen ist zunächst in passiver Form vorhanden und kann im Rahmen medienpädagogisch begleiteter Lernprozesse in aktives und verfügbares Wissen transformiert werden. Der didaktisch-methodische Weg, auf welchem sich diese Transformation vollziehen kann, wurde bereits konzeptionell angedeutet. Selbsttätigkeit, handelndes und spielerisches Lernen, der Einbezug präsentativ-symbolischer Ausdrucks- und non-linearer Arbeitsformen sind zentrale didaktische Prinzipien in einem Konzept von Medienbildung und Selbstausdruck für Kinder und Jugendliche aus sozial- und bildungsmäßig benachteiligenden Verhältnissen.

Curriculum – ja, aber …

Welche medientechnischen, medienästhetischen und dramaturgischen Kompetenzen benötigen Kinder und Jugendliche, um sich adäquat mit Medien selbst auszudrücken? Und in welcher Reihenfolge sollen die Kompetenzen angeeignet bzw. vermittelt werden? Wer medialen Selbstausdruck im Rahmen pädagogischer Prozesse fördern will, kommt nicht umhin, sich diese oder ähnliche didaktische Fragen zu stellen. Ein systematisch aufgebauter Lehrgang berücksichtigt nicht notwendigerweise die individuellen Medienvorerfahrungen und -kompetenzen der einzelnen Kinder und Jugendlichen. Ist kein Curriculum vorhanden, besteht die Gefahr, dass Lernprozesse beliebig werden, sich der erwünschte Lernerfolg nicht einstellt und Selbstausdruck misslingt. Eine praktikable Lösung ist aus unserer Sicht ein Konzept, welches zum einen selbstentdeckende und subjektorientierte Aneignungsformen und Lernerfahrungen zulässt, zum anderen Faktenwissen gezielt und situationsgerecht einstreut. Die Reihenfolge der Vermittlung bzw. Aneignung mediengestalterischer Strategien orientiert sich somit am individuellen Kenntnisstand der Produzent/innen. Es geht darum, eine Balance zwischen einem strukturierten, planerischen Vorgehen einerseits und einem assoziativ-intuitiven Vorgehen andererseits herzustellen. Dies ist nur dann möglich, wenn der Medienpädagoge über eine breite Palette an ästhetischen, technischen, sozialen und methodischen Kenntnissen verfügt (internalisiertes Medien-Gestaltungscurriculum) und sein Wissen flexibel in den Lernprozess einbringen kann.

Offene Lernumgebungen – Erfahrungsräume schaffen

Aktive Medienarbeit kann Spaß machen und Freude bereiten. Sie kann aber je nach Anspruch und pädagogischer Intention mitunter sehr anstrengend sein und zeitliche, materielle, kognitive und motivationale Ressourcen einfordern. Die Produktionsreihenfolge *„Exposée, Drehbuch, Storyboard, Drehplan, Aufnahmephase, Schnitt"*, wie sie in der Jugendvideoarbeit in Deutschland weit verbreitet ist, verlangt von den jungen Produzent/innen gleich zu Beginn ein hohes Maß an Planung, Verbalisierung und Reflexion. Die Produktionszeit übersteigt in vielen Fällen das zumutbare Maß. Tage und Wochen vergehen zwischen der ersten

Rohmaterialerstellung und der Fertigstellung des Produkts. Für viele Kinder und Jugendliche kommt das ästhetische Feedback durch das eigene Produkt und die Anerkennung durch potenzielle Publika zu spät. Sie verlieren ihre Motivation und ihr Interesse. Diese insgesamt systematische, meist an narrativen Prinzipien orientierte Vorgehensweise richtet sich eher an Zielgruppen, die im Umgang mit Text und (Wort-)Sprache keine bzw. wenig Schwierigkeiten haben.

Für Kinder und Jugendliche aus sozial und bildungsmäßig benachteiligenden Kontexten eignen sich nach unserer Erfahrung eher Konzepte, die vor allem zu Beginn ohne einseitig verbal-reflexive Arbeitsphasen auskommen und den Produzent/innen sehr schnell die Möglichkeit geben, mit ästhetischem Material spielerisch umzugehen. Offene Lernumgebungen mit relativ klar strukturierten ästhetischen Problemstellungen provozieren einerseits medienästhetische Suchbewegungen und eigenständige Lernerfahrungen der Produzent/innen. Andererseits führen sie binnen kurzer Zeit zu kleinen, in sich abgeschlossenen Produkten. Die medienpädagogische Begleitung kann sich anhand der beobachteten Problemlösestrategien ein Bild über die vorhandenen Mediengestaltungskompetenzen der Produzent/innen machen und gezielt Hilfestellungen geben und gestalterische Alternativen aufzeigen. Im Folgenden werden exemplarisch drei offene Lernumgebungen dargestellt.

Lernumgebung 1: „Gummibärchenstudio"

Ziel der *Gummibärcheneinheit* ist es, durch experimentierendes Gestalten mit Perspektiven, Einstellungsgrößen, Licht und Bildkomposition verschiedene Situationen, Themen und Stimmungen zu erzeugen. Es geht darum, im Rahmen einer ästhetischen Problemstellung passives mediales Gestaltungswissen zu aktiveren und zu erweitern. Als Lernumgebung werden kleine ‚Produktionsstudios' angeboten, an welchen die Kinder/Jugendlichen in Kleingruppen selbstständig arbeiten können. Ein Studio besteht aus einem Tisch, zwei verstellbaren Schreibtischlampen, Styroporplatten, farbigen Papieren, verschiedenen Requisiten, Gummibärchen und einer Stativkamera.

Gummibärchen sind leicht zu beschaffen, können aufgrund ihrer Transparenz von hinten beleuchtet werden, wodurch sich

„Studio"-Experimente mit Licht und Schatten – Workshopteilnehmer/innen im Arbeitsprozess

interessante Lichteffekte einstellen; sie sind in ihrer Gestalt klein und provozieren die Produzent/innen entsprechend ihrer Ausdrucksabsichten zu Nah- und Detailaufnahmen.

Als Einstieg sollte ein einfaches Thema/Gefühl/Stimmung angeboten werden. Das Gefühl ‚Angst' ist sowohl Teil der Lebenswelt, als auch der Medienwelt (Thriller, Krimis, Horror) von Kindern und Jugendlichen, es ist ein charakteristisches Gefühl und gestalterisch auf mehreren Wegen zu realisieren. Die medienpädagogische Begleitung kann z.B. die Aufgabe stellen, ein Gummibärchen zunächst so aufzunehmen, dass es auf den Zuschauer bedrohlich wirkt und anschließend ein weiteres Gummibärchen so, dass es sich selbst bedroht fühlt und Angst hat.

Angsteinflößende Bärchen können bspw. von unten aus der Froschperspektive in der Einstellungsgröße Detail aufgenommen werden, wobei das Licht ebenfalls von unten her kommend dunkle Schattenpartien oberhalb der ‚Extremitäten' und der ‚Schnauze' bildet, was der typischen Beleuchtung von Gestalten aus Horrorfilmen ähnelt. Die Lichttemperatur und -färbung kann mit den farbigen Papieren entsprechend angepasst werden.

Inszenierte „Gummibärchenfotografie" – Produkte von Workshopteilnehmer/innen

Ängstlich wirkende Bärchen können dagegen aus der Vogelperspektive mit viel Hintergrund in der Totalen gezeigt werden, was in Verbindung mit einer entsprechenden Lichtsetzung die Unsicherheit und Furcht des einsamen Bärchens betont.

Es sind mehrere Lösungswege denkbar. Wichtig ist die gemeinsame Auswertung des entstandenen Materials. Wurden zuvor verschiedene Themen an die Kleingruppen verteilt, können am Ende die Produkte gegenseitig gezeigt und die entsprechenden Gefühle/Themen erraten werden. Teil der Auswertung kann auch sein, dass die medienpädagogische Begleitung Standbilder aus professionellen Spielfilmen präsentiert, in welchen das jeweilige Thema/Gefühl inszeniert wird. Die Kinder/Jugendlichen können dann den Vergleich zwischen ihrem Ergebnis und professionell inszeniertem Material ziehen und Ähnlichkeiten wie Unterschiede entdecken und benennen.

In ähnlicher Weise wie mit den Gummibärchen kann auch mit sonstigen Alltagsgegenständen assoziativ gearbeitet werden. Ein möglicher medienpädagogischer/medienkünstlerischer Input könnte die Sensibilisierung der Kinder/Jugendlichen für funktionsfremde Betrachtungsweisen von Gebrauchsgegenständen sein, die sich durch entsprechende Beleuchtung und eine ungewöhnliche Perspektive durch die Kamera einstellen. Durch die Befreiung der Gegenstände von ihrer Ursprungsbedeutung kann ein Tafelschwamm neue Bedeutungen bekommen wie z.B. ein Luftkissenboot, eine Turnmatte oder ein Kastenbrot.

Standbilder aus einer experimentellen „Gießkannenproduktion" – Workshopergebnis

Lernumgebung 2: Der Schiefe-Turm-von-Pisa – Effekt: Räumlichkeit und Überschneidung

> *„Dadurch, dass dem Filmmann die Wahl der Einstellung obliegt, ist ihm zugleich die Möglichkeit gegeben, die Gegenstände, die er ins Bild nehmen will, nach seinem Willen auszuwählen; zu verdecken, was er nicht zu zeigen oder vorläufig nicht zu zeigen wünscht. [...] Auch kann er Dinge zusammen- und übereinanderschieben, deren Beziehung zueinander er zu zeigen wünscht, eine Beziehung, die aber nur bei einer ganz bestimmten Einstellung des Apparats optisch auffassbar wird."* (Arnheim 2002: 62/63)

Der visuelle Ausdruck dessen, was Arnheim hier insbesondere in seinem letzten Satz treffend beschreibt, ist uns wohl bekannt. Wer kennt sie nicht? Urlaubsbilder, die eine Person zeigen, die den schiefen Turm von Pisa mit der Hand offensichtlich vor dem Umstürzen bewahrt. Es handelt sich um eine Form der Beziehungsbildung zwischen zwei Objekten, die in der Realität keine Beziehung haben. Die Konstruktion der Scheinbeziehung ist möglich durch die Transformation der dreidimensionalen Wirklichkeit auf die zweidimensionale Film- und Fotorealität. Räumlichkeit wird durch quer im Bild verlaufende Tiefenlinien und Überschneidungen simuliert. Diese strukturelle Eigenschaft des Mediums macht sich die optische (Beziehungs-)Täuschung zu nutze. Um den oben genannten Effekt zu erreichen, muss einerseits ein geeigneter Platz für die agierende Person und andererseits ein ganz bestimmter Kamerawinkel gefunden werden. In der Praxis dirigiert der Urlaubsfotograf sein Modell, bis alles stimmt.

Diesen kleinen Trick können sich Kinder und Jugendliche spielerisch aneignen. Nötig ist ein Setting, in dem eine mit einem Fernseher oder Videobeamer verbundene Kamera auf einem Stativ befestigt ist. In diesem Rahmen sind verschiedene Aufgaben möglich. Beispielsweise soll eine Gruppe von Mädchen auf der Hand eines Jungen Hiphop tanzen. Oder die Kinder springen hintereinander vom Tisch in die Mülltonne. Der Fantasie sind keine Grenzen gesetzt. Durch diese Übung bekommen die Kinder ein Gespür für Räumlichkeit im Medium Film. Sie erfassen intuitiv die Möglichkeiten und Grenzen, die durch das zweidimensionale Medium gegeben sind. Ferner eignen sie sich ein Bewusstsein für inszenierte Fotografie mit Vorder- und Hintergrund an.

Lernumgebung 3: Ein Modellauto zum Leben erwecken

Ziel dieser Lernumgebung ist es, Kinder und Jugendliche mit der filmischen Gestaltungsform der *Bewegung* zu konfrontieren. Im Medium Film lassen sich die ‚Objektbewegung' (feste Kamera), die ‚Kamerabewegung' (festes Objekt) und beide Formen in Kombination (bewegte Kamera und bewegtes Objekt) realisieren. Da Bewegungsabläufe an eine zeitliche Folge gebunden sind, geht es im Rahmen dieser Lernumgebung auch um die Sensibilisierung für das Nacheinander, für die 4. Dimension der Zeit.

Die Kinder/Jugendlichen bekommen die Aufgabe, ein Modellauto mit Hilfe einer Kamera so zu inszenieren, als ob es ein echtes, fahrendes Auto wäre. Die didaktische Wahl des Objekts Auto lässt sich u.a. damit begründen, dass Autofahrten und entsprechend dynamische Kamerabewegungen intersubjektiv geteilte medienkulturelle Muster sind, die Kinder und Jugendliche aus unterschiedlichen Mediengenres kennen. Hier kann direkt an individuellen Medienpräferenzen und -rezeptionserfahrungen angeknüpft werden. Wie in den beiden vorherigen Lernumgebungen eröffnet die ästhetische Problemstellung auch hier mehrere Lösungswege. Beispielweise kann das Auto in Nahaufnahme gefilmt und mit der nicht sichtbaren Hand bewegt werden (Objektbewegung).

Fokussierung auf das Wesentliche – die Hand bleibt in der Detailaufnahme unsichtbar. Modellauto vor bewegtem Hintergrund.

Um weitere Lösungsmöglichkeiten zu provozieren, kann die medienpädagogische Begleitung die Auflage stellen, das Auto nicht zu berühren. Die Produzent/innen sind dann gezwungen, die Kamera so spezifisch einzusetzen, dass die Illusion der Bewegung entsteht. Ein Schwenk über das Fahrzeug von links nach rechts (gegen die Fahrtrichtung), ohne die still stehenden Räder zu zeigen, wäre hier eine praktikable Lösung. Wurden zuvor Postkarten mit Landschaftsaufnahmen ausgegeben, können die Kinder und Jugendlichen diese als Hintergründe nutzen und von links nach rechts durch den Bildausschnitt bewegen.

Als weitere Möglichkeit ist eine hektisch hin- und herbewegende rollende Kamera denkbar. Diese erinnert an die Aufnahmen von Verfolgungsjagden, die bewusst die Horizontale ins Wanken bringen, um zusätzlich Dynamik zu erzeugen.

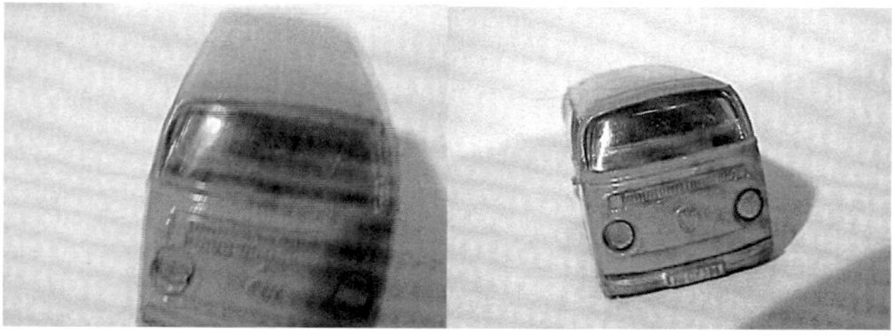

Rollende Kamera – „Verfolgungsjagd-Ästhetik"

Im Rahmen der Auswertungsphase kann die medienpädagogische Begleitung die entsprechenden filmsprachlichen Begrifflichkeiten (Schwenk, Fahrt, Zoom etc.) sukzessive einführen. Auf die Bezeichnung *cinéma* zu griechisch *kinema* „das Bewegen" oder auf den englischen Ausdruck *movie, motion picture* kann in diesem Zusammenhang ebenfalls hingewiesen werden.

Eine ähnliche Übung kann mit Einzelbildern durchgeführt werden. Die Kinder bekommen dann die Aufgabe, die Illusion der Bewegung des Autos anhand von wenigen Standbildern zu erzeugen. Interessant kann ein Vergleich zwischen den Ergebnissen beider Übungen sein. Die Dimension der Zeit und die mit ihr verbundenen gestalterischen Möglichkeiten werden im Kontrast mit Standbildern deutlich. Zeit wird als unmittelbare Gegenwart wahrgenommen und nicht wie beim Standbild als eingefrorener Augenblick. Diese Erfahrung ist wichtig, da in der Kunst des 20. Jahrhunderts Zeit und Bewegung eine zentrale Rolle spielen.

Ausblick

Der hier skizzierte medienpädagogische Ansatz betont die Bedeutung impliziter Lernprozesse und setzt auf ästhetische Reflexivität und ästhetische Lernprozesse im Umgang mit ästhetischem Material. Wie aus den didaktisch-methodischen Konkretisierungen hervorgeht, handelt es sich um eine Art *„medien-ästhetische Früherziehung"*, die Grundsteine für die Mediengestaltung legt. Für die Erstellung komplexer Produkte ist dies sicher nicht ausreichend. Für Kinder und Jugendliche aus sozial- und bildungsmäßig benachteiligenden Verhältnissen kann dies jedoch ein entscheidender niedrigschwelliger Zugang zur Medienarbeit und zum Selbstausdruck sein.

Statements von Teilnehmer/innen am Ende des Workshops

> *„Die Verfremdungsmöglichkeiten von Bildern faszinieren mich."*
>
> *„Wir dürfen neben der Mediengestaltung die Themen nicht vergessen. Welche Themen sind für die Schüler wichtig und wie lassen sie sich in medienpädagogischen Prozessen verarbeiten?"*
>
> *„Der Ton ist sehr wichtig für das Bildverstehen. Es ist gerade der Unterschied zwischen Video und Malerei, dass mehrere Sinne angesprochen werden."*
>
> *„Was ich mitgenommen habe – dass kleine Übungen, die selbstständiges Lernen ermöglichen, wichtiger sein können als Produktionsorientierung."*
>
> *„Nicht nur Geräusche, Ton und Bild – auch Körpersprache, Mimik und Gestik sind wichtig."*
>
> *„Die Beispiele haben gezeigt: Verständigung ohne Sprache, nur durch Bilder, ist möglich – auch international."*
>
> *„Es gibt verschiedene Möglichkeiten, Bilder zu produzieren."*

LITERATUR

Arnheim, R.: *Film als Kunst*. Frankfurt/M. 2002.

Baacke, D.; Sander, U.; Vollbrecht, R.: *Lebenswelten sind Medienwelten*. Opladen 1990.

Belgrad, J.; Niesyto, H. (Hg.): *Symbol. Verstehen und Produktion in pädagogischen Kontexten*. Hohengehren 2001.

Buckingham, D.; Grahame, J.; Sefton-Green, J.: *Making media. Practical producing in media education*. London 1995.

Cassirer, E.: *Versuch über den Menschen. Einführung in eine Philosophie der Kultur*. (New Haven/London) Frankfurt/M. 1990.

Charlton, M.; Neumann-Braun, K.: *Medienkindheit, Medienjugend*. München 1992.

Friedrich, H.; Eigler, G.; Mandl, H.; Schnotz, W.; Schott, F.; Seel, N.M. (Hg.): *Multimediale Lernumgebungen in der betrieblichen Weiterbildung. Gestaltung, Lernstrategien und Qualitätssicherung*. Neuwied 1997.

Langer, S.: *Philosophie auf neuem Wege*. Frankfurt/M. 1987.

Ministerium für Kultus, Jugend und Sport Baden-Württemberg (Hg.): *VideoCulture. Videoarbeit, Interkulturelle Kommunikation, Schule*. Donauwörth 2001.

Niesyto, H. (Hg.): *VideoCulture. Video und interkulturelle Kommunikation*. München 2003.

Paus-Haase, I.; Schorb, B. (Hg.): *Qualitative Kinder- und Jugendmedienforschung*. München 2000.

Röll, F. J.: *Mythen und Symbole in populären Medien*. Der wahrnehmungsorientierte Ansatz in der Medienpädagogik. Frankfurt/M. 1998.

PERFORMATIVES LEHREN UND LERNEN

Paul* Manfred Kästner, Hanne Seitz

Ein sich anbahnender Paradigmenwechsel in der Lehre von Kunst, der sich in einer wahrnehmbaren Krise eingespielter Denkweisen und Handlungsmuster bemerkbar macht, ist dafür verantwortlich, dass sich neben den Kunstpraxen auch in der Vermittlung selbst performative Weisen des Lehrens immer stärker zeigen, die die bisherige Kunst- und Vermittlungspraxis nunmehr als Handeln begreift, wobei kunstpädagogisches Denken selbst an seine Grenzen getrieben wird.

Vorbereitung des Workshops Nr. 9, *Performatives Lehren und Lernen*, in der Verantwortung stehend von Frau Dr. Seitz, Professorin, und Paul*, Sekretär des Labors für schwachSINNtechnik.

1. ERGEBNISPROTOKOLL DER ERSTEN ARBEITSSITZUNG AM 26./27. JULI 2003

Zu einer Art „blind date" hatten die Symposiumsplaner geladen und Hanne Seitz und Paul* Manfred Kästner also (in durchaus „blindem" Vertrauen) die Leitung des Workshops „Performatives Lehren und Lernen" anvertraut – ein Treffen im Vorfeld der Tagung (an dem sich beide erstmals begegneten), und ein reger brieflicher Austausch entfachte eine Suchbewegung, mit der gemeinsame und divergierende Positionen und Interessen für den Workshop fruchtbar gemacht werden konnten. Werk- und Diskurs bezogene künstlerisch-ästhetische Ansätze sollten zur Anwendung kommen und in einem vorgegebenen (ortsbezogenen) Kontext als Vermittlungsperformance eingeleitet werden. Dabei ging es im Wesentlichen um zwei Handlungsziele:

- einerseits die Funktion/Bedeutung von Materialität als installative Performance (des Machens/Herstellens) ins Spiel bringen (Konstruktion, Stellung/Setzung der Dinge zueinander, Materialisierung einer Idee);
- andererseits die Funktion/Bedeutung von Zuschreibungen als diskursive Performance (des Handelns/Tuns) ins Spiel bringen (Dekonstruktion, Entstellung/Entsetzung gegebener Sinngefüge/Erwartungshaltungen, Überschreibung der Bedeutungsebene von Orten durch Zeichen/Behauptungen/Handlungen).

Drei Phasen mit zwei performativen Arbeitseinheiten:

Erste Phase:	Selbstpräsentation einschließlich Rezeption und Dokumentation
Zweite Phase:	Vier Anlässe zum performativen Handeln, Arbeitsgruppen, Erarbeitung von vier unterschiedlichen Performances
Dritte Phase:	Präsentation der Arbeitsergebnisse, Aussprache und Entscheidungen zur Präsentation im Plenum

Erste Phase – Selbstpräsentation

Selbstvergewisserung im sozialen Kontext der Workshop-Gruppe

Am selbst gewählten Ort//
Im Zelt//am Zelt//
vor/neben/am Rande des Zeltes//
nähere Umgebung
= selbstästhetische Ortsbestimmung

Sich selbst als eine nahe liegende oder gerade nicht nahe liegende Handlung vermitteln;

Bedingung:
Das Einbeziehen eines textlichen Bruchstückes
zu „performativen Formen des Lehrens und Lernens"
= zur Begründung einer performativen Didaktik

Präsentation:
Poetische Reflexion seitens der Betrachter/Zuhörer – der Bewegten/in Form eines *ca davre esquis* mit Titulaturen
= dient als Vorlage für eine literarische Präsentation

Dokumentation über Polaroidfoto der einzelnen Performer
Ziel: Dokumentation der Ergebnisse

Zweite Phase – Vier Anlässe zum performativen Handeln

Mit variablen Anstößen zu performativen Aktionen werden diese Aktionen an verschiedenen Gegenständen konzentriert und damit bei den Handlungen unterschiedliche Handlungsmuster erwartet:

- die Konzentration auf einen Ort;
- die auf Materialien;
- auf künstlerische Werke und
- auf eine (wie auch immer geartete) Bedeutungsleere (obwohl es beim Einräumen einer wie auch immer gearteten Bedeutungsleere eine solche nicht geben kann, da eine Bedeutungsleere nur leer sein und es unterschiedliche Erscheinungsweisen von Leer nicht geben kann).

A) Raum als Anlass für performatives Handeln

Mögliche Räume:	Gebaute Räume, Naturräume
Im Zusammenhang mit den örtlichen Gegebenheiten:	
Der Dachraum:	der östliche Teil steht für performatives Arbeiten zur Verfügung.
Das Gästehaus:	Eingangsbereich und die Gänge.
Die sog. Ruine:	Wasserspeicher o.ä. mit großer Terrasse – wenn man in Richtung Osten den Garten verlässt.
Der Geräteschuppen:	muss noch angeschaut werden.

Erster Aufgabenteil:
Auswahl des Raumes; Argumente für den Raum, gleichzeitig Einstieg in die Konzeptentwicklung.

Ziel der performativen Arbeit:
Den Raum zum Sprechen bringen oder ihm das Sprechen verbieten oder ihn als etwas ganz anderes behandeln.

Möglichkeiten der performativen Gestaltung:

- Ausstattung des Raumes = vorhandene Materialien werden installativ verwendet/der Raum einer neuen Ordnung unterworfen etc.. Die Installation als Handlungsort des Betrachters – der performative Betrachter,
- der Ort wird in einen Handlungsort verwandelt/Performance und eine performative Ästhetik des Ortes,
- dem Raum das ihm eigene Verborgene sichtbar machen;
- den Raum umdeuten, neu- oder umdefinieren, ihm als Ort eine neue Identität geben (Wort/Bild/Tat/Bewegung).

Zweiter Aufgabenteil:
Dokumentation des entstehenden Performancekonzeptes; Erarbeitung eines Präsentationskonzeptes ggf. als ein (Bruch)teil des Performance-Konzeptes.

B) Material als Anlass zu performativem Handeln
Grundsätzlich lassen sich die Materialien einmal am Ort ihrer Auffindung in eine performative Funktion nehmen, zum anderen erscheint ein neutraler Ort als geeignet, die Materialien zum Sprechen zu bringen; drittens können selbst gesammelte Materialien eingesetzt werden – in unserem Zusammenhang nicht realisierbar, da die Teilnehmer erst am Workshop-Tag von diesem spezifischen Anliegen informiert werden können.
Ziel: Das Material zum Sprechen bringen oder es am Sprechen hindern oder ihm das Sprechen verbieten.

Zwei grundsätzliche Möglichkeiten:

1. Aufbereitung der Materialien zu einer Installation:
   Die ästhetischen und/oder die in den Gegenständen/Materialien begründete Funktion, Eigenschaften in der Installation so aufbereiten, dass sie zum Handeln auffordern.
   Die Installation als Anlass für performatives Handeln seitens der Betrachter = Anspruch auf den performativen Betrachter.
2. Performatives Handeln am/mit/durch den/die Gegenstände durch Agieren, Sprechen, Lautartikulation, Ordnen und Umordnen etc..
   Die Gegenstände gebrauchen oder ihren Gebrauch unterlaufen, neue Bedeutungen zuordnen.
   Gegebenenfalls die Performance zu einem Aktionsfeld der Betrachter werden zu lassen
   = Anspruch auf den Performativen Betrachter.

C) Plastische (Kunst-)Objekte als Anlass für performatives Handeln

Struktur der performativen Handlungsbildung:

Formale Ebene des Objekts	Ästhetische Ebene des Objekts	Symbolische Bedeutungsebene
	Analoge Handlungsebenen. Die Differenz zwischen der formalen, der ästhetischen, der symbolischen Ebene und der Handlungs-/Performerebene, also zwischen Werk und Subjekt artikulieren = dafür eine Form finden = Handlungsenbene d.h. für diese Differenz eine Form finden.	
Die formalen Qualitäten hervorheben und damit vergegenständlichen	Performative Intervention: Verfremdung, Zuwiderhandlung	Performative Reaktion auf den symbolischen Bedeutungsanspruch Demaskierung/Verkleidung Zuwiderhandlung = performative Intervention

Die plastischen Objekte auf dem Gelände der Akademie sind das Material, aus dem ein oder mehrere Objekte ausgewählt werden. Die Auswahl der Objekte mit den entsprechenden Kriterien bildet den Einstieg in die Konzeptentwicklung der Performance.

Ziel: Die plastischen Objekte zum Sprechen bringen, sie verwandeln, sie verstummen lassen, sie oder uns in Bewegung bringen ...

Dokumentation des entstehenden Performancekonzeptes: Erarbeitung eines Präsentationskonzeptes ggf. als ein Teil des Performancekonzeptes.

D) Das Bedeutungslose/die Bedeutungsleere als Anlass für performatives Handeln

Wir gehen davon aus, dass es literarische, künstlerische und musikalische Artefakte gibt, die für Außenstehende nicht verständlich und damit nicht bedeutsam sind bzw. ihren Sinn in der Bedeutungsleere haben. Unsere Annahme ist, dass wir in der Bewältigung als eine Form dieser Sinn- und Bedeutungsleere in der Lage sind, dem Bedeutungslosen als das Bedeutungslose eine Bedeutung zuzuweisen – so können Lehrer alles erklären; der Fremde ist als Fremder fremd, und man weiß es genau, dass das Fremde gefährlich ist etc..

Das Material:

Partituren (Cage, Maderna o.a.) Gebrauchsanweisungen (auf japanisch o.a.n.l.S.)
♑♏♌❐♋◆♍♒⬧♋■⬧♏♓⬧◆■♑ ♋◆♐
♑♋❑♋■♓⬧♍♒
Kunstwerke in Abbildungen, etwa von Twombly u.a.

Ziel: Die Bedeutungsleere wird durch sich selbst – über das performative Handeln – in eine Bedeutungsebene transformiert;
oder im Sinne von Paul Klee: Der Performer macht den nicht sichbaren Sinn sichtbar.

Neben dem allgemeinen performativen Gestaltungsapparat können Mittel eingesetzt werden, die eher musikalischer Art sind (das soll nicht heißen, dass bei „Partitur" nur eine musikalische Ausdrucksform analog zum Anlass gelten kann).

⌘◆❍♋● ♋◆♍♒ ♎♓♏ ❍◆⬧♓♎ ⬧♏●♌⬧◆ ♑♏♑♏■⬧◆♋■♎ ♏♓■♏♍ ◻♏◻⌧◻◻❍♋◻♓♌♏■ ◆◻♋■⬧⌧◻◻❍♋◆♓◻■ ⬧◻◻♏🙰
(... zumal auch die Musik selbst Gegenstand einer performativen Transformation wäre). Der Gruppe stehen ein oder mehrere Aufnahmegeräte zur Verfügung.

2. BRIEF HANNE SEITZ AN PAUL*

Sehr geehrter, lieber Manfred Kästner alias Dr. Paul!
Bei unserem Treffen in Rotenfels hatten wir ja überlegt, unsere weitere Planung und Überlegungen per Mail fortzusetzen.

Der Versuch einen gemeinsamen Weg zu finden, hat Differenzen ausgespart – ich denke, dass unser Konzept insbesondere divergierende Kunstpositionen bedenken sollte und auch unsere unterschiedlichen Interessen (Präferenz für bestimmte künstlerische Verfahren und Werke). Auch sind unsere Vermittlungsanliegen verschieden, weil der Ausbildungskontext verschieden ist. Ihre Lehre zielt auf zukünftige Lehrer, meine Lehre auf zukünftige Sozialpädagogen, Kulturarbeiter, Designer, Architekten.
Da geht es natürlich auch um Begegnung mit Kunst (ästhetische Praxis vielleicht im engeren Sinne), aber auch um ein Erproben ästhetischer Einstellungen zum Alltag hin, gegenüber Orten und Handlungen (ästhetische Praxis im weiteren Sinne).

Wenn ich Ihre Workshop-Beschreibung zur letzten Tagung in Rotenfels/Heidelberg heute nochmals gelesen habe, wird mir deutlich, dass Sie daran interessiert sind, vor dem Hintergrund einer spezifischen künstlerischen Strategie (z.B. Beuys) Materialität im Sinne der künstlerischen Idee ins Spiel zu bringen (oder sie durch das Spiel nachzuvollziehen) – also Vermittlung eines (beispielhaften?) Werkes der bildenden Kunst durch Nachvollzug des kunstpraktischen Handelns, das dem Werk selbst innewohnt. Es geht also um Einsichten in die Wirkungsabsicht der künstlerischen Form – durch „exakte Fantasie" (Dietmar Kamper) soll dem Kunstwerk auf den Leib gerückt werden, und der Produzent/Rezipient (im glücklichen Fall) seine Einbildungskräfte so anstrengen, dass er/sie (wie Sie es formulieren) „Bestandteil des Werkes" wird (und daher darf es auch kein x-beliebiges Erdhäufchen oder Telefon sein, sondern ein AEG- Telefon aus den 50ern und ein Lehmklumpen). Eine Anverwandlung ans Werk – eine Akkommodation, keine Assimilation – solcherart Angleichung an das Fremde irritiert (im besten Fall) eigene Konzepte (und damit die „Bastion des Ichs") und ist mir genau darin sympathisch – keine „vereinnahmende" Geste, sondern eine, die (in der Nachahmung) das Fremde überhaupt erst einmal hin- und damit vorstellt. Damit ist (meine ich) aber erst die Voraussetzung geschaffen, anzuknüpfen und in das einzutreten, was ich Selbstbildungsprozess nennen möchte. In der (um es mit Flusser auszudrücken) „Unterwerfung" (eng.: to subject) gegenüber dem Anderen, erkenne ich dessen Stellung an – kann mich selbst aber mit derselben Geste dem gegenüber/darin/damit aufrichten (also Subjekt werden). Ich nehme also weitere Setzung/Stellung vor, und im Zwischen dieser so erzeugten unterschiedlichen Stellungen (im Oszillieren zwischen hier und da) wird dann auch kenntlich, was ich Subjektivität nennen möchte. Subjektivität (die niemanden gehört, schon gar nicht dem Subjekt) ist nur prozessual erfahrbar und zwar (wie ich meine) in einem exzessiven Akt des Anerkennens und Verwerfens von Vorgefundenem (und zuletzt also der symbolischen Zuschreibungen). In gelingenden Momenten geschieht in der Begegnung mit Kunst (es kann aber auch in der Begegnung mit dem Alltag geschehen, wenn ich dort z.B. ästhetische Einstellungen übe) eine „Verausgabung von Heterogenität" und erst hier (meine ich) sind wir mitten im performativen Tun: Das Nochmal-Machen (wiederholen also), um einen Unterschied zu machen, um Differenz zu erzeugen (und so also Subjektivität zu erfahren). Ein (theoretisch endloses Bastel-)Prozedere, das in einem gelungenen Moment unterbrochen wird.

Eine (in Ihrem Sinne vermutlich etwas „abgemilderte", weil offenere und nicht auf ein einzelnes Werk bezogene) andere Vermittlungsstrategie erscheint mir das erwähnte „Beuys-Bastellabor" – ein Materialangebot, das nur mehr mit allgemeinen Forschungsanweisungen und Erkundungsvorschlägen versehen wird und seinen Aufforderungscharakter durch die Materialität gewinnt. Wo ich z.B. bei der Vermittlung von „Raum 3 [...] ausgerutscht" die „Bastel-Didaktik" eher vermisse, kann sie hier voll zur Verausgabung kommen. Denn, was den bricoleur (nach Levi-Strauss) auszeichnet, ist ja gerade das Temporäre, das Zusammensetzen des Gegebenen zu einem Gefüge (und das Herausarbeiten eines Modells/einer Idee), aber auch das erneute Auseinandernehmen in die Einzelfragmente, um diese wieder neu zusammenzusetzen, zuletzt also die Lust am Spiel der Wendung des Materials, der Verwandlung der Form und dem Hervorspringen einer Idee. Das Bastellabor erweckt meine Neugierde, ich würde gerne dort Hand anlegen.

Und nun zu meiner nur zaghaft eingebrachten Idee „Ort/Kontext/Raum" bei unserem Treffen in Rotenfels: Mein Interesse (das deutet sich ja auch in dem Buch-Beitrag „In konTexten" an, den ich zusandte) zielt derzeit auf die Frage, wie verhalten wir uns zu „Kunstwerken", die im Extremfall keine Werke mehr sind und auch nichts produzieren, sondern Handlungen sind oder provozieren – wo also nicht das Machen (im Sinne der Poieses), sondern das Handeln (im Sinne der Praxis) im Vordergrund steht? Es gibt ja inzwischen eine Anzahl (insbesondere jüngerer) Künstler, die sich dem Genre der Site-specific Art und Performance verschrieben haben, also auf buchstäbliche oder funktionale Weise „Ort" und „Umgang mit Orten" thematisieren – dabei nicht auf Erzeugung einer bleibenden Materialität zielen, sondern auf die Erzeugung von Atmosphären, Situationen, die zu Handlung und Kommunikation Anlass geben (und zwar in/durch/mit künstlerischen Strategien). Von solchen künstlerischen Ereignissen (wie von den meisten Performances) bleiben im Extremfall nur übrig: 1. die (Video-/Photo-)Dokumentation und 2. die „Nacherzählungen" der Zeugen/Rezipienten/Beteiligten/Beobachter (im Extremfall nur der Künstler – das „Werk" von Sophie Calle z.B. besteht im wesentlichen aus Verschriftlichungen und Photodokumentationen, die auf etwas verweisen, was sie selber nicht sind).

Ich will nicht behaupten, dass die „Absage ans Werk" eine grundlegende Tendenz innerhalb der Gegenwartskunst ist, aber doch liest sich der veränderte Umgang vor dem Hintergrund eines Blickwechsels, der mit dem Terminus *cultural turn* belegt worden ist und zuletzt besagt, dass nicht Texte, Artefakte, Kunstwerke etc. Kultur hervorbringen und derart Sinn vermitteln, sondern unser (performativer) Umgang mit ihnen. Auch sehe ich, dass solche performativen Erprobungen mit der „Krise der Kunst" umzugehen versuchen und darin letztendlich auf die Krise der Gesellschaft verweisen, die durch die Ästhetisierung und Globalisierung des Alltags massiv vorangetrieben ist (und zu der die Kunst seit Duchamp auch beigetragen hat). Und wegen dieser Krise *missbrauchen* die gesellschaftlichen Institutionen einerseits die Kunst (z.B. um durch Events in Museen oder sonst wo davon abzulenken), um sie andererseits aber auch dringend zu *brauchen*, weil sie womöglich der einzige Ort ist (ihre Verfahren vielleicht einzig dazu taugen), der ästhetisierten Welt gegenüber ein kritisches Vermögen zu erzeugen. Und zwar nicht, wie mir scheint, weil sie dagegen steuern und die Verhältnisse negieren (was die Avantgarden des letzten Jahrhunderts weitgehend getan haben), sondern weil sie mitten rein gehen (und in dieser Grenzüberschreitung Gratwanderungen unternehmen, die auch misslingen). Im gelingenden Fall kommt ihre Subversion als Inversion zum Tragen, die inmitten des Alltags Differenz erzeugt und somit Distanz und Reflexion provoziert.

Es gibt inzwischen eine Reihe Künstler der jüngeren Generation, die nicht nur die Interdisziplinarität zwischen den verschiedenen Kunstgenres üben, sondern den Monolog/Dialog/Polylog/Metalog mit dem Alltag und den Wissenschaften suchen – genauer: daran interessiert sind heraus zu finden, was in unserer Gesellschaft überhaupt vorgeht, sie also beobachten, erforschen und die dortigen Verfahren mit ihren eigenen Strategien zur Anwendung (d.h. eingreifen) oder auch zur Anschauung (d.h. zeigen) bringen – die das Crossover mit dem Wissenschaftsdiskurs (z.B. den Sozialwissenschaften, den Cultural Studies, der Ethnologie) und den Alltagsdiskursen (TV, Reisen, Kommunizieren etc.) und hierbei für beachtliche Verwirrung sorgen – Künstler wie Christoph Schlingensief, Performance-Gruppen wie Forced Entertainment oder Hygiene Heute etwa, die in der Art eines Palimpsests gegebene Realitäten mit Bedeutung überschreiben (und wahrnehmbar machen, was Theoretiker wie Marc Augé, Michel de Certeau oder Michel Foucault für unsere gesellschaftliche Lage diagnostiziert haben). Dies erst einmal in aller Kürze und ins Unreine geschrieben ...

Mein Vorschlag ist: Wir haben zwei Kisten – Die eine (die Materialkiste) regt zum „Basteln" an und die andere (das Anwesen Rotenfels, also Gebäude, Räume, Gegenstände) auch (was natürlich nur im übertragenen Sinne zu denken ist).

- Im ersten Fall steht das Spiel mit der Materialität/Dinglichkeit im Vordergrund und wird tendenziell installative Performances (des Machens/Herstellens) provozieren – hier geht es um Konstruktion, um die Stellung/Setzung der Dinge zueinander und um die Materialisierung einer Idee (Modell, Gefüge) aus Teilen (vielleicht liegen in der Kiste Verben: spalten, umstülpen, brechen, werfen, setzen, reihen ...).

- im zweiten Fall steht das Spiel mit der Funktion/Bedeutung (von Orten) im Vordergrund, was tendenziell diskursive Performances (des Handelns/Tuns) provozieren wird – hier geht es um Dekonstruktion, um die Entstellung/Entsetzung der Bedeutung (bzw. der Erwartungshaltung, die der Ort erzeugt), um die Überschreibung und Erzeugung anderer Bedeutung (mit Zeichen/Behauptungen/Handlungen) – (vielleicht liegen in der Kiste auch Theorie-Fragmente von de Certeau, Foucault ...).

Der erste Zugang wäre eine Annäherung an Kunst mit Hilfe (der Brille und Strategie von) Kunst, der zweite wäre eher die Distanzierung zum Alltag mit Hilfe (der Brille und Strategie von) Kunst. Beide Zugänge werden durch eine Vermittlungsperformance eingeleitet, d.h. wir machen/zeigen ein „Werk", indem wir die Strategie anwenden (keine Bilder/Photos also). Im günstigsten Fall führt die performative Einspielung in einen Horizont, dessen Problemstellung erst zu finden wäre ...

Mit dem Begriff Performance halte ich es inzwischen recht pragmatisch (im Gegensatz zu meinen einleitenden Worten „here be dragons" in Schreiben auf Wasser): to perform meint, noch mal machen. Im klassischen Rückgriff auf die *cultural* performance bedeutet dies etwas Gegebenes (Tradiertes, Fremdes, nicht von mir Gemachtes) noch mal machen, um in diesem Umgang Zugang zu finden, d.h. das Eigene im Fremden (wie umgekehrt) entdecken und es so zwangsläufig variieren, verändern etc. also Heterogenität zu erzeugen.

Ich denke (neben Forced Entertainment, die in der Braunschweiger Veröffentlichung, die ich zusandte, genannt sind) z.B. an das Künstlerkollektiv „Rimini Protokoll", das sich auch (je nach Zusammensetzung) „Hygiene heute" nennen. Sie organisieren bspw. Audiotouren und schicken das Publikum (mit Kopfhörern ausgerüstet) durch Straßen, U-Bahnhöfe, Garagen, Parks oder Wohnblöcke. *Kanal Kirchner* (2001/2002) ist gleich eine ganze Serie von Performances, die um den verschwundenen Bibliothekar Bruno Kirchner ranken, der eine Serie von Tonbändern hinterlassen hat und mitteilt, dass er Opfer eines Komplotts wurde. Den Rezipienten wird eine Führung per Walkman angeboten, in deren Verlauf (ähnlich einer Matrix) eine verborgene Realität hinter der Oberfläche der vermeintlichen Wirklichkeit suggeriert wird. Jeder Straßenname, Briefkasten, Eingang, auch (zufällig in die ‚Szene' einfallende) Passanten werden zum Indiz einer gigantischen Verschwörung, die Arbeit einer geheimen Organisation, die sich Spinne nennt (und an Al Quaida denken lässt) – überall wird gelauscht, beobachtet und registriert, man fühlt sich verfolgt und wird selber Teil eines Komplotts. Auch hier werden wir Bestandteil des Werkes, (wenn ich Sie zitieren darf) „unser Gehirn eine plastische Masse, die in der Lage ist, in der Korrespondenz mit diesem Werk sich zu verändern" – mit gänzlich anderem Anliegen und Ausgang versteht sich, wird doch erfahrbar, wie sehr die Wahrnehmung hier durch das symbolische System gesteuert und gelenkt ist und Wirklichkeit konstruiert ...

Das Beispiel ist sehr provozierend und sehr komplex und daher (glaube ich) für den Workshop nicht so geeignet – ich muss noch nachdenken ... warte aber auch jetzt erst einmal Ihre Gedanken zu meinem „Weiterbasteln" an unserem Konzept ab.

Für unsere Vorstellungsperformance am Anfang habe ich folgende Ideen zur Auswahl: Wir könnten z.B. in zufälliger Folge, die letzten 1,5 Sätze unserer Veröffentlichungen im Dialog miteinander vorlesen oder (blind gewählt) aus einem Artikel Sätze (im Wechsel) lesen ...

Wir könnten uns seriöse und absurde Fragen (ein Quiz!!) stellen (die der andere wahrheitsgemäß beantwortet, aber auch lügen darf ...). Ich sende demnächst eine Fragen-Kostprobe zu (das wäre von Forced Entertainment inspiriert). Abramovic hat etwas Ähnliches gemacht, nur blieben die Fragen im Raum stehen – vielleicht haben Sie es in den BDK-Mitteilungen gelesen?

Soweit, es ist spät geworden und schon bald der 18.9.03,
ich grüße Sie herzlich aus Potsdam
Ihre hanne seitz

3. BRIEF PAUL* AN HANNE SEITZ

Verehrte, liebe Frau Seitz,

... Sie haben Recht, ich selbst bin Handwerker, Bastler, und ich ziele bei allem, was ich tue, darauf ab, dass etwas dabei herauskommt. Das mit Werk zu bezeichnen, bereitet keine Mühsal, eher das zu vergessen, nicht, nicht dieser Meinung zu sein, sondern einfach sich vertieft konzentrieren und das alles bleiben oder geschehen oder vergessen lassen. Wir können auch alles in die Luft schleudern und von vorn anfangen. Das Werk verstehe ich eher als ein konzentriertes und demonstrierendes Handeln inmitten der anderen, ja, mit der Neigung zur Aktion, was auf Beuys verweist, auch das leugne ich keinesfalls. Es soll keine Situation geschaffen werden, die als Werk gelten soll mit einer Distanzanhäufung gegenüber dem Publikum, sondern sie soll in das Publikum hineinwirken im Sinne einer Evokation. Die Differenz zu ihrer Auffassung liegt, glaube ich, in der Auffassung von ‚Ort' und ‚Situation'. Ihre Orte, Räume sind öffentlich, in diesem Sinne offen, und werden handelnd behandelt etwa im Sinne einer Intervention, einer semantischen Verschiebung oder in der Umkehrung der potemkinschen Dörfer, und es werden Vorstellungen geweckt, die die Situation gedanklich und emotional neu befinden lassen. Das Publikum, die Dritten gewissermaßen, werden in Bewegung gesetzt, sind die, die ‚beformt' werden. Meine Position gegenüber dem Publikum ist von meiner pädagogischen Seite geprägt: Unterricht als performative Prozesse, der Lehrer als Performer, die Schüler als Performer, alle und jeder zugleich der kritische Dritte, in dem sich etwas tut und der nun vom Dritten in die Performerrolle wechselt etc.. In der Mitte die Sachverhalte, um die es geht, das können Inhalte aus allen Lebens-, Sinn- und Gesellschaftsebenen sein. Das Material spielt dabei eher die Rolle der konkreten Anschauung von dem, um das es geht. Ich glaube, dass wir so weit und grundsätzlich nicht auseinander liegen. Und in Bezug auf Bad Rotenfels sollten wir für unser Aufgabenfeld sie zur Konzeptfindung unterschiedlicher (Ausdrucks-) Formen von Performance nutzen – was wir ja versucht haben. Und ich meine, wir haben beide Positionen in unserer Planung aufgenommen. Wenn ich Sie richtig verstehe, wollen Sie dieses Konzept durch anderes ersetzen, wie Sie es auf Seite 3 beschreiben. Den Vorteil sehe ich schon, das Geschehen wird offener, die entstehenden Situationen ergeben sich aus der direkten Konfrontation mit den Impulsen, die in den Kisten stecken. Das ist die eine Seite; die andere, was wir dabei aufgeben – einen didaktischen Ansatz unseres Projekts – bitte sehen Sie das Didaktische nicht negativ, darüber könnte ich einiges sagen, wir könnten auch versucht sein, an einer performativen Didaktik mitzuwirken. Wir haben es mit Lehrern zu tun, denen wir ein gewisses und einsichtiges Handlungspotenzial anbieten. Mein Problem bei unseren bisherigen Überlegungen ist die Weise, wie wir das in Szene setzen. Das könnte als Aufgabe passieren, etwa zu A), Raum als Anlass für performatives Handeln, mit der Aufforderung, den Raum zum Sprechen zu bringen oder ihm das Sprechen verbieten oder ihn als etwas ganz anderes behandeln – das sind Ihre Formulierungen, die ich als Impuls sehr gut finde. Mehr nicht, das Gleiche auch für die anderen Gruppen.

Die Situation an jenem 9. Oktober ist an sich schon von performativer Qualität. Uns sind 2½ Stunden Zeit gegeben. Die Teilnehmer kennen sich nicht, uns nicht und umgekehrt. Wir werden uns vorstellen, die Teilnehmer werden sich vorstellen, vielleicht sind es zehn oder zwanzig oder gar mehr, dann wird die Vorstellung schon ein wenig problematisch. Dieser Punkt ist von entscheidender Bedeutung: Wie setzen wir konkret die uns Anvertrauten in Bewegung, dass sie selbst zu Performern werden – mit der Vorgabe, dass sie, wenn es schlimm kommt, wenig damit anfangen können, aber gewillt sind anzufangen. Wir schicken sie dann auf eine ungewisse Reise, und wir müssen das so gestalten, dass sie sich engagiert auf die Reise begeben. Dazu dienen das Material, die Orte, die Kunstobjekte, die Partituren. Es ist schwierig, etwas zu beginnen – ohne Vorgaben, ohne Einflussnahme, nur aus dem heraus zu beginnen, das bei dem liegt, der beginnen soll. Das ist das didaktische Problem von Selbstbildungsprozessen. Die Situation eines Künstlers ist eine ganz andere; dessen Gestaltungsvorgänge haben biografische, ästhetische und künstlerische Vorläufe sehr komplexer Art, und aus diesen komplexen Selbstsituationen entstehen die Fragestellungen für die eigenen künstlerischen Projekte. In einem Seminar wird dieser Prozess ja schon auf eine Zeit von drei oder vier Monaten verkürzt, aber auch da ist eine Entfaltung eigener ästhetischer Interessen noch möglich, so meine Erfahrung. An diesem Nachmittag stehen wir eigentlich in einer unmöglichen Situation, da wir zumindest mit sehr unterschiedlichen und divergierenden Interessen- und Erfahrungslagen zu tun haben. Und ein zeitliches Problem, für die Vorstellung eine halbe Stunde, für die Arbeit ein- und eine Viertelstunde, und für die Aussprache über die Ergebnisse und über die Weise der Präsentation im Plenum eine reichliche halbe Stunde [...].

Paul* am 26.9.003

4. KONZEPT NACH EINGEHENDER BERATUNG AM 08.10.04, VORMITTAGS

Beuys meets Schlingensief oder Wie provokant darf ein Kunstvermittler sein?

Ziel: Vor dem Hintergrund des Lehrens und Lernens sucht der Workshop einerseits eine Annäherung an Kunst mit Hilfe (der Brille und Strategie) einer eher werkbezogenen Kunst, andererseits eine Annäherung an kunstferne Diskurse mit Hilfe (der Brille und Strategie) einer eher funktionsbezogenen Kunst. Beide Zugänge werden in einem diskursiv und performativ vorgegebenen Kontext als Vermittlungsperformance eingeleitet, d.h. wir machen/zeigen, indem wir die Strategie anwenden (keine Bilder/Photos/Erklärungen). In den abschließenden Erkundungen zu „performativen Handlungen und/oder performativen Installationen" sollen unterschiedliche künstlerischen Positionen (hier: die von Beuys oder Schlingensief) kenntlich und angewendet werden (können aber auch „im Vollzug" miteinander verflochten werden). Im günstigsten Fall werden die performativen Einspielungen in einen Horizont führen, dessen Problemstellung erst zu finden wäre.

Idee: 1. Die Dinglichkeit (von Material) innerhalb eines gegebenen (konstruierten) Kontextes ins Spiel bringen und eine installative Performance (des Machens/Herstellens) erarbeiten – der Fokus liegt auf der Konstruktion, der Stellung/Setzung der Dinge zueinander, auf der Materialisierung einer Idee (Modell, Gefüge) aus Teilen.

2. Die Funktion/Bedeutung (von Orten) innerhalb eines gegebenen (konstruierten) Kontextes ins Spiel bringen und eine diskursive Performance (des Handelns/Tuns) erarbeiten – hier geht es um Dekonstruktion, um die Entstellung/Entsetzung gegebener Sinngefüge (bzw. der Erwartungshaltung, die der Ort erzeugt), um Bedeutungsüberschreibung (durch Zeichen/Behauptungen/Handlungen).

Erste Phase

- Direkt hinter dem Zelteingang hängt ein Schild „Church of Fear. Gemeinde Rotenfels. Mitgliederversammlung";
- im leeren Zelt stehen 16 Stühle (wie in einem Auditorium), davor 1 Tisch und zwei Stühle;
- darauf Mikro, 2 Gläser Wasser, Tagesordnungen, die Stab-Porträts;
- daneben eine (uno actu gebastelte?) Holz/Filz-Skulptur (in Anlehnung an Beuys);
- an der rückseitigen Wand des Zeltes liegen allerlei Materialien (Holz, Filz, Telefon, Erdklumpen, Photografien, etc. – ein Bastellabor eben);
- es gibt vier Schilder jeweils beschriftet mit Räume, Plastik, Material/Dinge, Fremdzeichen.

Ziel der ersten Phase: Einstimmung und Handeln innerhalb eines gegebenen Kontextes.

Beginn: Seitz/Kästner (mit Stabporträts in der Hand) begrüßen die Teilnehmer (als bekennende Mitglieder „Church of Fear"), verteilen die Tagesordnung.

Top 1: Regularien
Wir sind vollzählig. Christoph Schlingensief, wie Sie vielleicht wissen, weilt ja inzwischen öfters auch in Karlsruhe, musste aus triftigen Gründen leider Absagen. Er sendet Grüße und hat uns die Leitung der Mitgliederversammlung übertragen.

Top 2: Begrüßung der neuen Mitglieder
Meine Damen und Herren, wir freuen uns, dass Sie so zahlreich erschienen sind. Und insbesondere auch, dass neue Gesichter in unseren Reihen zu sehen sind. Wie sie wissen, hilft die CHURCH of FEAR Menschen, denen das Glauben misslungen ist, eine Ge-

meinschaft von Nicht-Gläubigen also, die nicht durch Dogmen, sondern durch Leitfäden miteinander verbunden sind. Und genau dies sollten wir am „Tag der offenen Tür der Gemeinde Rotenfels", den wir heute vorbereiten wollen, auch thematisieren.

Top 3: Stichworte aus dem Manifest

„Zur Einstimmung zitiere ich aus dem Ihnen bekannten Manifest: Die CHURCH of FEAR proklamiert: HABT ANGST! ANGST ist MACHT! ANGST ist der SPRENGSTOFF! Wir fordern: EIN GRUNDRECHT AUF PERSÖNLICHEN TERROR! SCHLUSS mit dem TERRORMONOPOL der POLITIK, den HORRORORAKELN der MEDIEN, der EUTHANASIE am NEUEN MARKT! FREIHEIT und FRIEDEN dem KRIEG! Wir erklären: Den NICHT-GLAUBENSKRIEG! [...] HABT ANGST! SPRENGT STOFFE!

Etwa 17 Prozent der Menschheit leiden unter Angstzuständen, so ist auf unserer Web-Site www.church-of-fear.net zu lesen. Fachleute gehen von einer Verdoppelung binnen 25 Jahren aus, die auf persönliche, aber auch auf politische, religiöse, soziale und kulturelle Umstände zurückzuführen sein werden. Angst macht krank, Angst ist aber auch Vorhof zur Hoffnung. Der Glauben versetzt Berge. Die orientierungslosen Völker der Welt entfalten eine beinahe abgöttische Begeisterung für Kulte und Rituale, die Angst behandeln und Hoffnung schenken, die „Glauben machen". Es ist Zeit, zu handeln! Es ist Zeit, sich zur Angst zu bekennen, um aus ihr zu schöpfen. Wir müssen das Verfügungsrecht über unsere Angst offensiv angehen, ein eigenes Imperium errichten. „Jetzt erkenne ich stückweise; dann aber werde ich erkennen, wie ich erkannt bin" [1. Korinther, 13,12]".

Top 4: Kurzer Rückblick und Aussicht auf den „Tag der offenen Tür" in Rotenfels.

„Meine Damen und Herren, seit der Gründung von CoF im Mai diesen Jahres ist viel geschehen. Es gibt inzwischen weltweit Gemeinden u.a. in Venedig, Frankfurt/M., Berlin, Hamburg, Zürich, Rom, Turin, Mallorca, Lüderitz, Pretoria, La Paz und Bombay und nicht zu vergessen in Rotenfels. Unser erster Kirchentag in Venedig war ein voller Erfolg – ein siebentägiger Pfahlsitzerwettbewerb, bei dem sich sieben unserer Mitglieder zu ihrer Angst bekannt haben. Nach Kathmandu, der mehrtägigen Prozession „Der schreitende Leib" von Köln nach Frankfurt, hat Schlingesief auch dort Arbeits-, Obdach- oder Hoffnungslose ermuntert, sich zu ihrer Angst zu bekennen, um der Politik mit dem Terror (und nebenbei auch der Politik der Kirche) mit einem nunmehr 3. Pfahlsitzwettbewerb den Garaus zu machen. An die 100.000 Menschen haben die Säulenheiligen in Frankfurt besucht. Unter dem Motto „Win with your loser" konnten sog. „Arbeits-Lose" auf den späteren Gewinner gesetzt werden und wie Schlingensief sagt „dem Wertlosen wieder ein Wert" gegeben werden."

Ich zitiere aus der Webseite (Zugriff am 29.9.03):

„Der Dritte Internationale Pfahlsitzwettbewerb endete in ausgelassener Atmosphäre. „Hier feiern jetzt endlich einmal die ein Volksfest, die das Volk im Wesentlichen ausmachen", zog Schlingensief ein durchweg positives Fazit der „sozialen Plastik", mit der der Kunstzoo im Leben angekommen sei. Gäste des Frankfurter Pfahlsitzens, das von zahlreichen Aktionen und Zwischenfällen begleitet wurde, waren u.a. Uta Ranke-Heinemann, Boris Groys, Hayadulla Hübsch, Bazon Brock und Daniel Cohn-Bendit. Weitere Veranstaltungen der Church of Fear in Wien, Zürich, Paris und New York sind bereits in Planung.

Siegerin des Wettbewerbs, der zuvor schon in Venedig und Kathmandu stattgefunden hatte (s. www.churchoffear.net), wurde die 45-jährige Susie Renée Reinhardt aus Idstein. Eva Zander, Präsidentin der CHURCH OF FEAR, überreichte ihr abschließend den Hauptgewinn in Höhe von 3000,- Euro. Die neue „Säulenheilige der Moderne" hatte 122 Stunden und 45 Minuten auf ihrem Pfahl ausgeharrt.

Thomas Herpich, einer der Sitzer sagt: „Heute bin ich an dem Punkt angelangt, dass ich mich über mich wundere. Am Sonntagabend konnte ich mir überhaupt nicht vorstellen, 5 Tage lang auf diesem Pfahl zu sitzen. Am Montagabend hieß es die erste lange Nacht durchsitzen. Am Dienstagnacht stieg ich für einige Stunden herab, da mir der Trubel auf den Magen schlug. Nach der Auszeit ging's mir wieder besser. Gestern war ich auf meinem Tiefpunkt, so angreifbar, müde und erschöpft. Meine Füße waren geschwollen und dick und schmerzten und mein Hals und Rücken starr geworden. Die emotionalen Wortschlachten zeigten Frustration und Aggressivität! Doch wenigstens tauschten sich die unterschiedlichsten Lager einmal aus, sprachen miteinander, überwanden die Barrieren, die sonst in Frankfurt herrschen.

[...] Ich rege mich innerlich über dieses Gezeter auf. [...] Ich bin durchsichtig, meine Augen im Spiegel der Toilette verschwommen. Doch wie geht es den anderen Unterdrückten in anderen Ländern: Deswegen sitze ich auch hier, einmal für mich und für andere zu sitzen: ein kleiner Akt der Solidarität. Was mir auffällt in allen Diskussionen, die um mich herum geschehen und vorn am Forum: Frustration, Unzufriedenheit [...] Die anderen Schuld, die faulen Arbeitslosen, die Regierung, das Arbeitsamt, die Punker, die Unwilligen, die Banken [...]""
Tja, wenn das kein Statement ist.

Top 5: Sektionsgründung „Kunst ins Leben"
„Doch bevor wir zu arbeiten beginnen, auch bevor wir uns gegenseitig vorstellen (es sind ja heute einige neue Mitglieder unter uns), wollen wir hier und jetzt die bislang erste und einzige Sektion der Kirche ausrufen „Kunst ins Leben". In der von uns, als Gründungsvorstand, verfassten Satzung heißt es: „Jedes sich im Rahmen der Church of Fear zur Sektion „Kunst und Leben" bekennende Mitglied muss sich einer Befragung aussetzen, die jeweils öffentlich vor potenziellen oder eingetragenen Mitgliedern der Kirche ausgetragen wird." Wir, als Initiatoren, setzen uns natürlich ebenso dieser Prozedur aus und tun es also jetzt."

→ FRAGENMARATHON zum Thema „Angst" ca. 5 Minuten (wir könnten, sollten aber nicht darauf verzichten)

„Damit ist unsere Sektion ins Leben gerufen und wir hoffen, dass Sie sich am Ende des heutigen Tages und insbesondere nach erfolgreicher Durchführung unseres „Tages der offenen Tür" zu dieser Sektion bekennen, sich zu „Kunst und Leben" bekennen, um sich dann bei unserem nächsten Treffen in ähnlicher Weise initiieren zu lassen."

Top 6: Vorstellungsrunde der neuen und alten Mitglieder
„Wie ich sehe, haben sich für unser Vorhaben hier in Rotenfels vor allem diejenigen eingefunden, die als Kunstkenner, Kunstliebhaber und vor allem Kunstvermittler wesentlich dazu beitragen werden, ungewöhnliche Wege der Angstbekundung zu finden, neues Terrain zu beschreiten. Doch bevor wir loslegen, möchten wir Sie zu einer kleinen Vorstellungsrunde einladen.

Wir bitten Sie, in einer naheliegenden (oder gerade nicht naheliegenden Handlung) sich selbst an einem in diesem Zelt gewählten Ort zu vermitteln, dabei einen assoziativen Schnipsel zum Thema „Angst" einzubringen und ein Bruchstück aus der Zitatensammlung „performative Formen des Lehrens und Lernens", die sie gleich erhalten werden.

Sie haben 5 Minuten Zeit: kurzer Rundgang mit Video/Photo (ohne poetische Reflexion);

→ Zeitdauer erste Phase: ¾ Std. (¼ Std. Einstieg/ Fragemarathon, ½ Std. Vorstellungsrunde)."

Zweite Phase

Top 7: Vorbereitung des „Tages der offenen Tür" in Rotenfels
„Wie schon unter Top 4 angekündigt, wollen wir unser Aktionsspektrum zum „Tag der offenen Tür" in Rotenfels erweitern. Nicht dass das Pfahlsitzen abgeschrieben ist, es war schon irre, diese strickenden, lesenden, essenden, ja sich langweilenden Sesshaften vor dem Allerheiligsten der Biennale zu erleben. Nicht alle können auf Pfählen sitzen und schon gar nicht um die Wette. Sprengt Stoffe, wie es in unserem Manifest heißt."

→ Hier wäre gut, kurz zwei Beispiele zu nennen, die wir selbst erprobt haben:

Seitz: knappe Erläuterung der Aktion „Der Waschplatz" auf dem Kirchentag (künstlich in den Rahmen „Church of Fear" gesetzt).
Kästner: knappe Erläuterung einer „Vermittlungsperformance" zu Beuys (künstlich in den Rahmen „Church of Fear" gesetzt).

„Und nun sind Sie dran: Geben Sie Ihrer Angst Raum, wählen Sie Ihre Form und Ihren Ort, auch um andere an Ihrer Angst teilhaben zu lassen. Wie Sie im hinteren Teil des Zeltes sehen, haben wir Vorbereitungen getroffen. Ganz nach dem Motto Schlingensiefs „Beuys ist bei uns, der einzige Verfechter einer demokratischen Kunst".

Zur Anstiftung schlagen wir vier Anlässe für performatives Handeln bzw. performative Installationen vor: hier (vor) vorgegebene *Räume* oder *Plastiken* oder von uns mitgebrachte (auch von Ihnen gefundene) *Materialien* oder (fremde) *Zeichen* sollen innerhalb des Kontextes „Bekenne Dich zur Angst" einer neuen/ anderen/absurden/verrückten/buchstäblichen Lesart zugeführt werden. Nach einer ¾ Std. werden wir einen Rundgang beginnen und danach unsere Mitgliederversammlung beenden, in einer in-

Vorstellungsrunde der neuen und alten Mitglieder

iformellen Gesprächsrunde entscheiden, welcher der Aktionen/ Handlungen/Installationen oder ob alle für unseren „Tag der offenen Tür" geeignet sind.

Bitte entscheiden Sie sich für einen der vier Anlässe und stellen sich zu dem entsprechenden Schild."

1. Raum als Anlass
Räume: Dachraum, Gästehaus, Speisesaal, Ruine, Geräteschuppen
Material: Im Raum Vorgefundenes
Ziel: Innerhalb des Kontextes „Angst" den Raum (als Installation) zum Sprechen bringen (oder ihm das Sprechen verbieten oder ihn als etwas ganz anderes behandeln).
Arbeitsweise: Unter Einbezug/Umstellung vorhandener Materialien (bzw. Raumfunktionen) den Raum zum Sprechen bringen, auch umdeuten, überschreiben, ihm eine (neue) semantische Zuschreibung („Identität") geben und/oder dabei in einen Handlungsort (Wort, Bild, Tat, Bewegung) transformieren.

2. Material als Anlass
Raum: neutraler Raum „Zelt"
Material: „Bastellabor" oder am Ort Rotenfels auffindbare oder zusammengetragene Dinge (Natur/Küche/Gästezimmer/private Dinge).
Ziel: Innerhalb des Kontext „Angst" Material in einer Installation oder Performance zum Sprechen bringen (oder ihm das Sprechen verbieten oder ihn als etwas ganz anderes behandeln) und dabei dem Betrachter Anlässe zu performativen Handeln, Eingreifen, Zutun etc. geben.
Arbeitsweise: Die den Gegenständen eingeschriebene Funktion, ihre ästhetischen Eigenschaften, in der Installation so behandeln/aufbereiten/verfremden, dass sie die Betrachter zum Handeln auffordern.

3. Plastische (Kunst-)Objekte als Anlass
Raum: Außengelände der Akademie
Material: Vorhandene Objekte
Ziel: Innerhalb des Kontextes „Angst" die plastischen Objekte zum Sprechen bringen (oder ihnen das Sprechen verbieten oder als etwas ganz anderes behandeln)
Arbeitsweise: Anlass ist die Wahrnehmung der formalen Ebene, ästhetischen Ebene und/oder symbolischen (Bedeutungs-)Ebene des Objekts; aus der Reaktion auf die jeweilige Ebene und deren Differenz (hervorheben, zuwiderhandeln, verfremden, buchstäblich nehmen, demaskieren, überschreiben) entsteht die performative Handlung.

4. (unbekannte) Zeichen als Anlass
Raum: freie Wahl
Material: musikalische Partituren, Gebrauchsanweisungen, Sprachspiele, (Kunstwerke???) und Aufnahmegeräte
Ziel: Innerhalb des Kontextes „Angst" unverstehbare, unlesbare, bedeutungsleere (oder -arme) Zeichen zum Sprechen bringen.
Arbeitsweise: Anlass ist die Anwendung, Auslegung von (visuellen) Zeichen, deren Bedeutung und/oder symbolische Verwendung unbekannt ist, um sie in einer performativen Handlung zu „übersetzen" (möglicherweise auch zu Gehör zu bringen).

→ Alle performativen Handlungen sollten:

1. das entstehende Performancekonzept dokumentieren;
2. möglichst den Performer einbeziehen, sei es durch seine Anwesenheit oder sein Handeln;
3. den Betrachter (buchstäblich oder im übertragenen Sinne) einbeziehen, mit ins „Bild" bzw. die Installation holen, sei es durch (direkte) Aufforderung zum Tun, sei es durch (indirekte) Aufforderung, mit einem (unverstehbaren/verrückten) Kontext umzugehen;
4. sollten während des Rundgangs von den Betrachtern/ Zuhörern/Rezipienten in Form einer poetischen Reflexion (ca davre esquis??) „betitelt" werden – diese könnte als literarische Präsentation den „Tag der offenen Tür" einleiten (falls die Gruppe dies entscheidet);
5. per Video/Photo dokumentiert werden.

→ Am Ende des Rundgangs werden die Teilnehmer verabschiedet. Danksagung – mit der Bemerkung, die Entscheidungen für den Tag der offenen Tür werde vorerst informell diskutiert, dazu Einladung in das Zelt aussprechen (beginnender Ausstieg aus dem Rahmen).

→ Zeitdauer zweite Phase: 1¼ Std. (¾ Std. Gruppenarbeit, danach ½ Std. Rundgang).

Vorstellungsrunde der neuen und alten Mitglieder

Zeichen als Anlass

Zeichen als Anlass

Material als Anlass

Dritte Phase

- Das Zelt ist „neutral"; die Stühle sind zu einem Kreis gestellt;
- im Zelt steigen wir endgültig aus dem Rahmen „Church of Fear" aus;
- wir sprechen über das Ereignis und die entstandenen performativen Handlungen.
- Wir sprechen über die Grenzen einer solchen „Vermittlungsperformance";
- Auswertung und Diskussion Performance als Lehr- und Lernereignis;
- wir überlegen, wie wir das Performancekonzept in die Abschlussrunde um 17 Uhr einbringen, ob wir „darüber" erzählen oder ob wir den Rahmen „Church of Fear. Tag der offenen Tür in der Gemeinde Rotenfels" erneut ins Spiel bringen.

→ Zeitdauer dritte Phase: ½ Std.

Vierte Phase (Plenum)

Ab 17 Uhr werden die Ergebnisse des Workshops den anderen Teilnehmern des Symposiums (je nachdem wie die Entscheidung ausfällt) vorgetragen oder (innerhalb des Rahmens „Church of Fear") präsentiert.

→ Zeitdauer vierte Phase: 5-10 Minuten.

5. PROTOKOLL ZUM ARBEITSABLAUF UND VON DER ERGEBNISPRÄSENTATION DES WORKSHOP NR. 9

Mitgliederversammlung der Church of Fear, Bad Rotenfels
Tagungsort: Rundzelt der Akademie, im Tagungsablauf das Tagesrestaurant; die Bestuhlung und die Tische wurden an einem Platz etwas außerhalb der Mitte des Rundes gestapelt von der Form eines vielfältig gebrochenen Kubus von ca. 2 mal 3 Meter Grundfläche und der Höhe eines ausgewachsenen Menschen. Für die Anordnung der Tische für das Präsidium und für die Mitglieder war hinreichender Platz vorhanden.

Der Ablauf der Mitgliederversammlung:
Der Empfang der Mitglieder durch Kassenführerin Seitz und Materialwart Paul* durchaus herzlich; die Einladung mit der Tagesordnung gelangte zur Austeilung.

Begrüßung durch die Kassenführerin – typisch, dass Paul* bloß Materialwart ist! – Verlesungen aus dem Manifest und Sektionsgründung „Kunst im Leben" durch die Kassenführerin. Besonders verwirrend die Vorstellungsrunde der beiden präsidialen Teilnehmer mittels Fragemarathon zum Thema Angst; die Einführung in die Vorstellungsrunde durch eine selbst bestimmte Polaroid fotografierte Haltung eines jeden einzelnen in einer ganz individuell ersonnenen Haltung, gedacht auch als ein erster performativer Moment aller.

Die Vermittlung von vier Anlässen für performatives Handeln als Vorbereitung der Ideenbörse Rotenfels führte zur Bildung von drei Gruppen: 1. Raum als Anlass; 2. Material als Anlass und 3. (unbekannte/fremde) Zeichen als Anlass. Zur Vergewisserung des Angebots die Wiederholung der Tafeln, die zur Auswahl standen: (siehe folgende Seite). Die Arbeit in den Gruppen verlief, soweit der Augenzeuge dies wahrzunehmen in der Lage ist, intensiv und ergebnisorientiert.

Die Präsentation der Ergebnisse in der Ebene der Workshopgruppe Nr. 9 erfolgt für die Gruppen ‚Material' und ‚Zeichen' im Zelt, für die Gruppe ‚Raum' im Dachboden des Schlosses. Aus der Präsentation der Gruppe Material im Gruppenplenum heraus entwickelte sich eine intensive Gesprächssituation: Die Gruppe selbst problematisierte auf performative Weise die Inhaltsebene ihrer Arbeit, und im Gruppengespräch wurde dies wiederum problematisiert, bezogen auf die Präsentationsweise (nicht so sehr das Ergebnis!), aber darüber hinaus wurden Fragen von allgemeiner Bedeutung für das performative Lehren und Lernen angeschnitten (vgl. Protokoll der Präsentation der Gruppen).

Die Ergebnisdiskussion ging schließlich auf die Frage der Endpräsentation aller Workshopergebnisse ein; man entschloss sich für eine performative Präsentation mit einem installativen Motiv – schließlich konnte der Stuhl- und Tischberg nicht weggesehen werden: Der Stuhl-Tisch-Block wurde zum Präsentationsort aller Materialien. Über Overhead-Projektion sollten die Ergebnisse oder gestisch-performativen Selbstpräsentationen an die Zeltwände projiziert werden; die Mitglieder der Gruppe integrierten sich in diesem Blockaufbau, wenn sie nicht Teil einer Werkform waren. Ergänzt wurde dieses Arrangement durch eine Kassettenaufnahme der Zeichen-Gruppe und durch die Wiederholung der Vorstellung des Präsidiums in der Aktion „Fragemarathon", allerdings in gekürzter Form. Abschluss der performativen Präsentation der performativen Arbeit zum Thema performatives Lehren und Lernen durch den (lauten) Ausspruch durch den Materialwart: „Hier wird nichts erklärt!" (was zuletzt doch eine Erklärung war, H. S.).

Protokoll über die Präsentation der Arbeiten in der Workshop-Gruppe

Erste Präsentation: Gruppe ‚Zeichen'
Die Performer stehen in einem Halbrund, vor ihnen liegen Blätter. Nach und nach nimmt sich jeder einen Zettel, be trachtet ihn, beginnt zu lesen, zuerst leise, jeder für sich, unterschiedlich im Tonfall, in der Intonation etc. Es entstehen unterschiedliche Sprechebenen mit verschiedenen Klangfarben, Rhythmen; die Lautstärke nimmt zu, bis alle schreien. Auf dem Höhepunkt des Schreiens werfen sie die Zettel wieder auf den Boden, bis auf einen, der dann auch aufhört und alle auf ihre Plätze zurückgehen. Kein anschaubares Bilddokument gelungen.

Zweite Präsentation: Gruppe ‚Material'
Titel der Arbeit: Jeder Mensch ein Stern
Ein aus zwei Motivkomplexen bestehendes räumliches Arrangement: Eine Frau mit einer Plastiktüte über den Kopf und mit einer Telefonschnur umschnürt, dem Betrachter ein Telefon anbietend und mit der Beschriftung „Orakel" versehen; rechts davon auf einem Sockelgestell eine Assemblage mit Christbaumständer, Puppe, Maurerkelle, Lärmkopfschützer etc. Auf dem Tisch ein Zettel mit dem Schriftzug „Gott" und einem nach oben gerichteten Pfeil. Teil der Präsentation war ein inszeniertes Gespräch über dieses Arrangement, das als performatives Moment dieses Arrangements geplant war. Das inszenierte Gespräch wurde durch den Impuls eingeleitet, das Werk sei die allegorische Umsetzung des postmodernen Subjets – Reaktionen – die Frau sei ein Orakel – man werde das Orakel befragen. Sie sei zwar zuständig, aber sie reagiere nicht – ob jemand einen Änderungsimpuls habe –

Raum als Anlass

jeder (vgl. Beuys) Mensch sei in einem Weihnachtsständer eingebaut – ob sich der Inhalt und inwieweit sich dann der Inhalt verändere, wenn man die Assemblage verändere – (der Kopfhörer wurde entfernt) – aus der Maurerkelle werde ein Heiligenschein – die Maurerkelle sei ein Heiligenschein ...

(Hinaus aus diesem inszenierten Gespräch) entwickelte sich übergangslos ein Diskurs über diese Arbeit mit drei Aspekten:

1. Das Ziel der Performance sei die Inszenierung eines Gesprächs über den Sinn der Darstellung gewesen, hinter ihr stehe eine Botschaft, die 'rüberkommen solle. Die Kritik dieser Position setzte bei der Frage an, ob die Darstellung einer solchen Erklärung bedürfe. Die vorgestellten Vermittlungsziele müssten über die Darstellung selbst 'rüberkommen. Bei einer performativen Erklärung des Dargestellten ginge es eher darum, dass die Skulptur hätte zum Schweigen gebracht werden können (oder müssen). Das wäre auch möglich gewesen, da dieses Moment in der Orakel-Figur ja angelegt gewesen sei. Wichtig auch, dass die Orakel-Figur als performatives Moment rüber gekommen sei, sie habe auch zu performativen Reaktionen geführt. Die Assemblage sei eine Figur oder eine installative Form, für sich nicht performativer Qualität. Die Spannung zwischen diesen beiden Motivkomplexen sei von großer performativer Kraft [...] Mit der Performance nichts erklären [...] Nichts erklären ...
2. Alle Teilnehmer an diesem Workshop waren sich darin einig, dass die gemeinsame Arbeit am Material als der entscheidende Moment eines performativen Lernprozesses erfahren wurde. Die Beschäftigung mit der Präsentation sei vor allem eine Beschäftigung mit den Inhalten gewesen (...'was 'rüberkommen solle ...).
3. Als grundlegend wurde die Frage gesehen, ob die Gruppe ihre inhaltliche Überlegungen durch eine Performance direkt mitteilen könne; die Performance sei eine künstlerische Form und damit das mitteilende Medium. Mit einem inszenierten Diskurs wurden die Inhalte direkt vermittelt, das sei in der Philosophie denkbar, so in den Dialogen

Präsentation aller Gruppen

Präsentation aller Gruppen

des Platon; der Installation sei dieser Diskurs übergestülpt worden, habe aber der Installation ihre ästhetische Wirkung genommen, ohne dass die Sprache eine performative Qualität gewonnen habe.

Material als Anlass

Material als Anlass

Dritte Präsentation: Gruppe ‚Raum'

Die Gruppe ‚Raum' wählt den Dachboden, der alle möglichen Assoziationen, am wenigsten aber die eines alten Dachboden (zumal in einem alten Schloss) aufkommen lässt, sondern ein Labyrinth von Heizungs-, Lüftungs- und Entlüftungsrohren beherbergt, die mit diversen dämmenden Folien und isolierenden Materialien umwickelt sind. Inmitten dieses vorgefundenen Ortes nehmen die Gruppenmitglieder (auf installative Weise) jeweils eine Position ein und lesen Fragmente und Wortfetzen aus der aktuellen Tageszeitung – die wiederholten Schlagzeilen und Kurzbotschaften (einzeln hörbar, aber auch in chorartigem Stimmengewirr untergehend), lassen (inmitten des Röhren- und Lüftungslabyrinths) Assoziationen von Gewitter oder Sturm aufkommen – Blitze, die aus jener „wirklichen" Welt in den Kontext dieser „surrealen" Welt hineinreichen und mannigfache Zuschreibungen entstehen lassen.

6. ANMERKUNGEN SEITENS DER PERFORMER H. SEITZ UND PAUL*

Anmerkungen H. S.

1. Die Teilnehmerinnen des Workshops haben sich in vielfältigster Annäherung an die Materialität von Raum, Ding oder Zeichen erprobt und den künstlerisch-ästhetischen Umgang auch in ihren kleinen Präsentationen spürbar, sichtbar und hörbar gemacht. Der durch die Vermittlungsperformance eingeleitete Kontext „Angst" ist dabei auf unterschiedliche Weise umgesetzt bzw. zum Thema gemacht worden: Die Gruppe ‚Material' setzte explizit den „denaturierten und desorientierten" Menschen in das Zentrum ihrer Plastik, die Gruppe ‚Raum' suchte Umgang mit der „ortlosen" (quasi frei fluktuierenden und über uns hereinbrechenden) Informationsflut, die Gruppe ‚Zeichnen' markierte mit ihrem stimmlichen Ostinato Grenzübertritte und damit auch die Grenze des Erträglichen. Während die Plastik „Jeder Mensch ist ein Stern" wie auch der „Wortstimmkreis" den umgebenden Raum vernachlässigte (und also an jedem anderen Ort hätten stattfinden können), ist es der „Schlagzeilenlesung" im Dachboden gelungen, nicht nur den Raum als Ort zu thematisieren, sondern auch mit einer neuen Bedeutung zu überschreiben.
2. Augenfällig war, dass die Gruppe ‚Zeichen' nicht die (ihr zur Anregung gegebenen) Vorlagen, sondern einen Flyer von dem Büchertisch (eine Buchankündigung also) als Material benutzt hat. Die zu einer Klangcollage zusammengefügten Wörter waren zwar aus ihrem Zusammenhang gerissen, dennoch hat sich die Gruppe offenbar mehr für den (destruierenden) Umgang mit semantisch bedeutungsvollen Zeichen (also Worte wie Buch, Subjekt, Kunstpädagogik, Displacement) interessiert, als für die Gestaltung (von vornherein) unverstehbarer Zeichen (also japanische Schriftzeichen, geometrische Muster etc.).
3. Weiterhin war mir bedeutsam, dass das performative und partizipative Anliegen der Gruppe ‚Material', zuletzt also

der gewünschte Zugriff auf die Assemblage und damit die Herausarbeitung anderer Bedeutungsebenen, durch die einleitende Frage fast gescheitert wäre. Unter Nutzung hinreichend bekannter rhetorischer Redefiguren (im Sinne „Und was will uns der Künstler damit sagen?") wollte die Kleingruppe sicherstellen, dass ihre Botschaft gleich zu Beginn verstanden wird. Die Vorstellungskraft und der Handlungsimpuls der „Rezipienten" wurde durch das Frage-/Antwortspiel regelrecht behindert, ging es doch nicht darum, das Deutungsfeld diskursiv zu öffnen, vielmehr sollte die Allegorie verstanden und die mögliche Vielfalt der ästhetischen Wirkung der Assemblage also zurückgedrängt werden. Als „inszeniertes" Ereignis hätte die fragende Eröffnungssituation sogar performative Wirkung haben können – nur leider war sie eindeutig (und ohne doppelten Boden) gemeint und hat jede Differenz in weite Ferne gerückt. Daraus kann man (und konnten wir) nur lernen, wie die im Plenum aufkommende Diskussion deutlich machte. Kunst ist nicht dazu da, Botschaften zu vermitteln, sondern vielleicht eher ‚Boten' zu schaffen – ein Medium, das Heterogenität transportiert und aufgrund vielfältigster Bedeutungsanlässe das Denken in Gang bringt und Kommunikation stiftet.

4. Dass performatives Lehren und Lernen ohne eine gehörige Portion Risiko nicht realisierbar ist, dürfte allen (auch gerade angesichts der Abschlusspräsentation) klar geworden sein. Und darum ruft die Kassenführerin dem Materialwart jetzt auch zu: Ohne Experimentierfreude und das riskant eingegangene Manöver, Beuys mit Schlingensief neu- und gegenzulesen, wäre uns zwar manche Arbeit erspart geblieben, so manche Entdeckung aber auch vorenthalten geblieben! Lieber Dr. Paul*, so frage ich jetzt (anknüpfend an unser Frageritual und am vorläufigen Ende unserer interessanten Denk- und Zusammenarbeit), die alles entscheidende Frage (deren Antwort, entsprechend unserer Spielregel, wahr oder falsch sein kann und unbedingt kurz und präzis sein soll): Was ist wirklich wirklich?

Anmerkungen Kästner

1. Das Protokoll wurde nach Notizen in zwei Stufen erfasst – damit können sich Vorstellungen, wie es hätte sein sollen, einschleichen. Da keine auditive Dokumentation vorliegt, damit eine wörtliche Dokumentation nicht geleistet werden konnte, wurde die Form eines erweiterten Ergebnisprotokolls gewählt. Die Besprechung des Ergebnisses der Gruppe (Zeichen) verselbstständigte sich und wurde zumindest teilweise zur allgemeinen Aussprache über die Performance als Vermittlungsstrategie von Inhalten. Das ist insofern beachtlich, als damit die grundlegenden Fragen der didaktischen Ebene von ‚Performance' als eine performative Praxis von Lehren und Lernen realisiert wurde. Die in der Besprechung der Arbeit der Gruppe (Material) geleistete Differenzierung zwischen Darstellungsinhalt und Vermittlungsstrategie durch künstlerische Medien hat m.E. den Kern der Problematik eines performativen Lernens und Lehrens und damit einer performativen Didaktik der künstlerischen Bildung getroffen.
2. Der performative Rahmen des Workshops durch die Rezeption der „Church of Fear" von Christoph Schlingensief (Biennale Venedig 2003), ist durch eine starke narrative Qualität bestimmt, die durch Absprache etwas gedämpft wurde (vgl. Korrespondenz). Meine Befürchtungen, dass die Erzählebene von Schlingensief sowohl vom performativen Rahmen als auch durch die Angst-Thematik zu einer Lähmung oder Einengung der Handlungsfähigkeit der Teilnehmer führen könnte nach dem Motto – der Schreck fuhr in sie, und sie erstarrten – wurden nicht bestätigt. Im Gegenteil, wir dürfen davon ausgehen, dass durch diesen performativen Rahmen:
   - befremdende Kontextbildung,
   - Vermittlung der Gestaltungsanliegen in diesem performativen Rahmen und
   - die Vorstellungsinszenierungen

wesentliche Momente von einem performativen Lernen und Lehren vermittelt wurden. Das performative Projekt insgesamt wurde im Sinne einer Vermittlungsperformance seitens der Workshop-Leitenden eingeleitet, damit der Workshop selbst zu einer Performance wird. Die Wirksamkeit einer solchen Veranstaltungsform ist u.a. von dem Grad der Differenz zwischen Ort und Vorstellung abhängig – dieses Moment wurde in meinen bisherigen Überlegungen zur Vermittlungsperformance nicht berücksichtigt, und das ist mein Erkenntnisgewinn von diesem Workshop, den ich meiner Kollegin Seitz verdanke. Sie hat dieses Differenzmoment Kontext in den Workshop, in die Konzeption eingebracht.

ARCHITEKTUR UND BEWEGUNG

Ragani Haas, Dieter Hummel, Claudia Pella, Martin Pfeiffer

Die Erschließung von Architektur erfolgt in der Bewegung. Bewegung hingegen erscheint nur wahrnehmbar in der Relation zu Statischem. Räume schaffen spezifisches Ambiente und fördern oder provozieren Handlung. Die Bewegung selbst arbeitet mit der Umgebung und erschafft Räume. Betrachtet man Architektur und Bewegung in Verbindung so entsteht eine andere Sichtweise für beide Bereiche. Für die Entstehung der Architektur ist neben den bautechnischen Fragen die Funktionalität eine Sache der Bewegung. Auf welche Weise nähert man sich einem Gebäude, wie kommt man von unten nach oben, wie breit muss ein Gang sein? Doch auch die ästhetischen Fragen entwickeln sich hauptsächlich auf Grund der sich in oder um die Architektur herum Bewegenden. Gleichzeitig entsteht das Kriterium der sozialen Bewegung innerhalb der Architektur: Wer geht ein und aus? Auf der Grundlage solcher Überlegungen sollen innerhalb des Workshops Entstehungs- und Rezeptionsmöglichkeiten der Architektur verfolgt werden. Die künstlerische Aktion und Performance bietet Wahrnehmungsstrategien im Sinne der „Bewegung".

ARCHITEKTUR UND BEWEGUNG IM KUNSTUNTERRICHT

Dieter Hummel

Die Schülerinnen und Schüler „lernen ausgehend von Erlebnis, Körpergefühl und Raumerfahrung zu gestalten und ihre Wahrnehmung von Wirklichkeit im zwei- und dreidimensionalen Bereich und in Verbindung mit der Zeit zu sensibilisieren und auszudrücken".

Dieses Zitat ist Teil der Leitgedanken zum Kompetenzerwerb der neu formulierten Standards Bildende Kunst für das Gymnasium. In Beziehung dazu steht die Formulierung bei den „Kompetenzen und Inhalten" der Klassen 5/6: „Im dreidimensionalen Bereich beschäftigen sich die Schülerinnen und Schüler mit Körper und Raum. Im spielerischen Umgang mit verschiedenen Materialien entsteht ein durch Erlebnis geprägter Zugang zu Raumbildung und Raumnutzung."

Um einen Zugang zur Architektur zu bekommen, um ein Gefühl für Räume zu entwickeln, werden als Voraussetzung das persönliche Erlebnis, die persönliche Wahrnehmung und die persönliche Erfahrung von Raum gesehen.

Dies kann nicht durch die Herstellung modellhafter Architekturentwürfe geschehen. Es kann nicht dadurch geschehen, dass man theoretisch über Raumwirkung anhand von Architekturmodellen redet oder gar versucht, ein Gefühl für Raum mit Trinkhalmen als Maßstabmodelle zu erzeugen, wie es im abschließenden Gespräch des Workshops angeführt wurde. Persönliche Wahrnehmung und Erfahrung von Raum muss im Realraum stattfinden. Es trifft nicht zu, dass diese Forderung in der Unterrichtspraxis nicht oder nur sehr schlecht umzusetzen ist – diese Bedenken wurden im Plenumgespräch mehrfach geäußert. Schulräume und Schulgebäude bieten viele Möglichkeiten, die genutzt werden können. Referendarinnen und Referendare haben mir bei Unterrichtsbesuchen mehrfach gezeigt, dass eine Integration in die Schul- und Unterrichtsorganisation problemlos möglich ist.

Im Unterricht sollen Schülerinnen und Schüler erfahren, dass Raum über viele Sinne wahrgenommen werden kann. Sie können Raum sehen. Größe, Proportionen, Öffnungen, Ausblicke, Materialien, Ausstattung, Helligkeit, Lichtquellen und -verteilung können sie über den Gesichtssinn wahrnehmen. Sie hören Geräusche, riechen Materialien, Nutzungen und Abbauprozesse (zum Beispiel im muffigen Keller), sie können Oberflächen ertasten, und sie fühlen Temperatur und Luftzug. Sie können Räume erforschen und durch Bewegung Enge und Weite von Räumen erfahren.

In den „Kompetenzen und Inhalten" der Bildungsstandards Klasse 5/6 wird von den Schülerinnen und Schülern erwartet, dass sie „verschiedene Materialien erproben und diese zur Gestaltung von Raum, Baukörpern und Baugruppen nutzen" können.

Wir sollten ihnen Gelegenheiten bieten, diese Erfahrungen im Unterricht machen zu können.

Vorhandene Räume können mit Dachlatten, Schnüren, Tüchern oder Pappkartons verändert werden, um neue Situationen zu schaffen und Raumwirkungen zu erzielen. Bewegungsmöglichkeiten im Raum können durch Verspannungen oder Verstellungen ins Bewusstsein gerückt, erweitert oder eingeschränkt werden. Mit dem Einsatz von „Körpersprache […] und klangliche(r) Gestaltung, Texte(n) und Beleuchtung" als weitere „Ausdrucksmöglichkeiten für die praktische Arbeit" (Kompetenzen und Inhalte Klasse 5/6) können Lernsituationen geschaffen werden, die ein komplexes Wahrnehmungsangebot für das Lernen mit allen Sinnen bieten.

Das verbindliche Schwerpunktthema für die Kursstufe des Gymnasiums „Maß und Proportion, Le Corbusier" fordert geradezu heraus, menschliches Maß in Beziehung zu Raum- und Architekturproportionen zu setzen. Der Architekt selbst hat versucht, diese Beziehung durch den von ihm entworfenen Modulor allgemeingültig zu klären.

Mit einer Fortbildung in Rotenfels zum Unterricht in der Kursstufe zu den neuen Schwerpunktthemen verbanden die Veranstalter eine Exkursion zur Klosteranlage Maulbronn. Dort näherten sich die Teilnehmer dem Bauwerk zuerst von außen, sie erfuhren die Außenwirkung der Anlage durch Umschreiten. Darauf sollten sie in einer halbstündigen Begehung das Bauwerk im Inneren mit allen Sinnen erfassen. Mehrere Arbeitsgruppen vertieften anschließend auf unterschiedliche Art die erste Begegnung. Sie versuchten, die bauliche Harmonie eines einzelnen Raumes zu ergründen. Um die sinnliche Wahrnehmung zu intensivieren, hörten sie im gewählten Raum Kirchenmusik aus der Entstehungszeit des Klosters. Andere suchten, vermaßen und dokumentierten Beispiele innerhalb der Klosterarchitektur, an denen sich menschliches oder göttliches Maß oder Zahl zeigen oder sie untersuchten mit Hilfe von Texten zum Tagesablauf und der Regeln im Kloster, wie organisatorische Bedingungen ihren Niederschlag in der Architektur fanden. Alle Teilnehmer mussten sich den Räumen aussetzen und sich in ihnen bewegen, um persönliche Eindrücke zu erlangen.

Im Workshop „Architektur und Bewegung" fehlte bei vielen Teilnehmerinnen und Teilnehmern aus sicherlich unterschiedlichen Gründen die Bereitschaft, sich als Erwachsene im Beziehungsgefüge zwischen Subjekt, Objekt und Raum elementaren persönlichen Erfahrungen auszuliefern. Als Lehrerin oder Lehrer können wir uns dem jedoch nicht entziehen. Die Bildungsstandards des Gymnasiums fordern von uns ein, dass wir Unterrichtssituationen schaffen, in denen wir es den Schülerinnen und Schülern ermöglichen, auf der Basis von „Erlebnis, Körpergefühl und Raumerfahrung", von persönlichen Empfindungen und Erfahrungen Zugänge zu „Raumbildung und Raumnutzung" zu finden.

ARCHITEKTUR UND BEWEGUNG

Martin Pfeiffer

Prolog

Von der erhöhten Terrasse des Schlosses geht der Blick zwischen den stämmigen Säulen des Portikus über die Rasenfläche des Parterres hinweg bis hinüber zu den Kuppen des nördlichen Schwarzwalds, die im Gegenlicht der hochstehenden Sommersonne als dunkle Silhouette den Horizont begrenzen. Das Team, das gemeinsam den Workshop mit dem Titel ‚Architektur und Bewegung' vorbereiten will, hat vier Stühle um einen kleinen Tisch im Schatten der Säulen zusammengezogen und Platz genommen. Rasch und unbeschwert kommt das Gespräch in Gang, bei dem Impulse und Gedanken mal von dieser, mal von jener Seite ausgehen. Alle sind engagiert, niemand übernimmt die Führung. Sehr bald konkretisiert sich im Hin und Her der Ideen ein erster Entwurf, der sich im Fortlauf des Gesprächs zu einem Konzept verdichtet. Man einigt sich über Medien und Methoden, über Formen und Begriffe. Am Ende entsteht ein Gefühl der Vertrautheit und der Wunsch, das gemeinsam entwickelte Konzept mit den Teilnehmerinnen und Teilnehmern des Symposiums auf die Probe zu stellen.

Architektur als Raumphänomen vermittelt sich in der bewegten Anschauung. Durch Türen und Tore, unter Bögen und Stürzen übertreten wir die Grenze zwischen dem Draußen und dem Drinnen. Beim Überschreiten einer Schwelle, bzw. beim Durchschreiten eines Rahmens, lassen wir den universalen Raum hinter uns und begeben uns in den durch eine massive Mauer oder transparente Umgrenzung hergestellten Innen-Raum. Der universale und offene Raum kann uns das Gefühl von Freiheit ebenso vermitteln wie dasjenige der Unsicherheit und des Ausgeliefertseins. Innenräume können je nach ihrer Beschaffenheit sehr unterschiedlich auf uns wirken, sie können uns beengen und bedrängen, sie können uns aber auch gehoben stimmen und uns einen Eindruck von Weite vermitteln, den wir so im unbegrenzten Außen-Raum möglicherweise gar nicht empfinden könnten.

Bei der Wahrnehmung von Qualitäten des umbauten Raums möchte ich zunächst zwei Formen unterscheiden: Die unbewusste Wahrnehmung einerseits, bei der sich die Qualitäten dem Benutzer unmittelbar vermitteln und die bewusste, bei der der Betrachter aktiv an der Konstruktion von Raum beteiligt ist. Zunächst zur unbewussten Raumwahrnehmung. Hier wird das Befinden und Verhalten des Benutzers durch die Beschaffenheit der einzelnen Räume und Raumgruppen beeinflusst, vielleicht sogar in erheblichem Maße bestimmt. Niemand wird bestreiten, dass die Schulhausarchitektur unmittelbaren Einfluss auf das Verhalten von Schülern und Lehrern hat, ohne dass man spontan angeben könnte, worin die Wirkung im Einzelnen besteht und welche Folgen sie möglicherweise hat. Ebenso wenig wird man in Zweifel ziehen, dass es sich in der ‚Belle Etage' besser leben lässt als im Souterrain und dass eine weite Aussicht den Geist eher beflügelt und die Stimmung hebt, als der Blick auf eine nur wenige Meter entfernte Mauer. Unbewusste Raumwahrnehmung, und das dürfte ihre weitaus häufigste Form sein, hat zur Folge, dass die Benutzer als Mieter, als Arbeiter, als Schüler oder Studierende usw. den Räumen und ihren Wirkungen schutzlos ausgeliefert sind. Das unterschwellige Unbehagen, das sie auslösen, kann nicht objektiviert werden und weder der Wunsch nach Veränderung, noch deren Vollzug werden motiviert. Außerdem vermittelt gebaute Architektur kaum den Eindruck ihrer Veränderbarkeit. Mag die Renovierung eines Einfamilienhauses noch Eingriffe zulassen, die über eine bloße Außenkosmetik hinausgehen, erscheinen Veränderungen, die in Raumorganisationen eingreifen, bei größeren, vor allem auf Repräsentation hin angelegten Architekturen, nur schwer vorstellbar. Gleichwohl sind sie möglich, wie die gelungene Transformation eines Fabrikkomplexes aus der Gründerzeit in drei Museum und eine Hochschule für Gestaltung im Falle des Zentrums für Kunst und Medientechnologie | ZKM in Karlsruhe zeigt.

Die bewusste Wahrnehmung hingegen ermöglicht eine aktive und produktive Auseinandersetzung mit dem Vorgefundenen. Der Benutzer wird zum Betrachter, der den Raum in seiner Gegebenheit auf der Ebene eines ästhetischen Phänomens begreift. Seine Wahrnehmung wird sich nicht auf den Sehsinn beschränken, sondern die akustischen, die haptischen, die olfaktorischen, die klimatischen und endlich auch die atmosphärischen Reize bewusst realisieren. Der aufmerksame Betrachter ist aktiv an der Konstruktion des Raumes beteiligt. Es versteht sich von selbst, dass diese konstruktive Leistung nicht von einer Stelle im Raum aus geleistet werden kann, weder innerhalb eines einzelnen Raumes, geschweige denn bezüglich komplex gebauter Raumkonglomerate. Wir gehen davon aus, dass ein aufmerksamer Betrachter zunächst Gelegenheit erhalten muss, sich alleine dem Raum auszusetzen, indem er sich in ihm auf vielfältige Weise bewegt und positioniert. Eine der wesentlichen Voraussetzungen für ein Gelingen konstruktiver Raumwahrnehmung ist die Bereitschaft in Form einer speziellen Gestimmtheit, welche das notwendige Maß an Aufmerksamkeit und Bewusstheit hervorbringt. Der Besuch von Monumenten in Gruppen oder im Rahmen kunstgeschichtlicher Führungen verhindert durch die zwangsläufig damit einher gehende Ablenkung und Fremdsteuerung die Kontaktaufnahme mit Raum und Architektur im oben beschriebenen Sinne. Das Reden über die aufgenommenen Eindrücke, über gemachte Erfahrungen wird zur notwendigen Objektivierung von Erfahrung beitragen, wenn die vorangegangene Auslieferung an die Architektur und ihre Wirkungspotenziale stattgefunden hat. In diesem Zusammenhang erscheint es mir bedeutsam darauf hinzuweisen, dass es bei der Wahrnehmung architektonischer Räume nicht nur um Zeugnisse der Hochkultur gehen kann. Unstrittig ist, dass eine gotische Kathedrale Raumeindrücke von besonderer Qualität vermitteln kann, bis hin zu einem Gefühl unmittelbaren Ergriffenseins, das sich nur schwer in Sprache übersetzen lässt. Allerdings ist zu bedenken, dass die meisten Menschen die längste Zeit ihres Lebens eben nicht in einem Wunderwerk zubringen, sondern zwischen den Wänden von Zweckbauten, die im Regelfall nicht einmal die ihnen zugedachte Funktion vollständig zu erfüllen im Stande sind. Aussetzungen an und im Raum müssen auch und vor allem an möglichst vielen

Abb.1: Objekt-Installation in einem kleinen Innenhof der Akademie

Abb.2: Erstes Hantieren mit den Holzdielen

und unterschiedlichen, öffentlich zugänglichen Orten unseres prosaischen Alltags stattfinden: In Lagerhallen, Passagen, Depots, Kellern, Fluren, Haltestellenhäuschen etc.. Wenn wir den Versuch offenen Erlebens unternehmen, können wir deren z.T. widersprüchliche Qualitäten erfahren, ohne durch Ehrfurcht vor dem Bedeutenden allzu befangen zu sein. Wenn wir uns in ein aktives und zugleich reflexives Verhältnis zu den Räumen bringen, durch die jene Orte konstituiert sind, werden wir mehr erfahren und schließlich mehr wissen über den Raum und uns selbst.

Mit Schwierigkeiten ist der Versuch verbunden, diejenigen Räume einer ästhetischen Analyse zu unterziehen, die man zu kennen glaubt, weil man sich täglich in ihnen aufhält. Allzu sehr sind sie kontaminiert mit den Surrogaten unserer täglichen Verrichtungen und deshalb – und aus Gewohnheit – sind wir nicht in der Lage, sie anders als unter einem funktionalen Fokus zu sehen. Der Wechsel aus der Position des Benutzers in diejenige des Betrachters ist nicht umstandslos möglich. Es bedarf einer Veränderung der Ausgangslage, entweder auf Seiten der Architektur oder beim Benutzer selbst oder beides. Bei der Neueinrichtung eines bisher als Materiallager genutzten Raumes der Abteilung Kunst an der PH Karlsruhe, bei der das komplette Mobiliar entfernt, bzw. umgestellt wurde, konnten die an den Umzugsarbeiten Beteiligten die Veränderungen in der Raumwirkung unmittelbar nachvollziehen. Der leere Raum war weitgehend seiner Funktion entkleidet und somit vorrübergehend offen für die Füllungen der Imagination.

Bei den Vorbereitungen des Workshops verständigten wir uns darauf, die Bedingungen auf Seiten der Teilnehmerinnen und Teilnehmer so zu verändern, dass eine gewöhnliche Form der Bewegung innerhalb und außerhalb der Akademiegebäude ausgeschlossen oder zumindest erheblich erschwert sein würde. Jeder der 20 Teilnehmer sollte während seines Aufenthaltes an unterschiedlichen Stellen im Innen- und Außenbereich innerhalb einer Zeitspanne von einer Stunde ein ‚Objekt' bei sich tragen, das ihn in seinen gewohnten Bewegungs- und Handlungsabläufen behindert und wegen seiner Größe und Sperrigkeit zu einem veränderten Agieren vor allem in den z.T. engen Räumen der Akademie zwingt. Wir gingen dabei von der Vorstellung aus, dass im Bezugsfeld zwischen dem Subjekt, dem ‚Objekt', einer Holzdiele mit den Maßen 400x10x2 cm, und den außen- und innenräumlichen Gegebenheiten eine aktive und reflexive Auseinandersetzung mit dem Phänomen Raum erwachsen würde. Die Teilnehmer wurden zu Beginn der Übung mit einer Installation der Dielenbretter konfrontiert, deren klare Ordnung in Form einer exakten Reihung in einer offensichtlichen Beziehung zur umgebenden Architektur und dem durch sie konstituierten Raum stand (Abb.1). Unsere Anregungen beschränkten sich auf Hinweise bezüglich des angestrebten Erfahrungsfeldes, den zeitlichen Rahmen und die Absicht, in einem anschliessenden Plenumsgespräch das Erlebte und Erfahrene auszutauschen. Außerdem informierten wir darüber, dass wir die Absicht hatten, den Prozess für die spätere Auswertung und Dokumentation fotografisch und filmisch aufzuzeichnen. Die Teilnehmer selbst sollten außer dem von ihnen selbst ausgewählten ‚Objekt' keine weiteren Medien bei sich tragen, um ein Ausweichen vor der gewollten Auslieferung an einen Fremdkörper und die damit provozierte Modifikation der Verhaltensweisen zu vermeiden. Die lange Holzdiele sollte wie ein überdimensioniertes und ungefügiges ‚Organ' das Körperempfinden verändern und die Bewegungsabläufe innerhalb fester, räumlicher Grenzen verlangsamen und intensivieren. Wir bestärkten uns bei der Planung gegenseitig in der Annahme, die Teil-

Abb.3: Funktionalisierung: Versuch einer Besteigung

Abb.4: Medialisierung – Die Holzdiele als Zeichenstift

nehmer würden sich auf das Experiment bereitwillig einlassen und die Gelegenheit zu einer in diesem Sinne problematisierten Raumerfahrung aktiv wahrnehmen.

Im Rückblick komme ich zu dem Schluss, dass sich die Erwartungen im Wesentlichen nicht erfüllt haben. Die Teilnehmer und Teilnehmerinnen verhielten sich überwiegend anders als erwartet. Im Folgenden will ich die Reaktions-, Handlungs- und Verhaltensweisen aus meiner Sicht darstellen und in einer für mich sinnvollen Weise deuten:

Funktionalisierung

Nachdem die meisten Teilnehmer des Workshops eine Holzdiele ergriffen hatten, gingen sie zunächst damit auf relativ engem Raum umher, diese teils vor oder neben sich, teils auf der Schulter tragend und darauf bedacht, mit den anderen nicht in Kontakt zu kommen (Abb.2). Schließlich fand sich eine kleinere Gruppe zusammen, die sich auf Initiative einer Teilnehmerin zum Ziel gesteckt hatte, mit Hilfe aufeinander gelegter Dielen auf das Flachdach eines nahegelegenen, einstöckigen Seminargebäudes zu gelangen (Abb.3). Dabei zerbrach eines der Bretter und das Vorhaben, das kurzfristig eine wenig tragfähige Sinnstiftung suggerierte, musste aufgegeben werden. Ich fühlte mich spontan an Unterrichtssituationen erinnert, in denen Schüler das ihnen angebotene Material oder Werkzeug in einer nicht intendierten Weise in Gebrauch nahmen und dabei ganz oder teilweise unbrauchbar machten. Offen gestanden fiel es mir schwer, in diesem Moment in der Position des neutralen Beobachters zu verharren. Es fehlte nicht viel und ich wäre dem spontanen Impuls gefolgt und hätte auf ein, nach meiner Vorstellung, offensichtliches Missverständnis hingewiesen.

Medialisierung

Eine der Teilnehmerinnen verwendete die Holzdiele als Zeichenstift. Sie zeichnete in den Feinschotter der Wege, die das Akademiegelände durchziehen, geschwungene und gezackte Linien, Spiralen und Kreise, wobei sie bei ihren Figuren auf die Breite der Wege und die Proportionen der Flächen erkennbar Bezug nahm. Für den Beobachter war nachvollziehbar, wie die Diele als ‚Stift' in eine enge Beziehung zum ganzen Körper gesetzt war. Die Größe der Kreise, Spiralen und Bögen resultierte unmittelbar aus den Möglichkeiten und Potenzialen der Körpermotorik (Abb.4 und 5). Man könnte bezüglich der entstandenen Figuren von ‚personal signs' sprechen, da sie nur von dieser Teilnehmerin unter den gegebenen Bedingungen hergestellt werden konnten. Nach Abschluss der Arbeit an den Feldzeichen erprobte die selbe Teilnehmerin gemeinsam mit anderen die Möglichkeiten einer Funktionalisierung von mehreren Dielen als Sitzgelegenheit oder Trage, wobei es nach meinem Eindruck vor allem um das lustvolle Austesten der Belastbarkeit einer labilen Konstruktion (Abb.6) oder der zu einem Dreieck übereinandergelegter Dielen ging (Abb.7).

Trivialisierung

Zwei Teilnehmerinnen taten sich zusammen und verstellten mit mehreren Holzdielen den Eingang zum Veranstaltungszelt der Akademie, in dem zeitgleich einer der weiteren Workshops stattfand. Zusätzlich ergänzten sie ihre Versperrung mit einem an einem Holzstecken montierten Schild mit dem Hinweis ‚Café im Zelt', das sie von einer anderen Stelle entfernt hatten. Obwohl nicht anzunehmen war, dass sich einer der Teilnehmer des Symposiums durch diesen falschen Hinweis in die Irre hätte leiten

Abb.5: Wegzeichnungen

Abb.6: Druck und Gegendruck

lassen, wollten die Urheberinnen doch nicht auf diesen kleinen Scherz verzichten. Möglicherweise blieb bei diesem Versuch, ein Witzchen zu machen, die durch diesen Eingriff entstandene Korrespondenz zum Dekor der Zeltplane unbemerkt (Abb.8). Der alternierende Wechsel zwischen weißen und hellgrauen Streifen auf der Plane fand seine Fortsetzung im Wechsel von Holzdiele und Zwischenraum, von Hell und Dunkel, Durchblick und verstelltem Blick. Mit einer zumindest ansatzweise für die Erscheinungsweise von Raum sensibilisierten Wahrnehmung hätte das Potenzial dieser Intervention realisiert und genutzt werden können.

Marginalisierung

Einige der Teilnehmer lösten überraschend schnell die enge Verbindung zu ihrem Objekt, indem sie es zeitweise abstellten oder ablegten. Auf die im weiteren Verlauf gemachten Raumerfahrungen konnte es sich somit nicht mehr auswirken. Gleichwohl blieb es wohl in Gedanken mehr oder weniger präsent. Vielleicht wurde, nach anfänglichen Bemühungen um eine Sinngebung, ‚das Brett' bald als lästig empfunden und eine Erweiterung von Möglichkeiten der Raumerfahrung für nicht mehr wahrscheinlich gehalten. Einige Optionen und Situationen wurden antizipiert und für eine Erprobung als weitgehend unattraktiv und für eine praktische Untersuchung als nicht lohnend eingestuft.

Separierung

In wenigen Fällen ist es erst gar nicht zu einer Kontaktaufnahme und Verbindung zwischen Objekt und Person gekommen. Einzelne Teilnehmer wollten sich nicht auf das angebotene Experiment einlassen. Obwohl die Entscheidung für einen Workshop bei den Teilnehmern des Symposiums lag, wurde eine Mitwirkung auf der Basis des angebotenen Settings verweigert. Die Trennung wurde unmittelbar nach Bekanntgabe der Modalitäten vollzogen. Da auch beim anschließendem Gespräch im Plenum keine Gründe für diese Verweigerung vorgebracht wurden, kann über die ihr zugrunde liegenden Motive nur spekuliert werden.

Subjektives Resümee

Der Anregung, zum abschließenden Gespräch im Plenum das ausgewählte Objekt mit sich zu führen und eine individuelle, physische Beziehung zum Ausdruck zu bringen, folgte keiner der Teilnehmer. Statt dessen war mit den Dielen ein installatives Arrangement auf dem Boden des großen Saales ausgelegt worden, das sich in einer steilen Diagonalen zu einer der Längswände aufrichtete. Da wo die Schmalseite der aufgestellten Holzdiele die Wand berührte, hatte man eine Reproduktion der Zeichnung eines Feldhasen von Albrecht Dürer eingeklemmt. Es entstand das suggestive Bild eines Weges, der auf ein bekanntes und populäres Bild hinführt, das gleichsam den Zielpunkt aller Bewegung (und Bemühung?) darstellt. Auf einmal ging es nicht mehr um Raum und Raumerfahrung sondern um die Frage der Kunst. Zusammenfassend lässt sich bezüglich des Gesprächs sagen, dass es bis auf wenige Ausnahmen kaum Bereitschaft gab, die Potenziale einer auf elementare Erfahrung ausgerichteten Raumwahrnehmung anzuerkennen. Ein immer wieder vorgetragener Einwand bezog sich auf die (scheinbare) Simplizität der Versuchsanordnung, und es wurde grundsätzlich in Zweifel gezogen, dass mit Hilfe eines solchen Settings überhaupt bedeutsame Erfahrungen bezüglich Raum und Architektur gemacht werden können. Eine Realisierbarkeit in der unterrichtlichen Praxis wurde in Frage gestellt und eine Verbindung zu den Anforderungen des Lehrplanes für den Gegenstandsbereich Architektur insbesondere in der Sekundarstufe 2 und im gymnasialen Kunstunterricht weitgehend

Abb.7: Funktionalisierung – Tragekonstruktion

Abb.8: Trivialisierung – Ein kleiner Scherz

verneint. Basale und elementare phänomenologische Betrachtungsmethoden und –strategien wurden am ehesten noch im Unterricht der Primarstufe für denkbar und sinnvoll gehalten. Das Wahrnehmen von Schwere im Zusammenspiel von Stütze und Last beispielsweise soll sich später über den Nachbau von Grundformen der Architektur mit Hilfe von Trinkhalmen vermitteln. So lange solche ‚Modelle' im Zusammenschluss mit kunstgeschichtlicher Instruktion für sowohl dem Gegenstand als auch den Schülerinnen und Schülern angemessene Form der Vermittlung von Aspekten der Raumwahrnehmung im Kontext von Architektur ausgegeben werden, darf man sich über den weit verbreiteten Analphabetismus in Bezug auf unsere gebaute Umwelt nicht wundern. Ob die Möglichkeit zur Aufzeichnung der Erfahrungen mit Hilfe von Skizzen oder Stichwortprotokollen und damit das Vorziehen der reflexiven Ebene die Auseinandersetzung intensiviert hätte, ist fraglich. Der bewusste Verzicht auf jede Form von Versachlichung und die Reduktion auf das ausschließlich handlungsgestützte Sammeln von Eindrücken und Erfahrungen schien den meisten Beteiligten jedenfalls schwer gefallen zu sein.

ARCHITEKTUR UND BEWEGUNG

Claudia Pella

„... wir haben festgestellt, dass der menschliche Körper, der unser wichtigster dreidimensionaler Besitz ist, für das Verständnis von architektonischen Formen eigentlich keine große Rolle gespielt hat; dass die Architektur, so weit sie als Kunst verstanden wird, sich in der Entwurfsphase als abstrakte, visuelle Kunst manifestiert und nicht als körperorientierte Kunst ... Wir glauben aber, dass das fundamentalste und beachtenswerteste Gefühl für Dreidimensionalität in unserer Körpererfahrung begründet liegt und dass dieses Gefühl eine gute Grundlage bildet, um verstehen zu lernen, wie man Räume und Gebäude wahrnimmt.

Das Zusammenspiel zwischen der Welt unseres Körpers und der Welt unserer Wohnräume ist ständig im Fluss. Die von uns erdachten Räume sind ebenso ein Ausdruck unserer haptischen Erfahrungen, wie auch diese Erfahrungen durch die von uns bereits erschaffenen Räume bereits beeinflusst werden. Egal ob uns dieser Prozess bewusst ist oder nicht, unsere Körper und unsere Bewegungen befinden sich in einem ständigen Dialog mit unseren Gebäuden."[277]

Diesen Dialog zwischen Architektur und Bewegung, haben wir in unserem Workshop versucht näher zu untersuchen. So ist es nicht nur das bloße Erkennen und Wahrnehmen von Architektur, Raum oder Objekt, sondern vielmehr das komplexe Zusammenspiel unserer Sinne und der Bewegung, das die Kommunikation und das Verstehen unserer Umgebung erst ermöglicht. Um ein intensives Raumgefühl in der Architektur zu erfahren, um unterschiedliche Eindrücke und Informationen zu erhalten, benutzt der Betrachter die Bewegung.

Die bewusste Wahrnehmung des eigenen Körpers und die Kenntnis des Funktionierens des Bewegungsapparates bedingen die Auseinandersetzung einer Körper-Raum-Beziehung.

„Ein Schlüsselbegriff zugleich für die Darstellung von Leibesbewegung und korrespondierenden Architekturformen ist das ‚Körperschema'. Es handelt sich um das jedem Menschen in seiner Vorstellung gegebene Bild seines eigenen Körpers. Es liegt als figurative Gestalt und als Schema der Ausdrucksbewegungen allen Aktionen seines Leibes zugrunde. Die figurative Gestalt ist durch die Sagittalebene bestimmt, die seinen Körper in zwei Hälften teilt: rechts und links. Vertikal aufgerichtet erhebt sich die

Arthur Aviles 1992

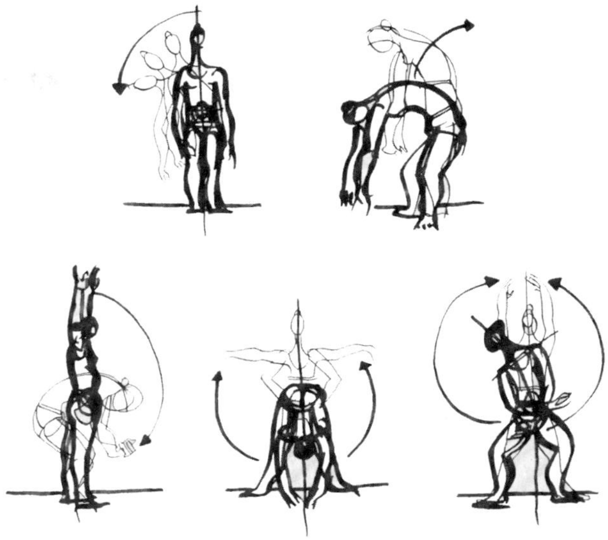

Wolfgang Meisenheimer: Choreografie des architektonischen Raumes

Körperachse aus den Fußsohlen. Die Füße stehen unten fest auf der Erde, der Kopf erhebt sich unter dem Himmel.

Die beweglichen Glieder lösen sich aus der Vertikale des Körpers, bilden rechts und links charakteristische Silhouetten. Die Gestalt strahlt vorwiegend nach vorne aus, in geringerem Masse nach hinten, in noch geringerem seitlich. Das Achsenkreuz oben/unten, vorne/hinten, rechts/links ist dem Körpergefühl im Raum vorgegeben, wobei die Pole verschiedene Wertigkeit haben. Als die Mitte des Systems wird die Brust empfunden (in anderen Kulturlandschaften eher der Bauch). Das stärkste Element im Körperschema ist wohl das ‚hier!', und dabei ist wohl das Oben-/Unten-Gefühl des Körpers gemeint, mein Bezug zur Erde."[278]

Die Bewegung ist wesentlich für die dreidimensionale Wahrnehmung, da durch die ständige Wechselbeziehungen von Objekt und Betrachter eine Fülle von Informationen auf den Rezipienten einfließen. Und eben diese Korrespondenz zwischen Reizaufnahme und Bewegung ist für ein Verstehen von Architektur unabdingbar. Die Bewegung ermöglicht es sogar, den Menschen in die Architektur einzubeziehen, ihn ein Teil vom Ganzen werden zu lassen. Es entstehen neue Bezüge. Die ‚Realität' verschiebt sich, rückt auf eine andere Ebene. Das Gefühl für Raum nimmt eine neue Dimension an.

Hilfsmittel und bestimmte Techniken der Fotografie, Film, Malerei, etc. dienen der Schulung des ‚analytischen Auges' und erleichtern den Schritt zur Abstraktion. Durch den Umformungsprozess, den ein bestimmtes Medium mit sich bringt, wird der ‚Prozess' gefiltert und das Wesentliche freigelegt. Hingegen ist ein starres, unbewegliches Beobachten immer passiv und eindimensional, auf jeden Fall weniger intensiv.

„Das Architektur-Körper-Verhältnis ist nicht abbildhaft statisch, vielmehr fluktuierend, tastend, von Suchbewegungen abhängig. Beim Erleben, beim Wahrnehmen von gebauten Dingen, versucht der Körper seine bevorzugten und vertrauten Bewegungsstrukturen einzusetzen."[279]

Im Workshop haben wir Personen mit sogenannten Objekten in Verbindung gebracht, um die Beziehung von Mensch und Raum, vor allem in Bezug auf die Bewegung zu verdeutlichen. Den Workshop-Teilnehmern, als ‚Versuchspersonen', wurde eine Holzlatte ausgehändigt. Sie stellte exemplarisch eine Verlängerung des Körpers, also einen ‚verlängerten Arm' unseres Wahrnehmens und Empfindens dar. Sie wurde körpernah getragen und gehörte für kurze Zeit zum ‚KörperRaum'. Vor allem durch die Bewegung im Raum wurde das Gefühl für den eigenen Körper und dessen Beziehung zum Raum neu wahrgenommen. Für die Einen war es ein ‚Zeigefinger' des Wahrnehmens, für die An-Anderen eben ein überflüssiges ‚Sperrgut'. Doch ist es genau dieser Spannungsbogen zwischen Ablehnung und Annahme von Objekten, die uns ein differenziertes Empfinden und Handeln zum Ausdruck bringen.

„Baukörper und gebaute Körper wirken suggestiv anregend oder auch langweilig, herausfordernd, beruhigend usw. auf uns, besonders dadurch, dass sie mit unserem Körpergefühl korrespondieren, d.h. mit unserer Vorstellung vom Leib, seiner Gestalt und seinen möglichen Bewegungen. Die Architektur wird spontan als Gegen-Welt und Umwelt des Körpers erlebt. Die Ordnung des Leibes – sein Rhythmus, seine figurative Gestalt und insbesondere das Repertoire seiner Ausdrucksbewegungen – bildet den dynamischen Hintergrund für das Erlebnis der Architektur. Das Wahrnehmen und Benutzen der gebauten Dinge, das Genießen,

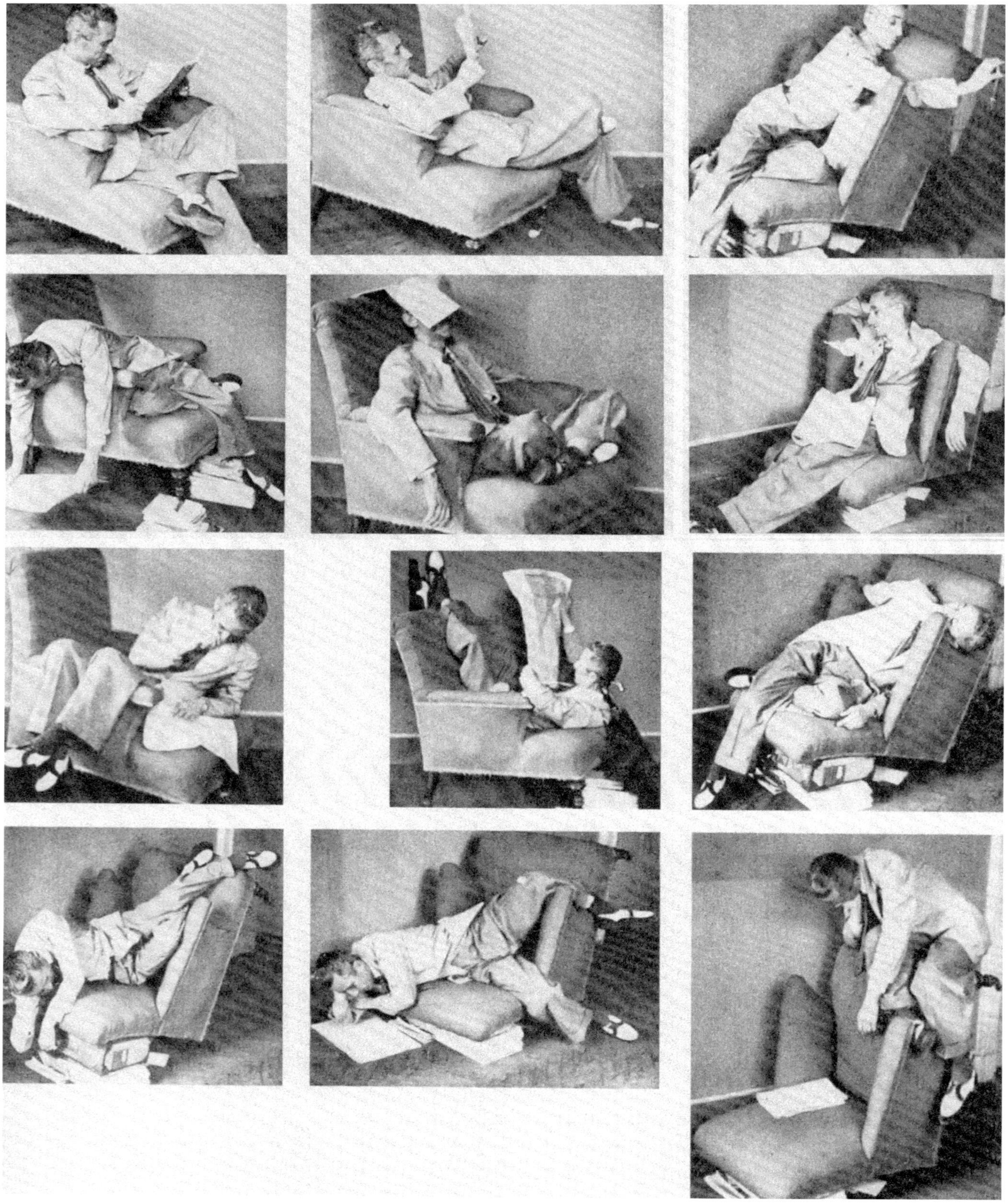

Erleiden, Messen, das Darstellen, Machen und Verändern, alle diese Vorgänge haben den Charakter von Handlungen. Die Gestalt- und Bewegungsstrukturen des Körpers treten in Verbindung mit denen der gebauten Räume. Erkenntnisvorgänge ganz allgemein, selbst einfache Wahrnehmungen, sind aktuale Ereignisse, sie führen durch Handlungen zu einem Ergebnis, – auch die Erkenntnis der Architektur."[280]

Wir haben an dem Beispiel der Holzdielen erkennen können, wie unterschiedlich Menschen auf neue, ungewohnte Aufgaben reagieren.

Die Bandbreite von Ablehnung bis hin zum neuen Erleben von Räumen zeigt dies deutlich. Aber genau dieser Ansatz, das sich Einlassen auf Neues, bereit zu sein für Dinge, die man nicht kennt oder für banal ansieht, zeigt uns den Weg für ein ‚Neues Verstehen'. Gerade in unserer komplexen Welt, die immer reicher wird an Eindrücken, ist das intensive Erleben mit etwas Neuem, und wie hier, sehr Einfachem wichtig. Nur so entsteht ein Fundament für die eigene Betrachtungsweise der Umwelt.

Gerade deshalb war das Experiment mit der Holzdiele wichtig. Es sollte nicht nur das Verhältnis zwischen Architektur und Bewegung symbolisieren, sondern vielmehr ein Auslöser sein für ein anderes und somit neues Verstehen von räumlichen Bedingungen. Die Erkenntnis und die Umsetzung aus den gesammelten Erfahrungen des Workshops bieten für jeden der Teilnehmer genügende und individuelle sehr unterschiedliche Information, um ein ‚Neues Verstehen' von Architektur und Bewegung zu bilden und diese dann auch in einer schulischen Unterrichtseinheit Schülern zu vermitteln.

ANMERKUNGEN

[277] Ching, Francis D.K., *Die Kunst der Architekturgestaltung*. Augsburg 1996, S.227: Originalzitat: Charles Moore und Robert Yudell, *Body, Memory, and Architecture*, 1977

[278] Meisenheimer, W., *Choreografie des architektonischen Raumes*. In: ad 23, Veröffentlichung der Fachhochschule Düsseldorf, 1999

[279] ebenda

[280] ebenda

ein – räumen – aus – reizen. BILDHAUERISCHE MAẞNAHMEN AM ORT UND FÜR DEN ORT

Christine Biehler

1. VORBEMERKUNG

Im folgenden Text geht es um die Beleuchtung eines spezifischen Begriffs von Raum als Basis eines künstlerischen Denkens und Arbeitens.

Ich werde darlegen, was erfahren und geübt werden sollte, um Kunst im und über Raum zu verstehen und zu praktizieren: nämlich das *Ein-räumen*. Was ich mit diesem Prozess des Einräumens meine, wird an einem mehrschrittigen Modell, das auch als Leitfaden für den Workshop diente, anschaulich gemacht.

Die Ausführungen werden an Diskussionselementen und Ergebnissen aus der Veranstaltung auf Schloss Rotenfels exemplifiziert und von zwei dort vorgestellten Beispielen aus meiner künstlerischen Praxis abgerundet.

2. RÄUME HEUTE – ALLTAG

Die gebräuchliche Definition von Raum ist Länge mal Breite mal Höhe. Wir messen unsere Wohnräume aus, errechnen Stellflächen, erhalten durch die dreidimensionale Betrachtung Maße für ein Koordinatensystem, das uns zur Orientierung dient. Dieser geometrische Raum ist quantifizierbar, sichtbar, für alle gleich – gleich starr, gleich unbeweglich! Der Raum ist danach ein Behältnis und der Mensch ein Körperding darin.

Auf die Fläche projiziert – das ist seit der Erfindung der Perspektive möglich – schrumpft die räumliche Dimension und aus einer Welt, in der sich Menschen befinden, wird eine Fläche, vor der ein Zuschauer steht. So war und ist die Zentralperspektive bis heute eine Struktur zur Inbesitznahme des Raumes, zu seiner Systematisierung und Geometrisierung: ein Raum, der einen Horizont hat und auf dessen Fluchtpunkt hin eine verlässliche Ordnung entsteht.

Der Raum, in dem wir leben, ist von anderer Art als der Raum der Geometrie und der gegenständlichen messbaren Umwelt.

Da der Lebensraum im weitesten Sinne Voraussetzung für Kunst ist, möchte ich im Folgenden versuchen, in einem phänomenologischen Zugriff einige Aspekte, Blitzlichter aus unserer Lebenswelt und unserem Alltag zu skizzieren.

2.1 Die Raumfahrt des Herrn Konstantin

Begleiten sie mich auf eine kleine ‚Raumfahrt'; unseren Protagonisten nenne ich Herr Konstantin:

Herr Konstantin liegt im Bett. Um ihn herum sind: seine Wohnung, das Haus, das Grundstück, der Stadtteil, die Stadt, die Landschaft, das Land, die Nation, die Nachbarländer, die Erde, unser Sonnensystem, das Universum. Räume existieren nur in einer Verschachtelung von weiteren Räumen. Herr Konstantin ist im Raum im Raum im Raum. Wir leben in keinem homogenen Raum. Herr Konstantin und wir halten uns, wie James Joyce´s Ulysses, gleichzeitig in einer heterogenen Vielfalt von Raumstrukturen auf: jenen geometrischer, geschichtlicher, sozialer, dinglicher, mythischer, symbolischer Art.

Wenn Herr Konstantin reist, steigt er ins Flugzeug. In ein paar Flugstunden ist er auf einem anderen Kontinent. Von oben wirken die Städte und Landschaften wie eine Spielzeugwelt. Im Reiseprospekt schaut er sich Bilder von weit entfernten Orten an, in denen er sich mental so bewegt als sei er dort. Räumliche Distanzen sind heute auf ein paar Flugstunden geschrumpft, und die Durchquerung von Räumen ist beschleunigt. Das hat eine Wahrnehmung des Raumes als geraffter Raum zur Folge. Und weitergehend aus dem Weltraum mit einem orbitalen Blick auf die Erde schauen zu können, heißt, den einst offenen, unbegrenzten und zu erobernden Raum unseres Planeten als überschaubar und begrenzt zu erfahren. Mediatisierte Bilder können uns ebenfalls die Ferne als Nähe suggerieren.

Wenn Herr Konstantin sich erinnert, schließt er die Augen und ist zugleich hier wie dort. Raum transformiert sich in Erinnerungen oder im Traum auf spezifische Weise: Das Vorgestellte ist nicht im gleichen Raum wie das unmittelbar uns Umgebende. Szenen und Bilder tauchen vor unserem ‚inneren Bildschirm' auf, kaleidoskopartig, gezoomt, in unterschiedlichen Gangarten.

Diese Stelle im Park wird Herr Konstantin nicht vergessen. Der erste Kuss in seiner Jugend unter diesem Baum macht den gewöhnlichen Platz unter den Zweigen zu einem besonderen Ort. Räume können sich verdichten, zu Orten werden. Jeder Mensch hat unsichtbare Landkarten im Kopf, die ihm eine persönliche Orientierung in seiner Umwelt geben. Die dicken Symbolpunkte sind die Schnittpunkte, die Akzentuierungen oder Ballungsräume.

Herrn Konstantins Kinder sind in der Hip-Hopper-Szene. Zum Outfit gehört da das Tragen gewisser Marken. Er kennt sich da nicht so aus. Unser Lebensraum besteht aus splitterhaften Räumen mit je eigenen Maßsystemen und Werteordnungen. Wo unser Interesse, unsere Teilnahme und unsere Kenntnisse nachlassen, haben die Räume Grenzen und Ränder.

Wenn Herr Konstantin auf die Strasse geht, wird er in manchen Bezirken per Video überwacht, in anderen, wie in der Einkaufsmall, fühlt er sich mit Pflanzen, Sesseln und Musik fast wie zuhause. Der öffentliche Raum hat sich in den vergangenen Jahrzehnten stark verändert: Öffentliche und private Räume kippen ineinander und sind manchmal nicht mehr voneinander zu unterscheiden. Räume durchdringen sich.

Im Konzertsaal erlebt Herr Konstantin Musik, die ihm Räume zu öffnen scheint. Musik führt und entführt ihn in Räume. Atmosphären sind immer räumlich. Mit Licht, Musik, Gerüchen, Wärme und Kälte können wir Atmosphären modellieren. Sie beeinflussen unsere Raumwahrnehmung ganz entscheidend, können weiten oder verengen.

Herrn Konstantins Haut wird manchmal durchlässig, durch Heiterkeit und Alkohol oder durch zärtliche Berührungen. Wir sind verknüpft mit dem Raum. Raum ist kein Gegenüber. Die Distanz ist eine Illusion, denn wir befinden uns schon immer darinnen: konstant – in! Die Haut ist und war keine Grenze.

Seit dem Bekanntwerden von Aids haben sich Herrn Konstantins sexuelle Spielräume verändert. Räume haben ein Haltbarkeitsdatum. Verhaltensänderungen bewirken Raumveränderungen oder sind konstitutiv, indem sie neue Räume kreieren. Heimat ist beispielsweise als stets bereits Verlorenes ein Raum mit vorhersehbar beschränkter Haltbarkeit.

Herr Konstantin nutzt das Internet, er daytradet, chatet und spielt Computerspiele. Unsere Lebenswelt weitet sich in 3D-Simulationen, in Räume der virtuellen Realität. Das Internet als rund um den Globus installierter Informationsraum, ein Ort der mentalen Begegnung ohne geographische Hindernisse und räumliche Distanzen, ist ein Hyperraum, der sich wie ein Netz über alle unsere Lebensräume legt.

Wenn Herr Konstantin Gäste erwartet, macht er sich Umstände und baut für das Treffen ein Umfeld, das ein gewünschtes Gespräch erst möglich werden lässt. Raum entsteht, wenn wir Situationen bilden. Er entsteht erst durch Beziehungen, Sinnstrukturen und die Zuordnung von Grenzen. Das ist die Dynamik, die wir im gesteigerten Maß im Fußballstadion oder bei einem Fest erleben können.

Herr Konstantin hat am Wochenende die neueste Folge von ‚Matrix' gesehen: Außer den Helden leben dort alle in dem interaktiven künstlichen Environment, der Matrix: Jegliche Form von Realität ist Fake. Wie uns die Philosophie verdeutlicht, ist die Wirklichkeit eine Konstruktion, an der wir beteiligt sind. Wirklichkeit gibt es also nicht an sich. Raum gibt es also nicht an sich. Der Mensch hat die Fähigkeit, durch seine Lebensentwürfe und seine Experimentierfreudigkeit Wirklichkeit immer wieder neu und unterschiedlich aufzuschließen. So wechseln und verändern sich Raumauffassungen parallel zu technischen Entwicklungen und zu Weltbildern und Bildern, die die Menschen sich in ihrer Zeit und ihrem jeweiligen Kulturraum machen.

3. RÄUME HEUTE – KUNST

Zu all den Aspekten heutiger Raumerfahrung, zu jenen der Verschachtelung von Räumen in Räumen, der Diskontinuität von Raum, der Konstruiertheit von Wirklichkeit, der Schrumpfung von räumlichen Distanzen oder dem Ausbau von differenzierten Binnenwelten haben Künstler geforscht, Stellung bezogen oder sich als Rahmenbauer betätigt. Kunst erzeugt dabei Zwischenräume, beeinflusst Atmosphären, schafft neue Orte oder platziert Irritationen in scheinbar stabile Verweisungszusammenhänge.

Konkret:
Stelarcs Skulptur für den Magen, die „Internal Body Sculpture" von 1993, geht im wahrsten Sinne des Wortes unter die Haut: Er weitet den Ort für die künstlerische Arbeit in das Innere seines Körpers, seiner Organe aus. Die blinkende und tönende Kapsel war nur mit dem Endoskop zu beobachten.

Christoph Schlingensief verschränkt mit seinem Containerprojekt „Bitte liebt Österreich" vor der Wiener Staatsoper die Medienräume eines Big Brothers mit politischen Realitäten und Stimmungen.

Vor anderthalb Jahren war im ZKM in Karlsruhe eine Ausstellung mit dem Titel „CTRL (Space)" zu sehen, in der es um Überwachung und die Verflechtung von privaten und öffentlichen Räumen ging.

Das Fluide und Unstete im Erleben von Räumen und die Verschachtelung des Raumes im Raum ist in Gregor Schneiders sich ständig wandelndem „Haus Ur" unter anderem Thema.

Santiago Sierras Arbeit auf der letzten Biennale in Venedig, in der der Eintritt in den Pavillon nur spanischen Staatsbürgern gestattet war, nimmt Grenze als Ausgrenzung wörtlich.

Nicht zuletzt hat die letzte documenta gezeigt, dass eine verstärkte Reflexion auf politische Räume, an denen Kunst teil hat, statt findet; es wird diskutiert und künstlerisch über Postkolonialismus, Urbanismus und Globalisierung gearbeitet.

Diese künstlerischen Eingriffe und materialisierten Überlegungen finden alle im Schutzraum Kunst statt, in einem Kontext, der ebenfalls thematisiert wird; man denke nur an Arbeiten von Gerwald Rockenschaub, Andrea Fraser oder von anderen Kontextkünstlern.

Es ließen sich noch weitere Beispiele anfügen.

4. LEHRE

Fragestellung und persönlicher Ansatz

Der so beschriebene weite Raumbegriff als Basis eines künstlerischen Ansatzes und der Lehre der Bildhauerei erfordert einen mitfühlenden, engagierten Beteiligten, der gleichzeitig verschiedene Realitäten erkennt. Das Erkennen und Wahrnehmen kann nur im Mitgehen und in der Bewegung erreicht werden.

Was muss nun die Aufgabe einer Ausbildung im Bereich Plastik und Raumgestaltung sein? Was muss jemand können, der künstlerisch in Räume eingreift? Gibt es Kompetenzen, die ihm oder ihr ermöglichen, gleichermaßen über private und öffentliche Räume, Traumräume, vermessene, überwachte, anonyme Räume, Räume unter der Erde, Medienräume, Informationsräume, kulturelle und virtuelle Räume zu forschen? Was gilt es zu lernen und zu erfahren, damit sich ein produktiver Dialog zwischen der künstlerischen Setzung und den vielschichtigen bestehenden räumlichen Zusammenhängen entspinnen kann?

Meine Antwort: Er muss einräumen können!
Hoppla, werden sie sagen, jetzt hat sie uns gerade dargestellt, dass Raum mehr ist als diese Schachtel, die man in einem Gestaltungsprozess bestückt. Und nun: einräumen!

Martin Heideggers Definition des Raumes als etwas Eingeräumtes, Freigegebenes hat mich für den Titel inspiriert. Er bildet den wortspielerischen Auftakt und Leitfaden der Überlegungen. Ich mache mir ebenfalls die Mehrdeutigkeit des Begriffes einräumen zunutze[281]: Statt des Einrichtens, Einordnens, Hineinlegens interessieren mich mehr die Bedeutungen: billigen, zulassen, gestehen, zugeben.

Meinem Ansatz nach hat die künstlerische Arbeit mit und im Raum in erster Linie nichts mit einrichten, mit etwas in einen Raum hineintragen, zu tun. Sondern: Dem, was gegeben ist, sollte zuerst Raum gegeben werden, es muss recherchiert und zugelassen werden, es soll zu Wort kommen. In einer Bewegung des Ein- und Ausatmens, des Gebens und (Wahr-)Nehmens wächst eine Vorstellung, das Modell von diesem Raum, in unserem Kopf. Es vermengt sich mit unserer Person. Erst dann können wir im Weiteren prüfen, ob und auf welcher Ebene ein ästhetischer Eingriff Sinn macht und wie er was in Bewegung bringen könnte.

Hat die Kunst ein-geräumt oder eingeräumt? Wie hat Kunst bisher eingegriffen?

Es gibt eine lange Traditionslinie künstlerischen Handelns mit und im Raum. Ein kunsthistorischer Rückblick würde an dieser Stelle den Rahmen sprengen. Deshalb seien hier nur einige Kernbegriffe und Stichwörter aus der Entwicklung der Plastik ange-

Christine Biehler: Installation „so hoch da droben". Kunstverein Cuxhaven, 2001.

führt, anhand derer sich zeigen lässt, wie sich der Umgang mit Raum in der Kunst verändert hat.

Skulptur definiert sich Jahrhunderte lang im Setzen des Körpervolumens der Kernplastik mit der geschlossenen Konturlinie als ästhetische Grenze. Die Trennung zwischen Werk und Umraum prägt den Rezeptionsmodus: Der Betrachter ist Adressat einer Botschaft. Die Plastik des 20. Jahrhunderts greift in den Umraum ein und bricht die Form auf – der moderne Körper braucht einen modernen Raum. Der zentrifugale Impuls macht den umgebenden Raum zum Objekt eines gestalterischen Prozesses, das Körpervolumen verflüchtigt sich zum dynamischen Raumzeichen, der Begriff der Skulptur weitet sich zur Konstruktion, zum Environment, zur Installation.

Die Idee ästhetischer Autonomie, die Idee der Betrachter- und Kontextunabhängigkeit verliert zunehmend an Gewicht. Skulptur agiert in der Betrachtersphäre. In Folge jener Entwicklung zur „offenen Form" wird der Rezipient aus seiner passiven Rolle befreit, er wird zum Handelnden.

Die Umorientierung vom Körpervolumen zum Raumvolumen, von plastischer Autonomie zum Kontext geht mit fallenden Grenzziehungen zwischen den Gattungen einher und bildet die Basis einer Kunstpraxis, die demonstriert, dass ein künstlerischer Eingriff imstande ist einen Ort zu bestimmen, zu schaffen oder auf einen Ort einzugehen[282]. Oder – und das wissen wir spätestens nach Duchamp – dass der Kontext das Werk erst zum Werk macht. Anders ausgedrückt: Kunst wird erst zur Kunst durch den Ort ihrer Präsentation.

Wo stehen wir heute?

Kunst ist weit gehend installativ geworden, auch wenn sie sich z.B. als Malerei versteht. Es dominiert bei den jüngeren Künstlern die Arbeit mit kontext-, raum- und handlungsbezogenen skulpturalen Formulierungen: Ausweitung in den situativen, performativen Bereich durch Handlungsanweisung oder Dienstleistung fürs Publikum, Schnittstellen zum Design oder der Architektur. In der Bindung an Ort und Zeit wird der vorläufige, gegenwärtige Charakter des Werks – statt des überzeitlichen – pointiert. Kein Raum erscheint mehr als neutral – auch oder gerade nicht der „white cube". Ein Spektrum von Raumbegriffen, das sich, vom Inneren des eigenen Körpers ausgehend, bis in die Gestaltung des architektonischen, atmosphärischen und sozialen Umraums erstreckt, ist die Grundlage dieses künstlerischen Handelns. Der Materialbegriff ist entsprechend weit gefasst und schließt Menschen, Denken und soziale Systeme mit ein.

5. WAS MEINT „EIN-RÄUMEN"?

Um einräumen zu können, sind verschiedene Schritte nötig: wahrnehmen, sich Raum erschließen, seine Binnenwirklichkeiten erkennen. Des Weiteren: sich verknüpfen, sich anschließen, um sich dann entscheiden zu können, zu setzen. Diese Abfolgen sind zusammen zu sehen. Sie sind Orientierungspunkte in einer Denk- und Wahrnehmungsbewegung, die zwischen Umständen, Eindrücken und Setzungen „switcht und floatet". Im Folgenden habe ich sie für eine Systematisierung modellhaft auseinander genommen.

5.1 wahrnehmen – sich Raum erschließen

Die Phänomenologen haben uns gelehrt, dass der Raum nicht leer, sondern mit Qualitäten aufgeladen ist. Räume haben eine vorindividuelle Geschichtlichkeit: es gibt Ablagerungen, Schichtungen. Diese Sedimentierungen bilden Orientierungskoordinaten für unseren Leib, werden aber auch umgekehrt durch dessen Handlungen verändert. Raum ist mit Bewegungen, Interpretationen und Lebensformen[283] verbunden.

Wir müssen uns, um Wirklichkeit zu haben, erst Wirklichkeit mit ihren Qualitäten erschließen. Wir leben in dem, was wir uns erschlossen haben. Der erschlossene Raum, die Kenntnis der Qualitäten, ist auch Vorraussetzung für Kunst. Die Aufgabe eines Künstlers, eines Lernenden, Gestaltenden in einem Raum wäre zunächst: die Qualitäten und Atmosphären erkennen, Spuren lesen und weitergehende Kontexte recherchieren.

Um die Wirklichkeiten zu erfassen, ist es wichtig, dass wir auch Umgebungen und verborgene Wirklichkeiten hinzu sehen können: die Räume in den Räumen in den Räumen. Diese immateriellen Wirklichkeiten sind Stimmungen, Atmosphären, Nähen, Weiten, Niveaus. Hier wird schon deutlich, dass wir uns allein auf das Sehen nicht verlassen können. Leibliche Orientierung wird wichtig: mit dem Leib erkennen, finden, empfinden, wahrnehmen mit Haut und Haar, beteiligt sein.

Der Raum kann nicht dadurch erfasst werden, dass ein Betrachter sich ihm gegenüberstellt, sich ihn als Summe seiner Elemente, seiner Orte vorstellt[284]. Diese Methode folgt der Einstellung des neutralen Betrachters, der die Sache von außen erspäht. Einräumen von komplexen Situationen heißt: verschiedene Ebenen zulassen, erkennen, billigen, sie entfalten und in uns eindrücken lassen. Dieser Prozess ist wie einatmen – ausatmen. Ich nehme wahr, ein Raum erschließt sich. Je mehr ich recherchiere, um so intensiver wird der Eindruck, das Innenbild des Raumes, in meinem Kopf und in meinem Leib. Ich bin distanziert und perforiert zugleich: eine Weise eines weltzugewandten In-der-Welt-Seins, das sich von stark subjektzentrierten Weltentwürfen unterscheidet. Denn das Außen geht nicht im Innen auf, ist nicht Produkt einer Innerlichkeit. Es wird eine bewusste Distanz gewahrt, während die ‚Luftlöcher' meiner ‚Perforation' Konkretes – es befragend und erforschend – ein- und auslassen.

5.2 sich verknüpfen – sich anschließen

In der beschriebenen Wahrnehmungshaltung nehmen wir uns bereits als in die Umgebung eingebunden wahr. Sich zu verknüpfen heißt, die eigene Person noch bewusster in diesem Netz an Räumen, Kontextebenen und Bedeutungsfeldern ins Spiel zu bringen. Je nachdem, welche Haltungen wir einnehmen, ändern wir unseren Raum. Die Fragen lauten dann: Was messe ich Bedeutung zu? Wo ist mein Anschlussraum?

Diese Anschlussräume können wir erweitern. Soziale Netze, Sprachen, Kommunikationsstrukturen, die eigene Geschlechtlichkeit oder Arten der Bewegung sind Beispiele für Erschließungstechniken. Als Lehrender kann ich dazu ermuntern, die persönlichen Erschließungswerkzeuge und neue Aktionsfelder zu entwickeln.

Christine Biehler: Installation „heile, heile Gänschen". Städtische Galerie Mainz, 2003.

5.3 sich entscheiden – setzen

Der ‚Gestalter', der ‚einräumt' und der sich angeschlossen hat, muss die sich ihm erschliessenden Aspekte werten und die Räume und Ebenen auswählen, in die er – falls er eine Notwendigkeit sieht – handelnd interveniert. An jedem der ‚Phänomene' eines ausgewählten Raumes kann gebaut werden, um eine Veränderung zu bewirken: an der Lebensform, an der Atmosphäre, an der Architektur.

Wo und mit welchem Impetus – ob störend, ergänzend oder bereinigend – eingegriffen wird, ergibt sich dann aus den persönlichen Schwerpunktsetzungen.

In der Ausbildung gilt es hier an der Form zu arbeiten: die spezifische Eignung von Materialien herausfinden, die Wechselbeziehung zwischen Material, Verfahren und gestalterischer Absicht kennen lernen, das Gewicht des Eingriffs, seine Zeitlichkeit ermessen lernen, Gerichtetheit, Komposition und Präsentation klären.

6. ES STELLT SICH DAR – ES IST EINGERÄUMT!

Das Einbringen von künstlerischen Elementen bringt die vorhandenen Dinge in einen momentanen Kommunikationszusammenhang. So entsteht eine temporäre Einheit aus einander gleichgestellten Partnern, aus Lebewesen, Materialien, Objekten und Beziehungen. So wird aus der unmittelbaren Umgebung etwas Sprechendes, Erscheinendes, sich Darstellendes.

Die Kunst besteht darin, eine Situation durch den persönlichen Eingriff zu aktivieren und zu modellieren. Der Raum öffnet dann zunächst Verborgenes, er ist entweder verwandelt, entstellt, sachte berührt oder okkupiert. Seine skulpturale Gestalt ist dynamisch zu denken.

Betreten wir einen solchen Raum, eine modellierte Situation, ein ‚Gebäude' im weitesten Sinne, dann können wir erleben, wie die Installation im besten Falle ihre Wahrnehmungsweisen selbst mitgeneriert und wie sie z.B. das Primat des Sehens in der ästhetischen Erfahrung bestreitet oder ergänzt. Kunst kann Räume dehnen und verengen, Materialien und Umgebungen aufschließen.

7. ZUSAMMENFASSUNG

Ich habe versucht zu verdeutlichen, dass die übliche Aufteilung von Innen und Außen – Außen, das sind die Anderen, Innen, das ist das Eigene, Bekannte, dazwischen sind Mauern – heute nicht mehr Arbeitsgrundlage für eine Analysearbeit oder für künstlerisches Handeln im Raum sein kann. Sie muss durch eine Wahrnehmung ersetzt werden, die dem Schwingungscharakter und der Binnenarchitektur der Wirklichkeit Rechnung trägt.

Die Idee des *Einräumens* in künstlerischen Raumgestaltungsprozessen ist die Entwicklung einer Bewegung zwischen sinnesbetont-sinnhaltigen Elementen und dem Gestaltenden, der sich Räume im Raum erschließt, um darin dann eine spezifische, im besten Fall offene, Struktur zu entfalten.

Die Situation ist dann weder eine nur objektive noch eine allein subjektive. Sie zeigt sich vielmehr als das raffinierte Gleichgewicht zwischen den kreativen Prozessen eines Lebewesens und den Gegebenheiten seiner Umgebung.

Eine Ausbildung kann dazu beitragen, dass die Methoden zur Erforschung und persönlichen Durchdringung und Aneignung von Räumen gelernt und begleitet werden. Sie sind für ein Verständnis ortsspezifischer Kunst fruchtbar, oder auch für eine kuratorische Praxis, die in vielerlei Hinsicht Kontextsensibilität fordert.

8. WORKSHOP

ein – räumen – aus – reizen
Bildhauerische Maßnahmen am Ort und für den Ort

Ausgangssituation
Kunst, die dezidiert mit einem Ort arbeitet, kann das Bewusstsein für den eigenen Standpunkt und Lebensraum schärfen.

Aus diesem Wissen heraus – aus Neugier an außerschulischen Präsentationsorten, aufgrund des Bedürfnisses, in und an den Räumen von Schule oder Hochschule etwas zu gestalten oder aus Lust, den Wirkungsort zu thematisieren, anstatt ihn zu dekorieren – wächst auch in der kunstpädagogischen Praxis das Interesse an einer Arbeit, die sich auf ihre sichtbaren und unsichtbaren Kontexte hin öffnet. Allerorts wird ‚installiert'.

Der Begriff Installation wird dabei häufig für unterschiedlichste Phänomene der bildenden Kunst gebraucht, verheißt er doch offensichtlich eine gattungsübergreifende, avancierte Form raumgreifender Kunst.

Im Workshop habe ich mir, abgeleitet aus der eigenen künstlerischen Praxis, zur Aufgabe gemacht, eine Arbeitsweise vorzustellen, die ihren Ort ernst nimmt und einen Dialog zwischen der künstlerischen Setzung und bestehenden räumlichen Zusammenhängen entwickelt.

Ziel war, zu beobachten und zu prüfen, in welchem Maße sich die im Begriff der Installation behauptete Ortsspezifität in situ einlösen und wie sich ‚Installiertes' zu den bestehenden räumlichen Zusammenhängen verhalten kann, ohne einfach nur abgestellt oder schlecht eingeräumt zu sein.

Dabei steht immer eine präzise Analyse des vorgefundenen Raumes im weitesten Sinne am Anfang des künstlerischen Handelns. Wie bereits beschrieben, bedeutet dies zunächst die Aneignung von ganz unterschiedlichen Feldern in diesem Raum und die Erarbeitung eines persönlichen Eindrucks. Im Workshop soll es darum gehen, in zwei Übungen die Wahrnehmung dieses Raumes zu vertiefen.

AUS- UND EINRÄUMEN

Übung: Raumuntersuchung

wahrnehmen

Wir arbeiten in leer geräumten Werkstatträumen des Schlosses. Das Ensemble von vier verschieden großen Räumen mit unterschiedlichem Charakter bildet den Rahmen unserer Veranstaltung.

„Nun sind wir hier. Diese Räume sind der ‚Sockel' unserer Arbeit. Sie sind Träger von Informationen. Wir wollen diese Informationen herausfinden, achtsam Spuren sichern, Offensichtliches und Verborgenes sammeln. Es geht darum, mit Bewusstheit ein Bewusstsein vom Raum zu entwickeln. Gehen Sie herum, messen Sie, schauen Sie, hören Sie. Recherchieren Sie ‚kalt' die Situation. Was nehmen Sie wahr?"

wahrsagen

„Stellen sie sich vor, dass die Räume ihre Informationen freigeben würden, dass sie eine Stimme hätten. Stellen wir uns vor, sie könnten sprechen. Was sagen sie? Es stehen Ihnen ein Mikrofon und ein Kassettenrekorder zur Verfügung. Sprechen Sie bitte die Ergebnisse auf Band."

Ausgewählte Beispiele aus der Aufzeichnung:

Raum 1

„Ich bin klein, quadratisch, ein bisschen niedrig, ich beherberge Stahlregale, mit Tonarbeiten bestückt, und ich habe zwei Heizkörper – ich rieche neu, und oft ist in mir eine große Ruhe – ich habe Werkstattcharakter – ich gebe ein seltsames summendes Föhngeräusch von mir – ich bin der Raum der Verwandlung, in mir wird es manchmal ganz schön heiß."

Raum 2

„Ich bin der größte Raum (laut) – ich wurde vergessen, an mich erinnert sich niemand, die Küchenfrauen stoßen sich an mir, ich habe meine Vergangenheit verloren, möchte mich öffnen, egal für was – Hauptsache, es passiert etwas. Jetzt wird mein Raumsein auch noch entblößt – ich ertrage mich selbst nur, wenn in mir gearbeitet wird – ich wurde benutzt, ich wurde betackert, bezeichnet, gewischt, benagelt, in mir fand Werk statt – Kinder arbeiteten in mir, sie hinterließen ihre Spuren an den Wänden, Florin Kämmerer war einer davon – ich verberge unter den Waschbecken drei verschieden gekringelte Abflussrohre und ein altes Rohr, das aus der Decke kommt – ich habe einen gelben Fußboden – ich bin ein vergessener Raum, irgendwann hat jemand versucht, mich zu schmücken, es hängen Schnüre – wohl waren irgendwann Bilder da – nun bin ich kahl, trostlos – ich trage eine zweifarbige Sockelbemalung und einen alten Holzsockel – ich bin schon viel benutzt worden, in mir stecken viel Energie und Anschlüsse – ich habe eine Sprinkleranlage – der Trauerflor vor den Fenstern macht Musik, mit dem kann man surren und klappern, und man kann aus vielen Fenstern aus mir herausgucken in den Wald."

Raum 3

„Ich bin das kleine quadratische Zimmer dazwischen, ein Warteraum, in dem im Moment nichts passiert. Der Ausblick ist versperrt, die Stühle sind aufgestapelt – ich habe eine gelbes Karo mit einem roten Punkt, einen Notausschaltknopf – mein Fußboden ist dreckig und fleckig, Schnipsel, Pinwandnadeln, Reißzwecken, Wollmäuse, Fußabdrücke – meine Wände kitzeln dreizehn tote Spinnen – ich

bin nebensächlich, nur der kleine Nebenraum, ich bin unwichtig, verlassen – wenn ich mich anschaue, frage ich mich, ob ich jemals bessere Zeiten gesehen habe und wie diese aussahen. Heute friste ich dahin – ich habe einen Partner mit einem Durchgang zu ihm."

Raum 4
„Ich bin der einzige Raum, in dem eine Durchdringung von Innen und Außen da ist, weil die Fenster sehr viel Licht hereinlassen – in mir scheint es gefährlich zu sein, es gibt einen Erste-Hilfe-Kasten, einen Feuerlöscher und raus geht man am besten über den Notausgang – ich komme mir verschieden groß vor, je nachdem, wie groß die Betrachter sind, die darin herumlaufen."

aufräumen
Das Band wird gemeinsam abgehört, und es werden Kategorien zur Einordnung und Strukturierung der Aussagen entwickelt. Die Angaben werden eingeteilt in Aspekte der Beschaffenheit, wie Funktion, Ordnungen, Möbilierung, metrische, soziale, geschichtliche, psychische, symbolische Verhältnisse des Raumes und von der Betrachterwahrnehmung geprägte Begriffe wie Wirkungsaspekte und Empfindlichkeiten jenseits der Fakten.

Im Gespräch wird deutlich, wie sehr in den aufgesprochenen Statements die Sprache zum Material wird, wie bereits der Versuch mit dem Wort zu beschreiben und zu begreifen einen Sprachraum entstehen lässt, der bisweilen fiktionale Züge trägt.

ausreizen
Übung: Eingriff in die Situation

„Dieser Raum mit all den Merkmalen, die Sie gesammelt haben – mit uns darinnen – ist uns vertrauter geworden. Wir haben ihm Platz in unserem Kopf eingeräumt, einen Eindruck gewonnen.

Als Kenner der Situation können Sie nun Rahmenbauer und Beleuchter sein, d.h. die Wahrnehmung in Ihrem Sinne steuern. Wohin wird der Fokus gelenkt? Was reizt? Haben sich für Sie in den Einzelaussagen bereits sensible Stellen herauskristallisiert, die Sie thematisieren möchten? Wo würden Sie agieren, eingreifen? Gibt es bereits Orte? Konzentrationspunkte, Schnittstellen?"

umräumen
„Sie sind als Künstler eingeladen, an diesem Ort eine Installation zu entwickeln. Sie haben ein unbegrenzt hohes Budget zur Verfügung, Ihren Ideen sind keine technischen oder sonstigen Grenzen gesetzt. Was würden sie tun? Entwickeln Sie eine Ideenskizze für eine Installation! Welche Handlungen und gezielten Eingriffe könnten den Raum kurzzeitig beleben und verändern, welche die Raumerfahrung intensivieren? Verändern Sie die Situation so, dass sich eine ungewohnte Wirkung entfaltet! Die Untersuchungsergebnisse der ersten Übung stellen jetzt den Materialpool für ihre Konzepte dar."

Erste Installationsideen aus dem Workshop:

- Der kleine quadratische Raum inmitten des Raumensembles soll vollkommen gesäubert und geweißelt werden. Sämtliches Mobiliar und alle Spuren einer ehemaligen Nutzung sollen entfernt werden. Er unterscheidet sich dann allein über sein Anderssein. Mit seinem reinen Weiß macht er uns auf die Benutzerspuren der Nachbarräume aufmerksam. Er verschiebt den Schwerpunkt unserer Wahrnehmung vom Raum als unruhiger Träger vieler Verweise zum Raumkörper mit ausgewogenen Maßen und einer harmonischen Form.
- Eine Schaukel soll zwischen zwei Räumen in eine Durchgangssituation gehängt werden. Der gelbe PVC-Bodenbelag wird ausgetauscht zugunsten eines Materials, das das Betreten der Schaukelräume zum unsicheren oder wankenden Erlebnis macht. Über die gedachte oder tatsächliche Bewegung der Schaukel werden die Räume miteinander verbunden. Ein Bild von kindlicher Leichtigkeit entsteht, das, in Verbindung mit dem ausgetauschten Boden, ‚Bodenhaftung' im erweiterten Sinne thematisiert.
- Überall an den Wänden sollen weitere Steckdosen montiert werden. Auf die Fülle der vorhandenen Steckdosen wird so reagiert, dass das irritierende Moment – wer braucht für welche Geräte so viel Strom? – weitergedacht und der behauptete Nutzen der vielen Anschlüsse ad Absurdum geführt wird. Die Steckdosen formulieren dann darüber hinaus ein ornamentales Relief.
- Die durchbrochenen Holzleisten und verletzten gemalten Streifen, die einen der Räume hüfthoch umrahmen, sollen repariert und über Fenster, Türen und Heizkörper hinweg ergänzt werden. Das Augenmerk wird auf die vertikale und

horizontale Strukturierung des Raumes gelenkt. Aus der Zierleiste wird eine Maßleiste, die sich, indem sie über die Türöffnung weitergeführt wird, disfunktional behauptet.

Im Austausch über die Konzepte wurde über die Notwendigkeit und die Art eines Eingriffs beraten: „Welcher Aspekt wurde beleuchtet? Was wurde pointiert? Was hat gereizt? Wie wurde die Veränderung bewirkt? Welche Intensität oder Lautstärke hat der Eingriff? Was für ein Material wurde benutzt? Welche Wirkung hat sich entfaltet? Ist der Raum belebt, verändert? Ist die Raumerfahrung intensiviert oder ungewohnt? Ist eine festgefahrene Sichtweise gelockert? Haben sie bisher Verborgenes entdeckt? Wie sieht der Dialog zwischen dem Gegebenen und dem Eingriff aus? Wie gestaltet die Intervention den Dialog? Ist der Raum noch derselbe?"

In unserer Arbeit ist deutlich geworden, wie die Kraft und Spezifik des vorgefundenen Raumes, die persönliche Wertung und künstlerische Setzung ineinander spielen. Alle Umstände und Bedingungen der partikulären Situation vor Ort bestimmen das Werk. Die Betrachter, die konkrete Architektur, Atmosphären, Formen und Gesten vor Ort müssen als Material mitbedacht werden.

Die durch die ästhetische Operation veränderte Situation entwickelt für den lebensweltlich bestimmten Raum einen Raum zweiter Ordnung. Sie konstituiert ihren temporären Eigenraum, den es nun zu lesen und zu erleben gilt.

Nicht überall jedoch sind künstlerische Eingriffe sinnvoll. Es gibt Orte, die bereits zu sehr Ort sind, als dass sie über eine Intervention sich zu merklich neuen, inhaltlich anders definierten Räumen entwickeln könnten. Räume, die Geschichte und viele Geschichten bündeln, funktional eng determiniert oder über ihre Architektur und Machart mit Zeichen bereits überfrachtet sind, haben keine Leerstellen mehr für den Frei-Raum der Kunst[285].

Anmerkungen

[281] Heidegger, M.: *Die Kunst und der Raum*. St. Gallen 1969, S.9: Einräumen „muss nämlich in der zweifachen Weise des Zulassens und Einrichtens verstanden werden."

[282] Diese Begrifflichkeit entstand in den 70er Jahren aus einer eher anthropologischen Sicht auf partikulare Formen des Raumes. Dies gilt auch für die Gegenüberstellung von Ort und Raum.

[283] vgl. Xaver Baier, F.X.: *Der Raum*. Köln 2000. F.X. Baier radikalisiert den Raumbegriff und bezeichnet Raum als Existenzial des Menschen. Raum sei immer Lebensraum, Räume seien wie „Lebewesen" (S.7) in ständiger Umformung begriffen.

[284] vgl. Merleau-Ponty, M.: *Phänomenologie der Wahrnehmung*. Berlin 1966. Zur Wahrnehmung: „...vielmehr habe ich einen Einfluss sich in Simultanität wie in Sukzession wechselseitig einander implizierender und explizierender Erfahrungen." S.327.

[285] Lischka, G.J.: *Schnittstellen*. Bern 1997, S.132: „Freiraum ist deshalb der angefüllte Raum mit noch nicht ausgeführten Möglichkeiten, freigegeben zur Strukturierung, die Orte sind neu zu bestimmen."

OBJEKT SUBJEKT PRÄDIKAT – EIN EXKURS ÜBER SYSTEMISCHE KUNST UND KRITISCHE ÄSTHETIK

Ruediger John

The only way of discovering the limits of the possible is to venture a little way past them into the impossible. (Arthus C. Clarke)

Kurze Bemerkung zur Krise der Kunst[286]

Die Krise der Kunst ist vor allem die Frage nach einer künstlerischen Tätigkeit im Kontext der Gesellschaft.

Das Lamentieren und Philosophieren zur Krise der Kunst ist nicht neu – genauer gesagt ist es ein permanentes Topos innerhalb des Kunstsystems der Postmoderne. Auch mit dem Entstehen dessen, was nunmehr seit geraumer Zeit (fälschlicherweise) ‚Mediengesellschaft' genannt wird, hat unter anderem die Bildproduktion und -distribution einen Wandel vollzogen, der sich nicht nur dauerhaft auf die Wahrnehmungsgewohnheiten innerhalb der Gesellschaften ausgewirkt, sondern damit auch die gesellschaftliche Funktion der Künste, sowie deren Status nachhaltig verändert hat.

Der andauernde Diskurs und die damit einhergehenden Postulate über das ‚Ende der Kunst' oder alternativ dem ‚Ende der Malerei' oder auch von einer ‚Medienkunst' oder aber einer ‚Kunst als Wissenschaft' (die Liste ließe sich nahezu beliebig weiterführen und ausdifferenzieren) zeigen eines sehr deutlich: Die Akteure innerhalb des gesellschaftlichen Subsystems Kunst sind sich einer grundlegenden Veränderung der Kriterien und Bedeutung bewusst, verorten diese aber offenbar vor allem innerhalb des Systems selbst – anstatt diese als Einwirkungen (genauer: subsystemischer Relationen) von außen[287] zu erkennen – und projizieren diese Problemstellung auf einzelne Bereiche und Handelnde innerhalb des Kunstsystems. Es zeigt sich auch, dass versucht wird, die Krise der Kunst mittels des klassischen, technikorientierten Kunstkanons zu begreifen oder aber, in einer kurzfristigen Betrachtungsweise, als Modeströmungen des boomenden Kunstmarktes umzunutzen[288].

Aber – kurzgefasst – was ist die Krise der Kunst? Vor allem werden (neben dem immer wieder beklagten Fehlen von Kriterien als Grundproblem der Orientierung innerhalb der Künste und damit einer quasi Objektivierung der Wertung) die fehlende Wertschätzung (= die Bedeutungslosigkeit der Kunst im alltagspraktischen Handeln) und die Wirkungslosigkeit ihrer Akteure, wenn es um visionäre Ziele für die Gesellschaft geht, beklagt. Zugleich sind Künstlerinnen und Künstler, ganz persönlich, meist in ihrer angestammten Branche wenig erfolgreich und die professionellen Verlierer auf dem allgemeinen Arbeitsmarkt.

Wenn also die Frage nach der Relevanz von Kunst und künstlerischem Handeln nicht in Bezug auf den tradierten Kunstkanon und innerhalb des Bezugssystems Kunst erklärt werden kann, muss man die Frage stellen, was Kunst zum gesellschaftlichen Alltagsleben und der Wahrnehmungsfähigkeit in diesem beitragen kann. Der Fokus verlagert sich also von der Wertschätzung des Objektes als Kunstwerk auf die Werthaftigkeit des ästhetischen Prozesses und dieser wird auch unter dem Kriterium seiner Wirkung wahrgenommen.

Prozessuale künstlerische Tätigkeit

Betrachtet man künstlerische Tätigkeit nicht als die Herstellung und Inszenierung von Objekten[289] als Kunstwerke, sondern als kritische Reflexion und prozesshaftes Gestalten unter ästhetischen Kriterien, sieht man einige der typischen Attribuierungen des Werkes (wie Authentizität, Autarkie, Unikat) sowie deren Ableitungen auf den Autor (wie Kreator, Genie) in anderer Perspektive.

Authentizität als gesellschaftliche Konstruktion[290] und kollektives Wertkriterium, wie auch der Begriff ‚Autarkie' sind aufgrund der Interaktionen in einem Prozess nicht auf das Ergebnis im Sinne eines Künstler-Kunstwerk Verhältnisses anwendbar; ebenso wird die Zueignung einer Autorschaft und deren Wertung relativiert, da sich der Gestaltungsprozess im wesentlichen auf die Kommunikation[291] bezieht. Der solipsistisch-auratische Aspekt eines Genius verliert in der Fokussierung der Beziehungen zwischen den beteiligten Entitäten[292] sein argumentatives Gewicht.

In dieser, als kommunikatives System verstandenen, Interpretation von Wirklichkeit und im Verständnis eines systemischen Gesellschaftsmodelles (nach Niklas Luhmann) stellen sich sowohl die Funktion und somit deren Wertebasis, als auch die Handlungsformen und Strategien künstlerischer Tätigkeit anders dar.

Kunst als Funktion einer Gesellschaft

Mit ‚Funktion' ist hierbei die Wirkung (Momentum) und Verankerung der Kunst und der beruflichen Tätigkeit ‚Künstler' gemeint und ist nicht mit einer ‚Funktionalisierung', also missbräuchlichen Verwendung, zu verwechseln. Kunst existiert nur deshalb, weil sie für die Gesellschaft, der sie zugeordnet ist, eine Funktion ausübt, ihr also eine spezifische Rolle (quasi als gesellschaftlicher Auftrag) zugeeignet wird. Kunst und in deren Kontext Handelnde sind dann unbedingter Bestandteil der Gesellschaft[293].

Um also konstruktiv an der eingangs erwähnten Krise der Kunst zu arbeiten, bedarf es einer Feststellung der historischen und aktuellen gesellschaftlichen Funktion(en) von Kunst, der Ermittlung von relevanten, erweiterten Handlungsfeldern[294], sowie der hierzu notwendigen Qualifikationen. So lassen sich künstlerische Haltungen als Basis für Handlungsformen entwickeln und Bildungsmaßnahmen planen. Dabei schließt die Frage nach Funktion und Handlungsfeldern der Kunst keineswegs einen möglicherweise besonderen Wert, also auch eine besondere Bedeutung des Phänomens ‚Kunst' aus – im Gegenteil, sie stellt zugleich und vor allem die Frage nach der (oder besser: einer) ‚Idee von Kunst', somit nach unserer (gesellschaftlich geprägten) Vorstellung (= Konstruktion) und Vision des Begriffes[295] und der resultierenden Praxis.

Repräsentation und retardierendes Moment

Im traditionellen Kunstsystem, besonders im Kunstmarkt, dienen Kunstwerke vor allem repräsentativen Aufgaben, werden also als Insignien der sozialen Abgrenzung (wie Macht) verwendet, haben ornamentalen Nutzen oder dienen spekulativen Zwecken, bzw. bilden als Symbole und Beispiele die Grundlage für die Werte- und Bedeutungszueignung durch die Interpretatoren, Kuratoren und Kunstkritiker. Bezeichnend ist, dass sich Künstlerinnen und Künstler immer noch stark auf die Rolle als Produzenten und Lieferanten reduzieren lassen – deren visuelle Ergebnisse einer (wie auch immer quantitativ und qualitativ beschaffenen) Öffentlichkeit präsentiert werden. Hierbei bildet das Schaffen eines Einzelnen oftmals ein Puzzleteil einer übergeordneten Bedeutungsfindung durch ein Ausstellungskonzept. Nicht selten rückt dabei dieses und dessen Urheber in das Zentrum der Aufmerksamkeit; die Differenz der unterschiedlichen Arbeiten in den Hintergrund; die Organisatoren treten als die eigentlichen Kreatoren auf.[296]

Zugleich werden dem künstlerischen Schaffen insbesondere ‚visuelle Kompetenzen'[297] zuerkannt und Künstler darin ausgebildet, d.h. also der Fokus der Fähigkeiten weiterhin auf das sichtbar Gestaltete anstatt auf prozessuale Aspekte gelegt. Zudem zeigen die tradierte Pose und Imagebildung des Künstlers – an den Kunsthochschulen perpetuiert – sowie der tradierte medienorientierte Kunstkanon – dieser jüngst um den tautologischen Begriff der ‚Medienkunst'[298] erweitert – eine mangelnde Reflexion der systemischen und gesellschaftlichen Bedingungen und konkreter Handlungen aufgrund dieser.

Reflexion und systemische ästhetische Tätigkeit

„Kunst dient der Reflexion und nicht der Repräsentation von Gesellschaft [...] insbesondere die Vernetzung von Erkenntnissen wissenschaftlicher Disziplinen mit kunst- und kulturorientiert Handelnden, ohne dass diese symbolisch Wissen replizieren oder ornamental illustrierend tätig sind, ist notwendiger Schritt um die Relevanz der Kenntnis dieser Divergenz, aber auch die konkrete Bildung der Fähigkeit zur Nivellierung dieser, zu ermöglichen. Zugleich will diese künstlerisch motivierte Tätigkeit die bessere Wahrnehmung und Einbeziehung ästhetischer Kriterien und Handlungsweisen, intuitiver und kreativ-sinnlicher, sowie atmosphärisch orientierter Perspektiven als unabdingbare, systemische Qualität von Gesellschaft erreichen. Erst die Assoziation und Relativierung sogenannter logischer, sachlicher Argumente

Störung als spezifische Intervention – Wahrnehmungsverschiebung zum Thema ‚Macht'

Diskurs ‚Macht als phänomenologisches Gestaltungsmittel künstlerischer Tätigkeit'

Relation und Ergebnissicherung, Haltung – Auflösung und Selbstauftrag

und ästhetischer, intuitiver Wahrnehmungen ermöglicht ein ausgewogeneres Abbild und Verstehen von Wirklichkeit. [...]."[299]

Anders also, wenn Kunst der Reflexion von Gesellschaft dient, sich also dem Diskurs der Sinn- und Bedeutungsfragen, der Kritik und Wertebildung direkt widmet und somit Künstlerinnen und Künstler gesellschaftsorientiert arbeiten. Damit geht einher, dass nicht mehr die Produktion von Objekten und insbesondere deren Präsentation im exkludierenden Kunstkontext, sondern vielmehr die Gestaltung von Prozessen als Beeinflussung von Entwicklungen und die Integration verschiedener Disziplinen[300] im Vordergrund stehen; der Künstler ist nicht mehr als Experte für Gestaltungsfragen, sondern als Experte für Wahrnehmungsfragen und deren Relationierungen gefordert. Das bedeutet, dass ästhetische (= wahrnehmungsbezogene) Kompetenzen und deren künstlerische Anwendung in gesellschaftlichen Kontexten (= Relationierung) – die Künstlerin/der Künstler als Know-How-Träger – eine wesentliche Fähigkeit darstellen; das Medium bzw. der Medienkanon zweitrangig wird und kommunikative, moderativ-mediative Qualifikationen und Diskurs- und Teamarbeit notwendig werden. Zudem erfordert diese Tätigkeit eine Vielzahl von Fähigkeiten, die, soweit lehrbar, in den Curricula der Akademien und Kunsthochschulen (v.a. in Deutschland) bisher keinen Platz haben.[301]

Systemische künstlerische Tätigkeit heißt, mittels Abstraktion und Assoziation kritisch-ästhetisch Bedeutungen und Wertekontexte zu differenzieren und (bspw. interventionistisch oder infiltrativ) einzusetzen, sowie definitorisch in der Kommunikation und Kontextualisierung zu arbeiten. Diese Art der Tätigkeit stellt der klassischen Form der Referenzierung von Kontexten und Werten, dem ‚Symbol' bzw. des ‚symbolhaften Regelbruchs'[302], die Absicht einer (relativen) Wirksamkeit auf das Subsystem gleich. Somit gestaltet (oder moduliert) der Künstler auf der Handlungsgrundlage einer prozesshaft reflektierten Haltung nicht ein Medium zur Form-/Objekt-/Bildfindung als Ausdruck, sondern zur Realisation (und damit Abstraktion) einer Idee/eines Zieles als Anschauung[303] mit politischer Relevanz.[304] Eine solche künstlerische Arbeit, deren Tätigkeit die systemischen Bedingungen und Relationen der gesellschaftlichen Subsysteme, aber auch der semiotischen Kriterien und Kontextualisierung umfasst, nenne ich systemische Kunst.[305]

Künstlerische Forschung als spezifische ästhetische Praxis

Künstlerische Forschung bezeichnet eine künstlerische Arbeitsweise die mittels ästhetischer Kompetenzen Relationierungen (kontextfremde Assoziierungen) in gesellschaftlichen Subsystemen erarbeitet und anwendet.

„Künstlerische Forschung mag als Terminus für diejenigen ungewohnt sein, die ‚Forschung' ganz selbstverständlich durch das Attribut ‚wissenschaftlich' ergänzen. Sie verengen ihren Blickwinkel damit auf eine Methode, die in der heutigen Form erst seit rund 350 Jahren, seit der Idee der Subjekt-Objekt-Spaltung durch Descartes, betrieben wird. [...] Was unterscheidet die künstlerische von der wissenschaftlichen Forschung? Künstlerische Forschung ist nicht an konventionelle Paradigmen der Wissenschaftlichkeit gebunden, sie kann ohne dogmatischen Methodenzwang agieren [...], kann ohne Rücksicht auf die Definitionsmacht von Spezialisten in unterschiedlichsten Lebensbereichen erkenntnisfördernd tätig werden, dabei das Subjekt als Parameter einsetzen und ästhetische Kriterien bei der Konstruktion von Wirklichkeiten zu Grunde legen [...]."[306]

Entscheidend hierbei ist, dass sich künstlerisches Handeln nicht als öffentlicher Selbstfindungsprozess, naive Visualisierung im Symbolischen und dem Agieren im mythenbehafteten Kunstverständnis versteht, sondern „[...] sich kritisch subjektiver (künstlerischer) Methoden, rechercheorientierter und disziplinenverbindender Strategien bedient um kontextfremde Ergebnisentitäten erkenntnisbringend zu assoziieren."[307] „[...] Charakteristisch für künstlerische Forschungsarbeit ist ein nicht-lineares, prozesshaftes Denken und Handeln [...]"[308] sowie die Fähigkeit, ästhetische Kriterien in anderen Kontexten und Subsystemen zu entwickeln und abstrahierend (kritisch) anzuwenden.

„[...] Künstlerische Forschung untersucht eine Vielzahl von Kriterien und Faktoren gleichzeitig, ist also auch eine atmosphärische Analyse, wohingegen wissenschaftliches Arbeiten gemeinhin bemüht ist, einzelne Phänomene zu isolieren und zu entkoppeln um diese exakter bestimmen zu können und vorhersagbar/reproduzierbar zu machen (also der Unterschied zwischen der Forschung ‚ex actus' und der Forschung ‚in vivo'). [...]."[309]

Kritische Ästhetik

Basis der künstlerischen Tätigkeit in systemischer Kunst und künstlerischer Forschung ist nicht nur eine ästhetische Kompetenz der Kontextualisierung (Ästhetik[310]), sondern auch deren differenzierte, wertebehaftete und wertende Praxis (Kritik[311]) – also einer kritischen Ästhetik. Diese ist nicht exklusiv im Künstlerischen verankert (dort leider eher selten), sondern bezeichnet eine (fallweise ausgebildete) subsystemunabhängige Qualifikation der Relationierung kontextfremder Entitäten. Betrachtet man bspw. das System Gesellschaft, kann man davon ausgehen, dass an den Peripherien von gesellschaftlichen Subsystemen vor allem ästhetische Kriterien von Belang (beispielsweise erfahren auch objekt- und bildhafte Manifestationen in den Schnittmengen und Übergangsbereichen der Subsysteme autopoietisch bedingte Umwertungen[312]) und in diesen Bereichen wertebasierende Diskurse anzusiedeln sind. Für diese gesellschaftliche Aufgabe können insbesondere auch Künstlerinnen und Künstler, sofern sie nicht am traditionellen Verständnis der Kunstproduktion orientiert sind, einen wertvollen Beitrag leisten.

ANMERKUNGEN

[286] Auch weil dies seitens des Publikums in einer Reihe von Veranstaltungen und bei Vorträgen so gerne thematisiert wurde.

[287] Ich möchte hier auf die konstruktivistischen Erläuterungsmöglichkeiten der Kunst als autonomes Soziales System, dessen Autopoiesis die Infragestellung notwendigerweise ausbildet etc., verzichten – weil diese zwar eine Erklärung liefern, aber keine befriedigende Antwort auf die Sinnfrage (und damit die Relation zu anderen Subsystemen).

[288] „Zur diesjährigen Art Basel wird die figurative Malerei ganz groß rauskommen." sagte mir unlängst eine Galeristin die es wissen muss.

[289] Hierin einbezogen bspw. die Herstellung von Bildern, welche sich ebenfalls als Objekte manifestieren, sowie die Präsentation der Dinge (wie auch die Präsentation als Inszenierung selbst), da diese im engeren Sinne Sichtbarmachungen eines Status Quo darstellen.

[290] Interessant ist, dass, obgleich diese Konstruktionen ausdifferenziert sind (man kann nur von einer ‚relativen Authentizität' sprechen), sie in unserer Alltagskommunikation uneinheitlich wahrgenommen und praktiziert werden. So sind uns (als Alltagsbeispiel) meist Warenmarken als Signaturen für das scheinbar Originale wichtig und dienen der sozialen Abgrenzung, zugleich wissen wir aber, dass bspw. das Werbeversprechen ‚Authentic Wear' keiner rationalen Untersuchung standhält (mit Kunstwerken verhält es sich ähnlich).

[291] Kommunikation (und Interaktion) meint in diesem Zusammenhang nicht explizit ein kommunikationstheoretisches Modell der Informationsübertragung, sondern im systemtheoretischen Sinne das eines semiotischen Bezugssystems.

[292] sowohl der handelnden/rezipierenden Personen, als auch der Objekte

[293] Ich erwähne das, weil die im Kunstumfeld beliebte Weisheit „Der Künstler steht außerhalb der Gesellschaft." eben keine ist – wie auch die der „Zweckfreiheit der Kunst".

[294] Neue Handlungsfelder zu ermitteln kann eine künstlerische Forschungsarbeit darstellen, wie sie als Beispiel zur Definition von ‚Transferkunst' (s.a. www.transferkunst.de) geführt hat. Zugleich ist diese künstlerische Tätigkeit als, im autopoietischen Sinne, ‚Selbstbeauftragung' innerhalb des Kunstsystems zu sehen und bedeutet in ihrer Umsetzung systemisches künstlerisches Arbeiten.

[295] Damit setzt die Frage (und diese ist zugleich Indiz eines autonomen Subsystems) auch vor einer Kanonisierung der Kunst an.

[296] vgl. Sloterdijk, P.: *Die Verachtung der Massen*. Frankfurt/M. 2000.

[297] Hierzu gibt es zahlreiche Projekte und Ansätze, die sich letztlich oftmals in der Ausbildung technischer Fähigkeiten im Umgang mit digitalen Medien erschöpfen und kritische, ästhetische Aspekte vernachlässigen.

[298] Dieser Begriff, erkennbar dem tradierten Kunstkanon verhaftet und aus der Verkürzung der ‚Neuen Medien' entstanden, bedeutet zum einen eine Verunklärung der bezeichneten Tätigkeit (es sind eben nicht die alten Medien gemeint) und bezeichnet so eigentlich die künstlerische Tätigkeit welche sich eines Mediums bedient – und das ist alle Kunstpraxis.

[299] aus der Initiativpublikation des AID (Artists In Discourse) Project, Art And Context Initiative, New York City 1996/1997

[300] Es zeigt sich insbesondere in der Quasi-Postmoderne (und es sei hier explizit auf Bruno Latour verwiesen) dass Erkenntnisarbeit ein transdisziplinärer Akt ist. S.a.: Latour, B.: *Wir sind nie modern gewesen*. Frankfurt/M. 1998.

[301] Man könnte sich bspw. vorstellen, das Kunststudium eher mit den philosophischen und sozialwissenschaftlichen Fakultäten zu koppeln (was vereinzelt geschieht), anstatt mit denen der angewandten Gestaltungsberufe.

[302] Der Begriff des ‚symbolhaften Regelbruchs' im politischen Sinne ist der 68er Generation sicher noch gut in Erinnerung, beruht aber auf den künstlerischen Entwicklungen ‚Dada' und ‚Situationistische Internationale' (die wichtige Vorläufer der politischen Bewegung waren).

[303] Das bedeutet nicht, dass er konkrete oder gar dauerhafte Lösungen (für gesellschaftliche oder soziale Phänomene und Dynamiken) entwickeln muss, wohl aber, dass er Bestimmungen und Wertungen in diesen Kontexten vornimmt.

[304] ‚politisch' wird hier in Bezug zu ‚zoon politikon', nicht im Sinne einer Partei- oder Berufspolitik, verwendet.

[305] John, R.: *Systemic Art as an Approach for the Aesthetic Worker*. Scrapbook 1995-1998, limited edition, 1998

[306] Heid, K.; John, R.: *TRANSFER: Kunst Wirtschaft Wissenschaft* [sic!] – Verlag für kritische Ästhetik, Baden-Baden 2003.

[307] ebenda

[308] ebenda

[309] John, R.: *Explorative Recherche als künstlerische Methode*: In: KONTUREN – Magazin der Fachhochschule für Gestaltung, Technik und Wirtschaft, Pforzheim. Pforzheim/Baden-Baden 2003.

[310] vereinfacht: erkenntnistheoretische, subjektive Untersuchung der Konstruktion und Struktur des Objektes (der Betrachtung), dessen Relation zur Wirklichkeit sowie Bedingungen und Formen der Rezeption

[311] vereinfacht: Beurteilung, Unterscheidung (Differenzierung), Auseinandersetzung mit Handlungen, Normen, Zielen

[312] So unterliegt ein Kunstwerk, wenn es vom Künstler über den Galeristen zum Käufer die Subsysteme wechselt, unterschiedlichen Bewertungen und Wahrnehmungen. Der Künstler mag bspw. darin seinen subjektiven Ausdruck verkörpert sehen, der Galerist einen Warengegenstand, dessen Stil auffällt und der Käufer eine Farbkombination wie sie seinen Vorstellungen entspricht.

DIE INSZENIERUNGSDIDAKTIK DER THEODOR-W.-ADORNO-SCHULE IN ELZE

Norbert Hilbig

1. WAS GEGEN DIE KÄLTE GEHT

„Die Forderung, dass Auschwitz nicht noch einmal sei, ist die allererste an Erziehung. Sie geht so sehr jeglicher anderen voran, dass ich weder glaube, sie begründen zu müssen noch zu sollen. [...] Jede Debatte über Erziehungsideale ist nichtig und gleichgültig diesem einen gegenüber, dass Auschwitz nicht sich wiederhole. Es war die Barbarei, gegen die alle Erziehung geht."[313]

Es hat eine pädagogische Wertediskussion unter dieser von Adorno 1966 formulierten Prämisse nie gegeben, wohl weil unausgesprochen ein Bewusstsein davon bestand, dass die Bedingungen, die den Rückfall in die Barbarei zeitigten, wesentlich fortdauern.[314] „Die Besinnung darauf, wie die Wiederkehr von Auschwitz zu verhindern sei, wird verdüstert davon, [...] dass die Grundstruktur der Gesellschaft und damit ihrer Angehörigen, die es dahin gebracht haben, heute die gleichen sind wie vor fünfundzwanzig Jahren."[315] Und nach fünfzig Jahren haben wir dem heute nichts hinzuzufügen – wohl aber eine lange schon überfällige „Nach-Auschwitz-Pädagogik" ins Werk zu setzen. Mittendrin: Die „Entbarbarisierung", heute die vordringlichste Aufgabe aller Erziehungstheorie und allen Erziehungshandelns.[316]

Die Adorno-Schule versucht ernst zu machen mit dem Diktum der Entbarbarisierung. Die Hauptschule mit Orientierungsstufe im niedersächsischen Elze, einem Städtchen mit 10.000 Einwohnern, versucht mit ihren 300 Schüler/innen jenem „Wärmestrom" die Schleusen zu öffnen, der der „Kälte" ein Ende machte. Auschwitz war „ein Sich-Zusammenrotten von Erkalteten".[317] Ohne eine alles durchdringende Kälte wäre Auschwitz nicht möglich gewesen. Eine an Adorno orientierte Schule ist eine, die wärmt, insofern sie die „Kälte als Bedingung des Unheils" verstanden hat. Die Adorno-Schule braucht ein Konzept, das die Jugendlichen ganzheitlich wärmt. Also versuchen wir, die Menge der Versagungen, die die Schule heute noch immer allen Beteiligten zumutet, zu reduzieren. Es sind die unzuträglichen Versagungen, die sich in Aggressionen verwandeln. Wer gut lebt, schlägt nicht nach außen. In einem Klima von Freundlichkeit und Wärme ist niemand genötigt, seine Aggressionen nach außen zu verschieben. Das aber ist keine Sache der Aufklärung und des „richtigen Bewusstseins", wie Adorno fälschlicherweise glaubte, das ist eine Frage des gelungenen Lebens, des befriedeten Miteinanders. „Ich möchte im Grunde mit Erziehung gegen die Barbarei nichts anderes, als dass noch der letzte Halbwüchsige auf dem Land sich geniert, wenn er – was weiß ich – einen Kameraden in einer rohen Weise anstößt oder sich gar gegen ein Mädchen brutal benimmt; ich möchte, dass die Menschen durch das Erziehungssystem zunächst einmal alle mit dem Abscheu vor der physischen Gewalt durchtränkt werden."[318] Es muss sich zeigen, ob nicht gerade die Schule ein Ort sein kann, an dem humane Beziehungen, getragen von Freundlichkeit, Vertrauen und Sorge für den anderen, gepflegt werden können. Ob Schule ein Ort sein kann, an dem Jugendliche eine Form des Zusammenlebens entwickeln, in der jeder einzelne für sich Befriedung und Glück realisiert. Der Kampf gegen die alles durchdringende Kälte wäre von der Schule heute zu führen. Sie könnte eine Vielzahl von Versagungen beheben und sich der Nöte annehmen, denen sich sonst keiner annimmt. Ein schulisches Leben will installiert sein, das jene humanen und befriedigenden Wirkungen zeitigt, das aufgrund eines „guten Lebens" ein aggressives Ausagieren von Versagungen überflüssig macht. Warum sollte, wer in befriedeten Zusammenhängen gut lebt, nach außen schlagen? Und was? Die Installierung einer guten Schule, die Einsetzung von Verkehrsformen, in denen sich der Einzelne geliebt, akzeptiert und angenommen weiß, in denen er sich selbstbewusst und selbstbestimmt entwickeln kann, alle Bedingungen eben, die „das gute Leben" befördern, und der Ausschluss all jener irrationalen Zwänge, die es behindern, das macht gegen Gewaltreaktionen immun. Entbarbarisierung also ist gebunden an die Konstituierung des „guten Lebens". Dem entgegen steht das Prinzip „Unterricht".

Das Kollegium als römische Gesellschaft

2. WAS GEGEN DEN UNTERRICHT GEHT

Die Veranstaltung „Unterricht" ist immer noch und immer wieder eine, die misslingt. Hohe Krankenstände bei den Lehrer/innen, Schulflucht bei den Schüler/innen, Unterrichtsstörungen, Disziplinprobleme, Aggressivität und Vandalismus sind nur allzuoft die unmittelbaren Folgen jener Veranstaltung, an der dennoch alle festhalten, als hätte gerade sie sich bewährt. In Wahrheit weiß heute jeder, dass Wissen, Kenntnis und Erkenntnis nur in der unerhörten Vielzahl unterschiedlicher Lebenszusammenhänge erworben werden kann, die allesamt aus dem Unterricht ausgeblendet sind. Eine Schule, die nicht mehr ist als eine Organisationsform zur Durchführung von Unterricht, die sich nicht in einen Lebensraum für Schüler/innen und Lehrer/innen verwandelt, meint das Leben, über das sie belehrt, gar nicht. Eben das hat der Schule den Ruf der Weltfremdheit eingebracht, dass sie eben von jener Welt sich abschottet, von der sie behauptet, dass sie auf diese sich bezieht.

Eine ganz andere Schule, eine ganz andere Didaktik „wäre der rebellische Ausdruck der lebendigen pädagogischen Arbeit gegen die Besitzstände der toten, durch Institutionen, Regeln, verdinglichte Curricula festgelegten Arbeit."[319] Noch bevor wir eine neue Didaktik haben, noch bevor wir eine neue veränderte Form des Schulehaltens realisieren, haben wir was Oskar Negt „pädagogischen Optimismus" nennt. „Jahrelange Erfahrungen mit schulischen Konflikten und mit Alternativen zum Bestehenden haben mich davon überzeugt, dass niemand auf Veränderungen hoffen darf, der nicht dort, wo er geht und steht, wo er arbeitet und nachdenkt, Anstöße für Veränderungen formuliert und aktiv in den bestehenden Unbewusstseinszustand eingreift."[320] Es kommt schließlich darauf an, Schule neu zu denken, und „die darin verteilte tote Arbeit zu überwinden und Organisationsfantasie freizusetzen."[321] Eine lebensweltlich sich verstehende Inszenierungsdidaktik hätte sich zu verabschieden von jenen unterrichtstechnologischen Vermittlungsformen, an denen die Schule bis heute so unbeirrt festhält. Sie hätte sich zu verabschieden von weltfremden und weltfernen Unterrichtssituationen und das Leben selbst zuzulassen, statt es auszusperren. Wenn alles Lebendige im Klassenraum in Totes sich verwandelt, wenn die faszinierende Welt in all ihren Facetten durch die unterrichtliche „Behandlung" in etwas Ödes und Langweiliges für die Schüler sich verwandelt, dann liegt es nur nahe, die Welt ins Schulhaus zu holen und wo dies nicht geht, sie zu inszenieren in Projektspektakeln.

Wir nennen das „Inszenierung fremder Lebenswelten" wo alle Schüler/innen der Schule eine ihnen fremde Lebenswelt, einen ihnen fremden Kulturraum oder eine vergangene geschichtliche Epoche „nachleben", nacherleben und nachvollziehen. Die Schüler/innen wählen sich in Projektgruppen, die verschiedenen Fächern der Stundentafel entsprechen, ein, um in diesen jenes

Das Kollegium als japanische Gesellschaft

fremde Leben nachzuvollziehen. Externe Gäste werden, dem jeweiligen Themenzusammenhang entsprechend, in die Schule eingeladen, um in fremde Kulturtechniken einzuführen und kulturspezifische Eigenheiten zur Aufführung zu bringen.

Diese Kombination aus Eigentätigkeit der Schüler/innen in den fremden Kulturbereichen (stets in historisch authentischer Kleidung), die Vorführung von kulturspezifischen Eigenheiten sowie das rudimentäre Sprechen einer fremden Sprache (zumindest Begrüßungs- und Anredeformeln) und das Vertrautsein mit fremden Symbolen und Eigenheiten heißen wir fortan *„Inszenierung einer fremden Lebenswelt/Projektspektakel"*. Die Schule insgesamt ist dem Projektthema entsprechend gestaltet, d.h. es muss beim Betreten des Gebäudes der Eindruck entstehen, als betrete man einen fremden Kulturraum, eine fremde Welt.

Statt durch „Belehrung" über einen fremden Gegenstand, bei der Schüler/innen bestimmte Mengen Wissen/Kenntnis anhäufen, das keine Aussicht hat, behalten und erinnert zu werden, sollen die Schüler/innen durch den lebendigen sinnlichen Nachvollzug fremder Lebensformen das „Fremde" sich vertraut machen, es verstehen und begreifen durch aktive Teilhabe an Lebensweltinszenierungen, durch Tätigsein und originale Begegnungen. Wir denken, dass so „signifikantes Wissen" (Rogers) qua Erfahrung vermittelt und gelernt wird, das Bestand hat, weil es unmittelbar aus dem Erleben resultiert. „Während im traditionellen Unterricht meist das symbolische Modell bevorzugt wurde, die Unterrichtung, Belehrung, rasche Korrektur und direkte Anleitung im Mittelpunkt standen, kann heute bezüglich der Wirkung und der Einprägsamkeit sehr viel mehr über ein handlungsbestimmtes Modell erreicht werden. [...] Die eigenen Erfahrungen, Primärerfahrungen also, sind als sinnliche Begegnung mit den Sachverhalten [...] in der Regel an Überzeugungskraft und Dauerhaftigkeit weit überlegen."[322] Das Zusammenfügen der unterschiedlichsten Fächer hat zudem ein ganzheitliches Lernen und Erfahren zur Folge und löst die Atomisierung der Einzelfächer auf. Die Vertrautheit des Fremden immunisiert gegen Fremdenangst und in der Folge gegen Fremdenfeindlichkeit. Da ‚Spaß' an der Sache, Gefühl von Abenteuer und Exklusivität in den Lern- und Lebensprozess involviert sind, ist eine Befriedung der sozialen Interaktionen in der Schule zu erwarten.

3. DIDAKTISCHE GRUNDSÄTZE UND ERZIEHUNGSZIELE DER INSZENIERUNGSPÄDAGOGIK

- Die Schüler/innen lernen themenorientiert und nicht fächerorientiert; d.h. die Lerngegenstände und Thementeile fügen sich ganzheitlich zu einem Generalthema zusammen. Statt isolierter Wissenspartikel aus unterschiedlichen und nicht verknüpfbaren Themenbereichen wird ein Gegenstand ganzheitlich in seinen verschiedenen Facetten und Dimensionen ausdifferenziert, lernbar gemacht.

- Die Schüler/innen lernen projektorientiert und handlungsorientiert; d.h. die Lerngegenstände werden nicht (nur) durch Lektüren, sondern durch handelnden Vollzug, durch Tun angeeignet. Durch die tätige Aneignung werden die zu lernenden Inhalte dauerhafter und beständiger integriert, zudem gewinnen sie eine größere Signifikanz und Wertigkeit. Dass der Arbeits- und Aneignungsprozess zudem Spaß und Freude bereitet, vergrößert die o.g. Zielannahmen.
- Die Schüler/innen lernen erlebnisorientiert, d.h. die Lerngegenstände werden dem sinnlichen Erleben und Nachvollzug zugänglich. Die Schüler/innen bewegen sich in einem fremden Lebensraum, sind selbst handelnde Akteure in einer fremden Lebenswelt. Die Lerngegenstände werden so mit allen Sinnen gelebt, erlebt und vergegenwärtigt statt rein kognitiv rezipiert zu werden.
- Die Schüler/innen werden sich so ‚das Fremde' vertraut machen. Das ‚gezähmte' und vertraute Fremde, Fremdartige aber hört auf, die Menschen zu ängstigen. Das Fremde verstehen wie auch die Integration von Fremdem immunisiert gegen Fremdenangst und mithin gegen Fremdenfeindlichkeit, d.h. Abwehr und Desintegration. Das „sich vertraut gemachte Fremde" setzt Kraft frei für Empathie, Verständnis und Verstehen des Anderen.
- Die Schüler/innen werden durch die „Lebensweltinszenierungen" in ein „Abenteuer" involviert. Solche tätig erlebten Abenteuer befriedigen altersgemäße Sehnsüchte und Wunschdispositionen, aus dem gewohnten, grauen, überraschungsarmen Alltag auszusteigen. Solche „Ausstiege" werden nicht selten durch Suchtmittelkonsum versucht. Die „Abenteuerorientierung" wirkt daher nachdrücklich suchtpräventiv.
- Die Schüler/innen lernen in überschaubaren Zeitblöcken, der Schulalltag bekommt eine einschätzbare, übersichtliche, kalkulierbare Zeitdimension und verliert den Charakter eines nicht endenden Einerleis. Themen- und Fächerblöcke werden wie auf einer Erledigungsliste „abgearbeitet". Beides, die Aussicht auf Erledigung und die Erledigung selbst schaffen Befriedigung.
- Die Fächer des Lehrgangsunterrichts bekommen – allein weil sie aus dem Projekt herausgenommen sind – eine besondere Wertigkeit und Gewichtung im Bewusstsein der Schüler/innen, was eine erhöhte Motivation für diese Fächer vermuten lässt. D.h. die Lernanstrengungen werden voraussichtlich größer. Hier scheint „Exklusivität" vor, und das hat Wirkungen.

4. ZUM BEISPIEL: INSZENIERUNG JAPANISCHER LEBENSWELTEN

Ein Lehrer aus Japan, Atsushi Nakashima, ist für neun Monate an der Adorno-Schule; lehrt Kalligrafie und Karate. Nach japanischen Rezepten wird Sushi gekocht, Petra stellt mit ihrer Gruppe japanische Wandschirme her und Studenten bauen mit elf Schülern Samurai-Rüstungen. Der Bundestrainer im Karate, Antonio Leuci, trainiert mit 30 Schülern japanischen Kampfsport – er macht das ohne Gage, drei Wochen lang. Conni, eine Schülerin des 9. Jahrgangs mit schwarzem Gürtel, lehrt eine Mädchengruppe Judo. Mitglieder der Düsseldorfer Samurai-Gruppe TAKEDA e.V. schreiten würdig in historisch authentischer Kleidung durchs Schulgebäude und eine japanische Teemeisterin der Deutsch-Japanischen Gesellschaft Hannover, CHADO-KAI e.V., führt ein in die Geheimnisse der Teezeremonie. „Ohayo gozaimasu", sagen die Schüler jetzt morgens, nicht „Guten Morgen", und „Tschüs" heißt „Sayonara". Es arbeiten eine Schriftzeichengruppe und eine Origami-Gruppe. Die Europameisterin im Iaido (japanische Schwertkampfkunst), Angela Weichmann, zeigt die Kunst des Schwertziehens, zwölf Schüler üben sich in Zen-Meditation und harken den Kies im Zen-Garten, Bambus wird gepflanzt, und auf den Tatami-Matten hocken in Kimonos gekleidete Mädchen beim Gespräch. Eine Raku-Gruppe ist bei der Arbeit, gestern waren diese Schüler noch mit Papierschöpfen beschäftigt, die japanische Flagge weht am Fahnenmast der Schule, und überall im Schulhaus ist es merkwürdig ruhig, friedlich, geschäftig, still. Nächste Woche kommen die ca. 200 Schüler/innen der Japanischen Schule in Hamburg e.V. zu Besuch. Es gibt noch viel vorzubereiten.

Projektgruppe	Fachzuordnung	Tätigkeitsbereiche/Inhalte
Karate, Judo, Ju-Jutsu, Aikido	Sport	Training asiatischer Kampfsportarten
Japanisches Kochen	Hauswirtschaft	Kochen nach japanischen Rezepten (Sushi und anderes)
Die Kunst des Ikebana	Kunst	Blumenstecken, Bedeutung von Blumenart und Steckweise
Ogi-Fächer	Kunst	Bemalen von Ogi-Fächern nach historischen Vorlagen
Japan heute	Sozialkunde	Kontakt zu japanischen Schulen durch E-mail und Internet
Shintoismus und Buddhismus Zen	Religion/Ethik Werte und Normen	Meditation, Zazen, Pflege des Zengartens, Bau von Buddhastatuen
Woche der Sinne	Werte und Normen	Meditationsübungen, Badezeremonien, Massage (Shiatsu)
Japanische Puppen	Textiles Gestalten	Herstellung japanischer Puppen nach historischen Vorlagen
Japanische Topografie	Geografie	Karten zeichnen Dioramenherstellung
Japanische Wandschirme	Kunst	Bau und Bemalung japanischer Wandschirme nach historischen Vorlagen
Japanische Tuschmalerei	Kunst	Tuschmalereien nach historischen Vorlagen
Kalligrafie	Kunst	Schreiben japanischer Schriftzeichen mit Pinsel und Feder
Glücksdrachen	Gestaltendes Werken Kunst Textiles Gestalten	Bau eines 8 Meter langen Glücksdrachens
Samurairüstungen	Geschichte	Bau von Samurairüstungen aus Metall Geschichte des japanischen Mittelalters
Origami	Kunst	Japanische Papierfaltkunst
Kodo/Meido	Musik/Sport	Japanisches Trommeln
Kostümwerkstatt	Textiles Gestalten	Herstellung japanischer Kimonos und anderer Kleidungsstücke
Spiel und Spielzeug	Gestaltendes Werken Sozialkunde	Herstellung und Nutzung japanischer Spiele (z.B. Shogi = japanisches Schach)
Japanische Landkarten	Technik/Physik Gestaltendes Werken	Japanische Landkarten aus Holz herstellen und Schaltkreise für Beleuchtung von Städten und Regionen durch Knopfdruck
Nô-Theater	Deutsch/Kunst	Bau von Nô-Masken, Aufbau einer Nô-Bühne, Aufführung eines Nô-Theaterstückes
Bambus	Biologie	Entwurf und Anlage eines Bambusgartens

4.1 Das antike Rom

Die Schule als römische Welt. Lesen über die Erziehung des Quintilian, Arbeit in der Schmuckwerkstatt und die Herstellung römischer Mosaiken. Römische Faust- und Ringkämpfe (ich kann da gar nicht hingucken), römische Waffen und Geräte baut Kollege Juppi mit seiner Gruppe und das nach römischen Rezepten Gekochte schmeckt wirklich gut. Gekleidet in Toga und Tunika besuchen wir die Freskenmaler. „Ave." „Ave Magister!", kommt es zurück. Wer war Xenophanes? Was treibt Asterix? Die Maurer im Innenhof haben ihren Rundbogen fast fertig. Die Sklavengruppe hat eine Sänfte gebaut, einige haben sich Sklavenzeichen aufgemalt. Die Modelle sind fast professionell: Ein Lastkran, eine Wallanlage, ein Katapult; er funktioniert sogar. Wir klopfen an die Tür der Kostümwerkstatt, „quid ante Portas", wir öffnen. Und während die einen römische Gefäße töpfern, gräbt die Archäologiegruppe zuvor vergrabene Tonscherben und Münzen aus. Die Lateingruppe enträtselt römische Grabsteine, die Spielegruppe baut Brettspiele nach, mit denen vor 2000 Jahren Kinder sich die Zeit vertrieben. Selbst Rechnen kann – mit einem Abacus – zuweilen Spaß machen. So werden Lebenswelten inszeniert.

5. INSZENIERUNG FREMDER LEBENSWELTEN ALS „BILDUNGSPROZESS"

Sich das Fremde vertraut machen – so haben wir das oberste Prinzip (und meinetwegen auch „Ziel") unserer „Inszenierungsdidaktik" formuliert. Wohl wissend, „Bildung ist nicht Elfenbeinturm, nicht Bücher, nicht Besinnungsaufsatz. Aber es liegt eine Zumutung der Fremdheit in der Bildungsidee."[323] Diese Zumutung, das Fremde sich vertraut zu machen, wollen wir für uns und für unsere Schüler/innen. „Das ganz und gar Fremde wird sich der Aneignung entziehen. Das Nahe und Vertraute bedarf ihrer nicht. Das Objekt der Aneignung muss Anlass zu Staunen, Frage, Forschung, Selbstprüfung geben."[324] So eng schnürt der Kimono den Frauenkörper ein? So kleine Schritte kann ich nur machen, wenn ich ihn trage! Männer müssen so sich nicht einschnüren! Warum nicht? Vergrößert das „Sich-leer-machen" des Samurais in der Teezeremonie seine Bereitschaft zum Töten und zum Sterben? Gibt es andere Gründe für dieses Ritual? In solcher strengen Disziplin möchte ich nicht leben! Was aber gewinne ich aus meiner „Disziplinlosigkeit"? Wofür macht sie mich frei, woran hindert sie mich? Die Inszenierung ist ein Prozess, der dem Einzelnen Möglichkeiten, Angebote zum „Sich-bilden" aufschließt. Und: „Bilden ist sich bilden"[325]. Es geht zum einen um „Anregung", zum anderen um „die Aneignung von Welt (also um die Anverwandlung des Fremden in einem aktiven Vorgang)."[326] In der Inszenierung verwandeln wir uns – wie im Theater-Spiel und vornehmlich durch die Kleidung – in Fremdes und werden, weil wir die Subjekte der Verwandlung sind, des Fremden sinnlich gewahr. Das von Humboldt Gemeinte, wir sind „was wir nicht sind", und die Erfahrung dieser „Anverwandlung", macht den eigentlichen Bildungsaspekt unserer Inszenierungsdidaktik aus.

Dieses Bildungskonzept ist zugleich eine „Absage an das sammelnde, magazinierende Gedächtnis als Inbegriff aller pädagogischen Weisheit und eine Herabstufung der memorierenden Tätigkeit auf ein menschliches Maß."[327] Gegen das Buchwissen steht Michel de Montaignes Maxime: „Ärgerliche Bildung: Eine Bildung rein aus Büchern."[328] Wir rekurrieren auf einen alten neuen Bildungsbegriff von Montaigne, der eine radikale Unterrichts- und Stoffkritik impliziert. „Im Gegensatz zu diesem Gedächtniswissen, das nur aus Büchern gespeist ist, sollte nach seiner Meinung ein Weltwissen gepflegt werden, das aus der Erfahrung stammt und bücherunabhängig ist."[329]

6. ÄSTHETIK ALS KORREKTUR VON ALLTAG – GEGENWELTEN – ANMERKUNGEN ZUR KUNSTGALERIE IN DER ELZER ADORNO-SCHULE

„Die Realität liefert zu vielen realen Grund, sie zu fliehen, als dass eine Entrüstung über Flucht anstände"[330]. Die schulische Realität allemal.

Versagungen, die die Realität dem Subjekt antut, sind in der antagonistischen Gesellschaft unaufhebbar. Befriedung und heilende Harmonie, die die Verletzungen mit Pflaster und Salben zu heilen suchten, bleiben Ideologie, „harmonistische Ideologie".[331]

Gegen die versagende Realität steht die Kunst. Die „Kunstwerke sind Nachbilder des empirisch Lebendigen, soweit sie diesem zukommen lassen, was ihnen draußen verweigert wird."[332] So bewahren die Kunstwerke auf, was faktisch abhanden gekommen ist. Sie sind die Hüter der positiven Utopie, sie geben eine Ahnung dessen, was verhindert wird zu sein, sie tun so, „als wäre das Unmögliche ihnen möglich."[333] Als hätten wir die Möglichkeit, glücklich zu sein. „Die Wirklichkeit der Kunstwerke zeugt für die Möglichkeit des Möglichen. Worauf die Sehnsucht an den Kunstwerken geht – die Wirklichkeit dessen, was nicht ist – das verwandelt sich in ihr in Erinnerung."[334] Erinnerung an einen besseren Zustand, an ein abhandengekommenes Glück – vielleicht auch, dass es noch niemals war. „Es gibt einen Kern in uns, der scheint und ist beschienen von dem, was noch nicht ist, was noch nicht bewusst wurde und trotzdem bereits einwirkt."[335] In der Wirklichkeit des Kunstwerkes sind die Möglichkeiten einer anderen, besseren Welt aufbewahrt, Kontrafakt des Bestehenden, Vergegenwärtigung eines anderen Lebens, eines wahrhaftigen Glücks; Utopie.[336]

Kunst in der Schule ist eine solche Vergegenwärtigung. Allein ihr Vorhandensein gemahnt an etwas Uneingelöstes, etwas Noch-nicht-Seiendes, an etwas, das noch aussteht, wie ein nicht eingelöstes Versprechen. Kunst in der Schule, das ist die stetige Erinnerung an eine andere Wirklichkeit, an der wir bauen, um die wir uns mühen, und von der wir doch zutiefst wissen, dass sie Utopie bleibt, weil wir die Antagonismen der gesellschaftlichen Totalität nicht aufzulösen vermögen.

Kunst in der Schule hält uns in diesem Widerspruch lebendig; es ‚schön' zu haben, und nach Schönheit zu suchen, ‚glücklich' zu sein, und um die Mehrung des Glücks uns zu mühen, in einer ‚Zwangsinstitution' zu leben und zu arbeiten und die Zwänge zu verringern, mehr und mehr.

Kunst in der Schule, das ist die Gegenwart einer besseren Welt im Schlechten. Und durch ihre Gegenwart erscheint schon das Schlechte geschmälert. Kunst in der Schule, das heißt auf dem Weg sein.

ANMERKUNGEN

313 Adorno, Th.W: *Erziehung nach Auschwitz*. In : *Gesammelte Schriften*. Band 10.2. Frankfurt/M. 1977, S.674.

314 ebenda

315 ebenda, S.674 f..

316 Adorno, Th.W: *Erziehung zur Entbarbarisierung*. In : Ders.: *Erziehung zur Mündigkeit*. Frankfurt/M. 1973, S.120.

317 Adorno, Th.W: *Erziehung nach Auschwitz*. A.a.O., S.687.

318 Adorno, Th.W: *Erziehung zur Entbarbarisierung*. A.a.O., S.129 f..

319 Negt, O.: *Kindheit und Schule in einer Welt der Umbrüche*. Göttingen 1997, S.39.

320 ebenda, S.41.

321 ebenda, S.43.

322 Hopf, A.: *Sozialpädagogik für Lehrerinnen und Lehrer*. München 1997, S.140; vgl. des Weiteren: ebenda, S.139: „Ein statischer Lernbegriff, der die vielen individuellen ‚Aneignungskanäle' der Schüler übersieht, ist heute ebenso fragwürdig geworden, wie jede Belehrungsabsicht und kleinschrittige Aufbereitung frontal dargebotener Lerninhalte."

323 von Hentig, H.: Bildung. München, Wien 1996, S.164.

324 ebenda, S.165.

325 ebenda, S.39.

326 ebenda, S.41.

327 Weinrich, H.: *Lethe – Kunst und Kritik des Vergessens*. München 1997, S.65.

328 Zit. nach ebenda

329 Weinrich, H.: A.a.O., S.64.

330 Adorno, Th.W.: *Ästhetische Theorie*. Frankfurt/M. 1973, S.21.

331 ebenda

332 ebenda, S.14.

333 ebenda, S.253.

334 ebenda, S.200.

335 Bloch, E.: *Philosophische Aufsätze zur objektiven Fantasie*. In: Ders.: *Gesamtausgabe*. Bd. 10. Frankfurt/M. 1977, S.116.

336 vgl. Marcuse, H.: *Versuch über die Befreiung*. Frankfurt/M. 1969, S.15 f..: Utopie ist dabei nicht „das, was ‚keinen Ort' hat im historischen Universum ..., sondern vielmehr das, was durch die Macht der etablierten Gesellschaft daran gehindert wird, zustande zu kommen."

GANZTAGSHAUPTSCHULEN IN BADEN-WÜRTTEMBERG

Karl Frank, Michael Fritz, Margot Müller-Hecker

GANZTAGSHAUPTSCHULEN IN BADEN-WÜRTTEMBERG

Margot Müller-Hecker

Das Land Baden-Württemberg hat in den vergangenen 12 Jahren gemeinsam mit den Kommunen die Betreuung für Schulkinder ganz erheblich ausgebaut. Bei den Ganztagsschulen steht dabei neben der Betreuung vor allem die pädagogische Hilfe für Schülerinnen und Schüler im Vordergrund. Öffentliche Ganztagsschulen werden daher bedarfsorientiert dort eingerichtet, wo zwingende pädagogische Gründe vorliegen und es in erster Linie um die Erfüllung des Erziehungs- und Bildungsauftrags der Schule geht. Dies trifft auf manche Hauptschule zu, die unter erschwerten pädagogischen und sozialen Bedingungen arbeitet. Deshalb wird dieser Schulart bei der Einrichtung des Ganztagsbetriebes gegenüber anderen Schularten oberste Priorität eingeräumt.

Die Konzeption einer Ganztagsschule orientiert sich an den Bedürfnissen der Schülerinnen und Schüler und ist auf die Situation vor Ort abgestimmt. Unterricht, ergänzende Angebote und pädagogische Freizeitaktivitäten stehen in einem sinnvollen Wechsel und konzeptionellen Zusammenhang zueinander. Außerschulische Partner wie z.B. Einrichtungen der Jugendhilfe, Kirchen, Sportvereine, Musikschulen oder auch Betriebe können Angebote im Rahmen des Ganztagsbetriebes machen. Weiterhin ermöglichen auch variable Kooperationsbausteine im Rahmen des Reformkonzepts *IMPULSE Hauptschule* bedarfsorientierte Nachmittagsangebote durch außerschulische Kooperationspartner.

Die Schulen organisieren ein Ganztagsangebot unter Einbeziehung des Lehrbeauftragtenprogramms und der Mitarbeit von Eltern und anderen außerschulischen Partnern. Dabei ist eine zeitflexible und ideenreiche Gestaltung erforderlich und sinnvoll. Die Kooperation mit außerschulischen Partnern öffnet die Schule nach außen und ist ein wichtiger Bestandteil der inneren Schulentwicklung in Baden-Württemberg.

Für die konkrete schulische Umsetzung werden in Baden-Württemberg mit der Einführung der neuen Bildungspläne 2004 die Handlungsspielräume der jeweiligen Schule vor Ort wesentlich erweitert, um noch stärker als bisher die Herausbildung eigener Schulkonzepte zu ermöglichen. Besonderes Gewicht haben die Kernfächer Deutsch, Englisch und Mathematik als Basis der schulischen Bildung. An die Stelle der bisherigen Sachfächer treten sogenannte Fächerverbünde. Sie stehen für Lebens- und Wirklichkeitsbereiche, in denen Schülerinnen und Schüler themenorientiert und fächerübergreifend unterrichtet werden. Auf der Grundlage von Fachwissen wird der Unterricht verstärkt projekt-, handlungs- und anwendungsorientiert gestaltet.

Die Schillerschule in Aalen und die Braunenbergschule in Wasseralfingen sind zwei Beispiele von Schulen, die mit Blick auf die neuen Bildungspläne zukunftsweisende organisatorische und inhaltliche Handlungsfelder eröffnen.

SCHILLERSCHULE AALEN – BEISPIEL FÜR DIE ORGANISATION EINER GANZTAGSSCHULE

Karl Frank

Die Schillerschule ist eine städtische Grund- und Hauptschule mit rund 500 Schülerinnen und Schülern. In der Hauptschule wird sie als Ganztagsschule geführt. Die Entwicklung zu einem Lern- und Lebensraum kennzeichnet das Profil der Schule. Wesentliche Ziele sind die Förderung von Lernen und Leistung sowie die kulturelle und gesellschaftliche Integration der Kinder und Jugendlichen mit ihren unterschiedlichen Herkunfts- und Erfahrungshorizonten.

Fächer	Fächerverbünde
Deutsch	Welt – Zeit – Gesellschaft
Mathematik	Materie – Natur – Technik
Englisch	Wirtschaft – Arbeit – Gesundheit
Religionslehre/Ethik	Musik – Sport – Gestalten

Ganztagsschule in der Hauptschule

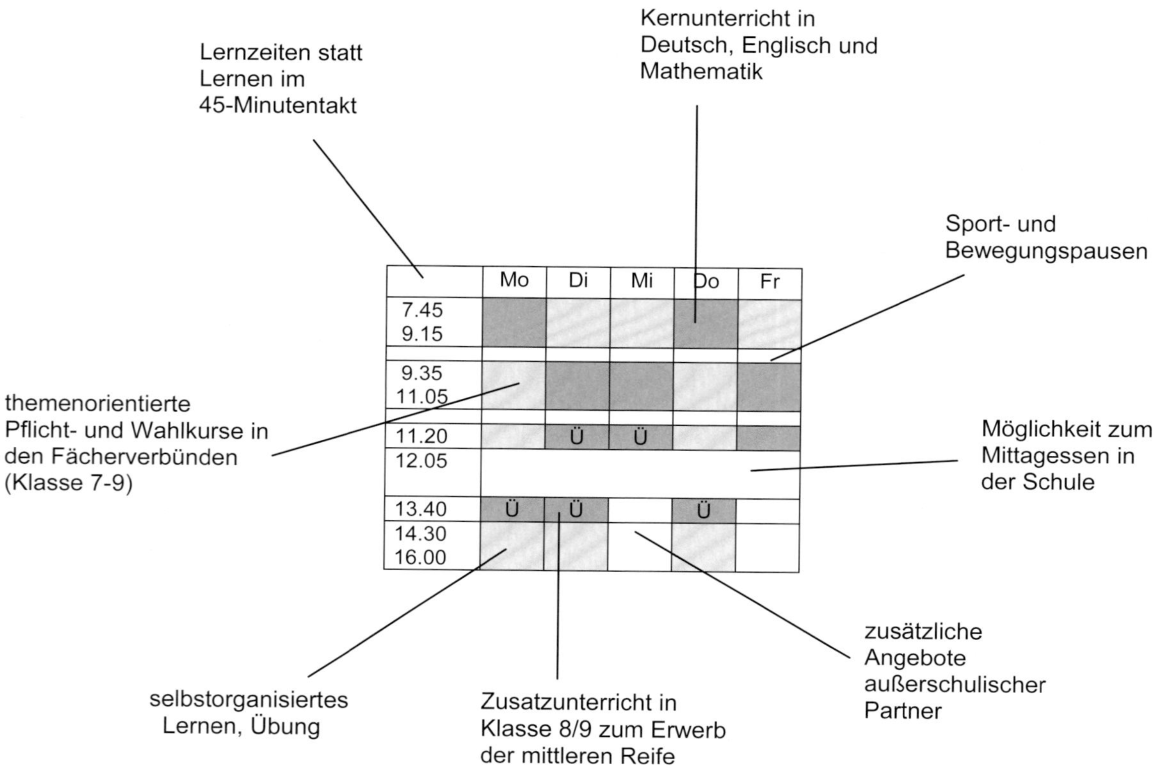

Die Hauptschule der Schillerschule ist eine Ganztagsschule. Die Eingangstufe (Klasse 5/6) ist jahrgangsgemischt und nach dem Klassenlehrerprinzip organisiert. In den Klassen 7-9 werden die Fächer in Jahrgangsklassen, die Fächerverbünde jahrgangsgemischt über ein Kurssystem unterrichtet. Besondere Schwerpunkte sind in Klasse 5/6 die Persönlichkeitsbildung und in Stufe 7-9 die Berufswegeplanung.

Lernzeiten statt Lernen im 45 – Minutentakt

An der gesamten Schule wurde das Lernen im 45-Minutentakt zugunsten von längeren Lernzeiten aufgegeben, in denen ein projekt- und handlungsorientierter Unterricht leichter möglich ist.

In der Klassenstufe 7-9 findet lediglich der Kernunterricht Deutsch, Englisch und Mathematik noch im Klassenverband statt, der gesamte übrige Unterricht ist in ein Kurssystem gekleidet, in dem die Schülerinnen und Schüler jahrgangsübergreifend Pflicht- und Wahlthemen belegen. Diese Form der Organistation ermöglicht die Umsetzung von vielfältigen Projektideen aus allen Lebensbereichen. Dabei werden externe Partner wie Künstler, Musiker oder andere Experten miteinbezogen. Kurse oder Projekte solcher externer Partner sind beipielsweise „Bogenschießen", „Naturzeichnen", „Dokumentation mit neuen Medien", „Schlagzeugunterricht" oder „Töpfern".

Ältere Schülerinnen helfen in der Mittagsbetreuung

Ein Pavillons für den Schulhof wird gebaut

Das Gemeinschaftsgefühl wird durch freizeitpädagogische Ativitäten gestärkt

Ein Kurssystem mit themen-orientierten Projekten ergänzt das Lernen in Fächern

In der Regel werden die Kurse von den Lehrkräften angeboten. Auf der Basis der Standards des Bildungsplanes erstellen die Lehrerinnen und Lehrer gemeinsam Unterrichts- und Projektthemen, so dass ein abwechslungsreiches Angebot entsteht. Dieses reicht von schulischen Inhalten über Themen aus der konkreten Lebenswirklichkeit bis hin zu freizeitpädagogischen Aktivitäten. So setzen sich die Jugendlichen im Kurs „Alles Leben geht zu Ende" mit der Endlichkeit des menschlichen Lebens und dem Tod auseinandner. Dazu gehört auch der Besuch eines Altenheimes und das Gespräch mit Menschen am Lebensabend.

Schülerinnen und Schüler gestalten ihre Schule selbst

Jeder Schüler belegt den Kurs „Schulhausgestaltung" und wirkt somit in der Ausgesaltung der Schule oder des Schulhofes mit. Dies führt zu einer stärkeren Identifikation mit der Schule. Sie wird mehr und mehr zu einem Lebensraum für die Kinder und Jugendlichen, in dem zwar in erster Linie gelernt wird, in dem aber auch die eigene Lebensgestaltung und das soziale Miteinander eingeübt werden. Im Kurs „Schülermitverantwortung" planen und verwirklichen die gewählten Klassensprecher das ganze Schuljahr über Aktivitäten und Ausflüge für die gesamte Schülerschaft.

Schule als Lern- und Lebensraum

Durch das Kurssystem und die damit verbundene Rhythmisierung der Unterrichtswoche wird verstärkt auf die Interessen und Neigungen der Schülerinnen und Schüler eingegangen. Dies hat positive Auswirkungen auf die Lernbereitschaft und Motivation. Zudem besteht auch die Möglichkeit, dass einzelne Schüler für andere Schüler Kurse oder Projekte anbieten, in denen sie erworbenes Wissen wietergeben können.

Die Vielzahl der organisatorischen und unterrichtlichen Maßnahmen hat der Schillerschule im Laufe des Schulentwicklungsprozesses ein unverwechselbares Profil gegeben. Sie ist für die Schülerinnen und Schüler zu einem Lern- und Lebensraum geworden, in dem sie sich wohlfühlen können und auf eine möglichst sichere Zukunft in Gesellschaft und Beruf vorbereitet werden.

Die „Zukunftssäule" in Wasseralfingen

Am Projekt „Zukunftssäule" beteiligte Schüler und Künstler

BRAUNENBERGSCHULE AALEN-WASSERALFINGEN – KUNSTPROJEKT: „WENN ICH KÖNIG VON DEUTSCHLAND WÄR' "

Die Braunenbergschule in Aalen-Wasseralfingen ist eine Grund- und Hauptschule mit Werkrealschule, die ähnlich wie die Schillerschule in Aalen eine sehr flexible Organisationsform entwickelt hat, um projektartiges Unterrichten und Arbeiten zu erleichtern.

Die Geschichte des Königs von Deutschland

Vor 1000 Jahren zog Kaiser Barbarossa sich in das Erzgebirge zurück. Der jetzige König von Deutschland hält sich im Tiefen Stollen, einem alten Bergwerk am Braunenberg in Aalen-Wasserralfingen auf. Von dort sorgt er sich um seine Untertanen.

Er ist müde geworden und sucht Unterstützung. Er bittet die Jugendlichen am Braunenberg, sich selbst um die Zukunft zu kümmern – die persönliche und die der Gesellschaft in Wasseralfingen und in der Welt. Den Jugendlichen stellt er seine besten Leute zur Seite: die Künstler. Gemeinsam mit ihnen und weiteren Fachleuten gestalten die Hauptschüler/innen im Rahmen des Wahl-Pflicht-Unterrichts ihre Zukunftsvisionen mit Ausdrucksmitteln der Bildenden und Darstellenden Kunst sowie der Musik und präsentieren sie konkret und über verschiedene Medien im öffentlichen Raum.

Gemeinsam mit Künstlern und weiteren Fachleuten ...

Albrecht Briz (Künster und Bauer, Steinheim), Jo Scheffler (Künstler, Schwäbisch Gmünd), Claus Wengenmayr (Musiker, Aalen), Klaus Striegel (Klavierbauer, Aalen), Rauthgundis Zillmann (Mode-Designerin, Aalen), Silke Dangelmayer, Simone Sterr, Winfried Tobias, Ralf Siebelt (Theater der Stadt Aalen), Traudel Vaas und Richard Bronner (Künstler, Arbeitstherapeuten), Monika Schoch-Gerst (Kunstpädagogin, Braunenbergschule Aalen), Andrea Peth (Kunstpädagogin, Braunenbergschule Aalen)

... gestalten Hauptschüler/innen im Rahmen des Wahl-Pflicht-Unterrichts ...

Die 60 Schüler/innen der am Vorhaben beteiligten Klassen 7/8/9 an der Grund- und Hauptschule Aalen-Wasseralfingen setzen im Rahmen ihres Wahl-Pflicht-Unterrichts eigene Schwerpunkte. In diesem quartalsweise organisierten Unterricht aller Fächer wählen die Jugendlichen ihre Arbeitsschwerpunkte nach Neigung. Das Alter der Jugendlichen liegt zwischen zwölf und sechzehn Jahren. Ungefähr 35% sprechen Deutsch als zweite Sprache.

...ihre Zukunftsvisionen ...

„Mein Leben in 10, 20, 30 Jahren" und „Die Gesellschaft in Deutschland, Europa, die Welt in 10, 20, 30 Jahren"

...mit Ausdrucksmitteln der bildenden ...

- Eine vier Meter hohe Zukunftssäule aus Beton, aufgestellt auf dem Schulhof, präsentiert Abbildungen all jener Dinge, die Jugendliche als für unsere Zeit wesentlich und zukunftsbedeutsam erachten.
- Ein 12 m² großer, selbst entworfener und genähter Quilt drückt die Zukunftsvisionen der Jugendlichen aus.
- Gestaltung von Plakatwänden in Aalen-Wasseralfingen.
- Eine Autokarosserie wird mit Lacken neu gestaltet.
- Schüler gestalten die Festtafel des Königs, indem sie Alltagsgegenstände künstlerisch verfremden.
- Der „Schatz des Königs" wird gesammelt und ausgestellt.
- In einer „Ahnengalerie" suchen Schüler ihre Wurzeln und führen Linien in die Zukunft weiter.
- Ein in allen Teilen selbst gestaltetes Buch beinhaltet eine Fotodokumentation über alle Projektteile.

...und darstellenden Kunst ...

Mit vielfältigen theatralen Ausdrucksmitteln erarbeiten Mitglieder des Theaters der Stadt Aalen Teilinszenierungen, die am Schluss zu einer Aufführung beim „FEST DES KÖNIGS VON DEUTSCHLAND" zusammengefasst werden.

Projekte in Betrieben erleichtern den Berufsfindungsprozess

...sowie der Musik ...

- Der titelgebende Song von Rio Reiser wird analysiert, erweitert, neu zusammengesetzt – „um-und-neu-komponiert".
- Ein Klavier wird zerlegt und neu zusammengesetzt, um Musik der Zukunft zu komponieren.
- Eine Klanginstallation stellt die Geräusche und Melodien der Zukunft vor.
- Alle Teile werden je einzeln und abschließend beim „FEST DES KÖNIGS VON DEUTSCHLAND" vorgestellt.
- Aus einem Baum entstehen 5 die Kontinente vertretende Schlitztrommeln – gemeinsam gestaltet, bespielt, beseelt.

...und präsentieren sie konkret und über verschiedene Medien im öffentlichen Raum. Jedes Teilprojekt findet seinen Abschluss in einer öffentlichen Präsentation:

- Die Plakatwände stehen an prominenten Plätzen im Stadtgebiet von Wasseralfingen.
- Das neu lackierte Fahrzeug parkt mehrere Monate vor dem Rathaus in Wasseralfingen.
- Der Quilt wird in der Schalterhalle der größten Bank im Ort ausgestellt.
- Presse I: In einer wöchentlichen Kolumne in der Lokalpresse stellen im Wechsel unterschiedliche Menschen unter dem Titel *Wenn ich König von Deutschland wär'* ihre Zukunftsvisionen vor: Schüler, die beteiligten Künstler, Eltern, Lehrer, Sponsoren, Prominente ...
- Presse II: Beide Lokalzeitungen berichten regelmäßig über den Verlauf der einzelnen Vorhaben sowie über jede vierteljährliche Präsentation.
- Schüler erstellen gemeinsam mit dem Künstler Jo Scheffler eine Video-Dokumentation aller Prozessschritte.

Höhepunkt und Abschluss ist das Fest des „Königs von Deutschland" im lokalen Schaubergwerk im Braunenberg. Dort präsentieren sich alle musikalischen und darstellenden Projektteile in einem „Gesamt-Kunstwerk". Die zuvor bereits präsentierten Teilvorhaben werden in Gänze oder in Teilen nochmals vorgestellt.

Antoni bohrt die Löcher für die Drahtkonstruktion ...

...Talha beginnt mit der Feinarbeit an der Zukunftssäule

Zur Finanzierung von Honoraren und Materialkosten trugen bei: Die Robert Bosch Stiftung trug mit 25.000 Euro alle Künstler-Honorare, VR-Bank Aalen Geschäftsstelle Wasseralfingen, Stadt Aalen, örtliche Firmen

KREATIVITÄT SCHULEN IN KREATIVITÄTSSCHULEN

Hans-Georg Mehlhorn

Kreative, schöpferische Leistungen entstehen immer in einem einzelnen Kopf und erfordern die ganze Persönlichkeit. Dazu gehört vorrangig das angeborene und von Klein auf entwickelte *Begabungspotenzial*, die angeborene und entwickelte *Intelligenz* und das entwickelte *Wertepotenzial*. Jahrhundertelang benötigten nur wenige Menschen zur Bewältigung ihrer persönlichen, familiären und beruflichen Anforderungen Kreativität, viel wichtiger waren die übernommenen tradierten Erfahrungen. Heute ist unser Leben in vielen Bereichen immer wieder neu zu erfinden. Die übernommenen Erfahrungen der eigenen Eltern sowie das in der Schulzeit, in der Lehre oder während des Studiums erworbene Wissen reichen ebenso oft nur wenige Jahre, wie die in Kindheit und Jugend entwickelten speziellen Fähigkeiten.

Heute geht es darum, das rasant anwachsende Wissen aufzunehmen, einzuordnen und sinnvoll anzuwenden. Unsere Urgroßeltern fanden zwischen Geburt und Tod die gleiche Umwelt in der elterlichen Familie wie in der Familie ihrer eigenen Kinder vor, der erworbene Beruf veränderte sich über 30, 40, 50 Jahre ebenfalls nicht. Das ist für uns heute unvorstellbar. Wo wir auch hinblicken, vollziehen sich stürmische Veränderungen. Wohl niemand kann sich vorstellen, wie allein eine einfache Küche in dreißig Jahren aussehen wird. Aber das betrifft nicht nur die Technik und materielle Dinge, das betrifft und berührt auch unser zwischenmenschliches Zusammenleben wie auch die Bildung und Erziehung unserer Kinder. Kreativität wird damit immer wichtiger, um das eigene Leben selbstbestimmt bewältigen zu können. *Denn nicht der Computer wird uns eine Zweiklassengesellschaft bescheren, die Grenze in der Gesellschaft wird zwischen denen gezogen, die ihr Leben selbstbestimmt leben und gestalten können und jenen, die das fremdbestimmt leisten müssen.*

Wir können heute feststellen:

Kreativität ist zu einem vorrangigen Bildungsziel geworden, auch wenn Lehrerbildung, Lehrpläne und Schulen das bisher bestenfalls deklarieren – und die Kreativitätsentwicklung im Schulunterricht noch immer den viel zu geringen Stunden der künstlerischen Fächer zugewiesen wird. Aber es geht um Kreativitätsentwicklung als durchgängiges Unterrichtsprinzip: in Mathematik, Physik, Grammatik, Chemie usw. nicht weniger als in Musik und Kunst.

Kreativität ist entwickel- und förderbar! Sie macht den Kern jeder Begabung aus, denn erst die entwickelte Kreativität entscheidet darüber, ob ein begabter Mensch (und jeder Mensch ist begabt!) seine Begabung wirklich zur Gestaltung seines eigenen Lebens und des Lebens anderer nutzen kann – oder ob er nur die Gedanken und Erfahrungen anderer nachvollziehen kann. Kreativität *entscheidet* damit über ein selbst bestimmtes oder fremd bestimmtes Leben, über ein erfolgreiches und oft auch über ein glückliches und erfülltes Leben.

Kreative Menschen sind aktiv, neugierig, interessiert, sind fantasiereich, leben mit einer Fülle *innerer Bilder*, suchen bei Hindernissen und Problemen nach Lösungen (und lassen sich von ihnen nicht ausbremsen!), suchen nach besseren Lösungen, nach Veränderung des Bestehenden, sind häufig unangepasst und unbequem, sie begnügen sich nicht mit dem Vorgefundenen, reißen andere mit ihren Ideen, Einfällen, Vorschlägen mit, sind überwiegend von innen heraus („intrinsisch") motiviert. Das sie oft umgebende scheinbare Chaos ist für sie selbst intern strukturiert. Sie entwickeln ihre Konzentrationsfähigkeit, können lange an einer sie interessierenden Aufgabe dranbleiben, sind außergewöhnlich beharrlich, fleißig, diszipliniert, vor allem sich selbst und den zu lösenden Aufgaben gegenüber. Sie erliegen weniger dem so verbreiteten geistigen Zappen von flimmernden Häppchen zu Häppchen oder von Event zu Event, das zu oberflächlichem Bescheidwissen und tatsächlichem Nichtwissen und Nichtkönnen führt und geradezu zu einem Symbol unserer Erlebnisgesellschaft geworden ist, in der das Streben nach Genuss das Streben nach Leistung ersetzt hat, weil eben Leistung einen langen

Atem benötigt (die Enttäuschung der deutschen Mannschaft zur Fußball-EM wiederholte sich zur Olympiade 2000 und gipfelte in dem Satz des deutschen IOC-Vize Bach: „Bei uns ist das DDR-Erbe langsam aufgebraucht" und in der Prophezeiung anderer, dass bei künftigen Olympiaden wohl nur noch im doppelten Sinne hungrige Athleten aus Entwicklungsländern die Treppchen besteigen werden). Je höher und verbreiteter aber die Genussorientierung bereits im Schulalter ist, um so schneller wächst auch in unserer Gesellschaft die Wahrscheinlichkeit, sie nie befriedigen zu können, und um so größer wird die Gefahr, politisch angeheizter und ausgenutzter gewaltsamer Neidattacken gegen die Leistungsträger der Gesellschaft.

Nobelpreisträger, Erfinder, Entdecker, Schöpfer unverwechselbarer Kunstwerke sind einerseits Wissenschaftler, Ingenieure, Künstler wie so viele andere. – Doch wo liegen die Unterschiede zu ihren Kollegen des Fachgebiets, die namenlos bleiben? Sind es die Kenntnisse, das Wissen, die Fähigkeiten, die Ausdauer, die Leidenschaft, die Beharrlichkeit, die sie von anderen unterscheiden? Und wenn ja, wie entstehen diese Unterschiede? Liegen Sie in der Biografie? Sind sie in die Wiege gelegt? Stecken sie in den Genen? Finden wir sie im Elternhaus, in den Schulen, an den Universitäten? Fragen, die uns lange herausforderten und dann das verblüffende Ergebnis:

Die deutlichsten Unterschiede liegen in der Umwelt, in der Zeit der frühesten und frühen Kindheit, in den maximal ersten zehn bis zwölf Lebensjahren.

Die größten Unterschiede liegen in den Tätigkeitsanregungen und Tätigkeitsangeboten, in den Bemühungen anderer um die Entwicklung ihrer Neugierde auf die Umwelt, Sie resultieren oft aus Kleinigkeiten anderer beim Kümmern um die Entwicklung von Interessen, beim Anregen der Haltung, dass die Heranwachsenden auf ihre vielen Fragen zuerst selbst die Antworten suchen, erst sich Lösungen vorstellen, Vermutungen äußern, an Antworten herantasten sollen, bevor sie ihnen – und in der Regel auch dann nicht! – fertig vorgegeben werden. Diese Differenzen liegen aber auch in der Erziehung zur Beharrlichkeit durch frühen Fremdsprachenerwerb oder frühen Instrumentalunterricht, durch den Besuch von unterschiedlichen Kursen, die individuelle Anstrengungen erfordern. Wir finden diese Kinder überzufällig häufig unter denen, die unterschiedlichste Sammlungen anlegen und nach deren Vervollständigung und Ergänzung suchen, wir entdecken bei ihnen ein wachsendes Bedürfnis nach immer tieferem Eindringen in das Gesammelte. Solche Haltungen entstehen auch in der Entwicklung der Konzentrationsfähigkeit durch konsequente Konzentration auf das sie Interessierende – weil ihr Interesse geweckt wurde.

Abb.1: Kunstprojekt *Bau von Schulwächtern*

Kluge Eltern, Erzieher, Lehrer führen dabei die frühe Entwicklung der Sinne vom Hören zum Lauschen, vom Sehen zum Schauen und Betrachten, vom Spüren zum Fühlen und Erfühlen, vom Sprechen zum Schreien und Flüstern, vom Riechen zum Schnuppern und Erschnuppern – und *all das mit allen Sinnen* in hunderten Nuancen. Gerade diese Differenzierungen hin zu den Nuancen sind so ungeheuer wichtig.

Das sind kurz gefasst die wichtigsten Ergebnisse aus hunderten mündlich erfassten und schriftlich nachgeschlagenen Biografien der kreativsten Zeitgenossen des nun schon vergangenen Jahrhunderts.

Was folgt daraus?

Die noch recht jungen englischen Excellence-Center, die sich dem gesunden Aufwachsen vom Säuglingsalter an widmen und sich dazu den Eltern ebenso wie den Kindern zuwenden, vermitteln den Eltern einen nachdenklich machenden Leitspruch: *Säuglinge haben keine Zeit zu verschenken.* Und der Mitbegründer der Sony Corp. und zugleich spätere Präsident des Japanischen Patentamtes, Dr. Masaru Ibuka, schrieb vor über 20 Jahren ein Buch mit dem Titel „Der Kindergarten kommt zu spät", um genau darauf aufmerksam zu machen: Säuglinge haben keine Zeit. Unsere sensible Lernzeit liegt eben in den ersten 9 - 10, maximal 12 Lebensjahren, diese Zeit gilt es zu nutzen. Und es ist nur ein Märchen, dass die Heranwachsenden sich schon die Anregungen suchen, die sie benötigen. Sie brauchen dazu entsprechende Tätigkeitsangebote – und genau um diese geht es in den Excellenz-Center ebenso wie an den BIP Kreativitätskindergärten oder Kreativitätsschulen.

Schon vor der Geburt beginnt die Verschaltung unserer Hirnzellen, es entsteht ein komplexes Netzwerk mit bis zu 100 Billionen Informationsschaltstellen, den Synapsen. Fortwährend perfektioniert sich die Kommunikation der Hirnzellen. In sensiblen Phasen leitet jede Impulse zu 15.000 anderen, oft weit entfernt liegenden, es vollzieht sich eine differenzierte Verschaltung, die zur Architektur des Gehirns (Wolf Singer) führt. So entsteht durch Sinnesreize unsere Sprache, entstehen unsere Emotionen, entsteht unser Denken, entsteht unser musisch-ästhetisches Empfinden, entsteht die Koordination unserer Bewegungen – man erinnere sich an die ersten Aufstehversuche des Säuglings bis es dann immer besser gelingt, weil die Bewegungsabläufe im Gehirn ‚eingeschliffen', die einzelnen Bewegungen zu Bewegungsmustern oder -folgen miteinander ‚verdrahtet' werden. Verlorene Zeit kann nicht immer aufgeholt werden, Katzen, denen nach der Geburt ein Auge zeitweilig verbunden wurde, blieben auf diesem für immer blind. Bereits mit zwölf Monaten haben Kinder die Fähigkeit verloren, Laute zu unterscheiden, die in ihrer Sprache keine Rolle spielen (Patricia Kuhl, USA). In jedem Alter sind für unsere Entwicklung andere Sinnesreize besonders bedeutsam.

So, wie die Nutzung des Sehzentrums das Sehen-Können voraussetzt, verlangt auch die Entwicklung all unserer anderen Sinne, unseres Denkens und unserer Emotionen aktive Tätigkeiten und sie verlangt nach Menschen, Erziehern, Partnern, die dem Kind diese Anregungen geben, damit sie tatsächlich aktiv werden. *Die im Überschuss angelegten Verbindungen zwischen den Neuronen verkümmern, wenn sie in einer biologisch festgelegten Zeitphase nicht genutzt werden.* Brutal zeigen neuere Forschungen, dass Kinder, die im frühesten Alter täglich mehr als 10 Stunden vor dem Fernseher sitzen oder abgesetzt werden, irreversible Hirnschädigungen erleiden. Sie sehen, aber sie verarbeiten das Gesehene nicht, sie nehmen auf, aber sie begreifen es nicht.

Für all das sind die ersten sechs und weitere drei bis maximal sechs Lebensjahre die bedeutendsten Jahre – und die bis heute am stärksten vernachlässigten.

Abb.2: Kunstprojekt *Bau von Schulwächtern*

Das wird nicht nur durch unser heutiges, noch recht junges Wissen über die sensiblen Phasen in der Entwicklung des Heranwachsenden erklärbar. Auch die Forschungen zu der *unterschiedlichen Funktionalität der beiden Hirnhemisphären* haben uns darauf aufmerksam gemacht, dass unser bisheriges Bildungssystem die linke Hirnhemisphäre zu entwickeln hilft aber die rechte fast komplett vernachlässigt, wir also nicht ganzheitlich, sondern recht einseitig entwickelt sind. Wir können hervorragend analysieren, aber aus dem Analysierten Neues zu synthetisieren, fällt uns viel schwerer. Wir können mit wachsendem Alter immer besser abstrakt denken, aber Abstraktes konkretisieren, in Bilder und Vorstellungen umsetzen, fällt uns ebenfalls deutlich schwerer – meist landen wir dann bei irgendwelchen Stereotypen, denken an die Sonne wie Kinder sie malen, irgendwie als gelber Ball rechts oder links oben am Bildrand hängend. Wir lernen Grammatik und Vokabeln einer fremden Sprache, aber nicht ihre Lebendigkeit, wie wir die Lebendigkeit unserer Muttersprache doch so ganz anders erlernten, eben ganzheitlich, mit beiden Hirnhälften und mit allen Sinnen über all jene Tätigkeiten, die zu bezeichnen, zu benennen, zu erklären und sprachlich zu kommunizieren waren.

Unser Konzept der Kreativitätsentwicklung schließt all das ein:

- die konsequente Nutzung der sensiblen Phasen insbesondere im Kleinkind-, Vorschul- und Grundschulalter,
- die bewusste Entwicklung der Funktionen der linken und rechten Hirnhemisphäre,
- die Förderung der Differenzierung *aller* Sinne bzw. deren vorangehende Entwicklung auf dem jeweils vorhandenen Ausgangsniveau,
- das Stimulieren der Kinder zum Tätigwerden, also zu angestrengter, lustbetonter, konzentrierter Tätigkeit (wobei jedes dieser Worte für sich genommen bedeutsam ist),

- die Entwicklung des bildhaften, konkret-anschaulichen, vorstellungsgebundenen Denkens und der Fantasie,
- die Nutzung der vielfältigen Transferwirkungen bei diesen Tätigkeiten innerhalb und zwischen den einzelnen Funktionen unserer Gehirnhemisphären
- und damit die Wiederherstellung der insbesondere seit dem Mittelalter verloren gegangenen Einheit zwischen dem Abstrakten und dem Konkreten sowie zwischen dem Rationalen und Emotionalen in unserem Bewusstsein, die Aufhebung der Trennung zwischen Denken und Fühlen, zugleich im Bemühen um die Wiederherstellung der Wertschätzung von beidem als Einheit – gegenüber der heutigen Unterordnung des Fühlens unter das Denken, des Konkreten unter das Abstrakte, des Künstlerisch-Ästhetischen unter das Logische und damit generell des Emotionalen unter das Rationale.

Denn dieses Verhältnis ist nicht einseitig: So wie die Qualität des analytischen Denkens mit der verbesserten Qualität des synthetischen Denkens steigt, so wirkt sich die stärkere Betonung des Emotionalen zwangsläufig auf die Qualität des Rationalen aus, stimuliert die Förderung des konkret-anschaulichen Denkens zugleich wiederum das abstrakte Denken usw..

Hatten Nobelpreisträger, haben Erfinder, haben die Schöpfer überragender Kunstwerke in ihrer Kindheit vielleicht nur mehr Glück als andere gehabt – oder? Oder *was würde passieren, wenn alle Kinder solche Anregungen seit frühester Kindheit erhalten, wie dies jene in ihren Lebensberichten verkündeten?*

Diese Frage führte uns zu einem fünfjährigen Modellversuch (1988-1993) und schließlich zu den Kreativitätsschulen. Die heutige Antwort sei vorweggenommen: Wir wissen es noch nicht endgültig. Aber wir wissen eines: Die heutige durchschnittliche Umwelt und der heutige ganz normale Schulunterricht, wie wir ihn weltweit finden, entwickelt auch nicht im Entferntesten die menschlichen Möglichkeiten, die uns allen in unseren Genen mitgegeben wurden. Die Hirnforscher erkannten: Ungenutztes geht verloren. Unsere Forschungen und unsere praktische Arbeit haben gezeigt, dass der Bereich des Ungenutzten bei jedem einzelnen unendlich groß zu sein scheint. Nutzen wir ihn, bis uns vielleicht doch die Gene die Grenzen aufzeigen, bei jedem Einzelnen wahrscheinlich irgendwo andere.

Was sind Kreativitätsschulen und wie fördern sie die Kreativitätsentwicklung der Heranwachsenden?

Kreativitätsschulen sind spezielle Einrichtungen zur Entwicklung und Förderung der Kreativität durch die Entwicklung des individuellen Begabungspotenzials, der Intelligenz und der zugehörigen Persönlichkeitsqualitäten (deshalb auch BIP als Symbol der Kreativitätsgrundschulen) in bisher nachfolgend beschriebenen Organisationsformen. Idealerweise sollten sie vom Kindergarten bis zum Schulabschluss durchlaufen werden können. Dies gilt für alle Kinder *vom geistig gesunden gering begabten Kind bis zum hochbegabten. Diese Einrichtungen entstanden und entstehen:*

- *als Little Genius-Kreativitätsschulen,* die ein spezielles Förderprogramm für alle Kinder zwischen dem ca. 3. und 10./12. Lebensjahr anbieten. Dieses spezielle Förderprogramm ist ein Komplexprogramm, auf das unten inhaltlich näher eingegangen wird, und das in 2 Formen angeboten wird: als ganz- oder halbtägliches *Minimax-Programm* oder als Kursprogramm (in der Regel zweimal wöchentlich zwei Unterrichtsstunden),
- *als (BIP)-Kreativitätskindergärten,* die dieses Förderprogramm in die Tages- und Wochengestaltung in den Kindertageseinrichtungen integrieren,
- *als BIP-Kreativitätsgrundschulen,* die dieses Programm – allerdings erweitert und in enger Verflechtung zum Unterricht – in den ganztägigen Schulunterricht und die Hortgestaltung integrieren,
- *als BIP-Kreativitätsgymnasien,* die dieses Programm unter dem Aspekt der Begabungsförderung weiterführen und praxisorientierte Kreativitätsschwerpunkte setzen.

Ausgehend von der Position, dass hohe kreative Leistungen auf der Einheit eines (1) hohen Niveaus des logischen Denkens, (2) entwickelter sprachlichen und fremdsprachlichen Kommunikationsfähigkeiten, (3) eines hohen musisch-ästhetischen Niveaus, (4) von entwickelten motorischen Fähigkeiten (Fein- und Grobmotorik) und (5) eines hohen emotional-sozialen Niveaus ba-

Abb.3: Kunstprojekt *Bau von Schulwächtern*

sieren, werden diese Persönlichkeitsdimensionen durch das jeweilige (modifizierte) Komplexprogramm spezialisiert und integrativ gefördert.

Um diese Förderung zu erreichen, werden alle Kinder („alle machen alles!") in einem *als Komplexprogramm gestalteten Angebot* in folgende spezialisierte Tätigkeitsangebote einbezogen:

- *Erlernen des Schachspiels und strategischer Spiele,*
- *Nutzung des Computers zum Gestalten, Knobeln, bis hin zum Programmieren,*
- *kreativer Sprachgebrauch, kreatives Schreiben,*
- *Darstellendes Spiel, Rollenspiele, Theaterspiel, Körpersprache,*
- *Bewegung und Tanz, kreativer Tanz (nicht Volkstanz u.ä.),*
- *elementare Musikerziehung/Rhythmik: Erfassen von Melodien und Rhythmus, Klangerfahrungen der Umwelt, Mit- und Nachspielen auf Orffschen oder selbstgebauten Instrumenten usw.,*
- *Bildkünstlerisches Gestalten/Malerei, Plastik, Grafik und verschiedenste Techniken,*
- *frühe Sensibilisierung für fremde Sprachen (in den Kreativitätsschulen eine Sprache, in den BIP-Kreativitätsgrundschulen drei Fremdsprachen; z. Z. eine germanische (englisch), eine romanische (französisch), eine außereuropäische, nicht-indogermanische Sprache (z.Z. Arabisch),*
- *in allen BIP Kreativitätsgrundschulen über dieses Programm hinaus nach Möglichkeit (als Angebot an alle für ein Jahr): Erlernen der Grundlagen eines Musikinstruments, das ihnen recht schnell Erfolgserlebnisse vermittelt, anschließend freiwillige Fortsetzung (bis zu ca. 70% der Kinder nutzen dies weiterhin!).*

Diese fachspezifische Orientierung ist jedoch nicht auf fachspezifische Ziele beschränkt.

Bei der vorrangigen Tätigkeit an einem Gegenstandsfeld *werden die anderen Dimensionen mit entwickelt.* Das ist ein besonderes Ziel unserer Tätigkeit, um Transferwirkungen voll zu nutzen.

So fördert die Bildende Kunst natürlich vorrangig das Künstlerisch-Ästhetische aber in besonderem Maße das Psychomotorische, insbesondere die Feinmotorik, in den Gestaltungsformen an den BIP-Kreativitätseinrichtungen auch das Soziale, fördert die sprachliche Kommunikation und auch das kognitive Erfassen der Welt.

An einigen Fotos (Abb.1-4) soll das dargestellt werden, die aus einem Ferienprojekt stammen, das die Studenten der Universität Leipzig unter Leitung von Prof. Dr. Frank Schulz im Februar 2003 mit den Schülern der BIP Kreativitätsgrundschule Leipzig umsetzten (Thema: Bau von Schulwächterfiguren). Deutlich wird die Erarbeitung des und die Auseinandersetzung mit dem Gegenstand, die sprachliche Kommunikation, die feinmotorische Umsetzung, das Eingehen sozialer Beziehungen.

So fördert andererseits das Darstellende Spiel zwar vorrangig darstellerische Fähigkeiten aber eben auch sprachliche, fördert das Gedächtnis, die Konzentration, fördert musisch-ästhetische, fördert motorische (Stichwort: adäquate Bewegung) und sozial-emotionale im Spiel mit anderen wie auch in der besseren Erfassung der eigenen sozialen Position, das Einstellenkönnen auf andere, das Auf-andere-eingehen-können.

Das gilt für jede einzelne Disziplin auf jeweils spezifische Weise, auch wenn es jeweils Schwerpunkte gibt: beim Schach beispielsweise das strategische vorausschauende Denken auf bildhafter Vorstellungsebene: Jeder Zug setzt die Überlegung voraus, wie wird der Gegner möglicherweise reagieren, wenn ich folgenden Zug mache und wie kann ich dann reagieren und wie wiederum dann der Gegner ...

Von hier aus ergibt sich auch die enge Verflechtung mit dem Unterricht und den Lehrplanfächern und in deren Ergebnis die überraschend positive Leistungsentwicklung dieser Kinder (80% unausgewählte Leipziger Kinder unseres Forschungsprojektes in der Art eines Modellversuchs erhielten die Bildungsempfehlung für das Gymnasium, alle Kinder der ersten vierten Klasse der Leipziger BIP-Kreativitätsgrundschule (2000) erhielten ebenfalls die Bildungsempfehlung, alle jene, die sich an Gymnasien bewarben, die Aufnahmeprüfungen fordern, bestanden diese erfolgreich, seither sind die Ergebnisse in Leipzig und Chemnitz ähnlich positiv, fast alle Kinder erreichen die Bildungsempfehlung). Diese hohe Leistungsentwicklung ist eine Besonderheit dieser Schulform und bundesweit für Privatschulen keinesfalls typisch. Deshalb stellt sich jede Kreativitätsschule auch jedem möglichen und sinnvollen Leistungsvergleich.

Die Kernziele dieses Programms bestehen darin:

1. langfristig die Begabungspotenzen der Kinder umfassend zu entwickeln, also weg von der Spontanität, Stereotypie und Zufälligkeit bei der Konfrontation des einzelnen Kindes mit Einzelangeboten (nach dem Motto: zu Hause steht ein Klavier, also erhält die Tochter Klavierunterricht, manchmal auch der Sohn, der Freund hat einen Computer, also bekommt der eigene Sohn auch einen usw.). Ergebnis unseres breiten Herangehens ist es, dass die tatsächlichen Stärken und Schwächen erkannt, die Stärken weiter ausgebaut, die Schwächen reduziert werden können.

2. die Kinder allseitig zu entwickeln, sie Tätigkeitserfahrungen auf allen Gebieten sammeln zu lassen und Hemmnisse vor einzelnen Gebieten oder Gegenstandsfeldern abzubauen („das kann ich nicht lernen" o.ä.).

3. die Kreativität zu entwickeln, nicht nur – aber auch! – das Begabungspotenzial weiter auszuprägen. So sind beispielsweise junge Instrumentalisten nach Absolvieren dieses umfassenden und breiten Programms einfallsreicher beim Improvisieren als jene, die nicht an einem solchen Programm teilgenommen haben. Andererseits sind sie oft aufgrund des Zeitaufwandes für dieses Programm weniger perfekt in ihren Fähigkeiten.

Abb.4: Kunstprojekt *Bau von Schulwächtern*

Die Organisation an den Kreativitätsschulen und Kreativitätsgrundschulen ist grundsätzlich dieser Zielstellung untergeordnet.

Dazu gehört vorrangig die Arbeit mit kleinen Gruppen: im Minimax-Programm mit maximal 10 Kindern, in den altershomogenen Gruppen in den Kindergärten mit maximal 12 Kindern, in den Grundschulen mit Klassen von höchstens 20 – 22 Kindern. Wenn in den Schulen diese Klassenstärke erreicht ist, dann werden in zunehmend mehr kreativen Disziplinen die Klassen in zwei Gruppen geteilt. In der Regel werden die Klassen in Deutsch und Mathematik an 5 Stunden pro Woche geteilt (ab 18 Kindern). Dabei gilt in der Regel eine Differenzierung nach oben, das heißt, die auf den jeweiligen Gebieten Besten werden in einer neuen Gruppe zusammengefasst, um sich weiter optimal entwickeln zu können.

Jede Klasse wird von zwei Kreativitätspädagogen geführt, wodurch jede Klasse eben auch in Lehrplanfächern entsprechend des Entwicklungsniveaus der Kinder aufgeteilt werden kann (in der Regel mindestens 10 Stunden wöchentlich) und es keinen Unterrichtsausfall gibt. Alle Hausaufgaben in der Grundschule werden unter Betreuung dieser beiden Kreativitätspädagogen erledigt, der Ranzen bleibt in der Schule, die Eltern sollen die Zeit mit den Kindern vielseitig, aber nicht als Nachhilfelehrer nutzen.

Die gegenwärtige Lehrerausbildung genügt diesen Anforderungen, so mit Kindern arbeiten zu können ebenso wenig wie die gegenwärtige Ausbildung der Erzieher oder Sozialpädagogen. Deshalb wurde von uns eine spezielle Lehrer*fort*bildung entwickelt, die die Pädagogen auf allen Stufen *fachlich* befähigt, den Kindern die entsprechenden Angebote zu unterbreiten. *Diese Fortbildung zum Kreativitätspädagogen* umfasst mindestens 1860 Stunden und wird gegenwärtig vorrangig in einer einjährigen Fortbildung auf Hochschulniveau/Universitätsniveau vermittelt und entspricht umfangmäßig einem sechssemestrigen Studium.

Die weitere fachliche Umsetzung wird vom Leipziger Kreativitätszentrum sowie vom Kompetenzrat der Mehlhorn-Stiftung, dem erfahrene Kreativitätspädagogen angehören, kontrolliert und überwacht, denn die Befähigung aus der Fortbildung stellt noch keine Garantie dar, dass dies von diesen Pädagogen auch adäquat umgesetzt wird. Jeder Einzelne ist zwar befähigt, kreativer als bisher pädagogisch tätig zu sein, das ist schon sehr viel, reicht aber für Kreativitätsschulen auf keiner Ebene aus, weil an solchen Schulen die Pädagogen keine „Einzelkämpfer" sind, sondern ebenso kind- wie teamorientiert arbeiten müssen. Eingebettet in den weiteren Prozess ist deshalb auch eine permanente problemorientierte Weiterbildung und regelmäßige Betreuung/ Controlling durch erfahrene Kreativitätspädagogen und durch die entsprechenden Dozenten der Fortbildung.

Nur ein ausgewähltes Ergebnis:

An den BIP-Kreativitätsschulen werden die Kinder ausschließlich in der Reihenfolge der Anmeldungen aufgenommen. Es finden keine Aufnahmeprüfungen oder Auswahlverfahren statt. Allein der Elternwunsch und die Zahl der Plätze entscheiden über die Aufnahme der Kinder. Bildungswillige Elternhäuser finden sich in allen sozialen Schichten – Kinder aus allen sozialen Schichten finden sich an den Schulen wieder.

Nach dem ersten Jahr Schulbesuch und der entsprechenden Förderung (z.T. bereits durch das Minimax-Programm und an der Little-Genius-Kreativitätsschule Leipzig) ergab ein Intelligenztest (Progressive Matrizen von Raven) am Schuljahresende, dass 50% der Kinder aus den zwei ersten Klassen der Leipziger BIP-Kreativitätsschule – ebenso wie bereits aus der jetzigen dritten Klasse – eine so hohe Intelligenztestleistung aufweisen, wie nur 1% der Gleichaltrigen (IQ über 136, in der Literatur bezeichnet als *„höchst*begabt"), dass 80% aller Schüler IQ-Leistungen erbringen, wie „normalerweise" nur 10% der Gleichaltrigen (IQ über 118) und dass kein Schüler mehr dort einzuordnen ist, wo „normalerweise" die Ergebnisse von zwei Dritteln aller Schüler liegen (IQ unter 106). In der jetzigen 3. Klasse sind die Schüler noch enger „zusammengerutscht" – 90% liegen unter den 10% Besten der Gleichaltrigen. In der Wissenschaft ist die Meinung verbreitet, dass welthistorisch bedeutsame Werke einen Basis-IQ von ca. 120 erfordern. Über den verfügen ca. 80% dieser Kinder nach nur einem Jahr an dieser Schule.

Zum Vergleich: In ganz Deutschland hat sich entgegen dieser Entwicklung in den letzten Jahren der durchschnittliche IQ-Wert von 100 auf 95 *abgesenkt,* darunter im Osten von 102 vor der Wende (V. Weiß: *Deutschland zehrt Begabungsreserve allmählich auf*. Leipziger Volkszeitung 11.8.2000). Das heißt: Während ein IQ von 102 ausdrückt, dass *alle insgesamt* leicht über dem Durchschnitt liegen, besagt ein IQ von 95, dass z.Z. die Gesamtheit aller Gleichaltrigen nur einen IQ erreicht, wie vor wenigen Jahren die knapp 40% mit den geringsten Testleistungen. Dies stellt einen dramatischen Einbruch vom Durchschnitt bei ca. 53% auf den Durchschnitt von ca. 40% aller Gleichaltrigen dar.

Ausgewählte Stimmen zum Konzept und seiner Umsetzung:

„Moderne Erkenntnisse der Neurobiologie, der Psychologie und der Soziologie stellen jene Erkenntnisse zur Verfügung, die erforderlich sind, um Kreativitätsförderung auch in Unterrichtskonzepte sowie Lehreraus- und Fortbildungskonzepte umzusetzen. Dies alles gibt es für die staatliche Regelschule bisher nicht. Wer auf den üblichen Schulen und nicht ‚bei Mehlhorns' war, der muss schon Glück gehabt haben, wenn seine Kreativität den richtigen Schub erhalten hat." (Bei Mehlhorns in der Ideen-Schule. Süddeutsche Zeitung v. 8.12.1998)

„Eine moderne Schule mit modernen Ansätzen ..., die auch im Sächsischen Kultusministerium Gefallen gefunden hat." (Mauscheleien im Rathaus? Kreuzer 10/2000)

„Mit der Gründung von Kreativitätsschulen in den neuen Bundesländern wird ein Zeichen gesetzt für eine bedeutsame Entwicklung im Bildungswesen. Wenn Begabung, Intelligenz und Persönlichkeit vom Anfang an im Mittelpunkt der Ausbildung und Erziehung junger Menschen stehen sollen, ist zu hoffen, dass eine neue Generation heranwächst, die durch Wissen und charakterliche Bildung in der Lage sein wird, die Herausforderungen der Zukunft zu meistern." (Prof. Dr. E. Häußler, ehem. Präsident des Deutschen Patentamtes München)

„Das BIP-Kreativitätszentrum leistet mit seinen Kreativitätsschulen [...] einen wichtigen weiterführenden Beitrag zur Entwicklung der deutschen Schullandschaft. Das zugrundeliegende reformpädagogische Konzept ist eines der wenigen, das durch langjährige wissenschaftliche und insbesondere auch stark praxisorientierte Forschungen in seiner Wirksamkeit erprobt worden ist. [...] BIP-Kreativitätsschulen verdienen auch deshalb Beachtung, weil sie eine Leistungsschule repräsentieren, in der zugleich durch die Besonderheit des Konzepts eine Balance aller schöpferischen Kräfte im Kind stimuliert wird und damit alle Fähigkeitsbereiche harmonisch entwickelt werden." (Prof. Dr. R. Ortleb, Bundesminister a.D.)

„Ich war der Meinung, das bildungspolitische Angebot in dieser Republik zu kennen und einschätzen zu können. [...] Mit der Verwirklichung Ihrer Kreativitätsschulen haben Sie dem mir bekannten Spektrum nicht nur etwas Neues hinzugefügt, Sie haben bei den alternativen Angeboten noch einmal einen Qualitätssprung geschafft. Ich (bin) der festen Überzeugung, dass etwas vergleichbar Innovatives in der deutschen Schullandschaft derzeit nicht anzutreffen ist." (Dr. H. Enderlein, Minister für Wissenschaft und Kunst, Brandenburg, a.D.)

KONTAKTE

Leipziger Kreativitätszentrum (Stand August 2004)

- BIP Kreativitätskindergarten Leipzig, Vorschule, Bästleinstraße 18
- BIP Kreativitätsgrundschule Leipzig, Torgauer Straße 114
- BIP-Kreativitätsgymnasium Leipzig, ebenda
- BIP-Kreativitätsgrundschule Chemnitz (inkl. Minimax-Vorschulprogramm)
- BIP Kreativitätskindergarten Heidenau
- BIP Kreativitätsgrundschule Dresden, mit auslaufenden Klassen in Heidenau
- BIP Kreativitätskindergarten und -krippe, Gera, Goethestraße
- BIP Kreativitätsvorschule Gera und BIP Kreativitätsgrundschule Gera, Zeulenrodaer Strasse
- BIP Kreativitätsgrundschule Dessau

In Lizenz arbeiten nach gleicher Konzeption die

- BIP Kreativitätsgrundschule Nauen
- BIP Kreativitätsgrundschule Berlin-Karlshorst
- Kindertagesstättenwerk e.V. Wittenberg mit 2 BIP Kindertagesstätten.
- BIP Kreativitätsgrundschule Neubrandenburg

Den aktuellen Stand der Zusammenarbeit mit Kooperations-Partnern in Mecklenburg-Vorpommern, München, Hessen, Thüringen, u.a. finden sie auf unserer Internetseite, ebenso Informationen für Interessenten an der Fortbildung zum Kreativitätspädagogen (Vollzeitkurse und berufsbegleitende Kurse, Spezialkurse). Aktuelles immer im Internet unter www.mehlhornschulen.de oder www.creativityschools.com.

ART SPECIAL: HANSA 1996 BIS 1998

Uta M. Reindl

„Man muss den Menschen nicht das bieten, was sie brauchen, sondern das, was sie brauchen sollten."
(Catherine David zur documenta X, 1997)

MOTIVATION

Die Lage, die Entstehungsgeschichte und die Gesellschaft des Kölner Hansa-Gymnasium bieten günstige Voraussetzungen für den interdisziplinären Dialog mit aktueller Kunst. Die Schule liegt im Kölner Sanierungsgebiet nördliche Altstadt, dem historischen Eigelsteinviertel. Die Schulgemeinde war und ist ausgesprochen multikulturell, war aber vor *Art Special: Hansa* in Sachen Kultur nicht sonderlich motiviert. Das Viertel hebt sich von anderen der City durch eine heterogene Bevölkerungsstruktur ab, was durchaus auch für das soziale Profil der Schule seine Gültigkeit hatte und hat. Seit 1993 ist das Hansa-Gymnasium im weltweiten Netzwerk der 7.000 UNESCO -Schulen anerkannt. Anerkennung findet eine sich bewerbende Schule in der Pariser Zentrale nur, wenn sie alljährlich Projekte realisiert – entweder im Sinne der UNESCO-Inhalte und/oder karitativ. Neben den karitativen und sozialpolitischen Projekten als junge unesco-projekt-schule bekannte sich das Kölner Gymnasium sodann zur Devise: Intellektuelle Bildung ohne kulturelle Einbettung ist sinnlos. Ab 1994 begannen die Vorarbeiten für ein Vorhaben, dass die Schule mit der Kunstwelt vernetzen sollte. Über den idealen Standort Köln für ein Kunstprojekt hinaus, bedeutete die internationale Vernetzung mit der Bildenden Kunst von Seiten der beiden Organisatoren eine günstige Voraussetzung: Georg Dietzler ist ein Bildender Künstler und war zuvor schon auf Kollaborationen mit Künstler-Kollegen fokussiert und sollte als Vermittler zwischen Schule und Kunstwelt fungieren. Als Lehrerin am Hansa-Gymnasium bereitete ich die Infrastruktur für die verschiedenen Ausgaben von *Art Special: Hansa* von Innen her auf. Meine zweite Berufstätigkeit als Kunstkritikerin war für die Künstlerauswahl und -bindung von großem Vorteil.

KONZEPT

Eine von institutionellen Einflüssen störungsfreie Begegnung zwischen Schülern und Künstlern sollte *Art Special: Hansa* ermöglichen. Die Zusammenarbeit zwischen Künstlern und Schülern war nicht als alternatives Vorhaben gedacht, das subversiv die etablierte Ordnung auflösen sollte. In keinem Fall sollte es darum gehen, dass man die Künstler instrumentalisiert, damit sie den Kindern sozusagen Kunst beibringen. *Art Special: Hansa* wollte sich vor allem nicht nur darauf beschränken, dass der Künstler zur Schule kommt und seine Kunst einfach dort installiert, um dann wieder zu verschwinden. Die ausgelösten Dialoge zwischen Schülern und Künstlern sollten auf beiden Seiten Wahrnehmungshorizonte erweitern und Einflüsse auf die dann entstehende Kunst haben. Für Kinder und Jugendliche ist nämlich die Begegnung mit der gesellschaftlich stets ambivalent gesehenen Künstlerpersönlichkeit und im Idealfall deren/dessen Anerkennung als Experte in ihrem/seinem Gebiet meist spannend, erst recht wenn sie/er zum Komplizen gegen die starre Schulwelt wird. Dies sollte unter Einbeziehung transkultureller und interdisziplinärer Inhalte beziehungsweise Methoden geschehen – keinesfalls in Konkurrenz zum laufenden Kunstunterricht.

REALISATION

Die Begegnungen zwischen Künstlern und Schülern fanden sowohl außerhalb wie innerhalb des Unterrichts statt. Die Künstler ließen sich in einem gesellschaftlichen Auftrag und in der ihnen möglichen Offenheit auf Schüler-Rezeptionen ein und reagierten meist sensibel auf deren eigenwillige Deutungsansätze. Das kuratorische Procedere bei *Art Special: Hansa* dezentralisierte die Vermittlungsrolle des Kurators und sah im Sinne einer größeren Autonomie der künstlerischen Kooperation zwischen Schülern und Künstlern mehrere Vermittlungsinstanzen vor: ein Organisationsteam aus Schülern und Patenschaften der Schüler über Künstler.

Schulportal mit dem *Art Special: Hansa* – Transparent

Schüler interviewen den Bildhauer Eberhard Bosslet (Vorlauf und erste Ausgabe von *Art Special: Hansa*)

AUSWAHL VON SCHÜLERN UND KÜNSTLERN

Die Mobilität beider Organisatoren in der Auseinandersetzung mit der Kunst war eine Grundlage für die mit etlichen Auslandsreisen verbundene Vorbereitung von *Art Special: Hansa*. Selektionskriterium über die künstlerische Qualität hinaus war, dass die Künstler sich gerne auf den Dialog mit Jugendlichen einlassen wollten, dass ein Teil der Künstler international renommiert, der andere unbekannt ist. Aufgrund der Doppelfunktion der Kuratorin als Kritikerin und Lehrerin wurden Künstler auch danach ausgesucht, ob sie in Bildsprache und Persönlichkeit die Schüler ansprechen. Allerdings war dabei nicht zwingend, dass die Künstler etwa über ein pädagogisches Geschick verfügten. Dafür waren die als Vermittler agierenden Klassenlehrer oder Kursleiter der jeweils mit dem Künstler arbeitenden Schülergruppe verantwortlich, wie in besonderer Weise bei *Art Special: Hansa* Performance und Musik 1997 als die Künstler im Unterricht die Kooperation mit den Kindern und Jugendlichen realisierten. Nur in einem Fall oblag die Künstlerauswahl einem Schüler: Für 1996 hatte Philipp Schumacher die beiden polnischen Künstler Ryszard Wasco und Tomek Wozniakowski als Teilnehmer vorgeschlagen.

Meist Oberstufenschüler entschieden sich ein Jahr vor der Präsentation von *Art Special: Hansa* 1996 für eine Zusammenarbeit mit der Kuratorin und dem Projektleiter. Die Fähigkeit ausdauernd und eigenverantwortlich zu arbeiten sowie gruppendynamische Flexibiltät war gefragt – abgesehen vom Interesse an der Kunst. Ein derart langer Vorlauf ist für den auf kurzfristige Vorgänge basierenden Schulbetrieb ungewöhnlich, war aber für die Premiere von *Art Special: Hansa* absolut erforderlich.

Regelmäßig wurden Treffen außerhalb der Unterrichtszeit angesetzt, in denen Public Relation- und Sponsoring-Strategien besprochen wurden. Abwechselnd begleiteten folglich die Schüler die Organisatoren zu Sponsorengesprächen oder präsentierten mit ihnen gemeinsam das Projekt vor Institutionen aus Kunst- und Schulwelt, wie beispielsweise vor der Gesellschaft für Moderne Kunst des Museum Ludwig in Köln oder vor den Referendaren des Lehrerseminars Köln. Bedeutsam war die Rolle des Organisationsteams für die schulinternen PR-Maßnahmen über die Schülerversammlung oder andere Gremien, wie etwa Klassen, Schul- oder gar Lehrerkonferenz. Auch lag in ihrer Hand, die diversen Schülerversammlungen über die laufende Veranstaltung zu informieren. Aus zeitlichen Gründen gab es für *Art Special: Hansa* Performance und Musik 1997 kein festes Organisationsteam, weil die Kuratorin bis Mitte des Jahres mit zwei Jugendlichen an der umfassenden Dokumentation von *Art Special: Hansa* 1996 arbeitete. Die Schüler – hier waren alle Jahrgangsstufen beteiligt – wurden eher über den schulinternen Weg, also über den Unterricht, für solche Aktivitäten angesprochen.

Alle Team-Mitglieder hatten sich im Laufe der Vorbereitungszeit für eine Patenschaft über einen Künstler entschieden. Manche Patenbeziehungen – so zeichnete es sich schnell ab – blieben distanziert: zum einen wegen der geographischen Distanz, zum anderen aber auch aufgrund der psychischen Distanz zwischen Schüler und Künstler.

KÜNSTLER ALS KOMPLIZEN, COACHES UND TEAMTEACHER

Die ersten Künstlerbegegnungen fanden entsprechend der auf langfristige Begegnungen ausgerichteten Konzeption von *Art Special: Hansa* bei fast allen Ausgaben Monate vorher statt, intensivierten sich vor der Eröffnung, bei denen die Künstler sich und ihre Arbeit präsentierten, die Schüler in ihre Konzeption einweihten, sie einbezogen und oft gemeinsam mit ihnen Arbeitsaufträge für die Zeit ihrer Abwesenheit entwickelten. Manche Kooperationen zwischen Künstlern und Schülern machten für das Zustandekommen der Arbeit die Vermittlung der Organisatoren oder eines Lehrers erforderlich. Die Künstler arbeiteten meist mit einer Gruppe von durchschnittlich zehn bis fünfzehn Schülern zusammen.

Dokumentation: Katalog von *Art Special: Hansa* 1996 und die CD von *Art Special: Hansa* 1998

Das Organisationsteam nahm verstärkt teil an: Finanzierungs- und PR-Strategien, an Entwürfen eines Logos und des Plakats für die Einladung, an Präsentationen des Projekts in der breiten Öffentlichkeit und an einer verstärkten Auseinandersetzung mit der Corporate Identity der Schule. Nach den Sommerferien, knapp zwei Monate vor der Präsentation von *Art Special: Hansa* beispielsweise, wurde das Lehrerkollegium von den Organisatoren eingebunden in die Organisation des Aufbaus der künstlerischen Beiträge, die Logistik während der Ausstellung laufenden Cafeteria, die Beaufsichtigung der Exponate sowie den Abbau der Arbeiten. Die Bedeutung der Cafeteria als wesentlicher Kommunikationsort für alle Besucher der Ausstellung wurde von allen Beteiligten im Übrigen hoch eingeschätzt.

KULTURFÖRDERER, INSTITUTIONEN UND EXPERTEN ALS PARTNER DER SCHULE

1996 finanziert ein Sponsored Walk der Schüler, den Lehrer des Hansa-Gymnasiums organisierten, fast ein Drittel der Auftaktveranstaltung. Das Kulturamt der Stadt Köln war wichtiger Förderer aller Ausgaben von Projekten und die europäischen Kulturinstitute (Frankreich, Großbritannien, Italien, Spanien) unterstützten die jeweiligen Künstler. Landesmittel kamen von GÖS (Gestaltung des Schullebens und Öffnung von Schule, Soest) und der Stiftung Kunst und Kultur NRW, letztere für die Finanzierung der bilingualen Dokumentation von 1996. Bundesinstitutionen wie das BMBF, die Deutsche UNESCO-Kommission und die unesco-projekt-schulen in Bonn zählten des Weiteren zu den Förderern beider Projekte. Die Kunsthochschule für Medien Köln stellte für die Präsentation von 96 eine hohe Anzahl von Medien zur Verfügung. Hinzu kamen die zahlreichen Spenden der Eltern über Schulfest-Gastronomie sowie Material- und Geldsponsoring von Kleinförderern aus der Nachbarschaft.

DOKUMENTATION

Alle Projekte wurden im Vorfeld durch ein Faltblatt dokumentiert, das gleichzeitig als Plakat und als Ausstellungseinladung verwendet wurde. Kooperationspartner für die rezeptionsästhetisch ausgerichtete Projektdokumentation (ISBN 3-932189-02-7) waren Jan M. Broch und Michael Ummels. Beide Schüler agierten als gleichberechtigte Partner im Herstellungsprozess des Katalogs aufgrund ihrer Qualifikation im textgestalterischen wie im informationstechnischen Bereich. Nach einem mehrtägigen Layout-Workshop im Büro der Buchentwerfer Kühle und Mozer wurde die gesamte Produktion von der Buchentwerferin Lena Mozer betreut. Michael Ummels legte im Internet Websites über *Art Special: Hansa* 1996 und 1997 (Http://www.dom.de/hansa/asp.htm) an. 1996 hatte Georg Dietzler in Zusammenarbeit mit dem Fotografen Siegfried Renvert die Fotodokumentation von *Art Special: Hansa* angefertigt. 1997 produzierten Georg Dietzler und der Lehrerkollege Georg Müller eine Videodokumentation. Teilnehmer des Kunst-Grundkursus erarbeiteten, unter der Leitung der Künstlerin und Kunstlehrerin Brigitte Burgmer, selbst Teilnehmerin von 1996, die Dokumentation von *Art Special: Hansa* 1998. Die Schüler schrieben kurze Berichte über die fotografisch dokumentierte Ausstellung, beides wurde im Anschluss an die Ausstellung 1998 im Schulgebäude ausgestellt. Das Konzert mit Bob Ostertag und den Schülern war vom WDR aufgezeichnet worden, daher dokumentierte die letzte *Art Special: Hansa* – Ausgabe mit einer CD beziehungsweise dem darin enthaltenen Booklet.

ART SPECIAL: HANSA 1996 (MIT 22 KÜNSTLERN)

Während das gesamte 96er Projekt sich weitgehend in der schulfreien Zeit abwickelte, fand der Auftakt von *Art Special: Hansa* im Januar 1995 während einer Projektwoche statt. Unter den Teilnehmern der Projektgruppe gab es Eltern, eine ABM-Kraft. In die-

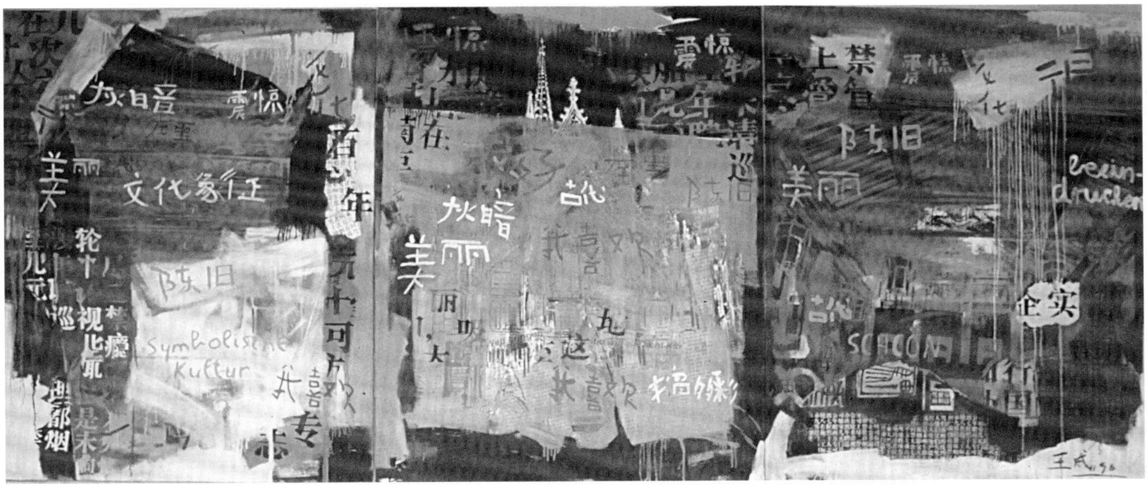

Tripychton von Wang Chengs „Verschmelzung"/*Art Special: Hansa* 1996

sem Kreis stellten sich einige Künstler den bereits interessierten Schülern vor, erläuterten ihre Arbeiten und sprachen mit ihnen darüber. Eine Schülergruppe untersuchte die Architektur des Schulgebäudes, den Ort des geplanten Kunstprojektes, fertigte ein Video mit Gebäudeführung an und entwickelte Hauspläne. Hierbei recherchierte eine Gruppe im Stadtarchiv Köln über die Schulgeschichte und die historischen Architekturpläne. Die gesamte Gruppe nahm an einer historischen Hausführung des ehemaligen Schulleiters Gisbert Gemein teil, in der sie erstmals über die Bedeutung des Schulgebäudes im Nationalsozialismus erfuhr (Vorübergehend Sitz der Gestapo/Zellenreste im Keller/Unterirdischer Gang zum ehemals nahegelegenen Gefängnis). In dieser Woche wurden über verschiedene Brain-Storming Verfahren Entscheidungen gefällt: für den Titel des bevorstehenden Kunstprojekts, gegen abstrakte Malerei als dessen Bestandteil, auch für einige teilnehmende Künstler und schließlich über den Zeitpunkt der *Art Special* während der ART Cologne, im Sinne der Künstler. Die Präsentation von *Art Special: Hansa* 1996 verwandelte die Schule vom 13. bis 15. November in ein Museum auf Zeit.

Lerneffekte/Kompetenzen

- Sprachkompetenz
  Der Brite Matt Hale (London) installierte interaktive Skulpturen, die englische Redewendungen und Sprichwörter versinnbildlichten. So zum Beispiel verkörperte der von der Decke herunterhängende Eimer, gegen den man treten konnte, die alltagssprachliche Wendung „kick the bucket" und sollte zur Interaktion animieren.
  Jugendliche einer Nachbarschule setzten diese Sprichwörter wiederum in Zeichnungen und Gemälde um.
- Kulturelle Kompetenz
  Der chinesische Heinrich-Böll-Stipendiat Wang Cheng (Peking) ließ Schüler sein Gemälde-Triptychon mit Zitaten aus den deutschen Printmedien durch chinesischen Kalligrafien so quasi überarbeiten. Er nannte die Arbeit „Verschmelzung".
- Geschichtliche Kompetenz
  Dort wo die Nationalsozialisten Gefangene zum Abtransport ins Gefängnis durch einen unterirdischen Gang getrieben haben, richtete der Pole Ryszard Wasko (Lodz/Berlin) mit Schülern Räume der Guten und Bösen Erinnerungen ein. In einem Raum installierten sie Fotografien von sozialistischen und nationalsozialistischen Lehren, Aufnahmen vom zerstörten Köln an den Wänden. In den anderen wurden Mitschüler und Freunde eingeladen, Gegenstände mitzubringen und auszustellen, die sie mit schönen Erinnerungen assoziieren.
- Methodische Kompetenz
  Die Italienerin Alba D`Urbano (Leipzig) hospitierte im Biologie-Unterricht des Leistungskurses, diskutierte mit den Jugendlichen über die Inhalte und bezog sie bei der Gestaltung des Environments mit ein. Die Schüler wurden im Biologie-Saal auf ihren angestammten Plätzen fotografiert, dieses Foto wurde computerbearbeitet und in Ascii-Code übersetzt, den Raum tapezierte die Künstlerin später mit den Ascii-Ausdrucken. Ein Großteil des Biologie-Kurses assistierte bei den Tapezier-Arbeiten. Am Ende wählten die Schüler sozusagen ihre Stellvertreter in der Biologie-Sammlung und setzten diese auf ihre Plätze.

Zu Alba D´ Urbanos Installation"Stoffwechsel"/*Art Special: Hansa* 1996

- Künstlerische Kollaboration
  Die spanische Sängerin Maria de Alvear (Köln/Madrid) und ihr Künstlerpate kooperierten in der Installation des Raumes „Espíritu" im Direktorenzimmer, den die Künstlerin und der Schüler für die gemeinsame Performance mit dem Schulleiter nutzte. In diesem Zusammenhang rezitierten die Schüler und die Künstlerin selbst verfasste Gedichte.

ART SPECIAL: HANSA 1997 (MIT 10 KÜNSTLERN)

Da Performance bei *Art Special: Hansa* 1996 dem Grundkonzept von *Art Special: Hansa* bezüglich der Schüler-Künstler-Kollaboration am nächsten kam, wurde die Folgeveranstaltung 1997 eben diesem Thema gewidmet. Doch sollte diesmal die Kooperation im Unterricht stattfinden; dafür wurden Lehrer angesprochen, die einen solchen Prozess gerne betreuen wollten. Somit arbeiteten 1997 die Performance-Künstler mit ganzen Klassen zusammen, teilweise über mehrere Wochen hinweg. Nicht selten kam es zu einem Team-Teaching zwischen Künstlern und Lehrern.

Einstimmung, hier: Schülerseminar, Sommerfest und Poetry Workshop

Auch fand 1997 im Vorlauf zur eigentlichen Präsentation im November bei anderen Schulveranstaltungen eine Art Einstimmung der Schulgemeinde statt. Die Kölner Künstler Anja Ibsch (Köln) und Peter Wolf (Köln) leiten im Mai 1997 im UNESCO-Schülerseminar „Menschenrechte" einen Workshop zum Thema Gewalt. Auf dem schulischen Sommerfest präsentiert der Komponist, Lyriker und Musiker Manos Tsangaris (Köln) seine Arbeiten der Schulgemeinde. Die kanadische Lyrikerin Louisa Schaefer (Köln) realisiert einen Poetry Workshop nach den Sommerferien für Oberstufenschüler. Da die Organisationszeit für die Präsentation von *Art Special: Hansa* 1997 vom 13. bis 15. November aufgrund der Katalogproduktion bis Mitte des Jahres knapp bemessen war, konnte die Kuratorin kein festes Organisationsteam initiieren, wohl aber für jeden Künstler einen Paten oder ein Patenpaar.

Lerneffekte/Kompetenzen

- Naturwissenschaftliche Kompetenz
  Irma Optimist (Helsinki) unterrichtete gleich nach ihrer Anreise ohne weitere Vorbemerkung im Mathematik-Leistungskurs die Kreis-Ellipsen-Gleichungen samt Bewegungsbeschreibungen sowie nicht-lineare Systeme, um ihre Performance zur feministischen Mathematik vorzubereiten.

Irma Optimist und „Animal Baby" + Feministische Mathematik = x/*Art Special: Hansa* 1997

Hier demonstrierte die Künstlerin in Zusammenarbeit mit den Schülern Chaos-Situationen, meist aus dem Haushaltsalltag: Popkörner sprangen garend aus einem Topf, der sich auf einem Plattenteller drehte, aufgeblasene Kondome wurden durch Föhn-Luftströme in einem kaum kontrollierbaren Zustand in der Luft gehalten, ungekochte Nudeln wurden gemixt. Die Künstlerin entwickelte währenddessen die Chaos-Theorie auf einem Tageslichtprojektor, wobei die

Die Performance des Nordiren André Stitt über seine Kindheit/*Art Special: Hansa* 1997

Projektion auf einen männlichen Schüler gerichtet war.
Die Performance hieß: „Animal Baby"+ Feministische Mathematik = x.

In einem späteren Mathematikunterricht – zweifellos eine Folge der Performance von Irma Optimist – entwarfen Schüler der siebten Klasse zum Thema der vierten Dimension plötzlich Haustiere in der zweiten Dimension und ergingen sich in Detailplanungen, etwa über deren Behausungen.

- Kulturgeschichtliche Kompetenz
  André Stitt (Nordirland/London) führte in einem Englisch-Grundkurs seine Situation in Nordirland vor Augen, präsentierte seine meist extrem politischen Performances über Video und forderte die Schüler mit der ihm eigenen Rigidität zu einer entsprechenden Einstellung für die Performance, in der sie – fast wie in einem Ritual – gemeinsam ihnen bedeutsame Gegenstände präsentierten und erläuterten.
- Kunstgeschichtliche Kompetenz
  Der Fluxuskünstler Charles Dreyfus (Paris) kooperierte mit dem Französisch-Kurs des Kölner Königin-Luise-Gymnasiums, einer Kooperationsschule des Hansa-Gymnasiums.
  Er präsentierte den Jugendlichen zunächst Fluxusfilme von Nam June Paik bis Joseph Beuys und brachte ihnen seine eigenen Fluxus-Arbeiten näher. Die Schüler, angeregt von den Grundideen, entwickelten fast eigenständig die Performance „Fast Food": An einer langen, festlich gedeckten Tafel saßen die ebenfalls äußerst festlich gekleideten Schüler und aßen, mit ihren Nachbarn plaudernd, eine halbe Stunde lang die McDonald's-Speisen, die ihnen in den üblichen Papiertüten serviert wurden.

ART SPECIAL: HANSA 1998 (mit 8 Künstlern)

Am 27. April 1998, dem internationalen Aktionstag der UNESCO-Schulen zum Gedenken der 50 Jahre zuvor signierten Allgemeinen Menschenrechtserklärung der UN, veranstaltete die Mittelstufe des Hansa-Gymnasiums eine Demonstration zur Domplatte und dort mehrere Performances. Auf dem abendlichen Festakt fand die Übergabe des Schirms an den Schirmherrn der Menschenrechtsaktivitäten des Hansa-Gymnasiums 1998 statt: an den derzeitigen Leiter der deutschen Menschenrechtsdelegation bei der UN, an Gerhart R. Baum. Die amerikanische Performance-Künstlerin Anna Homler (Los Angeles) realisierte mit Schülern der fünften Klasse eine Klang-Performance, die zum Festakt uraufgeführt wurde.

Vom 21. -24. Mai 1998 trafen sich im Schullandheim des Hansa-Gymnasiums rund dreißig Schüler von unesco-projekt-schulen bundesweit zum Schülerseminar „Menschenrechte", in

Proben mit dem US Elektroniker Bob Ostertag/*Art Special: Hansa* 1998

dem zum siebten Mal an einem verlängerten Wochenende in verschiedenen Workshops zu dem wohl klassischen UNESCO-Thema gearbeitet wurde. Die Gruppe „Todesstrafe – eine Lösung? Mahnmal" lud neben den amnesty international-Mitarbeitern den Kölner Künstler Gunther Demnig (Köln) ein, der seine Alternative zum traditionellen Mahnmal präsentierte: die Spurenziehungen im Gedenken an die Opfer des Nationalsozialismus.

Am 10. Dezember 1998, dem eigentlichen Jahrestag der Menschenrechtserklärung, fand *Art Special: Hansa* statt, weil es sich diesmal dem politischen Thema widmete. Unter dem Titel „Brennpunkte Menschenrechte" begriff sich die in diesem Jahr von mir alleine organisierte Ausgabe ganz im Sinne der UNESCO-Netzwerk-Philosophie als Ringveranstaltung an mehreren Orten der Stadt. Eingebunden waren professionelle Ausstellungsräume für Kultur und Bildende Kunst: Kölnisches Stadtmuseum, „Kunst-Salon", Moltkerei-Werkstatt und Studio dumont. Eingebunden in die Zusammenarbeit mit neun internationalen Künstlern waren vor allem Schüler von verschiedenen Schulen Kölns: Stadtgymnasium Porz, Königin-Luise-Schule und Hansa-Gymnasium sowie individuelle Schüler von verschiedenen Schulen. Anders auch als bei den beiden Vorgänger-Veranstaltungen arbeiteten die meisten Künstler klassen-und kursübergreifend und in der schulfreien Zeit mit den Kindern und Jugendlichen. Diesmal ging der eigentlichen Präsentation im Dezember ein arbeitsintensiver Vorlauf voraus: Schüler und die mit ihnen arbeitenden Paten, Lehrer und Organisatoren (zwei Kunsthistorikerinnen von den Universitäten Köln und Bonn mit mir) bereiteten Wochen vor der Veranstaltung die gemeinsame Präsentation vor.

Lerneffekte/Kompetenzen

- Sozialpolitische Kompetenz
  Gemeinsam mit den Schülern des Hansa-Gymnasiums komponierte der Elektronik-Musiker Bob Ostertag (San Francisco) für *Art Special: Hansa* 1998 eine Musikperformance, die sich auf den Missbrauch von Menschenrechten bezog. Die Schüler spielten Musikfragmente, die sich auf Minderheiten bezogen, rezitierten amnesty international-Listen mit Namen von Opfern der Menschenrechtsverletzungen weltweit, erzeugten Klänge und Geräusche mit Gebrauchsgegenständen.

- Kulturelle Kompetenz
  Unter dem Titel „Karussell" verwandelten Esra Ersen (Istanbul/zu der Zeit Künstlerdorf Schöppingen) und die Schüler im Rahmen von *Art Special: Hansa* 1998 (Ort: Hansa-Gymnasium) den Biologie-Hörsaal mit einer Raum-Klang-Installation in einen Schauplatz der Erinnerung an das Türkenkopfstechen, ein Turnierspiel aus dem Wien des Spätbarocks.

Zur Einstimmung wurde während des traditionellen Sommerfestes des Hansa-Gymnasiums – am 26. September – eine offene Töpferwerkstatt eingerichtet: Schüler aus verschiedenen Jahrgangsstufen stellten gemeinsam mit der Künstlerin die Köpfe für die Installation her, Besucher des Sommerfestes (Eltern, Schüler, Lehrer) waren als Zuschauer eingeladen.

- Geschichtliche Kompetenz
  Victoria Halls Beitrag bezog sich auf den Ausstellungsort, das Zeughaus als Museum für das Kulturgut der Stadt Köln. Gemeinsam mit den Schülern des Königin-Luise-Gymnasiums untersuchte die britische Künstlerin (London), welche Bedeutung dieser Ort für die Präsentation von Geschichte in Verbindung zum eigenen Leben heute hat.

Das Goldkettchen einer jüdischen Schülerin (Geschenk zur jüdischen Kommunion) in der Vitrine zum Nationalsozialismus des Stadtmuseums Köln. Intervention in Zusammenarbeit mit Victoria Hall (London)/*Art Special: Hansa* 1998

FAZIT

Im Kollegium kam direkt nach *Art Special: Hansa 1998* zunächst das verständliche Bedürfnis auf, nach mehreren Jahren Großprojekten eine Denkpause einzulegen. Es galt die dadurch in Bewegung gekommenen Strukturen erst einmal in das Gesamtkonzept der Schule einzuarbeiten. Von Schülerseite – insbesondere bei den in Künstlerprojekten involvierten Kindern und Jugendlichen sowie beim Organisations- beziehungsweise Patenteam – bestand ein Interesse an der Weiterführung.

Doch alle drei Ausgaben von *Art Special: Hansa* wirkten sich durchaus auf verschiedene Schüler-Biografien aus: bezüglich der Wahl des Studiums sowie der Berufsperspektive. Der positive Einfluss auf die Identität der Schule schlug sich mit der Zeit in dem Sinne nieder, als ein verstärktes Interesse an dem eigenen Schulgebäude aufkam und an der Nutzung eigener kultureller Ressourcen. Ohne Zweifel stärkte *Art Special: Hansa* die Projektkompetenz der Schulgemeinde und bewegte kurze Zeit später einige Kollegen zu Großprojekten, zu Kooperationen mit externen Partnern und Experten.

Perspektiven

Zum zehnjährigen Jubiläum des Hansa-Gymnasiums als unesco-projekt-schule im Sommer 2003 erlebte die Schule eine erste Wiederaufnahme von *Art Special: Hansa* sozusagen in Kleinformat: Der Kölner Medienkünstler Frank Schulte realisierte mit Schülern der Stufe 13 ein Multi-Media-Spektakel zum Festakt.

Das gerade definierte Schulprogramm des Hansa-Gymnasiums sieht in 2005 eine weitere umfassende Ausgabe von Art Special: Hansa *vor, diesmal mit Bildenden Künstlern, Musikern und Literaten. Thema: Multikulturalität in der Rheinschiene.*

>MBS< (MAPPING BLIND SPACES)

Martin Pfeiffer

...Priok Gujaret Jenin Andhra Bamenda Pradesh Bihar Madhya Orissa West Bengal Osttimor Tanjun Eigelstein Tulkarem Kalkiliya Jerusalem Janun Bolzaneto Pawlodar Kariobangi Aschchabat Karamoja Chacao Nairobi Isiolo Sotomayor Bojaya Medellin Chengue Putumayo Jakarta Matal de Flor Amarillo...

Das sind Namen von Städten, Dörfern oder Regionen, in denen im Jahr 2002 Menschen im Auftrag staatlicher Organisationen oder krimineller Banden im Zusammenhang mit kriegerischen Konflikten oder gewalttätigen Auseinandersetzungen getötet, misshandelt, gefoltert wurden oder ‚verschwunden' sind.[337]

‚Von einem gewissen Alter an hat niemand mehr ein Recht auf [...] Unschuld oder Oberflächlichkeit, auf soviel Unwissen oder Vergesslichkeit', schreibt Susan Sontag in ihrem viel beachteten Essay über die Bedeutung und Wirksamkeit von Bildern, die zeigen, was Menschen ihren Mitmenschen antun, täglich, stündlich, in jeder Minute – andauernd.[338]

Die Frage, wie wir als nicht direkt Betroffene mit diesen Bildern und den Eindrücken, die sie vermitteln umgehen, wie wir uns angesichts schierer Bosheit, Niedertracht, von offener Brutalität und Sadismus verhalten, ist von brennender Aktualität. Eine erste Konsequenz muss sein, dass wir kein ‚Recht' auf Nichtwissen für uns reklamieren, indem wir den Strom der Bilder und Meldungen an uns vorüberziehen lassen. Es heißt hin zu sehen und den Blick zu schärfen, sowohl für die Not und das Elend, als auch für die Lust am Quälen und Morden. Dies bedeutet, den ersten Schritt zu tun heraus aus der zugleich bequemen und unbehaglichen Passivität, die uns lähmt und bedrückt.

Meine Installation ist der Versuch, mit den Mitteln der Kunst, die keine Eindeutigkeit zulässt, gleichwohl aber hinsichtlich des vorgestellten Sachverhalts nicht indifferent sein kann, Aufmerksamkeit zu lenken auf ein globales Problem und angemessenen Reaktionen Raum zu geben. Sie besteht aus einem zweigeschossigen, begehbaren Turm aus Gerüstbauteilen, dessen obere Plattform giebelförmig überdacht ist. Die Konstruktion ist im oberen Teil mit einer opaken Zeltplane abgedeckt. Da es keinen Blickkontakt nach draußen gibt, wird die Aufmerksamkeit ganz auf die Beschaffenheit und Wirkung des zeltartigen Innenraums gelenkt. Die Möblierung ist karg: Zwei Liegen aus Holz laden zum Verweilen und zur Kontemplation ein. Am Kopfende jeder Liege befindet sich ein großes Bettkissen, dessen Überzug mit den Namen jener Orte bedruckt ist, auf die der Jahresbericht von amnesty international verweist. Auf der Plattform unterhalb des Ruheraums steht ein Arbeitstisch mit einem Notebook und Schreibutensilien. Das Notebook hat einen Internet-Anschluss. Mithilfe einer Liste ausgewählter Adressen kann im Netz recherchiert werden.

Die Reihenfolge der Wahrnehmung dieser beiden Angebote ist offen. Jemand der bereits recherchiert hat, wird die obere Plattform mit anderen Erwartungen betreten und die Eindrücke auf andere Weise realisieren, als derjenige, der sich den Widersprüchen unvorbereitet aussetzt. Bewusst habe ich auf den Einsatz von Bildern mit schockierendem Inhalt verzichtet. Ich setze vielmehr darauf, dass solche Bilder, die in einem anderen Kontext wahrgenommen wurden und ihre Spuren hinterlassen haben, in den Phasen entspannter Aufmerksamkeit evoziert werden und ihre Wirksamkeit entfalten.

Die Arbeit wurde finanziell unterstützt von:

Bund Deutscher Kunsterzieher BDK und von der Fa. Gerüstbau Burkart, Rheinstetten.

Der Leitung und den Mitarbeiterinnen und Mitarbeitern der Akademie Schloss Rotenfels danke ich für ihre Mithilfe und Unterstützung.

ANMERKUNGEN

[337] amnesty international: Jahresbericht 2003.

[338] Sontag, S.: *Das Leiden anderer betrachten*. München 2003.

Oben: >mbs< Plattform 1, Laptop für die Internet-Recherche
Unten: >mbs< Plattform 2, Ruhebänke mit Kissen

Mazar-e-Sharif Kakarak Balkh Samangan Sar-e-Pul Qanatir Kairo Shkoder Lezha Ferras Vaqarr Rreshen Vlora Larba Dellys Kabylei Cabinda-Stadt Tando Zinze Chaputo Rico Luanda Golfe II Mae Hong Son Dapaong Malabo Avellaneda Formosa Jerewan Bebedja Abeche Brno Tunis Ankara Mardin Nardaran Oromia Somali Itang Fugnido Teppi Awassa Dire Dawa Addis Abeba Dhaka Minsk Grodno Benque Viejo del Carmen San Vicente Sacaba Shinahota Ichoa Cochabamba Santa Cruz Tarija Sao Paulo Anzoategui Catatumbo Rio de Janeiro Sorocaba Itabaiana Sladun Rasgrad Rutegama Kiganda Itaba Kamenge Nyabiraba Gisovu Bujumbura Kotido Songa Gihanga Santiago Xinjiiang Tibet Abidjan Daloa Monoko-Zohi Man Bouake Eigelstein Bamberg Mettmann Berlin Frankfurt Hamburg Guayaquil Rustavi Gujaret Andhra Pradesh Bihar Madhya Pradesh Orissa West Bengal Osttimor Jakarta Tanjun Priok Bethlehem Tulkarem Kalkiliya Jenin Nablus Gaza-Stadt Rafah Jerusalem Adora Janun Bolzaneto Bamenda Pawlodar Kariobangi Aschchabat Karamoja Chacao Nairobi Isiolo Chengue Sotomayor Bojaya Medellin Putumayo Matal de Flor Amarillo Meta Arauca Embera Katio Alto Sinu El Tarra Teorama Kinshasa Kibali-Ituri Kisangani Goma Bukavu Kinkala Pool Brazzaville Kindamba Nord Korea Vientiane Ba'abda Beirut-Karkas Monrovia Sawmill Bong Mandingo Gbaney Gbeka Tubmanburg Kolahun Kotolahun Honyahun Morarano Smara Roche-Bois Nerezi Gostivar Chiapas Santiago Textitlan Barranca Bejuco Kengtung Murngaton Seoul Caprivi Situngu Suntharali Kathmandu Patariya Mahendra Merida Plateau Taraba Kaduna Lagos Delt Bakori Sokoto Zamfara Kano Kebbi Bauchi Jigawa Onitsha Anambra Warri Wien Karatschi Bhanamari Khan Yunis Jomba Luque Mindanao Ploiesti Nowye Atagi Zozin-Jurt Nischnij Nowgorod Starbeewo Taif Coubalang Brin Harare Hiniduma Khartum Munwashi Adjumani Imotong-Bergen Gyöngyö Sabir-Rachimowskis Bangui Guantanamo Bay Karakalpakstan

Informationen zu den Ortsnamen auf den Kissenbezügen der oberen Plattform finden Sie auf der Seite http://www.amnesty.de/. Klicken Sie auf den Link ‚Jahresberichte', geben Sie auf der Seite ‚Jahresbereicht 2003' einen der Ortsnamen in das Suchfeld oben links ein und klicken anschließend auf die kleinen Pfeile unmittelbar rechts davon. Es öffnet sich das Fenster mit den Suchergebnissen. Sie können jetzt den Link mit dem Hinweis auf den *‚ai Jahresbericht 2003*' aktivieren.

Weitere ausgewählte Internet-Adressen zum Thema

http://www.amnesty.org/

http://www.aerzte-ohne-grenzen.de

http://www.cap-anamur.de/

http://www.helpwithclicks.de/index.html

http://www.hls.sha.bw.schule.de/konflikt/index.htm

http://www.learn-line.nrw.de/angebote/agenda21/archiv/03/daten/konflikte-zei01.htm

http://www.politische-bildung.net/links/voll.php?viewCat=65

http://www.hilfsorganisationen.de/MENUE/Krieg/

http://www.hilfsorganisationen.de/MENUE/Unterdrueckung/

>mbs< Plattform 1, bei der Recherche

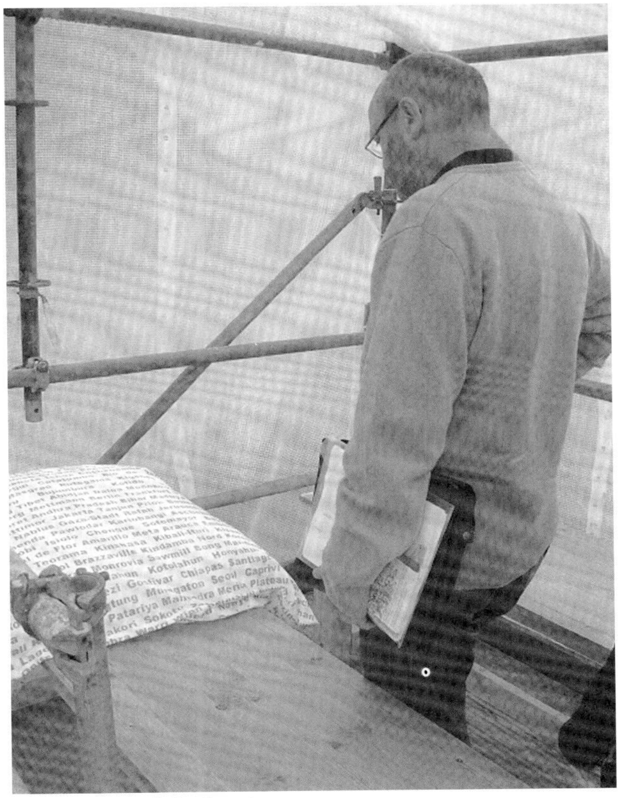

>mbs< Besuch auf Plattform 2

Abb. S.352: >mbs< Gesamtansicht

"A MAN MAY BE DOWN
BUT HE'S NEVER
OUT!"
HOME
SERVICE FUND
CAMPAIGN
SALVATION
ARMY
MAY 19-26
1919
BAND MUSIC No. 1
Old Timers Revisited

UNMAPPING THE FLOWS. KUNST UND KONTROLLE UND DIE KOMMENDE SABOTAGE

Gerald Raunig

„Schöpferisch zu sein ist stets etwas anderes gewesen als zu kommunizieren. Das Wichtigste wird vielleicht sein, leere Zwischenräume der Nicht-Kommunikation zu schaffen, störende Unterbrechungen, um der Kontrolle zu entgehen." (Gilles Deleuze)

Auf dem Symposium, das dieser Band dokumentieren soll, mehrfach darauf angesprochen, was denn mein Beitrag zum zentralen Thema der Konferenz beizusteuern, was ich also zum Bereich der Ästhetischen Bildung zu sagen hätte, musste ich ebenso oft auf die Foucault'sche Figur der spezifischen Intellektuellen und deren spezifischen Kompetenzen hinweisen[339]: Ich kann nichts zu einer Fachdiskussion beitragen, die mir fremd ist, außer meine Kompetenzen mit denen der Expert/innen der Ästhetischen Bildung und der Kunstvermittlung bündeln, um hier oder da eine gemeinsame Kritik an der Funktion von Institutionen des Kunstfelds oder anderer Felder zu üben oder – wenn es denn dazu kommt – den Widerstand gegen die Durchsetzung des Kommandos von Kontrolle und Kommunikation zu bündeln. Mein Interesse und meine Expertise liegen in den Nachbarschaftszonen von Kunstproduktion, politischem Aktivismus und poststrukturalistischer Philosophie, und hier vor allem in der konkreten Herstellung solcher Overlaps, in denen die jeweiligen Positionen in Bewegung, Differenzen in konfliktuellen Austausch geraten. Damit wäre auch ein erster Hinweis auf eine – zugegeben noch immer nicht ganz explizite – Antwort auf die Frage gegeben, was denn für Kunstvermittlung und Ästhetische Bildung zu schließen wäre aus der Perspektive eines Zusammenhangs, in dem es zusehends weniger zu vermitteln und zu bilden gibt.

In einem längeren Aufsatz zur Heterogenese politischer Ästhetik[340] habe ich versucht, den Begriff der Ästhetik im obigen Sinn des Overlaps von Kunst, Politik und Theorie einerseits zu öffnen, ihn andererseits aber engzuführen und damit den wabernden Großrednern der deutschen (Kunst-)Philosophie ebenso zu entreißen wie den fortgesetzten Versuchen, den Beuys'schen Spruch „Jeder Mensch ein Künstler" als Beliebigkeit gegen seinen Erfinder zu wenden. Ästhetik als Produktionsästhetik[341], als transversale Verkettung[342] lässt auch den Akteur/innen in Ästhetischer Bildung und Kunstvermittlung nur die eine Möglichkeit, sich in jene mikropolitischen Ströme mit einzuschleusen, die sich zwischen den Punkten der Macht hindurch in eine neue Richtung entwickeln, teilzunehmen an Subjektivierungsprozessen, die die Dichotomien von Subjekt und Objekt, Produktion und Vermittlung, Lehrer/innen und Schüler/innen durchkreuzen.

Dieser Hinweis bezieht sich übrigens definitiv nicht auf institutionelle Settings wie etwa die Schule oder das Museum. Ich bin hier auch skeptisch, was die Rollle von Lehrer/innen als „verschwindende Vermittler", als „wahre Störer" betrifft, wie sie Karl-Josef Pazzini in diesem Band unter An-/Entwendung der Begrifflichkeit bei Slavoj Žižek einführt. Jene Fluchtlinien, auf denen sich das gegenwärtige Werden abzeichnet, werden wohl nur in neuen Formen der Kollektivität, der konstituierenden Macht zu denken sein, die sich gerade gegen die alten Formen der Institutionalisierung wenden.

Bildung in der postfordistischen Kontrollgesellschaft dagegen heißt mit Deleuze, sich nicht mehr nur einem Disziplinarapparat, sondern auch der Auflösung des Unterschieds von Arbeitswelt und Ausbildung auszusetzen, sich als „Arbeiter-Gymnasiast" oder „leitender Angestellter-Student" „einer schrecklichen permanenten Fortbildung, einer kontinuierlichen Kontrolle"[343] zu unterwerfen. In dieser Situation des Ineinanderfließens von Arbeit und Leben wird lebenslanges Lernen vom emanzipatorischen Konzept zum drohenden Bild einer lebenslangen Versklavung, wird außerschulische Bildung zum maßlosen Diffundieren der Kontrolle von der beschränkten Institution Schule auf einen unbeschränkten und tendenziell unendlich-unkontrollierbaren Bereich.

Wie sich die postfordistische Kontrollgesellschaften in Antwort auf die Emanzipations- und Autonomiebestrebungen der 1960er und 1970er im allgemeinen als umso mächtigerer globaler Mechanismus (re-)konstituiert haben, haben auf eindrückliche Weise die operaistischen wie postoperaistischen Theoretiker in Italien gezeigt: Mario Tronti, Antonio Negri, Paolo Virno, Franco Berardi Bifo, Maurizio Lazzarato. Das Immateriell-Werden der Arbeit, die zunehmende Bedeutung von „affektiver Arbeit", die Verbreitung von „kognitiver Arbeit" führen schließlich zu einem Kommando von Kontrolle und Kommunikation[344], in dem Kommunizieren nicht mehr Mittel oder Medium, sondern die aller Produktion zugrundeliegende Matrix ist.

Auf dieser Immanenzebene gibt es auch kein vorstellbares Jenseits einer Revolution mehr, einen anderen Raum, der entsteht, wenn die Holzklötze der Sabotage in die Maschinen geworfen werden. „Allerdings tauchen, noch bevor die Kontrollgesellschaften wirklich organisiert sind, auch Formen von Delinquenz und Widerstand [...] auf."[345] Was wären aber heute solche Formen, auch jenseits von Deleuze' vor Jahrzehnten vorgebrachten Beispielen von Computer-Hackern und elektronischen Viren?

Bei Überlegungen zur Beantwortung dieser Frage kommen wir wieder auf die spezifischen Funktionen der Kunstproduktion zurück. Hier muss es jedoch erst darum gehen, zumindest in der Analyse selbstbestimmte Einsätze von künstlerischen Strategien gegen das Kommando von Kontrolle und Kommunikation zu trennen von der Instrumentalisierung künstlerischer Arbeiten für ebendieses. Auf der Konferenz selbst kamen zwei Positionen zum Vorschein, die solche Instrumentalisierung derart naiv und unverdeckt betrieben, dass es mir zweckmäßig erscheint, sie hier noch einmal kurz und exemplarisch zu wiederholen.

Zum einen trat da ein Personalchef auf, der ungeniert kundtat, wie die Kunst doch dafür gut zu gebrauchen wäre, die Kundenzufriedenheit zu erhöhen. Darüberhinaus würde sie als eine von vielen wechselnden Aufgabenstellungen die Mitarbeiter/innen „aus der Reserve locken", gleichsam noch die letzten Ressourcen der Mitarbeiter/innen mobilisieren. Wenn der Personalchef eines großen Konzerns die „Hierarchiefreiheit der Kunst" anführt als Vorbild für die Entwicklung der Teamarbeit, dann ist das genau in obigem Sinne ständiger Kontrolle zu verstehen, die im Unternehmen nicht mehr als Disziplin von oben nach unten, sondern vertikal funktioniert. JedeR kontrolliert jedeN.

Die komplementäre Radikalposition des slicken Kunstproduzenten vertrat auf der Konferenz der Delegierte einer „Gesellschaft für kritische Ästhetik", schon der Institutsname ein relativ eleganter, „kreativer" Euphemismus offenbar für eine Flexibilisierungsagentur, die das zu Geld machen will, was Forscher/innen wie Angela McRobbie als negative Funktion der Kunst im Postfordismus untersucht haben: Statt *dagegen* anzutreten, ölen Künstler/innen die postfordistische Maschine, indem sie als Avantgarde der Hyperflexibilisierung und Prekarisierung neue Arbeitsformen forcieren, die dann allmählich als allgemein anerkannte Entwicklungen in die Gesellschaft sickern. Oder aktiv bis aggressiv der noch immer nicht schnell genug sich transformierenden Gemeinschaft im Markt als Schmiermittel verkauft werden. Die „Gesellschaft für kritische Ästhetik" scheint das gut zu beherrschen, ihr Consulting mittels solcher aus der Kunst abgeschauter Methoden zu betreiben, mit einem Vokabular, das die blanke neoliberale Ideologie kaum zu verbergen vorgibt, von der Propaganda für den Transfer zwischen Kunst und Wirtschaft („Transferkunst"[346]) über eine ultrapopulistische Variante des konstruktivistischen Kunstbegriffs bis hin zu den Lieblingsvokabeln, der Flexibilität und Fluidität: Es gehe um „die Fähigkeit alles fließen zu lassen", hieß es da. – Hier ist sie wieder, die Formel, gegen die Deleuze insistiert, gegen die er auf der gegenteiligen Fähigkeit besteht, die Flüsse zu unterbrechen, leere Räume, Zwischenräume entstehen zu lassen, Vakua.

Interessanterweise bezogen sich dann auch beide Referenten – so verschiedene Kunstvorstellungen sie wohl hatten, der eine einen bürgerlichen Geniekunstbegriff, der andere einen neoliberal geprägten ebenso radikal- wie populär-konstruktivistischen – auf Beuys, entleerten jeden politischen Inhalt seiner Aussage, oder besser: „repolitisierten" ihn im Sinne einer Nutzung für ihre ökonomischen Interessen. „Jeder Mensch ein Künstler" bekommt hier eine ebenso bedrohliche Konnotation wie das lebenslange Lernen. Ja, jeder Mensch ist Künstler/in, und soll auch gefälligst dementsprechend selbstausbeuterisch, unabgesichert und vogelfrei arbeiten. Freie Arbeitsteilung wird zur notwendig ständigen Verfügbarkeit, Kollektivität und Teamarbeit zur ständigen gegenseitigen Kontrolle, die Ganzheitlichkeit von Arbeit und Bildung und Leben ein einziger unauflösbarer Zusammenhang der (Selbst-)Ausbeutung.

Was die Positionen des Personalchefs und des Consulters so überdeutlich werden ließen, kann im kleinen auch für die Kunstinterventionen am Rand der Konferenz gelten: sie haben wohl eher zur *Entstörung* als zur *Störung*[347] beigetragen. Das ist jedoch nicht weiter erwähnenswert im Vergleich zu den Effekten von ähnlichen Phänomenen im größeren Rahmen etwa von documenta und Biennale, wenn gerade als widerständig sich inszenierende Künstler/innen/Kurator/innen und ihre Kunstprojekte die Strategie der Entstörung gekonnt durch Spektakel und geniekünstlerische Camouflage verdecken.

Thomas Hirschhorn[348] etwa veranstaltete mit seinem Bataille-Monument auf der documenta11 in erster Linie den Versuch, einen verspäteten Abgesang auf die partizipatorischen Praxen und Community Arts der 1990er Jahre zu inszenieren, und tappte dabei mehr oder weniger intentional in die meisten Fallen, die dem intensiven Diskurs der 1990er Jahre ebenso bekannt waren[349] wie überhaupt auch schon in Ansätzen dem der 1930er.[350] Hier ist nicht der Platz, diese Problematiken als einzelne Phänomene abzuarbeiten[351], aber auf einen Aspekt möchte ich näher eingehen: Hirschhorn betrieb mit seinem Projekt auf der größten Kunstschau der Welt die doppelte Instrumentalisierung der Ästhetik der Differenz und deren Vereinnahmung für den bourgeoisen Kunstbetrieb.

Zunächst zeigte sich diese Instrumentalisierung für die Spektakelkultur in der Punk-Ästhetik der Hirschhorn'schen Environments, beginnend beim schrill gestylten Kunsttaxi, das die Kunstbegeisterten in Grüppchen aus der Kunst ins pralle Leben brachte, bis hin zur temporären Verhüttelung von Bataille-Ausstellung, Bibliothek und TV-Studio. Dieselben Kunstkenner/innen, die politischen Aktionen und Lebensformen von Autonomen „draußen" mit gerümpften Nasen, verhohlener Angst oder mit dem Ruf nach der Staatsgewalt begegnen, konnten sich der ansonsten bedrohlichen Ästhetik nun vorsichtig nähern und sie aneignen. Das differenzkapitalistische Prinzip gilt hier wie überall: Das Andere wird zunächst ausgegrenzt, um es nach dieser Exklusion umso besser inkludieren, die Differenz umso vollständiger verdauen zu können.

Die zweite Ebene, auf der Hirschhorn die Ästhetik der Differenz vereinnahmte, ist die der Neighbourhood und des Kontextes der Friedrich-Wöhler-Siedlung, in die er sein Bataille-Monument hineinsetzte. Schön brav trotteten Tausende durchs öde Gelände der Mietskasernen und freuten sich nach getaner Arbeit über die Wurstbude, wo sie noch mal die Tristesse der Umgebung genießen konnten. Michaela Pöschl hat in ihrem Artikel zu „Hirschorns Wurst" darauf hingewiesen, dass hier „eine Parallele im Benutzen ‚armer' Materialien und ‚armer' Menschen" besteht.[352] Analog dazu ist wohl auch die doppelte Instrumentalisierung der Differenz zu verstehen: auf der einen Seite das arme Material der Punk-Ästhetik, auf der anderen das gar nicht so pralle Leben in der Friedrich-Wöhler-Siedlung. Hier wiederholt sich die Geschichte der Irrungen als politisch verkaufter Kunst zum x-ten Male, frei nach der Regel: Die Differenz wird ästhetisiert, auf dass sie verdaubar wird und als Differenzkapitalismus verkleidete Identität.

Die Aktivisten/innen von Park Fiction taten auf derselben documenta 11 das einzig Richtige, nämlich das Gegenteil von dem, was sie sonst tun: keine Produktion eines pseudo-aktivistischen Projekts, keine Verlagerung ihres interventionistisch-partizipatorischen Projekts aus dem lokalen Zusammenhang ins internationale Kunstfeld. Sie verweigerten die Zurschaustellung von politisch-künstlerischer Aktion und das Schmieren von Spektakelmaschine und Kommunikationskommando. Stattdessen produzierten sie eine ebenso genaue wie spröde, raumgreifende Dokumentation ihres nachhaltigen und nach wie vor andauernden Projekts in Hamburg/St.Pauli, die sie im Jahr darauf (Juni 2003) in den lokalen Raum der Reeperbahn zurückführten, um neue Debatten vor Ort anzustoßen.[353]

Wie gesagt: Deleuze hat in den 1980ern vermutet, dass Computer-Hacker und elektronische Viren die kommenden Saboteure der Kontrollgesellschaft sein würden. Vor der Folie solcher vager Vermutungen wuchsen in den letzten Jahrzehnten Hypes und Moden virtueller Attacken, die ihrerseits wieder vereinnahmt wurden und zu Strategien der Entstörung mutierten. Es entstanden hier aber auch immer neue exemplarische Praxen von Störung, die das Problem der Vereinnahmung genau erkannten und sich auf temporäre, mikropolitische Strategien verlagerten: etwa jene Aktionen zwischen Kommunikationsguerilla und Medienaktivismus von Adbusting bis Cultural Jamming, von der Kopyright Liberation Front bis zu den Yes Men und RTMark. Komplementär zu diesen medialen Interventionen entwickelt sich neuerdings ein neuer linksradikaler künstlerischer Aktivismus, der am Rand der globalisierungskritischen Bewegungen die Revolten in Chiapas und Argentinien genauso begleitet wie die Grenzcamps und Demonstrationen in Europa.[354] Aus diesen beiden Strängen der Wiederaneignung von medialen und physischen Räumen, Situationen und Präsenzen des Widerstands erhebt sich das größte Potenzial einer immer wieder neu sich konstituierenden Praxis der Störung. Hier, und vor allem am Terrain der Verknüpfung beider Stränge[355], verschieben sich tendenziell die Dichotomien von Repräsentation und Aktion, Realität und Virtualität, Zeichen und Körper. Mit dieser Verschiebung des Paradigmas wird nicht nur gegen lokale Regimes oder parzielles Unrecht gekämpft, sondern gleichzeitig auf einer anderen Ebene gegen die Logik von Identität und Repräsentation, für eine Differenz, die weder als zu vereinnahmende noch a priori als immer schon vereinnahmte Funktion der Entstörung gedacht werden kann.

ANMERKUNGEN

339 Foucault hat diese Figur gegen die des „universellen Intellektuellen" entwickelt, um die Bedeutung von lokalen, spezifischen Kämpfen jenseits der falschen Abstraktion zu betonen, derzufolge Intellektuelle Träger/innen von Werten wären, in denen sich alle wiedererkennen könnten. Dagegen setzt Foucault die Differenz von spezifischen Kompetenzen, die allenfalls in konkreten Projekten gebündelt werden und so einen Universalisierungseffekt erreichen könnten.

340 Raunig, G.: *Bruchlinien des Schönen. Heterogenese politischer Ästhetik.* In: Nowotny, S.; Staudigl, M.: *Grenzen des Kulturkonzepts. Meta-Genealogien.* Wien 2003, S.205-219.

341 wie sie etwa Walter Benjamin in seinem Text ‚Der Autor als Produzent' vorstellt, vor allem anhand der Beispiele Sergej Tretjakovs und Bert Brechts. vgl. auch Raunig, G.: *Großeltern der Interventionskunst* oder *Intervention in die Form. Rewriting Walter Benjamin's ‚Der Autor als Produzent".* In: *Context XXI*, 3/2001, S.4-6, s.a. http://www.eipcp.net/diskurs/d05/text/geraldraunig01.html

342 vgl. Raunig, G.: *Zwischen den Punkten hindurch in eine neue Richtung. Transversalität als Aktivismus, Kunst- und Theorieproduktion.* In: *Analyse + Kritik.* Zeitung für linke Debatte und Praxis/ Nr. 473/16.05.2003 und Raunig, G.: *Transversale Multituden.* In: Ders. (Hg.): *TRANSVERSAL. Kunst und Globalisierungskritik.* Wien 2003, S.11-18.

343 Deleuze, G.: *Unterhandlungen.* Frankfurt/M. 1993, S.251.

344 vgl. dazu neben den einschlägigen Arbeiten von Antonio Negri, vor allem Maurizio Lazzarato: *Kampf, Ereignis, Medien.* In: Raunig, G. (Hg.): *Bildräume und Raumbilder. Repräsentationskritik in Aktivismus und Film.* Wien 2004; Lazzarato, M.: *Verwertung und Kommunikation. Der Zyklus immaterieller Produktion.* In: Negri, A.; Lazzarato, M.; Virno, P.: *Umherschweifende Produzenten. Immaterielle Arbeit und Subversion.* ID: Berlin 1998, S.53-66.

345 ebenda

346 vgl. auch den Artikel *Was ist Transferkunst?* von Klaus Heid und Rüdiger John in JUNI 1, 46f., der Kunst als „Transferdisziplin" propagiert, die für die Bereiche der Wirtschaft und Wissenschaft Profit und Mehrwert verspräche. In diesen Bereichen würde die Kunst „neue Perspektiven im Prozess- und Projektmanagement" eröffnen und „die Integration in die alltägliche Lebenspraxis" unterstützen.

347 vgl. zum Begriffspaar „Störung – Entstörung" in der Kunst der 1990er: Christian Höller: *Störungsdienste.* In: springerin 1/April 1995, 20f..

348 vgl. auch den Beitrag von Hanne Seitz in diesem Band

349 vgl. Raunig, G.: *Spacing the Lines. Konflikt statt Harmonie. Differenz statt Identität. Struktur statt Hilfe.* In: Sturm, E.; Rollig, S. (Hg.): *Dürfen die das? Kunst als sozialer Raum.* Wien 2002, S.118-127.

350 vgl. auch Raunig, G.: *Großeltern der Interventionskunst* oder *Intervention in die Form. Rewriting Walter Benjamin's „Der Autor als Produzent".* In: *Context XXI*, 3/2001, S.4-6.

351 vgl. dazu die detailreichen Ausführungen von Michaela Pöschl: *Hirschhorns Wurst.* In: *Kulturrisse.* 04/02, S.26-29.

352 ebenda

353 vgl. ‚Unlikely Encounters in Urban Space', http://www.parkfiction.org/unlikelyencounters

354 vgl. dazu die zahlreichen im multilingualen Webjournal von www.republicart.net veröffentlichten Texte

355 vgl. dazu: Raunig, G.: *Öffentlichkeit und orgische Repräsentation. Eine Einleitung.* In: Ders.: *Bildräume und Raumbilder. Repräsentationskritik in Aktivismus und Film.* Wien 2004.

WOCHENKLAUSUR. KONKRETE EINGRIFFE ALS AUFGABENBEREICH EINER WIENER KUNSTGRUPPE

Wolfgang Zinggl

WAS IST DIE WOCHENKLAUSUR?

Die WochenKlausur hat sich zum Ziel gesetzt, mit den Mitteln der Kunst kleine, gesellschaftspolitische Veränderungen zu bewirken. Seit 1993 führt die Gruppe aus Künstlerinnen und Künstlern auf Einladung renommierter Kulturinstitutionen soziale Interventionen durch. Sie richtet ihr Büro dort ein, wo normalerweise Ausstellungen stattfinden und zeigt, dass bestimmte Lebensbedingungen von Menschen nicht so sein müssen, wie sie sind.

Traditionelle Vorstellungen gestehen der Kunst weder die Aufgabe noch eine Fähigkeit zu, auf sozialpolitische Verhältnisse messbar einzuwirken. Neuerdings wählen Künstler und Künstlerinnen aber genau diesen direkten Eingriff. Sie wählen Aufgaben aus dem Alltag und gehen gleich daran, ihre Verbesserungsvorschläge umzusetzen.

Wie der Name WochenKlausur andeutet, setzen die Projekte den vollen Einsatz des Kollektivs (sechs Leute) in einer Arbeitsklausur von etwa acht Wochen voraus.

Der begrenzte Zeitrahmen von einigen Wochen ist für die Verwirklichung der geplanten Interventionen unüblich knapp, bewirkt aber gerade deswegen eine Konzentration der Teilnehmerinnen und Teilnehmer. Die einladende Kunstinstitution bietet der WochenKlausur jeweils den infrastrukturellen Rahmen sowie das kulturelle Kapital und die Ausstellungsräume dienen als „Atelier", von dem aus die Intervention durchgeführt wird: „Das Funktionieren des Modells WochenKlausur beruht unter anderem darauf, dass es nicht nur das künstlerische Know-how der Teilnehmenden, sondern auch das Ansehen und die Glaubwürdigkeit der kooperierenden Kunstinstitutionen für ihr Projekt benützt." (Hildegund Amanshauser; Salzburger Kunstverein).

Das Thema wird meist schon vor Projektbeginn festgelegt. Nur die wenigsten Kunstinstitutionen sind bisher mit einem konkreten Wunsch an die WochenKlausur herangetreten. Es liegt an der Gruppe, sich vor Beginn des Projekts über die lokalpolitischen Gegebenheiten zu informieren und eine entsprechende Intervention vorzuschlagen. Nach eingehender Recherche wird dann die endgültige Entscheidung, was tatsächlich verwirklicht werden soll, getroffen.

EINIGE PROJEKTE ALS BEISPIEL

Begonnen hat alles 1993 auf Einladung des renommierten Ausstellungsraumes Wiener Secession. Der Karlsplatz vor dem Ausstellungsgebäude war damals ein frequentierter Treffpunkt sozialer Randgruppen. Für die Dauer einer Ausstellung sollte die Gruppe in Klausur gehen, um eine kleine, aber konkrete Maßnahme zur Verbesserung der Lage der Obdachlosen zu entwickeln und umzusetzen. Gespräche mit Hilfsorganisationen sowie mit den Betroffenen ergaben, dass die medizinische Versorgung ein brisantes Problem darstellte. Menschen ohne Geld und Krankenschein wurden damals medizinisch einfach nicht behandelt.

Die WochenKlausur richtete eine mobile Praxis ein, und seither versorgt eine fahrende Ambulanz die Obdachlosen ohne Kosten für die Betroffenen und ohne Krankenschein. Der Bus fährt regelmäßig alle Plätze in der Stadt an, auf denen sich Obdachlose sammeln. Um das möglich zu machen, musste ein Arzt finanziert werden, die Medikamente und natürlich musste ein Bus angeschafft und zu einer medizinischen Praxis umgebaut werden. Seit zehn Jahren nun tourt der Bus durch Wien und versorgt 600 Patienten im Monat. Er hat sich als nicht mehr weg zu denkende Einrichtung etabliert, und die Caritas in Wien hat den administrativen Dauerbetrieb der Einrichtung übernommen.

Zur Umsetzung solcher Projekte bedarf es immer wieder gefinkelter Strategien. Trickreiches Vorgehen war zum Beispiel gefragt, als es darum ging, die Ärztekosten für den Wiener Obdachlosenbus zu decken. Die Intervention neigte sich bereits ihrem Ende zu, ohne dass die zuständige Stadträtin eine Finanzierungszusage gegeben hatte, und es schien, als würde das ganze Projekt scheitern. Mit einem Korrespondenten der deutschen Wochenzeitung Spiegel, der zwar keinen Bericht schreiben wollte, auf Betreiben der WochenKlausur gegenüber der Stadträtin aber immerhin so tat, als würde er recherchieren, trat dann die entscheidende Wende ein: Im Glauben, der Spiegel würde andernfalls negativ berichten, entschloss sich die Politikerin, die laufenden Ärztekosten über ihr Budget zu finanzieren.

Die WochenKlausur möchte mit ihrer Arbeit zeigen, dass bestimmte Lebensbedingungen von Menschen nicht notwendigerweise so sein müssen, wie sie sind. Viele Menschen haben keine Lobby und können von sich aus wenig tun, um sich Gehör zu verschaffen oder ihre Situation zu verbessern. Das Agieren aus dem Kunstkontext heraus bringt zudem Vorteile, wenn es darum geht, soziale und bürokratische Hierarchien zu umgehen und Verantwortungsträger der politischen Ebene, der öffentlichen Verwaltung oder der Medien kurzfristig zu mobilisieren und in konkrete Maßnahmen einzubinden.

Nach dem Projekt in Wien folgte eine Einladung der Shedhalle Zürich, wo die WochenKlausur eine Pension für drogenabhängige Frauen aufbaute, dann, in Civitella d´Agliano (Italien) wurde ein Altenzentrum mit Bocciabahn für die Alten des Ortes eröffnet, ein Vereinslokal, das oft versprochen, aber nie verwirklicht worden war. Um das Ziel zu erreichen, wurde zunächst eine Bar mit Theke, Geschirrspüler, Eis etc. angeschafft. Im Gegenzug versprach der Bürgermeister, für einige Sanierungsarbeiten zu sorgen. Zur Finanzierung der Bar hat die Gruppe eine großangelegte Photoaktion gestartet, an der sich halb Civitella beteiligte. Jeder konnte sich vor einem großen Gemälde seiner Stadt, das die WochenKlausur angefertigt hatte, photografieren lassen. Mit dieser Aktion finanzierten die Dorfbewohner indirekt ihre Bar.

In Ottensheim, einer kleinen Gemeinde in Oberösterreich, entwickelte die WochenKlausur ein Bürgerbeteiligungsmodell für kommunalpolitische Entscheidungen. Ein Teil der Strategie zur Verwirklichung dieses Gedankens war der Bau einer Skaterbahn für die Jugendlichen. Die Gruppe dachte, dass eine solche sportliche Einrichtung für Jugendliche keinerlei Gegner haben würde. Hatte sie auch nicht, es konnte lediglich keine parteipolitische Einigung über den Standort der Skaterbahn erzielt werden. Um eine Entscheidung herbeizuführen, stellte die WochenKlausur die Holzrampe kurzerhand im historischen Ortskern auf. Drei Tage später verkündete der Bürgermeister dann den tatsächlichen Standort am Donaugelände.

1995 wurde die WochenKlausur vom steirischen herbst eingeladen, eine Intervention zur Ausländerbeschäftigungspolitik durchzuführen. Das Ziel des Projektes in Graz bestand darin, legale Arbeitsmöglichkeiten zumindest für einige jener Migrant/innen zu schaffen, die in ihrer Heimat aus politischen, ethnischen oder religiösen Gründen verfolgt werden und in Österreich trotzdem keinen legalen Status erhalten. Zum Beispiel, weil das Herkunftsland kein Rückreisezertifikat ausstellt. Sie bleiben im Gastland, egal, ob sie wollen oder nicht – egal auch, ob Österreich will oder nicht.

Den meisten dieser Menschen ist der Zugang zum Arbeitsmarkt verschlossen. Aufgrund der Gesetzeslage ist es so gut wie unmöglich, eine Beschäftigungsbewilligung für sie zu erwirken, obwohl es genügend freie Stellen gäbe. Verdienstmöglichkeit und Arbeit sind aber wesentliche Grundlagen für die Einbindung in eine Gesellschaft. Mit einer Intervention nutzte die WochenKlausur die Möglichkeiten der Kunstinstitution steirischer herbst, um Beschäftigungsmöglichkeiten vorzustellen und konnte zeigen, wie selbst bei restriktiver Gesetzgebung legale Möglichkeiten gefunden werden können, für Asylsuchende Erwerbsmöglichkeiten zu schaffen.

Ein weiteres Projekt zur Arbeit wurde im Februar 1998 in Berlin durchgeführt. Die Bundesanstalt für Arbeit hatte damals aktuelle Arbeitslosenzahlen für den Stadtteil Kreuzberg bekannt gegeben. Demnach waren knapp dreißig Prozent arbeitslos gemeldet. Das für Kreuzberg zuständige Arbeitsamt war mit einer Flut von Anträgen konfrontiert, deren Bearbeitung kaum bewältigt werden konnte. Stundenlanges Warten war an der Tagesordnung, auf individuelle Bedürfnisse bei der Jobsuche, besondere Qualifikationen oder Eignungen konnte sowieso keine Rücksicht genommen werden und beide Seiten, Beamte und Erwerbslose waren genervt und demotiviert. Viele Erwerbslose, vor allem Jugendliche, vermieden bereits den Gang zum Arbeitsamt, weil sie dort nur Mühe aber kein Nutzen erwartete.

Anstatt Arbeitslosigkeit als strukturellen Bestandteil unserer marktwirtschaftlich orientierten Gesellschaft zu begreifen, wird sie leider immer noch als individuelles Schicksal abgehandelt. Den Arbeitslosen wird suggeriert, sie hätten die Regeln des Spieles um Wohlstand nicht kapiert, und damit ihre Berechtigung zur weiteren Teilnahme verloren. Viele Menschen arbeiten aber beispielsweise für die Gemeinschaft, ohne dafür entsprechend entlohnt zu werden. In diesen Bereichen müsste für die Gemeinschaft mehr als weniger getan werden. Die Zahl der Aufgaben in diesen Bereichen wächst kontinuierlich und unentbehrliche Betätigungsfelder ließen sich genügend finden. Diese Tätigkeitsfelder lassen sich aber angeblich nicht finanzieren. Viele Soziologen und Politikwissenschaftler fordern deshalb seit geraumer Zeit ein Umdenken, was die Bandbreite an bezahlter Arbeit betrifft.

Nach eingehender Recherche zur lokalen Problematik beschloss die WochenKlausur, eine Koordinationsstelle zur Beratung und Umsetzung von Arbeitsprojekten zu gründen. Im Unterschied zu vorhandenen Vermittlungsstellen sollten für diese „workstation" aber nicht die Zwänge des Markts als Grundlage für mögliche Betätigungen herangezogen werden, sondern die Erfahrungswerte, Eignungen und Neigungen der Erwerbslosen. Unser Vorhaben setzte den damaligen Entwicklungen am Arbeitsmarkt also eine Vorstellung entgegen, die unter Arbeit nicht nur die entfremdete Tätigkeit zur Existenzsicherung versteht, sondern jene honorierte Betätigung, die den Fähigkeiten und Vorstellungen des Individuums entspricht.

Zwei Einrichtungen sollten helfen, dieses Ziel zu erreichen. Ein „Info Tank" sollte als Beratungsstelle fungieren, wo über die Möglichkeit der Konstruktion von Arbeitsplätzen nach individuellen Bedürfnissen und Eignungen informiert wird. Die Beratung für Erwerbslose sollte einen Schwerpunkt der workstation darstellen. Viele Menschen haben die Perspektive, ihre Arbeitsbedingungen mitzugestalten, verloren.

Und ein „Think Tank" engagierter Spezialisten sollte sich darüber hinaus Gedanken machen über die Entwicklung neuer, lokaler Arbeitsfelder im kontinuierlichen Austausch mit der öffentlichen Verwaltung, mit Unternehmen und bestehenden Trägern. Der Think Tank sollte Erwerbslose bei der Entwicklung von persönlichen Projekten unterstützen. Er sollte die vorgestellten Ideen und Vorhaben auf ihre Realisierbarkeit prüfen, Finanzierungspläne machen und den Kontakt zu potenziellen Kooperationspartnern initiieren.

Natürlich war das Konzept auf den Zuspruch und die Unterstützung vieler Personen angewiesen. Über ein sinnvolles Rahmenprogramm im Büro der WochenKlausur im Kunstamt Kreuzberg konnten während der gesamten Dauer des Projekts diese Unterstützung aufgebaut werden. Vor allem vier abendliche Veranstaltungen waren sehr gut besucht und halfen, die Aufmerksamkeit der Öffentlichkeit auf die neue workstation zu lenken.

Auf Worte allerdings mussten dann auch Taten folgen. Zur Realisierung der workstation war ein Büro mit Infrastruktur vonnöten, ein gutes Team und finanzielle Mittel. Eine Servicegesellschaft stellte zwar die notwendige Infrastruktur (Computer, Möbel, Fax etc.) zur Verfügung, schwieriger war es aber, engagierte Mitarbeiterinnen zu finden, die bereit waren, unbezahlt in den Aufbau der workstation einzusteigen. Es fehlte jede Startfinanzierung. Eine produktive Zusammenarbeit gelang schließlich mit einer Initiative von jungen Akademiker und Akademikerinnen, die Schulungen im Bereich der Ideenfindung und -umsetzung anbot. Das „Sprungbrett" hatte sich nämlich selbst zum Ziel gesetzt, einen aktiven Beitrag zur Bekämpfung der Arbeitslosigkeit zu leisten und war an einer Übernahme der workstation sehr interessiert. Frauke Hehl kümmert sich seither um ein Team von zwanzig Personen, die teils ehrenamtlich, teils über öffentliche Maßnahmen am Aufbau der workstation mitwirken. Erste Beratungsgespräche wurden geführt, Wiedereinstiegskurse für straffällig gewordene Jugendliche angeboten, die workstation wurde als Ort für Austausch, Begegnung und gegenseitige Unterstützung fixer Bestandteil der Berliner Projektszene.

Die Stadt Linz ist in Österreich vor allem durch die Stahlproduktion bekannt. Mit der Krise der Schwerindustrie in den 80er Jahren und der damit einhergehenden Privatisierung der Voest mussten tausende Arbeitsplätze abgebaut werden. Und so steigt auf der einen Seite die Zahl der Arbeitslosen, auf der anderen Seite kann eine Vielzahl von Aufgaben vor allem im ökologischen und im sozialen Bereich nicht wahrgenommen werden, weil es an Geld für die Infrastruktur und für Arbeitskräfte fehlt. Den Willen zur Umverteilung seitens der Wirtschaftstreibenden vorausgesetzt, wäre eine Lösung dieses Dilemmas aber möglich. Neue Arbeitsplätze können dort entstehen, wo alte Strukturen aufgebrochen und neue Kooperationen eingegangen werden.

Als einen modellhaften Beitrag konzipierte WochenKlausur im Sommer 1998 ein Kleinunternehmen im Bereich des Up-Cycling. Unter Up-Cycling versteht man Verfahren, die Abfall und ausgediente Güter zu neuen Produkten verarbeiten. In einer Vorlaufphase sammelte die WochenKlausur Informationen zu bestehenden Initiativen in ganz Europa. Erklärtes Ziel war es, Arbeit zu schaffen, die nicht in Konkurrenz zu unmittelbaren Mitbewerbern treten sollte. Es sollte ja eine neue Arbeitsmöglichkeit keine andere verdrängen.

Unter dem Markennamen „GreenBrains" vertreibt der Wiener Designer Christian Bühner seit einigen Jahren Büroartikel aus fehlerhaften Leiterplatten. Die Produktpalette reicht von Terminkalendern über Büroklammern bis hin zu Behältern für Notizblätter. Aus scheinbar wertlosem Material werden Produkte hergestellt, die exklusiv aussehen und demonstrieren, dass Reststoffe nicht unbedingt auf der Deponie oder in der Verbrennungsanlage landen müssen. Fehlerhafte Leiterplatten sind Sondermüll und müssen im Regelfall kostenaufwendig entsorgt werden. Einen Teil des Produktionsablaufs wickelt Christian Bühner sogar in den Produktionsstätten jener Firmen ab, die zuvor ihren Abfall als Ausgangsmaterial zur Verfügung gestellt haben. Diese Betriebe dienen neben dem Einzelhandel zudem auch als Absatzmarkt. So kaufen die Unternehmen beispielsweise die Büroartikel zu einem günstigen Einkaufspreis ein, um sie in Form von Werbegeschenken an ihre Kunden weiterzuleiten.

„GreenBrains" ist kein Einzelfall. An vergleichbaren Ideen mangelt es nicht. Zahlreiche Projekte aus Österreich und anderen Ländern beweisen, dass Up-Cycling eine zukunftsträchtige Branche ist. Was hingegen fehlt, sind Schnittstellen, die Kontakte zwischen Designern und der Industrie herstellen und bei Bedarf die Produktionsleitung übernehmen, denn nicht jeder gute Designer ist auch ein guter Geschäftsmann. Genau hier griff die Intervention der WochenKlausur.

Die WochenKlausur beschloss, eine Agentur zu gründen, die sowohl Firmenkunden als auch Einzelpersonen maßgeschneiderte Designlösungen, etwa für Firmenpräsentationen und Messestandgestaltungen, sowie Produkte aus unkonventionellen Materialien anbietet. Hierfür sollten der Agentur zwei Informationspools zur Verfügung stehen: ein Pool an Designern, Freischaffenden, Künstlern und Experten und ein Rohstoff-, Produktionsstätten- und Werkstättenpool. Aufgabe der Agentur sollte es sein, die Kundenakquisition und -betreuung sowie die Vermittlung an die entsprechenden Partner zu übernehmen, um guten Ideen eine Realisierung und den Marktzugang zu ermöglichen.

Gegen Ende des Projekts konnte ein erfahrener Unternehmer gefunden werden, der sich bereits seit längerem mit der Gründung einer Reparaturzentrale befasste, einem Konzept, das sich mit dem der WochenKlausur gut kombinieren ließ. Nun galt es, die bereits begonnene Datenbank weiter auszubauen. Ein erster Auftrag konnte noch während der Projektlaufzeit lukriert werden. Die Firma Brau-Union ließ einen Boden in einem Lokal in Linz aus fehlerhaften Aluminiumdosen produzieren, die nicht ihrem ursprünglichen Verwendungszweck zugeführt werden konnten. Aufgabe des neuen Up-Cycling-Teams war es, zwischen Auftraggeber und Auftragnehmer zu vermitteln, einen entsprechenden Vertrag aufzusetzen und die Produktion des Bodenbelags vom Prototyp bis zum Endprodukt zu begleiten. Zusätzlich wurde in Zusammenarbeit mit allen Beteiligten ein Zahlungsmodus gefunden, der sich auch auf weitere Aufträge anwenden lässt.

Zur Biennale in Venedig wurden acht Sprachschulen für Flüchtlinge aus dem Kososvo eingerichtet und mittlerweile konnten insgesamt 18 Projekte neben den bereits genannten auch in Salzburg, in Fukuoka (Japan), in Nürnberg, Stockholm, Helsingborg und anderen Städten erfolgreich abgeschlossen werden.

Zur Zeit arbeitet die WochenKlausur wieder in Wien an einem Projekt in Zusammenarbeit mit dem Anton Proksch Institut zur beruflichen Qualifikation stabiler, ehemaliger Drogenkonsumenten. Im Rahmen einer 12-wöchigen Intervention möchte die Künstlergruppe WochenKlausur eine Werkstätte mit Verkaufsmöglichkeit einrichten. Absolventen von Langzeittherapien soll die Möglichkeit gegeben werden, über sinnvolle, kreative und praktische Arbeit einen Zugang zum ersten Arbeitsmarkt zu finden. Diese Werkstatt wird ausrangierte Waren und Materialien in neue, manchmal veränderte Objekte überführen, die dann verkauft werden.

Die Absolventen stationärer Langzeittherapien werden nach ihrem, meist einjährigen Aufenthalt mit einem Arbeitsmarkt konfrontiert, der in vielen Fällen nicht ihren Erwartungen oder Hoffnungen entsprechen kann. Die Hoffnungen gehen oft davon aus, dass ein Leben ohne Drogen auch Spaß machen soll und dass die kreativen Kräfte gefordert werden müssen, das selbstständige Denken und Handeln der Absolventen und die Möglichkeit zur Selbstverwirklichung. Im allgemeinen haben die Therapieabsolventen aber leider nur wenig Arbeitspraxis und keine abgeschlossene Berufsausbildung. Für viele bleibt somit nur die Möglichkeit, am zweiten Arbeitsmarkt eine Anstellung zu finden, oder eine Kursmaßnahme nach der anderen in Anspruch zu nehmen. Ein Wechsel in den ersten Arbeitsmarkt ist für die überwiegende Mehrheit dann aber auch in Folge nicht möglich.

Um den Klienten den Einstieg ins ‚normale' Leben zu erleichtern, gibt es zur Zeit unter anderem Übergangswohneinrichtungen, die sie bei der Arbeitssuche und bei der Tagesstrukturierung unterstützen. Trotz dieser ‚Auffang- und Unterstützungsnetze' werden die ehedem Suchtgiftabhängigen aber durch die Situation am Arbeitsmarkt demotiviert. Gepaart mit der für die Zielgruppe typischen, ohnehin geringen Frustrationstoleranz erhöht sich so die Gefahr eines Rückfalls in ein altes Drogenverhalten. Oft fehlt einfach die Möglichkeit, jene Zeit, die für eine dauerhafte persönliche Stabilität und Neuorientierung benötigt werden würde, in Form einer adäquaten, betreuten Arbeitsstelle zu überbrücken. Kurzum: Es fehlt eine Brücke, ein Übergang vom stationären Therapieaufenthalt zum ersten Arbeitsmarkt.

In einer ersten Phase wird eine geeignete Liegenschaft gesucht und mit den Werkmeistern und Leiterinnen der konzipierten Upcycling-Werkstatt adaptiert und eingerichtet. In der Folge werden etwa sieben Absolventen von drogentherapeutischen Einrichtungen angestellt. Sie bekommen die Möglichkeit, alte Fundstücke zu renovieren und im Zuge dessen verschiedene handwerklichen Techniken zu erlernen oder im Verkauf und der Verwaltung tätig zu werden.

Zusätzlich zu den geplanten handwerklichen und kreativen Arbeitsplätzen sollen Arbeitsplätze in Bereich Verwaltung, Buchhaltung, Marketing etc. geschaffen werden. Die Klienten haben somit die Möglichkeit, sehr umfangreiche Kenntnisse zu erwerben.

WAS IST AN ALL DEM KUNST?

Und wo ist ein Unterschied zur Sozialarbeit? Wenn alles als Kunst bezeichnet wird, meinen Kritiker, hat das Wort seinen Sinn verloren.

Kunst grenzt sich nicht von vorneherein von anderen Dingen ab. Wir sind es, die zu bestimmten Phänomenen „Kunst" sagen. Und die Gemeinschaft verändert den Kunstbegriff, so wie sie Gebäude errichtet und Gesetze erlässt. Unterschiede zur Sozialleistung können, genauso wie zur Dienstleistung, zur Wissenschaft oder zur Alltagsästhetik erst heraus gearbeitet werden, wenn wir den Wörtern ihre Bedeutungen verleihen. Ein altes Bild kann genauso Kunst sein, wie eine Suppendose oder die Zeichnung eines Geisteskranken. Es liegt lediglich an uns, wo wir die Grenzen der Kategorien ziehen wollen, und es geht immer nur darum: wer will was – und warum – als Kunst bezeichnen. Wenn ich, wie Malewitsch, ein schwarzes Quadrat einbringe, wie Duchamp einen Hundekamm ausstelle, oder wie Günther Brus, die Aktion als Kunst gesehen haben will, dann stelle ich jeweils den Antrag, andere mögen mit mir, meine neuen Vorstellungen von Kunst teilen. Und so bilden sich über das gemeinsame Kunstverständnis tatsächlich Gruppen, wie sie sich zu gemeinsamen Anschauungen in Fragen der Sexualität, der Religion oder der Karottenzucht finden.

Manche Gruppierungen unterstützen den traditionellen Kunstbegriff und andere attackieren ihn. Will eine Gruppe das handwerkliche Können als Kunst feiern, das Schöne oder das Original, dann kommt sie vielleicht einer anderen Gruppe ins Gehege, die Prozesse statt der Werke als Kunst anerkennen will. Versteht eine Gemeinschaft die Kunst bloß als Zerstreuung, als Auffettung der Freizeit, so hat sie eine konträre Meinung zu jener Gruppe, die ihr Ehrfurcht, Andacht und Kontemplation entgegenbringt.

Mit der Verwendung der Wörter transportieren wir Vorstellungen von Funktionen der Kunst. Einmal soll Kunst schmücken, dann einen Spiegel vorhalten. Sie kann belehren oder den Ängsten der Menschen ein Ausdrucksventil verleihen. Sie kann erfreuen, Spaß machen, das Herz im Leibe hüpfen lassen, wenn wir des abends müde nach Hause kommen. Oder sie kann unser Zusammenleben gestalten. Wenn unter Kunst die aktive, kreative Beteiligung bei der Beseitigung offensichtlicher Unzulänglichkeiten verstanden wird, das Erbringen konstruktiver Vorschläge und Modelle zur Verringerung von Arbeitslosigkeit, im Recycling, bei der Entwicklung sozialpolitischer Maßnahmen, dann interessiert die beteiligten Künstler und Künstlerinnen die Veränderung der Welt offenbar mehr als die Veränderung von totem Material.

Freilich, mit der Bedeutung des Wortes Kunst schwingt heute immer noch so ein wenig das Gegenteil von sozial mit. Wer Kunst macht, muss ein Hallodri sein, ein Lump, immer ein bisschen auf der Seite des Dunklen. Und: Er darf sich einen Dreck um etwas anderes scheren als um das, was er mit Lust machen möchte. Genau das ist die Schwierigkeit jener Kunst, die als Aktivismus oder politische Interventionskunst bezeichnet wird. Weil mit den Bedeutungen der Wörter „sozial" und „Kunst" zur Zeit noch Assoziationen mitschwingen, die sich mit der Vorstellung von einer Kunst, die schlicht einen Beitrag zur Verbesserung des Zusammenlebens leisten möchte, nicht vertragen. Würde das Wort „sozial" so verstanden werden, wie es der Duden möchte: „auf die menschliche Gemeinschaft bezogen" – etwa so, wie es im Wort „Sozialpsychologie" nach wie vor zur Geltung kommt – wäre die Kunst jedenfalls sozial.

Die Kunst der WochenKlausur liegt im Prozess. Ihre gestalterische Leistung besteht nicht darin, Materialien – wie Holz, Stein oder Leinwände – zu verändern, sondern das Zusammenleben von Menschen. Die Interventionskunst und der gesellschaftspolitische Aktivismus entsprechen nicht unbedingt dem, was man so normalerweise unter Kunst versteht. Das Wort Intervention wird in der Kunst heute freilich ein wenig inflationär, für beliebige Formen des Veränderns verwendet. Die WochenKlausur greift demgegenüber mit ihren Aktivitäten konkret und nachhaltig dort ein, wo realpolitische Defizite verringert werden können.

Viele Jahrhunderte lang haben sich Künstler und Künstlerinnen mit der möglichst getreuen Abbildung der Welt und maximal mit der Interpretation gesellschaftlicher Ereignisse begnügt. Doch dann, mit Beginn des 20. Jahrhunderts, wurde die Forderung, Kunst möge keine parallele Quasiwelt bilden und nicht so tun, als könne sie aus sich und für sich existieren, laut.

Die Russischen Konstruktivisten waren die ersten, die vormachten, wie Kunst auf die realen Bedürfnisse der Menschen Bezug nehmen kann. Sie sind auf die Idee gekommen, die Leinwände gegen die Straßen und Plätze, Pinsel und Farben gegen die Menschen auf diesen Straßen einzutauschen. Sie schrieben Transparente und befestigten sie an Traktoren und Eisenbahnen, mit denen sie dann durch die Lande zogen.

In den Siebziger Jahren versuchte man mit Kunst den Weltfrieden zu erreichen, das Bewusstsein zu beeinflussen und den Kapitalismus in den Griff zu bekommen. – Mit wenig realpolitischem Erfolg – wie wir heute wissen.

Seit Beginn der 90er sind die Erwartungen pragmatischer geworden: Künstler haben die Grenzen ihrer Möglichkeiten erkannt, um die sozialen Verhältnisse zu verändern, und sie sehen ihre Chance, die Gesellschaft zu beeinflussen, indem sie sich auf kleine aber sehr konkrete Probleme einlassen.

Theoretisch bestehen keine Unterschiede zwischen einem Künstler, der sein Bestes tut, um ein gutes Bild zu malen, etwa innerhalb der Dimensionen, in denen er beschlossen hat, dieses Bild anzufertigen – also etwa 120x120 cm – und Künstlern, die ihr Bestes tun, um ein bestimmtes Problem in unserer Gesellschaft zu lösen, dessen Grenzen auch abgesteckt sind. Die selbstgewählte Aufgabe muss also wie beim Maler auch präzise definiert sein. In der Interventionskunst ist es wenig effektiv, wenn nicht genau feststeht, welche Problemlösung gesucht werden soll.

PERSPEKTIVEN FÜR DIE KUNSTPÄDAGOGIK

Karl-Josef Pazzini

PERSPEKTIVE

Der Vortrag steht laut Programm unter der Gesamtüberschrift „Perspektiven". Wenn Kunstpädagogik von der Kunst her denkt, dann wird sie Schwierigkeiten mit dem Begriff „Perspektive" haben.

Perspektive, im Besonderen die Zentralperspektive, als symbolische Form der Strukturierung des Sehens, Denkens, des Fühlens und Handelns ist eine Form, die für einen rationalistischen Weltentwurf steht – ich verkürze –, der die Umgebung und das Individuum gegenseitig strukturiert, dazu auch die Mittel haben muss, dass sie dann die Effekte zeitigt, die dem fortschrittsbezogenen Denken entsprechen. Sie ist ein imperiales Verfahren, um aus einem Individuum einen Potentaten zu machen. Dieses Verfahren war und ist immer noch erfolgreich, muss aber, um erfolgreich zu bleiben, immer größere Durchschlagskraft, immer gewaltsamere Mittel entwickeln, ferngesteuerte und selbst sehende, um die Perspektive durchzuhalten und klar und distinkt zu treffen. Dabei kommt es zu Kollateralschäden.

In vielen Bereichen der Kunst des vorigen Jahrhunderts und der Gegenwart wurden andere Weisen der Orientierung, der Auseinandersetzung mit den Nebenmenschen und der Umwelt in das Register des Symbolischen übersetzt, das heißt aus dem für andere nicht wahrnehmbaren bloßen Meinen (dem Register des Imaginären), also dem Eigentum des Einzigen, herausgearbeitet.

Gemäß dieser Entwicklung, den Forschungsergebnissen aus Kunst, Philosophie und Psychoanalyse lässt sich das Subjekt – eine Art Mandala der ästhetischen Erziehung – nunmehr und zutreffender eher so fassen:

DAS SUBJEKT IST UNBEWUSST. ...

Das Subjekt ist das, was sich unterlegt, was unterlegt ist, eine Basis bildet, was unterlegen ist, was unterworfen ist, das, was man nicht identifizieren kann, was auch nicht unbedingt als Individuum abzugrenzen ist (ein Subjekt können mehrere Individuen sein, erinnert sei an das revolutionäre Subjekt). Alles das.

In der Pädagogik und manchmal auch im Zusammenhang mit Bildung wird leichtfertig vom Subjekt gesprochen und geschrieben. Als sei es einfach da, wird es mit dem Individuum verwechselt oder auch mit dem Ich.

Kunstpädagogik als Vermittlung dessen, was in der Kunst erforscht wurde, kann die Aufgabe haben, die damit einhergehenden Veränderungen

- auf einer wissenschaftlichen Ebene in die Erziehungswissenschaft hineinzutragen,
- auf einer bildungspolitischen Ebene in die entsprechenden Kommissionen und Gremien, gegen den Mainstream neuer Rationalisierung und Standardisierung zu argumentieren, vor allem gegen den analen Evaluationswahn Beispiele aus der künstlerischen Produktion zu halten,
- auf der Ebene der Lehrerausbildung mitzuarbeiten an einem Stil und einer Haltung, die aus der Kunst übersetzt werden,
- und zuletzt auch eine kritische Haltung gegenüber dem einzunehmen, was im Kunstbetrieb als Kunst präsentiert wird.

Ich versuche, das in aller gebotenen Kürze und damit Verkürzung zu begründen:

Das Subjekt tritt als Ding, als Gegenstand, als Substanz nicht in Erscheinung. (Das, wovon man reden kann, das, was man intentional darstellen kann, ist das Ich oder die Erscheinung eines Individuums.)

Mit „Subjekt" ist eine Kluft bezeichnet, ein Hiatus, eine Differenz, bzw. das Subjekt „ist" eine Kluft[356]. Der Mensch versucht Zugang zu finden zum Ding an sich, zur absoluten Wahrheit, zur Unmittelbarkeit. Anders formuliert: Sobald er sich bewusst

Werbespot Zazoo

wird, sich also ein Ich gebildet hat, ist er auf der Suche nach dem immer schon verlorenen Objekt. Davon zeugen die Ursprungsmythen in der Menschheits- und Individualgeschichte, die unter anderem den Versuch unternehmen, eben jene Lücke mit einem Bild zu schließen, bzw. sprechbar zu machen.

Das Singuläre (Einzigartige) des Subjekts ist nur zu begreifen durch die Gegen- und Kontrastbewegung einer Vergesellschaftung (Beziehungsaufnahme, Eingehen von Relationen), nicht mehr als das autonome Ich, das sich und anderen als Festung gilt und zu einer wahnhaften Verkennung der Welt neigt.

Was der Mensch wahrnehmen kann, ist phänomenal, also nur in dem Bereich auffindbar, der in Erscheinung tritt. Hier experimentiert Kunst. Dass etwas unzugänglich bleibt, lässt eine Sphäre entstehen, die zwischen dem liegt, was erscheint (phänomenal ist) und dem, was unzugänglich ist (noumenal ist). In dieser Kluft konstituiert sich als Relation das Subjekt. Ein so verstandenes Subjekt ist jeweils ein Akt, ein immer wieder verschwindender Vermittler[357].

LEHRER ALS STÖRER

Eine Erscheinungsform desselben ist der Kunstpädagoge, wenn er über die eigenen Grenzen geht und auch über die seiner Adressaten, der, wenn er sich für den hält, der alles Relevante weiß und kann, in der Tat dann ein „verkommenes Subjekt" ist. Als verschwindender Vermittler, dazu muss er allerdings sehr präsent sein, hat er die Funktion, Übertragung immer wieder aufzulösen. Er ist der wahre Störer, stört er zu wenig, müssen das die Schüler tun. Dazu braucht er einen institutionellen Rahmen, der ihm hilft, Grenzen zu ziehen. Ein solcher produktiver Rahmen kann auch der 45-Minutentakt sein. Siehe hierzu: Werbespot Zazoo, Vgl. www.zazoo.be (Juni 2003)

Eine andere Erscheinungsform des verschwindenden Vermittlers ist das Ich, das, wenn es sich für stark hält, nur ein Clown oder ein Terrorist sein kann.

Hierzu ein kleiner Film über ein starkes Ich, das versucht, einen Erwachsenen in die untersagende Funktion des Vaters zu locken. Das häufige Misslingen in der Einnahme dieser Position, die Schwierigkeit „Nein" zu sagen, wird am Schluss des Films in einer Empfehlung reflektiert. Strukturell steht diese Empfehlung über der gegenwärtigen Bildungspolitik.

BILDUNG

Die Bildung des Subjekts und seiner imaginären Oberfläche, des Ichs, ist eine selbsttätige, z.T. unbewusste, jedenfalls intentional schwer greifbare Bildung, in einem Mittelding zwischen „Aktiv" und „Passiv", dem Medium, das in der griechischen Grammatik einen Handlungsmodus bezeichnet, der dem grammatisch bezeichneten, handelnden Subjekt an sich und für sich geschieht; er ist reflexiv.

Die im Pädagogischen präsente Rede von der Subjektivität fasst also nicht das Subjekt, sondern die Möglichkeit des Auftauchens des Subjekts unter den Vorzeichen seiner Vergesellschaftung, also in den Grenzen der Darstellbarkeit. Kunstpädagogik könnte versuchen, mit den unterschiedlichen Mitteln, von denen der Lehrer eines ist, die Schüler und die Kunst andere, die Rücksicht auf die Grenzen der Darstellbarkeit manchmal zu suspendieren, also krauses Zeug zu produzieren und für dessen zur Reflexion anregende Publikation zu sorgen.

Man könnte Bildung unter diesem Aspekt auch als ein Lernen am und durch das Vor-Bild bezeichnen, das sich reflexiv am Subjekt vollzieht, so wird es widerständiger. Vor-Bilder sind Bilder, die dem Subjekt vorausgehen, in die es sich, um bemerkbar zu werden, einklinkt. Es identifiziert sich dauerhaft oder zeitweise mit Bildern, von denen es glaubt, dass auch andere sie bemerken können. Mit solchen Bildern und Bildstrukturen kann die Kunstpädagogik bekannt machen, um sie allmählich durch einen Verdauungs- und Ausscheidungsprozess als Stoffwechsel fürs Leben produktiv zu machen.

EINBILDUNGEN, VORBILD

Kunstpädagogik hat als Pädagogik etwas gegen die einfallenden Bilder, Einbildungen zu setzen, so dass diese formuliert werden können – auch gegen das Bild des Künstlers als Modell eines idealen Individuums für die Durchsetzung und die Folgen einer neoliberalen Politik (Ich-AG). Die Schüler sind ja schon gebildet, oft aber nur eingebildet, weil ihnen zu wenig Mittel zur Verfügung stehen, das Subjekt zur Erscheinung zu bringen.

Hinweis am Rande: Herbart schrieb von der „Ästhetischen Darstellung der Welt als Hauptgeschäft der Erziehung"[358].

Arbeit an den Vor-Bildern ist nötig. Denn Vorbilder, die Bilder die vorher eingefallen sind, sind aus einer intentionalen, pädagogischen Sicht nicht immer vorbildlich, nicht immer erwünscht. Und sie sind eben auch eingebildet im Sinne einer Meinung, eines sich zu eigen, zum Meinen machen, zum Eigentum, das zunächst einmal nicht mitgeteilt ist, mit anderen geteilt ist, so dass keiner sie bemerkt – es sei denn in den agierten Folgen.

Ein Eingebildeter kann sich für gebildet halten. Dann haben wir als Pädagogen ein Problem: Wie kann darauf Einfluss genommen werden? Die Antworten auf diese Frage lassen sich als die Geschichte der Pädagogik schreiben, zumindest als ein nicht unwesentlicher Teil dieser Geschichte vom fast vollzogenen Opfer des Sohnes durch den Vater, als in letzter Sekunde vollzogene Entbindung und auch Entbildung (Abraham und Isaak), über die erotische Einflößung bei den Griechen, über Schläge, Geradhalter, Leben in und mit der Natur ohne Medien, bis zur sprechenden Einflussnahme, bis zur Bemühung, keinen Einfluss zu nehmen. Die letzten beiden können durchaus terroristische Formen annehmen.

Diese Geschichte der Einflussnahmen – auch derer die es in Kunsthochschulen und -akademien in fossiler Form noch gibt und die Basis vieler Kunstproduktion sind, dürfen nicht diffamiert werden, sondern stehen für die Kunstpädagogik zur Relektüre an – zum Nutzen der Pädagogik insgesamt. Die andere Lösung wäre, die Geschichte der Pädagogik als die von Rohlingen, Sadisten und Debilen zu lesen.

CROSS-MAPPING

Die Perspektive hatte als Strukturelement auch ein Konzept von Weitergabe, das am geordneten Sammeln, der Vermittlung von kanonisiertem Wissen und Fertigkeiten orientiert war. Heute heißt das Standards. Vergessen wurde der energetische Aspekt.

Elisabeth Bronfen nennt in einem Aufsatz zu den Arbeiten von Com&Com, zwei Schweizer Künstlern, Hedinger und Gossolt, ein Verfahren, mit dem eine solche Energieumschreibung und Weitergabe vonstatten geht „Cross-Mapping". Es basiert auf Analogien, auf Assoziationen, auf Besetzungen, die vor der Hand, also ohne dass man zugreift, nicht kalkuliert sind. Es stellt „Bande" her „zwischen kulturellen Gegenständen, die oberflächlich betrachtet nicht übereinstimmen, und nicht vergleichbar sind"[359]. Es provoziert imaginäre Sprünge durch Raum und durch Zeit, bzw. trägt dem Rechnung, dass im Unbewussten wohl keine festen Indikatoren für Relationen in Raum und Zeit, für Kausalität, Finalität, Konditionalität usw. markiert sind, sondern man eher davon auszugehen hat, dass alles in gleichem Abstand nebeneinander liegt. Das Verfahren hat nach Bronfen „tatsächlich etwas Magisches. Die Kraft des ursprünglichen Augenblicks der Bemächtigung wird als visuelle Spur inszeniert, als ‚energeia', die die Gegenwart durchdringt, und somit das Vergessene am Leben erhält"[360].

Ich würde Ihnen ja gerne ein Beispiel dafür zeigen:

Angespielt werden die Frage der Autorschaft, des heldenhaften Künstlers, des Kunstbetriebs, des Künstlers, der sich für die Sache, bzw. das Vaterland opfert, das Generationenverhältnis, unterschiedliche Filmgenres, ein Vergleich zwischen dem Formel-1-Zirkus und dem der Bildenden Kunst, Verweise auf Robbie Williams, die Formate des Fernsehens, Trauergottesdienste und mehr.[361]

Video-Stills aus: Com&Com

PÄDAGOGISCHE AUFGABE

Folgt man dieser gedrängten, dichten Darstellung ergibt sich für jegliche Pädagogik, insbesondere für die, die es mit Bildern zu tun hat, beispielsweise die Kunstpädagogik, folgende eingegrenzte Aufgabe:

Die Produktion von Fantasmen der einzelnen Subjekte ist nicht manipulierbar. Man kann bestenfalls Vermutungen aus einer gesellschaftlich kulturellen Sicht über sie und ihr Entstehen anstellen. Manchmal bekommt man vor Bildern oder in einer psychoanalytischen Kur etwas davon zu fassen. Damit ist aber meist eine zeitliche Distanz als Bedingung der Möglichkeit für einigermaßen zutreffende Aussagen nötig.

Andererseits ist eine Gesellschaft darauf angewiesen Zusammenhang herzustellen, also Verständigungsmöglichkeiten zu produzieren über die gemeinsamen Verfahrensweisen, die zur Verfügung stehenden Lebenstechniken, deren Gebrauch, die Fehlstellen, die Entwicklungsmöglichkeiten und so weiter. Und hier steht nichts anderes zur Verfügung, als bei den Einbildungen anzuknüpfen und diese zu nutzen, und dadurch ein Subjekt zur Erscheinung zu bringen. – Sonst werden nur weitere Einbildungen produziert, und es wird dem Individuum alleine überlassen sich zu bilden. Von diesen sehe ich dann einige in der psychoanalytischen Praxis, andere landen im Knast, im Weißen Haus oder werden Gouverneur. Das heißt, es bedarf eines pädagogischen Eingriffs in die Bildungsprozesse.

Dieser kann keine tabula rasa voraussetzen, sondern setzt auf etwas Unbekanntem auf. Manchmal bemerkt der Lehrende dabei, dass sich die zu produzierenden Techniken, die neuen Bildungen am anderen nicht einstellen. Das führt dann zu der Vermutung, dieser sei dumm oder der Erziehende, der Lehrende benutze falsche Methoden. Aber nur die Nichtübereinstimmung, die fehlende Anschlussmöglichkeit, das Missverstehen halten am Leben und ermöglichen weitere Bildungsprozesse. Diese gehen nämlich von Lücken aus und produzieren neue, nie zu schließende. Alles andere ist Einbildung. Diese hat eine neue Heimat gefunden in vielen Kultusministerien.

Ein schwacher Beleg dafür könnte sein, dass es aus der eigenen Lebensgeschichte erinnerbar und gegenwärtig an anderen beobachtbar ist, dass falsche, unzureichende oder abenteuerliche Didaktiken zu äußerst eindringlichen Erfolgen, Bildungen führen, manchmal auch erst mit großen zeitlichen Verzögerungen.

WAS BLEIBT PÄDAGOGEN, INSBESONDERE KUNSTPÄDAGOGEN, ZU TUN?

Sie können weiterhin ihre Hoffnungen auf die allerneueste Lerntechnik setzen, auf den offenen Unterricht und dann auf die Rehabilitation des Frontalunterrichts, er kann sich an die hirnphysiologische Didaktik (Neurodidaktik) anlehnen. Das alles ist nicht unwirksam, weil durch solche Hoffnungen und Veränderungen, ähnlich wie in der Mode, andere Züge, Bewegungen an sich selbst und anderen wahrgenommen werden können, Überraschungen und Verführungen statt haben.

Pädagogik erzielt Wirkungen durch das, was sie nicht intendieren kann, also dann wenn sie auf Bildungsprozesse setzt, auch diesen aufsitzt. Das ist der Zug zur Autonomisierung, zur Freiheit bei all dem Zwange (Kant). Dabei müssen Lehrer so tun, als ob sie an die bewusstseinsfähigen, intentionalen Verfahren glauben.

IRONIE

Pädagogik hat es demnach wesentlich mit Ironie zu tun, einer distanziert engagierten Verfahrensweise, die dadurch ihre Kraft erhält, dass man glaubt und weiß, dass es auch anders ginge, zur Zeit aber nur eine Möglichkeit durchführbar ist, die freilich unzulänglich bleibt und einer sicheren Überprüfung nicht zugänglich ist.

Das ist vielleicht kränkend. Es hält den Größenwahn in Schach. Größenwahn macht nörglerisch und produziert Angst.

Die stammt vom Auftauchen der Macht des eigenen Bildes her. Diese Form der Angst macht weinerlich, wenn man nicht Entscheidungen trifft, die immer beschränken. Solche Entscheidungen und die Kraft sie durchzuhalten erst ermöglichen Genuss. Allerdings ist dieser mit Selbstverbrauch verbunden. Am Ende ist das tödlich. Die anderen leben ewig.

Will man darüber hinaus noch etwas zu Bildwirkungen sagen, will man ziemlich dicht an die Fantasmen, die Vorzeichen der Wahrnehmung herankommen, dann könnte man den Mut entwickeln, produktiv und rezeptiv mit Bildmaterial zu arbeiten, das aus der intensiven Befassung mit der Wirkung der eigenen Fantasmen entstanden ist. Das ist oft in der Kunst der Fall. Keineswegs immer, nämlich dann wenn sie sich nur mit Spiegelung befasst oder im Betrieb reüssieren will.

Von hierher könnte man sich mit den eigenen Fantasmen befassen, könnte studieren, was es heißt, diese zu durchqueren, könnte sich selber als Lehrender daran schulen, könnte Methoden besichtigen, wie es möglich ist, den alltäglich bildenden Bildeinfall zu strukturieren. Der momentane Ausfall der Rücksicht auf die Grenze der bisherigen Darstellbarkeit bringt dabei momenthaft das Subjekt zur Erscheinung, das Betrachter-, wie auch das Produzentensubjekt, aber nur wenn der Betrachter sich eben auch an die Grenzen heranwagt. Diese sind regelmäßig da zu vermuten, wo einen etwas anspringt, überrascht, ärgert, zum Lachen oder Lächeln bringt, beeindruckt, wütend macht.

DAS VERWIRRENDE AN DEN BILDERN

Das Verwirrende an den Bildern ist, dass sie einen eigenartigen ontologischen Status haben: Sie sind weder Dinge, noch sind sie keine. Jedes Bild erfordert in der Wahrnehmung schon die Überschreitung dessen, was man als Oberfläche sieht. Dabei ist es egal, ob es sich um einen Film, ein Foto, um Malerei, eine Zeichnung handelt. Die Bildende Kunst hat sehr große Mühe darauf verwandt, diesen notwendigen Oszillationsprozess von Haltmachen an der Oberfläche und der Notwendigkeit ihrer Überschreitung hin auf etwas anderes, dass das Bild als Vorstellung geben will, zu stoppen, indem sie Bilder präsentiert hat, die zunächst einmal auf nichts anderes verweisen als auf ihre Materialität (siehe etwa Malewitschs „Schwarzes Quadrat"). Wirkung entfaltet ein Bild immer erst in diesem Oszillationsprozess, also nur indem man die tatsächliche Beschaffenheit negiert. Diese Oszillation betrifft aber nicht nur die materielle Beschaffenheit der Oberfläche, sondern auch die dargestellten Inhalte und die Formen, in denen gearbeitet wird. Die Oszillation kommt Zustande durch Zugaben und Abstraktionen. Dieses Oszillieren ist das, was das Bilderverbot im Dekalog nahe legt.

Es gibt einige wenige Momente bei der Einführung je neuer medialer Darstellungen, in denen eine Verwirrung eintritt über den Status der Bilder, indem sie etwa mit einem realen Geschehen verwechselt oder dinghaft gesehen werden. So etwa bei einem der ersten Filme, „L'arrivée d'un train à La Ciotat", der Gebrüder Lumière, der vor über hundert Jahren in Paris gezeigt wurde. Bei dessen Vorführung die Leute schreiend aus dem Saal liefen, als die Lokomotive direkt auf sie zugefahren kam.

Oder schon früher im antiken Griechenland: Zeuxis soll Trauben gemalt haben, die so echt aussahen, dass Vögel auf das Bild zuflogen und sie aufpicken wollten. Der Maler Parrhasios malte einen Vorhang, so dass Zeuxis ihn aufgefordert haben soll, er möge doch den Vorhang erst einmal wegziehen. So könne er mit dem Gemälde nichts anfangen. Der Vorhang war das Bild selbst[362]. Solche Momente leben von einer Verwechslung, die sich nachträglich als eine solche herausstellt. Vielleicht hoffen wir auch, von den Bildern, die wir sehen, verwechselt zu werden. Diese Hoffnung auf Beeindruckung kann Kunstpädagogik unterstützen.

PÄDAGOGIK UND BILDUNG SIND OFFENSICHTLICH NICHT IDENTISCH.

Pädagogik und Bildung sind offensichtlich nicht identisch. Bildung, zumindest deren erster Aggregatzustand, hat durchaus Effekte, die die Pädagogik so nicht haben will.

Aus und mittels der Medien fallen Bilder ein, nicht nur als bestimmbare Inhalte, sondern auch als schwer fassbare Strukturen, die das (Körper-)Ich zeichnen und bilden. Diese lagern sich im oder am Subjekt als phantasmatischer Schutz und gleichzeitig als Orientierung, als Schichten von Identifikationen ab. Ohne diese Fantasmen, die man auch als Vorsortierung bezeichnen könnte, fehlt dem Subjekt ein Referenzpunkt, eine Beziehungsgröße, die es erlauben würde, eine Antwort darauf zu geben, was all das soll, welche Anforderungen die anderen an es stellen, welche Anforderung es für andere (als Bild) ist, wie es (oder Es) in seiner Macht wirkt. Erst so gibt es sich eine Basis, dass es nicht herausfällt aus dem Geflecht der Beziehungen, die seine Existenz absichern können. Diese Fantasmen sind der bewussten Aktion vorausgesetzt, bilden deren Folie. Sie sind die Haken, die Reibflächen, die Fliegenfänger für die Identifikationen, die eine Bewertung der Situation erlauben. Identifikationen stellt man sich trefflich vor als Aufnahme und damit auch Zerstörung, also Verdauung, einen Stoffwechsel. Bilder sind Lebensmittel. Insofern wäre Kunstpädagogik auch als Kochkunst zu bezeichnen.

Bei der Kochkunst ist der Prozess sicher wichtig. Ohne fertige Gerichte verhungert oder verroht man.

Gegenstand der Kunstpädagogik sind Bilder, die mit einer Aufmerksamkeit betrachtet werden, die durch die Kunst differenziert worden ist. So zum Thema gemachte Bilder beinhalten Spurenelemente der am Lehr- und Lernprozess beteiligten Individuen als Subjekte.

Die Individuen tauchen als eingebildete auf, denn sie haben schon eine Menge an Bildern verschlungen. So ist das, was zur Bewertung (durch zu schulende Urteilskraft) ansteht, nicht mehr außerhalb, es ist schon inkorporiert, jedenfalls in Teilen. Erst mittels einer Verunreinigung durch das, was erkannt und damit identifiziert werden soll, ist eine Bezugnahme auf Bilder und untereinander möglich. Schon von daher gibt es keine vom Individuum abgelöste Realität. Realität gibt es nur als mit Individuellem immer schon Vermischtes.

Das Individuum kann und muss aber so tun, als wenn Realität außen wäre (Projektion). Dieses Projizierte wird zum Gegenstand. Diese Identifikationen sind Auswahlen, die nicht die Gesamtheit aller möglichen Einflüsse erfassen, sozusagen Abkürzungen, die zumeist nur einen einzigen Zug, Details, Muster beinhalten, die erst zu einem Ganzen komponiert werden, zu einer Bedeutung, zunächst als Meinung. Dies kann man sich als einen Verdauungsprozess vorstellen, der auch immer Reste produziert, die als unbrauchbar gelten, aber guten Dünger abgeben. Der Verdauungsprozess findet in einem Kanal statt, der die Leere im Individuum, das Loch im selben darstellt. Der Kanal ist mittendrin, das Medium.

So ist Kunstpädagogik eben auch immer mit Medien befasst, mit Maschinen zur Aufnahme, Speicherung, Transport, Verwandlung von Bildeinfällen, gemäß bestimmter Algorithmen. Kunstpädagogik könnte solche Algorithmen zum Gegenstand der Untersuchung machen.

ANMERKUNGEN

[356] vgl. Žižek, S.: *Die Tücke des Subjekts*. Frankfurt/M. 2001, S.39.

[357] vgl. Žižek, S.: *Die Tücke des Subjekts*. Frankfurt/M. 2001, S.216.

[358] Herbart, J. Fr.: *Über die ästhetische Darstellung der Welt als das Hauptgeschäft der Erziehung*. Erschienen als Anhang zur 2. Auflage von: *Pestalozzis Idee eines ABC der Anschauung* (1804). 1982 (Hg.): 1802, S.105-121.

[359] Bronfen, E.: *Cross-Mapping*. In: Georg Rutishauser (Hg.): *Com&Com*. Zürich 2002, S.136-139. S.136.

[360] ebenda, S.137.

[361] Der Film (04:18 min.) konnte aus Zeitmangel auf dem Symposium nicht gezeigt werden. Com&Com (Hechinger und Gossolt) „Side by Side" aus „The Swiss Trilogy. The Rebirth of a Nation" (2003).

[362] C. Plinius Secundus d. Ä. 23-79: *Naturkunde*. Buch XXXV, 65f..

HEILSARMEE
Musik
Blaschöre, Gesangs- und
und Musikproduktionen.
Die Heilsarmee blickt
auf eine reichhaltige Geschichte zurück,
in der die Blasmusik, Freiversammlungen,
Gesangsquartetts bei Straßensammlungen,
das Vortragen von Weihnachtsliedern ...
und eine große Vielfalt von Musikrichtungen,
Schallplatten, Kassetten, CDs,
Filme und Videos eine wichtige Rolle spielen.

o.T.

Hanne Seitz

ABSTRACT

Auf den ersten Blick wirkt Thomas Hirschhorns Arbeit am Rande der documenta in Kassel wie ein Jugendfreizeitprojekt, was Christoph Schlingensief vor den Toren der Biennale in Venedig veranstaltet gar wie eine Zirkusnummer. Die Künstler unterwandern heute Diskurse, infiltrieren Quartiere, beziehen Menschen ein und sorgen dabei nicht nur für Verwirrung, sondern führen das Genre der Site-specific Art und Performance in eine neue (wie manche meinen: kunstlose) Dimension. Was als Kritik am autonomen Kunstwerk und an seiner Repräsentationsfunktion mit dem Verweis auf die Triade Werk, Betrachter und Raum begann, übt sich heute in Grenzgängen und erforscht die Wirkung künstlerischer Verfahren auch in kunstfremden Diskursen (im Alltag, in den Wissenschaften, in der Politik) – selbst mit dem Risiko, von diesen ununterscheidbar (aber um so wirkmächtiger) zu werden. Künstlerinnen und Künstler simulieren gesellschaftliche Verhältnisse, um deren Wirkung zu verstärken; sie arbeiten mit dem Rest, dem Rand; sie informieren über das Verschüttete und Unterbliebene; sie provozieren mitunter auch eine Art *Unterbrechungskultur*, in deren Folge Räume der Reflexion und des Austauschs eröffnet werden.

Wo der Minimalismus noch auf die Einmaligkeit des Ortsbezugs setzt, bezieht die Auseinandersetzung mit Kontexten heute oft nicht einmal mehr konkrete Orte ein: Der Rezipient sieht sich weniger einem Werk gegenüber, als dass er mit den diskursiven (sozialen, kulturellen, ökonomischen) Bedingungen seiner Entstehung konfrontiert ist. Mit Blick auf die Entfachung performativer Verfahren wäre nicht nur das Ineinander der korresponsiven, kontemplativen und sinnreflexiven Einstellungen zu hinterfragen, die Martin Seel allein einer ästhetischen Praxis der Kunst zuspricht, sondern auch die postulierte Trennung zu einer ästhetischen Praxis im Allgemeinen. Denn: Wer heute mit Kunst umgeht, handelt (in Kontexten) und handelt etwas aus. Wer Kunst vermittelt, ebenso.

Schon betätigen sich Künstler auch als Museumsführer oder Kuratoren, führen den Umgang mit Kunst buchstäblich auf (im Museum, in Stadtteilen, Hotels oder Bahnhöfen), versuchen sich als Vermittler und Dienstleister in Sachen Ästhetik und mitunter sogar am Menschen. Und bisweilen gelingt ihnen ein Umgang mit Kunst, der so manch einer didaktischen (zumindest formal zergliedernden, schrittweise sich annähernden) Vorgehensweise vorenthalten bleibt. Sollte es Kunstpädagoginnen und Kunstpädagogen am Ende nurmehr zukommen, die entfachte Heterogenität zu reduzieren und manche Kunst sogar besser fernzuhalten? Es steht außer Zweifel, dass die Kunstpädagogik vor einer Bewährungsprobe steht. Der anstehende Blickwechsel sollte vielleicht mehr dafür plädieren, mit und durch Kunst einer gänzlich auf Praxis bezogenen Frage *nachzugehen:* der Frage nämlich, was unser Leben jetzt und in dieser – globalisierten und interkulturalisierten, und d. h. vor allem ästhetisierten und medialisierten – Gesellschaft ausmacht und wie wir in Zukunft eigentlich leben wollen.

o.ptatives T.errain

Ob es dem die Cola-Dose zerdrückenden „Superman in Rodins ‚Denker'-Pose auf einem (nach Warhol gebauten) Brillokarton, unter einem schwebenden Kunstwerk (nach Helio Oiticica) und vor einem auf dem Boden gemalten ‚Target' (nach Jasper Johns)" (siehe Kunstforum 2003: 361), tatsächlich gelungen ist – wie Amine Haase in der Kritik mutmaßt – die Fäden zur Museumssammlung zu spinnen und in den Kontext ihrer Entstehungsgeschichte zu stellen, sei zumindest aus meiner Sicht dahingestellt. Auch Haase sieht den Balanceakt zwischen „Zirkus und Bilder-Bibliothek", den die Ausstellung „Lebendiges Museum" (2003) im MMK in Frankfurt/M. beschritten hat, doch zuvorderst sei zu würdigen, dass der Staub aus dem Museum gepustet und es Künstlern überlassen wird, Vermittlungsarbeit zu leisten. Auch im Museum weiß man also inzwischen: „Kunst existiert nicht, es sei denn als angewandte." (Pazzini 2000: 34) Ein „didaktisches Experiment mit viel Witz" sei das gewesen, so Haase an gleicher Stelle, das sich jedoch gerade nicht der üblichen Eventkultur anbiedere, sondern experimentierfreudig (so wollte es auch Direktor Udo Kittelmann) als Gegenpol zu den flüchtigen Massenmedien und als Ort der Reflexion verstehe.

Die Künstler zeigen sich kundig in Disziplinen, die der Kunst selbst bislang fremd waren: Sie vernetzen, koordinieren, organisieren und vermitteln. In Frankfurt ermuntern sie die Museumsbesucher sogar, sich für eine Minute als Skulptur auf einen Sockel zu stellen: „Luft anhalten und an Spinoza oder Bush denken," heißt es in dem Regelkatalog, den sich Erwin Wurm als Initiator dieses ‚Werkes' ausgedacht hat. Kennen wir das nicht? Sind das nicht genau die ‚Spielchen', mit denen Didaktik herabgewürdigt (durchaus zu Recht, wenn es dabei bleibt) und derentwegen den Vermittlungspädagogen (z.B. von Kuratoren) nicht mehr als ein mildes Lächeln zuteil wird? Was ist los im Museum und also mit dem Kunstsystem, und was ist eigentlich los mit der Kunst?

Was sich anfänglich als Kritik an der Autonomie und Repräsentationsfunktion von Kunst formiert und auch vor dem Betriebs- und Verwaltungssystem nicht Halt gemacht hat, steht heute schon fast unter Verdacht, das marode gewordene Kunstsystem nicht nur ästhetisch, sondern offenbar auch theatral aufzubereiten. Was das (inzwischen schon überstrapaziert zitierte) Pissoir eines Marcel Duchamp oder der Sockel (auf dem vormals die Kunst ruhte) eines Robert Morris ehedem losgetreten haben (ganz zu Schweigen von Happening-, Fluxus- oder Performance-Künstlern, die sich selbst dem Betrachter aussetzen), hat die Kunst zweifellos an Mann und Frau gebracht, das Kunstsystem aber auch in eine Krise getrieben.

Die Einbeziehung der Betrachterperspektive und des umgebenden Raumes, die Konfrontation und der Umgang mit Alltagsdingen, Natur oder Warenwelt ist natürlich ohne das Wechselverhältnis zu einer sich verändernden Gesellschaft und deren Medienkultur kaum nachzuvollziehen. Angesichts der Bilderflut im öffentlichen Raum werden heute sogar großformatige Installationen einfach übersehen; ganz zu schweigen von den interaktiven Medien, die selbst einer partizipativen Kunst den Rang ablaufen. Schon dienen ganze Häuserfassaden als Projektionsfläche (wie etwa das NBC-Gebäude am Times Square in New York im Frühjahr 2000 für die Videoarbeiten der Künstlerin Pipilotti Rist). Weder ist die Öffnung der Kunst als emanzipatorischer Akt quasi von innen heraus zu verstehen noch ist sie allein durch die gesellschaftlichen Verhältnisse forciert, die (wie allerorts befürchtet wird) nicht nur das Ende der Kunst, sondern schon ganz generell das „Ende der Geschichte" (Francis Fukuyama) herbeiführen. Gleichwohl ist kritisch zu bedenken (wenn auch hier nur am Rande möglich), dass die Künste immer schon Modelle auch für das Leben geliefert und somit Wirkung außerhalb ihres Bezugssystems gezeigt haben.[363]

Mit Blick auf die Ästhetisierung der Lebensverhältnisse liegt heute eklatant vor Augen, was wir schon seit Wolfgang Fritz Haug wissen: Der *Inszenierungswert* hat dem Gebrauchs- und Tauschwert längst den Rang abgelaufen. Unternehmen verkaufen keine Produkte sondern Lifestyle und lassen sich von Designkünstlern beraten. Kann Kunst da überhaupt noch etwas ausrichten? „Du willst es, Du kaufst es, Du vergißt es" – anläßlich der Ausstellung „Shopping" (2002) in der Frankfurter Schirn hat die Künstlerin Barbara Kruger an die Fassade des Kaufhofs der Mainmetropole ein Transparent mit zwei riesigen Augen gehängt, darunter jener aufmerkende Satz, der bei genauerem Bedenken eigentlich als (digitale) Endlosschleife daherkommen müsste: Du vergisst es, Du willst es wieder, Du kaufst es noch einmal, vergisst es erneut, etc..

Künstler sollen inzwischen sogar bereit- und sicherstellen, was der (durch Disneyfizierung und McDonaldisierung) globalisierten und gleichgemachten Kultur abhanden gekommen ist: *Unterschied*. Sie sollen nicht nur Besonderheit produzieren (also ein Event) und den fehlenden Kitt bereitstellen (also Menschen zusammenbringen), sondern auch den abhanden gekommenen Stoff liefern – den Sinn, der nun alles wieder ‚ganz' machen soll. Orte sollen wieder Orte und unverwechselbar werden.[364] Und die Kunst also erzeugen, was sie (in einem mühsamen Prozess) abschütteln wollte: Künstler, die sich ehedem der Site-specificity in der Installations- oder Performancekunst verschrieben haben und den Rezipienten Sinnproduktion selbst zumuten wollten, konstruieren heute Erzählungen und Identitäten, ‚basteln' an

Geschichte und Erinnerung.[365] Anstatt auf die zunehmende Gleichmacherei der ästhetisierten und medialisierten Welt zu reagieren und genau diese zu thematisieren, wird sie geradezu unsichtbar gemacht – die Kunst also bisweilen wie eine *Narkose* zur „Entstörung" (siehe auch Gerald Raunig in diesem Band) von Problemlagen benutzt.

Was als Paradigmenwechsel proklamiert worden ist und uns lehrt, Sinn nicht in den Dingen zu vermuten und also dort nach (fertiger) Bedeutung zu suchen, sondern im Umgang (mit den Texten, Bildern, Architekturen) und in ihrer Anwendung erst zu finden, ist in der Praxis (von Politik, Bildung) ganz offenbar nicht angekommen. Mit ihrer Absage an die Werkbezogenheit werden Künstler sogar ermuntert, Hand an Menschen zu legen[366] – und selbstredend kommt dabei nicht immer zur Erprobung, was als Lebenskunst und Selbstbildung erst noch zu (er)finden wäre. Noch bevor wir Zeit hatten, aus dem Textparadigma auszusteigen und dem Bildparadigma Paroli zu bieten, wird uns schon wieder alles gegeben – geschickter nun, nicht autoritär, konfrontativ, sondern häppchenweise, interaktiv, spielerisch, gut verdaulich und reichlich sättigend. So wundert nicht, dass nach langen Nächten im Museum nun auch Naturwissenschaftler die Labore öffnen und also ihr Wissen an Jedermann bringen. So schlagen wir uns auch nächtens durchs Leben und lernen, wie man sich spielerisch sogar das Fremdeste vertraut machen und aneignen kann.

Selbst Nietzsches Polemik, nach der die Welt überhaupt nur *ästhetisch* auszuhalten sei, trifft den Kern der Sachlage nicht mehr. Gerade das Ästhetische ist mitunter nicht mehr auszuhalten. Die Diagnosen sind gestellt (von Welsch und Schulze und Postman) – wir mögen uns zu Tode amüsieren, aber inmitten aller Sinnesentfachung und Infantilisierungsstrategie wird schon vorstellbar, auch an Langeweile zu sterben. Wir erfahren, dass die pure Anhäufung von Reizen auch narkotisierend wirkt. „Man hat gedacht, man könne das Leben pur haben; durch Akkumulation von Leben immer noch mehr Leben und mehr als Leben erreichen. Die Kehrseite ist eine besondere Radikalität der Todeserfahrung." (Kamper 1998: 116) Davon abgesehen werden die wenigen, die noch Arbeit haben (und also immer weniger Zeit und mehr Druck), zuvorderst immer noch an Herzversagen sterben (weil die Zeit zum Amüsement und zur Regeneration fehlt). Und der immer größer werdende ‚unproduktive Rest' wird sich im Kampf zermürben, überhaupt noch Zugang zur Kultur zu haben (von einer Bildung durch Kunst ist gar nicht erst die Rede). Ohne den Tod vor Augen zu haben, liegen wir womöglich längst im Sterben.

o.stentative T.aten

Am Ende meint die Rede von der *Entkunstung* vielleicht nicht mehr, als dass sich die Verfahren überkreuzen und die Künste aus der Hochkultur ausbrechen: Ganz offenbar hat sich das Theater ästhetisiert und dabei vom Text verabschiedet, die Bildende Kunst theatralisiert und sich der Aktion zugewandt, und beide haben begonnen, ihre angestammten Domänen zu verlassen und Erprobungen vor Ort zu unternehmen (vgl. Seitz 2004).

So ist das *Thalia Theater aus Halle* an der Saale z.B. in die Neustadt gezogen, in jenes berühmt-berüchtigte, sogenannte HaNeu, wo Flüchtlinge und Asylsuchende und nicht zu vergessen (meist rechts gesinnte) ‚Übriggebliebene' die riesige Plattenbau-Siedlung vor dem gänzlichen Leerstand bewahren. Unter Federführung von Cora Hegewald hat dort im September 2003 das Kunst- und Theaterfestival „Hotel Neustadt" stattgefunden, zu dem schon während der Sommerferien Jugendliche zur Mitwirkung und Vorbereitung geladen waren. Sie haben (unter künstlerischer und handwerklicher Beratung) die unteren acht Geschosse einer leerstehenden Platte (die sogenannte Scheibe A) in ein temporäres Hotel mit 80 Zimmern verwandelt, wo während des Festivals die Künstler, Besucher wie auch sie selbst wohnen konnten. Entstanden sind eine Hotellounge, Espresso-Bar und die Kellerdisko „Heimleuchte", und über die Hotelrezeption konnten schräge, auch idyllisch ausgestattete Zimmer (mit Namen Dschungel, Wüste, Frühling, Japan, Schrebergarten, DDR, Op-art, Honeymoon, Oma, Punk, Präsidentensuite, etc.) gebucht und Kategorien von 5 bis 20 Euro (dann inklusive Weckdienst, Ständchen und Frühstück ans Bett als Special-Service) gewählt werden – selbst die Wäscheausgabe wurde nicht vergessen. Während des Festivals hat die Hotelcrew dann erleben können, wie internationale Künstler inmitten ‚ihres' Hotels (in den Fluren, in dafür freigehaltenen Zimmern, aber auch in dem sogenannten Fress-

Karree auf dem Patz vor der Platte) Aktionen wie die „Neustadt Show" ins Leben gerufen haben: In der Art eines Monopoly-Spiels wurden die Besucher (entsprechend einer ihnen zugewiesenen Rolle, wie etwa Diva, Dauergast, Kurgast, Durchreisender, Erlebnisreisender) durch vielfältigste Stationen geschickt, in denen nicht nur das Seh- und Hörvermögen aufs Spiel gesetzt, sondern bspw. auch Wertebewusstsein, Lebensenergie, Mut und Wissen über Halle/Neustadt gefragt war und von den ‚Stationsvorstehern' auch bewertet wurde. Im Verlauf der Show (um nur einiges anzudeuten) konnte man den Erinnerungen der Neustädter lauschen, Balkone besichtigen und sich im „Balkonytuning" beraten lassen, sich in Überlebensstrategien und Orientierungslosigkeit erproben, durch Wellness entspannen, Golf spielen, singend zum Neustadt-Hit beitragen, das Orakel befragen – um sich am Ende im Casino dem Risiko auszusetzen, die im Spielverlauf erworbenen Punkte voll zu verspielen und zu guter Letzt in der Freiluftsauna von allen Strapazen zu erholen.

Auch die *documenta 11* hat im Sommer 2002 weitab vom zentralen Kunstbetrieb in der kargen Friedrich-Wöhler-Siedlung von Kassel ein passendes ‚Ausweichquartier' gefunden und arbeitslosen Jugendlichen aus dem dortigen Boxcamp Philippinenhof einen temporären Job angeboten. Sie haben nicht nur ihren Fuß (besuchsweise) in die documenta setzen können, sondern auch Hand an die Kunst gelegt und zusammen mit dem Künstler Thomas Hirschhorn das „Bataille-Monument" realisiert: eine aus Spanplatten gebaute Bibliothek, eine Baracke mit topographischen Werkmodell, auf dem Bücher (anstelle von Häusern, wie üblicherweise auf solchen Modellen) standen, eine aus Pappe, Klebeband und Plastik gefertigte (und kletterbare) Großskulptur, die an ein gestutztes Rhizom erinnern mochte, darüber hinaus eine (durch Bewohner betriebene) Imbiss-Bude, ein TV-Studio samt Internet-Anbindung, selbst der kostenlose Fahrdienst in die Kasseler Innenstadt wurde werkbezogen organisiert. Eine Skulptur – gemacht aus Resten (also Verpackungsmaterial), belebt vom Rand (also den Bewohnern) und besucht vom Kunstpublikum (also auch den Medien).

Während die Boxcamper (zumeist nicht-deutscher Herkunft) aus dem Honorar Hirschhorns entlohnt worden sind, hat sich die Hotelcrew gewundert, dass sie nicht einmal zur Kasse gebeten wurde (und erst recht, dass sie über die Verwendung der Hoteleinnahmen selbst bestimmen durften): „Heutzutage gibt es nichts mehr, was kein Geld kostet und jetzt kommt man hierher, [...] muss wirklich nichts bezahlen, [...] kann einfach machen was man will." (Tanja) [367] Selbst angesichts der klaren (und immer wieder betonten) Künstlerposition Hirschhorns ist die Bilanz für seine Intervention (auch wenn sie gar nicht Anliegen war) sogar nach einem Jahr überwiegend positiv:[368] „Ich weiß nicht, es war für mich die schönste Zeit. Ich hab sogar meinen Bruder angeheuert: ‚hier, krieg mal deinen Hintern hoch, mach mit!' Und jetzt liest er [...] Bücher von George Bataille." (Annette)

Künstler peppen öde Quartiere auf, helfen ‚nutzlos' gewordenen Menschen auf die Sprünge, oder versuchen, wie Schlingensief mit der „Church of Fear" auf der *Biennale in Venedig*, das marode gewordene Gesellschaftssystem vor Augen zu führen. Bei dem Enfant terrible der deutschen Theaterszene ist dann auch die Kunst vom Leben kaum noch zu unterscheiden, in ihrer Wirkung um so mehr. Wo schon sein Container-Projekt „Bitte liebt Österreich" (2000) gleich mehrere Diskurse (Big-Brother, Asylpolitik, Wiener Festwochen) verwoben und ad absurdum geführt hat, treibt er in Venedig auf die Spitze, was ehedem vielleicht sogar noch moderat daherkam: „Doing the right thing in the wrong space" (Andy Warhol).[369] Arbeits-, Obdach- oder Hoffnungslose sitzen sechs Tage lang auf Pfählen und bekennen sich (schauend und hörend, erduldend und leidend) zu ihrer Angst, um so der Politik mit dem Terror (und nebenbei auch der Politik der Kirche) den Garaus zu machen (und darüber hinaus auch noch die auf sie gesetzten Wettgelder einzuheimsen). Nach Venedig, einem Abstecher nach Kathmandu, der Prozession „Schreitender Leib" von Köln nach Frankfurt (nebst Abendmahl), ist an der dortigen Hauptwache im September 2003 bereits Pfahlsitz-Wettbewerb Nr. 3 zu Ende gegangen: „Gestern war ich auf meinem Tiefpunkt, so angreifbar, müde und erschöpft. Meine Füße waren geschwollen und dick und schmerzten und mein Hals und Rücken starr geworden. [...] Doch wie geht es den anderen Unterdrückten in anderen Ländern: Deswegen sitze ich auch hier, einmal für mich und für andere zu sitzen: ein kleiner Akt der Solidarität. Was mir auffällt in allen Diskussionen, die um mich herum geschehen und vorn am Forum: Frustration, Unzufriedenheit [...] Die anderen Schuld, die faulen Arbeitslosen, die Regierung, das Arbeitsamt, die Punker, die Unwilligen, die Banken." (Herpich 2003) Diese Skulptur ganz offensichtlich aus dem Stoff gemacht, der derzeit die Gesellschaft zusammenhält: *Angst*. „Verwalte Deine Angst selbst, laß Dich nicht terrorisieren", so die Maxime der „COF", deren Mitgliederzahl durch Gemeindegründungen in aller Welt bald die 10.000er Marke erreicht haben und sich dann womöglich Religionsgemeinschaft nennen wird (also eine ähnliche Wirkung entfachen wird, wie Schlingensiefs Kampagne „Chance 2000", bei der die Partei „Wähle dich selbst" zur Bundestagswahl schließlich auf die Wahlzettel kam).

Kann Kunst ihrer Vereinnahmung durch gesellschaftliche, kulturelle, ökonomische, politische Zwecke nur derart widerstehen und also überleben, weil sich Künstler als Dienstleister, Sozialarbeiter, im womöglich schlimmsten Fall als Clown verdingen? Sie verlegen den Rand in die Mitte, recyclen die Reste, legen Verschüttetes bloß, verwandeln Durchgangsorte in temporäre Lebensräume, den öffentlichen Raum in Heterotopien; sie recherchieren, informieren, infiltrieren, vertauschen Zeichen- und Bezeichnungssysteme, legen Hand an kunstferne Diskurse, verstärken deren Wirkung und setzen dabei die Grenze zwischen Alltag und Kunst aufs Spiel.

Anders als meine Ausführungen bislang vielleicht erwarten lassen, steige ich nicht in das allgemeine Lamento ein. Ganz im Gegenteil bin ich der Meinung, dass mit den Verfahren der Kunst einer ästhetisierten und medialisierten Praxis auf den Leib zu rücken ist – dann, wenn sie in der Art der *Homöopathie* vorgeht, die Gleiches mit Gleichem konfrontiert und so Heilungsprozesse provoziert. Damit käme ihr aber gerade nicht die Aufgabe zu, das gesellschaftliche System zu sanieren, gar zu beschönigen, sondern ganz im Gegenteil verabreicht diese Kur eine Überdosis. Wenn sich die Wirkkraft des homöopathischen Mittels intensiviert, je mehr es verdünnt und durchgeschüttelt ist und daher am effektivsten wirkt, wenn es nicht mehr nachzuweisen und der Ausgangsstoff also nicht mehr zu lokalisieren ist, dann dürfte eine derart zur Anwendung kommende Kunst vom Leben, von der Politik, von der Wissenschaft etc. im gelungenen Fall auch nicht mehr zu unterscheiden sein. Ihr ‚Dienst' an der Gesellschaft wäre die *Unterbrechung von Kreisläufen* und die Erzeugung von Interferenzen – eine Subversion, die als Inversion zum Tragen kommt und inmitten der Systeme zum Aufruhr bringt, was diese ausgeschlossen haben: Differenz. Und weil Kunst Differenz erzeugen kann, wird sie mit dem System auch nicht identisch und somit eins werden. Es wird aber auch nicht zum dauerhafte Kollaps weder der Gesellschaft (sprich: zur Revolution) noch der Kunst kommen – die provozierten Selbstheilungskräfte werden die Ästhetik geradezu im Gegenteil dringend benötigen, eher schon wird das Kunstsystem kollabieren.

o.ertliches T.onikum

Dass die oben beschriebenen künstlerischen Interventionen vom Kunstdiskurs z. T. ignoriert werden, zumindest heftig umstritten sind, mag nicht verwundern (zu viel, nämlich auch Geld steht auf dem Spiel). Obwohl die Einladungen nach Kassel oder Venedig immerhin Signale setzen und dem Bataille-Monument sogar bescheinigt wurde, dass im Norden Kassels das Herz der documenta geschlagen habe. Aber hier hat ja auch ein (sich jede sozialarbeiterische Zuschreibung verbietender) ‚echter' Künstler Hand angelegt, während man die Theatermacher (als ob es keine Künstler wären) schon immer der Theatralisierung und Selbstinszenierung verdächtigt.[370] Dieselbe Amine Haase, die das „Lebendige Museum" so lobt, wittert bei Schlingensief nicht nur den (selbstgefälligen) Schauspieler, sondern geradezu eine ‚theatrale Schlinge': „Ein Regisseur hält die Fäden der Geschichten, die ihn interessieren, fest in der Hand und weckt so auch Interesse beim Publikum." (vgl. Kunstforum 2003: 38) Dass dies nicht der Fall ist, mag der Blick auf die hitzigen Diskussionen (inkl. Raufereien) in Frankfurt, vor allem aber ins Internet andeuten (siehe www.church-of-fear.net) – längst ist eine unkontrollierbare Bewegung entstanden, zu der die Volksbühne (unter Hinzuziehung von Boris Groys, Peter Sloterdijk oder Peter Weibel) unter dem Label „Attaismus" im übrigen auch schon das theoretische Manifest geliefert hat (vgl. Hegemann 2003). Unter Bezugnahme auf Okwui Enwezor argumentiert Haase, die Kunst sei durchaus *der* Ort, wo radikales Denken noch geschehen könne, dass aber ausgerechnet ein Theatermann sich des Angstthemas bediene, findet sie symptomatisch für die gesamte Biennale: „Radikalität wird als Clownerie eingestreut, und die elementaren Formen dessen, was als ‚Ästhetik' noch immer ein Kunst-Begriff ist, werden überrollt" (Kunstforum 2003: 38) – als ob allein die Bildende Kunst ein Zugriffsrecht auf Ästhetik und sie somit für sich gepachtet hätte. Und Thomas Wulffen hat Schlingensiefs Intervention vor der Pforte der Giardini gleich ganz ignoriert, um sich dann in seinem Kommentar zur Utopia-Station gerade mal zu drei Sätzen hinreißen zu lassen: Die kleine weiße Kirche sie sei zwar ein ironischer Lichtblick, der utopische Gehalt aber rückwärtsgewandt, verberge er doch (ausgerechnet!) das Stellvertreterprinzip Christi (vgl. ebd. 63/195).

Die Kunst ist los und die Debatte um ihre Ausbrüche immerhin eröffnet. Doch was ist eigentlich mit der Kunstpädagogik los, die in Sachen Kunst nicht nur vermitteln, sondern ihre Strategien auch anwenden will, um als künstlerische Bildung, die Selbstreferenzialität mit Hilfe von Fremdeinschüben zu irritieren (was im übrigen nach systemischer Vorstellung schon fast an ein Wunder grenzt) und also Selbstbildung auf den Weg zu bringen. Hat das doch auffällige Stillschweigen gegenüber den hier dargelegten Tendenzen womöglich damit zu tun, dass sie eine schwerwiegende Frage in den Raum stellen: Wozu brauchen wir noch Kunstpädagogen, wenn Künstler (wie in Frankfurt) die Vermittlung (als Kunst) selbst betreiben, wenn sie sich nicht scheuen (wie in Halle), ihr ästhetisches Know-how als Dienstleistung anzubieten oder als Vermittler in Sachen Ästhetik, Lebenswelt und Mensch zu fungieren (selbst wenn dies, wie in Kassel, dem Prozess einfach nur abfällt)? Um Anstifter wie Schlingensief besser fernzuhalten?

Schon proben die Jungen den dadaistischen Aufstand und zeigen uns, wie er funktioniert. So blitzartig sie aus den virtuellen Communities in die Realität einfallen, so schnell sind sie schon wieder weg. Sie organisieren sich über SMS und Internet (z.B. unter www.flashmob.com), treffen sich für maximal 10 Minuten zu teilweise absurden, mitunter auch politisch manifesten Aktionen: Seit dem ersten „flash mob" im Juni 2003 im Grand Hyatt in New York steht im September bereits mehrfach am Tage (ob in Korea, Japan, Australien, Sibirien, Brasilien oder anderswo) für Momente das Getriebe still. Der ‚mob' zeigt nicht, wie er sich der medialen Krise gegenüber verhalten will, sondern was unter medialen Bedingungen machbar ist.[371]

Anstatt sich darum zu bemühen, wie ästhetisches Vermögen, künstlerischer Sachverstand, ethische Kompetenz und kritisches Denken forciert und geübt werden können (z.B. um ein Abdriften solcherart ‚mobs' entweder in dumpfe Belanglosigkeit oder auch pure Gewalt zu verhindern), verharrt so mancher Disput (insbesondere von Kunstpädagog*en*, wie in den BDK-Mitteilungen nachzulesen ist) im Streit um den ‚richtigen' Weg. Die Bestimmung und Abgrenzung unterschiedlicher Standorte (ob ästhetische Erziehung, ästhetische Bildung, ästhetische Forschung, ästhetische Operation oder künstlerische Bildung) ist zweifelsohne wichtig und dient dem Selbstverständnis des fachlichen Diskurses. Aber manche Praxisanalyse oder theoretische Grundsatzfrage (wie ehedem auch die Frage, ob das Ästhetische als Denken, Intelligenz, gar Rationalität zu verstehen sei) wirkt vor dem Hintergrund dessen, was uns die Wirklichkeit gegenwärtig zumutet (und nicht zuletzt auch angesichts der Fragen, vor die uns bisweilen auch die Kunst stellt), wie Spiegelfechterei. Ästhetische Erziehung mag auf ästhetische Phänomene zielen und künstlerische Bildung im Unterschied dazu auf Kunst (vgl. Günter Regel in diesem Band). Ihrer Funktion nach sind Theoriemodelle zuletzt jedoch nicht mehr als „Krücken" (um bei Flusser Anleihe zu nehmen), die vor allem dazu dienen, das Stolpern zu verhindern – sie sind hilfreich, manchmal unsinnig, bisweilen auch überholt und sollten daher nach jedem Gebrauch überprüft werden.

Denn: Davon abgesehen, dass selbst so manche Kunst heute auf „ästhetische Phänomene" zielt, ist auch die Gegenüberstellung (und somit Trennung) einer ästhetischen Praxis der Kunst von einer ästhetischen Praxis im Allgemeinen – was vielfach noch vorausgesetzt wird und Martin Seel noch vor einem Jahrzehnt problemlos behaupten konnte (vgl. Seel 1993: 393ff) – heute so nicht mehr zu halten. Indem Künstler (ehedem distinkt geglaubte) *Oppositionen* wie Wirklichkeit und Schein, Realität und Fiktion, Arbeit und Spiel fusionieren, zeigen sie nicht nur, dass sie es können, sondern vor allem, dass die gesellschaftlichen Verhältnisse und Diskurse selbst von solcherart Fusion durchdrungen sind. Derart eingesetzte künstlerische Verfahren brechen nicht nur mit der Logik sich ausschließender Oppositionen, sondern zuletzt auch mit der behaupteten Trennung von ästhetischer und sozialer Wirkung. Wer der *black box* oder dem *white cube* den

Rücken kehrt und gesichertes Territorium verlässt, kommt nicht umhin (sofern ästhetisch eingestellt), auf die „Potemkin'sche Manipulation von Realität" zu stoßen und kann dann auch deren Mechanismen offenlegen: „Anstatt aber, gemäß der alten Strategie der Avantgarde, Kunst als Leben zu propagieren (oder umgekehrt), wird durch das auf Fiktion wie Realität angewandte *Irrealitätsprinzip* (Herv. H. S.) ein performativer, liminaler Zwischen-Raum konstituiert, der keiner dieser vertrauten, klaren Erfahrungskategorien mehr zuzuordnen ist." (Boenisch 2003: 463)

Solcherart Verwicklung ist zugegebenermaßen provokativ und gerade darum auch für Bildungszusammenhänge äußerst produktiv[372] – näher kann man dem Leben, seiner Ausformung und dem Wissen (darüber) gar nicht rücken. Davon abgesehen, dass auch die künstlerische Bildung ganz offenbar eine Auswahl trifft und (nach welchen Kriterien auch immer) möglicherweise geeignete von ungeeigneter Kunst scheidet, unterliegt sie der Gefahr, sich in Selbstreferenz zu verlieren und (wie im übrigen auch die ästhetische Erziehung) vor lauter *Subjektorientierung* den Blick über den Tellerrand hinaus (ins Gesellschaftliche hinein) zu versperren.

Vor dem Hintergrund dringender Handlungsbedarfe – zumal jenen hegemonialen Bestrebungen gegenüber, mit denen uns insbesondere auch die letzte documenta eindringlich konfrontiert hat (und daran ist eine eurozentristisch denkende und handelnde Kunst auch nicht unbeteiligt gewesen) – mag sich so manche selbstgefällige Debatte auch bald von selbst erledigen. Ohne die erschreckenden Problemlagen im Nahen Osten, im Irak, in Ruanda oder sonstwo relativieren zu wollen – selbst was in unserer Gesellschaft im Zuge der Auswirkung von Globalisierung und Interkulturalisierung bereits geschieht (man blicke auf die Gewalt in den Schulen, in städtische Randzonen oder entvölkerte Provinzen) und noch geschehen wird, setzt vor allem eine Frage als dringlichst auf die Tagesordnung: Wie wollen wir in Zukunft eigentlich leben – nicht individuell, sondern als *Gemeinschaft* (zusammen mit anderen Gemeinschaften)?

„Der Kunstunterricht hat eine gesellschaftliche Funktion, sonst wäre das Fach überflüssig. Im Kunstunterricht geht es nicht (genauer: nicht nur, H. S.) um eine Kunde der Visualität. Rein formal-ästhetische Auseinandersetzungen finden keinen Bezug zur sozio-kulturellen Realität unseres Alltags. [...] Kunst verändert die Welt nicht. Künstlerisches Arbeiten und kreative Prozesse können aber Erkenntnisse und daraus resultierende Vorstellungen produzieren, die in einem ethischen Zusammenhang zu lesen sind." (Schötker 2003: 8) Auch wenn ich den Gedanken einer „ethischen Implikation kunstpädagogischer Prozesse" zustimme (vgl. Sowa 2003: 213ff), muss man sich natürlich jedweden Absolutheitsansprüchen gegenüber hüten – mit Blick auf die Moral wie auf die Ästhetik. Wie war das noch bei Schiller? „Es gibt keinen anderen Weg, den sinnlichen Menschen vernünftig zu machen, als dass man denselben zuvor ästhetisch macht." Dieses Projekt der ästhetischen Erziehung musste scheitern, weil es nicht einmal (wie behauptet) auf Versöhnung, sondern zuletzt auf Ausschluss zielte und also den ästhetischen Imperativ absolut gesetzt hat (gegenüber der primären Sinnlichkeit, gegenüber der Welt, gegenüber konkurrierenden Perspektiven). In seinem „Kodex des ästhetischen Bewusstseins" plädierte Wolfgang Welsch schon vor Jahren für eine Gerechtigkeit gegenüber dem *Heterogenen*, für Partialität und Partikularität, für Wachsamkeit gegenüber Gegenwendungen und Andersheit, Aufmerksamkeit für Ausschlussverhältnisse und Anerkennung des Unerhörten (vgl. Welsch 1994). Die Hauptaufgabe einer ästhetisch orientierten Kultur sei die Sensibilisierung gegenüber Differenz als Grundbedingung für Toleranz. Angesichts des Ästhetisierungstrubels zielte Welsch schon damals auf das Anästhetische, Ungehörte und Unerhörte: Sich „dem Verdrängten, den Leerzonen, der Zwischenräumen, der Alterität" zu verschreiben, hieße eine „Kultur des blinden Flecks" zu etablieren (vgl. ebd. 20).

o.pportune T.aktik

Das Projekt *Mapping Blind Spaces*, das hier mit Blick auf die Zukunft verhandelt werden soll, wäre also vor diesem Horizont zu lesen. Die Perspektive der Kunstpädagogik, die (u.a. mit dem vorliegenden Beitrag) zu formulieren war, wird zwar Aussichten ins Visier nehmen, vor allem aber Einsichten voraussetzen: Wenn es auch der Kunstpädagogik um Differenz und also um Akzeptanz von Heterogenität geht – um Anerkennung der Irreduzibilität und Eigenheit des je Eigenen vor der Irreduzibilität und Eigenheit des je anderen (und darum müsste es ihr gehen) – dann sucht sie etwas Unmögliches zu realisieren (und in diesem Sinne tatsächlich ein Wunder zu vollbringen). Es liegt auf der Hand: Man kann nicht auf zwei (gar noch mehr) Seiten zugleich stehen. Die Anerkennung der Position des Anderen verwirft (und verdeckt) meine eigene und umgekehrt und muss dennoch versucht werden. Ein nicht realisierbares Projekt treibt das Bildungsanliegen voran – eine *Unmöglichkeit*, die Oliver Marchart im Rahmen der documenta 11_Plattform 1[373] wie folgt zu fassen sucht, nämlich als „performative putting into effect that which nevertheless remains unrealizable" (Marchart 2002: 259). Wir verfolgen das Ziel in vollem Bewusstsein der Tatsache, dass wir es nie erreichen werden, weil sich der Plan dauernd selbst durchkreuzt. Und gerade als Versprechen wird die Unmöglichkeit zum Motor (und damit zur Praxis) von bildungsrelevanten Prozessen.

In der Verausgabung von Heterogenität, im Aushalten verschiedener, wechselseitiger, konkurrierender und sich ausschließender Positionen kann zuletzt auch erst gelingen, was den Namen Selbstbildung verdient und also im Wechselverhältnis zwischen ‚Unterwerfung' (engl.: to subject) und ‚Aufrichtung' (to be subject) und der Anerkennung unterschiedlicher Positionen überhaupt erst entsteht. Und gerade die Anwendung von Kunst, der Umgang mit ihrer ‚Fremdheit', zwingt zur eigenen Positionierung (sofern Kunst sie nicht gleich mitliefert). Nicht in der Aneignung ist Subjektivität demnach erfahrbar (ein häufiges Mißverständnis), sondern in jenem „intermediären Raum" (Donald Winnicott), jene (zwischen äußerer Realität und innerem Erleben angesiedelte) Handlungssphäre, die als dritter Erfahrungsbereich dem kulturellen Erleben oder dem kreativen Spiel zugehört. So gesehen wäre das Erleben von Subjektivität eine *Differenzerfahrung*, die niemandem gehört (schon gar nicht dem Subjekt) und nicht zu vereinnahmen ist (erst recht nicht als Identität). Und Subjektbildung selbst wäre somit ein unkontrollierbarer Prozess, welcher „das Subjekt als permanenten Aufbruch denkt" (Sturm 2000: 152). Ein Aufbruch, der als exzessiver Akt des Anerkennens und Verwerfens von Vorgefundenem (und eben nicht selbst Hergestelltem) verstanden werden muss und zuletzt mit der symbolischen Ordnung und dem durch sie entfachten Begehren zu tun hat.

Von allen gesellschaftlichen Diskursen ist Kunst vielleicht derzeit einzig in der Lage ein Bewusstsein davon zu erzeugen, was vorgeht – nicht, weil sie die individuelle Ausdruckskraft zu ihrem Gegenstand macht, sondern weil sie zeigen kann, wie diese geformt, geprägt, ja manipuliert ist. „The art of interruption, art as interruption, both brings to light our prescribed state [...] Like a DJ revisiting and reelaborating existing rhythms and riffs, this operation carries us towards a new horizon of sense [...] to articulate a reply is to invest the prescribed with the inscribed, the pedagogical with the performative." (Chambers 2002: 173/176) Davon kann man nur lernen. Was das Ganze mit der Kunst mitunter so verflixt und schwierig macht: Sie wendet an, wovon sie handelt.

Sofern sich die Kunst nicht ausliefert und auch kein Gegenmodell bereithält, sondern die Verhältnisse anerkennt und also vollends ‚bejaht', wird sie mit den Diskursen spielen und die darin verschüttete Differenz auf performative Weise zum Vorschein bringen können. Jene uralten, „vorbewussten Intelligenzen" kommen dann ins Spiel, die auf nichts aus sind, als „wachsam auf der Lauer liegend", die Lage zum richtigen Zeitpunkt zu wenden (vgl. Certeau 1988: 170) – etwas, was Certeau als „Kunst des Handelns" beschrieben hat. Solcherart Kunstgriffe wollen nicht auf Dauer stellen, sondern en passant gebrauchen, was sich an Gelegenheiten und Lücken im System auftut, um kurzzeitig die Verhältnisse aufzumischen und anders auszulegen. Und daher sind sie auch weniger strategischer als vielmehr taktischer Natur – Kunstgriffe, die in der Form des „Entabsichtigens" (Eva S.-Sturm) unter Zuhilfenahme allerlei Simulationen, Tricks oder Mimikry mitunter dann auch einen (kleinen) Potlatsch auslösen. Dem Clown gelingt der Coup, weil er nicht auf Lösung der Widersprüche und Probleme aus ist, sondern im Gegenteil ihre Komplexität mit einem Schlag zur Aufführung bringt. Seine subversive Kraft ist die Verausgabung von Heterogenität und die Entfachung von Lachen.

„Sich der Sinnlosigkeit stellen, heißt mithin Sinn ausräumen, und die Leere, die bleibt, ertragen lernen. [...] Insofern wären Banalisierungen angebracht und in den einfachen Verhältnissen Strategien einer Depotenzierung des allzuviel Sinns in Gang zu setzen, z.B. die Absage an die von außen verordnete Zufriedenheiten; z.B. das Gespür für die Grenzen der menschlichen Macht und daher für die Ohnmacht; z.B. die Prüfung des zweckrationalen Handelns wie des handelnden Zweckdenkens auf seine verqueren Folgen hin, z.B. schließlich der Erwerb einer gewissen Kapazität für Unsicherheiten". (Kamper 1998: 114)

Hermes, jener Götterbote, der die Kunst der Vermittlung und Übersetzung erfand, war nicht umsonst Hüter der Verkehrswege und Kreuzungen, kannte er sich doch mit den Lücken im System, auch mit der Sprache und ihrer Performativa aus. Denn: Wo es um Übersetzung und Auslegung geht, geht es auch um Sprache. Und es ist vielleicht die dringlichste Kunst, zu begreifen, dass unsere Beziehung zur Welt (und damit zu uns selbst) *relational* ist, ausgehandelt und d. h. zuletzt sprachlich übersetzt werden muss. Und was der Trickster (und mithin eben auch der Künstler) kann: „Er zeigt, inwiefern die Übersetzung mit einer Ökonomie der Differenz verknüpft ist, einer, die die ‚Scheiße', den Rest, wieder einem produktiven Gebrauch zuführt." (Fischer 2002: 67) Sofern das pädagogische Anliegen den „ausgeschlossenen Dritten" (Michel Serres) in seiner Übersetzungskunst zur Sprache bringen will, wird es nicht umhin kommen, sich dem Performativen auszusetzen. Das Risiko zu scheitern, liegt in der Natur zumindest dieser Sache – und vielleicht ist dieses Scheitern eben die einzige Chance, Selbstbildung überhaupt voranzutreiben.

Gegenüber der Popularisierung von Kunst kann man geteilter Meinung sein.[374] Und dennoch ist unzweifelhaft: Was Schlingensief mit uns tut, das tut das gesellschaftliche System schon lange – *das* ist der eigentliche Skandal. „Lasst uns zweideutig sein, nicht unwillkürlich, sondern mit Absicht", so die Performancekünstlerin Jesusa Rodriguez (zit. n. ebd. 69). Vor diesem Hintergrund zeigen sich die Perspektiven der Kunstpädagogik so gar nicht *o. T.*. Dass den *opulenten Turbulenzen* mit (den seit Pisa bevorzugten) *overdirected tasks* nicht beizukommen ist, liegt nahe. Vielleicht sollten wir daher endlich tun, was den Didaktikern immer unterstellt wird: *ordentlich Tricks* anwenden – dieses Mal nicht, um Zumutungen fernzuhalten, sondern um mit ihnen *observante Transformationen* in Gang zu setzen und zuletzt mehr Gemeinsinn im Eigensinn zu fördern (auch das schafft der Trickster). Wenn das alltägliche Handeln, auch das künstlerische Anliegen sich der Tricks bedient, warum sollten sich nicht auch Kunstpädagogen damit versuchen – nicht heimlich, sondern öffentlich und transparent. Kunstpädagogen als Trickster? Das meine ich natürlich nicht ernst. Und doch ist es nicht nicht-ernst. Also ist es ernst. „A child of five would understand this. Send someone to fetch a child of five." (Groucho Marx)

ANMERKUNGEN

[363] Ich denke etwa an die Auswirkungen der Zentralperspektive auf die menschliche Wahrnehmung generell, auch deren Umsetzung bspw. im panoptischen Institutionsbau oder an den Einfluss des Bauhauses auf Wohnkultur und Stadtplanung wie in der Charta von Athen verankert oder an die Avantgarden im 20. Jh., deren Erbe nicht die Aktions- oder Performancekunst angetreten hat, sondern, wie Boris Groys nachzeichnet, die selbstreferenzielle Medienkultur, die wie das z.B. Schwarze Quadrat oder Minimal-Objekt nurmehr auf sich selbst verweist.

[364] Die von Künstlerhand bemalten und von Geschäften gesponserten Bären, die seit geraumer Zeit Berlin bevölkern, sind diesbezüglich nicht nur unerträglich, das Projekt ist von vornherein zum Scheitern verurteilt, denn schon steht nicht nur in Bad Oeyenhausen das gleiche herum – ach pardon, dort sind es ja Schweine. Derart wird die verlorene städtische Identität wohl kaum zu finden sein.

[365] Ich denke u.a. an diverse künstlerische Events und Ausstellungen zu ‚300 Jahre Preußen' im Jahre 2001, in dem Potsdam seine preußische Identität samt Tugend wiederfand und mit Übereifer gegenüber Tradition und Geschichte der zeitgenössischen Kunst bis heute den Rücken zukehrt zur diesbezüglichen Interventionspraxis durch Student/innen der Fachhochschule siehe Pinkert/Seitz 2003, auch Seitz 2003.

[366] Ich denke hier an Projekte, die Künstler im Rahmen des bundesweiten Fördermodells ‚Die soziale Stadt' als Quartiersmanager einbinden, oder aber sie bspw. als Vermittler einsetzen wie im Herbst 2003 in Hoyerswerda, um auf erträgliche Weise nahezubringen, was Politiker versäumt haben, dass nämlich ein ‚k.w.-Vermerk' Abriss bedeutet und der Kahlschlag der Plattenbauten womöglich noch als Kunstereignis verkauft werden soll.

[367] Im Rahmen meiner Forschung zur Wirkung und Nachhaltigkeit künstlerischer Verfahren insbesondere auf Jugendliche hat Peer Wiechmann kurzfristig Mitarbeiter an der FH-Potsdam im Sommer 2003 Interviews u.a. in Halle und Kassel durchgeführt, deren endgültige Auswertung noch bevorsteht.

[368] „An Hirschhorns Konzept für das Monument kritisiere ich, dass die Bewohner der Siedlung graue Folie, bunter Mehrwert des schillernden Künstlers und bourgeoisen Wurstgenusses sind." (Pöschl 2002) Es mag stimmen, dass die Zusammenarbeit mit den tätowierten ‚Underdogs' zu Hirschhorns Popularität beigetragen hat und die Rezeption des Bataille-Monuments z. T. haarsträubend gewesen ist. Doch zuletzt lenkt dies eher den Blick auf ‚abgeschmackte' Kunstkonsumenten samt Medien, als auf angeblich ausgelieferte und vorgezeigte Jugendliche. Die mitunter larmoyante Kritik an der „Benutzung ‚armer' Gesellschaftschichten", wie sie Pöschl, aber

auch der Sozialarbeiter des Boxcamps formuliert, wie sie im übrigen auch Schlingensief widerfahren, der seit Jahren in seinen Produktionen psychiatrie- oder psychoseerfahrende Menschen einbezieht, kann ich allerdings nur beschränkt teilen. Nicht nur, dass diese Jugendlichen sehr wohl wissen, wie sie sich zur Wehr setzen können, sie können auch formulieren, was Hirschorns Intervention mit ihnen gemacht hat. Was hat den Sozialarbeiter daran gehindert, die aufgebrochenen Ressourcen im Nachgang zur documenta in seinem Boxcamp zu nutzen, anstatt das Vakuum zu beklagen und etwas von der Vitalität in der Siedlung am Leben zu erhalten? Auch ohne Kannenbergs Hilfe haben einige Jugendliche etwas daraus gemacht: Sie berichten von einer neuen Lust auf Arbeit, von ihrem Engagement bei der Jugendaktion ‚Buntstift' – einer von ihnen beabsichtigt, auf eigene Initiative sogar im Dock 4 eine Ausstellung über ‚Reggae und Rasta' zu realisieren, in deren Vorfeld er u.a. auch im documenta-Archiv recherchiert hat. Hirschhorns Desinteresse an den gesellschaftlichen Strukturen innerhalb derer er sich in Kassel bewegt hat, zeigt sich dennoch als vertane Chance: Die Verausgabung von Unproduktivität und der im Sinne von Bataille angestrebte Potlatsch ist ihm nur im Ansatz gelungen – eher schon in Halle, wo die Bürger für das Hotel ausrangierte Dinge, Mobiliar auch Schnickschnack und für die ‚Neustadt-Show' sogar Dienstleistungen, auch überflüssig gewordene, wie z.B. eine Führung durch die Neustadt, angeboten haben.

[369] Schlingensief sagt im übrigen von sich im Rahmen eines mit Student/innen der FH Potsdam an der Volksbühne Berlin im Frühjahr 2003 geführten Gesprächs, dass er sich weniger durch Theater als durch Bildende Kunst inspiriert fühle – wovon uns das bei gleicher Gelegenheit angeschaute Bühnenstück ‚Atta Atta – Die Kunst ist ausgebrochen' auch überzeugen konnte, von Pollock über Beuys über Nitsch bis McCarthy ist alles vertreten.

[370] Auf den Problemkomplex ‚Theatralisierung' kann hier nur verwiesen werden (vgl. hierzu Seitz 2004).

[371] Auch wenn schon das Ende vorausgesagt und Kritik laut wird: „Most mobs, (H.S.) make you do something inane, like sing a song at a specific time, or hop like a bunny for five minutes, then disperse. But most retail-driven marketing efforts have the goal of getting a lot of people to do the same thing at a specific time." Oder „mobs are about the power of many, in the pursuit of nothing .... One person can make a difference. And that's the lesson, kids. In a time of war, of recession, of doubt and deceit, that might mean something." antimob 2003

[372] Und darum möchte ich auch die kleine ‚Camping-Idylle' erwähnen, inmitten derer das Symposium im Museum für Neue Kunst | ZKM in Karlsruhe stattgefunden hat, trotzdem die „Reinemach-Aktion" allzu deutlich wirkte; insbesondere aber die ernstgemeinte Intervention der Heilsarmee, deren Live-Präsenz mitsamt ihrer auf einem Tisch ausgestellten ‚Accessoires' die Funktionsweise des Irrealitätsprinzips und der damit verbundenen Grenzgänge deutlich machen konnte.

[373] Marchart bezieht sich hier allerdings auf Demokratie als ein im Grundsatz unrealisierbares Projekt, das sich im Moment seiner Aktualisierung selbst auslöscht und sich daher immer nur als unvollendet, als „Democracy Unrealized" und somit als work in progress gegenwärtigen kann.

[374] Um der Zuspitzung willen, habe ich mich nicht um Differenzierung, gar Feingefühl bemüht. Interventionen wie die von Schlingensief sind zuletzt nur die Kehrseite jener anderen künstlerischen Arbeiten, die ohne mediale Aufruhr, populistische Anleihe und performative Zurichtung das Unerhörte zur Sprache bringen. Stellvertretend möchte ich die Gruppe Multiplicity nennen, die mit ihrer Arbeit ‚A Journey Through a Solid Sea' auf der documenta 11, eines der im Zuge gegenwärtiger Migrationsbewegungen tragischsten Schiffsunglücke erforscht und vor Augen geführt hat. Unweit der sizilianischen Küste waren 1996 über 280 illegale Einwanderer ertrunken, was die Medien verschwiegen und die Behörden jahrelang abgestritten haben. Inzwischen (seit der documenta gar?) ist die Aufmerksamkeit größer geworden, und daher wissen wir, dass die Künstler keinen Einzelfall erforschten – gerade erst im Oktober 2003 sind an fast gleicher Stelle über 80 Menschen ertrunken.

LITERATUR

Antimob (2003): http://www.antimob.com (Zugriff am 26.10.03)

Boenisch, Peter M.: *Realität – Fiktion – Alienation. Hygiene Heute und die Politik der Grenzverschiebung im Performancetheater*. In: Peter M. Boenisch/ Robert Braunmüller/Katharina Keim (Hg.): *Theater ohne Grenzen*. München 2003.

Certeau, Michel de: *Die Kunst des Handelns*. Berlin 1988.

Chambers, Iain: *Unrealized Democracy and a Posthumanist Art*. In: documenta/Museum Fridericianum (Hg.): *documenta 11_Plattform 1. Democracy Unrealized*. Ostfildern-Ruit 2002.

Fischer, Jean: *Zu einer Metaphysik der Scheisse*. In: documenta/Museum Fridericianum (Hg.): *documenta 11_Plattform 5. Ausstellung*. Ostfildern-Ruit 2002.

Hegemann, Carl (Hg.): *Ausbruch der Kunst. Politik und Verbrechen II*. Volksbühne am Rosa-Luxemburg-Platz. Berlin 2003.

Herpich, Thomas: *Augenzeugenbericht des Pfahlsitzers Nr. 7 zur Aktion in Frankfurt/M. 2003*. siehe: http://www.church-of-fear.net/deutsch/index.html (Zugriff am 5.10.03)

Kamper, Dietmar: *von wegen*. München 1998.

Kunstforum International: *Die documenta 11*. Bd. 161. Ruppichteroth 2002.

Kunstforum International: *50. Biennale Venedig*. Bd. 166. Ruppichteroth 2003.

Marchart, Oliver: *Enacting the Unrealized: Political Theory and the Role of ‚Radical Democratic Activism'*. In: documenta/Museum Fridericianum (Hg.): *documenta 11_Plattform 1. Democracy Unrealized*. Ostfildern-Ruit 2002.

Pazzini, Karl-Josef: *Kunst existiert nicht, es sei denn als angewandte*. In: BDK-Mitteilungen. 2/00. Hannover 2000.

Pinkert, Ute/Hanne Seitz: *In konTexten – Potsdamer Erprobungen zur Site-Specific Performance*. In: Ulrike Hentschel/Reimar Stielow (Hg.): *Fragen. Jahrbuch 5 der HBK Braunschweig*. Köln 2003.

Pöschl, Michaela: *Hirschhorns Wurst*. In: *Kulturrisse. Zeitschrift für radikaldemokratische Kulturpolitik*. Heft *„Kunst und Gewalt"*. Nr. 0402. Wien 2002. Siehe: http://igkultur.at/igkultur/kulturrisse (Zugriff am 16.9.03)

Schötker, Ulrich: *Schlechte Zeiten für den Kunstunterricht. Anmerkungen zur documenta 11 und mögliche Zugänge*. In: BDK-Mitteilungen 1/03. Hannover 2003.

Seel, Martin: *Zur ästhetischen Praxis der Kunst*. In: Wolfgang Welsch (Hg.): *Die Aktualität des Ästhetischen*. München 1993.

Seitz, Hanne: *Preußen – gegengelesen oder Wo der Traum der Vernunft seine Ungeheuer gebiert*. In: KUNST+UNTERRICHT. Zeitschrift für Kunstpädagogik. Themenheft „Performance". Nr. 273/Juni. Seelze 2003.

Seitz, Hanne: *Der Betrachter als Akteur. Zur Theatralisierung der Künste*. In: Georg Peez/Heidi Richter (Hg.): *Kind – Kunst – Kunstpädagogik. Beiträge zur ästhetischen Erziehung*. Norderstedt 2004.

Sowa, Hubert: *Ethische Implikationen kunstpädagogischer Prozesse*. In: Carl-Peter Buschkühle (Hg.): *Perspektiven künstlerischer Bildung*. Köln 2003.

Sturm, Eva S.: *Weiße Tücher, weiße Tasche, weiße Karte*. In: Kunstforum International. Bd. 152. *Kunst ohne Werk*. Ruppichteroth 2000.

Welsch, Wolfgang : *Ästhet/hik. Ethische Implikationen und Konsequenzen der Ästhetik*. In: Hans Ulrich Gumbrecht/Dietmar Kamper/Christoph Wulf (Hg.): *Ethik der Ästhetik*. Berlin 1994.

AUF DER SUCHE NACH DER KUNST – KOMPETENZERWERB IN KÜNSTLERISCHER BILDUNG

Carl-Peter Buschkühle

KUNST IN DER BILDUNG?

Ignoranz zeigt sich in der gegenwärtigen Bildungsdebatte hinsichtlich der Kunst. Die Pisa-Studie untersuchte nach Aussagen ihrer Autoren „basale Kulturwerkzeuge", die als grundlegende Kompetenzen angesichts der gesellschaftlichen Herausforderungen zu vermitteln seien. Bekanntlich wurden Fähigkeiten der Schülerinnen und Schüler im Lesen und Schreiben, in Mathematik und Naturwissenschaften sowie in sozialer Kompetenz untersucht. Von künstlerischem Lernen keine Spur. Kunst gilt offenkundig nach wie vor als vernachlässigbare Kompensation zu ernst zu nehmenden kognitiven Leistungen in anderen Fächern. Daran hat die didaktische Theorie und insbesondere die gängige, oft zu formalem Schematismus erstarrte Praxis des Faches keinen geringen Anteil. Gleichwohl kann die Ausrichtung der Pisa-Studie aus der Perspektive künstlerischer Bildung nicht unwidersprochen hingenommen werden.

Wo bleibt die angemessene Einschätzung der fundamentalen Bedeutung des Ästhetischen in der Bildung? Mathematik und Naturwissenschaft zu „basalen Kulturwerkzeugen" zu erklären, verrät spätestens in dem Moment eine alarmierende Schieflage, wenn das Ästhetische im wertgeschätzten Bildungskanon nicht einmal Erwähnung findet. Offenkundig sind hier apriorische Setzungen am Werk, methodische Ausrichtungen der Untersuchungen an Fächern und Fähigkeiten, die für den Erfolg der Volkswirtschaften höchste Priorität genießen. Was soll an Kenntnissen in Mathematik, die über die Beherrschung der Grundrechenarten hinausgehen, von basaler Notwendigkeit sein zur Lebensführung in der Gegenwartskultur? Gleiche Fragen stellen sich angesichts der Annahme, dass differenzierte Kenntnisse in Biologie, Physik oder Chemie grundlegende Zugänge zu unserer Kultur schaffen. Solche elaborierten Kenntnisse sind erforderlich, um spezifische Leistungen in Wissenschaft und Technik zu ermöglichen, die die ökonomische Konkurrenzfähigkeit im globalen Wettbewerb sicherstellen. Deshalb auch der verständliche Aufruhr um das schlechte Abschneiden deutscher Schülerinnen und Schüler im internationalen Vergleich. Aber entbindet das eine fundiert geführte Debatte von der kritischen Vergewisserung, was denn für eine zeitgemäße Bildung tatsächlich als basal, grundlegend zu gelten hat?

In mehrfacher Hinsicht ist das Ästhetische grundlegend für die Bildung. Zunächst ganz allgemein und damit fundamental als anthropologische Konstante. Lernen, und damit Auffassung von Wirklichkeit, Aufbau eines Weltverständnisses, ist gebunden an sinnliche Erfahrung. Kant hat die beiden Säulen menschlicher Erkenntnis deutlich herausgestellt: Sinnlichkeit und Begriff. Begriffsbildung ohne sinnliche Rückbindung ist abstrakt, versteigt sich zur Spekulation, bleibt ohne fundiertes Verständnis. Sinnliche Wahrnehmung ohne begriffliche Anstrengung hingegen dringt ebenfalls nie zu relevanter Erkenntnis, zu Sinn und Bedeutung vor. So kann Kant formulieren: „Anschauungen ohne Begriffe sind blind, Begriffe ohne Anschauungen leer"[375]. Von seiten der Hirnforschung werden Kants Grundlegungen menschlicher „Wissenschaft" unterstützt und im Hinblick auf Lernprozesse präzisiert. Einig sind sich die Forscher darin, dass allererst die Verknüpfung von sinnlicher Wahrnehmung und begrifflicher Reflexion lebendige Einsichten und dauerhafte, flexibel verfügbare Kenntnisse ermöglicht[376]. Dabei genießt die experimentelle Aneignung im praktischen Umgang höchste Priorität hinsichtlich der Verankerung von Kenntnissen und Erfahrungen in den neuronalen Strukturbildungen des lernenden Gehirns. Dieser von der „Neurodidaktik" erneut fundierte Befund der elementaren Bedeutsamkeit auf Wahrnehmung und Praxis gestützten Lernens ist in der Bildungstheorie ja eine uralte Einsicht. Spätestens seit Rousseaus Utopie einer Erziehung des Zöglings Emile durch praktische Erfahrungen ist diese Einsicht bildungstheoretisches Grundelement. Gleichwohl hat sie bekanntermaßen bis heute im offiziellen Schulwesen keine ernsthafte Einführung erfahren. Noch nicht einmal im prekären Hauptschulbereich sind, trotz mancher Schulversuche an der Basis, handlungsorientierte Lernformen in größerem Umfang institutionalisiert worden. Künstlerische Bildung hat, in der Form des künstlerischen Projektes, hier in der gegenwärtigen Bildungsdebatte eine profilierte Position zu vertreten, die in selbsttätigen Gestaltungsprozessen die Schulung von Wahrnehmung und den Erwerb von Wissen mit Fähigkeiten der Imagination verbindet.

Bevor ich auf diese Perspektive künstlerischer Bildung näher eingehe, ist eine weitere Hinsicht anzusprechen, unter der das Ästhetische als unverzichtbares „basales Kulturwerkzeug" anzusehen und zu schulen ist. Die Einsicht, dass unsere Gegenwartskultur im Wesentlichen durch die elektronischen Medien bestimmt ist, muss nicht mehr ausgiebig begründet werden. Wolfgang Welsch befand schon vor über einem Jahrzehnt, dass angesichts der Wirksamkeit der Massenmedien in Bezug auf unser Selbst- und Wirklichkeitsbewusstsein das ästhetische Denken als das heute „einzig realistische" angesehen werden muss[377]. Die Fähigkeit zu differenzierten Wahrnehmungsleistungen und kritischer Reflexion eröffnet allererst die Möglichkeit, in der Flut der öffentlichen Bilder, der medialen Inszenierungen von Menschen und Dingen, von Informationen und Bedeutungen Aufmerksamkeiten auf deren Anästhetik zu gewinnen, auf deren Kehrseiten und insgeheimen Wirkungen. Erst differenzierte Wahrnehmung und damit verbundenes kritisches Denken in Zusammenhängen ermöglicht persönliche Orientierungsleistungen in einer auf ästhetische Verführung angelegten Warenkultur, der sich auch politische Inhalte und Akteure zunehmend beugen. Das Ästhetische als anthropologische Konstante und als basales Kulturwerkzeug nicht in den Blick zu nehmen und statt dessen sektorielle Fähigkeiten in Mathematik und Naturwissenschaften in den Mittelpunkt der Bildungsdebatte zu stellen, ist nach dem hier in gebotener Kürze nur Angedeuteten eine nicht hinnehmbare Verkürzung der Problematik um einen entscheidenden Faktor und zeugt sowohl von einer tendenziellen, interessegeleiteten wie auch über weite Strecken ignoranten Diskussion.

KOMPETENZEN KÜNSTLERISCHEN DENKENS

An dieser Stelle steht nun die Frage im Raum, welche Kompetenzen denn von einer künstlerischen Bildung zu erwarten wären. Der Aufhänger für diese Perspektivbildung mag der Begriff des Ästhetischen selbst sein. Nicht umsonst trägt das hier vertretene Konzept den Begriff des *Künstlerischen* und nicht den des *Ästhetischen*. Wolfgang Welsch charakterisiert das ästhetische Denken in vier Strukturelementen: Die sinnliche Beobachtung, die daran anschließenden Assoziationsbildungen, welche im nächsten Schritt reflexiv ausgelotet und geprüft werden. Daraus resultiert schließlich eine vorläufige ästhetisch-reflexive Gesamtsicht des Phänomens[378]. Das künstlerische Denken umfasst das ästhetische, geht aber noch einen Schritt weiter: das Phänomen – sei es ein Material, ein Gegenstand oder ein Thema – wird nicht nur auf der Ebene der Wahrnehmung und der Reflexion behandelt. Hinzu tritt die Ebene der Imagination. Künstlerische Auseinandersetzung gibt sich nicht mit dem Erwerb kritischer Erkenntnis zufrieden, sondern bezieht Position – im Werk. Imagination wird dabei zum transzendierenden und transformierenden Faktor. Imagination übersteigt das Gegebene hin auf ihm innewohnende neue Möglichkeiten. Sie dringt auf Darstellung des Neuen, auf Neuformulierung im künstlerischen Ausdruck. Kunst schult auf diese Weise einen entscheidenden, wenn man so will sechsten Sinn: den „Möglichkeitssinn"[379]. Darin kann man eine zeitgemäße Neufassung von Nietzsches sechstem Sinn erkennen, mit dem er das historische Bewusstsein meinte. Angesichts der Herausforderung, Zusammenhänge wahrzunehmen und Möglichkeiten zu erkennen, angesichts der Herausforderung an den Einzelnen, aus der heutigen Vielfalt des Möglichen seine Wahl zu treffen und dabei mögliche Folgen, Konsequenzen abzuschätzen, reicht zur kritischen Auffassung der Wirklichkeit unter lebenspraktischer Hinsicht eine bloß historische Deutung des Gegebenen nicht aus. Der Möglichkeitssinn der Imagination kann als der entscheidende Sinn gelten für die existenzielle Anforderung an den Einzelnen, in einer komplexen Gesellschaft sein Leben selbst verantwortlich zu planen, zu entwerfen, zu führen und gegebenenfalls zu verändern[380]. Die Existenzphilosophie von Heidegger bis Sartre sah es als die eigentliche Herausforderung des modernen Men schen an, jen-

Christian Stratmann: Hotelzimmer

seits traditioneller Lebensformen und Wertvorgaben und entgegen ihres ruinösen Absolutheitsanspruches Selbstverantwortung für die Orientierung und die Gestaltung des eigenen Lebens zu übernehmen. Dabei ist die Fähigkeit, sich in die Zukunft hinein zu entwerfen und sich dabei Möglichkeiten und Folgen der eigenen Wahl vorstellen zu können, eine zentrale. Jenseits des Heroismus der Existenzphilosophie sprechen heutige Gesellschafts- und Kulturwissenschaften von der Lebenskunst, die indes die Fähigkeiten der Wahl und des Urteils mit derjenigen des Entwurfs, der Vorstellungskraft verbinden muss. Darin liegt nicht nur ein Anspruch im Hinblick auf die persönliche Lebensführung. Darin liegt letztlich ein Anspruch an die Befähigung zu einer gesellschaftlich und ökologisch verantwortlichen Lebensführung[381].

Künstlerische Bildung schult künstlerisches Denken. Dieses umfasst sowohl ästhetische wie kognitive Leistungen und steht unter dem Primat der Gestaltung. In seinen zentralen Elementen charakterisiert, schult es differenzierte Wahrnehmungsleistungen, Selbstständige Erzeugung von Bedeutungen und visionäres Denken; oder, mit anderen Worten: Fähigkeiten der Achtsamkeit, der Kritik und der Imagination. Dies geschieht in Form von themenorientierten künstlerischen Projekten, die sich deutlich von herkömmlichen Formen des Kunstunterrichtes unterscheiden[382]. Hier stehen nicht mehr formale Aufgabenstellungen im Vordergrund, sondern inhaltliche Auseinandersetzungen, die unter anderem formale Problemstellungen beinhalten. Das Vorgehen ist induktiv. Die Aufgabenstellung muss die Balance zwischen Orientierung und Öffnung, zwischen klaren Anforderungen und Eröffnung individueller Wege halten. Ziel ist, die Positionierungsfähigkeit des Einzelnen zu schulen. Das bedeutet, jeder Schüler und jede Schülerin soll die Fähigkeit entwickeln, in der Auseinandersetzung mit einer Thematik eine eigene Position zu erarbeiten, die sich in der Gestaltung des je eigenen Werkes ausdrückt. Solche auf Eigentätigkeit und Experiment bauenden künstlerischen Projekte brauchen Zeit, denn die in ihnen ablaufenden Prozesse, ihre Methoden und ihre Inhalte sind komplex. Sie haben nichts zu tun mit einer didaktischen Zerstückelung in kleinschrittige Vermittlungsverfahren, schon gar nicht sind sie verträglich mit einem konfusen ‚Themen-Hopping', welches – im gängigen Kunstunterricht oft praktiziert – heute in Ton arbeitet, in zwei Wochen dann die Lehrplanvorgabe Druckgrafik erfüllt, um schließlich, um die Ausdauer der Schüler/innen nicht zu sehr zu strapazieren, kurz darauf mal wieder ein paar Stunden Malerei betreibt. Dass eine solche Simulation von Unterricht nicht über die Wertschätzung zweier Erholungsstunden im Schulalltag hinauskommt, muss nicht verwundern.

ZUM BEISPIEL „LÜGEN LERNEN ..."

Die Abbildung zeigt eine Seite eines Reiseprospektes. Es entstammt keinem Reiseprospekt üblicher Art, sondern einem Prospekt, den ein Schüler gestaltet hat. Dieser Prospekt handelt, wie derjenige seiner Mitschüler/innen in einer Klasse 10 eines Gymnasiums auch, von einem Urlaubsort, der so gar nicht existiert. Es ist ein fiktiver Ort, der aus verschiedenen Orten und Plätzen zusammengefügt worden ist. Dazu haben die Schülerinnen und Schüler die Fotos selbst gefertigt, die dazugehörigen Texte geschrieben, und schließlich das Layout des Prospektes am PC hergestellt. Sowohl in der Art und Weise der Bildproduktion als auch in der Art und Weise der Textverfassung haben sie gelogen. Das sollten sie auch ausdrücklich, indem sie Strategien der Reisewerbung mit Vorstellungen von attraktiven Zielen aus der heimatlichen Umgebung zu einem verführerischen Prospekt eines idealen Urlaubsortes verbanden und an den imaginierten Kunden brachten. Das Projekt entwickelte sich über ein Halbjahr. Die Schüler experimentierten im Bereich der Fotografie, bis sie mit den erzeugten Wirkungen zufrieden waren. Dabei lernten sie Weisen der manipulativen fotografischen Inszenierung kennen. Die Dinge sind nicht, was sie sind, sondern was ihre Ästhetisierung aus ihnen macht. Die Schülerinnen und Schüler recherchierten vor Ort: nach Motiven, nach Informationen, die sie für ihre Texte brauchen konnten. Sie überlegten, welche Orte für sie einen besonderen Reiz ausüben und was sie für besonders attraktiv in ihrer heimatlichen Umgebung ansehen. Sie brachten das in Zusammenhang mit der Frage, was imaginäre Interessenten, die hier Urlaub machen wollen, für Bedürfnisse haben könnten. Sie erfuhren durch persönliche Gespräche oder Stöbern in Bibliotheken Neues über ihre doch scheinbar bekannte Heimat. Sie lernten, Bilder und Texte zu einer eigenen, absichtsvollen Aussage herzustellen. Im Verlauf beschäftigten wir uns unter anderem mit kulturgeschichtlichen Fragen, so z.B. mit dem Romantikbegriff im Vergleich von Bildern C.D. Friedrichs und moderner Postkartenidylle.

Im Detail kann ich das Projekt in all seinen Facetten hier nicht darstellen[383]. Es mag aber illustrieren, wie die gestalterische Auseinandersetzung mit einer Thematik Wege individueller Realisierungen eröffnet, die in weitgehender Selbsttätigkeit ausgearbeitet werden sollen. Die Lehrerrolle wandelt sich von derjenigen des Vermittlers zu derjenigen des Initiators und Begleiters von Prozessen. Sie wird zu einer Kunst der Pädagogik, die in der Lage sein muss, im Einzelfall wie im Hinblick auf den Fortschritt des gesamten Projektes Impulse zu setzen, mit Neuem zu konfrontieren, zu bestärken, aber auch die Rolle des Kritikers einzunehmen. Man kann sich denken, dass in diesen Arbeitsabläufen mit ihren vielfältigen Kommunikationen zwischen Lehrer und Schülern, aber auch zwischen den Schülern selbst und einbezogenen Dritten vielgestaltige Prozesse sozialen Lernens stattfinden, die z.B. unter dem Stichwort „Kritikfähigkeit" näher zu bestimmen und auf ihre Kompetenzentwicklung hinsichtlich gesellschaftlicher und demokratischer Kommunikation zu beschreiben wären.

Nachvollziehbar ist anhand des hier skizzierten Beispieles, was Achtsamkeit, Kritik und Imagination als Elemente künstlerischen Denkens bedeuten können. Die Auswahl, die Erkundung und die fotografische Darstellung der Orte verlangt Achtsamkeit, d.h. differenzierte Wahrnehmungen, Zeit der Auseinandersetzung, den Willen, sich auf die Sache einzulassen und verschiedene Versuche zu unternehmen. Die Herstellung der Fotografien, der Texte und schließlich des Prospektes verlangen kritische Reflexionen: über das Verhältnis von Anspruch und Wirklichkeit der gestalteten Form, über das Verhältnis von Manipulation und Wahrheit, über das Verhältnis von persönlichen Wünschen und Vorstellungen und die Einflüsse, die populäre Bilder und Konventionen darauf ausüben. Der gesamte Prozess der Gestaltung ist geprägt und geleitet von der Imagination, der Vorstellung vom fiktiven Prospekt, von der beabsichtigten Wirkung der Fotografien, der Texte, des Layouts, von der intendierten Wirkung auf einen imaginären Betrachter und potenziellen Kunden. Jeder gestalterische Schritt auf diesem Weg, jede kritische Zurückweisung eines Ergebnisses, jede Zustimmung und Hinzufügung zum Werk sind Schritte der Positionierung, die jeder Einzelne in der Arbeit an der Thematik ausbildet.

KUNST ALS LEITMOTIV

Ein weiteres kann dieses Beispiel deutlich machen. Das Künstlerische zeigt sich hier als Leitmotiv für eine komplexe, von der Gestaltung, der Transformation motivierten und strukturierten Tätigkeit. Darin eingebettet sind Fragestellungen und Fertigkeiten, die traditionell Gegenstand anderer Fächer sind. Im hier vorgestellten Beispiel sind die Anteile der Fächer Deutsch, Geografie, Geschichte, auch Sozialwissenschaft/Politik sowie Biologie erkennbar. Welche Schlüsse sind daraus zu ziehen?

Aus der immanenten Interdisziplinarität themenorientierter künstlerischer Projekte ergeben sich Anforderungen an veränderte Formen schulischen Lernens, die diese einzigartige Weise gestaltungsmotivierten Lernens mit seinen Eigenschaften der Schulung differenzierter Wahrnehmung, kritischen Denkens in Zusammenhängen und persönlicher Vorstellungsbildung in den Kanon ihrer Arbeitsweisen aufnimmt. Dazu sind neue Formen wechselnder Zusammenarbeit zwischen Kolleginnen und Kollegen zu erproben. Fächergrenzen müssen ebenso zeitweise aufzuheben sein wie räumliche und zeitliche Begrenzungen, die Schulunterricht üblicherweise kennzeichnen. Die Öffnung von Projektgruppen kann sich ebenfalls als sinnvoll erweisen: Schülerinnen und Schüler verschiedener Altersstufen können zusammenarbeiten und spezifische Kompetenzen im Zusammenhang des Projektes erwerben und anderen zur Verfügung stellen. „Dritte" müssten die Gelegenheit haben hinzuzukommen, Eltern, Fachleute, die Wertvolles beitragen können. Wie das Projekt der fiktiven Prospekte zeigt, muss es möglich sein, andere Orte aufzusuchen, andere Menschen zu treffen, eigene Zeitstrukturen zu entwickeln.

Natürlich sind künstlerische Projekte auch ohne diese Ausweitungen im schulischen Zusammenhang möglich. Unverzichtbar ist jedoch die Einforderung ausreichender Zeit. Künstlerische Projekte bergen in sich reichhaltige Potenziale, die den begründeten Anspruch erheben können, in der Debatte um eine Neuordnung von Schule und Lernen diskutiert und genutzt zu werden. Sie führen nicht nur das zentrale Element des Ästhetischen in die Lernprozesse ein, sondern übersteigen es durch die Positionierung jedes Einzelnen in der Gestaltung seines Werkes. Die Bildsprache tritt als Kommunikationsform dabei in den Vordergrund, welches die einseitige Konzentration auf die Wortsprache aufhebt. Auch das hat seine bildungspolitische Notwendigkeit, indem es einerseits das Bild als zentrales Kommunikations- und Beeinflussungsinstrument der Medienkultur zum Gegenstand macht und andererseits den Schülerinnen und Schülern eine alternative und zugleich höchst zeitgenössische Form des Ausdrucks eröffnet. Schließlich betont die künstlerische Bildung, die in ihrem erweiterten Begriff das Künstlerische als ein zentrales Bildungsprinzip zu verstehen lehrt[384], die Zielsetzung der Persönlichkeitsbildung. Künstlerisches Denken als Achtsamkeit, kritische Kontextreflexion und vorstellungsbildende Imagination zielt auf die Ausbildung eines Individuums, welches inmitten einer heterogenen Gesellschaft und Kultur orientierungs- und urteilsfähig ist, und dem sich auf dieser Basis Möglichkeiten zu einer selbstbestimmten und selbstverantwortlichen Lebensgestaltung eröffnen. Sie versteht Kompetenzerwerb zunächst und vor allem in diesem existenziellen und demokratischen Sinne, dem volkswirtschaftliche Erwägungen nachgeordnet, wenn auch nicht fremd sind. Künstlerische Bildung geht davon aus, dass der eigentliche volkswirtschaftliche Wert in den Persönlichkeiten begründet liegt, das eigentliche Kapital ist die Fähigkeit des Einzelnen, mit seinen Kompetenzen schöpferisch und verantwortlich umgehen zu können[385].

ANMERKUNGEN

[375] vgl. Kant, I.: *Kritik der reinen Vernunft*. Kant-Werkausgabe III. Hg. von W. Weischedel, 3. Aufl., Frankfurt a. M. 1977, S.267 ff..

[376] vgl. z.B. Spitzer, M.: *Lernen. Gehirnforschung und Schule des Lebens*. Heidelberg 2002.

[377] Welsch, W.: *Ästhetisches Denken*. Stuttgart 1990, S.57.

[378] ebenda, S.49.

[379] vgl. Musil, R.: *Der Mann ohne Eigenschaften* und Schmid, W.: *Philosophie der Lebenskunst*. Frankfurt/M. 1998, S.196.

[380] vgl. die Beiträge von Heiner Keupp und Edmund Kösel in diesem Band

[381] Schmid, S.399 ff..

[382] vgl. z.B. Kettel, J.: *SelbstFREMDheit, ...*, Oberhausen 2001. Formen künstlerischer Projektarbeit zeigt auch Helga Kämpf-Jansen. H. in ihrem Band: *Ästhetische Forschung*. Köln 2002.

[383] Detailliert werden dieses und andere künstlerische Projekte in meinem demnächst erscheinenden Buch beschrieben: Buschkühle, C.P.: *Die Welt als Spiel. Subjektivität und künstlerische Bildung in digitaler Zeit*.

[384] vgl. dazu: Buschkühle, C.P.: *Konturen künstlerischer Bildung*. In: Ders. (Hg.): *Perspektiven künstlerischer Bildung*. Köln 2003, S.24 ff..

[385] vgl. dazu auch den Beitrag von Günter Regel in diesem Band

THE FINNISH POINT OF VIEW: BACKGROUND AND TOPICAL ISSUES OF ART EDUCATION

Martti Raevaara

In my presentation I will look at Finnish art education by bringing together four aspects or players in education. I belief that innovative visions and solutions for the future are generated by art teachers *working in the field, by* art teacher training, *by* research of education *and by* school authorities and regulations. *They all affect each other and at the best work in close collaboration to encourage and to support the development and reform of education. In general these aspects can bee seen as a balance or struggle between freedom and standards.*

However, it is important to emphasize that all the activities and workers (teachers, researchers, authorities) within these four areas will get their meaning and roles through a learner and the art, the discipline. The purpose and value of each area are predetermined and assessed by the student's learning process and works of art in the context of art education.

In the interests of my background and current standpoint to art education[386] I will consider the four, above-mentioned aspects mainly from the perspective of art teacher training, the pedagogical and institutional procedures and current development projects, of which the prospects of e-learning in art education is one of the most challenging and inspiring subject of exploration.

ART TEACHER TRAINING AND CHANGES OF TEACHING FIELD

In Finland art teacher training has always been strongly connected to the education of art and design. For over a century, art teachers got their education within the educational institutions of this field. The first master degree for drawing programme in schools of arts and crafts was arranged at the Central School for Industrial Arts in 1886. This programme gradually grew to become the current School of Art Education at the University of Art and Design in Helsinki[387].

Over the decades, training programmes expanded and diversified, and training focused to prepare art teachers for teaching in public schools. In 1973, the school of art and design became a university-level institution, and in the 1980s a syllabus reform was carried out. The first students with a Masters of Arts in art education graduated in 1984, this also opened the way to post-graduate degrees. In that time the teacher-training scheme was largely based on the needs of comprehensive and upper secondary schools.

In the 1980s and 1990s changes in teacher qualifications, school regulations and national curriculum, which increased the independence of schools and communities, had a knock-on effect on the teaching field.[388] The prevailing regulations required teacher qualification in Finland consists of a master level university degree (160-180 cr), modules or degrees in the teaching subject concerned (35/55 cr), and pedagogical studies for teachers (35 cr), which are organized by the teacher training units of universities or polytechnics. The formal requirements for all teachers are standardized and very high.[389]

Typical of the 1980s was a marked growth and diversification of jobs for art teachers. In addition to the jobs in comprehensive and upper secondary schools, different kind of teaching jobs became available in art schools for children and young people, schools for arts and crafts, other vocational institutions or polytechnics and in adult education for amateurs. New teaching duties in the field along together with the great increase of teaching positions also brought professional artists into the field of teaching. This entails another challenge to the art teacher training. In addition, the need for reforming teacher training is especially based on the rapid and constant shifts in the teaching field and society, the reduction of resources available to universities, and the prospects of education in general.

To meet the growing needs of education, the School of Art Education nearly doubled the number of students admitted into the training programmes and the study process was made more effective. In addition, there were several special training schemes for previously unqualified art teacher already working in the field. The second art teacher-training unit in Finland was established at the University of Lapland in Rovaniemi, where the first students graduated in the mid of 1990s.[390] Together with this unit, art teacher training schemes admit 60-70 master degree students a year.

The development of art teacher training reflects on the diversion and the specialization of teaching, and the regenerated role of teachers in the municipalities as representatives of their own field, e.g. in preparing school and local curricula, securing resources, and in overall planning the art education on a local level. In most cases there is only one art teacher in a school.[391]

Reforming the contents of art teacher schemes is also related to the expansion of visual media culture in everyday life, an increased awareness of ecological, ethical and aesthetical issues, and the growth of international contacts and cooperations. Contacts between genres of arts will increase and mix, and new technologies for producing and processing images will commonly be used in art education. For teacher training curricula, these prospects will place increasing emphasis on media pedagogy and criticism and environmental education, with a corresponding stress on the teaching of expressive skills by using different media.

The development process of training concepts at the School of Art Education has been continuous and goal-orientated during the last decades. We have tried to develop interesting, inspiring and challenging programmes, which take the diverse backgrounds and expertises of students into consideration, and to offer various topics to study, besides teaching or art. In practice, this has meant the introduction of new and varied teacher training models, training aimed at different groups of students, and the reform of teaching methods and contents, e.g. for the needs of adult education and the training of university teachers. Also the close collaboration between teacher training units has increased.

At the School of Art Education students can choose between different art teacher programmes depending on their background and demands. The masters of arts can be completed in the so-called basic programme, intended for students after the secondary school, and the adult education programme. This programme is based on the students' former artistic or teaching education and teaching experience in the field. Most of these students have a professional artistic training. They are for example painters, graphic artists, photographers, designers, arts and crafts artists, media artists, who have also worked as art teachers. The rest have teaching education and qualification, not in art. For the same target groups there is also the special, project based master programme Virt@, which focuses on using and developing e-learning opportunities in art teacher training and art education.

The study module of art (teaching subject, 40 cr) is available to those students, who have or will have university raining as a class teacher or a subject teacher. Art is a secondary subject in their degree.

Pedagogical studies for artists (35 cr) are aimed at artists and professionals in arts and crafts and architecture or university level students at art institutes. This programme provides the pedagogical module necessary for a teacher qualification. The aim is to give the artist, as an educator, an awareness of the various aspects of the teaching and learning processes of art and his/her concept of art. The pedagogical programme for the artists within the University of Art and Design is also a call for a public discussion and debate about art, education and teacher training and the role of art in all-round education.[392]

In addition to art teacher training programmes the School of Art Education is creating a new international Master of Arts programme (60 cr), called ePedagogy Design, for visual pedagogy in e-learning. The Virt@ project has made evident the importance of international cooperation in the field of e-learning. There is a growing need for visually oriented pedagogical experts such as teachers, tutors, designers and developers, who are capable of collaborative knowledge building and cooperation with other experts from different fields, both from private and public sectors and in international context. The curriculum planning is currently in progress and the programme will be launched in February 2004. The novel expertise emphasizes the creative and comprehensive implementation of visual skills and pedagogy.[393]

ART TEACHER TRAINING AND E-LEARNING

There is a shortage of educated teachers in Finland. This problem is especially evident in outlying regions but also in small and mid-size towns. Depending on their locality, children and young adults are thus on a very unequal footing with regard to educational services in arts subjects.

The Virt@ is a master degree training programme[394] to provide qualifications for art teachers, especially those who work in outlaying, scarcely settled regions in Finland. The important aim of the programme is also to support the development of methods applicable to e-learning in art and design. The Virt@ is arranged by the School of Art Education at UIAH.

Part of the training is organized in collaboration with the teacher training units at five other Finnish universities. In addition to the pedagogical goals, the purpose of collaboration entails the networking of art pedagogy experts engaged in training teachers and working in the field. The cooperation seeks to support teaching the visual arts in the teacher-training units. The initial experiences of collaboration have been highly encouraging.[395]

There are 60 students in the programme and they can complete the Masters of Arts in 2-3 years. The studies are based on the students' former educations in arts or teaching and teaching experience in the field. A personal study plan is drawn up for each student. Because the training is organized in the form of long-distance studies, it can be carried out alongside one's own teaching work. In fact, many of the study modules are based on applying and testing the subject matter in the student's teaching and on sharing experiences on the web.

Experiences of the first two years are predominantly very positive and encouraging although combining work and study entails problems. The curriculum calls for an active, self-motivated and independent student, who creates a personal curriculum based on his or her former education and studies, work experience and ambitions, and is able to carry out the plan along with work and family life.

In practise this is a very demanding challenge. Web-based distance learning is not just a tube you connect to your head and let the knowledge and wisdom run in. The freedom of time and space comes out to be an illusion at the latest when a student has to organize and keep up learning facilities: map out the timetable, acquire the appropriate tools and space for studying, get help with ICT problems.

According to the survey results the students' are very committed, hard working and goal-oriented to get the degree. They see the personal value of their studies as very high and rewarding. The atmosphere of studying has supported their learning well and the education in practice has corresponded to the stated goals. The support of students varies a lot; some schools and headmasters take excellent care of prerequisites for studying, but some students have met envy and resistance and have to fight to gain any flexibility and opportunity for educating themselves. However, the students should be responsible for keeping up the balance, and not be too greedy for teaching work at the expense of studying.

Web-based teaching and studying are new to most students and faculty members. Planning and producing a course for Virt@ calls for a competent teacher. The teacher's expertise of the discipline and his/her teaching experience along with the enthusiasm for pedagogical improvement are the most important starting points. Obviously in the beginning teachers had also difficulties to estimate how much time and work the web-based teaching and studying takes, especially when they are simultaneously learning to use ICT tools and e-learning/teaching strategies. Frequently, courses were overloaded with teaching materials, tasks and exams and teachers were amazed at how much work tutoring and giving feedback entailed.

The teachers have freedom to choose pedagogical methods and tools. Instead of manifesting technical and financial limitations, it is more important to provide the foundation for encouraging, supporting and open-minded teamwork among programme participants. Inspiring examples are valuable, we believe in progress by doing, gathering experiences, analysing them and sharing the best practices. Even small steps can lead up to an innovative solution of great value and there are several ways to create an excellent e-learning course.

Web-based teaching and using ICT is not an easy job for a teacher. It encourages or enforces to re-think and to re-evaluate one's teaching, contents, methods and models of operation. It requires readiness for standing the instability and also includes the possibility of failure. Due to this the students are learning and developing appropriate methods for e-learning with the teachers. With the help of active studying in Virt@ the students become more and more advanced in e-learning and are very skilled to evaluate the e-learning environments and teaching methods and pedagogical solutions.

As described above, the working methods of Virt@ emphasize project oriented teamwork and participants' manifold, wide expertise. The idea that meaningful learning takes place primarily in groups and knowledge is not static but situated in teams, peer groups, organizations and networks, connects the learning concept of Virt@ to collaborative learning.

The dilemma of Virt@ is, how to combine personal freedom and ambitions of students and teachers with collaborative, peer group learning. According to survey results and teachers' experiments the following elements are important to count:

- clear and explicit timetables, course structure and deadlines
- continuing and well-timed feedback and assessment
- increased use of images in knowledge building
- contact teaching, tutoring and peer group meetings on technical aspects
- several means to make the existence of peer group and academic social community vivid and inviting on the net.

Many of the elements mentioned above affect how well a student can carry out a personal curriculum, but these also make the progress and learning visible. That helps the student to reflect and assess his or her learning and understand the process of knowledge building within the Virt@ network.

Studying is also a process to build one's professional identity/identities and to become a member of the professional community. Certainly, an encouraging and open atmosphere of a web-based education programme is a good starting point, but still a lot of inquiries have to be done to find out what the central elements of the identity process are and how to construct the education programme when using e-learning environments.

According to Virt@ experiences it is evident that compared to traditional art teaching, e-learning increases the status of text at the expense of images, especially when teachers are beginners of e-pedagogy. Therefore it is important to emphasize the use and the power of images in e-learning, knowledge building and interaction, not underrating the significance of text and speech. More generally this is involved in the identity of art and design education.

The use of ICT is allowing the expansion of materials, methods and didactics to reshape educational settings. What we should not lose is the praxis and audiovisual oriented knowledge of art and design education and research. This long-term tradition has to be the basis when using and developing the possibilities of ICT within art education domains.

The development work of e-learning in art and design education will be extended to several projects and as a part of everyday teaching at the School of Art Education. The school will also launch a new training scheme immediately after the present one ends. Virt@ II will be carried out in the years from 2004 to 2007. The development of Web-based teaching for the needs of art education requires time and effort. The launching of a new programme supports the continuity of development work and provides an opportunity to further develop the pedagogical ideas and concepts that have evolved during the first training stage.

SUMMARY: TOPICAL ISSUES AND VISIONS OF ART EDUCATION

In general many of the topical issues and interesting projects can possibly be classified under the following themes: e-learning, assessment and networking on a local, school or professional level.

The circumstances of teaching art differ a lot between schools. The increased decision-making powers on community and school levels emphasize art teachers' authority and personal role. They have to make visible and understandable the importance of the subject, participate in the curriculum planning of a school and community, and fight for resources. In most schools there is only one art teacher. This increases pressure to strengthen the art teacher community. In recent years networks of art teachers have been very active and e.g. the mailing list of the Art Teacher Association has been an effective tool for discussions, changing ideas and responding to topical issues.

The connection to a local community has become more and more important to schools. There are several projects, in which art teachers play an active role. They have had the sensibility to respond to different situations and to create innovative ways to work. Frequently, projects have been connected to local environment and cultural heritage and aimed at increasing students' self-understanding and community spirit within the school, town or village. The Web sites of a school have become a very important tool for communication and publicity. The Web has also offered a way to expand the educational supply and networking of small schools, and improved their operational and living conditions.[396]

The quality of learning process[397] became the topic of educational discussions along with creating the national assessment criteria of different disciplines at comprehensive schools and the introduction of art diploma (final examination) at secondary schools by the National Board of Education at the end of the 1990s.

In art, these assessment procedures are based on portfolio work. The use of portfolios has always been common in art, but now it became the tool to reflect and assess a student's learning process. With the help of portfolios the student becomes aware of his/her working process and makes it visible to share it with others. The application of assessment criteria and procedures in art has launched an active process of continuing education and networking, and a debate of assessment and teaching methods among art educators. In this case the intervention of an education authority has been an effective generator to re-think and reform practices of teaching art.

There is a long-standing tradition on educating art teachers at the University of Art and Design, as a part of professional art and design education. This combination has proved to be a functional and successful solution. The degree programme is based on the idea that in order to teach art, the educator must have an active personal relationship with the areas of art and design and also with his/her own artistic expression. Studying at the art university together with others becoming professionals of art and design gives the student a wider and deeper perspective to visual culture, design, architecture and art, as well as important contacts with professionals working in different fields of the arts. The varied teacher training models at the School of Art Education have tempted different kind of art and design professionals into the field of teaching. This brings along more diversity to the structure of the teaching profession and builds the basis of "common language", and the dialogue with artists and pedagogies. It also highlights prospects to combine teaching with artistic work inspiring each other.

At the moment one of the most challenging aspects of art education is e-learning. With the help of the Virt@ projects the School of Art Education has an opportunity to develop methods applicable to e-learning in art and design. This is not only a question of developing alternative teaching and study methods or e-learning environments, but also a comprehensive reform of models of operation.

To strengthen the position of art education as an integral part of the all-round education intended for all people requires increased research and explorations about the practices and methods of art pedagogy and curricula, and the characteristic features of artistic learning and working processes. Interdisciplinary research projects and collaboration among experts in the arts, sciences, pedagogy and visual technology will gain more importance.

Post-graduate studies in art education, such as the Doctor of Arts degree, have been available now for over 15 years at the University of Art and Design. This has strengthened the education of art teachers, focused attention to artistic learning processes and artistic research methods, and emphasized the continuous exchange between research, education and society. In meaningful research projects teachers are active partners, not just objects. They develop their work by networking and peer group support, and cooperate to inquire into the phenomena of art learning and teaching, to test and to reform educational practices, and to rise up new and critical perspectives from a philosophical and social point of view.[398]

NOTES

[386] I have been working over 20 years as a lecturer, head of school, research assistant, professor, and now education manager and the head of the Virt@ programme at the School of Art Education at the University of Art and Design in Helsinki (UIAH). Along with these jobs I have had several memberships in steering committees and management boards of UIAH, National Board of Education and Ministry of Education.

[387] see more http://uiah.fi

At the School of Art Education there are some 350 master degree students in addition to 30 post-graduate students. The annual admission of mastersstudents is about 40. Present-day graduates work as art teachers in various educational institutions from comprehensive and high schools, to polytechnics and vocational colleges.

[388] In Finland there are national curricula for both the comprehensive and secondary schools. However, by reason of a liberation of school registrations and statutes, the national curriculum is now more the frame for the local curricula at the community and school levels. The reform of the national curricula has been ongoing for about ten years and the new curricula are just initialized.

[389] see more http://www.urova.fi/?deptid=11784

[390] One credit is 40 hours of work. The required teacher qualification, from the year 1999, concern teachers at comprehensive schools (classes 1.-9.), secondary schools (high school), art schools for children and young people, vocational schools and polytechnics.

[391] At comprehensive schools class teachers take care of classes from 1. to 6. grade and subject teacher classes from 7. to 9. grade. New school regulations will fade this dividing line and make it possible for a subject teacher to also have lessons in lower classes.

At comprehensive schools there are 190 school days a year. The school year is divided into six periods, and, also, the teaching of school subjects is periodic. During the class 8. and 9. about one third of the subjects are optional to pupils, and, also, schools can specialize in certain subjects. The pupils favour art as an optional subject.

At secondary school (high school) there are no classes. A student has to take no less than 75 subject courses to pass the secondary school and to attend the matriculation examination (Reifeprüfung). Each course is 38 hours. Everyone has to take two compulsory art courses and after that a student can choose the extra courses of art. The number of extra courses available varies a lot between schools.

See more about the education system of Finland http://www.oph.fi/english/frontpage.asp?path=447

[392] Teacher training and the pedagogical studies for teachers (35 cr) have been conventionally organized by the teacher training units of universities. However, the teacher training for the art and the music have been traditionally connected to the University of Art and Design and Sibelius Academy. The pedagogical studies are partly arranged in collaboration with the teacher training units of the University of Helsinki.

[393] see more http://epedagogydesign.uiah.fi/

[394] see more http://virta.uiah.fi/english/index.html

[395] The partners in the Virt@ programme are the Hämeenlinna Teacher Training College at the University of Tampere, the Teacher Training College at the University of Jyväskylä, the Savonlinna Teacher Training College at the University of Joensuu, the Kajaani Teacher Training College at the University of Oulu and the Vaasa Teacher Training College at Åbo Akademi University and the other art teacher training unit in Finland, the Department of Art Education at the University of Lapland in Rovaniemi.

[396] see e.g.

Web sites of "Meidän asema" (our station) project at the comprehensive and secondary schools of Lievestuore, a small commune near Jyväskylä, in the middle of Finland http://verkkolehti.peda.net/laukaa/viewer.php3?DB=lievestuoreen&mode=10

The project "Messages from the seas" by two students at UIAH http://arted.uiah.fi/messagesfromtheseas/index.html

[397] During 1990s communities and schools got more power to decide the funding and arrangements of education. It entailed the obligation to assess the procedures and results of a school. Recently there has been an active debate about the publicity of evaluation results, e.g. the ranking lists of schools.

[398] see e.g. Syreeni research programme 2001-2003 http://www.joensuu.fi/syreeni/Savaeng.htm

The general aim of the project is to concentrate on inter-twining of expressive artistic activities and self-understanding of children from immigrant and adverse social background, at UIAH the head of the project is professor Inkeri Sava.

MAPPING OPEN SPACES: ÜBERLEGUNGEN AUS DEM FELD DER MUSIKPÄDAGOGIK

Christine Stöger

Dieser Text ist als Beitrag aus einer anderen kunstpädagogischen Erfahrungswelt zu verstehen, nämlich aus dem Bereich der Musikvermittlung. Er gibt mir Gelegenheit, einige der aktuellen Herausforderungen für die pädagogische Arbeit rund um Gegenstände der Kunst zu benennen und zur Diskussion zu stellen. Die folgenden Überlegungen sind unter vier Überschriften zusammengefasst:

1. Die Person: Individualisierung als Auftrag und Chance
2. Die Qualifikation: Klärung und Entwicklung von Expertenschaft in der Kunstvermittlung
3. Der Gegenstand: Kunst als Anlass für ein „Forschen mit den Sinnen"
4. Die Methodik: Mapping Open Spaces
   Wenn im Weiteren die Begriffe Kunstvermittlung, Kunstpädagogik etc. aufscheinen, so ist immer die pädagogische Arbeit in allen künstlerischen Bereichen gemeint.

1. DIE PERSON: INDIVIDUALISIERUNG ALS AUFTRAG UND CHANCE

Individualität und Individualisierung sind zu Leitthemen der Gesellschaft geworden, nicht erst jüngst; verschiedene Individualisierungswellen haben bereits weite Teile des letzten Jahrhunderts durchzogen und beschäftigen Wissenschaftler verschiedenster Bereiche. Der Unternehmensberater Reinhard K. Sprenger deutet die Situation folgendermaßen:

„Wenn alte Gewissheiten zerbrechen, wenn auch die Garantiefunktionen der Institutionen in Zweifel gezogen werden, dann ist die Person auf sich selbst angewiesen. Sie gilt es zu retten. Man muss sie stärken, denn nur sie kann sich in Unsicherheit und Wechselfällen behaupten."

Mindestens seit der Wende zum 20. Jahrhundert wird diese Tendenz der Individualisierung des Lernenden auch in der Pädagogik betont. Im Bereich der Bildenden Kunst wird sie auch schon viel länger gelebt als etwa im Musikunterricht, wo gute Methoden zur Förderung der Einzelnen in ihren Erfahrungsweisen und kreativen Ausdrucksmöglichkeiten immer noch eine besondere Herausforderung darstellen. Grundsätzlich – und das spüren Lehrende im Alltag – steht dieser Trend zur Individualisierung in immer stärkerer Spannung zu Bildungsinstitutionen, die weiterhin mit einem starken Hang zu Konformität und Homogenität wirken.

Eine zusätzliche aktuelle Herausforderung ergibt sich aus der Frage: Was aber ist der bzw. die Einzelne? Wissenschaftler verschiedenster Disziplinen sind sich einig über die zunehmende Ausdifferenzierung des Subjektes in sich selbst. Wie es die Wirklichkeit nicht gibt, existiert auch nicht das einheitliche Subjekt. Vielmehr ist die Rede von bruchstückhaften Identitätsmustern, etwa vergleichbar den rasch wechselnden Bilderfolgen in einem Videoclip, vom spielerischen Umgang mit der eigenen Identität und der „Flüssigkeit" der psychischen Struktur, von mannigfachen Metamorphosen und der pluralen Identität. Solche Zustands- oder besser Verwandlungsbeschreibungen sind für die Entwicklung des Kindes zum Erwachsenen wohl immer schon charakteristisch gewesen. Heute gelten sie für den Menschen allgemein. Der Bedarf nach ständiger Selbstkonstruktion mutet zunächst als äußerst verwirrender und anstrengender Prozess an. Wie hilfreich die Auseinandersetzung mit Kunst gerade für derartige Prozesse sein kann, muss hier nicht genauer ausgeführt werden. Ich möchte aber anhand eines Beispieles aus der Musiklehrerbildung diese Idee, die Person zu stärken und sie bei der Konstruktion bzw. Rekonstruktion der beruflichen Identität zu unterstützen, veranschaulichen:

Beispiel 1

An der Universität für Musik und darstellende Kunst Wien wurden in den letzten Jahren eine Reihe von Kursen entwickelt, in denen Studierende und erfahrene Musiklehrer und -lehrerinnen zusammenarbeiten. Neben den inhaltlichen Impulsen von Seiten der Dozenten bildet die persönliche Entwicklung der Einzelnen anhand eines selbst gewählten beruflichen Anliegens das Herzstück einzelner Kurse. So werden die Teilnehmer und Teilnehmerinnen dazu angeleitet, ein ihnen gerade entsprechendes Thema herauszuarbeiten, festzuhalten und in einen Zirkel aus Beobachtung, kollegialer Rückmeldung und persönlicher Auswertung einzusteigen. Die Kurse stellen eine Verbindung von fachlicher Weiterbildung mit Elementen des Coaching und der Supervision dar. Dieser Ansatz nimmt die Teilnehmer und Teilnehmerinnen von Anfang an als Experten für ihr eigenes Lernen in die Pflicht; ein Lernverständnis, das teilweise als höchst ungewohnt und fremd erlebt wird.

Ein weiteres Charakteristikum der Kurse stellt die Gruppenmischung dar. Menschen in verschiedenen Phasen des Lehrerwerdens bringen unterschiedliche Blickwinkel auf den Musikunterricht und ihre Positionen als Lehrende ein. Auf diesem Wege kommen die Rollenbilder und Rollendefinitionen – bei den Studierenden die fantasierten, bei den Lehrenden die aktuell gelebten – in Bewegung. Die Heterogenität löst also unweigerlich einen Prozess der Selbstkonstruktion aus.

2. DIE QUALIFIKATION: KLÄRUNG UND ENTWICKLUNG VON EXPERTENSCHAFT IN DER KUNSTVERMITTLUNG

Schon seit wenigstens 100 Jahren wird eine Veränderung des Rollenbildes von Lehrern gegenüber ihren Schülern und Schülerinnen verlangt. Sie sollten eher Begleiter von Lernprozessen sein, Bildungsimpulse setzen, Fragen fördern und das eigenständige Auffinden von Lösungswegen ermöglichen. Zu dieser alten Forderung kommt nun ein gesellschaftlicher Trend, wonach Expertenschaft neu positioniert wird. Sie ist längst nicht mehr an eine Berufszugehörigkeit gebunden.

Der Soziologe Anthony Giddens betont diesen Aspekt als wichtiges Erkennungsmerkmal der sogenannten posttraditionalen Gesellschaft, in der wir leben.

„Experte kann jedes Individuum sein, das erfolgreich behauptet, im Besitz spezieller Fähigkeiten oder eines Fachwissens zu sein, die der Laie nicht besitzt." Expertenschaft ist nicht mehr an bestimmte Orte, Institutionen oder Altersgruppen, sondern vor allem an Kontexte gebunden.

Lehrende erleben diese Tatsache täglich mit ihren Schülern, die teilweise hochspezialisierte Fertigkeiten und viel Wissen in bestimmten Musiksparten mitbringen. Dies verlangt ein erweitertes Rollen- und Methodenrepertoire. Je nach Inhalt und Ziel der Arbeit ist einmal mehr ein dirigistischer, ein anderes Mal eher ein offener Stil angebracht, ist entweder mehr die künstlerische Initiatorin und Begleiterin oder der Projektorganisator und Gruppenkoordinator gefordert, geht es eher um inhaltliche Inputs oder – was viel ungewohnter ist – um das Auffinden von Expertenschaft in der Schülergruppe und darum, sie für die anderen verfügbar zu machen.

Dieses dynamische Verständnis von Expertenschaft, wie von Giddens dargestellt, und die Vervielfältigung von möglichen Inhalten und verfügbarem Wissen, stellt das Lehren auf allen Ebenen vor neue Herausforderungen. Eine Form, darauf zu reagieren, ist die Entwicklung einer Kultur der kontinuierlichen Zusammenarbeit von Fachleuten verschiedener Bereiche.

Dazu seien zwei Beispiele genannt:

Beispiel 2

Durch das Sich-Zusammenfügen einiger glücklicher Umstände ist es in Wien mit der Einführung eines neuen Studienplanes für die Instrumentallehrerausbildung gelungen, die meisten Gruppenveranstaltungen in gemischten Leitungsteams zu zwei bis drei Personen zu besetzen. So konzipieren Psychologen, Musiker, Pädagogen und Musikwissenschaftler gemeinsam Seminare, die von den einzelnen Leitern und Leiterinnen in Parallelgruppen abgehalten werden. Wie weit auch tatsächlich im Team unterrichtet wird, hängt von der Situation und den Kapazitäten ab.

Die Forderung nach Teamarbeit ist natürlich nicht neu, ungewohnt ist aber die Gestaltung einer Kultur der ständigen Zusammenarbeit. Obwohl sich dadurch der Lehraufwand für die Einzelnen erhöht, ist schon jetzt die positive Dynamik dieser gegenseitigen Bereicherung zu spüren, nämlich die Gelegenheit einer ständigen Überprüfung und Neudefinition der eigenen Expertenschaft durch den Dialog mit anderen und damit eine höchst ef-

- *Entschleunigung*
  Eine aktuell besonders anspruchsvolle Aufgabe in der pädagogischen Arbeit scheint mir das Schaffen von Oasen der Langsamkeit, des Sich-Versenkens zu sein, das Ermöglichen von Schnörkseln und sogenannten Umwegen und damit wenigstens temporäre Ausstiege aus dem entwicklungshemmenden Gefühl der ständigen Beschleunigung. Lernen geschieht vielleicht gerade dann, wenn wir die Zeit vergessen können. Gerade Musikunterricht verführt immer wieder zu lärmender Betriebsamkeit anstatt zum Hineinhören, nicht nur in ein Musikstück, sondern in subjektive Deutungswelten anlässlich von Musik, in klangliche Gestaltungsmöglichkeiten und kreative Spielräume.
- *Das „Scheitern" als Lernfeld kultivieren*
  Aus der Sicht des Konstruktivismus ist Kunst bzw. die Auseinandersetzung mit ihr eine gezielte Selbstirritation. Wo aber finden Kinder und Jugendliche Orte, an denen konstruktive Irritation, das produktive Scheitern oder Fehler als Quelle des Lernens erwünscht sind?

  Eine konstruktive Auseinandersetzung mit dem „Scheitern" ist der Schule so fern wie sie für eine anspruchsvolle Kunstvermittlung notwendig ist. Kunstvermittlung, die Unvorhergesehenes ermöglicht, Überraschungen zulässt und auf einen offenen Ausgang setzt, wie dies bei jeder Form der kreativen Betätigung der Teilnehmer der Fall ist, muss auch das Risiko des „Scheiterns" eingehen: der Plan lässt sich in einzelnen Teilen nicht realisieren, das Produkt enttäuscht, auch wenn der Prozess dorthin reich an Lerneffekten war, der Prozess erweist sich als mühsam und unbefriedigend, dafür erweist sich das Produkt als bereichernd. Es ist eine wesentliche Aufgabe von Pädagogen, das „Scheitern" in einen Ausgangspunkt neuen Lerninteresses transferieren zu helfen.
- *Eine Kultur der Reflexion und Evaluation entwickeln*
  Die besondere pädagogische Herausforderung liegt weniger darin, Erlebnisse mit Musik zu ermöglichen, als sie in einem Prozess der Reflexion in Erfahrung zu überführen. Wann ist der richtige Zeitpunkt und welches sind die angemessenen Fragen, die passenden Formen von Privatheit und Öffentlichkeit? Wie ist Reflexion zu gestalten, damit sie einen für die Beteiligten erkennbaren Eigenwert erhält und nicht nur die Verlängerung oder sogar Verflachung des Erlebten bewirkt?

Beispiel 5

Das oben schon erwähnte Projekt „Künstlerische Tätigkeiten in der Begegnung mit Musik" gab einigen Experimentierraum für solche Fragen. So stellte sich etwa nach einer Mal-Aktion heraus, dass direkte Fragen über den Bezug zwischen den entstandenen Bildern und der Musik überfordernd waren. Die Teilnehmer und Teilnehmerinnen waren noch zu sehr in dem vorangegangenen Erlebnis verhaftet. Die Aufforderung, darüber zu berichten, wie das Bild entstanden sei, was die Einzelnen getan hätten, also den Malvorgang sprachlich „bloß" zu wiederholen, brachte plötzlich auch die Ebene der Deutungen in den Blick und in das Gespräch. Diese eher technische Anweisung war also in dieser Phase der Reflexion viel wirkungsvoller.

Die Reflexion und Auswertung von künstlerischen Prozessen oder von Erlebnissen mit Kunst bedürfen besonderer methodischer Fantasie. Denn für sie gilt wohl, was Bernhard Scheffer als Wesensmerkmal von Kunst selbst feststellt: „Kunst muss paradox sein. Sie hätte generell ‚das Unbeobachtbare zu beobachten', sie hätte in jedem Fall die An-Spielung auf das Unbekannte, das Undarstellbare, das Unmögliche zu erproben." Unter diesem Gesichtspunkt könnte Kunstvermittlung vielfältige Gelegenheiten für solche An-Spielungen bieten.

Museum für Neue Kunst
NEUE KUNST

MUSEUMSPÄDAGOGIK FÜR KINDER UND JUGENDLICHE

Christiane Jürgens

Das Museum für Neue Kunst des ZKM | Zentrum für Kunst und Medientechnologie Karlsruhe zeigt europäische und amerikanische Kunst von 1960 bis heute. Den Schwerpunkt bilden Arbeiten der amerikanischen Pop Art, Minimal Art, Farbfeldmalerei, Arte Povera und Concept Art, Objekte und Skulpturen der 80er und 90er Jahre sowie jüngste Entwicklungen der Gegenwartskunst. Ergänzt wird diese Präsentation durch themenbezogene und monografische Ausstellungen. Die künstlerischen Medien umfassen Malerei, Plastik, Installation, Fotografie und Videokunst. Zukünftig werden verstärkt die neuen Medien und computerbasierte Kunstformen einbezogen.

DAS MUSEUM ALS ORT UND DIE GEGENWARTSKUNST

Der Ort, hier ein ehemaliges Industriegebäude mit einer außergewöhnlichen Ausstellungsarchitektur und inszenierten Seherlebnissen, ist ein zusätzlicher Reiz, der ganz besondere, spezifische räumliche Erfahrungen ermöglicht.

Ebenfalls lässt das Kunstwerk (Objekt, Bild, Aktion, Performance, Intervention) mit seinen Ausmaßen, seinen Materialien, seiner Position im Raum ganz bestimmte Wahrnehmungen zu.

Der Betrachter erfährt Inhalt, Gedanken und ästhetische Erfahrungen der künstlerischen Arbeit. Ausstellung und das Museum erzählen ebenfalls eine Geschichte oder verstehen sich als Archiv für eine bestimmte Vorstellung von Kunst, Entwicklung, Zeitgeist und Theoriebildung.

DAS ANGEBOT DER MUSEUMSPÄDAGOGIK

Der Schwerpunkt der museumspädagogischen Arbeit im Museum für Neue Kunst liegt auf der Vermittlung an Schulen und Kindergärten, da hier eine große Bandbreite der Bevölkerung erreicht wird. Eine bereichernde Auseinandersetzung bezogen auf den kindlichen Alltag und ihre Erfahrungen ist das Ziel der Museumspädagogik. Kindergartenkurse mit einer anschließenden Kindervernissage für Eltern, Schulprojekte, Workshops, Museumskoffer, Museumsgespräche, Lehrerfortbildungen, Unterrichtsmaterialien sowie Führungen mit unterschiedlichen Methoden, wie z.B. mit praktischer Arbeit im Atelier (vom Malen auf dem Boden bis hin zu Videoarbeiten) sind eigenständige, ergänzende museumspädagogische Angebote zu Werken in Ausstellungen und Sammlungen.

KUNST UND VERMITTLUNG

Die zeitgenössische Kunst spielt mit den ästhetischen Codes der Gegenwart. Mal setzt sie Witz und Ironie ein, ein anderes Mal Gefühl und Ausdruck. Sie ist in einem bestimmten Kontext entstanden, überwältigt den Besucher oder reflektiert die eigene Produktion. In der Begegnung mit den Werken lernen die Schüler/innen Prinzipien der künstlerischen Strategien kennen wie Formen der Verfremdung, konzeptuelle Ansätze, intellektuelle oder politische Auseinandersetzung sowie Fragen zu stellen, ohne eindeutige Antworten zu bekommen. Die Entdeckung von ästhetischen Erfindungen, neuen Formsprachen sowie ästhetischer Genuss sind mögliche positive Erfahrungen. Die Aneignung von Informationen, Vertrautes und Fremdes zu erfahren, Toleranz zu üben, fremde Sichtweisen erfahren zu können sind weitere Ergebnisse der Kunstbetrachtung. Die Auseinandersetzung mit einem Kunstwerk ist ein produktiver Vorgang (Schütz, S.136), der den eigenen Blickwinkel öffnet und das Selbstbewusstsein der Schüler/innen stärkt.

Dabei gab es immer schon Künstler, die die Erfahrung des Besuchers direkt oder indirekt miteinbezogen. In anderen Werken ist die Rezeption des Betrachters Bestandteil des Werkes, gelenkt vom Künstler. So ist in einigen Werken von Bruce Nauman (z.B. „Floating Room", 1971) die Partizipation des Besuchers notwendig, um das Werk zu vollenden.

Auch diese Erfahrungen können in einem begleitenden Angebot der Museumspädagogik zu einer weiteren bereichernden Auseinandersetzung führen. Die Kunstbetrachtung mit den Schüler/innen ist als kommunikativer Prozess entscheidend. Er umfasst das Gespräch, experimentelle, gestische und assoziative Annähe-

Giuseppe Penone mit seiner Arbeit Soffio II

Giuseppe Penone: Soffio II, 1978

rungen. Dabei können Informationen ergänzt werden, wie die Intention des Künstlers, sein biografischer Hintergrund sowie der gesellschaftliche und zeitliche Kontext. Angeregt durch die Museumspädagogen können formal-ästhetische Bedingungen des Kunstwerkes erarbeitet werden.

Ausgehend von der künstlerischen Arbeit wird von der Museumspädagogik die passende(n) Strategie(n) ausgewählt. Dies verlangt eine intensive Auseinandersetzung mit dem Werk und seiner Rezeption.

Die Museumspädagogik in Kunstmuseen hat vor allem die eigene praktische Tätigkeit im Anschluss an die Kunstbetrachtung für Schüler/innen favorisiert. Dabei ist die praktische Tätigkeit nicht auf Malen oder plastisches Werken beschränkt, sondern schließt konzeptuelle und performative Ansätze oder die Arbeit mit Videokamera und Computer mit ein. Die Eigentätigkeit kann weitere Erkenntnisse zur Entstehung, zum Arbeitsprozess und zum Inhalt eröffnen. Allgemeine Annäherungen wie Wahrnehmungsexperimente mit Klängen und Musik können auf bestimmte Aspekte in einer künstlerischen Arbeit hinweisen, führen manchmal jedoch eher zu einer Entfernung denn zu einer Annäherung an das Werk. Sie sollten nur eingesetzt werden, wenn sie den Inhalt oder Kontext des Werkes direkt aufgreifen oder als eigenständige Einheit fungieren.

Diskutiert wird außerdem, ob die Kunstvermittlung nicht bereits selber Kunst sein kann. Dabei kann auf künstlerische Projekte verwiesen werden, wie die „Museumsratten" von Lili Fischer oder künstlerische Projekte, die kommunikative, interdisziplinäre oder experimentelle Formen der Kunstvermittlung beinhalten (wie z.B. im Kunstverein Hamburg). Auch besondere Inszenierungen wie Archive oder beispielsweise „Das Kinderzimmer" im Museum für Moderne Kunst, Frankfurt a. M. zeigen künstlerische Projekte in den Feldern Sammeln und Vermitteln. In der ‚alltäglichen' Vermittlung kann jedoch nicht von künstlerischem Arbeiten gesprochen werden, wenn künstlerische Strategien zum Beispiel in Aktionen oder in der Eigenaktivität wieder aufgenommen werden. Das Kunstwerk ist der stärkste Impuls für die Konzeption verschiedener Vermittlungsformen. Gleichgültig, ob es sich um performative oder um partizipierende Vermittlungsformen handelt, sie unterliegen immer dem Zweck, ein Werk oder eine Anschauung zu vermitteln. Welche Methoden und Annäherungsweisen in der Vermittlung eingesetzt werden, bestimmt das künstlerische Werk mit seinen Inhalten, seiner Struktur und Form.

VERMITTLUNG KONKRET – GRUNDSCHULE

Ein respektvoller Umgang miteinander bildet die Grundlage für den Dialog zwischen Museumspädagoge/in und Besucher/in. Während des Besuchs nehmen die Kinder Räume und Ausstellungspräsentation wahr. Sie erfahren etwas über die Aufgaben des Museums sowie die historische Entstehung der Museen und Sammlungen. Parallel wird eine Verbindung zu ihrem Alltag hergestellt. So berichten die Kinder (Grundschulbereich), was sie sammeln und ob sie ihre Fundstücke in einer Schachtel „verstecken" oder offen darlegen, sie jemandem zeigen und dazu die Geschichte der Fundstücke erzählen. Dies wird wieder auf die Funktionen eines Museums bezogen: Sammeln und Bewahren, Forschen und Ausstellen sowie Vermitteln.

Altersgemäße Rezeptionsangebote werden im ersten Teil der Werkbetrachtung gemacht. Während der Betrachtung entsteht ein Dialog zwischen MuseumspädagogIn und den Kindern, der den kindlichen Erfahrungen, Erlebnissen und Mitteilungen großen Raum gibt. Das, was die Kinder bereits wissen bzw. erfahren haben, ist von ihrer gesellschaftlichen, sozialen, aber auch indi-

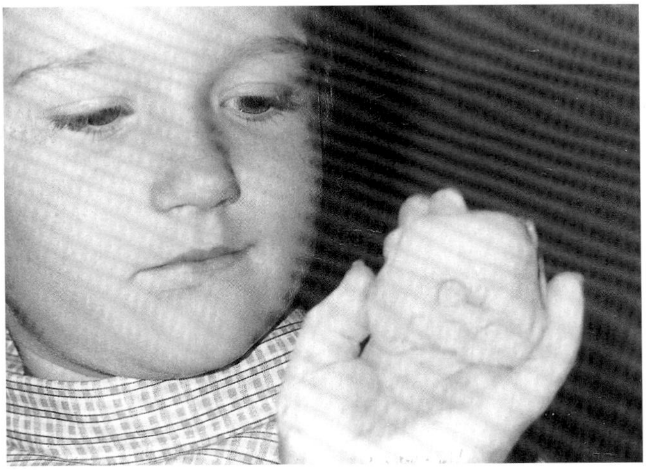

Junge mit Körperabdruck aus Ton

viduellen Lebenswelt geprägt. In diese gilt es sich hineinzuversetzen. Das bereits Wahrgenommene ordnen die Kinder in ihre schon vorhandene Erfahrungswelt ein. Das „neu Wahrgenommene" eines Kunstwerkes wird damit zur neuen Erfahrung und diese zur Erkenntnis. Die Betrachtung und Beschreibung des Werkes, das Gespräch, gestische Einlagen, assoziative und experimentelle Zugänge sowie zusätzliche „Requisiten" führen zu einer abwechslungsreichen Auseinandersetzung mit dem jeweiligen Werk. Dabei werden nicht alle seine Schichten und Aspekte erfaßt, jedoch bleibt genügend Raum für nicht vorhersehbare individuelle Erfahrungen und Erkenntnisse (Kirchner, S.61).

Eigenaktivität im zweiten Teil machen weitere inhaltliche, ästhetische und prozessuale Erfahrungen zum Kunstwerk möglich. Produktiver und rezeptiver Umgang mit Kunstwerken fördert individuelle Erkenntnisse. Auf dem Kopf malen wie Georg Baselitz, Erstellen von Videosequenzen zu einem Stilleben oder Installationen aus alltäglichen Objekten und plastisches Gestalten mit Gips sind Angebote für den Kindergarten- und Grundschulbereich zu einem bestimmten Werk der Sammlung.

Ein Beispiel für die Grundschule

Ein Beispiel für die Vermittlung von Konzeptkunst in Verbindung mit Performance/Aktion ist das Werk des Künstlers Giuseppe Penone. Als Hauptvertreter der „Arte Povera" wählt er statt klassischer Materialien wie Stein, Marmor oder Bronze natürliche Werkstoffe aus, die seinem Thema Natur und Wachstum entsprechen. So entstand der Name „Arte Povera" (dt. arme Kunst) für künstlerische Arbeiten dieser Art. Der Titel des Werkes lautet „Soffio (II)", (dt. Atem/Odem). Hier hat Penone seinen Körperabdruck ineinem riesigen, aus Ton geformten noch nicht gebrannten vasengleichen Objekt hinterlassen. Dabei hat er auch seinen Mund, Zähne und Gaumen abgedrückt. Gerade so, als würde er der Materie Atem zuführen.

In der Vermittlung (Grundschulbereich) wird vorab das Thema Zeit, Leben und Spuren angesprochen. Die Kinder erzählen von ihren Erfahrungen mit gefundenen und eigenen Spuren wie Fußabdrücke in Schnee, Sand und Matsch. Die Dimensionen Zeit, Dauer, Leben und Vergehen werden angesprochen. Atmen ist lebenswichtig und Atem fließt durch unseren Körper. Als ‚Requisite' wird die Versteinerung einer Schnecke herumgegeben. Eine eigene Körpererfahrung erhalten die Kinder, indem sie ihre Zähne in ihren Unterarm drücken/beißen. Der Abdruck wird eifrig begutachtet, denn er zeigt für kurze Zeit ihre Zahnstellung und bezieht sich durch den aktuellen Wechsel ihres Milchgebisses zu den bleibenden Zähnen auf ihr eigenes Wachsen. Im Museumsatelier nehmen sie dann selber einen Abdruck mit Ton von selbst ausgewählten Körperteilen (Ohr, Nase, Hand, Fuß).

ÄSTHETISCHE UND MUSEUMSPÄDAGOGISCHE ZIELE

Die Kinder erfahren sich selbst kindgerecht während dieses Besuches in der Welt der Gegenwartskunst. Das vertraut machen von Unvertrautem, Neues im alten Kontext zu entdecken, ist für sie eine bereichernde Erfahrung, die ihre Aktivität, ihr Selbstbewusstsein und damit ihre Persönlichkeitsentwicklung stärkt. Diese ist Grundlage für wichtige Bildungsprozesse und die Förderung einer lebendigen Fantasie und Kreativität in vielen Bereichen. Dabei beschränkt sich die Kunstvermittlung nicht allein auf allgemeine Ziele der ästhetischen Erziehung. Es handelt sich ebenfalls immer um eine Aneignung von Kultur und individuellen Produktionsweisen von Künstlerinnen und Künstlern unserer Gesellschaft. Ihre Strategien, ihre Inhalte zu erfahren, ist Aufgabe der Schule.

EIN WUNSCH: VERNETZUNG VON SCHULE, KINDERGARTEN UND AUßERSCHULISCHEN EINRICHTUNGEN

Das Museum, die Vermittlung, braucht die Kooperation von Schulen, Kindergärten und Institutionen der kulturellen Jugendbildung. Von der Struktur und Organisation profitiert das Museum. Beschränkungen im Hinblick auf das zeitliche Raster an Schulen, finanzielle Überlegungen sowie überlastete Lehrer/innen verhindern oftmals den Besuch im Museum. Diese einschränkenden Bedingungen müssten verändert werden zugunsten eines abwechslungsreichen Lernens im Museum. Der Museumsbesuch sollte jedoch nicht eine einmalige Veranstaltung sein. Kunstunterricht und fächerübergreifende Projekte könnten regelmäßig mit einem Museumsbesuch verbunden werden. Strukturelle Veränderungen in der Schule im Hinblick auf den Ganztagsunterricht wären ebenfalls eine große Chance für diesen besonderen Lernort.

LITERATUR

Kirchner, C.: *Kinder und Kunst der Gegenwart. Zur Erfahrung mit zeitgenössischer Kunst in der Grundschule*. Seelze 1999.

Schütz, H.G.: *Kunst und Analyse der Betrachtung. Entwicklung und Gegenwart der Kunstrezeption zwischen Original und Medien*. Hohengehren 2002.

DIGITALE MEDIEN ALS SCHNITTSTELLE ZWISCHEN KUNST UND INFORMATIK IM KONTEXT KÜNSTLERISCHER KONZEPTE UND ERWEITERTER KUNST- UND MEDIENDIDAKTISCHER VERMITTLUNGSFELDER

Daniela Reimann, Thomas Winkler, Michael Herczeg, Ingrid Höpel

ABSTRACT

Digitale Medien sollen durch aktive Gestaltung künstlerisch konzipierter Mixed-Reality-Lernräume im wahrsten Sinne des Wortes in einem multisensuell ausgerichteten Unterricht begriffen werden. Dabei kommt der Vermittlung informatischer Modellbildung gerade in Anbindung an künstlerische Konzepte, performative Zusammenhänge und raumbezogene Prozesse eine große Bedeutung zu. Neue Schnittstellen, mobile und interaktive Systeme erweitern physische Handlungs- und Kommunikationsräume um die Dimensionen simulierten Verhaltens und der Interaktivität. Sie ermöglichen damit innovative, vielschichtige Interaktionsformen zwischen Lernern, Lehrenden und künstlerisch konzipierten Lern-Räumen. Diese Lernräume ermöglichen Inspiration, Gestaltung und Reflexion im Umgang mit digitaler Medientechnologie. An allgemeinbildenden Schulen durchgeführte Unterrichtsversuche haben gezeigt, dass die Verbindung aus transparenter algorithmischer Maschine, produktiver Gestaltung und künstlerischem Konzept einen fruchtbaren Ansatz hinsichtlich der Förderung einer integrierten ästhetisch-informatischen Gestaltungskompetenz im Umgang mit digitalen Medien darstellt.

EINLEITUNG

Kunst- und Mediendidaktik haben sich bisher kaum mit der Dimension der programmierten Interaktivität, mit sich verhaltenden Objekten und der Entwicklung simulierter Räume beschäftigt oder diese im Hinblick auf ihr Potenzial für zukünftige Lernprozesse und die Eröffnung komplexer ästhetischer Erfahrungsräume thematisiert. Das Forschungsprojekt ArtDeCom hat sich mit der Theorie und Praxis ästhetisch-informatisch geprägter Kompetenzbildung im Hinblick auf einen grundsätzlich gestaltungsorientierten, produktiven Umgang mit digitalen Medien im Schulkontext beschäftigt. Es ging dabei darum, Schülerinnen und Schülern ästhetische Erfahrungsräume für Produktion, Kommunikation und kreative Verwendung von Medien zu eröffnen. Kinder und Jugendliche zwischen 8 und 18 Jahren haben dabei selbstständig in kooperativer Projektarbeit Multi-Medien experimentell verwendet, transformiert, selbst programmiert und präsentiert.

Die Theoriebildung, die im Forschungsprojekt entwickelt und in der schulischen Praxis erprobt wurde, zielt auf die Förderung einer zeitgemäßen und innovativen Medienkompetenz auf Grundlage ästhetisch-informatischer Gestaltungsfähigkeit ab, die bewusst über einen Computereinsatz als bloßes Werkzeug oder Speichermedium hinausgeht. Vielmehr sollte der Computer als eigenständiges und künstlerisches *Medium* erprobt und sein spezifischer Mehrwert als programmierbare algorithmische Maschine thematisiert werden.

Ausgangspunkt war es, die Disziplinen Kunst und Informatik, denen im Rahmen der zunehmenden Digitalisierung, Visualisierung und vor allem auch der *Interaktivität* von Information eine Schlüsselrolle zukommt, zusammenzuführen. Die Schlüsselkompetenzen Gestaltung (Design) und informatisches Denken und Handeln bilden dabei das Bezugssystem im Kontext einer Förderung des kompetenten Umgangs mit digitalen *und* analogen Medien das für uns im Konzept von Mixed Reality aufgeht. Was dies für kunst- und mediendidaktische Vermittlungsfelder bedeutet, wird im Folgenden skizziert. Der Ansatz von Mixed- Reality-Lernräumen erweitert die ästhetische Bildung und die Mediendidaktik im Hinblick auf informatische Prozesse als gleichwertigen Teil des Gestaltungsprozesses, was bisher in der Kunstdidaktik nicht berücksichtigt bzw. aus- geschlossen wurde. Er stellt den zentralen Bezugspunkt einer integrierten Kunst- und Mediendidaktik dar, die Anschlussmöglichkeiten an weitere Schulfächer und Disziplinen ermöglicht.

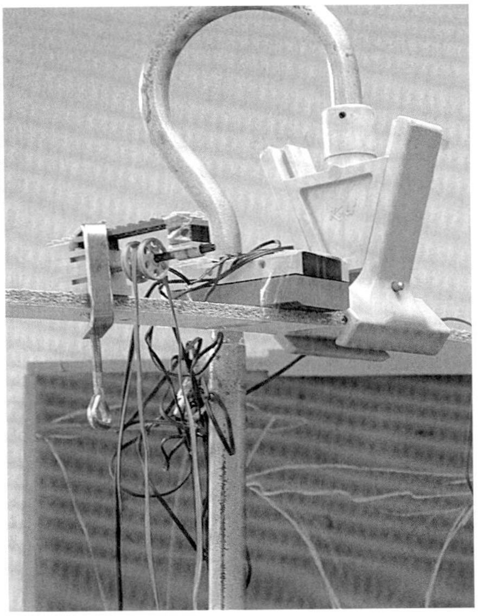

Abb. 1-3: Erproben von Sensoren und entwickeln von Prototypen für die Interaktive Installation System-Wusel in Kl.13

MIXED REALITY UND TANGIBLE MEDIA IM KONTEXT KÜNSTLERISCHER KONZEPTE

„2019: Computers are largely invisible and embedded everywhere. Three-dimensional virtual-reality displays, embedded in glasses and contact lenses, provide the primary interface for communication with other persons, the Web, and virtual reality. Most interaction with computing is through gestures and two-way natural-language spoken communication. Realistic all-encompassing visual, auditory, and tactile environments enable people to do virtually anything with anybody, regardless of physical proximity. People are beginning to have relationships with personalities as companions, teachers, caretakers, and lovers." (Kurzweil, R., 2000, IX)

Was Kurzweil hier skizziert, umkreist die fortschreitende medientechnologische Entwicklung im Hinblick auf neue Schnittstellen und die zunehmende Einbettung des Computers in die physische Welt der Objekte und Subjekte. Da es kaum interdisziplinäre Ansätze in Kunst- und Medienpädagogik hinsichtlich der Integration informatischer Prozesse und medientechnologischer Entwicklung gibt, werden die oben skizzierten Szenarien im Rahmen kunst- und mediendidaktischer Vermittlungsprozesse nicht thematisiert. In der kunstpädagogischen Arbeit wurden medientechnologische Entwicklungen interaktiver Systeme bisher vornehmlich ausgegrenzt bzw. der Einsatz des Computers auf die Verwendung einschlägiger, gängiger Software (z.B. digitale Bild- und Videobearbeitung oder Interface Design) eingeschränkt. Sie verschließt sich damit der Reflexion und Einbeziehung dieser Medien in kunstpraktischen Prozessen. Im Zeitalter gesten- und sprachgesteuerter Eingabemedien, interaktiver Systeme[399] wird der Computer – wenn auch optisch im Hintergrund des Szenarios – allgegenwärtig, da in die Objektwelt integriert bzw. diese observierend[400].

Der Modellversuch ArtDeCom[401] hat die medientechnologischen Entwicklungen nicht nur aufgegriffen, sondern einen kreativen Umgang mit digitaler Technologie initiiert. Die Verbindung von informatischer *und* ästhetischer Kompetenzbildung im Rahmen künstlerisch konzipierter Mixed-Reality-Lern-Räume stand dabei im Mittelpunkt.

Der technisch geprägte Begriff von *Mixed Reality* entstammt ursprünglich der Informatik (Milgram 1994)[402], zielt auf eine Erweiterung von Kommunikations- und Handlungsräumen ab und fasst die Ansätze Augmented Reality (AR) und Augmented Virtualty (AV) zusammen. Er wurde in der zeitgenössischen Medienkunst aufgegriffen. Der Begriff der Mixed-Reality-Lernräume, der in ArtDeCom entwickelt wurde, beschreibt hybride Strukturen und Mischformen digitaler und analoger Medien, Ausdrucksformen und Realitätsebenen, die unter Einbeziehung aller Sinneskanäle mittels Tangible Media erfahrbar werden und in allgemeinbildenden Schulen erprobt wurden.

Der Begriff *Tangible Media* (vgl. die Arbeiten von Ishi, H. und Kollegen) bezeichnet u.a. Medien, die mit Sensoren und Mikrocomputern ausgestattet sind und die Mensch-Maschine-Interaktion auf den physischen Handlungsraum ausweiten. Die greifbaren, berührbaren Objekte selbst werden dabei zum Eingabemedium. Ein weiteres Konzept von Tangible Media bezeichnet interaktive Systeme, die z.B. performative Prozesse identifizieren können (z.B. Bilderkennungssoftware, die auf Bewegung oder Farbe reagiert). Sie sind von den Kindern und Jugendlichen selbst programmierbar. Neue Schnittstellen ermöglichen kabellosen Datentransfer, und der physikalische Raum wird somit zum z.B. haptischen bzw. situativen Interface. Der taktile Sinn wird in die Prozesse integriert. Ikonische Programmierung, eine Form der Visualisierung von Programmierung, ermöglicht dabei die Modellierung von Verhalten und die Steuerung interaktiver Systeme ab dem Grundschulalter (Abb.4-5).

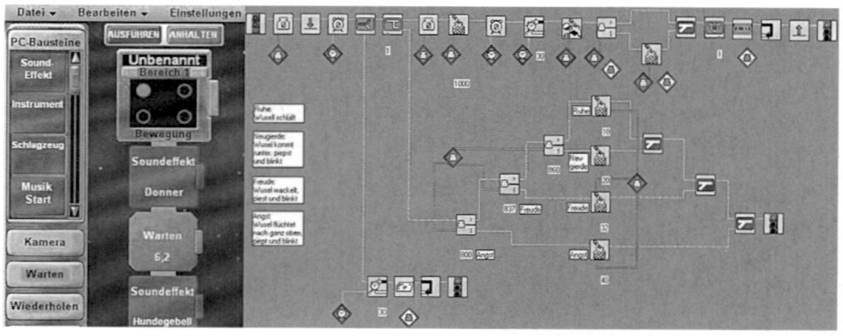

Abb.4-5: Zwei Formen ikonischer Programmierung für unterschiedliche Altersgruppen

Bezogen auf die schulische Praxis bedeutet dies eine Verschmelzung des Interface-Konzepts mit dem eigentlichen Lern-Raum. Lernen mit digitaler Medientechnologie wird situativ und haptisch erfahrbar. Die große Chance für die Schulpraxis besteht dabei darin, langfristig eine Abwendung von der Beschränkung der Mensch-Maschine-Interaktion auf Tastatur, Mausaktivität und der ausschließlichen Arbeit am Bildschirm im zentralen Computerraum realisieren zu können, was gerade im künstlerischen Prozess von besonderer Bedeutung ist, da haptisch-performative Elemente in der Computervermittlungsarbeit weitgehend ausgeschlossen sind.

Künstlerischen und interaktiven Konzepten kommt dabei eine Schlüsselrolle im Kontext von Motivation bez. interaktiver Systeme und des Interesses an Programmieraktivität zu. Das künstlerische Konzept stellt die notwendige und die Schüler/innen motivierende Kontextualisierung abstrakter Programmierung dar (s. Abb.1-3).

Der zugrundeliegende, um die Dimension programmierter Medien erweiterte, Medienbegriff bezieht bekannte Definitionen wie Medienkompetenz für Massenmedien (Fernsehen, Radio, Zeitungen) und die Anfänge bezüglich der Kompetenz bildung im Umgang mit digitaler Medientechnologie, wie wir sie seit Mitte

Abb.6-7: Grundschulkinder der Klasse 3 programmieren eine Bilderkennungssoftware mittels ikonischer Programmierung

Abb.8-9: Realer Brunnen im Miniaturmodell und multimediale Kulisse auf der Bühne für die Mixed Reality Performance

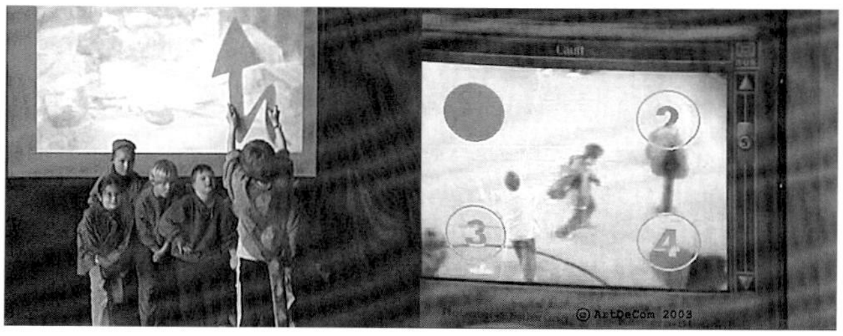

Abb.10-11: Eine Bilderkennungssoftware, die auf Farberkennung programmiert wurde, identifiziert die Farbe gelb und löst Geräuschereignisse aus.

der 90er Jahre in ersten Ansätzen – z.B. der Schulen ans Netz-Initiativen und der Einführung von E-Learning – im pädagogischen Feld vorfinden, mit ein und geht gerade darüber hinaus:

Das Angebot ästhetischer Mixed-Reality-Lernräume, die Schüler selbst erstellen, begreift Medienkompetenz als komplexe und weitgefasste Gestaltungsfähigkeit (Design) auf allen Ebenen der Vermittlungsprozesse. Sie beginnt bei der Beteiligung der Lernenden an Unterrichtsprozessen und der aktiven Entwicklung künstlerischer Konzepte für ästhetisch-informatische *Kommunikations- und Interaktionsräume*. Die Gestaltungsprozesse gehen dabei über das Design von Form und Funktion hinaus und werden um die Dimension der *Programmierung von Interaktivität* und der *Modellierung von Verhalten* erweitert und bereichert.

ERWEITERUNG KUNST- UND MEDIENDIDAKTISCHER VERMITTLUNGSFELDER IM UMGANG MIT DIGITALER MEDIENTECHNOLOGIE

Das Begreifen und Verstehen der Funktionen und Potenziale programmierbarer digitaler Medientechnologie (informatische Kompetenz) und ihre Bedeutung als gleichwertiger Teil im kreativen Gestaltungsprozess stellt eine Erweiterung von kunst- und mediendidaktischer Praxis dar. Kinder und Jugendliche sollen systematisch befähigt werden, eine aktive Rolle im Umgang mit digitalen Medien zu spielen (Verstehen durch Begreifen). Sie werden dabei sowohl zum Produzenten als auch zum kritischen Konsumenten. Handlungs- und Ausdruckskompetenz in performativen Kontexten kommt dabei eine besondere Bedeutung zu.

Das digitale Bild als *programmiertes* Bild wurde in Kunst- und Medienpädagogik bisher nicht thematisiert. Dies ist insofern bemerkenswert als damit auch der Bereich interaktiver, dreidimensionaler simulierter Bildraumausprägungen (Abb.10-11) aus dem Blick gerät, die gerade maßgeblich über die Bildmetapher hinausgehen und von ihr nicht mehr vollständig erfasst werden können. Sie stellen ästhetische Erfahrungsräume dar, deren Potenzial für Lernprozesse und ästhetisch-mediale Bildung es einzuschätzen und zu vermitteln gilt.

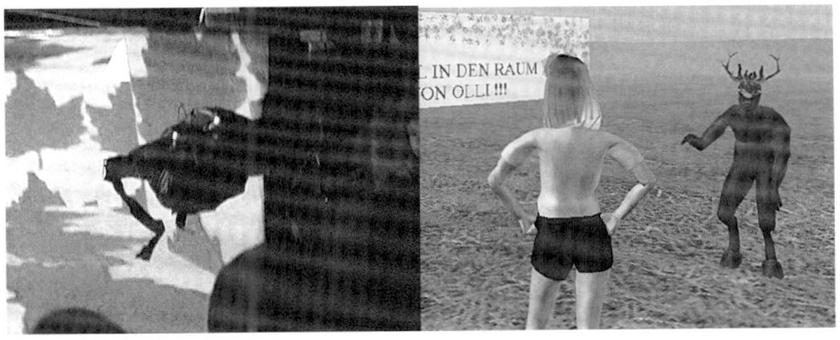

Abb.12-13: Mixed-Reality-Lernraum mit Großbildprojektion und interaktive 3D-Welt mit sich verhaltenden Avataren

Die informatische Modellbildung wird bei diesem Ansatz als Teil eines kreativen Prozesses – das informatische Denken und Handeln selbst – transparent gemacht und im Unterricht thematisiert. Durch die Anbindung und Realisation an den ästhetischen Kontext konstituiert sich die Verknüpfung zu vielschichtigeren kreativen Prozessen, die bisher in der Schulpraxis als Motivationsfaktor hinsichtlich der Vermittlung von informatischen Inhalten außer Acht gelassen wurden.

Die Befähigung zu Wahrnehmung, Gestaltung (Design) und ästhetischer Kompetenz spielt dabei eine Schlüsselrolle für *zukünftige Lernkonzepte* mit digitalen Medien. Die Ergebnisse des ArtDeCom-Modellversuchs haben gezeigt, dass traditionelle Lehrmethoden im Sinne des Frontalunterrichts sich nicht auf einen gestaltungsorientierten und produktiven Computerunterricht anwenden lassen. Letzterer bildet aber die Grundlage für die ästhetisch-informatische Kompetenzbildung im Hinblick auf zukünftige Qualifikationen. Des weiteren hat sich gezeigt, dass informatische Gestaltungskompetenz bereits im Grundschulalter im Rahmen projektorientierter Gruppenarbeit realisierbar ist.

Für den kreativen und fantasievollen Umgang mit digitaler Medientechnologie ist die Entwicklung und Etablierung einer neuen Lernkultur erforderlich, die sich im Feld integrierter Lehr-Lernkonzepte, erweiterter Lernräume und Zeitstrukturen und Unterrichtsformen bewegt. In offenen Werkstätten mit einem flexiblen Lern-Raum-Konzept können Sensortechnologien, die physisch-haptische und situative Interfaces und Interaktionsformen unterstützen, eingesetzt werden und multiple ästhetische Erscheinungen realisieren (z.B. Bild- und Spracherkennung im performativen Kontext).

Die *Qualifikationsanforderungen* an die zukünftige Lehreraus-, -fort- und -weiterbildung sind komplex. Die praktische und methodische Organisation von Unterricht bedarf einer Neudefinition. Die Einbettung des Computers in einen multisensuell ausgerichteten Projektunterricht erfordert neue Lehr-Lernkonzepte, die Neudefinition von kunstdidaktischen und informatischen Lerninhalten sowie neue Organisationsformen von Lernen und Lehren. „Forschendes Lernen" und „Projektstudium" wurde nicht erst in den 70er Jahren als hochschuldidaktisches Modell der Kunstlehrerausbildung – im Hinblick auf didaktische Perspektiven und eine auf das Projektstudium ausgerichtete Kunstpädagogenausbildung – proklamiert (vgl. Spinkart, K.-P. 1979, S.197ff.). In der Schulpraxis stellt die Projektarbeit nach wie vor die Ausnahme dar und wird formal im Rahmen verpflichtender Projektkurse, Projekttage oder Projektwochen realisiert. An Stelle formalisierter Regelungen müsste es zukünftig vielmehr um die Förderung eines informellen Lernens gehen, das durch Kommunikation, Kooperation und eine kreative mediale Praxis in Gang gesetzt wird.

Zukünftige *Lehrerausbildung* soll Lehrende befähigen, digitale Medien für den Unterricht zu reflektieren, zu verwenden und kompetent zu vermitteln. Sie sollen befähigt werden, Wirkungen zu initiieren und Nebenwirkungen digitaler Medientechnologie einschätzen zu können. Dies geschieht in *interdisziplinären* Arbeits- und Lernprozessen jenseits der Grenzen einzelner Disziplinen. Lehrerinnen und Lehrer müssen weitreichende ästhetische und informatische Kompetenzen und Fähigkeiten erwerben, um zukünftig die Initiierung von Lernprozessen in geeigneten Unterrichtsszenarien für einen kreativen und kompetenten Umgang mit digitalen Medien zu vermitteln. Entsprechende Grundlagen müssen in eine zukünftige integrierte Lehreraus-, -fort- und -weiterbildung aufgenommen werden.

Abb.14-15: Erprobung von Software und Konzeption einer CD-Rom im Rahmen eines interdisziplinären Projektseminars in der Lehrerausbildung[403]

ANMERKUNGEN

[399] Z.B. in performativen Ansätzen aus der Body-brush-Softwareentwicklung, bei der etwa in Anlehnung an das action painting Jackson Pollocks die digitale Bildgebung durch Körperbewegung generiert wird und der Körper dabei sozusagen als Malwerkzeug eingesetzt wird.

[400] Z.B. durch den Einsatz von Bilderkennungssoftware.

[401] siehe http://artdecom.meh.de

[402] Zit. nach Ohta, N.; Tamura, Y. (Hg).: *Mixed Reality – Merging Real and Virtual Worlds.* Tokyo 1999.

[403] Am Forum der Muthesius-Hochschule für Kunst und Gestaltung, der Christian-Albrechts-Universität zu Kiel und dem Institut für Interaktive Systeme der Universität zu Lübeck.

LITERATUR

Buschkühle, C.-P. (Hg.): *Perspektiven künstlerischer Bildung*. Köln 2003.

Druin, A.; Hendler, J.: *Robots for kids – exploring New technologies for learning*, San Diego, CA, 2000.

Hornecker, E.: *Wo tangible und virtual sich berühren. Augmented Reality – Construction kids und Real Reality*. In: Bruns,W.; Hornecker, E.; Robben, B.; Rügge, I. (Hgg): *Vom Bildschirm zum Handrad – Computerbenutzung nach der Desktop-Metapher*. artec-paper 59. Universität Bremen 1998.

Ishii, H.; Mazalek, A.; Lee, J.: *Bottles as minimal Interfaces to access digital information*. Internet: http:// tangible.media.mit.edu/papers/Bottles_CHI01/ Bottels_CHI01.pdf (2001):

Kurzweil, R.: *The age of spiritual machines – when computers exceed human intelligence*. New York, London, Toronto 2000.

Ohta, Y.; Tamura, H.: *Mixed Reality – Merging Real and Virtual Worlds*. Tokyo 1999.

Reimann, D.; Winkler, T.; Herczeg, M.; Höpel, I.: *Theorie und Praxis integrierter ästhetischer und informatischer Aus- und Fortbildung – der Modellversuch ArtDeCom*. In: Bergmann, S.; Lauffer, J.; Mikos, L.; Thiele, G.; Wiedemann, D. (Hgg.): *Handbuch Medien: Medienkompetenz. Modelle und Projekte*. Bonn (Bundeszentrale für politische Bildung – Koordinierungsstelle Medienpädagogik) 2004.

Reimann, D.; Winkler, T.; Herczeg, M.; Höpel, I.: *Exploring the Computer as a Shapeable Medium by Designing Artefacts for Mixed Reality Environments*. In: *Interdisciplinary Education Processes. Proceedings of ED-MEDIA*. 2003. Hawaii 2003.

Reimann, D./Winkler, T./Herczeg, M./Höpel, I.: *Gaining Computational Literacy by Creating Hybrid Aesthetic Learning Spaces*. In: *Proceedings of the International Conference on Advanced Learning Technologies* (IEEE ICALT). Athen 2003.

Seelinger, A.: *Ästhetische Konstellationen – Neue Medien, Kunst und Bildung*. München 2003.

Spinkart, K.-P.: *„Forschendes Lernen" und „Projektstudium" als hochschuldidaktische Vorbedingungen einer handlungsorientierten Kunstpädagogik – Kunsterzieherausbildung zwischen ästhetischer Eigentätigkeit und wissenschaftlich kontrollierter Projekterfahrung*. In: Daucher, H., Sprinkart, K.-P. (Hrsg): *Ästhetische Erziehung als Wissenschaft. Probleme. Positionen. Perspektiven*, Köln 1979.

Winkler, T./Reimann, D./Herczeg, M./Höpel, I.: *Creating digital augmented multisensual learning spaces – Transdisciplinary education at school between aesthetic creating and building concepts in computer science*. In: *Berichte des German Chapters of the ACM, Mensch & Computer*, Stuttgart 2003.

CHILASCHOGU ODER WIE DER WEG DIE METHODE FINDET

Stella Geppert, Claudia Schönherr-Heinrich

„Wir bekamen die Aufgabe aus Süßigkeiten bzw. aus Chips andere Süßigkeiten zu machen.

Alle fanden die Idee gut, die Süßigkeiten und Chips zu essen, aber was das mit Kunst zu tun hatte, konnten sich die Wenigsten vorstellen.

Trotzdem hatten eigentlich alle eine Idee, wie wir die Aufgabe angehen könnten. Die Gruppe mit den Gummibärchen hatte anfangs ziemliche Probleme, aus Gummibärchen Chips zu machen. Einige fanden es eklig, die Chips mit Wasser zu vermischen, was allerdings deren eigene Idee war.

Insgesamt hat es eigentlich Spaß gemacht, da wir dabei auch viel Süßes essen konnten."
(Schüleräußerungen, 8. Klasse)

DIE RAHMENBEDINGUNGEN DES PROJEKTES

KLiP – „Kunst und Lernen im Prozess" ist ein Berliner Modellversuch im Rahmen des BLK-Programms „Kulturelle Bildung im Medienzeitalter", der sich nicht in erster Linie mit der Entwicklung und Erprobung innovativer Modelle für den kreativen Umgang mit den neuen Medien beschäftigt, sondern vielmehr auf die Konsequenzen fokussiert, die sich aus den Besonderheiten des Medienzeitalters für tradierte Formen von Bildung ergeben. Ideenarmut, mangelnde Konzentrationsfähigkeit, oberflächliches Wahrnehmen, stereotype Vorstellungsbilder und ähnliches mehr – diese häufig aus Lehrersicht als Defizite empfundenen Eigenheiten heutiger Schüler erschweren den Umgang mit herkömmlichen Inhalten und Formen von (Kunst-) Unterricht, der sich im Allgemeinen am traditionellen Werkbegriff orientiert. Natürlich kommt in diesem Zusammenhang die Frage auf, ob dieser herkömmliche Unterricht überhaupt noch – zumindest in seiner weit verbreiteten Ausschließlichkeit – akzeptabel ist. Man muss wohl noch immer davon ausgehen, dass zeitgenössische, speziell prozessuale Formen von Kunst selten in den Unterricht Eingang finden (auch wenn diese Tatsache innerhalb der Kunstpädagogik nicht erst jetzt beklagt wird, s. z.B. Selle, Das gestörte Verhältnis der Kunstpädagogik zur aktuellen Kunst, 1990), in der Sekundarstufe I dürften sie noch weitaus seltener vorkommen als in der gymnasialen Oberstufe. Dies hat unter anderem seine Ursache in den strukturellen Bedingungen von Schule, die durch starre Zeit- und Raumstrukturen, verfestigte Vorstellungen von Bewertung von Schülerleistungen etc. gekennzeichnet sind. Die Lernenden wiederum haben kaum die Möglichkeit, ihre spezifischen, außerhalb der Schule erworbenen ästhetischen Erfahrungen und Kompetenzen in den Kunstunterricht einzubringen, nicht zuletzt deswegen, weil viele Kunstpädagogen sich nicht nur in Bezug auf aktuelle Kunsttendenzen (s. z.B. Christiane Brohl, Displacement als kunstpädagogische Strategie, 2003), sondern auch im Umgang mit den ihnen fremden Erfahrungen und Fähigkeiten von Jugendlichen verunsichert fühlen. Bemerkenswert ist hierbei, dass beide Seiten, Lernende wie Lehrende, ein starkes Bestreben an den Tag legen, diesen Status Quo aufrecht zu erhalten.

Auf der Grundlage dieser Aspekte wird im KliP-Projekt nachgefragt, erkundet und erprobt,

- inwieweit sich Erfahrungen aus Kunstprozessen in Unterrichtssituationen übertragen lassen,
- wie Unterrichtsprozesse gestaltet werden können, die, bezogen auf Verlauf und (Lern)-Ergebnis, über längere Zeit offen bleiben müssen,
- welche Konsequenzen sich daraus für die Rolle des Lehrers ergeben,
- wie sich die Bedingungen an der Schule ändern müssen, damit in einem stärkeren Maße prozesshaft gearbeitet werden kann und
- welche Konsequenzen dies für die Bewertungspraxis hat.

Umbau

Insgesamt 3½ Jahre arbeiten 15 Künstler/innen und Lehrer/innen zusammen, um die Umsetzungsmöglichkeiten zeitgenössischer, insbesondere prozessualer Kunst im Rahmen von Kunstunterricht zu diskutieren und vor Ort zu erproben. Zielgruppe sind dabei Schülerinnen und Schüler der Klassen 7 bis 10 an vier Berliner Schulen (einer Hauptschule und drei Gesamtschulen), deren Klientel vor allem Jugendliche aus eher bildungsfernen Elternhäusern sind, die vermutlich bisher in ihrem Umfeld nicht mit zeitgenössischer Kunst konfrontiert wurden. Die Klassen sind jeweils 2½ Jahre lang kontinuierlich in das Projekt eingebunden.

In einem halbjährigen Vorlauf hospitierten zunächst die Beteiligten an den vier Schulen; in gemeinsamen Workshops lernten alle die Arbeit der im Projekt mitarbeitenden Künstlerinnen und Künstler kennen, deren eigene Arbeitsschwerpunkte in den Bereichen Objekt, Installationen, Performance, Tanz, konzeptueller und kontextbezogener Kunst sowie partizipatorischer Konzepte liegen. Anschließend wurden Rahmenbedingungen für die Unterrichtsarbeit diskutiert. Erst danach fanden sich die vier Schulteams, bestehend aus zwei Künstlern bzw. Künstlerinnen und einer Lehrerin bzw. einem Lehrer, zusammen. Diese entwickelten dann entsprechend der jeweiligen Schul- und Klassensituation und ausgehend von der spezifischen Arbeitsweise der jeweiligen Künstlerin/des Künstlers spezielle Unterrichtssettings, mit dem Ziel, prozesshaftes Lernen an und mittels Kunst zu ermöglichen. Dabei ergaben sich für die vier Projektklassen sehr unterschiedliche inhaltliche und methodische Schwerpunkte.

Die individuelle Formulierung von Aufgaben und Intentionen sowie der Einsatz verschiedener Medien basieren auf der ‚Eigendynamik' der Schulteams. Auch die Intensität der Kontakte zum jeweiligen Gesamtkollegium bzw. zu Kollegen der Fächer Deutsch, Musik und Darstellendes Spiel bestimmt teilweise die Arbeit mit.

Durch die enge Zusammenarbeit von zwei Künstlern/Künstlerinnen und einem Lehrer/einer Lehrerin und deren eigene Vorerfahrungen mit Schule im Allgemeinen bzw. Speziellen wird diese einer veränderten Betrachtung unterzogen: Es entsteht eine neue Sichtweise, ein distanzierterer Blick auf die Institution, auf die Klasse, auf die Schüler; Lehrer- und Künstlerblick ergänzen sich und lassen Schule zum Forschungsfeld werden. Was für den Lehrer zur Gewohnheit geworden ist, ist für die Künstlerin durchaus nicht selbstverständlich, wird zum Reflexionsgegenstand und kann auf diese Weise zum Unterrichtsinhalt werden. Umgekehrt können sich aus Fragestellungen des Lehrers an die Künstlerin neue Perspektiven ergeben.

Kernfragen aller Teams sind: Wie können ästhetische Erfahrungen für die Persönlichkeitsentwicklung von Jugendlichen fruchtbar gemacht werden? Wie ist es möglich, 25 bis 30 Individuen innerhalb eines definierten Rahmens auf den jeweils individuellen Weg zu schicken? Ist es überhaupt möglich, Rahmen und Bedingungen dafür zu schaffen, dass Jugendliche sich öffnen, dass sie ihre eigenen ästhetischen Erfahrungen und Interessen innerhalb der Institution Schule, die ihnen als fremdes ‚Fossil' erscheinen muss, offenbaren und bearbeiten?

Die Schulteams werden begleitet vom sog. Steuerungsteam, das aus der Projektleiterin und zwei Moderatorinnen besteht. Mit Hilfe regelmäßiger Hospitationen im Projektunterricht, die z.T. in Form teilnehmender Beobachtungen erfolgen, und Interviews mit den Lehrerinnen und Lehrern findet die wissenschaftliche Begleitung statt; die bewusste Entscheidung für eine interne Evaluation ermöglicht eine direktere Rückmeldung an die Teams und einen effektiveren Austausch. Erfahrungen und Erkenntnisse werden parallel in Lehrerfortbildungen weitergegeben, die ebenfalls gemeinsam von Künstlern und Lehrern aus dem Projekt durchgeführt werden. Auf diese Weise werden frühzeitig mögliche ‚Multiplikatoren' gefunden. Da beide Moderatorinnen zudem als Fachseminarleiterinnen tätig sind, können Impulse in die Lehrerausbildung hineingetragen werden. Allerdings entsteht hier nicht selten der Konflikt, dass die offenen Unterrichtsprozesse, wie sie im Umgang mit prozesshafter Kunst angestrebt werden, mit den tradierten Anforderungen an ‚Vorführstunden' und strikt durchgeplante Unterrichtssequenzen kollidieren.

Es geht in diesem Projekt keinesfalls darum, Kunstlehrer durch Künstler im Unterricht zu ersetzen. Die besondere Betonung liegt auf der engen Zusammenarbeit im Team, im Diskurs über Fragen der Kunst einerseits und der Vermittlung andererseits, sowohl im jeweiligen Schulteam als auch im Gesamtteam, das sich regelmäßig einmal im Monat trifft. Kontinuierlich werden Beobachtungen und Ergebnisse, und seien sie auf den ersten Blick auch noch so marginal, zusammengetragen und diskutiert. Auftretende Fragestellungen und Probleme werden systematisch bearbeitet. Hierzu wird selbstverständlich auch Theorie herangezogen, wenn es z.B. um Formen von Aufgaben, methodische Fragen oder Probleme der Beurteilung und Bewertung geht. Das Rad soll an dieser Stelle nicht neu erfunden werden, sondern es können an vielen Stellen vorhandene Modelle auf ihre Passung hin untersucht werden und ggf. erprobt werden. So finden sich z.B. Korrespondenzen zum Konzept der Ästhetischen Forschung von Helga Kämpf-Jansen („Ästhetische Forschung", 2001) und zur systemisch-konstruktivistischen Pädagogik, wie sie von Kersten Reich („Systemisch-konstruktivistische Pädagogik", 2000) dargelegt und teilweise sogar auf im Projekt zu verhandelnde Fragestellungen (ders., „Muss ein Kunstdidaktiker Künstler sein?" in: Perspektiven künstlerischer Bildung, 2003) beleuchtet wurde. Wenn sich beispielsweise Künstlerinnen und Künstler über die Eigenheiten Pubertierender ‚wundern', ist es für alle gemeinsam ein lohnendes Ziel, sich mit den entwicklungspsychologischen Voraussetzungen der Jugendlichen auseinanderzusetzen und Konsequenzen daraus zu erproben. Die Erkenntnisse der Hirnforschung bieten hier wertvolle Unterstützung. Die Herangehensweise an auftretende Probleme ist stets induktiv, wie es auch die Projektziele nahe legen.

Inzwischen deutet sich an, dass die Beobachtungen an und die Arbeit in den Schulen durchaus auch Rückwirkungen auf die eigene Arbeit der Künstlerinnen und Künstler haben.

BEOBACHTUNG DER SCHULSITUATION AUS DER KÜNSTLERPERSPEKTIVE

Wie soll man auf eine Situation adäquat reagieren können, wenn man sie nicht vorher eindringlich untersucht (entdeckt, erforscht) hat?

Nach diesem Motto starteten wir (Seraphina Lenz und S.G., Künstlerinnen) in Absprache mit Wilfried Müller-Maurer (Lehrer) das Projekt bereits mit einer ausgedehnten Beobachtungsphase, in der jeder von uns sehr ausführliche Notizen fertigte (zeichnerisch, fotografisch, schriftlich).

Wir näherten uns der ‚Schule' in der Art, wie wir es normalerweise in künstlerischen Produktionen praktizierten, zum Beispiel bei Projekten im öffentlichen Raum oder solchen wie Kunst am Bau.

Anfänglich entsprachen die Beobachtungshaltungen unseren eigenen künstlerischen Herangehensweisen: Seraphina Lenz, die sich innerhalb ihrer Arbeit mit alltäglichen Handlungsabläufen und deren möglichem skulpturalen Wert auseinandersetzt, und ich, die sich mit räumlichen Strukturen und Verhaltensweisen beschäftigt.

Im Verlauf unserer Beobachtungsphasen kristallisierten sich gemeinsame Fragestellungen heraus, die wir weiter verfolgten:

- Wie reagiert/agiert der Schüler/die Schülerin in einem stets von außen festgelegten Rahmen von Zeit und Raum?
- Wie schafft sich der Schüler in dieser Situation einen eigenen, persönlichen Raum?
- Wo und wann finden für den kreativen Prozess notwendige Handlungen statt?
- An welchen Stellen vollzieht der Schüler/die Schülerin aus eigener Motivation und persönlichem Interesse heraus Handlungen?

Als Vorboten künstlerischen Handels betrachteten wir zwei Felder:

- die Nebentätigkeiten (Krickeln auf Tischen, Süßigkeiten naschen, Poesiealben herumreichen, Comics lesen, etc. ...),

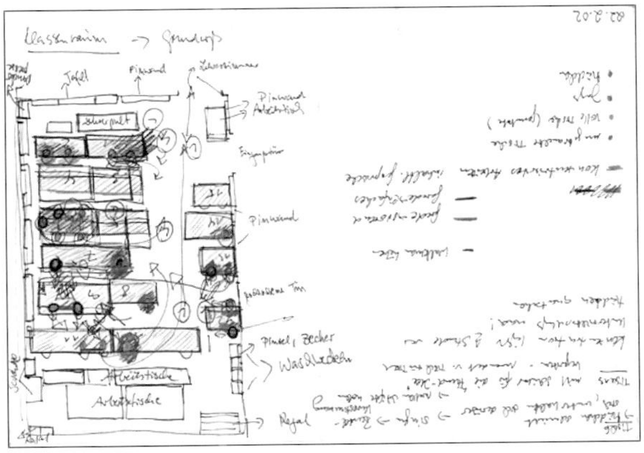

Skizze

- die Gruppierungen der Schüler im Zusammenhang mit der Sitzordnung und die damit verbundene Gruppendynamik innerhalb der Klasse.

SKIZZE ZUR KLASSENSITUATION VOM 22.02.02

Die Nebentätigkeiten, die immer parallel zu den eigentlichen Unterrichtsinhalten durchgeführt wurden, hatten bei den Schülern einen Stellenwert, der im eigentlichen Unterricht wünschenswert gewesen wäre, zum Beispiel kontinuierliches, intensives Agieren nach selbst erstellten Kriterien und Zielvorstellungen.

Nebentätigkeit und Unterrichtsinhalte standen unseren Beobachtungen nach in Polarität zueinander. Auf der einen Seite wurden Handlungen durchgeführt, die von dem Schüler selbst bestimmt waren und die ihm in Ausführung und Zielsetzung bewusst waren. Auf der anderen Seite zeigten sich die Schüler im Lösen von Unterrichtsaufgaben sehr unselbstständig (Aufgaben werfen keine Fragen auf und werden damit nicht aus eigener Motivation heraus gelöst, sondern nach vorgeschriebenen Handlungsabläufen erfüllt). Deutlich wurde diesbezüglich das teilweise demonstrative Desinteresse der Schüler an Unterrichtsinhalten und die damit verbundene Lernunwilligkeit.

Diese Haltung zum Unterricht wurde unseres Erachtens zu Gunsten der Nebentätigkeiten von den Schülern bewusst nicht hinterfragt (Aufgaben mit klarer Zielsetzung und Durchführungsanleitung sind zeitökonomischer und berechenbarer zu handhaben).

Ähnliche Zusammenhänge konnten wir bei der stets gleich bleibenden Sitzordnung feststellen. Sie wurde zu Gunsten eigener Belange genutzt (Rückzug, Abschottung gegenüber bestimmten Gruppen in der Klasse und gegenüber dem Lehrkörper).

Tische wurden zum Beispiel zu Barrieren, die eine Gruppe von der anderen trennte, oder ein einzelner Tisch wurde von mindestens vier Schülern genutzt, wodurch das Quatschen miteinander vereinfacht wurde.

Als ein besonders auffallendes und sehr ungewöhnliches Phänomen erschien uns die Tatsache, dass der Lehrer in der Regel der Dienstleister für alle Belange der Schüler ist. Er ist verantwortlich für die Aufgabenstellungen und deren Durchführung, für das Heranschaffen und Erarbeiten von Informationen, für die Materialbeschaffung und das Aufräumen. Dieses Abhängigkeitsverhältnis schien die Selbstständigkeit des Schülers nicht zu fördern. Für den Schüler kam diese Aufgabenverteilung ‚einer für alle' gelegen. Er konnte so andere, ihm wichtigere Dinge durchführen, zu denen der Lehrer keinen Zugang bekam, unterstützt durch die Abschottungsformen räumlicher und sozialer Art, die wiederum für die mangelnde konstruktive Kommunikation zwischen Schüler und Lehrenden verantwortlich gemacht werden konnten.

BESCHREIBUNG DER ZIELE UND UNLÖSBARE ÜBUNGEN

Längerfristig wollten wir die beiden parallel verlaufenden Handlungsstränge (Aufgaben erfüllen/Sitzordnung versus Nebentätigkeit/Cliquenzusammenhalt) miteinander verzahnen.

Nebentätigkeiten sollten als dem Schüler eigene Tätigkeit erkannt und reflektiert werden, um zukünftig Gegenstand des Unterrichts werden zu können.

Das Mobiliar des Klassenzimmers (die Sitzordnung) sollte in ihrer Verhältnismäßigkeit von Gruppenbildung und Kommunikationsverhalten untersucht werden. Die räumliche Situation sollte somit auch Gegenstand des Unterrichts werden, um im weiteren Verlauf eine bewegtere und flexiblere, stets der Arbeitssituation entsprechende Raumsituation entstehen lassen zu können.

Im Folgenden wollten wir den Schülern keine Aufgaben stellen, sondern Übungen durchführen, in denen Kommunikations- und Handlungsweisen der Schüler innerhalb der Schule unter dem

Chilaschogu-Übung, Baue aus einem Chips ein Lakritz!

Ich will allein sein – Übung, Stühle und Tische bieten privaten Unterschlupf

Aspekt der Interessensbildung und Motivation erforscht werden sollten. Die verfolgten Ziele waren dabei:

- die Erweiterung des Reflexionsvermögens und der Wahrnehmung seiner selbst und des alltäglichen schulischen Umfeldes,
- Entwicklung von Kommunikationsfähigkeit (Vermittlung von eigenen Gedanken, Aufnahmefähigkeit von denen anderer) und
- die Förderung von Eigenständigkeit.

Bevor die oben genannten Handlungsstränge überhaupt hätten miteinander verzahnt werden können, hielten wir es für notwendig, diese zur Routine gewordenen Verhaltensweisen zu stören und aufzubrechen. Zum einen sollte innerhalb der Übungen mit dem Material ‚Schule' gearbeitet werden, d.h. mit Dingen, von denen die Schüler im Unterricht umgeben sind, zum anderen sollten die Übungen bei den Schülern Irritationen auslösen, um festgefahrene „Ströme der Routine" beleuchten zu können.

Arbeitsmaterialien in der ersten Projektphase waren:

- das Mobiliar der Schule und
- Süßigkeiten.

Mit beiden Materialien gingen wir unkonventionell um. Das Mobiliar wurde zum Beispiel in der ersten Stunde von uns im Vorfeld chaotisch im Raum herumliegend verteilt. Bemerkenswerter Weise wurde von den Schülern automatisch die alte Sitzordnung wieder hergestellt.

Oder wir führten Übungen durch, in denen die in zwei Gruppen aufgeteilte Klasse sich gegenseitig beim Arrangieren der Tische unter bestimmten Gesichtspunkten (z.B. der Ordnung und Unordnung) beobachten musste. In einer anderen Übung (‚Schaffe eine Situation, in der du vollkommen allein sein kannst') wurden die Tische konkret als Material zum Hüttenbau verwendet. Die verwendeten Süßigkeiten im Unterricht wurden unter ungewohnten Aspekten betrachtet und verändert.

So zum Beispiel auch die Chilaschogu-Übung: Die Übungen waren so strukturiert, dass sie eigentlich nicht lösbar waren (lässt sich überhaupt eine Situation in der Schule schaffen, in der man vollkommen allein sein kann?).

Für eines der vier Elemente Chips, Lakritz, Schokolade und Gummibärchen sollten die Schüler sich entscheiden. Damit wollten wir erreichen, dass sich die Klasse unter einem zuvor unbekannten Gesichtspunkt neu strukturiert. Die Unlösbarkeit der Übung bestand darin, dass die Schüler ein Element aus dem anderen heraus bauen sollten. Die Übungen lauteten: Baue aus einem Chips ein Lakritz! Baue aus einem Lakritz ein Stück Schokolade! Baue aus einem Stück Schokolade ein Gummibärchen! Baue aus einem Gummibärchen ein Chips!

Die neu gebildeten Gruppen sollten entsprechend der Anzahl ihrer Mitglieder Tische zusammenstellen. Auf einem Tisch waren die unterschiedlichsten Werkzeuge sorgfältig hingelegt (Hammer, Schere, Kuchenrolle, Nadel, Cutter, ...), mit denen die Materialqualitäten wie auch die Bearbeitungseigenschaften untersucht werden sollten.

Die Absurdität der Übung löste bei den Schülern nicht die von uns erwarteten Irritationen aus. Sie versuchten die Übung im Sinne einer gewohnten Aufgabe zu bearbeiten. Die darauf folgenden Übungen sollten den Schülern auf unterschiedliche Weise den Zusammenhang zwischen Material und Verhaltensweise näher bringen, so zum Beispiel in der ergänzenden Übung ‚Was ich mag', in der sich jeder Schüler mit der Frage ‚Was für eine Haltung nimmst du normalerweise ein, wenn du dein Lieblingselement isst?' beschäftigte.

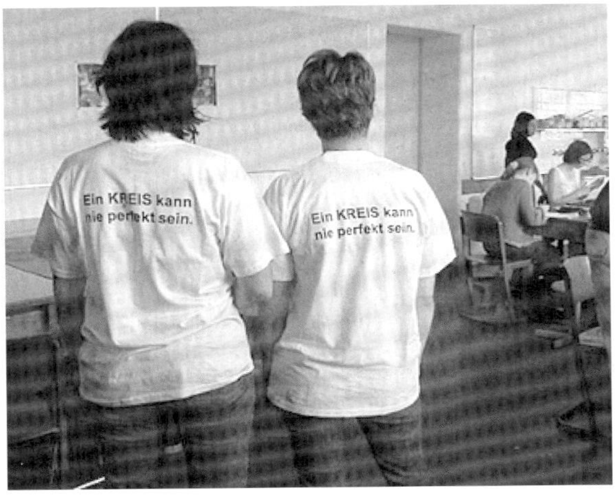

Nonverbale Reaktion auf die Diskussion über die Notwendigkeit eines Stuhlkreises

ÜBERLEGUNGEN ZUR FÖRDERUNG VON REFLEXIONS- UND KOMMUNIKATIONSMETHODEN

Zur Förderung und Wertschätzung von Kommunikation zwischen Lehrenden und Schülern führten wir entsprechend den unterschiedlichen Kommunikationsformen spezifische Sitzordnungen ein (runder Kreis für Klassengespräche, kleiner Tisch für Dialoge).

Das Arbeitsteam fasste sie als Rituale auf, in denen die Abhängigkeit von Handlungsweisen und räumlicher Struktur verdeutlicht werden sollte, so zum Beispiel der von uns eingeführte Stuhlkreis mit Ball.

Zu Beginn oder Ende einer Unterrichtseinheit verlangten wir von den Schülern, einen Kreis mit den Stühlen zu formen, in dem alle Mitglieder des Kreises sichtbar sein sollten. Der jeweilige Redner innerhalb des Kreises musste im Besitz des Balls sein, der ihn dazu autorisierte der alleinige Sprecher innerhalb des Kreises zu sein. Der Ball musste anschließend an die Person weitergegeben werden, die das Wort übernehmen wollte.

Bereits das Formen des Kreises erforderte hohe Disziplin und Koordination innerhalb der Klasse. Abhängig vom Konzentrationsgrad benötigte die Klasse dafür unterschiedlich viel Zeit. In der Konsequenz, in der wir das Ritual durchführten, war es uns anfangs möglich, die Übungen im Einverständnis mit allen einzuführen sowie Verständnisfragen zu klären. Je erprobter die Schüler jedoch mit dieser Verfahrensweise umgehen konnten, desto häufiger wurde der Unmut bezüglich des Kreises und seiner perfekten runden Form zum Ausdruck gebracht. Die Schüler beklagten den Zeitverlust, der ihrer Meinung nach nicht im Verhältnis zum Informationsgehalt stand (Verständnisfragen waren ihrer Meinung nach überflüssig, die überwiegende Mehrzahl plädierte für ein rasches Beginnen der Übungen). Im weiteren Verlauf wurde der Kreis alleiniger Gegenstand von Diskussionsrunden, in denen über Diskussionsformen (Anordnung der Stühle und Tische) diskutiert wurde. Um die Klasse in ihren Fortschritten, die sie selbst nicht anerkennen wollte, weiterhin zu unterstützten, reagierten wir in der darauf folgenden Unterrichtseinheit mit einer Aktion, die sich den Schülern ohne Worte vermittelte. Wir schrieben das schlagkräftigste Argument, ‚Ein Kreis kann nicht perfekt sein', dem alle Schüler bei der Diskussion einhellig zustimmten, im Original-Wortlaut auf T-Shirts.

Die Einführung in die folgende Aufgabe wurde den Schülern in Form eines Briefes mitgeteilt. Zu Beginn des Unterrichts teilten wir die Briefe wortlos aus und trugen dabei die oben erwähnten T-Shirts. Diese Handlung hatte eine Reihe von weiteren Überlegungen zur Folge. Neben unseren eigentlichen Zielen waren wir zeitgleich auf der Suche nach Methoden, wie wir, ohne reden (Gesprächskreis, Einzelbesprechungen, [...]) und schreiben (Fragebögen, Arbeitsprotokolle, [...]) zu müssen, Reflexions- und Kommunikationsvorgänge vorantreiben konnten. In diesem Zusammenhang entdeckten wir zum Beispiel das Medium Film als ein hervorragendes Reflexions- und Kommunikationswerkzeug für unsere Vorhaben. Die Schüler und Schülerinnen waren mit diesem Medium aus dem alltäglichen Umgang sehr vertraut, und gleichzeitig stellte es für sie eine Form von Professionalität im Aufzeigen und Repräsentieren von Welt-Bildern dar. Diese Art der ‚Autorität' schärfte den Verständigungswillen der Schüler, die bemüht waren, sich konkret und verständlich zu ihrer Tätigkeit zu äußern. Vor den laufenden Kameras zum Beispiel interviewten sich die Schüler gegenseitig zu ihren aktuellen Arbeitsprozessen, den bisherigen Arbeitsverläufen und den verfolgten Zielen. Diese erhöhte Aufmerksamkeitsbereitschaft nutzten wir auch dafür, unsere Gedankengänge (Planung und Ablauf der kommenden Unterrichtsstunde, Konflikte, eigene Fragestellungen, etc. ...) transparent zu machen, indem wir sie in einer Art ‚Direktschaltung' den Schülern mitteilten.

ZUSAMMENFASSUNG

Nach etwa eineinhalb Jahren der Arbeit in den Schulen stellt sich natürlich die Frage nach der ‚Anwendbarkeit' des Projektes im ‚normalen' Kunstunterricht. Inwieweit lassen sich bestimmte Erfahrungen oder auch erfolgreiche Teilprojekte auf andere Schulen, andere Schüler übertragen? Schließlich haben die Teams in den Projektschulen eine jeweils spezifische Herangehensweise, und auch die Arbeit im gesamten Team basiert auf einer gewachsenen Struktur.

Als besonders fruchtbar hat sich der intensive Austausch, die regelmäßig stattfindende Diskussion zwischen Künstler/in und Kunstlehrer/in erwiesen. Eine Polarisierung zwischen diesen ‚Seiten' findet (auch) im offiziellen fachdidaktischen Diskurs häufig statt, ist wohl auch notwendig, damit die jeweils verschiedenen Sichten auf ästhetisches und künstlerisches Lernen mitteilbar werden. Im Vergleich können Korrespondenzen und Kohärenzen erkannt, formuliert und diskutiert werden, um sie für beide Seiten fruchtbar zu machen und im Sinne von Kunst und Kunstpädagogik eine Perspektive zu entwickeln. Überlegungen im Vorfeld des Unterrichtes können ebenso als künstlerischer Prozess erfahren und verstanden werden wie umgekehrt die Komplexität des künstlerischen Prozesses transparent gemacht werden muss, wenn sich Kunst vermitteln will. Wie sich der Künstler mit Welt auseinander setzt, so muss der Lehrer Sensibilität (nicht nur) für die Welt der Schüler entwickeln, eine künstlerische Sensibilität, die aus der Wahrnehmung heraus auf Vorhandenes, z.B. die Ausgangsposition und die Bedürfnisse der Schüler, reagiert, prozesshaft Aufgaben entwickelt und einen individuellen Umgang der Schüler damit ermöglicht. Die Verzahnung zwischen Beobachtung und Handlung (im Inneren wie auch im Außen) findet bei Künstlern und Kunstlehrern gleichermaßen statt.

Natürlich muss der traditionelle Kunstunterricht immer wieder kritisch unter die Lupe genommen und im Zusammenhang damit der Kunstbegriff kritisch diskutiert werden, der diesem zu Grunde liegt. Weder das Vermitteln von Kunst als Wahrheit oder von Wahrheiten über Kunst allein noch die Darstellung des Künstlers als Genie, den man als ‚normaler' Mensch, als Schüler oder Lehrer sowieso nicht versteht, regt Lernende dazu an, Annäherung an Welt oder an sich selbst mit künstlerischen Strategien erproben zu wollen. Ebenso wenig ist ausschließlich ein Repertoire an verschiedenen Techniken geeignet, innere Vorgänge zu erschließen: Es bleibt ein leeres Repertoire.

Aus unserer Arbeit heraus stellt sich auch die Frage nach einer Lehrerausbildung, die Kunstlehrer in die Lage versetzt, offene Kunst- und Unterrichtsprozesse zuzulassen und die häufig vorgenommene Trennung von eigener künstlerischer Tätigkeit und Heranführen an künstlerische Erfahrungen in der Schule vermeidet. Die eigene künstlerische Ausbildung muss am Anfang stehen, damit das Existenzielle und Wesenhafte künstlerischen Schaffens an sich selbst erlebt werden kann, um dann aus einer positiven Distanz zu sich selbst das Wesenhafte künstlerischer Prozesse erfahrbar machen zu können; Produktion und Reflexion müssen ineinander greifen. Ohne Distanz zu sich selbst und seinem künstlerischen Schaffen, ohne entstandene Offenheit nach außen, ist eine konstruktive Vermittlung nicht möglich.

Ein akademisches Interesse an Kunst kann keine Erfahrungen vermitteln; Kunstgeschichte und -theorie sind nur *eine* Möglichkeit, Kunst zu betrachten. Es muss dem Schüler (wie auch dem erwachsenen Kunstrezipienten) die Komplexität künstlerischer Prozesse transparent gemacht werden; hierzu bedarf es der Bereitschaft beider Seiten. Desorientierung, Zweifel und Fehler sollten nicht als Defizite empfunden werden. Schüler können mit eigenen Fragestellungen konfrontiert und zu eigenen Lösungswegen ermutigt werden; dieses ist ein Wesenszug von Kunst, der im Entwickeln eigener Sichtweisen und eigener Handlungsmethoden besteht. Hierbei ist künstlerische Erfahrung nicht ausschließlich als ein auf Selbsterfahrung basierendes Ausdrucksinstrumentarium zu betrachten, sondern muss in der Auseinandersetzung mit der Welt auch Instrument zur Erkenntniserweiterung sein. Schüler sollten eine Möglichkeit finden, das Verhältnis zwischen Ich und Welt in einer sich selbst vermittelnden Form (einem Werk, das keiner verbalen Erläuterung bedarf) auszudrücken. Ebenso sollten sie in die Lage versetzt werden, sich durch eigenes Sehen einem Kunstwerk zu nähern und nicht durch vorher festgelegte „Sehwege" oder Interpretationen.

Die Vorgehensweise im Projekt hat gezeigt, dass es wenig Sinn macht, sich im Vorfeld, prophylaktisch, mit möglicherweise auftretenden Problemen und Fragestellungen zu befassen. Erst, wenn eine Frage in einer konkreten Situation ‚auf den Nägeln' brennt, wird die Beschäftigung damit sinnvoll. In diesem Punkt macht das Projektteam dieselben Erfahrungen wie Schüler, die in der Institution Schule gezwungen sind, auf Vorrat zu lernen, sich mit Dingen auseinander zu setzen, die für sie nicht unbedingt zwingend erscheinen. Ein zu abstrakter ‚Input' perlt an Künstlern, Lehrern und Schülern gleichermaßen ab. Im Gegensatz dazu hinterlässt die Beschäftigung mit Fragestellungen dann Spuren, wenn sie als ernsthafte Fragen mit dem Bedürfnis nach Antworten gestellt werden.

Nur ein offener, nicht hermetischer Kunstbegriff bietet Ansatzpunkte. Ausdrucksoffenheit und Entäußerung fördern heißt, nicht den Gegenstand, sondern die künstlerische Strategie als entscheidenden Faktor zu betrachten, um den Schülern den Zugang zu eigenen Themen und eigenen Ausdrucksmöglichkeiten zu eröffnen. Ein Ausdruckswille, der in sich bereits eine spezifische Betrachtungsweise trägt, findet ‚seinen' Weg, seine Methode und eine adäquate technische Vorgehensweise.

LITERATUR

Brohl, C.: *Displacement als kunstpädagogische Strategie*. Norderstedt 2003.

Buschkühle, C.-P. (Hg.): *Perspektiven künstlerischer Bildung*. Köln 2003.

Kämpf-Jansen, H.: *Ästhetische Forschung. Wege durch Alltag, Kunst und Wissenschaft. Zu einem innovativen Konzept ästhetischer Bildung*. Köln 2001.

Reich, K.: *Systemisch-konstruktivistische Pädagogik*. Neuwied 2000.

Selle, G.: *Über das gestörte Verhältnis der Kunstpädagogik zur aktuellen Kunst*. Hannover (BDK pocket 1) 1990.

Informationen über das Projekt unter: www.klip-berlin.de

HOLZSCHNITT, INTERNET UND SCHULE – PLÄDOYER FÜR DAS BILDERMACHEN IM KUNSTUNTERRICHT

H.C. Rainer Büchner

Unsere Kinder und Jugendlichen haben heute einen Zugang zu und Umgang mit Bildern, der historisch einzigartig ist. Das Neueste sind die mit Cam und Screen ausgerüsteten Mobiltelefone. Damit können sie jederzeit und überall hin Bilder senden und empfangen. Und dies neben TV, Video, Computer, Gameboy ...

Keine Erwachsenen-Generation ist mit einer solchen Omnipräsenz von Bildern aufgewachsen, kann also auf eigene Erfahrungen zurückgreifen. Aber dass diese Allgegenwart von Bildern nicht ohne Auswirkungen auf die Kinder bleibt, darf nicht übersehen und müsste untersucht werden.

In einem Begleittext zur Ausstellung „Vom Holzschnitt zum Internet" (Heidenheim, 1997) stellt der Herausgeber René Hirner „Überlegungen zum Verhältnis von Kunst und Bildmedien von 1450 bis heute" an. Er beschreibt das Wechselspiel zwischen Technik und Kunst und die Folgen für Gesellschaft und Individuum.

Aus dieser Perspektive erklärt sich die Entwicklungsgeschichte der modernen Kunst als ein Rückzugskampf aus der alltäglichen Bilderwelt. „In dem selben Maße, in dem das apparativ erzeugte und maschinell vervielfältigte Bild die Welt eroberte, gab sich die Kunst fundamentalistisch und primitivistisch – oder anders ausgedrückt: autonom." (ebenda, Seite 47) Die Künstler überlassen die Abbildung der äußeren Welt den Maschinen und beanspruchen für sich die Darstellung einer inneren Welt. Dafür benutzen sie das Medium Bild häufig ironisch, ‚gegen den Strich' oder verzichten ganz darauf, in dem ihr ‚Artefakt' sich zur immateriellen Idee reduziert.

Aber auch wenn sich Künstler heute der digitalen Medien bedienen, legen sie Wert auf die Abgrenzung zur U-Kultur, denn obwohl es, wie seinerzeit bei der Pop-Art, immer wieder Austausch-Bewegungen zwischen ‚Massenkultur' und Kunst gibt, bleibt die Spaltung erhalten. Auch Kunststudenten und Lehrende sind mit der grundsätzlichen Verachtung der Unterhaltungskünste und ihrer Produzenten sozialisiert.

Die Situation hat sich allerdings in den letzten 10 Jahren geändert. Noch bis zum Ende der 80iger Jahre waren die Produzenten von ‚Kitsch' die Betreiber der Massenmedien, weil nur sie über die Produktionsmittel verfügten. Mit der Verbreitung des PC und seiner Peripherie in die privaten Haushalte und insbesondere mit dem Anschluss an das globale Netzwerk des Internet wird potenziell jeder zum Produzenten, Sender und Empfänger von Bildern und anderem. Inwieweit die Menschen diese Möglichkeiten nutzen werden, muss sich noch zeigen. Aber man darf annehmen, dass zumindestens ein großer Teil der heutigen Kinder ganz selbstverständlich davon Gebrauch machen wird.

Tatsächlich ist das Medium Bild, und damit die Bildende Kunst, wenn sie sich denn noch dieses Mediums bedient, stärker, anders von den neuen technischen Entwicklungen betroffen als etwa die Medien Musik oder Sprache/Wort.

Die digitale Kamera, Scanner und Bildbearbeitungs-Software sind Apparaturen, mit denen man in gewissem Maße neue Bilder auf Knopfdruck generieren kann, ganz abgesehen vom Kopieren. Aber es gibt (noch) keine Maschine, die Musik eigenständig komponiert und arrangiert, etc.. Man kann nur bereits vorhandene Musik kopieren, und zwar ohne jeden Qualitätsverlust, ein derzeit großes Problem der Musikindustrie, aber auch der Musiker selbst.

Es existiert auch (noch) kein Gerät oder keine Software, die etwa nach Eingabe eines Themas und einiger Stichworte einen logischen, fundierten, sprachlich einwandfreien Text hervorbringen kann. Das bleibt nach wie vor ein Privileg menschlichen Geistes und Könnens.

Was bedeuten diese Beobachtungen und Überlegungen für die Ausbildung der Kunststudenten, Kunstlehrer und für den Kunstunterricht?

Junge Künstler sollten sich intensiv mit der Geschichte des Wechselspiels von Technik und Kunst auseinandersetzen, um auf die zukünftigen Entwicklungen vorbereitet zu sein, denn ein Endpunkt ist keineswegs abzusehen.

Die Ausbildung von Kunsterziehern und Lehrern, die Kunst unterrichten, muss von Tabus und dem Ballast befreit werden, der die Kunst betrifft, aber nicht das Medium Bild. In der Schule werden keine Künstler ausgebildet, so wie auch der Deutschunterricht zwar Kompetenz im Medium Sprache vermittelt und Kenntnisse der Literatur, aber keine Ausbildung zum Dichter oder Buchautor. Im Deutschunterricht lernen die Kinder erst mal Lesen, Schreiben, Rechtschreibung und Grammatik. Dann lernen sie, wie man einen Text strukturiert, sinnvoll Gedanken entwickelt, Argumente darlegt, Klischees und Wiederholungen vermeidet, um schließlich sogar einen eigenen Stil zu entwickeln. Das ist zu 90% Handwerk, Technik des Schreibens. Und ähnlich verhält es sich mit der Rezeption von Texten. Parallel zur eigenen Fähigkeit, selbst zu schreiben, entwickelt sich das Verstehen und die Würdigung literarischer und auch wissenschaftlicher Texte. Daran könnte sich der Kunstunterricht ein Beispiel nehmen.

Die für Künstler wichtigen Begriffe des Spontanen, Unmittelbaren, Einzigartigen, der Dekonstruktion können ein Leitbild, aber nicht sinnvoller Weise alltägliche Praxis des Kunstunterrichts sein. Das Medium Bild als zentraler Gegenstand des Kunstunterrichts darf nicht reduziert werden auf die Enklave der Kunst.

Die Vermittlung einer soliden, praxisnahen Bild-Kompetenz und die Fähigkeit, welches Thema auch immer in einer unseren medialen Möglichkeiten angemessenen Gestaltung darzustellen und zu präsentieren, sind heutzutage ein wesentliches Element der Allgemeinbildung, sie sind absolut notwendig und damit ein zentrales Argument für den Kunstunterricht. Es muss deutlich gemacht werden, dass gerade angesichts der technischen Mittel, die heute jedem zur Verfügung stehen, die früher nur Spezialisten, wie zum Beispiel Grafikern, zugänglichen Fertigkeiten in Zukunft ein selbstverständlicher Teil der allgemeinen Bildung sein müssen. Auf eine plakative Formel gebracht: Schreiben können genügt heute nicht mehr, man muss auch kompetent mit dem Medium Bild umgehen können. Und dies kann allein der Kunstunterricht vermitteln.

Aber vergessen wir dabei nicht: Unsere Kinder wollen Bilder machen eigentlich so lernen wie man Texte schreiben lernt. Wollen wir ihnen das verwehren?

Man kann es noch deutlicher beschreiben. In den Schulen gibt es viele Schüler, die selber zeichnen, malen oder sich am Computer mit Bildern beschäftigen, ohne dass dies etwas mit dem Kunstunterricht zu tun hätte. In ihren Peer-Groups verschaffen sie sich damit einigen Respekt. Aber sie akzeptieren das Fach Kunst in der Regel nicht als relevant, hilfreich für ihre eigenen Interessen. Sie erwerben allein oder im Austausch mit Freunden zeichnerische Fähigkeiten z.B. in der japanischen Manga-Manier. Sie machen Bilder nicht zur Dekoration, sondern als Mittel der Selbst-Exploration, der Selbstfindung und der Kommunikation mit anderen. Ein engagierter Kunstlehrer bindet diese Schüler in seinen Unterricht produktiv mit ein. Aber das ändert auch seinen Unterricht, ein Abenteuer, das man wagen sollte.

Was sollte/könnte/müsste man ändern am Kunstunterricht?

Wer das Vorausgegangene akzeptieren kann, wird keine Probleme haben, den Kunstunterricht ähnlich wie den Deutschunterricht zu strukturieren und aufzubauen. Über viele Jahre. Zeichnen, Malen, Modellieren kann man bis zu einem gewissen Grad sehr wohl Schritt für Schritt erlernen wie das Schreiben von unterschiedlichen Texten. Man muss zum Beispiel bestimmte Dinge isolieren und getrennt üben. Man muss sich unter Umständen bei einem Bild auf ein einziges (technisches) Problem konzentrieren und nicht alles darstellen wollen. Kopieren von anderen, das Nachmachen ist oft nützlich. Was man an Objekten nicht real beschaffen kann, muss man über Abbildungen, Fotos, Bilder von anderen, nicht nur Künstlern, auch Comiczeichnern z.B. oder aus Zeitschriften, sich zum Vorbild nehmen, imitieren, deren Tricks erkennen und übernehmen. Dabei hilft der Computer im Zeichensaal erheblich. So entwickeln die Schüler solide Grundkenntnisse, statt sich in immer neuen ‚Techniken' zu verzetteln, in den sie dilettieren und zumeist selbst unzufrieden bleiben.

Hochkreativ ist kaum jemand von Natur aus. Auch das kann man systematisch mit Assoziations- und Kreativitätsübungen trainieren. Man muss den Schülern helfen, nach und nach ihre eigenen Ideen zu entwickeln, anstatt ihnen immer neue „Themen" vorzugeben. All das setzt viel Engagement und persönliche Betreuung der Schüler durch den Lehrer voraus und funktioniert nur, wenn die oben genannten Tabus durch eine kontinuierliche Lehr- und Lern-Systematik überwunden werden.

Für Künstler klingt das alles vielleicht erschreckend, eben sehr ‚schulisch', für einen Lehrer sollte es eher positiv, bestärkend sein. Und den Schülern könnten wir Kompetenzen vermitteln, die sich viele wünschen und von denen sie auch lebenslang profitieren.

Abschließend sei betont, dass dieses Plädoyer fürs „Bildermachen" eine Grundlage beschreibt, auf der sich aufbauen lässt, sowohl was das Verständnis von Gegenwartskunst betrifft, als auch für eigene Experimente und Projekte mit den Schülern jenseits der Bilder ...

KÜNSTLERISCHE BILDUNG – LÖSUNG ODER PROBLEM?

Stefan Hölscher

Mapping Blind Spaces – Neue Wege zwischen Kunst und Bildung: *Unter diesem Titel hat das Karlsruher Symposium vom 08.10 bis zum 10.10.2003 den Teilnehmern einen Blick auf die theoretische wie praktische Tragweite des Versuchs erlaubt, die Verknüpfung von Kunst und Bildung neu und anders zu denken und zu praktizieren. Dabei ging es jedoch nicht lediglich um den Zugewinn einiger neuer kunstpädagogischer Methoden und Techniken oder um eine Ideenbörse zu neuen Unterrichtsformen und -inhalten. Die bloße Möglichkeit einer Kartografierung von „blind spaces" zeigt bereits an, dass neue Denk- und Handlungsräume im Spannungsfeld von Kunst und Bildung sichtbar geworden sind. Kunstpädagogische wie künstlerische Theorie und Praxis haben offensichtlich Wandlungen vollzogen, die eine grundsätzliche Neubestimmung des Verhältnisses der im Grunde gleichermaßen prekären Begriffe Kunst und Bildung nahe legen. Dies jedoch, und hier liegt die besondere historische Chance, sowohl als genuin kunstpädagogisches wie genuin künstlerisches Problem. Wir sind mit den theoretischen und praktischen Manifestationen des Versuchs und der Notwendigkeit konfrontiert, das gesamte kunstpädagogische Feld zu reorganisieren.*

Der vorliegende Text versucht zunächst, den systematischen Kern der Konvergenzbewegung von Kunst und Kunstpädagogik zu umreißen, um dann zu eruieren, aus welchen Gründen auf welchen Ebenen und mit welchen Konsequenzen eine systematische Trennung erfolgen muss. Ich erlaube mir, motiviert durch die Konfrontation mit einer Vielfalt von theoretischen und praktischen Ansätzen auf dem Karlsruher Symposium, den Versuch zu unternehmen, auf einer grundsätzlichen systematischen Ebene und hinter den sich ankündigenden theoretischen Evidenzen Voraussetzungen und neuralgische Punkte eines Nachdenkens über „künstlerische Bildung" zu finden und zu markieren.

1. KONVERGENZEN

Der kunsttheoretische wie kunstpädagogische Blick hat in den letzten Jahrzehnten entscheidende Wandlungen vollzogen: Im Zentrum des Interesses steht nicht länger das ästhetische Produkt, in dem Bedeutung akkumuliert ist, sondern der sozial und ästhetisch vermittelte Prozess, in dem Bedeutung und Wahrnehmung konstruiert und transformiert werden. Oskar Bätschmann formuliert dies als Übergang von der Objekt- zur Prozessästhetik[404]. Indem der künstlerische Prozess als Verzahnung von individueller Bedeutungskonstitution, experimenteller Selbstüberschreitung und kreativer Weltgestaltung begreifbar geworden ist, offenbart er zugleich das, was als genuine Eigenschaft von Bildungsprozessen allgemein gelten kann. Damit rückt die Anwendung künstlerischer Verfahren oder künstlerischen Verhaltens im Umgang mit Welt eben nicht primär als Verfahren der Herstellung bedeutungshaltiger Produkte in den Blick kunstpädagogischer Theorie und Praxis. Kunst wird Initiierung und Vollzug bedeutungs- und wahrnehmungstransformierender Prozesse.

Die künstlerische Praxis ihrerseits sucht auf breiter Ebene den Umgang mit Öffentlichkeit, öffentlichen Institutionen und Bildungsinstitutionen. Das Feld künstlerischer Tätigkeit hat sich über Eingriffe im öffentlichen Raum bis hin zur Intervention *in* oder Initiierung *von* sozialen Prozessen und Interaktionen ausgeweitet. Damit wird künstlerische Tätigkeit als eine Bildungsarbeit sichtbar, die Differenz- und Fremdheitserfahrungen ermöglicht, performative Prozesse anregt sowie selbsttätiges Denken und Handeln herausfordert. Das „künstlerische Verfahren" wird so zum Synonym für Initiierung und Vollzug performativer Bildungsprozesse. Die Einführung des Begriffes „künstlerische Bildung" benennt diese Konvergenzbewegung von kunstpädagogischer und künstlerischer Theorie und Praxis. Das Karlsruher Symposium markiert die entsprechende historische Entwicklung und stellt sie zugleich in den Kontext bildungspolitischer Neubewertungen, auch unter besonderer Berücksichtigung der Perspektiven beteiligter Institutionen.

2. BILDUNGSPOLITISCHE NEUBEWERTUNGEN

Die Pisa-Studie hat als Politikum sicherlich auch zu vorschnellen Konsequenzen und Aktionismen geführt. Die öffentliche Debatte, die sie entfacht hat, bietet jedoch Gelegenheit, die Relevanz des künstlerischen Umgangs mit Welt in die Diskussion einzubringen. Die Bedeutung der Kunst als Bildungsgut beschränkt sich nicht auf einen Kanon bedeutender Werke oder Inhalte. Sie kann vielmehr in ihrer Eigenschaft als spezifischer Prozess der Wirklichkeitsbegegnung und damit zentrales Entwicklungsmoment einer individuellen kulturell ‚gebildeten' Persönlichkeit sichtbar werden.

Hinter Stichworten wie: „Anschauliches oder Bild-Denken", „emotionale Intensität und Teilhabe", „simultanes und vernetztes Denken", „Störung und experimentelle Überschreitung eingleisiger funktionaler Denk- und Handlungsmuster", „Performanz bzw. bedeutungsgenerierendes bzw. -transformierendes Verhalten in konkreten Situationen" und Umgang mit „Zufall und Unberechenbarkeit", verbergen sich allgemein vernachlässigte Aspekte schulischen Lernens, die oft lediglich in den notorisch marginalisierten musischen Fächern Beachtung finden. Inwieweit die Ergebnisse der Pisa-Studie auf eine fragwürdige, allgemein eingeschränkte Kultur des Umgangs mit Wissen, Wahrnehmung und Denken zurückzuführen sind, ist noch nicht hinreichend untersucht worden. In diesem Zusammenhang wäre die Marginalisierung von Kunstunterricht nur ein Symptom dieses allgemeineren Problems, das nicht lediglich durch eine punktuelle Revision und Aufwertung behoben werden könnte.

Kunst und Kunstprojekte erfreuen sich in vielen politischen wie wirtschaftlichen Institutionen wachsender Beliebtheit. In dem Grade allerdings, in dem dieses Interesse lediglich der Absicht geschuldet ist, die öffentliche Aufmerksamkeit im Dienste der „public relations" zu funktionalisieren, gerät die Möglichkeit bzw. Intensität individueller Bildungsprozesse in Gefahr. Der widerständige Kern und der emanzipatorische Charakter künstlerischer Prozesse als Störung und Widerhaken in gewohnheitsmäßig ritualisierten und sozial funktionalisierten Wahrnehmungs- und Handlungsabläufen ist i.A. nicht mit dem Unterhaltungscharakter von Wahrnehmungsirritationen oder sinnlichen Sensationen zur Deckung zu bringen. So, wie das traditionelle künstlerische Werk immer wieder in die Gefahr gerät, in der Wahrnehmung zur ästhetischen Oberfläche zu degenerieren, steht der künstlerische Eingriff, die künstlerische Aktion in der Gefahr, zum ‚Event' oder zum reizvollen Ereignis zu verflachen. Zudem ist auch der künstlerische Eingriff oder ein sozial interaktiver Werkprozess nicht davor gefeit, zur bloßen Illustration positiv konnotierter sozialer wie politischer oder auch kunstpädagogischer bzw. kunsttheoretischer Inhalte und Innovationen zu degenerieren. Außenwirksamkeit künstlerischer Aktionen im Interesse von Institutionen und Anlass und Möglichkeit individueller Bildung sind nicht unbedingt reibungslos miteinander in Einklang zu bringen. Die Nachhaltigkeit und effektive Wirksamkeit etwaiger bildungspolitischer Neubewertungen, die das künstlerische und kunstpädagogische Feld betreffen, wird davon abhängen, dass Reibungsflächen sichtbar bleiben und immer wieder sichtbar gemacht werden. Der Diskurs um „künstlerische Bildung" müsste hier eine adäquate Problemformulierung finden, um nicht einerseits politisch funktionalisiert zu werden, andererseits aber auch nicht in unfruchtbarem distanziertem Argwohn zu verharren.

3. BEGRIFFE UND RELATIONEN

Das Feld, das durch die Begriffe Kunst und Bildung aufgespannt wird, das Künstler, Kunstpädagogen, Hirnforscher, Didaktiker und Philosophen oder auch Unternehmensberater beherbergen oder noch besser vereinen soll, stellt sich als ein weites Panorama geahnter und ungeahnter Möglichkeiten dar. Die Offenheit dieses Feldes beflügelt die Fantasie, verschafft dem Denken und Handeln neue Freiräume und gibt zu Hoffnungen und Aufbruchstimmung Anlass. Auf dem Karlsruher Symposium zeigte sich damit auch die Notwendigkeit, eine gemeinsame Kommunikationsbasis zu schaffen, die geeignet ist, all das zu beschreiben und zu bewerten, was im Spannungsfeld von Kunst und Bildung entworfen und erprobt wird.

Mapping blind spaces – wer Neuland kartografieren will, braucht Markierungen und Messinstrumente. Schon hat sich ein Heer von Begriffen aufgemacht, das Feld zu erkunden und zu besetzen: Möglichkeitssinn, Fluidität, Sinnschöpfung, Performanz,

Differenz, Autopoiesis, Störung, Rückbau, künstlerische Bildung, Strategie oder Taktik etc. etc.. In gewissem Grade kommt ihnen das Verdienst zu, die Räume, die sie besetzen, überhaupt erst der Wahrnehmung zugänglich gemacht zu haben. Die auf dem Symposium verwendeten Begriffsrepertoires, etwa aus der künstlerischen oder kunstpädagogischen Praxis, aus dem wissenschaftlichen resp. philosophischen Diskurs oder dem institutionellen Rahmen entlehnt oder entwickelt, besitzen ihre spezifischen „blind spots" im Zusammenhang ihrer jeweiligen inneren Evidenzen. Das ist nichts Neues und auch über die Relevanz und Leistungsfähigkeit der genannten Begriffe im Einzelnen ist damit nichts ausgesagt. Warum mache ich Aufhebens davon? Meine Überlegungen sind durch zwei widerstreitende (Selbst-) Beobachtungen während der Teilnahme am Karlsruher Symposium motiviert:

- Die Teilnehmer des Symposiums gehen stillschweigend davon aus, dass die verwendeten Begriffe, die Vielfalt der Projekte, Beschreibungen und Diagnosen an etwas Gemeinsamem partizipieren. Die Begriffe scheinen auf einer fundamentalen Ebene ineinander übersetzbar zu sein. Die Übersetzbarkeit evoziert zugleich das Gemeinsame von Kunst und Bildung.

- Die unterschwelligen Selbstverständlichkeiten und inneren Evidenzen der Begriffssysteme und Praxen erschweren die Kommunikation und schränken die Möglichkeit ein, die jeweilige Position auf Andere hin zu überschreiten. Der Zusammenhang von Kunst und Bildung zeigt sich zwar als gemeinsames Aktionsfeld neuer, theoretischer wie praktischer Konzepte und Methoden, als wirklich übergreifendes gemeinsames Diskursfeld ist er jedoch möglicherweise erst noch zu eröffnen.

Der amerikanische Philosoph und Pädagoge John Dewey hat sich bereits zum Ende des 19. Jhdts. der Aufgabe gewidmet, die prozessuale Dynamik und Struktur von Erfahrungsprozessen (respektive Bildungsprozessen) herauszuarbeiten. Insbesondere weist er bereits eine künstlerische Charakteristik solcher Prozesse auf[405]. Im Zusammenhang mit der Vermittlung von Wissen und der Verwendung von Begriffen weist er auf ein fundamentales pädagogisch-didaktisches Grundproblem hin, das sich auch im kunstpädagogischen Diskurs lokalisieren lässt: „Dank unserer Bildung verwenden wir Worte, die wir für Begriffe halten, um Probleme zu lösen – während die Lösung in Wirklichkeit die Auffassung der Dinge so verdunkelt, dass wir die Schwierigkeiten nicht mehr erkennen." Damit ist, wie schon gesagt, keine Wertung der Leistungsfähigkeit der Begriffe im Einzelnen verbunden. Das Problem betrifft eher die Vermittelbarkeit der Begriffe und Diskurse, auch die Vermittelbarkeit von Praxis und Theorie. Ich möchte schlicht den Umstand hervorheben, dass Begriffe wie Praxisprojekte häufig als Lösungen auftreten, ohne die Fragen und Probleme zu formulieren, auf die sie implizit zu antworten versuchen, oder die sich von ihrer Warte aus erst ergeben. Damit beschreiben oder initiieren sie eine prozessuale Struktur von Bildungsprozessen, ohne den Punkt auszuweisen, an dem der legitimierende Diskurs dieser Struktur selbst unterliegt. Die Übersetzbarkeit der Begriffe wird an der Stelle schwierig oder fragwürdig, wo die Relation zu den Differenzen, Paradoxien und Problemen aufgehoben wird, denen sie geschuldet sind. Sie verdecken damit zugleich ihren eigenen intentionalen Charakter. Erst die Relationierung der Begriffe und Projekte an diesen Problemen und Intentionen aber macht sie qualitativ bewertbar.

4. KÜNSTLERISCHE VERFAHREN UND KONTEXTE

Indem die Kunst in Gestalt des künstlerischen Verfahrens auf ihren prozessualen, entwicklungsdynamischen Kernaspekt von Wahrnehmungstransformation und experimenteller Selbstüberschreitung zurückgeführt wird, verschmilzt sie auf natürliche Weise mit der dynamischen Auffassung von Bildungsprozessen. Im Begriff des künstlerischen Verfahrens steckt jedoch bereits die stillschweigende Voraussetzung, dass diese sich nicht erst dadurch als solche ausweisen, dass sie künstlerische Werke oder auch Wirkungen hervorbringen. Die Verwendung des Begriffs suggeriert, dass Verfahren oder Strategien aus künstlerischen Zusammenhängen extrahiert und in nahezu beliebige andere transferiert werden könnten. Damit würde unterstellt, es gäbe im Grunde keine spezifischen Kontexte künstlerischer Arbeit. Das Künstlerische beruhte auf einem spezifischen dynamischen Verhältnis von künstlerischem Prozess und kunstunspezifischem

Kontext. Erst unter einer solchen Voraussetzung ließe sich auch dann noch von künstlerischen Verfahren sprechen, wenn eine Übertragung aus dem Kunstkontext in individuelle Erfahrungshorizonte von Kindern und Jugendlichen übersetzt werden. Diese Annahme ist nicht evident. Man muss gerade aus entwicklungsdynamischer Perspektive der Kunst davon ausgehen, dass künstlerische Verfahren nicht schlechthin künstlerische Werke bzw. Wirkungen hervorbringen, sondern dass auch umgekehrt künstlerische Verfahren sich laufend dahingehend verändern, transformiert und legitimiert werden, dass sie künstlerische Wirkungen zeitigen. Diese Legitimation, die in jedem konkreten einzelnen Fall in Frage steht, setzt einen Bewertungskontext voraus, den A.C. Danto als „Diskurs der Gründe" oder schlicht „die Kunstwelt"[406] bezeichnet. Dieser Diskurs der Gründe ist nicht lediglich als Streit zwischen Kunsttheoretikern zu verstehen, sondern findet auch im bildnerischen Medium selbst durch vielfältige Bezugnahmen statt. Auch diese müssen allerdings letztendlich in der Rezeption oder in der produktiv-interpretativen Teilhabe an Werk bzw. Wirkung erschließbar sein. Qualitative Bewertung kann nicht von der Erschließung künstlerischer Wirkungen, in der auch die Sprache einen natürlichen Ort hat, getrennt gedacht werden.

Die Methode des „künstlerischen Verfahrens" läuft an diesem Punkt Gefahr, den alten Gegensatz von Form und Inhalt auf dem Niveau von Prozess und Kontext zu wiederholen: So wie es nicht möglich ist, das Künstlerische auf formalästhetische Probleme der Darstellung beliebiger Inhalte zu reduzieren, muss der Fehler vermieden werden, es auf die prozessuale Struktur (z.B. der Störung von Wahrnehmungsmustern oder Öffnung von Differenzen) im Rahmen beliebiger Kontexte einzuschränken (bzw. zu erweitern). Die Sprachregelung kunstnah oder kunstparallel vermag diese systematische Differenz dann nicht adäquat zu erfassen, wenn sie lediglich durch die prozessuale bildungsrelevante Charakteristik motiviert ist. Die Anwendung künstlerischer Verfahren und die Realisierung künstlerischer Wirkungen setzt die Möglichkeit voraus, sich auf Kunstkontexte beziehen zu können, bzw. das, was geschieht, im Kunstkontext wahrzunehmen. Auf Seiten der Kinder und Jugendlichen kann von einer Zugänglichkeit dieser Kontexte nicht von vornherein ausgegangen werden. Es ist ja gerade eine der Hauptaufgaben der Kunstpädagogen oder Kunstvermittler, die Kontexte zugänglich zu machen. Dies bleibt also auch bei der Übertragung charakteristischer prozessualer Strukturen von der Kunst in die Kunstpädagogik eine spezifische zu lösende Aufgabe. Allerdings, und hier ist die besondere Aufmerksamkeit auf die dynamische Struktur von allergrößter Wichtigkeit und hier verbirgt sich auch eine besondere Vermittlungsrelevanz des Ansatzes „künstlerische Bildung":
Es gibt keine künstlerischen Inhalte und auch keine Vermittlung derselben, wenn nicht zugleich seine prozessuale Wirksamkeit und Verzahnung erfahrbar und d. h. selbsttätig vollzogen wird.

Der kunstpädagogische Diskurs muss daher zwischen folgenden Momenten „künstlerischer Bildung" unterscheiden:

1. Die dynamische Charakteristik bildender Prozesse in ihrer medialen Bedingtheit und Vermitteltheit als Verschränkung von Selbst- und Welterfahrung, Widerständigkeit und Intentionalität, Bedeutungskonstitution und -dekonstruktion.
2. Die spezifische kunstkontextuelle Gebundenheit künstlerischer Prozesse als historisch bedingte sich permanent weiterentwickelnde spezifische Formen der Wirklichkeitsbegegnung[407], einschließlich der Reflexion dieser Formen im Kontext ihrer geschichtlichen Entwicklung.

5. KÜNSTLERISCHE ALS KUNSTPÄDAGOGISCHE PRAXIS?

Das Problem der Kontextzugänglichkeit tritt an der Stelle verschärft auf, wo künstlerische Tätigkeit sich schlicht als kunstpädagogische einsetzt. Wenn Künstler in soziale Kontexten intervenieren, Prozesse und Interaktionen stören oder initiieren, wird gemeinhin selbstverständlich davon ausgegangen, dass die Teilnehmer oder die in den Prozess involvierten Personen künstlerischen Wirkungen ausgesetzt oder, allgemeiner gesprochen, mit Kunst konfrontiert sind. Auch diese Annahme ist nicht zwingend. Vielmehr ist bei sozial interaktiven Kunstprojekten von zwei unterschiedlichen, nicht unbedingt miteinander wechselwirkenden Wahrnehmungsperspektiven auszugehen, einer nicht-kunstspezifischen und einer kunstspezifischen.

Auf der Seite der Teilnehmer werden zunächst Wirkungen realisiert, die dem konkreten Kontext des Projektes entspringen, den sozialen und materialen Interaktionen. Auch darin angelegte oder intendierte Störungen und Irritationen werden in diesen konkreten Kontexten in Bedeutungen umgesetzt, die als solche zwar bildungsrelevant sein können, aber zunächst kunstunspezifisch sind. Der Kunstcharakter wird erst dann sichtbar und damit für kunstspezifische Wirkungen relevant, wenn den Teilnehmern dieser Kontext zugänglich ist. Das Niveau, auf denen die künstlerischen Bedeutungen solcher Projekte[408] verhandelt und bewertet werden und auf die auch der Künstler sich bezieht, sind den Teilnehmern jedoch oftmals weder sichtbar noch zugänglich. Das Problem der „Entkunstung" der Kunst wird hier zumindest in bestimmter Hinsicht ein sehr zentrales. Wenn wir davon ausgehen, dass spezifisch künstlerische Wirkungen zu realisieren gerade bedeutet, dass etwas *als Kunst* wahrgenommen, also als Kunst interpretiert werden kann, dann verschwindet die Kunst in der Tat, sobald der Kunstkontext unsichtbar oder unzugänglich ist. Ebendies macht ja die bedeutungskonstituierende Rolle des Betrachters oder Teilnehmers aus.

Kunst konstituiert sich durch eine historisch kontingente Verzahnung von Prozessstrukturen, Wahrnehmungskontexten und bedeutungstransformierenden Wirkungen, die im Werk oder Werkprozess nicht lediglich vorhanden sondern gerade selbst noch einmal vor dem Hintergrund ihrer Entwicklung Gegenstand der Reflexion sind. Die Kunst unterwirft den Betrachter bzw. den am Werkprozess Teilnehmenden nicht schlechthin seinen Wirkungen, sondern tut dies nur insoweit, als jener sich bewusst diesen Wirkungen aussetzt. Durch die Möglichkeit, die Teilnahme zeitlich zu begrenzen, wird das Einverständnis in den Wirkungszusammenhang permanent bestätigt. Dieses kunstspezifische Verhältnis von eigenverantwortlichem „Betrachterteilnehmer" und Werkprozess bzw. Künstler setzt dreierlei voraus:

1. Die Möglichkeit, das Geschehen als Kunst zu *identifizieren* im Unterschied zu anderen Formen sozialer Interaktion und damit auch anderen Formen der Wirksamkeit oder Nicht-Wirksamkeit von Intentionen. Das setzt eine spezifische Form der Markierung oder ‚Rahmung' voraus, die erkannt werden kann.
2. Die Möglichkeit, das Geschehen als Kunst zu *interpretieren* und damit zumindest grundsätzlich zu wissen, mit welcher Art von Wirkung und Intentionalität ich konfrontiert bin. Das bedeutet Zugang zu kunstspezifischen Bedeutungskontexten.
3. Die Freiwilligkeit der Teilnahme: Erst vor dem Hintergrund der Möglichkeit zu Identifikation und Verständnis künstlerischer Wirkungen kann ich von einem Einverständnis des Teilnehmers sprechen. Erst dann gewinnt die unverzichtbare Entscheidung, sich der Kunstsituation oder dem künstlerischen Prozess auszusetzen, die notwendige Bedeutung.

Das Gesagte bedeutet nicht, dass künstlerische Prozesse oder Eingriffe wirkungslos bleiben, wenn ihr Kunstcharakter undurchschaubar bleibt. Die Wirkungen können möglicherweise sogar hohen bildenden Wert haben, sie wirken aber dann nicht als Kunst, sondern als soziales Engagement, als Selbst- oder Naturerfahrung, als herausfordernde Wahrnehmungssensation, als solidarische Aktivität, als in allgemeinerem Sinne performativer Handlungszusammenhang etc.. Wenn aber die Kunst dort bzw. dann mit Bildung in eins gesetzt wird, wo sie droht, von Nicht-Kunst ununterscheidbar zu werden, sollte diesem Umstand besondere Beachtung geschenkt werden. Zumal, wenn wir die obigen Bedingungen als Charakteristika künstlerischer Prozesse und Wirkungen anerkennen, ist zu fragen, ob diese in kunstpädagogischen Zusammenhängen überhaupt in dieser Form gelten können.

Der Begriff „künstlerische Bildung" könnte die notwendige Spannung von Kunstpraxis in übergreifendem soziokulturellem und kunstspezifischen Kontext einerseits und selbsttätiger Bildung aus individuellen Erfahrungshorizonten heraus vorschnell zur Implosion bringen. Das pädagogische Paradox oder die Leitdifferenz von kunstkontextuell begründbarer und erfahrungsintendierender Intervention des Lehrenden und bedeutungserzeugender emanzipatorischer Selbsttätigkeit des Lernenden könnte im „künstlerischen Verfahren" unkenntlich gemacht werden.
Die Initiierung und Einflussnahme auf die Prozessdynamik von künstlerischen oder kunstpädagogischen Bildungsprozessen, die qualitative Bewertung entsprechender Settings wird an jeweils zu

unterscheidenden Kontexten orientiert, legitimiert und evaluiert. Legitimation und Evaluierung sind jedoch nicht dem Prozess äußerlich, sondern sind bestimmende Faktoren desselben. Insofern also künstlerische und kunstpädagogische Praxis unterschiedlichen legitimierenden Diskursen unterliegen, müssen sie streng unterschieden werden.

6. KÜNSTLERISCHE BILDUNG ALS ALLGEMEINE BILDUNG

Zwei Umstände haben bisher permanent verhindert, dass sich im kunstpädagogischen Diskurs eine ganz bestimmte festschreibbare Begrifflichkeit etabliert hat: die Konfrontation mit der sinnlich erfahrbaren Widerständigkeit und Andersheit dessen, womit ich künstlerisch oder gestalterisch umgehe und die Eigendynamik der künstlerischen Entwicklung bzw. „der Kunstwelt"[409]. Die „Unfähigkeit", ein bestimmtes Fachvokabular nebst Evaluations- und Legitimationsprozeduren dauerhaft festzustellen und durchzusetzen, hat in der Vergangenheit den bildungspolitischen Fehlschluss gestützt, Kunstunterricht sei ein Feld letztlich beliebigen „Kreativitätsgebarens", dessen Wirkung auf die Persönlichkeitsentwicklung des Schülers unkalkulierbar oder marginal sei, jedenfalls, mit Ausnahme einzelner Begabungen, nicht substantiell. Ganz abgesehen davon, dass nicht von einer positiven produktiven Wechselwirkung mit anderen Lernfeldern ausgegangen wird.

Ohne die negativen Konsequenzen eines der Beliebigkeit preisgegebenen kunstpädagogischen Handelns in Abrede stellen zu wollen, könnte sich jedoch das Fehlen eines stabilen wissenschaftlichen Gerüsts zur Legitimation und Evaluierung von Unterricht auch als eine Folge der Natur der Sache herausstellen. Zeigt nicht die Pisa-Studie auch dieses: Die Etablierung stabiler Lern- und Bewertungsprozeduren im Zusammenhang mit eindeutigen fachwissenschaftlichen Sprachregelungen garantiert nicht bereits den Bildungswert und die Erfahrungswirksamkeit der entsprechenden Inhalte und Begriffe? Möglicherweise ist gerade der kunstpädagogische Diskurs auf Grund seines sinnlich-präsenten unmittelbar materialvermittelten Erfahrungsfeldes für allgemein bildungsrelevante Problemzusammenhänge sensibel geblieben, die in den sogenannten wissenschaftlich orientierten oder fundierten Fächern tendenziell durch Evidenzen von Verfahren und Begriffen ausgeblendet werden.

Dem kunstpädagogischen Diskurs könnte jedoch die Aufgabe zufallen, die zentralen Probleme zu formulieren und die Sensibilität für die Dynamik bildender Prozesse zu schaffen, an denen sich jede auf Bildung im eigentlichen Sinne abzielende Vermittlungstätigkeit orientieren muss. Dies ist natürlich nicht ohne begriffliche Anstrengungen möglich, deren Notwendigkeit mit dem Gesagten nicht in Frage gestellt werden soll[410]. Allerdings darf die Orientierung von Vermittlungspraxis an diesen allgemeinen Aspekten der Dynamik von Bildungsprozessen nicht länger auf das Betätigungsfeld der Kunstpädagogen beschränkt bleiben. Kunstpädagogik muss daher zwischen kunstspezifischen und allgemeinen Bildungsrelevanzen unterscheiden. Die Differenzierung verschiedener Intelligenzen wie kognitiv-operationale, emotionale, soziale und ästhetische kann nicht Grundlage der Relevanz von Kunstunterricht sein, sondern muss grundsätzlich überwunden werden. Sie bildet weder eine Basis für einen wünschenswerten Umgang mit mathematisch-naturwissenschaftlichem Wissen, noch eine adäquate Charakterisierung künstlerischer Tätigkeit.

Wenn mit dem Begriff der *künstlerischen Bildung* ein zwar vernachlässigter aber allgemeiner Aspekt des Weltverhältnisses des Menschen gemeint ist, dann kann und darf er nicht als spezifisches Moment von Kunstunterricht oder als Spezifikum der Verknüpfung von Kunst und Bildung angesehen werden. Denn genau an diesem Punkt verpufft der kunstpädagogische Anspruch in eine weltumspannende oder besser bildungsumspannende Totalität. Dieses Problem berührt zentral den Kunstbegriff von Joseph Beuys, dessen Verwendung in diesem Zusammenhang kritisch überprüft werden müsste. Aber, und hier spreche ich ja durchaus im Beuysschen Sinne, ging es ihm gerade darum, dass dieser allgemeine Begriff des Künstlerischen bzw. des Künstler-Seins Lernen und Bildung als Umgang mit Welt insgesamt betrifft. Damit ist aber klar, dass der Kunstunterricht, die kunstpädagogische Aktion und die spezifisch künstlerische Bildung gerade nicht alleiniger Hort dieser Aspekte sein können und dürfen. Die Kunstpädagogik sollte sich an dieser Stelle strikt weigern, weiterhin Hort marginalisierter nichtsdestotrotz unverzichtbarer Bildungsmomente zu bleiben. Solange Aspekte wie die des anschaulichen Denkens, des emotionalen Involviert-Seins und der performativen Selbstüberschreitung, um nur einige zu nennen, dem Kunstunterricht überlassen bleiben, bildet sich darin lediglich die Tatsache ihrer Marginalisierung ab. Erst wenn diese Aspekte den Weg in die gesamte Bildungslandschaft gefunden haben, wird die Relevanz und Wirkung der spezifisch künstlerischen Bildung überhaupt deutlich.

Von dem vielbeschworenen Transfer der spezifisch künstlerischen Bildung zur Bildung überhaupt, zur Persönlichkeitsentwicklung des ganzen Menschen kann nämlich keineswegs ausgegangen werden, solange die verschiedenen Bildungsinhalte nicht zumindest auf einer prozessualen Ebene zueinander anschlussfähig sind. Hier begegnen wir dem Gegensatz von formaler und materialer Bildung wiederum in neuer Gestalt. Ein bestimmter künstlerisch-prozessualer Umgang mit Material ist ebenso wenig von diesem Material ohne weiteres ablösbar und damit allgemein, wie ein bestimmtes „richtiges" Material bereits den angemessenen Umgang mit ihm evoziert.

7. KUNSTPÄDAGOGISCHER DISKURS UND SELBSTREFLEXIVITÄT

Seit dem 19. Jh. sind verschiedenste natur- und geisteswissenschaftliche Diskurse damit beschäftigt, die Struktur der dynamischen Prozesse zu verstehen und zu beschreiben, aus denen die Phänomene ihres jeweiligen Gegenstandsbereichs hervorgehen. Es galt, die erstarrten Dualismen von Subjekt und Objekt, Zufall und Notwendigkeit, Fremdem und Eigenem, Neu und Alt, Wiederholung und Differenz, Inhalt und Form zu überwinden. Die Theorien selbstreferentieller autopoietischer Systeme, der Diskurs des radikalen Konstruktivismus, die Chaosforschung, die Philosophie von Dekonstruktion und Differenz haben ein Repertoire wahrnehmungsdifferenzierender Begriffe entwickelt, das es erlaubt, die Dynamik komplexer Entwicklungsprozesse zu beschreiben, ohne sie dabei mechanistisch oder funktionalistisch zu verflachen. Zugleich haben sie damit zentrale strukturelle Gemeinsamkeiten verschiedenster natürlicher, sozialer, kultureller oder geistiger Prozesse zu Tage gefördert. Mit ihrer Hilfe lässt sich die prozessuale Dynamik dessen, was Wilhelm von Humboldt als gekoppelten Prozess von Selbst- und Weltveränderung, von Selbstüberschreitung und Selbstentfaltung im Sinne einer „zweifachen Entfremdung" oder kurz als Prozess der Bildung beschreibt, wissenschaftlich präzisieren und herausarbeiten.[411] Insbesondere wird die analoge Dynamik von künstlerischem Werkprozess und individuellem Bildungsprozess sichtbar. Damit wird es außerdem möglich, den vielverwendeten und häufig missbrauchten Begriff Kreativität im Sinne einer prozessualen Strukturcharakteristik zu erfassen und einerseits endgültig aus seiner dunklen Begabungs- oder Geniemystik zu befreien, ihn andererseits aber auch nicht als bloßes Gespenst zu verkennen, das sich in eine überschaubare Zahl von Verhaltensregeln und trainierbaren Strategien auflösen lässt. In dieser „kreativen" oder auch „künstlerischen" Struktur von Bildungsprozessen findet zugleich der Beuyssche Kunstbegriff seine wissenschaftliche Entsprechung.

Auf der Grundlage des erarbeiteten und zu erarbeitenden Verständnisses von Bildungsprozessen bzw. künstlerischen Bildungsprozessen ist es möglich, Selbstzweck künstlerischer Tätigkeit, Aufhebung von Kontrollzwängen, Unvorhersagbarkeit und Offenheit als notwendige Bestandteile bildender Prozesse plausibel und begründbar zu machen. Zugleich werden sie nicht als sogenannte künstlerische Freiheit absolut oder beliebig gesetzt, sondern bekommen in der jeweiligen Prozessdynamik einen legitimierbaren, damit aber auch zu bewertenden Ort. Wesentliche Aufgabe kunstpädagogischer Praxis und Theorie ist es also, die Qualität bzw. Wirksamkeit dynamischer Prozesse zu bewerten. Es gibt keine kunstpädagogisch relevanten Inhalte ohne relevante Prozesse.

Bildungspolitische Motivationen und Intentionen, die auf bestimmte Kompetenzansprüche abzielen und sich dafür (vermeintlich) entsprechender Evaluierungsmodi bedienen, stellen nicht lediglich Erfolg oder Misserfolg von Bildungsprozessen fest, sondern greifen in diese Prozesse selbst ein und können sie soweit deformieren, dass sie ihre ursprünglich legitimierende Bildungsrelevanz verlieren. Wenn Legitimationen und Evaluierungen Teile des Prozesses sind, dann müssen Formen der Bewertung auch aus dem dynamischen Verständnis der künstlerischen Bildung heraus entwickelt bzw. als natürlicher Teil des Prozesses selbst lokalisiert werden.

Der kunstpädagogische Diskurs unterliegt selbst einer selbstreferentiellen Dynamik, die Wahrnehmungsorientierungen, Legitimationen und Bewertungskriterien kunstpädagogischer Praxis erzeugt und umstrukturiert. Seine Dynamik speist sich, wie im

Prozess individueller Bildung, aus der Widerständigkeit der Phänomene gegen Wahrnehmungsgewohnheiten und daraus resultierenden Bedeutungszuschreibungen. Relevanz und Legitimität der Begriffe und Bedeutungen, die der kunstpädagogische Diskurs erzeugt, sind nur insoweit gegeben, als sie die Wahrnehmung *auf* und das Handeln *in* kunstpädagogischen Situationen und Prozessen orientieren, differenzieren und sensibilisieren können. Damit kunstpädagogische Theorie bildungswirksam bleibt und sich selbst nicht qualitativer Bewertung entzieht, muss sie sensibel bleiben für die Widerständigkeit ihrer Phänomene. So muss insbesondere eine kunstpädagogische Theorie die Widerständigkeit ihrer Praxis zur Kenntnis nehmen. Auch eine Theorie, die Differenz und Störung als Quelle von Bedeutungserzeugung ausmacht, ist nicht deswegen schon davor gefeit, dass ihre wahrnehmungssensibilisierende Wirkung in eine diagnostisch identifizierende und funktionalisierende Wirkung umschlägt. Sie muss störungsanfällig und sich selbst fragwürdig bleiben. So kann der Ansatz der „künstlerischen Bildung" den konkreten kunstpädagogischen Prozess, das konkrete kunstpädagogische Phänomen zur Illustration seiner eigenen Evidenz verstellen, statt den Blick für die situativ gebundene widerständige Wirklichkeit zu öffnen.

Die Gefahr, durch innere Evidenzen und blinde Flecken die Berührung mit dem Anderen des Geschehens, den Kontakt zur Widerständigkeit der Phänomene zu verlieren, gilt allerdings für Theorie und Praxis gleichermaßen. Erst ihre wechselseitige Kopplung verhindert das Einrasten praktischer prozeduraler Handlungsroutinen mit ihren ‚toten Winkeln' und theoretisch-diagnostischer, funktionaler Identifizierungen, nebst ihren „blinden Flekken". Das Adornosche Misstrauen gegen den differenzenverschleiernden Identifikationszwang muss für den begrifflichen wie den handelnden Zugriff gelten. Die Anstrengung des Begriffs ist ebenso zu leisten, wie die offene Selbstaussetzung gegenüber dem Phänomen.

Selbstreflexivität muss notwendiger Bestandteil des kunstpädagogischen Diskurses sein. Wir können nicht davon ausgehen, mit Hilfe künstlerischer Verfahren und Strategien althergebrachte Probleme kunstpädagogischer Theorie und Praxis schlechterdings zu lösen, sondern wir sind im Begriff, essentielle Probleme kunstpädagogischen Denkens und Handelns auf neuer historischer und begrifflicher Grundlage zu reformulieren.

Neuer Sinn entsteht gerade dadurch, dass sich Differenzen öffnen lassen, Brüche sichtbar und Fragen aufgeworfen werden. Daher sollte der kunstpädagogische Diskurs darauf angelegt sein, die Relation zum fragwürdigen Phänomen oder zur offenen Frage immer wieder herzustellen. Das Problem des Diskurses über *künstlerische Bildung* lässt sich knapp so formulieren:

- Wie lauten die essentiellen Fragen, die sich in der Verknüpfung von Kunst und Bildung auftun?

Insbesondere:

- Auf welche Fragen versuchen die neu entwickelten Begriffe implizit zu antworten?
- Welche Widersprüche und Widerständigkeiten werden durch die neuen Begriffe möglicherweise überdeckt oder ausgeblendet?
- Welche Fragen werden auf der Grundlage der neuen Begriffe sichtbar?
- Welches sind die zentralen Differenzen, Widerständigkeiten und Paradoxien, denen sich kunstpädagogische Theorie und Praxis zu stellen haben?

Letztlich lässt sich die Qualität des Schulprojektes, die Qualität des wissenschaftlichen Diskurses nur an der Qualität ihrer Probleme, auf die sie implizit zu antworten versuchen und das heißt, an ihren eigentlichen Absichten, messen.

ANMERKUNGEN

[404] Bätschmann, O.: *Der Künstler als Erfahrungsgestalter*. In: Stöhr, J. (Hg.): *Ästhetische Erfahrung heute*. Köln 1996.

[405] siehe: Dewey,J.: *Demokratie und Erziehung*. Übersetzt von E.Hylla, E., Braunschweig 1964, Nachdruck Basel 1993 sowie: Ders.: *Kunst als Erfahrung*. Frankfurt/M. 1988.

[406] siehe: Danto, A.C.: *Wiedersehen mit der Kunstwelt*. In: *Kunst nach dem Ende der Kunst*. München 1996.

[407] Nicht bezogen auf die Wirklichkeit oder die Realität als vorausgesetzte Eine, sondern Spüren und Realisieren von Wirkungen und Widerständen der Phänomene, des Anderen etc..

[408] wie z.B. das *Bataille Monument* von Thomas Hirschhorn auf der documenta 11

[409] siehe: Danto, A.C.: *Wiedersehen mit der Kunstwelt*. In: *Kunst nach dem Ende der Kunst*. München 1996.

[410] Auch der unproduktive Dualismus von Sprache und Bild bedarf produktiver Überwindung, indem über die prozessuale Vernetzung von Wahrnehmungs- und Begriffsdifferenzierungen bzw. –orientierungen nachgedacht wird. Dies betrifft auch das Verhältnis von Theorie und Praxis.

[411] vgl.: von Humboldt, W.: *Theorie der Bildung des Menschen 1793*. In: Ders.: *Werke in Fünf Bänden*. I.. Darmstadt 1969; Humboldt beschreibt dort das Moment der Selbstüberschreitung als Entfremdung, die aber nicht zum Selbstverlust führt, sondern wiederum zu einer „Ent-Fremdung" von Welt.

siehe dazu auch Joh. Bellmann, *Kontingenzkultur. Bildungstheoretische Überlegungen zur Entfremdung und Beheimatung in der Kultur*. In: Düllo, T. u.a. (Hg.): *Einführung in die Kulturwissenschaft*. Münster 1998, S.59-93.

1919
Kriegsruf
Johann Hoffmann-Herreros
Catherine und William Booth
Sozialarbeit und Seelsorge - die Heilsarmee
Jahren.
in der Schweiz.

VERNETZTE WEGE ZWISCHEN KUNST UND BILDUNG

Ingrid Merkel, Michael Scheibel

PROBLEMHORIZONT

In einem Grußwort des Bundespräsidenten zum 50. Jahrestag des Bundeselternrats hob Johannes Rau im Zusammenhang der Pisa-Studie den Stellenwert der musischen Bildung hervor: „Die Zeit, in der der rechte Zeigefinger an der Tastatur des Laptops als Olympische Disziplin anerkannt wird, liegt noch sehr fern. ‚Schulen ans Netz' ist wunderbar, aber wichtiger als ‚Schulen ans Netz' ist die Frage, was im Netz ist, was mit der Software ist und ist die Frage, wie wir alle Gaben eines Menschen – oder, um es mit dem Kirchenlied zu sagen – Sinne und Verstand in Bewegung bringen, wecken, erwachsen werden lassen. Deshalb warne ich vor einem Verdrängungswettlauf zu Lasten der musischen Fächer. Ich habe den Eindruck, das wird gelegentlich übersehen und gelegentlich denkt man, dass Sport und Musik und Kunstunterricht so ein donum superadditum wären, etwas, was man nicht braucht, was die Sahne auf dem Kuchen ist. Nein, die musische Begabung eines Menschen ist nicht die Sahne auf dem Kuchen, sie ist die Hefe im Teig. Ohne diese Hefe im Teig kann es nicht gelingen."[412]

In der Tat war und ist das Bedenken verbreitet, dass die musischen Schulfächer Musik und Kunst durch eine internationale Bildungsstudie, die Lesekompetenz, mathematische und naturwissenschaftliche Fähigkeiten in den Vordergrund ihrer Untersuchung stellt, in Vergessenheit geraten. So appellierte der Vorsitzende des Deutschen Musikrates, Prof. Wolfgang Gönnenwein, an die Parteien, die Pisa-Studie „nicht zu zerschwätzen". Es wäre völlig falsch, jetzt dem Thema Musik- und Kunstunterricht weniger Raum zu geben als bisher. Gönnenwein bedauerte, dass der Kunst- und Musikunterricht bei den Politikern als Reaktion auf die Pisa-Studie „leider nicht den Stellenwert erhält wie die wissenschaftlichen Fächer". Musik und Kunst förderten die Intelligenz und die soziale Kompetenz. „Wenn wir die Kunst- und Musikausbildung weiterhin so vernachlässigen wie bisher, dann brauchen wir uns nicht zu wundern, wenn uns Gefühl, Fantasie und Kreativität abhanden kommen und unsere Gesellschaft in einer intellektuellen Eindimensionalität erstarrt", warnte der Musikratsvorsitzende.[413]

Dass der Kunstunterricht vor allem auch in der Schule der Zukunft seinen Stellenwert behaupten kann, dies unterstrich Johannes Kirschenmann, Professor für Kunstpädagogik an der Münchner Akademie der Bildenden Künste, in einem Essay in der Süddeutschen Zeitung: „Kunstunterricht stattet mit kulturellem Wissen aus, damit das Gestaltete der Geschichte in seiner künstlerischen wie gesellschaftlichen Bedeutung eingeordnet werden kann." Im gleichen Atemzug stellt der Autor jedoch fest: „Doch bei allen hinzu gewonnenen neuen Aufgaben schrauben die Kultusministerien quer durch die Republik die Stundenzahl deutlich nach unten und betonen bizarrerweise gleichzeitig die Notwendigkeit einer Sinnenschulung durch die musischen Fächer angesichts des unterstellten Erfahrungsverlustes durch permanenten Medienkonsum."[414]

Äußerungen dieser Art verdeutlichen die Brisanz des Themas. Der Kunstunterricht besitzt Qualitäten, die kaum in einem anderen Schulfach vorgefunden werden. Die Besonderheit, die Johannes Kirschenmann hervorhebt, dass in diesem Fach Kopf und Hand eine Vermählung eingehen, dass im Kunstunterricht die fluide Intelligenz abseits von Routinen geschult wird, dass stete Perspektivwechsel geübt werden und zuguterletzt, dass dieser Unterricht Probenraum für das Experiment ist, dies alles sind Qualitäten im Sinne der Konsequenzen aus der Pisa-Studie – und nicht nur für das Schulfach Kunst, vielmehr als bildungsmethodischer, fächerübergreifender Ansatz.

Diesen Ansatz zu kommunizieren war Ziel und Zweck der Veranstaltung „Vernetzte Wege zwischen Kunst und Bildung" innerhalb des Symposiums *Mapping Blind Spaces* am 9.10.2003 an der Landesakademie für Schulkunst, Schul- und Amateurtheater Schloss Rotenfels. Das Anliegen der Landesakademie, sich an diesem Symposium als Mitveranstalter und -gestalter zu beteiligen, resultierte aus dem Selbstverständnis einer theater- und kunstpädagogischen Einrichtung, die als Ort des Lernens, des Experimentierens, der künstlerischen Produktion und Präsentation, Kreativität und Dialogfähigkeit im Umgang mit Kunst und Kultur fördert und die Chance zu reflektierter künstlerischer Erfahrung im produktiven, rezeptiven wie reflexiven Sinne ermöglicht. Als Nahtstelle und Bindeglied zwischen Aus-, Fort- und Weiterbildung – im Zuständigkeitsbereich des baden-württembergischen Kultusministeriums angesiedelt und damit eingebunden in bildungspolitische Kontexte – gehört es zu den spezifischen Aufgaben dieser Akademie, die aktuelle Praxis von Unterricht in den Blick zu nehmen, Fragen nach Theoriebezügen, erwartbaren und erwünschten Veränderungen immer wieder neu zu stellen und am schulischen Bedarf orientierte Aus- und Fortbildungsmaßnahmen auszurichten.

Es ist unbestritten, dass sich die Relevanz eines Unterrichtsfaches in seiner Fähigkeit zu einem permanenten zeitbezogenen Diskurs erweist. Paradigmen dieses Diskurses sind gesamtgesellschaftliche Entwicklungen, die bildungspolitische Bemühungen und didaktische Weiterentwicklungen in Gang setzen und halten. Die Hauptzielsetzung des Symposiums, die Untersuchung der bildenden Potenziale im Hinblick auf eine verstärkte gesellschaftliche Wahrnehmung der Bedeutung der künstlerischen Bildung für individuelle und gesellschaftliche Entwicklungs- und Gestaltungsprozesse, erhält aktuelle Relevanz vor dem Hintergrund der internationalen Schulvergleichsuntersuchungen und den daraus gezogenen Schlussfolgerungen hinsichtlich der Veränderungen des Schulsystems hin zu „Operativ Eigenständigen Schulen" (OES). Eine kritische Aufarbeitung der Pisa-Studie und der Bildungsreformvorhaben muss deshalb Inhalt wie Standortbestimmung der Kunst und Kunstausbildung in der gegenwärtigen Gesellschaftssituation sein.

PÄDAGOGISCHER GRUNDIMPULS

Es gibt einen internationalen Konsens, dass der Schlüssel für die Zukunftsfähigkeit eines Landes und der Motor für kulturelle, wirtschaftliche und soziale Entwicklung und Innovationskraft Bildung, Ausbildung und Erziehung sind. Deshalb ist Bildungspolitik derzeit in vielen Ländern Reformpolitik. Nachdrücklich haben empirische Studien, die nach fast 20 Jahren erstmals die Realität der Schulen analysiert und im internationalen Kontext verglichen haben, diesen Grundimpuls ausgelöst, nachdem gravierende Mängel unseres Bildungssystems zu Tage gefördert wurden und Deutschland im internationalen Vergleich Mittelmaß bescheinigt wurde.

Das Programme for International Student Assessment – kurz Pisa genannt[415] – verfolgte die Zielsetzung, anhand vergleichender Daten über die Ressourcenausstattung, individuelle Nutzung sowie Funktions- und Leistungsfähigkeit der Bildungssysteme den Regierungen Prozess- und Ertragsindikatoren für politisch-administrative Entscheidungen zur Verfügung zu stellen. Die untersuchten Indikatoren und Schlüsselqualifikationen der Studie bezogen sich dabei auf die Bereiche Lesekompetenz, mathematische Grundbildung, mathematisch-naturwissenschaftliche Grundbildung sowie fächerübergreifende Kompetenzen wie selbstreguliertes Lernen, Kooperation und Kommunikation.[416] „Lesekompetenz" avancierte für die Autoren an erster Stelle, da sie „die Voraussetzung für Lernen in allen Bereichen" ist, ebenso für die Partizipation in Politik und Gesellschaft, „auch (und gerade) im Zeitalter der modernen Kommunikationstechnologien".[417] Geprüft wurden am Ende der Pflichtschulzeit jene Fähigkeiten, von denen ausgegangen werden kann, dass sie für die Lebensbewältigung in der heutigen Zeit relevant sind. Künstlerische Fähigkeiten wurden hierbei nicht befragt.

Die Ergebnisse von Pisa – und das allein ist der primäre Anspruch der empirischen Untersuchung – enthalten weder Hinweise oder Empfehlungen für notwendige Reformen des Bildungssektors noch liefern sie direkt umzusetzende Steuer- oder Planungsinstrumente. Obwohl sich die Studie um empirische Belege und objektive Darstellung bemüht, wird sie merkwürdigerweise zum Gegenstand extrem heterogener subjektiver Deutungsversuche aus verschiedenen Interessenlagen heraus. Eine angemessene Rezeption der Untersuchung sollte folglich vor allem Fragen initiieren. Dazu bietet sie einen um Sachlichkeit bemühten Denk- und Wahrnehmungshintergrund. Nach dem ersten Schock der Diagnosen und Analysen, eingeschlossen die Veröffentlichung der Rankinglisten der Bundesländer, ist die Diskussion in ein Stadium eingetreten, das die Frage aufwirft, wie Schule zukünftig aussehen soll.

Bildungspolitik und Bildungsverwaltung haben mit der Diskussion um Bildungsstandards zwischenzeitlich eine grundsätzliche Wende eingeleitet. Begleitet von einem Bildungsrat in Baden-Württemberg sind zwischenzeitlich Bildungspläne entstanden, die nicht detaillierte Lerninhalte, sondern Kompetenzen und Standards enthalten, auf deren Grundlage Schulen einen größeren Gestaltungsfreiraum für ihre jeweilige innere Schulentwicklung erhalten und somit Schulprofile entstehen können. Der neuen Form der Bildungspläne entspricht eine Umsteuerung des Bildungswesens, die gerade in vollem Gange ist und folgendermaßen überschrieben werden kann: „Von der Vorgabensteuerung zur zielbasierten Ergebnissteuerung". Wurde unser Bildungssystem bislang ausschließlich durch den Input gesteuert (Lehrpläne, Rahmenrichtlinien, Hauhaltspläne etc.), so ist nun immer häufiger davon die Rede, die Bildungspolitik und die Schulentwicklung sollten sich am Output orientieren. Output von Bildungssystemen umfasst neben der Vergabe von Zertifikaten im Wesentlichen den Aufbau von Kompetenzen, Qualifikationen, Wissensstrukturen, Einstellungen, Überzeugungen, Werthaltungen, also von Persönlichkeitsmerkmalen, mit denen die Basis für ein lebenslanges Lernen zur persönlichen Weiterentwicklung und gesellschaftlichen Beteiligung gelegt ist. Schule hat dabei nicht nur die Funktion, individuelle Leistungsfähigkeit sicher zu stellen, sondern sie dient zudem der kulturellen Selbstverständigung und dem sozialen Zusammenhalt der Gesellschaft.

Das Konzept „Selbstständige Schule" (Niedersachsen) oder der „Operativ eigenständige Schule" (Baden-Württemberg) wird den Schulen mehr Selbstständigkeit und Gestaltungsfreiheit, bei gleichzeitiger höherer Leistungsorientierung, Qualitätssicherung und Ergebnisverantwortung eröffnen. Wenn Schulen mehr Autonomie, ein Mehr an Handlungsspielräumen zur Gestaltung schulischer Curricula und der Ausprägung von Schulprofilen über bestimmte Fächerschwerpunkte erhalten, ist es an der Zeit und für das Fach Kunst von existenzieller Bedeutung, sich um eine intensive kunstpädagogische Beteiligung zu bemühen. „Die Konturierung des bildungsästhetischen Beitrags innerhalb des durch Pisa angedachten und noch neu zu formulierenden Bildungskanons des Faches Bildende Kunst ist deshalb ein Muss." Glas führte in seinem Vortrag in der Akademie der Bildenden Künste München weiter aus: „Ich bin aber gleichzeitig davon überzeugt, dass wir gut gerüstet sind. In unserem Fach besteht wahrlich kein Mangel an Legitimationsargumenten. Dennoch: man muss es eingestehen, das Bild des Faches ist in der Öffentlichkeit mehr als diffus und mit vielen Vorurteilen behaftet. Kernbefugnisse sind kaum bekannt und nicht in einem Satz erklärbar. Andere Fächer haben es leichter."[418] Es erscheint notwendig, dass klar herausgearbeitet und kommuniziert werden muss, welchen Bildungsbeitrag das Fach Kunst außerhalb jeglicher Vergleichsstudien zu leisten vermag. Hierzu bedarf es einer offenen Bildungsdebatte, die sich in ihrem Gesamtentwurf an einer Reform von Ausbildung und Schule sowie an plausiblen Leitvorstellungen einer professionell-ästhetischen Lernpraxis ausrichtet.

Betrachtet man künstlerische Bildungsprojekte näher, kann man erkennen, dass kunstanaloge Formen des Lernens jene von Pisa geforderten lernstrategischen Verfahren und fächerübergreifenden Lernprinzipien wie Problemlösekompetenz, die Fähigkeit zum selbstständigen Formulieren von Fragen und zum Herstellen von Zusammenhängen, ferner die Ausbildung von Lesekompetenz, von Kommunikationsfähigkeit, von sozialer und moralischer Kompetenz verlangen und fördern. Differenzierte Wahrnehmung, selbstständige Erzeugung von Bedeutung im Werkkontext, die thematische Recherchen und Kontextbildungen aus unterschiedlichen fachlichen Bezügen und in unterschiedlichen Medien einschließt, dazu die zentrale Rolle der Imagination, die individuelle Gestaltung motiviert – dies alles ist aus künstlerischen Bildungsprojekten nicht wegzudenken. Die Wortsprache ist bedeutender Bestandteil solcher Prozesse, sei es in schriftlichen Aufzeichnungen, Dokumentationen oder Reflexionen, sei es in der Recherche in Büchern, im Internet oder in kommunikativ-kooperativen Gesprächs- und Handlungszusammenhängen. Kooperation als Form von Sozialkompetenz wird in jedem kunstpädagogischen Projekt geschult, ebenso wie sich in der Gruppenkommunikation Deutungs- und Sprachkompetenz ausbildet. Diese markanten Lernaspekte zielen allesamt auf die Entwicklung der ganzen Persönlichkeit in ihren kreativen Fähigkeiten zur Lebensgestaltung in einer komplexen Kultur, der eine technologische Entwicklung hinterlegt ist, die tief greifende Veränderungen unserer Wahrnehmungsverhältnisse bedingt.

VISUELLE ZEITENWENDE

„Kunst hat kein eigenes Medium, sondern setzt Medien ein. Das Medium der Kunst sind die Medien.“[419]

„Ein halbes Jahrtausend nach Gutenberg stehen wir am Vorabend einer Entwicklung, die man als visuelle Zeitenwende (Iconic turn) beschreiben könnte. In kurzer Zeitspanne, seit die Bilder laufen lernten, haben sie eine Autorität über die Vorstellungskraft gewonnen, die das gedruckte Wort gestern hatte und das gesprochene davor. Der technologische Fortschritt im Bereich der Bewegtbild-Kommunikation wird diesen Trend noch verstärken, so dass die Balance zwischen Auge und Ohr im Kommunikationsprozess sich immer mehr in Richtung auf das Visuelle verschiebt“, so Siegfried Frey.[420] Diese Wendung in der Kultur ist hoch bedeutend für die Grundlagen der ästhetischen Bildung und das Unterrichtsfach Bildende Kunst.

Obgleich die Alltagskultur unserer heutigen Kinder durch die Allgegenwart der Bilder geprägt ist, wird „Bildsprachenkompetenz als kulturelle Basisqualifikation“[421], also Bilder lesen, interpretieren und daraus Wissen ziehen zu können, für den Erfolg des Unterrichts erheblich unterschätzt.[422] In diesem Zusammenhang ist auf die bereits in der Mitte der 1980er Jahren im amerikanischen Raum geführte umfassende Diskussion und Forschung zur „visual literacy“ unter Einbezug der Forschungsbereiche der Neurologie, der Psychologie, der Bildwissenschaften, der pädagogischen Anthropologie, der Medienwissenschaften und der Kognitionswissenschaften zu verweisen, die den Bedeutungszuwachs der Bildwissenschaft als interdisziplinären Forschungsbereich zum Ausdruck brachte.

Da Industriegesellschaften dem „Kosmos der Zeichen“ einen ebenso hohen Stellenwert wie der materiellen Welt zubilligen, ist die kulturelle Literalität, wie sie Pisa untersucht hat, um eine visuelle Basis- oder Bildkompetenz zu erweitern. Kunstpädagogik ist das herausragende Fach, das Bildkompetenz vermitteln kann.[423] Multimediale Lernumgebungen der Zukunft werden bildbasierte Lernumgebungen sein. Der Anteil der digital erzeugten Bilder, deren Träger ihren Benutzern Formen und Möglichkeiten der Bildproduktion und Bildgestaltung vorschreiben, werden immer mehr die Bildwahrnehmung bestimmen, ohne den Benutzern Gestaltungsmöglichkeiten zu eröffnen. Der Kunstunterricht hat auf diese Herausforderungen mit der einzig möglichen Antwort, dem Versuch zu reagieren, eine Umkehrung des Verhaltens herbeizuführen: weg vom passiven Empfängerdasein, hin zur eigenständigen schöpferischen Handlung und zu kritischem Bewusstsein. Dabei hat sich Bildpädagogik den künstlerischen Prozessen sowie allen sinnlichen Handlungen zu widmen, die als kulturelle Praxisformen Bilder generieren oder ihren Umgang bestimmen. Der Umgang mit dem bewegten, multimedialen und hyperstrukturierten Bild bietet Kindern und Jugendlichen unterschiedlichen Alters und aus allen Schularten enorme Chancen, sich selbst in diesen sonst nur passiv erlebten Bilderwelten zu artikulieren, wie viele Beispiele aus der Praxis zeigen.

Jedoch sind „viele Pädagog/innen zu sehr in einer Symbolsozialisation befangen, die auf dem Diskursiven, auf dem Wort- und Schriftsprachlichen beruht. Dabei böte die Orientierung auf präsentativ-symbolische Ausdrucksformen (Bilder, Musik, Körperausdruck) und die Integration digitaler Möglichkeiten der Bildbearbeitung große Chancen, um gerade Kinder und Jugendliche aus Hauptschulmilieus zu erreichen. In ihrer Erfahrungsverarbeitung haben anschauliche, sinnlich-emotionale Lern- und Ausdrucksformen eine große Bedeutung.“[424] Heutige Kunstpädagogik muss die Jugendlichen mit dem künstlerischen Erfahrungspotenzial zusammenschließen, um dann die daraus resultierenden Bilder an die Symbolwelten der Jugendlichen zurückzubinden. Damit macht sie Jugendkulturen verständigungsfähig.

Ein so verstandenes neues Lernen mit Medien sollte die Breite der konkreten sinnlichen Wahrnehmung einbeziehen, rezeptives und selbstständig produktives Verhalten gleichgewichtig zueinander in Bezug setzen, in der Kunstpraxis eine eigene sinnlich erfahrbare Ästhetik des Analog-Digitalen in einem Cross-over der ineinander verwobenen Nutzung herkömmlicher analoger und digitaler Techniken ermöglichen und die Kooperation von schulischer und außerschulischer Medien- und Kulturarbeit nutzen. Wenn kunstpädagogische Prozesse als künstlerische Prozesse zu gestalten sind, braucht der Kunstunterricht Lehrer, die das „Eigensinnige der Kunst, den ästhetischen Möglichkeitsraum im Machen und Denken in einem künstlerischen Studium erfahren haben“.[425] Ebenso die Vermittlungskunst – diese Vermittlungskunst hat die Lehrerbildung zu stärken.

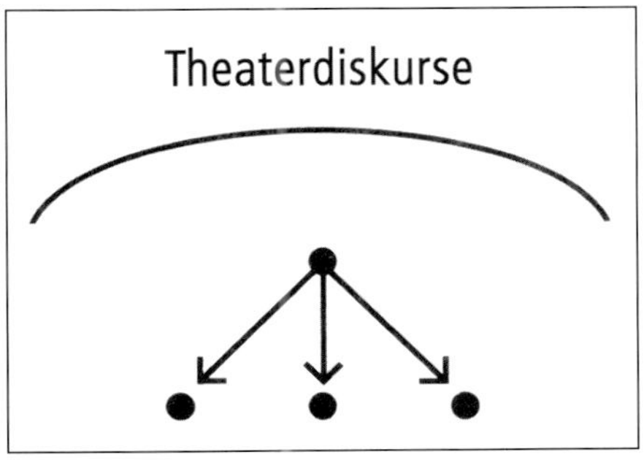

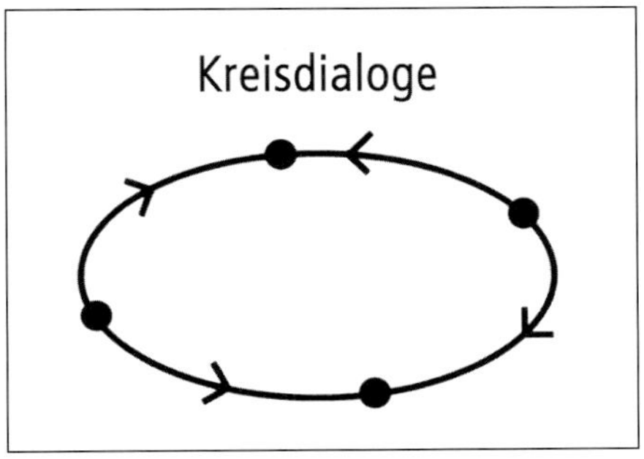

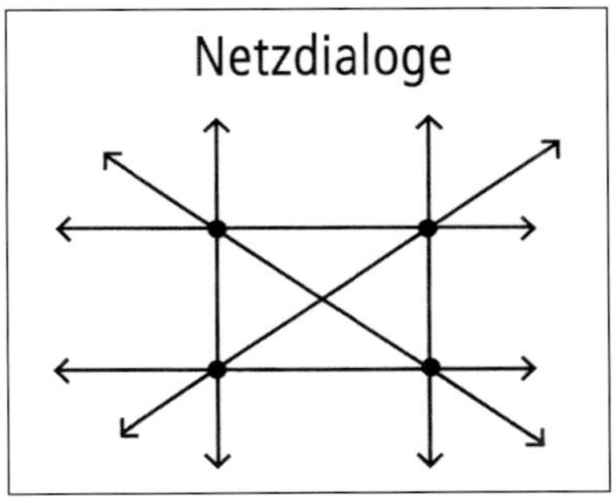

Angesichts der Unterrichtswirklichkeit mit einem hohen Anteil an fachfremd unterrichtenden Lehrerinnen und Lehrern müssen innovative Ausbildungsgänge für den Bereich Bildsprachenkompetenzvermittlung sowie zukunftsfähige Fort- und Weiterbildungsmodelle entwickelt werden, die Lehrer und Künstler, Medienpädagogen und Medienkünstler, schulische und außerschulische Experten in themenzentrierten Projekten zusammenführen. Dabei kann erkundet und erprobt werden, inwieweit sich Erfahrungen aus Kunstprozessen in Unterrichtssituationen übertragen lassen, wie Unterrichtsprozesse gestaltet werden müssen, in denen Schüler auf kunstgemäße Art Erfahrungen mit sich, den Medien und der Wirklichkeit sammeln und reflektieren können. Schule als einen neuen Lern- und Lebensort mit alternativen Lernformen und eigenverantwortlichen Lernprozessen zu gestalten, ist die Bildungsherausforderung der Zukunft, sie in ein „Netzwerk des Lernens" gemeinsam mit außerschulischen Lern- und Erfahrungsorten einzubinden, die vielfältige Formen der Kommunikation eingehen und neue Wege zwischen Kunst und Bildung ermöglichen, ein anzustrebender Entwicklungshorizont.

NETZWERK DES LERNENS

„Um Informationen zu erzeugen, tauschen Menschen verschiedene bestehende Informationen aus, in der Hoffnung, aus diesem Tausch eine neue Information zu synthetisieren. Dies ist die dialogische Kommunikationsform. Um Informationen zu bewahren, verteilen Menschen bestehende Informationen, in der Hoffnung, dass die so verteilten Informationen der entropischen Wirkung der Natur besser widerstehen. Dies ist die diskursive Kommunikationsform. […] Keine der beiden Kommunikationsformen kann ohne die andere bestehen."[426]

Nach dem Philosophen und Begründer der Kommunikologie, Vilém Flusser, gibt es vielfältige Formen der Kommunikation, die sich in einer fundamentalen Unterscheidung zwischen diskursiven und dialogischen Formen niederschlägt. Den diskursiven Formen schreibt Flusser informationserhaltenden, den dialogischen informationserzeugenden Charakter zu.

Ein Beispiel einer diskursiven Form findet sich in der Theatersituation wieder. Ein Sender steht direkt den Empfängern gegenüber. Der Sender ist das Gedächtnis, das Informationen in einem Halbkreis an die Empfänger ausstrahlt. Die Wand im Rücken des Senders schirmt die Situation nach hinten gegen äußere Geräusche ab, so dass sich die Konzentration ausschließlich auf den Sender bündelt. Die Empfänger rezipieren unbewegt die Informationen und können bisweilen bedingt reagieren. In erster Linie handelt es sich jedoch um eine Diskursstruktur, für die beispielhaft das antike Theater, der Konzertsaal, das Kino oder eine herkömmliche Kongresssituation genannt werden können.

Der Kreis ist Modell einer dialogischen Kommunikationsform, in der verschiedene vorhandene Informationen zu neuen synthetisiert werden. Die am Dialog beteiligten Gedächtnisse unterscheiden sich nicht nur bezüglich der zu besprechenden Information, sondern auch bezüglich ihrer Kompetenzen und ihres Bewusstseinsniveaus. Im Dialog wird ein gemeinsamer Nenner aller Informationen gesucht, die in den Gedächtnissen gespeichert sind. Der gesuchte gemeinsame Nenner ist den Dialogteilnehmern nicht vorab bekannt, sondern ist eine Synthese und somit neue Information, die im dialogischen Prozess entsteht. Das Grundproblem des Kreisdialoges ist seine Geschlossenheit. Es ist eine elitäre Kommunikationsform im Sinne einer notwendigen Begrenzung der Teilnehmerzahl. Sinnbildlich für den Kreisdialog steht der runde Tisch in Komitees.

In Netzstrukturen bildet jeder Beteiligte das Zentrum des Dialogs. Während es sich beim Kreisdialog um ein geschlossenes System handelt, ist das Netz ein offenes dialogisches System, an dem jeder teilhaben kann. „Diese diffuse Kommunikationsform bildet das Grundnetz, welches alle übrigen menschlichen Kommunikationsformen stützt und letztlich alle von Menschen ausgearbeiteten Informationen in sich aufsaugt. […] Man kann dabei eigentlich nicht von einer Absicht sprechen, neue Informationen aus vorhandenen zu synthetisieren. Vielmehr entstehen die neuen Informationen spontan, und zwar als Verformung der verfügbaren Informationen durch das Eindringen von Geräuschen. Diese sich ständig verändernden neuen Informationen nennt man die ‚öffentliche Meinung'."[427]

Um ein „Netzwerk des Lernens" unter Einbezug vielfältiger Formen der Kommunikation zu ermöglichen, wurde für die Beteiligung der Landesakademie Schloss Rotenfels am Symposium ein Veranstaltungsdesign entworfen, das den Forderungen dialogischer und diskursiver Situationen nachkam. Die schwerpunktmäßige Ausrichtung der Landesakademie gab dabei den Rahmen für Inhalt und Struktur der Veranstaltung „Vernetzte Wege zwischen Kunst und Bildung" vor. Da ein bedeutender Arbeitsbereich der Landesakademie der Aus-, Fort- und Weiterbildung von Kunstlehrern in neuen Inhalten, Methoden und Techniken der Kunstausbildung gilt, musste eine zielgruppenorientierte Veranstaltung der Nachfrage des Klientels entsprechen und ein Angebot formuliert werden, das sowohl der schulischen Praxis und den Bildungsplänen, wie auch den darüber hinaus gehenden innovativen Ansätzen Raum geben konnte. Hierfür wurde eine inhaltliche Vernetzung theoretischer, künstlerischer und schulischer Kommunikationsfelder angestrebt, um – im Sinne Flussers – sowohl neue Informationen zu generieren, als auch diese zu verbreiten.

Theorie ist der Raum für analytisch-reflexive Prozesse. Eine Kritik der Pisa-Studie und neuer Bildungsreformen ist gleichfalls Inhalt wie die Standortbestimmung der Kunst und Kunstausbildung in der gegenwärtigen Gesellschaftssituation. Künstlerische Bildung, visuelle Kompetenz, kreatives und performatives Lernen sind nur einige Stichworte im andauernden Diskurs. Die Schule als ein Forum angewandter pädagogischer Wissenschaft sucht nach praxisorientierten Übersetzungen der theoretischen Diskurse. Im Bildungsraum verifiziert und falsifiziert sie theoretische Bildungskonzepte und findet praxistaugliche Unterrichtsformen, die auf eine sich stets veränderte gesellschaftliche Umwelt reagieren. Demgegenüber können künstlerische Aktionen Theorie und pädagogische Praxis vermitteln, indem sie die Kunst als Methode der Weltaneignung und Gesellschaftsgestaltung hervorheben und die Wahrnehmung für Veränderungsprozesse sensibilisieren. Eine inhaltliche Vernetzung theoretischer, künstlerischer und schulischer Felder innerhalb unterschiedlicher Themenmodule erlaubt, im interaktiven Prozess über die institutionellen Grenzen der Arbeitsbereiche hinweg an innovativen Bildungskonzepten zu arbeiten. Die inhaltliche Zusammenarbeit von Theoretikern, Künstlern und Pädagogen bewirkt eine institutionelle Dekontextualisierung, die gleichzeitig eine zukunftsweisende Bildungskonzeption darstellt. Das Veranstaltungsdesign selbst wird zu einem Entwurf neuer Lehr- und Lernformen.

Hauptbestandteil der Veranstaltung am 9.10.2003 an der Landesakademie waren zehn Themenmodule, welche halbtägig als Workshops angeboten wurden. Jedes Themenmodul hatte einen umrissenen inhaltlichen Gegenstand, der auf aktuelle Situationen in Kunst und Bildung Bezug nahm und zugleich Gewicht auf schulische Praxis und Bildungspläne legte. Zu jedem Themenmodul wurden Experten aus Theorie, Kunst und Schule eingeladen, die in einer Vorbereitungsphase drei Monate vor Beginn des Symposiums in Teamarbeit das jeweilige Modul für diesen Veranstaltungstag konkretisiert und erarbeitet hatten. Round tables, Vorträge und Workshops bildeten dabei in allen Phasen der Durchführung gemischte Formen der Kommunikation. Das Cross-over sowohl der Themen wie auch der Experten ermöglichte als wesentlichster Bestandteil der Veranstaltung ein vernetztes Denken, das den wachsenden Ansprüchen einer komplexen Bildungssituation entspricht.

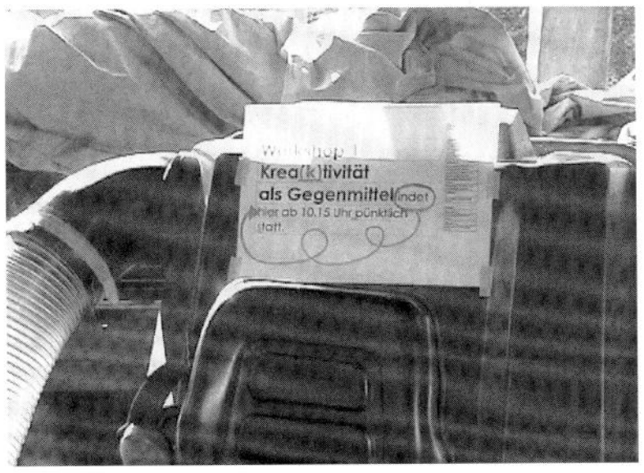

THEMENMODULE

Kreativität als Gegenmittel – Vernetzung schulischer und außerschulischer Perspektiven

Wahrnehmung und Handlung, Erlebnis und Erfahrung, Dialog und Reflexion schaffen Rahmenbedingungen, um sich der Komplexität kreativer Prozesse anzunähern. Die Perspektiven des fachlichen Bezugsfeldes Bildende Kunst, der anthropologischen Voraussetzungen und der kunstdidaktischen Schlussfolgerungen führen über die individuelle Auseinandersetzung hinaus zu grundsätzlichen pädagogischen Erfordernissen und Ansprüchen.
Workshop 1, Leitung: Eberhard Brügel, Susanne Hofmann, Helmuth Kern

Störung als Methode – und ihre Anwendung in Vermittlungsprozessen

Den Anstoß zum Denken gibt die Störung. Doch was ist eine Störung? Störung ist semantisch nur sinnvoll in Bezug auf die Vorstellung einer Gegebenheit mit einem störungsfreien Normalzustand. Störung bedeutet dessen unerwünschte, punktuelle Beeinträchtigung. Voraussetzung für das Auftreten einer Störung ist die Störanfälligkeit dieses idealerweise störungsfreien Faktums. Ein System ist umso störanfälliger, je dichter und interdependenter das Gefüge von Bedingungen für das Funktionieren seiner Operationen ist. Kunstpädagogische Prozesse orientieren sich gewöhnlich an kunstästhetischen Prozessen. Das sind in der Regel offene Prozesse ohne vorausliegendes Ziel, ohne vorab festgelegten Verlauf. In diesem Sinne ist Kunst der Eintritt des

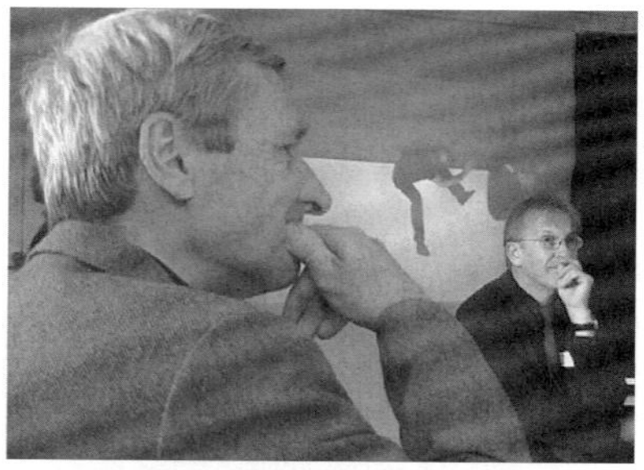

Unvorhergesehenen. Künstler, sagt Adolf Muschg, erweisen sich als solche in ihrer „Kompetenz im Entdecken und Herstellen noch nie dagewesener Zusammenhänge, in originellen Umgangsformen mit dem Unvorhergesehenen."
Workshop 2, Leitung: Ulrich Heimann, Georg Winter

Umgang mit der Bilderflut

Die Neuen Medien und damit die Bilderflut gehören heute zu den selbstverständlichen Alltagserfahrungen. Der Umgang mit Bildern wird besonders brisant. Man sieht vielfach Gefahren in der Bilderflut, andererseits werden auch die Chancen dieser Entwicklungen beschworen. Bilder werden in verstärktem Maße für Kommunikationsprozesse geschaffen und in ihnen verwendet. Es geht darum, sich in diese kommunikative Prozesse einzumischen. Ziel ist die Schaffung einer diskursiven Oberfläche, auf der mit und über Bilder diskutiert wird – ein Ort der Auseinandersetzung mit Bildmaterial, Bildprozessen und Bildbezügen.

In modellhaften Anordnungen wurden der gesellschaftliche Umgang mit Bildern, die formalen Strukturen und Wirkungsmechanismen der Bilder reflektiert und die Kultur als Horizont unserer Bildwahrnehmung begriffen.
Workshop 3, Leitung: Kunibert Bering, Burkhard Blümlein, Silke Wießner

Kunstpädagogik und Gegenwartskunst

Gegenwartskunst ist ein weites, nicht zu überblickendes Feld. Konsequenterweise muss das Prinzip des Exemplarischen, der beispielhaften Auswahl, thematisiert werden. Welche Kriterien bestimmen die Auswahl des Problems, das Lernenden zur Aufgabe gemacht werden soll? Allgemein sind bei der Auswahl die Möglichkeiten zu einem Selbst-Bildungs-Prozess für den Lernenden, die Möglichkeiten zur sozialen Interaktion der beteiligten Lernenden oder der Bezug zu zeitgenössischen Grundproblemen zu thematisieren. Ziel im lernenden Aneignungsprozess sollte es sein, ein Kunstverständnis zu entwickeln, das der Moderne bzw. der Zweiten Moderne gerecht wird, das heißt Methoden und Arbeitsformen sollten adäquat sein. Anhand von exemplarischen Beispielen aus der Gegenwartskunst und dem Kunstunterricht wurden Unterrichtsbedingungen und Didaktiken diskutiert.
Workshop 4, Leitung: Reimar Stielow, Dieter Warzecha

Zeichnen als Selbstausdruck und Wirklichkeitsaneignung

Bilder sind Mittel, mit deren Hilfe die Menschen ihre Beziehung zur Wirklichkeit als auch zum Ich klären: Bilder vermitteln zwischen Mensch und Welt; sie dienen dem Menschen als Medium zur Bewältigung und Erzeugung von Wirklichkeit. In Bildern eignet sich der Mensch Wirklichkeit an; Wirklichkeit wird in Bildern gestaltet. Mit Hilfe von Bildern orientiert sich der Mensch in der Welt. Rückt diese Funktion des Bilder-Machens in den Mittelpunkt von ästhetischen Bildungsprozessen, wird Gestaltung einer fundamentalen pädagogischen Aufgabe zugeführt: Sie befähigt zur Lebenskunst. Wie der Auftrag erfüllt wird, mit Bilder-Machen zur Lebenskunst beizutragen, war Thema in dieser Arbeitsgruppe. Anhand von künstlerisch-praktischen Aufgaben wurde aufgezeigt, wie kulturelle Bildung nicht nur zur Bildenden Kunst, sondern weit reichender bildend zur Lebenskunst beiträgt.
Workshop 5, Leitung: Stefanie Marr, Renate Payer

Naturorte erforschen – an Naturorten experimentieren

Künstlerische Bildung ist eine persönliche, selbstverantwortliche Aufgabe und deshalb mit eigenen Fragen und Problemen der Lernenden verknüpft. Die Lehrenden sind nicht Belehrer, sondern Initiatoren, die Rahmen und Inszenierungen erfinden, welche ästhetische Selbstbildungsprozesse ermöglichen. Dementsprechend wurde die vorrangige Aufgabe darin gesehen, für die Workshopteilnehmer eine überraschende, provozierende Inszenierung als Experiment in der Natur zu entwickeln. Die Grundanforderungen, die sich für die Teilnehmer im Workshop hierbei stellten, waren Offenheit, Neugier und die Bereitschaft, bei gleich welcher Wetterlage, 60 Minuten lang gedanklich konzentriert, fantasiereich und sinnlich tätig, Natur vor Ort experimentell zu erforschen. Das künstlerische, experimentelle Handlungsmodell war insbesondere als ein Angebot für die eigenen Vermittlungstätigkeiten gedacht, das durch die unmittelbaren, persönlichen Erfahrungen angereichert wurde.
Workshop 6, Leitung: Christiane Brohl, Mario Urlaß, Gerd-Peter Zaake

Malerei in Zeiten von Comic und Computerspiel

Ein Plädoyer für die Malerei am Anfang dieses Jahrhunderts: Die zeitgenössische Malerei bezieht Position innerhalb einer visuellen Kultur, die durch Comics und Computergames geprägt wird – einer visuelle Kultur, die zur alltäglichen Lebensumwelt der Jugendlichen gehört. Es galt eine malerische Ausdrucksform zu finden, die an vorangegangene malerische Traditionen anknüpft und gleichsam über den mediatisierten Kontext zu neuen Lösungen findet.
Workshop 7, Leitung: Rainer Braxmaier, Ralf Christofori, Klaus-Martin Treder

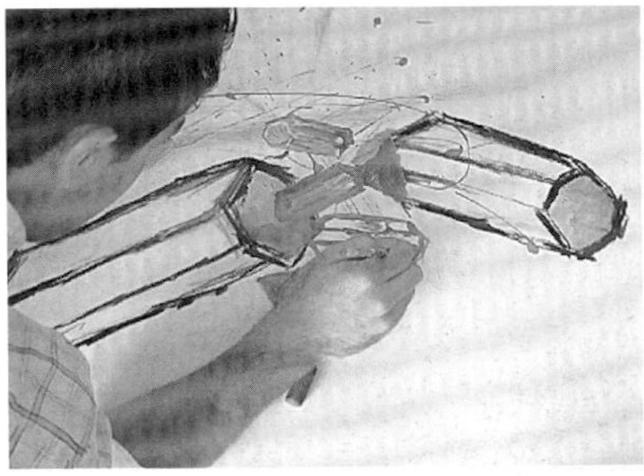

Selbstausdruck mit neuen Medien

Wer in der heutigen Mediengesellschaft etwas über die Vorstellungen, die Lebensgefühle, das Welterleben von Kindern und Jugendlichen erfahren möchte, sollte ihnen die Chance bieten, sich ergänzend zu wort- und schriftsprachlichen Formen auch mittels eigener, selbst produzierter Medien und damit verbundener präsentativ-symbolischer Formen auszudrücken. Selbstausdruck mit Medien ist insbesondere dann möglich, wenn den Produzenten die ästhetischen Strategien der Mediengestaltung bekannt sind, und wenn sie diese bewusst im Rahmen ihrer Ausdrucksabsichten anwenden können. Die Aneignung solcher Strategien ist in der Regel mit der Verfeinerung der Wahrnehmung, mit der Ausbildung eines Bewusstseins für grafische Details, mit Erkenntnissen über symbolische Bedeutung und Bedeutungskonstruktion verbunden.
Workshop 8, Leitung: Karin Danner, Björn Maurer, Horst Niesyto

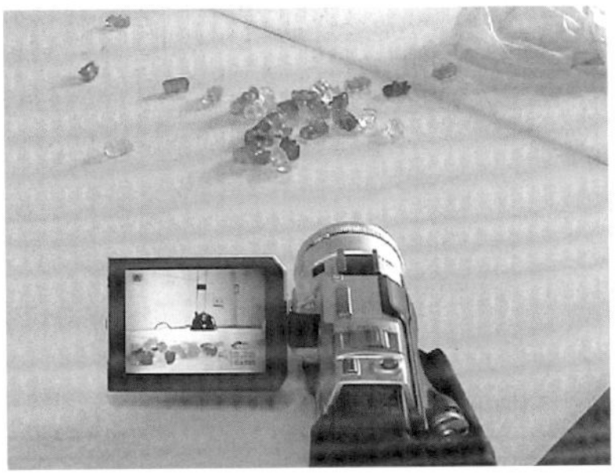

Performatives Lehren und Lernen

Ein sich anbahnender Paradigmenwechsel in der Lehre von Kunst, der sich in einer wahrnehmbaren Krise eingespielter Denkweisen und Handlungsmuster bemerkbar macht, ist dafür verantwortlich, dass sich neben den Kunstpraxen auch in der Vermittlung selbst performative Weisen des Lehrens immer stärker zeigen, die die bisherige Kunst- und Vermittlungspraxis nunmehr als Handeln begreifen, wobei kunstpädagogisches Denken selbst an seine Grenzen getrieben wird.
Workshop 9, Leitung: Paul* Manfred Kästner, Hanne Seitz

Architektur und Bewegung

Die Erschließung von Architektur erfolgt in der Bewegung. Bewegung hingegen erscheint nur wahrnehmbar in der Relation zu Statischem. Räume schaffen spezifisches Ambiente und fördern oder provozieren Handlung. Die Bewegung selbst arbeitet mit der Umgebung und erschafft Räume. Betrachtet man Architektur und Bewegung in Verbindung, so entsteht eine andere Sichtweise für beide Bereiche. Für die Entstehung der Architektur ist neben den bautechnischen Fragen die Funktionalität eine Sache der Bewegung. Auf welche Weise nähert man sich einem Gebäude, wie kommt man von unten nach oben, wie breit muss ein Gang sein. Doch auch die ästhetischen Fragen entwickeln sich hauptsächlich auf Grund der sich in oder um die Architektur herum Bewegenden. Gleichzeitig entsteht das Kriterium der sozialen Bewegung innerhalb der Architektur: Wer geht ein und aus? Auf der Grundlage solcher Überlegungen wurden innerhalb des Workshops Entstehungs- und Rezeptionsmöglichkeiten der Architektur verfolgt. Die künstlerische Aktion und Performance bot Wahrnehmungsstrategien im Sinne der „Bewegung".
Workshop 10, Leitung: Ragani Haas, Dieter Hummel, Claudia Pella, Martin Pfeiffer

AUSBLICK

Zu den zentralen Aufgaben einer Aus-, Fort- und Weiterbildungseinrichtung gehört es, die fundierte Weiterentwicklung des Bildungssystems, die Förderung von Qualitätsentwicklung und Qualitätssicherung an Schulen, von Unterricht und von Personal kontinuierlich in den Blick zu nehmen und impulsgebend mitzugestalten. Aus diesem Grund verband die Akademie Schloss Rotenfels mit dem Workshoptag die Zielsetzung, neue innovative Formen des Lehrens und Lernens, vornehmlich Möglichkeiten institutioneller Dekontextualisierung für die Weiterentwicklung bestehender Vermittlungskonzepte und -methoden, zu erproben und im Prozess der Durchführung kritisch zu beurteilen.

Das Cross-over der Themen als auch der Experten wurde sowohl von den Leitungsteams der Themenmodule wie auch von den Workshopteilnehmern als persönlich gewinnbringende, vermittlungsdidaktisch interessante und fachlich-sachlich bereichernde Form des Zusammenarbeitens im Schnittstellenbereich zwischen Kunst und Bildung bewertet. Diese Workshopform stellte unterschiedliche Zugangsweisen und Annäherungen an komplexe Themen bereit und war in subjektorientierten, kunstorientierten und kunstpädagogischen Vermittlungsprozessen besonders geeignet, den wachsenden Ansprüchen komplexer Bildungssituationen zu entsprechen. Darüber hinaus machten die durchgeführten Workshops nachdrücklich und facettenreich das Spektrum und Potenzial des Zusammenwirkens von künstlerischer Aktion, angewandter Theorie und pädagogischer Praxis anschaulich. Erfahrungen und Ergebnisse dieses Workshoptages fanden unmittelbar in der konzeptionellen Ausrichtung und Gestaltung des Angebots der Landesakademie ihren Niederschlag, was an einigen Beispielen ausgeführt werden soll.

Ab dem Schuljahr 2004/05 beabsichtigt die Landesakademie, eine Fortbildungsreihe aus mehreren thematisch aufeinander abgestimmten, jeweils viertägigen Kooperationsveranstaltungen mit dem Verbreiterungsfach „Kunst – Intermediales Gestalten" der Staatlichen Akademie der Bildenden Künste Stuttgart anzubieten. Ziel ist es, die Studierenden, Referendare und Lehrkräfte an der Nahtstelle von Kunsterzieherausbildung, zweiter Phase der Lehrerbildung und Lehrerfortbildung zur Intensivierung der Schnittstellenarbeit im künstlerischen Bereich in Themenprojekten zusammenzuführen.

Das Verbreiterungsfach „Kunst – Intermediales Gestalten" ist Teil der Kunsterzieherausbildung in Baden-Württemberg. Inhalte dieses Studiengangs bilden sich auch in den neuen Lehrplänen in relevanten Bereichen der Bildenden und Darstellenden Künste, vom Figuren- und Requisitentheater über Performance und Installation bis hin zum Film und den Neuen Medien ab. Szenisches Darstellen, Techniken und Ansätze performanceorientierten Aufführens, die Verbindung von Bildmedien und narrativen Gestaltungsformen sowie situativ-installatives Arbeiten sind Inhalte der Lehrerausbildung, des Unterrichts und damit auch der Fortbildung: Installation, Inszenierung, Dramaturgie, Performance, Rollenspiel, Kostüm, Objekte, TV, Radioshow, Video, Sound, Sprechgestaltung, Moderation, Licht, Bühne, Inszenierung und Aufführung sind Schwerpunkte dieser geplanten gemeinsamen Fortbildungsreihe. Im intermedialen Gestalten werden die unterschiedlichen Techniken und Medien zusammengeführt und verbunden: Verbindung von analogen und digitalen Medien, von Kommunikationstechniken, von unterschiedlichen Formen der Arbeitsorganisation (Individuum, Gruppe, Netzwerke), Rotationsprinzip horizontaler und pyramidischer Organisationsstrukturen, Formen der Anwendung und Umsetzung in Hochschulen und Schulen. Alle Kooperationsveranstaltungen verstehen sich dabei als Intensivkurse mit theoretischen Elementen und praktischen Übungen. Zusammengeführt werden aber auch die Experten der beteiligten Einrichtungen, die gemeinsam für die Planung, Durchführung und Evaluation der Veranstaltungsreihe verantwortlich sind.

Des Weiteren wird die Akademie Schloss Rotenfels das Fortbildungsangebot an der Implementierung neuer Fächerverbünde im Zuge der Bildungsplanreform ausrichten. Entsprechend der im Bildungsplan angelegten Komplexität im fachlichen Anspruch und der Vielfalt spezifischer, unverwechselbarer Zugangsweisen der im Verbund kooperierenden Fächer wird unter Bündelung der fachlichen Kräfte und des Expertenwissens außerschulischer Kooperationspartner ein Angebot an der Landesakademie formuliert werden. Neben der Zusammenarbeit mit den Hochschulen, Universitäten und Kunstakademien nehmen die Museen einen besonderen Stellenwert innerhalb des institutionsübergreifenden Fortbildungsdialogs ein. Die Fächerverbünde des neuen Bildungsplanes in Baden-Württemberg legen ausdrücklich die Durchführung des Unterrichts an außerschulischen authentischen Lernorten und die Nutzung der Kompetenz von bildungsrelevanten Einrichtungen nahe. Insbesondere die Museen bieten sich den Schulen als Dienstleister und Kooperationspartner für schulische Projekte an. Ihre aktuellen museumspädagogischen Angebote greifen die in den Bildungsstandards zu erwerbenden Kompetenzen und Inhalte auf, die wiederum von der Landesakademie als Mittler zwischen Schule und Museum im Kontext gemeinsamer Fortbildungen zu thematischen Projekten didaktisch kommuniziert werden.

Fortbildungsmaßnahmen in den Museen geben Einblicke in den Facettenreichtum des musealen Angebots und stellen die vielfältigen museumspädagogischen Methoden in den Mittelpunkt des Arbeitsaufenthalts. Wie anschaulich, experimentell, handlungsorientiert und dialogisch Unterricht im Museum sein kann, sollen Lehrerinnen und Lehrer selbst als Lernende im Rahmen geplanter Sequenzveranstaltungen unter dem Motto „Museum macht Schule" erfahren. Diskursive Auswertungen der Museumsbesuche unter zentralen Fragestellungen wie „Zeitgenössische Kunst und Philosophieren mit Kindern" an der Akademie Schloss Rotenfels können die Entwicklung schuleigener Curricula mit künstlerischem Schwerpunkt anstoßen.

Als Kulturträger sind die Museen auf Kontinuität des Interesses insbesondere der nachwachsenden Generation angewiesen. Für die Schulen bietet das Museum einen idealtypischen Lernort für interdisziplinäres und projektorientiertes Lernen. Eine langfristige Kooperation von Schule und Museum kann zu intensivierten Partnerschaften mit gegenseitigem Mehrwert führen. Aus dieser Überzeugung heraus hat sich die Akademie Schloss Rotenfels an dem von der Robert Bosch Stiftung und dem Europäischen Sozialfonds geförderten Projekt „LernStadtMuseum – Schulen und lokale Museen in Partnerschaft" der Staatsgalerie Stuttgart und des Ministeriums für Kultus, Jugend und Sport Baden-Württemberg als Partnerinstitution beteiligt. Das Projekt „LernStadt-Museum", das für eine erste Projektphase insgesamt je zehn Museen und Schulen als Tandems für eine Dauer von drei Jahren zusammenschließt, versteht sich als eine Zukunftsoffensive, die sich an die junge Generation richtet. An der Landesakademie ausgebildete Schülermentoren werden ab Herbst 2004 ehrenamtlich unter Anleitung von wissenschaftlichen Mitarbeitern und Lehrern mit dem nötigen Spielraum für die Umsetzung der eigenen Ideen in den Museen arbeiten, wo sie vielfältige Einblicke in die „Institution Museum" und konkrete Erfahrungen in den Bereichen künstlerische Gestaltung, Kunstvermittlung, Ausstellungsorganisation und Öffentlichkeitsarbeit im Rahmen einer konkret auszugestaltenden Partnerschaft sammeln können. Als Bindeglied zwischen Schule, Museum und Öffentlichkeit sollen sie sich in alle musealen Kontexte einbringen und in ihrer Person die Kontinuität der Zusammenarbeit zwischen Schule und Museum gewährleisten.

„Das wichtigste Motiv für die Arbeit in der Schule und im Leben ist die Freude an der Arbeit, die Freude an ihrem Ergebnis und die Erkenntnis ihres Wertes für die Gemeinschaft." (Albert Einstein)

In diesem Sinne werden junge Menschen im Rahmen dieses Schülermentorenprogramms frühzeitig die Gelegenheit erhalten, sich eigenverantwortlich in schulischen und außerschulischen künstlerischen Lern- und Vermittlungsprozessen zu engagieren und aktiv bei der Gestaltung des kulturellen Lebens mitzuwirken.

ANMERKUNGEN

[412] Grußwort von Bundespräsident Johannes Rau beim Festakt zum 50. Jahrestag der Gründung des Bundeselternrats am 28.05.2002.

[413] Wolfgang Gönnenwein in einer dpa-Meldung zu Pisa am 22.08.2002

[414] Kirschenmann, J.: *Kunst braucht Gunst. Nur so bleibt der Mensch beweglich.* Süddeutsche Zeitung 20.04.2002.

[415] Ein Programm zur zyklischen Erfassung basaler Kompetenzen in der nachwachsenden Generation, an dem sich 32 Staaten, davon 28 Mitgliedsstaaten der OECD mit jeweils 4.500 bis 10.000 15-jährigen Schülern pro Land beteiligten.

[416] vgl. Pisa 2000: *Basiskompetenzen von Schülerinnen und Schülern im internationalen Vergleich.* Opladen 2001, S.13.

[417] vgl. Pisa 2000: *Basiskompetenzen von Schülerinnen und Schülern im internationalen Vergleich.* Opladen 2001, S.13.

[418] Glas, A.: *Kunstpädagogik und die Diagnostik des schiefen Turms – die aktuelle Diskussion und die Relevanz ästhetischer Erfahrung.* Vortrag am 28.05.2003 in der Akademie der Bildenden Künste, München.

[419] Nassehi, A.: *Paradoxien der Gestaltung.* Festvortrag zur Wiedereröffnung des Badischen Kunstvereins, 26.01.2003 in Karlsruhe.

[420] Frey, S.: *Die Macht des Bildes. Der Einfluss der nonverbalen Kommunikation auf Kultur und Politik.* Bern 1999, S.9.

[421] So der Name einer schwedischen Studie in den 1990er Jahren, initiiert durch den Nationalen Bildungsausschuss. Das Ergebnis dieser Studie zeigt, dass sich Pädagogen der Bedeutung einer Bildsprachenkompetenz als kulturelle Basisqualifikation kaum bewusst waren.

[422] „Wie viel wissen wir eigentlich darüber, was Kinder und Jugendliche und überhaupt Lernende sehen, wenn ihnen eine Lehrbuchabbildung, ein Film oder ein Fernsehprogramm vor Augen kommt. Auf die Antwort kommt alles an, denn wenn ein Schüler nicht sieht, was er sehen soll, so fehlt ihm die Grundlage für alles Lernen." (Rudolf Arnheim, 1970)

[423] Die Herausarbeitung der Bezüge zur neurophysiologischen Informationsverarbeitung ist m. E. besonders geeignet, die Argumentation für eine integrative ästhetische Bildung mit einer nachdrücklichen Legitimation auszustatten und sie als grundsolide Methode des Lernens zu verankern. Dass man bildungspolitisch längst erkannt hat, wie wichtig die Ergebnisse der Hirnforschung für die Weiterentwicklung des Bildungswesens sind, zeigt nebenbei bemerkt das Vorhaben, an der medizinischen Fakultät der Universität Ulm ein Institut einzurichten, das sich mit speziellen Fragen des Lernens und der Entwicklung von Lernstrategien aus der Perspektive der Hirnforschung befassen soll.

[424] Horst Niesyto in seinem Abstract zum *Themenmodul Selbstausdruck mit Neuen Medien*, das er innerhalb der Veranstaltung an der Landesakademie Schloss Rotenfels leitete.

[425] Kirschenmann, J: *Kunst braucht Gunst. Nur so bleibt der Mensch beweglich*. Süddeutsche Zeitung, 20.04.2002.

[426] Flusser, V.: *Kommunikologie*. 2. Aufl.. Frankfurt/M. 2000, S.16.

[427] ebenda

Blind Spaces
ober 2003
All NEAs (N=2307)
Radar-detected NEAs (N=12)
Internationale Gesellschaft der
Bildenden Künste (IGBK) und
Landesakademie Schloss Rotenfels
in Zusammenarbeit mit dem
Museum für Neue Kunst | ZKM
Karlsruhe
Zwischen Kunst und Bildung
Kunst | ZKM Karlsruhe
Rotenfels

AUTORINNEN UND AUTOREN

KUNIBERT BERING, Dr. phil., Professor für Didaktik der Bildenden Künste an der Kunstakademie Düsseldorf (1987-98). Privatdozent am Kunstgeschichtlichen Institut der Ruhr-Universität Bochum. Tätigkeit im gymnasialen Schuldienst, Veröffentlichungen zur Kunst des Mittelalters, der Renaissance sowie zur Skulptur des 20. Jahrhunderts, Publikationen und Symposien zur Kunstdidaktik. *Perspektiven einer Didaktik der Bildenden Künste. Vorträge des Symposiums an der Kunstakademie Düsseldorf vom 13.-15.4.2000. Jahreshefte der Kunstakademie Düsseldorf, Bd.5, 2002.*

CHRISTINE BIEHLER, Künstlerin. Zahlreiche Kunstprojekte (Rauminstallationen, interdisziplinäre Aktionen, Videoskulpturen) im In- und Ausland, Kuratorentätigkeit. Seit 1999 Vertretungsprofessuren an der Universität Dortmund und der Kunsthochschule Kassel. Seit 2004 Professur für Theorie und Praxis der künstlerischen Gestaltung von Raum an der Universität Hildesheim.

INA BIELENBERG, M.A., Bildungsreferentin der Bundesvereinigung Kulturelle Jugendbildung e.V., Dozentin der FernUniversität Hagen, Fachbereich Kulturmanagement, verschiedene Veröffentlichungen zur Bildung in der außerschulischen Kulturarbeit.

BURKARD BLÜMLEIN, Künstler. Professor an der École Supérieure de l'Image Angoulême. Lehraufträge an Kunsthochschulen in Deutschland und Frankreich, Initiator des „Bilderbüro", das sich als diskursive Oberfläche über den Umgang mit Bildern begreift (Stuttgart, Annency/France u.a.), nationale und internationale Ausstellungen und Ausstellungsbeteiligungen. Lebt und arbeitet in München und Paris.

RAINER BRAXMAIER, journalistische Ausbildung, Künstler, Kunsterzieher, Kunstkritiker. Preise und Stipendien, nationale und internationale Einzel- und Gruppenausstellungen. Lebt in Oberkirch/Baden.

CHRISTOF BREIDENICH, Dr. phil., Dipl.-Designer. Tätig als Kunstkünstler und Kommunikationsdesigner in Schüller, Eifel. Nationale Ausstellungen und Performances. Symposien zu Kunst und Kommunikation in Schüller/Eifel. Seit 2000 Lehrbeauftragter für Kunst an der Erziehungswissenschaftlichen Fakultät der Universität Köln. Seit 2001 Lehrbeauftragter für Hypermedia am Fachbereich Design der FH Düsseldorf. *Der Kampf um die Kultur des Textes – Kommunikation in den Hypermedien. In: Holger Burckhardt, Oliver Fink (Hg.): Sprache der Didaktik – Didaktik der Sprache. Festschrift für Hans Messelken, Würzburg 2000.*

CHRISTIANE BROHL, Dr. phil., Forscherin. 1999-2001 Wissenschaftliche Mitarbeiterin und Lehrbeauftragte der Universität Lüneburg. Seit 11/2001 Fachlehrerin für Kunst und Pädagogik an der Ev. Fachschule für Sozialpädagogik Alten Eichen in Hamburg. Arbeitsschwerpunkte: Künstlerische Strategien zur Erforschung und Konstruktion von Orten; Diskursproduktionen über Natur und Kultur; Kunst als diskursive und kontextbezogene Erkenntnispraxis, Heterotopien. KunstProjekte. *Displacement als kunstpädagogische Strategie. Vorschlag einer heterotopie- und kontextbezogenen ästhetischen Diskurspraxis des Lehrens und Lernens, Lüneburg 2001.*

EBERHARD BRÜGEL, seit 1970 Professor für Kunst und ihre Didaktik an der Pädagogischen Hochschule Freiburg. Autor zahlreicher Lehrwerke und Unterrichtsmaterialien für den Kunstunterricht. Veröffentlichungen zur Kreativitätsförderung im Kunstunterricht. Mitbegründer der Jugendkunstschule Offenburg.

H.C. RAINER BÜCHNER, Studiendirektor, Kunstpädagoge an einem Münchner Gymnasium. Beauftragter des Schulausschusses der Kultusministerkonferenz. Gründer des Kulturservice Bayern. Vorbereitende Tätigkeiten an der Expertise Kulturelle Bildung im Medienzeitalter, (zus. mit Karl-Josef Pazzini, Bernd Enders, Osnabrück und Max Fuchs, Remscheid); *(Hg.): Computer ist mehr, München 1995. Kunstunterricht in der Grundschule. Elementares Lernen mit Feuer, Wasser, Erde, Luft, Donauwörth 1997; Ästhetische Erfahrungen in realen und virtuellen Welten, Grundschule Heft-Nr. 11/98.*

CARL-PETER BUSCHKÜHLE, Dr. phil., Professor für Kunst und ihre Didaktik an der Pädagogischen Hochschule Heidelberg. Intermediäre künstlerische Arbeit. Kulturtheoretische Studien, Forschungen zur künstlerischen Bildung. Buchpublikationen: *Dada – Kunst in der Revolte. Eine existenzphilosophische Analyse des Dadaismus, Essen 1985. Wärmezeit. Zur Kunst als Kunstpädagogik bei Joseph Beuys, Frankfurt a. M. 1997. Perspektiven künstlerischer Bildung (Hg.), Köln 2003.*

RALF CHRISTOFORI, Dr. phil., Kurator und Publizist. Wissenschaftliche Assistenz im Württembergischen Kunstverein Stuttgart, kuratorische und publizistische Tätigkeit. Veröffentlichungen zur zeitgenössischen Kunst, Arbeit als Kunstkritiker für die Frankfurter Allgemeine Zeitung, Der Tagesspiegel, KUNSTFORUM INTERNATIONAL, Kunst-Bulletin, Frieze.

KARIN DANNER, Künstlerin, Kunstpädagogin. Kunsterzieherin am Kepler-Gymnasium Tübingen. Seit 1993 nationale und internationale Ausstellungen und Ausstellungsbeteiligungen und Projekte mit Installationen, Projektion und Video.

MECHTHILD EICKHOFF, Dipl. Kulturpädagogin, seit 1992 in der kulturpädagogischen Kinder- und Jugendarbeit, 1997-2001 Programmgestaltung Jugendkultur- und Theaterpädagogik im Jugend- und Kulturzentrum WerkStadt Witten, seit 2001 Referentin des Bundesverbands der Jugendkunstschulen und Kulturpädagogischen Einrichtungen e.V., bjke.

STELLA GEPPERT, Künstlerin. Meisterschülerin der HDK Berlin. Lehrbeauftragte der UDK Berlin, künstlerische Mitarbeiterin an der TU Berlin Fachbereich Architektur und als Künstlerin engagiert im Modellprojekt KLIP – Kunst und Lernen im Prozess, Berlin. Nationale und internationale Stipendien, Einzel- und Gruppenausstellungen.

RAGANI HAAS, Künstlerin, Projekt-Assistentin und Mitarbeiterin von Joan Jonas, Akademie-Preis 1999 der ABK Stuttgart, zahlreiche Ausstellungen, Ausstellungsbeteiligungen und Performances im In- und Ausland.

KLAUS HEID, Autor und Künstler. Medizinstudium und autodidaktische Kunststudien in Zürich, Hamburg und Dortmund; lebt und arbeitet seit 1993 als Autor und freischaffender Künstler in Karlsruhe. Motto: „Ohne meine Biografie wäre ich heute ein anderer." (Joschka Fischer) Zahlreiche Texte zu Wissenschaft und Kunst, nationale und internationale Einzel- und Gruppenausstellungen, Kunst-Projekte, Vorträge und Workshops. *Transfer: Kunst-Wirtschaft-Wissenschaft. [sic!] Verlag für kritische Ästhetik. Baden-Baden 2003.*

CLAUDIA HEFER-HARTMANN, MA Germanistik, freiberufliche Redakteurin, Mitarbeit an der Zeitschrift infodienst – Kulturpädagogische Nachrichten und diverse andere Publikationen.

ULRICH HEIMANN, Dr. phil., Lehrer am Friedrich-Harkort-Gymnasium Herdecke. Lehraufträge für Didaktik der bildenden Kunst an der Kunstakademie Düsseldorf sowie den Universitäten Dortmund und Wuppertal. Kunstpublizistische und kuratorische Tätigkeit für zeitgenössische Künstlerinnen und Künstler. Forschungen und Veröffentlichungen über mittelalterliche Architektur, Picasso, Theorie und Ideengeschichte betrachterorientierter Kunstvermittlung sowie über kunstgemäße, subjektorientierte Lernarrangements im Kunstunterricht.

MICHAEL HERCZEG, Prof. Dr. rer. nat., seit 1997 Direktor des Instituts für Multimediale und Interaktive Systeme der Universität zu Lübeck, Projektleiter und Initiator des Modellversuchs ArtDeCom.

NORBERT HILBIG, Dr. phil., Dipl.-Päd., seit 1991 Rektor der Theodor-W.-Adorno-Schule im niedersächsischen Elze. Dozentur am Fachbereich Sozialpädagogik der Fachhochschule Hildesheim. Lehraufträge an den Universitäten Hannover und Hildesheim, sowie an der Fachhochschule Hildesheim/Holzminden/Göttingen. Vorträge zur Kritischen Pädagogik und Ästhetik. *Inszenierung fremder Lebenswelten – Das Expo-Projekt der Theodor-W.-Adorno-Schule, Hildesheim, Zürich, New York 2001; Rüdiger Höding (Hg.), Hannover 2001; Über Kunst und Künstler in Hildesheim – Kleine Schriften zur Ästhetik, Hildesheim 2002.*

STEFAN HÖLSCHER, Studium der Mathematik an der Ruhr-Universität Bochum, Stipendiat der Studienstiftung des Deutschen Volkes, Diplom 1996, Studium der Malerei und Grafik an der Kunstakademie Münster bei Prof. Udo Scheel, Meisterschüler, 2002 Staatsexamen für das Lehramt an Schulen, Sekundarstufe II/I in den Fächern Kunst und Mathematik, seid April 2003 wissenschaftlicher

Mitarbeiter der Kunstakademie Münster im Bereich Kunstvermittlung/Kunstdidaktik, seid 1992 intensive Auseinandersetzung mit dem Themenkomplex Theorie dynamischer Systeme, Chaos und Selbstorganisation, dynamische Aspekte der Wahrnehmungspsychologie, Theorien kreativer Prozesse, John Deweys Philosophie der Erfahrung, Bildungstheorie, pädagogische bzw. bildtheoretische bzw. bilddidaktische Arbeiten zu John Dewey, Gerhard Richter, Arnulf Rainer, Dissertation und Aufsätze in Vorbereitung

INGRID HÖPEL, Dr. phil., ist Kunstpädagogin und Kunsthistorikerin an der Christian-Albrechts-Universität zu Kiel und an der Lornsenschule Schleswig. 2001-2003 Projektleitung des Modellversuchs ArtDeCom.

SUSANNE HOFMANN, Künstlerin, zahlreiche Stipendien, Lehraufträge und Ausstellungsprojekte, (u.a. Raum für aktuelle Kunst Salzburg, Kunstverein Wiesbaden, Saarländisches Künstlerhaus, Württembergischer Kunstverein), lebt und arbeitet in Stuttgart und Köln.

DIETER HUMMEL, Kunstpädagoge, Fachleiter Kunst am Studienseminar Heilbronn. Mitglied im Arbeitskreis „Weiterentwicklung Bildende Kunst" und Standardexperte (Bildende Kunst Gymnasium).

RUEDIGER JOHN, Künstler, betreut seit 1995 Unternehmen und Organisationen mit kritisch-ästhetischem Coaching und Consulting; situative, installative, interventionistische, recherche- und publikationsorientierte Arbeiten; definitorische und praktische Arbeiten in künstlerischer Forschung, systemischer Kunst und Transferkunst; zahlreiche Einladungen zu Ausstellungen, Veranstaltungen und Diskursen. Seit 2000 künstlerisch-wissenschaftlicher Mitarbeiter, 2001-03 mit künstlerischem Lehrauftrag *situatives, installative Arbeiten, Kontextualisierung, Kognition, Mixed-Media* an der Staatlichen Akademie der Bildenden Künste Stuttgart, seit 2004 am Institut für Kunst im Kontext an der Universität der Künste Berlin, sowie in weiteren Lehraufträgen und Gastlehrveranstaltungen. 2002-03 Lehrstuhlvertretung im Bereich *Kunst/Kunst- und Designwissenschaften* an der Fachhochschule für Gestaltung, Wirtschaft und Technik Pforzheim. 2003 Mitbegründer der *Gesellschaft für kritische Ästhetik*. u.a. *TRANSFER: Kunst Wirtschaft Wissenschaft. [sic!] - Verlag für kritische Ästhetik. Baden-Baden 2003.*

CHRISTIANE JÜRGENS, M.A., leitende Museumspädagogin am Museum für Neue Kunst | ZKM Karlsruhe. Studium der Kunstgeschichte und Erziehungswissenschaften mit dem Schwerpunkt ästhetische Erziehung und Erwachsenenbildung in Münster, Hamburg und London. Publikationen zur Minimal Art.

PETER KAMP, nach Lehramtsausbildung (1989), Autoren- und Übersetzertätigkeit seit 1991 hauptberuflich in der außerschulischen Jugendbildung tätig (seit 1992 Bildungsreferent des Landesverbands LKD NRW e.V. der Jugendkunstschulen), seit 1997 Vorsitzender des Bundesverbandes der Jugendkunstschulen und Kulturpädagogischen Einrichtungen (bjke).

PAUL* MANFRED KÄSTNER, Dr. phil., Künstler und Kunstpädagoge. Seit 1990 Professor für Kunst und ihre Didaktik an der Pädagogischen Hochschule Karlsruhe. Ausstellungstätigkeit im In- und Ausland. Forschungen zur Kunstdidaktik und Ästhetik, hier besonders zu Beuys. Entwicklung und Erprobung der Vermittlungsperformance als künstlerische Methode der Kunstlehre. *Die Vermittlungsperformance und die These einer nicht-normativen Ästhetik.* In: *Carl-Peter Buschkühle (Hg.): Perspektiven künstlerischer Bildung. Texte zum Symposium Künstlerische Bildung und die Schule der Zukunft, Köln 2003. Kunst und Methode. Die künstlerische Bildung und die Frage nach dem methodologischen Standpunkt. In: Institut für Weiterbildung der PH Heidelberg (Hg.): Zur künstlerischen Bildung. Informationsschrift Nr. 64, Heidelberg 2003.*

BRITTA KAISER-SCHUSTER, Dr. phil., Kunsthistorikerin. Seit 1999 Dezernentin bei der Kulturstiftung der Länder.

HELMUTH KERN, Prof., Künstler und Kunstpädagoge. Seminarleiter in Esslingen und Kunstlehrer am Gymnasium Plochingen. Ausbildungstätigkeit am Staatlichen Seminar für Didaktik und Lehrerbildung (Gymnasien) in Esslingen. Fortbildungs- und Ausstellungstätigkeit, Arbeit als Autor. Entwicklung von Unterrichtswerken und Arbeitsheften für das Fach Bildende Kunst.

JOACHIM KETTEL, Dr. phil., Künstler und Kunstpädagoge. 1993-1995 Gastprofessor an der Hochschule für Bildende Künste Braunschweig. Nationale und internationale Ausstellungen. Professor für Kunst und ihre Didaktik an der Pädagogischen Hochschule Karlsruhe. Langjährige ehrenamtliche Tätigkeit in der igbk. Hiermit seit 1994 Konzeption und Durchführung internationaler Künstler-Projekte und Symposien. Beiträge zur Alltagsästhetik, Kunst, Kunstvermittlung und künstlerischen Bildung. *SelbstFREMDheit. Elemente einer anderen Kunstpädagogik, Oberhausen 2001. Kartografien des Selbst – Selbstorganisation und künstlerische Bildung. In: Carl-Peter Buschkühle (Hg.): Perspektiven künstlerischer Bildung. Texte zum Symposium Künstlerische Bildung und die Schule der Zukunft, Köln 2003.*

HEINER KEUPP, Dr. habil., seit 1978 Professor für Sozial- und Gemeindepsychologie an der Universität München. Forschungen zur Frage, wie sich in den Umbruchsturbulenzen der ‚Risikogesellschaft' Identitäten ausbilden. Mit seinem Konzept der „Patchwork-Identität" versucht er neue Wege der Konzeptentwicklung zu gehen, hierzu Längsschnittstudien. Zuletzt Forschungen zur sozialpsychologischen Aneignung des Kommunitarismus. *Zugänge zum Subjekt. Perspektiven einer reflexiven Sozialpsychologie, Frankfurt a.M. 1993. Identitätskonstruktionen. Das Patchwork der Identitäten in der Spätmoderne (zusammen mit Thomas Ahbe, Wolfgang Gmür, Renate Höfer, Beate Mitzscherlich, Wolfgang Kraus und Florian Straus), Reinbek b. Hamburg 1999.*

MICHAEL J. KOLODZIEJ, Ausbildung zum Industriekaufmann, Studium der Betriebswirtschaftslehre, Wahrnehmung und Gestaltung komplexer Aufgabenstellungen in Industrie und Handel, seit 1976 bei dm-drogerie markt in unterschiedlichen Funktionen tätig; zurzeit Geschäftsführer der Ressorts *Logistik* und *Mitarbeiter* sowie Regionsverantwortlicher für 60 Filialen im Raum Köln/Bonn.

HANS KONRAD KOCH, Ministerialdirigent, Leiter des Arbeitsstabes Forum Bildung und der Projektgruppe Innovationen im Bildungswesen beim Bundesministerium für Forschung und Bildung (BMBF), Bonn.

EDMUND KÖSEL, Dr., Professor em. für Allgemeine Didaktik und Gruppenpädagogik, Pädagogische Hochschule Freiburg. Arbeitsschwerpunkte: Subjektive Didaktik, Soziale Kompetenz, berufliche Aus- und Weiterbildung, Bildung, Supervision, Psychodramaleiter. Wiss. Begleitung von Modellversuchen des Bundesinstituts für berufliche Bildung, Bonn. *Die Modellierung von Lernwelten. 4. Erweiterte und veränderte Auflage, Band 1: Die Theorie der Subjektiven Didaktik. Bahlingen 2001. Die Modellierung von Lernwelten. Band 2: Die Konstruktion von Wissen. Eine didaktische Epistemologie in der Wissenschaft. (im Druck) Bahlingen 2004.*

STEFANIE MARR, Dr. phil., Künstlerin und Kunstpädagogin, Meisterschülerin bei Thomas Huber an der HBK Braunschweig. Professorin für Visuelle Kommunikation, Kunst- und Medienpädagogik (FB 4) im Integrierten Studiengang Sozialpädagogik und Sozialarbeit an der Universität Siegen. *Lebenskunstunterricht – Bildliche Aneignung und Gestaltung von Lebenswirklichkeit in der Kindheit, Siegen 2003.*

BJÖRN MAURER, Dipl.-Päd., Lehrbeauftragter für Medienpädagogik, Assistent. Studium der Diplompädagogik mit Schwerpunkt Erwachsenenbildung an der Pädagogischen Hochschule Ludwigsburg. Mitarbeit am EU-Forschungsprojekt *CHICAM* (Abteilung Medienpädagogik) und am Projekt *VideoCulture*.

HANS GEORG MEHLHORN, Dr. sc., Professor für Pädagogische Psychologie an der Leipziger Musikhochschule (1985-1993). Ab 1988 emp. Forschungen zum Leipziger Forschungsprojekt für Begabungsentwicklung. Entwicklung des Kita- und Schulkonzepts zur Kreativitätsentwicklung. Seit 1991 eigenes Fortbildungsinstitut für Kreativitätspädagogik. Zusammen mit Prof. Dr. Gerlinde Mehlhorn seit 1993 Begründung u.a. von staatl. anerkannten BIP-Kreativitätsschulen. 2002 Gründung der Mehlhorn-Stiftung. *Zahlreiche Buch- und Fachpublikationen zum Thema.*

INGRID MERKEL, Kunstpädagogin, Fortbildungsreferentin, diverse schulaufsichtliche Tätigkeiten von 1994 bis 2000, seit 2000 Direktorin der Landesakademie für Schulkunst, Schul- und Amateurtheater Schloss Rotenfels/Gaggenau-Bad Rotenfels, einer Aus-, Fort- und Weiterbildungseinrichtung im Zuständigkeitsbereich des Ministeriums für Kultus, Jugend und Sport Baden-Württemberg.

MARGOT MÜLLER-HECKER, Referentin im Referat Vorschulische Bildung, Grundschulen, Hauptschulen im Ministerium für Jugend, Kultus und Sport Baden-Württemberg.

HORST NIESYTO, Dr. rer. soc., Professor für Erziehungswissenschaft an der Pädagogischen Hochschule Ludwigsburg, Leiter der Abteilung Medienpädagogik. Langjährige Tätigkeit in der außerschulischen Jugend- und Medienbildung. Mitherausgeber der Buchreihe *Medienpädagogik Interdisziplinär* und des Onlinemagazins *Ludwigsburger Beiträge zur Medienpädagogik*. Forschungen im Bereich interkulturelle Medienpädagogik und visuelle Kommunikation. *Selbstausdruck mit Medien, München 2001. VideoCulture – Video und interkulturelle Kommunikation, München 2003.*

KARL-JOSEF PAZZINI, Dr. habil., Psychoanalytiker, Professor für Erziehungswissenschaft, Bildende Kunst am Fachbereich Erziehungswissenschaft der Universität Hamburg; Forschungsschwerpunkte u.a.: Erziehungswissenschaft – Museum – Psychoanalyse; Medien im Prozess der Bildung. *Expertise Kulturelle Bildung im Medienzeitalter. Modellversuch der Bund-Länder-Kommission für Bildungsplanung und Forschungsförderung (BLK), Bonn 1999. Die Toten bilden. Museum und Psychoanalyse II, Wien 2002. Lemke, Meyer, Münte-Goussar, Pazzini: sense & cyber, Kunst, Medien, Pädagogik, Bielefeld 2003.*

CLAUDIA PELLA, Dipl.-Ing., Freie Architektin, Künstlerische Assistentin im Fachbereich Architektur & Design an der Staatlichen Akademie der Bildenden Künste Stuttgart. Architekturstudium in Stuttgart, Phoenix (USA) und Delft (NL); 1998 Architekturpreis der Universität Stuttgart.

STEFAN PETER, Dipl.-Soz.-Päd., Jugendbildungsreferent der LAG Soziokultur Sachsen e.V., Dresden.

MARTIN PFEIFFER, Oberstudienrat im Hochschuldienst. Im Geschäftsführenden Vorstand des Fachverbandes für Kunstpädagogik (BDK) einer der beiden stellvertretenden Vorsitzenden. Seit 1993 Arbeit in der Abteilung Kunst der Pädagogischen Hochschule Karlsruhe, zuvor drei Jahre als Kunsterzieher am Peter-Petersen-Gymnasium in Mannheim. In der Hochschullehre tätig mit dem Schwerpunkt performative Kunstformen im Bereich der interdisziplinären Studien.

MARTTI RAEVAARA, Professor für die Didaktik der Kunst, University of Art and Design Helsinki (UIAH). Education Manager, Head of MA eLearning Programme Virt@ Department of Art Education University of Art and Design in Helsinki, UIAH; Several memberships of advisory and steering committees and management boards at the University of Art and Design, National Board of Education and Ministry of Education. *The Crits of Fine Art Courses in the Education of Art and Design, New York 2002.*

GERALD RAUNIG, Dr. phil., Philosoph und Kunsttheoretiker. Lehraufträge zu politischer Philosophie und Ästhetik an den Universitäten Klagenfurt und Lüneburg. Koordinator des Forschungsprojekts republicart. Direktoriumsmitglied des eipcp (European Institute for Progressive Cultural Policies), Wien. *Charon. Eine Ästhetik der Grenzüberschreitung, Wien 1999. Wien Feber Null. Eine Ästhetik des Widerstands, Wien 2000. Kunst und Revolution. Wien 2004.*

GÜNTER REGEL, Dr. phil., Professor em. für Kunstwissenschaft und Kunstpädagogik am Institut für Kunstpädagogik der Universität Leipzig. Seit 1971 baute er den Lehrstuhl Theorie der bildenden Kunst mit didaktischer Ausprägung auf. Entwicklung eines nonkonformistischen Konzepts der künstlerischen Bildung. Veröffentlichungen von Lehr- und Lernmaterialien für den Kunstunterricht. *Die Zweite Moderne, die Schule und die Kunst – Konsequenzen für die künstlerische Bildung. In: Carl-Peter Buschkühle (Hg.): Perspektiven künstlerischer Bildung. Texte zum Symposium Künstlerische Bildung und die Schule der Zukunft, Köln 2003.*

DANIELA REIMANN, M.A. Kunstpädagogin, Dipl. Medientechnikpädagogin, 2001-2003 wissenschaftliche Mitarbeiterin im Modellversuch ArtDeCom am Forum für Interdisziplinäre Studien an der Muthesius-Hochschule für Kunst und Gestaltung. Seit Juli 2004 wissenschaftliche Mitarbeiterin im Forschungsprojekt MediaArt-Lab@School, Fach Bildende Kunst im Institut für Ästhetisch-Kulturelle Bildung der Universität Flensburg. Doktorandin am Kunsthistorischen Institut der Christian-Albrechts-Universität zu Kiel. *Reimann, D.; Winkler, T.; Herczeg, M.; Höpel, I.: Theorie und Praxis integrierter ästhetischer und informatischer Aus- und Fortbildung (ArtDeCom). In: Bergmann, S.; Lauffer, J.; Mikos, L.; Thiele, G.; Wiedemann, D. (Hgg.): Handbuch Medien. Medienkompetenz. Modelle und Projekte. Bonn 2003/04. Reimann, D.; Winkler, T.; Herczeg, M.; Höpel, I.: Investigating the Computer as a Medium in Creative Processes – an Interdisciplinary Approach, paper für die InSEA on Sea-conference Navigating new Waters, 2003 der International Society for Education through Arts. In: Mary Stokrocki (ed.): Interdisciplinary Art Education, Publication of National Art Education Association (NAEA), USA, erscheint 2004.*

UTA M. REINDL, Journalistin, Kunstkritikerin, Oberstudienrätin, Hansa-Gymnasium Köln. Zahlreiche Veröffentlichungen zur Gegenwartskunst in Kunstzeitschriften u.a. in KUNSTFORUM INTERNATIONAL, tema celeste, artist.

MICHAEL SCHEIBEL, freier Journalist und Konzeptentwickler, Berlin. Studium der Kunstgeschichte, Erziehungswissenschaft und Theologie an der Universität Heidelberg. Seit 1992 Tätigkeiten als Fotograf, Journalist und Konzeptentwickler. Projektmanagement und Ausstellungen im Bereich Medienkunst, Medienbildung und Bildungsentwicklung. Von 2000-2004 wissenschaftlicher Mitarbeiter in dem BLK-Modellprojekt *Visuelle Kompetenz im Medienzeitalter* an der Staatlichen Akademie der Bildenden Künste Stuttgart. *Bild, Medien, Wissen, 2002. Visuelle Netze. Wissensräume in der Kunst, 2004. Arbeits- und Forschungsschwerpunkt: Schnittstellen zwischen Medien, Kunst und Bildung (www.medien-kunst-bildung.de).*

SIMONE SCHMIDT-APEL, Dipl. Pädagogin und Dipl. Verwaltungswirtin, seit 1996 Bildungsreferentin der Landesarbeitsgemeinschaft LKD NRW e.V. der Jugendkunstschulen und Kulturpädagogischen Einrichtungen.

CLAUDIA SCHÖNHERR-HEINRICH, Kunstpädagogin, seit 1992 Studienrätin für Kunst und Deutsch am Menzel-Gymnasium, Berlin-Mitte, seit 1999 kommissarische Fachleiterin Kunst, seit 8/2001 Moderatorin im Steuerungsteam des Berliner Modellversuchs „KLiP – Kunst und Lernen im Prozess", seit 6/2002 Fachseminarleiterin für das Großfach Kunst.

HANNE SEITZ, Dr. phil., seit 1994 Professorin an der Fachhochschule Potsdam im Bereich Ästhetische Praxis/Ästhetische Bildung. *Räume im Dazwischen. Bewegung, Spiel und Inszenierung im Kontext Ästhetischer Theorie und Praxis, Essen 1996; Schreiben auf Wasser. Performative Verfahren in Kunst, Bildung und Wissenschaft, Bonn/Essen 1999; aktuelle Veröffentlichungen: In konTexten. Potsdamer Erprobungen zur Site-Specific Performance. In: U. Hentschel/R. Stielow (Hg.): Fragen. Jahrbuch 5 der HBK Braunschweig, Köln 2003; Preußen – gegengelesen oder Wo der Traum der Vernunft seine Ungeheuer gebiert. In: KUNST+UNTERRICHT Heft 223/224, Seelze 2003.*

REIMAR STIELOW, Dr. phil., Univ.-Professor für Kunstpädagogik an der Hochschule für Bildende Künste Braunschweig. Seit 1968 kontinuierliche Aufsätze zu Problemen der Kunstpädagogik in diversen Zeitschriften und Sammelbänden. Zahlreiche Fortbildungsveranstaltungen zur Gegenwartskunst. *Problemfelder und Schlüsselprobleme einer künstlerischen Kunstpädagogik in der Schule der Zukunft. In: Carl-Peter Buschkühle (Hg.): Perspektiven künstlerischer Bildung. Texte zum Symposium Künstlerische Bildung und die Schule der Zukunft, Köln 2003*. Herausgeberschaft (zus. mit Ulrike Hentschel): *Fragen. Jahrbuch 5. Hochschule für Bildende Künste Braunschweig, Köln 2003.*

CHRISTINE STÖGER, Dr. phil., Musikpädagogin. Seit 1985 Lehrbeauftragte/Assistentin an der Universität für Musik und darstellende Kunst, Wien, Schwerpunkt Musiklehrerbildung. Entwicklung von Konzepten zur Musikvermittlung und Vernetzung von Studium und Beruf. Gutachten zur personalen Kunstvermittlung für den Österreichischen Kulturservice. 2000 Forschungssemester in den USA zu Fragen der Kreativität in der Musikpädagogik. Seit Oktober 2003 Professorin für Musikpädagogik an der Hochschule für Musik Köln. *Kunst und Bildung. Personale Kunstvermittlung in Bildungsprozessen (in Zusammenarbeit mit dem ÖKS Österreichischer Kultur-Service), Wien 2002.*

KLAUS-MARTIN TREDER, Künstler, Lehrbeauftragter. Artist in Residence Calancatal/Schweiz sowie Warzawa/Polen; zahlreiche nationale und internationale Ausstellungen und Ausstellungsbeteiligungen. Lehrauftrag an der Fachhochschule für Gestaltung Pforzheim.

MARIO URLAß, Künstler und Kunstpädagoge. Ab 1992 Lehrtätigkeit an der Universität Chemnitz-Zwickau/Kunstpädagogik. Seit 1998 wissenschaftlicher Mitarbeiter am Lehrstuhl für Kunsterziehung der Universität Erlangen-Nürnberg. Seit 2003 Professor für Kunst und ihre Didaktik an der Pädagogischen Hochschule Heidelberg. Publikationen zur Kunstdidaktik. Zur Zeit Forschungen zum veränderten Verhältnis zur Natur in der Gegenwartskunst und zu ästhetisch-künstlerischen Erfahrungen in und mit Natur im Grundschulbereich. *Ansätze naturbezogener künstlerischer Bildung in der Grundschule. In: Institut für Weiterbildung der PH Heidelberg*

(Hg.): Zur künstlerischen Bildung. Informationsschrift Nr. 64, Heidelberg 2003.

DIETER WARZECHA, Künstler, Maler, Astrologe. Lehraufträge an der Hochschule für Bildende Künste Braunschweig. Zahlreiche Fortbildungsveranstaltungen zur Gegenwartskunst. Kunst- und Performancelehrer. Groß Ilsede. *Chaos als Prinzip. In: Gert Selle (Hg.): Experiment Ästhetische Bildung, Hamburg 1990. Der Clip und das CHAOS oder die veränderte Wahrnehmung. In: Frank Schulz (Hg.): Perspektiven der künstlerisch-ästetischen Erziehung, Seelze 1996. Unwissenschaftliche Bemerkungen eines Praktikers der Provinz. In: Joachim Kettel, igbk (Hg.): Kunst lehren? Stuttgart 1998. Darstellendes Spiel und künstlerische Unterrichtsvorhaben. BDK-Mitteilungen 4/2000. Das multimediale Spiel im Kunstunterricht. In: Carl-Peter Buschkühle (Hg.): Perspektiven künstlerischer Bildung. Texte zum Symposium Künstlerische Bildung und die Schule der Zukunft, Köln 2003.*

SILKE WIEẞNER, Kunstlehrerin am Theodor-Heuss-Gymnasium Schopfheim/Scheffel-Gymnasium Bad Säckingen. Teilnahme an Wettbewerben, Ausstellungen und Schulprojekten (u.a. Ländertheaterfestival 1992, Museum für angewandte Kunst Köln, Projekt Kunstwiese Köln, Wettbewerb Jugendphoto Photokina Köln 1996, Projekt Innovative Schulprojekte 2000/2001). *Veröffentlichungen in „Info-Dienst Schule" und „Magazin Schule" 2003/ 2004.*

THOMAS WINKLER, Dr. phil. Dipl. Designer, 2001-2003 wissenschaftlicher Mitarbeiter im Modellverscuh ArtDeCom am Institut für Multimediale und Interaktive Systeme der Universität zu Lübeck

GERD-PETER ZAAKE, Studiendirektor, Kunstpädagoge. Fachleiter Kunst (Gymnasien). Langjährige kunstpädagogische Praxis an der Käthe-Kollwitz-Schule in Hannover. Texte, Projekte und Fortbildungsarbeit zur Vermittlung von Gegenwartskunst und alltagsästhetischen Phänomenen. Persönlich geprägte Rahmenrichtlinien für Lehr- und Lerntätigkeit als *Fachleiter für Kunst.* In: *Institut für Weiterbildung der PH Heidelberg (Hg.): Zur künstlerischen Bildung. Informationsschrift Nr. 64, Heidelberg 2003. Vergegenwärtigungen aus und für kunstpädagogische Alltagsarbeiten. In: Ulrike Hentschel/Reimar Stielow (Hg.): Fragen. Jahrbuch 5 der HBK Braunschweig, Köln 2003.*

WOLFGANG ZACHARIAS, Dr. phil., Kunstpädagoge, Kulturrat der Landeshauptstadt München. Leiter der Pädagogischen Aktion Spielkultur e.V.. Stellvertretender Vorsitzender der Bundesvereinigung Kulturelle Jugendbildung e.V. (bkj). *Kulturpädagogik Kulturelle Jugendbildung. Eine Einführung, Opladen 2001. Kultur und Pädagogik, Kunst und Leben, Bonn 2001.*

WOLFGANG ZINGGL (A), Dr. phil., Künstler, Kurator. Seit 1993 Leitung der Künstlergruppe *WochenKlausur*; internationale Projekte; 1997-2000 Österreichischer Bundeskurator für bildende Kunst; seit 1997 Leitung des *Depot (*Veranstaltungsraum mit täglichen Diskussionen zur Kunst und Kultur); seit 1998 Mitglied im *Unesco*-Kulturausschuss; 1999 Österreichischer Beitrag zur Biennale in Venedig mit der *WochenKlausur*; 1999 Redakteur des *Weißbuchs zur Reform der Kulturpolitik* im Auftrag des österreichischen Bundeskanzlers; seit 2000 Kurator für *Künstlerische Interventionen in der Kulturlandschaftsforschung* im Auftrag des Bundesministerium für Wissenschaft; seit 2001 Aufsichtsrat im Österreichischen Rundfunk. *Kunst als realpolitische Intervention. In: Norbert Sievers/Birgit Mending/Andreas Kämpf (Hg.), Bonn 2000. Spielregeln der Kunst. Amsterdam 2001. WochenKlausur. Gesellschaftspolitischer Aktivismus der Kunst. Wien 2001. WochenKlausur. Sociopolitical Activism in Art. New York 2001.*

ABBILDUNGSNACHWEIS

ad 23, Fachhochschule Düsseldorf 301
Christof Breidenich 66, 106, 133, 147, 241, 242, 292, 375
Armin Britten 322, 323
Carl-Peter Buschkühle 1, 5, 12, 23, 53, 65, 85, 95, 122, 134, 162, 172, 186, 201, 216, 251, 252, 261, 272, 314, 361, 368, 388, 406, 411, 426, 430
Georg Dietzler 343, 344, 345, 346, 347, 348, 349
Peter Erni/Martin Huwiler/Christophe Marchand 302
Stella Geppert 419, 421, 422, 423
Hechinger und Gossolt 372, 373
Susanne Hofmann 193, 194, 195, 196
Christoph Honig 125, 126, 127, 128, 129, 131
Christiane Jürgens 409
Paul* Manfred Kästner 283, 285, 289
Helmuth Kern/Susanne Hofmann 188, 189, 190, 191
Björn Maurer 268 oben links, 270
Roman Mensing 307, 309
Andreas Nickel 254, 255, 258, 447, 448, 449, 450, 451, 452
Martin Pfeiffer 296, 297, 298, 299, 351, 352, 355
Thomas Pfriem 98 links, 286, 288
Siegbert Quitzsch 118
Daniela Reimann/Thomas Winkler 413, 414, 415, 416
Frank Schulz/Sabine Lenkeit/Silke Wollandt 335, 336, 338,339
Joachim Stockert 98 rechts, 210, 320, 328, 356, 376, 400, 440, 456
Christian Stratmann 391
Philip Trager 300
VG-Bildkunst Bonn, Katalog *Giuseppe Penone*, Stedelijk Museum Amsterdam, 15.2. - 30.3.1980: 408
www.zazoo.be (26.8.2004) 370, 371